재건축·재개발조합 정관
이렇게 작성하라

법무사법인 기린(麒麟)은
통합재건축사업 전문 법률컨설팅 및 등기업무 전문가그룹입니다.

저자 전연규(全延圭)
명지대학교 부동산대학원 석사(부동산금융 전공)
인터넷 도시개발신문 대표
서울 강남구 재건축드림TF자문위원
대전광역시 도시재정비위원
대한법무사협회 재건축, 재개발교수
법무사법인 기린 대표이사
성남시 선도지구 후보지 시범단지1, 아름마을 두산삼호, 빌라단지 설명회

저서
노후계획도시와 재건축사업
재건축, 재개발 실무사전
재건축과 상가 이게 답이다 등 20여권

재건축·재개발조합 정관
이렇게 작성하라

(서울·부산·광주 표준정관) 비교분석

발 행 일	2025년 3월 1일
지 은 이	전연규
펴 낸 이	전연규
펴 낸 곳	도시개발신문(주)
출판등록	2006년 5월 17일 2006-000105호
디 자 인	공디자인 퍼블리싱 ⓚ · 표 지 │전연경
인 쇄	명지북프린팅
주 소	서울특별시 강남구 테헤란로 322, 동관 901호(역삼동, 한신인터밸리24)
전 화	(02)2183-0517
팩 스	(02)2183-0519
가 격	80,000원

* 잘못된 책은 바꾸어 드립니다.
* 책값은 뒤표지에 있습니다.

재건축·재개발조합 정관 이렇게 작성하라

(서울·부산·광주 표준정관) 비교분석

전연규(著)
법무사법인 기린(麒麟) 대표 법무사

도시개발신문
출판부

머리말

정관 작성은 재건축·재개발의 시작과 끝!!!

이 책은 도시정비법상 재건축·재개발사업, 노후계획도시정비법상 재건축사업, 소규모주택정비법상 모아타운·가로주택정비사업의 정관 작성 요령을 알리기 위해서다.

서울·부산·광주의 재건축·재개발 표준정관 그대로도 사용할 수 있지만, 자신에 맞게 작성해야 불필요한 분쟁을 막을 수 있다.

2003.7.1 「도시 및 주거환경정비법(이하 "도시정비법")」이 시행된 이후, 2003.6.30 국토부는 재건축·재개발 표준정관을 내놓아, 조합 관계자들에게는 그야말로 금과옥조였다.

필자는 25년간 법무사 업역의 특성상 처음부터 끝까지 지켜보면서 재건축·재개발사업, 소규모주택정비사업에서 관련 민·형사, 행정소송 판례·유권해석을 수집해 왔다.

이 도시정비법은 타법개정 포함해 백여 회 이상의 개정을 거쳤으며, 이 책을 쓰는 2024.12.3에도 패스트트랙이란 이름으로 개정·공포되어 2025.6.4 시행을 앞두고 있다.

그럼에도 불구하고, 도시정비법 시행 이후 국토부 재개발 표준정관이 단 한 차례 개정도 없었다.

그나마 재건축의 경우 2006년에 한 차례 개정되었지만, 최근 상가소유자의 아파트 공급 문제로 오히려 표준정관이 오히려 역기능 현상으로 나타났다.

그 대표적 예는 이렇다.

도시정비법 시행령 제63조제2항제2호 가목에서는 '새로운 상가를 건설하지 않는 경우', 일정한 요건에 해당하면 아파트 공급이 가능하도록 규정하고 있다.
그러나 '상가를 공급받지 않는 경우'에도 가능하다는 종전 국토부의 표준정관에 따라 상가를 원하지 않는 자에게 일정한 요건이 충족되면 아파트 공급을 해왔다.

얼마 전 서울 서초구 모 재건축사업장에서 사건이 발생했다.

조합 측이 아파트 공급을 가능하도록 비율(정관변경을 말함)을 변경해 주지 않아서 소송으로 번졌다. 원고측은 과반수 동의로 그 요건을 바꾸면 공급이 가능하다는 주장이고, 피고측은 조합원 전원의 동의 또는 최소한 2/3 이상 동의가 필요하다는 것이었다.

서울고등법원에서는 지난 5월에 조합원 전원의 동의가 필요하다는 쪽의 손을 들어주었고, 2024.8.29 대법원은 심리불속행 기각으로 확정되었다.

대법원 전원 합의체 판결보다 새로운 하급심 판결이 우선시되는 등 사장은 혼란스럽다.

이러니 일반인들은 어떠하겠는가.
조합정관을 어떻게 작성하느냐가 사업의 성패를 좌우한다.

26년 동안 재건축·재개발 조합정관을 작성(해설)하면서, 그 근거 규정 및 다른 조합과의 차이점을 검토해 왔다.

그 경험을 되살펴, 서울특별시 재건축 표준정관을 기준으로 하되 재개발 표준정관과 비교하였고, 부산광역시 표준정관과 국토부 표준시행규정도 참고해 집필했다.

그 대상으로 투기과열지구, 과밀억제권역, 조정대상지역인 서울특별시 강남4구를 비롯하여, 수도권 과밀억제권역인 인천광역시·경기도 외에도 부산광역시 등도 포함하였다.
이 모든 지역을 포함시킨 것은 주택경기에 따라 그 대상이 얼마든지 바뀔 수 있기 때문이었다.

1기신도시 선도지구 발표 이후 본격적인 노후계획도시정비법상 재건축사업 시행을 앞둔 상태에서, 지난 12.3 재건축 패스트트랙이라 일컫는 개정 도시정비법과 함께 「재건축·재개발사업 촉진 특례법(안)」까지 시행되면 많은 변화가 있을 것이다.

2019.4.23 도시정비법 개정으로 표준정관 제정권이 시·도지사로 넘어왔고, 서울특별시, 부산·광주광역시가 재건축·재개발 표준정관이 제정·시행된 것이다.

필자는 수도권 재건축·재개발조합연합회 사무총장으로서, 서울·경기·인천의 추진위원회, 조합 관계자 연합체를 위해 활동해 왔다.
최근 서울·인천광역시장은 재건축·재개발조합 등 관계자 모임을 사단법인으로 허가해 줌으로써, 제도권에 포함시켰다.

그래서 필자는 서울·부산·광주 표준정관의 공통점과 차이점을 찾아내기 위해 그동안의 각종 자료와 경험을 갈아 넣었다.

끝으로, 재건축·재개발 투자실무를 연구 중인 정재원씨가 전반적인 자료수집을 해 주었으며, 부록인 "실태점검에 따른 조합·추진위 조치사항"을 정리해 주었음을 밝히며 이 자리를 빌어 고마움을 표한다.

여러분!
꿈을 모으면, 새로운 세상을 이룬다.

이제 시작하는 추진(준비)위원회, 조합을 준비하는 추진위원회, 사업시행계획이나 관리처분계획인가를 앞둔 조합 관계자들에게 일독을 권한다.

2025년 3월
전 연 규, 기록을 남기다.

사업 초기 조합정관 초안을 준비하면서 대부분 실무 경험이 없어, 조합정관을 잘 만들기가 쉽지 않다.

도시정비법령, 도시정비조례, 기타 법령을 이해해야 자신에 맞는 정관을 작성할 수 있기 때문이다.

조문별 서두는 서울특별시 재건축 표준정관을 기준으로 하였으며, 재개발 표준정관과 비교하는 형식을 취했다.

참고로, 해설 조문 끝에 부산·광주의 재건축·재개발 표준정관, 시행규정, 국토부 재건축·재개발 표준정관을 비교할 수 있도록 첨부했다.

부산 재건축·재개발 표준정관의 경우 서울과 다른 내용이 추가되어 있어, 전체 조문의 순서가 맞지 않는 경우도 있다. 이는 독자들의 이해를 위해 필자가 임의로 배치한 것임을 알린다.

독자들이 쉽게 찾을 수 있도록 아래와 같이 주요 내용을 정리해보았다.

표준정관 제6조(시행방법)

재건축조합이 아파트와 상가를 분리 개발하는 상가협의회와 합의하는 경우, 그 내용이 조합의 정관에 규정해야 하는 사항인지(원칙적 적극)

준주거, 상업지역에서 오피스텔 외에도 아파트와 업무·문화시설 등 설치가 가능함.

표준정관 제9조(정관의 변경)
동의요건이 다른 안건 일괄표결 시, 일부 조항이 부족하면 전체가 부결되는지(○)

표준정관 제10조(조합원의 자격 등)(조합원 제명 포함)
1세대 판단기준과 조합원 제명
— 기준이 주민등록표이지만 다른 객관적 기준 있으면 실질적 세대 구성
— 1차 분양신청 1세대, 2차 분양 시 19세 이상 자녀 분가로 2세대가 된 경우, 각각 조합원(○)
— 조합설립인가 후 '형제간 세대분리'는 '19세 이상 자녀의 분가'에 해당(×)
— 재개발 표준정관에도 조합원 제명 규정을 둘 수 있는지

표준정관 제11조(조합원의 권리·의무)
탈퇴한 조합원에게 정비사업비 부담사례
조합원의 대리권 행사 범위
— 조합원의 배우자, 직계존비속 또는 형제자매 중에서 성년자를 대리인(○), 시어머니, 장모는 의결권 행사 시 대리인(×)

표준정관 제12조(시공자의 선정 및 계약)
연대보증 임원들이 조합원들에 대한 구상 가능 여부
정관에 3회 유찰 시 시공자를 수의계약할 수 있음에도 2회 유찰 후 수의계약한 것은 무효이며, 계약에 연대보증 임원도 연대보증채무 부담(×)

표준정관 제15조(임원)
50:50 공유지분, 조합임원 자격은 누구에게 있는지
조합장만 관리처분계획인가까지 정비구역에 거주해야 하는지
조합정관상 직무대행자(업무제한 없음) vs 법원결정에 의한 직무대행자(통상업무)
조합장의 '유고'와 '해임·사임'시, 직무대행자 선임방법

표준정관 제16조(임원의 직무 등)

임원의 궐위, 유고
조합임원의 공무원 의제규정의 경우, 뇌물 아닌 직무유기나 직권남용은 처벌대상(×)

표준정관 제18조(임원의 해임 등)
정관상 임원 해임사유 필요 없으며, 해임에 소명 기회 없이 가능
해임총회와 선임총회, 동시개최 가능한지

표준정관 제24조(대의원회의 설치)
대의원 임기 3년 규정한 정관
— 2022.12.27 서울특별시 용산구 한남 ○구역 재개발정관 변경을 통하여 대의원 임기

표준정관 제27조(대의원회 의결방법)
법정(法定) 최소 대의원 수
사업시행계획의 '변경'시에 존치되는 건축물소유자의 동의를 받지 않은 것 위법인지(소극)
법정정족수 미달 대의원회 결의는 무효, 대의원 보궐선임도 불가능, 총회 의결 통한 보궐선임 필요

표준정관 제29조(이사회의 사무)
조합장 개인사건의 변호사비용에 조합자금을 지출한 것은, 총회결의나 이사회 결의가 있었더라도 업무상횡령죄 성립(○)
분쟁의 실질적인 이해관계는 단체이지만 대표자의 지위에 있는 조합장이 당사자인 경우 조합장의 변호사선임료 조합 비용으로 지출 시 업무상횡령죄 성립(×)

표준정관 제33조(조합의 회계)
조합의 회계 결산 과정
결산보고서와 감사보고서 제출

표준정관 제35조(정비사업비의 부과 및 징수)
정비사업비 구성
― 국토부 정비사업 조합운영 실태점검 매뉴얼
― 서울특별시 정비사업비 55개 항목 산출근거
현금청산자에게 정비사업비 공제할 수 있는지
이주지연 등에 대한 손해배상청구 사례

표준정관 제40조(매도청구 등)
매도청구소송의 진행절차
매도청구로 조합에 소유권이 이전된 자의 매매계약해제로 조합원지위 회복 가능 여부
매도청구소송 확정판결 후 분양신청기간까지 동의한 경우 조합원이 될 수 있음

표준정관 제43조(분양신청 등)
분양신청기간 연장 시, 당초 분양신청기간에 이어서만 연장 가능한지
투기과열지구의 5년 내 재당첨제한은 분양신청만료일이 아닌 최초 관리처분계획인가일부터 계산(용산구 한남동 재개발사업장 현금청산자 216명, 분양신청 제한)
지연가산금(이자) 지급, 어떻게 하나
도시정비법상 분양신청 제한 관련, '세대'와 주택공급에 관한 규칙의 '세대'는 달라

표준정관 제44조(분양신청을 하지 아니한 자 등에 대한 조치)
현금청산대상자 조합원 지위 상실 시점(분양신청기간 종료일 다음 날)
최초 분양계약 체결기간을 연장한 경우에도 그 기산점은 최초 분양계약 체결기간 종료일(○)

표준정관 제45조(관리처분계획의 기준)
투기과열지구, 조정대상지역인 강남·서초·송파·용산구는 1주택 vs 그 외의 서울·경기·인천은 과밀억제권역으로 3주택까지 공급 가능
1+1분양 시 2주택분양가 및 분양조건은 조합의 계획재량 인정(○)

상가조합원에게 주택공급을 허용하는 정관 변경 개정안의 가결에는 조합원 전원의 동의 필요한지, 이는 깨지지 않는 원칙이 될 수 있는지.

표준정관 제46조(보류지)
재건축조합에서 보류지 퍼센트 실제 사례

표준정관 제49조(조합원 분양): 서울 재개발
"조합 실정에 맞게 정관으로 정하는 사항"의 범위.
— 단독 또는 다가구주택을 건축물 준공 이후 다세대 전환 주택을 취득한 자에 대한 분양권 부여.
— 재정비촉진지구의 도시계획사업으로 철거되는 주택을 소유한 자 중 구청장이 선정한 자에 대한 주택의 특별공급.

표준정관 제50조(일반분양/재개발)
일반분양자들의 입주지정기일 말일부터 보존등기가 지연된 기간만큼 조합이 손해배상(○).

조합원 우선배정 구간에 포함되지 않은 일반분양 구간의 세대를 조합원에게 배정한 재건축조합 및 조합장에 대하여 불법행위로 인한 손해배상책임을 인정.

표준정관 제50조(토지 등의 평가 등)
관리처분계획 변경의 경우 종전토지 등의 가격을 사업시행자 및 토지등소유자 전원의 합의로 산정해야 하는지(소극).

사업시행계획 변경인가가 있는 경우, 최초 사업시행계획인가·고시일을 기준으로 평가한 종전 자산가격을 기초로 수립된 관리처분계획 위반 여부(원칙적 소극)

분양예정인 대지 또는 건축물의 종후자산감정평가는 분양신청기간 만료일.

표준정관 제55조(청산금 및 청산기준 가격의 평가)
청산환급금 지급시기, 이전고시 후 분양대상자별 분양예정자산 추산액 및 종전자산 가액의 의미.

현금청산대상자에게 발생한 정비사업비를 나누어 부담시키는 추상적인 정관이나 총회결의만으로 현금청산금에서 사업비용을 공제할 수 없다.

표준정관 제57조(조합의 해산)

조합해산 시 잔무가 있는 경우, 청산절차 미종료 상태에서 잔여재산의 분배를 청구할 수 있는지(소극).

보류지 등 잔여재산을 처분하지 않고 조합해산 의결도 유효한지(○).

재건축조합 정관에 해산결의의 요건을 민법 제78조인 총조합원 3/4 이상의 동의보다 완화할 수 있는지(원칙적 적극).

표준정관 제58조(청산인의 임무 및 보수 등)

청산위원회 업무규정(안)

표준정관 제62조(관련자료의 공개와 보존)

소송대리인 선임을 위한 사건위임계약서는 공개대상 서류 및 관련 자료 해당(×)

법 제124조제1항 각 호에 규정된 서류나 관련 자료가 작성되었지만 존재하지 않는 경우, 조합임원 등에 대한 법 위반죄 성립 여부(×)

HUG에게 제출 목적으로 작성한 금전소비대차 약정서는 정보공개대상인 '공문서'에 해당(×)

연기되어 개최되지 않은 총회의 참석자명부, 홍보요원 명단 등이 정보공개 대상(×)

표준정관 제63조(정비기반시설 및 토지 등의 귀속)

2015.9.1 공포된 도시정비법부터 민간사업시행자에게 무상양도되는 정비기반시설에 공공사업시행자와 같이 공유재산인 현황도로 포함(○)

도로 일부분이 인접부지에 사용되고 있을 때 일부분을 무상귀속에 포함(○)

목차

머리말 4
프롤로그 8

Ⅰ. 서설 18

Ⅱ. (특별)정비사업 진행절차 20
   1. 노후계획도시정비사업 진행절차 20
   2. 재건축·재개발사업 진행절차 22
   3. 소규모주택정비사업 진행절차 29
     1) 가로주택정비사업, 소규모재건축사업 29
     2) 소규모 재개발사업 31

Ⅲ. 정관으로 정할 수 있는 사항 32

Ⅳ. 고 시 문 54

Ⅴ. (서울·부산·광주) 재건축·재개발 표준정관 해설(서울 재건축 표준정관 기준) 63

   제1장. 총칙
     제1조(목적) 64
     제2조(명칭) 67
     제3조(조합 업무규정) 71
     제4조(사업시행구역) 80
     제5조(사무소) 85
     제6조(시행방법) 89
     제7조(사업기간) 103
     제8조(권리·의무에 관한 사항의 통지·공고방법) .. 106
     제9조(정관의 변경) 118
   제2장. 조합원
     제10조(조합원의 자격 등, 조합원 제명 포함) .. 132
     제11조(조합원의 권리·의무) 166

제11조(조합원 자격의 상실/부산 재건축·재개발 표준정관) ··· 198

제3장. 시공자 등 협력업체 선정 및 계약

제12조(시공자의 선정 및 계약) ··· 212

제13조(설계자의 선정 및 계약) ··· 243

제14조(정비사업전문관리업자의 선정 및 계약) ··· 248

제4장. 임원 등

제15조(임원) ··· 260

제16조(임원의 직무 등) ··· 283

제17조(임원의 결격사유 및 자격상실 등) ··· 313

제18조(임원의 해임 등) ··· 328

제19조(임직원의 보수 등) ··· 343

제5장. 조직 및 운영

제20조(총회의 설치) ··· 352

제21조(총회의 의결사항) ··· 369

제22조(총회의 의결방법) ··· 379

제23조(총회운영 등) ··· 404

제24조(대의원회의 설치) ··· 410

제25조(대의원회 개최) ··· 423

제26조(대의원회 의결사항) ··· 429

제27조(대의원회 의결방법) ··· 440

제28조(이사회의 설치) ··· 449

제29조(이사회의 사무) ··· 454

제30조(이사회의 의결방법) ··· 463

제31조(감사의 이사회 출석 권한 및 감사 요청) ··· 468

제32조(의사록의 작성 및 관리) ··· 473

제6장. 재정

제33조(조합의 회계) ··· 484

제34조(재원) ··· 497

제35조(정비사업비의 부과 및 징수) ··· 508

제7장. 사업시행

제36조(이주대책) ··· 528

제36조의2(신탁등기 등/서울·광주 재건축) ··· 550

제37조(공가발생 시 안전조치 및 지장물 철거 등) ··· 560

제38조(보상의 예외 등/서울 재건축), 제38조(손실보상/서울 재개발) ··· 574

제39조(지상권 등 계약의 해지) ———————————————————— 582

　　제39조(토지등의 수용 또는 사용/서울 재개발) ————————————— 587

　　제40조(매도청구 등) ——————————————————————— 606

　　제40조(재개발임대주택의 매각 등/서울 재개발) ————————————— 617

　　제41조(소유자의 확인이 곤란한 건축물 등에 대한 처분) ————————— 635

제8장. 관리처분계획

　　제42조(분양통지 및 공고 등) ———————————————————— 644

　　제43조(분양신청 등) ——————————————————————— 652

　　제44조(분양신청을 하지 아니한 자 등에 대한 조치) ——————————— 672

　　제45조(관리처분계획의 기준) ———————————————————— 682

　　제45조(국유·공유재산의 처분 등/부산 재건축·재개발) —————————— 734

　　제46조(보류지) —————————————————————————— 738

　　제47조(분양받을 권리의 양도 등) —————————————————— 747

　　제47조(국·공유지의 점유연고권 인정기준 등/서울 재개발) ————————— 753

　　제48조(관리처분계획의 공람 등) —————————————————— 762

　　제49조(관리처분계획의 통지 등) —————————————————— 772

　　제49조(조합원 분양/서울 재개발) —————————————————— 781

　　제50조(토지 등의 평가 등) ————————————————————— 791

　　제50조(일반분양/서울 재개발) ——————————————————— 801

제9장. 사업 완료조치

　　제51조(준공인가 및 입주통지 등) —————————————————— 814

　　제52조(이전고시 등) ——————————————————————— 821

　　제53조(대지 및 건축물에 대한 권리의 확정) —————————————— 831

　　제54조(등기절차 및 권리변동의 제한) ———————————————— 837

　　제55조(청산금 및 청산기준 가격의 평가) ——————————————— 841

　　제56조(청산금의 징수방법) ————————————————————— 855

　　제57조(조합의 해산) ——————————————————————— 861

　　제65조(조합해산 의결정족수: 부산 재건축/부산 재개발: 제67조) —————— 871

　　제66조(잔여재산의 귀속: 부산 재건축/부산 재개발: 제68조) ——————— 874

　　제68조(해산등기: 부산 재건축/부산 재개발: 제70조) —————————— 876

　　제69조(해산신고: 부산 재건축/부산 재개발: 제71조) —————————— 878

　　제58조(청산인의 임무 및 보수 등) —————————————————— 879

　　제59조(채무변제 및 잔여재산의 처분) ———————————————— 889

　　제77조(청산 중의 파산: 부산 재건축/부산 재개발: 제79조) ——————— 895

제78조(청산종결의 등기와 신고: 부산 재건축/부산 재개발: 제80조) ·········· 898
　　제60조(관계서류의 이관) ·········· 901

제10장. 비용의 부담 등
　　제59조(비용부담의 원칙: 부산 재건축/부산 재개발: 제61조) ·········· 906
　　제60조(비용의 조달: 부산 재건축/부산재개발: 제62조) ·········· 910
　　제61조(정비기반시설 관리자의 비용부담: 부산재건축/부산 재개발: 제63조:) ·········· 915
　　제62조(정비기반시설의 설치: 부산 재건축/부산 재개발: 제64조) ·········· 919
　　제63조(정비기반시설 및 토지 등의 귀속: 부산 재건축/부산 재개발: 제65조) ·········· 923

제11장. 보칙
　　제61조(정비사업 정보몽땅의 사용) ·········· 932
　　제62조(관련자료의 공개와 보존) ·········· 935
　　제63조(계약의 효력) ·········· 952
　　제64조(재건축/재개발정비사업조합설립추진위원회, 주민협의체) ·········· 955
　　제65조(정관의 해석) ·········· 961
　　제66조(분쟁 및 소송) ·········· 965
　　제67조(민법의 준용 등) ·········· 971

부 칙
　　제1조(시행일) ·········· 976
　　제2조(일반적 경과조치) ·········· 978

VI. 부록 ·········· 981
실태점검에 따른 조합·추진위 조치사항 ·········· 982
　　■ 정비사업 조합운영 실태점검과 수사의뢰 ·········· 982
　　● 조합운영 실태점검 ·········· 982
　　● 도시정비법 위반 등으로 수사의뢰 등 ·········· 984
　　■ 정비사업 계약업무 처리기준(시정명령) ·········· 1010
　　■ 예산회계규정 관련 시정명령, 환수조치 ·········· 1016
　　■ 표준행정업무규정 관련 시정명령, 환수조치 ·········· 1063
　　■ 표준선거관리규정 관련 시정명령 ·········· 1072
　　■ 조세특례제한법 관련 시정명령 ·········· 1076
　　■ 법인세법 관련 시정명령, 환수조치 ·········· 1078
　　■ 소득세법 관련 시정명령, 환수조치 ·········· 1085
　　■ 부가가치세법 관련 시정명령, 환수조치 ·········· 1092

I. 서설

2003년 국토부 재건축·재개발 표준정관을 기준으로 작성한 조합정관을 현재도 정비조합들은 금과옥조로 사용해 오고 있다.

그동안 100여 차례 이상 도시정비법령이 개정되었지만, 재개발 표준정관은 한 번도 수정이 없었다(재건축의 경우만 2006년 한차례 개정됨).

도시정비법 전부개정으로 표준정관의 현실감이 떨어진 이후, 2019.4.23 국토교통부장관에서 시·도지사로 표준정관 제정권이 넘겨졌다(법 제40조제2항)[1].

국내 최초 2020.12.9 부산광역시 고시(제2020-489호)를 통해 재건축·재개발 표준정관을 작성·시행하였다.

2024.11.7 서울특별시, 2025.1.9에는 광주광역시가 재건축·재개발 표준정관을 제정·고시했다.

<2024.11.7 서울특별시 보도자료>

정비사업 조합 운영 가이드라인… 서울시, <정비사업조합 표준정관> 마련

현재 대부분 조합은 국토부에서 작성·보급한 표준정관을 활용하거나, 자체적으로 정비사업전문관리업자 및 법률자문 등을 통해 조합정관을 작성하여 운용 중이다.

기존 국토부 재개발표준정관은 2003년에 작성·보급되어 원활한 사업지원 한계로 인해 2019년 도시정비법 개정에 따라 표준정관을 시·도지사가 작성·보급할 수 있게 됨에 따라, 그간 법령개정 사항 및 서울시 공공지원제도를 반영하고, 조합내부 분쟁 및 공사비 갈등으로 인한 사업지연을 방지하기 위한 내용 등을 포함하여 서울시 표준정관을 마련하게 되었다.

1 　　도시정비법
　　　제40조(정관의 기재사항 등) ② 시·도지사는 제1항 각 호의 사항이 포함된 표준정관을 작성하여 보급할 수 있다. <개정 2019.4.23>

서울특별시 공공지원 정비사업 조합 표준정관 주요 내용

구 분	조항	주요내용
안정적 사업추진	제10조 (조합원의 자격 등)	- 조합원의 자격, 상실, 변경에 대해 명확히 규정
	제15조(임원)	- 임기만료 전 새로운 임원 선임·연임절차 완료, 부득이한 경우 기존 후임자 선임 시까지 직무 수행
	제16조 (임원의 직무등)	- 조합장 궐위 시 직무대행 규정 • 상근이사 중 연장자, 조합원 1/5 이상 요구로 총회소집 후 선임, 전문조합관리인(6개월 이상 미선임 또는 총회결의 시)
	제18조·제24조	- 임원·대의원 자진 사임 시 후임 선임 시까지 임기 유지 • 집단사퇴 등에도 이사회·대의원회 구성 유지
	제20조(총회의설치)	- 당해 회계연도 종료일 전에 다음 회계연도 예산안 의결 • 정기총회를 통해 다음 회계연도 예산안 의결처리
공사비 갈등예방	제12조 (시공자의 선정 및 계약)	< 현행 법령·조례 및 서울시 시공자 선정기준 반영 > - 서울시 정비사업 표준공사계약서 적용 원칙 - 공사비 검증요청 시 구청장 통지, 검증결과 총회공개 - 사업시행인가 후 분양공고 전 최초 공사비 검증실시 - 일반분양 이후 공사비 증액발생 설계변경 지양 원칙 - 최종 변경계약 시 입주예정일 1년 전 검증 실시
	제66조, 제70조(분쟁 및 소송) ※재건축 제66조, 재개발 제70조	- 소송 제기 전 도시분쟁조정위원회를 통해 분쟁 조정
효율적 업무추진	제4조(사업시행구역)	- 측량성과·정비계획변경 등으로 인한 사업시행면적 변경은 정관변경 절차 생략
	제9조(정관의 변경)	- 경미한 사항은 대의원회 의결로 변경 및 신고 • 변경내용에 대해 정보몽땅에 공개
	제12조(시공자의 선정 및 계약)	- 3개사 이상 총회 상정 시 최다득표로 시공자 선정 • 조례 제22조제10호 반영(시공자 선정 총회 의결요건)
	제14조(정비사업전문관리업자의 선정 및 계약)	- 등록취소 업자의 업무수행에 대해 대의원회 의결로 결정
	제22조(총회의 의결방법) 제27조(대의원회 의결방법)	- 필요 시 전자적 방법으로 의결을 정관으로 정하도록 함
	제61조, 제65조(정비사업 종합정보관리시스템의 사용) ※재건축 제61조, 재개발 제65조	- 정비사업 정보 및 각종 통지·의결 정보몽땅에 공개·등록 • 총회·이사회·대의원회 소집, 정관·의사록·결산·감사 보고 등
	제57조, 제61조(조합의 해산) ※재건축 제57조, 재개발 제61조	- 조합장이 이전고시 1년 이내 해산총회 소집 • 조합장이 총회 미소집 시 조합원 1/5 이상 요구로 총회 소집 - 해산총회에서 전문조합관리인을 대표청산인으로 선정가능

Ⅱ. (특별)정비사업 진행절차

1. 노후계획도시정비사업 진행절차

노후계획도시정비기본방침→노후계획도시정비기본계획수립(특별정비예정구역)→특별정비계획 수립 및 정비구역 지정·고시

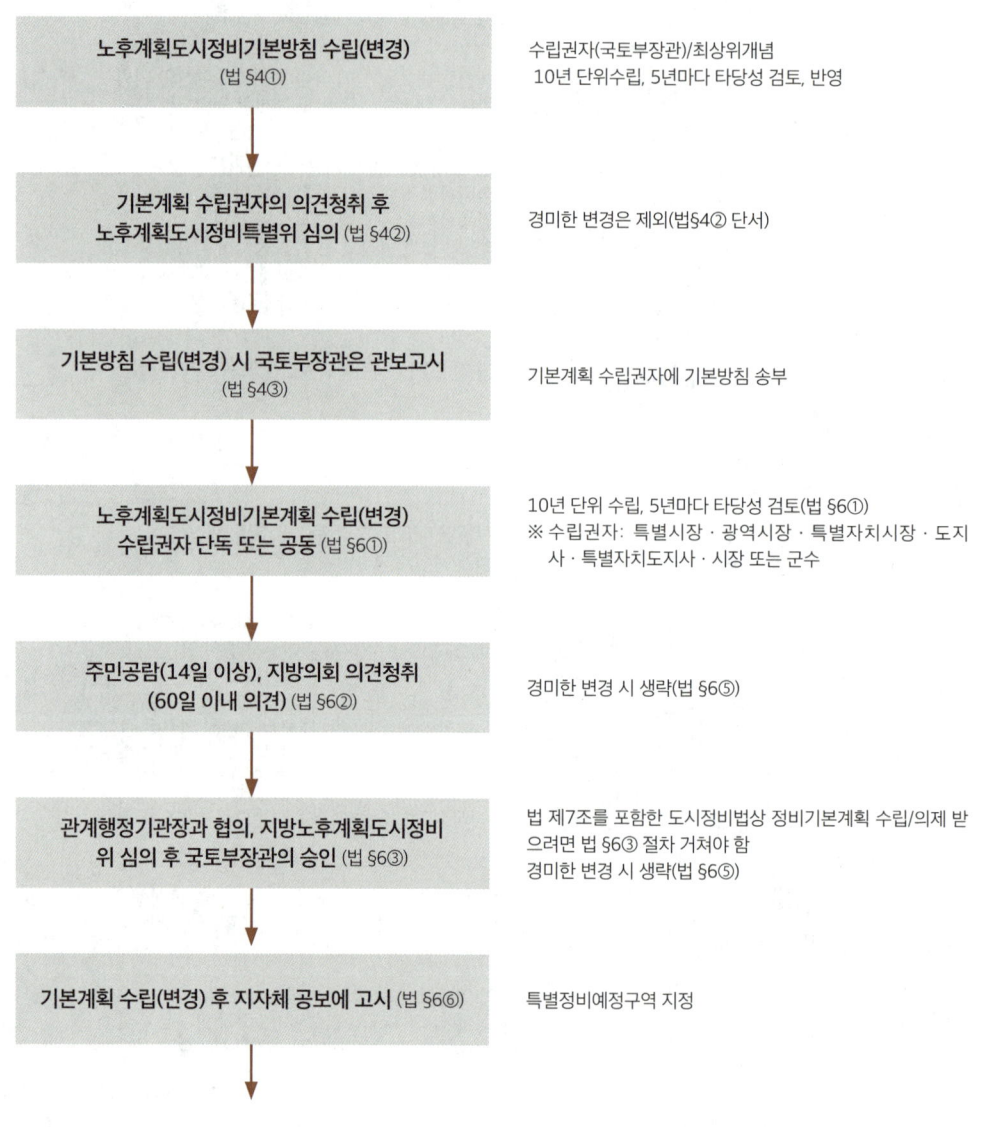

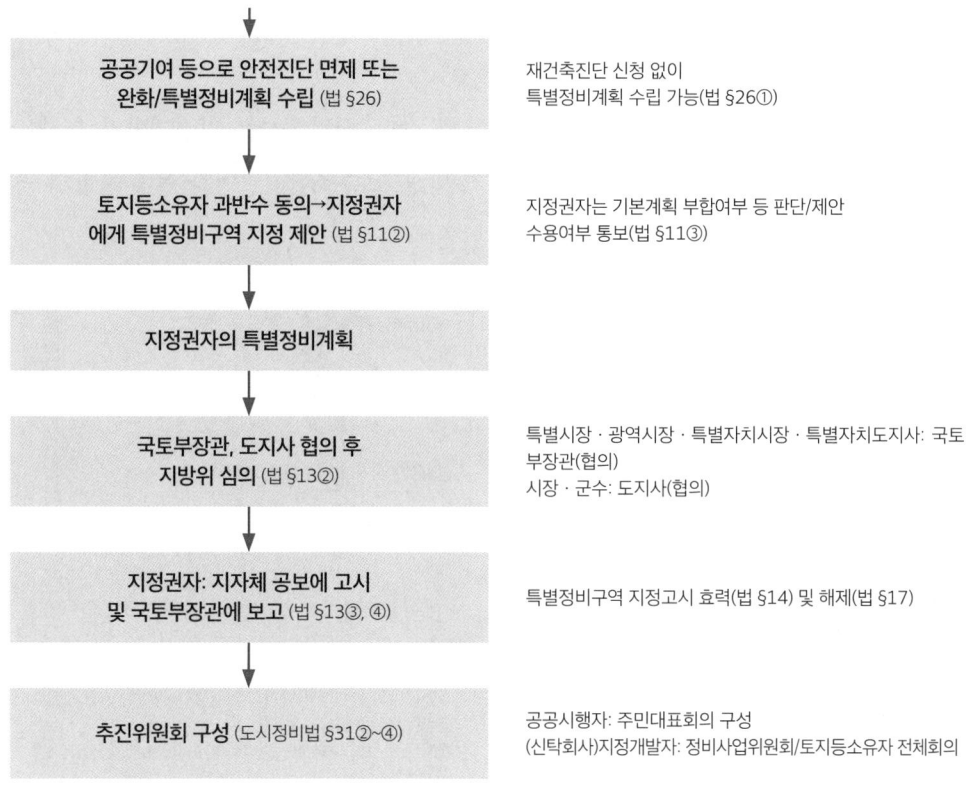

주민협의체(임의단체)구성과 추진위 생략
※ 법: 노후계획도시정비법을 말함

특별정비구역 지정·고시 이후 "2. 재건축·재개발사업 진행절차"와 같이 도시정비법상 추진위원회를 구성하게 된다.

반면, 지정개발자(공공시행자)방식으로 추진 시, 정비사업위원회(또는 주민대표회의)를 구성하여 조합설립을 생략하고 특별정비사업을 진행하게 된다.

지정개발자가 사업시행자인 분당 선도지구 재건축사업은 특별정비구역 지정절차 후에 "2. 재건축·재개발사업 진행절차" 중, 추진위원회와 조합설립인가를 건너뛴 다음부터 진행된다.

2. 재건축·재개발사업 진행절차

도시정비법상 정비사업의 진행절차는 다음과 같다. 신탁회사를 지정개발자로 하는 사업시행자 지정·고시는 조합설립인가로 의제 받으므로, 조합설립인가 이후 조합의 역할은 지정개발자가 하게 된다.

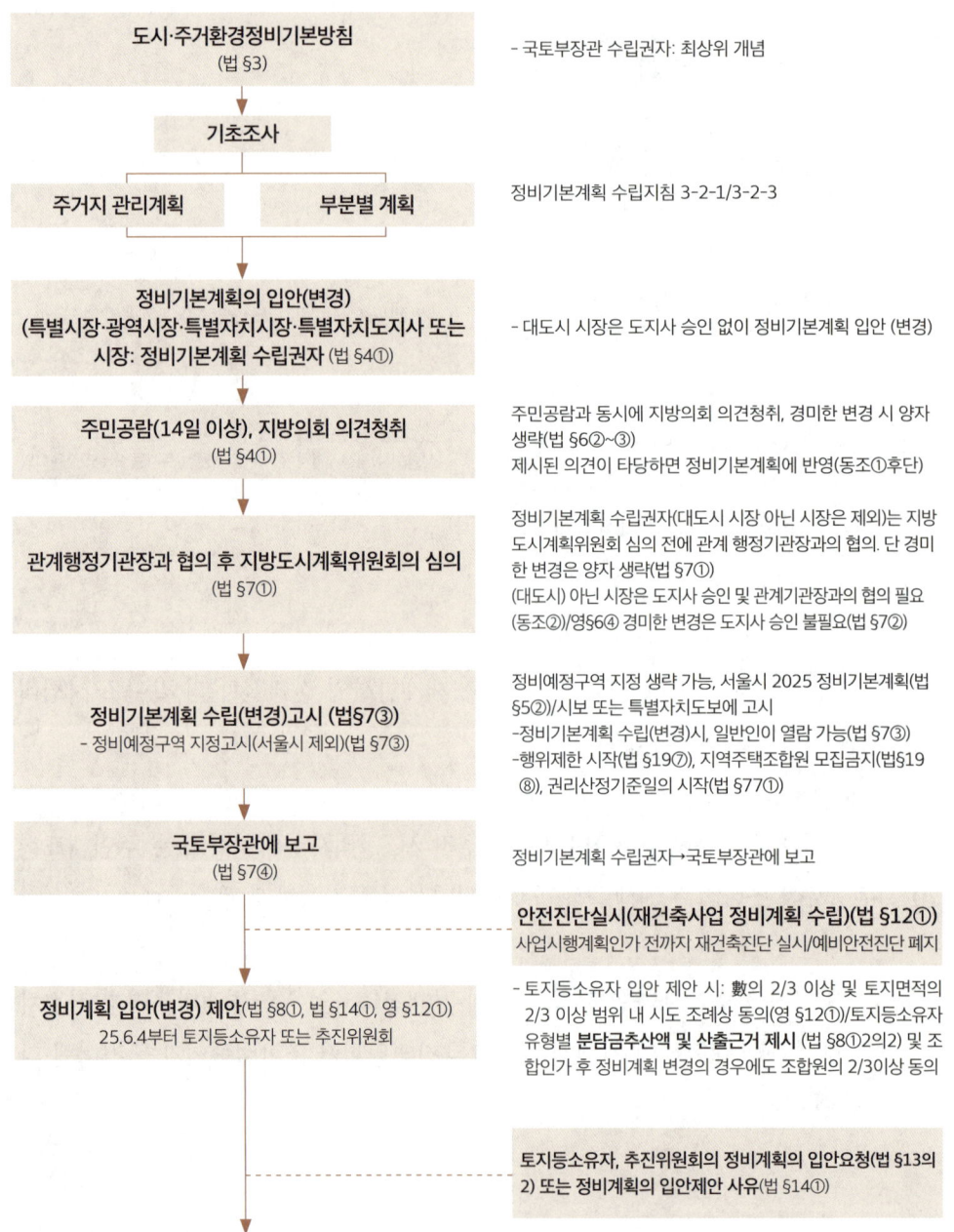

단계	내용
주민 서면통보 후, 주민설명회, 주민공람, 지방의회 의견청취 (법 §15①~②)	주민 서면통보 후 주민설명회, 주민공람(30일 이상), 지방의회 의견청취(60일 이내 의견제시)(법 §15②) ※주민 서면통보와 동시 진행. 경미한 변경 시 모든 절차 생략(법 §15③)
정비계획 및 정비구역 지정(변경) 신청 (자치구청장, 광역시 군수→ 특별시장·광역시장) (법 §8①)	(시장군수→도지사)의 신청 절차 삭제 -시장, 군수는 정비계획 입안권자이면서 결정권자
시 도시계획위원회 심의 (법 §16①)	특별시장·광역시장·시장 또는 군수(정비구역 지정권자)는 지방도시계획위원회 심의/단, 3만㎡ 이상이면 정비구역 지정 전 별도 경관심의 필요 -영 §13④인 경미한 변경 시 생략(법 §16① 단서)
정비구역 지정(변경)·고시 (법 §16②)	시보 등에 고시(법정 행위제한 법 §19①, 권리산정기준일)
(자치구청장) 추진위원회 구성·승인(법 §31②~④)예비 추진위원회→공공지원 정비업체 선정(추진위 구성 위한 동의서 징구)→추진위원회 승인→정비업체, 설계자등 선정→추정분담금 산정을 위한 감정평가업자 선정→추정분담금 산정, 승인→조합정관(안)작성→선거관리규정안 작성→선거관리위원회 구성→법 §35①~③ 동의율 충족 후 창립총회 소집→창립총회 토지등소유자의 과반수동의 (법 §31①)	-정비구역 지정고시 전 추진위 구성 승인 가능 -공공시행자: 5~25인 이하 주민대표회의 구성, 과반수 동의(법 §47①) -지정개발자: 토지등소유자 전체회의(법 §48, 신탁업자) ※공공시행자, 지정개발자: 시행자지정 고시 후 경쟁입찰(규모가 작으면 수의계약)로 시공자선정(법 §29⑥) -주민협의체(임의단체)구성과 추진위 생략→조합(법 §118, 영 §27⑥, 조례 §82)/ex: 서울시 금천구 모 아파트재건축조합
조합설립인가 (지정개발자 지정, 법 §39③)	- 정비구역 지정고시와 동시 조합설립인가 신청 가능 - 배우자 및 미혼인 19세 이상은 1세대. 자녀분가요건(세대별 주민등록 다르고+실거주지 분가)(법 §39①2) -조합설립인가 후 전자입찰로 시공자 선정(재건축·재개발조합)(§29④)/토지등소유자가 시행하는 재개발은 사업시행인가 후(§29⑤)
재개발사업은 토지등소유자 수의 3/4이상 및 토지면적의 1/2 이상 동의(법 §35②) 재건축사업은 공동주택의 각 동별 구분소유자 과반수 동의(복리시설로서 대통령령으로 정하는 경우에는 1/3이상)와 주택단지 인의 진체 구분소유자의 70/100+토지면적 70/100 이상 동의(동조③): 25.5.1 효력발생	조합설립변경 시 총회에서 조합원 2/3이상 찬성, 시장군수 인가 필요. 경미한 변경 시 총회 의결 없이 신고(법 §35⑤)/총회의결정족수 명시, 과반출석, 과반 의결(법 §45) 필요 시 건축 및 특별건축구역지정, 교육환경, 교통영향평가, 환경영향평가, 재해영향평가, 소방 성능위주설계평가 통합심의(법 §50의2) - 특별시, 광역시(市) 심의(구 경유, 건축위원회심의) 허가대상 21층이거나 연면적 10만㎡이상 건축물 건축에 관한 사항(건축법 §11, 영 §8①) 법적상한용적률 확정(서울시 건축조례 §7①) - (서울시) 건축심의 후 공동시행자의 시공자 선정 가능(§118⑦1) 건축심의 후 과반수 동의로 선정. 계약하면 시공자 지위 확보(법 §118⑥~⑧)
사업시행계획인가 총회(조합)	사업시행계획서의 작성(법 §52)

- 총회의결: 조합원 과반수 찬성으로 의결, 정비사업비 10/100 이상 증가 시 조합원 數 2/3이상 동의(법 §45④) 10/100직접출석/시공자 선정총회는 조합원 과반수 직접출석 및 창립총회, 시공자선정취소총회, 사업시행인가, 관리처분 총회는 20/100 직접출석(동조⑦)
- 지정개발자: 인가신청 전 數의 과반수+토지면적의 1/2 이상 동의, 경미한 경우 동의 불필요(법 §50⑦)

존치·리모델링으로 계획 시, 건축물소유자의 동의(구분소유자의 2/3+건축물연면적 2/3이상 동의 필요. 다만 정비계획에서 존치 또는 리모델링으로 계획된 경우에는 동의불필요(법 §58③)
※단 법 §35 조합설립인가 동의는 필요(국토부 유권해석)

사업시행계획인가 신청(조합→구청장)
구청장→특별시장, 광역시장' 신청(법 §50)

- 사업시행계획인가 시기조정 심의 요청(법 §75①, 조례 §49) (구청장→특별시장), 인가신청일로부터 1년 넘을 수 없음
- 국·공유지 관리와 처분, 무상양도 및 용도폐지에 대한 각 관리청과 협의(법 §97, 98 및 101)
- 시장군수는 신고일로부터 20일 이내 신고 수리여부 통지(법 §50②), 관계 행정기관의 장이 30일 이내 협의의견을 제출하지 아니한 경우 사업의 신속을 위해 협의의제(법 §57④)

사업시행계획인가를 위한 공람·공고
- 구청장등(법 §56)

- - - 인가 전 무상양도를 위한 감정평가업체 선정(총회 의결 요)

- 둘 이상의 심의가 필요한 경우 통합심의하여야 함(법 §50의2)
- **정비계획 변경 및 사업시행인가 심의 통합심의(법 §50의3)**
- 사업시행계획서의 사본 14일간 공람/경미한 변경은 공람 생략(법 §56①)
- 공람기간 내 제출된 의견은 채택하거나, 그렇지 않으면 제출자에게 통지(법 §56②~③)

사업시행계획인가(변경) 고시(구청장등)
(조합→한국부동산원, LH) 공사비 필요적 검증요청
(법 §29의2)

- 서울시 주거정책심의위원회의 시기조정 후 사업시행인가 결정(조례 §48~51) 경기도는 관리처분계획 시기조정만 있음
- 시공자선정(토지등소유자가 시행하는 재개발사업, 법 §29⑤)
- 수용·사용할 토지·건물의 명세
- 사업시행계획인가·고시일로부터 30일 이내 최고절차를 밟아 매도청구 착수(재건축사업)(법 §64)/재건축부담금예정액 통지

종전자산평가 통지(조합→토지등소유자)
(법 §72①)

종전 분양신청 후 종전평가의 깜깜이 분양신청 X/2018.2.9부터 종전자산평가액을 각 토지등소유자에게 종전평가 통지 후 분양신청 받음
사업시행계획인가·고시일(인가 이후 시공자 선정 시, 시공자와 계약을 체결한 날)로부터 90일(대통령령으로 정하는 경우 1회에 한정하여 30일 이내에서 연장 가능)이내에 토지등소유자에게 통지(법 §72①)

- 종전 평가시점: 사업시행계획인가·고시일/종후평가시점: 관리처분계획 기준일 (분양신청 마감일)
- 평가방법: 감정평가법에 따른 감정평가업자 2인 이상의 평가한 금액을 산술평균

분양공고 및 분양신청(사업시행자: 신문에 공고)
(법 §72, §73)

토지등소유자(미동의자 포함)에게 분양신청 공고 전에 종전자산평가 결과와 분양대상별 분담금 추산액을 알려주고, 분양공고는 사업시행계획인가 후 120일로 연장(법 §72)

- 분양신청기간: 분양신청 통지한 날로부터 30일 이상 60일 이내, 20일 범위에서 연장/정관등에서 정하거나 총회의결을 거친 경우 미 분양신청자, 분양신청철회자는 재분양신청 가능(법 §72⑤)※미신청자 : 손실보상(구 현금청산)
- 분양신청 제한(법 §72⑥)

관리처분계획 수립(변경) 및 총회
(사업시행자: 조합)

총회개최 1개월 전에 종전가액 외에도 보류지 처분, 정비사업 추산액등을 조합원에게 통지(법 §74③)

조합원 과반수 찬성으로 의결, 정비사업비 10/100 이상 증가 시 조합원 數 2/3이상 동의 **(법 §45④)** 10/100직접출석/ 관리처분 총회는 20/100 직접출석(동조⑦)

- 관리처분총회 수립(변경) 의결: 총회 개최일부터 1개월 전에 분양대상자별 대지, 건축물 추산액, 종전 감정평가액, 정비사업비 추산액을 조합원에게 통지/다만 경미한 변경은 신고로 족함(법 §74.3)

관리처분계획의 공람 (사업시행자: 조합)
(법 §78)

- 관리처분 관계서류 사본을 인가신청 전 30일 이상 토지등소유자에게 공람(법 §78①)

관리처분계획인가 신청 (사업시행자→구청장등), (구청장, 사업시행자→한국감정원, LH) 타당성 검증요청(법 §78)

구청장등은 30일 이내 인가 결정→사업시행자(조합)에 통보. 단, 타당성검증 시 신청받은 날부터 60일 이내 인가 결정(법 §78②)

- 구청장→공공기관에 관리처분계획 타당성 검증 요청(법 §78③)
10% 이상 정비사업비 증가, 분담금 추산액의 20% 이상 증가, 조합원 1/5이상이 인가신청 15일 이내에 타당성 검증요청, 그밖에 구청장이 필요하다고 인정하는 경우
- 관리처분인가 시기조정 신청(법 §75①)
서울시 조례 §51(구청장→특별시장)인가신청일로부터 1년 넘을 수 없음
경기도 시기조정 관련 도시정비조례(경기도 내 대도시도 적용)

관리처분계획 인가·고시(구보)

- 관리처분계획인가 후 건축물 철거(법 §81②)
- 무상양도대상에 현황도로 포함(법 §97③,서울시 조례 §54)/무상귀속 관련 용도폐지되는 국가등 소유 정비기반시설의 대부료는 면제(법 §97⑦)

- 고시방법 등: 자치구 구보 게재/사업명칭, 시행구역의 위치, 사업시행자의 주소 및 성명, 관리처분계획의 인가연월일과 요지

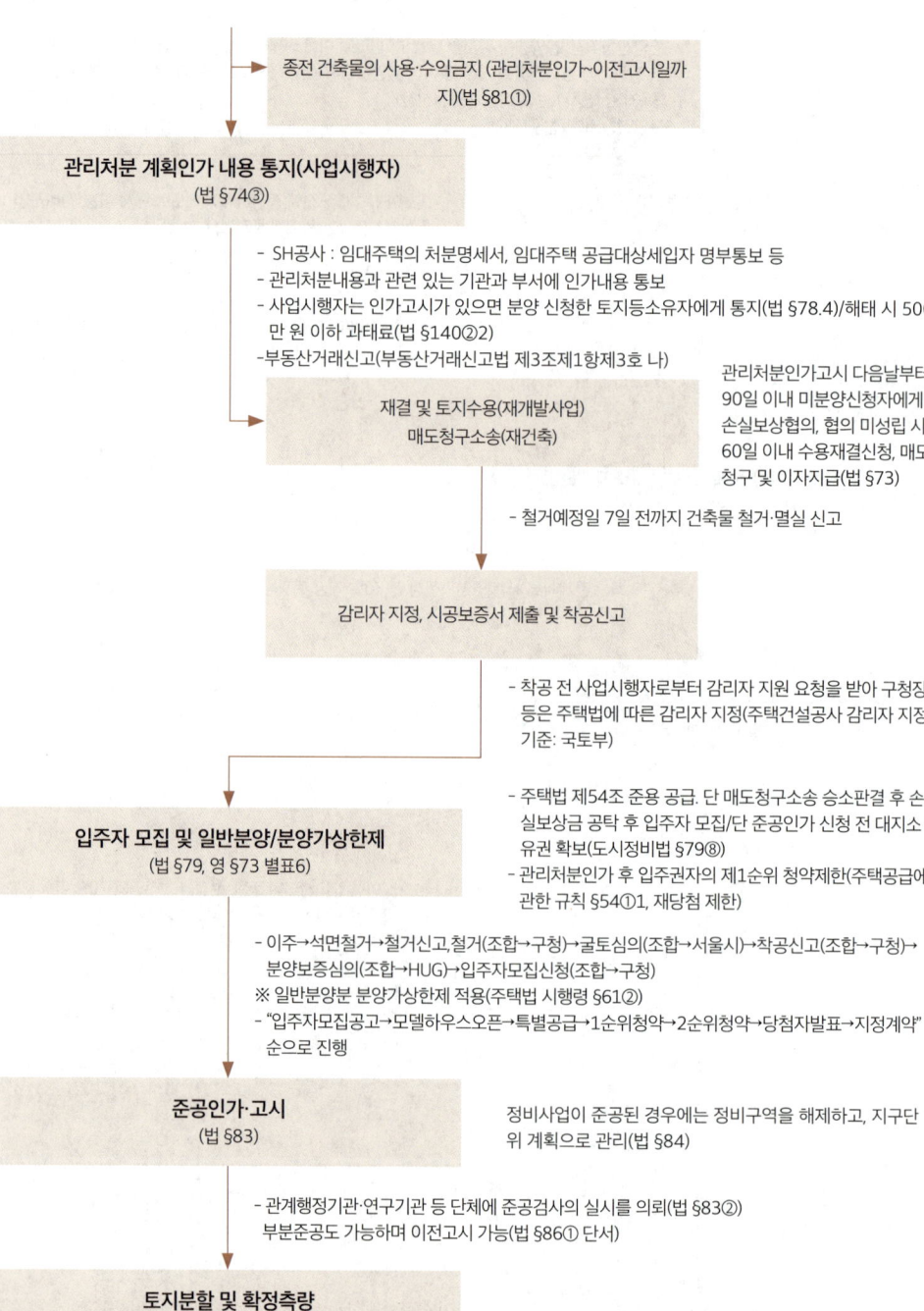

이전고시(법 §86)
- 사업시행자는 관리처분계획의 내용을 분양받을 자에게 통지
- 이전고시 후에 대지 및 건축시설에 관한 등기를 신청

보존등기(법 §88)
- 사업시행자인 조합은 이전고시 후 지체 없이 소유자별 이전고시 내용을 등기신청
- 등기신청은 「도시 및 주거환경정비등기처리규칙」에 따름

조합해산(법 §8)
- 분양받은 대지 또는 건축시설의 가격에 차액이 있을 때는 사업시행자는 이전고시 후에 그 차액에 상당하는 금액을 징수하거나 지급
- 조합의 해산방법 및 시기는 정관에 따로 정하여 시행가능
- **조합정관에 청산인의 보수 필수적 포함(법 §40①14)**
- **해산 의결 시 청산인은 지체 없이 청산업무 수행(법 §86의2⑤)**

민영주택사업에선 소유권 확보되면 언제든지 사업 진행이 가능하지만, 재건축·재개발사업에서는 소유자들의 동의를 전제로 하여 총회 의결을 거쳐야 한다.

사업시행계획인가(변경) 및 관리처분계획 수립(변경) 총회는 2024.12.3 법 개정으로, 2025.6.4부터 제한 없이 전자적 방법으로 의결권을 행사하게 되었다.

다만, 온라인 총회에 관한 개정사항은 2025.12.4부터 효력이 발생된다.
- 도시정비법 제36조제1항: "전자서명 동의서(「전자문서 및 전자거래 기본법」 제2조제1호에 따른 전자문서에 「전자서명법」 제2조제2호에 따른 전자서명을 한 동의서를 말한다. 이하 같다)를 제출하는 방법으로 한다. 이 경우 서면동의서는 토지등소유자가 성명을 적고 지장(指章)을 날인하는 방법"
- 같은 법 제44조의2(온라인 총회)
- 같은 법 제48조제3항(토지등소유자 전체회의에서 의결방법 등)

도시정비법

법 제45조(총회의 의결) ⑥ 제5항에도 불구하고 조합원은 다음 각 호의 요건을 모

두 충족한 경우에는 전자적 방법(「전자문서 및 전자거래 기본법」 제2조제2호에 따른 정보처리시스템을 사용하거나 그 밖의 정보통신기술을 이용하는 방법을 말한다. 이하 같다)으로 의결권을 행사할 수 있다. 이 경우 정족수를 산정할 때에 출석한 것으로 본다. <신설 2024.12.3>

  1. 조합원이 전자적방법 외에 제5항에 따른 방법으로도 의결권을 행사할 수 있게 할 것

  2. 의결권의 행사 방법에 따른 결과가 각각 구분되어 확인·관리할 수 있을 것

  3. 그 밖에 전자적 방법을 통한 의결권의 투명한 행사 등을 위하여 대통령령으로 정하는 기준에 부합할 것

  ⑦ 조합은 조합원의 참여를 확대하기 위하여 조합원이 전자적 방법을 우선적으로 이용하도록 노력하여야 한다. <신설 2024.12.3>

3. 소규모주택정비사업 진행절차

1) 가로주택정비사업, 소규모재건축사업

소규모주택정비사업은 관리계획 고시 후, 조합설립인가 또는 주민합의체 구성을 하여 사업 진행을 하게 된다(예: 서울특별시 모아타운).

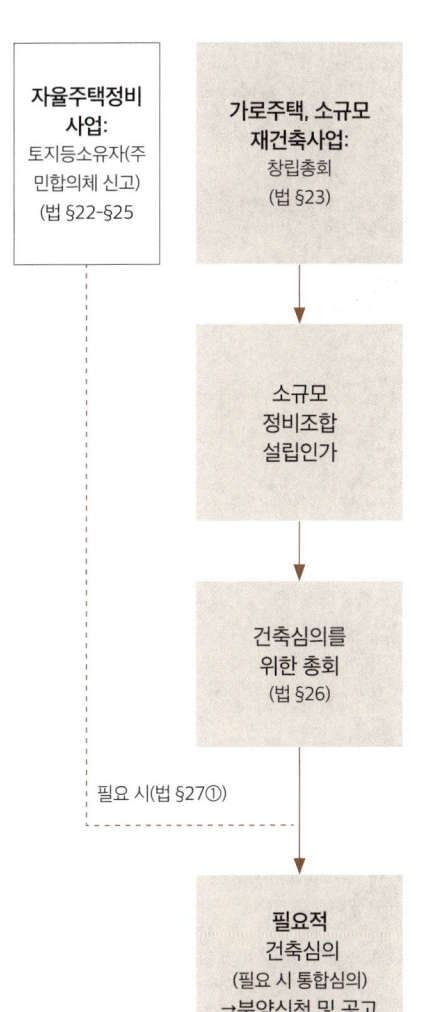

① 토지등소유자(주민합의체 신고) 토지등소유자 20명 미만(법 §17③1)/권리산정기준일은 주민합의체 신고일: 서울시 조례 §2①6)
② 소규모주택정비조합(가로주택, 소규모 재건축)
- 소규모 재건축: 공동주택의 각 동(복리시설은 하나의 동)별 구분소유자의 과반수 동의와 주택단지 안의 전체 구분소유자의 3/4 및 토지면적 3/4 이상 동의(법 §23②)/단독주택 포함 시 토지 또는 건축물소유자의 3/4 및 토지면적 2/3 이상(§23③)
- 가로주택: 토지등소유자 수의 8/10, 면적의 2/3 이상 동별 과반수, 단독은 면적의1/2 이상(§23①)

- 시공자, 정비업자 선정 : 2회 이상 유찰 시 수의계약(법 §20, 제21)
- 공공시행자, 신탁회사 단독시행자 지정 동의 시 시공자 선정 가능(법 §20③)
- 조합원 자격인정: 19세 이상/자녀분가요건(세대별 주민등록을 달리 하고 실거주자를 분가한 경우로 한정)(도시정비법 §39①2)
- 조합설립인가일이 권리산정기준일(법 §33③3 다, 서울시 조례 §2①6)

총회 의결
- 조합원 과반수 찬성으로 총회의결. 다만, 공사비 등 소규모 정비사업에 드는 정비사업비가 10/100이상 늘어나는 경우에는 조합원 2/3이상 찬성으로 의결(법 §26②2)
- 신탁업자가 시행자인 경우 토지등소유자의 과반수 동의 및 토지면적의 1/2이상 동의(법 §26②3)

- 건축심의(통합심의)결과를 기초로 종전평가를 실시해 평가액 등을 90일 이내 소유자에게 통지(법 §28①)/건축심의결과 통지일로부터 30일 이내 최고(催告)로 매노청구 착수(법 §35)
- 분양신청 및 공고: 토지등소유자에게 통지한 날부터 30일 이상 60일 이내, 20일 이내 한차례 연장(법 §28조②)/건축심의 결과통지를 받은 날부터 90일 이내 신문공고(법 §28조①)
- 사업시행계획변경인가 시 정관 또는 총회의결 거쳐 재분양신청 가능 (동조 ⑤)

```
┌─────────────────┐
│  (간이)사업      │
│  시행계획서      │         ┌──────────┐      - 임대주택 및 소형주택의 건설계획
│  토지등소유자(주 │         │ 사업시행  │      - 건축물의 높이 및 용적률 등에 관한 건축계획
│  민합의체 신고)  │         │계획서의 작성│ ──  - 정비사업비, 토지이용계획
│   (법 §22~§25)   │         │  (법 §30) │      - 분양설계 등 관리처분계획
└─────────────────┘         │ 사업시행자 │      - 시행규정(구청장, LH등, 신탁업자가 단독으로 시행하는 사업으로 한정)
         ┊                   └──────────┘
         ┊                        ▼
         ┊                   ┌──────────┐      총회개최, 의결(법 §33)
         ┊                   │사업시행계획│      - 총회개최 30일 전 조합원에 문서 통지(법 §33②)
         ┊                   │   총회    │      - 조합원 과반수 찬성으로 총회의결. 다만, 공사비 등 소규모정비사업에
         └┈┈┈┈┈┈┈┈┈┈┈┈┈┈┈┈┈  │ (법 §29③) │ ──    드는 정비사업비가 10/100 이상 증가 시 조합원 2/3이상 찬성으로 의
                              │ 사업시행자 │        결(법 §26②2)
                              │(경미한 변경은 제외)│ - 신탁업자가 시행자인 경우 토지등소유자의 과반수 동의 및 토지면적의
                              └──────────┘        1/2 이상 동의(법 §26②3)
                                    ▼           - 취약주택정비사업은 동의받지 않음(법 §29④)

                              ┌──────────┐      - 관계 행정기관의 장이 30일 이내 협의의견을 제출하지 않은 경우 사
                              │사업시행계획인가│      업절차 신속을 위해 협의 의제(도시정비법 §57④)
                              │  신청(법 §29①)│ ──  인가권자는 사업시행계획인가 신청이 있으면 제출일로부터 60일 이
                              │사업시행자→구청장│    내에 인가 여부 결정통보(법 §29②)
                              └──────────┘      토지등소유자에게 분양신청 공고 전에 종전자산평가 결과와 분양대상
                                    ▼           자별 분담금 추산액을 알려주도록 하고, 분양공고를 사업시행인가 후
                                                120일로 연장(법 §72)

                              ┌──────────┐
                              │사업시행계획│
                              │인가를 위한 공람·공고│
                              │   (구보)  │
                              │ (법 §29⑥) │
                              └──────────┘
                                    ▼
                              ┌──────────┐
                              │사업시행계획인가│     - 종전 토지, 건축물의 소유자, 지상권자, 전세권자등은 사업시행계획인가
                              │(변경)고시(법 §29⑤)│ ──   고시일부터 이전고시일까지 사용, 수익 중지(법 §37①)
                              │   구청장  │       - 건축물의 철거(동조 ②)
                              └──────────┘
                                    ▼
                              ┌──────────┐
                              │   착공    │
                              └──────────┘
                                    ▼
                              ┌──────────┐      관리처분계획인가 후 입주권자에게 개정 주택공급에 관한 규칙 제1순위
                              │ 입주자 모집 및│ ── 제한 미적용(주택공급규칙 §28①1 가목)
                              │ 일반분양(법 §34①~④)│
                              └──────────┘      - 공동주택분양 : 「주택공급에 관한 규칙」이 정하는 바에 따라 일반에게 분양
                                    │           - 부대·복리시설 : 「주택공급에 관한 규칙」에 따라 일반공개경쟁
                                    ▼
                              ┌──────────┐
                              │ 준공인가·고시│
                              │  (법 §39) │
                              └──────────┘      - 공사완료 보고서 제출(시행자→구청)
                                    │           - 관계행정기관·연구기관 등 단체에 준공검사의 실시를 의뢰
                                    ▼
```

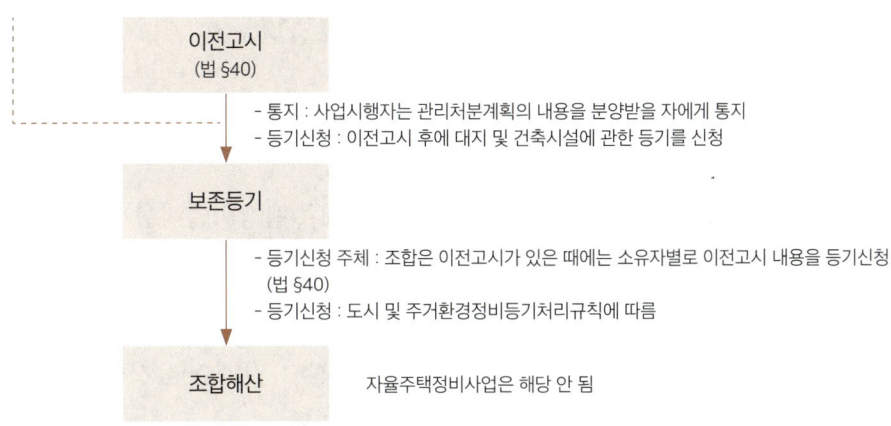

※ 대표적 민간 사업시행자는 소규모주택정비사업조합

근거법령: 「빈집 및 소규모 주택정비에 관한 특례법(이하 "소규모주택정비법")」

자율주택정비사업은 점선 부분인 "토지등소유자의 주민합의체 신고→필요 시 통합심의(법§27①)→사업시행계획인가 신청(법 §29①)→착공→입주자 모집 및 일반분양→준공인가·고시(법 §39)→보존등기"순으로 진행된다.

관리지역에서 자율주택정비사업은 토지등소유자의 8/10 이상 및 토지면적의 2/3 이상의 토지소유자 동의를 받은 경우 주민합의체를 구성할 수 있다(법 §22②·③).

2) 소규모 재개발사업

2023.4.18 소규모재개발 사업시행예정구역 지정절차가 없어짐에 따라, 소규모주택정비사업으로 진행되는 경우 관리계획 고시 후 진행절차는 다음과 같다.

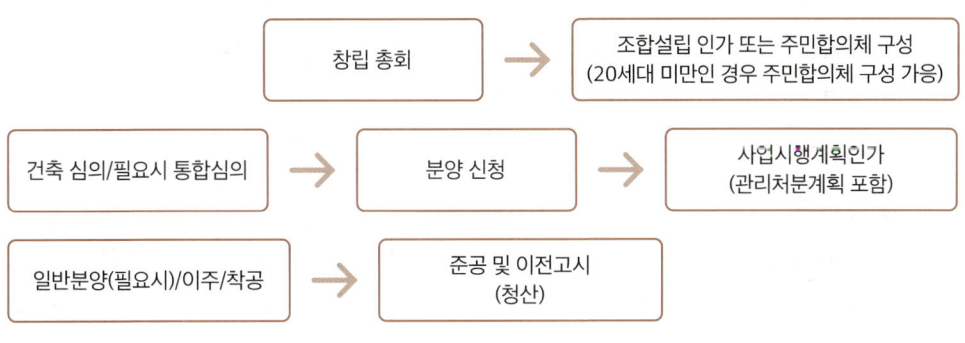

＊시공사는 조합설립 인가 후 조합 총회 의결을 통해 선정

Ⅲ. 정관으로 정할 수 있는 사항

도시정비법령상 재건축·재개발사업 및 소규모주택정비법령상 소규모주택정비사업에 대해 정관으로 정할 수 있는 사항을 규정하고 있다.

또한, 법령에서 임의규정 형태로 남겨 놓은 부분을 정관으로 정할 수 있는데, 이 경우 법령의 범위를 해하지 않는 상태에서 규정할 수 있다.

1. 시공자 선정

재건축·재개발사업의 시공자를 선정하려면, 조합설립인가 후 건설업자나 등록업자를 선정하여야 한다.

다만, 조합원이 100인 이하인 경우, 미리 조합정관에서 정하는 바에 따라 총회를 개최하지 않고 시공자를 선정할 수 있다(정비구역 면적이 같아도 재건축·재개발사업에 따라 조합원 수가 달라질 수 있음).

도시정비법
제29조(계약의 방법 및 시공자 선정 등) ④ 조합은 조합설립인가를 받은 후 조합총회에서 제1항에 따라 경쟁입찰 또는 수의계약(2회 이상 경쟁입찰이 유찰된 경우로 한정한다)의 방법으로 건설업자 또는 등록사업자를 시공자로 선정하여야 한다.

다만, 대통령령으로 정하는 규모 이하의 정비사업은 조합총회에서 정관으로 정하는 바에 따라 선정할 수 있다. <개정 2017.8.9>

동법 시행령
제24조(계약의 방법 및 시공자의 선정) ③ 법 제29조제4항 단서에서 "대통령령으로 정하는 규모 이하의 정비사업"이란 조합원이 100인 이하인 정비사업을 말한다.

도시정비법 시행령에서는 조합총회에서 정관이 정하는 바에 따라 시공자를 선정할 수 있는 규모를 조합원 100인 이하로 정하고 있다.

반면, 소규모주택정비사업은 토지등소유자 또는 조합원이 30인 이하이다.

소규모주택정비법

제20조(시공자의 선정 등) ② 조합은 소규모주택정비사업을 시행하는 경우 조합설립인가를 받은 후 조합 총회(시장·군수등 또는 토지주택공사등과 공동으로 사업을 시행하는 경우에는 조합원의 과반수 동의로 조합 총회 의결을 갈음할 수 있다)에서 국토교통부장관이 정하여 고시하는 경쟁입찰 또는 수의계약(2회 이상 경쟁입찰이 유찰된 경우로 한정한다)의 방법으로 건설업자 또는 등록사업자를 시공자로 선정하여야 한다.

다만, 대통령령으로 정하는 규모 이하의 소규모주택정비사업은 조합 총회에서 정관으로 정하는 바에 따라 선정할 수 있다. <개정 2020.8.18, 2022.2.3>

동법 시행령

제18조(시공자의 선정) ① 법 제20조제2항 단서 및 같은 조 제4항 단서에서 "대통령령으로 정하는 규모 이하의 소규모주택정비사업"이란 각각 토지등소유자 또는 조합원이 30인 이하인 소규모주택정비사업을 말한다. <개정 2022.1.18>

2. 조합의 법인격, 조합설립인가 절차 등

1) 조합의 법인격 등

도시정비법

제38조(조합의 법인격 등) ① 조합은 법인으로 한다.

② 조합은 조합설립인가를 받은 날부터 30일 이내에 주된 사무소의 소재지에서 대통령령으로 정하는 사항을 등기하는 때에 성립한다.

③ 조합은 명칭에 "정비사업조합"이라는 문자를 사용하여야 한다.

소규모주택정비법(제56조제1항)에서는 도시정비법 제38조(정관의 기재사항)인 조합의 법인격 사항의 규정을 준용한다.

2) 조합설립인가의 절차 등

소규모주택정비법 시행령

제20조(조합설립인가의 절차 등) ① 법 제23조제1항부터 제4항까지의 규정에 따라 조합의 설립에 관하여 토지등소유자의 동의를 받아야 하는 사항은 다음 각 호와 같다. <개정 2021.9.17>
  1. 건축되는 건축물의 설계 개요
  2. 법 제23조제1항제2호에 따른 정비사업비
  3. 정비사업비의 분담기준
  4. 사업 완료 후 소유권의 귀속에 관한 사항
  5. 정관

② 제1항에 따른 토지등소유자의 동의는 국토교통부령으로 정하는 동의서에 법 제25조제1항에 따른 방법으로 받아야 한다. 이 경우 동의를 받기 전에 다음 각 호의 사항을 토지등소유자에게 서면으로 제공해야 한다. <개정 2023.10.18>
  1. 제1항 각 호의 사항
  2. 토지등소유자별 분담금 추산액 및 산출근거

③ 조합은 법 제23조제1항 각 호 외의 부분 전단 및 같은 조 제2항·제4항에 따라 조합설립인가를 받은 때에는 정관으로 정하는 바에 따라 토지등소유자에게 그 내용을 통지하고, 이해관계인이 열람할 수 있도록 해야 한다. <개정 2021.9.17>

④ 법 제23조에 따른 조합설립인가 절차에 소요되는 비용에 관한 사항은 정관으로 정한다. <신설 2023.10.18>

3) 창립총회

소규모주택정비법 시행령

제20조의3(창립총회 결의사항 등) ① 창립총회에서는 다음 각 호의 사항을 의결한다.

1. 정관의 확정

2. 임원의 선임

3. 대의원의 선임

4. 그 밖에 제20조의2제3항에 따라 통지한 사항으로서 창립총회에서 의결하기로 한 사항

② 창립총회의 의사결정은 토지등소유자(소규모재건축사업의 경우에는 조합 설립에 동의한 자로 한정한다) 과반수의 출석과 출석한 토지등소유자 과반수의 찬성으로 의결한다. 다만, 제1항제2호 및 제3호의 사항에 관한 의결방법을 정관으로 달리 정한 경우에는 그에 따른다.

[본조신설 2022.8.2]

3. 정관의 기재사항 및 정관 변경

1) 정관의 기재사항

도시정비법

제40조(정관의 기재사항 등) ① 조합의 정관에는 다음 각 호의 사항이 포함되어야 한다. <개정 2023.12.26>

1. 조합의 명칭 및 사무소의 소재지

2. 조합원의 자격

3. 조합원의 제명·탈퇴 및 교체

4. 정비구역의 위치 및 면적

5. 조합의 임원의 수 및 업무의 범위

6. 조합임원의 권리·의무·보수·선임방법·변경 및 해임

7. 대의원의 수, 선임방법, 선임절차 및 대의원회의 의결방법

8. 조합의 비용부담 및 조합의 회계

9. 정비사업의 시행연도 및 시행방법

10. 총회의 소집 절차·시기 및 의결방법

11. 총회의 개최 및 조합원의 총회소집 요구
12. 현금청산자 관련 이자 지급
13. 정비사업비의 부담 시기 및 절차
14. 정비사업이 종결된 때의 청산절차(조합의 해산 이후 청산인의 보수 등 청산 업무에 필요한 사항을 포함한다)
15. 청산금의 징수·지급의 방법 및 절차
16. 시공자·설계자의 선정 및 계약서에 포함될 내용
17. 정관의 변경절차
18. 그 밖에 정비사업의 추진 및 조합의 운영을 위하여 필요한 사항으로서 대통령령으로 정하는 사항
② 시·도지사는 제1항 각 호의 사항이 포함된 표준정관을 작성하여 보급할 수 있다.

도시정비법 시행령

제38조(조합정관에 정할 사항) 법 제40조제1항제18호에서 "대통령령으로 정하는 사항"이란 다음 각 호의 사항을 말한다.
1. 정비사업의 종류 및 명칭
2. 임원의 임기, 업무의 분담 및 대행 등에 관한 사항
3. 대의원회의 구성, 개회와 기능, 의결권의 행사방법 및 그 밖에 회의의 운영에 관한 사항
4. 정비사업의 공동시행에 관한 사항
5. 정비사업전문관리업자에 관한 사항
6. 정비사업의 시행에 따른 회계 및 계약에 관한 사항
7. 정비기반시설 및 공동이용시설의 부담에 관한 개략적인 사항
8. 공고·공람 및 통지의 방법
9. 토지 및 건축물 등에 관한 권리의 평가방법에 관한 사항
10. 관리처분계획 및 청산(분할징수 또는 납입에 관한 사항을 포함)에 관한 사항
11. 사업시행계획서의 변경에 관한 사항
12. 조합의 합병 또는 해산에 관한 사항

13. 임대주택의 건설 및 처분에 관한 사항
14. 총회의 의결을 거쳐야 할 사항의 범위
15. 조합원의 권리·의무에 관한 사항
16. 조합직원의 채용 및 임원 중 상근(常勤)임원의 지정에 관한 사항과 직원 및 상근임원의 보수에 관한 사항
17. 그 밖에 시·도조례로 정하는 사항

소규모주택정비법(제56조제1항)에서는 도시정비법 제40조(정관의 기재사항) 제1항인 정관 기재사항의 규정을 준용한다.

서울특별시 도시정비조례

제20조(조합의 설립인가 신청서류 등의 작성 방법) ① 시행규칙 별지 제5호서식에 따른 조합설립(변경) 인가신청서 및 제출서류의 작성방법은 다음 각 호와 같다.
4. 정관은 법 제40조제2항에 따른 표준정관을 준용하여 작성함을 원칙으로 한다.

제22조(조합정관에 정할 사항) 영 제38조제17호에서 "그 밖에 시·도조례로 정하는 사항"이란 다음 각 호의 사항을 말한다. <개정 2019.9.26, 2023.3.27>
1. 이사회의 설치 및 소집, 사무, 의결방법 등 이사회 운영에 관한 사항
2. 특정무허가건축물 소유자의 조합원 자격에 관한 사항
3. 공유지분 소유권자의 대표자 선정에 관한 사항
4. 단독 또는 다가구주택을 건축물 준공 이후 다세대주택으로 전환한 주택을 취득한 자에 대한 분양권 부여에 관한 사항
5. 재정비촉진지구의 도시계획사업으로 철거되는 주택을 소유한 자 중 구청장이 선정한 자에 대한 주택의 특별공급에 관한 사항
6. 융자금액 상환에 관한 사항
7. 융자 신청 당시 담보 등을 제공한 조합장 등이 변경될 경우 채무승계에 관한 사항
8. 정비구역 내 공가 발생 시 안전조치 및 보고 사항
9. 법 제87조에 따른 권리의 확정, 법 제88조에 따른 등기절차, 법 제89조에 따른 청산금 등의 징수 및 지급이 완료된 후 조합해산을 위한 총회 또는 대의원

회의 소집 일정에 관한 사항
10. 법 제45조제1항제5호에 따른 시공자 선정 및 변경에 필요한 총회의 의결 요건에 관한 사항

정관의 기재사항은 도시정비법, 동법 시행령, 도시정비조례에서 규정하고 있다. 시도별 도시정비조례에서 도시의 특성상 그 범위가 달라질 수 있다.

부산광역시 도시정비조례

제17조(조합설립인가 신청서류 등의 작성방법) ① 시행규칙 제8조에 따른 조합설립인가 신청서 및 첨부서류의 작성방법은 다음과 같다.
1. 정관의 작성은 법 제40조제2항에 따른 표준정관을 기준으로 작성함을 원칙으로 한다.
2. 조합의 명칭은 사업시행구역 명칭의 뒤에 "정비사업조합"이라는 문자를 사용하여야 한다.
3. 주된 사무소의 소재지는 사업시행구역이 소재하는 구·군의 관할지역 안에 두는 것을 원칙으로 한다.
4. 사업시행구역의 명칭 및 면적은 법 제8조 및 제9조에 따른 정비계획과 동일하게 한다.
5. 조합원 수는 신청서에 첨부된 조합원 명부의 인원을 기준으로 한다.
6. 조합원명부에는 조합원 번호, 동의자의 주소, 성명 및 권리내역을 기재하고 동의율을 확인할 수 있는 별지 제7호서식의 동의총괄표를 작성, 첨부한다.
7. 임원선정 증빙서류로 토지등소유자의 대표자추천서 또는 주민총회회의록 등을 제출한다.

② 제1항(제1호를 제외한다)은 시행규칙 제7조에 따른 추진위원회 승인신청서 작성에 관하여 이를 준용한다.

제24조(조합정관의 기재사항 및 경미한 변경) ① 영 제38조제17호에서 "시·도조례로 정하는 사항"이란 다음 각 호의 사항을 말한다.
1. 이사회의 설치 및 소집, 사무, 의결방법 등 이사회의 운영에 관한 사항

2. 기존무허가건축물 소유자의 조합원 자격에 관한 사항
3. 공유지분 소유권자의 대표자 선정에 관한 사항
4. 융자금액 상환에 관한 사항
5. 융자신청 당시 담보 등을 제공한 조합장 등이 변경될 경우 채무승계에 관한 사항
6. 정비구역 내 공가 발생 시 안전조치 및 보고 사항

2) 정관 변경

도시정비법

제40조(정관의 기재사항 등) ③ 조합이 정관을 변경하려는 경우에는 제35조제2항부터 제5항까지의 규정에도 불구하고 총회를 개최하여 조합원 과반수의 찬성으로 시장·군수등의 인가를 받아야 한다. 다만, 제1항제2호·제3호·제4호·제8호·제13호 또는 제16호의 경우에는 조합원 2/3 이상의 찬성으로 한다.

④ 제3항에도 불구하고 대통령령으로 정하는 경미한 사항을 변경하려는 때에는 <u>이 법 또는 정관으로 정하는 방법</u>에 따라 변경하고 시장·군수등에게 신고하여야 한다.

소규모주택정비법(제56조제1항)에서는 도시정비법 제40조(정관의 기재사항) 제3항인 정관 변경의 규정을 준용한다.

도시정비법 시행령

제39조(정관의 경미한 변경사항) 법 제40조제4항에서 "대통령령으로 정하는 경미한 사항"이란 다음 각 호의 사항을 말한다. <개정 2019.6.18>
1. 조합의 명칭 및 사무소의 소재지에 관한 사항
2. 조합임원의 수 및 업무의 범위에 관한 사항
3. 삭제 <2019.6.18>
4. 총회의 소집 절차·시기 및 의결방법에 관한 사항
5. 임원의 임기, 업무의 분담 및 대행 등에 관한 사항
6. 대의원회의 구성, 개회와 기능, 의결권의 행사방법, 그 밖에 회의의 운영에 관

한 사항

7. 정비사업전문관리업자에 관한 사항
8. 공고·공람 및 통지의 방법에 관한 사항
9. 임대주택의 건설 및 처분에 관한 사항
10. 총회의 의결을 거쳐야 할 사항의 범위에 관한 사항
11. 조합직원의 채용 및 임원 중 상근임원의 지정에 관한 사항과 직원 및 상근임원의 보수에 관한 사항
12. 착오·오기 또는 누락임이 명백한 사항
13. 정비구역 또는 정비계획의 변경에 따라 변경되어야 하는 사항
14. 그 밖에 시·도조례로 정하는 사항

서울특별시 도시정비조례

제23조(정관의 경미한 변경사항) 영 제39조제14호에서 "그 밖에 시·도조례로 정하는 사항"이란 제22조제1호의 사항으로서 예산의 집행 또는 조합원의 부담이 되지 않는 사항을 말한다. <개정 2020.12.31>

부산광역시 도시정비조례

제24조(조합정관의 기재사항 및 경미한 변경) ② 영 제39조제12호에서 "시·도조례로 정하는 사항"이란 다음 각 호의 사항을 말한다.

1. 제1항제1호 및 제3호의 변경
  ▶ 이사회의 설치 및 소집, 사무, 의결방법 등 이사회의 운영에 관한 사항, 공유지분 소유권자의 대표자 선정에 관한 사항
2. 착오 또는 오기가 명백한 자구의 정정
3. 법령·조례 변경 및 법 제40조제2항의 표준정관에 따른 변경

4. 이사, 감사의 수

도시정비법

제41조(조합의 임원) ② 조합의 이사와 감사의 수는 대통령령으로 정하는 범위에

서 정관으로 정한다.

④ 조합임원의 임기는 3년 이하의 범위에서 정관으로 정하되, 연임할 수 있다.

⑤ 조합임원의 선출방법 등은 정관으로 정한다. 다만, 시장·군수등은 다음 각 호의 어느 하나에 해당하는 경우 시·도조례로 정하는 바에 따라 변호사·회계사·기술사 등으로서 대통령령으로 정하는 요건을 갖춘 자를 전문조합관리인으로 선정하여 조합임원의 업무를 대행하게 할 수 있다. <개정 2019.4.23>

1. 조합임원이 사임, 해임, 임기만료, 그 밖에 불가피한 사유 등으로 직무를 수행할 수 없는 때부터 6개월 이상 선임되지 아니한 경우
2. 총회에서 조합원 과반수의 출석과 출석 조합원 과반수의 동의로 전문조합관리인의 선정을 요청하는 경우

조합임원 임기의 상한은 법률에서 규정하고, 세부적인 사항은 조합정관에 정하도록 하였다.

소규모주택정비법(제56조제1항)에서는 도시정비법 제41조(조합의 임원)를 준용한다.

도시정비법 시행령

제40조(조합임원의 수) 법 제41조제1항에 따라 조합에 두는 이사의 수는 3명 이상으로 하고, 감사의 수는 1명 이상 3명 이하로 한다. 다만, 토지등소유자의 수가 100인을 초과하는 경우에는 이사의 수를 5명 이상으로 한다.

감사는 1명 이상 3명 이하로 하며, 이사와는 달리 토지등소유자 수가 100명을 초과해도 그 수를 더 이상 늘릴 수 없다.

5. 총회 소집, 의결(방법)

소규모주택정비법(제56조제1항)에서는 도시정비법 제44조(총회의 소집), 제44조의2, 제45조를 준용한다.

도시정비법

제44조(총회의 소집) ② 총회는 조합장이 직권으로 소집하거나 조합원 1/5 이상(정관의 기재사항 중 조합임원의 권리·의무·보수·선임방법·변경 및 해임에 관한 사항을 변경하기 위한 총회의 경우는 1/10 이상으로 한다) 또는 대의원 2/3 이상의 요구로 조합장이 소집하며, 조합원 또는 대의원의 요구로 총회를 소집하는 경우 조합은 소집을 요구하는 자가 본인인지 여부를 대통령령으로 정하는 기준에 따라 정관으로 정하는 방법으로 확인하여야 한다. <개정 2019.4.23, 2023.7.18>

④ 제2항 및 제3항에 따라 총회를 소집하려는 자는 총회가 개최되기 7일 전까지 회의 목적·안건·일시 및 장소와 제45조제5항, 제6항 및 제8항에 따른 의결권의 행사기간 및 장소 등 의결권 행사에 필요한 사항을 정하여 조합원에게 통지하여야 한다. <개정 2021.8.10, 2024.12.3>

⑤ 총회의 소집 절차·시기 등에 필요한 사항은 정관으로 정한다.

도시정비법 시행령

제41조의2(총회의 소집) 법 제44조제2항에서 "대통령령으로 정하는 기준"이란 다음 각 호와 같다.

1. 총회의 소집을 요구하는 조합원 또는 대의원은 요구서에 성명을 적고 서명 또는 지장날인을 하며, 주민등록증, 여권 등 신원을 확인할 수 있는 신분증명서의 사본을 첨부할 것

2. 제1호에도 불구하고 총회의 소집을 요구하는 조합원 또는 대의원이 해외에 장기체류하는 등 불가피한 사유가 있다고 인정되는 경우에는 해당 조합원 또는 대의원의 인감도장을 찍은 요구서에 해당 인감증명서를 첨부할 것

[본조신설 2023.12.5]

도시정비법

제44조의2(온라인총회) ① 조합은 총회의 의결을 거쳐 제44조에 따른 총회와 병행하여 「정보통신망 이용촉진 및 정보보호 등에 관한 법률」 제2조제1항제1호에 따른 정보통신망을 이용한 총회(이하 "온라인총회")를 개최하여 조합원이 참석하게 할 수 있다. 다만, 「재난 및 안전관리 기본법」 제3조제1호에 따른 재난의 발생 등

대통령령으로 정하는 사유가 발생하여 시장·군수등이 조합원의 직접 출석이 어렵다고 인정하는 경우에는 온라인총회를 단독으로 개최할 수 있다.

② 제1항에 따른 온라인총회는 다음 각 호의 요건을 모두 갖추어 개최하여야 한다. 이 경우 정족수를 산정할 때에는 직접 출석한 것으로 본다.

1. 온라인총회에 참석한 조합원이 본인인지 여부를 확인할 수 있을 것
2. 온라인총회에 참석한 조합원의 접속 기록 등이 보관되어 실제 참석 여부를 확인·관리할 수 있을 것
3. 그 밖에 원활한 의견의 청취・제시 등을 위하여 대통령령으로 정하는 기준에 부합할 것

③ 그 밖에 온라인총회의 개최 방법 및 절차에 관하여 필요한 사항은 대통령령으로 정한다.

[본조신설 2024.12.3]

도시정비법

제45조(총회의 의결) ① 다음 각 호의 사항은 총회의 의결을 거쳐야 한다.

1. 정관의 변경(경미한 사항의 변경은 <u>이 법 또는 정관에서 총회의결사항으로 정한 경우로 한정</u>)

13. 그 밖에 조합원에게 경제적 부담을 주는 사항 등 주요한 사항을 결정하기 위하여 대통령령 또는 정관으로 정하는 사항

② 제1항 각 호의 사항 중 <u>이 법 또는 정관에 따라 조합원의 동의가 필요한 사항은 총회에 상정</u>하여야 한다.

③ 총회의 의결은 이 법 또는 정관에 다른 규정이 없으면 조합원 과반수의 출석과 출석 조합원의 과반수 찬성으로 한다.

⑥ 제5항에도 불구하고 조합원은 다음 각 호의 요건을 모두 충족한 경우에는 전자적 방법(「전자문서 및 전자거래 기본법」 제2조제2호에 따른 정보처리시스템을 사용하거나 그 밖의 정보통신기술을 이용하는 방법을 말한다. 이하 같다)으로 의결권을 행사할 수 있다. 이 경우 정족수를 산정할 때에 출석한 것으로 본다. <신설 2024.12.3>

1. 조합원이 전자적 방법 외에 제5항에 따른 방법으로도 의결권을 행사할 수 있게 할 것
2. 의결권의 행사 방법에 따른 결과가 각각 구분되어 확인·관리할 수 있을 것

3. 그 밖에 전자적 방법을 통한 의결권의 투명한 행사 등을 위하여 대통령령으로 정하는 기준에 부합할 것

⑦ 조합은 조합원의 참여를 확대하기 위하여 조합원이 전자적 방법을 우선적으로 이용하도록 노력하여야 한다. <신설 2024.12.3>

⑧ 제6항제1호에도 불구하고 제44조의2제1항 단서에 해당하는 경우에는 전자적 방법만으로 의결권을 행사할 수 있다. <신설 2024.12.3>

⑨ 조합은 제5항, 제6항 및 제8항에 따라 서면 또는 전자적 방법으로 의결권을 행사하는 자가 본인인지를 확인하여야 한다. <신설 2021.8.10, 2024.12.3>

⑩ 총회의 의결은 조합원의 10/100 이상이 직접 출석(제5항에 따라 대리인을 통하거나 제6항 또는 제8항에 따라 전자적 방법으로 의결권을 행사하는 경우 직접 출석한 것으로 본다. 이하 이 조에서 같다)하여야 한다. 다만, 시공자의 선정을 의결하는 총회의 경우에는 조합원의 과반수가 직접 출석하여야 하고, 창립총회, 시공자 선정 취소를 위한 총회, 사업시행계획서의 작성 및 변경, 관리처분계획의 수립 및 변경을 의결하는 총회 등 대통령령으로 정하는 총회의 경우에는 조합원의 20/100 이상이 직접 출석하여야 한다. <개정 2021.8.10, 2023.7.18, 2024.12.3>

⑪ 총회의 의결방법, 서면 또는 전자적 방법에 따른 의결권 행사 및 본인 확인방법 등에 필요한 사항은 정관으로 정한다. <개정 2021.8.10, 2024.12.3>

6. 대의원 수, 선임방법, 선임절차 등

소규모주택정비법(제56조제1항)에서 도시정비법 제46조(대의원회)를 준용한다.

도시정비법

제46조(대의원회) ⑤ 대의원의 수, 선임방법, 선임절차 및 대의원회의 의결방법 등은 대통령령으로 정하는 범위에서 정관으로 정한다.

도시정비법 시행령

제43조(대의원회가 총회의 권한을 대행할 수 없는 사항) 법 제46조제4항에서 "대

통령령으로 정하는 사항"이란 다음 각 호의 사항을 말한다. <개정 2022.1.21, 2022.12.9>

1. 정관의 변경에 관한 사항(경미한 사항의 변경은 법 또는 정관에서 총회의결사항으로 정한 경우로 한정)
2. 자금의 차입과 그 방법·이자율 및 상환방법에 관한 사항
3. 예산으로 정한 사항 외에 조합원에게 부담이 되는 계약에 관한 사항
4. 시공자·설계자 또는 감정평가법인등(시장·군수등이 선정·계약하는 감정평가법인등은 제외)의 선정 및 변경에 관한 사항
5. 정비사업전문관리업자의 선정 및 변경에 관한 사항
6. 조합임원의 선임 및 해임과 대의원의 선임 및 해임에 관한 사항. 다만, 정관으로 정하는 바에 따라 임기 중 궐위된 자(조합장 제외)를 보궐선임하는 경우를 제외한다.
7. 사업시행계획서의 작성 및 변경에 관한 사항(정비사업의 중지 또는 폐지에 관한 사항을 포함하며, 같은 항 단서에 따른 경미한 변경은 제외)
8. 관리처분계획의 수립 및 변경에 관한 사항(법 제74조제1항 각 호 외의 부분 단서에 따른 경미한 변경은 제외)
9. 법 제45조제2항에 따라 총회에 상정하여야 하는 사항
10. 조합의 합병 또는 해산에 관한 사항. 다만, 사업완료로 인한 해산의 경우는 제외한다.
11. 건설되는 건축물의 설계 개요의 변경에 관한 사항
12. 정비사업비의 변경에 관한 사항

제44조(대의원회) ② 대의원의 선임 및 해임에 관하여는 정관으로 정하는 바에 따른다.
　③ 대의원의 수는 법 제46조제2항에 따른 범위에서 정관으로 정하는 바에 따른다.
　④ 대의원회는 조합장이 필요하다고 인정하는 때에 소집한다. 다만, 다음 각 호의 어느 하나에 해당하는 때에는 조합장은 해당일부터 14일 이내에 대의원회를 소집하여야 한다.
　　1. 정관으로 정하는 바에 따라 소집청구가 있는 때

2. 대의원의 1/3 이상(정관으로 달리 정한 경우에는 그에 따른다)이 회의의 목적사항을 제시하여 청구하는 때

⑦ 대의원회의 소집은 집회 7일 전까지 그 회의의 목적·안건·일시 및 장소를 기재한 서면을 대의원에게 통지하는 방법에 따른다. <u>이 경우 정관으로 정하는 바에 따라 대의원회의 소집내용을 공고하여야 한다.</u>

⑧ 대의원회는 재적대의원 과반수의 출석과 출석대의원 과반수의 찬성으로 의결한다. 다만, <u>그 이상의 범위에서 정관으로 달리 정하는 경우에는 그에 따른다.</u>

⑨ 대의원회는 제7항 전단에 따라 사전에 통지한 안건만 의결할 수 있다. 다만, 사전에 통지하지 아니한 안건으로서 <u>대의원회의 회의에서 정관으로 정하는 바에 따라 채택된 안건</u>의 경우에는 그러하지 아니하다.

7. 관리처분계획의 수립기준 및 관리처분 방법 등
임의규정의 경우 법에서 정관에 위임규정 없어도 정관에서 규정

1) 관리처분계획의 수립기준

도시정비법

제76조(관리처분계획의 수립기준) ① 관리처분계획의 내용은 다음 각 호의 기준에 따른다. <개정 2017.10.24, 2018.3.20, 2022.2.3, 2023.6.9, 2024.1.30>

3. 너무 좁은 토지 또는 건축물을 취득한 자나 정비구역 지정 후 분할된 토지 또는 집합건물의 구분소유권을 취득한 자에게는 현금으로 청산할 수 있다.

7. 제6호에도 불구하고 다음 각 목의 경우에는 각 목의 방법에 따라 주택을 공급할 수 있다.

나. 다음 어느 하나에 해당하는 토지등소유자에게는 소유한 주택 수만큼 공급할 수 있다.

1) 과밀억제권역에 위치하지 아니한 재건축사업의 토지등소유자. 다만, 투기과열지구 또는 주택법에 따라 지정된 조정대상지역에서 사업시행계획인가(최초 사업시행계획인가를 말한다.)를 신청하는 재건축사업의 토지등소유자는 제외한다.

2), 3) 생략

다. 생략

라. 제74조제1항제5호에 따른 가격의 범위 또는 종전 주택의 주거전용면적의 범위에서 2주택을 공급할 수 있고, 이 중 1주택은 주거전용면적을 60㎡ 이하로 한다. 다만, 60㎡ 이하로 공급받은 1주택은 이전고시일 다음 날부터 3년이 지나기 전에는 주택을 전매(매매·증여나 그 밖에 권리의 변동을 수반하는 모든 행위를 포함하되 상속의 경우는 제외한다.)하거나 전매를 알선할 수 없다.

법 제76조에선 정관에 위임한 사항이 없다.

그러나 일부 조합에서는 이 조문의 일부가 임의규정인 제7호 나목에서 주택의 수만큼 공급할 수 있다는 내용과 관련, 공급주택 수의 부족으로 그 수만큼 공급하지 아니 할 수 있다는 정관을 규정을 두는 사례도 있다.

1+1의 공급 역시도 이러한 이유로 제한하는 조합정관이 있으며, 정관에서 +1의 공급가격에 대해 일반분양가격 또는 일반분양가 플러스 ○○○원으로 올려서 분양하여 분쟁이 발생하기도 한다.

2) 관리처분계획의 내용 등

소규모주택정비법 시행령

제30조(관리처분계획의 내용 등) 법 제33조제1항제9호에서 "대통령령으로 정하는 사항"이란 다음 각 호의 사항을 말한다. <개정 2021.10.14>

1. 법 제34조제4항 전단에 따른 보류지 등의 명세와 추산액 및 처분방법
2. 법 제36조에 따라 손실보상에 관한 협의를 하여야 하는 토지등소유자별 기존 토지·건축물 또는 그 밖의 권리의 명세와 처분방법
3. 제31조제1항제4호에 따른 비용의 부담비율에 의한 대지 및 건축물의 분양계획과 그 비용부담의 한도·방법 및 시기. 이 경우 비용부담에 의하여 분양받을 수 있는 한도는 정관등에서 따로 정하는 경우를 제외하고는 기존 토지 또는 건축물의 가격의 비율에 따라 부담할 수 있는 비용의 50%를 기준으로 정한다.

4. 사업의 시행으로 인하여 용도가 폐지되는 정비기반시설 및 새로 설치되는 정비기반시설의 명세
5. 기존 건축물의 철거 예정시기
6. 그 밖에 시·도조례로 정하는 사항

3) 관리처분의 방법 등

도시정비법 시행령

제63조(관리처분의 방법 등) ② 재건축사업의 경우 법 제74조에 따른 관리처분은 다음 각 호의 방법에 따른다. 다만, 조합이 조합원 전원의 동의를 받아 그 기준을 따로 정하는 경우에는 그에 따른다. <개정 2022.12.9>
1. 제1항제5호 및 제6호를 적용할 것
2. 부대·복리시설(부속토지를 포함한다. 이하 이 호에서 같다)의 소유자에게는 부대·복리시설을 공급할 것. 다만, 다음 각 목의 어느 하나에 해당하는 경우에는 1주택을 공급할 수 있다.

가. 새로운 부대·복리시설을 건설하지 아니하는 경우로서 기존 부대시설·복리시설의 가액이 분양주택 중 최소분양단위규모의 추산액에 정관등으로 정하는 비율(정관등으로 정하지 아니하는 경우에는 1로 한다. 이하 나목에서 같다.)을 곱한 가액보다 클 것

나. 기존 부대시설·복리시설의 가액에서 새로 공급받는 부대·복리시설의 추산액을 뺀 금액이 분양주택 중 최소분양단위규모의 추산액에 정관등으로 정하는 비율을 곱한 가액보다 클 것

다. 새로 건설한 부대·복리시설 중 최소분양단위규모의 추산액이 분양주택 중 최소분양단위규모의 추산액보다 클 것

소규모주택정비법 시행령

도시정비법 시행령 제63조제2항과 같다.

8. 재분양신청

도시정비법

제72조(분양공고 및 분양신청) ⑤ 사업시행자는 <u>정관등으로 정하고 있거나 총회의 의결을 거친 경우</u> 제4항에 따라 제73조제1항제1호 및 제2호에 해당하는 토지등소유자에게 분양신청을 다시 하게 할 수 있다.

9. 보류지 결정

도시정비법

제79조(관리처분계획에 따른 처분 등) ④ 사업시행자는 제72조에 따른 분양신청을 받은 후 잔여분이 있는 경우에는 정관 등 또는 사업시행계획으로 정하는 목적을 위하여 그 잔여분을 보류지(건축물을 포함한다)로 정하거나 조합원 또는 토지등소유자 이외의 자에게 분양할 수 있다. 이 경우 분양공고와 분양신청절차 등에 필요한 사항은 대통령령으로 정한다.

서울특별시 도시정비조례

제44조(보류지 등) ① 사업시행자는 제38조에 따라 주택 등을 공급하는 경우 분양대상자의 누락·착오 및 소송 등에 대비하기 위하여 법 제79조제4항에 따른 보류지(건축물을 포함한다. 이하 같다)를 다음 각 호의 기준에 따라 확보하여야 한다.

  1. 법 제74조 및 제79조에 따른 토지등소유자에게 분양하는 공동주택 총 건립세대수의 1% 범위의 공동주택과 상가 등 부대·복리시설의 일부를 보류지로 정할 수 있다.

  2. 사업시행자가 제1호에 따른 1%의 범위를 초과하여 보류지를 정하려면 구청장에게 그 사유 및 증명 서류를 제출하여 인가를 받아야 한다.

② 제1항에 따른 보류지는 다음의 기준에 따라 처분하여야 한다.

  1. 분양대상의 누락·착오 및 소송 등에 따른 대상자 또는 제27조제2항제3호에 따른 적격세입자에게 우선 처분한다.

2. 보류지의 분양가격은 법 제74조제1항제3호를 준용한다.
3. 제1호에 따라 보류지를 처분한 후 잔여분이 있는 경우에는 제40조에 따라 분양하여야 한다.

부산광역시 도시정비조례

제42조(보류지 등) 법 제79조제4항에 따른 보류지의 처분 등은 다음 각 호의 기준에 따른다.

1. 분양대상의 누락, 착오 등의 사유로 인한 관리처분계획의 변경과 소송 등의 사유로 향후 추가분양이 예상되는 경우에는 법 제74조와 제79조에 따른 토지등소유자에게 분양하는 공동주택건립세대수의 1/100 이내의 공동주택과 상가 등 부대·복리시설 총면적의 1/100 이내의 상가 등 부대·복리시설을 각각 보류지로 정할 수 있다.
2. 사업시행자는 제1호에 따른 1/100의 범위를 초과하여 보류지로 정하고자 하는 때에는 구청장에게 그 사유 및 증빙서류를 제출하고 인가를 받아야 한다.
3. 보류지를 분양받을 대상자 중 법·영 또는 이 조례에 따른 토지등소유자의 자격기준에 합당한 자를 제외하고는 사업시행자는 총회의 의결을 거쳐 분양받을 대상자를 결정한다.
4. 보류지 분양가격의 산정방법에 관하여는 법 제74조제2항제1호 규정을 준용한다.
5. 제1호부터 제4호까지의 규정에 따라 보류지를 처분한 후 잔여분이 있는 경우에는 제45조에 따라 처분한다.

10. 청산금 분할징수 및 분할지급

도시정비법

제89조(청산금 등) ① 대지 또는 건축물을 분양받은 자가 종전에 소유하고 있던 토지 또는 건축물의 가격과 분양받은 대지 또는 건축물의 가격 사이에 차이가 있는 경우 사업시행자는 제86조제2항에 따른 이전고시가 있은 후에 그 차액에 상당하는 금액(이하

"청산금")을 분양받은 자로부터 징수하거나 분양받은 자에게 지급하여야 한다.

② 제1항에도 불구하고 사업시행자는 정관등에서 분할징수 및 분할지급을 정하고 있거나 총회의 의결을 거쳐 따로 정한 경우에는 관리처분계획인가 후부터 제86조제2항에 따른 이전고시가 있은 날까지 일정 기간별로 분할징수하거나 분할지급할 수 있다.

11. 부과금 및 연체료 부과, 징수

도시정비법

제93조(비용의 조달) ① 사업시행자는 토지등소유자로부터 제92조제1항에 따른 비용과 정비사업의 시행과정에서 발생한 수입의 차액을 부과금으로 부과·징수할 수 있다.

② 사업시행자는 토지등소유자가 제1항에 따른 부과금의 납부를 게을리한 때에는 연체료를 부과·징수할 수 있다. <개정 2020.6.9>

③ 제1항 및 제2항에 따른 부과금 및 연체료의 부과·징수에 필요한 사항은 정관등으로 정한다.

12. 관련 자료의 공개 등

도시정비법

제124조(관련 자료의 공개 등) ① 추진위원장 또는 사업시행자(조합의 경우 청산인을 포함한 조합임원, 토지등소유자가 단독으로 시행하는 재개발사업의 경우에는 그 대표자를 말한다)는 정비사업의 시행에 관한 다음 각 호의 서류 및 관련 자료가 작성되거나 변경된 후 15일 이내에 이를 조합원, 토지등소유자 또는 세입자가 알 수 있도록 인터넷과 그 밖의 방법을 병행하여 공개하여야 한다. <개정 2022.6.10>

1. 제34조제1항에 따른 추진위원회 운영규정 및 정관등

소규모주택정비법(제56조제1항)에서는 도시정비법 제124조(관련 자료의 공개)를 준용한다.

<도시개발신문 2024.11.16 전연규 칼럼>
조합정관 작성은 정비사업의 시작과 끝이다.

2003.7.1 도시정비법 시행과 함께 국토부는 재건축·재개발 표준정관을 만들었다.

이 도시정비법령은 현재까지 타법개정까지 포함해 백회 이상의 개정을 거쳤는데, 국토부 재개발 표준정관은 2020년 초까지 단 한 차례 개정도 없었다.

재건축만 단 한 차례 2006.8.25 개정되었지만, 그나마도 부실해서 최근 상가소유자의 아파트공급 등 문제로 분쟁 속에 지연이 불가피하게 되었다.

실례를 들자면 이렇다.

도시정비법 시행령에서는 '새로운 상가를 건설하지 않는 경우', 일정한 요건에 해당하면 상가 소유자에게 아파트 공급이 가능하다고 규정하고 있다(영 §63②2가).

그러나 종전 국토부 2003.6.30, 2006.8.25 재건축 표준정관에서는 '상가를 공급받지 않는 경우'에도 가능하다는 표준정관을 믿고, 대부분 재건축조합은 상가 소유자에게 그 요건에 충족되면 아파트 공급을 해왔다.(중략)

잘 만든 정관도 바꾸려면 이럴진대, 처음부터 잘못된 정관은 사업을 어렵게함은 두말할 필요가 없다.

국토부는 2019.4.23.에야 그동안의 태도를 버리고 도시정비법을 개정해 표준정관 제정권을 시·도지사에게 넘겼고, 이에 화답하듯 부산광역시가 먼저 표준정관을 내놓았다.

이후 서울특별시도 2024.11.7 재건축·재개발 표준정관을 제정·고시했다. 그 뒤를 이어 다른 시·도에서도 표준정관을 작성하게 될 것이다.

이 와중에 어느 일간지에 "재건축 비리 조합장, 부정한 뒷돈의 10배 물어내게 해야"란 제하로 칼럼이 실렸다.

그 글을 요약해 보면 다음과 같다.

"부정부패를 뿌리 뽑으려면 각 지방자치단체 표준정관의 강제 조항을 아래와 같이 규정하고 이를 기초로 개별 아파트단지의 재건축 조합정관을 만들어야 한다. 이를 어기면 재건축조합설립인가를 안 해주면 된다.

또 표준정관에 다음을 규정해서 그 조항이 기재된 서약서를 조합장과 조합 임원이 되려는 사람에게 받으면 된다."고 하면서 말을 이어갔다.

첫째, 조합장·임원은 재건축 추진 준비단계부터 청산 단계에 이르는 전체 과정에서 거래 상대방에게서 부정하게 어떠한 형태의 경제적 이익도 취득하거나 취득 약속을 하지 못하도록 한다는 것이다. 위반 시 부정취득금액의 10배를 위약벌로 납부하도록 하자는 것이다.

둘째, '재건축조합은 위 부정행위를 신고한 자에게 위약벌 금액 중 실제로 징수한 금액 전액을 신고 포상금으로 지급한다'는 신고 포상금 조항을 두자는 것이다.

끝으로, 조합장과 조합 임원이 되려는 자는 재건축 전체 과정의 모든 거래 상대방에게 위 기재 내용을 알리고, 거래 상대방은 자신의 임직원에게도 이를 알렸음을 확인하는 청렴 의무 서약서를 재건축조합에 제출하여야 하며 조합은 이를 조합원들에게 고지하자는 것이다.

물론 이런 내용을 표준정관에 넣어야만 처벌이 가능한 것은 아니다.

(이하 생략)

Ⅳ. 고 시 문

1. 서울특별시

서울특별시 고시 제2024-539호

도시정비법 제40조제2항에 따라 서울특별시 공공지원 정비사업조합 표준정관을 다음과 같이 고시합니다.

2024년 11월 7일
서 울 특 별 시 장

서울특별시 공공지원 정비사업조합 표준정관 제정 고시

제1조(목적) 이 고시는 도시정비법 제40조제2항에 따라 표준정관을 규정하고 「서울특별시 도시정비조례」 제73조에 따른 공공지원 대상 정비사업의 투명하고 공정한 운영을 지원하는 것을 목적으로 한다.

제2조(기본원칙) ① 조합은 도시정비법(이하 "법") 제2조제2호 나목에 따른 재개발사업을 시행하려는 경우, 별표1을 참고하여 제4조에 따라 정관을 작성하고 운용한다(별표 각 조항의 주석("【주】"로 표시)은 근거 법령, 해당 조항이 지니는 의의와 성격, 실제 작성 시 고려해야 할 점 등을 설명한 것으로, 해당 주석을 참고하여 정관 조항을 작성하여야 한다. 이하 제2항에서 같다)

② 조합은 법 제2조제2호 다목에 따른 재건축사업을 시행하려는 경우, 별표2를 참고하여 제4조에 따라 정관을 작성하고 운용한다.

③ 조합은 조합원의 의사를 충분히 반영하여 정관을 작성·운용하여야 하며, 정관을 작성하거나 변경하려는 경우 법 제32조제3항에 따른 창립총회 또는 법 제45조에 따른 총회의 의결을 받아야 한다.

④ 정관은 조합원의 권익을 보호할 수 있도록 작성되어야 하며, 조합원은 정관

으로 정한 조합원의 의무를 준수하여야 한다.

제3조(정관의 작성) ① 조합은 정관을 작성할 때 각 별표의 제7조, 제9조제4항, 제12조제1항·제2항, 제5항부터 제8항, 제15조제6항, 제16조제9항·10항·제13항, 제20조제5항·제7항, 제24조 제7항, 제25조제3항·제4항은 확정을 원칙으로 한다. 다만, 당해 사업의 특성, 지역의 상황 등을 고려하여 관계법령에 위배되지 아니하는 범위에서 수정 또는 보완(조·항·호·목·별지 등의 추가)할 수 있다.
② 제1항 단서에 따라 정관의 규정을 확정·수정·보완 또는 추가하는 내용이 관계법령, 조례, 지침 및 국토교통부장관, 서울특별시장 등 관련 행정기관의 처분에 위배되는 경우에는 효력을 갖지 아니한다.

제4조(민법 등의 준용) ① 이 표준정관은 법에서 규정된 것을 제외하고는 「민법」의 규정 중
사단법인에 관한 규정을 준용한다.
② 조합의 사업추진 및 운영에 관하여 법, 「민법」에서 정하는 사항 외에 필요한 사항은 관련법령 및 관련 행정기관의 지침·고시 또는 유권해석 등에 따른다.
③ 법령 및 관련 기준의 개정으로 정관의 변경이 필요한 경우에는 정관의 변경 전까지 개정된 법령 및 관련 기준을 따른다.

제5조(재검토기한) 서울특별시장은 이 고시에 대하여 고시일을 기준으로 매 3년마다(매 3년째의 12월 31일까지를 말한다) 그 타당성을 검토하여 개선 등의 조치를 하여야 한다.

부 칙
제1조(시행일) 이 표준정관은 고시한 날부터 시행한다.
제2조(경과조치) 이 표준정관 시행 당시 조합설립인가를 받았거나 조합설립을 위한 창립총회를 개최한 경우에는 총회의 의결을 거쳐 이 표준정관를 참고하여 조합 정관을 개정할 수 있다.

[별표 1] 서울특별시 공공지원 재개발정비사업조합 표준정관

[별표 2] 서울특별시 공공지원 재건축정비사업조합 표준정관

[별지 제1-1호서식] 대표조합원 선임동의서(예시) (재개발정비사업조합)

[별지 제1-2호서식] 대표조합원 선임동의서(예시) (재건축정비사업조합)

[별지 제2호서식] 조합 업무분장(예시)

[별지 제3호서식] 조합원 변경신고서(예시)

[별지 제4-1호서식] 해외거주 조합원의 대리인 지정서(예시)

[별지 제4-2호서식] 법인인 조합원의 대리인 지정서(예시)

[별지 제4-3호서식] 총회출석 위임(예시)

2. 부산광역시

부산광역시 고시 제2020-489호

　도시정비법 제40조제2항에 따라 부산광역시 재개발 표준정관 및 재건축 표준정관을 작성하여 다음과 같이 고시합니다.

2020년 12월 9일
부 산 광 역 시 장

부산광역시 재개발 표준정관

　1. 작성사유

　가. 2003년 도시정비법 시행 시 국토부에서 재개발 표준정관을 작성하여 17년 동안 사용 중이며,

　나. 2019.10.24 개정법령 시행으로 표준정관의 작성 및 보급 주체가 시·도지사로 변경되었음

　다. 이에 따라, 부산광역시 재개발 표준정관을 작성하여 지역의 특성과 여건을 반영하고 조합의 운영과 의사결정이 민주적·합리적이고 투명한 절차에 따라 진행될 수 있도록 하기 위함

2. 주요내용

가. 기존무허가건축물[2]로서 자기 소유임을 입증하는 경우 조합원으로 인정(제9조)

나. 조합원이 100인 이하인 정비사업은 조합총회 의결 후 수의계약의 방법으로 시공자 선정 가능(제12조)

다. 조합은 그 사무를 집행하기 위하여 조합임원의 보수, 조합직원의 채용 및 임원 중 상근임원의 지정에 관한 사항과 직원 및 상근임원의 보수에 관한 사항 등이 포함된 조합행정업무규정 및 조합·예산회계규정 제정 근거 마련(제14조)

라. 조합은 정비사업의 고지·공고 및 정보공개 등을 위하여 부산광역시 정비사업 통합홈페이지 사용과 정비사업의 예산·회계·인사 및 행정업무의 전자결재 등을 위하여 부산광역시 정비사업 e-조합시스템 사용 의무화(제83조)

부 칙

제1조(시행일) ① 이 정관은 조합설립등기일부터 시행한다.

② 정관의 개정은 조합설립변경인가(변경신고를 포함한다)일을 기준으로 시행한다.

제2조(일반적 경과조치) 이 정관 시행 당시 종전의 정관에 따른 결정·처분·절차, 그 밖의 행위는 이 정관의 규정에 따라 행하여진 것으로 본다.

부산광역시 재건축 표준정관

1. 작성 사유

가. 2003년 도시정비법 시행 시 국토부에서 재건축 표준정관을 작성하여 17년

---

[2] 부산광역시 도시정비조례[시행 2024.5.22]
제2조(정의) 이 조례에서 사용하는 용어의 뜻은 다음과 같다.
1. "기존무허가건축물"이란 1989.3.29 이전에 발생한 무허가건축물(위법시공건축물을 포함한다. 이하 같다.)을 말하며, 그 외의 무허가건축물은 "신발생무허가건축물"이라 한다.

서울특별시 도시정비조례[조례 제9377호, 2024.9.30 일부개정]
제2조(정의) 이 조례에서 사용하는 용어의 뜻은 다음과 같다. <개정 2021.9.30, 2022.12.30, 2024.3.15>
1. "특정무허가건축물"이란 건설교통부령 제344호 토지보상법 시행규칙 부칙 제5조에서 "1989.1.24. 당시의 무허가건축물등"을 말한다.
2. "신발생무허가건축물"이란 제1호에 따른 특정무허가건축물 이외의 무허가건축물을 말한다.

동안 사용 중이며,

나. 2019.10.24 개정법령 시행으로 표준정관의 작성 및 보급 주체가 시·도지사로 변경되었음

다. 이에 따라, 부산광역시 재건축 표준정관을 작성하여 지역의 특성과 여건을 반영하고 조합의 운영과 의사결정이 민주적·합리적이고 투명한 절차에 따라 진행될 수 있도록 하기 위함

2. 주요내용

가. 기존무허가건축물로서 자기 소유임을 입증하는 경우 조합원으로 인정(제9조)

나. 조합원이 100인 이하인 정비사업은 조합총회 의결 후 수의계약의 방법으로 시공자 선정 가능(제12조)

다. 조합은 그 사무를 집행하기 위하여 조합임원의 보수, 조합직원의 채용 및 임원 중 상근임원의 지정에 관한 사항과 직원 및 상근임원의 보수에 관한 사항 등이 포함된 조합행정업무규정 및 조합·예산회계규정 제정 근거 마련(제14조)

라. 조합은 정비사업의 고지·공고 및 정보공개 등을 위하여 부산광역시 정비사업 통합홈페이지 사용과 정비사업의 예산·회계·인사 및 행정업무의 전자결재 등을 위하여 부산광역시 정비사업 e-조합시스템 사용의무화(제81조)

부 칙

제1조(시행일) ① 이 정관은 조합설립등기일부터 시행한다.
② 정관의 개정은 조합설립변경인가(변경신고를 포함한다)일을 기준으로 시행한다.
제2조(일반적 경과조치) 이 정관 시행 당시 종전의 정관에 따른 결정·처분·절차, 그 밖의 행위는 이 정관의 규정에 따라 행하여진 것으로 본다.

3. 광주광역시 고시 제2025-4호

광주광역시 도시정비사업 표준정관 고시

「광주광역시 정비사업 표준정관」을 작성·보급함에 있어 그 취지와 주요내용을

시민에게 널리 알리고자 도시정비법 제40조제2항에 따라 다음과 같이 고시합니다.

2025년 1월 9일
광주광역시장

제1조(목적) 이 표준정관은 도시정비법 제40조제2항에 따라 필요한 사항을 규정하고 정비사업의 투명하고 공정한 운영을 지원하는 것을 목적으로 한다.

제2조(기본원칙) ① 조합은 도시정비법(이하 "법") 제2조제2호 나목에 따른 재개발 사업을 시행하려는 경우, 별표1을 참고하여 제4조에 따라 정관을 작성하고 운용한다.(별표 각 조항의 주석("【주】"로 표시)은 근거법령, 해당 조항이 지니는 의의와 성격, 실제 작성 시 고려해야 할 점 등을 설명한 것으로, 해당 주석을 참고하여 정관 조항을 작성하여야 한다. 이하 제2항에서 같다.)

② 조합은 법 제2조제2호 다목에 따른 재건축사업을 시행하려는 경우, 별표2를 참고하여 제4조에 따라 정관을 작성하고 운용한다.

③ 조합은 조합원의 의사를 충분히 반영하여 정관을 작성·운용하여야 하며, 정관을 작성하거나 변경하려는 경우 법 제32조제3항에 따른 창립총회 또는 법 제45조에 따른 총회의 의결을 받아야 한다.

④ 정관은 조합원의 권익을 보호할 수 있도록 작성되어야 하며, 조합원은 정관으로 정한 조합원의 의무를 준수하여야 한다.

제3조(다른 기준과의 관계) 이 표준정관을 다른 기준보다 우선하여 적용한다.

제4조(정관의 작성) ① 조합은 정관을 작성할 때 각 별표의 제7조, 제9조제4항, 제12조제1항·제2항, 제5항부터 제8항, 제15조제6항, 제16조제9항·제10항·제13항, 제20조제5항·제7항, 제24조제7항, 제25조제3항·제4항은 확정을 원칙으로 한다. 다만, 당해 사업의 특성, 지역의 상황 등을 고려하여 관계 법령과 이 규정에 위배 되지 아니하는 범위에서 수정 또는 보완(조·항·호·목·별지 등의 추가) 할 수 있다.

② 제1항 단서에 따라 정관의 규정을 확정·수정·보완 또는 추가하는 내용이 관

계 법령, 조례, 지침, 이 표준정관 및 국토교통부장관, 광주광역시장 등 관련 행정기관의 처분에 위배되는 경우에는 효력을 갖지 아니한다.

제5조(민법 등의 준용) ① 이 표준정관은 법에서 규정된 것을 제외하고는 「민법」의 규정 중 사단법인에 관한 규정을 준용한다.
② 조합의 사업추진 및 운영에 관하여 법, 「민법」과 이 표준정관에서 정하는 사항 외에 필요한 사항은 관계 법령 및 관련 행정기관의 지침·고시 또는 유권해석 등에 따른다.
③ 법령 및 관련 기준의 개정으로 정관의 변경이 필요한 경우에는 정관의 변경 전까지 개정된 법령 및 관련 기준을 따른다.

제6조(재검토 기한) 광주광역시장은 이 고시에 대하여 고시일을 기준으로 매 3년마다(매 3년째의 12월 31일까지를 말한다) 그 타당성을 검토하여 개선 등의 조치를 하여야 한다.

부 칙

제1조(시행일) 이 표준정관은 고시한 날부터 시행한다.
제2조(경과조치) 이 표준정관 시행 당시 조합설립인가를 받았거나 조합설립을 위한 창립총회를 개최한 경우에는 총회의 의결을 거쳐 이 표준정관에 적합하도록 조합 정관을 개정할 수 있다.

[별표1] 광주광역시 재개발정비사업조합 표준정관
[별표2] 광주광역시 재건축정비사업조합 표준정관
[별지 제1-1호 서식] 대표조합원 선임동의서(예시) (재개발정비사업조합)
[별지 제1-2호 서식] 대표조합원 선임동의서(예시) (재건축정비사업조합)
[별지 제2호 서식] 조합 업무분장(예시)
[별지 제3호 서식] 조합원 변경신고서(예시)
[별지 제4-1호 서식] 해외거주 조합원의 대리인 지정서(예시)
[별지 제4-2호 서식] 법인인 조합원의 대리인 지정서(예시)
[별지 제4-3호 서식] 총회출석 위임(예시)

정비사업 지정개발자(신탁업자) 시행방식
표준계약서 및 표준시행규정

제1조(목적) 이 표준계약서 및 표준시행규정은 도시정비법 제27조제6항 및 도시정비법 시행령 제21조제2항에 따라 지정개발자(신탁업자만 해당한다)가 정비사업을 시행하는 경우 신탁업자와 토지등소유자 상호 간의 공정한 계약 체결 및 사업 시행을 지원하기 위해 필요한 사항을 규정함을 목적으로 한다.

제2조(계약서 및 시행규정의 작성 등) ① 사업시행자 지정을 받으려 하는 신탁업자는 신탁계약 및 시행규정의 내용을 법 제27조제4항에 따른 사업시행자 지정의 동의서에 포함하여야 한다.

② 신탁 계약서 및 시행규정은 다음 각 호의 구분에 따라 작성한다.

1. 신탁계약서: 별표 1의 표준계약서를 기본으로 하며, 별첨 3호서식의 신탁보수·별첨 4호서식의 특약사항·별첨 5호서식의 신탁업자 차입 이자율 등에 대한 내용을 확정할 것. 이 경우 별첨 3호서식의 신탁보수에는 다음 각 목의 사항이 포함되어야 한다.

　가. 신탁보수 산정액의 산출방법[정비사업비, 분양금액, 그 밖의 토지등소유자와 사업시행자 간 협의로 정한 금액 등을 기준으로 요율방식으로 산출(상한액을 정하는 경우를 포함한다)하거나, 정액방식으로 산출할 수 있다]

　나. 신탁보수 지급시기

2. 시행규정: 별표2의 표준시행규정을 기본으로 하며, 제1조·제3조·제11조제1항제6호·제13조제4항·제14조제2항·제34조제2항·제44조제3항·제47조제2항을 확정할 것. 이 경우 제11조제1항제6호·제13조제4항은 사업규모·특성 등을 고려하여 세분화할 수 있다.

③ 제2항에도 불구하고 사업특성·지역상황을 고려하여 관련 법령에 위배되지 않는 범위 안에서 수정 및 보완할 수 있으며, 사업 추진상 필요한 경우 조·항·호·목 등을 추가할 수 있다.

1장 총칙

제1조(목적)
제2조(명칭)
제3조(조합 업무규정)
제4조(사업시행구역)
제5조(사무소)
제6조(시행방법)
제7조(사업기간)
제8조(권리·의무에 관한 사항의 통지·공고방법)
제9조(정관의 변경)

# V

(서울·부산·광주) 재건축·재개발 표준정관 해설

> ■ **(서울) 재건축 표준정관 제1조(목적)**
> ● **(서울) 재개발 표준정관 제1조(목적):** 재건축 표준정관과 같음

재건축·재개발 표준정관의 조문 위치와 내용이 같다.

재건축·재개발 표준정관
제1조(목적) 이 정관은 모든 조합원이 지켜야 할 조합의 내부 규범으로서 조합의 사업시행, 의사결정, 조합원의 권리와 의무 등을 규정하여 조합이 관련법령 및 기준에 적법하게 사업을 안정적·효율적으로 추진할 수 있도록 함을 목적으로 한다.

조합정관은 모든 조합원이 지켜야 할 내부규범으로 조합의 사업시행, 의사결정, 조합원의 권리·의무 등을 규정하여 조합이 적법하게 추진토록 함이 그 목적이다.

정관의 하위규정인 '행정업무규정, 예산회계규정, 선거관리규정'을 두되, '법, 관계법령, 서울특별시 도시정비조례, 국토교통부 고시·훈령' 등과 충돌하는 경우에는 상위 규정을 우선 적용하도록 하고 있다.

다음은 강남구 ○○아파트 재건축조합 정관 사례다.

제○조(목적) ① 조합은 도시정비법 등 관련법령과 이 정관이 정하는 바에 따라 제3조의 사업시행구역에서 기존 건축물을 철거하고 그 토지 위에 법에서 정하는 새로운 건축물을 건설하여 도시 및 주거환경을 개선하고 조합원의 주거안정 및 주거생활의 질적 향상에 이바지함을 목적으로 한다.
② 조합 내부규범으로 하위규정인 행정업무규정, 예산회계규정, 선거관리규정 등 보다 정관을 우선하여 적용하되 법, 관계법령, 서울특별시 도시정비조례, 국토교통부 고시, 훈령등 상위 법령에 위배되는 경우에는 상위 법령을 우선 적용하며, 정관의 제정 후 법령 등의 내용이 개정된 경우 정관의 개정 없어도 개정된 법령을 따른다.

□ **근거규정**

'목적'은 정비조합법인의 등기사항이다.

도시정비법 시행령
제36조(조합의 등기사항) 법 제38조제2항에서 "대통령령으로 정하는 사항"이란 다음 각 호의 사항을 말한다.
1. 설립목적

cf 부산광역시 재건축·재개발 표준정관
제2조(목적 및 효력) ① 조합은 도시정비법 등 관계 법령과 이 정관이 정하는 바에 따라 제3조의 사업시행구역에서 기존 건축물을 해체하고 그 토지 위에 법에서 정하는 새로운 건축물을 건설하여 도시 및 주거환경을 개선하고 조합원의 주거안정 및 주거생활의 질적 향상에 이바지함을 목적으로 한다.
② 본 정관은 조합 내부규범으로써, 본 정관의 내용이 도시정비법 등 관계 법령, 지방자치단체 조례, 국토부고시, 훈령 등 상위 법령에 위배되는 경우에는 상위 법령이 우선하여 적용된다.
③ 본 정관의 제정 후 법령의 내용이 개정된 경우 본 정관의 개정 없이 개정된 법령에 따른다.

재건축·재개발 표준정관의 조문 위치와 내용이 같다.

위 제3항의 경우, 서울특별시 표준정관에서 민법의 준용규정인 재개발 표준정관 제71조, 재건축 표준정관 제67에서는 "서울특별시가 제정하여 운용 중인 공공지원 관련 규정의 개정으로 변경되어야 할 경우 정관의 변경절차에 관계 없이 변경되는 것으로 본다.

그러나 관계 법령의 내용이 임의규정인 경우에는 그러하지 아니하다."고 규정하고 있다.

광주광역시 재건축·재개발 표준정관

제1조(목적) 이 정관은 모든 조합원이 지켜야 할 조합의 내부 규범으로서 조합의 사업시행, 의사결정, 조합원의 권리와 의무 등을 규정하여 조합이 관련법령 및 기준에 적법하게 사업을 안정적·효율적으로 추진할 수 있도록 함을 목적으로 한다.

재건축·재개발 표준정관의 조문 위치와 내용이 같다.

2023.11.29 국토부 별표2 지정개발자(신탁업자) 표준시행규정

제1조(목적) 이 시행규정은 ○○○신탁업자(이하 "사업시행자"라 한다)가 「도시 및 주거환경정비법」(이하 "도시정비법") 제27조제1항제3호에 따른 ○○○ 재건축/재개발사업(이하 "사업")의 시행에 있어 도시정비법 및 관계법령 등이 정하는 바에 따라 사업시행에 필요한 사항을 정함을 목적으로 한다.

2006.8.25 국토부 재건축 표준정관

제2조(목적) 조합은 도시정비법과 동법 시행령, 시행규칙(이하 '영, 규칙') 등과 이 정관이 정하는 바에 따라, 제3조 사업시행구역안의 건축물을 철거하고 그 토지 위에 새로운 건축물을 건설하여 도시 및 주거환경을 개선하고 조합원의 주거안정과 주거생활의 질적 향상에 이바지함을 목적으로 한다.

2003.6.30 국토부 재개발표준정관

제2조(목적) 조합은 도시정비법과 이 정관이 정하는 바에 따라 제3조의 사업시행구역안의 건축물을 철거하고 그 대지 위에 새로운 건축물을 건설하여 도시 및 주거환경을 개선하고 조합원의 주거안정 및 주거생활의 질적 향상에 이바지함을 목적으로 한다.

> ■ **(서울) 재건축 표준정관 제2조(명칭)**
> ● **(서울) 재개발 표준정관 제2조(명칭):** 재건축 표준정관과 그 내용이 유사함

재건축 표준정관

제2조(명칭) ① 본 조합의 명칭은 ○○아파트 재건축정비사업조합(이하 "조합")이라 한다.

② 조합이 시행하는 정비사업의 명칭은 ○○아파트 재건축사업(이하 "사업")이라 한다.

재개발 표준정관

제2조(명칭)① 본 조합의 명칭은 ○○재개발정비사업조합(이하 "조합")이라 한다.

② 조합이 시행하는 정비사업의 명칭은 ○○(주택정비형, 도시정비형) 재개발사업(이하 "사업")이라 한다.

공동주택 재건축사업의 경우 "○○아파트재건축정비사업조합"이란 풀네임 그대로 기재하여야 한다. "○○아파트재건축사업"으로 줄여서 조합설립인가를 신청하면 인가받기 어렵다.

2018.2.9 도시정비법 전부개정 시행으로 종전의 주택재개발사업과 도시환경정비사업 이 '재개발사업'으로 통합되었다. 또한, 가로주택정비사업은 소규모주택정비법으로 독립함에 따라 도시정비법상 정비사업에는 주거환경개선사업, 재건축사업, 재개발사업만 남게 되었다.

이 책에서는 재개발정비사업조합을 재개발조합, 재건축정비사업조합은 재건축조합으로 약칭해 사용하기로 한다.

한편, 서울특별시는 도시정비조례에서 단일화된 재개발사업을 "○○ 도시정비형 재개발정비사업조합과 주택정비형 재개발정비사업조합"으로 구분하였다.

서울특별시 도시정비조례

제3조(재개발사업의 구분) ① 법 제2조제2호 나목에 따른 재개발사업은 다음 각 호에 따라 구분한다. <개정 2024.3.15>

  1. 주택정비형 재개발사업: 정비기반시설이 열악하고 노후·불량건축물이 밀집한 지역에서 주거환경을 개선하기 위하여 시행하는 재개발사업.

  2. 도시정비형 재개발사업: 상업지역·공업지역 등에서 도시 기능의 회복 및 상권 활성화 등 도시환경을 개선하기 위하여 시행하는 재개발사업.

□ 근거 규정

도시정비법 제9조, 서울특별시 도시정비조례 제20조

표준정관 제2조의 ○○아파트 재건축사업, ○○재개발정비사업의 명칭은 정비구역 지정·고시문의 내용대로 "정비사업의 종류와 명칭"을 채워 넣으면 된다.

도시정비법

제9조(정비계획의 내용) ① 정비계획에는 다음 각 호의 사항이 포함되어야 한다.
1. 정비사업의 명칭

서울특별시 도시정비조례

제20조(조합의 설립인가 신청서류 등의 작성방법) ① 시행규칙 별지 제5호서식에 따른 조합설립(변경) 인가신청서 및 제출서류의 작성방법은 다음 각 호와 같다.
  2. 사업시행예정구역의 명칭 및 면적은 법 제9조에 따른 정비계획과 동일하게 작성한다.

위 사업시행예정구역이란 정비구역 지정·고시된 곳으로, 향후 정비사업이 시행될 정비사업 예정구역을 말한다.

cf 부산광역시 재건축 표준정관

제1조(명칭) ① 본 조합의 명칭은 ○○재건축정비사업조합이라 한다.

② 본 조합이 시행하는 정비사업의 명칭은 ○○재건축사업이라 한다.

재개발 표준정관
제1조(명칭) ① 본 조합의 명칭은 ○○재개발정비사업조합이라 한다.
② 본 조합이 시행하는 정비사업의 명칭은 ○○재개발사업이라 한다.

부산광역시 도시정비조례상 주택정비형 또는 도시정비형 재개발사업으로 구분되어 있지만, 표준정관에선 이를 구별하지 않았다.

부산광역시 도시정비조례[시행 2024.5.22, 일부개정 2024.5.22 조례 제7298호]제2조(정의) 이 조례에서 사용하는 용어의 뜻은 다음과 같다.
6. "주택정비형 재개발사업"이란 정비기반시설이 열악하고 노후·불량건축물이 밀집한 지역에서 주거환경을 개선하기 위하여 시행하는 재개발사업을 말한다.
7. "도시정비형 재개발사업"이란 상업지역·공업지역 등에서 도시기능의 회복 및 상권활성화 등 도시환경을 개선하기 위하여 시행하는 재개발사업을 말한다.

광주광역시 재건축 표준정관
제2조(명칭) ① 본 조합의 명칭은 ○○아파트 재건축정비사업조합(이하 "조합")이라 한다.
② 본 조합이 시행하는 정비사업의 명칭은 ○○아파트 재건축사업(이하 "사업")이라 한다.

재개발 표준정관
제2조(명칭) ① 본 조합의 명칭은 ○○○ 재개발정비사업조합(이하 "조합")이라 한다.
② 본 조합이 시행하는 정비사업의 명칭은 ○○○ (주택정비형, 도시정비형) 재개발사업(이하 "사업")이라 한다.

도시정비조례 제2조에서 주택정비형, 도시정비형 재개발사업으로 구분되어 있으며, 표준정관도 이에 맞춰 구별하고 있다.

2023.11.29 국토부 별표2 지정개발자(신탁업자) 표준시행규정
제3조(사업의 명칭 및 정비구역) ① 이 사업은 도시정비법 제2조제2호에 따른 정비사업이며, 그 명칭은 ○○○재건축/재개발사업이라 한다.

2006.8.25 국토부 재건축 표준정관
제1조(명칭) ① 본 조합의 명칭은 ○○아파트재건축정비사업조합이라 한다.
② 본 조합이 시행하는 재건축사업의 명칭은 ○○아파트재건축사업이라 한다.

2003.6.30 국토부 재개발표준정관
제1조(명칭) ①본 조합의 명칭은 ○○주택재개발정비사업조합이라 한다
② 본 조합이 시행하는 주택재개발사업의 명칭은 ○○○주택재개발사업이라 한다.

> ■ **(서울) 재건축 표준정관 제3조(조합 업무규정)**
> ● **(서울) 재개발 표준정관 제3조(조합 업무규정)**: 재건축 표준정관과 같음

재건축·재개발 표준정관의 조문 위치와 내용이 같다.

재건축·재개발 표준정관

제3조(조합 업무규정) 조합 업무규정이란 총회에서 조합원의 의결로 제정하는 조합의 규정을 말하며 다음 각 호로 구성된다.

1. 「서울특별시 정비사업조합등 표준행정업무규정」에 따라 작성된 "조합 행정업무규정"

2. 「서울특별시 정비사업조합등 표준예산·회계규정」에 따라 작성된 "조합 예산·회계규정"

3. 「서울특별시 정비사업조합등 표준선거관리규정」에 근거하여 작성된 "조합 선거관리규정"

4. 「서울특별시 정비사업 의사진행 표준운영규정」을 참고하여 작성된 "조합 의사진행규정"

위 제1호 내지 제4호인 조합 업무규정이란 공공지원의 적용을 받는 정비사업에 대해 추진위원회나 조합으로 용어를 바꿔 겸용할 수 있도록 한 서울특별시 하위규정을 말한다.

"조합 행정업무규정", "조합 예산·회계규정", "조합 선거관리규정" 등의 위반에 대해, 서울특별시는 '수사의뢰, 시정명령, 환수조치' 등으로 처리한 실태점검 사례를 첨부해 놓았다.

☐ **근거규정**
도시정비법 제118조

정비사업을 공공지원하는 시장·군수등 및 공공지원을 위탁받은 자(이하 "위탁지원자")는 다음 각 호의 업무를 수행한다(법 제118조제1항).
 1. 추진위원회 또는 주민대표회의 구성
 2. 정비사업전문관리업자의 선정(위탁지원자는 선정을 위한 지원으로 한정한다)
 3. 설계자 및 시공자 선정 방법 등
 4. 세입자의 주거 및 이주대책(이주 거부에 따른 협의 대책을 포함한다) 수립
 5. 관리처분계획 수립
 6. 그 밖에 시·도조례로 정하는 사항

다음 각 호의 어느 하나에 해당하는 경우에는 토지등소유자(조합을 설립한 경우에는 조합원을 말한다)의 과반수 동의를 받아 법 제29조제4항에 따라 시공자를 선정할 수 있다. 다만, 제1호의 경우에는 해당 건설업자를 시공자로 본다(동조 제7항).
 1. 조합이 건설업자와 공동으로 정비사업을 시행하는 경우로서 조합과 건설업자 사이에 협약을 체결하는 경우
 2. 사업대행자가 정비사업을 시행하는 경우
 ⑧ 제7항제1호의 협약사항에 관한 구체적인 내용은 시·도조례로 정할 수 있다.

■ 서울특별시 공공지원(구 '공공관리')

도시정비조례 제73조 내지 제83조

■ 공공지원자, 위탁지원자

공공지원자란 법 제118조제2항 각 호의 업무를 수행하는 자인 구청장을 말하며, "위탁지원자"란 법 제118조제1항에 따라 공공지원을 위탁받은 자이며(도시정비조례 제72조), 토지주택공사등, 신탁업자, 「주택도시기금법」에 따른 주택도시보증공사, 한국부동산원에 공공지원을 위탁할 수 있다(법 제118조제1항).

공공지원자, 위탁지원자의 업무는 법 제118조제1항에서와 같이 같다.

■ 공공지원의 대상사업

도시정비법 제25조에 따른 시행자 중 조합이 시행하거나 조합이 건설업자 또는 등록사업자와 공동으로 시행하는 정비사업을 말한다. 다만, 정비구역의 지정·고시가 있은 날 당시 토지등소유자의 수가 100명 미만이고, 주거용 건축물의 건설비율이 50% 미만인 도시정비형 재개발사업은 제외한다(도시정비조례 제73조).

서울특별시 도시정비조례 제73조 내지 제83조인 <u>공공지원 대상사업은 토지등소유자의 수가 100명 미만이고, 주거용 건축물의 건설비율이 50% 미만인 도시정비형 재개발사업은</u> 공공지원 대상사업에 해당되지 않는다.

Q 공공지원 사업장 의무 대상은?
A 도시정비법 제118조에 따라 시행하는 공공지원제도는 재개발·재건축 사업 진행 시 공공부문의 역할을 강화함으로써 정비사업의 투명성과 효율성을 높이기 위하여 도입된 제도로 시·도 조례로 정하는 정비사업으로, 서울시 도시정비조례 제73조에 따라 조합이 시행하는 정비사업(조합이 건설업자·등록사업자와 공동으로 시행하는 사업을 포함함)을 말함.

다만 정비구역 지정·고시가 있은 날의 토지등소유자의 수가 100명 미만으로서 주거용 건축물의 건설비율이 50% 미만인 도시정비형 재개발사업은 제외됨(서울시 주거정비과 2022.11.30).

■ 정비사업조합 등 공공지원 관련 규정

1. 정비사업 표준선거관리규정
도시정비법 제118조 및 도시정비조례 제73조에 따른 정비사업조합 또는 추진위원회(이하 "조합 등")의 조합임원, 대의원 또는 추진위원장, 감사, 추진위원(이하 "임원 등")의 민주적인 선출 방법 및 절차에 관한 사항을 정함

2. 공공관리 추진위원회 구성 선거관리기준
도시정비법 제118조 및 도시정비조례 제73조에 따른 구청장이 공공관리대상 정비사업의 추진위원회 구성 지원을 위하여 실시하는 추진위원장 및 감사 선거에 관한 선거관리기준을 규정함

3. 공공지원 정비사업전문관리업자 선정기준

도시정비법 제118조 및 도시정비조례 제73조에 따른 공공지원 정비사업에서 공공지원자, 추진위원회 또는 조합의 정비사업전문관리업자 선정에 관한 필요한 사항을 규정함

4. 서울특별시 공공지원 설계자 선정기준 개정고시(2024.5.9)

도시정비법 제118조 및 도시정비조례 제73조에 따른 공공지원을 하는 정비사업에서 조합설립추진위원회 또는 조합의 설계자 선정에관하여 필요한 사항을 규정함

5. 서울특별시 공공지원 정비사업 시공자 선정기준 고시문(고시 제2023-608호, 2023.12.28)

도시정비법 제118조 및 도시정비조례 제73조에 따른 공공지원 대상 정비사업조합의 시공자 선정에 관하여 필요한 사항을 규정함

6. 공동사업시행 건설업자 선정기준

도시정비법 제25조제1항제2항, 제118조제1항, 제6항 내지 제8항, 도시정비조례 등에 따라 구청장이 공공지원을 하는 조합이 건설업자와 공동으로 정비사업을 시행하려는 경우 건설업자의 선정 및 협약 등에 관하여 필요한 사항을 규정함

7. 정비사업의 표준공동사업시행 협약서

도시정비법 제25조제1항부터 제2항까지, 제118조제7항제1호에 따라 ○○○구역 재개발·재건축사업 시행자인 ○○구역 ○○○○○○○조합(이하 "조합")이 ○○○○건설주식회사(이하 "건설업자")를 공동시행자로 선정하고 협약을 체결함

8. 조합설립 지원을 위한 업무기준

공공지원에 의한 추진위원회 구성을 생략하고 조합을 설립하는 방법 및 절차 등에 관한 필요한 사항을 규정함

9. 서울특별시 정비사업조합 등 표준 예산회계규정

도시정비법에 따라 시행되는 추진위원회, 조합 등 운영과정에서 낭비적 자금처리 요인을 제거하고 효율적인 자금통제 장치를 마련하기 위하여 예산 및 회계업무 처리에 대한 기본원칙과 작성기준을 정함

10. 정비사업조합 등 표준 행정업무규정
「서울특별시 도시정비조례」에 따라 추진위원회, 조합이 행정업무처리에 관한 운영규정을 정함에 있어 관련법령, 정관 및 운영규정 등을 고려하여 실정에 맞게 작성한 최소 기준으로서 다른 규정에 우선하여 적용함

11. 「서울특별시 정비사업 e-조합 시스템」 운영 지침
구 서울특별시 클린업시스템 운영지침

"e-조합"이란 재개발 및 재건축 추진위원회 또는 조합 및 청산법인(이하 "조합등")의 예산·회계, 문서의 생산·관리·보관, 행정·인사 등 업무의 효율적인 처리를 지원하기 위해 서울특별시가 구축한 프로그램으로, 이 지침은 「서울특별시 정비사업 e-조합 시스템」의 원활한 운영 및 관리등에 관해 필요한 사항을 규정함.

12. 정비사업 의사진행 표준운영규정
도시정비법에 따라 시행하는 정비사업의 추진위원회, 조합이 사업 추진 시 이를 참고하여 공정하고 합리적인 의사진행을 할 수 있도록 모범적인 의사진행 방법을 제시하는 것을 목적으로 함.

■ 부산광역시 도시정비조례 및 하위규정
도시정비조례 제61조 내지 제66조, 하위규정

■ 공공지원의 대상사업 및 업무범위
제61조(공공지원의 대상사업) 법 제118조제1항에서 "시·도조례로 정하는 정비사업"이란 법 제25조에 따른 조합이 시행하는 정비사업(조합이 건설업자 또는 등록사업자와 공동으로 시행하는 사업을 포함한다) 중 다음 각 호의 어느 하나에 해당하는 사

업을 말한다.

1. 법 제31조제1항에 의한 조합설립추진위원회 승인을 신청하기 전까지 토지등소유자의 2/3이상 동의를 얻어 공공지원이 필요하다고 요청하는 정비사업(이 경우 토지등소유자 동의방법 및 절차는 법 제36조를 준용한다)
2. 추진위원회 승인 또는 조합이 인가된 경우에는 주민총회 또는 조합총회의 의결을 거쳐 공공지원을 요청하는 정비사업
3. 구청장의 요청에 의하여 시장이 공공지원이 필요하다고 인정하는 정비사업

제62조(공공지원의 업무범위) ① 법 제118조제2항제6호에서 "시·도조례로 정하는 사항"이란 다음 각 호에 해당하는 업무를 말한다.
1. 추진위원회 구성을 위한 위원 선출업무의 선거관리위원회 위탁
2. 용역업체 선정방법 등에 관한 업무의 지원
3. 조합설립 준비업무에 관한 지원
4. 추진위원회 또는 조합의 운영 및 정보공개 업무의 지원
5. 법 제31조제4항에 따라 추진위원회 구성을 생략하는 정비사업의 조합설립에 필요한 토지등소유자의 대표자 선출 등 지원

② 시장은 추진위원회 위원, 조합임원 또는 제1항제5호에 따른 토지등소유자의 대표자 선출 관련 다음 각 호의 내용을 포함한 선거관리기준을 정할 수 있다.
1. 선거관리위원회의 업무위탁에 관한 사항
2. 주민설명회 개최에 관한 사항
3. 후보자 등록공고 및 등록에 관한 사항
4. 합동연설회 개최에 관한 사항
5. 주민선거 실시에 관한 사항
6. 그 밖에 선거관리에 관한 사항

③ 시장은 법 제118조제6항에 따라 법 제118조제2항 각 호의 업무 시행을 위한 방법과 절차, 기준을 정할 수 있으며, 정비사업전문관리업자·설계자·시공자의 선정방법에 대한 기준을 정할 경우에는 다음 각 호의 내용을 포함하여야 한다.
1. 업체 선정에 관한 세부절차
2. 업체 선정 단계별 공공지원자 등의 기능 및 역할

3. 그 밖에 업체 선정방법 등 지원을 위하여 필요한 사항

■ 정비사업조합 등 공공지원 관련 규정
1. 정비사업 표준선거관리규정
2. 공공관리 추진위원회 구성 선거관리기준
3. 공공지원 정비사업전문관리업자 선정기준
4. 공공지원 설계자 선정기준
5. 공공지원 시공자 선정기준
6. 정비사업조합 등 표준 예산회계규정
7. 정비사업조합 행정업무규정
8. 공공지원 조합설립기준
9. 정비사업 통합 홈페이지

■ 광주광역시 도시정비조례 및 하위규정
도시정비조례 제63조, 제66조, 하위규정

■ 공공지원의 대상사업
서울특별시와 같이 정비조합이 시행하는 경우와 건설업자·등록업자와 공동시행하는 경우까지 포함하여 공공지원의 대상사업으로 하고 있다.

법 제118조제1항에 따라 "시·도조례로 정하는 정비사업"이란 법 제25조에 따른 조합이 시행하는 정비사업(조합이 건설업자 또는 등록사업자와 공동으로 시행하는 사업을 포함한다)을 말한다.
다만, 법 제16조에 따라 정비구역 지정·고시가 있은 날의 토지등소유자의 수가 100명 미만으로서 주거용 건축물의 건설비율이 50% 미만인 도시정비형 재개발사업은 제외한다(조례 제63조).

■ 공공지원자의 업무범위
법 제118조제2항제6호에 따라 "그 밖에 시·도조례로 정하는 사항"이란 다음 각

호에 해당하는 업무를 말한다(조례 제66조).
  1. 추진위원회 구성을 위한 위원 선출업무의 선거관리위원회 위탁
  2. 건설사업관리자 등 기타 용역업체 선정방법 등 업무의 지원
  3. 조합설립 준비업무 지원
  4. 추진위원회 또는 조합의 운영 및 정보공개 업무의 지원
  5. 법 제52조제1항제4호에 따른 세입자의 주거 및 이주 대책 수립에 관한 지원
  6. 관리처분계획 수립 지원
  7. 법 제31조제4항에 따라 추진위원회 구성 단계를 생략하는 정비사업의 조합설립에 필요한 토지등소유자의 대표자 선출 등 지원
  8. 법 제118제7항제1호에 따른 건설업자의 선정방법 등 업무 지원

서울특별시에서 규정하고 있는 조례 제75조제9호인 "법 제87조에 따른 권리의 확정, 법 제88조에 따른 등기 절차, 법 제89조에 따른 청산금 등의 징수 및 지급, 법 제86조의2에 따른 조합 해산 준비업무에 관한 지원"는 제외하였다.

■ **정비사업조합 등 공공지원 관련 규정**
  1. 조합 선거관리 규정
  2. 조합 행정업무규정
  3. "조합 예산·회계 규정"
  4. "조합 의사진행 규정"

cf 부산광역시 재개발·재개발 표준정관
서울특별시 재건축·재개발 표준정관 제3조와 같이 독립된 정관 규정은 없지만, 필요한 경우 관련 정관에 "정비사업조합 등 표준 예산회계규정, 정비사업조합 행정업무규정" 등을 담고 있다.

공공관리(현 공공지원) 제도는 2010.7.16 개정 도시정비법으로 도입되었으며, 이에 따라 서울특별시가 최초로 도시정비조례에 '정비사업의 공공관리'제도를 신설하였다.

따라서, 2003년, 2006년 국토부 재건축·재개발 표준정관에는 공공지원 관련 하위규정이 없다.

광주광역시 재건축·재개발 표준정관

제3조(조합 업무규정) 조합 업무규정이란 총회에서 조합원의 의결로 제정하는 조합의 규정을 말하며 다음 각 호로 구성된다.

  1. 「광주광역시 정비사업 표준선거관리 규정」에 따라 작성된 "조합 선거관리 규정"
  2. "조합 행정업무 규정"
  3. "조합 예산·회계 규정"
  4. "조합 의사진행 규정"

재건축·재개발 표준정관의 조문 위치와 내용이 같다.

광주광역시 하위규정으로 "조합 선거관리 규정", "조합 행정업무 규정", "조합 예산·회계 규정", "조합 의사진행 규정"이 있다.

2023.11.29 국토부 별표2 지정개발자(신탁업자) 표준시행규정

관련 조문이 없다.

2006.8.25 국토부 재건축 표준정관

관련 조문이 없다.

2003.6.30 국도부 재개발 표준정관

관련 조문이 없다.

> ■ **(서울) 재건축 표준정관 제4조(사업시행구역)**
> ● **(서울) 재개발 표준정관 제4조(사업시행구역):** 재건축 표준정관과 같음

재건축·재개발 표준정관의 조문 위치와 내용이 같다.

재건축·재개발 표준정관

제4조(사업시행구역) 조합의 사업시행구역은 「도시 및 주거환경정비법」(이하 "법") 제16조에 따라 지정·고시된 정비구역으로서 서울특별시 ○○구 ○○동000-00번지 외 ○○필지(이하 "사업시행구역")로 하고, 토지의 총면적은 00,000.00㎡(약 000,00평)로 한다.

다만, 사업시행상 불가피하다고 인정되어 관계법령 및 이 정관이 정하는 바에 따라 추가로 편입 또는 제척되는 토지 등이 있거나, 기본계획 또는 정비계획의 변경, 지적측량 또는 착오의 발견 등에 따라 변경이 있을 경우에는 사업시행구역과 토지의 총면적이 변경된 것으로 본다.

'사업시행구역'은 정관의 필요적 기재사항이다.

사업시행구역의 면적은 실제 정비사업이 시행되는 곳으로, 정비구역 지정·고시문에서의 정비구역 면적과 일치하여야 한다.

노후계획도시정비법상 재건축사업의 경우에도 이와 같다.

■ **(특별)정비구역 vs 재정비촉진구역**

도시재정비법상 재정비촉진계획이 결정(변경)·고시되면, 도시정비법 제8조에 따른 정비구역의 지정(변경) 및 같은 조에 따른 정비계획의 수립(변경)으로 간주된다. 이 경우 재정비촉진계획 변경·고시는 정비구역 지정(변경)으로 사업시행구역 면적을 기재하면 된다.

□ 근거 규정

도시정비법
제9조(정비계획의 내용) ① 정비계획에는 다음 각 호의 사항이 포함되어야 한다.
2. 정비구역 및 그 면적

제40조(정관의 기재사항 등) ① 조합의 정관에는 다음 각 호의 사항이 포함되어야 한다. <개정 2023.12.26>
4. 정비구역의 위치 및 면적

도시재정비법
제13조(재정비촉진계획 결정의 효력) ① 제12조에 따라 재정비촉진계획이 결정·고시되었을 때에는 그 고시일에 다음 각 호에 해당하는 승인·결정 등이 있은 것으로 본다. <개정 2011.4.14, 2017.2.8, 2023.12.26>

1. 「도시정비법」 제4조에 따른 도시·주거환경정비기본계획의 수립 또는 변경, 같은 법 제8조에 따른 정비구역의 지정 또는 변경 및 같은 조에 따른 정비계획의 수립 또는 변경.

서울특별시는 도시정비조례 제20조제1항에서 조합의 설립인가 신청서류 등의 작성방법으로 "사업시행예정구역의 명칭 및 면적은 법 제9조에 따른 정비계획과 동일하게 작성한다."고 규정하고 있다.

위 조례상 사업시행예정구역은 정비예정구역과 다른 개념으로, 이는 정비구역의 범위 내에 있어야 한다.
그 범위를 벗어나는 경우, 정비기본계획 및 정비구역 변경이 선행되어야 한다

■ 표준정관 제4조 단서의 재건축·재개발사업 공통 적용

재건축사업에서 주택단지가 아닌 건축물이 사업시행상 불가피한 경우 정비구역[3]
으로 볼 수 있도록 하고 있다.

재건축사업은 주택단지에 있지 아니하는 건축물의 경우에는 지형여건·주변의 환경으로 보아 사업 시행상 불가피한 경우로서 정비구역으로 보는 사업에 한정하고 있다(법 제23조 단서). 또한, 법 제35조에서는 공동주택 재건축사업의 경우, 주택단지가 아닌 지역을 포함할 수 있도록 하기 위한 동의율을 규정하고 있다.

반면, 재개발사업에는 이러한 규정이 없지만, 서울특별시 재건축·재개발 표준정관에는 같은 단서를 두고 있다.

재개발사업의 경우에도 사업시행상 불가피하다고 인정되어 법령이나 정관이 정하는 바에 따라 추가로 편입 또는 제척되는 토지 등이 있을 수 있어, 표준정관에서는 포괄적인 규정을 둔 것으로 보인다.

2025.5.1 개정 도시정비법 시행으로 재건축사업의 경우, 정비구역에서 인가받은 관리처분계획에 따라 건축물을 건설하여 공급하는 방법으로 바뀌었다. 다만, 주택단지에 있지 아니하는 건축물의 경우에는 지형여건·주변의 환경으로 보아 사업시행상 불가피한 경우로서 정비구역으로 보는 사업에 한정한다(법 제23조제3항).

동법 제35조제3항인 '공동주택 재건축조합 설립 동의율'에도 불구하고 주택단지가 아닌 지역이 정비구역에 포함된 때에는 주택단지가 아닌 지역의 토지 또는 건축물 소유자의 3/4 이상 및 토지면적의 2/3 이상 토지소유자의 동의를 받아야 한다.

cf 부산광역시 재건축·재개발 표준정관
제3조(사업시행구역) 조합의 사업시행구역은 부산광역시 ○○(구·군) ○○(읍·면) ○○(동·리)

---

[3] 주택건설촉진법에 의한 재건축사업에도 같은 규정을 두고 있었다.

○○번지 외 ○○필지로서 토지의 총면적은 ○○㎡로 한다. 다만, 사업시행상 관계 법령 및 이 정관이 정하는 바에 따라 정비계획 변경, 총회 또는 대의원회 결의를 얻어 사업시행구역 면적이 변경될 경우에는 본 조항의 개정 없이 사업시행구역 총면적이 변경된 것으로 본다.

재건축·재개발 표준정관의 조문 위치와 내용이 같다.
서울특별시, 광주광역시와 달리 "추가로 편입 또는 제척되는 토지 등이 있거나, 기본계획 변경, 지적측량 또는 착오의 발견 등에 따라 변경이 있을 경우"는 포함되지 않았다.

광주광역시 재건축·재개발 표준정관

제4조(사업시행구역) 조합의 사업시행구역은 도시정비법(이하 "법") 제16조에 따라 지정·고시된 정비구역으로서 광주광역시 ○○구 ○○동 000-00번지 외 ○○필지 (이하 "사업시행구역")로 하고, 토지의 총면적은 00,000.00㎡(약 00,000평)으로 한다.

다만, 사업시행상 불가피하다고 인정되어 관련 법령 및 이 정관이 정하는 바에 따라 추가로 편입 또는 제척되는 토지 등이 있거나, 기본계획 또는 정비계획 변경, 지적측량 또는 착오의 발견 등에 따라 변경이 있을 경우에는 사업시행구역과 토지의 총면적이 변경된 것으로 본다.

재건축·재개발 표준정관의 조문 위치와 내용이 같으며, 서울특별시와 그 내용이 같다.

2023.11.29 국토부 별표2 지정개발자(신탁업자) 표준시행규정

제3조(사업의 명칭 및 정비구역) ② 정비구역은 ○○(시·도) ○○(시·군·구) ○○(읍·면) ○○(리·동) ○○번지 외 ○○필지(상의 아파트단지)로서, 대지의 총면적은 ○○○㎡로 한다. 다만, 사업시행 상 불가피하다고 인정되어 관계법령 및 본 시행규정이 정하는 바에 따라 추가로 편입되는 토지 등이 있을 경우에는 본건 정비구역과 대지의 총면적이 변경된 것으로 본다.

표준시행규정 및 국토부 재건축·재개발 표준정관에도 같은 단서를 둔 바 있다.

2006.8.25 국토부 재건축 표준정관

제3조(사업시행구역) 사업시행구역은 서울시 ○○(구) ○○(동) ○○번지 외 ○○필지(○○아파트단지)로서 토지의 총면적은 ○○㎡로 한다. 다만, 사업시행 상 불가피하다고 인정되어 관계법령 및 이 정관이 정하는 바에 따라 총회 또는 대의원회 의결로 추가로 편입 또는 제척되는 토지 등이 있을 경우에는 사업시행구역과 토지의 총면적이 변경된 것으로 본다.

【주】도시정비법 제6조제3항에 근거하여 지형여건, 주변 환경으로 보아 사업시행상 불가피하다고 인정할 경우 인근의 단독·다세대주택 등을 일부 포함할 수 있음을 감안한 것임

2003.6.30 국토부 재개발표준정관

2006.8.25 국토부 재건축 표준정관과 같다.

- ■ **(서울) 재건축 표준정관 제5조(사무소)**
- ● **(서울) 재개발 표준정관 제5조(사무소):** 재건축 표준정관과 같음

재건축·재개발 표준정관의 조문 위치와 내용이 같다.

재건축·재개발 표준정관
제5조(사무소) ① 조합의 주된 사무소는 서울특별시 ○○구 ○○로 ○○(○○동, ○○빌딩)에 둔다.
② 조합사무소는 이사회 의결을 거쳐 이전할 수 있으며, 사전에 제8조에 따라 조합원에게 조합사무소의 이전시기·주소 등을 명확히 알 수 있도록 통지하여야 한다.

재건축 추진위원회 사무실은 단지 내 컨테이너에서 업무를 진행하는 것이 일반적이다(재개발의 경우에도 토지등소유자들과의 소통 등을 이유로 정비구역 내에 위치하게 됨).

관리처분계획을 받게 되면 사업시행구역 전체 소유자들이 외부로 이주하므로, 이사회 의결을 거쳐 조합사무소도 단지 밖으로 이전하게 된다.

관리처분계획 인가를 받고 조합사무실이 아파트 공사장 부근으로 이전하는 것이 일반적이기 때문에, 일부 조합에서는 호수를 제외하고 "○○번지에 둔다."는 실제 사례도 있다. 그러나 조합사무소의 번지와 호수를 기재하지 않으면, 관할 구청에서 조합설립인가를 받기 쉽지 않다.

한편, 재정비촉진구역 내 단독주택 재건축사업의 정비계획 수립 근거규정인 도시정비법 시행령 별표1 제3호 나목이 2014.8.3 이후부터 삭제되어[4], 새로운 단독

---

[4] 도시정비법 시행령 별표1 <개정 2012.7.31>
정비계획 수립대상구역(제10조제1항 관련)
3. 기존의 공동주택을 재건축하기 위한 주택재건축사업 정비계획은 제1호, 제2호 및 제4호에 해당하지 아니하는 지역으로서 다음 각 목의 어느 하나에 해당하는 지역에 대하여 수립한다.

주택 재건축사업은 시행이 불가능하게 되었다.

다만, 경과조치에 의해 재정비촉진구역 내 단독주택 재건축구역으로 결정·고시된 지역은 현재에도 진행중에 있다. 대표적 사례로 방화재정비촉진구역 내 방화 3구역, 5구역 단독주택 재건축사업, 신정재정비촉진구역 내 신정4 단독주택 재건축사업이 있다.

□ **근거규정**

도시정비법 시행령
제36조(조합의 등기사항) 법 제38조제2항에서 "대통령령으로 정하는 사항"이란 다음 각 호의 사항을 말한다.
  1. 설립목적
  2. 조합의 명칭
  3. 주된 사무소의 소재지

서울특별시 도시정비조례
제20조(조합의 설립인가 신청서류 등의 작성 방법) ① 시행규칙 별지 제5호서식에

가. 건축물의 일부가 멸실되어 붕괴나 그 밖의 안전사고의 우려가 있는 지역
나. 재해 등이 발생할 경우 위해의 우려가 있어 신속히 정비사업을 추진할 필요가 있는 지역
다. 노후·불량건축물로서 기존 세대수 또는 재건축사업 후의 예정세대수가 300세대 이상이거나 그 부지면적이 1만㎡ 이상인 지역
라. 3 이상의 「건축법 시행령」 별표1 제2호 가목에 따른 아파트 또는 같은 호 나목에 따른 연립주택이 밀집되어 있는 지역으로서 제20조에 따른 안전진단실시 결과 전체 주택의 2/3 이상이 재건축이 필요하다는 판정을 받은 지역으로서 시·도 조례로 정하는 면적 이상인 지역
▶ 공동주택 재건축사업 규정만 남아있고, 단독주택 재건축사업은 삭제되어 있음

부 칙 <대통령령 제24007호, 2012.7.31>
제1조(시행일) 이 영은 2012년 8월 2일부터 시행한다.
제6조(단독주택재건축사업에 관한 경과조치) ① 이 영 시행 당시 정비기본계획이 수립된 경우 정비계획의 수립에 대해서는 제52조제2항제1호 및 별표1 제3호의 개정규정에도 불구하고 종전의 규정에 따른다.
② 이 영 시행 당시 「도시재정비 촉진을 위한 특별법」 제5조에 따라 지정된 재정비촉진지구에 대해서는 제52조제2항제1호 및 **별표1** 제3호의 개정규정에도 불구하고 종전의 규정에 따른다.

따른 조합설립(변경) 인가신청서 및 제출서류의 작성방법은 다음 각 호와 같다.
　1. 주된 사무소의 소재지는 사업시행구역이 소재하는 자치구의 관할구역 안에 두는 것을 원칙으로 한다.

cf 부산광역시 재건축·재개발 표준정관
　제4조(사무소) ① 조합의 주된 사무소는 부산광역시 ○○(구, 군) ○○(대로, 로, 길)○○에 둔다.
　② 조합사무소를 이전하는 경우 이사회 의결을 거쳐 인근지역으로 이전할 수 있으며, 이전일 7일 전에 조합원에게 서면 및 휴대폰 문자로 통지하여 조합원들이 조합사무실의 이전을 명확히 알 수 있도록 하여야 한다.

　재건축·재개발 표준정관의 조문 위치와 내용이 같다.

　부산광역시는 중구, 서구, 동구, 영도구, 부산진구, 동래구, 남구, 북구, 해운대구, 사하구, 금정구, 강서구, 연제구, 수영구, 사상구 외에도 기장군(기장읍, 장안읍, 정관읍, 일광면, 철마면)이 있어 구, 군으로 되어 있다.

광주광역시 재건축·재개발 표준정관
　제5조(사무소) ① 조합의 주된 사무소는 광주광역시 ○○구 ○○로 ○○(○○동, ○○빌딩)에 둔다.
　② 조합사무소를 이전하는 경우 <u>대의원회(대의원회가 없는 경우 이사회)의 의결</u>을 거쳐 이전할 수 있으며, 사전에 제8조에 따라 조합원에게 조합사무소의 이전 시기·주소 등을 명확히 알 수 있도록 통지하여야 한다.

　재건축·재개발 표준정관의 조문 위치와 내용이 같다.
　서울, 부산 표준정관에서는 이사회의 의결로 하고 있지만, 광주광역시는 종전의 국토부 표준정관과 같이 대의원회(대의원회가 없는 경우 이사회)의결로 이전이 가능하도록 했다.

2006.8.25 국토부 재건축 표준정관

제4조(사무소) ①조합의 주된 사무소는 ○○(시·도) ○○(시·군·구) ○○(읍·면) ○○(리·동) ○○번지 ○○호에 둔다.

② 조합사무소를 이전하는 경우 대의원회(대의원회가 없는 경우 이사회)의 의결을 거쳐 인근지역으로 이전할 수 있으며, 조합원에게 통지한다.

2003.6.30 재개발 표준정관

제4조(사무소) ① 조합의 주된 사무소는 ○○(시·도) ○○(시·군·구) ○○(읍·면) ○○ (리·동) ○○번지 ○○호에 둔다.

② 조합사무소를 이전하는 경우 이사회 의결을 거쳐 이전할 수 있으며, 조합원에게 통지한다.

> ■ (서울) 재건축 표준정관 제6조(시행방법)
> ● (서울) 재개발 표준정관 제6조(시행방법)

정비사업의 '시행방법'은 조합원은 조합에 토지·건축물을 현물출자하고, 조합은 사업시행자로서 정비사업을 진행해 나가는 시행방식을 구체화한 것을 말한다.

재건축·재개발사업은 "관리처분계획 또는 환지방식"을 취한다.

또한, 조합이 건설업자등과 공동사업시행 방식이거나, 일부 건축물을 존치하거나 리모델링의 방식도 열거하고 있다.

□ 근거규정

○ 제1항 관련
재건축사업: 도시정비법 제23조제3항, 재개발사업: 도시정비법 제23조제2항

재건축 표준정관
제6조(시행방법) ① 조합원은 소유한 토지 및 건축물을 조합에 현물로 출자하고, 조합은 법 제23조제3항에서 정한 방법으로 사업을 시행한다.
【주】법 제24조제4항에 따라 오피스텔을 건설하여 공급하는 경우에는 「국토계획법」에 따른 준주거지역 및 상업지역에서만 건설할 수 있으며, 이 경우 오피스텔의 연면적은 전체 건축물 연면적의 30/100 이하이어야 함

재개발 표준정관
제6조(시행방법) ① 조합원은 소유한 토지, 건축물 또는 지상권을 조합에 현물로 출자하고, 조합은 법 제23조제2항에서 정한 방법으로 사업을 시행한다.

재개발사업의 경우 관리처분계획과 환지방식의 2가지가 있다.
구 도시정비법상 도시환경정비사업(현 도시정비형 재개발사업)은 용도제한 없이

건축물을 건설·공급할 수 있었으나, 주택재개발사업(주택정비형 재개발사업)에선 용도제한이 있어 준주거, 상업지역에서만 공공주택, 부대·복리시설 외에 오피스텔 건설 공급이 가능했다.

이후 2018.2.9. 전부개정으로 주택재개발사업과 도시환경정비사업이 재개발사업으로 통합되면서 용도제한이 없이 가능하도록 시행방법이 바뀌었다.

주택정비형 재개발사업과 같이 재건축사업에서도 준주거, 상업지역의 경우, 주택, 부대·복리시설 및 「건축법」 제2조제2항에 따른 오피스텔 공급이 가능하였다.

88대책 후속조치로 2025.5.1 시행되는 개정 도시정비법에서는 준주거, 상업지역에서 주상복합으로 재건축 시 아파트와 업무·문화시설 등도 설치할 수 있도록 건축물의 용도 제한을 폐지하겠다는 것이 개정 취지다.

이에 해당하는 정비조합은 정관 작성 시에 유의하여야 한다.

2025.5.1 개정·시행 도시정비법

제23조(정비사업의 시행방법) ② 재개발사업은 정비구역에서 인가받은 관리처분계획에 따라 건축물을 건설하여 공급하거나 환지로 공급하는 방법으로 한다.

③ 재건축사업은 정비구역에서 제74조에 따라 인가받은 관리처분계획에 따라 건축물을 건설하여 공급하는 방법으로 한다. 다만, 주택단지에 있지 아니하는 건축물의 경우에는 지형여건·주변의 환경으로 보아 사업 시행상 불가피한 경우로서 정비구역으로 보는 사업에 한정한다. <개정 2025.1.31>

④ 제3항에 따라 건축물을 건설하여 공급하는 경우 주택, 부대시설 및 복리시설을 제외한 건축물(이하 이 항에서 "공동주택 외 건축물")은 「국토계획법」에 따른 준주거지역 및 상업지역에서만 건설할 수 있다. 이 경우 공동주택 외 건축물의 연면적은 전체 건축물 연면적의 30/100 이하이어야 한다. <개정 2025.1.31>

○ **제2항 관련(공통)**

도시정비법 제95조, 도시정비법 시행령 제79조(보조 및 융자 등), 서울특별시 도시정비조례 제53조(사업비의 융자 등)

재건축·재개발 표준정관

제6조(시행방법) ② 조합은 사업시행을 위하여 필요한 경우 정비사업비 일부를 서울특별시(정비사업 융자금), 총회 또는 대의원회에서 선정한 시공자·설계자·정비사업전문관리업자·금융기관 기타 협력업체 또는 조합원 등으로부터 대여받아 사업을 시행할 수 있다.

재건축·재개발 표준정관이 같다.

서울특별시 강남구·송파구 재건축사업의 경우, 안전진단비용과 초기자금을 위해 토지등소유자로부터 100만 원 내지 5백만 원의 자금을 출자받아 사업진행을 하는 사례가 늘고 있다 (사업진행 시에 은행이자로 변제하도록 함).

국가 또는 지방자치단체는 사업시행자인 정비조합이 시행하는 정비사업에 드는 비용의 일부를 보조 또는 융자하거나 융자를 알선할 수 있다(법 제95조제3항).

법 제95조제3항에 따라 국가 또는 지방자치단체는 다음 각 호의 사항에 필요한 비용의 각 80% 이내에서 융자하거나 융자를 알선할 수 있다(영 제79조제5항).
1. 기초조사비
2. 정비기반시설 및 임시거주시설의 사업비
3. 세입자 보상비
4. 주민 이주비
5. 그 밖에 시·도조례로 정하는 사항(지방자치단체가 융자하거나 융자를 알선하는 경우만 해당한다)

■ **서울특별시 정비사업비 융자**

서울특별시장은 도시의 기능회복 등을 위하여 도시정비형 재개발사업을 시행하는 자에게 다음 각 호의 범위에서 정비사업에 소요되는 비용의 일부를 융자할 수 있다(도시정비조례 제53조제1항).
1. 구청장이 시행하는 사업은 건축공사비의 80% 이내

2. 구청장 이외의 자가 시행하는 사업은 건축공사비의 40% 이내

영 제79조제5항제5호에서 "그 밖에 시·도조례로 정하는 사항"이란 추진위원회·조합의 운영자금 및 설계비 등 용역비를 말한다(동조 제2항).

융자는 영 제79조제5항에서 정하는 범위에서 다음 각 호의 기준에 따라 할 수 있다(동조 제3항).
1. 융자금에 대한 대출이율은 한국은행의 기준금리를 고려하여 정책자금으로서의 기능을 유지하는 수준에서 서울특별시장이 정하되, 조합의 운영자금 및 용역비 등 융자 비목에 따라 대출이율을 차등 적용할 수 있다.
2. 사업시행자는 정비사업의 준공인가 신청 전에 융자금을 상환하여야 한다.

정비조합은 총회의 의결을 거쳐 시장에게 융자를 신청할 수 있으며, 다음 각 호의 내용이 포함된 운영규정 또는 정관을 제출하여야 한다(동조 제4항).
1. 융자금액 상환에 관한 사항
2. 융자 신청 당시 담보 등을 제공한 추진위원장 또는 조합장 등이 변경될 경우 채무 승계에 관한 사항

위의 제2항부터 제4항까지에서 정한 것 이외에 융자에 관하여 필요한 사항은 조례 시행규칙으로 정한다(동조 제6항).

서울특별시장은 위의 조례 제53조제6항에 따라 정비사업에 소요되는 비용을 융자하고자 하는 때에는 사업비 융자계획을 매년 수립하여야 하며, 다음 각 호의 사항을 포함하여 시보에 공고하여야 한다(조례 시행규칙 제22조).
1. 융자신청 대상자
2. 우선 융자대상 정비구역
3. 융자금액
4. 상환기간 및 방법
5. 이율

6. 신청기간

7. 신청서류

이하 서울특별시는 도시정비조례 시행규칙 제23조 내지 제31조에서 규정하고 있으니, 참고하기 바란다.

○ **제3항**
도시정비법 제102조

> **재건축·재개발 표준정관**
> 제6조(시행방법) ③ 조합은 원활한 사업시행을 위하여 법 제102조에 따른 정비사업전문관리업자를 선정할 수 있다.

재건축·재개발 표준정관이 같다.

조합은 자신의 업무대행을 위해 "조합설립의 동의 및 정비사업의 동의에 관한 업무의 대행, 조합설립인가의 신청에 관한 업무의 대행, 사업시행계획인가의 신청에 관한 업무의 대행, 관리처분계획의 수립에 관한 업무의 대행", 사업성 검토 및 정비사업의 시행계획서의 작성, 설계자 및 시공자 선정에 관한 업무의 지원" 등이 정비사업전문관리업체의 업무이다(도시정비법 제102조제1항).

○ **제4항(정비사업의 공동시행)**
도시정비법 제25조

> **재건축 표준정관**
> 제6조(시행방법) ④ 조합은 조합원 과반수 동의를 받아 법 제25조제2항에서 정한 자와 공동으로 사업을 시행할 수 있다.

재개발 표준정관

> 제6조(시행방법) ④ 조합은 조합원 과반수 동의를 받아 법 제25조제1항제1호에서 정한 자와 공동으로 사업을 시행할 수 있다.

재건축·재개발사업의 공동시행자는 조합원 과반수 동의로 족하지만, 사업종류에 따라 공동시행의 대상자가 다르다.

도시정비법

제25조(재개발사업·재건축사업의 시행자) ① 재개발사업은 다음 각 호의 어느 하나에 해당하는 방법으로 시행할 수 있다.

1. 조합이 시행하거나 조합이 조합원의 과반수의 동의를 받아 시장·군수등, 토지주택공사등, 건설업자, 등록사업자 또는 대통령령으로 정하는 요건을 갖춘 자와 공동으로 시행하는 방법

2. 토지등소유자가 20인 미만인 경우에는 토지등소유자가 시행하거나 토지등소유자가 토지등소유자의 과반수의 동의를 받아 시장·군수등, 토지주택공사등, 건설업자, 등록사업자 또는 대통령령으로 정하는 요건을 갖춘 자와 공동으로 시행하는 방법

② 재건축사업은 조합이 시행하거나 조합이 조합원의 과반수의 동의를 받아 시장·군수등, 토지주택공사등, 건설업자 또는 등록사업자와 공동으로 시행할 수 있다.

■ 재건축사업

재건축사업의 공동시행은 재개발사업과 달리, 시장·군수등, 토지주택공사등, 건설업자 또는 등록사업자만 가능하다. 공동시행방식의 경우 건축심의를 받고도 시공자 선정(서울시, 광주광역시만 사업시행계획인가 이후 시공자 선정)계약을 한 경우, 시공자 선정으로 인정하고 있다.

2017.12.31까지 서울특별시 서초구, 송파구 등에서 공동시행방식이 활용되었다.
당시 서울특별시의 경우 도시정비조례에 의해 사업시행계획인가 이후에 시공자 선정이 가능해서 시간에 쫓긴 정비사업이 재건축사업이었다.
사업시행계획인가 신청 전 건축심의를 거쳐 선정된 공동시행자를 시공자로 하여

관리처분계획 인가를 신청할 수 있었기 때문이다(2018.1.1부터 관리처분계획 인가를 신청한 재건축조합에 재건축부담금이 부과됨).

그러나 이후 건설업자등은 조합과 공동책임이 뒤따르는 공동시행방식을 기피하고 있다.

■ 재개발사업

법 제25조제1항제1호에서 정한 자인 "시장·군수등, 토지주택공사등, 건설업자, 등록사업자 또는 「자본시장과 금융투자업에 관한 법률」 제8조제7항에 따른 신탁업자, 「한국부동산원법」에 따른 한국부동산원"과 공동시행이 가능하다.
재개발사업에서 공동시행방식을 실시한 곳을 찾아보기 어렵다.

○ 제5항(재건축사업에만 해당)
도시정비법 제67조

> **재건축 표준정관**
> 제6조(시행방법) ⑤ 조합은 일부 건축물의 존치 또는 리모델링에 관한 내용이 포함된 사업시행계획서를 작성하여 사업시행계획인가를 신청할 수 있으며, 이 경우 존치 또는 리모델링되는 건축물 소유자의 동의(구분소유자가 있는 경우 구분소유자 2/3 이상의 동의와 당해 건축물 연면적의 2/3 이상의 구분소유자의 동의로 한다)를 얻어야 한다.

미동의 아파트 동(일반적으로 큰 평형이 해당됨)이나 상가는 재건축사업에 반대하는 경우가 많은데, 이 경우 먼저 토지분할소송 제기 및 건축심의 후 조합설립인가를 받는 절차를 취한다.
다만, 재개발사업의 경우 도시정비법 제67조(재건축사업의 범위에 관한 특례)의 특례규정이 없어, 제5항이 제외되어 있다.

이 규정은 상가분할(제척)하는 방법으로 활용된다.

재건축조합은 상가나 대형평평의 일부 아파트소유자 반대가 있어도 조합설립 동의율 충족을 위하여 이들에 대해 토지분할소송 접수증 제출을 한 뒤, 조합설립인가를 받는 것이 일반적이다. 이후 상가등 협의회와 상가독립정산제 약정을 체결하여 통합한 뒤 토지분할소송을 취하하는 것이 일반적이다.

이 경우 새로 편입된 상가협의회가 소송비용을 부담하기도 한다.

도시정비법
제67조(재건축사업의 범위에 관한 특례) ① 사업시행자 또는 추진위원회는 다음 각 호의 어느 하나에 해당하는 경우에는 그 주택단지 안의 일부 토지에 대하여 「건축법」 제57조에도 불구하고 분할하려는 토지면적이 같은 조에서 정하고 있는 면적에 미달되더라도 토지분할을 청구할 수 있다.
  1. 「주택법」 제15조제1항에 따라 사업계획승인을 받아 건설한 둘 이상의 건축물이 있는 주택단지에 재건축사업을 하는 경우
  2. 제35조제3항에 따른 조합설립의 동의요건을 충족시키기 위하여 필요한 경우
② 사업시행자 또는 추진위원회는 제1항에 따라 토지분할 청구를 하는 때에는 토지분할의 대상이 되는 토지 및 그 위의 건축물과 관련된 토지등소유자와 협의하여야 한다.
③ 사업시행자 또는 추진위원회는 제2항에 따른 토지분할의 협의가 성립되지 아니한 경우에는 법원에 토지분할을 청구할 수 있다.
④ 시장·군수등은 제3항에 따라 토지분할이 청구된 경우에 분할되어 나가는 토지 및 그 위의 건축물이 다음 각 호의 요건을 충족하는 때에는 토지분할이 완료되지 아니하여 제1항에 따른 동의요건에 미달되더라도 「건축법」 제4조에 따라 특별자치시·특별자치도·시·군·구(자치구를 말한다)에 설치하는 건축위원회의 심의를 거쳐 조합설립인가와 사업시행계획인가를 할 수 있다. <개정 2024.1.30>
  1. 해당 토지 및 건축물과 관련된 토지등소유자(제77조에 따른 기준일의 다음 날 이후에 정비구역에 위치한 건축물 및 그 부속토지 소유권을 취득한 자는 제외한다)의 수가 전체의 1/10 이하일 것
  2. 분할되어 나가는 토지 위의 건축물이 분할선상에 위치하지 아니할 것
  3. 그 밖에 사업시행계획인가를 위하여 대통령령으로 정하는 요건에 해당할 것

▲ 판례 등

재건축사업의 조합설립인가 등의 특례(서울시 주거정비과 2025.1.13)

Q 재건축사업 상가의 토지등소유자 수가 전체의 1/10 이하였으나, 권리산정기준일 이후 상가 지분쪼개기로 인해 토지등소유자 수가 전체의 1/10을 초과하게 되는 경우, 도시정비법 제67조제4항 특례를 적용받을 수 없는지?

A 도시정비법(법률 제20174호, 2024.1.30, 일부개정) 제67조제4항에 따르면 시장·군수등은 제3항에 따라 토지분할이 청구된 경우에 분할되어 나가는 토지 및 그 위의 건축물이 다음 각 호의 요건을 충족하는 때에는 토지분할이 완료되지 아니하여 제1항에 따른 동의요건에 미달되더라도「건축법」제4조에 따라 시·군·구(자치구를 말함)에 설치하는 건축위원회의 심의를 거쳐 조합설립인가와 사업시행계획인가를 할 수 있다고 규정하고 있으며,

1. 해당 토지 및 건축물과 관련된 토지등소유자(법 제77조에 따른 기준일의 다음 날 이후에 정비구역에 위치한 건축물 및 그 부속토지의 소유권을 취득한 자는 제외)의 수가 전체의 1/10 이하일 것
2. 분할되어 나가는 토지 위의 건축물이 분할선 상에 위치하지 아니할 것
3. 그 밖에 사업시행계획인가를 위하여 대통령령으로 정하는 요건에 해당할 것

　해당 법령 개정 당시 부칙<법률 제20174호, 시행 2024.1.30> 제2호에 제67조제4항제1호의 개정규정은 이 법 시행 이후 제67조제3항에 따라 토지분할을 청구하는 경우부터 적용한다고 규정하고 있음. 따라서, 질의의 경우 상기 요건을 모두 충족하는 경우에 한하여 특례를 적용받을 수 있을 것으로 사료됨.

판례

사업시행계획 변경에 관한 존치·리모델링되는 건축물 소유자의 동의는 적용되지 않는다
서울행정법원 2024.5.24선고 2022구합68893판결 사업시행계획인가 취소
【판결요지】
구 도시정비법 제28조제1항, 제5항은 사업시행인가를 신청하기 전 뿐만 아니라 인가받은 내용을 변경 신청하기 전에도 미리 조합원의 동의를 얻어야 함을 명시하고 있는 반면, 구 도시정비법 제33조제2항은 '사업시행자가 제1항에 의하여 사업시행계획서를 작성하고자 하는 경우에는 존치 또는 리모델링되는 건축물 소유자의 동의(집합건물법 제2조제2호에 의한 구분소유자가 있는 경우에는 구분소유자의 2/3 이상의 동의와 당해 건축물 연면적의 2/3 이의 구분소유자의 동의로 한다)를 얻어야 한

다'고 규정하고 있을 뿐, 사업시행계획 이외에 그 변경에 관한 존치·리모델링되는 건축물 소유자의 동의에 관하여는 있지 않는바, 구 도시정비법 제33조제2항은 사업시행계획의 '변경'에 대하여는 원칙적으로 적용되지 않는다고 봄이 상당하다.

➡ 구 도시정비법 제33조(사업시행인가의 특례) 제2항은 현행법 제67조제2항으로 조문 이동함.
사업시행계획서의 작성 및 변경은 법 제45조제4항에 의해 조합원 과반수 산성으로 의결하는데, 존치 또는 리모델링의 경우에는 이 조항의 적용을 받지 않는다는 것임

재건축조합이 아파트와 상가를 분리하여 개발이익과 비용을 별도로 정산하고 상가협의회가 상가에 관한 관리처분계획안의 내용을 자율적으로 마련하는 것을 보장한다는 내용으로 상가협의회와 합의하는 경우, 그 내용이 조합의 정관에 규정하여야 하는 사항인지(원칙적 적극)
대법원 2018.3.13선고 2016두35281판결 관리처분계획 취소청구의 소
【판결요지】
재건축조합의 조합원들 중 상가의 구분소유자들(이하 '상가조합원', 이와 대비되는 아파트의 구분소유자들을 '아파트조합원')과 아파트조합원 사이의 이해관계 및 주된 관심 사항이 크게 다른 상황에서, ① 아파트와 상가를 분리하여 개발이익과 비용을 별도로 정산하고 ② 상가조합원들로 구성된 별도의 기구(이하 '상가협의회')가 상가에 관한 관리처분계획안의 내용을 자율적으로 마련하는 것을 보장한다는 내용으로 조합과 상가협의회 사이에서 합의하는 경우가 있다(①, ②를 통틀어 소위 '상가 독립정산제 약정'). ① 부분은 조합원별 부담액에 영향을 미칠 수 있으므로 '조합의 비용부담' 및 '조합원의 권리·의무'에 관한 사항에 해당하고, ②부분은 조합 총회에 상정하여 승인받아야 하는 관리처분계획안 중 상가 부분의 작성을 조합의 이사회가 아니라 상가협의회에게 일임한다는 내용이므로 '조합임원의 권리·의무', '임원의 업무의 분담 및 대행 등' 및 '관리처분계획'에 관한 사항에 해당하므로, 이러한 내용은 원칙적으로 조합의 정관에 규정하여야 하는 사항이다.
다만 이러한 내용을 조합이 채택하기로 결정하는 조합 총회의 결의가 정관 변경의 요건을 완전히 갖추지는 못했다면 형식적으로 정관이 변경된 것은 아니지만, 총회결의로서 유효하게 성립하였고 정관 변경을 위한 실질적인 의결정족수를 갖췄다면 적어도 조합 내부적으로 업무집행기관을 구속하는 규범으로서의 효력은 가진다고 보아야 할 것이다(대법원 2012.8.23.선고 2010두13463판결 참조). 왜냐하면, 조합의 총회가 조합의 최고의사결정기관이고(대법원 2010.5.27선고 2008다53430 판결 참조), 정관 변경은 조합의 총회결의를 통해서 결정된 후 감독청의 인가를 받아야 하며(도시정비법 제20조제3항), 여기에서 감독청의 인가는 기본행위인 총회결의의 효력을 완성시키는 보충행위일 뿐(대법원 2007.7.24자 2006마635결정 참조) 정관의 내용 형성은 기본행위인 총회결의에서 이루어지기 때문이다.

ᴄꜰ 부산광역시 재건축 표준정관

제5조(시행방법) ① 조합은 도시정비법 등 관계 법령과 이 정관이 정하는 바에 따라 정비구역에서 도시정비법 제74조에 따라 인가받은 관리처분계획에 따라 주택, 부대시설·복리시설 및 오피스텔(「건축법」 제2조제2항에 따른 오피스텔을 말한다)

을 건설하여 공급하는 방법으로 한다. 다만, 주택단지에 있지 아니하는 건축물의 경우에는 지형여건·주변의 환경으로 보아 사업시행상 불가피한 경우로서 정비구역으로 보는 사업에 한정한다.

② 조합은 사업시행을 위하여 필요한 경우 정비사업비 일부를 금융기관 등으로부터 대여받아 사업을 시행할 수 있다.

③ 조합은 도시정비법 제102조제1항 각 호의 업무 추진을 위해 정비사업전문관리업자를 선정 또는 변경할 수 있다.

④ 조합이 재건축사업을 단독으로 시행하거나 조합이 조합원의 과반수의 동의를 받아 <u>구청장·군수, 토지주택공사 등, 건설업자 또는 등록사업자</u>와 공동으로 시행할 수 있다.

재건축사업에서 공동시행할 수 있는 자는 구청장·군수, 토지주택공사등, 건설업자 또는 등록사업자이다. 반면, 재개발사업의 경우 공동시행자는 시장·군수등, 토지주택공사등, 건설업자, 등록사업자 또는 신탁업자와 「한국부동산원법」에 따른 한국부동산원과 공동시행이 가능하다.

재개발 표준정관

제5조(시행방법) ① 조합은 도시정비법 등 관계 법령과 이 정관이 정하는 바에 따라 정비구역에서 도시정비법 제74조에 따라 인가받은 관리처분계획에 따라 건축물을 건설하여 공급하거나 도시정비법 제69조제2항에 따라 환지로 공급하는 방법으로 한다.

② 조합은 사업시행을 위하여 필요한 경우 정비사업비 일부를 금융기관 등으로부터 대여받아 사업을 시행할 수 있다.

③ 조합은 도시정비법 제102조제1항 각 호의 업무 추진을 위해 정비사업전문관리업자를 선정 또는 변경할 수 있다.

④ 조합이 재개발사업을 단독으로 시행하거나 조합 총회에서 조합원의 과반수의 동의를 받아 <u>도시정비법 제25조제1항제1호</u>의 자와 공동으로 사업을 시행할 수 있다.

광주광역시 재건축 표준정관

제6조(시행방법) ① 조합원은 소유한 토지 및 건축물을 조합에 현물로 출자하고,

조합은 법 제23조제3항에서 정한 방법으로 사업을 시행한다.

【주】법 제24조제4항에 따라 오피스텔을 건설하여 공급하는 경우에는 국토계획법에 따른 준주거지역 및 상업지역에서만 건설할 수 있으며, 이 경우 오피스텔의 연면적은 전체 건축물 연면적의 30/100 이하이어야 함

② 조합은 사업시행을 위하여 필요한 경우 정비사업비 일부를 총회 또는 대의원회에서 선정한 시공자·설계자·정비사업전문관리업자·금융기관 기타 협력업체 또는 조합원 등으로부터 대여받아 사업을 시행할 수 있다.

③ 조합은 원활한 사업시행을 위하여 법 제102조에 따른 정비사업전문관리업자를 선정 또는 변경할 수 있다.

④ 조합은 조합원 과반수 동의를 받아 법 제25조제1항제1호에서 정한 자와 공동으로 사업을 시행할 수 있다.

<u>⑤ 조합은 일부 건축물의 존치 또는 리모델링에 관한 내용이 포함된 사업시행계획서를 작성하여 사업시행계획인가를 신청할 수 있으며, 이 경우 존치 또는 리모델링되는 건축물 소유자의 동의(구분소유자가 있는 경우 구분소유자 2/3 이상의 동의와 당해 건축물 연면적의 2/3 이상의 구분소유자의 동의로 한다)를 얻어야 한다.</u>

재개발사업의 경우 재건축 표준정관의 제5항을 두지 않았다.

재개발 표준정관

제6조(시행방법) ① 조합원은 소유한 토지, 건축물 또는 지상권을 조합에 현물로 출자하고, 조합은 법 제23조제2항에서 정한 방법으로 사업을 시행한다.

② 조합은 사업시행을 위하여 필요한 경우 정비사업비 일부를 총회 또는 대의원회에서 선정한 시공자·설계자·정비사업전문관리업자·금융기관 기타 협력업체 또는 조합원 등으로부터 대여받아 사업을 시행할 수 있다.

③ 조합은 원활한 사업시행을 위하여 법 제102조에 따른 정비사업전문관리업자를 선정 또는 변경할 수 있다.

④ 조합은 조합원 과반수 동의를 받아 법 제25조제1항제1호에서 정한 자와 공동으로 사업을 시행할 수 있다.

2023.11.29 국토부 별표2 지정개발자(신탁업자) 표준시행규정

제4조(시행방법) ① 사업시행자는 도시정비법 제74조에 따라 인가받은 관리처분계획에 따라 건축물을 건설하여 공급하는 방법으로 한다.

② 사업시행자는 이 사업을 1건의 신탁사업으로 수행한다.

사업시행자는 정비조합이 아닌 지정개발자로서 그 시행방법을 관리처분계획 방식을 취하고 있다.

2006.8.25 국토부 재건축 표준정관

제5조(시행방법) ① 조합원은 소유한 토지 및 건축물을 조합에 현물로 출자하고, 조합은 법 제48조에 의하여 인가받은 관리처분계획에 따라 공동주택 및 부대·복리시설을 건설하여 공급한다.

② 조합은 사업시행을 위하여 필요한 경우 정비사업비 일부를 금융기관등으로부터 대여 받아 사업을 시행할 수 있다.

③ 조합은 인·허가 등 행정업무 지원, 사업성 검토, 설계자·시공자 등의 선정에 관한 업무의 지원, 관리처분계획의 수립 및 분양업무 등을 지원하는 정비사업전문관리업자를 선정 또는 변경할 수 있다.

【주】도시정비법 제14조 및 제69조에 의하여 정비사업전문관리업자를 선정하고 관련 업무를 지원할 수 있음.

④ 조합은 조합원의 과반수 동의를 얻어 관할 시장·군수 또는 자치구의 구청장 또는 법 제2조제10호에 의한 주택공사등과 공동으로 사업을 시행할 수 있다.

⑤ 조합은 일부 건축물의 존치 또는 리모델링에 관한 내용이 포함된 사업시행계획서를 작성하여 사업시행인가를 신청할 수 있으며, 이 경우 존치 또는 리모델링되는 건축물 소유자의 동의(구분소유자가 있는 경우 구분소유자 2/3 이상의 동의와 당해 건축물 연면적의 2/3 이상의 구분소유자의 동의로 한다)를 얻어야 한다.

2003.6.30 국토부 재개발 표준정관

제5조(시행방법) ① 조합원은 소유한 토지, 건축물 또는 지상권을 조합에 현물로 출자하고, 조합은 인가받은 관리처분계획에 따라 주택 및 부대·복리시설을 건설하

여 공급하거나, 법 제43조제2항에 의하여 환지로 공급한다.

② 조합은 사업시행을 위하여 필요한 경우 정비사업비 일부를 금융기관으로 부터 대여받아 사업을 시행할 수 있다.

③ 조합은 인·허가 등 행정업무지원, 사업성검토, 설계자·시공자의 선정에 관한 업무의 대행, 관리처분계획의 수립 및 분양업무 등을 대행하는 정비사업전문관리업자를 선정 또는 변경할 수 있다.

【주】도시정비법 제14조 및 제69조에 의하여 정비사업전문관리업자를 선정하고 관련 업무를 대행할 수 있음.

④ 조합은 조합원의 1/2 이상 동의를 얻어 관할 시장·군수 또는 자치구의 구청장 또는 법 제2조제10호에 의한 주택공사 등과 공동으로 사업을 시행할 수 있다.

> ■ **(서울) 재건축 표준정관 제7조(사업기간)**
> ● **(서울) 재개발 표준정관 제7조(사업기간)**: 재건축 표준정관과 같다

재건축·재개발 표준정관의 조문 위치와 내용이 같다.

재개발 표준정관
제7조(사업기간) 조합의 사업기간은 조합설립등기일부터 제58조제2항제5호의 청산종결등기일까지로 한다.

재개발 표준정관(제62조제2항제5호)에서도 사업기간이 재건축 표준정관과 같다.

정비사업의 시기와 종기는 정관 기재사항은 아니다.
조합은 법인이기 때문에 설립등기로 성립되며, 정관의 효력발생도 조합설립등기일부터 시작된다. 조합설립인가를 받고 설립등기를 하면 법인격이 부여되는데, 이런 과정을 거쳐야 주택법상 건설업자나 등록업자로 의제받아 조합장의 명의로 분양신청, 아파트공급 등을 공고하는 권한이 주어진다.

2016.7.28 개정법 시행으로 조합 청산인의 임무를 법률에 명시하고 이를 위반하는 경우 처벌하도록 하여 청산절차를 투명하게 하였다(정보공개 의무, 공무원 의제 규정).

☐ **관련 조문**

조합의 정관 기재사항에는 정비사업이 종결된 때의 청산절차(조합의 해산 이후 청산인의 보수 등 청산 업무에 필요한 사항을 포함)의 사항이 포함되어야 한다(법 제40조제1항제14호).

서울특별시 재건축 표준정관 제58조(청산인의 임무 및 보수 등) 제2항에서는 청산인 전원으로 청산위원회를 구성하며, 「민법」 제85조부터 제86조에 따른 해산등

기 및 해산신고, 「민법」 제94조에 따른 청산종결의 등기 및 신고 업무를 청산위원회의 의결을 거쳐 집행한다. 다만, 청산위원회는 구체적인 범위를 정하여 대표청산인에게 이를 위임할 수 있다고 규정하고 있다.

재개발조합의 청산종결등기와 총회의사록(2006.8.2 공탁상업등기과-760 질의회답) 재개발조합(폐지된 도시재개발법 제2조제2호 나목, 제8조제1항, 제2장제2절, 도시정비법 제2조제2호 나목, 제8조제1항, 제3장제2절)의 청산종결등기의 신청서에는 청산에 관한 결산보고서를 승인한 조합원총회 또는 대의원회의 의사록(이 의사록은 공증인의 인증을 받아야 한다)을 첨부해야 한다. 다만, 조합원총회에서 해산결의를 할 때 청산에 관한 결산보고서의 승인을 받지 않아도 됨을 함께 결의하였다면 그 의사록의 사본을 첨부하여 청산종결등기를 신청할 수 있다.

청산종결의 등기가 경료되었으나 아직 청산이 종료되지 않은 법인의 경우, 청산인의 대표권한을 증명하는 서면 및 등기의무자의 인감증명(2001.8.11 등기 3402-555 질의회답)

Q 이미 청산종결의 등기가 경료되었으나 아직 청산이 종료되지 않은 법인의 경우, 청산인의 대표권한을 증명하는 서면 및 등기의무자의 인감증명은?

A 이미 재개발조합이 해산한 후 청산종결의 등기가 완료되어 그 법인등기부가 폐쇄된 때에도, 위 재개발조합이 서울특별시에 대하여 건축시설에 대한 소유권보존등기의 말소등기를 해야 할 의무를 부담하고 있는 한 청산은 그 범위 내에서 아직 종료되지 않은 것으로 보아야 할 것이므로, 위 재개발조합은 자기 명의의 소유권보존등기의 말소등기를 신청할 수 있는 것인바, 이 경우 위 재개발조합을 대표하는 청산인의 대표권한을 증명하는 서면(부동산등기법 제40조제1항제5호)으로는 폐쇄된 법인등기부등본을 제출해야 하고, 등기의무자의 인감증명(부동산등기법 시행규칙 제53조제1호)으로는 인감증명법에 의한 청산인 개인의 인감증명을 첨부할 수 있다.

※ 참조조문 : 민법 제54조 제1항, 도시재개발법 제21조

cf 부산광역시 재건축·재개발 표준정관

제6조(사업기간) 사업기간은 조합설립법인등기일로부터 해산 후 청산종결등기

를 하는 날까지로 한다.

재건축·재개발 표준정관의 조문 위치와 내용이 같다.

광주광역시 재건축·재개발 표준정관
제7조(사업기간) 조합의 사업기간은 조합설립등기일부터 제62조제2항제5호의 청산종결등기일까지로 한다.

재건축·재개발 표준정관의 조문 위치와 내용이 같다.

2023.11.29 국토부 별표2 지정개발자(신탁업자) 표준시행규정
제5조(사업기간) ① 사업기간은 도시정비법 제27조제2항에 따른 사업시행자 지정·고시일로부터 도시정비법 제89조에 따른 청산금의 정산 등 정비사업과 관련한 업무를 완료한 때까지로 한다.

② 사업시행자는 도시정비법 제86조에 따른 이전고시일로부터 1년 이내에 도시정비법 제89조에 따른 청산금의 정산을 위한 토지등소유자 전체회의를 소집하여야 한다. 다만, 소송 등 부득이한 사유가 있는 경우에는 토지등소유자 전체회의 의결을 거쳐 청산금의 정산을 위한 토지등소유자 전체회의 소집을 연기할 수 있다.

지정개발자 표준시행규정의 사업기간이 사업시행자 지정·고시일부터 기산되므로, 사실상 사업시행자가 정비사업의 초기대금 지원이 어려운 이유 중의 하나이기도 하다. 신장되지 않은 협력업체들의 자금대여 등의 문제가 발생되기도 한다.

2006.8.25 국토부 재건축 표준정관
제6조(사업기간) 사업기간은 조합설립인가일부터 법 제57조에서 규정한 청산업무가 종료되는 날까지로 한다.

2003.6.30 국토부 재개발 표준정관
2006.8.25 국토부 재건축 표준정관과 같다.

> ■ **(서울) 재건축 표준정관 제8조(권리·의무에 관한 사항의 통지·공고방법)**
> ● **(서울) 재개발 표준정관 제8조(권리·의무에 관한 사항의 통지·공고방법)**: 재건축 표준정관과 같다

재건축·재개발 표준정관의 조문 위치와 내용이 같다.

조합원의 권리·의무에 관한 사항(변동사항을 포함)을 정비조합은 조합원에게 성실히 통지·공고하도록 하여, 조합원에게 알려 사업추진에 협조할 수 있도록 하였다.

□ 근거규정

○ 제1항
도시정비법 제72조제1항: 사업시행계획인가·고시일부터 120일 이내 토지등소유자에게 통지

> **재건축·재개발 표준정관**
> 제8조(권리·의무에 관한 사항의 통지·공고방법) ① 조합은 조합원의 권리·의무에 관한 사항(변동사항을 포함한다. 이하 같다)을 조합원에게 성실히 통지·공고하여야 한다.

'공고·공람 및 통지의 방법'은 정관 기재사항이다.

분양신청 통지도 본조 제1항에 해당되며, 통지하지 않은 관리처분계획은 위법하다.
재개발과 함께 재건축사업에도 분양신청기간까지 미동의자인 토지등소유자에게도 분양신청을 할 수 있도록 통지하여야 한다. 이 경우 미동의자도 조합원이 된다.
또한, 분양신청에 대한 통지서가 수령 권한 없는 자에 의해 수령되었거나, 주거지가 아닌 곳으로 발송된 경우 적법하게 이루어졌다고 볼 수 없다(대법원 2011.1.27.선고 2008두14340판결).

토지등소유자가 주소 변경신고를 하지 않았다고 곧바로 토지등소유자에게 주소 변경의 미신고 책임을 물어 분양권을 주지 않는 것은 바로 잡아야 한다.[5] (서울고등법원 2010.12.24 선고 2010누15683판결)

도시정비법

제72조(분양공고 및 분양신청) ① 사업시행자는 제50조제9항에 따른 사업시행계획인가의 고시가 있은 날(사업시행계획인가 이후 시공자를 선정한 경우에는 시공자와 계약을 체결한 날)부터 120일 이내에 다음 각 호의 사항을 토지등소유자에게 통지하고, 분양의 대상이 되는 대지 또는 건축물의 내역 등 대통령령으로 정하는 사항을 해당 지역에서 발간되는 일간신문에 공고하여야 한다. 다만, 토지등소유자 1인이 시행하는 재개발사업의 경우에는 그러하지 아니하다.

(이하 생략)

도시정비법 시행령

제38조(조합 정관에 정할 사항) 법 제40조제1항제18호에서 "대통령령으로 정하는 사항"이란 다음 각 호의 사항을 말한다.

8. 공고·공람 및 통지의 방법

○ 제2항

종전 표준정관에는 "고지·공고"를 서울특별시는 "통지·공고"로 바꿔 법률상 의미를 더하였다.

"등기우편등이 반송되는 경우에는 1회에 한하여 일반우편으로 추가 발송할 것"의 의미는 대법원 판례에 따른 것이다.[6]

■ 제1호

---

5   서울고등법원 2010.12.24선고 2010누15683판결
6   등기우편은 수취인이 부재인 경우에는 즉시 반송되므로, 반송되는 경우에 한해서 일반우편으로 추가 발송하도록 하였다. 참고로 대법원 판례에서는 등기우편이 반송되지 않으면 송달된 것으로 간주하고 있다(대법원 2000.10.27선고 2000다20052판결 참조).

재건축·재개발 표준정관

제8조(권리·의무에 관한 사항의 통지·공고방법) ② 제1항의 통지·공고 방법은 이 정관에서 따로 정하는 경우를 제외하고는 다음 각 호의 방법에 따른다.

1. 조합원에게 "등기우편등"(등기우편 및 기타 발송이 증명되는 우편이나 우체국택배 등 우편물의 안전한 송달을 보증할 수 있는 방법을 포함한다. 이하 같다)으로 개별 통지하여야 하며, 등기우편등이 반송되는 경우에는 1회에 한하여 일반우편으로 추가 발송할 것. 다만, 조합원이 통지내용물을 직접 수령하기를 원하는 경우 해당 조합원에게 직접 전달하고 해당 조합원으로부터 그 수령을 확인하는 서면을 받는 방법으로 통지할 수 있다.

【주】직접수령에 관하여는 최초 등기우편등의 발송부터 적용할 것인지, 추가 일반우편 발송에만 적용할 것인지는 달리 정할 수 있을 것이며, 직접수령이 가능한 내용물, 전달할 사람, 수령할 사람, 전달·수령장소 등을 달리 정할 수 있을 것임.

서울특별시 재건축·재개발 표준정관안에서는 종전 국토부 재건축 표준정관과 달리, 단서를 신설하였다.

"다만, 조합원이 통지 내용물을 직접 수령하기를 원하는 경우 해당 조합원에게 직접 전달하고 해당 조합원으로부터 그 수령을 확인하는 서면을 받는 방법으로 통지할 수 있다."

직접수령에 관하여는 최초 등기우편등의 발송부터 적용할 것인지, 추가 일반우편 발송에만 적용할 것인지/직접 수령이 가능한 내용물, 전달할 사람, 수령할 사람, 전달·수령장소 등을 달리 정할 수 있다.

표준정관 제7조에 따른 '등기우편으로 개별 고지' 부분이 선관위원 후보자 등록 공고 시에도 동일하게 적용되는지(서울시 주거정비과 2020.11.9)

Q 선관위원 후보자 등록·공고 방법

표준정관 제7조에 따른 '등기우편으로 개별 고지' 부분이 선관위원 후보자 등록·공고 시에도 동일하게 적용되는지?

A 「서울시 정비사업 표준선거관리규정」[별표] 제7조제2항제3호에 따르면 "조합장은 임원·대의원 임기만료 60일 전까지 조합 선관위 구성을 위해 '모집 인원 초과 등록 시 선거관

리위원 선정방법 등'을 포함하여 선거관리위원 후보자 등록을 조합 홈페이지에 공고하고 클린업시스템에 게시하여야 한다."고 규정하고,

「재건축 표준정관」 제7조제1항에 따르면 "조합은 조합원의 권리·의무에 관한 사항을 조합원에게 성실히 고지·공고하여야 한다."고 정하고 있고, 같은 조 제2항에 따르면 제1호에 의거, 관련 조합원에게 등기우편으로 개별 고지하여야 한다고 정하고 있음.

또한,「서울시 정비사업 표준선거관리규정」[별표] 제3조에 따르면 이 규정은 정관에서 따로 정하는 사항 외에는 본 규정을 적용하도록 규정하니, 우편 통지 여부는 당해 조합정관, 선거관리규정 및 선거관리절차 등을 종합적으로 검토하여 판단해야 할 사항으로 사료됨.

■ 제2호

2003.6.30 국토부 재개발 표준정관 제7조제2항제2호
2006.8.25 국토부 재건축 표준정관 제7조제2항제2호

> **재건축·재개발 표준정관**
>
> 제8조(권리·의무에 관한 사항의 통지·공고방법) ② 제1항의 통지·공고 방법은 이 정관에서 따로 정하는 경우를 제외하고는 다음 각 호의 방법에 따른다.
> 2. 조합은 "게시판"(조합사무소 및 조합원이 쉽게 접할 수 있는 일정한 장소에 둔 게시판을 말한다. 이하 같다)에 14일 이상 공고하고 게시판에 게시한 날부터 3월 이상 조합사무소에 관련서류와 도면 등을 비치하여 조합원이 열람할 수 있도록 할 것.

재건축·재개발 표준정관에서는 공통으로 조합은 조합원의 권리·의무에 관한 사항(변동사항 포함)을 조합원 및 이해관계인에게 성실히 고지·공지하여야 하는데, 이 고지·공고방법은 이 정관에서 따로 정하는 경우를 제외하고는 다음 각 호의 방법에 따르도록 하였다.

1. 관련 조합원에게 등기우편으로 개별 고지하여야 하며, 등기우편이 주소불명, 수취거절 등의 사유로 반송되는 경우에는 1회에 한하여 일반우편으로 추가 발송한다.

2. 조합원이 쉽게 접할 수 있는 일정한 장소의 게시판에 14일 이상 공고하고 게시판에 게시한 날부터 3월 이상 조합사무소에 관련서류와 도면 등을 비치하여 조합원이 열람할 수 있도록 한다.

■ 제3호

도시정비법 제119조, 서울특별시 도시정비조례 제69조에 따른 정비사업 종합정보관리시스템(이하 "정비사업 정보몽땅")[7]

> **재건축·재개발 표준정관**
>
> 제8조(권리·의무에 관한 사항의 통지·공고방법) ② 제1항의 통지·공고 방법은 이 정관에서 따로 정하는 경우를 제외하고는 다음 각 호의 방법에 따른다.
>
> 3. 해당 내용은 법 제119조 및 「서울특별시 도시정비조례」(이하 "조례") 제69조에 따라 서울특별시에서 구축·운영하는 정비사업 종합정보관리시스템(이하 "정비사업 정보몽땅")에도 공개할 것(조합 공식 인터넷 홈페이지에의 게시 및 문자메세지 등의 발송을 병행 가능).
>
> 다만, 특정인의 권리에 관계되거나 외부에 공개하는 것이 곤란한 경우에는 그 요지만을 공개할 수 있다.

2015.9.1 개정 도시정비법에서 직접 홈페이지 규정을 신설하였으며, 서울특별시 정비사업 정보몽땅(구 클린업시스템)을 구축하여 운영하고 있다.

관련자료 공개는 서울특별시 재건축 표준정관 제62조 및 법 제124조제1항에 규정되어 있으며, 이를 위반한 경우 처벌규정이 있어 주의를 요한다.

---

[7] 서울특별시 도시정비조례
제69조(정비사업관리시스템의 구축 및 운영 등) ① 시장은 법 119조에 따라 정비사업의 효율적이고 투명한 관리를 위하여 다음 각 호의 서비스를 제공하는 종합정보관리시스템을 구축·운영한다.
1. 정보공개: 정비사업 시행과 관련한 자료 구축 및 정보 제공
2. 조합업무지원: 추진위원회·조합의 예산·회계와 정보공개 등록 및 행정업무 등 처리
3. 분담금 추정 프로그램: 제80조에 따른 토지등소유자별 분담금 추산액 등 정보 제공
② 시장은 제1항에 따라 구축된 종합정보관리시스템의 기능을 지속적으로 개선하고 이용자의 활용을 촉진하는 계획을 수립하고 시행하여야 한다. <개정 2021.9.30>
③ 구청장은 시스템에 구축된 정비구역 홈페이지가 정상적으로 운영되도록 관리·감독·지원하여야 한다.
④ 법 제124조에 따라 추진위원회 및 사업시행자(조합의 경우 청산인을 포함한 조합임원을 말한다)는 인터넷을 통하여 정보를 공개하는 경우 종합정보관리시스템을 이용하여야 한다. 다만 토지등소유자가 단독으로 시행하는 재개발사업의 경우에는 제외할 수 있다. <개정 2021.9.30>
⑤ 추진위원장 또는 조합임원(조합의 청산인을 포함한다)은 정비사업 종합정보관리시스템을 이용하여 예산·회계와 정보공개 등의 작성된 자료를 등록하여야 한다. <개정 2021.9.30>
⑥ 시장은 제1항 각 호에 따른 종합정보관리시스템의 운영 및 관리에 관한 세부기준을 정할 수 있다.
<개정 2020.12.31, 2021.9.30>

○ **제3항**

2003.6.30 국토부 재개발 표준정관 제7조제2항제2호
2006.8.25 국토부 재건축 표준정관 제7조제2항제4호

> **재건축·재개발 표준정관**
> 제8조(권리·의무에 관한 사항의 통지·공고방법) ③ 제2항제1호의 등기우편등이 발송되고, 제2항제2호의 게시판에 공고가 있는 날부터 조합원에게 통지·공고된 것으로 본다.
> 【주】그 밖에 주소 등 우편물송달장소의 신고의무, 그 불이행 시의 효과 등에 관하여 규정할 수 있을 것임.
> 【주】한편, 조합원이 제공한 개인정보를 활용할 수 있도록 하는 규정을 두어 개인정보보호법위반 문제를 사전에 차단할 수도 있을 것임.

2003.6.30 국토부 재개발표준정관 주석에서 "조합이 조합원의 권리·의무 변동에 관한 사항을 사전에 성실히 고지토록 하여 조합원이 권리·의무에 관한 사항을 제대로 알고 사업추진에 협조할 수 있도록 하고, 집행부의 권한남용이나 조합과 조합원간의 분쟁을 방지하기 위한 것으로 조합여건에 따라 조합사무소의 게시기간, 열람기간, 등기우편 발송횟수, 통지갈음 여부 등 구체적인 내용은 달리 정할 수 있음"이라고 해설한 바 있다.

> 🔖 **판례**
>
> **등기로 발송된 분양신청 통지가 반송되지 않았다면 적법한 통지로 보아야 한다**
> 서울행정법원 2024.8.23선고 2023구합69091판결 관리처분계획 일부취소
> 【판결요지】
> 정관 규정의 해석상 피고가 적법한 송달장소로 등기우편에 의하여 분양신청 통지를 하여 해당 통지가 반송되지 않았다면 피고는 도시정비법 제72조 및 피고 정관에 정해진 절차를 준수하였다고 보아야 하고, 해당 장소로 발송된 등기우편이 실제로 조합원에게 도달하였는지는 피고가 위 절차를 준수하였는지 여부에 영향을 미칠 수 없다고 봄이 타당하다
> ▶ 반송되지 아니한 내용증명 우편물의 송달 추정 여부(적극)
> 대법원 2000.10.27선고 2000다20052판결[소유권이전등기등]
> 【판결요지】

재건축조합을 탈퇴한다는 의사표시가 기재된 내용증명 우편물이 발송되고 달리 반송되지 아니하였다면 특별한 사정이 없는 한, 이는 그 무렵에 송달되었다고 봄이 상당하다.

도시정비법상 정한 분양신청기간의 통지 등 절차를 제대로 거치지 않고 이루어진 관리처분계획이 위법한지(적극)
대법원 2011.1.27선고 2008두14340판결[관리처분계획취소등]
【판시사항】
[1] 도시정비법 제46조제1항에서 정한 분양신청기간의 통지 등 절차를 제대로 거치지 않고 이루어진 관리처분계획이 위법한지(적극)
[2] 도시정비법 제47조제1호에 따라 사업시행자가 분양신청을 하지 않은 '토지등소유자'에게 현금청산을 하는 경우, 현금청산의 목적물인 토지·건축물 또는 그 밖의 권리의 가액을 평가하는 기준시점(=분양신청기간의 종료일 다음날)
【판결요지】
[1] 도시정비법 제46조제1항에서 정한 분양신청기간의 통지 등 절차는 재개발구역 내의 토지등소유자에게 분양신청의 기회를 보장해 주기 위한 것으로서 도시정비법 제48조 제1항에 의한 관리처분계획을 수립하기 위해서는 반드시 거쳐야 할 필요적 절차이고, 사업시행자인 재개발조합이 분양신청 통지를 함에 있어서는 도시정비법 및 그 위임에 의하여 정해진 재개발조합 정관에 따라 통지 등 절차가 이루어져야 할 것이므로, 이러한 통지 등 절차를 제대로 거치지 않고 이루어진 관리처분계획은 위법하다.
[2] 도시정비법 제47조제1호에 따라 사업시행자는 토지등소유자가 분양신청을 하지 아니하는 경우에 '그 해당하게 된 날'부터 150일 이내에 대통령령이 정하는 절차에 따라 토지·건축물 또는 그 밖의 권리에 대하여 현금으로 청산하여야 하는데,
여기에서 분양신청을 하지 아니한 토지등소유자에 대하여 청산금 지급의무가 발생하는 시기는 도시정비법 제46조에 따라 사업시행자가 정한 '분양신청기간의 종료일 다음날'이라고 보아야 하므로, 현금청산의 목적물인 토지·건축물 또는 그 밖의 권리의 가액을 평가하는 기준시점은 청산금 지급의무가 발생하는 시기인 '분양신청기간의 종료일 다음날'로 봄이 상당하다(대법원 2009.9.10선고 2009다32850, 32867판결 등 참조).

cf 부산광역시 재건축·재개발 표준정관

제7조(권리·의무에 관한 사항의 고지·공고방법) ① 조합은 조합원의 권리·의무에 관한 사항(변동사항을 포함한다)을 조합원에게 성실히 고지·공고하여야 한다.

② 제1항의 고지·공고방법은 이 정관에서 따로 정하는 경우를 제외하고는 다음 각 호의 방법에 따른다.

1. 조합원에게 고지 시에는 등기우편 및 휴대폰 문자발송(조합에 신고한 휴대폰번호에 한한다)을 병행하여 고지하여야 하며, 주소불명, 수취거절 등의 사유로 반송되는 경우에는 1회에 한하여 일반우편으로 추가 발송한다. 다만, 조합원이 조합사무

실에서 수령확인서를 작성하고 직접 수령한 경우에는 제외한다.

   2. 조합사무실 게시판 및 부산광역시 정비사업 통합홈페이지(이하 "게시판 등")에 14일 이상 공고하고 게시판 등에 게시한 날부터 3개월 이상 조합사무소에 관련서류와 도면 등을 비치하여 조합원이 열람할 수 있도록 한다.

   3. 제1호의 등기우편 및 휴대폰 문자발송(조합에 신고한 휴대폰번호에 한한다)이 되고, 제2호의 게시판 등에 게시가 된 날부터 조합원에게 고지·공고된 것으로 본다.

재건축·재개발 표준정관의 조문 위치와 내용이 같다.

광주광역시 재건축·재개발 표준정관

   제8조(권리·의무에 관한 사항의 통지·공고방법) ① 조합은 조합원의 권리·의무에 관한 사항(변동사항을 포함한다. 이하 같다)을 조합원에게 성실히 통지·공고하여야 한다.

   ② 제1항의 통지·공고 방법은 이 정관에서 따로 정하는 경우를 제외하고는 다음 각 호의 방법에 따른다.

   1. 조합원에게 "등기우편등"(등기우편 및 기타 발송이 증명되는 우편이나 우체국택배 등 우편물의 안전한 송달을 보증할 수 있는 방법을 포함한다. 이하 같다)으로 개별 통지하여야 하며, 등기 우편등이 반송되는 경우에는 1회에 한하여 일반우편으로 추가 발송할 것. 다만, 조합원이 통지내용물을 직접 수령하기를 원하는 경우 해당 조합원에게 직접 전달하고 해당 조합원으로부터 그 수령을 확인하는 서면을 받는 방법으로 통지할 수 있다.

   【주】 직접수령에 관하여는 최초 등기우편등의 발송부터 적용할 것인지, 추가 일반우편 발송에만 적용할 것인지는 달리 정할 수 있을 것이며, 직접수령이 가능한 내용물, 전달할 사람, 수령할 사람, 전달·수령장소 등을 달리 정할 수 있을 것임

   2. 조합은 "게시판"(조합사무소 및 조합원이 쉽게 접할 수 있는 일정한 장소에 둔 게시판을 말한다. 이하같다)에 14일 이상 공고하고 게시판에 게시한 날부터 3월 이상 조합사무소에 관련서류와 도면 등을 비치하여 조합원이 열람할 수 있도록 할 것

   3. 해당 내용은 법 제119조 및 「광주광역시 도시정비조례」(이하 "조례") 제71조에 따라 광주광역시에서 구축·운영하는 정비사업 관리시스템에도 공개할 것(조합 공식

인터넷 홈페이지에의 게시 및 문자메세지 등의 발송을 병행 가능). 다만, 특정인의 권리에 관계되거나 외부에 공개하는 것이 곤란한 경우에는 그 요지만을 공개할 수 있다.

③ 제2항제1호의 등기우편등이 발송되고, 제2항제2호의 게시판에 공고가 있는 날부터 조합원에게 통지·공고된 것으로 본다.

【주】그 밖의 주소 등 우편물송달장소의 신고의무, 그 불이행시의 효과 등에 관하여 규정할 수 있을 것임

【주】한편, 조합원이 제공한 개인정보를 활용할 수 있도록 하는 규정을 두어 개인정보보호법 위반문제를 사전에 차단할 수도 있을 것임

재건축·재개발 표준정관의 조문 위치와 내용이 같다.

광주광역시장은 법 제119조에 따라 정비사업의 효율적이고 투명한 관리를 위한 다음 각 호의 광주광역시 정비사업관리시스템을 구축·운영한다(도시정비조례 제71조제1항).

1. 정비사업관리시스템: 정비사업 시행과 관련한 자료 구축 및 정보를 제공하기 위한 시스템
2. 추정분담금 프로그램: 제22조에 따른 토지등소유자별 추정분담금 등 정보를 제공하기 위한 시스템 <신설 2019.4.15>

또한, 제1항에 따라 구축된 정비사업관리시스템의 기능을 지속적으로 개선하며, 이용자의 활용을 촉진하는 계획을 수립하고 시행하여야 한다(동조 제2항).

구청장은 시스템에 구축된 정비구역 홈페이지가 정상적으로 운영되도록 관리·감독·지원하여야 한다(동조 제3항). 법 제124조에 따라 추진위원장 또는 사업시행자(조합의 경우 청산인을 포함한 조합임원을 말한다)는 인터넷을 통하여 정보를 공개하는 경우 정비사업관리시스템을 이용하여야 한다(동조 제4항).

광주광역시장은 정비사업관리시스템의 운영 및 관리에 관한 세부기준을 정할 수 있다(동조 제5항).

2023.11.29 국토부 별표2 지정개발자(신탁업자) 표준시행규정

제6조(공고·통지의 방법 및 관련 자료의 공개 등) ① 공고 및 통지의 방법은 이 시행규정 및 도시정비법에서 정하는 경우를 제외하고는 다음 각 호의 방법에 따른다.

1. 등기우편(우체국택배를 포함한다)으로 개별 통지하여야 하며, 등기우편이 주소불명, 수취거절 등의 사유로 반송되는 경우에는 1회에 한하여 일반우편으로 추가 발송한다.

2. 토지등소유자가 쉽게 접할 수 있는 일정한 장소의 게시판과 인터넷에 14일 이상 게시하고 게시한 날부터 3개월 이상 현장에서 관련 서류와 도면 등을 비치하여 토지등소유자가 열람할 수 있도록 한다.

3. 사업 시행에 관한 사항은 조례 등에 따른 정보관리시스템에 게시하여야 한다. 다만, 특정인의 권리에 관계되거나 외부에 공개하는 것이 곤란한 경우에는 그 요지만을 게시할 수 있다.

4. 제1호부터 제3호까지에 따라 등기우편이 발송되거나, 게시판 및 인터넷에 게시된 경우 통지 또는 공고된 것으로 본다.

② 정비사업의 시행과 관련된 자료의 공개는 도시정비법 제124조에 따른다.

도시정비법 제124조 위반과 관련, 재개발사업에 한정해서 지정개발자인 대표자를 처벌하도록 하고 있어 개정안이 발의되어 있다.

도시정비법

제138조(벌칙) ① 다음 각 호의 어느 하나에 해당하는 자는 1년 이하의 징역 또는 1천만 원 이하의 벌금에 처한다.

7. 법 제124조제1항을 위반하여 정비사업 시행과 관련한 서류 및 자료를 인터넷과 그 밖의 방법을 병행하여 공개하지 아니하거나 같은 조 제4항을 위반하여 조합원 또는 토지등소유자의 열람·복사 요청을 따르지 아니하는 추진위원장, 전문조합관리인 또는 조합임원(조합의 청산인 및 토지등소유자가 시행하는 재개발사업의 경우에는 그 대표자, 제27조에 따른 지정개발자가 사업시행자인 경우 그 대표자를 말한다)

2006.8.25 국토부 재건축 표준정관

제7조(권리·의무에 관한 사항의 고지·공고방법) ① 조합은 조합원의 권리·의무에 관한

사항을 조합원에게 성실히 고지·공고하여야 한다.

② 제1항의 고지·공고방법은 이 정관에서 따로 정하는 경우를 제외하고는 다음 각 호의 방법에 따른다.

1. 관련 조합원에게 등기우편으로 개별 고지하여야 하며, 등기우편이 주소불명, 수취거절 등의 사유로 반송되는 경우에는 1회에 한하여 일반우편으로 추가 발송한다.[8]

2. 조합원이 쉽게 접할 수 있는 일정한 장소의 게시판에 14일 이상 공고하고 게시판에 게시한 날부터 3월 이상 조합사무소에 관련서류와 도면 등을 비치하여 조합원이 열람할 수 있도록 한다.

3. 인터넷 홈페이지가 있는 경우 홈페이지에도 공개하여야 한다. 다만, 특정인의 권리에 관계되거나 외부에 공개하는 것이 곤란한 경우에는 그 요지만을 공개할 수 있다.

【주】조합이 조합원의 권리·의무 변동에 관한 사항을 사전에 성실히 고지토록 하여 조합원이 권리·의무에 관한 사항을 제대로 알고 사업추진에 협조할 수 있도록 하고, 집행부의 권한남용이나 조합과 조합원간의 분쟁을 방지하기 위한 것으로 조합여건에 따라 조합사무소의 게시기간, 열람기간, 등기우편 발송횟수, 통지 갈음 여부 등 구체적인 내용은 달리 정할 수 있음.

4. 제1호의 등기우편이 발송되고, 제2호의 게시판에 공고가 있는 날부터 고지·공고된 것으로 본다.

2003.6.30 국토부 재개발 표준정관

제7조(권리·의무에 관한 사항의 고지·공고 방법) ① 조합은 조합원의 권리·의무에 관한 사항(변동사항을 포함한다)을 조합원 및 이해관계인에게 성실히 고지·공고하여야 한다.

【주】재개발사업은 토지보상법을 준용토록 하고 있는바, 이 법률에 의해 근저당 설정자 등 이해관계인에 고지하여야 함.

② 제1항의 고지·공고방법은 이 정관에서 따로 정하는 경우를 제외하고는 다음 각 호의 방법에 따른다.

1. 관련 조합원에게 등기우편으로 개별 고지하여야 하며, 등기우편이 주소불명, 수

---

8 등기우편은 수취인이 부재인 경우에는 즉시 반송되므로, 반송되는 경우에 한해서 일반우편으로 추가 발송하도록 보완하였다. 참고로 대법원 판례에서는 등기우편이 반송되지 않으면 송달된 것으로 간주하고 있다(대법원 2000.10.27 선고 2000다20052판결 참조).

취거절 등의 사유로 반송되는 경우에는 1회에 한하여 일반우편으로 추가 발송한다.

  2. 조합원이 쉽게 접할 수 있는 일정한 장소의 게시판에 14일 이상 공고하고 게시판에 게시한 날부터 3월 이상 조합사무소에 관련서류와 도면 등을 비치하여 조합원이 열람할 수 있도록 한다.

  3. 인터넷 홈페이지가 있는 경우 이에 게시하여야 한다. 다만, 특정인의 권리에 관계되거나 외부에 공개하는 것이 곤란한 경우에는 그 요지만을 게시할 수 있다.

  4. 제1호의 등기우편이 발송되고 제2호의 게시판에 공고가 있는 날부터 고지·공고된 것으로 본다.

【주】조합이 조합원의 권리·의무 변동에 관한 사항을 사전에 성실히 고지토록 하여 조합원이 권리·의무에 관한 사항을 제대로 알고 사업추진에 협조할 수 있도록 하고, 집행부의 권한남용이나 조합과 조합원간의 분쟁을 방지하기 위한 것으로 조합여건에 따라 조합사무소의 게시기간, 열람기간, 등기우편 발송횟수, 통지갈음 여부 등 구체적인 내용은 달리 정할 수 있음

> ■ (서울) 재건축 표준정관 제9조(정관의 변경)
> ● (서울) 재개발 표준정관 제9조(정관의 변경): 재건축 표준정관과 같다.

재건축·재개발 표준정관의 조문 위치와 내용이 같다.

정관 변경은 총회를 개최하여 조합원 과반수 찬성으로 관할 구청장의 인가를 받아야 한다(도시정비법 제40조제3항).

가로주택정비조합 정관을 변경하는 경우에도 소규모주택정비법 제56조제1항에서 도시정비법 제40조를 준용하도록 규정하고 있고, 같은 법 제40조제3항에 따르면 조합원 과반수 찬성으로 인가를 받도록 하고 있다.

단, 조합원 자격. 조합원의 제명·탈퇴 및 교체, 정비구역의 위치 및 면적, 조합의 비용부담 및 조합의 회계, 정비사업비의 부담시기 및 절차, 시공자·설계자의 선정 및 계약서에 포함될 내용은 조합원 2/3 이상 찬성이 필요하다.

소규모주택정비법
제56조(「도시정비법」의 준용) ① 정관에 관하여는 같은 법 제40조를 준용한다

가로주택정비조합 정관변경과 도시정비법의 관계(서울시 전략주택공급과 2024.3.8)
Q 가로주택정비조합의 정관을 변경하고자 할 때, 정관에 관하여 준용하는 조항인 도시정비법 제40조제3항 단서 외의 사항은 조합원 과반수이상의 찬성으로 의결이 가능한지?
A 규모주택정비법 제56조제1항에 따르면 조합 정관에 관하여 도시정비법 제40조를 준용토록 규정하고 있고, 도시정비법 제40조제3항에 따르면 같은 법 제35조(조합설립인가 등)에도 불구하고 단서 외의 사항은 조합원 과반수의 찬성으로 인가받도록 규정하고 있음.
또한, 조합정관의 변경에 관한 사항은 상기 조항을 준용하여야 함.

□ 근거규정

○ **제1항**
도시정비법 제40조제3항, 제44조제2항

재건축·재개발 표준정관
제9조(정관의 변경) ① 정관을 변경하려는 경우에는 법 제40조제3항에 따른다.

정관변경을 위한 총회 개최는 조합장이 직권으로 소집하거나 조합원 1/5 이상(정관의 기재사항 중 조합임원의 권리·의무·보수·선임방법·변경 및 해임에 관한 사항을 변경하기 위한 총회의 경우는 1/10 이상) 또는 대의원 2/3 이상의 요구로 조합장이 소집하게 된다(법 제44조제2항).

종전의 표준정관에서는 "정관을 변경하고자 할 때에는 조합원 1/5 이상, 대의원 과반수 또는 조합장의 발의가 있어야 한다."고 규정한 바 있어, 신설 서울특별시 표준정관에서는 포괄적으로 내용을 담아 현재의 조문으로 재탄생시켰다.

도시정비법
제40조(정관의 기재사항 등) ③ 조합이 정관을 변경하려는 경우에는 법 제35조제2항부터 제5항까지의 규정에도 불구하고 총회를 개최하여 조합원 과반수의 찬성으로 시장·군수등의 인가를 받아야 한다. 다만, 법 제40조제1항제2호·제3호·제4호·제8호·제13호 또는 제16호의 경우에는 조합원 2/3 이상의 찬성으로 한다.

▶ "법 제35조제2항부터 제5항까지의 규정"
재건축조합설립 동의율, 주택단지 아닌 지역이 정비구역에 포함된 경우이 동의율, 조합설립변경 동의율

> 🔨 **판례**
>
> 도시정비법 제40조제3항에 정한 '인가'의 법적 성질 및 이러한 인가를 받지 못한 경우, 변경된 정관의 효력(변경인가를 받지 못한 경우 무효)
> 대법원 2007.7.24자 2006마635결정
> 【판결요지】

> 도시정비법 제40조제3항은 "조합이 정관을 변경하고자 하는 경우에는 조합원 과반수의 동의를 얻어 시장·군수의 인가를 받아야 한다."고 규정하고 있는바,
> 여기서 관할 시장 등의 인가는 그 대상이 되는 기본행위를 보충하여 법률상 효력을 완성시키는 행위로서, 이러한 인가를 받지 못한 경우 변경된 정관은 효력이 없다고 할 것이다(대법원 1992.7.6자 92마54결정 참조).

■ "조합원 2/3 이상 찬성으로 의결"

법 제40조제1항 "2. 조합원의 자격, 3. 조합원의 제명·탈퇴 및 교체, 4. 정비구역의 위치 및 면적, 8. 조합의 비용부담 및 조합의 회계, 13. 정비사업비의 부담 시기 및 절차, 16. 시공자·설계자의 선정 및 계약서에 포함될 내용"

Q 재개발조합 총회에서 '조합원 제명·탈퇴 및 교체'에 관한 사항을 포함하는 정관 변경과 A조합원 제명을 한 번에 처리할 경우 절차상 하자가 있는지?

A 도시정비법 제40조제3항에서 정관의 기재사항 중 "제1항제2호(조합원 자격)·제3호(조합원의 제명·탈퇴 및 교체)·제4호(정비구역의 위치 및 면적)·제8호(조합 비용부담 및 조합 회계)·제13호(정비사업 부담시기 및 절차) 또는 제16호(시공자·설계자 선정 등)의 내용을 변경하는 경우에는 총회를 개최하여 조합원 2/3 이상의 찬성으로 시장·군수등의 인가를 받아야 한다."고 규정하고 있는바, 상기 규정에 따라 총회에서 조합원 2/3 이상 찬성 후 시장·군수등의 인가를 받아 정관 변경이 완료된 후 조합원 제명 절차가 진행되는 것이 타당할 것으로 사료됨.(서울시 주거정비과 2022.6.13)

■ 동의요건이 다른 안건들의 일괄표결 시, 일부가 부족하면 전체가 부결되는지

구 도시정비법(2017.2.8 법률 제14567호로 전부 개정되기 전의 것) 제20조는 조합 정관의 변경 관련하여 정관 조항의 구체적 내용에 따라 총회에서의 의결 방법을 달리 정하고 있다. 구체적으로 조합원 2/3 이상의 동의를 필요로 하는 사항, 조합원 과반수의 동의를 필요로 하는 사항, 통상적인 총회 의결 방법에 따라 변경할 수 있는 사항으로 나누어진다.

조항별 가결 요건에 대한 사전설명도 없이 의결정족수가 다른 여러 조항을 구분

하지 않고 일괄하여 표결하도록 한 경우, 만약 그 표결 결과 일부 조항에 대해서는 변경에 필요한 의결정족수를 채우지 못하였다면, 특별한 사정이 없는 한 정관 개정안 전체가 부결되었다고 보아야 하고 의결정족수가 충족된 조항만 따로 분리하여 그 부분만 가결되었다고 볼 수는 없다(대법원 2018다227520).

○ **제2항(정관의 경미한 변경)**
도시정비법 제40조제4항, 동법 시행령 제39조제2호

재건축·재개발 표준정관
제9조(정관의 변경) ② 제1항에도 불구하고 「도시정비법 시행령」(이하 "시행령") 제39조에서 정하는 경미한 사항을 변경하는 경우에는 대의원회의 의결로 변경하고, ○○구청장에게 신고하여야 한다.
【주】 법 제40조제4항은 경미한 사항에 대하여 "또는 정관으로 정하는 방법에 따라 변경하고"라고 규정하고 있으므로, 대의원회의 의결로 변경할 수도, 총회의 의결로 변경할 수도 있을 것임.
【주】 조합원 100인 이하의 조합이 대의원회를 구성하지 않은 경우 총회 의결로 하되, 경미한 변경사항에 대한 총회 의결요건은 조합 규모 등을 고려하여 별도로 정할 수 있음.

경미한 사항 변경 시에는 대의원회 의결로 변경하고, 구청장에게 신고로 족하다. 다만 경미한 변경의 경우에도 정관에서 이를 총회 사항으로 규정하게 되면, 총회 의결을 거쳐야 함에 유의하여야 한다.
경미한 경우, 그 효력발생 시점에 대해서는 정관에서 따로 정할 수 없다(아래 서울특별시 유권해석 참조바람).

도시정비법
제40조(정관의 기재사항 등) ③ 조합이 정관을 변경하려는 경우에는 제35조제2항부터 제5항까지의 규정에도 불구하고 총회를 개최하여 조합원 과반수의 찬성으로 시장·군수등의 인가를 받아야 한다. 다만, 제1항제2호·제3호·제4호·제8호·제

13호 또는 제16호의 경우에는 조합원 2/3 이상의 찬성으로 한다.

④ 제3항에도 불구하고 대통령령으로 정하는 경미한 사항을 변경하려는 때에는 이 법 또는 정관으로 정하는 방법에 따라 변경하고 시장·군수등에게 신고하여야 한다.

도시정비법 시행령에서 경미한 사항의 변경 시에는 이 법 또는 정관으로 정하는 방법에 따라 변경하고 시장·군수등에게 신고하여야 한다(법 제40조제4항).

법 제40조제3항에서의 "대통령령으로 정하는 경미한 사항"이란 다음 각 호의 사항을 말한다(영 제39조제2호).

1. 조합의 명칭 및 사무소의 소재지에 관한 사항
2. 조합임원의 수 및 업무의 범위에 관한 사항
3. 삭제 <2019.6.18>
4. 총회의 소집 절차·시기 및 의결방법에 관한 사항
5. 임원의 임기, 업무의 분담 및 대행 등에 관한 사항
6. 대의원회의 구성, 개회와 기능, 의결권의 행사방법, 그 밖에 회의의 운영에 관한 사항
7. 정비사업전문관리업자에 관한 사항
8. 공고·공람 및 통지의 방법에 관한 사항
9. 임대주택의 건설 및 처분에 관한 사항
10. 총회의 의결을 거쳐야 할 사항의 범위에 관한 사항
11. 조합직원의 채용 및 임원 중 상근임원의 지정에 관한 사항과 직원 및 상근임원의 보수에 관한 사항
12. 착오·오기 또는 누락임이 명백한 사항
13. 정비구역 또는 정비계획의 변경에 따라 변경되어야 하는 사항
14. 그 밖에 시·도조례로 정하는 사항

서울특별시는 위 제14호인 "그 밖에 시·도조례로 정하는 사항"이란 조례 제22조 제1호인 "이사회의 설치 및 소집, 사무, 의결방법 등 이사회 운영에 관한 사항"으로서 예산의 집행 또는 조합원의 부담이 되지 않는 사항이라고 규정하고 있다(도시정비

조례 제23조)

정관의 경미한 변경 신고 시, 효력발생 시점을 정관으로 정할 수 있는지(서울시 주거정비과 2024.8.14)

Ⓠ 정관의 경미한 변경 신고 시, 효력발생 시점을 정관으로 별도 정할 수 있는지?

Ⓐ 도시정비법 제35조제5항 단서에서 대통령령으로 정하는 정관의 경미한 사항을 변경하려는 때에는 총회의 의결 없이 시장·군수 등에게 신고하고 변경할 수 있다고 하면서, 같은 조 제6항에서 시장·군수등은 신고받은 날부터 20일 이내 신고수리 여부를 신고인에게 통지하여야 한다고 규정하고 있음.

상기 규정 개정(신설) 당시 개정이유(법률 제17943호, 2021.3.16 일부개정)를 보면, 정비사업을 위한 조합설립, 사업시행 및 관리처분계획 등의 인가 사항 중 경미한 사항의 변경 신고가 수리가 필요한 신고임을 명시하기 위한 것임.

또한, 「행정기본법」 제34조(수리 여부에 따른 신고의 효력)에서는 법령등으로 정하는 바에 따라 행정청에 일정한 사항을 통지하여야 하는 신고로서 법률에 신고의 수리가 필요하다고 명시되어 있는 경우(행정기관의 내부 업무처리 절차로서 수리를 규정한 경우는 제외한다)에는 행정청이 수리하여야 효력이 발생한다고 규정하고 있는바,

상기 관련 법령 등을 고려하여 정관의 경미한 변경신고의 효력은 구청장이 신고를 수리하여야 발생한다고 봄이 타당하다고 사료되며, 이에 따라 효력 발생 시점을 정관에서 따로 정할 수 없음.

정관의 경미한 변경 등(서울시 주거정비과 2024.7.11)

Ⓠ 1. 해당 조합정관 제7조의 '권리·의무에 관한 사항의 고지·공고 방법' 변경은 정관의 경미한 변경사항에 해당하는지?

Ⓠ 2. 총회 소집공고 등 고지·공고 방법을 정관 변경을 통해 전자적 방법으로 할 수 있는지?

Ⓐ 도시정비법 제40조제4항 및 같은 법 시행령 제39조제8호에 따라 '공고·공람 및 통지의 방법' 변경은 정관의 경미한 변경사항에 해당함.

아울러 공고·공람 및 통지의 방법으로 정관에 전자적 방법을 포함하는 것은 가능할 것으로는 사료되나, 전자적 방법에 의해서도 조합원에게 권리·의무 등 정비사업 관련 내용이 성실히 고지·공고될 수 있도록 정비사업의 인가권자인 귀 구에서 정관 변경 내용을 면밀히 검토하여 최종적 처리바람.

○ **제3항, 제4항**

서울특별시 정비사업 정보몽땅 홈페이지 운영지침(정비사업 종합정보관리시스템)<개정 시행일: 2022.10.25>, 구 서울특별시 클린업시스템 운영지침.

> **재건축·재개발 표준정관**
> 제9조(정관의 변경) ③ 정관 변경과 관련하여 조합총회 또는 대의원회의 소집을 요구하는 사람의 대표자는 소집요구서(변경 전·후 비교표 및 변경사유를 기재한 서면)를 작성하여 조합장에게 제출하여야 한다. 조합장은 소집요구 제출일로부터 ○일 이내에 정관변경(안)에 대한 안건 처리를 위한 총회 또는 대의원회 소집계획과 그 내용을 정비사업 정보몽땅 및 게시판등에 게시하여야 한다.
> 【주】조합장은 조합원 등에 의해 발의된 정관변경(안)을 신속하게 처리하여야 하며, 소집을 요구하는 사람의 대표자가 정관변경을 위한 총회를 소집하려는 경우 제20조에 따라야 함.
> ④ 조합은 정관변경에 대한 조합설립변경인가를 받거나 경미한 변경신고 수리가 완료되면 지체 없이 그 사실을 게시판에 공고하고, 변경 전·후 비교표 및 변경된 정관 개정 전문을 정비사업 정보몽땅에 공개하여야 한다.

공개자료: 조합설립(변경)인가서/정관
필수 요약항목: 사업명, 조합장, 사무소소재지, 인가신청일자, 인가(변경)일자, 토지등소유자수, 조합원 수, 동의자 수, 동의율,
주요 변경내역필수 첨부자료: 조합설립(변경)인가서, 조합정관의무적으로 공개
공개기한: 자료효력발생일(인가일)로부터 권장 : 10일 이내/의무 : 15일 이내
공개정보 최소범위 : 모두

종전 동의방법의 경우 법 제17조를 준용한다는 규정을 둔 바 있으나, 서울특별시 표준정관에서는 이를 삭제하였다.

실무에서 정관 변경 시 정관 변경 전·후 비교표 및 변경사유를 기재한 서면을 작성하고 있다. 조합장은 정관변경(안)에 대한 안건 처리를 위한 총회 또는 대의원회 소집계획과 그 내용을 정비사업 정보몽땅 및 게시판 등에 게시하고 있다.

Q 정비사업 정보몽땅 홈페이지 운영지침 [별표1] 재개발·재건축조합의 의사록공개 필수 첨부자료 중 회의 안내자료는 회의자료를 의미하는지, 넓은 개념의 회의자료를 말하는지?

A 본 지침은 조합이 정비사업을 시행하는 경우 조합임원은 조합을 대표하면서 막대한 사업자금을 운영하는 등 각종 권한을 가지고 있기 때문에 조합임원과 건설사 간 유착으로 인한 비리가 발생할 소지가 크고, 정비사업과 관련된 비리는 그 조합과 조합원의 피해로 직결되어 지역사회와 국가 전체에 미치는 병폐도 크므로, 개선방안으로서 정비사업의 시행과 관련된 서류와 자료를 공개하도록 하여 정비사업의 투명성·공공성을 확보하고 조합원의 알 권리를 충족시키기 위한 것임

도시정비법 제124조제1항은 조합임원등이 정비사업의 시행에 관하여 조합원, 토지등소유자 또는 세입자가 알 수 있도록 15일 이내에 인터넷과 그 밖의 방법을 병행하여 공개해야 할 서류를 열거하면서도 '관련 자료'에 관하여 명시적으로 규정하고 있지 않으나 통상 다음과 같이 해석이 가능하겠음.

본 지침 별표1 조합이 공개해야 할 공통사항 내 의사록 필수 첨부자료 중 '회의내용 안내자료'란 이사회의 개최 전 회의 안건, 회의 일시, 회의 장소 등이 기재되어 사전 공지된 안내문과 회의에 관련한 개요 및 회의안건이 요약된 자료를 의미하는 것으로 해석할 수 있겠음. (서울시 주거정비과 2022.10.14)

cf 부산광역시 재건축·재개발 표준정관

제8조(정관의 변경) ① 정관을 변경하고자 할 때에는 조합장이 직권으로 소집하거나 조합원 1/5 이상(조합 임원의 권리·의무·보수·선임방법·변경 및 해임에 관한 사항을 변경하기 위한 경우 1/10 이상) 또는 대의원 2/3 이상의 요구로 개최되는 총회에서 변경하여야 한다.

② 정관을 변경하고자 하는 경우에는 조합원 과반수의 찬성으로 구청장·군수의 인가를 받아야 한다. 다만, 도시정비법 제40조제1항제2호·제3호·제4호·제8호·제13호 또는 제16호의 경우에는 조합원 2/3 이상의 찬성으로 한다.

③ 제2항에도 불구하고 도시정비법 시행령 제39조에 정하는 경미한 사항을 변경하고자 하는 때에는 대의원회 의결로 변경하며 구청장·군수에게 신고하여야 한다. 다만, 대의원회가 구성되어 있지 않을 경우에는 총회 의결로 변경하며, 구청장·군수에게 신고하여야 한다.

④ 조합원 또는 대의원이 정관개정과 관련하여 조합 총회 또는 대의원회 소집을 요구할 경우에는 소집요구 대표자, 개정 대상 조문에 대한 개정 전·후 비교표 및 개정 사유를 기재한 총회 소집요구서 또는 대의원회 소집요구서를 서면으로 작성하여 소집요구 대표자가 조합장에게 소집을 요구하여야 하며, 정관개정안의 내용이 특정되도록 하여야 한다. 이때 총회 또는 대의원회 소집절차는 본 정관이 정하는 총회 또는 대의원회 소집 규정에 따른다.

⑤ 정관이 개정되어 구청장·군수의 인가를 받거나 경미한 변경으로 구청장·군수에게 신고를 한 경우에는 인가를 받은 날 또는 신고를 한 날로부터 15일 이내에 개정사항 및 개정된 정관 전문을 게시판 등에 게재하여야 한다.

재건축·재개발 표준정관의 조문 위치와 내용이 같다.

광주광역시 재건축·재개발 표준정관

제9조(정관의 변경) ① 정관을 변경하려는 경우에는 법 제40조제3항에 따른다.

② 제1항에도 불구하고 도시정비법 시행령 제39조에서 정하는 경미한 사항을 변경하는 경우에는 대의원회의 의결로 변경하고, ○○구청장에게 신고하여야 한다.

- 【주】법 제40조제4항은 경미한 사항에 대하여 "또는 정관으로 정하는 방법에 따라 변경하고"라고 규정하고 있으므로, 대의원회의 의결로 변경할 수도, 총회의 의결로 변경할 수도 있을 것임
- 【주】조합원 100인 이하의 조합이 대의원회를 구성하지 않은 경우 총회 의결로 하되, 경미한 변경사항에 대한 총회 의결요건은 조합 규모 등을 고려하여 별도로 정할 수 있음

③ 정관 변경과 관련하여 조합총회 또는 대의원회의 소집을 요구하는 사람의 대표자는 소집요구서(변경 전·후 비교표 및 변경사유를 기재한 서면)를 작성하여 조합장에게 제출하여야 한다. 조합장은 소집요구 제출일로부터 ○일 이내에 정관변경(안)에 대한 안건 처리를 위한 총회 또는 대의원회 소집계획과 그 내용을 정비사업 관리시스템 및 게시판에 게시하여야 한다.

- 【주】조합장은 조합원 등에 의해 발의된 정관변경(안)을 신속하게 처리하여야 하며, 소집을 요구하는 사람의 대표자가 정관변경을 위한 총회를 소집하는 경

우 제20조에 따라야 함

④ 조합은 정관변경에 대한 조합설립변경인가를 받거나 경미한 변경신고 수리가 완료되면 지체없이 그 사실을 게시판에 공고하고, 변경 전·후 비교표 및 변경된 정관 개정 전문을 정비사업 관리시스템에 공개하여야 한다.

재건축·재개발 표준정관의 조문 위치와 내용이 같다.

2023.11.29 국토부 별표2 지정개발자(신탁업자) 표준시행규정

제57조(시행규정의 변경) ① 사업시행자가 시행규정을 변경하고자 하는 경우에는 토지등소유자 전체회의를 개최하여 토지등소유자(재건축사업의 경우에는 신탁업자를 사업시행자로 지정하는 것에 동의한 토지등소유자를 말한다) 과반수의 찬성으로 의결한다. 다만, 다음 각 호에 해당하는 사항을 변경하는 경우에는 토지등소유자 2/3 이상의 찬성으로 한다.
1. 정비구역의 위치 및 명칭
2. 비용부담 및 회계
3. 정비사업비의 부담 시기 및 절차
4. 시공자·설계자의 선정 및 계약서에 포함될 사항

② 시행규정에 규정된 사항 중 관계법령 등의 변경으로 그 적용이 의무화된 경우에는 그 변경된 바에 따른다.

조합정관은 조합의 자치규범적 성질을 지니고 있다.

반면, 시행규정은 신탁방식의 정비사업으로 토지등소유자 전원으로 구성되는 토지등소유자 전체회의로 사업 시행에 관한 주요 사항에 관한 의결을 할 뿐이며, 작성 주체가 신탁업자로서 자치규범이라고 보기는 어렵다(서울고등법원 2023나2043212판결).

신탁방식 정비사업 시행규정 변경에 대해서 서울특별시(주거정비과-11238, 2024.12.23)에서는 다음과 같이 해석하고 있다.

도시정비법 제48조제1항제1호에 따르면 사업시행자로 지정된 신탁업자는 시행규정의 확정 및 변경에 관하여 해당 정비사업의 토지등소유자 전원으로 구성되는 토지등소유자 전체회의의 의결을 거쳐야 한다고 규정하고 있으며, 국토부의 정비사업 지정개발자(신탁방식) 시행방식 표준계약서 및 표준시행규정[별표2] 정비사업 시행규정 제57조제1항에서 사업시행자가 시행규정을 변경하려면 <u>토지등소유자 전체회의를 개최하여 토지등소유자(재건축사업의 경우 신탁업자를 사업시행자로 지정하는 것에 동의한 토지등소유자)의 과반수 찬성으로</u> 의결한다고 정하고 있다고 하였다.

> ⚖️ **판례**
>
> 신탁방식에서 시행규정은 정관과 같은 자치규범이라고 보기 어렵지만, 관리처분계획의 변경을 수반하는 시행규정 변경의결은 가중의결정족수에 의해 의결되어야 한다.
> 서울고등법원 2024.4.24선고 2023나2043212판결, 전체회의 안건가결 확인의 소
> 【판결요지】
> 정비조합은 정비사업의 시행을 목적으로 토지등소유자들이 구성한 단체이고, 정관은 조합의 자치규범으로서의 성질을 지니는 반면, 신탁방식의 재건축사업에 있어 토지등소유자들은 토지등소유자 전원으로 구성되는 토지등소유자 전체회의에서 사업 시행에 관한 주요 사항에 관한 의결을 할 뿐이고, 시행규정은 그 작성 주체가 신탁업자이므로, 시행규정을 조합정관과 같은 자치규범이라고 보기는 어렵다.
> 시행규정은 조합정관과 유사하게 재건축사업에 관한 토지등소유자의 권리·의무 등을 획일적으로 규율하는 측면이 있기는 하다. 그러나 정관의 기재사항 등에 관한 도시정비법 제40조제1항과 시행규정에 포함되어야 하는 사항들에 관한 도시정비법 제53조의 내용을 비교하여 보면, 정관은 조합원의 자격, 조합의 기관 및 운영에 관한 사항을 비롯한 단체법적인 규율을 중심으로 하는 반면, 시행규정은 신탁업자가 단독으로 정비사업을 시행함을 전제로 토지등소유자가 신탁업자에 대하여 가지는 권리·의무, 정비사업의 시행에 관한 구체적인 내용을 규정하는 데에 초점을 맞추고 있다.
> 이러한 사정을 고려하더라도 <u>관리처분계획의 수립·변경을 필연적으로 수반하는 내용의 이 사건 안건은 가중 의결정족수에 의해 의결해야 한다고 보는 것이 옳다.</u>
> 결국 이 사건 시행규정의 변경 중 이 사건 안건과 같이 관리처분계획의 내용을 실질적으로 결정함으로써 관리처분계획의 수립 또는 경미하지 않은 변경을 필연적으로 야기하는 경우에는 토지등소유자 과반수의 찬성을 받아야 한다고 해석함이 상당하다.

2006.8.25 국토부 재건축 표준정관

제8조(정관의 변경) ① 정관을 변경하고자 할 때에는, 조합원 1/5 이상, 대의원 과반수 또는 조합장의 발의가 있어야 한다.

② 정관을 변경하고자 하는 경우에는 조합원 과반수(법 제20조제1항제2호 내지 제4호·제8호·제12호 또는 제15호의 경우에는 2/3 이상을 말한다)의 동의를 얻어 시장·군수의 인가를 받아야 한다. 다만, 도시정비법 시행령 제32조에서 정하는 경미한 사항을 변경하고자 하는 때에는 조합원의 동의에 갈음하여 총회의 의결을 얻어야 한다.

【주】도시정비법 제20조제3항 정관의 변경 관련 규정을 정리한 것임.

③ 법 제17조의 규정은 제2항에 의한 동의에 이를 준용한다.

2003.6.30 국토부 재개발표준정관

제8조(정관의 변경) ① 정관을 변경하고자 할 때에는, 조합원 1/3 이상 또는 대의원 2/3 이상 또는 조합장의 발의가 있어야 한다

② 정관의 변경에는 조합원 2/3 이상의 동의를 얻어 시장·군수의 인가를 받아야 한다. 다만, 도시정비법 시행령 제32조의 경미한 변경에 해당하는 경우에는 조합원 과반수 출석과 출석조합원 과반수 찬성으로 변경한다.

【주】도시정비법 제20조제3항 정관의 변경 규정을 정리한 것임.

2장 조합원(서울 재건축 표준정관 기준)

제10조(조합원의 자격 등, 조합원 제명 포함)

제11조(조합원의 권리·의무)

제11조(조합원 자격의 상실)

지정개발자(신탁업자)의 표준시행규정은 지정개발자가 사업시행자로 조합을 구성하지 않으므로, 표준정관 제10조 내지 제11조에 대한 관련 조문이 없다.

V

(서울·부산·광주)
재건축·재개발 표준정관 해설

조합원의 자격 등(조합원 제명 포함)

> ■ (서울) 재건축 표준정관 제10조(조합원의 자격 등)
> ● (서울) 재개발 표준정관 제10조(조합원의 자격 등)

　정비사업의 동의 여부와 관계없이 정비구역 내 토지등소유자가 조합원(도시정비형, 주택정비형 재개발사업)인 제도를 강제조합원제라 한다.
　반면, 재건축사업의 경우에는 사업에 동의한 토지등소유자만 조합원이 되는데, 이를 임의조합원제라 한다.

　종전 국토부 재건축 표준정관에선 특정(기존)무허가건축물 소유자는 조합정관에 의해서도 조합원으로 인정되지 않았다.

　서울특별시·부산광역시 재건축 표준정관에서는 특정(기존)무허가건물확인원, 재산세과세대장 그 밖에 소유자임을 증명하는 자료를 통하여 자기소유임을 입증하여 관할 구청장의 확인을 받은 경우, 해당 특정(기존)무허가건축물 소유자를 조합원으로 인정하고 있다는 점에서 주목을 끈다.

　재건축·재개발사업의 소유권이 공유인 경우에는 대표자를 선정하여야 하며, 조합원 자격 상실과 제명 규정도 두고 있다.

□ 근거규정

○ **재건축사업(제10조제1항, 제6항), 재개발사업(제10조제1항, 제2항)**
　재건축사업(임의조합원): 도시정비법 제39조제1항, 제72조제1항 및 제2항/도시정비법 제35조제4항, 서울특별시 도시정비조례 제2조제1호, 제22조제2호
　재개발사업(강제조합원): 도시정비법 제39조제1항, 조례 제22조제2호, 제36조제1항제1호

■ **재건축 표준정관**

제10조(조합원의 자격 등) ① 조합원은 법 제2조제9호 나목에 따른 토지등소유자로서 조합설립에 동의한 자로 한다. 다만, 조합설립에 동의하지 아니한 토지등소유자는 분양신청기간 종료일까지 조합설립동의서를 조합에 제출하여 조합원이 될 수 있다.

⑥ 조례 제2조제1호에 따른 특정무허가건축물로서 무허가건물확인원, 재산세과세대장 그 밖에 소유자임을 증명하는 자료를 통하여 자기소유임을 입증하여 ○○구청장의 확인을 받은 경우에 한하여 해당 특정무허가건축물 소유자를 조합원으로 인정한다.

【주】법 제35조제4항(주택단지가 아닌 지역)에 해당하는 재건축사업의 경우 특정무허가건축물 및 그 부속토지를 소유한 자에 대하여 토지등소유자 내지 조합원 자격을 인정할 수 있음(조례 제22조제2호).

재건축사업은 조합설립에 동의한 자만 조합원이 되는데, 미동의자도 분양신청기간까지 동의하면 조합원이 된다(아래 판례 참조바람).

서울특별시는 재건축 표준정관 제10조제6항에서 "주택단지가 아닌 지역의 재건축사업에서 특정무허가건축물 및 그 부속토지를 소유한 자에 대하여 토지등소유자 내지 조합원 자격을 인정하고 있다(도시정비조례 제22조제2호)."고 주석을 달았다.

특정무허가건축물은 단독주택이 있는 곳에 있으며, 공동주택에는 없다.

2014.8.3 개정 도시정비법 시행령 별표1[9] 시행으로, 이후 단독주택 재건축사업

9 　　도시정비법 시행령[별표 1] <개정 2012.7.31>
　　　정비계획 수립대상구역(제10조제1항관련)
　　　3. 기존의 공동주택을 재건축하기 위한 재건축사업 정비계획은 제1호, 제2호 및 제4호에 해당하지 아니하는 지역으로서 다음 각 목의 어느 하나에 해당하는 지역에 대하여 수립한다.
　　　가. 건축물의 일부가 멸실되어 붕괴나 그 밖의 안전사고의 우려가 있는 지역
　　　나. 재해 등이 발생할 경우 위해의 우려가 있어 신속히 정비사업을 추진할 필요가 있는 지역
　　　다. 노후·불량건축물로서 기존 세대수 또는 재건축사업 후의 예정세대수가 300세대 이상이거나 그 부지면적이 1만㎡ 이상인 지역
　　　라. 3 이상의「건축법 시행령」별표1 제2호 가목에 따른 아파트 또는 같은 호 나목에 따른 연립주택이 밀집되어 있는 지역으로서 제20조에 따른 안전진단 실시 결과 전체 주택의 2/3 이상이 재건축이 필요하다는 판정

의 정비계획을 수립할 수 없다(다만 도시재정비법상 단독주택 재건축사업으로 재정비촉진계획 결정·고시된 지역은 가능함).

서울특별시는 도시정비조례 제36조에서 재개발사업의 특정무허가건축물소유자를 분양대상자로 하고 있다. 반면, 단독주택 재건축사업의 조례 제37조에 특정무허가건축물 소유자를 분양대상인 내용이 없다.

공동주택 재건축사업에 대해 도시정비조례상 특정무허가건축물의 소유자를 조합원 및 분양대상자로 하는 것은 법 체계상에도 맞지 않아 삭제하는 것이 좋다.

서울특별시 도시정비조례
[시행 2024.9.30] [조례 제9377호, 2024.9.30 일부개정]
제36조(재개발사업의 분양대상 등) ① 영 제63조제1항제3호에 따라 재개발사업으로 건립되는 공동주택의 분양대상자는 관리처분계획기준일 현재 다음 각 호의 어느 하나에 해당하는 토지등소유자로 한다.
 1. 종전의 건축물 중 주택(주거용으로 사용하고 있는 특정무허가건축물 중 조합의 정관등에서 정한 건축물을 포함한다)을 소유한 자

제37조(단독주택재건축사업의 분양대상 등) ① 단독주택재건축사업(대통령령 제

을 받은 지역으로서 시·도 조례로 정하는 면적 이상인 지역
나. 기존의 단독주택(나지 및 단독주택이 아닌 건축물을 일부 포함할 수 있다)을 재건축하고자 하는 경우에는 단독주택 200호 이상 또는 그 부지면적이 1만㎡ 이상인 지역으로서 다음에 해당하는 지역. 다만, 부지 면적이 5천㎡이상인 지역으로서 시도조례로 따로 정하는 지역은 다음에 해당하지 아니하더라도 정비계획을 수립할 수 있다.
(1) 당해 지역의 주변에 도로 등 정비기반시설이 충분히 갖추어져 있어 당해 지역을 개발하더라도 인근지역에 정비기반시설을 추가로 설치할 필요가 없을 것. 다만, 추가로 설치할 필요가 있는 정비기반시설을 정비사업시행자가 부담하여 설치하는 경우에는 그러하지 아니하다.
(2) 노후·불량건축물이 당해 지역안에 있는 건축물수의 2/3 이상이거나, 노후·불량건축물이 당해 지역 안에 있는 건축물의 1/2 이상으로서 준공 후 15년 이상이 경과한 다세대주택 및 다가구주택이 당해 지역 안에 있는 건축물 수의 3/10 이상일 것.

부칙 <대통령령 제24007호, 2012.7.31>
제1조(시행일) 이 영은 2012.8.2부터 시행한다. 다만, 별표1 제3호의 개정규정은 2014.8.3부터 시행한다.

24007호 도시 정비법 시행령 일부개정령 부칙 제6조에 따른 사업을 말한다. 이하 같다)으로 건립되는 공동주택의 분양대상자는 관리처분계획기준일 현재 다음 각 호의 어느 하나에 해당하는 토지등소유자로 한다.

1. 종전의 건축물 중 주택 및 그 부속토지를 소유한 자

> 🔨 **판례**
>
> **매도청구 확정판결을 받았으나 분양신청 마감일까지 동의한 경우 조합원 지위를 갖는다**
> 수원고등법원 2024.3.28선고 2023나17020판결 재건축조합원 지위확인
> 재건축사업시행자인 피고가 조합설립에 동의하지 않은 사업구역 안의 토지등소유자를 상대로 매도청구권을 행사하여 토지등소유자에 대하여 매매대금을 지급 받음과 동시에 소유권이전등기 절차를 이행하라는 판결이 선고되어 확정되었더라도 사업시행자가 토지등소유자에게 매매대금을 지급하지 않고 소유권이전등기 절차를 이행하지 아니하여 토지등소유자가 소유권을 보유하고 있는 동안에는 <u>토지등소유자는 분양신청기간까지 피고를 상대로 조합설립에 동의함으로써 피고의 조합원이 될 수 있다.</u>
>
> **재건축사업의 주택단지 내에 토지만을 소유하고 있는 자가 도시정비법상의 조합원 자격이 있는지(소극)**
> 대법원 2008.2.29선고 2006다56572판결 소유권이전등기
> 【판결요지】
> 재건축사업의 주택단지 내에 토지만을 소유하고 있어 "토지등소유자"에 해당하지 않아 조합원의 자격이 없을 뿐 아니라 도시정비법 제16조제2항·제3항의 조합설립 동의의 상대방이 되지도 아니한다.
> ▷ 도시정비법 제16조제2항·제3항은 법 개정으로 현행법 제35조제2항·제3항으로 이동함.

■ **재건축 표준정관**

제10조(조합원의 자격 등) ① 조합원은 법 제2조제9호 가목에 따른 토지등소유자로 한다.

② 제1항에 의한 소유권, 지상권등의 권리는 민법에서 규정한 권리를 말한다. 다만, 조례 제2조제1호에 따른 특정무허가건축물로서 무허가건물확인원, 재산세과세대장 그 밖에 소유자임을 증명하는 자료를 통하여 자기소유임을 입증하여 ○○구청장의 확인을 받은 경우에 한하여 해당 특정무허가건축물 소유자를 조합원으로 인정한다.

> 【주1】 조례 제22조에서 특정무허가건축물 소유자의 조합원 자격에 관한 사항을 정관으로 정하도록 규정하고 있으므로 조합원 의사 및 조합 실정을 고려하여 해당 조항 수정 가능.
> 【주2】 특정무허가건축물의 소유권 입증을 위해 항측도, 측량성과도 또는 세금납부자료 등을 제출하도록 정할 수 있음.

재건축 표준정관 제10조제1항·제6항과 같다.

조합정관에 '특정무허가건축물 소유자의 조합원 자격에 관한 사항'으로 총회의 결을 받으면, 조합원으로 분양대상자가 된다.

재개발사업은 토지 또는 건축물의 소유자 또는 그 지상권자가 토지등소유자로, 조합설립 동의여부와 관계없이 토지등소유자는 조합원이 된다. 따라서 재건축사업에서의 단서인 "조합설립에 동의하지 아니한 토지등소유자는 분양신청기간 종료일까지 조합설립동의서를 조합에 제출하여 조합원이 될 수 있다."는 규정이 필요 없다.

단, 분양신청기간까지 분양신청을 하지 못하면 현금청산자로서 조합원의 지위를 잃게 된다.

서울특별시 도시정비조례

제36조(재개발사업의 분양대상 등) ① 영 제63조제1항제3호에 따라 재개발사업으로 건립되는 공동주택의 분양대상자는 관리처분계획기준일 현재 다음 각 호의 어느 하나에 해당하는 토지등소유자로 한다.

1. 종전의 건축물 중 주택(주거용으로 사용하고 있는 특정무허가건축물 중 조합 정관 등에서 정한 건축물을 포함한다)을 소유한 자.

> **판례**
> 재개발사업의 무허가건축물 소유자에게 조합원 자격을 부여하도록 정관에 정한 경우에만 조합원이 될 수 있다.

> 창원지방법원 2024.12.12.선고 2024구합11400판결, 조합원 지위확인
> 구 도시정비법(2009.5.27 법률 제9729호로 개정되기 전의 것) 제2조제9호 가목 및 제19조제1항은 정비구역 안에 위치한 토지 또는 건축물의 소유자 또는 그 지상권자는 재개발조합의 조합원이 된다는 취지로 규정하고 있다. 그런데 위 규정에 의하여 소유자에게 조합원의 자격이 부여되는 건축물이라 함은 원칙적으로 적법한 건축물을 의미하고 무허가 건축물은 이에 포함되지 않는다고 보아야 하고, 다만 토지등소유자의 적법한 동의 등을 거쳐 설립된 재개발조합이 각자의 사정 내지는 필요에 따라, 일정한 범위 내에서 무허가건축물소유자에게 조합원 자격을 부여하도록 정관으로 정하는 경우에 비로소 그 예외가 인정될 수 있을 뿐이다(대법원 2009.10.29선고 2009두12228판결, 대법원 2012.12.13선고 2011두21218판결 등 참조).

■ **특정무허가건축물 소유자의 조합원 자격, 조합정관 반영 시기**

조합 정관을 변경하려면 총회를 개최하여 조합원 과반수의 찬성으로 시장·군수 등의 인가를 받아야 하지만, 특정무허가건축물 소유자에 대한 조합원의 자격에 관한 사항에는 조합원 2/3 이상의 찬성으로 한다(법 제40조제3항).

창립총회에서 특정무허가건축물 소유자에 대한 조합원 자격을 취득하기 위해 법 제35조에 의한 조합설립동의율을 얻어야 한다.

조합원의 자격을 취득하려면 법 제35조제5항에 따른 "총회에서 조합원의 2/3 이상의 찬성으로 의결하고, 시장·군수등의 인가를 받아야 한다."고 규정하여 이원적 구조를 띠고 있다.

<u>서울특별시는 창립총회에서의 조합정관뿐만 아니라, 변경인가를 통해서도 총회를 거치면 조합원의 자격이 가능하다고 판단하고 있다.</u>

특정무허가건축물 소유자 및 표준정관(서울시 전략주택공급과 2024.9.23)
◎ 가로주택정비구역에 재산세납부 등 자기 소유임이 입증된 특정무허가건축물이 존재하고, 다만, 창립총회에서 조합정관(안)이 특정무허가건축물소유자의 조합원 자격인정에 관한 사항을 정하지 않고 승인되어 조합원 자격을 인정받지 못하고 분양대상에서 제외된 경우, '표준정관'에서 정하는 바와 같이 특정무허가건축물 소유자의 조합원 인정 내용을 포함토록 정관을 변경하는 방법(강행규정 여부)에 관한 것으로 판단됨.

「서울특별시 소규모주택정비조례」 제28조에서는 특정무허가건축물 소유자의 조합원 자격에 관한 사항은 조합정관에서 정한다고 규정하고 있다.

한편, 소규모주택정비사업에서 조합정관 작성 시 필요한 경우 「재개발조합 표준정관」(서울시고시 제2015-163호, 2015.6.18.)을 활용하고 있는데, 「재개발조합 표준정관」의 '재개발조합 표준정관의 성격와 활용방법'에서 본 표준정관(안)은 예시로 법적 구속력은 없으며 조합의 특징과 여건에 따라 관련 조항을 추가·삭제·수정하여 달리 규정할 수 있다고 규정하고 있다.

따라서 위 조례와 표준정관의 내용을 고려할 때 반드시 「재개발조합 표준정관」에 따라 조합정관이 작성되어야 한다고 볼 수는 없을 것이며, 「재개발조합 표준정관」 제9조제2항에서 기존무허가 건축물로서 자기소유임을 입증하는 경우에 한하여 무허가건축물 소유자를 조합원으로 인정한다는 내용을 강행규정이라고 볼 수도 없을 것으로 판단됨.

<u>특정무허가건축물 소유자의 조합원 자격인정과 조합 정관 변경을 위해서 총회를 거치는 것이 적합할 것으로 보임</u>

➡ 2024.12.23 서울특별시 전략주택공급과-7801

○ 재건축사업(제10조제2항), 재개발사업(제10조제3항)

공유나 1세대는 1인 조합원으로 의제
재건축사업(제10조제2항): 도시정비법 제39조제1항제2호
재개발사업(제10조제3항): 도시정비법 제39조제1항제2호, 서울특별시 도시정비조례 제36조제2항제2호, 제3호

■ 재건축 표준정관

제10조(조합원의 자격 등) ② 1인이 둘 이상의 건축물 및 그 부속토지를 소유하고 있는 경우에는 그 수에 관계 없이 1인의 조합원으로 본다. 여러 명의 토지등소유자가 법 제39조제1항제2호에 따른 1세대에 속하는 경우에도 이와 같다.

재개발 표준정관 제10조제3항과 같다.

서울특별시 재건축사업의 경우, 2009.8.7 개정법 시행으로 여러 명의 토지등소유자가 1세대에 속하는 경우에 1인을 조합원으로 보아 1주택 공급원칙이 현재에 이르고 있다.

반면, 재개발사업은 도시정비조례가 시행된 2003.12.31부터 1세대 1주택 공급규정을 두고 있다가, 2009.8.7 도시정비법 제19조제1항제2호(현행법 제39조제1항제2호)에서 재건축사업과 함께 이 규정을 이어가고 있다.

■ 1세대와 관계 법령

1세대(1가구) 관련 법령은 도시정비법 제39조제1항제2호, 주택공급에 관한 규칙 제2조, 서울특별시 도시정비조례 제36조제2항제2호, 지방세법 제15조제1항제3호 가목 및 동법 시행령 제29조, 소득세법 제155조 및 동법 시행령 제152조의3, 등에서 규정하고 있어 입법취지에 따라 구분된다.

1995.2.11 부터 현재까지 「주택공급에 관한 규칙」에서 규정하고 있다.
서울특별시 구 도시재개발사업조례[10]에서부터 1세대 개념이 존재해 여럿의 분양

---

10   서울특별시 도시재개발사업조례
[시행 2003.12.30] [조례 제4167호, 2003.12.30 타법 폐지]
제27조(주택재개발사업의 분양대상) ② 다음 각 목의 1에 해당하는 경우에는 수인의 분양신청자를 1인의 분양대상자로 본다.
가. 수인의 분양신청자가 하나의 세대(세대주와 동일한 세대별 주민등록표상에 등재되어 있지 아니한 세대주의 배우자 및 배우자와 동일한 세대를 이루고 있는 세대원을 포함한다)인 경우
나~라: 생략

신청자인 경우, 1주택만 공급하는 규정이 있었다.

1세대란 개념은 「주택공급에 관한 규칙」 제2조에서 출발한 것으로 도시정비법상 가장 밀접한 관계를 갖는다.

서울특별시는 이를 이어받아 도시정비조례 시행일(2003.12.30)부터 1세대(관리처분계획 기준일 현재 수인의 분양신청자가 하나의 세대인 경우라고 규정하고, 이 경우 세대주와 동일한 세대별 주민등록표상에 등재되어 있지 아니한 세대주의 배우자 및 배우자와 동일한 세대를 이루고 있는 세대원을 포함한다고 규정하였다.) 그리고 이에 해당하는 경우, 여럿의 분양신청자라도 1인의 분양대상자로 보았다.

즉, 세대별 주민등록표상에 등재된 세대를 1세대로 보되, 등재되지 않은 세대주의 배우자, 배우자와 동일한 세대원도 1세대로 보았다.

■ 도시정비법상 1세대

도시정비법 시행 초기에 재개발사업에 도시정비법에 1세대 개념이 도입되지 못했지만, 서울특별시는 도시정비조례에 1세대 규정을 두고 1주택만 공급해 왔다.

2009.8.7 개정 도시정비법에서 재개발·재건축사업에 1세대가 도입되면서, 이 경우 1주택을 공급하도록 하는 규정으로 오늘에 이르고 있다(법 제39조제1항제2호).

참고로, 서울특별시 재개발사업의 경우 도시정비법 도입 이전인 도시재개발사업 조례 제27조제2항 가목에 "수인의 분양신청자가 하나의 세대(세대주와 동일한 세대별 주민등록표상에 등재되어 있지 아니한 세대주의 배우자 및 배우자와 동일한 세대를 이루고 있는 세대원을 포함한다.)인 경우"를 둬 1주택을 공급하도록 해 왔다.

여기에서의 키워드는 세대별 주민등록표 등재여부다.

다만, 세대별 주민등록표에 등재되지 않은 배우자, 미혼인 19세 미만의 직계비속의 경우에도 1세대에 해당된다.

■ 1세대의 범위

1) 세대별 주민등록표
주민등록법 제7조

시장·군수 또는 구청장은 주민등록사항을 기록하기 위하여 전자정보시스템인 주민등록정보시스템에 개인별 및 세대별 주민등록표와 세대별 주민등록표 색인부를 작성하고 기록·관리·보존하도록 규정하고 있다(동법 제7조제1항).

이 개인별 주민등록표는 개인에 관한 기록을 종합적으로 기록·관리하며 세대별(世帶別) 주민등록표는 그 세대에 관한 기록을 통합하여 기록·관리한다고 설명하고 있다(동조 제2항).

다만, 지방세법상 1세대란 주택을 취득하는 사람과 세대별 주민등록표(「주민등록법」 제7조 참조) 외에도 등록외국인기록표 및 외국인등록표(「출입국관리법」 제34조제1항 참조)에 함께 기재되어 있는 가족(동거인은 제외)으로 구성된 세대도 포함하고 있다(「지방세법 시행령」 제28조의3제1항 참조).

> **판례**
>
> '1세대'의 판단은 원칙적으로 주민등록표 등 공적장부로 심사하지만, 다른 객관적인 자료로 실제 주거지를 증명하는 경우에는 실질적인 세대 구성에 따라 판단 받을 수 있다.
> 서울고등법원 2024.8.22선고 2023누51115판결 관리처분계획 일부취소등
> 【판시사항】
> 도시정비법과 도시정비조례에 정한 분양신청자가 '1세대'인 경우 1인의 분양신청자로 본다고 한 '1세대'의 판단은 원칙적으로 주민등록표 등 공적장부로 심사하지만, 다른 객관적인 자료로 실제 주거지를 증명하는 경우에는 실질직인 세대 구성에 따라 핀딘 받을 수 있다.
> 조합으로서는 세대를 판단함에 있어 원칙적으로 주민등록표 등 공적장부에 기초하여 객관적이고 형식적으로 심사할 수 있지만,
> 만약 조합원이 적법한 절차에 따른 행정쟁송 등을 제기하면서 그러한 공적장부 기재와 배치되는 다른 객관적인 자료들을 충분히 제시하여 실제 주거지를 증명하는 경우에는, 실질적인 세대 구성에 따라 판단받을 수 있다고 보아야 한다.
>
> 1차 분양신청 당시에는 1세대이지만 2차분양 시에는 19세 이상 자녀의 분가로 2세대가 된 경우, 각자 조합원 지위에 있다.

> 서울행정법원 2024.5.17선고 2023구합57593판결 조합원 지위확인
> 【판시사항】
> 1차 분양신청 시에는 1세대였으나, 2차 분양신청 시 19세 이상의 자녀 분가로 단독조합원이 된 원고들에 대하여 1차 분양신청시를 기준으로 공동분양대상자에 해당한다고 본 관리처분계획은 위법하다.
> ♤ C 조합설립인가일 이후 A씨가 기존 거주지였던 이 사건 제1부동산에서 전출해 원고 B와 세대를 분리한 사실은 앞서 살펴본 바와 같고, 앞서 든 증거와 변론 전체의 취지에 의하면 A씨는 D씨가 진주에서 거주할 무렵인 2017년경부터 이미 진주에서 함께 거주하고 있던 사실, B씨가 1990년생으로 A씨 전출 당시 19세 이상의 자녀인 사실을 인정할 수 있다"며 "이러한 사실을 종합해 볼 때, <u>1차 분양신청 당시에는 1세대에 해당하지만 2차 분양신청 당시에는 19세 이상 자녀인 B씨의 분가로 1세대를 구성하지 않게 된 만큼 이들은 각자 조합원 지위에 있게 됐다고 봄이 타당하다.</u>

2) 「주택공급에 관한 규칙」 제2조

세대는 세대원으로 구성되지만, 세대별 주민등록표에 등재되어 있지 않은 경우는 제외하고 있다.

"세대"란 다음 각 목의 사람(이하 "세대원")으로 구성된 집단(주택공급신청자가 세대별 주민등록표에 등재되어 있지 않은 경우는 제외)이다(동 규칙 제2조제2호의3).

가. 주택공급신청자
나. 주택공급신청자의 배우자
다. 주택공급신청자의 직계존속(주택공급신청자의 배우자의 직계존속을 포함한다. 이하 같다)으로서 주택공급신청자 또는 주택공급신청자의 배우자와 같은 세대별 주민등록표에 등재되어 있는 사람
라. 주택공급신청자의 직계비속(직계비속의 배우자를 포함한다. 이하 같다)으로서 주택공급신청자 또는 주택공급신청자의 배우자와 세대별 주민등록표에 함께 등재되어 있는 사람
마. 주택공급신청자의 배우자의 직계비속으로서 주택공급신청자와 세대별 주민등록표에 함께 등재되어 있는 사람

본인이 공급신청자인 경우의 세대원은 다음과 같다.

- 본인, 본인의 배우자, 본인과 세대별 주민등록표에 등재된 배우자의 직계존속(아버지, 어머니, 할아버지, 할머니, 장인, 장모), 본인과 세대별 주민등록표에 등재된 직계비속과 배우자의 직계비속(아들, 딸, 손자, 손녀, 증손자, 증손녀: 19세 미만인 경우 미등재라도 1세대), 본인과 세대별 주민등록표가 등재된 배우자의 직계비속(형, 누나, 동생, 처형, 처남, 처제)

■ **1세대 구체적 사례**

갑과 을이 결혼한 경우, 두 사람은 1세대이다. 두 사람이 세대별 주민등록표에 등재되지 않고 다른 주소지에서 거주한 경우에도 1세대며, 19세 미만의 직계비속도 이와 같다.

갑과 을이 부모인 병을 모시고 같은 주민등록표에 등재(예, 같은 정비구역을 말함)되어 있으면 3인 모두가 1세대이다. 모시고 살지만 다른 주소지라면 부모인 병은 1세대에 포함되지 않는다.

갑과 을이 자식과 같이 주민등록표상 같은 주소에서 거주하면 1세대이다. 성년인 자식의 경우에도 마찬가지다. 서초구의 경우 이에 해당하여 분양신청이 거부된 사례가 있다.

갑과 을이 처남, 처제와 같이 거주하면서 주민등록표상 등재된 경우에는 1세대이다. 다만 조카는 등재되어 있어도 1세대에 해당되지 않는다(조카는 갑, 을의 직계비속이 아니며, 갑, 을의 형제자매도 아님).

조합설립인가 후 세대 분리를 해도 1세대로 보지만, 이혼 및 19세 이상의 자녀가 분가하여 따로 사는 경우에는 1세대에 해당되지 않는다(형제의 경우, 아래 판례를 참조바람).

> **판례**
>
> 조합설립인가 후 '형제간 세대분리'는 '19세 이상 자녀의 분가'에 해당한다고 볼 수는 없다.
> 서울고등법원 2024.2.22선고 2023누53012판결 확정, 조합원 지위확인
> 【판시사항】
> 조부로부터 재개발구역 내 토지를 증여받아 소유권을 취득한 형제관계인 甲과 乙이 위 사업을 시행하기 위한 丙 조합설립인가일 이후 세대를 분리하고 각각 독립된 조합원의 지위에 있음을 전제로 丙 조합에 개별적으로 분양신청을 하였으나,
>
> 丙조합이 甲과 乙이 각각 독립된 조합원이 아닌 1인의 조합원이라는 전제에서 분양신청을 접수하자, 甲과 乙이 독립된 분양신청권 있는 조합원 지위의 확인을 구한 사안에서, 형제관계인 甲과 乙이 서로 분가한 경우까지 도시정비법 제39조제1항제2호에서 정한 '19세 이상 자녀의 분가'에 해당한다고 볼 수는 없으므로 甲과 乙은 위 조항 후문의 원칙에 따라 1인의 조합원 지위를 가진다.

○ **재건축사업(제10조제3항), 재개발사업(제10조제4항)**

대표조합원 선임동의서 제출: 공통/도시정비법 제39조제1항제1호 내지 제3호

■ **재건축 표준정관**

제10조(조합원의 자격 등) ③ 제1항에도 불구하고 법 제39조제1항 각 호의 어느 하나에 해당하는 때에는 그 여러 명을 대표하는 1인을 조합원으로 본다. 이 경우 별지 제1호서식에 따른 대표조합원 선임동의서를 작성하여 조합에 신고하여야 하며, 조합원으로서의 법률행위는 그 대표조합원이 하고, 조합의 처분, 법률행위 기타 행위는 그 대표조합원에게 한다.

【주】그 밖에 대표조합원이 한 법률행위 기타 행위의 효력과 조합이 대표조합원에 대하여 한 처분 기타 행위의 효력이 수인에게 미치는지, 만일 대표조합원을 선임하지 않거나 선임하였는데도 신고하지 않은 경우 수인이 개별적으로 한 법률행위 기타 행위의 효력은 어떻게 볼지 등에 관하여도 정할 수 있을 것임.

재개발 표준정관 제10조제4항과 같다.

법 제39조제1항 각 호의 어느 하나에 해당하면 그 여러 명을 대표하는 1인을 조

합원으로[11] 보며, 이 경우 별지 제1호서식에 따른 대표조합원 선임동의서를 작성하여 조합에 신고하여야 한다.

대표하는 1인의 조합원은 조합원 의결권을 행사하게 되며, 분양신청권도 행사하게 된다.

[별지 제1-2호 서식] 대표조합원 선임동의서(예시)(재건축정비사업조합)

대표조합원 선임동의서

□ 소유권 현황

소유권 위치	서울특별시 ○○구 ○○로 00 (○○동, ○○○아파트) 동 호 / 상가 동 호			
등기상 건축물지분(면적)	㎡	등기상 대지지분(면적)		㎡

상기 소유 물건의 공동소유자는 ○○○을 대표조합원으로 선임하고 ○○재건축정비사업조합과 관련된 소유자로서의 법률행위는 대표소유자가 행하는 것에 동의합니다.

20 년   월   일

○ 대표자 (선임수락자)

---

[11] "공유자 중 1인을 조합원으로 본다"는 재건축 조합규약의 해석
1주택을 2인 이상이 공유지분으로 소유하는 경우 공유자 중 1인을 조합원으로 본다고 규정한 재건축 조합규약의 해석'에 대해 "구 주택건설촉진법(2002.12.30 법률 제6852호로 개정되기 전의 것)」제44조의3제6항은 재건축조합원 중 1세대가 2주택 이상을 소유하거나 1주택을 2인 이상이 공유지분으로 소유하는 경우에는 이를 1조합원으로 보며 1주택만 공급한다고 규정하고 있다.
그런데 구 주택건설촉진법에 의하여 설립된 재건축 조합규약이 1주택을 2인 이상이 공유지분으로 소유하는 경우에 관하여 규정하면서 위 법 조항의 문언과는 다소 다르게 공유자 중 1인을 조합원으로 보고 그 1인을 조합원으로 등록하도록 하고 있더라도, 이를 공유자 중 대표조합원 1인 외의 나머지 공유자를 재건축조합과의 사단적 법률관계에서 완전히 탈퇴시켜 비조합원으로 취급하겠다는 취지로 해석할 수는 없고, 공유자 전원을 1인의 조합원으로 보되 공유자 전원을 대리할 대표조합원 1인을 선출하여 그 1인을 조합에 등록하도록 함으로써 조합 운영의 절차적 편의를 도모함과 아울러, 조합 규약이나 조합원총회 결의 등에서 달리 정함이 없는 한 공유자 전원을 1인의 조합원으로 취급하여 그에 따른 권리 분배 등의 범위를 정하겠다는 의미로 보아야 한다(대법원 2006다53245판결)."고 하여, 법 제19조(현행법 제39조를 말함)제1항제3호는 "대표하는 1인을 대표조합원으로 본다는 것이다.

성　　명　　　　　　　　　　　　　　(자필서명 및 지장날인)

　　생년월일

　　전화번호

○ 위임자 (위임동의자)

　① 성　　명　　　　　　　　　　　　　(자필서명 및 지장날인)

　　생년월일

　　전화번호

　② 성　　명　　　　　　　　　　　　　(자필서명 및 지장날인)

　　생년월일

　　전화번호

　③ 성　　명　　　　　　　　　　　　　(자필서명 및 지장날인)

　　생년월일

　　전화번호

　④ 성　　명　　　　　　　　　　　　　(자필서명 및 지장날인)

　　생년월일

　　전화번호

첨부 : 대표자 및 위임자 전원의 신분증명서(주민등록증, 운전면허증, 여권 등) 사본 각 1부

○○재건축정비사업조합 귀중

▲ 판례 등

Q 재건축사업에서 대표조합원 선임 시, 나머지 공유자의 소유권은?

A 도시정비법 제39조제1항에 따르면, 같은 법 제25조에 따른 정비사업의 조합원은 토지등소유자(재건축사업의 경우에는 재건축사업에 동의한 자만 해당한다)로 하되, 제1호부터 제3호까지의 어느 하나에 해당하는 때에는 그 여러 명을 대표하는 1명을 조합원으로 본다고 규정하고 있음.

귀하가 질의하신 바와 같이 상기 규정에 따라 여러 명의 공유에 속하는 때는 그 여러 명을 대표하는 1명을 조합원으로 본다는 규정과 재건축사업의 조합원은 재건축사업에 동의한 자만 해당한다고 정하고 있음. 또한, 대표조합원을 포함한 공유자의 권리관계는 관련 공부에 따라 각각의 소유지분 등을 권리처분계획에 반영할 사항임(서울시 주거정비과 2020.1.16).

대표조합원 선임동의서는 현재도 인감날인하고 대표자 및 위임자의 인감증명서를 첨부하도록 되어 있는데, 인감증명서를 첨부하고 인감을 날인해야 하는지(국토부 주택정비과 2014.9.25)

Q 도시정비법 제17조(토지등소유자의 동의방법)를 보면 조합설립동의서등 도시정비법에 있는 모든 동의는 토지등소유자의 지장을 날인하고 자필로 서명하고 신분증을 첨부하는 서면동의 방법으로 개정이 되어 있는바(총회의 서면결의서 및 추진위 동의 대표소유자 선임동의서도 동일), 재건축 표준정관 제9조제3항의 별지2 서식 대표조합원 선임동의서는 현재도 인감날인하고 대표자 및 위임자의 인감증명서를 첨부하도록 되어 있어 모든 조합이 표준정관에 따라 인감증명서를 첨부하고 인감날인하고 있어 갑·을설 중 어느 것이 맞는지?

(갑설)
개정된 도시정비법에 따라 조합의 대표조합원 선임동의서도 도시정비법 제17조를 준용하여 지장 날인하고 자필로 서명하고 신분증을 첨부해야 한다.

(을설)
표준정관 제9조제3항의 별지2 서식 대표조합원 선임동의서는 법에 규정되어 있지 않으니, 개별조합정관의 변경이 없었으면 인감첨부하고 인감날인해야 한다.

A 대표조합원 선임동의서에 인감날인 및 인감증명서 첨부에 대하여는 도시정비법에서 별도 규정하고 있지 않으며, 도시정비법 제20조제2항에 따라 표준정관을 작성하여 보급할 수 있도록 하고 있으나, 표준정관은 하나의 예시로 유권해석을 하고 있지 않음.

▶ 서울특별시 재건축 표준정관[별지 제1-2호 서식] 대표조합원 선임동의서(예시) 첨부물에 대표자 및 위임자 전원의 신분증명서(주민등록증, 운전면허증, 여권 등) 사본 각 1부를 첨부하도록 하고 있음

판례

주택을 2인 이상이 공유지분으로 소유하는 경우 공유자 중 1인을 조합원으로 본다고 규정한 재

> 건축 조합정관 효력이 있는지
> 대법원 2009.2.12.선고 2006다53245판결, 소유권이전등기등
> 【판결요지】
> 구 「주택건설촉진법」(2002.12.30 법률 제6852호로 개정되기 전의 것) 제44조의3제6항은 "재건축조합원 중 1세대가 2주택 이상을 소유하거나 1주택을 2인 이상이 공유지분으로 소유하는 경우에는 이를 1조합원으로 보며 1주택만 공급한다."고 규정하고 있다.
> 그런데 구 「주택건설촉진법」에 의하여 설립된 재건축조합의 규약이 1주택을 2인 이상이 공유지분으로 소유하는 경우에 관하여 규정하면서 위 법 조항의 문언과는 다소 다르게 공유자 중 1인을 조합원으로 보고 그 1인을 조합원으로 등록하도록 하더라도, 이를 공유자 중 대표조합원 1인 외의 나머지 공유자를 재건축조합과의 사단적 법률관계에서 완전히 탈퇴시켜 비조합원으로 취급하겠다는 취지로 해석할 수는 없고, 공유자 전원을 1인의 조합원으로 보되 공유자 전원을 대리할 대표조합원 1인을 선출하여 그 1인을 조합에 등록하도록 함으로써 조합 운영의 절차적 편의를 도모함과 아울러, 조합규약이나 조합원총회 결의 등에서 달리 정함이 없는 한 공유자 전원을 1인의 조합원으로 취급하여 그에 따른 권리분배 등의 범위를 정하겠다는 의미로 보아야 한다.

■ 가로주택정비조합

가로주택정비조합의 경우에도 도시정비법 제39조제1항 각 호의 어느 하나에 속하는 때에는 대표하는 1인을 선정하여야 하며, 그 1인이 조합원으로 1주택을 공급받게 된다.

소규모주택정비조합원(사업시행자가 신탁업자인 경우에는 위탁자를 말한다. 이하 이 조에서 같다)은 토지등소유자(소규모재건축사업의 경우에는 소규모재건축사업에 동의한 자만 해당한다)로 하되, 다음 각 호의 어느 하나에 해당하는 때에는 그 여러 명을 대표하는 1명을 조합원으로 본다(소규모주택정비법 제24조제1항).

1. 토지 또는 건축물의 소유권과 지상권이 여러 명의 공유에 속하는 때
2. 여러 명의 토지등소유자가 1세대에 속하는 때. 이 경우 동일한 세대별 주민등록표상에 등재되어 있지 아니한 배우자 및 미혼인 19세 미만의 직계비속은 1세대로 보며, 1세대로 구성된 여러 명의 토지등소유자가 조합설립인가 후 세대를 분리하여 동일한 세대에 속하지 아니하는 때에도 이혼 및 19세 이상 자녀의 분가(세대별 주민등록을 달리하며 실거주지를 분가한 경우로 한정한다)를 제외하고는 1세대로 본다.
3. 조합설립인가(조합설립인가 전에 법 제19조제1항에 따라 신탁업자를 사업시행자로 지정한 경우에는 사업시행자의 지정을 말한다) 후 1명의 토지등소유자로부터 토지

또는 건축물의 소유권이나 지상권을 양수하여 여러 명이 소유하게 된 때.

가로주택정비조합 설립 이후 총 3명이 3주택을 소유한 대표자 1인(A)을 조합원으로 보기로 하였는데, 이때 분양신청 및 관리처분 시 대표자(A)와 공유자(B, C)가 모두 분양자격이 인정되는지(서울시 전략주택공급과 2024.8.28)

Q 가로주택정비사업 조합설립인가 이후 3주택 소유자인 1명(A)으로부터 2명(B, C)이 각각 1주택을 양수하여 총 3명이 3주택을 소유, 대표자 1인(A)을 조합원으로 보기로 하였는데,

1) 이때 분양신청 및 관리처분 시 대표자(A)와 공유자(B, C)가 모두 분양자격이 인정되는지?
2) 또는 대표자 1인이 분양대상자가 되는지?

A 소규모주택정비법 제24조제1항제3호에서는 조합설립인가 후 1명의 토지등소유자로부터 토지 또는 건축물의 소유권을 양수하여 여러 명이 소유하게 된 때에는 그 여러 명을 대표하는 1명을 조합원으로 본다고 규정하고 있으므로, 이 사안의 경우에는 주택을 양수한 B와 C는 단독으로 분양대상자격이 있다고 볼 수 없고 분양대상자는 1인이 되는 것으로 판단됨. 한편 「서울특별시 소규모주택정비조례」 제38조에 의거 분양대상자에게 공급 가능한 주택 수는 권리가액을 고려하여 조합정관, 관리처분에 의해 최종적으로 결정될 수 있음.

○ 재건축사업(제10조제4항), 재개발사업(제10조제5항)

양도·상속·증여 및 판결 등으로 건축물 또는 토지의 소유권이나 입주자로 선정된 지위 등이 이전 시 조합원 변경 및 포괄승계

> **재건축 표준정관**
>
> 제10조(조합원의 자격 등) ④ 양도·상속·증여 및 판결 등으로 건축물 및 그 부속토지의 소유권이나 입주자로 신정된 지위 등이 이진된 때에는 조합원이 변경된 것으로 보며, 새로운 종전 조합원이 행하였거나 조합이 종전 조합원에게 행한 처분, 조합청산 시 권리·의무에 관한 범위 등을 포괄승계한다.

재개발 표준정관 제10조제5항과 같다.

위 제4항의 근거는 도시정비법 시행령 제30조제1항으로, 2018.2.9 전부개정 시에 삭제되었다. 다만, 이를 표준정관에서 정하고 있는데, 이는 해당 지역이 투기과열지구가 아닌 지역을 대상으로 하고 있어서다.

투기과열지구는 현재 서울특별시 강남, 서초, 송파, 용산구로 한정하고 있지만, 투기가 성행하면 언제든지 전국이 그 대상이 된다. 이 경우에는 도시정비법 제39조제2항의 대상이 되며, 위 표준정관의 내용(재건축은 제10조제4항, 재개발은 제10조제5항)은 적용되지 않는다.

한편, 위 표준정관에서는 조합청산 시 권리·의무에 관한 범위 등을 포괄승계한다는 규정이 추가되어 있다.

도시정비법 시행령[시행 2018.1.25] [대통령령 제28610호, 2018.1.25 일부개정] 제30조(조합원) ① 삭제 <2005.5.18>
② 법 제16조제1항 내지 제3항에 의한 조합설립인가 후 양도·증여·판결등으로 인하여 조합원의 권리가 이전된 때에는 조합원의 권리를 취득한 자를 조합원으로 본다.

■ 수정 개정(안)
재건축 표준정관

제10조(조합원의 자격 등) ④ 양도·상속·증여 및 판결 등으로 건축물 및 그 부속토지의 소유권이나 입주자로 선정된 지위 등이 이전된 때에는 조합원이 변경된 것으로 보며, 새로운 조합원은 종전 조합원이 행하였거나 조합이 종전 조합원에게 행한 처분, 조합청산 시 권리·의무에 관한 범위 등을 포괄승계한다.

단, 대표조합원의 권리를 양수받은 경우에도 대표조합원 재선임하는 동의서를 제출하여야 하며, 재선임된 대표조합원은 종전의 권리자가 행하였거나 조합이 종전의 권리자에게 행한 처분, 청산 시 권리·의무에 관한 범위 등도 포괄승계한다.

공유형태로 소유자가 여러 사람인 경우, 대표자가 팔고 나가는 경우를 대표자를 재선임하지 않으면 의결권 행사가 불가능하여 이를 위한 보완 규정으로도 사용될 수 있다.

한편, 이와 관련해서 1인의 대표조합원의 권리를 양수한 것까지 포함되는지에 대해서 문제가 발생할 수 있으므로 수정, 보완이 필요하다.

공유토지소유자가 증가한 경우 대표조합원을 선임하여야 하는지(국토부 주택정비과 2012.1.9)

Q 수인이 공유한 도시환경정비구역 내 토지에 대하여 대표조합원을 선임한 후 동 토지공유자 중 1인의 토지소유권 일부가 제3자에게 이전되어 동 토지소유자가 증가한 경우, 새로이 대표조합원을 선임하여야 하는지?

A 도시정비법 제19조제1항에서 토지 또는 건축물의 소유권과 지상권이 수인의 공유에 속하는 때에는 그 수인을 대표하는 1인(이하 "대표조합원")을 조합원으로 보도록 하고 있으나 대표조합원 선임 후 공유자 변경 시 대표조합원 재선임여부 등에 대해서는 도시정비법에서 별도로 정하고 있지 아니하므로 질의의 경우 대표조합원 선임조건, 매매자 상호간 계약내용 등을 조합적으로 검토하여야 할 것임.

○ **재건축사업(제10조제5항), 재개발사업(제10조제6항)**
도시정비법 제39조제2항, 제3항, 제73조 및 동법 시행령 제37조

전조인 제10조제4항은 투기과열지구 아닌 지역에 적용되는 것이며, 제5항(재건축은 제10조제5항, 재개발은 제10조제6항)은 투기과열지구를 대상으로 하는 재건축·재개발사업에 적용된다.

투기과열지구인 내 건축물 및 그 부속토지를 법 제39조제2항 본문인 재건축조합설립인가 이후(재개발사업은 관리처분계획인가 후) 양수한 경우, 양수인은 조합원이 될 수 없다.
조합원이 될 수 없는 자는 법 제39조제3항이 정하는 바에 따라 현금청산자가 된다.

■ **재건축 표준정관**
제10조(조합원의 자격 등) ⑤ 사업시행구역 내의 건축물 및 그 부속토지를 양수한 자라 하더라도 법 제39조제2항 본문에 해당하는 경우 조합원이 될 수 없고, 조합원이 될 수 없는 자는 법 제39조제3항이 정하는 바에 따른다.
【주】해당 사업시행구역의 투기과열지구 지정여부를 확인하여 제5항 작성

아래 재개발 표준정관 제10조제6항과 같다.

재건축사업의 토지등소유자는 건축물과 그 부속토지 소유자이며, 재개발사업은 토지 또는 건축물의 소유권이나 지상권자란 점에서 차이가 있다. 그 외에 투기과열지구에서의 양수자는 원칙적으로 법 제39조제3항에 의한 현금청산자란 점에서 같다.

■ **재개발 표준정관**

제10조(조합원의 자격 등) ⑥ 사업시행구역내의 토지 또는 건축물의 소유권이나 지상권을 양수한 자라 하더라도 법 제39조제2항 본문에 해당하는 경우 조합원이 될 수 없고, 조합원이 될 수 없는 자는 법 제39조제3항이 정하는 바에 따른다.
【주】해당 사업시행구역의 투기과열지구 지정여부를 확인하여 제6항 작성

재건축 표준정관 제10조제5항과 같다.
투기과열지구 내 재개발사업은 관리처분계획인가 이후의 양수인은 조합원이 될 수 없지만, 조합설립인가 이후인 재건축사업과는 그 시기상 차이점이 있다.

다만, 투기과열지구에서의 재건축사업은 2003.12.31부터 현재까지 작동하고 있으며, 재개발사업은 2017.10.24 법 개정으로 신설된 것으로 2018.1.25 사업시행계획인가를 신청한 것부터 적용됨에 유의하여 정관을 작성하여야 한다.

도시정비법

제39조(조합원의 자격 등) ② 「주택법」 제63조제1항에 따른 투기과열지구로 지정된 지역에서 재건축사업을 시행하는 경우에는 조합설립인가 후, 재개발사업을 시행하는 경우에는 제74조에 따른 관리처분계획의 인가 후 해당 정비사업의 건축물 또는 토지를 양수(매매·증여, 그 밖의 권리의 변동을 수반하는 모든 행위를 포함하되, 상속·이혼으로 인한 양도·양수의 경우는 제외한다. 이하 이 조에서 같다)한 자는 제1항에도 불구하고 조합원이 될 수 없다. 다만, 양도인이 다음 각 호의 어느 하나에 해당하는 경우 그 양도인으로부터 그 건축물 또는 토지를 양수한 자는 그러하지 아니하다. <개정 2017.10.24, 2020.6.9, 2021.4.13>

각 호 생략

부 칙 <법률 제14943호, 2017.10.24>
제1조(시행일) 이 법은 공포한 날부터 시행한다. 다만, 제19조제2항(현행법 제39조제2항)의 개정규정은 공포 후 3개월이 경과한 날부터 시행한다(효력발생시기 2018.1.25).

제2조(주택재개발사업·도시환경정비사업의 조합원 자격 취득 제한에 관한 적용례) 제19조제2항 본문의 개정규정은 같은 개정규정 시행 후 최초로 사업시행인가를 신청하는 경우부터 적용한다.

○ **제7항, 제8항**

재건축·재개발 표준정관
제10조(조합원의 자격 등) ⑦ 조합원이 건축물 및 그 부속토지의 소유권이나 입주자로 선정된 지위 등을 양도하였을 때에는 조합원의 자격을 즉시 상실한다.

⑧ 법 제73조제1항 제1호부터 제3호에서 정한 자는 분양신청기간 종료일 다음 날, 같은 항 제4호에서 정한 자는 관리처분계획인가·고시일 다음날 조합원의 자격을 상실한다.

【주】조합이 법 제72조제4항에 따라 같은 조 제1항부터 제3항까지의 규정에 따른 분양공고 등의 절차를 다시 거칠 경우, 같은 조 제5항에 따라 법 제73조 제1항 제1호와 제2호에 따라 조합원 자격이 상실된 토지등소유자에 대하여 조합원 총회의 의결을 거쳐 조합원자격을 다시 부여하는 것으로 정할 수 있을 것임(제43조제2항 참조).

【주】법 제73조제1항에 따라 조합은 분양신청을 하지 아니한 자 등에 대해 관리처분계획 인가 고시된 다음 날부터 90일 이내에 손실보상에 관한 협의를 하여야 하며, 분양신청기간 종료일의 다음날부터 손실보상에 관한 협의를 할 수 있다. 법 제73조제1항 각 호에서 정한 손실보상 대상자는 아래와 같음

1. 분양신청을 하지 아니한 자
2. 분양신청기간 종료 이전에 분양신청을 철회한 자
3. 법 제72조제6항 본문에 따라 분양신청을 할 수 없는 자

4. 법 제74조에 따라 인가된 관리처분계획에 따라 분양대상에서 제외된 자

재건축·재개발 표준정관의 조문과 내용이 같다.

한편, 서울특별시 재건축 표준정관 제10조(조합원의 자격 등) 제8항에서는 조합원 자격의 상실 규정을 두고 있다. 부산광역시는 독립된 조문으로 재건축·재개발 표준정관 제11조에 조합원 자격의 상실 규정이 있다.

○ **제9항(조합원 제명: 재건축사업에만 규정)**
도시정비법 제40조제1항제3호
부산광역시/국토부 재건축 표준정관 제11조(조합원 자격의 상실)

재건축 표준정관
　제10조(조합원의 자격 등) ⑨ 조합원이 고의에 의한 불법행위를 저지르거나 법 또는 이 정관에 따른 의무를 고의로 이행하지 아니하여 조합 또는 조합원에게 막대한 재산상 손해를 입힌 경우에는 총회의 의결에 따라 해당 조합원을 제명할 수 있다. 이 경우 제명 전에 해당 조합원에 대해 청문등 소명기회를 부여하여야 하며, 청문등 소명기회를 부여하였음에도 이에 응하지 아니한 경우에는 소명기회를 부여한 것으로 본다. 제명된 조합원에 대해서는 제40조를 준용한다.

재개발 표준정관에는 이 규정이 없다.

제명이란 조합원 자격을 박탈시키는 것이며, 제명·탈퇴 및 교체는 <u>정관의 기재사항</u>이다.[12] 강제조합원제를 채택하고 있는 재개발사업에는 제명 규정이 없으며, 건축물의 소유권이나 입주자로 선정된 지위등을 양도하였을 때에 조합원의 자격 상실 조문을 두고 있다는 점에서 구별된다.

12 　도시정비법
　　　제40조(정관의 기재사항 등) ① 조합의 정관에는 다음 각 호의 사항이 포함되어야 한다.
　　　3. 조합원의 제명 · 탈퇴 및 교체

조합원이 고의에 의한 불법행위를 저지르거나 법 또는 이 정관에 따른 의무(대표적으로 조합으로의 소유권이전 및 신탁등기 의무 등)를 고의로 이행하지 아니하여 조합이나 조합원에게 피해를 주는 경우 제명이 가능하다. 이 경우 총회 의결을 거쳐야 한다.

■ 조합원 제명(除名)

강남구 ○○아파트 조합원인 비대위 측은 조합장 부정선거 의혹을 제기하며 직무정지가처분 소송을 제기해서, 법원이 이를 인용하여 조합 업무가 중단됐다는 이유를 들고 있다. 이후 본안소송에 의해 조합장 업무가 재개된 이후 조합은 조합원인 비대위측 관계자를 제명했다는 것이며, 이를 호재로 보아 오히려 아파트 시세가 올라간다는 기사가 눈에 띈다.

<이데일리 2024.11.3>

비대위 제명시킨 은마아파트…단지 시세는 '들썩'
비대위 조합원 제명 안건 통과…찬성률 88% 수준

서울 강남의 대표 재건축단지인 대치동 은마아파트 시세가 들썩이고 있다. 조합 내분 사태를 일단락 짓고 재건축이 본격화될 것이란 기대가 커지면서 매수자들 발길도 바빠지는 분위기다.

3일 부동산 업계에 따르면 은마아파트 재건축조합은 최근 정기총회를 열어 비상대책위원회(비대위) 측 조합원 3명에 대한 제명안을 통과시켰다.

이번 총회는 서면 참석을 포함해 총 3413명이 참석한 가운데, 제명안 3건은 각각 찬성 3000여 표와 반대 200표의 압도적인 찬성률로 통과됐다. 거듭된 소송전과 사업 지연에 대한 높은 불만이 반영된 것으로 풀이된다.

1979년 지어진 은마아파트는 1996년 재건축추진위원회를 발족하고 우여곡절 끝에 지난해 조합을 설립했지만, 비대위 측은 조합장 부정선거 의혹을 제기하며 직무정지 가처분 소송을 제기했다. 지난 1월 법원이 가처분 신청을 인용하면서 조합 업무는 전면 중단됐다가 지난 8월 인용 취소와 함께 다시 재개됐다.

(중략)

한편 비대위 측은 제명 효력금지 가처분을 신청하고 본안소송도 제기해 대법원 최종 판결까지 집행부와 법적 다툼을 이어가겠단 방침이다.

■ **조합원 제명 사례**
- 조합원이 고의로 불법행위를 저지르거나 법 또는 이 정관에 따른 의무를 고의로 이행하지 아니하여 조합 또는 조합원에게 막대한 재산상 손해를 입힌 경우 (대법원 1997.7.25선고 96다29816판결)
- 명확히 확인하지 않고 마치 사실인 것처럼 허위사실을 유포하여 조합 또는 임·대의원의 명예를 현저히 훼손한 경우
- 조합의 조직을 파괴하거나 적대적인 행위를 하여 조합원으로서 도저히 포용할 수 없는 경우 등이다.

■ **제명 의결방법**

조합 총회에서 조합원 과반수 출석에 출석조합원 과반수의 찬성으로 의결할 수 있다.

제명 대상 조합원은 의결기관인 총회에 출석하여 변명할 기회를 보장받아야 하므로, 총회의 성원에 필요한 출석조합원 수에는 포함된다. 그러나 본인의 제명 의결의 경우에는 의결정족수 산정에는 제외된다.[13]

조합이 제명처분을 한 후에는 관할 구청에 조합원 변경인가를 받아야 한다.

■ **조합원 제명결의에 대한 구제절차**

제명결의 무효확인 또는 취소청구의 소를 제기하는 방법이 있다.

제명사유의 부존재나 제명권의 남용, 제명결의 절차상 하자까지 주장할 수 있고, 그 입증책임은 제명결의를 한 조합에 있기 때문에 제명사유가 존재하는 점과 절차상 하자가 없음을 입증하여야 한다.

한편 제명결의 후 관할 자치구로부터 조합원 변경인가를 받게 되면 소송이 최종 확정될 때까지 조합원 지위가 박탈되게 되므로, 조합원 지위를 유지하기 위해서는 소송을 제기함과 동시에 제명결의 효력정지가처분을 신청하는 방법이 있다.

13 　민법
　　　제74조(사원이 결의권없는 경우) 사단법인과 어느 사원과의 관계사항을 의결하는 경우에는 그 사원은 결의권이 없다.
　　　제75조(총회의 결의방법) ① 총회의 결의는 본법 또는 정관에 다른 규정이 없으면 사원 과반수의 출석과 출석사원의 결의권의 과반수로써 한다.
　　　② 제73조제2항의 경우에는 당해 사원은 출석한 것으로 한다.

■ 재개발 표준정관에도 조합원 제명 규정을 둘 수 있는지

서울특별시는 재건축 표준정관에 조합원 제명에 관한 규정을 두고 있다.

재개발 조합정관에 조합원 제명 사항을 둘 수 있느냐에 대해선 다음과 같은 서울특별시 유권해석을 참조바란다.

조합정관에는 도시정비법 제40조제1항제1호 내지 제18호가 포함되어야 하며, 이 중 제3호에서 조합원의 제명·탈퇴 및 교체에 관한 사항을 규정하고 있음.

조합원 제명에 관한 사항은 같은 조 제3항에 따라 총회를 개최하여 조합원 2/3 이상 찬성으로 관할 구청장의 인가를 받아 조합정관에 포함할 수는 있을 것으로 사료되나, 향후 조합정관이 정하고 있는 제명 사유에 대해서는 매우 엄격하고 엄중하게 해석되어야 하며, 제명은 해당 사업 수행상 조합(원)을 위하여 불가피한 경우 최종적인 수단으로써만 행사하여야 할 것으로 사료됨(서울시 주거정비과 2023.3.9).

> **판례**
>
> 조합집행부에 대한 허위사실 유포와 악의적인 민원제기한 조합원을 총회에서 제명하였으나, 사업추진 방해로 보기 어렵다
> 서울중앙지방법원 2024.8.22선고 2023가합89413판결 제명결의무효 확인의소
> 【판결요지】
> 피고 정관 제11조제3항이 "고의 또는 중대한 과실에 의한 조합원으로서의 의무불이행 등으로 조합에 대하여 막대한 손해를 입힌 경우에는 총회의 의결에 따라 조합원을 제명할 수 있다."고 규정한 사실은 앞서 본 바와 같다.
> 원고는 피고의 조합원으로서 피고의 사업 진행에 관한 의견을 자유롭게 개진할 수 있을 뿐만 아니라, 조합의 집행기관에 대한 견제와 비판은 어느 정도 보장되어야 한다는 측면을 감안한다면, 원고가 한 위 발언이 적정한지는 별론으로 하더라도 원고가 위와 같은 발언을 하였다는 사정만을 들어 피고의 사업추진을 방해하였다고 보기는 어렵다.
> 또한, 원고는 피고의 조합원이자 이 사건 인접 아파트의 소유자이기도 하므로, 이 사건 신축 상가로 인하여 원고의 조망권과 일조권이 침해되는 경우 원고는 이 사건 인접 아파트의 소유자로서 피고를 상대로 위 각 침해를 주장할 정당한 권리가 있다고 봄이 상당하다.
>
> 조합원 제명은 엄격하게 해석해야 한다.
> 대전지방법원 2024.9.4선고 2022가합104710판결 임시총회결의 무효확인의 소
> 【판결요지】

단체의 구성원인 조합원에 대한 제명처분이라는 것은 조합원의 의사에 반하여 그 조합원 지위를 박탈하는 것이므로 조합의 이익을 위하여 불가피한 경우에 최종적인 수단으로서만 인정되어야 할 것이므로(대법원 1994.5.10선고 93다21750판결 참조), 실체적인 제명 사유의 존부를 판단함에 있어서 해당 조합원의 행위가 단체의 목적 달성을 어렵게 하거나 제명이 불가피할 정도로 단체구성원의 공동이익을 해하는 경우에 해당하는지 엄격하게 해석할 필요가 있다(대법원 2004.11.12선고 2003다69942판결 참조). 나아가 단체의 제명결의에 대하여 해당 구성원이 실체적인 제명 사유가 존재하지 않는다는 이유로 다투는 경우, 구체적인 제명사유를 주장하고 제명 사유의 존재를 증명할 책임은 제명결의의 유효를 주장하는 단체에게 있다.

따라서 피고 정관 제11조제3항의 조합원 제명사유로 규정된 '고의 또는 중대한 과실 및 의무 불이행 등으로 조합에 대하여 막대한 손해를 입힌 경우'라는 것도 조합에 끼친 손실의 정도가 크고 명백하여 그 조합원을 구성원으로 그대로 두는 것이 조합의 존재 목적에 반한다고 볼 수 있을 정도인 경우로 엄격하게 해석하여야 하고, 그러한 제명처분이 정당하다는 데 대한 입증책임은 이를 주장하는 피고에게 있다.

재건축조합원들을 위법하게 제명한 상태에서 제명된 조합원들이 분양받아야 할 아파트를 일반분양하는 것이 불법행위에 해당하는지(적극)
대법원 2009.9.10선고 2008다37414판결, 손해배상(기)
【판결요지】
재건축조합원들을 위법하게 제명한 상태에서 제명 조합원들이 분양받아야 할 아파트를 일반분양하는 것은 재건축조합원들의 수분양권을 위법하게 박탈하는 것으로서 불법행위가 될 수 있다.

cf 부산광역시 재건축 표준정관

제9조(조합원의 자격 등) ① 조합원은 정비구역에 위치한 건축물 및 그 부속토지의 소유자로서 재건축사업에 동의한 자로 한다.

② 제1항에 의한 소유권, 지상권 등의 권리는 「민법」에서 규정한 권리를 말한다. 다만, 무허가 건축물의 경우에는 도시정비법에 의하여 제정된 「부산광역시 재개발 표준정관」 제2조에서 정하는 기존무허가건축물로서 자기소유임을 입증하는 경우에 한하여 그 무허가건축물 소유자를 조합원으로 인정한다.

③ 동일인이 정비구역에 위치한 토지 또는 건축물에 대한 소유권과 지상권을 합하여 2개 이상 소유한 경우에는 그 수에 관계 없이 1인의 조합원으로 본다.

④ 다음 각 호의 어느 하나에 해당하는 때에는 그 여러 명을 대표하는 1명을 조합원으로 본다. 이 경우 그 수인은 대표자 1인을 대표조합원으로 지정하고 별지의 대표조합원 선임동의서를 작성하여 조합에 신고하여야 하며, 조합원으로서의 법률행위는 그 대표조합원이 행한다.

1. 토지 또는 건축물의 소유권과 지상권이 여러 명의 공유에 속하는 때
2. 여러 명의 토지등소유자가 1세대에 속하는 때. 이 경우 동일한 세대별 주민등록표상에 등재되어 있지 아니한 배우자 및 미혼인 19세 미만의 직계비속은 1세대로 보며, 1세대로 구성된 여러 명의 토지등소유자가 조합설립인가 후 세대를 분리하여 동일한 세대에 속하지 아니하는 때에도 이혼 및 19세 이상 자녀의 분가(세대별 주민등록을 달리하고, 실거주지를 분가한 경우로 한정한다)를 제외하고는 1세대로 본다.
3. 조합설립인가(조합설립인가 전에 도시정비법 제27조제1항제3호에 따라 신탁업자를 사업시행자로 지정한 경우에는 사업시행자의 지정을 말한다) 후 1명의 토지등소유자로부터 토지 또는 건축물의 소유권이나 지상권을 양수하여 여러 명이 소유하게 된 때

⑤ 양도·상속·증여 및 판결 등으로 조합원의 권리가 이전된 때에는 조합원의 권리를 취득한 자로 조합원이 변경된 것으로 보며, 권리를 양수한 자는 조합원의 권리와 의무 및 종전의 권리자가 행하였거나 조합이 종전의 권리자에게 행한 처분, 청산 시 권리·의무에 관한 범위 등을 포괄승계한다.

⑥ 당해 정비사업의 건축물 또는 토지를 양수한 자라 하더라도 도시정비법 제39조제2항 본문에 해당하는 경우 조합원이 될 수 없고, 이 경우 도시정비법 제39조제3항이 정하는 바에 따른다.

부산광역시 재개발 표준정관 제9조와 같다.
다만, 재개발 표준정관 제9조제1항은 "조합원은 정비구역에 위치한 토지 또는 건축물의 소유자 또는 그 지상권자(토지 및 건축물 소유자 포함)"로 규정하고 있어, 재건축 표준정관과 구별된다.

광주광역시 재건축 표준정관

제10조(조합원의 자격 등) ① 조합원은 법 제2조제9호 나목에 따른 토지등소유자로서 조합설립에 동의한 자로 한다. 다만, 조합설립에 동의하지 아니한 토지등소유자는 분양신청기간 종료일까지 조합설립동의서를 조합에 제출하여 조합원이 될 수 있다.

② 1인이 둘 이상의 건축물 및 그 부속토지를 소유하고 있는 경우에는 그 수에 관계없이 1인의 조합원으로 본다. 여러 명의 토지등소유자가 법 제39조제1항제2호에 따른

1세대에 속하는 경우에도 이와 같다.

③ 제1항에도 불구하고 법 제39조제1항 각 호의 어느 하나에 해당하는 때에는 그 여러 명을 대표하는 1인을 조합원으로 본다. 이 경우 별지 제1호서식에 따른 대표조합원 선임동의서를 작성하여 조합에 신고하여야 하며, 조합원으로서의 법률행위는 그 대표조합원이 하고, 조합의 처분, 법률행위 기타 행위는 그 대표조합원에게 한다.

【주】그 밖에 대표조합원이 한 법률행위 기타 행위의 효력과 조합이 대표조합원에 대하여 한 처분 기타 행위의 효력이 수인에게 미치는지, 만일 대표조합원을 선임하지 않거나 선임하였는데도 신고하지 않은 경우 수인이 개별적으로 한 법률행위 기타 행위의 효력은 어떻게 볼지 등에 관하여도 정할 수 있을 것임

④ 양도·상속·증여 및 판결 등으로 건축물 및 그 부속토지의 소유권이나 입주자로 선정된 지위 등이 이전된 때에는 조합원이 변경된 것으로 보며, 새로운 조합원은 종전 조합원이 행하였거나 조합이 종전 조합원에게 행한 처분, 조합청산 시 권리·의무에 관한 범위 등을 포괄승계한다.

⑤ 사업시행구역내의 건축물 및 그 부속토지를 양수한 자라 하더라도 법 제39조제2항 본문에 해당하는 경우 조합원이 될 수 없고, 조합원이 될 수 없는 자는 법 제39조제3항이 정하는 바에 따른다.

【주】해당 사업시행구역의 투기과열지구 지정여부를 확인하여 제5항 작성

⑥ 조례 제2조제1호에 따른 기존무허가건축물로서 무허가건물확인원, 재산세과세대장 그 밖에 소유자임을 증명하는 자료를 통하여 자기소유임을 입증하여 ○○구청장의 확인을 받은 경우에 한하여 해당 기존무허가건축물 소유자를 조합원으로 인정한다.

【주】법 제35조제4항(주택단지가 아닌 지역)에 해당하는 재건축사업의 경우 특정무허가건축물 및 그 부속토지를 소유한 자에 대하여 토지등소유자 내지 조합원 자격을 인정할 수 있음

⑦ 조합원이 건축물 및 그 부속토지의 소유권이나 입주자로 선정된 지위 등을 양도하였을 때에는 조합원의 자격을 즉시 상실한다.

⑧ 법 제73조제1항제1호부터 제3호에서 정한 자는 분양신청기간 종료일 다음날, 같은 항 제4호에서 정한 자는 관리처분계획인가·고시일 다음날 조합원의 자격을 상실한다.

【주】조합이 법 제72조제4항에 따라 같은 조 제1항부터 제3항까지의 규정에 따른

분양공고 등의 절차를 다시 거칠 경우, 같은 조 제5항에 따라 법 제73조제1항 1호와 제2호에 따라 조합원 자격이 상실된 토지등 소유자에 대하여 조합원 총회의 의결을 거쳐 조합원 자격을 다시 부여하는 것으로 정할 수 있을 것임(제44조제2항 참조)

【주】법 제73조제1항에 따라 조합은 분양신청을 하지 아니한 자 등에 대해 관리처분계획인가 고시된 다음날부터 90일 이내에 손실보상에 관한 협의를 하여야 하며, 분양신청기간 종료일의 다음날부터 손실보상에 관한 협의를 할 수 있다. 법 제73조제1항 각 호에서 정한 손실보상 대상자는 아래와 같음

1. 분양신청을 하지 아니한 자
2. 분양신청기간 종료 이전에 분양신청을 철회한 자
3. 법 제73조제6항 본문에 따라 분양신청을 할 수 없는 자
4. 법 제74조에 따라 인가된 관리처분계획에 따라 분양대상에서 제외된 자

⑨ 조합원이 고의에 의한 불법행위를 저지르거나 법 또는 이 정관에 따른 의무를 고의로 이행하지 아니하여 조합 또는 조합원에게 막대한 재산상 손해를 입힌 경우에는 총회의 의결에 따라 해당 조합원을 제명할 수 있다. 이 경우 제명 전에 해당 조합원에 대해 청문등 소명기회를 부여하여야 하며, 청문등 소명기회를 부여하였음에도 이에 응하지 아니한 경우에는 소명기회를 부여한 것으로 본다. 제명된 조합원에 대해서는 제40조를 준용한다.

재건축 표준정관 제2항, 제4항, 제5항, 제6항, 제7항, 제8항은 재개발 표준정관과 같으며, 제9항은 재개발 표준정관에 없다.

재개발 표준정관

제10조(조합원의 자격 등) ① 조합원은 법 제2조제9호 가목에 따른 토지등소유자로 한다.

② 제1항에 의한 소유권, 지상권등의 권리는 민법에서 규정한 권리를 말한다. 다만, 조례 제2조제1호에 따른 기존무허가건축물로서 무허가건물확인원, 재산세과세대장 그 밖에 소유자임을 증명하는 자료를 통하여 자기소유임을 입증하여 ○○구청장의 확인을 받은 경우에 한하여 해당 기존무허가건축물 소유자를 조합원으로 인정한다.

【주】조례 제23조에서 기존무허가건축물 소유자의 조합원 자격에 관한 사항을 정관으로 정하도록 규정하고 있으므로 조합원 의사 및 조합 실정을 고려하여 해당 조항 수정 가능

【주】기존무허가건축물의 소유권 입증을 위해 항측도, 측량성과도 또는 세금 납부 자료 등을 제출하도록 정할 수 있음

③ 1인이 둘 이상의 토지 또는 건축물의 소유권 또는 지상권을 소유하고 있는 경우에는 그 수에 관계 없이 1인의 조합원으로 본다. 여러 명의 토지등소유자가 법 제39조제1항제2호에 따른 1세대에 속하는 경우에도 이와 같다.

④ 법 제39조제1항 각호의 어느 하나에 해당하는 때에는 그 여러명을 대표하는 1인을 조합원으로 본다. 이 경우 별지 제1호 서식에 따른 대표조합원 선임동의서를 작성하여 조합에 신고하여야 하며, 조합원으로서의 법률행위는 그 대표조합원이 하고, 조합의 처분, 법률행위 기타 행위는 그 대표조합원에게 한다.

【주】그 밖에 대표조합원이 한 법률행위 기타 행위의 효력과 조합이 대표조합원에 대하여 한 처분 기타 행위의 효력이 수인에게 미치는지, 만일 대표조합원을 선임하지 않거나 선임하였는데도 신고하지 않은 경우 수인이 개별적으로 한 법률행위 기타 행위의 효력은 어떻게 볼지 등에 관하여도 정할 수 있을 것임

⑤ 양도·상속·증여 및 판결 등으로 건축물 또는 토지의 소유권이나 입주자로 선정된 지위 등이 이전된 때에는 조합원이 변경된 것으로 보며, 새로운 조합원은 종전 조합원이 행하였거나 조합이 종전 조합원에게 행한 처분, 조합청산 시 권리·의무에 관한 범위 등을 포괄 승계한다.

⑥ 사업시행구역내의 토지 또는 건축물의 소유권이나 지상권을 양수한 자라 하더라도 법 제39조제2항 본문에 해당하는 경우 조합원이 될 수 없고, 조합원이 될 수 없는 자는 법 제39조제3항이 정하는 바에 따른다.

【주】해당 사업시행구역의 투기과열지구 지정여부를 확인하여 제6항 작성

⑦ 조합원이 토지 또는 건축물의 소유권 또는 지상권이나 입주자로 선정된 지위 등을 양도하였을 때에는 조합원의 자격을 즉시 상실한다.

⑧ 법 제73조제1항제1호부터 제3호에서 정한 자는 분양신청기간 종료일 다음날, 같은 항 제4호에서 정한 자는 관리처분계획인가고시일 다음날 조합원의 자격을 상실한다.

【주】조합이 법 제72조제4항에 따라 같은 조 제1항부터 제3항까지의 규정에 따른 분양공고 등의 절차를 다시 거칠 경우, 같은 조 제5항에 따라 법 제73조제1항 제1호 및 제2호에 따라 조합원 자격이 상실된 토지등 소유자에 대하여 조합원 총회의 의결을 거쳐 조합원 자격을 다시 부여하는 것으로 정할 수 있을 것임 (제44조제2항 참조)

【주】법 제73조제1항에 따라 조합은 분양신청을 하지 아니한 자 등에 대해 관리처분계획인가 고시된 다음날부터 90일 이내에 손실보상에 관한 협의를 하여야 하며, 분양신청기간 종료일의 다음날부터 손실보상에 관한 협의를 할 수 있다. 법 제73조제1항 각 호에서 정한 손실보상 대상자는 아래와 같음

2023.11.29 국토부 별표2 지정개발자(신탁업자) 표준시행규정
관련 조문이 없다.

2006.8.25 국토부 재건축 표준정관
제9조(조합원의 자격 등) ① 조합원은 법 제2조제9호 나목에 의한 토지등소유자로서 조합설립에 동의한 자로 한다. 다만, 조합설립에 동의하지 아니한 자는 제44조에 의한 분양신청기한까지 다음 각 호의 사항이 기재된 별지1의 동의서를 조합에 제출하여 조합원이 될 수 있다.

【주】조합설립 당시 재건축에 동의하지는 않았으나 여건 변동 등으로 참여를 원할 경우 분양신청기간 종료 전까지는 조합원이 될 수 있도록 하여 기존 건축물의 소유 자의 권익을 가급적 보호하도록 한 것임.

1. 건설되는 건축물의 설계의 개요
2. 건물의 철거 및 건축물의 신축에 소요되는 비용의 개략적인 금액
3. 제2호의 비용의 분담에 관한 사항(제1호의 설계개요가 변경되는 경우 비용의 부담기준을 포함한다)
4. 사업완료후의 (구분)소유권의 귀속에 관한 사항
5. 조합정관

【주】영 제26조제1항에서 규정하고 있는 조합원동의서 내용을 조합정관에 포함함으로서 소송 등 민원을 예방코자 함

② 동일인이 2개 이상의 주택 등을 소유하는 경우에는 그 주택 등의 수에 관계없이 1인의 조합원으로 본다.

③ 1세대로 구성된 세대원이 각각 주택 등을 소유하고 있는 경우 및 하나의 (구분)소유권이 수인의 공유에 속하는 때에는 그 수인을 대표하는 1인을 조합원[14]으로 본다. 이 경우 그 수인은 대표자 1인을 대표조합원으로 지정하고 별지 2의 대표조합원 선임동의서를 작성하여 조합에 신고하여야 하며, 조합원으로서의 법률행위는 그 대표조합원이 행한다.

④ 양도·상속·증여 및 판결 등으로 조합원의 권리가 이전된 때에는 조합원의 권리를 취득한 자로 조합원이 변경된 것으로 보며, 권리를 양수받은 자는 조합원의 권리와 의무 및 종전의 권리자가 행하였거나 조합이 종전의 권리자에게 행한 처분, 청산 시 권리·의무에 관한 범위 등을 포괄 승계한다.

⑤ 당해 정비사업의 건축물 또는 토지를 양수한 자라 하더라도 법 제19조제2항 본문에 해당하는 경우 조합원이 될 수 없고 조합원이 될 수 없는 자는 법 제19조제3항이 정하는 바에 따른다.

2003.6.30 국토부 재개발표준정관

제9조(조합원의 자격 등) ① 조합원은 사업시행구역안의 토지 또는 건축물의 소유자 또는 그 지상권자로 한다.

【주】사업시행방식이 전환된 경우에는 토지등소유자에 당해 정비구역안에 환지예

---

[14] "공유자 중 1인을 조합원으로 본다"는 재건축 조합 규약의 해석
1주택을 2인 이상이 공유지분으로 소유하는 경우 공유자 중 1인을 조합원으로 본다고 규정한 재건축 조합 규약의 해석'에 대해 "구 주택건설촉진법(2002.12.30 법률 제6852호로 개정되기 전의 것) 제44조의3제6항은 재건축조합원 중 1세대가 2주택 이상을 소유하거나 1주택을 2인 이상이 공유지분으로 소유하는 경우에는 이를 1조합원으로 보며 1주택만 공급한다고 규정하고 있다.
그런데 구 주택건설촉진법에 의하여 설립된 재건축조합의 규약이 1주택을 2인 이상이 공유지분으로 소유하는 경우에 관하여 규정하면서 위 법 조항의 문언과는 다소 다르게 공유자 중 1인을 조합원으로 보고 그 1인을 조합원으로 등록하도록 하고 있더라도, 이를 공유자 중 대표조합원 1인 외의 나머지 공유자를 재건축조합과의 사단적 법률관계에서 완전히 탈퇴시켜 비조합원으로 취급하겠다는 취지로 해석할 수는 없고, 공유자 전원을 1인의 조합원으로 보되 공유자 전원을 대리할 대표조합원 1인을 선출하여 그 1인을 조합에 등록하도록 함으로써 조합 운영의 절차적 편의를 도모함과 아울러, 조합 규약이나 조합원총회 결의 등에서 달리 정함이 없는 한 공유자 전원을 1인의 조합원으로 취급하여 그에 따른 권리 분배 등의 범위를 정하겠다는 의미로 보아야 한다(대법원 2006다53245판결)."고 하여, 법 제19조제1항제3호는 "대표하는 1인을 대표조합원으로 본다는 것이다.

정지를 지정을 받은 자를 포함하고 당해 환지예정지의 소유자를 제외한다.

② 제1항에 의한 소유권, 지상권등의 권리는 민법에서 규정한 권리를 말한다. 다만, 건축물이 무허가인 경우에는 법에 의하여 제정된 시도조례에서 정하는 기존무허가 건축물로서 자기소유임을 입증하는 경우에 한하여 그 무허가건축물 소유자를 조합원으로 인정한다.

【주】 기존(무허가)건축물을 규정함에 있어 특정시점에 건축대장에 등재된 건축물 등 시·도조례가 정하는 바에 따름.

③ 1세대 또는 동일인이 2개 이상의 토지 또는 건축물의 소유권 또는 지상권을 소유하는 경우에는 그 수에 관계 없이 1인의 조합원으로 본다.

④ 토지 또는 건축물의 소유권과 지상권이 수인의 공유에 속하는 때에는 그 수인을 대표하는 1인을 조합원으로 본다. 이 경우 그 수인은 대표자 1인을 대표조합원으로 지정하고 별지의 대표조합원 선임동의서를 작성하여 조합에 신고하여야 하며, 조합원으로서의 법률행위는 그

대표조합원이 행한다.

⑤ 양도·상속·증여 및 판결 등으로 조합원의 권리가 이전된 때에는 조합원의 권리를 취득한 자로 조합원이 변경된 것으로 보며, 권리를 양수받은 자는 조합원의 권리와 의무 및 종전의 권리자가 행하였거나 조합이 종전의 권리자에게 행한 처분, 청산 시 권리·의무에 관한 범위 등을 포괄승계한다.

> ■ (서울) 재건축 표준정관 제11조(조합원의 권·의무)
> ● (서울) 재개발 표준정관 제11조(조합원의 권리·의무) : 재건축 표준정관과 같다.

　재건축·재개발 표준정관의 조문 위치와 내용이 같다.
　다만, 사업 특성상 재개발사업에는 재건축사업과 달리 손실보상청구권이 추가되어 있다.

　조합원의 권리에는 "대지 또는 건축물의 분양청구권, 총회의 출석권·발언권 및 의결권, 임원의 선출권 및 피선출권, 대의원의 선출권 및 피선출권, 손실보상권" 등이 있다.

　의무로는 "정비사업비, 청산금, 부과금과 이에 대한 연체료 및 지연손실금(이주지연, 계약지연, 조합원 분쟁으로 인한 지연 등을 포함한다)등의 비용납부 의무, 이주 및 건축물 해체의 의무, 그 밖에 관련 법령 및 이 정관, 총회·대의원회 및 이사회의 의결사항 준수"가 있다.

□ 근거규정

○ 제1항

재건축 표준정관
제11조(조합원의 권리·의무) ① 조합원은 다음 각 호의 권리와 의무를 갖는다.
1. 대지 또는 건축물의 분양청구권
2. 총회의 출석권·발언권 및 의결권
3. 임원의 선출권 및 피선출권
4. 대의원의 선출권 및 피선출권
5. 정비사업비, 청산금, 부과금과 이에 대한 연체료 및 지연손실금(이주지연, 계약지연, 조합원 분쟁으로 인한 지연 등을 포함한다)등의 비용납부 의무
【주】분양신청을 하지 않거나 분양계약을 체결하지 않은 현금청산자에 대한 조합원

지위 상실시점까지 발생한 정비사업비용에 대해 이를 부과하는 규정을 두려는 경우에는, 대법원 판례에 따라 별도의 규정에서 매우 구체적으로 규정하여야 할 것임.
6. 이주 및 건축물 해체의 의무
7. 그 밖에 관련 법령 및 이 정관, 총회·대의원회 및 이사회의 의결사항 준수 의무

재개발 표준정관과 다른 점은 재건축에 '손실보상청구권'이 없다는 점이다. 대표적인 재개발사업의 손실보상청구권으로는 영업보상, 주거이전비 등이 있다.

재개발 표준정관
제11조(조합원의 권리·의무) ① 조합원은 다음 각 호의 권리와 의무를 갖는다.
1. 대지 또는 건축물의 분양청구권
2. 총회의 출석권·발언권 및 의결권
3. 임원의 선출권 및 피선출권
4. 대의원의 선출권 및 피선출권
5. 손실보상 청구권
6. 정비사업비, 청산금, 부과금과 이에 대한 연체료 및 지연손실금(이주지연, 계약지연, 조합원 분쟁으로 인한 지연 등을 포함한다)등의 비용납부 의무
7. 이주 및 건축물 해체의 의무
8. 그 밖에 관련 법령 및 이 정관, 총회·대의원회 및 이사회의 의결사항 준수 의무

'분양신청을 하지 않거나, 분양계약을 체결하지 않은' 현금청산자에 대한 조합원 지위 상실시점까지 발생한 정비사업비를 부과규정을 정관에 두려면, 대법원 판례에서 알 수 있듯이 매우 구체적으로 규정하는 것이 좋다.

■ 현금청산자에 대한 정비사업비 부과한 재건축정관 사례

■ 반포 ○○주구 재건축조합
제○○조(분양신청 등) ⑤ 조합원은 관리처분계획인가 후 조합이 통지하는 분양

계약 체결기간 내에 분양계약을 체결하여야 하며 분양계약을 체결하지 않는 경우 제4항의 규정을 준용한다. 이 경우 분양계약 미체결자(분양포기자 포함)는 분양계약 마감일을 기준으로 기 발생한 해당 조합원의 이주비 금융비용에 대하여 부담하여야 하며, 종전 자산평가금액을 기준으로 조합이 대납한 이주비 금융비용 전액을 공제하고 현금으로 청산한다.

■ 안양시 비산○동 주민자치센터 주변지구 재건축조합정관

제○○조(분양신청 등) ⑦ 이주비를 수령한 현금청산자는 이주비 대출금 원금 및 이자를 반환하여야 하며, 현금청산자는 조합의 이주비 반환청구일로부터 이주비대출금에 대한 약정연체이자를 부담한다.

■ 개포○○아파트 재건축조합정관

제○○조(분양신청 등) ④ 조합은 조합원이 다음 각 호의 1에 해당하는 경우에는 그 구분에 따른 날부터 150일 이내에 건축물 또는 그 밖의 권리에 대하여 현금으로 청산한다. 만일 기간 내에 청산을 완료하지 아니한 경우에는 조합은 해당 토지등소유자에게 제1금융권의 3년 만기 적금 금리를 적용한 이자를 지급하여야 한다. 현금청산은 구청장이 추천하는 감정평가업자 2 이상이 평가한 금액을 산술평균하여 산정하여 조합이 우선 협의할 수 있으며, 협의가 되지 않을 경우에는 법원에 현금청산을 원인으로 한 소유권이전등기청구소송을 제기하여 판결에 의하여 현금청산을 한다.

다만, 경우에 따라 법원에 소를 제기한 뒤 협의할 수도 있다. 조합은 현금청산 시, 현금청산 대상자의 현금청산 기준일까지 집행된 제 사업비의 지분비율 상당액, 이주비 금융비용(발생 시만 해당), 기타 비용을 공제한 금액을 기준으로 청산한다.

 1. 분양신청을 하지 아니한 자 또는 분양신청기간 종료 이전에 분양신청을 철회한 자는 제1항에 따른 분양신청기간 종료일의 다음 날
 2. 법 제48조에 따라 인가된 관리처분계획에 따라 분양대상에서 제외된 자는 관리처분계획의 인가를 받은 날의 다음 날

■ 강남구 개포○단지 재건축조합

제○○조(분양신청 등) ⑥ 조합은 제44조제4항에 따른 기간 내에 현금으로 청산

하지 아니한 경우에는 해당 토지등소유자로부터 소유권이전등기 및 건물을 인도받은 다음날부터 연 3%를 지급한다.

■ 송파구 잠실○단지 재건축조합

제○○조(분양신청 등) ⑥ 조합은 제4항에 따른 기간 내에 현금으로 청산하지 아니한 경우에는 해당 토지등소유자에게 이자를 지급하여야 한다. 이 경우 이율산정, 방법 등은 대의원회 의결에 의한다.

⑦ 조합은 제4항 및 제5항에 따라 현금청산을 할 경우, 제4항의 감정평가 산술평균금액에서 기본이주비 금융비용(발행 시에 한함) 및 현금청산기준일 당시 조합의 지출사업비에 대한 조합원의 지분비율 상당액, 기타 비용을 공제한 금액을 기준으로 청산한다. 단 청산금은 청산대상자와 협의 과정에서 변동될 수 있으며 최종 결정된 금액을 대의원회의 결의 후 집행한다.

⑧ 현금청산대상자는 조합이 지정한 날까지 이주 및 해당 부동산의 인도를 지연하는 경우 그 지연한 날로부터 발생하는 조합의 모든 사업비 지출비용(이자 포함)에 대하여 전부 부담하여야 한다.

■ 손실보상 청구권(재개발사업)

조합원의 권리로 손실보상 청구권은 재개발사업에만 적용하고 있다.

손실보상은 사업시행자의 적법행위로 인하여 발생한 손실의 보상이지만, 손해배상은 위법·불법행위에 대한 배상이라는 점에서 구별된다. 이 손실보상청구권은 조합원 개인의 건축물등을 일시적으로 사용함으로써 조합원이 손실을 받는 경우이다.

재건축조합원은 기존의 주택과 토지를 조합에 출자하여 손실보상을 받는 것이 아니라, 새로운 주택을 분양받을 권리를 취득하는 것이다. 따라서 재건축조합에서는 기존의 주택과 토지에 대한 보상금을 구할 수 없으며, 재개발사업에만 인정하고 있다.

도시정비법

제73조(분양신청을 하지 아니한 자 등에 대한 조치) ② 사업시행자는 제1항에 따른 협의가 성립되지 아니하면 그 기간의 만료일 다음 날부터 60일 이내에 수용재결을 신청하거나 매도청구소송을 제기하여야 한다.

③ 사업시행자는 제2항에 따른 기간을 넘겨서 수용재결을 신청하거나 매도청구소송을 제기한 경우에는 해당 토지등소유자에게 지연일수에 따른 이자를 지급하여야 한다.

이 경우 이자는 15/100 이하의 범위에서 대통령령으로 정하는 이율을 적용하여 산정한다.

도시정비법 시행령

제60조(분양신청을 하지 아니한 자 등에 대한 조치) ② 법 제73조제3항 후단에서 "대통령으로 정하는 이율"이란 다음 각 호를 말한다.

1. 6개월 이내의 지연일수에 따른 이자의 이율: 5/100
2. 6개월 초과 12개월 이내의 지연일수에 따른 이자의 이율: 10/100
3. 12개월 초과의 지연일수에 따른 이자의 이율: 15/100

■ 지연가산금(이자) 지급 여부

2018.2.9 도시정비법 전부개정 시행 이후 관리처분계획

구 도시정비법

제47조(분양신청을 하지 아니한 자 등에 대한 조치) ① 사업시행자는 분양신청을 하지 아니한 자, 분양신청기간 종료 이전에 분양신청을 철회한 자 또는 제48조에 따라 인가된 관리처분계획에 따라 분양대상에서 제외된 자에 대해서는 <u>관리처분계획 인가를 받은 날의 다음 날로부터 90일</u> 이내에 대통령령으로 정하는 절차에 따라 토지·건축물 또는 그 밖의 권리에 대하여 현금으로 청산하여야 한다. <개정 2012.2.1, 2013.12.24>

② 사업시행자는 제1항에 따른 기간 내에 현금으로 청산하지 아니한 경우에는 정관등으로 정하는 바에 따라 해당 토지등소유자에게 이자를 지급하여야 한다. <신설

2012.2.1>

　2018.2.9 전부개정 시행된 도시정비법에서는 시간을 넘겨서 수용재결을 신청하거나 매도청구소송을 제기한 경우에는 해당 토지등소유자에게 지연일수에 따른 이자를 지급하는 "지연이자의 법정화"를 꾀하였다.

2018.2.9 전부개정 시행 도시정비법

　법 제73조(분양신청을 하지 아니한 자 등에 대한 조치) ① 사업시행자는 관리처분계획이 인가·고시된 다음 날부터 90일 이내에 다음 각 호에서 정하는 자와 토지, 건축물 또는 그 밖의 권리의 손실보상에 관한 협의를 하여야 한다. 다만, 사업시행자는 분양신청기간 종료일의 다음 날부터 협의를 시작할 수 있다. <개정 2017.10.24>

　1. 분양신청을 하지 아니한 자
　2. 분양신청기간 종료 이전에 분양신청을 철회한 자
　3. 제72조제6항 본문에 따라 분양신청을 할 수 없는 자
　4. 제74조에 따라 인가된 관리처분계획에 따라 분양대상에서 제외된 자

　② 사업시행자는 제1항에 따른 협의가 성립되지 아니하면 그 기간의 만료일 다음 날부터 60일 이내(90일+60일=150일)에 수용재결을 신청하거나 매도청구소송을 제기하여야 한다.

　③ 사업시행자는 제2항에 따른 기간을 넘겨서 수용재결을 신청하거나 매도청구소송을 제기한 경우에는 해당 토지등소유자에게 지연일수에 따른 이자를 지급하여야 한다. 이 경우 이자는 15/100 이하의 범위에서 대통령령으로 정하는 이율을 적용하여 산정한다.

■ **도시정비법 부칙 <법률 제14567호, 2017.2.8>**

　제1조(시행일) 이 법은 공포 후 1년이 경과한 날부터 시행한다.

　제9조(분양신청을 하지 아니한 자 등에 대한 현금청산 지연에 따른 이자지급에 관한 적용례) 제40조제1항 및 제73조제3항의 개정규정은 법률 제11293호 도시정비법 일부개정법률의 시행일인 2012.8.2 이후 최초로 조합설립인가(같은 개정법률 제8조제3항

의 개정규정에 따라 도시환경정비사업을 토지등소유자가 시행하는 경우나 같은 개정법률 제7조 또는 제8조제4항의 개정규정에 따라 시장·군수가 직접 정비사업을 시행하거나 주택공사등을 사업시행자로 지정한 경우에는 사업시행계획인가를 말함)를 신청한 정비사업부터 적용한다.

▶ 2012.2.1 개정 도시정비법 시행 전인 2012.8.1까지의 최초 조합설립인가(토지등소유자 방식, 공공시행자 방식은 사업시행계획인가) : 이자 지급규정 없음

2012.8.2 이후 조합설립인가 신청한 경우에는 정관에서 정하는 바에 따라 이자지급

제18조(분양신청을 하지 아니한 자 등에 대한 조치에 관한 적용례) 제73조의 개정규정은 이 법 시행 후 최초로 관리처분계획인가를 신청하는 경우부터 적용한다. 다만, 토지등소유자가 토지보상법 제30조제1항의 재결신청을 청구한 경우에는 제73조의 개정규정에도 불구하고 종전의 규정을 적용한다.

▶ 2018.2.9(도시정비법 전부개정 시행일) 이후 관리처분계획인가를 신청하는 경우에는 15/100 이하의 이자를 지급하도록 함

이 날을 기준으로 이미 재결신청을 한 경우에는 종전 규정을 적용함

제19조(손실보상 시기에 관한 적용례) 제73조의 개정규정은 법률 제12116호 도시정비법 일부개정법률의 시행일인 2013.12.24 이후 최초로 조합설립인가를 신청하는 경우부터 적용한다.

▶ 1) 2013.12.23.까지 최초 조합설립인가 신청

① 분양신청을 하지 아니한 자 또는 분양신청기간 종료 이전에 분양신청을 철회한 자(분양신청기간 종료일의 다음 날), ② 인가된 관리처분계획에 따라 분양대상에서 제외된 자(그 관리처분계획의 인가를 받은 날의 다음 날) 중 150일 이내에 현금청산 안 된 경우, 정관등에서 정하는 바에 따라 이자를 지급하도록 함.

2) 2013.12.24 이후 최초 조합설립인가 신청

① 분양신청을 하지 아니한 자, ② 분양신청기간 종료 이전에 분양신청을 철회한 자 또는 ③ 인가된 관리처분계획에 따라 분양대상에서 제외된 자에 대해서는 관리처분계획 인가를 받은 날의 다음 날로부터 90일 이내에 현금청산 안 된 경우, 정관등에서 정하는 바에 따라 이자를 지급하도록 함

> **판례**
>
> 재개발조합의 탈퇴조합원에게 구 도시정비법 제73조에서 정한 150일의 기간 내에 현금청산금을 지급하지 못한 경우에 정관에서 정한 지연이자를 지급할 의무가 있는지(소극)
> 대법원 2020.7.23선고 2019두46411판결 손실보상금
> 【판결요지】
> 구 도시정비법(2012.2.1 법률 제11293호로 개정되기 전의 것) 제47조에서 정한 현금청산금 지급 지체에 따른 지연이자 청구권과 토지보상법 제30조에서 정한 재결신청 지연가산금 청구권은 근거 규정과 요건·효과를 달리하는 것으로서, 각 요건이 충족되면 성립하는 별개의 청구권이다.
> 다만 재결신청 지연가산금에는 이미 '손해 전보'라는 요소가 포함되어 있어 같은 기간에 대하여 양자의 청구권을 동시에 행사할 수 있다고 본다면 이중배상의 문제가 발생하므로, 같은 기간에 대하여 양자의 청구권이 동시에 성립하더라도 토지등소유자는 어느 하나만을 선택적으로 행사할 수 있을 뿐이고, 양자의 청구권을 동시에 행사할 수는 없다.

■ **정비사업비 부과 관련**

> **판례**
>
> 현금청산자에게 조합원지위 상실일까지의 사업비를 부과할 수 있는 방법
> 인천지방법원 2023.1.13.선고 2021구합57586, 조합사업비등 지급청구의 소
> 【판결요지】
> 현금청산 대상자가 조합원의 지위를 상실하기 전까지 발생한 조합의 정비사업비 중 일정 부분을 분담하여야 한다는 취지를 조합정관이나 조합총회의 결의 또는 조합과 조합원 사이의 약정 등으로 미리 정한 경우 등에 한하여, 조합은 구 도시정비법 제47조에 규정된 청산절차 등에서 이를 청산하거나 별도로 그 반환을 구할 수 있다.
> 현금청산대상자에게 정관으로 조합원 지위를 상실하기 전까지 발생한 정비사업비 중 일부를 부담하도록 하기 위해서는 정관 또는 정관에서 지정하는 방식으로 현금청산 대상자가 부담하게 될 비용의 발생 근거, 분담 기준과 내역, 범위 등을 구체적으로 규정하여야 한다.
> 이와 달리 단순히 현금청산 대상자가 받을 현금청산금에서 사업비용 등을 공제하고 청산할 수 있다는 추상적인 정관 조항만으로는, 조합 관계에서 탈퇴할 때까지 발생한 사업비용을 부담하도록 할 수 없다(대법원 2021.4.29선고 2018두52150판결).
>
> 현금청산자의 청산금 지급 기준, 현금청산자에게 사업비 부담시킨 사례
> 전주지방법원 군산지원 2022.11.17.선고 2021가합50890판결, 채무 부존재확인
> 【판결요지】
> 분양신청 후 분양계약 체결하지 않아 추가로 현금청산 대상이 된 자에 대한 사업시행자의 청산금 지급의무는 '분양계약 체결기간의 종료일 발생일 다음 날' 발생한 것으로 보아야 한다.

현금청산 대상자에게 조합원 지위를 상실하기 전까지 발생한 정비사업비 중 일부를 부담하게 될 비용의 발생근거, 분담기준과 내역, 범위 등을 구체적으로 규정해야 한다.

이 사건 정관이 '조합은 조합원이 조합원 지위 상실 사유가 발생하는 경우 조합원 지위상실 시점까지 집행된 정비사업비, 계약 및 인허가 조건 등으로 인한 채무발생분을 종전자산 금액 비율로 부과시킬 수 있다.'고 규정하는 한편, '공사비 등 주택사업에 소요되는 비용'을 정비사업비로 정의하는 규정을 두고 있으므로, 각 정관에 의하면 조합원들은 현금청산 대상자들의 분담 대상이 되는 정비사업비의 범위와 이를 세대수 별로 분담하는 기준 등을 충분히 알 수 있으므로 위 피고들에게 정비사업비 등을 부담하게 할 수 있다.

추상적인 정관 규정이나 총회 결의만으로 현금청산금에서 사업비용을 공제할 수 있는지(소극)
대법원 2021.8.19.선고 2020다243532판결, 청산금지급
【판결요지】
재건축조합이 조합원 지위를 잃고 현금청산 대상자가 된 사람에게 그때까지 발생한 정비사업비를 나누어 부담시킨다는 정관 규정이나 총회 결의에는, 부담시킬 비용의 발생 근거, 분담
기준과 내역, 범위 등이 구체적으로 정해져 있어야 한다. 분담액을 미리 가늠하기 어려운 추상적인 정관 규정이나 총회 결의만으로 현금청산금에서 사업비용을 공제하여 지급할 수는 없다(대법원 2021.4.29선고 2017두48437판결 참조).

재건축사업의 현금청산자들에 대한 청산금의 지연손해금 발생시기 및 현금청산자들에 대한 조합의 사업비 공제(소극)
대구지방법원 2021.7.8.선고 2020구합21649판결
【판결요지】
피고의 변경 전 및 변경 후 정관 조항은 현금청산 대상자가 부담하여야 할 비용 항목과 부담 기준 등을 합리적으로 예측할 수 있는 내용을 포함하지 않은 채 추상적으로 현금청산금에서 사업비용 중 일정 부분을 공제한다거나 '현금청산 대상자에 대하여 사업비용 중 일정 부분을 부담시킨다는 취지의 내용만 정하고 있을 뿐이고, 그 밖에 도시정비법 또는 정관의 다른 규정을 통해서도 현금청산 대상자가 부담하는 것이 합리적인 비용 항목과 그 범위를 특정할 수 없다. 따라서 개별 현금청산 대상자에게 구체적으로 적용될 수 있는 비용의 부담 기준 등을 정하고 있지 않은 피고의 변경 전 및 변경 후 정관 조항을 근거로 현금청산 대상자인 원고들에게 정비사업비 중 일부의 공제를 구할 수는 없다.

○ 제2항

도시정비법 제45조제5항

재건축·재개발 표준정관

제11조(조합원의 권리·의무) ② 조합원의 권한은 평등하며 권한의 대리행사는 원

칙적으로 인정하지 아니하되, 법 제45조제5항의 경우에는 그러하지 아니하다. 이 경우 조합원의 자격은 변동되지 아니한다.

> 【주】위 규정은 법 제45조제5항에서 정한 "의결권"(단, 제3호의 경우는 다름)에만 국한된 규정임. 그 밖의 조합원의 권리를 대리인이 행사할 수 있게 할 것인지에 관해서는 대리행사를 인정할 사정 내지 상황, 대리인의 자격(대리인이 될 수 있는 자), 특히 대리행사할 권한과 그 범위 등을 정할 수 있을 것임.
>
> 【주】조합원 권한 대리 행사를 위한 별지 제4호서식 등의 위임장, 대리인 지정서 제출 등에 관하여 별도로 정할 수 있으며, 법으로 규정한 사항 외에 대리인 지정서의 구체적인 첨부서류(해외거주자의 추가 필요서류, 법인의 대표자 대리인 지정서 제출 여부 및 제출서류) 및 그 효력 등을 정관으로 정하여 추후 관련 대리권의 다툼을 줄일 수 있을 것임(이 경우, 제22조제5항과 일치시켜야 하며, 해당 항을 준용할 수 있음)

법으로 규정한 사항 외에 대리인 지정서의 구체적인 첨부서류(해외거주자의 추가 필요서류, 법인의 대표자 대리인 지정서 제출 여부 및 제출서류) 및 그 효력 등을 정관으로 정하여 추후 관련 대리권의 다툼을 줄일 수 있다.

이 경우, 재건축 표준정관 제22조제5항[15]과 일치시켜야 하며, 해당 항을 준용할 수 있다.

대리인을 통하여 의결권을 행사하는 경우에는 직접 출석으로 본다고 서울특별시는 주석을 달고 있다.

15 　서울특별시 재건축 표준정관
제25조(대의원회 개최) ⑤ 제20조제8항은 대의원회에 준용한다. 다만, 사전에 통지하지 아니한 안건으로서 재적대의원 과반수가 직접 참석하고 직접 참석한 대의원 과반수가 그 채택에 동의한 안건은 그러하지 아니하다.

제20조(총회의 설치) ⑦ 제2항부터 제5항에 의하여 총회를 소집하는 경우에는 회의개최 14일 전까지 회의목적·안건·일시·장소 및 법 제45조제5항에 따른 서면의결권 행사에 필요한 사항 등을 정비사업 정보몽땅 및 게시판등에 게시하여야 하며 각 조합원에게는 법 제44조제4항에 따라 회의개최 7일 전까지 제7조제2항제1호의 방법으로 통지하여야 한다. 다만, 제21조제15호의 안건을 의결하기 위한 총회의 경우 회의개최 1개월 전에 법 제74조제5항에서 정하는 사항을 통지하여야 한다.
⑧ 총회는 제7항에 의하여 통지한 안건에 대해서만 의결할 수 있다.

■ 조합원 의결권

도시정비법 제45조제5항

의결권이란 정비조합의 조합원이 조합총회에 출석하여 조합의 의사형성에 참석할 수 있는 권리이다.

조합원 자신이 서면으로 의결권을 행사할 수 있다.

그러나 다음 각 호의 어느 하나에 해당하는 경우에는 대리인을 통하여 의결권을 행사할 수 있다(서면으로 의결권 행사 시에는 정족수를 산정할 때에 출석으로 의제)(법 제45조제5항).

 1. 조합원이 권한을 행사할 수 없어 배우자, 직계존비속 또는 형제자매 중에서 성년자를 대리인으로 정하여 위임장을 제출하는 경우
 2. 해외에 거주하는 조합원이 대리인을 지정하는 경우
 3. 법인인 토지등소유자가 대리인을 지정하는 경우. 이 경우 법인의 대리인은 조합임원 또는 대의원으로 선임될 수 있다.

■ 제1호

용산구 한남○구역 재개발정관, 강남구 ○○재건축 조합정관 중 대리행사 관련 규정을 소개하면 다음과 같다.

이 재개발 조합정관에서는 며느리, 사위 중 성년자를 대리권 행사가 가능하도록 규정하고 있다.

용산구 한남○구역 재개발정관

제○○조(조합원의 권리·의무) ② 조합원의 권한은 평등하며 권한의 대리행사는 원칙적으로 인정하지 아니하되, 다음 각 호에 해당하는 경우에는 대리인을 통하여 법률행위 또는 기타 각종 행위권한을 할 수 있다. 이 경우 조합원의 자격은 변동되지 아니하며 위임이나 대리인 지정의철회 또는 새로운 대리인의 선임이나 지정이 없는 한, 조합과 대리인 사이에 이루어진 법률행위 또는 기타 행위는 해당 조합원에게 효력이 있다. 이 때 대리인 위임장에는 조합원의 지장날인과 신분증 사본을 첨부하여야 하며, 해외거주자의 경우에는 대리를 위임하는 것을 인증하는 거주국

변호사의 공증서류를 제출하여야 한다.

<u>1. 조합원이 권한을 행사할 수 없어 배우자, 직계존비속, 형제자매, 며느리, 사위 중에서 성년자를 대리인으로 정하여 위임장을 제출하는 경우</u>(이 경우 향후 계획하여 대리인으로 지정하는 등과 같은 포괄적인 위임은 불가능하며, 총회 등 각 사안별로 대리위임장을 별도로 각각 제출하여야 한다)

강남구 ○○재건축 조합정관에서는 배우자, 직계존비속, 형제자매 중에서 성년자로 하여 규정하고 있다.

강남구 ○○재건축조합정관
제○○조(조합원의 권리·의무) ② 조합원의 권한은 평등하며, 다음 각 호에 해당하는 경우에는 권한을 대리할 수 있으며, 이 경우 조합원의 자격은 변동되지 아니한다. 이때 대리인 위임장에는 조합원의 인감 날인(인감증명서포함)과 자필 서명 후 주민등록증 및 여권 등 신원을 확인할 수 있는 신분증명서 사본을 첨부한 위임장과 대리인 관계를 증명하는 서류를 제출해야 하며 해외거주자의 경우에는 대리를 위임하는 것을 인증하는 거주국 변호사의 공증서류를 제출하여야 한다. 다만, 외국인 등이 「출입국관리법」 제88조에 따라 외국인등록사실증명서를 첨부하는 경우에는 외국인 등록사실증명서를 공증서류로 본다.
1. 조합원이 권한을 행사할 수 없어 배우자, 직계존·비속, 형제자매 중에서 성년자를 대리인으로 정하여 위임장을 제출하는 경우
2. 해외거주자가 대리인을 지정한 경우(성인은 누구나 대리인이 될 수 있다. 향후 계속하여 포괄적 대리위임도 가능하며 대리인을 신고하는 경우 조합은 각종 통지, 고지를 대리인에게 직접 행함으로써 해당 조합원에게 의무를 다한 것으로 한다. 또한 포괄적 위임장을 제출한 경우에는 조합원이 그 위임을 철회하지 않은 한 계속적으로 위임의 효력은 유지된다.)
3. 법인인 토지등소유자가 대리인을 지정한 경우(이 경우 법인의 대리인은 조합의 임원 또는 대의원으로 선임될 수 있다)

[별지 제4-3호 서식] 총회 출석 위임장 (예시)

총회 출석 위임장

소유물건 소재지 : 서울시 ○○구 ○○동 00-00번지 /   동   호

신 청 인 (위임하는 자)	성 명		생년월일	
	주 소			
	전화번호			
대 리 인 (위임받는 자)	성 명		생년월일	
	주 소			
	전화번호			

상기 신청인 본인은 ○○년 ○○월 ○○일 ○○시 개최예정인 ○○○재○○정비사업조합 ○○총회에 부득이한 사정으로 참석할 수 없으므로 상기 대리인에게 ○○총회의 참석 및 의결권을 위임합니다.

년   월   일

신청인 : _____ (지장날인)

첨부 :　1. 신청인의 신분증명서 (주민등록증, 여권 등 신원 확인용) 사본 1부
　　　　2. 대리인의 신분증명서 (주민등록증, 여권 등 신원 확인용) 사본 1부
　　　　3. 신청인과 대리인의 관계를 증명하는 서류(주민등록등본, 가족관계증명서 등) 1부
　　　　<u>※ 대리인의 범위 : 배우자, 직계존·비속, 형제자매 중 성년자</u>

○○○ 재개발(재건축) 정비사업조합 귀중

▲ 판례 등

조합원의 시어머니, 장모는 의결권 행사 시 대리인이 될 수 없다.

> **판례**
>
> 서울중앙지방법원 2024.5.9선고 2023가합101238판결, 총회결의무효확인청구의 소
> 【판결요지】
> 도시정비법 제45조제5항은 "조합원은 서열으로 의결권을 행사하거나 다음 각 호의 어느 하나에 해당하는 경우에는 대리인을 통하여 의결권을 행사할 수 있다."고 규정하고 있고, 제1호에서 배우자, 직계존·비속 또는 형제자매 중 성년자를 대리인으로 정하는 경우, 제2호에서 해외에 거주하는 조합원이 대리인을 지정하는 경우를 각 규정하고 있다.
> U이 대리인으로 지정한 W은 배우자의 모친, 즉 장모이고, V이 대리인으로 지정한 X은 배우자의 모친인 시어머니이다.
> 따라서 W과 X은 U, V에게 있어 배우자, 직계존·비속 또는 형제자매 중 어느 하나에도 해당하지 아니하므로, 대리인으로 지정될 수 없는 자임에도 불구하고 대리인으로 지정되어 이 사건 총회에 참석한 것이다.
>
> 조합규약에 위반하여 재건축조합원의 대리인이 위임장에 본인의 인감증명서를 첨부하지 않고 조합총회에 출석한 경우, 그 출석의 효력 유무(유효)
> 대법원 2007.7.26.선고 2007도3453판결, 공정증서원본불실기재·동행사·도시정비법 위반
> 【판결요지】
> 재건축 주택조합규약에서 조합총회의 결의에 대리인이 참석할 경우 본인의 위임장에 인감증명서를 첨부하여 제출하도록 하는 것은 조합원 본인에 의한 진정한 위임이 있었는지를 확인하기 위한 것이므로, 조합원 본인이 사전에 대리인에게 총회참석을 위임하여 그 자격을 소명할 수 있는 위임장을 작성해 주고 대리인이 총회에 출석하여 그 위임장을 제출한 이상 본인의 인감증명서가 뒤늦게 제출되었다는 사정만으로 대리인의 참석을 무효라고 할 수 없다.

조합원이 대리인에게 자신의 권한을 위임했을 때, 조합원의 모든 권한을 위임한 것인지(서울시 재생협력과 2017.5.24)

Q 조합원이 대리인에게 자신의 권한을 위임했을 때, 조합원이 가진 모든 권한을 위임한 것으로 보아야 하는지?

A 도시정비법 제24조제5항 각 호에 해당하는 경우 조합원은 대리인을 통하여 의결권을 행사할 수 있으며, 재개발·재건축 표준정관 제10조제2항에 조합원 권한의 대리행사는 원칙

적으로 인정하지 아니하되 각 호에 해당하는 경우 권한을 대리할 수 있고, 이 경우 조합원의 자격은 변동되지 아니한다고 되어 있음. 따라서 일반적으로 대리인이 조합원의 모든 권한을 위임받았다고 보는 것은 어려움.

조합원 유고 시 대리인을 정하여 위임장을 제출하도록 하는데, 이 경우 위임장을 받은 사람은 사업 종료 시까지 조합원자격을 가지고 권리행사를 할 수 있는지 (건교부 주환 2004.3.13)

Q 조합원이 유고 시 대리인을 정하여 위임장을 제출하도록 하고 있음
1) 이 경우, 위임장을 받은 사람은 사업이 종료될 때까지 조합원 자격을 가지고 권리행사를 할 수 있는지?
2) 조합업무 발생 시마다 위임장을 제출해야 하는지?

A 도시정비법 시행령 제30조에 의하면 재건축조합원은 토지등소유자로서 조합설립에 동의한 자로 규정하고 있으며, 재건축조합 표준정관 제10조제2항에서 조합원의 권한의 대리행사는 예외적으로 배우자등 직계존비속의 경우 위임장을 제출할 경우에 가능하도록 하고, 이 경우 조합원의 자격은 변동되지 않는 것으로 규정하고 있음.
따라서 위임장으로 조합원의 자격이 변동되지 않으므로 <u>조합업무 발생 시마다 위임장을 제출</u>하는 것이 타당할 것임.

■제2호

다음은 정관의 변경(경미한 사항의 변경은 이 법 또는 정관에서 총회의결사항으로 정한 경우로 한정: 법 제45조제5항제1호)과 관련, 용산구 한남○구역 재개발정관 중 대리행사 관련 규정이다.

용산구 한남○구역 재개발정관
제○○조(조합원의 권리·의무) ② 조합원의 권한은 평등하며 ~~~~~~~~~~~~~~~~~~~~~~~~~~~~~~~~~~~~~대리를 위임하는 것을 인증하는 거주국 변호사의 공증서류를 제출하여야 한다.
2. 해외에 거주하는 조합원이 대리인을 지정한 경우.
이 경우 성인인 자는 누구나 대리인이 될 수 있으며, 향후 계속하여 포괄적 대리위임도 가능하며, 대리인을 신고하는 경우 조합은 각종 통지, 고지를 대리인에게

직접 행함으로써 해당 조합원에게 의무를 다한 것으로 한다. 포괄적 위임장을 제출한 경우에는 조합원이 그 위임을 철회하지 않는 한 계속하여 대리위임의 효력이 유지된다.

해외거주자의 경우, 대리의 위임을 인증하는 거주국 변호사의 공증서류를 제출하도록 규정하고 있다.

첨부서류도 "신청인 및 대리인 신분증명서(주민등록증, 여권 등 신원 확인용) 사본 각 1부, 신청인의 인감증명서 1부, 신청인의 해외거주사실 증명서 1부"를 요구하고 있다.

[별지 제4-1호 서식] 해외거주 조합원의 대리인 지정서 (예시)

대리인 지정서 4-1

소유물건 소재지 : 서울특별시 ○○구 ○○동 00-00번지   /   동   호

신 청 인 (위임하는 자)	성 명		생년월일	
	주 소			
	전화번호		e-mail	
대 리 인 (위임받는 자)	성 명		생년월일	
	주 소			
	전화번호			

상기 신청인 본인은 해외에 거주하는바, ○○○ 재개발(재건축)사업에 관련된 법률행위를 행함에 상기인을 대리인으로 지정하여 조합원으로서의 법률이 정한 권한을 대리인이 행하는 것에 동의합니다.

년   월   일

신청인 :   (인감날인)

첨부 :   1. 신청인 및 대리인 신분증명서(주민등록증, 여권 등 신원 확인용) 사본 각 1부
         2. 신청인의 인감증명서 1부
         3. 신청인의 해외거주사실 증명서 1부

○○○ 재개발(재건축) 정비사업조합 귀중

■ **제3호**
 토지등소유자가 법인으로 공유지분 형태인 경우, 대표조합원을 선정하여 의결권을 행사하기도
 한다. 법인이 단독소유자이거나 대표조합원인 경우, 대리인 지정의 범위는 '조합임원이나 대의원 선임'에 한해서 가능하다.

 다음은 용산구 한남○구역 재개발정관 중 대리행사 관련 규정이다.

 제○○조(조합원의 권리·의무) ② 조합원의 권한은 평등하며 ~~~~~~~~~~~~~~~~
~~~~~~~~~~~~~~~~~~~~~~~대리를 위임하는 것을 인증하는 거주국 변호사의 공증서류를 제출하여야 한다.
 3. 조합원이 법인 또는 기타 단체인 경우에 그 임직원을 대리인으로 지정한 경우(이 경우 법인의 대리인은 조합의 임원 또는 대의원으로 선임될 수 있고, 조합원의 인감날인과 인감증명서를 첨부하여야 하며, 대리인 지정이 철회되지 않는 한 계속하여 대리위임의 효력이 유지된다).

[별지 제4-2호 서식] 법인인 조합원의 대리인 지정서(예시)

대리인 지정서

소유물건 소재지 : 서울시 ○○구 ○○동 00-00번지 / 동   호

신 청 인 (위임하는 자)	성 명		법 인 등록번호	
	주 소			
	전화번호			
대 리 인 (위임받는 자)	성 명		생년월일	
	주 소			
	전화번호		법인과의 관계	

　상기 신청인 법인인 조합원은 ○○○ 재건축(재개발)사업과 관련된 법률행위를 행함에 상기인을 대리인으로 지정하여 조합원으로서의 법률이 정한 권한을 대리인이 행하는 것에 동의합니다.

년   월   일

신청인 : _____ (법인인감날인)

첨부 :　1. 법인인감증명서 1부
　　　　2. 법인과 대리인과의 관계증명서 1부
　　　　3. 대리인의 신분증명서 사본 1부

○○○ 재개발(재건축) 정비사업조합 귀중

■ 서울특별시 하위규정과 서면결의서

「정비사업 의사진행 표준운영규정」

제21조(서면결의서에 의한 투표) ① 조합등은 정관등에서 정하는 바에 따라 회의 등에 직접참석할 수 없는 조합원등의 의결권 보장을 위해 서면에 의한 방식으로 투표하게 할 수 있으며, 회의소집 공고 및 통지 시 서면결의서 제출 및 철회 등의 방법을 고지하여야 한다.

② 조합원등이 제1항에 따라 서면에 의한 방식으로 투표하고자 할 경우, 조합등에서 송부받은 서면결의서(별지 제5호 서식)를 작성한 후 밀봉하여 제출하여야 하며, 이 경우 회의개최 전일 18시까지 조합등에 도착하도록 하여야 한다.

③ 서면결의서를 제출한 조합원등은 참석자명부에 서면결의 투표자로 표시한다.

④ 조합등은 제2항에 의하여 제출된 서면결의서를 훼손하지 아니하고 즉시 투표함에 넣어 보관하여야 한다.

제22조(서면결의서 투표함의 봉인) ① 서면결의서 투표함은 조합등이 제작한 투표함으로 하되, 투·개표 감독관이 확인한 후 시건·봉인한다. 감독관 선임방법은 대의원회등에서 따로 정할 수 있다.

② 서면결의서 투표함의 보관장소는 조합등 사무실로 한다.

③ 서면결의서 투표함을 보관장소에 보관, 반출 또는 투표소에 설치할 경우에는 제1항에 따른 감독관이 입회하여야 한다.

④ 서면결의서 투표함은 투표개시 전 투·개표 장소로 감독관이 이송한다.

제23조(서면결의서 철회 등) ① 서면결의서를 제출한 조합원등이 총회 당일 참석이 가능하여 의결권을 투표로서 행하고자 할 경우, 서면결의서 철회 확인증(별지 제10호 서식)을 작성하고 서면결의서를 철회하여야 한다. 단, 철회는 총회 당일 안건상정 전까지 가능하다.

② 서면결의서를 제출한 조합원등이 의사표시 재작성 또는 오기 등으로 서면결의서를 재작성하고자 할 경우, 기존에 제출한 서면결의서를 철회하고 서면결의서 철회 확인증(별지 제10호 서식)을 작성하여야 한다. 이 경우 제출방법 및 시기는 제

21조제2항을 준용한다.

③ 제2항에 의해 서면결의서를 철회 또는 재작성하는 경우, 조합등은 이를 확인하여 서면결의서 철회대장(별지 제11호 서식) 및 서면결의서 교체대장(별지 제12호 서식)을 작성하고 즉시 참석자명부를 정정하여야 한다.

④ 서면결의서 제출 후 철회를 하지 않고 회의당일 참석하는 조합원등은 직접참석자 수에 포함하되, 의결권은 서면결의서로 갈음한다.

제24조(서면결의서 개봉시기) 서면결의서 투표함은 회의당일 투표가 종료되고 개표가 개시된 이후 개봉하는 것을 원칙으로 한다. 다만, 회의당일 출석한 조합원등의 과반수 동의를 얻은 경우에는 제18조제1항에 따라 개봉시기를 조정할 수 있다.

서울특별시 표준선거관리규정

제45조(우편에 의한 투표) ① 조합 선관위는 조합정관에서 정하는 바에 따라 총회 등에 직접 참석할 수 없는 선거인의 선거권 보장을 위해 우편(서면)에 의한 방식으로 투표하게 할 수 있다.

② 선거인이 제1항에 따라 우편에 의한 방식으로 투표하고자 할 경우, 조합 선관위에서 송부받은 우편 투표용지에 기표한 후 선거인이 직접 우편발송하여야 하며, 이 경우 선거일 총회개최 전까지 조합 선관위에 도착되도록 하여야 한다.

【주】우편 투표용지가 포함된 선거공보의 발송기한은 선거인이 회송용 봉투를 발송하여 선거일 전에 조합 선관위에 도착되어야 할 기한을 고려하여 결정하여야 함.

③ 제2항에 의한 우편 투표용지 송부·기표·회송 방법에 대하여는 조합 선관위가 따로 정한다.

④ 우편으로 투표한 선거인은 선거인명부에 우편 투표자로 표시한다. 이 경우 표시는 조합 선관위가 따로 정한다.

⑤ 조합 선관위는 제2항에 의하여 제출된 우편 투표용지를 훼손하지 아니하고 즉시 봉인된 투표함에 보관하여야 한다. 이 경우 투표함의 봉인·보관·입회·이송에 대하여는 제44조를 준용한다.

[별지 제5호]

서면결의서(예시)

※ 도시정비법 제81조에 따라 공개 요청이 있는 경우 이름·주소 등을 포함하여 공개됩니다.

소유자 성명		생년월일	
소 유 지 번	서울특별시 구 동 -		

  상기 본인은 20 년 월 일(   ) 시에 개최되는 회의에 참석할 수 없는바, 조합등으로부터 회의 관련 일체의 사항을 상세하게 통보받아 본 서면결의서로 회의 참석을 갈음하며, 아래와 같이 의결권을 행사합니다.

- 아   래 -

안건	안 건 내 용		안건내용 확인	의사표시	
				찬성	반대
제1호	일반 안건		(O, X 표시)	(지장 또는 서명)	(지장 또는 서명)
제2호	업체 선정의 건 (※기호 1, 2번 중 한 개 업체에만 의사표시)	기호1번	(O, X 표시)	(지장 또는 서명)	
		기호2번	(O, X 표시)	(지장 또는 서명)	
제3호	업체 선정의 건 (※기호 1, 2번 중 한 개 업체에만 의사표시)	기호1번	(O, X 표시)	(지장 또는 서명)	
		기호2번	(O, X 표시)	(지장 또는 서명)	
제4호	일반 안건		(O, X 표시)	(지장 또는 서명)	(지장 또는 서명)
제5호	일반 안건		(O, X 표시)	(지장 또는 서명)	(지장 또는 서명)

- 의사표시란에 본인 자필로 서명 또는 지장 날인하시기 바라며, 다른 경우 무효 처리될 수 있습니다.

20 년 월 일

서면결의자(조합원등) : (자필로 이름을 써넣음) 지장날인

○○○ 정비사업 조합등 귀중

[별지 제10호]

서면결의서 철회 확인증(본인보관용) (예시)

성 명	생년월일	본건지주소	비고
	년 월 일	서울특별시 구 동 -	

※ 상기 본인은 20 년 월 일( ) 시에 개최되는 회의에 참석할 수 없어 조합등으로부터 회의 관련 일체의 사항을 상세하게 통보받아 서면결의서를 제출하여 서면으로 출석 및 의결권을 행사하였으나, 회의 당일 직접 출석이 가능하여 기존에 제출한 서면결의서를 철회하고자 합니다.

20 년 월 일

서면결의서 철회자 <u>(조합원등)</u> (자필로 이름을 써넣음) 지장날인

○○○ 정비사업 조합등 귀중

-------------------- (간   인) --------------------
절 취 선   절 취 선

서면결의서 철회 확인증(본인보관용) (예시)

성 명	생년월일	본건지주소	비고
	년 월 일	서울특별시 구 동 -	

※ 상기 본인은 20 년 월 일( ) 시에 개최되는 회의에 참석할 수 없어 조합등으로부터 회의 관련 일체의 사항을 상세하게 통보받아 서면결의서를 제출하여 서면으로 출석 및 의결권을 행사하였으나, 회의 당일 직접 출석이 가능하여 기존에 제출한 서면결의서를 철회하고사 합니나.

20 년 월 일

서면결의서 철회자 <u>(조합원등)</u> (자필로 이름을 써넣음) 지장날인

○○○ 정비사업 조합등 귀중

○ **제3항**

유사규정 : 추진위원회 운영규정 제13조제3항

> **재건축·재개발 표준정관**
>
> 제11조(조합원의 권리·의무) ③ 제10조제4항(재개발의 경우 제10조제5항)에 따라 조합원이 변경된 경우 새로운 조합원은 부동산 등기사항증명서 등 증빙서류를 첨부하여 별지 제3호서식에 따른 조합원변경 신고서를 제출하여 조합에 신고하여야 한다. 조합원이 대표조합원, 대리인 또는 조합원의 성명·주민등록번호·주소·연락처·인감 등을 변경한 경우에도 이와 같다.
>
> 이 경우 신고하지 아니하여 발생되는 불이익 등에 대하여는 해당 조합원은 조합에 대항하거나 이의를 제기할 수 없다.
>
> 【주】대표조합원 변경신고서, 대리인 변경신고서, 조합원정보 변경신고서 서식을 추가로 작성할 수 있을 것임.
>
> 【주】조합원변경신고 등을 해태한 경우 발생하는 "불이익"의 구체적인 내용과 변경신고 완료 전에 종전 조합원(대표조합원 또는 대리인)이 하거나 또는 종전 조합원(대표조합원 또는 대리인)에 대하여 한 처분, 법률행위 기타 행위의 효력에 대해 정할 수 있을 것임. 변경 전 성명, 주소, 연락처 등에 대하여 한 처분, 법률행위 기타 행위의 효력에 대해서도 마찬가지임.

재건축·재개발 표준정관의 조문위치와 내용이 같다.

[별지 제3호 서식] 조합원 변경신고서 (예시)

조합원 변경 신고서

소유물건 소재지 : 서울특별시 ○○구 ○○동 00-00번지 / 동 호

변경후 조합원	성 명		생년월일	
	주 소			
	전화번호		e-mail	

변경전 조합원	성 명		생년월일	
	주 소			
	전화번호			

상기 물건소재지의 새로운 소유자(매매, 상속, 증여)로 조합원 변경신고서를 제출하며, 조합이 상기 주소 및 연락처로 각종 공고 및 통지를 하는 것에 동의합니다.

년   월   일

신청인 : _____ (자필서명)

첨부 :   1. 소유물건에 대한 등기사항증명서 각 1부
2. 신청인(새로운 조합원)의 주민등록등본 1부
3. 신청인(새로운 조합원)의 신분증명서(주민등록증, 운전면허증, 여권 등) 사본 1부

○○○ 재개발(재건축) 정비사업조합 귀중

조합원이 변경되면 새로운 조합원은 "부동산 등기사항증명서, 신청인(새로운 조합원)의 주민등록등본 1부, 신청인(새로운 조합원)의 신분증명서(주민등록증, 운전면허증, 여권 등) 사본 1부" 등 증빙서류를 첨부하여, 조합원변경 신고서를 제출하여 조합에 신고하여야 한다.

조합원이 대표조합원, 대리인 또는 조합원의 성명·주민등록번호·주소·연락처·인감 등을 변경한 경우에도 이와 같다.

이 경우, 신고하지 아니하여 발생되는 불이익 등에 대해 해당 조합원은 조합에 대항하거나 이의를 제기할 수 없다.

조합원 변경신고 등을 해태하여 경우 발생하는 "불이익"의 구체적인 내용과 변경신고 완료 전에 종전 조합원(대표조합원 또는 대리인)이 하거나, 종전 조합원(대표조합원 또는 대리인)에 대하여 한 처분, 법률행위 기타 행위의 효력에 대해 정할 수 있을 것이다.

별표 추진위원회 운영규정

제13조(토지등소유자의 권리·의무) ③ 토지등소유자가 그 권리를 양도하거나 주소 또는 인감을 변경하였을 경우에는 그 양수자 또는 변경 당사자는 그 행위의 종료일부터 14일 이내에 추진위원회에 그 변경내용을 신고하여야 한다. 이 경우 신고하지 아니하여 발생되는 불이익 등에 대하여 해당 토지등소유자는 추진위원회에 이의를 제기할 수 없다.

○ **제4항**

유사규정 : 추진위원회 운영규정 제13조제4항

재건축·재개발 표준정관

제11조(조합원의 권리·의무) ④ 조합원은 조합이 사업시행에 필요한 서류를 요구하는 경우 이를 제출할 의무가 있으며 조합의 승낙이 없는 한 이를 회수할 수 없다. 이 경우 조합은 요구서류에 대한 용도와 수량을 명확히 하여야 하며, 조합의 승낙이 없는 한 회수할 수 없다는 것을 미리 고지하여야 한다.

국토부 재건축 표준정관에서는 조합에서 인감증명 등 사업시행에 필요한 서류를 불필요하게 제출받아 악용하거나, 이미 제출한 서류의 반환의 요구로 사업에 지장을 주고 있는 경우 등이 많아 이를 방지하기 위한 것이라고 규정한 바 있다.

별표 추진위원회 운영규정

제13조(토지등소유자의 권리·의무) ④ 토지등소유자로서 추진위원회 구성에 동의한 자는 추진위원회가 사업시행에 필요한 서류를 요구하는 경우 이를 제출할 의무가 있으며 추진위원회의 승낙이 없는 한 이를 회수할 수 없다. 이 경우 추진위원회

는 요구서류에 대한 용도와 수량을 명확히 하여야 하며, 추진위원회의 승낙이 없는 한 회수할 수 없다는 것을 미리 고지하여야 한다.

cf 부산광역시 재건축 표준정관

제10조(조합원의 권리·의무) ① 조합원은 다음 각 호의 권리와 의무를 갖는다.
1. 토지 또는 건축물의 분양신청권
2. 총회 출석권·발언권 및 의결권
3. 임원·대의원의 선출권 및 피선출권
4. 정비사업비, 청산금, 부과금과 이에 대한 연체료 및 지연손실금(이주지연, 계약지연, 조합원 분쟁으로 인한 지연 등을 포함함)등의 비용납부의무
5. 조합원이 조합원 분양신청기간 내에 분양신청을 하지 않았거나 분양계약기간 내에 분양계약을 체결하지 않아 조합원지위를 상실하고 현금청산자가 되는 경우, 조합원으로서의 지위가 유지된 기간의 공통 사업비에 대하여 본인 소유지분에 해당하는 비율을 제외한 금원으로 정산한다.
6. 사업시행계획에 의한 철거 및 이주 의무
7. 그 밖에 관계 법령 및 이 정관, 총회 등의 의결사항 준수의무

② 조합원은 서면으로 의결권을 행사하거나 다음 각 호의 어느 하나에 해당하는 경우에는 대리인을 통하여 의결권을 행사할 수 있다. 서면으로 의결권을 행사하는 경우에는 정족수를 산정할 때에 출석한 것으로 본다.
1. 조합원이 권한을 행사할 수 없어 배우자, 직계존비속 또는 형제자매 중에서 성년자를 대리인으로 정하여 위임장을 제출하는 경우
2. 해외에 거주하는 조합원이 대리인을 지정하는 경우
3. 법인인 토지등소유자가 대리인을 지정하는 경우. 이 경우 법인의 대리인은 조합 임원 또는 대의원으로 선임될 수 있다.

③ 조합원은 제2항에 의하여 대리인을 통하여 의결권을 행사할 경우 위임장 및 대리인 관계를 증명하는 서류를 조합에 제출하여야 한다.

④ 조합원이 그 권리를 양도하거나 주소 또는 연락처 등이 변경된 경우에는 14일 이내에 증빙서류를 첨부하여 조합에 신고하여야 한다. 이 경우 신고하지 아니하여 발생되는 불이익 등에 대하여 해당 조합원은 조합에 이의를 제기할 수 없다.

⑤ 조합원은 조합이 사업시행에 필요한 서류를 요구하는 경우 이를 제출할 의무가 있으며 조합의 승낙이 없는 한 이를 회수할 수 없다. 이 경우 조합은 요구서류에 대한 용도와 수량을 명확히 하여야 하며, 조합의 승낙이 없는 한 회수할 수 없다는 것을 미리 고지하여야 한다.

서울특별시 재건축 표준정관에서는 "분양신청을 하지 않거나 분양계약을 체결하지 않은 현금청산자에 대한 조합원 지위 상실시점까지 발생한 정비사업비 부과규정을 두려는 경우에는, 대법원 판례에 따라 매우 구체적으로 규정하여야 할 것"을 규정하였다.

부산광역시도 "조합원이 조합원 분양신청기간 내에 분양신청을 하지 않았거나 분양계약기간 내에 분양계약을 체결하지 않아 조합원지위를 상실하고 현금청산자가 되는 경우, 조합원으로서의 지위가 유지된 기간의 공통 사업비에 대하여 본인 소유지분에 해당하는 비율을 제외한 금원으로 정산한다."고 정하였다.

재개발 표준정관
제10조(조합원의 권리·의무) ① 조합원은 다음 각 호의 권리와 의무를 갖는다.
1. 토지 또는 건축물의 분양신청권
2. 총회 출석권·발언권 및 의결권
3. 임원·대의원의 선출권 및 피선출권
4. 손실보상 청구권
5. 정비사업비, 청산금, 부과금과 이에 대한 연체료 및 지연손실금(이주지연, 계약지연, 조합원 분쟁으로 인한 지연 등을 포함함)등의 비용납부의무
6. 사업시행계획에 의한 철거 및 이주 의무
7. 그 밖에 관계 법령 및 이 정관, 총회 등의 의결사항 준수의무
② 조합원은 서면으로 의결권을 행사하거나 다음 각 호의 어느 하나에 해당하는 경우에는 대리인을 통하여 의결권을 행사할 수 있다. 서면으로 의결권을 행사하는 경우에는 정족수를 산정할 때에 출석한 것으로 본다.
1. 조합원이 권한을 행사할 수 없어 배우자, 직계존비속 또는 형제자매 중에서 성

년자를 대리인으로 정하여 위임장을 제출하는 경우

2. 해외에 거주하는 조합원이 대리인을 지정하는 경우
3. 법인인 토지등소유자가 대리인을 지정하는 경우. 이 경우 법인의 대리인은 조합임원 또는 대의원으로 선임될 수 있다.

③ 조합원은 제2항에 의하여 대리인을 통하여 의결권을 행사할 경우 위임장 및 대리인 관계를 증명하는 서류를 조합에 제출하여야 한다.

④ 조합원이 그 권리를 양도하거나 주소 또는 연락처 등이 변경된 경우에는 14일 이내에 증빙서류를 첨부하여 조합에 신고하여야 한다. 이 경우 신고하지 아니하여 발생되는 불이익 등에 대하여 해당 조합원은 조합에 이의를 제기할 수 없다.

⑤ 조합원은 조합이 사업시행에 필요한 서류를 요구하는 경우 이를 제출할 의무가 있으며 조합의 승낙이 없는 한 이를 회수할 수 없다. 이 경우 조합은 요구서류에 대한 용도와 수량을 명확히 하여야 하며, 조합의 승낙이 없는 한 회수할 수 없다는 것을 미리 고지하여야 한다.

재건축·재개발 표준정관의 조문 위치와 내용이 같으나, 재개발 표준정관의 경우 '손실보상청구권'이 추가되어 있다.

광주광역시 재건축 표준정관

제11조(조합원의 권리·의무) ① 조합원은 다음 각 호의 권리와 의무를 갖는다.

1. 대지 또는 건축물의 분양청구권
2. 총회의 출석권·발언권 및 의결권
3. 임원의 선출권 및 피선출권
4. 대의원의 선출권 및 피선출권
5. 정비사업비, 청산금, 부과금과 이에 대한 연체료 및 지연손실금(이주지연, 계약지연, 조합원 분쟁으로 인한 지연 등을 포함한다)등의 비용납부 의무

【주】분양신청을 하지 않거나 분양계약을 체결하지 않은 현금청산자에 대한 조합원 지위 상실시점까지 발생한 정비사업비용에 대해 이를 부과하는 규정을 두려는 경우에는, 대법원 판례에 따라 별도의 규정에서 매우 구체적으로 규정하여야 할 것임

6. 사업시행계획에 의한 이주 및 건축물 해체의 의무
7. 그 밖에 관련법령 및 이 정관, 총회·대의원회 및 이사회의 의결사항 준수 의무

② 조합원의 권한은 동등하며 권한의 대리행사는 원칙적으로 인정하지 아니하되, 법 제45조제5항의 경우에는 그러하지 아니하다. 이 경우 조합원의 자격은 변동되지 아니한다.

【주】위 규정은 법 제45조제5항에서 정한 "의결권"(단, 제3호의 경우는 다름)에만 국한된 규정임. 그 밖의 조합원의 권리를 대리인이 행사할 수 있게 할 것인지에 관해서는 대리행사를 인정할 사정 내지 상황, 대리인의 자격(대리인이 될 수 있는 자), 특히 대리행사할 권한과 그 범위 등을 정할 수 있을 것임

【주】조합원 권한 대리 행사를 위한 별지 제4호 서식 등의 위임장, 대리인 관계를 증명하는 서류 제출 등에 관하여 별도로 정할 수 있으며, 법으로 규정한 사항 외에 대리인 관계를 증명하는 서류의 구체적인 첨부서류(해외거주자의 추가 필요 서류, 법인의 대표자 대리인 지정서 제출 여부 및 제출 서류) 및 그 효력 등을 정관으로 정하여 추후 관련 대리권의 다툼을 줄일 수 있을 것임(이 경우, 제22조제5항과 일치시켜야 하며, 해당 항을 준용할 수 있음)

③ 제10조제4항에 따라 조합원이 변경된 경우 새로운 조합원은 부동산 등기사항증명서 등 증빙서류를 첨부하여 별지 제3호 서식에 따른 조합원 변경신고서를 제출하여 조합에 신고하여야 한다. 조합원이 대표조합원, 대리인 또는 조합원의 성명·주민등록번호·주소·연락처·인감 등을 변경한 경우에도 이와 같다. 이 경우 신고하지 아니하여 발생되는 불이익 등에 대하여는 해당 조합원은 조합에 대항하거나 이의를 제기할 수 없다.

【주】대표조합원 변경신고서, 대리인 변경신고서, 조합원 정보 변경신고서 서식을 추가로 작성할 수 있을 것임

【주】조합원변경신고 등을 해태한 경우 발생하는 "불이익"의 구체적인 내용과 변경신고 완료전에 종전 조합원(대표조합원 또는 대리인)이 하거나 또는 종전 조합원(대표조합원 또는 대리인)에 대하여 한 처분, 법률행위 기타 행위의 효력에 대해서도 마찬가지임

④ 조합원은 조합이 사업시행에 필요한 서류를 요구하는 경우 이를 제출할 의무가 있으며 조합의 승낙이 없는 한 이를 회수할 수 없다. 이 경우 조합은 요구서류에 대한

용도와 수량을 정확히 하여야 하며, 조합의 승낙이 없는 한 회수할 수 없다는 것을 미리 고지하여야 한다.

재개발에 손실보상청구권이 있는 것 외에는 재건축 표준정관의 내용이 같다.

2023.11.29 국토부 별표2 지정개발자(신탁업자) 표준시행규정
관련 조문이 없다.

2006.8.25 국토부 재건축 표준정관
제10조(조합원의 권리·의무) ① 조합원은 다음 각 호의 권리와 의무를 갖는다.
1. 토지 또는 건축물의 분양청구권
2. 총회의 출석권·발언권 및 의결권
3. 임원의 선임권 및 피선임권.
4. 대의원의 선출권 및 피선출권
5. 정비사업비, 청산금, 부과금과 이에 대한 연체료 및 지연손실금(이주지연, 계약지연, 조합원분쟁으로 인한 지연 등을 포함함)등의 비용납부의무
【주】조합원에게 금전적 부담이 되는 사항을 명확히 규정하기 위한 것으로 조합에 따라 보다 구체적으로 명시할 수도 있음
6. 사업시행계획에 의한 철거 및 이주 의무
7. 그 밖에 관계법령 및 이 정관, 총회 등의 의결사항 준수의무
② 조합원의 권한은 평등하며 권한의 대리행사는 원칙적으로 인정하지 아니하되, 다음 각 호에 해당하는 경우에는 권한을 대리할 수 있다. 이 경우 조합원의 자격은 변동되지 아니한다.
1. 조합원이 권한을 행사할 수 없어 배우자·직계존비속·형제자매 중에서 성년자를 대리인으로 정하여 위임장을 제출하는 경우
2. 해외거주자가 대리인을 지정한 경우
3. 법인인 토지등소유자가 대리인을 지정한 경우(이 경우 법인의 대리인은 조합의 임원 또는 대의원으로 선임될 수 있다).
【주】조합원의 부재, 유고 등으로 조합원의 권한을 대리로 행사하는 경우에 자격

등에 대한 분쟁이 많은 점을 감안한 것임

③ 조합원이 그 권리를 양도하거나 주소 또는 인감을 변경하였을 경우에는 그 양수자 또는 변경 당사자는 그 행위의 종료일부터 14일 이내에 조합에 그 변경내용을 신고하여야 한다. 이 경우 신고하지 아니하여 발생되는 불이익 등에 대하여 해당 조합원은 조합에 이의를 제기할 수 없다.

【주】전매 등으로 조합원의 권리가 양도되는 경우가 많으나 제때에 신고가 되지 않아 조합원과 조합 사이에 마찰이 생기고 사업추진에 지장을 초래하는 경우가 많은 점을 감안한 것임.

④ 조합원은 조합이 사업시행에 필요한 서류를 요구하는 경우 이를 제출할 의무가 있으며 조합의 승낙이 없는 한 이를 회수할 수 없다. 이 경우 조합은 요구서류에 대한 용도와 수량을 명확히 하여야 하며, 조합의 승낙이 없는 한 회수할 수 없다는 것을 미리 고지하여야 한다.

【주】조합에서 인감증명 등 사업시행에 필요한 서류를 불필요하게 많이 제출받아 이를 악용하는 경우가 있고, 조합원은 기 제출한 서류를 반환해 줄 것을 요구하여 사업에 지장을 주고 있는 경우 등이 많아 이를 방지하기 위한 것임

2003.6.30 국토부 재개발 표준정관

제10조(조합원의 권리·의무) ①조합원은 다음 각호의 권리와 의무를 갖는다.

1. 건축물의 분양청구권
2. 총회의 출석권·발언권 및 의결권
3. 임원의 선임권 및 피선임권.
4. 대의원의 선출권 및 피선출권
5. 손실보상 청구권
6. 정비사업비, 청산금, 부과금과 이에 대한 연체료 및 지연손실금(이주지연, 계약지연, 조합원 분쟁으로 인한 지연 등을 포함함)등의 비용납부의무

【주】조합원에게 금전적 부담이 되는 사항을 명확히 규정하기 위한 것으로 조합에 따라 보다 구체적으로 명시할 수도 있음

7. 사업시행계획에 의한 철거 및 이주 의무
8. 그 밖에 관계법령 및 이 정관, 총회 등의 의결사항 준수의무

② 조합원의 권한은 평등하며 권한의 대리행사는 원칙적으로 인정하지 아니하되, 다음 각호에 해당하는 경우에는 권한을 대리할 수 있다. 이 경우 조합원의 자격은 변동되지 아니한다.

1. 조합원이 권한을 행사할 수 없어 배우자·직계존비속·형제자매 중에서 성년자를 대리인으로 정하여 위임장을 제출하는 경우
2. 해외거주자가 대리인을 지정한 경우

【주】조합원의 부재, 유고 등으로 조합원의 권한을 대리로 행사하는 경우에 자격 등에 대한 분쟁이 많은 점을 감안한 것임

③ 조합원이 그 권리를 양도하거나 주소 또는 인감을 변경하였을 경우에는 그 양수자 또는 변경 당사자는 그 행위의 종료일부터 14일 이내에 조합에 그 변경내용을 신고하여야 한다.

이 경우 신고하지 아니하여 발생되는 불이익 등에 대하여 해당 조합원은 조합에 이의를 제기할 수 없다.

【주】전매 등으로 조합원의 권리가 양도되는 경우가 많으나 제때에 신고가 되지 않아 조합원과 조합사이에 마찰이 생기고 사업추진에 지장을 초래하는 경우가 많은 점을 감안한 것임.

④ 조합원은 조합이 사업시행에 필요한 서류를 요구하는 경우 이를 제출할 의무가 있으며 조합의 승낙이 없는 한 이를 회수할 수 없다. 이 경우 조합은 요구서류에 대한 용도와 수량을 명확히 하여야 하며, 조합의 승낙이 없는 한 회수할 수 없다는 것을 미리 고지하여야 한다.

【주】조합에서 인감증명 등 사업시행에 필요한 서류를 불필요하게 많이 제출받아 이를 악용하는 경우가 있고, 조합원은 기 제출한 서류를 반환해 줄 것을 요구하여 사업에 지장을 주고 있는 경우 등이 많아 이를 방지하기 위한 것임

조합원 자격의 상실(부산)

> ■ (부산) 재건축·재개발 표준정관
> 제11조(조합원 자격의 상실)

재건축·재개발 표준정관의 조문 위치와 내용이 같다.

서울특별시에서는 재건축·재개발 표준정관 제10조(조합원의 자격 등) 제9항에서 규정하고 있으나, 부산광역시는 독립된 조문으로 규정하고 있다.

□ 근거규정

■ 제1호

> **(부산) 재건축 표준정관**
> 제11조(조합원 자격의 상실) ① 조합원이 다음 각 호에 해당되는 경우 조합원의 자격을 상실한다.
> 1. 건축물 및 그 부속토지의 소유권이나 입주자로 선정된 지위 등을 양도한 자
>
> **(부산) 재개발 표준정관**
> 제11조(조합원 자격의 상실) ① 조합원이 다음 각 호에 해당되는 경우 조합원의 자격을 상실한다.
> 1. 토지 또는 건축물의 소유권 또는 그 지상권이나 입주자로 선정된 지위 등을 양도한 자

재건축·재개발사업에 따라 조합원의 구성원이 다르다. 재건축의 토지등소유자는 '건축물 및 그 부속토지"의 소유권자이며, 재개발의 토지등소유자는 '토지 또는 건축물의 소유권 또는 그 지상권' 소유자로 양자의 차이가 있다.

투기과열지구가 아닌 부산광역시의 경우, 재건축조합원은 자신의 건축물 및 그

부속토지의 소유권이나 입주자로 선정된 지위(재개발조합원은 토지 또는 건축물의 소유권 또는 그 지상권이나 입주자로 선정된 지위)를 양도한 경우, 별다른 제한 없이 조합원의 지위를 상실한다.

아래 구 도시정비법 시행령 제30조는 2018.2.9 동법 시행령 제37조(조합원)로 바뀌면서 그 내용이 삭제되었다. 현행 도시정비법 시행령 제37조는 투기과열지구에서의 조합원 지위승계 예외를 규정하고 있다.

구 도시정비법 시행령[시행 2018.1.25] [대통령령 제28610호, 2018.1.25 일부개정]
제30조(조합원) ① 삭제 <2005.5.18>
② 법 제16조제1항 내지 제3항에 의한 조합설립인가 후 양도·증여·판결등으로 인하여 조합원의 권리가 이전된 때에는 조합원의 권리를 취득한 자를 조합원으로 본다.

■ 제2호 내지 제4호

> **(부산) 재건축·재개발 표준정관**
> 제11조(조합원 자격의 상실) ① 조합원이 다음 각 호에 해당되는 경우 조합원의 자격을 상실한다.
> 2. 분양신청을 하지 아니한 자
> 3. 분양신청기간 종료 이전에 분양신청을 철회한 자
> 4. 도시정비법 제72조제6항 본문에 따라 분양신청을 할 수 없는 자

부산광역시 재건축·재개발 표준정관은 조문위치와 그 내용이 같다.

사업시행자인 정비조합은 관리처분계획이 인가·고시된 다음 날부터 90일 이내에 다음 각 호에서 정하는 자와 토지, 건축물 또는 그 밖의 권리의 손실보상에 관한 협의를 하여야 한다.
다만, 사업시행자는 분양신청기간 종료일의 다음 날부터 협의를 시작할 수 있다(법 제73조제1항).

1. 분양신청을 하지 아니한 자
2. 분양신청기간 종료 이전에 분양신청을 철회한 자
3. 분양신청을 할 수 없는 자
4. 인가된 관리처분계획에 따라 분양대상에서 제외된 자

"분양신청을 할 수 없는 자"는 투기과열지구 내 재건축·재개발사업 관련 분양신청 제한에 해당되는 자를 말한다. 청산금을 지급받을 때까지 정비조합에 대하여 종전 토지 또는 건축물에 대한 인도를 거절할 수 있는 점 등을 종합하면, 분양신청을 하지 않거나 철회하는 등 구 도시정비법 제73조의 요건에 해당하여 현금청산대상자가 된 조합원은 조합원으로서 지위를 상실한다고 보아야 한다(대법원 2008다91346판결 참조).

> 🔨 **판례**
>
> 재건축조합원이 분양신청을 하지 않는 등의 사유로 현금청산대상자가 된 경우 조합원 지위를 상실하는지(적극), 이때 조합원 지위를 상실하게 되는 시점(=분양신청기간 종료일 다음날)(적극)
> 대법원 2010.8.19선고 2009다81203판결[소유권이전등기 절차이행등]
> 【판결요지】
> 조합원의 지위를 상실하는 시점은 재건축사업에서 현금청산관계가 성립되어 조합의 청산금 지급 의무가 발생하는 시기이자 현금청산에 따른 토지 등 권리의 가액을 평가하는 기준시점과 마찬가지로 분양신청을 하지 않거나 철회한 조합원은 분양신청기간 종료일 다음 날 조합원의 지위를 상실한다고 보아야 한다.

현금청산자에게 총회 의결로 조합원 자격 회복 및 분양권을 부여한 경우, 조합원의 자격 유무(국토부 주택정비과 2016.9.23)

ⓠ 재건축 표준정관 제11조(조합원 자격의 상실) 제2항에 따르면 분양신청기한 내에 분양신청을 아니한 자는 조합원 자격이 상실된다고 규정하고 있음
위 법 및 정관에도 불구하고 분양신청기한 내에 분양신청을 하지 않은 조합원에 대하여 총회 의결로 조합원 자격 지위 회복 및 분양권을 부여하여 추후 설계변경(사업시행인가 변경)에 따른 분양신청 시 해당 조합원이 분양신청을 할 경우, 분양권을 부여하여도 문제가 없는지?
ⓐ 도시정비법 제20조에 따르면 조합원 자격, 조합의 회계 등에 관한 사항은 정관으로 정하도록 하고 있으므로, 질의하신 경우의 현금청산자의 조합원 자격 회복 및 분양신청 자격을 부

여하기 위해서는 해당 정관을 통한 현금청산자의 조합원 자격 회복이 필요할 것으로 판단됨.

제5호

(부산) 재건축·재개발 표준정관

제11조(조합원 자격의 상실) ① 조합원이 다음 각 호에 해당되는 경우 조합원의 자격을 상실한다.
5. 도시정비법 제74조에 따라 인가된 관리처분계획에 따라 분양대상에서 제외된 자

'법 제74조에 따라 인가된 관리처분계획에 따라 분양대상에서 제외된 자'는 법 제76조제1항제3호인 "너무 좁은 토지 또는 건축물을 취득한 자나 정비구역 지정 후 분할된 토지 또는 집합건물의 구분소유권을 취득한 자에게는 현금으로 청산할 수 있다."는 규정에 따라 분양대상에서 제외된 자를 말한다.

특히, 2024.1.30 개정 도시정비법 시행으로 제19조제7항을 위반한 상가지분쪼개기의 동법 제77조제1항제2호, 제5호인 상가지분쪼개기 구분소유권자를 현금청산할 수 있도록 하고 있다.

도시정비법[시행 2024.1.30] [법률 제20174호, 2024.1.30, 일부개정]

제19조(행위제한 등) ⑦ 국토부장관, 시·도지사, 시장, 군수 또는 구청장(자치구 구청장을 말한다)은 비경제적인 건축행위 및 투기 수요의 유입을 막기 위하여 제6조제1항에 따라 기본계획을 공람 중이 정비예정구역 또는 정비계획을 수립 중인 지역에 대하여 3년 이내의 기간(1년의 범위에서 한 차례만 연장할 수 있다)을 정하여 대통령령으로 정하는 방법과 절차에 따라 다음 각 호의 행위를 제한할 수 있다.
3. 건축법 제38조에 따른 건축물대장 중 일반건축물대장을 집합건축물대장으로 전환 <신설>
4. 건축법 제38조에 따른 건축물대장 중 집합건축물대장의 전유부분 분할 <신설>

제76조(관리처분계획의 수립기준) ① 제74조제1항에 따른 관리처분계획의 내용

은 다음 각 호의 기준에 따른다.

<u>3. 너무 좁은 토지 또는 건축물을 취득한 자나 정비구역 지정 후 분할된 토지 또는 집합건물의 구분소유권을 취득한 자에게는 현금으로 청산</u>할 수 있다.

제77조(주택 등 건축물을 분양받을 권리의 산정 기준일) ① 정비사업을 통하여 분양받을 건축물이 다음 각 호의 어느 하나에 해당하는 경우에는 제16조제2항 전단에 따른 고시가 있은 날

또는 시·도지사가 투기를 억제하기 위하여 제6조제1항에 따른 기본계획 수립을 위한 주민공람의 공고일 후 정비구역 지정·고시 전에 따로 정하는 날(이하 이 조에서 "기준일")의 다음 날을 기준으로 건축물을 분양받을 권리를 산정한다.

2. 집합건물법에 따른 집합건물이 아닌 건축물이 같은 법에 따른 집합건물로 전환되는 경우

5. 집합건물법 제2조제3호에 따른 전유부분의 분할로 토지등소유자의 수가 증가하는 경우

부 칙 <법률 제20174호, 2024.1.30>

제1조(시행일) 이 법은 공포한 날부터 시행한다.

제3조(관리처분계획의 수립기준 및 권리산정 기준일에 관한 적용례) ① 제76조제1항제3호의 개정규정은 이 법 시행 이후 관리처분계획인가(변경인가는 제외한다)를 신청하는 경우부터 적용한다.

② 제77조제1항 각 호 외의 부분의 개정규정은 이 법 시행 이후 제6조제1항에 따른 기본계획 수립을 위한 주민공람의 공고를 하는 경우부터 적용한다.

③ 제77조제1항제2호의 개정규정은 이 법 시행 이후 집합건물이 아닌 건축물이 집합건물로 전환되는 경우부터 적용한다.

④ 제77조제1항제5호의 개정규정은 이 법 시행 이후 「집합건물법」 제2조제3호에 따른 전유부분의 분할로 토지등소유자의 수가 증가하는 경우부터 적용한다.

▌제6호
판결에 의한 현금청산

(부산) 재건축·재개발 표준정관

제11조(조합원 자격의 상실) ① 조합원이 다음 각 호에 해당되는 경우 조합원의 자격을 상실한다.

6. 분양신청한 조합원으로서 제45조제2항의 계약체결기한 내 정당한 사유 없이 분양계약을 체결하지 아니한 자

【주】재개발: 제45조제2항, 재건축: 제43조제2항

분양신청을 하였더라도 <u>분양계약을 체결하지 않은 경우, 현금청산자라고 대법원은 판시</u>하였다(2016다246800판결).

<한국경제 2023.5.30>

입주 100일 앞두고 날벼락…'반포 원베일리'에 무슨 일이

현금청산 위기에 술렁

'반포 재건축 대장'으로 불리는 서울 서초구 '반포 래미안 원베일리'(신반포3차·경남아파트 재건축)가 입주를 100일 앞두고 현금청산에 술렁이고 있다. 조합원 분양계약에 늦었던 27명 조합원에 대해 현금청산이 이뤄질 수 있다는 얘기가 나온 탓이다. 조합은 이들을 구제할 내용을 정관에 반영하겠다는 계획이다. 그러나 조합 내부 이견이 계속되는 탓에 실제 통과 여부는 불투명하다.

🔨 **판례**

조합원이 분양계약을 체결하지 않음으로써 청산금 지급 대상이 되는 대지·건축물에 관하여 설정되어 있던 기존의 권리제한이 이전고시로 소멸하는지
대법원 2018.9.28선고 2016다246800판결[추심금]
【판시사항】
甲 재건축조합이 시행하는 재건축구역 내 아파트 및 그 대지의 소유자인 乙이 조합원 자격을 취득한 후 甲조합에 아파트 및 그 대지에 관하여 신탁을 원인으로 한 소유권이전등기 및 인도까지 마쳤으나, 분양계약을 체결하지 않아 조합원 지위를 상실하여 현금청산 대상자가 되었는데,

위 아파트 대지에 丙 은행을 근저당권자로 한 근저당권설정등기 및 가압류등기가 마쳐져 있었고, 丙 은행으로부터 근저당권의 피담보채권을 양수한 丁 유한회사가 乙이 甲 조합으로부터 지급받을 청산금 및 이에 대한 지연이자 채권에 대하여 물상대위에 의한 채권압류 및 추심명령을 받았으며,

그 후 甲 조합이 이전고시를 마친 사안에서, 이전고시 이전에는 甲 조합의 청산금 지급의무와 乙의 근저당권설정등기 내지 가압류등기 말소의무가 동시이행관계[16]에 있으므로, 甲 조합은 乙에게 주장할 수 있는 동시이행 항변권으로 丁 회사에 대항할 수 있고, 부동산을 미리 인도받았더라도 민법 제587조에 따른 이자를 지급할 의무가 없다.

서울행정법원 2015.5.1.선고 2014구합20858판결, 수분양권부존재확인
【판결요지】
사실상 다가구주택에게 보류지로 공급하였으나 분양계약하지 아니한 자를 현금청산자로 분류한 것이 정당하다.

○ 제2항

법 제39조제3항
2018.1.25 투기과열지구 내 사업시행계획인가를 신청한 재개발사업은 제외

(부산) 재개발표준정관[17]

제11조(조합원 자격의 상실) ② 조합은 조합원의 자격을 상실한 조합원(제9조제6항에 해당하는 경우를 포함한다)에 대하여 도시정비법 제35조제5항에 따라 변경된 조합원 명부를 작성하여 구청장·군수에게 신고하여야 한다.

---

16   대법원 1998.3.13선고 97다54604,54611판결, 매매대금
    【판시사항】
    쌍방의 채무가 동시이행관계에 있는 경우, 동시이행의 항변권을 행사하여야만 지체책임을 면하는지(소극)
    【판결요지】
    쌍무계약에서 쌍방의 채무가 동시이행관계에 있는 경우 일방의 채무의 이행기가 도래하더라도 상대방 채무의 이행제공이 있을 때까지는 그 채무를 이행하지 않아도 이행지체의 책임을 지지 않는 것이고, 이와 같은 효과는 이행지체의 책임이 없다고 주장하는 자가 반드시 동시이행의 항변권을 행사하여야만 발생하는 것은 아니다.

17   부산광역시 재건축 표준정관
    제9조(조합원의 자격 등) ⑥ 당해 정비사업의 건축물 또는 토지를 양수한 자라 하더라도 도시정비법 제39조제2항 본문에 해당하는 경우 조합원이 될 수 없고, 이 경우 도시정비법 제39조제3항이 정하는 바에 따른다.

도시정비법 제39조제2항에 따르면 투기과열지구 내 재건축사업을 시행하는 경우에는 조합설립인가 후, 재개발사업은 관리처분계획인가 후 해당 정비사업의 건축물 또는 토지를 양수(매매·증여, 그밖에 권리변동을 수반하는 일체의 행위를 포함하되, 상속·이혼으로 인한 양도·양수의 경우는 제외)한 자는 조합원이 될 수 없다.

동조 제3항에서는 정비조합은 제2항 각 호 외의 부분 본문에 따라 조합원의 자격을 취득할 수 없는 경우로 정비사업의 토지·건축물 또는 그 밖의 권리를 취득한 자에게 법 제73조를 준용하여 손실보상을 하도록 하고 있다.

위 제11조제2항에서의 조합원 자격상실에는 부산광역시 재건축 표준정관 제9조 제6항에 해당하는 경우를 포함시키고 있다. 이는 향후 부산광역시가 투기과열지구로 지정되는 경우를 예상하여 규정한 것이다.

종전 투기과열지구 내 재건축사업에만 적용되던 이 조항은 2017.10.24 법 개정(그 유명한 흑석 김○○선생 사건)으로 재개발사업에도 관리처분계획인가 후 매매, 증여 등에 의한 양수인에 대해서 조합원 지위를 갖지 못하게 제한하였다.

단, 법 부칙<제14943호 2017.10.24>[18] 제4조에 따른 <u>2018.1.25 전까지 사업시행계획인가를 신청한 재개발사업</u>[19]에는 조합원 지위 승계 제한을 받지 않도록 했다.

---

[18] 도시정비법[시행 2018.1.25][법률 제14943호, 2017.10.24 일부개정]
부 칙<법률 제14943호, 2017.10.24>
제1조(시행일) 이 법은 공포한 날부터 시행한다. 다만, 제19조제2항의 개정규정은 공포 후 3개월이 경과한 날부터 시행(2018.1.25)한다.
제2조(재개발사업·도시환경정비사업의 조합원 자격 취득 제한에 관한 적용례) 제19조제2항 본문의 개정규정은 같은 개정규정 시행 후 최초로 사업시행인가를 신청하는 경우부터 적용한다.

[19] 2018.1.25 전 사업시행계획인가를 신청한 대표적 재개발사업장은 대표적으로 다음과 같다.
거여2-2 촉진구역(거여동 234-0), 거여2-1 촉진구역(거여동 181번지), 효창4(효창동 117-1번지), 효창5(효창동 13-2번지 외 258필지), 효창6(효창동 3-250번지), 국제빌딩주변 제5구역(한강로2가 210번지), 국제빌딩주변 제4구역(한강로3가 63-70번지), 용산역전면 2구역(한강로2가 391번지), 금호 16구역(금호동2가 501-31번지), 금호 15구역(금호동1가 280번지), 금호 제14-1구역(금호동4가 480번지), 금호 20구역(금호동4가 56-1번지), 용답동 (용답동 108-1번지), 행당 제4구역(행당동 338-6번지), 행당 제7구역(행당동 128번지), 노량진6 촉진구역(노량진동 294-220번지), 노량진2 촉진구역(노량진동 312-75번지), 노량진7 촉진구역(대방동 13-31번지), 흑석3 촉진구역(흑석동 253-89번지), 흑석7 촉진구역(흑석동 158-1번지), 흑석8 촉진구역(흑석동 232번지), 흑석9 촉진구역(흑석동 90번지) 등을 꼽을 수 있다.

■ 조합원 탈퇴

종전 국토부 재건축·재개발 표준정관에선 "조합원은 임의로 조합을 탈퇴할 수 없다. 다만, 부득이한 사유가 발생한 경우 총회 또는 대의원회의 의결에 따라 탈퇴할 수 있다."고 규정하였다.

그러면서 "조합원에게 부득이한 사유가 생겼을 경우 탈퇴를 인정하되 개인사정에 따라 빈번하게 탈퇴가 이루어진다면 사업추진에 지장이 많으므로 총회 또는 대의원회의 의결에 따르도록 한 것이며, 총회에서 의결할 것인지 대의원회에서 의결할 것인지는 당해 조합의 조합원 수, 단지 규모, 탈퇴가 조합에 미치는 영향 등을 감안하여 결정하면 될 것"이라고 주석을 붙였다.

서울특별시·부산광역시의 경우, 조합원 탈퇴 규정이 없다.
도시정비법상 조합원의 탈퇴는 정관의 필요적 기재사항이다(법 제40조제1항제3호). 이 규정을 변경하려면 총회를 개최하여 조합원 2/3 이상 찬성이 필요하다(동조 제3항).
조합원의 탈퇴는 임의가입제인 재건축사업에 해당하는 것이지만, 조합설립 이전의 토지등소유자는 조합원이 아니므로 이에 해당되지 않는다.

한편, 분양신청기간 내 분양신청을 하지 않으면 조합원 지위를 상실한다.
분양신청을 하였더라도 분양계약기간 내에 분양계약을 체결하지 않으면 현금청산자가 되어 조합원 지위를 상실하게 되므로, 조합원 탈퇴 규정을 두지 않은 것으로 보인다.

cf 서울특별시 재건축 표준정관

제10조(조합원의 자격 등) ⑧ 법 제73조제1항 제1호부터 제3호에서 정한 자는 분양신청기간 종료일 다음날, 같은 항 제4호에서 정한 자는 관리처분계획인가·고시일 다음날 조합원의 자격을 상실한다.

【주】조합이 법 제72조제4항에 따라 같은 조 제1항부터 제3항까지의 규정에 따른 분양공고 등의 절차를 다시 거칠 경우, 같은 조 제5항에 따라 법 제73조제1

항제1호와 제2호에 따라 조합원 자격이 상실된 토지등소유자에 대하여 조합원 총회의 의결을 거쳐 조합원 자격을 다시 부여하는 것으로 정할 수 있을 것임(제43조제2항 참조).

【주】법 제73조제1항에 따라 조합은 분양신청을 하지 아니한자 등에 대해 관리처분계획 인가 고시된 다음 날부터 90일 이내에 손실보상에 관한 협의를 하여야 하며, 분양신청기간 종료일의 다음 날부터 손실보상에 관한 협의를 할 수 있다. 법 제73조제1항 각 호에서 정한 손실보상 대상자는 아래와 같음

  1. 분양신청을 하지 아니한 자
  2. 분양신청기간 종료 이전에 분양신청을 철회한 자
  3. 법 제72조제6항 본문에 따라 분양신청을 할 수 없는 자
  4. 법 제74조에 따라 인가된 관리처분계획에 따라 분양대상에서 제외된 자

재건축·재개발 표준정관의 조문 위치와 내용이 같다.

광주광역시 재건축 표준정관

제10조(조합원의 자격 등) ⑧ 법 제73조제1항제1호부터 제3호에서 정한 자는 분양신청기간 종료일 다음날, 같은 항 제4호에서 정한 자는 관리처분계획인가·고시일 다음날 조합원의 자격을 상실한다.

【주】조합이 법 제72조제4항에 따라 같은 조 제1항부터 제3항까지의 규정에 따른 분양공고 등의 절차를 다시 거칠 경우, 같은 조 제5항에 따라 법 제73조제1항제1호와 제2호에 따라 조합원 자격이 상실된 토지등 소유자에 대하여 조합원 총회의 의결을 거쳐 조합원 자격을 다시 부여하는 것으로 정할 수 있을 것임(제44조제2항 참조)

【주】법 제73조제1항에 따라 조합은 분양신청을 하지 아니한 자 등에 대해 관리처분계획인가 고시된 다음날부터 90일 이내에 손실보상에 관한 협의를 하여야 하며, 분양신청기간 종료일의 다음날부터 손실보상에 관한 협의를 할 수 있다. 법 제73조제1항 각 호에서 정한 손실보상 대상자는 아래와 같음

  1. 분양신청을 하지 아니한 자
  2. 분양신청기간 종료 이전에 분양신청을 철회한 자

3. 법 제73조제6항 본문에 따라 분양신청을 할 수 없는 자

4. 법 제74조에 따라 인가된 관리처분계획에 따라 분양대상에서 제외된 자

재개발 표준정관의 조문 위치와 내용이 같다

2023.11.29 국토부 별표2 지정개발자(신탁업자) 표준시행규정
관련 조문이 없다.

2006.8.25 국토부 재건축 표준정관

제11조(조합원 자격의 상실) ① 조합원이 건축물의 소유권이나 입주자로 선정된 지위 등을 양도하였을 때에는 조합원의 자격을 즉시 상실한다.

② 관계 법령 및 이 정관에서 정하는 바에 따라 조합원의 자격에 해당하지 않게 된 자의 조합원자격은 자동 상실된다.

【주】조합원이 권리나 지위 등을 양도하였을 경우 또는 관계법령 및 정관에서 정하는 조합원에 해당하지 않게 된 경우에 조합원의 자격이 조합내부의 별도 절차(총회, 대의원회 의결 등)나 행정절차(변경신고, 인가 등)를 받을 때까지 지속되는지 여부에 대한 논란이 많은 점을 감안한 것임

③ 조합원으로서 고의 또는 중대한 과실 및 의무불이행 등으로 조합에 대하여 막대한 손해를 입힌 경우에는 총회의 의결에 따라 조합원을 제명할 수 있다. 이 경우 제명 전에 해당 조합원에 대해 청문 등 소명기회를 부여하여야 하며, 청문 등 소명기회를 부여하였음에도 이에 응하지 아니한 경우에는 소명기회를 부여한 것으로 본다.

【주】소수의 조합원이 의무 등을 불이행하여 피해를 주고 있는 사례가 많아 이를 최소화하기 위한 것이나, 조합이 이를 남용할 소지도 있으므로 청문 등 소명기회를 부여토록 한 것이다.

④ 조합원은 임의로 조합을 탈퇴할 수 없다. 다만, 부득이한 사유가 발생한 경우 총회 또는 대의원회의 의결에 따라 탈퇴할 수 있다.

【주】조합원에게 부득이한 사유가 생겼을 경우 탈퇴를 인정하되 개인사정에 따라 빈번하게 탈퇴가 이루어진다면 사업추진에 지장이 많으므로 총회 또는

대의원회의 의결에 따르도록 한 것이며, 총회에서 의결할 것인지 대의원회에서 의결할 것인지는 당해 조합의 조합원 수, 단지 규모, 탈퇴가 조합에 미치는 영향 등을 감안하여 결정하면 될 것임

2003.6.30 국토부 재개발 표준정관과 2006.8.25 국토부 재건축 표준정관은 그 내용이 같다.

3장 시공자 등 협력업체 선정 및 계약
(서울 재건축 표준정관 기준)

제12조(시공자의 선정 및 계약)

제13조(설계자의 선정 및 계약)

제14조(정비사업전문관리업자의 선정 및 계약)

V

(서울·부산·광주) 재건축·재개발 표준정관 해설

> ■ (서울) 재건축 표준정관 제12조(시공자의 선정 및 계약)
> ● (서울) 재개발 표준정관 제12조(시공자의 선정 및 계약):재건축 표준정관과 같다.

재건축·재개발 표준정관의 조문 위치와 내용이 같다.

사업시행계획인가 이후 시공자 선정하도록 한 서울특별시 도시정비조례가 개정되고, 2023.7.1부터 조합설립인가 이후로 앞당겨졌다.

■ 공공지원 시공자 선정 관련 시도 도시정비조례

시도	도시정비조례
서울특별시 - 조합설립인가 이후 시공자선정	제77조(시공자등의 선정기준) 법 제118조제6항에 따라 조합은 조합설립인가를 받은 후 총회의 의결을 거쳐 시공자를 선정하여야 한다 ② 제1항에 따라 조합은 시장이 별도로 정하여 고시한 세부기준에 따라 설계도서를 작성하여 법 제29조제1항에 따른 경쟁입찰 또는 수의계약(2회 이상 경쟁입찰이 유찰된 경우로 한정한다. 이하 이 조에서 같다)의 방법으로 시공자를 선정하여야 한다.
경기도 - 조합설립인가 이후 시공자선정	시공자 선정시기 : 별도 규정 없음 (조합설립인가 이후 선정) 경기도 내 대도시도 별도 규정 없음(성남, 고양, 안양, 부천 등)
광주광역시 - 사업시행계획인가 이후 시공자선정	제69조(시공자등의 선정기준) ① 제118조제6항에 따라 조합은 사업시행계획인가를 받은 후 총회에서 시공자를 선정하여야 한다. 다만, 법 제118조제7항제1호에 따라 조합과 건설업자 사이에 협약을 체결하는 경우에는 시공자 선정 시기를 조정할 수 있다.
부산광역시 - 조합설립인가 이후 시공자선정	시공자 선정시기 : 별도 규정 없음 (조합설립인가 이후 선정)
인천광역시 - 조합설립인가 이후 시공자선정	시공자 선정시기 : 별도 규정 없음 (조합설립인가 이후 선정)

※ 대구광역시·대전광역시·울산광역시 도시정비조례; 별도 규정 없음(시공자를 조합설립인가 이후 선정)

■ 서울특별시 공공지원 시공자 선정절차

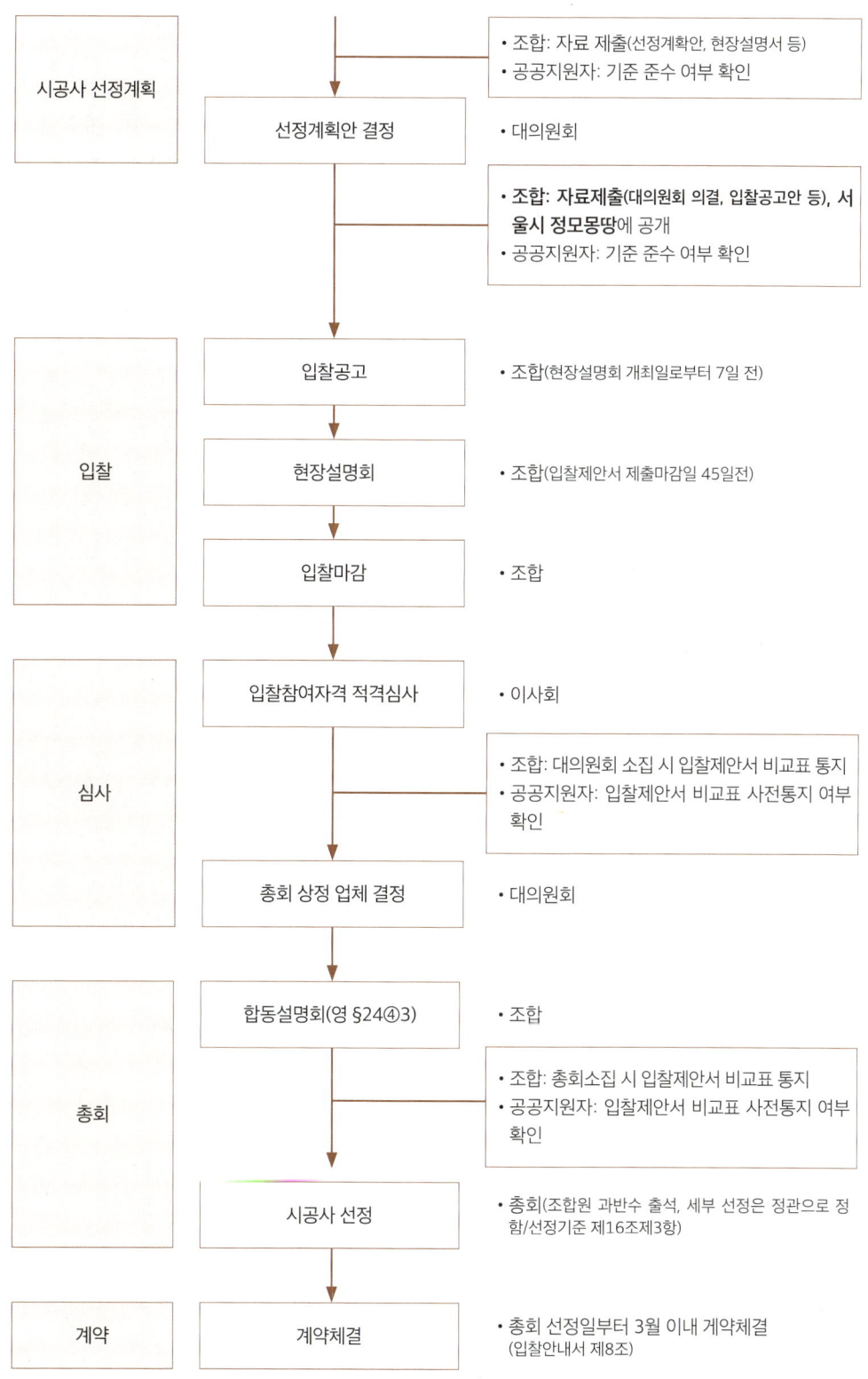

1) 시공자 선정계획안 작성→이사회 의결→공공지원자의 검토

조합은 시공자를 선정하려는 때에는 다음 각 호의 사항을 포함한 선정계획안을 작성하여 이사회의 의결을 거쳐야 하며, 이사회가 의결한 선정계획안에 대하여 대의원회의 소집을 통지하기 전에 미리 공공지원자의 검토를 받아야 한다. 이 경우 공공지원자는 근무일 기준 3일 이내에 검토결과를 회신하여야 하며, 제출 자료 미비 등 필요한 경우에는 처리기한을 연장할 수 있다(동 기준 제7조제1항).

1. 입찰참가자격 및 제한에 관한 사항
   ▶ 입찰참가자격 외에도 제한에 관한 사항을 추가함
2. 입찰방법에 관한 사항
3. 시공자 선정방법 및 일정에 관한 사항
4. 합동설명회 개최 및 개별 홍보 금지 등에 관한 사항
   ▶ 종전과 달리 "위반자에 대한 제재방법"은 삭제함
5. 입찰기준 등 위반자에 대한 입찰 무효 또는 시공자 선정 취소에 관한 사항
   ▶ 종전과 달리 제5호를 신설함
6. 기타 시공자 선정에 관하여 필요한 사항

■ **총액입찰, 내역입찰 등 가능(동 기준 제4조의2)**

총액입찰, 내역입찰 모두 가능: 총액입찰 시 공사비 총괄내역서(공종별 공사에 소요되는 공사비를 총액으로 산출한 내역서) 제출 → 선정된 날로부터 45일 이내에 물량내역서, 산출내역서 제출
   ▶ 조합은 물량내역서, 산출내역서 적정성 검토해야 하고, 검토 결과 수정 요구 가능

2) 대의원회에서 선정계획안 의결

조합은 공공지원자의 검토 결과를 선정계획안에 반영하고, 대의원회를 소집하여 정관에 정한 방법에 따라 시공자 선정계획을 의결하여야 한다(동 기준 제7조제2항).

※ 조합은 각 단계별 과정을 서울특별시 정보몽땅에 공개하고, 공공지원자등이 정보공개 관리/현장설명회 개최일 7일 전에 1회 이상 전국 또는 서울시를 주된 보급지역으로 하는 일간신문에 공고

3) 입찰공고 등

조합은 시공자 선정을 위하여 입찰을 하고자 할 때에는 현장설명회 개최일로부터 7일 전까지 전자조달시스템 또는 1회 이상 일간신문(전국 또는 서울시를 주된 보급지역으로 하는 일간신문을 말한다. 이하 같다)에 입찰을 공고하고 서울특별시 정보몽땅을 통하여 공개하여야 한다.

다만, 지명경쟁에 의한 입찰의 경우에는 전자조달시스템 또는 일간신문에 공고하는 것 외에 현장설명회 개최일로부터 7일 전까지 내용증명우편으로 입찰대상자에게 통지(도달을 말한다. 이하 같다)하여야 한다(동 기준 제8조제1항).

제1항에 따라 공고를 할 때에는 계약업무 처리기준 제29조제1항 각 호의 사항을 명시하여야 한다(동조 제2항).

■ 대안설계 제안 시공내역 제출 등

건설업자등은 시공자 선정 입찰에 참여하는 경우 대안설계를 제안할 수 있으며, 이 경우 건설업자 등은 조합이 작성한 원안설계와 비교할 수 있도록 원안 공사비 내역서를 함께 제출하여야 한다(동 기준 제9조제1항).

조합은 건설업자등이 대안설계를 제안하는 경우 제출하는 입찰제안서에 포함된 설계도서, 물량 및 산출내역서에 포함된 설계도서, 공사비 명세서, 물량산출 근거, 시공방법, 자재사용서 등 시공 내역의 적정성을 검토하여야 한다(동조 제2항).

건설업자등이 대안설계를 제안하는 경우 원안이 아닌 제안 내용으로 해당 입찰에 참여한 것으로 보며, 조합은 입찰제안서에 포함된 설계도서, 물량 및 산출내역서, 시공방법, 자재사용서 등 입찰제안 내용에 대한 시공 내역을 반영하여 계약 체결하여야 한다(동조 제3항).

건설업자등이 제안한 대안설계에 따라 후속절차가 이행되는 과정에서 기간연장, 공사비 증액 등으로 추가 발생하는 비용은 건설업자등이 부담하여야 한다(동조 제4항).

4) 현장설명회 개최 및 조합의 접수증 교부

종전의 입찰일 45일 전이 아닌 "입찰제안서 제출마감일 45일 전"에 현장설명회를 개최하도록 개정돼

조합은 입찰제안서 제출 마감일 45일 전까지 다음 각 호의 사항이 포함된 현장설명회를 개최하여야 한다(동 기준 제11조제1항).
1. 정비계획 내용을 반영한 다음 각 목의 설계도서
   가. 정비계획 결정 및 정비구역 지정 도서
   나. 설계도면
   다. 공사시방서
   라. 물량내역서(필요 시)
   마. 공동주택 성능요구서
   바. 공사비 총괄내역서, 물량내역서 또는 산출내역서 작성방법 및 설계도서 열람방법(도면과 시방서 등은 현장설명회 참여자에게 정보 저장매체로 제공할 것)
2. 입찰에 필요한 다음 각 목의 내용이 포함된 입찰안내서
   가. 입찰제안서 작성방법·제출서류·접수방법 및 입찰 유의사항 등
   나. 입찰보증금의 납부 및 예입조치에 관한 사항
   다. 입찰의 참가자격 제한 및 무효에 관한 사항
   라. 건설업자등의 공동홍보방법 및 위반 시 제재사항
   마. 시공자 선정방법 및 일정에 관한 사항
3. 공사도급계약서 작성에 관한 사항
   가. 공사도급계약서(안)
   나. 공사도급계약조건 및 특수조건(안)
   다. 공사도급 계약금액의 조정에 관한 사항
   라. 기타 공사도급 계약조건에 관한 사항
4. 기타 입찰에 관하여 필요한 사항

내역입찰을 하는 경우 입찰참여자는 물량내역서를 직접 작성하고 단가를 기재

하여 조합에 제출하여야 하며, 제출한 물량내역서의 기재 내용에 대한 책임은 입찰참여자에게 있다. 다만, 조합은 입찰참여자가 설계도서의 검토에 참고할 수 있도록 물량내역서를 제공할 수 있다(동조 제2항).

조합은 현장설명회에 참가한 건설업자등이 입찰에 참여할 수 있도록 하고, 현장설명회에 참가한 건설업자등에게 별지 제2호서식의 입찰참여 의향서를 작성·제출하도록 하여 조합의 인감이 날인된 접수증을 교부하여야 한다(동조 제3항).

5) 입찰제안서의 접수 및 개봉

시공자 선정을 위한 입찰제안서의 접수 및 개봉에 관한 사항은 계약업무 처리기준 제22조에 따른다(동 기준 제12조제1항).

입찰 부속서류 접수 시에 조합은 입찰에 참여하는 건설업자등에게 별지 제3호서식의 입찰참여 신청서를 작성·제출하게 하고, 조합의 인감이 날인된 확인서를 교부하여야 한다(동조 제2항).

6) 입찰제안서 비교표 작성 등

조합은 계약업무 처리기준 제22조제3항 및 제4항에 따라 입찰 부속서류를 개봉한 때에는 입찰참여자가 제출한 별지 제4호서식의 입찰제안서에 따라 별지 제5호서식의 입찰제안서 비교표를 작성하도록 하였다.
또한, 입찰참여자와 각각 확인·날인하여 사업을 완료하는 때까지 보관하여야 한다(동 기준 제13조).

용산구 한남재정비촉진구역 내 재개발사업의 입찰제안서 비교표는 다음과 같다.

제5호 서식 입찰제안서 비교표

■ **회사 일반사항**

① 법인명

② 시공능력 평가순위

➡ 종합(대한건설협회 2024년 시공능력평가기준)/아파트 부분: 2024년 공사실적기준/조경부문: 대한건설협회 2024년 시공능력평가기준

③ 신용등급/부채비율

➡ 3대 신용평가기준(입찰일 현재)

④ 정비사업 준공실적

➡ 입찰일 현재

최근 3년간 정비사업 실적

■ **공사금액**

① 조합작성 설계서 기준(원안): 순공사비(철거비 포함), 제경비, 총공사비(VAT별도)

➡ 지반고 상향에 따른 성토비용 포함

② 대안계획(원설계의 대안): 순공사비(철거비 포함), 제경비, 총공사비(VAT별도)

➡ 대안설계 인허가비용, 상가컨설팅 비용, 공사비검증 비용, 철거공사 및 잔재처리비용 포함

■ **사업비 대여**

① 대여자금(원금)

➡ 총회에서 결의한 사업비 전액(입찰보증금 포함)

  조합 사업비 전액(입찰보증금 000억원 포함), 건설지급보증을 통한 책임 조달

② 금리조건

➡ 입찰보증금 CD-0.00%, 전체사업비 CD+0.00%

③ 상환조건

➡ 분양수입금으로 상환

■ **청산방법**

① 부담금 납부시점/방법

➡ 입주 시 또는 2년+2년 100 납부조건/수요자 금융조달

입주 1년 후 100%납부 또는 입주 시 100% 납부 중 선택

② 환급금 지급시점/방법

➡ 조합원 분양계약 완료 후 30일 이내 100% 환급금 지급

일반분양 계약 시 50%, 중도금 30%, 잔금20% 비율로 환급금 선지급

■ **공사도급조건**

① 물가상승에 따른 설계변경 여부

➡ 입찰제안서 작성기준 제10조에 따름

통계청 발표 소비자 물가지수, 한국건설기술연구원 발표 건설공사비지수, 국가계약법 제74조에 따른 지수, 실착공 이후 물가상승에 따른 공사비 인상 없음

② 지질여건 변동 시 설계변경 여부

➡ 입찰제안서 작성기준 제2조에 따름

지질여건에 따른 공사비 변동 없음(실제 지질사항이 조합에서 제공한 지질조사 보고서와 상이한 경우 및 이로 인한 공법 변경에도 변동 없음)

③ 착공시기, 공사기간, 공사비 지급방법

➡ 철거기간: 이주 완료 후 9개월 이내/6개월 이내

총공사기반: 공사기간 49재월+철거9개월(57개월)/이주완료후 49개월 이내

공사비 지급방법: 공사도급공사계약서안 제00조에 따름/선분양 선택시(분양수입금 내 기성불), 선분양 외 방안 선택 시(분양 전: 기성불/분양 후 분양수입금 내 기설불)

■ **분양책임/조건**

① 물가상승에 따른 설계변경 여부

➡ 아파트: 최초 일반분양가 기준 100% 대물변제/상가: 최초 일반분양가 기준 100% 대물변제)

조합원이 수익극대화를 위해 가장 유리한 시기에 분양시기 선택/미분양시 최초 일반분양가 기준 대물인수, 조합원 로얄동, 층 및 특화평면 우선 배정

■ **시공자 책임에 다른 공사지연 시 보상조건**

➡ 매 지체일수마다 총 계약금액의 1/1,000

　책임준공 확약(공사도급계약서에 따름)

■ **기타**

입찰제안서 비교표에는 없는 내용임

■ **사실확인**

참여회사 대표이사(직인)

조합장(인)(법인인감)

➡ **(주1)** 조합은 해당 정비구역 여건 등에 따라 도시정비법·동법 시행령·서울특별시 도시정비조례 및 이 기준에 적합한 범위 안에서 수정·보완할 수 있다.

　(주2) 조합은 대안설계계획에 대한 세부자료를 포함하여 조합원에게 통지하여야 한다.

7) 대의원회의 의결/총회에 상정할 건설업자등 결정

조합은 계약업무 처리기준 제33조에서 정하는 바에 따라 대의원회를 개최하여 총회에 상정할 건설업자 등을 결정한다(동 기준 제15조제1항).

조합은 제1항에 따른 대의원회 개최 전에 제13조에 따라 작성된 입찰제안서 비교표를 대의원에게 미리 통지하여야 한다(동조 제2항).

8) 건설업자등의 홍보 및 합동설명회 개최

조합은 총회에 상정될 건설업자등이 결정된 때에는 조합원에게 이를 통지하여야 하며, 합동설명회를 2회 이상 개최하여야 한다. 이 경우 조합은 총회에 상정하는 건설업자등이 제출한 입찰제안서에 대하여 시공능력, 공사비 등이 포함되는 객관적인 비교표를 작성하여 조합원에게 제공하여야 하며, 건설업자등이 제출한 입찰제안서 사본을 조합원이 확인할 수 있도록 전자적 방식(정비사업 정보몽땅을 사용하거나 그 밖에 정보통신기술을 이용하는 방법을 말한다)을 통해 게시할 수 있다(동 기준 제15조제1항).

조합은 합동설명회를 개최할 때에는 개최일 7일 전까지 일시 및 장소를 정하여 조합원에게 이를 통지하여야 한다(동조 제2항).

조합은 합동설명회(최초 합동설명회를 말한다) 개최 이후 건설업자등의 신청을 받아 정비구역 내 또는 인근에 개방된 형태의 홍보공간을 1개소 제공하거나, 건설업자등이 공동으로 마련하여 한시적으로 제공하고자 하는 공간 1개소를 홍보공간으로 지정할 수 있다.
이 경우 건설업자등은 조합이 제공하거나 지정하는 홍보공간에서는 조합원 등에게 홍보할 수 있다(동조 제4항).

■ 홍보직원 명단의 조합 등록

건설업자등은 홍보를 하려는 경우에는 미리 홍보를 수행할 직원(건설업자등의 직원을 포함한다. 이하 "홍보직원")의 명단을 조합에 등록하여야 하며, 홍보직원의 명단을 등록하기 이전에 홍보하거나, 등록하지 않은 홍보직원이 홍보하여서는 아니 된다.
이 경우 등록하는 홍보직원의 수는 조합원 100명당 1인으로 하되 최대 20명 이내로 하며, 조합은 등록된 홍보직원의 명단을 조합원에게 알릴 수 있다(동조 제5항).

■ 홍보행위와 금지행위

건설업자등의 임직원, 시공자 선정과 관련하여 홍보 등을 위해 계약한 용역업체의 임직원 등은 조합원 등을 상대로 개별적인 홍보를 할 수 없으며, 홍보를 목적으로 조합원 또는 정비사업전문관리업자 등에게 사은품 등 물품·금품·재산상의 이익을 제공하거나 제공을 약속하여서는 아니 된다(동조 제3항).

9) 시공자의 선정을 위한 총회

조합은 계약업무 처리기준 제35조에서 정하는 바에 따라 총회를 개최하여 시공자를 선정한다(동 기준 제16조제1항).
조합은 총회 개최 전에 제13조에 따라 작성된 입찰제안서 비교표를 조합원에게 미리 통지하여야 하며(동조 제2항), 도시정비조례 제77조제1항에 따라 총회의 의결을 거쳐 시공자를 선정하여야 하며, 세부 선정 방법은 조합의 정관에서 정한 바에 따른다(동조 제3항).

조합은 제1항에 따른 총회에서 재투표하는 경우 재투표를 하기 전에 조합원의 과반수 직접 출석 여부를 확인하여야 한다(동조 제4항).

조합은 제1항에 따른 총회의 소집을 통지하기 전에 공공지원자에게 관련 자료의 검토를 받아야 한다. 이 경우 공공지원자는 근무일 기준 3일 이내에 검토 결과를 회신하여야 하며, 제출 자료 미비 등 필요한 경우에는 처리기한을 연장할 수 있다(동조 제5항).

10) 계약의 체결 등

종전 기준 제16조(계약의 체결)에서 "조합은 제15조에 따라 선정된 시공자가 정당한 이유 없이 3월 이내에 계약을 체결하지 아니하는 경우에는 제15조에 따른 총회의 의결을 거쳐 당해 선정을 무효로 할 수 있다."고 규정한 바 있다. 현재는 이 내용이 삭제되었고 별표2 입찰안내서에서 규정하고 있다.

■ **별표2 입찰안내서(Ⅱ. 시공자 선정 입찰 참여 규정)**

제8조(계약체결)
낙찰자는 총회에서 선정된 날부터 3월 이내에 계약을 체결하여야 한다.
발주자는 제1호에 따른 기간 안에 낙찰자가 계약을 체결하지 아니하는 경우 총회 의결을 거쳐 당해 선정을 무효로 할 수 있다.

▲ **유권해석**

2개 시공자 컨소시움의 공동도급 관련, 컨소시엄 구성의 변경은 조합총회에서 승인 받으면 변경 가능한지(서울시 주거정비과 2022.10.12)
ⓠ 현재 2개의 시공사로 구성된 컨소시엄을 시공자로 선정하여 사업의 본계약을 위한 협상을 진행 중에 있으나, 2개 시공사 중 1개사가 탈퇴를 요청한 상황임

구성원의 탈퇴로 인한 컨소시엄 구성의 변경은 조합총회에서 승인받으면 변경 가능한지 아니면 일반경쟁입찰의 절차가 함께 이루어져야 하는지?

Ⓐ 「공공지원 시공자 선정기준」 제13조에 따르면 조합은 계약업무 처리기준 제22조제3항 및 제4항에 따라 입찰 부속서류를 개봉한 때에는 건설업자등이 제출한 입찰 제안서에 따라 별지 제3호 서식의 입찰제안서 비교표를 작성하고, 건설업자등과 각각 확인·날인하여 사업을 완료하는 때까지 보관하여야 한다고 규정하고 있으며,

같은 규정 제15조제2항에는 조합은 시공자 선정을 위한 총회 개최 전에 제13조에 따라 작성된 입찰제안서 비교표를 조합원에게 미리 통지하여야 한다고 규정하고 있음.

또한, 같은 규정 별지 제4호 서식(입찰참여 안내서) 제8조에서는 낙찰자는 총회에서 선정된 날부터 3월 이내에 계약을 체결하여야 하며, 조합은 해당 기간 안에 낙찰자가 계약을 체결하지 아니하는 경우 총회 의결을 거쳐 당해 선정을 무효로 할 수 있다고 규정하고 있음.

질의내용의 경우, 시공자 선정을 위해 조합원에게 제공된 입찰제안서 등이 기존 것과 불일치 할 것으로 보임

「공공지원 시공사 선정기준」 제9조제1항 관련, 건설업자등이 경미한 변경 범위를 벗어난 대안설계를 제안하거나 입찰내용과 다르게 홍보하는 경우, 입찰을 무효로 할 수 있는지(서울시 주거정비과 2022.8.2)

Ⓠ 공공지원 시공자 선정기준에 따르면 건설업자등은 시공자 선정 입찰에 참여하는 경우 '사업시행계획의 경미한 변경의 범위에서 대안설계를 제안'할 수 있지만, 건설업자등이 경미한 변경 범위를 벗어난 대안설계를 제안하거나 입찰내용과 다르게 홍보하는 경우, 입찰을 무효로 할 수 있는지?

Ⓐ 「공공지원 시공사 선정기준」 제9조제1항에서 '건설업자등은 시공사 선정 입찰에 참여하는 경우 도시정비법 시행령 제46조에 따른 사업시행계획이 경미한 변경의 범위에서 대안설계를 제안할 수 있다'고 규정한 바,

「도시정비법 시행령」 제46조 각 호의 어느 하나에 해당하는 범위에서 대안설계를 제안하여야 하는 것임. 또한, 「공공지원 시공자 선정기준」 제7조에 따라 선정계획안에 "입찰기준 등 위반자에 대한 입찰 무효 또는 시공자 선정 취소에 관한 사항" 등을 포함하여 공공지원자의 검토를 받아 대의원회에서 선정계획을 의결·확정하게 되어 있고,

동 기준 제11조에는 입찰참여안내서에 "입찰의 무효에 관한 사항" 등을 포함하여 현장설명회를 개최하여야 한다고 규정함에 따라, 입찰참여안내서의 입찰 무효에 관한 사항에 해당할

경우 선정계획 및 입찰참여안내서에 따라 입찰 무효가 가능할 것으로 사료됨

시공자 선정계획(안)을 대의원회 의결 대신 조합총회 의결을 받을 수 있는지(서울시 주거정비과 2021.10.7)
❶ 시공자 선정계획(안)을 대의원회 의결 대신 조합총회 의결을 받을 수 있는지?
❷ 「공공지원 시공자 선정기준」 제7조(선정계획 결정)에서, 조합은 시공자를 선정하려는 때에는 선정계획(안)을 작성하여 이사회의 의결을 거쳐야 하며, 자치구청장의 검토를 거친 후 대의원회를 소집하여 정관에 정한 방법에 따라 시공자 선정계획을 의결하여 한다고 규정하고 있음.
다만, 도시정비법 제46조(대의원회) 제4항에 따라 대의원회는 총회의 권한을 대행할 수 있으나, 귀 조합의 경우와 같이 대의원이 전원 해임되어 대의원회를 개최할 수 없는 경우, 시공자 선정계획(안)을 총회에서 의결할 수 있는 것으로 판단됨.

□ 근거규정

○ 제1항
서울특별시 공공지원 시공자 선정기준(2023.12.28. 고시 제2023-608호), 「서울특별시 공동사업시행 건설업자 선정기준」(개정고시 제2019-160호, 2019.5.30)
도시정비법 제29조, 도시정비조례 제77조, 정비사업 계약업무 처리기준.

재건축·재개발 표준정관
제12조(시공자의 선정 및 계약) ① 시공자의 선정·계약(변경계약을 포함한다. 이하 이 조에서 같다) 및 그 취소는 법 제29조, 조례 제77조, 「정비사업 계약업무 처리기준」 및 「서울특별시 공공지원 정비사업 시공자 선정기준」에 따라야 한다.
【주】법 제25조제1항제1호 및 조례 제73조에 의한 공동사업시행방식의 경우 서울특별시고시 「공동사업시행 건설업자 선정기준」을 따라야 할 것임

시공자의 선정·계약(변경계약) 및 취소는 법 제29조, 도시정비조례 제77조, 「국토부 정비사업 계약업무 처리기준」 및 「서울특별시 공공지원 정비사업 시공자 선정기준」에 따르게 된다. 시공자는 법 제29조제4항에 따라 조합설립인가를 받은 후 조합

총회에서 경쟁입찰 또는 수의계약(2회 이상 경쟁입찰이 유찰된 경우로 한정)의 방법으로 건설업자 또는 등록사업자를 시공자로 선정하도록 하고 있다.
다만, 공공지원을 이유로 국내 유일하게 광주광역시만 도시정비조례에 의해 사업시행계획인가 이후에 선정하도록 하고 있다.

정비사업의 시공자는 도급업자이지만, 공동사업시행자는 정비조합과 함께 책임을 분담하는 사업시행자의 자격이 있다는 점에서 양자는 구별된다.

공동사업시행자인 건설업자등 선정은 시공자 선정절차와 규정이 다르다.
법 제25조제1항제1호에서 조합이 조합원의 과반수 동의로 건설업자등을 선정할 수 있도록 규정이 있다.
다만, 공공지원의 적용을 받는 경우 "건설업자와 공동으로 정비사업을 시행하는 경우로서 조합과 건설업자 사이에 협약을 체결하는 경우"에는 해당 건설업자를 시공자로 본다(법 제118조제7항). 공동사업시행의 협약 내용은 도시정비조례 제78조에 규정되어 있다.

이 공동사업시행자 선정시기는 서울특별시고시 「공동사업시행 건설업자 선정기준」 제11조제1항에서 "「건축법」 제4조의2에 따른 건축위원회 건축심의를 통과한 후 이사회 개최 전에 공사입찰에 필요한 설계도서를 작성하고 사업비를 산출~~~" 하는 등의 절차를 거치도록 하고 있다.
즉, 건축심의를 받은 이후 공동사업시행자를 선정할 수 있다.

그러나 공동사업시행자는 사업리스크를 공동책임져야 하는 위험이 있어, 시공자들은 선호하지 않는 방식이다.
이 방식은 2017.12.31 전까지 재건축부담금을 면제받기 위해 채택했던 시공자 선정방식으로, 서초구 반포124지구, 신반포4지구 재건축조합이 대표적 사례다.

○ **제2항(시공자 선정 및 계약)**
시공자 선정 및 계약: 「서울특별시 정비사업 표준공사계약서(2024.3.15. 전면개정)」

공동사업시행자 선정: 「정비사업 표준 공동사업시행 협약서」

재건축·재개발 표준정관

제12조(시공자의 선정 및 계약) ② 조합은 제1항에 따른 시공자의 선정 및 계약에 「서울특별시 정비사업 표준공사계약서」를 적용하는 것을 원칙으로 하며, 선정된 시공자와 체결하는 공사도급계약은 법 제45조에 따라 총회의 의결을 받아야 한다.

【주1】「서울특별시 공공지원 정비사업 시공자 선정기준」 제11조에 따라 조합은 현장설명회 시 공사도급계약서(안)을 포함한 공사도급계약서 작성에 대해 건설업자등에게 설명하여야 하며, 같은 기준 제7조에 따라 선정계획(안)에 대하여 공공지원자의 검토를 받은 후 대의원회에서 의결하여야 함

【주2】변경계약체결의 내용 중 조합의 금전적인 부담이 수반되지 아니하는 사항(내역변경 또는 감액계약 등)에 대하여는 총회에서 대의원회 의결로 위임할 수 있을 것이며 이 경우 정관에 관련내용을 명시해야 함(이하 본 장에서 같다)

【주3】공동사업시행방식의 경우 서울특별시고시 「정비사업 표준 공동사업시행 협약서」 적용을 원칙으로 함

2011.10월 제정·시행된 서울시 「공공관리 정비사업 공사표준계약서」를 국토교통부 정비사업 표준공사계약서의 내용 반영 및 공사비 갈등으로 인한 분쟁 방지 및 분쟁 발생 시 분쟁 해소 촉진방안을 포함하여 2024.3.15 「서울특별시 정비사업 표준공사계약서」의 전면개정이 이뤄졌다.

「서울특별시 공공지원 정비사업 시공자 선정기준」 제11조에 따라 조합은 현장설명회 시 공사도급계약서(안)을 포함한 공사도급계약서 작성에 대해 건설업자등에게 설명하여야 한다.

동 선정기준 제7조에 따라 선정계획(안)에 대하여 공공지원자의 검토를 받은 후 선정계획안을 작성하여 이사회가 의결한 선정계획안에 대하여 대의원회의 소집을 통지하기 전에 미리 공공지원자의 검토를 받아야 한다

또한, 제1항의 절차에 따라 공동사업시행자로 선정되면, 그 계약은 서울특별시고

시 「정비사업 표준 공동사업시행 협약서」 적용을 원칙으로 하고 있다.

■ 시공자 선정 관련, 연대보증 임원들이 조합원들에 대한 구상 가능여부

■ 시공자의 시공보증

조합이 정비사업의 시행을 위하여 시공자로 선정(공동사업시행자가 시공하는 경우 포함)한 경우 그 시공자는 공사의 시공보증(시공자가 공사의 계약상 의무를 이행하지 못하거나 의무이행을 하지 아니할 경우, 보증기관에서 시공자를 대신하여 계약이행의무를 부담하거나 총 공사금액의 30/100 의 범위에서 사업시행자가 정하는 금액을 납부할 것을 보증하는 것)을 위하여 국토부령으로 정하는 기관의 시공보증서를 조합에 제출하여야 한다(법 제82조제1항, 영 제73조).

이 시공보증서는 조합원에게 공급되는 주택에 대한 다음 각 호의 어느 하나에 해당하는 보증서를 말한다(시행규칙 제14조).
1. 「건설산업기본법」에 따른 공제조합이 발행한 보증서
2. 「주택도시기금법」에 따른 주택도시보증공사가 발행한 보증서
3. 「은행법」 제2조제1항제2호에 따른 금융기관, 「한국산업은행법」에 따른 한국산업은행, 「한국수출입은행법」에 따른 한국수출입은행 또는 「중소기업은행법」에 따른 중소기업은행이 발행한 지급보증서
4. 「보험업법」에 따른 보험사업자가 발행한 보증보험증권

■ 조합임원의 연대보증

시공자는 시공보증에 대응하여 조합임원의 연대보증을 세우게 하여, 공사도급계약서에 따른 채무 부담을 하도록 하여 분쟁이 상존해 있다.

연대보증의 문제는 사업진행 과정에서 시공자의 교체, 일반분양의 실패 등으로 공사비 회수가 어렵게 되는 경우에 일어난다. 이 경우 임원들은 공사도급계약에 다른 채무를 조합 대신 이행하거나 청구를 받으면 조합에 구상권을 행사할 수 있다.
이와 관련, 임원이 조합 대신 조합원에 대하여 직접 구성권을 행사할 수 있느냐는 것이다.

정관에 3회 유찰 시 시공자를 수의계약할 수 있음에도 2회 유찰 후 수의계약한 것은 무효이며, 계약에 연대보증한 임원도 연대보증채무를 부담하지 않는다.
서울중앙지방법원 2024.3.22.선고 2022가합539423판결, 위약벌등청구의소
【판결요지】
피고 조합은 시공자 선정입찰 절차가 2차례 유찰된 상황에서 위 정관에 의하여 시공자 선정방법을 수의계약으로 전환함을 전제로 원고를 시공자로 선정하는 건을 이 사건 총회의 제10호 안건으로 상정한 사실은 앞에서 본 바와 같다. 그렇다면, 피고 조합의 이 사건 총회 결의는 '미응찰 등의 이유로 3회 이상 유찰된 경우'에 한하여 예외적으로 수의계약의 방법으로 시공자를 선정할 수 있도록 규정하고 있는 피고의 정관 제12조제1항에 반하여 시공자 선정에 관한 피고 조합원들의 자유로운 의결권 및 선택권을 침해한 것으로서 무효이고, 이러한 무효인 총회 결의에 터잡아 체결된 이 사건 공사도급계약 역시 무효이다.
이에 대하여 원고는 피고 조합과 이 사건 공사도급계약을 체결함에 있어 피고 조합이 정관에서 요구하는 모든 절차를 거쳤다고 신뢰하였고, 정관 위반 사실을 전혀 알지 못하였으며 알 수도 없었으므로 보호받아야 한다고 주장하므로 살피건대, 법인 또는 비법인사단의 대표자가 어떠한 대외적 거래행위를 함에 있어 정관의 규정에 따른 절차를 거쳐야 하는 등 내부적인 제한이 있는 경우에는 그와 같은 절차를 밟지 않고 이루어진 대외적 거래행위에 대하여는 거래상대방이 그와 같은 절차의 흠결을 알았거나 알 수 있었을 때에 한하여 이를 무효라 할 것이다.(대법원 1992.2.14선고 91다24564판결, 대법원 2003.7.22선고 2002다64780판결 등 참조),
원고는 피고 조합정관 제12조제1항에서 그와 같은 제한을 규정하고 있다는 사실을 알았거나 알 수 있었다고 봄이 상당하므로, 이와 다른 전제에 선 원고의 주장은 이유 없다.

연대보증인 임원들이 조합이 자력이 없으므로 조합을 대위하여 조합원들에게 비용부담금반환청구권을 행사할 수 있나
서울북부지방법원 2014.10.14.선고 2014가합24239판결, 구상금
【판결요지】
조합 정관은 조합의 내부 관계를 규율하는 것에 불과하고 그 정관 조항에 의하여 곧바로 조합원들이 조합에 대하여 구체적인 채무를 부담한다고 볼 수 없는 점, 도시정비법 제24조제3항제2호, 제60조제1항, 제61조제1항·제3항, 이 사건 조합정관 제34조제1항의 각 규정 내용과 그 취지에 비추어 볼 때, 공법인인 이 사건 조합의 채무를 그 구성원인 조합원들이 어떻게 분담할 것인지는 조합원총회 등에서 조합의 자산과 부채를 정산하여 조합원들이 납부하여야 할 금액을 결정하고 이를 조합원들에게 분담시키는 결의를 한 때에 비로소 확정적으로 발생하고, 이와 같은 결의 등의 절차를 거치지 아니하였다면 조합원의 이 사건 조합에 대한 부담금 채무는 아직 발생한 것으로 볼 수 없다고 봄이 타당하다(대법원 1998.10.27선고 98다18414판결 등 참조).
원고들은 이 사건 조합이 조합원들에 대하여 비용청구 또는 부담금 등의 채권을 가지고 있다 하더라도 내부적인 의사결정 절차인 총회결의 등을 강제할 방법이 없고, 조합원총회에서 아무런 의사결정을 하지 않거나 비용부담 결정 안건을 부결시켜 버린다면 채권자를 구제할 수 있는 방법이 없게 되므로, 조합원총회의 결의 없이도 이 사건 조합을 대위하여 청구할 수 있다는 취지로 다투

> 나, 원고들 주장의 이러한 사정만으로는 조합원총회 결의 없이 피고들이 이 사건 조합에 대하여 구체적이고 확정적인 채무를 균등하게 부담한다고 할 수 없다.

○ 제3항

도시정비법 제45조제7항 및 「정비사업 계약업무 처리기준(2024.9.5 개정)」 제35조

재건축·재개발 표준정관

제12조(시공자의 선정 및 계약) ③ 시공자 선정을 위한 총회는 법 제45조제7항 및 「정비사업 계약업무 처리기준」 제35조에 따라 조합원 과반수가 직접 출석하여야 하며, 출석조합원 과반수 찬성을 얻은 건설업자등을 시공자로 선정한다. 다만, 총회에 상정된 건설업자등의 수가 3 이상인 경우 최다득표한 건설업자등을 시공자로 선정할 수 있다

시공자 선정 총회는 조합원 또는 토지등소유자(이하 "조합원등") 과반수가 직접 출석하여 의결하여야 한다. 이 경우 법 제45조제5항에 따른 대리인이 참석한 때에는 직접 출석한 것으로 본다(동 처리기준 제35조제1항).

조합원은 총회 직접 참석이 어려운 경우 서면으로 의결권을 행사할 수 있으나, 서면결의서를 철회하고 시공자 선정 총회에 직접 출석하여 의결하지 않는 한, 직접 참석자에는 포함되지 않는다(동조 제2항).

시공자의 선정을 의결하는 총회의 경우에는 조합원의 과반수가 직접 출석하여야 하고, 시공자 선정 취소를 위한 총회 등에는 조합원의 20/100 이상이 직접 출석하여야 한다(법 제45조 제7항).

표준정관에서는 "출석조합원 과반수 찬성을 얻은 건설업자등을 시공자로 선정한다. 다만, 총회에 상정된 건설업자등의 수가 3 이상인 경우, 최다득표한 건설업자등을 시공자로 선정할 수 있다."는 규정을 두었다.

조합원 과반수 찬성 미달 시, 조합정관에 다득표자를 시공자로 선정할 수 있는지 (서울시 주거정비과 2023.8.24)

ⓠ 조합원 과반수 찬성을 못 얻은 경우, 조합정관에 다득표자를 시공자로 선정이 가능한지?

ⓐ 도시정비법 제118조제6항에 시공자 선정시기 등은 조례로 정하도록 하고 있고 「서울시 도시정비조례」 제77조제1항에 "법 제118조제6항에 따라 조합은 조합설립인가를 받은 후 조합원 과반수의 찬성으로 총회 의결을 거쳐 시공자를 선정하여야 한다."고 규정하고 있음.
따라서, 조례에서 규정하는 바와 같이 시공자는 조합설립인가를 받은 후 조합원 과반수의 찬성으로 총회의 의결을 거쳐 시공자를 선정해야 함.

○ **제4항**
도시정비법 제45조제7항, 동법 시행령 제42조제2항제1의2호(시공자 선정 취소), 「정비사업 계약업무 처리기준」 제36조제2항

> **재건축·재개발 표준정관**
>
> 제12조(시공자의 선정 및 계약) ④ 시행령 제42조제2항제1의2호에 따른 시공자선정 취소 또는 「정비사업 계약업무 처리기준」 제36조제2항에 따른 시공자 선정 무효를 위한 총회 의결은 조합원 20/100 이상 직접 출석 및 출석조합원 과반수 찬성으로 한다.
>
> 【주】법 제45조 및 영 제42조에 따라 선정 취소를 위한 총회는 조합원 20/100 이상이 직접 출석하여야 하며, 법 또는 정관에 다른 규정이 없으면 출석 조합원의 과반수 찬성으로 의결함. 「정비사업 계약업무 처리기준」 제36조제2항에 따른 선정 무효를 위한 총회는 조합원 20/100 이상이 직접 출석하여야 한다는 규정이 없으므로 이와 달리 정할 수 있을 것임.

시공자 선정 취소를 위한 총회나 「정비사업 계약업무 처리기준」 제35조제1항에 따른 시공자 선정 무효를 위한 총회 의결은 조합원의 20/100 이상이 직접 출석하여야 한다(법 제45조제7항, 영 제42조제2항제1의2).

표준정관에서는 법 또는 정관에 다른 규정이 없으면 출석 조합원의 과반수 찬성으로 의결한다고 규정하고 있다.

판례

공사도급계약 해제 시 해제에 관한 결의 외에 시공자에게 배상해야 할 손해에 대해서도 대략적으로 특정해 결의해야 하고, 이를 거치지 않는 경우 계약해제 결의는 무효다.
서울고등법원 2021.10.6선고 2021나2011839판결(확정)
【판결요지】
도시정비법 제45조제1항제13호에 의하면, 단체인 조합의 조합원에게 경제적 부담을 주는 사항 등 주요한 사항을 결정하기 위해 필요한 사항으로서 대통령령 또는 정관이 정하는 사항에 관해는 총회의결을 거쳐야 하고, 시행령 제34조제1항제4호에 의하면, 위와 같이 총회의결을 거쳐야 하는 사항 중 하나로 정비사업비 변경이 정해져 있다.
그리고 민법 제673조에서 도급인으로 하여금 자유로운 해제권을 행사할 수 있도록 하는 대신 수급인이 입은 손해를 배상하도록 규정하고 있는 것은 도급인의 일방적인 의사에 기한 도급계약 해제를 인정하는 대신, 도급인의 일방적인 계약해제로 인해 수급인이 입게 될 손해, 즉 수급인이 이미 지출한 비용과 일을 완성했더라면 얻었을 이익을 합한 금액을 전부 배상하게 하는 것이므로(대법원 2002.5.10선고 2000다37296, 37302판결 등 참조), 피고가 민법 제673조에 따라 이 사건 계약을 해제할 경우 정비사업비의 변경이 초래된다.
따라서 민법 제673조에 따라 피고가 하는 이 사건 계약의 해제가 유효하기 위해서는 그 선행 절차로 그러한 해제 및 해제와 일체를 이루는 손해배상에 관해 총회 의결이 있어야 한다

시공자와의 공사도급계약 해지 총회 결의 시에도 조합원 과반수 직접참석이 필요한지(조합원 1/10 이상 직접참석 적용, 조합원 과반수 직접참석은 아님)
청주지방법원 2020.3.13선고 2019카합50252결정
【판결요지】
도시정비법 제29조제3항의 위임에 따라 제정된 「정비사업 계약업무 처리기준」 제36조제1항은 시공사 선정을 위한 총회에 조합원 과반수가 직접 참석할 것을 요구하고 있다. 채권자들은 '시공자와 체결한 도급계약의 해지를 위한 이 사건 결의에도 위 조항이 적용된다'고 주장하나,
'시공사의 선정'과 '시공자와 체결한 도급계약의 해지'는 명확히 구별되는 개념인 점, 총회 결의의 의사정족수 요건을 강화한 위 조항의 적용범위를 함부로 확장하면 조합 내부의 의사결정의 자유를 부당하게 제한할 수 있는 점, 추후 새로운 시공자 선정을 위한 총회가 개최되는 경우에는 위 조항에 따라 조합원 과반수의 직접참석이 필요한 점 등을 종합하여 보면, 도급계약의 해지를 위한 경우에도 위 제35조제1항이 적용된다고 볼 수 없다.

○ 제5항

도시정비법 제29조의2, 정비사업 공사비 검증기준(국토부고시 제2024-468호)
「서울특별시 정비사업 표준공사계약서」 제8조의2(공사비 검증)

재건축·재개발 표준정관

제12조(시공자의 선정 및 계약) ⑤ 조합은 법 제29조의2 및 이 정관에 따른 공사비 검증요청 사유가 발생한 경우 시공자로부터 「정비사업 공사비 검증기준」에 따른 공사비 검증에 필요한 서류를 제출받아 검증기관에 공사비 검증을 신청하고, ○○구청장에게 통지하여야 한다. 검증보고서는 총회에 공개하여야 하며, 변경계약이 필요한 경우에는 변경계약 체결에 관하여 총회의 의결을 받아야 한다.

【주】법 제29조2에 따른 공사비 검증사유는 아래와 같으며 「서울특별시 정비사업 표준공사계약서」 제8조의2(공사비 검증)에 시공자(수급인)이 공사비 검증에 필요한 서류를 조합(도급인)에게 제출하도록 규정되어 있으므로 공사도급계약 체결 시 이 조항을 임의로 변경하지 않아야 함. 또한, 시공자가 검증사유 제2호 및 제3호의 계약금액조정을 청구할 경우 공사비 검증에 필요한 서류를 반드시 첨부하도록 계약서에 명시하여 공사비 검증 절차를 신속하게 추진해야 할 것임

1. 토지등소유자 또는 조합원 1/5 이상이 사업시행자에게 검증 의뢰를 요청하는 경우
2. 공사비의 증액 비율(당초 계약금액 대비 누적 증액 규모의 비율로서 생산자물가상승률은 제외한다)이 다음 각 목의 어느 하나에 해당하는 경우
   가. 사업시행계획인가 이전에 시공자를 선정한 경우: 10/100 이상
   나. 사업시행계획인가 이후에 시공자를 선정한 경우: 5/100 이상
3. 제1호 또는 제2호에 따른 공사비 검증이 완료된 이후 공사비의 증액 비율(검증 당시 계약금액 대비 누적 증액 규모의 비율로서 생산자물가상승률은 제외한다)이 3/100 이상인 경우

■ **서울특별시 정비사업 표준공사계약서상 공사비 검증**

"수급인"은 최초 사업시행계획인가 이후 ○○일 이내에 「서울특별시 공공지원 시공자 선정기준」 제5조제4항에 따라 계약 체결 시점부터 사업시행계획인가 시점까지의 설계변경 등 공사 변동사항을 모두 반영한 산출내역서를 제출하고, "도급인"은 "검증기관"에 도시정비법 제72조에 따른 분양공고 전 공사비 검증을 요청하여야 한다(동 표준공사계약서 제8조의2제1항).

【주】 "도급인"은 사업시행계획인가·고시가 있은 날(사업시행계획인가 이후 시공자를 선정한 경우에는 시공자와 계약을 체결한 날)로부터 120일 이내에 분양공고를 해야 하므로(도시 정비법 제72조제1항), 분양공고에 앞서 공사비 검증을 요청하기 위해서는 "수급인"의 산출내역서 제출 기한을 적정하게 설정하여야 할 것임.

"도급인"은 법 제29조의2제1항에 의한 검증요청 사유가 발생한 경우에는 공사비 검증을 요청하여야 하며, 최종 공사비 변경계약 및 관리처분계획변경인가를 위해 공사비 검증이 필요한 경우 입주예정시기 1년 전 해당 절차 이행을 위한 준비에 착수해야 한다(동조 제2항).

위의 제1항 또는 제2항에 따라 "도급인"이 공사비 검증을 요청하는 경우 "수급인"은 「정비사업 공사비 검증기준」에 따른 서류를 공사비 검증 요청 전까지 "도급인"에게 제출하여야 하며, "도급인"은 공사비검증 요청 사실을 "공공지원자"인 구청장에게 통지해야 한다(동조 제3항).

공사비 검증 완료 후 "도급인"은 검증보고서를 조합총회에 공개하여야 하며, 공사비 변경이 필요한 경우 변경계약 체결에 관한 총회의 의결을 받아야 한다(동조 제4항).

국토부고시(제2020-1182호) 「정비사업 공사비 검증기준」 제4조 본문, 공사비 검증 기준의 신청시기(국토부 주택정비과 2023.7.19)

Q 정비사업 공사비 검증기준 제4조(신청시기) 사업시행자는 시공자와 계약체결 후 검증을 신청하여야 한다. 다만, 계약 이후 공사비 증액인 경우는 변경계약 체결 전에 검증을 신청하여야 한다.
동 기준 제3조(검증대상) 제1항제2호와 제3호에서는 시공자와 계약체결 후 공사비가 증액된 경우 대상으로 정하고 있으며, 공사비 증액이 없어도 제3조제1항1호인 경우 검증대상으로 정하고 있음. 그런데 제4조(신청시기)에서는 '사업시행자는 시공자와 계약체결 후 검증을 신청하여야 한다.'고 하면서, 공사비 증액인 경우의 신청시기는 그 단서에서 정하고 있음.
1) 제4조 본문 내용은 제3조제1항제1호인 경우의 신청시기를 정한 것이고, 제4조 단서는 제3조제1항제2호와 제3호인 경우의 신청시기를 정한 것으로 이해하면 되는지?
2) 제4조 본문은 시공자와 최초로 계약을 체결한 모든 사업장에서는 검증 신청하라고 정한 것인지, 혹은 다른 의미인지?

🅐 「정비사업 공사비 검증기준」 제3조(검증대상)제1항에서, 재개발·재건축사업의 사업시행자(시장·군수등 또는 토지주택공사등이 단독 또는 공동으로 정비사업을 시행하는 경우는 제외)는 시공자와 계약체결 후 다음 각 호의 어느 하나에 해당하는 때에는 검증기관에 검증을 요청하여야 하며,

1. 토지등소유자 또는 조합원 1/5 이상이 사업시행자에게 검증 의뢰를 요청하는 경우
2. 공사비의 증액 비율(당초 계약금액 대비 누적 증액 규모의 비율로서 생산자물가상승률은 제외한다)이 다음 각 목의 어느 하나에 해당하는 경우
 가. 사업시행계획인가 이전에 시공자를 선정한 경우: 10/100 이상
 나. 사업시행계획인가 이후에 시공자를 선정한 경우: 5/100 이상
3. 제1호 또는 제2호에 따른 공사비 검증이 완료된 이후 공사비의 증액 비율(검증 당시 계약금액 대비 누적 증액 규모의 비율로서 생산자물가상승률은 제외)이 3/100 이상인 경우 같은 기준 제4조(신청시기)에서, 사업시행자는 시공자와 계약체결 후 검증을 신청하여야 한다. 다만, 계약 이후 공사비 증액인 경우는 변경계약 체결 전에 검증을 신청하여야 하는 것으로 규정하고 있음.

따라서, 제4조 본문에 따라 사업시행자가 시공자와 계약체결 후 검증을 신청하여야 하는 경우는 제3조제1항제1호에 해당하고, 제4조 단서에 따라 계약 이후 공사비 증액인 경우로서 변경계약 체결 전에 검증을 신청하여야 하는 경우는 제3조제1항제2호 및 제3호에 해당할 것으로 판단됨.

○ 제6항

「서울특별시 공공지원 정비사업 시공자 선정기준(2023.12.28)」 제5조제4항

재건축·재개발 표준정관

제12조(시공자의 선정 및 계약) ⑥ 조합은 「서울특별시 공공지원 정비사업 시공자 선정기준」 제5조제4항에 따라 최초 사업시행계획인가 이후 법 제72조에 따른 분양공고 전에 설계도면, 변경 전·후 물량내역서 및 산출내역서 등 공사비 내역을 증빙하는 서류를 시공자로부터 제출받아 검증기관에 공사비 검증을 요청하여야 한다.

⑦ 조합은 일반분양 후에 공사도급계약금액의 증가를 수반하는 설계변경을 하지 않는 것을 원칙으로 한다. 다만, 사업시행상 불가피한 경우에는 사전에 총회의 의결을 받아야 한다.

■ **공공지원 정비사업 시공자 선정기준의 공사원가 자문, 공사비 검증 등**

사업시행자인 정비조합은 최초 사업시행계획인가 이후 법 제72조에 따른 분양공고 전에 설계도면, 변경 전·후 물량내역서 및 산출내역서 등 공사비 내역을 증빙하는 서류를 구비하여 검증기관에 공사비 검증을 요청하여야 하며, 이 경우 시공자는 변경 전·후 물량내역서 및 산출내역서 등 요청받은 서류를 조합에 제출하여야 한다(동 선정기준 제5조제4항).

또한, 정비조합은 공사비 검증이 완료된 검증보고서를 총회에서 공개하여야 하며, 공사비 변경이 필요할 경우 변경계약 체결에 대한 총회의 의결을 받아야 한다(동 선정기준 제7항).

○ **제8항**
「주택공급에 관한 규칙」 제21조

> **재건축·재개발 표준정관**
>
> 제12조(시공자의 선정 및 계약) ⑧ 조합은 최종 공사도급, 변경계약 및 관리처분계획(변경)인가를 위해 공사비 검증이 필요한 경우에는 입주예정일 1년 전에 시공자에게 공사비 검증관련 서류를 요청하는 등 해당 절차 이행을 위한 준비에 착수하여야 한다.
> 【주】조합은 「주택공급에 관한 규칙」 제21조에 따른 입주자모집 공고에 명시된 입주예정일을 기준으로 입주지연이 발생하지 않도록 공사계약관리에 만전을 기해야 할 것임.

조합은 최초 사업시행계획인가 이후 법 제72조에 따른 분양공고 전에 설계도면, 변경 전·후 물량내역서 및 산출내역서 등 공사비 내역을 증빙하는 서류를 구비하여 검증기관에 공사비 검증을 요청하여야 하며, 이 경우 시공자는 변경 전·후 물량내역서 및 산출내역서 등 요청받은 서류를 조합에 제출하여야 한다.

조합은 「주택공급에 관한 규칙」 제21조에 따른 입주자모집 공고에 명시된 입주예정일을 기준으로 입주지연이 발생하지 않도록 표준정관에 담고 있다.

주택공급에 관한 규칙

제21조(입주자모집 공고) ① 사업주체는 입주자를 모집하고자 할 때에는 입주자모집공고를 해당 주택건설지역 주민이 널리 볼 수 있는 일간신문, 관할 시·군·자치구의 인터넷 홈페이지 또는 해당 주택건설지역 거주자가 쉽게 접할 수 있는 일정한 장소에 게시하여 공고하여야 한다.

② 입주자모집공고는 최초 청약 신청 접수일 10일 전에 해야 한다.

③ 입주자모집공고에는 다음 각 호의 사항이 포함돼야 한다. 다만, 일간신문에 공고하는 경우에는 제1호부터 제9호까지, 제11호, 제23호, 제25호 및 제26호에 해당하는 사항 중 중요 사항만 포함할 수 있되, 글자 크기는 9호 이상으로 해야 한다.

6. 「도시정비법」 제79조제2항, 제3항, 제5항 및 제6항 또는 소규모주택정비법 제34조제2항,

제3항, 제5항 및 제6항의 공급대상자에 대한 주택의 공급이 있는 경우 해당 세대수 및 공급면적

7. 법 제15조제3항에 따라 공구별로 입주자를 모집하는 경우에는 다른 공구의 주택건설 세대수, 세대 당 주택공급면적, 입주자 모집시기, 공사 착공 예정일, 입주예정일 등에 관한 정보

8~25: 생략

26. 입주예정일

공사비 검증 결과를 반드시 반영하여 계약체결을 해야 하는지, 공사비 검증 결과가 나오기 전에 관리처분계획인가 가능여부(서울시 주거정비과 2023.10.20)

Q1 공사비 검증 결과를 반드시 반영하여 계약체결을 해야 하는지?

Q2 공사비 검증 결과가 나오기 전에 관리처분계획인가 처리가 가능한지?

A1 도시정비법 제29조의2에서 공사비 검증 대상, 검증 방법 및 절차 등에 대해 규정하고 있으나, 공사비 검증 결과 반영 의무에 대해서는 별도 규정하고 있지 않음. 다만, 도시정비법 제29조의2제1항 각 호에서 공사비 검증 의무대상을 규정한 입법 취지, 같은 법 제45조에 따라 예산으로 정한 사항 외에 조합원에게 부담이 되는 계약 및 정비사업비의 변경은 총회 의결 사항인 점, 공사비 검증 결과에 대한 조합·시공자 간 협의내용 등을 종합적으로 고려하여 변경계약 체결 시 검증 결과 반영 여부를 결정하여야 할 것으로 사료됨.

A2 도시정비법 제78조제2항에서 시장·군수등은 사업시행자의 관리처분계획인가의 신청이 있은 날부터 30일 이내에 인가 여부를 결정하여 사업시행자에게 통보하여야 한다. 다만, 시장·군수등은 제3항에 따라 관리처분계획의 타당성 검증을 요청하는 경우에는 관리처분계획인가의 신청을 받은 날부터 60일 이내에 인가 여부를 결정하여 사업시행자에게 통지하여야 한다고 규정하고 있으나, 같은 법 제29조의2에 따른 공사비 검증 요청에 따른 결과가 나오기 전에 관리처분계획인가 가능 여부에 대해서는 별도 규정하고 있지 않음.

다만, 공사비가 정비사업비에 큰 부분을 차지하고 있는 점, 최초 계약 이후 장기간 시간이 경과한 점, 공사비 검증 전에 조합·시공자 간 어느 정도 합의된 계약금액이 있는 점, 공사비 검증이 지연되고 있는 사유 및 관계법령 등을 종합적으로 검토하여 귀 구에서 적의 판단하여 처리바람.

cf 부산광역시 재건축·재개발 표준정관

제12조(시공자등 협력업체 선정 및 계약) ① 조합은 정비사업 진행을 위하여 필요한 시공자, 정비사업전문관리업자, 설계자, 변호사, 법무사, 세무사 등 각종 협력업체를 선정하여 계약할 수 있다.

② 협력업체 선정 절차 및 계약체결은 관계 법령, 국토부 고시 "정비사업 계약업무 처리기준" 및 정관이 정하는 바에 따른다.

③ 도시정비법 제45조제1항제4호부터 제6호까지의 시공자 등 협력업체 선정 및 변경은 총회 의결로 선정하여야 하고, 이를 제외한 나머지 협력업체의 선정 및 계약은 대의원회에서 선정 및 계약체결을 할 수 있다. 단, 도시정비법 등 관계 법령에 따라 시장·군수 등이 선정 또는 계약한 경우는 제외한다.

④ 조합은 시공자 등 협력업체를 선정 하는 경우 계약방법 등은 도시정비법 제29조 및 도시정비법 시행령 제24조에 따라야 한다.

⑤ 제4항에 따라 경쟁입찰을 하는 경우 일반경쟁입찰은 2인 이상의 유효한 입찰참가 신청이 있어야 하고, 지명경쟁입찰은 4인 이상 입찰대상 지정자 중 3인 이상의 입찰참가 신청이 있어야 한다.

⑥ 도시정비법 제29조제4항에 따라 조합원이 100인 이하인 정비사업은 제4항에도 불구하고 대의원회의를 거쳐 부산지역에 본사를 둔 지역건설업자 및 등록사업자를 조합총회 의결 후 수의계약의 방법으로 시공자로 선정할 수 있다.

⑦ 조합은 제2항에 의하여 시공자 등의 협력업체와 체결한 계약서를 조합해산일까지 조합사무소에 비치하고 게시판 등에 공개하여야 하며 조합원의 열람 또는 복사요구에 응하여야 한다. 이 경우 복사에 드는 비용은 조합원이 부담한다.

재건축·재개발 표준정관의 조문 위치와 내용이 같다.

광주광역시 재건축·재개발 표준정관

제12조(시공자의 선정 및 계약) ① 시공자의 선정·계약(변경계약을 포함한다. 이하 이 조에서 같다) 및 그 취소는 법 제29조, 조례 제69조, 「정비사업 계약업무 처리기준」에 따라야 한다.

② 조합은 제1항에 따라 선정된 시공자와 체결하는 공사도급계약은 법 제45조에 따라 총회의 의결을 받아야 한다.

【주】변경계약체결의 내용 중 조합의 금전적인 부담이 수반되지 아니하는 사항(내역변경 또는 감액계약 등)에 대하여는 총회에서 대의원회 의결로 위임할 수 있을 것이며, 이 경우 정관에 관련 내용을 명시해야 함 (이하 본 장에서 같다)

③ 시공자 선정을 위한 총회는 법 제45조제7항 및 「정비사업 계약업무 처리기준」 제35조에 따라 조합원 과반수가 직접 출석하여야 하며, 출석 조합원 과반수 찬성을 얻은 건설업자등을 시공자로 선정한다. 다만, 총회에 상정된 건설업자등의 수가 3인 이상인 경우, 최다득표한 건설업자등을 시공자로 선정할 수 있다.

④ 시행령 제42조제2항제1의2호에 따른 시공자 선정 취소 또는 「정비사업 계약업무 처리기준」 제36조제2항에 따른 시공자 선정 무효를 위한 총회 의결은 조합원 20/100 이상 직접 출석 및 출석 조합원 과반수 찬성으로 한다.

【주】법 제45조 및 시행령 제42조에 따라 선정 취소를 위한 총회는 조합원 20/100이상이 직접 출석하여야 하며, 법 또는 정관에 다른 규정이 없으면 출석 조합원의 과반수 찬성으로 의결함. 「정비사업 계약업무 처리기준」 제36조제2항에 따른 시공자 선정 무효를 위한 총회는 조합원 20/100 이상이 직접 출석하여야 한다는 규정이 없으므로 이와 달리 정할 수 있을 것임

⑤ 조합은 법 제29조의2 및 이 정관에 따른 공사비 검증요청 사유가 발생한 경우 시공자로부터 「정비사업 공사비 검증 기준」에 따른 공사비 검증에 필요한 서류를 제

출받아 검증기관에 공사비 검증을 신청하고, ○○구청장에게 통지하여야 한다. 검증보고서는 총회에 공개하여야 하며, 변경계약이 필요한 경우에는 변경계약 체결에 관하여 총회의 의결을 받아야 한다.

> 【주】법 제29조의2에 따른 공사비 검증사유는 아래와 같으며, 시공자가 검증사유 제2호 및 제3호의 계약금액조정을 청구할 경우 공사비 검증에 필요한 서류를 반드시 첨부하도록 계약서에 명시하여 공사비 검증 절차를 신속하게 추진해야 할 것임
> 1. 토지등소유자 또는 조합원 1/5 이상이 사업시행자에게 검증 의뢰를 요청하는 경우
> 2. 공사비의 증액비율(당초 계약금액 대비 누적 증액 규모의 비율로서 생산자 물가상승률은 제외한다)이 다음 각 목의 어느 하나에 해당하는 경우
>   가. 사업시행계획인가 이전에 시공자를 선정한 경우: 10/100 이상
>   나. 사업시행계획인가 이후에 시공자를 선정한 경우: 5/100 이상
> 3. 제1호 또는 제2호에 따른 공사비 검증이 완료된 이후 공사비의 증액비율(검증 당시 계약금액 대비 누적 증액 규모의 비율로서 생산자물가상승률은 제외한다)이 3/100 이상인 경우

⑥ 조합은 법 제72조에 따른 분양공고 전에 설계도면, 변경 전·후 물량내역서 및 산출내역서 등 공사비 내역을 증빙하는 서류를 시공자로부터 제출받아 검증기관에 공사비 검증을 요청하여야 한다.

⑦ 조합은 일반분양 후에 공사도급계약금액의 증가를 수반하는 설계변경을 하지 않는 것을 원칙으로 한다. 다만, 사업시행상 불가피한 경우에는 사전에 총회의 의결을 받아야 한다.

⑧ 조합은 최종 공사도급변경계약 및 관리처분계획(변경)인가를 위해 공사비 검증이 필요한 경우에는 입주예정일 1년 전에 시공자에게 공사비 검증 관련 서류를 요청하는 등 해당 절차 이행을 위한 준비에 착수하여야 한다.

> 【주】조합은 「주택공급에 관한 규칙」 제21조에 따른 입주자모집 공고에 명시된 입주 예정일을 기준으로 입주지연이 발생하지 않도록 공사계약관리에 만전을 기해야 할 것임

재건축·재개발 표준정관의 조문 위치와 내용이 같다.

광주광역시는 도시정비조례 제69조에 의해 공공지원의 경우 정비조합은 사업시행계획인가 이후 총회에서 시공자를 선정하도록 규정하였다(제69조제1항).

서울특별시는 조례 개정으로 조합설립인가 이후 선정되도록 개정하였지만, 광주광역시는 국내에서 유일하게 사업시행계획인가 이후 시공자를 선정하고 있다.

2023.11.29 국토부 별표2 지정개발자(신탁업자) 표준시행규정

제17조(시공자의 선정 등) ① 사업시행자는 도시정비법에 따른 사업시행자 지정 고시 후 도시정비법 제29조에 따라 경쟁입찰 또는 수의계약의 방법으로 건설업자 또는 등록사업자를 시공자로 선정한다.

② 토지등소유자 전체회의는 다음 각 호의 절차를 거쳐 시공자 선정을 추천할 수 있으며, 토지등소유자 전체회의에서 시공자 선정을 추천한 경우 사업시행자는 도시정비법 제29조제8항에 따라 추천된 자를 시공자로 선정하여야 한다.

1. 일반경쟁입찰·제한경쟁입찰 또는 지명경쟁입찰 중 하나일 것

2. 제1호의 입찰을 위한 입찰공고는 전자조달시스템 또는 1회 이상 해당 지역에서 발간되는 일간신문에 하여야 하고, 입찰 참가자를 대상으로 현장설명회를 개최할 것. 이 경우 입찰공고에는 공사비 예정가격(기성불[20] 방식 등으로 산정)을 포함한다.

3. 해당 지역 토지등소유자(재건축사업의 경우에는 신탁업자를 사업시행자로 지정하는 것에 동의한 토지등소유자를 말한다)를 대상으로 합동홍보 설명회를 개최할 것

4. 토지등소유자를 대상으로 제출된 입찰서에 대한 투표를 실시하고 그 결과를 반영할 것

③ 토지등소유자 전체회의는 다음 각 호의 사유가 발생한 경우 사업시행자에게 시공자 변경을 요구할 수 있다. 이 경우 시공자 변경방법 및 절차는 제2항을 따른다.

1. 정비사업 시공을 위한 전문적 능력이 확보되지 못한 경우
2. 사업시행자와의 유착관계 등 부정한 행위를 한 경우
3. 부당한 사업중단, 임의적 사업방식 전환 등 기타 시공을 하기 어려운 경우

④ 사업시행자는 제1항부터 제3항까지에 따라 선정·변경된 시공자와 그 업무범

---

[20] 시공자에 공사대금을 지급하는 방식으로 기성불과 분양불이 있음.
기성불이란 공사진행 상황에 따라 시공자에게 공사비를 지급하는 것이며, 분양불은 분양자의 분양대금을 받아 시공자에게 공사비를 지급하는 것을 말함

위 및 관련 사업비의 부담 등 사업시행 전반에 대한 내용을 협의한 후 토지등소유자 전체회의의 의결을 거쳐 계약을 체결하여야 한다. 이 경우 시공자와 체결한 계약의 내용을 변경하는 경우에도 토지등소유자 전체회의의 의결을 거쳐야 한다.

⑤ 사업시행자는 제1항부터 제4항까지에 따라 선정·변경된 시공자와의 공사에 관한 계약을 체결할 때에는 기존 건축물의 철거 공사(「석면안전관리법」에 따른 석면조사·해체·제거를 포함한다)에 관한 사항, 토지·건축물의 사용·처분, 공사비·부대비용 등의 부담, 시공상의 책임, 공사기간 및 하자보수 책임 등에 관한 사항을 포함한다.

⑥ 사업시행자는 시공자와 체결한 계약서를 사업기간의 만료일까지 사업시행자의 사무소에 비치하여야 하며, 토지등소유자의 열람 또는 복사요구에 응하여야 한다.

⑦ 사업시행자는 정비사업 계약업무 처리기준 제10조의2에 따라 입찰보증금을 납부받기로 한 경우 시공자 선정 후 입찰에 참여한 건설업자 등에게 반환한다. 다만, 시공자로 선정된 건설업자등이 대여금으로 전환을 사업시행자에게 제안하는 경우에는 그러하지 아니하다.

2006.8.25 국토부 재건축 표준정관

제12조(시공자의 선정 및 계약) ① 조합은 사업시행인가를 받은 후 법 제11조제2항에 의하여 고시된 시공자 선정기준에 따라 시공자를 선정하여야 한다. 선정된 시공자를 변경하는 경우도 또한 같다.

② 조합은 제1항에 의하여 선정된 시공자와 그 업무범위 및 관련 사업비의 부담 등 사업시행 전반에 대한 내용을 협의한 후 미리 총회의 의결을 거쳐 별도의 계약을 체결하여야 하며, 그 계약내용에 따라 상호간의 권리와 의무가 부여된다. 계약내용을 변경하는 경우도 같다. 다만, 금전적인 부담이 수반되지 아니하는 사항의 변경은 대의원회(대의원회가 없는 경우 이사회)의 의결을 거쳐야 한다.

【주】조합과 시공자간의 계약은 조합원의 권익보호 및 사업추진에 매우 중요한 사항 이므로 미리 총회의 인준을 받고 계약을 체결토록 한 것이나, 경미한 사항의 경우에도 총회의 의결로 하는 경우 사업추진에 지장을 줄 수도 있으므로 금전적 부담이 수반되지 않는 경미한 사항 등은 대의원회 또는 이사회의결 등으로 할 수 있을 것임

③ 조합은 제2항에 의하여 시공자와 체결한 계약서를 조합해산 일까지 조합사무

소에 비치하여야 하며, 조합원의 열람 또는 복사요구에 응하여야 한다. 이 경우 복사에 드는 비용은 복사를 원하는 조합원이 부담한다.

④ 제2항의 계약내용에는 토지 및 건축물의 사용·처분, 공사비 및 부대비용 등 사업비의 부담, 시공보증, 시공상의 책임, 공사기간, 하자보수 책임 등에 관한 사항을 포함하여야 한다.

2003.6.30 국토부 재개발 표준정관

제12조(시공자의 선정 및 계약) ① 시공자의 선정은 일반경쟁입찰 또는 지명경쟁입찰방법으로 하되, 1회 이상 일간신문에 입찰공고를 하고, 현장설명회를 개최한 후 참여제안서를 제출받아 총회에서 선정한다. 다만, 미응찰 등의 이유로 3회 이상 유찰된 경우에는 총회의 의결을 거쳐「국가를 당사자로 하는 계약에 관한 법률 시행령」제27조를 준용하여 수의계약할 수 있다. 선정된 시공자를 변경하는 경우도 같다.

② 시공자의 업무범위 및 관련사업비의 부담 등 사업시행 전반에 대한 내용을 협의한 후 미리 총회의 인준을 받아 별도의 계약을 체결하여야 하며, 그 계약내용에 따라 상호간의 권리와 의무가 부여된다. 계약내용을 변경하는 경우도 같다. 다만, 금전적인 부담이 수반되지 아니하는 사항의 변경은 대의원회(대의원회가 없는 경우 이사회)의 인준을 받는다.

【주】조합과 시공자간의 계약은 조합원의 권익보호 및 사업추진에 매우 중요한 사항이므로 미리 총회의 인준을 받고 계약을 체결토록 한 것이나, 경미한 사항의 경우에도 총회의 의결로 하는 경우 사업추진에 지장을 줄 수도 있으므로 금전적 부담이 수반되지 않는 경미한 사항 등은 대의원회 의결 등으로 할 수도 있을 것임

③ 조합은 제2항에 의하여 시공자와 체결한 계약서를 조합해산일까지 조합사무소에 비치하여야 하며, 조합원이 열람 또는 복사요구에 응하여야 한다. 이 경우 복사에 드는 비용은 복사를 원하는 조합원이 부담한다.

④ 제2항의 계약내용에는 대지 및 건축물의 사용·처분, 공사비 및 부대비용 등 사업비의 부담, 시공보증, 시공상의 책임, 공사기간, 하자보수 책임등에 관한 사항을 포함하여야 한다.

> ■ **(서울) 재건축 표준정관 제13조(설계자의 선정 및 계약)**
> ● **(서울) 재개발 표준정관 제13조(설계자의 선정 및 계약)**: 재건축 표준정관과 같다.

재건축·재개발 표준정관의 조문 위치와 내용이 같다.

서울특별시 도시정비조례 개정으로 시공자 선정시기가 앞당겨짐에 따라 개정된 「서울특별시 공공지원 정비사업 설계자 선정기준」에서 그 내용을 담고 있다.

□ 근거규정

도시정비법 제29조, 제118조제6항, 서울특별시 도시정비조례 제77조, 「정비사업 계약업무 처리기준」 및 <u>「서울특별시 공공지원 정비사업 설계자 선정기준(2025.2.6. 고시 제2025-71호)</u>[21]

○ 제1항

별표 추진위원회 운영규정 제21조제3호

도시정비법 제29조, 제45조, 도시정비조례 제77조제6항·제7항, 「정비사업 계약업무 처리기준」 및 「서울특별시 공공지원 정비사업 설계자 선정기준」

> **재건축·재개발 표준정관**
>
> 제13조(설계자의 선정 및 계약) ① 설계자 선정·계약(변경계약을 포함한다. 이하 이 조에서 같다) 및 그 취소는 법 제29조, 조례 제77조, 「정비사업 계약업무 처리기준」 및 「서울특별시 공공지원 정비사업 설계자 선정기준」에 따라야 한다. 다만, 추진위

---

[21] 서울특별시고시 제2025-71호(2025.2.6).
서울특별시 공공지원 정비사업 설계자 선정기준 일부개정고시
정비구역이 지정·고시되기 전에 구성·설립된 추진위원회등이 설계자를 선정하는 때에는 법 제4조에 따른 서울특별시 도시·주거환경정비기본계획 상 각 목의 계획 범위에서 설계제안을 할 수 있다.
가. 정비지원계획(신속통합계획): 수립 완료된 정비지원계획(신속통합계획)
나. 신속통합기획 자문사업: 법 제15조에 따라 주민공람이 완료된 정비계획

원회가 이 조항에 따라 적법하게 선정하고 계약을 체결한 설계자는 이 정관에 의해 선정하고 계약을 체결한 설계자로 본다.

설계자의 선정 및 변경 사항은 주민총회의 의결을 거쳐 결정한다(별표 추진위원회 운영규정 제21조제3호).

설계자 선정 및 계약의 방법으로는 도시정비법 제29조, 동법 시행령 제24조, 그 하위 규정인 「정비사업 계약업무 처리기준」, 도시정비조례 제77조제6항, 제7항 및 「서울특별시 공공지원 정비사업 설계자 선정기준」 등이 있다.

서울특별시장은 설계자 선정방법 등에 대하여 다음 각 호의 내용을 포함하는 기준을 정할 수 있다(조례 제77조제6항).
1. 업체 선정에 관한 세부절차
2. 업체 선정 단계별 공공지원자 등의 기능 및 역할
3. 그 밖에 업체 선정 방법 등 지원을 위하여 필요한 사항

또한, 도시정비법 제118조제6항, 서울특별시 도시정비조례 제77조제6항에 따라 「서울특별시 공공지원 정비사업 설계자 선정기준」을 정하여 2025.1.31부터 개정, 시행 하고 있다.

○ 제2항
「서울특별시 공공지원 정비사업 설계자 선정기준」 제4조

재건축·재개발 표준정관
제13조(설계자의 선정 및 계약) ② 조합은 총회의 의결을 거쳐 설계자를 선정하고 계약을 체결하여야 하며 그 계약내용에 따라 상호간의 권리와 의무가 부여된다. 다만, 총회에 상정된 입찰참여자의 수가 ○ 이상인 경우 최다득표한 입찰참여자를 설계자로 선정할 수 있다.

표준정관에서는 총회에 상정된 입찰참여자의 수가 다수인 경우, 최다득표한 입

찰참여자를 설계자로 선정할 수 있도록 하였다.

■ 「서울특별시 공공지원 정비사업 설계자 선정기준」

사업시행자인 정비조합은 대의원회의 의결을 거쳐 입찰참여업체 중 상위 4개 이상의 업체를 총회에 상정하여야 하며, 입찰에 참여한 업체가 4개 미만인 때에는 모두 총회에 상정하여야 한다.

다만, 설계공모로 설계자를 선정하는 경우에는 입찰참여업체 수와 관계없이 별표2의 「설계공모 운영기준」에 따라 심사위원회의 사전검토를 받아야 하며, 적합하지 않은 경우 대의원회 의결을 거쳐 총회상정 대상에서 제외해야 한다(동 선정기준 제4조제2항).

정비조합은 위 제2항에 따른 설계자 선정을 총회에서 의결하며, 총회에 상정할 입찰참여업체의 선정방법 및 절차 등은 별표1의 「설계자 적격심사 기준」 또는 별표 2의 「설계공모 운영기준」에 따른다.

다만, 설계공모로 설계자를 선정하는 경우에는 국토부장관이 고시한 「건축설계공모 운영지침」 제21조[22]를 준용하여 총회에 상정되었으나 당선되지 아니한 자에 대하여 별표2의 8.6에 따라 공모안 작성비용의 일부를 보상할 수 있다(동조 제3항).

추가된 설계업무를 발주할 경우, 기존 설계자와 수의계약이 가능한지(서울시 재생협력과 2018.8.10)
Q 추가된 설계업무를 발주할 경우, 기존 설계자와 수의계약이 가능한지, 일반경쟁입찰을 해야 하는지?
A 도시정비법 제29조제1항에 따라 추진위원장 또는 사업시행자(청산인을 포함함)는 이 법 또는 다른 법령에 특별한 규정이 있는 경우를 제외하고는 계약(공사, 용역, 물품구매 및 제조 등을 포함함. 이하 같다)을 체결하려면 일반경쟁에 부쳐야 한다. 다만, 계약규모, 재난의 발생 등 대통령령으로 정하는 경우에는 입찰참가자를 지명하여 경쟁에 부치거나 수의계약으로 할 수 있다고 규정하고 있음.
또한, 동법 시행령 제24조제1항에 따라 추정가격 1억 원 이하의 용역계약인 경우 입찰참

---

[22] 국토부고시 건축 설계공모 운영지침(20216. 국토부 건축문화경관과)

가자를 지명하여 경쟁에 부칠 수 있고, 추정가격 5천만 원 이하의 용역계약인 경우, 일반경쟁입찰이 입찰자가 없거나 단독 응찰의 사유로 2회 이상 유찰된 경우 등은 수의계약으로 할 수 있음.

재건축사업에서 상가 독립정산제인 경우, 창립총회에서 상가의 대안설계자를 상가 자체적으로 선정해도 되는지(서울시 재생협력과 2017.4.5)
Q 재건축 창립총회에서 재건축의 주체는 재건축조합으로 하고 상가는 별도의 관리처분을 하는 것으로 의결된 경우, 상가의 대안설계자를 선정하고자 할 경우, 상가 자체적으로 선정해도 되는지?
A 도시정비법 제20조제1항제15호에 따르면 시공자·설계자의 선정 및 계약서에 포함될 내용은 조합정관에 포함하도록 하고 있고, 동법 제24조제3항제6호에 따라 설계자의 선정은 총회의 의결을 거치도록 하고 있으므로, 질의하신 상가의 설계자 선정 등에 관한 사항은 조합정관 및 총회 의결 결과에 따라 판단해야 할 사항임.

cf 부산광역시 재건축·재개발 표준정관

서울특별시 표준정관에는 설계자 선정에 대한 별도 조문이 있다.

반면, 부산광역시는 재건축·재개발 표준정관 제12조(시공자등 협력업체 선정 및 계약) 단일 조문에서 '시공자, 정비사업전문관리업자, 설계자, 변호사, 법무사, 세무사' 등 협력업체 선정을 하나의 조문으로 묶어 규정하고 있다.

광주광역시 재건축 표준정관

제13조(설계자의 선정 및 계약) ① 설계자의 선정·계약(변경계약을 포함한다. 이하 이 조에서 같다) 및 그 취소는 법 제29조, 조례 제69조, 「정비사업 계약업무 처리기준」에 따라야 한다. 다만, 추진위원회가 이 조항 본문에 따라 적법하게 선정하고 계약을 체결한 설계자는 이 정관에 의해 선정하고 계약을 체결한 설계자로 본다.
② 조합은 총회의 의결을 거쳐 설계자를 선정하고 계약을 체결하여야 하며 그 계약내용에 따라 상호간의 권리와 의무가 부여된다. 다만, 총회에 상정된 입찰참여자의 수가 ○ 이상인 경우 최다득표한 입찰참여자를 설계자로 선정할 수 있다.

재개발 표준정관

제13조(설계자의 선정 및 계약) ① 설계자의 선정·계약(변경계약을 포함한다. 이하 이 조에서 같다) 및 그 취소는 법 제29조, 조례 제69조, 「정비사업 계약업무 처리기준」에 따라야 한다.

② 조합은 총회의 의결을 거쳐 설계자를 선정하고 계약을 체결하여야 하며 그 계약내용에 따라 상호간의 권리와 의무가 부여된다. 다만, 총회에 상정된 입찰참여자의 수가 3 이상인 경우 최다득표한 입찰참여자를 설계자로 선정할 수 있다.

부산광역시와 달리, 설계자의 선정 및 계약에 관한 조문을 두고 있다.

2023.11.29 국토부 별표2 지정개발자(신탁업자)의 표준시행규정

관련 조문이 없다.

2006.8.25 국토부 재건축 표준정관

제13조(설계자의 선정 및 계약) ① 설계자는 건축사법 제23조에 적합하여야 하며, 설계자의 선정은 일반경쟁입찰방법 또는 지명경쟁입찰방법으로 하되, 1회 이상 일간신문에 입찰공고를 하고, 현장설명회를 개최한 후 참여제안서를 제출받아 총회에서 선정한다. 다만, 미 응찰 등의 이유로 3회 이상 유찰된 경우에는 총회의 의결을 거쳐 수의계약할 수 있다. 선정된 설계자를 변경하는 경우도 같다.

② 제12조제2항 및 제3항은 설계자의 선정 및 계약에 관하여 이를 준용한다. 이 경우 "시공자"는 각각 "설계자"로 본다.

2003.6.30 국토부 재개발 표준정관

제13조(설계자의 선정 및 계약) ① 설계자는 건축사법 제23조에 적합하여야 하며 총회의 의결을 거쳐 선정 또는 변경하여야 한다.

② 제12조제1항 내지 제3항의 규정은 설계자의 선정 및 계약에 관하여 이를 준용한다. 이 경우 "시공자"는 각각 "설계자"로 본다.

> ■ **(서울) 재건축 표준정관 제14조(정비사업전문관리업자의 선정 및 계약)**
> ● **(서울) 재개발 표준정관 제14조(정비사업전문관리업자의 선정 및 계약)**
>   :재건축 표준정관과 같다.

재건축·재개발 표준정관의 조문 위치와 내용이 같다.

시공자 선정시기가 앞당겨짐에 따라, 2023.1.19 개정된 「서울특별시 공공지원 정비사업전문관리업자 선정기준」에 그 내용을 담고 있다.

□ **근거규정**

○ **제1항**

도시정비법 제119조
「서울특별시 공공지원 정비사업전문관리업자 선정기준」(2023.1.19 개정 고시 제2023-20호)

> **재건축·재개발 표준정관**
> 제14조(정비사업전문관리업자의 선정 및 계약) ① 정비사업전문관리업자의 선정·계약(변경계약을 포함한다. 이하 이 조에서 같다) 및 그 취소는 법 제29조, 조례 제77조, 「정비사업 계약업무 처리기준」 및 「서울특별시 공공지원 정비사업전문관리업자 선정기준」에 따라야 한다.
> ② 정비사업전문관리업자에 관하여 제13조제1항 단서 및 제2항을 준용한다. 이 경우 "설계자"는 "정비사업전문관리업자"로 본다.

서울특별시 재건축·재개발 표준정관 제13조(설계자의 선정 및 계약)를 준용하며, 설계자를 정비사업전문관리업자로 의제하여 같은 규정에 담았다.

추진위원회에서 정비사업전문관리업체의 선저이 조합으로 승계하는지 여부에 대해 합급심 판결이 갈리고 있으므, 조합총회에서 추인을 받은 경우 승계된다는 설이 통설이다.

> 📕 **판례**
>
> **추진위원회에서 선정한 정비업체를 창립총회 아닌 조합총회에서 추인한 것이 유효하다**
> 대구지방법원 2024.9.5선고 2024가합200131판결, 정비사업전문관리업자 지위등 부존재확인의 소
> 【판결요지】
> 피고는 2024.3.7 정기총회 제8호 안건으로 이 사건 정비사업 용역계약을 인준, 승인하기로 결의하였는바, 이와 같은 결의가 유효한 것인지 살피건대, 앞서 본 증거 및 변론 전체의 취지를 종합하여 인정되는 다음과 같은 사정들에 의하면, 피고의 업무범위를 포함하는 이 사건 정비사업 용역계약을 인준, 승인하기로 한 2024.3.7 정기총회 제8호 안건 결의는 무효행위에 대한 추인으로서 유효하다고 봄이 타당하다.
> 피고의 추진위원회는 2017.5.25경 일반경쟁입찰을 통하여 D를 정비업체로 선정하였던 것으로 보이고, 추진위원회 단계에서의 일반경쟁입찰과 조합 단계에서의 일반경쟁입찰 절차상에 특별한 차이점이 있는 것으로도 보이지 않는다. 피고의 추진위원회가 일반경쟁입찰을 통하여 'D'를 정비업체를 선정한 이상, 피고가 일반경쟁입찰 과정까지 포함하여 이 사건 정비업체 용역계약의 무효 부분을 승인하는 결의를 하는 것도 가능하다고 봄이 타당하다.
>
> (가칭) 추진위원회와 정비사업전문관리업체가 정비계획 수립 용역을 체결한 것도 추진위원회에 승계된다는 **아래와 같은** 부산고등법원의 판결이 있다.
> 창립총회 개회에 참고하여야 할 것이다.
>
> **(가칭)추진위원회와 정비사업전문관리업체가 정비계획수립 용역 체결한 것은 추진위로 승계되어 유효하다.**
> 부산고등법원 2021.10.21선고 2021나10701판결
> 【판결요지】
> 이 사건 용역계약은 추진위원회 구성 승인 이전 단계의 가칭 추진위원회가 정비구역 지정 및 정비계획 수립 등 업무를 수행하기 위한 것으로, 이와 같이 추진위원회 구성 승인 이전 단계의 업무와 관련하여서는 구 도시정비법 제14조 제1항이 적용될 여지가 없다(만일 피고 주장과 같이 정비사업 진행 단계를 불문하고 추진위원회의 업무가 구 도시정비법 제14조제1항의 업무로 한정된다면 추진위원회가 구성 승인 이전 단계에서 정비구역 지정 및 정비계획 수립 등 필수적 절차를 수행힐 수 없게 되어 부당하나).
> 그렇다면 이 사건 용역계약이 구 도시정비법 제14조제1항에 규정된 업무가 아니더라도, 가칭 추진위원회는 추진위원회 구성 승인 이전 단계에서는 이 사건 용역계약을 그 업무범위 내에서 적법하게 체결할 수 있으며, 이에 따른 법률관계는 이 사건 추진위원회 및 피고에게 순차 승계된다 할 것이다.

▲ 유권해석

공공지원 정비사업전문관리업자 선정기준 적용 여부 (서울시 주거정비과 2024.6.18)
Q 공공지원 정비사업전문관리업자 선정기준 적용은?
A 공정하고 전문성 있는 정비사업 관리업자 선정을 위하여 도시정비법 제118조 및 서울시 도시정비조례 제73조에 따른 공공지원 정비사업에서 공공지원자, 추진위원회 또는 조합의 정비사업전문관리업자 선정에 관한 필요한 사항을 「공공지원 정비사업전문관리업자 선정기준」에 규정하고 있음.

「서울시 도시정비조례」 제73조에 따라 토지등소유자 100명 미만이고, 주거용 건축물의 건설비율이 50% 미만인 도시정비형 재개발사업은 제외한 도시정비법 제25조에 의한 조합이 시행하는 사업에 대하여 공공지원하고 있으며, 공공지원 대상사업에 해당할 경우에는 「공공지원 정비사업전문관리업자 선정기준」에 따라 업체를 선정하여야 함.

공공지원 정비사업전문관리업자 선정기준 일부 개정고시 (서울시 주거정비과 2023.4.6)
Q1 정비사업전문관리업자 선정 입찰공고는 누가 하는지?
Q2 공공지원자가 입찰서를 열람하여 평가하는지?
Q3 공공지원자가 자격심사-Ⅱ에 따라 정비사업전문관리업자를 심사하는 경우 평가위원회를 구성하여 기술제안서 평가결과를 사업시행자에게 통보하고 그 중 1개 업체를 총회에서 선정하는지?
Q4 평가점수 1위 업체가 총회 의결에서 선정이 안 되는 경우는 어떻게 하는지?
A1 「공공지원 정비사업전문관리업자 선정기준」(이하 선정기준) 제8조에 따라 공공지원자 또는 추진위원회등이 정비사업 입찰공고를 할 수 있음.
A2 선정기준 제13조에 따라 공공지원자는 나라장터를 이용하여 입찰공고에 표시한 절차 및 방법으로 입찰서를 접수 및 개봉하여야 함.
A3 A4 선정기준 [별표2]에 따르면 추진위원회등이 자격심사를 위탁하는 경우 공공지원자는 객관적 평가(업체평가 20점+가격평가 20점)와 주관적 평가(기술제안서 평가 60점)를 합산한 평가결과를 추진위원회에 통보하며 추진위원회는 고득점순으로 상위 4인 이상(60점 미만인 업체는 제외)을 총회에 상정하여 선정함. 이 경우 정비사업전문관리업자의 평가결과 비교표를 토지등소유자에게 제시하여야 함.

[별표2]

공공지원 정비사업전문관리업자 자격심사기준 - Ⅱ

1. 정비사업전문관리업자 선정기준

> ① 공공지원자는 객관적 평가(업체평가 20+가격평가 20점)와 주관적 평가(기술제안서 평가 60점)를 합산하여 80점 이상인자를 협상적격자로 선정하고 고득점 순으로 협상순위를 결정함. 단, 80점 이상인 업체가 4개 업체 미만인 경우 상위 3위(60점 미만인 업체는 제외)까지로 함.
> ② 추진위원회등이 자격심사를 위탁하는 경우 공공지원자는 객관적 평가(업체평가 20점+가격평가 20점)와 주관적 평가(기술제안서 평가 60점)를 합산한 결과를 추진위원회에 통보하며, 추진위원회는 고득점 순으로 상위 4인 이상(60점 미만인 업체는 제외)을 총회에 상정함.

○ **제3항, 제4항**

도시정비법 제106조

재건축·재개발 표준정관

제14조(정비사업전문관리업자의 선정 및 계약) ③ 조합은 정비사업전문관리업자가 법 제106조제1항에 의해 등록취소처분 등을 받은 경우 해당 업무계약의 해지여부에 관해서는 제106조 제3항에 따른 통지를 받거나 처분사실을 안 날로부터 3개월 이내에, 해당 업무의 계속수행에 대한 동의여부에 관해서는 정비사업전문관리업자가 등록취소처분 등을 받은 날부터 3개월 이내에 대의원회의 의결을 거쳐 결정하여야 한다.

【주】법 제106조제5항제1호, 제2호. 이 경우 총회의 의결을 거치도록 할 수 있으며, 100인 이하 조합으로서 대의원회가 구성되어 있지 않은 경우에는 총회 의결로 결정

④ 조합은 정비사업전문관리업자가 법 제106조제5항에 따라 등록취소처분 등을 받기 전에 계약을 체결한 업무를 계속하여 수행할 수 없게 된 경우에는 즉시 업무를 중지시키고 관련 서류를 인계받아야 한다.

■ **시·도지사의 정비사업전문관리업자에 대한 등록취소 또는 업무 정지**

필요적 취소사유: 제1호·제4호·제8호 및 제9호

시·도지사는 정비사업전문관리업자가 다음 각 호의 어느 하나에 해당하는 때에는 그 등록을 취소하거나 1년 이내의 기간을 정하여 업무의 전부 또는 일부의 정지를 명할 수 있다. 다만, 제1호·제4호·제8호 및 제9호에 해당하면 그 등록을 취소하여야 한다(법 제106조제1항).

1. 거짓, 그 밖의 부정한 방법으로 등록을 한 때
2. 제102조제1항에 따른 등록기준에 미달하게 된 때
3. 추진위원회, 사업시행자 또는 시장·군수등의 위탁이나 자문에 관한 계약 없이 제102조제1항 각 호에 따른 업무를 수행한 때
4. 제102조제1항 각 호에 따른 업무를 직접 수행하지 아니한 때
5. 고의 또는 과실로 조합에게 계약금액(정비사업전문관리업자가 조합과 체결한 총계약금액을 말한다)의 1/3 이상의 재산상 손실을 끼친 때
6. 제107조에 따른 보고·자료제출을 하지 아니하거나 거짓으로 한 때 또는 조사·검사를 거부·방해 또는 기피한 때
7. 제111조에 따른 보고·자료제출을 하지 아니하거나 거짓으로 한 때 또는 조사를 거부·방해 또는 기피한 때
8. 최근 3년간 2회 이상의 업무정지처분을 받은 자로서 그 정지처분을 받은 기간이 합산하여 12개월을 초과한 때
9. 다른 사람에게 자기의 성명 또는 상호를 사용하여 이 법에서 정한 업무를 수행하게 하거나 등록증을 대여한 때
10. 이 법을 위반하여 벌금형 이상의 선고를 받은 경우(법인의 경우에는 그 소속 임직원을 포함한다)
11. 그 밖에 이 법 또는 이 법에 따른 명령이나 처분을 위반한 때

위 제1항에 따라 등록취소처분 등을 받은 정비사업전문관리업자와 등록취소처분 등을 명한 시·도지사는 추진위원회 또는 사업시행자에게 해당 내용을 지체 없이 통지하여야 한다(동조 제3항).

■ **통지를 받거나 처분사실을 안 날 또는 등록취소처분를 날부터 3개월 이내 대의원회의 의결**(해당 업무 계속 수행여부)

정비사업전문관리업자는 제4항 전단에도 불구하고 다음 각 호의 어느 하나에 해당하는 경우에는 업무를 계속하여 수행할 수 없다(동조 제5항).
1. 사업시행자가 제3항에 따른 통지를 받거나 처분사실을 안 날부터 3개월 이내에 총회 또는 대의원회의 의결을 거쳐 해당 업무계약을 해지한 경우
2. 정비사업전문관리업자가 등록취소처분 등을 받은 날부터 3개월 이내에 사업시행자로부터 업무의 계속 수행에 대하여 동의를 받지 못한 경우. 이 경우 사업시행자가 동의를 하려는 때에는 총회 또는 대의원회의 의결을 거쳐야 한다.
3. 제1항 각 호 외의 부분 단서에 따라 등록이 취소된 경우

표준정관에서는 조합은 정비사업전문관리업자가 등록취소처분 등을 받기 전에 대의원회 의결을 거쳐 계약을 체결한 업무를 계속하여 수행할 수 없게 되면, 즉시 업무를 중지시키고 관련 서류를 인계받도록 규정하고 있다.

정비사업관리업자가 도시정비법 제106조제1항제8호의 등록취소 사유에 해당되더라도 등록취소 처분 전에 등록증을 자진 반납한 경우, 등록취소를 하지 않을 수 있는지(국토부 주거정비과 2020.3.16)

◎ 정비사업전문관리업자가 도시정비법 제106조제1항제8호의 등록취소 사유에 해당되더라도 등록취소 처분 전에 등록증을 자진 반납한 경우, 등록취소를 하지 않을 수 있는지?

Ⓐ 도시정비법 제106조제1항제8호에 따르면, "시·도지사는 정비사업전문관리업자가 '최근 3년간 2회 이상의 업무정지처분을 받은 자로서 그 정지처분을 받은 기간이 합산하여 12개월을 초과한 때'에 해당하는 때에는 그 등록을 취소하여야 한다."고 규정하고 있음.
또한, 동법 제105조제1항제6호에 따르면, "'제106조에 따라 등록이 취소된 후 2년이 경과되지 아니한 자(법인인 경우 그 대표자를 말함)'에 해당하는 자는 정비사업전문관리업의 등록을 신청할 수 없으며, 정비사업전문관리업자의 업무를 대표 또는 보조하는 임직원이 될 수 없다."고 규정하고 있음.
이때, 제106조에 따른 등록취소 처분 전에 등록증을 자진 반납하는 경우 등록취소 처분을 할 수 없다고 해석한다면, 상기 제105조제1항제6호가 형해화될 수 있으므로, 제106조에 따른 등록취소 사유에 해당하는 자가 등록증을 자진 반납하는 경우에도 등록취소 처분이 가능하다고 봄이 타당할 것임

정비사업전문관리업 반납에 따른 업무 수행 관련(국토부 주택정비과 2019.1.12)

Q 정비사업전문관리업 반납에 따른 업무 수행 관련

정비사업전문관리업 등록증을 자진 반납하여 등록취소가 된 경우, 도시정비법 제73조제3항부터 제5항을 적용하여 체결된 계약에 관한 업무를 계속 수행할 수 있는지?

A 정비사업전문관리업자가 등록증을 반납한 경우에는 계속 수행이 불가함.

도시정비법 제73조제4항에서는 정비사업전문관리업자는 제1항에 의하여 등록취소처분 등을 받기 전에 계약을 체결한 업무는 이를 계속하여 수행할 수 있다고 규정하고 있으며, 동 규정은 등록취소처분 등에 따른 사업시행자의 피해를 방지하기 위한 규정으로 질의와 같이 정비사업전문관리업자가 등록증을 자진 반납한 경우에는 적용할 수 없음.

cf 부산광역시 재건축·재개발 표준정관

서울특별시 표준정관에서는 설계자 선정에 대한 별도 조문이 있다.

반면, 부산광역시는 재건축·재개발 표준정관 제12조(시공자등 협력업체 선정 및 계약) 단일 조문에서 '시공자, 정비사업전문관리업자, 설계자, 변호사, 법무사, 세무사' 등 협력업체 선정을 하나의 조문으로 묶어 규정하고 있다.

광주광역시 재건축 표준정관

제14조(정비사업전문관리업자의 선정 및 계약) ① 정비사업전문관리업자의 선정·계약(변경계약을 포함한다. 이하 이 조에서 같다) 및 그 취소는 법 제29조, 조례 제69조, 「정비사업 계약업무 처리기준」에 따라야 한다.

② 정비사업전문관리업자에 관하여 제13조제1항 단서 및 제2항을 준용한다. 이 경우 "설계자"는 "정비사업전문관리업자"로 본다.

③ 조합은 정비사업전문관리업자가 법 제106조제1항에 의해 등록취소처분 등을 받은 경우 해당 업무계약의 해지여부에 관해서는 제106조제3항에 따른 통지를 받거나 처분사실을 안 날로부터 3개월 이내에, 해당 업무의 계속 수행에 대한 동의여부에 관해서는 정비사업전문관리업자가 등록 취소처분 등을 받은 날부터 3개월 이내에 대의원회의 의결을 거쳐 결정하여야 한다.

【주】법 제106조제5항제1호,제2호. 이 경우 총회의 의결을 거치도록 할 수 있으며, 100인 이하 조합으로서 대의원회가 구성되어 있지 않은 경우 총회 의결로 결정

④ 조합은 정비사업전문관리업자가 법 제106조제5항에 따라 등록취소처분 등을 받기 전에 계약을 체결한 업무를 계속하여 수행할 수 없게 된 경우에는 즉시 업무를 중지시키고 관련서류를 인계 받아야 한다.

재건축 표준정관에서 정비사업전문관리업자에 관하여 제13조제2항을 준용한다는 규정에 따라 "설계자" 선정 등을 "정비사업전문관리업자"의 경우로 보도록 하였다.

이 의미는 총회의 의결을 거쳐 선정하고 계약을 체결하여야 하며, 총회에 상정된 입찰참여자의 수가 3 이상인 경우, 최다득표한 입찰참여자를 정비사업전문관리업자로 선정할 수 있다.

재개발 표준정관

제14조(정비사업전문관리업자의 선정 및 계약) ① 정비사업전문관리업자의 선정·계약(변경계약을 포함한다. 이하 이 조에서 같다) 및 그 취소는 법 제29조, 조례 제69조, 「정비사업 계약업무 처리기준」에 따라야 한다.

② 조합은 정비사업전문관리업자가 법 제106조제1항에 의해 등록취소처분 등을 받은 경우 해당 업무계약의 해지여부에 관해서는 제106조 제3항에 따른 통지를 받거나 처분사실을 안 날로부터 3개월 이내에, 해당 업무의 계속 수행에 대한 동의여부에 관해서는 정비사업전문관리업자가 등록 취소처분 등을 받은 날부터 3개월 이내에 대의원회의 의결을 거쳐 결정하여야 한다.

【주】법 제106조제5항제1호,제2호. 이 경우 총회의 의결을 거치도록 할 수 있으며, 100인 이하 조합으로서 대의원회가 구성되어 있지 않은 경우에는 총회 의결루 결정

③ 조합은 정비사업전문관리업자가 법 제106조제5항에 따라 등록취소처분 등을 받기 전에 계약을 체결한 업무를 계속하여 수행할 수 없게 된 경우에는 즉시 업무를 중지시키고 관련서류를 인계 받아야 한다.

2023.11.29 국토부 별표2 지정개발자(신탁업자) 표준시행규정

관련 조문이 없다.

2006.8.25 국토부 재건축 표준정관

제14조(정비사업전문관리업자의 선정 및 계약) ① 조합이 정비사업전문관리업자를 선정 또는 계약하고자 하는 경우에는 제13조의 규정을 준용한다. 이 경우 "설계자"는 각각 "정비사업전문관리업자"로 본다.

② 조합은 정비사업전문관리업자가 법 제73조제1항에 의해 등록취소처분 등을 받은 경우, 처분 등을 통지받거나 처분사실을 안 날로부터 3월 이내 당해 업무계약의 해지여부를 결정하여야 한다.

③ 조합은 정비사업전문관리업자가 법 제73조제5항에 해당하게 되는 경우 즉시 업무를 중지시키고 관련 서류를 인계받아야 한다.

2003.6.30 국토부 재개발 표준정관

제14조(정비사업전문관리업자의 선정 및 계약) 제12조제1항 내지 제3항의 규정은 정비사업전문관리업자의 선정 및 계약에 관하여 이를 준용한다. 이 경우 "시공자"는 각각 "정비사업전문관리업자"로 본다.

【주】정비사업전문관리업자가 추진위원회에서 선정된 경우는 삭제

V. (서울·부산·광주) 재건축·재개발 표준정관 해설

4장 임원 등

제15조(임원)
제16조(임원의 직무 등)
제17조(임원의 결격사유 및 자격상실 등)
제18조(임원의 해임 등)
제19조(임직원의 보수 등)

표준시행규정은 지정개발자가 사업시행자로 조합을 구성하지 않으므로, 표준정관 제15조 내지 제19조에 대한 규정이 없다.

V

(서울·부산·광주) 재건축·재개발 표준정관 해설

> ■ (서울) 재건축 표준정관 제15조(임원)
> ● (서울) 재개발 표준정관 제15조(임원): 재건축 표준정관과 같다.

재건축·재개발 표준정관의 조문 위치와 내용이 같다.

조합임원은 출석조합원의 수 또는 재적조합원 수를 기준으로 하거나, 도시정비법에는 출석 조합원 수[23]를 기준으로 산정방법을 정하고 있다.

또한, 도시정비법상 조합에 법인격을 부여하고 조합설립인가일로부터 30일 이내에 주된 사무소 소재지에서 "임원의 성명 및 주소, 임원의 대표권을 제한하는 경우에는 그 내용, 전문조합관리인을 선정한 경우에는 그 성명 및 주소"등을 등기하여야 한다(법 제38조, 영 제36조).

조합임원은 법인등기의 등기사항이다.

□ 근거규정

○ 제1항
도시정비법 제41조제1항, 동법 시행령 제40조

---

[23] 도시정비법
제45조(총회의 의결) ③ 총회의 의결은 이 법 또는 정관에 다른 규정이 없으면 조합원 과반수의 출석과 출석 조합원의 과반수 찬성으로 한다.
제43조(조합임원 등의 결격사유 및 해임) ④ 조합임원은 제44조제2항에도 불구하고 조합원 1/10 이상의 요구로 소집된 총회에서 조합원 과반수의 출석과 출석 조합원 과반수의 동의를 받아 해임할 수 있다. 이 경우 요구자 대표로 선출된 자가 해임 총회의 소집 및 진행을 할 때에는 조합장의 권한을 대행한다.
제86조의2(조합의 해산) ② 조합장이 제1항에 따른 기간 내에 총회를 소집하지 아니한 경우 제44조제2항에도 불구하고 조합원 1/5 이상의 요구로 소집된 총회에서 조합원 과반수의 출석과 출석 조합원 과반수의 동의를 받아 해산을 의결할 수 있다. 이 경우 요구자 대표로 선출된 자가 조합 해산을 위한 총회의 소집 및 진행을 할 때에는 조합장의 권한을 대행한다.

재건축·재개발 표준정관

제15조(임원) ① 조합에는 조합원으로서 법 제41조제1항에 의한 자격을 갖춘 다음 각 호의 임원을 둔다.

1. 조합장 1인, 2. 감사 ○인, 3. 이사 ○인

【주】조합임원의 수는 시행령 제40조에서 정한 범위(이사 3명 이상, 감사 1명 이상 3명 이하. 다만, 토지등소유자의 수가 100인을 초과하는 경우에는 이사 5명 이상) 조합의 규모 등 실정을 고려하여 정함

【주】시행령 제40조에 따라 감사의 경우에는 "1명 이상 3명 이하"로, 이사의 경우에는 "3명(또는 5명) 이상 ○명 이하"로 정할 수 있을 것이나, 이 경우에는 선임, 보궐선임 또는 연임총회를 하면서 실제 몇 명을 선임할지를 정해야 할 것이고, 그 결정주체, 절차와 방법 등을 규정 위계에 맞춰 정관과 선거관리규정에 명확히 규정하여야 할 것임.

1/10,000 공유지분권자인 모 재건축추진위원장의 자격 적정여부 논란으로 시작되어, 법 개정으로 이어지면서 조합임원의 결격사유 및 해임사유 등 강화로 법제화되었다.

2023.7.18 도시정비법 개정으로 조합임원인 조합장, 이사, 감사의 자격요건으로 공유지분의 경우 과다지분 소유자를 요건으로 하면서 "정비구역에 위치한 건축물 또는 토지를 5년 이상 소유하거나, 정비구역에서 거주하고 있는 자로서 선임일 직전 3년 동안 정비구역에서 1년 이상 거주하는 요건 중 어느 하나에 해당하도록 하였다.

동시에 이를 추진위원 결격사유로 준용(법 제33조제5항)[24]하여 추진위원장, 감사, 추진위원까지 그 요건을 강화하였다.

도시정비법

제41조(조합의 임원) ① 조합은 조합원으로서 정비구역에 위치한 건축물 또는 토

---

[24] 도시정비법
제33조(추진위원회의 조직) ⑤ 추진위원회의 결격사유는 제43조제1항부터 제3항까지를 준용한다. 이 경우 "조합"은 "추진위원회"로, "조합임원"은 "추진위원"으로, "제35조에 따른 조합설립 인가권자"는 제31조에 따른 추진위원회 승인권자"로 본다. <개정 2023.7.18>

지(재건축사업의 경우에는 건축물과 그 부속토지를 말한다. 이하 이 항에서 같다)를 소유한 자[하나의 건축물 또는 토지의 소유권을 다른 사람과 공유한 경우에는 가장 많은 지분을 소유(2인 이상의 공유자가 가장 많은 지분을 소유한 경우를 포함한다)한 경우로 한정한다.] 중 다음 각 호의 어느 하나의 요건을 갖춘 조합장 1명과 이사, 감사를 임원으로 둔다. 이 경우 조합장은 선임일부터 관리처분계획인가를 받을 때까지는 해당 정비구역에서 거주(영업을 하는 자의 경우 영업을 말한다. 이하 이 조 및 제43조에서 같다)하여야 한다. <개정 2019.4.23., 2023.7.18>

  1. 정비구역에 위치한 건축물 또는 토지를 5년 이상 소유할 것
  2. 정비구역에서 거주하고 있는 자로서 선임일 직전 3년 동안 정비구역에서 1년 이상 거주할 것

제33조(추진위원회의 조직) ⑤ 추진위원의 결격사유는 제43조제1항부터 제3항까지를 준용한다. 이 경우 "조합"은 "추진위원회"로, "조합임원"은 "추진위원"으로, "제35조에 따른 조합설립 인가권자"는 "제31조에 따른 추진위원회 승인권자"로 본다. <개정 2023.7.18>

부 칙 <법률 제19560호, 2023.7.18>

제1조(시행일) 이 법은 공포 후 6개월이 경과한 날부터 시행한다. 다만, 제41조제1항의 개정규정은 공포한 날부터 시행한다.

제2조(조합임원의 자격에 관한 적용례) 제41조제1항의 개정규정은 같은 개정규정 시행 이후 조합임원을 선임(연임을 포함한다)하는 경우부터 적용한다.

■ **"조합장은 선임일부터 관리처분계획인가를 받을 때까지는 해당 정비구역에서 거주하여야 한다"는 규정의 의미**

서울특별시 강서구 방화재정비촉진구역 내 단독주택재건축 조합장의 경우, 소유주택을 임대하고 인근 재정비촉진구역의 주택으로 거주하다가 조합장직무집행정지 결정을 받았다. 비대위쪽에서 수도, 전기요금 등이 부과되지 않은 입증자료의 제출이 그 결정적 이유다.

법 제41조제1항제2호의 거주란 의미는 일정한 곳에 생활의 근거에서 살고 있다는 의미로 정비구역 내 전입신고를 마쳤다는 점은 이를 증명하는 유력한 증거가 될 수 있지만 이것만으로는 부족하다는 것이다.

조합장이 정비구역 내 전입신고가 되어 있으나 사실조회 회신 등을 통해 약 9개월간 전기 및 수도사용량이 0으로 확인된 사안에서 "채무자는 민법 제18조에서 수 개의 주소를 가질 수 있다고 주장하나 민법 제18조의 주소는 국내에서 생계를 같이하는 가족 및 국내에 소재하는 자산의 유무 등 생활관계의 객관적 사실에 따라 판정한다고 판시되고 있고(대법원 1997.11.14선고 96누2927 판결, 대법원 1990.8.14선고 89누8064판결 등 참조),

소득세법 등 법률에서 거주를 주소와 별개의 개념으로 사용하고 있으며 주민등록법에서도 주소와 거주를 구분하여 '30일 이상 거주할 목적으로 그 관할 구역에 주소'를 가진 사람에게 등록의무를 부과하는 한편 거주불명자를 조사하여 등록사항을 말소하는 규정을 두고 있으므로 채무자의 전입신고 유지 등과 도시정비법 제41조제1항 후문의 거주와는 구분되는 개념이라는 점 등을 근거로 누수로 인해 정비구역 밖 인근 가족 거주지에서 수도를 사용하였을 뿐 주로 정비구역 내 사무실에서 업무를 수행하였다는 조합장의 주장을 배척하고 직무집행을 정지하는 결정을 하였다(서울남부지방법원 2021.7.13.자 2022카합20212결정).

> **판례**
>
> 도시정비법 제41조의 조합장 거주요건은 주민등록 요건까지 요구하고 있지는 않다.
> 대전지방법원 2025.1.23선고 2024가합200360 조합장지위 부존재확인 청구의 소
> 【판결요지】
> 도시정비법 제41조제1항의 문언에 이하면, 조합장은 해당 정비구역 내에 기주하지 않더라도 영업을 하는 경우에도 그 자격요건을 구비하는바, 이러한 도시정비법 규정의 개정 취지와 문언의 내용, 주소는 동시에 두 곳 이상 있을 수 있는 점(민법 제18조 제2항), 조합장이 정비구역 내에서만 거주하지 않고 다른 곳에 주소지를 두고 있더라도 정비구역 내 마련된 주소지에서 어느 정도 거주하면서 조합업무를 수행하는 이상, 위와 같은 입법 목적은 충분히 달성될 수 있을 것으로 보이는 점 등에 비추어 볼 때,

도시정비법 제41조제1항에 규정된 조합장의 해당 정비구역 내 거주의무를 '해당 정비구역을 유일하고도 단일한 주소지로 하여 거주할 것'으로 해석하기는 어렵다. 따라서 이OO이 이 사건 정비구역 내에 생활의 근거가 되는 곳을 두고 거주하여왔다면 그 외에 다른 곳에도 주소를 두고 있더라도 도시정비법 제41조제1항의 자격요건을 갖추었다고 할 수 있다.

조합장이 정비구역 내 전입신고를 마치고 다른 주소지에서 거주한 경우의 의미
창원지방법원 마산지원 2021.7.7선고 2020가합101447판결
【판결요지】
조합장이 정비구역 내 전입신고를 마치고 다른 주소지에서 거주한 점이 문제된 사안에서 조합장이 정비구역 내에서만 거주하지 않고 다른 곳에 주소지를 두고 있더라도 정비구역 내 마련된 주소지에서 어느 정도 거주하면서 조합업무를 수행하는 이상 위와 같은 입법 목적은 충분히 달성될 수 있을 것으로 보이는 점 등에 비추어 볼 때,
도시정비법 제41조제1항에서 규정된 조합장의 해당 정비구역 내 거주의무를 '해당 정비구역을 유일하고도 단일한 주소지로 하여 거주할 것'으로 해석하기는 어렵다.

➡ 사실조회 회신 등을 통해 수도, 전기사용량이 꾸준히 발생하였음이 확인되는 반면 조합장이 누수로 정비구역 내 거주하지 못했다고 주장한 약 1달간만 수도 사용량이 발생하지 않은 경우였다

정비구역 안에서 35년 이상 거주하였으나, 조합원 자격을 취득한 8개월인 자에게도 조합임원 자격이 있는지(서울시 주거정비과 2019.1.21)

Q 정비구역 안에서 35년 이상 거주하였으나, 조합원 자격을 취득한지 8개월인 자에게도 조합임원 자격이 있는지?

A 「재건축 표준정관」 제15조(임원)제2항제1호에 따르면, 조합임원은 총회에서 조합원 과반수 출석과 출석조합원 과반수의 동의를 얻어 '피선출일 현재 사업시행구역 안에서 3년 이내 1년 이상 거주하고 있는 자'에 해당하는 조합원 중에서 선임한다고 규정하고 있음

이 규정에 따라 피선출일 현재 사업시행구역 안에서 조합원 요건을 갖추어 3년 이내 1년 이상 거주하고 있는 자를 규정하고 있음

▲ 공유의 형태가 50:50인 경우의 조합임원 자격 여부 판례 등

 판례

도시정비법 제41조제1항에서 정한 "2인 이상의 공유자가 가장 많은 지분을 소유한 경우"란 공유

자들이 모두 동일한 지분을 보유하고 있는 경우도 포함된다(서울 은평구 OO재개발조합)
서울서부지방법원 2024.6.11.자 2024카합50241결정, 조합장입후보금지 가처분
【판결요지】
도시정비법 제39조제1항제1호에서 토지 또는 건축물의 소유권이 공유일 때는 공유자들을 대표하는 1명을 조합원으로 보고 있는 점, 채무자 정관 제9조제4항제1호에서 토지 또는 건축물의 소유권과 지상권이 수인의 공유에 속하는 때에는 그 수인을 대표하는 1인을 대표조합원으로 지정하고, 대표조합원 선임동의서를 작성하여 조합에 신고하면, 대표조합원이 조합원으로서 법률행위를 행할 수 있다고 정하고 있는 점, 도시정비법 제41조제1항 본문은 과도하게 적은 지분을 소유하고 있는 사람이 조합의 임원으로 선임되는 것이 부적절함을 고려하여 개정된 조항인 점 등을 고려할 때 위 조항의 "2인 이상의 공유자가 가장 많은 지분을 소유한 경우"란 공유자들이 모두 동일한 지분을 보유하고 있는 경우도 포함되는 것으로 해석되어야 한다.

공유지분이 같은 1/2인 경우, 지분변경 없이 조합임원 후보자 가능 여부(국토부 주택정비과 2023.8.11)

❓ 공유지분이 같은 1/2인 경우, 지분변경 없이 공유자 중 한 명을 조합임원 후보자로 선임할 수 있는지?

🅰 법 제41조(조합의 임원) ① 조합은 조합원으로서 정비구역에 위치한 건축물 또는 토지(재건축사업의 경우에는 건축물과 그 부속토지를 말한다. 이하 이 항에서 같다)를 소유한 자[하나의 건축물 또는 토지의 소유권을 다른 사람과 공유한 경우에는 가장 많은 지분을 소유(2인 이상의 공유자가 가장 많은 지분을 소유한 경우를 포함한다)한 경우로 한정한다] 중 다음 각 호의 어느 하나의 요건을 갖춘 조합장 1명과 이사, 감사를 임원으로 둔다.
이 경우 조합장은 선임일부터 제74조제1항에 따른 관리처분계획인가를 받을 때까지는 해당 정비구역에서 거주(영업을 하는 자의 경우 영업을 말한다. 이하 이 조 및 제43조에서 같다)하여야 한다. <개정 2019.4.23, 2023.7.18>

1. 정비구역에 위치한 건축물 또는 토지를 5년 이상 소유할 것
2. 정비구역에서 거주하고 있는 자로서 선임일 지전 3년 동안 정비구역에서 1년 이상 거주할 것

따라서 법 제41조제1항의 개정 규정은 이 법 시행(2023.7.18) 이후 조합임원을 선임(연임을 포함한다)하는 경우부터 적용하며, 질의하신 사항처럼 <u>공유한 지분이 같은 경우에는, 지분 변경 없이 공유자 중 조합원인 한 명을 후보자로 선임할 수 있을 것으로 판단됨</u>.

해당 규정은 부칙 <법률 제19560호, 2023.7.18> 제1조(시행일) 따라 2023.7.18 개정 공포 즉시 시행되는 사항임.

○ **제2항, 제3항**

도시정비법 제41조제1항, 제45조제1항 내지 제3항 및 영 제43조제6호

재건축·재개발 표준정관

　　제15조(임원) ② 조합임원은 총회에서 선임한다. 조합장이 임기 중 궐위된 경우에도 이와 같다. 조합장을 제외한 조합임원이 임기 중 궐위된 경우에는 대의원회가 이를 보궐선임한다.

　　【주】법 제41조제1항에 따라 조합임원은 정비구역에 위치한 건축물 및 부속토지를 5년 이상 소유한 자이거나 정비구역에서 거주하고 있는 자로서 선임일 직전 3년 동안 정비구역에서 1년 이상 거주한 사람 중에서 선임하여야 함. 다만, 조합장은 선임일로부터 법 제74조제1항에 따른 관리처분계획인가를 받을 때까지 해당 정비구역에서 거주 또는 영업을 하여야 함

　　③ 제2항의 총회 또는 대의원회는 조합원 또는 대의원 과반수 출석과 출석 조합원 또는 대의원 과반수의 찬성으로 의결한다. 다만, 조합장을 제외한 조합임원의 입후보자가 선임 또는 보궐선임하려는 수 이하인 경우에는 득표수에 상관없이 모두 선임 또는 보궐선임된 것으로 보며, 조합장을 제외한 조합임원의 입후보자가 선임 또는 보궐선임하려는 임원 수를 초과한 경우에는 선임 또는 보궐선임하려는 임원 수에 이르기까지 다득표순으로 선임할 수 있다.

　　【주】상근이사를 둘 경우 총회에서 선출된 비상근 이사들 중에서 대의원회 또는 이사회에서 선출할 수도 있지만, 총회에서 비상근이사와 구별하여 직접 선출할 수도 있는바, 그때에는 선출방법(특히 의결정족수)과 지위(상근이사만을 사임하고 평이사로 남을 수 있는지) 등에 관하여 정하여야 할 것임.

총회 의결사항은 2018.2.9 도시정비법 전부개정 전까지는 "총회의 소집절차·시기 및 의결방법 등에 관하여는 정관으로 정한다."고 규정하였다.

법 제45조제3항에서 "도시정비법 또는 정관에 다른 규정이 없으면 조합원 과반수의 출석과 출석 조합원의 과반수 찬성으로 한다."고 규정하였다.

한편, 2003.6.30 국토부 재개발 표준정관 제15조제2항에서는 "조합임원은 총

회에서 조합원 과반수 출석과 출석 조합원 2/3 이상의 동의를 얻어 선임한다."고 규정한 바 있다. 1차 개정된 2006.8.25 국토부 재건축 표준정관 제15조제2항에서는 재개발의 경우 폐단을 없애기 위해 "조합임원은 총회에서 조합원 과반수 출석과 출석 조합원 과반수의 동의를 얻어 조합원 중에서 선임한다."고 완화하였다.

그럼에도 불구하고, 여러 후보자가 나와서 동의율을 충족하기 어려운 경우, 실무자들은 다수결로 선임할 수 있도록 하자는 의견이 많았다.

서울특별시 재건축·재개발 표준정관 제15조제3항에서는 조합장을 제외한 이사, 감사의 입후보자 수가 그 정수를 초과하는 경우, 위 의견을 반영하여 다득표로 선임할 수 있도록 정관에서 새롭게 정하고 있다.

도시정비법
제45조(총회의 의결) ① 다음 각 호의 사항은 총회의 의결을 거쳐야 한다.
7. 조합임원의 선임 및 해임
② 제1항 각 호의 사항 중 이 법 또는 정관에 따라 조합원의 동의가 필요한 사항은 총회에 상정하여야 한다.
③ 총회의 의결은 이 법 또는 정관에 다른 규정이 없으면 조합원 과반수의 출석과 출석 조합원의 과반수 찬성으로 한다.

도시정비법 시행령
제43조(대의원회가 총회의 권한을 대행할 수 없는 사항) 법 제46조제1항에서 "대통령령으로 정하는 사항"이란 다음 각 호의 사항을 말한다.
6. 법 제45조제1항제7호에 따른 조합임원의 선임 및 해임과 영 제42조제1항제2호에 따른 대의원의 선임 및 해임에 관한 사항. 다만, 정관으로 정하는 바에 따라 임기 중 궐위된 자(조합장은 제외한다)를 보궐선임하는 경우를 제외한다.

■ 임원의 선임·해임 총회에 공증인 출석 여부
서울특별시 ○○재정비촉진구역 내 도시정비형 재개발사업의 임원 선임 총회에서 공증변호사가 참여하지 않아 법인등기가 불가능한 사례가 있었다. 법인등기 첨부서류인 법인총회 등 의사록의 공증인 인증이 불가능하기 때문이었다.

정비조합법인의 임원 선임 또는 해임등기를 하려면 총회 의사록에 대한 공증인의 인증을 받아야 함에 유의하여야 한다.

공증인법

제66조의2(법인의사록의 인증) ① 법인 등기를 할 때 그 신청서류에 첨부되는 법인 총회 등의 의사록은 공증인의 인증을 받아야 한다. 다만, 다음 각 호의 어느 하나에 해당하는 경우에는 그러하지 아니하다.

1. 자본금 총액이 10억원 미만인 회사를 「상법」 제295조제1항에 따라 발기설립하는 경우
2. 대통령령으로 정하는 공법인 또는 비영리법인인 경우
3. 대통령령으로 정하는 경미한 사항을 의결한 경우

② 제1항 본문에 따른 인증은 공증인이 법인 총회 등의 결의의 절차 및 내용이 진실에 부합한다는 사실을 확인하고, 촉탁인이나 그 대리인으로 하여금 공증인 앞에서 의사록의 서명 또는 기명날인을 확인하게 한 후 그 사실을 적는 방법으로 한다.

③ 제2항에 따른 사실의 확인은 다음 각 호의 어느 하나에 해당하는 방법으로 한다.

1. 공증인이 해당 법인의 의결장소에 참석하여 결의의 절차 및 내용을 검사한 후 그 검사 결과와 의사록의 내용이 부합하는지를 대조하는 방법.
2. 공증인이 해당 의결을 한 자 중 그 의결에 필요한 정족수 이상의 자 또는 그 대리인으로부터 진술을 듣고 그 진술과 의사록의 내용이 부합하는지를 대조하는 방법.

○ 제4항

도시정비법 시행령 제40조, 서울특별시 표준선거관리규정 제3조

재건축·재개발 표준정관

제15조(임원) ④ 조합장이 궐위되거나 이사 또는 감사의 수가 시행령 제40조에서 정한 수에 미달된 경우 임원 선임(연임, 보궐선임 등)을 위한 조합장 직무대행자, 선거

관리위원회 구성 기타 선거관리에 필요한 사항은 조합 선거관리규정으로 정한다.

조합장이 궐위되거나 이사 또는 감사의 수가 영 제40조에서 정한 수에 미달된 경우, 임원 선임(연임, 보궐선임, 등)을 위한 조합장 직무대행자, 선거관리위원회 구성 기타 선거관리에 필요한 사항을 정하고 있다.

도시정비법 시행령
제40조(조합임원의 수) 법 제41조제1항에 따라 조합에 두는 이사의 수는 3명 이상으로 하고, 감사의 수는 1명 이상 3명 이하로 한다. 다만, 토지등소유자의 수가 100인을 초과하는 경우에는 이사의 수를 5명 이상으로 한다.

서울특별시 별표 표준선거관리규정
제3조(적용범위) 이 규정은 조합 임원, 대의원의 선거(변경, 연임, 보궐선거를 포함한다.)에 관하여 정관에서 따로 정하는 사항 외에는 본 규정을 적용하되, 그 기준에 반하지 아니하는 범위 내에서 당해 조합 선거관리위원회에서 필요한 사항을 정할 수 있다.

> **판례**
>
> 서울동부지방법원 2023.6.15선고 2022가합100996판결
> 【판결요지】
> 도시정비법은 조합임원의 선임방법, 변경 및 해임 등에 관하여 정관에서 정하는 것을 예정하고 있고(제40조제1항, 제41조제5항), 특정 임원을 해임한 조합원들의 의사를 실질적으로 반영하기 위해 재선출 제한 규정을 둘 합리적인 필요성도 인정된다고 할 것이며, 달리 위 도시정비법이 해임된 임원의 재출마 제한을 금지하는 규정을 두고 있지 않은 이상, 피고 정관 제17조제1항이 무효라고 보기 어렵다.
> 해임된 임원의 재선출을 금지하는 정관의 효력(2006.8.25 국토부 재건축표준정관 제18조제1항에 따라 해임된 자는 임·대의원으로 재선출될 수 없음)은 유효하고, 정관 근거로 선출총회에서 해임된 임원의 임원 입후보등록 반려는 유효하다.

■ **조합장 직무대행자**

재건축·재개발조합장이 해임, 유고 등으로 업무를 수행할 수 없을 경우, 조합장을 대신하여 조합을 대표할 사람이 필요함에 따라 조합정관에 일반적으로 직무대행자 선정 방법이 규정되어 있다.

부산광역시, 국토부 재건축·재개발 표준정관 제14조제8항에서도 "조합장이 유고 등으로 인하여 그 직무를 수행할 수 없을 때에는 (상근)이사 중에서 연장자순에 의하여 그 직무를 대행한다"고 규정하고 있고, 많은 조합들이 이를 정관에 그대로 반영하고 있다.

그러나 도시정비법상 직무대행자의 업무범위에 대해 별다른 규정이 없다.
기존의 조합정관에서도 구체적으로 이를 담은 곳이 없는데, 서울특별시 표준정관에서 직무대행자 선거관리에 필요한 사항은 조합 선거관리규정으로 정한다는 정도만 규정하고 있다.

■ **조합정관에 의한 직무대행자**

도시정비법상 조합정관에 따라 선임된 조합장 직무대행자의 수행할 업무 범위를 제한하지 않고 있다. 따라서, 정관에 의해 선임된 직무대행자는 기존 조합장이 수행하던 모든 업무를 수행할 수 있는 권한이 있다고 보는 것이 타당하다.

조합장의 장기구속 시를 유고로 보아, 정관에 따른 직무대행의 대표적 사례가 있다.

■ **조합장 해임으로 조합임원 중 1인이 조합장 직무대행할 경우. 해당 임원도 대의원회 구성 인원수 포함되는지**

조합장 해임으로 조합임원 중 1인이 조합장 직무대행을 할 경우, 해당 임원도 대의원회 구성 인원 수에 포함되는지에 대해 서울특별시 견해는 다음과 같다.

도시정비법 제42조제1항, 제2항에서 조합장은 대의원회 의장이 되며, 조합장이 대의원회 의장이 되는 경우 대의원으로 본다고 규정하고 있는바, 조합장도 대의원회 구성 인원수에 포함된다.

아울러 조합장 해임으로 조합임원 중 1인이 조합장 직무대행을 할 경우 대의원회 구성인원수에 포함되는지는 별도 규정이 없으나, 해당 조합정관 등에 따른 적법한 조합장 직무대행자인 경우 그 직무대행자가 대의원회 의장이 되고, 대의원회 의장인 직무대행자를 대의원으로 볼 수 있을 것으로 사료된다(서울시 주거정비과-15783, 2023.10.19).

다만, 해당 조합정관 내용, 조합장 부재사유, 기간 및 지체 없이 새로운 조합장을 선출하지 않은 사유, 직무대행자의 적정여부 등을 종합적으로 검토하여야 한다고 사족을 붙이고 있다.

> **판례**
>
> 조합장의 '유고'와 '해임·사임' 시 각각의 직무대행자 선임 방법
> 대구지방법원 2023.2.7자 2023카합10026결정, 총회개최금지가처분
> **【판결요지】**
> 채무자 정관 제15조제6항은 '조합장의 유고 등'을, 제17조제4항 단서는 '조합장의 사임 또는 해임'으로 적용 범위를 명확히 구분하여 정하고 있다. '유고'란 일반적으로 임기가 만료되기 전에 당사자가 사망, 질병 등 기타 부득이한 사정으로 그 직무를 집행할 수 없는 경우를 의미하고(대법원 2008.12.11선고 2006다57131판결 참조),
> 이에 의하면, 사임 내지 해임 이외 기타 부득이한 사정으로 조합장이 직무를 수행할 수 없는 경우에는 정관 제15조제6항에 따라 이사 중 최연장자가 조합장 직무를 대행하고, 사임 내지 해임의 경우에는 정관 제17조제4항 단서에 따라 감사가 조합장 직무대행자(임시 직무수행자)를 선임한다고 봄이 타당하다.
> 채무자 정관 제15조제6항은 조합장의 유고 시 선임 절차를 거치지 아니하고 자동적으로 이사 중 연장자순으로 직무를 대행하도록 정하면서 새로운 조합장의 선출을 예정하고 있지 아니하나, 제17주제4항 단서는 조합장이 사임 또는 해임 시 새로운 조합장을 선출할 때까지 임시로 직무수행자를 선임하는 상황을 전제하므로 직무대행자의 범위나 순서를 한정하고 있지 않다. 이와 같은 제17조제4항의 단서의 취지는 조합장이 사임 또는 해임된 경우에는 일정한 범위의 사람을 자동적으로 직무대행자로 되기보다는 감사에게 직무대행자로 가장 적절한 사람을 임시로 선임할 수 있는 권한을 부여한 것으로 보인다. 오히려 피고 주장과 같이 조합장의 사임 또는 해임 시 정관 제

15조제6항이 적용된다고 하면, 지체 없이 새로운 조합장을 선출하도록 한 정관 제17조제2항을 잠탈하는 결과가 초래될 수 있다.

조합장이 해임 또는 임기만료된 경우라도 권한대행 사유 발생 당시 해임 또는 임기만료 등으로 이미 임원 지위에 있지 아니한 종전 임원은 조합장 직무를 대행할 수 없다
서울고등법원 2021.10.6선고 2021누33397판결
【판결요지】
조합장의 해임 또는 임기만료로 조합장의 직무수행이 불가능하게 된 경우라도 권한대행 사유 발생 당시 해임 또는 임기만료 등으로 인하여 이미 임원의 지위에 있지 아니한 종전 임원은 조합장의 직무를 대행할 수 없다고 보아야 하고, 이는 그 종전 임원이 정관 제17조제2항에 의하여 임원으로서의 직무수행권을 갖는 경우라도 다르지 아니하다.
따라서 이 사건과 같이 피고의 조합장이 해임되었는데 조합장의 직무대행자로 정해진 다른 임원이 없는 경우 피고의 조합원 등 이해관계인은 대표자인 조합장이 없어 손해가 생길 염려가 있음을 이유로 민법 제63조에 따라 임시조합장의 선임을 법원에 청구하거나, 조합장의 해임 또는 임기만료 후 6개월 이상이 경과할 때까지도 새로운 조합장이 선임되지 않은 경우에는 감독관청인 서울특별시 강남구청장의 조합장 선출을 위한 총회 소집을 기다려 새로운 조합장을 선출함으로써(도시정비법 제44조 제3항) 임시조합장 혹은 새로 선출된 조합장으로 하여금 그 직무를 수행하게 함이 타당하다.
결국 이 사건 총회 당시 이미 해임, 임기만료 등으로 임원의 지위에 있지 아니한 종전 임원이 정관 제17조제2항과 제18조제2항을 중복 적용하여 조합장의 직무를 대행할 수 있었다고 볼 수 없고, 종전의 조합장이 정관 제17조 제2항에 기하여 직무를 수행할 수 있었다고 볼 수도 없다.

정관에 의한 직무대행자의 업무범위는 제한 없다
서울고등법원 2015.10.23.선고 2015나17274판결
【판결요지】
가처분에 의한 직무집행정지 시의 집무대행자는 가처분의 잠정성으로 인하여 상무에 속한 행위 밖에 할 수 없지만, 정관에 의한 직무대행자는 원칙적으로 해당 임원의 모든 권한을 행사할 수 있는 점, 도시정비법과 이 사건 정관에는 조합장 직무대행자가 임시총회를 개최하는 것을 금지하는 규정이 없는 점 등에 비추어 보면 이 사건 정관에 의항녀 조합장 직무대행자로 선임된 ○○○가 이 사건 총회를 소집한 것은 그 권한 내의 행위라고 봄이 상당하다.

■ 법원 결정에 의한 직무대행자

정관에 의한 직무대행자와 달리, 법원이 선임한 직무대행자의 권한은 한정적이다. 가처분 신청 후 법원에서 직무대행자를 선임하는 것으로, 통상적으로 변호사가 그 직을 수행하는 것이 대부분이다.

대법원은 "법원의 가처분결정에 의하여 조합장 직무를 대행하는 자를 선임한 경우에 그 직무대행자는 단지 피대행자의 직무를 대행할 수 있는 임시의 지위에 놓여 있음에 불과하므로, 그 조합을 종전과 같이 그대로 유지하면서 관리하는 한도 내의 통상업무에 속하는 사무(상무)만을 행할 수 있다고 하여야 할 것이고, 그 가처분결정에 다른 정함이 있는 경우 외에는 정비사업조합의 통상업무에 속하지 아니한 행위를 하는 것은 이러한 가처분의 본질에 반한다"고 판시하였다(2006다62362 판결 참조).

■ 직무대행자의 정비구역 내 거주의무

도시정비법 제41조제1항에 '조합장'은 선임일부터 관리처분계획인가를 받을 때까지 정비구역에서 거주해야 하고, 이에 더하여 선임일 직전 3년 동안 정비구역 내 거주 기간이 1년 이상이거나, 정비구역에 위치한 건축물 또는 토지를 5년 이상 소유하고 있어야 한다.

조합장 직무대행자는 이러한 의무가 있는지에 대해 도시정비법이나 재건축·재개발 표준정관에서는 별도로 규정이 없다.

직무대행자는 조합장이 유고 등으로 그 업무를 수행할 수 없을 때 불가피하게 임시적으로 조합을 대표하는 자라는 점을 고려할 때 정관에서 명시적으로 거주의무를 정하지 않았다면, 직무대행자에게 거주의무를 인정하기는 어렵다고 할 것이다.

○ 제5항

도시정비법 제41조제3항, 서울특별시 별표 표준선거관리규정 제3조
「선거관리위원회법」 제3조

재건축·재개발 표준정관

제15조(임원) ⑤ 조합임원의 임기는 ○년으로 하되, 총회의 사전 의결을 거쳐 연임할 수 있다.

이 경우 조합설립을 위한 창립총회에서 선임된 조합임원의 임기는 조합설립등기일로부터 개시하며, 그 후임자의 임기는 선임된 날의 다음날부터 개시한다. 다만, 제2항 및 제3항에 의하여 보궐선임된 임원(조합장은 제외한다)의 임기는 그 선임된 날부터 전임자의 잔임기간으로 한다.

> 【주1】법 제41조제3항에 조합임원의 임기는 3년 이하의 범위에서 정관으로 정하되, 연임할 수 있도록 규정하고 있음.
> 【주2】연임의 기준 및 절차를 정관 또는 조합 선거관리규정에 상세히 규정할 수 있을 것임.

부산광역시 재건축·재개발 표준정관 제13조제4항에서는 "임원의 임기는 선임된 날부터 ○년(3년 이하)까지로 하되, 총회의 의결을 거쳐 연임할 수 있다."고만 규정하고 있다.

국토부 재건축·재개발 표준정관에서도 선임된 날부터 2년까지로 하되 총회의 결을 거쳐 연임할 수 있다고만 규정하고 있어서, 연임총회 시기에 대한 규정이 없어서 분쟁이 있었다.

서울특별시 재건축·재개발 표준정관 제15조제5항에서는 "후임자의 임기는 선임된 다음날부터 개시한다."는 규정만 두고 있어, 여전히 문제가 남아있다.

도시정비법

제41조(조합의 임원) ③ 조합은 총회 의결을 거쳐 조합임원의 선출에 관한 선거관리를 「선거관리위원회법」 제3조에 따라 선거관리위원회에 위탁할 수 있다.

④ 조합임원의 임기는 3년 이하의 범위에서 정관으로 정하되, 연임할 수 있다.

⑤ 조합임원의 선출방법 등은 정관으로 정한다. 다만, 시장·군수등은 다음 각 호의 어느 하나에 해당하는 경우 시·도조례로 정하는 바에 따라 변호사·회계사·기술사 등으로서 전문조합관리인으로 선정하여 조합임원의 업무를 대행하게 할 수 있다.

1. 조합임원이 사임, 해임, 임기만료, 그 밖에 불가피한 사유 등으로 직무를 수행할 수 없는 때부터 6개월 이상 선임되지 아니한 경우

2. 총회에서 조합원 과반수의 출석과 출석조합원 과반수의 동의로 전문조합관리인의 선정을 요청하는 경우

⑤ 조합임원의 임기는 ○년으로 하되, 총회의 사전 의결을 거쳐 연임할 수 있다. 이 경우 조합설립을 위한 창립총회에서 선임된 조합임원의 임기는 조합설립등기일로부터 개시하며, 그 후임자의 임기는 선임된 날의 다음 날부터 개시한다. 다만,

제2항 및 제3항에 의하여 보궐선임된 임원(조합장은 제외한다)의 임기는 그 선임된 날부터 전임자의 잔임기간으로 한다.

선거관리위원회법
제3조(위원회의 직무) ① 선거관리위원회는 법령이 정하는 바에 의하여 다음 각 호의 사무를 행한다.
1. 국가 및 지방자치단체의 선거에 관한 사무
2. 국민투표에 관한 사무
3. 정당에 관한 사무
4. 「공공단체등 위탁선거에 관한 법률」에 따른 위탁선거에 관한 사무
5. 기타 법령으로 정하는 사무

도시정비법 제41조제3항의 경우가 선거관리위원회 법 제3조제1항제5호인 '기타 법령으로 정하는 사무'이다.

■ 연임을 위한 총회를 반드시 임기 내에 해야 하는지

2006.7.18 조합설립인가, 2008.9.9 연임결의, 임기 만료되었더라도 후임자가 선임될 때까지 그 직무를 수행할 권리가 보장되므로 임기 내에만 연임총회가 가능하다고 보기는 어렵다. 법원은 2년이 지난 후에 연임결의도 효력을 인정하였다(서울북부지방법원 2009.11.22 자 2009카합992 결정).

대법원은 "재개발 추진위원회의 운영규정의 해석상 위 추진위원회가 주민총회에 임기가 만료된 위원장이나 감사를 연임하는 안건을 상정하면서 입후보자 등록 공고 등의 절차를 거치지 않았더라도 그것이 토지소유자들의 위원장이나 감사에 대한 선출권 내지 피선출권을 침해하였다고 볼 수 없다."고 판시한 바 있다(대법원 2010.11.11선고 2009다89337판결).

별표 추진위원회 운영규정
제15조(위원의 선임 및 변경) ④ 임기가 만료된 위원은 그 후임자가 선임될 때까지

그 직무를 수행하고, 추진위원회에서는 임기가 만료된 위원의 후임자를 임기만료 전 2개월 이내에 선임하여야 하며, 위 기한 내 추진위원회에서 후임자를 선임하지 않을 경우 토지등소유자 1/5 이상이 시장·군수등의 승인을 얻어 주민총회를 소집하여 위원을 선임할 수 있으며, 이 경우 제20조제5항 및 제6항, 제24조제2항을 준용한다.

■ 후임자인 임원의 임기 시점

2006.8.25 국토부 재건축 표준정관에서는 새로 선임된 임원의 자격은 시장·군수의 조합설립변경인가 및 법인의 임원변경등기를 하여야 대외적으로 효력이 발생한다고 규정한 바 있다.

서울특별시 재건축·재개발 표준정관에서는 '후임자의 임기는 선임된 날의 다음 날부터 개시'한다고만 규정하고 있으나, 조합설립변경인가와 법인의 임원변경 등기일부터 시작된다고 정관에서 명확히 해야 할 것이다(새로운 조합장 임기 시점이 비대위의 쟁점이기도 함).

재개발조합 임원 임기 시작 시점(서울시 재생협력과 2016.2.11)
Q 전임 조합장 임기 만료 이후 조합 총회에서 조합장을 선임한 경우, 임기 시작 시점을 총회에서 조합장이 선임된 날로 보아야 하는지, 조합설립 변경인가 및 등기를 완료한 날, 혹은 최초 조합설립인가 시 적용된 임기부터 2년씩 적산하여 산정하여야 하는지?
A 조합 임원의 임기는 도시정비법 시행령 제31조제2호에 따라 조합정관에서 정한 바에 따라야 할 것이며, 이와 관련하여 「재개발조합 표준정관」 제15조3항에서는 "임원의 임기는 선임된 날부터 2년"으로 정하고 있고, 임원 선임의 대외적인 효력 발생 시점에 대하여 「표준정관」 제18조제2항에서 "인가 및 법인의 임원 변경 등기" 이후로 별도 규정하고 있음.

2006.8.25 국토부 재건축 표준정관

제18조(임원의 해임 등) ② 임원이 자의로 사임하거나 제1항에 의하여 해임되는 경우에는 지체 없이 새로운 임원을 선출하여야 한다. 이 경우 새로 선임된 임원의 자격은 시장·군수의 조합설립변경인가 및 법인의 임원변경등기를 하여야 대외적으로 효력이 발생한다.

○**제6항**
서울특별시 표준선거관리규정 제7조제2항

재건축·재개발 표준정관

제15조(임원) ⑥ 조합은 안정적인 조합 운영 및 조합업무의 연속성 확보를 위하여 조합임원의 임기만료 전 새로운 임원의 선임 또는 연임 절차를 마쳐야 한다. 다만, 부득이한 사정으로 임기 만료 전 임원 선임 또는 연임 절차가 완료되지 않은 경우에 기존 조합임원은 그 후임자가 선임될 때까지 그 직무를 수행하여야 한다.

재건축·재개발 표준정관의 조문 위치와 내용이 같다.

서울특별시 별표 표준선거관리규정

제7조(선거관리위원회 구성) ② 조합장은 임원·대의원 임기만료 60일 전까지 조합 선관위 구성을 위해 다음 각 호를 포함한 선거관리위원 후보자 등록을 조합 홈페이지에 공고하고 클린업시스템에 게시하여야 한다.

【주】조합임원의 임기는 3년 이하의 범위 내에서 조합정관에서 정하는 바에 따라 명문화하고, 임기만료 이후 임원이 처리한 업무의 효력에 대한 법률적 분쟁방지를 위해 임기만료 60일 전까지 후임자 선임업무를 개시하여야 함. 해당 조합정관 등으로 대의원의 임기를 정한 경우는 같은 기준 적용.

1. 선관위원 등록기간 및 장소
2. 선관위원 신청자격

【주】선관위원 등록자격은 조합장이 사전 대의원회와 협의하여 ○인 이상의 선거인의 추천을 받은 자, 범죄경력이 없는 자로 정할 수 있음.

임원 등 연임 관련, 표준선거관리규정[별표] 제7조 선거관리위원회 구성 여부(서울시 주거정비과 2024.1.12)

Q 조합 임원 등 연임 관련, 표준선거관리규정[별표] 제7조 선거관리위원회 구성을 적용하지 않고, 도시정비법 제41조제4항에 따라 정관에서 정한 대로 총회 의결로만 가능한지?

A 도시정비법 제41조제4항에는 조합임원의 임기는 3년 이하의 범위에서 정관으로 정하되 연임

할 수 있다고 규정하고 있고, 「서울시 정비사업 표준선거관리규정」에는 연임 여부를 결정하기 위한 총회 의결사항에 대하여 별도로 규정하고 있지 않은바, 조합임원 연임 사항은 조합정관에서 정한 바에 따라야 할 것으로 보임.

다만, 해당 조합에서 다른 후보자와 함께 선거절차를 거쳐 기존 임원이 선출되는 경우의 연임은 서울시 정비사업 표준선거관리규정[별표] 제7조에서 정한 선거관리위원회 구성 규정을 적용하여야 함.

cf 부산광역시 재건축·재개발 표준정관

제13조(임원) ① 조합에는 다음 각 호의 임원을 둔다.

1. 조합장 1인
2. 이사 ○인(3명 이상, 단 토지등소유자의 수가 100인을 초과하는 경우에는 5명 이상)
3. 감사 ○인(1명 이상 3명 이하)

② 조합임원은 총회에서 조합원 과반수 출석과 출석조합원 과반수의 동의를 얻어 다음 각 호의 1에 해당하는 조합원 중에서 선임한다. 이 경우 조합장은 선임일부터 도시정비법 제74조제1항에 따른 관리처분계획인가를 받을 때까지 해당 정비구역에서 거주(영업을 하는 자의 경우 영업을 말한다)하여야 한다.

1. 정비구역에서 거주하고 있는 자로서 선임일 직전 3년 동안 정비구역 내 거주기간이 1년 이상일 것
2. 정비구역에 위치한 건축물 또는 토지를 5년 이상 소유하고 있을 것

③ 임원의 임기 중 궐위된 경우(조합장은 제외한다)에는 제2항 각 호의 1에 해당하는 조합원 중에서 대의원회가 이를 보궐 선임한다.

④ 임원의 임기는 선임된 날부터 ○년(3년 이하)까지로 하되, 총회의 의결을 거쳐 연임할 수 있다.

⑤ 제3항에 따라 보궐 선임된 임원의 임기는 전임자의 잔임기간으로 한다.

⑥ 임기가 만료된 임원은 그 후임자가 선임될 때까지 그 직무를 수행한다.

재건축·재개발 표준정관의 조문 위치와 내용이 같다.

광주광역시 재건축·재개발 표준정관

제15조(임원) ① 조합에는 조합원으로서 법 제41조제1항에 의한 자격을 갖춘 다음 각 호의 임원을 둔다.
  1. 조합장 1인, 2. 감사 ○인, 3. 이사 ○인
  【주】조합임원의 수는 시행령 제40조에서 정한 범위(이사 3명 이상, 감사 1명 이상 3명 이하. 다만, 토지등소유자의 수가 100인을 초과하는 경우에는 이사 5명 이상) 조합의 규모 등 실정을 고려하여 정함
  【주】시행령 제40조에 따라 감사의 경우에는 "1명 이상 3명 이하"로, 이사의 경우에는 "3명(또는 5명) 이상 ○명 이하"로 정할 수 있을 것이나, 이 경우에는 선임, 보궐선임 또는 연임총회를 하면서 실제 몇 명을 선임할지 여부를 정해야 할 것이고, 그 결정주체, 절차와 방법 등을 규정 위계에 맞춰 정관과 선거관리규정에 명확히 규정하여야 할 것임
② 조합임원은 총회에서 선임한다. 조합장이 임기 중 궐위된 경우에도 이와 같다. 조합장을 제외한 조합임원이 임기 중 궐위된 경우에는 대의원회가 이를 보궐선임한다.
  【주】법 제41조제1항에 따라 조합임원은 정비구역에 위치한 건축물 또는 부속토지를 5년 이상 소유한 자이거나 정비구역에서 거주하고 있는 자로서 선임일 직전 3년 동안 정비구역에서 1년 이상 거주한 사람 중에서 선임하여야 함. 다만, 조합장은 선임일로부터 관리처분계획인가를 받을 때까지 해당 정비구역에서 거주 또는 영업을 하여야 함
③ 제2항의 총회 또는 대의원회는 조합원 또는 대의원 과반수 출석과 출석 조합원 또는 대의원 과반수의 찬성으로 의결한다. 다만, 조합장을 제외한 조합임원의 입후보자가 선임 또는 보궐선임하려는 수 이하인 경우에는 득표수에 상관없이 모두 선임 또는 보궐선임하려는 임원 수를 초과한 경우에는 선임 또는 보궐선임하려는 임원 수에 이르기까지 다득표순으로 선임할 수 있다.
  【주】상근이사를 둘 경우 총회에서 선출된 비상근이사들 중에서 대의원회 또는 이사회에서 선출할 수도 있지만, 총회에서 비상근이사와 구별하여 직접 선출할 수도 있는바, 그때에는 선출방법(특히 의결정족수)과 지위(상근이사만을 사임하고 평이사로 남을 수 있는지) 등에 관하여 정하여야 할 것임
④ 조합장이 궐위되거나 이사 또는 감사의 수가 시행령 제40조에서 정한 수에

미달한 경우 임원선임(연임, 보궐선임 등)을 위한 조합장 직무대행자, 선거관리위원회 구성 기타 선거관리에 필요한 사항은 조합 선거관리규정으로 정한다.

⑤ 조합임원의 임기는 ○년으로 하되, 총회의 사전 의결을 거쳐 연임할 수 있다. 이 경우 조합설립을 위한 창립총회에서 선임된 조합임원의 임기는 조합설립등기일로부터 개시하며, 그 후임자의 임기는 선임된 날의 다음날부터 개시한다. 다만, 제2항 및 제3항의 규정에 의하여 보궐선임된 임원(조합장은 제외한다)의 임기는 그 선임된 날부터 전임자의 잔임기간으로 한다.

【주】법 제41조제3항에 조합임원의 임기는 3년 이하의 범위에서 정관으로 정하되, 연임할 수 있도록 규정하고 있음

【주】연임의 기준 및 절차를 정관 또는 조합 선거관리규정에 상세히 규정할 수 있을 것임

【주】보궐선임된 임원의 임기는 법 제41조제3항에서 정한 범위 내 전임자의 잔임기간 및 조합선거관리규정 등을 고려하여 별도로 정할 수 있을 것이며, 보궐선거를 위한 선거관리계획 공고 시 그 임기를 명시하여야 할 것임

⑥ 조합은 안정적인 조합 운영 및 조합업무의 연속성 확보를 위하여 조합임원의 임기만료 전 새로운 임원의 선임 또는 연임 절차를 마쳐야 한다. 다만, 부득이한 사정으로 임기 만료 전 임원 선임 또는 연임 절차가 완료되지 않은 경우에 기존 조합임원은 그 후임자가 선임될 때까지 그 직무를 수행하여야 한다.

재건축·재개발 표준정관의 조문 위치와 내용이 같다.

부산광역시, 광주광역시의 표준정관에는 2023.7.18 개정된 도시정비법 제41조제1항인 공유의 경우 과다지분을 소유해야 하는 내용이 포함되지 않았다. 이를 수정해야 할 것이다.

도시정비법

제41조(조합의 임원) ① 조합은 조합원으로서 정비구역에 위치한 건축물 또는 토지(재건축사업의 경우에는 건축물과 그 부속토지를 말한다. 이하 이 항에서 같다)를 소유한 자[하나의 건축물 또는 토지의 소유권을 다른 사람과 공유한 경우에는 가장 많은 지분을 소유(2인 이상의 공유자가 가장 많은 지분을 소유한 경우를 포함한다)한

경우로 한정한다] 중 다음 각 호의 어느 하나의 요건을 갖춘 조합장 1명과 이사, 감사를 임원으로 둔다. 이 경우 조합장은 선임일부터 제74조제1항에 따른 관리처분계획인가를 받을 때까지는 해당 정비구역에서 거주(영업을 하는 자의 경우 영업을 말한다. 이하 이 조 및 제43조에서 같다)하여야 한다. <개정 2019.4.23., 2023.7.18>

1. 정비구역에 위치한 건축물 또는 토지를 5년 이상 소유할 것
2. 정비구역에서 거주하고 있는 자로서 선임일 직전 3년 동안 정비구역에서 1년 이상 거주할 것

2023.11.29 국토부 별표2 지정개발자(신탁업자) 표준시행규정

관련 조문이 없다.

2006.8.25 국토부 재건축 표준정관

제15조(임원) ① 조합에는 다음 각 호의 임원을 둔다.

1. 조합장 1인, 2. 이사 _인, 3. 감사 _인

【주】조합장 1인과 3인 이상 5인 이하(토지등소유자가 100인을 초과하는 때에는 5인 이상 10인 이하)의 이사와 1인 이상 3인 이하의 감사를 둔다.

② 조합임원은 총회에서 조합원 과반수 출석과 출석 조합원 과반수의 동의를 얻어 다음 각 호의 1에 해당하는 조합원 중에서 선임한다. 다만, 임기 중 궐위된 경우에는 다음 각 호의 1에 해당하는 조합원 중에서 대의원회가 이를 보궐선임한다.

1. 피선출일 현재 사업시행구역 안에서 3년 이내 1년 이상 거주하고 있는 자(다만, 거주의 목적이 아닌 상가 등의 건축물에서 영업 등을 하고 있는 경우 영업 등은 거주로 본다)
2. 피선출일 현재 사업시행구역 안에서 5년 이상 건축물 및 그 부속토지를 소유한 자

【주】도시정비법 제21조제3항에서 규정한 조합임원 선임관련 내용을 정리한 것임.

③ 임원의 임기는 선임된 날부터 2년까지로 하되, 총회의 의결을 거쳐 연임할 수 있다.

【주】소규모 주택단지 등 사업이 단기간 내에 완료될 수 있다고 판단하는 경우 3년으로 정할 수 있을 것임.

④ 제2항 단서에 따라 보궐선임된 임원의 임기는 전임자의 잔임기간으로 한다.

⑤ 임기가 만료된 임원은 그 후임자가 선임될 때까지 그 직무를 수행한다.

2003.6.30 국토부 재개발 표준정관

제15조(임원) ① 조합에는 다음 각호의 임원을 둔다.

1. 조합장, 2. 이사 _인, 3. 감사 _인

【주】조합장 1인과 3인 이상 5인 이하(토지등소유자가 100인을 초과하는 때에는 5인 이상 10인 이하)의 이사와 1인 이상 3인 이하의 감사를 둔다.

② 조합임원은 총회에서 조합원 과반수 출석과 출석조합원 2/3 이상의 동의를 얻어 조합원(조합설립인가일 현재 사업시행구역안에 1년 이상 거주하고 있는 자에 한한다) 중에서 선임한다. 다만, 임기 중 궐위된 경우에는 조합원 중에서 대의원회가 이를 보궐선임한다.

【주】도시정비법 제21조제3항에서 규정한 조합임원 선임 관련 내용을 정리한 것임.

③ 임원의 임기는 선임된 날부터 2년까지로 하되, 총회의 의결을 거쳐 연임할 수 있다.

【주】소규모 주택단지 등 사업이 단기간 내에 완료될 수 있다고 판단하는 경우 3년으로 정할 수 있을 것임.

④ 제2항 단서에 따라 보궐선임된 임원의 임기는 전임자의 잔임기간으로 한다.

⑤ 임기가 만료된 임원은 그 후임자가 선임될 때까지 그 직무를 수행한다.

> ■ **(서울) 재건축 표준정관 제16조(임원의 직무 등)**
> ● **(서울) 재개발 표준정관 제16조(임원의 직무 등)**: 재건축 표준정관과 같다.

재건축·재개발 표준정관의 조문 위치와 내용이 같다.

정비조합의 대표기관은 조합장[25]이며, 집행기관은 이사, 감사기관은 감사로 구성된다.

감사를 복수로 두는 경우, 각자 감사의 직무를 하는 것이며 공동으로 행사하는 것은 아니다. 이 경우 내부행정업무와 회계업무로 구분하는 것이 일반적이다.

□ **근거규정**

○ **제1항**
민법 제61조

재건축·재개발 표준정관
제16조(임원의 직무 등) ① 조합임원은 그 임기동안 또는 그 후임자가 선임될 때까지 선량한 관리자의 주의의무를 다하여 그 직무를 수행하여야 하며, 원활한 사업추진과 조합원의 권익 보호에 책임을 다하여야 한다.

선관주의 의무(善管注意義務)란 선량한 관리자의 주의 의무의 약칭으로서 채무자의 직업, 그 자가 속하는 사회적·경제적인 지위 등에서 일반적으로 요구되는 정도의 주의를 다 하는 의무이다.

---

[25] 도시정비법
제42조(조합임원의 직무 등) ① 조합장은 조합을 대표하고, 그 사무를 총괄하며, 총회 또는 제46조에 따른 대의원회의 의장이 된다.

조합임원은 정비사업법인인 조합과의 위임계약에 의하여 선임되므로, 그 계약 취지에 따라 선량한 관리자로서의 주의, 즉 선관주의 의무를 진다. 위반하여 조합에 손해가 발생하면 손해를 배상할 책임이 있다.

임원이 법령이나 정관에 위반된 행위를 하면 일단은 선관주의 의무를 위반한 것으로 본다. 임원은 직무를 수행하는 과정에서 법령과 정관을 준수하여야 하기 때문이다.

민법
제61조(이사의 주의의무) 이사는 선량한 관리자의 주의로 그 직무를 행하여야 한다.

○ 제2항
도시정비법 제42조제1항 및 제2항, 도시정비조례 제22조

재건축·재개발 표준정관
제16조(임원의 직무 등) ② 조합장은 법 제42조제1항 및 제2항에 따라 조합을 대표하고 조합의 사무를 총괄하며, 총회와 대의원회 및 이사회의 의장이 된다.

조합장은 조합의 대표기관으로 사무를 총괄하며, 총회와 대의원회 의장이 된다.

조합장은 조합을 대표하고, 그 사무를 총괄하며, 총회 또는 제46조에 따른 대의원회의 의장이 된다(법 제42조제1항).
대의원회의 의장이 되는 경우에는 조합장을 대의원으로 본다(동조 제2항).

도시정비법령에 이사 및 이사회의 업무 관련 규정이 없으며, 도시정비조례에 있다.

서울특별시 도시정비조례
제22조(조합정관에 정할 사항) 영 제38조제17호에서 "그 밖에 시·도조례로 정하는 사항"이란 다음 각 호의 사항을 말한다. <개정 2019.9.26, 2023.3.27>
1. 이사회의 설치 및 소집, 사무, 의결방법 등 이사회 운영에 관한 사항

○ **제3항**

「서울특별시 정비사업조합 등 표준 행정업무규정」 별지 제3호서식의 "업무분장"

재건축·재개발 표준정관

제16조(임원의 직무 등) ③ 이사는 상근여부를 불문하고 조합장을 보좌하고, 이사회에 상정된 사항을 심의·의결하며, 이 정관 및 이사회의 의결로 정한 바에 따라 작성한 별지 제2호서식에 따른 조합업무분장(표)에 따라 조합의 사무를 분장한다.

【주】「서울특별시 정비사업조합 등 표준행정업무규정」 별지 제2호서식의 "업무분장"을 정관의 별지 서식으로 추가하여 조합임원별 업무분장과 대직 체계를 정관으로 명시하도록 함

「서울특별시 정비사업조합 등 표준 행정업무규정」 별지 제3호서식의 "업무분장"을 정관의 별지 제2호 서식으로 하여 조합 임원별 업무분장 등 체계를 정관으로 명시하도록 하였다.

[별지 제3호 서식]

○○구역 조합(추진위)업무분장
(20 . . 일자)

구분	성명	분장 업무	비고
		○	
		○	

결재

○ **제4항**
도시정비법 제112조

> **재건축·재개발 표준정관**
>
> 제16조(임원의 직무 등) ④ 감사는 조합의 사무 및 재산상태와 회계에 관하여 감사하고 정기총회에 감사결과보고서를 제출하여야 하며, 조합원 1/5 이상의 요청이 있을 때에는 공인회계사에게 회계감사를 의뢰하여 공인회계사가 작성한 감사보고서를 총회 또는 대의원회에 제출하여야 한다.
> 【주】감사와 회계감사 의뢰에 필요한 사항에 대하여 구체적으로 정할 수 있을 것임.

사업시행자인 정비조합은 다음 각 호의 어느 하나에 해당하는 경우에는 다음 각 호의 구분에 따른 기간 이내에 「주식회사 등의 외부감사에 관한 법률」 제2조제7호 및 제9조에 따른 감사인의 회계감사를 받기 위하여 시장·군수등에게 회계감사기관의 선정·계약을 요청하여야 하며, 그 감사결과를 회계감사가 종료된 날부터 15일 이내에 시장·군수등 및 해당 조합에 보고하고 조합원이 공람할 수 있도록 하여야 한다(도시정비법 제112조제1항).

  1. 추진위원회에서 정비조합에 인계되기 전까지 납부 또는 지출된 금액과 계약 등으로 지출될 것이 확정된 금액의 합이 대통령령으로 정한 금액 이상인 경우: 추진위원회에서 사업시행자로 인계되기 전 7일 이내

  2. 사업시행계획인가·고시일 전까지 납부 또는 지출된 금액이 대통령령으로 정하는 금액 이상인 경우: 사업시행계획인가·고시일부터 20일 이내

  3. 준공인가 신청일까지 납부 또는 지출된 금액이 대통령령으로 정하는 금액 이상인 경우: 준공인가의 신청일부터 7일 이내

  4. 조합원 1/5 이상이 정비조합에게 회계감사를 요청하는 경우: 제4항에 따른 절차를 고려한 상당한 기간 이내

○ **제5항**
도시정비법 제42조제3항, 동법 시행령 제44조제5항

재건축·재개발 표준정관

제16조(임원의 직무 등) ⑤ 감사는 조합의 재산관리 또는 업무집행이 공정하지 못하거나 부정이 있음을 발견하였을 때에는 대의원회 또는 총회에 보고하여야 하며, 조합장은 보고를 위한 대의원회 또는 총회를 소집하여야 한다. 이 경우 감사의 요구에도 조합장이 소집하지 아니하는 경우에는 감사가 직접 대의원회를 소집할 수 있으며 대의원회 의결에 의하여 총회를 소집할 수 있다. 이 경우 감사가 대의원회와 총회의 소집 및 진행을 할 때에는 조합장의 권한을 대행한다.

조합장 또는 이사가 자기를 위하여 조합과 계약이나 소송을 할 때에는 감사가 조합을 대표한다(도시정비법 제42조제3항).

"정관으로 정하는 바에 따라 소집청구가 있는 때나 대의원의 1/3 이상(정관으로 달리 정한 경우에는 그에 따름)이 회의의 목적사항을 제시하여 청구하는 때" 중 어느 하나에 따른 소집청구가 있는 경우로서 조합장이 정당한 이유 없이 대의원회를 소집하지 아니한 때에는 감사가 지체 없이 이를 소집하여야 한다(도시정비법 시행령 제44조제5항).

위 제5항에 따라 대의원회를 소집하는 경우에는 감사가 의장의 직무를 대행한다(동조 제6항).

○ **제6항**
유사규정: 별표 추진위원회 운영규정 제17조제3항, 제4항

재건축·재개발 표준정관

제16조(임원의 직무 등) ⑥ 감사는 제5항의 직무위배행위 등으로 인해 감사가 필요한 경우 조합임원 또는 외부전문가로 구성된 감사위원회를 구성할 수 있다. 이 경우 감사는 감사위원회의 의장이 된다.
【주】 감사위원회 구성에 필요한 사항에 대하여 구체적으로 정할 수 있을 것임.

별표 추진위원회 운영규정과 같이 서울특별시 재건축·재개발 표준정관에서 감사가 필요한 경우, 조합임원 또는 외부전문가로 구성된 감사위원회를 구성할 수 있다. 감사는 감사위원회의 의장이 되도록 하였다.

그러나 감사위원회 구성 절차에 대해 추진위원회 운영규정에서 상세한 규정이 없어, 사실상 실효성이 없다.
조합정관 또는 하위규정에서 그 구성 및 절차에 대한 규정을 두는 것이 좋다.

별표 추진위원회 운영규정

제17조(위원의 직무 등) ③ 감사는 추진위원회의 재산관리 또는 업무집행이 공정하지 못하거나 부정이 있음을 발견하였을 때에는 추진위원회에 보고하기 위하여 위원장에게 추진위원회 소집을 요구하여야 한다.

이 경우 감사의 요구에도 불구하고 위원장이 회의를 소집하지 아니하는 경우에는 감사가 직접 추진위원회를 소집할 수 있다.

④ 감사는 제3항 직무위배행위로 인해 감사가 필요한 경우, 추진위원 또는 외부전문가로 구성된 감사위원회를 구성할 수 있다. 이 경우 감사는 감사위원회의 의장이 된다.

아래 유권해석과 같이 감사위원회의 구성 절차를 위하여 조합정관에 상세한 규정을 두는 것이 좋다.

감사가 필요한 경우 추진위원 또는 외부전문가로 구성된 감사위원회를 구성할 수 있으며, 감사는 감사위원회 의장이 된다는 규정에서 감사위원회 구성절차(국토부 주택정비과 2016.3.7)

Q 추진위원회 운영규정 제17조(위원의 직무 등)제4항인 "감사는 제3항 직무위배행위로 인해 감사가 필요한 경우 추진위원 또는 외부전문가로 구성된 감사위원회를 구성할 수 있다. 이 경우 감사는 감사위원회의 의장이 된다."는 규정에서 감사위원회를 구성하는 절차는?

A 추진위원회 운영규정 별표 제17조제4항에 따라서 감사는 제3항 직무위배행위로 인해 감사가 필요한 경우 추진위원 또는 외부전문가로 구성된 감사위원회를 구성할 수 있으나 질의하신 감사위원회 구성 절차에 대하여는 운영규정에 별도 규정되어 있지 아니함.

○ **제7항**
도시정비법 제42조제3항

> **재건축·재개발 표준정관**
> 제16조(임원의 직무 등) ⑦ 감사는 조합장 또는 이사가 조합과 자기를 위한 계약이나 소송을 할 때에는 조합을 대표한다.

조합장 또는 이사가 자기를 위하여 조합과 계약이나 소송을 할 때에는 감사가 조합을 대표한다(도시정비법 제42조제3항).

○ **제8항**
서울특별시 별표 표준선거관리규정 제50조

> **재건축·재개발 표준정관**
> 제16조(임원의 직무 등) ⑧ 조합장이 사임, 해임, 당연퇴임 등으로 인하여 궐위된 경우 상근이사 중 연장자(궐위 등으로 상근이사가 없는 경우 이사 중 연장자), 법원에서 파견된 직무대행자 순으로 그 직무를 대행한다.
> 【주】조합장 부재 시 조합의 업추무진에 상당한 지장을 초래할 수 있으므로 직무대행체제를 조합 임원 구성 등 조합 실정에 맞도록 정하여 정관에 명시해야 함.

유고, 궐위 등에 맞게 정관에 정해야 한다.
"유고(有故)"란 조합임원이 그 직을 유지하고는 있지만, (질병, 장기해외여행 등으로) 직무를 수행할 수 없는 경우, 조합장이 형사사건으로 구속기소된 경우 및 법원의 직무집행정지 결정 등으로 그 권한행사가 정지된 경우를 말한다.

"궐위"란 선출된 자가 사망·파면·해임·판결에 의한 피선자격의 상실등의 사유로 인하여 장래에 대하여 계속하여 그 직책을 수행할 수 없게 된 상태를 말한다. 서울특별시 별표 표준선거관리규정 제50조제1항에서는 조합장이 해임·사임·당연퇴임 등을 궐위된 경우로 보아 직무대행자 순을 규정하고 있음.

서울특별시 별표 표준선거관리규정

제50조(권한의 대행 등) ① 제48조에 따른 조합의 보궐선거에 대하여 조합장이 해임, 사임, 당연퇴임 등으로 궐위된 경우[26] 부조합장, 상근이사 중 연장자, 법원에서 파견된 직무대행자, 구청장 순으로 한다.

② 제49조에 따른 추진위원회의 보궐선거에 대하여 추진위원장이 해임, 사임, 당연퇴임 등으로 궐위된 경우 부위원장, 추진위원 중 연장자, 법원에서 파견된 직무대행자, 구청장 순으로 그 직무를 대행한다.

○ **제9항**
도시정비법 제49조, 민법 제70조

재건축·재개발 표준정관

제16조(임원의 직무 등) ⑨ 제8항에 따라 조합장의 직무를 대행할 조합임원이 사임·해임·당연 퇴임 등으로 부재한 경우에는 조합원 1/5 이상의 요구로 법원의 허가를 얻어 조합장 및 조합임원 선임을 위한 총회를 소집할 수 있다. 이 경우에는 요구자 대표로 선출된 자가 총회의 소집 및 진행에 있어 조합장의 권한을 대행한다.

【주】법 제49조에 따라 「민법」 제70조를 준용하여 조합원 1/5 이상의 요구로 법원의 허가를 얻어 총회를 소집할 수 있음.

---

[26] 궐위(闕位)
선출된 자가 사망·파면·해임·판결에 의한 피선자격의 상실등의 사유로 인하여 장래에 대하여 계속하여 그 직책을 수행할 수 없게 된 상태를 말함. 또한 "궐위"란 조합의 임원이 사망한 경우, 법령에 규정된 결격사유의 발생 또는 판결 기타의 사유로 자격을 상실한 경우, 사임한 경우 등 조합임원이 그 직에 존재하고 있지 아니한 경우를 의미함.
서울특별시 표준선거관리규정 제50조제1항에서는 조합장이 해임, 사임, 당연퇴임 등으로 궐위된 경우 직무대행자 순을 규정하고 있음
유고(有故)
"유고"란 조합의 임원이 그 직을 유지하고는 있지만, 질병, 장기해외여행 등으로 직무를 수행할 수 없는 경우와 법원의 직무집행정지 결정 등으로 그 권한행사가 정지된 경우를 뜻함.
조합장이 형사사건으로 구속 기소되어 있는 상황이라면 형사법상 무죄추정의 원칙을 감안하더라도 이미 조합원들의 신뢰를 상실했다고 보는 것이 타당하고, 신체적·정신적으로 일반적인 활동의 자유를 제약받고 있는 상황에서 정상적으로 그 직무를 수행하는 것이 불가능하다고 보여지는바, 이는 유고사유에 해당되고 조합정관이 정한 바에 따라 직무대행자가 조합장의 직무를 대행할 수 있다고 보여짐.
다만, 개인적인 "견해 차이"가 발생할 여지가 커, 이를 방지하기 위하여는 "유고"사유에 해당되는지 여부가 명확하지 않을 경우 이를 최종적으로 판단할 수 있는 기관을 정관에 미리 규정하여 놓는 것이 좋을 것으로 판단됨.

도시정비법

제49조(민법의 준용) 조합에 관하여는 이 법에 규정된 사항을 제외하고는 「민법」 중 사단법인에 관한 규정을 준용한다.

민법 제70조(임시총회) ① 사단법인의 이사는 필요하다고 인정한 때에는 임시총회를 소집할 수 있다.

② 총사원의 1/5 이상으로부터 회의의 목적사항을 제시하여 청구한 때에는 이사는 임시총회를 소집하여야 한다. 이 정수는 정관으로 증감할 수 있다.

③ 전항의 청구 있는 후 2주간내에 이사가 총회소집의 절차를 밟지 아니한 때에는 청구한 사원은 법원의 허가를 얻어 이를 소집할 수 있다.

○ 제10항

도시정비법 제41조제5항(전문조합관리인), 동법 시행령 제41조
서울특별시 도시정비조례 제24조(전문조합관리인의 선정 및 절차 등)
서울특별시 정비사업 전문조합관리인 선정기준(고시 제2018-206호, 2018.7.5)

재건축·재개발 표준정관

제16조(임원의 직무 등) ⑩ 제8항 및 제9항에도 불구하고 법 제41조제5항 각 호에 해당하는 경우에는 ○○구청장이 선정한 전문조합관리인이 조합임원의 직무를 대행한다.

【주】법 제41조제5항은 조합임원이 사임, 해임, 임기만료, 그 밖에 불가피한 사유 등으로 직무를 수행할 수 없는 때부터 일정기간 이상 선임되지 아니한 경우 또는 총회에서 조합원 과반수의 출석과 출석 조합원 과반수의 동의로 전문조합관리인의 선정을 요청하는 경우에 조합임원의 직무를 대행할 전문조합관리인을 선정할 수 있도록 규정하고 있음.

임원이 사임, 해임, 임기만료, 그 밖에 불가피한 사유 등으로 직무를 수행할 수 없는 때부터 6개월 이상 선임되지 아니한 경우이거나, 총회에서 조합원 과반수의 출석과 출석 조합원 과반수의 동의로 전문조합관리인의 선정을 요청하는 경우에

관할 구청장이 전문조합관리인을 선정하게 된다.
이 경우 전문조합관리인이 조합임원의 직무를 대행하게 된다.

도시정비법

제41조(조합의 임원) ⑤ 조합임원의 선출방법 등은 정관으로 정한다. 다만, 시장·군수등은 다음 각 호의 어느 하나에 해당하는 경우 시도 조례로 정하는 바에 따라 변호사·회계사·기술사 등으로서 대통령령으로 정하는 요건을 갖춘 자를 전문조합관리인으로 선정하여 조합임원의 업무를 대행하게 할 수 있다. <개정 2019.4.23>

1. 조합임원이 사임, 해임, 임기만료, 그 밖에 불가피한 사유 등으로 직무를 수행할 수 없는 때부터 6개월 이상 선임되지 아니한 경우
2. 총회에서 조합원 과반수의 출석과 출석 조합원 과반수의 동의로 전문조합관리인의 선정을 요청하는 경우

법 제41조제5항에 따라 「서울특별시 정비사업 전문조합관리인 선정기준」을 최초로 제정하여 고시(서울특별시고시 제2018-206호, 2018.7.5)하였다.

도시정비법 시행령

제41조(전문조합관리인의 선정) ① 법 제41조제5항 단서에서 "대통령령으로 정하는 요건을 갖춘 자"란 다음 각 호의 어느 하나에 해당하는 사람을 말한다. <개정 2020.2.18>

1. 다음 각 목의 어느 하나에 해당하는 자격을 취득한 후 정비사업 관련 업무에 5년 이상 종사한 경력이 있는 사람.
 가. 변호사, 나. 공인회계사, 다. 법무사, 라. 세무사, 마. 건축사,
 바. 도시계획·건축분야의 기술사, 사. 감정평가사 아. 행정사(일반행정사를 말한다)
2. 조합임원으로 5년 이상 종사한 사람.
3. 공무원 또는 공공기관의 임직원으로 정비사업 관련 업무에 5년 이상 종사한 사람.
4. 정비사업전문관리업자에 소속되어 정비사업 관련 업무에 10년 이상 종사한 사람.
5. 「건설산업기본법」 제2조제7호에 따른 건설사업자에 소속되어 정비사업 관련 업무에 10년 이상 종사한 사람.

6. 제1호부터 제5호까지의 경력을 합산한 경력이 5년 이상인 사람. 이 경우 같은 시기의 경력은 중복하여 계산하지 아니하며, 제4호 및 제5호의 경력은 1/2만 포함하여 계산한다.

② 시장·군수등은 법 제41조제5항 단서에 따른 전문조합관리인의 선정이 필요하다고 인정하거나 조합원(추진위원회의 경우에는 토지등소유자를 말한다. 이하 이 조에서 같다) 1/3 이상이 전문조합관리인의 선정을 요청하면 공개모집을 통하여 전문조합관리인을 선정할 수 있다.

이 경우 조합 또는 추진위원회의 의견을 들어야 한다.

③ 전문조합관리인은 선임 후 6개월 이내에 법 제115조에 따른 교육을 60시간 이상 받아야 한다. 다만, 선임 전 최근 3년 이내에 해당 교육을 60시간 이상 받은 경우에는 그러하지 아니하다.

④ 전문조합관리인의 임기는 3년으로 한다.

서울특별시 도시정비조례

제24조(전문조합관리인의 선정 및 절차 등) ① 구청장은 영 제41조제2항에 따라 전문조합관리인을 공개모집하는 경우 응시자격, 심사절차 등 응시자가 알아야 할 사항을 해당 지역에서 발간되는 일간신문에 공고하고, 자치구 인터넷 홈페이지, 종합정보관리시스템 등에 10일 이상 공고하여야 한다. <개정 2021.9.30>

② 구청장은 다음 각 호의 어느 하나에 해당하는 경우에는 7일의 범위에서 제1항에 따른 공고를 다시 할 수 있다.

1. 제1항에 따른 공고의 결과 응시자가 없는 경우
2. 제3항의 선정위원회가 응시자 중 적격자가 없다고 결정한 경우

③ 구청장은 전문조합관리인 선정을 위해 필요한 경우 선정위원회를 구성·운영할 수 있다.

④ 선정위원회는 다음 각 호에 해당하는 사람 중 위원장을 포함하여 5명 이상으로 구성하고, 위원장은 제2호의 전문가 중 1명을 호선하며 제16조제3항은 선정위원회 구성 시 준용한다.

이 경우 "검증위원회"는 "선정위원회"로 본다.

1. 해당 자치구에서 정비사업 업무에 종사하는 6급 이상 공무원

2. 영 제41조제1항 각 호에 해당하는 정비사업 분야 전문가

⑤ 선정위원회 위원의 제척·기피·회피에 관한 사항은 제18조를 준용한다. 이 경우 "검증위원회 및 재검증위원회"는 "선정위원회"로 본다.

⑥ 구청장은 전문조합관리인을 선정한 경우 15일 이내에 해당 조합 또는 추진위원회와 조합원, 토지등소유자에게 통보하여야 한다.

⑦ 시장은 전문조합관리인 선정에 필요한 기준을 정하여 고시할 수 있다.

전문조합관리인 선정 절차(서울시 주거정비과 2020.1.16)

Q 전문조합관리인의 선정절차 및 전문조합관리인의 업무 및 임기(연임 가능 여부 등)는?

A 전문조합관리인의 선정절차는 「서울특별시 정비사업 전문조합관리인 선정기준」 제4조~제9조(붙임 참조)를 참고바라며, 같은 기준 제11조제1항에 따르면 전문조합관리인의 임기는 구청장이 선정을 완료한 후 해당 조합 또는 추진위원회에 선정사실을 통보한 날로부터 3년으로 하며(연임할 수 있음), 조합정관 또는 추진위원회 운영규정에서 정해진 임원의 직무를 수행한다고 규정하고 있음.

▶ 「서울특별시 정비사업 전문조합관리인 선정기준」

제4조(전문조합관리인의 선정요청), 제5조(후보자 기준), 제6조(선정공고)

제7조(선정위원회 구성), 제8조(심사), 제9조(선정자 발표 및 선정)

제11조(전문조합관리인의 임무 등) ① 전문조합관리인은 구청장이 선정을 완료한 후 해당 조합 또는 추진위원회에 선정사실을 통보한 날부터 조합정관 또는 추진위원회 운영규정에서 정해진 임원의 직무를 수행한다.

② 전문조합관리인의 보수 등 근로조건은 선정공고 및 해당 조합 또는 추진위원회에서 정하는 규정에 따른다.

③ 전문조합관리인의 임기는 구청장이 해당 조합 또는 추진위원회에 선정사실을 통보한 날로부터 3년으로 하며, 연임할 수 있다.

○ 제11항

서울특별시 별표 표준행정업무규정 제8조, 제9조, 제18조, 제19조 및 제21조 내지 제25조

재건축·재개발 표준정관

제16조(임원의 직무 등) ⑪ 조합은 그 사무를 집행하기 위하여 필요하다고 인정하는 때에는 상근하는 임원을 둘 수 있다. 이 경우 상근임원의 선임, 업무, 보수 등에 관한 사항은 조합 업무규정으로 정한다.

아래 서울특별시 표준행정업무규정 제8조, 제9조, 제18조, 제19조 및 제21조 내지 제25조 등이 관련 규정으로, 정관에서 조합 행정업무규정에 위임하는 형식으로 정할 수 있다.

서울특별시 별표 표준행정업무규정

제8조(상근임원(위원)·직원의 수) 조합등의 상근임원(위원)·직원의 수는 다음 각 호와 같다.
 1. 조합장(또는 추진위원장) 1인
 2. 상근임원(위원) ○인 이내
 3. 직원 ○인 이내

제9조(채용원칙) 상근임원(위원) 임명 및 직원 채용은 소정의 자격을 구비한 자 중에서 다음 각 호와 같은 방법을 원칙으로 하되 별도 선거관리규정으로 따로 정할 수 있다.
 1. 상근임원은 총회에서 상근이사를 선출하거나, 선출된 이사 중에서 조합장이 추천하여 이사회 또는 대의원회 의결을 통하여 임명한다.
 2. 상근위원은 추진위원 중에서 추진위원장이 추천하여 추진위원회의 의결을 통하여 임명한다.
 3. 직원은 조합장등이 추천하여 이사회 또는 추진위원회의 결의에 의해 채용할 수 있다. 다만, 채용결과에 대한 사후 인준절차 등을 정관 등에서 따로 정한 경우에는 그에 따른다.

제18조(적용범위) 이 규정은 상근임원(위원) 직원, 대의원등 보수지급 및 각종 회의비 지급에 대하여 적용한다.

제19조(보수지급 기준 등) ① 상근임원(위원) 직원의 임금은 매년 총회의 예산(안) 의결을 거쳐 확정한 금액을 지급한다.

② 임금은 당월 1일부터 말일까지로 계산하고 매월 ○○일 지급한다. 단, 지급일이 공휴일인 경우 그 전일에 지급한다.

③ 상여금은 월정급여액을 기준으로 지급하고 현재 근무 중인 자에 한하여 다음 각 호에 따라 지급한다.

1. 3개월 이하 근무한 자는 지급하지 아니한다.
2. 3개월 초과 1년 미만 근무한 자는 반액을 지급한다.
3. 1년 이상 근무한 자는 전액을 지급한다.

④ 근무기간이 1개월 미만인 자의 보수는 일할 계산한다.

⑤ 임금은 제1항에 정한 금액에서 각종공과금을 원천징수하고 무통장입금 또는 계좌이체로 지급한다.

⑥ 임금은 지급할 때마다 별지 제2호 서식의 임금대장을 작성하고 서식은 조합등이 변경하여 사용할 수 있다.

⑦ 상근임원(위원) 직원의 임금은 구역 여건 및 필요에 따라 연 1회에 한하여 인상할 수 있다.

⑧ 조합등은 조합 임원에게 임금 및 상여금 외에 별도의 성과급을 지급하지 않는 것을 원칙으로 한다.

제20조(회의 수당 등) ① 조합등의 운영을 위한 제반 회의(이사회의, 대의원회의, 추진위원회의 등) 참석 수당은 매년 총회에서 예산(안)의 의결을 거쳐 지급한다. 다만, 상근임원(위원)은 지급하지 아니한다.

② 회의 참석수당의 지급요건은 회의개시 때부터 회의종료 때까지의 참석인원에 한하며 회의 수당은 무통장입금 또는 계좌이체를 통해 지급하는 것을 원칙으로 한다.

③ 감사의 감사업무 수당은 감사가 조합등 업무와 관련하여 감사를 시행할 때 매년 총회에서 예산(안)의 의결을 거쳐 확정된 감사수당을 무통장입금 및 계좌이체를 통해 지급한다.

④ 조합등의 요청에 따라 정비사업 관련 자문, 회의 등에 참석하는 외부 전문가(변호사등)는 회의수당에 준하여 수당을 지급할 수 있다. 다만 회의참석이 용역 계

약 등에 따른 업무에 해당하는 경우는 지급하지 아니한다.

⑤ 선거관리위원회 위원 등 수당은 선거관리규정 등 별도 규정이 있는 경우 그에 따른다.

⑥ 총회 개최 시 현장에 직접 참석한 조합원 또는 토지등소유자에게 총회 예산 범위 내에서 참석수당을 지급할 수도 있다. 단 상근임원(위원)은 지급하지 아니한다.

제21조(실비변상 등) ① 상근임원(위원)·직원 외의 자가 조합등의 업무처리와 관련하여 사전에 조합장등의 결재를 득한 내용의 회의참석, 자료수집 및 조사분석, 기타 조합관련 업무 수행에서 발생한 비용에 대하여서는 이사회(사무국)의 결정에 따라 일정한 금액의 실비 또는 업무 추진비를 지급할 수 있고, 이 경우 추후 대의원회등에 보고하여야 한다.

② 실비변상은 적격증빙 영수증을 첨부하여 지급 및 정산하는 것을 원칙으로 한다.

제22조(퇴직금의 지급) ① 상근임원(위원) 직원이 1년 이상 계속 근무하고 퇴직하는 경우에 퇴직금을 지급한다.

② 퇴직금은 계속 근무 연수 1년에 대하여 30일분 이상의 평균임금을 퇴직금으로 하며, 기타 지급방법 등은 근로자퇴직급여 보장법 등 관련 법령을 준용할 수 있다.

제23조(유예조치) 조합설립 창립총회에서 수립·의결된 조합예산은 조합설립인가 후부터 적용한다.

제24조(업무상 재해보상) 상근임원(위원) 직원이 업무와 관련한 사망 또는 부상으로 치료를 요청하는 경우에는 근로기준법 등 관련법령의 보상 기준에 준하여 보상할 수 있다.

제25조(손해배상) 상근임원(위원) 직원이 업무상 고의 또는 중대한 과실로 인하여 조합등에 손해를 끼쳤을 때에는 손해배상 청구 및 구상권 행사를 할 수 있다.

■ 재건축조합장 인센티브 관련 판례
갑 재건축조합의 임시총회에서 '조합해산 시 추가이익이 발생하여 조합원들에 대한 환급금이 상승하고 추가부담금이 감소할 경우 추가이익금의 20%(대략 200억 원)를 조합 임원들에 대한 인센티브(성과급)로 지급한다'는 취지의 총회 결의를 하였다.

이에 조합원들의 일부가 위 결의에 대해 무효 확인을 구한 사안이다.

차후에 발생하는 추가이익금의 상당한 부분에 해당하는 금액을 조합 임원들에게 인센티브로 지급하도록 하는 내용을 총회에서 결의하는 경우 조합 임원들에게 지급하기로 한 인센티브의 내용이 부당하게 과다하여 신의성실의 원칙이나 형평의 관념에 반한다고 볼 만한 특별한 사정이 있는 때에는 적당하다고 인정되는 범위를 벗어난 인센티브 지급에 대한 결의 부분은 그 효력이 없다고 보아야 한다.

인센티브의 내용이 부당하게 과다한지는 조합 임원들이 업무를 수행한 기간, 업무수행 경과와 난이도, 실제 기울인 노력의 정도, 조합원들이 재건축사업의 결과로 얻게 되는 이익의 규모, 재건축사업으로 손실이 발생할 경우 조합 임원들이 보상액을 지급하기로 하였다면 그 손실보상액의 한도, 총회 결의 이후 재건축사업 진행 경과에 따라 조합원들이 예상할 수 없는 사정변경이 있었는지, 그 밖에 변론에 나타난 여러 사정을 종합적으로 고려하여 판단하여야 한다(대법원 2020.9.3선고 2017다218987, 218994판결).

○ **제12항**
도시정비법 제42조제4항
유사규정: 별표 추진위원회 운영규정 제17조제8항

> **재건축·재개발 표준정관**
> 제16조(임원의 직무 등) ⑫ 조합임원은 법 제42조제4항에 따라 같은 목적의 정비사업을 시행하는 다른 조합·추진위원회의 임원 또는 직원을 겸할 수 없으며, 사업과 관련된 시공자·설계자·정비사업전문관리업자 등 관련단체의 임원·위원 또는 직원을 겸할 수 없다.
> 【주】이에 위반하여 임원 등을 겸하는 경우 그 겸하게 된 지위 중 어느 지위를 인정하지 않을 것인지 정할 수 있을 것임.

도시정비법

제42조(조합임원의 직무 등) ④ 조합임원은 같은 목적의 정비사업을 하는 다른 조합의 임원 또는 직원을 겸할 수 없다.

별표 추진위원회 운영규정

제17조(위원의 직무 등) ⑧ 위원은 동일한 목적의 사업을 시행하는 다른 조합·추진위원회 또는 정비사업전문관리업자 등 관련단체의 임원·위원 또는 직원을 겸할 수 없다.

조합원의 겸직 금지와 관련, 당해 사업이란 소속된 조합에서 하는 정비사업을 말하는지(국토부 주택정비과 2016.5.10)

Q 재건축조합정관 제16조(임원의 직무 등) 제8항인 "조합임원은 같은 목적의 사업을 시행하는 다른 조합, 추진위원회 또는 당해 사업과 관련하여 시공자, 설계자, 정비사업전문관리업자 등 관련 단체의 임원, 위원 또는 직원을 겸할 수 없다."에서,
당해 사업이란 소속된 조합에서 하는 재건축사업을 말하는지?

A 도시정비법 제20조제2항에 따라 표준정관을 작성하여 보급할 수 있도록 하고 있으나, 표준정관은 하나의 예시로서 유권해석을 하고 있지 않음.
다만, 동법 제22조제5항에 따라 조합임원은 같은 목적의 정비사업을 하는 조합임원 또는 직원을 겸할 수 없도록 하고 있음.

○ **제13항**

도시정비법 제115조, 동법 시행령 제90조
서울특별시 도시정비조례 제63조

재건축·재개발 표준정관

제16조(임원의 직무 등) ⑬ 조합임원은 선임 후 6개월 이내에 법 제115조 및 조례 제63조에 따른 교육을 20시간 이상 이수하여야 한다. 다만, 선임일 직전 3년 이내에 해당 교육을 이수한 경우에는 그러하지 아니하다.
【주】교육 이수여부는 그 증명서등을 정비사업 정보몽땅에 공개하는 방법 등으로 확인할 수 있음.

서울특별시 정비사업 종합정보관리시스템 매뉴얼 중 정비사업아카데미 교육신청 방법(일반시민, 조합원, 조합직원)이 있다.

필자는 서울특별시 중랑구청, 광주광역시, 인천광역시 등에서 정비사업 아카데미 교육 강사로서 참여한 바 있다.
추진위원회·조합 집행부 관계자들 외에도 일반 투자자들도 섞여 있어, 조합임원의 전문성 확보 교육이 쉽지 않았다.

창립총회 전에 조합임원 후보에 대한 정비사업의 전문성 교육을 위하여, 아래와 같은 추가안이 필요할 것이다.

● **추가(안)**
제16조(임원의 직무 등) ⑭창립총회 임원 후보는 서울특별시, 인천광역시, 경기도 도시정비조합협회 사단법인 등에서 시행하는 도시정비사업 아카데미교육 20시간 이상 이수하여야 한다.
【주】교육 이수여부는 사단법인에서 발행하는 교육이수증을 해당 추진위원회, 조합 홈페이지에 공개하는 방법 등으로 확인할 수 있음.

■ **교육개요 <PC/모바일로 듣는 e-정비사업 아카데미>**
대상: 서울시민, 조합(추진위) 임원, 전문조합관리인, 시구 공무원 등
과정: e-재개발·재건축 정비사업 아카데미, 일반과정(9차시), e-재개발·재건축 정비사업 아카데미, 심화과정(24차시), e-정비사업 공공지원 실무과정(15차시)
서비스 제공: 시민(서울시 평생학습포털), 공무원(서울시 인재개발원)
수강방법: 홈페이지 회원가입 → 로그인(ID/PW) → 수강신청(정비사업 아카데미) → 수강
교육기간: 상시

■ **e-재개발·재건축 정비사업 아카데미, 일반과정**
1. 정비사업이란 무엇인가 20분/음성파일만 제공, 교재는 미지급(이하 같음)
2. 기본계획의 수립과 정비구역의 지정 24분

3. 조합설립추진위원회의 구성 21분

4. 조합설립인가 13분

5. 조합의 구성 및 운영 20분

6. 사업시행계획인가 13분

7. 관리처분계획인가 15분

8. 이주·철거 및 착공 21분

9. 준공 및 이전고시

■ e-재개발·재건축 정비사업 아카데미, 심화과정/음성파일만 제공, 교재는 미지급 (이하 같음)

1. 정비사업의 이해 22분

2. 기본계획과 정비계획(Ⅰ) 22분

3. 기본계획과 정비계획(Ⅱ) 20분

4. 추진위원회 구성 및 운영기관 29분

5. 정비사업의 사업성 분석 20분

6. 조합설립 동의서 징구 및 토지등소유자의 산정방법 36분

7. 조합설립 창립총회 및 정관의 작성 36분

8. 조합설립인가 및 변경 25분

9. 조합임원의 선출과 역할 20분

10. 조합의 운영기관 24분

11. 정보공개 28분

12. 건축심의와 영향평가 28분

13. 정비기반시설의 설치 및 귀속 32분

14. 사업시행계획서의 작성 26분

15. 사업시행계획인가 및 변경 22분

16. 정비사업 감정평가의 이해 42분

17. 분양대상자 및 분양신청 35분

18. 관리처분계획서의 작성 24분

19. 관리처분계획인가 및 변경 26분

20. 철거 및 일반분양승인 14분

21. 준공 및 이전고시 27분
22. 조합 청산 및 해산 35분
23. 정비사업 관련 세제 (Ⅰ) 33분
24. 정비사업 관련 세제 (Ⅱ) 25분

■ **e-정비사업 공공지원 실무(실무과정)**
1. 공공지원제도의 이해 17분
2. 공공지원 추진위원회 구성 및 조합설립 지원 23분
3. 조합 등 공정한 임원 선출 24분
4. 표준 행정업무규정과 주요 서식 39분
5. 정비사업 조합 등 예산 및 회계 관리 43분
6. 정비사업 조합 등 결산보고 44분
7. 주요 질의회신 사례로 본 표준 예산·회계규정 34분
8. 투명한 업체선정을 위한 법령 및 공공지원 제도 28분
9. 정비사업전문관리업자의 선정 20분
10. 설계자의 역할과 선정기준 28분
11. 시공사 선정 절차와 입찰지침서의 작성 28분
12. 공정한 의사결정을 위한 총회의 운영 29분
13. 공동사업시행 건설업자의 선정기준 26분
14. 정비사업 정보몽땅의 이해 33분
15. 사업비 및 분담금 추정 32분

도시정비법

제115조(교육의 실시) 국토부장관, 시·도지사, 시장, 군수 또는 구청장은 추진위원장 및 감사, 조합임원, 전문조합관리인, 정비사업전문관리업자의 대표자 및 기술인력, 토지등소유자 등에 대하여 대통령령[27]으로 정하는 바에 따라 교육을 실시할 수 있다.

27 　　도시정비법 시행령
　　　제90조(교육의 실시) 법 제115조에 따른 교육의 내용에는 다음 각 호의 사항이 포함되어야 한다.
　　　　1. 주택건설 제도

서울특별시 도시정비조례

제63조(교육의 실시 및 이수 등) ① 법 제115조 및 영 제90조에 따라 시장 또는 구청장이 교육을 실시하는 경우 추진위원장 및 감사, 조합임원, 전문조합관리인 등은 교육을 이수하여야 하며, 정비사업전문관리업자의 대표자 및 기술인력, 토지등소유자 등에 대하여도 교육을 실시할 수 있고 필요한 경우에는 교육 의무이수 대상자를 지정할 수 있다.

② 시장 또는 구청장은 제1항에 따라 교육을 실시하는 경우 다음 각 호의 내용을 포함한 기준을 정하여 공고할 수 있다.

1. 영 제90조에 따른 교육의 세부내용
2. 교육 이수 시기
3. 제1항에 따른 교육 의무이수 대상자
4. 그 밖에 필요한 사항

<2021.2.17 서울특별시 보도자료>

서울시, 재개발·재건축 교육 'e-정비사업 아카데미' PC·모바일로 운영
- 「e-(재개발·재건축) 정비사업 아카데미」 PC·모바일로 24시간 누구나 무료 수강
- 입문자용 '일반', 사업 단계별 '심화'…시 평생학습포털·인재개발원 홈피 통해 상시 접수
- 비말 감염 우려 있는 오프라인 강좌는 코로나19 상황에 따라 탄력 진행

서울시 '정비사업 아카데미'는 조합 임원, 토지 등 소유자 같은 정비사업 주체들이 사업을 더 원활하고 투명하게 추진할 수 있도록 변호사, 회계사, 건축사 등 관련 전문가가 맞춤형으로 교육해주는 강좌다. 코로나바이러스 상황에도 불구하고 2020년 e-정비사업 아카데미는 6,384명이 수강했다.

□ e-정비사업 아카데미에서는 ▲정비사업 입문자를 위한 '일반과정' ▲정비사업 단계(계획~시행~완료)별로 심도 깊은 내용을 다룬 '심화과정'이 운영 중이다.

---

2. 도시 및 주택 정비사업 관련 제도
3. 정비사업 관련 회계 및 세무 관련 사항
4. 그 밖에 국토부장관이 정하는 사항

국토부장관이 정하는 사항인 도시정비법 시행규칙에서는 별도 규정을 두고 있지 않다.

■ **조합임원의 공무원 의제규정**

조합임원인 조합장, 이사, 감사 등은 법 제134조에 의한 벌칙 적용에서 공무원으로 의제받는다. 일부 조합에서는 조합원이 조합의 사무국장이나, 사무장으로 근무하는 사례가 있는데, 이 경우 공무원 의제규정 대상이 아니다.

일부 조합의 임원에 대해 직무유기 등으로 고발장을 제출하는 경우가 종종 있는데, 이는 구성요건에 해당되지 않아 해임의 사유는 될지 몰라도, 형사처벌 대상이 되지 않는다.

조합임원이 공무원 의제규정을 받더라도 뇌물죄가 아닌 직무유기, 직권남용죄는 의제규정에 해당되지 않는다.

도시정비법

제134조(벌칙 적용에서 공무원 의제) 추진위원장·조합임원·청산인·전문조합관리인 및 정비사업전문관리업자의 대표자(법인인 경우에는 임원을 말한다)·직원 및 위탁지원자는 형법 제129조부터 제132조까지의 규정을 적용할 때에는 공무원으로 본다.

■ **형법 제129조~제132조의 적용을 받는 공무원으로 의제**

아래 형법 조문에서 '공무원·중재인이거나 될 자'에 대해 '조합임원이거나 전문조합관리인, 청산인 이거나 될 자'로 대입하여 해석하면 될 것이다. 또한 공무원으로 의제받는 범죄는 수뢰, 사전수뢰, 제3자 뇌물제공, 수뢰후 부정처사, 사후수뢰 및 알선수뢰만 해당된다.

제129조(수뢰, 사전수뢰) ① 공무원 또는 중재인이 그 직무에 관하여 뇌물을 수수, 요구 또는 약속한 때에는 5년 이하의 징역 또는 10년 이하의 자격정지에 처한다.
② 공무원 또는 중재인이 될 자가 그 담당할 직무에 관하여 청탁을 받고 뇌물을 수수, 요구 또는 약속한 후 공무원 또는 중재인이 된 때에는 3년 이하의 징역 또는 7년 이하의 자격정지에 처한다.

제130조(제삼자뇌물제공) 공무원 또는 중재인이 그 직무에 관하여 부정한 청탁을 받고 제3자에게 뇌물을 공여하게 하거나 공여를 요구 또는 약속한 때에는 5년 이하의 징역 또는 10년 이하의 자격정지에 처한다.

제131조(수뢰후부정처사, 사후수뢰) ① 공무원 또는 중재인이 전2조의 죄를 범하여 부정한 행위를 한 때에는 1년 이상의 유기징역에 처한다.
② 공무원 또는 중재인이 그 직무상 부정한 행위를 한 후 뇌물을 수수, 요구 또는 약속하거나 제삼자에게 이를 공여하게 하거나 공여를 요구 또는 약속한 때에도 전항의 형과 같다.
③ 공무원 또는 중재인이었던 자가 그 재직 중에 청탁을 받고 직무상 부정한 행위를 한 후 뇌물을 수수, 요구 또는 약속한 때에는 5년 이하의 징역 또는 10년 이하의 자격정지에 처한다.
④전3항의 경우에는 10년 이하의 자격정지를 병과할 수 있다.

제132조(알선수뢰) 공무원이 그 지위를 이용하여 다른 공무원의 직무에 속한 사항의 알선에 관하여 뇌물을 수수, 요구 또는 약속한 때에는 3년 이하의 징역 또는 7년 이하의 자격정지에 처한다.

> **판례**
>
> 무효인 총회의결에 따라 재개발조합장으로 선임된 후 그 권한을 실제로 행사하는 사람이 법 제138조제1항제7호 위반죄의 주체인 '조합임원'에 해당하는지(적극)
> 대법원 2024.9.13선고 2023도16588판결 도시정비법 위반 (마) 파기환송(일부)
> 【판결요지】
> 구 도시정비법에 따르면, 조합은 조합장 1명, 이사, 감사를 임원으로 두고(제41조제1항), 조합임원으로 선임되려면 조합 총회의 의결을 거쳐야 한다(제45조제1항제7호). 총회의 의결을 거쳐 조합임원으로 선임된 사람은 그 의결이 무효인 경우에도 적법한 의결에 의하여 선임된 조합임원과 동일한 권한을 실제로 행사하는 경우가 있고, 정비사업의 시행과 관련된 서류 및 자료의 공개를 강제하는 구 도시정비법 제124조제1항, 제4항의 취지에 비추어 볼 때 이러한 사람을 그 조항의 적용대상에서 배제할 이유가 없다.
> 따라서 총회 의결을 거쳐 조합임원으로 선임된 후 그 권한을 실제로 행사하는 사람도 구 도시정비법 제124조제1항, 제4항이 정한 '조합임원'으로서 구 도시정비법 제138조제1항제7호 위반죄

의 주체가 된다. 그를 조합임원으로 선임한 총회의 의결이 나중에 무효로 확정되더라도 그 이전에 이루어진 위 범죄의 성립이 소급하여 부정되는 것은 아니다.

cf 부산광역시 재건축·재개발 표준정관

제14조(임원의 직무 등) ① 조합장은 조합을 대표하고, 조합의 사무를 총괄하며, 총회와 대의원회 및 이사회의 의장이 된다.

② 제1항에 따라 조합장이 대의원회의 의장이 되는 경우에는 대의원으로 본다.

③ 이사는 조합장을 보좌하고, 이사회에 부의된 사항을 심의·의결하며 이 정관이 정하는 바에 의하여 조합의 사무를 분장한다.

④ 조합장 또는 이사가 자기를 위하여 조합과 계약이나 소송을 할 때에는 감사가 조합을 대표한다.

⑤ 감사는 조합의 사무 및 재산상태와 회계에 관하여 감사하고 정기 총회에 감사결과보고서를 제출하여야 하며, 조합원 1/5 이상의 요청이 있을 때에는 공인회계사에게 회계감사를 의뢰하여 공인회계사가 작성한 감사보고서를 총회 또는 대의원회에 제출하여야 한다.

⑥ 감사는 조합의 재산관리 또는 조합의 업무집행이 공정하지 못하거나 부정이 있음을 발견하였을 때에는 대의원회 또는 총회에 보고하여야 하며, 조합장은 보고를 위한 대의원회 또는 총회를 소집하여야 한다. 이 경우 감사의 요구에도 조합장이 소집하지 아니하는 경우에는 감사가 직접 대의원회를 소집할 수 있으며 대의원회 의결에 의하여 총회를 소집할 수 있다. 회의소집 절차와 의결방법 등은 제18조·제20조·제23조 및 제25조를 준용한다.

⑦ 감사는 직무위배행위 및 비리행위로 인해 감사가 필요한 경우 외부전문가 7인 이내로 구성된 감사위원회를 구성하여 1개월 이내의 기간동안 해당 사항에 대한 감사를 할 수 있다.

⑧ 조합장이 유고 등으로 인하여 그 직무를 수행할 수 없을 때에는 상근이사 중에서 연장자순에 의하여 그 직무를 대행한다. 다만, 상근이사가 없을 경우에는 이사 중에서 연장자순에 의하여 그 직무를 대행한다.

⑨ 조합은 그 사무를 집행하기 위하여 조합임원의 보수, 조합직원의 채용 및 임원

중 상근임원의 지정에 관한 사항과 직원 및 상근임원의 보수에 관한 사항 등이 <u>포함된 조합행정업무규정 및 조합예산·회계규정 등(</u>이하 "조합규정 등")을 정할 수 있다. 이 경우 조합규정 등의 제정은 총회의 의결을 받아야 하고, 개정은 대의원회의 의결을 받아야 한다.

⑩ 조합 임원은 정비사업을 시행하는 다른 조합·추진위원회 또는 당해 사업과 관련한 시공자·설계자·정비사업전문관리업자 등 관련 단체의 임원·위원 또는 직원을 겸할 수 없다.

재건축·재개발 표준정관의 조문 위치와 내용이 같다.

부산광역시는 공공지원제도에 따라 정비사업 표준선거관리규정, 예산회계규정, 행정업무규정, 공공지원 추진위원회 구성 선거관리기준, 공공지원 조합설립기준, 정비사업공개시스템 사용자 매뉴얼을 시행하고 있으며, 국내 최초로 재건축·재개발 표준정관을 제정, 고시하였다.

광주광역시 재건축·재개발 표준정관

제16조(임원의 직무 등) ① 조합임원은 그 임기동안 또는 그 후임자가 선임될 때까지 선량한 관리자의 주의의무를 다하여 그 직무를 수행하여야 하며, 원활한 사업추진과 조합원의 권익 보호에 책임을 다하여야 한다.

② 조합장은 법 제42조제1항 및 제2항에 따라 조합을 대표하고 조합의 사무를 총괄하며, 총회와 대의원회 및 이사회의 의장이 된다.

③ 이사는 상근여부를 불문하고 조합장을 보좌하고, 이사회에 상정된 사항을 심의·의결하며, 이 정관 및 이사회의 의결로 정한 바에 따라 작성한 별지 제2호 서식에 따른 조합업무분장(표)에 따라 조합의 사무를 분장한다.

④ 감사는 조합의 사무 및 재산상태와 회계에 관하여 감사하고 정기총회에 감사결과보고서를 제출하여야 하며, 조합원 1/5 이상의 요청이 있을 때에는 공인회계사에게 회계감사를 의뢰하여 공인회계사가 작성한 감사보고서를 총회 또는 대의원회에 제출하여야 한다.

【주】감사와 회계감사의뢰에 필요한 사항에 대하여 구체적으로 정할 수 있을 것임

⑤ 감사는 조합의 재산관리 또는 업무집행이 공정하지 못하거나 부정이 있음을

발견하였을 때에는 대의원회 또는 총회에 보고하여야 하며, 조합장은 보고를 위한 대의원회 또는 총회를 소집하여야 한다. 이 경우 감사의 요구에도 조합장이 소집하지 아니하는 경우에는 감사가 직접 대의원회를 소집할 수 있으며 대의원회 의결에 의하여 총회를 소집할 수 있다. 이 경우 감사가 대의원회와 총회의 소집 및 진행을 할 때에는 조합장의 권한을 대행한다.

⑥ 감사는 제5항의 직무위배행위 및 비리행위 등으로 인해 감사가 필요한 경우 조합임원 또는 외부전문가로 구성된 감사위원회를 구성할 수 있다. 이 경우 감사는 감사위원회의 의장이 된다.

【주】감사위원회 구성에 필요한 사항에 대하여 구체적으로 정할 수 있을 것임.

⑦ 감사는 조합장 또는 이사가 조합과 자기를 위한 계약이나 소송을 할 때에는 조합을 대표한다.

⑧ 조합장이 사임, 해임, 당연퇴임 등으로 인하여 궐위된 경우 상근이사 중 연장자(궐위 등으로 상근이사가 없는 경우 이사 중 연장자), 법원에서 파견된 직무대행자 순으로 그 직무를 대행한다.

【주】조합장 부재 시 조합의 업추무진에 상당한 지장을 초래할 수 있으므로 직무대행 체제를 조합 임원 구성 등 조합 실정에 맞도록 정하여 정관에 명시해야 함.

⑨ 제8항에 따라 조합장의 직무를 대행할 조합임원이 사임·해임·당연퇴임 등으로 부재한 경우에는 조합원 1/5 이상의 요구로 법원의 허가를 얻어 조합장 및 조합임원 선임을 위한 총회를 소집할 수 있다. 이 경우에는 요구자 대표로 선출된 자가 총회의 소집 및 진행에 있어 조합장의 권한을 대행한다.

【주】법 제49조에 따라 「민법」 제70조를 준용하여 조합원 1/5 이상의 요구로 법원의 허가를 얻어 총회를 소집할 수 있음.

⑩ 제8항 및 제9항에도 불구하고 법 제41조제5항 각 호에 해당하는 경우에는 ○○구청장이 선정한 전문조합관리인이 조합임원의 직무를 대행한다.

【주】법 제41조제5항은 조합임원이 사임, 해임, 임기만료, 그 밖에 불가피한 사유 등으로 직무를 수행할 수 없는 때부터 일정기간 이상 선임되지 아니한 경우 또는 총회에서 조합원 과반수의 출석과 출석 조합원 과반수의 동의로 전문조합관리인의 선정을 요청하는 경우에 조합임원의 직무를 대행할 전문조합관리인을 선정할 수 있도록 규정하고 있음.

⑪ 조합은 그 사무를 집행하기 위하여 필요하다고 인정하는 때에는 상근하는 임원을 둘 수 있다. 이 경우 상근임원의 선임, 업무, 보수 등에 관한 사항은 조합 업무규정으로 정한다.

⑫ 조합임원은 법 제42조제4항에 따라 같은 목적의 정비사업을 시행하는 다른 조합·추진위원회의 임원 또는 직원을 겸할 수 없으며, 사업과 관련된 시공자·설계자·정비사업전문관리업자 등 관련 단체의 임원·위원 또는 직원을 겸할 수 없다.

【주】이에 위반하여 임원 등을 겸하는 경우 그 겸하게 된 지위 중 어느 지위를 인정하지 않을 것인지 정할 수 있을 것임.

재건축·재개발 표준정관의 조문 위치와 내용이 같다.

2023.11.29 국토부 별표2 지정개발자(신탁업자) 표준시행규정
관련 조문이 없다.

2006.8.25 국토부 재건축 표준정관
제16조(임원의 직무 등) ① 조합장은 조합을 대표하고 조합의 사무를 총괄하며 총회와 대의원회 및 이사회의 의장이 된다.

② 이사는 조합장을 보좌하고, 이사회[28]에 부의된 사항을 심의·의결하며 이 정관이 정하는 바에 의하여 조합의 사무를 분장한다.

③ 감사는 조합의 사무 및 재산상태와 회계에 관하여 감사하며 정기 총회에 감사결과보고서를 제출하여야 하며, 조합원 1/5 이상의 요청이 있을 때에는 공인회계사에게 회계감사를 의뢰하여 공인회계사가 작성한 감사보고서를 총회 또는 대의원회에 제출하여야 한다.

【주】조합회계 등 감사의 업무에 관하여 의혹이 있을 경우 공인회계사에게 회계감사를 의뢰토록 하여 의혹을 해소할 수 있도록 한 것으로, 요청정족수는 조합의 규모 등에 따라 적정하게 조정할 수 있음.

④ 감사는 조합의 재산관리 또는 조합의 업무집행이 공정하지 못하거나 부정이 있

---

[28] 이사들로 구성된 회의체를 이사회라고 하듯이, 대의원들의 회의체는 대의원회라 한다.

음을 발견하였을 때에는 대의원회 또는 총회에 보고하여야 하며, 조합장은 보고를 위한 대의원회 또는 총회를 소집하여야 한다. 이 경우 감사의 요구에도 조합장이 소집하지 아니 하는 경우에는 감사가 직접 대의원회를 소집할 수 있으며 대의원회 의결에 의하여 총회를 소집할 수 있다. 회의소집 절차와 의결방법 등은 제22조, 제24조 제7항 및 제26조의 규정을 준용한다.

【주】소집요구권을 감사, 대의원, 조합원에게 부여하여 부정에 대한 신속한 조치를 기할 수 있도록 함.

⑤ 감사는 제4항 직무 위배행위로 인해 감사가 필요한 경우 조합임원 또는 외부전문가로 구성된 감사위원회를 구성할 수 있다. 이 경우 감사는 감사위원회의 의장이 된다.

⑥ 다음 각 호의 경우에는 당해 안건에 관해 (상근)이사 중에서 연장자순으로 조합을 대표한다.

1. 조합장이 유고 등으로 인하여 그 직무를 수행할 수 없을 경우
2. 조합장이 자기를 위한 조합과의 계약이나 소송 등에 관련되었을 경우
3. 조합장의 해임에 관한 사항

⑦ 조합은 그 사무를 집행하기 위하여 필요하다고 인정하는 때에는 조합의 인사규정이 정하는 바에 따라 상근하는 임원 또는 유급직원을 둘 수 있다. 이 경우 조합의 인사규정은 미리 총회의 의결을 받아야 한다.

【주】상근임원의 종류 및 상근임원의 업무범위·권한·의무, 유급 직원의 수 및 직함, 업무내용 등을 별도의 인사규정을 마련하여 운영하도록 한 것이나, 조합의 규모나 성격에 따라 별도의 인사규정이 없이 정관에 직접 정할 수도 있을 것임.

⑧ 조합 임원은 같은 목적의 사업을 시행하는 다른 조합·추진위원회 또는 당해 사업과 관련된 시공자·설계자·정비사업전문관리업자 등 관련 단체의 임원·위원 또는 직원을 겸할 수 없다.

2003.6.30 국토부 재개발 표준정관

제16조(임원의 직무 등) ① 조합장은 조합을 대표하고 조합의 사무를 총괄하며 총회와 대의원회 및 이사회의 의장이 된다.

② 이사는 조합장을 보좌하고, 이사회에 부의된 사항을 심의·의결하며 이 정관이 정하는 바에 의하여 조합의 사무를 분장한다.

③ 감사는 조합의 사무 및 재산상태와 회계에 관하여 감사하며 정기 총회에 감사결과보고서를 제출하여야 하며, 조합원 1/5이상의 요청이 있을 때에는 공인회계사에게 회계감사를 의뢰하여 공인회계사가 작성한 감사보고서를 총회 또는 대의원회에 제출하여야 한다.

【주】조합회계 등 감사의 업무에 관하여 의혹이 있을 경우 공인회계사에게 회계감사를 의뢰토록 하여 의혹을 해소할 수 있도록 한 것으로 요청정족수는 조합의 규모 등에 따라 적정하게 조정할 수 있음.

④ 감사는 조합의 재산관리 또는 조합의 업무집행이 공정하지 못하거나 부정이 있음을 발견하였을 때에는 대의원회 또는 총회에 보고하여야 하며, 조합장은 보고를 위한 대의원회 또는 총회를 소집하여야 한다. 이 경우 감사의 요구에도 조합장이 소집하지 아니하는 경우에는 감사가 직접 대의원회를 소집할 수 있으며 대의원회 의결에 의하여 총회를 소집할 수 있다. 회의소집 절차와 의결방법 등은 제20조제6항 및 제22조, 제24조제7항 및 제26조를 준용한다.

【주】부정이 있을 경우, 감사에게 대의원회 또는 총회의 소집권 및 소집요구권을 부여함으로써 부정에 대한 신속한 조치를 기할 수 있도록 한 것임

⑤ <u>조합장 또는 이사가 자기를 위한 조합과의 계약이나 소송에 관련되었을 경우</u>[29]에는 감사가 조합을 대표한다.

⑥ 조합장이 유고등으로 인하여 그 직무를 수행할 수 없을 때에는 (상근)이사 중

---

29 재개발조합 표준정관 제16조제5항에서 "소송에 관련되었을 경우"란 규정하는 의미는 조합의 통상적인 업무를 대표한다는 것인지(국토부 주택정비과 2015.4.7)
도시정비법 제22조(조합임원의 직무 등) ④ 조합장 또는 이사의 자기를 위한 조합과의 계약이나 "소송에 관하여는" 감사가 조합을 대표한다.
재개발조합 표준정관 제16조(임원의 직무 등) ⑤ 조합장 또는 이사가 자기를 위한 조합과의 계약이나 "소송에 관련되었을 경우"에는 감사가 조합을 대표한다.
Q. 위 법에서는 "소송에 관하여는"이라고 규정하고 있고, 조합 표준정관에서는 "소송에 관련되었을 경우"라고 규정하고 있음. 법에서 규정하고 있는 "소송에 관하여"란 의미는 소송진행 과정을 감사가 대표하여 진행한다는 의미로도 해석할 수 있을 것 같고, 또한 표준정관에서는 "소송에 관련되었을 경우"란 규정하는 의미는 조합의 통상적인 업무를 대표한다는 의미인 것 같음.
그렇다면 법에서 규정하는 "소송에 관하여는"에 대하여도 조합의 통상적인 업무를 대표한다는 의미로 해석하여도 무방한지?
A. 도시정비법 제22조제4항에 따르면 조합장 또는 이사의 자기를 위한 조합과의 계약이나 소송에 관하여는 감사가 조합을 대표하도록 하고 있으며, 동 규정은 조합장 또는 이사가 자기를 위하여 조합과 소송을 진행하는 경우에 한해서 감사가 조합을 대표하도록 한 규정임

에서 연장자순에 의하여 그 직무를 대행한다.는 감사가 조합을 대표한다.

　【주】부조합장이 있는 경우 부조합장, 상근이사 중 연장자순 등으로 조합여건에 맞게 조정할 수 있음

　⑦ 조합은 그 사무를 집행하기 위하여 필요하다고 인정하는 때에는 조합의 인사규정이 정하는 바에 따라 상근하는 임원 또는 유급직원을 둘 수 있다. 이 경우 조합의 인사규정은 미리 총회의 인준을 받아야 한다.

　【주】상근임원의 종류 및 상근임원의 업무범위·권한·의무, 유급 직원의 수 및 직함, 업무내용 등을 별도의 인사규정을 마련하여 운영하도록 한 것이나, 조합의 규모나 성격에 따라 별도의 인사규정이 없이 정관에 직접 정할 수도 있을 것임

　⑧ 조합 임원은 같은 목적의 사업을 시행하는 다른 조합·추진위원회 또는 당해 사업과 관련한 시공자·설계자·정비사업전문관리업자 등 관련단체의 임원·위원 또는 직원을 겸할 수 없다.

> ■ **(서울) 재건축 표준정관 제17조(임원의 결격사유 및 자격상실 등)**
> ● **(서울) 재개발 표준정관 제17조(임원의 결격사유 및 자격상실 등)**
>   : 재건축 표준정관과 같다.

재건축·재개발 표준정관의 조문 위치와 내용이 같다.

임원 또는 전문조합관리인의 결격사유는 법 제43조제1항 각 호의 어느 하나에 해당하는 자이다.

종전 도시정비법상 명시적 금지규정이 없어 지방의회 의원의 경우 정비사업의 추진위, 임원 겸직이 가능했으나, 24.1.19 법 개정 시행으로 지방의원 및 그 배우자와 직계존·비속도 불가능하도록 추가되었다(도시정비법 제43조제1항제6호).

□ 근거규정

○ 제1항(임원, 전문조합관리인이 될 수 없는 자)
도시정비법 제33조제5항, 제43조제1항

> **재건축·재개발 표준정관**
> 제17조(임원의 결격사유 및 자격상실 등) ① 법 제43조제1항 각 호의 어느 하나에 해당하는 자는 조합임원 또는 전문조합관리인이 될 수 없다.

■ 조합정관에 임원의 결격사유

■ "형의 선고"의 의미
도시정비법 제43조제1항제3호인 "실형의 선고"란 대법원 확정판결로 금고 이상(징역 포함) 형의 선고를 말한다(사형, 징역, 금고를 말함).
아래 제1항제3호인 "실형의 선고"란 대법원의 확정판결로 금고 이상(징역 포함)

의 형을 선고받은 것을 말한다(사형, 징역, 금고를 말함).

아래 각 호의 어느 하나에 해당하는 자는 조합임원 또는 전문조합관리인이 될 수 없다(법 제43조제1항).
1. 미성년자·피성년후견인 또는 피한정후견인
2. 파산선고를 받고 복권되지 아니한 자
3. 금고 이상의 실형을 선고받고 그 집행이 종료(종료된 것으로 보는 경우를 포함한다)되거나 집행이 면제된 날부터 2년이 지나지 아니한 자
4. 금고 이상의 형의 집행유예를 받고 그 유예기간 중에 있는 자
5. 이 법을 위반하여 벌금 100만 원 이상의 형을 선고받고 10년이 지나지 아니한 자
6. <u>조합설립 인가권자에 해당하는 지방자치단체의 장, 지방의회 의원 또는 그 배우자·직계존속·직계비속</u>

종전 서울특별시의회 의원이 동대문구 ○○재건축 추진위원장을 겸직한 사례가 있었다. 지방자치법에 정비조합(또는 추진위원회)의 임·직원에 대한 직접적 겸직 금지 규정이 없었으나, 이후 지방자치법에서도 명시적 금지규정[30]을 두었다.

지방자치법 명시적 금지규정 이후인 2024.1.19 도시정비법 개정·시행으로 6호인 조합임원의 결격사유로 신설되었다(선임·연임도 이에 해당).

---

30   지방자치법
        [시행 2023.9.22] [법률 제19241호, 2023.3.21 일부개정]
        제43조(겸직 등 금지) ⑤ 지방의회의원이 다음 각 호의 기관·단체 및 그 기관·단체가 설립·운영하는 시설의 대표, 임원, 상근직원 또는 그 소속 위원회(자문위원회는 제외한다)의 위원이 된 경우에는 그 겸한 직을 사임하여야 한다.
        1. 해당 지방자치단체가 출자·출연(재출자·재출연을 포함한다)한 기관·단체
        2. 해당 지방자치단체의 사무를 위탁받아 수행하고 있는 기관·단체
        3. 해당 지방자치단체로부터 운영비, 사업비 등을 지원받고 있는 기관·단체
        4. 법령에 따라 해당 지방자치단체의 장의 인가를 받아 설립된 조합(<u>조합설립을 위한 추진위원회 등 준비단체를 포함한다</u>)의 임직원

조합임원이 다음 각 호의 어느 하나에 해당하는 경우, 당연퇴임한다(동조 제2항).
1. 법 제43조제1항 각 호의 어느 하나에 해당하게 되거나 선임 당시 그에 해당하는 자이었음이 밝혀진 경우.
2. 조합임원이 법 제41조제1항에 따른 자격요건을 갖추지 못한 경우.

도시정비법 제23조제1항제5호 "형의 선고"의 의미(국토부 주택정비과 2012.10.9)
❶ 도시정비법 제23조제1항제5호에 따르면 이 법을 위반하여 벌금 100만 원 이상의 형을 선고받고 5년이 지나지 아니한 자는 조합의 임원이 될 수 없다고 하는바,
이때 "형의 선고"는 대법원의 최종 확정 선고인지, 이 경우 대법원 확정판결까지 직무를 수행할 수 있는지?
❷ 도시정비법 제23조제1항제5호 내용 중 "형의 선고"는 확정판결을 의미하는 것이고, 도시정비법 제20조제1항제6호에 따르면 조합임원의 권리·의무·선임방법·변경 및 해임에 관한 사항은 조합의 정관으로 정하도록 하고 있으므로, 질의하신 직무수행에 대하여는 해당 조합의 정관에 따라 판단해야 할 것임

형법 제41조인 형의 종류는 다음과 같다.
1. 사형,   2. 징역,   3. 금고,   4. 자격상실,   5. 자격정지,   6. 벌금
7. 구류,   8. 과료,   9. 몰수

■ **미성년자와 성년후견인**
민법상 미성년자의 나이가 19세 미만인 18세까지로 규정하고 있다.

2011.3.7 민법 개정으로 금치산, 한정치산자 제도가 폐지, 성년후견인제도(법정후견인과 임의후견인)가 신설되어 2013.7.1부터 시행되었다.

기존의 금치산·한정치산은 정신적 제약이 있는 사람이나 미래에 정신적 능력이 약해질 상황에 대비한 제도이다. 이 제도는 재산 행위뿐만 아니라 치료, 요양 등 복리에 관한 폭넓은 도움을 받을 수 있는 성년후견제로 확대·개편되었다.

또한, 성년후견 등을 요구하는 노인, 장애인 등에 대한 보호를 강화하고, 피성년후견인 등과 거래하는 상대방을 보호하기 위하여 성년후견 등에 관하여 등기로 공시하도록 하였다.

민법 부칙 <법률 제10429호, 2011.3.7>
제1조(시행일) 이 법은 2013.7.1부터 시행한다.

제2조(금치산자 등에 관한 경과조치) ① 이 법 시행 당시 이미 금치산 또는 한정치산의 선고를 받은 사람에 대하여는 종전의 규정을 적용한다.
② 제1항의 금치산자 또는 한정치산자에 대하여 이 법에 따라 성년후견, 한정후견, 특정후견이 개시되거나 임의후견감독인이 선임된 경우 또는 이 법 시행일부터 5년이 경과한 때에는 그 금치산 또는 한정치산의 선고는 장래를 향하여 그 효력을 잃는다.

제3조(다른 법령과의 관계) 이 법 시행 당시 다른 법령에서 "금치산" 또는 "한정치산"을 인용한 경우에는 성년후견 또는 한정후견을 받는 사람에 대하여 부칙 제2조제2항에 따른 5년의 기간에 한정하여 "성년후견" 또는 "한정후견"을 인용한 것으로 본다.

■ 조합정관에 결격사유 추가 가능여부

대법원은 총회에서 해임된 자를 조합임원으로 선임될 수 없다고 판시한 바 있으며(대법원 2013다204690판결), 재개발사업의 경우 조합설립에 동의한 자만 조합임원의 피선출권을 주는 것은 적법하다고 판시하였다(2012두17780판결).

> **판례**
>
> 갑 재개발조합 임원으로 입후보등록을 할 수 없었던 을 등이 갑 조합을 상대로 임원 선임결의 무효확인을 구한 사안
> 대법원 2014.12.11.선고 2013다204690판결, 이사선임 결의무효확인등

【판결요지】
변경된 조합정관은 총회에서 해임된 자는 피고의 임원으로 선임될 수 없다고 규정한 사실, 1차 해임 및 선임결의가 무효라는 판결이 선고되어 확정된 사실, 피고의 임시총회 발의자 대표 명의로 2009.3.7 임시총회를 개최하여 원고들 등을 이사에서 해임하는 결의(이하 '2차 해임결의')를 한 사실(중략),
적법한 선거관리위원회가 구성되지 아니한 상태에서 실시된 선거를 통하여 선출된 자들을 피고의 임원으로 신임한 이 사건 선임결의는 그 절차에 하자가 있다.

○ 제2항(임원의 당연퇴임)

도시정비법 제43조제1항, 제41조제1항

재건축·재개발 표준정관

제17조(임원의 결격사유 및 자격상실 등) ② 임원이 임기 중 법 제43조제1항 각 호의 어느 하나에 해당하게 되거나 선임 당시 그에 해당하는 자이었음이 밝혀진 경우 또는 법 제41조제1항에서 정한 조합임원 자격요건을 갖추지 못한 경우에는 별도의 해임절차 없이 그 즉시 당연퇴임한다.

조합임원의 해임·선임은 총회 의결사항이다.

임원 임기 개시 후에 그 어느 하나에 해당되거나, 그 이전에 숨겼던 사실이 밝혀진 경우, 하나의 건축물 또는 토지의 소유권을 다른 사람과 공유한 경우에는 가장 많은 지분을 소유(2인 이상의 공유자가 가장 많은 지분을 소유한 경우를 포함한다)한 경우에 해당하지 않는 임원은 별도의 해임절차 없이 그 즉시 당연퇴임한다.

2006.8.25 국토부 재건축 표준정관 제17조(임원의 결격사유 및 자격상실 등) 제1항제5호인 "법 또는 관련 법률에 의한 징계로 면직 처분을 받은 때로부터 2년이 경과되지 아니한 자"는 서울특별시나 부산광역시 재건축·재개발 표준정관에서 삭제되었다.

■ 조합임원 당연퇴임(법 제43조제1항 내지 제3항)과 추진위원 자격

2023.7.18 법 제43조제1항, 제41조제1항, 제33조제5항이 동시에 개정·시행되었다.

그 내용을 살펴보면, "법 제43조제1항제1호 내지 제6호인 6가지 사유에 해당되는 자는 조합임원 또는 전문조합관리인이 될 수 없다. 또한, 6가지 사유 외에도 법 제41조제1항의 요건을 갖추지 못하면, 임원에 선정되었어도 당연퇴임한다(법 제43조제2항)."는 것으로서 조합임원의 자격 및 결격사유를 강화하였다.

■ 추진위원 자격

2023.7.18 개정, 시행된 도시정비법 제33조제5항에서 추진위원의 결격사유는 법 제43조제1항부터 제3항까지를 준용하여, "조합"은 "추진위원회"로, "조합임원"은 "추진위원"으로 의제되었다.

따라서 추진위원을 비롯한 추진위원장, 부위원장, 감사의 경우에도 별표 추진위원회 운영규정과 달리, 법 제41조제1항의 요건도 충족해야 한다는 것이 국토교통부의 견해다. 그러나 서울특별시의 경우 그 입장[31]이 다르며, 자지구의 경우에도 각각 입장이 다르다

현행 별표 추진위원회 운영규정에서 추진위원의 자격은 추진위원 구성에 동의한 자로 충분하다.[32] 이 윤영규정은 법 개정에 따라 개정되어야 할 것이다.

---

31 추진위원장 선출 시 조합임원의 자격 준용 가능 여부(서울시 주거정비과 2024.2.28)
Q. 추진위원장 선출 시 조합임원의 자격을 준용하여도 되는지?
A. 추진위원회 운영규정 제2조제1항에 정비사업조합을 설립하고자 하는 경우 위원장 및 감사를 포함한 5인 이상의 위원 및 도시정비법 제34조제1항에 따른 운영규정에 대한 토지등소유자 과반수의 동의를 얻어 조합설립을 위한 추진위원회를 구성하여「도시정비법 시행규칙」이 정하는 방법 및 절차에 따라 시장·군수 또는 자치구 구청장의 승인을 얻어야 한다고 규정하고 있음. 문의하신 내용 중 도시정비법 제41조제1항은 조합임원의 자격과 구성, 임기, 선출 방법, 전문조합관리인의 선정 절차를 규정한 것으로 추진위원회 단계에서는 적용받지 않는 사항임

32 별표 추진위원회 운영규정
제15조(위원의 선임 및 변경) ② 위원은 추진위원회 설립에 동의한 자 중에서 선출하되, 위원장·부위원장 및 감사는 다음 각 호의 어느 하나에 해당하는 자이어야 한다.
1. 피선출일 현재 사업시행구역안에서 3년 이내에 1년 이상 거주하고 있는 자(다만, 거주의 목적이 아닌 상가 등의 건축물에서 영업 등을 하고 있는 경우 영업 등은 거주로 본다)
2. 피선출일 현재 사업시행구역 안에서 5년 이상 토지 또는 건축물(재건축사업의 경우 토지 및 건축물을 말한다)을 소유한 자

도시정비법 제41조제1항의 추진위원 자격요건 준용 여부(국토부 주택정비과 2024.8.6)

Q 정비구역에 위치한 건축물 또는 토지를 소유한 자(하나의 건축물 또는 토지의 소유권을 다른 사람과 공유한 경우에는 가장 많은 지분을 소유)가 추진위원이 될 수 있는지?

A 「도시정비법」 제33조제5항에 따라 "조합임원"은 "추진위원"으로 보고 결격사유는 제43조제1항부터 제3항까지 준용하고 있으며, 같은 법 제41조제1항에 따르면 하나의 건물 또는 토지의 소유권을 다른 사람과 공유한 경우에는 가장 많은 지분을 소유한 경우로 한정하고 있음. 또한, 같은 법 제43조제2항제2호에 따르면 조합임원이 제41조제1항의 따른 자격요건을 요구하고 있어 추진위원도 이를 따라야 할 것으로 판단됨.

> **<한국정경신문 2022.12.1>**
>
> '1/10,000 지분' 논란은 최근 ○○아파트 일부 주민들이 현대차그룹 회장의 자택 앞에서 시위를 벌이면서 현대건설과 갈등이 증폭되는 중에 다시 제기됐다.
>
> ○○추진위원장은 시아버지 소유의 ○○아파트에 거주중이다. 2020년 시아버지 소유 전용 76.79㎡ 아파트에 배우자와 함께 지분 1만분의1씩을 증여받았다. 이 때문에 편법적으로 조합원 지위를 획득해 위원장에 당선되고 재건축 추진과 집단행동을 주도하고 있다는 비난이 일었다.
>
> 이런 극소지분 취득과 추진위원장의 활동이 법적으로 문제는 없다. 현행 도시정비법상 주택을 공동소유한 경우 대표소유자 1인을 선정해 권한을 행사할 수 있다. 지분율 하한 규정은 따로 없기 때문에 1만분의 1지분만 갖고 있어도 권한 행사가 가능하다.

이를 바로잡기 위해 2022.5.17 도시정비법 개정안이 발의되었다.[33] 개정안 제안이유에서 밝히고 있듯이 추진위원 및 조합임원까지 포함하여 자격 제한을 하였다고 발표한 바 있다. 조합임원의 요건 및 결격사유를 강화하면서 추진위원에게도 이를 준용하고 있음에 따라, 추진위원에게도 같은 요건이 적용된다고 하겠다. 국토교통부와 서울특별시의 유권해석이 달리하고 있지만, 국토교통부의 유권해석이 옳다고 보인다.

---

33 2022.5.17 도시정비법 일부 개정법률안(유경준 대표발의)
<제안이유>
하나의 건축물 또는 토지의 소유권을 다른 사람과 공유한 경우에는 전체 지분의 50/100 이상을 소유한 자로서 이를 5년 이상 소유하고 있는 자에게 조합설립추진위원회의 추진위원 및 조합임원의 자격을 부여함으로써, 정비사업 조합의 운영을 투명하게 하려는 것임(안 제41조제1항제2호 단서 신설).

○ **제3항**
도시정비법 제43조제3항

> **재건축·재개발 표준정관**
> 제17조(임원의 결격사유 및 자격상실 등) ③ 제2항에 의하여 퇴임된 임원이 퇴임 전에 관여한 행위는 그 효력을 잃지 아니한다.

당연퇴임에 해당하더라도, 퇴임 전에 관여한 행위에 대해 효력이 있다고 규정하였다.

조합임원 등의 결격사유 및 해임 관련, "법 제43조제1항인 조합임원이 될 수 없는 사유의 어느 하나에 해당하게 되거나 선임 당시 그에 해당하는 자이었음이 밝혀진 경우, 조합임원이 공유의 경우에는 과다지분을 소유한 자로서 건축물을 5년 이상 소유하거나 선임일 당시 직전 3년 동안 정비구역에서 1년 이상 거주"하지 못한 경우, 법 제43조제2항에 따라 퇴임된 임원이 퇴임 전에 관여한 행위는 그 효력을 잃지 아니한다(법 제43조제3항).

무자격자로 판명된 감사가 수행한 업무의 효력(국토부 주택정비과 2012.10.30)
Q1 무자격자로 판명된 감사가 작성하여 총회에서 보고한 결산·예산에 대한 감사 보고가 유효한지?
Q2 무자격자로 판명된 감사가 결산 및 예산에 대하여 감사한 내용을 적법하게 새로 선임된 감사가 다시 결산 및 예산에 대한 감사를 해야 하는지?
Q3 감사가 없는 조합원 총회가 적법한지?
A 도시정비법 제20조제1항제6호, 영 제31조에 따르면 조합임원의 권리·의무·보수·선임방법·변경 및 해임에 관한 사항, 임원의 임기, 업무의 분담 및 대행 등에 관한 사항에 대해서는 조합정관에 포함하도록 하고 있고, 또한 도시정비법 제24조제5항에 따라 총회의 소집절차·시기 및 의결방법 등에 관한 사항을 정관으로 정하도록 하고 있으므로, 질의의 경우 해당 조합정관에 따라 판단하여야 할 것임.

임기만료된 조합임원 업무수행의 적정성 및 임원의 자격(국토부 주택정비과 2012.10.12)

Q1 조합정관에 조합임원 임기만료 1개월 전에 임원선출 총회를 열도록 하고 있으나 임원선출 총회를 열지 않고 임기가 만료된 경우, 조합임원이 행한 행위가 위법한지?

Q2 정관변경, 예산(안), 정비업체 업무정지 및 해약, 임원선임 등의 안건으로 총회를 개최하는 경우, 서면의의서에 지문날인 및 자필서명하고 주민등록이나 여권을 복사하여 첨부하여야 하는지? 이 경우 조합원 20%가 직접 참석하여야 하는지?

Q3 조합장이 명예훼손, 열람·복사거부 사건으로 각각 200만 원, 150만 원의 벌금형, 손해배상금 150만 원을 선고받은 경우, 조합장의 자격이 유지되는지?

A 1, A 3 도시정비법 제20조제1항 및 영 제31조에 따르면 조합임원의 권리·의무·보수·선임방법·변경 및 해임에 관한 사항, 임원의 임기· 업무분담 및 대행 등에 관한 사항은 해당 조합정관에 정하도록 하고 있으므로, 질의하신 임기만료 시 임원선출 관련 사항의 적정여부는 해당 조합의 정관에 따라 판단하여야 할 것이며,

또한, 도시정비법 제23조제2항에 따르면 조합임원이 이 법을 위반하여 벌금 100만 원 이상의 형을 선고받고 5년이 지나지 아니한 자에 해당되거나, 선임 당시 그에 해당하는 자이었음이 판명된 때에는 당연퇴임하도록 하고 있음.

A 2 도시정비법 제24조제5항 및 영 제34조제2항에 따르면 총회의 소집절차, 시기 및 의결방법은 조합정관에 정하도록 하고 있고, 창립총회·사업시행계획서와 관리처분계획의 수립 및 변경을 의결하는 총회의 경우에는 조합원의 20/100 이상 직접 출석하도록 하고 있음.

○ 제4항
국토부 재건축 표준정관 제17조제4항
유사규정: 별표 추진위원회 운영규정 제16조제4항

> **재건축·재개발 표준정관**
> 제17조(임원의 결격사유 및 자격상실 등) ④ 조합임원으로 선임된 후 그 직무와 관련하여 형사사건으로 기소된 경우에는 그 내용에 따라 직무를 수행하는 것이 적합하지 아니하다고 인정될 때에는 ○○까지 제18조제3항의 절차에 따라 그 자격과 직무수행을 정지할 수 있다.
> 【주】이 규정을 둘 경우 무죄판결이 확정될 경우에 대한 보상대책(상근의 경우 급여, 4대보험 등)이 마련되어야 할 것임.

재건축·재개발 표준정관의 조문 위치와 내용이 같다.

2006.8.25 국토부 재건축 표준정관 제17조(임원의 결격사유 및 자격상실 등) 제4항 전단인 "임원으로 선임된 후 직무 위배행위로 인한 형사사건으로 기소된 경우에는 그 내용에 따라 확정판결이 있을 때까지 제18조제4항의 절차에 따라 그 자격을 정지할 수 있다."는 내용을 그대로 가져다 놓았다.

다만, 후단인 "또한, 임원이 그 사건으로 받은 확정판결내용이 법 제85조 및 제86조 벌칙 규정에 의한 벌금형에 해당하는 경우에는 총회에서 자격상실 여부를 의결한다."는 규정은 삭제했다.

임원의 직무정지 및 정관 개정(서울시 재생협력과 2016.2.2)
◎1 「표준정관」 제17조제4항의 "자격정지 및 자격상실"과 제18조제4항의 "직무수행 정지"의 차이점은?
◎2 「표준정관」 제17조제4항에 따라 임원이 형사사건으로 기소된 경우 확정판결이 있을 때까지 자격을 정지할 수 있으나, 법 제23조제4항에 따라 해임발의만 있어도 "해임여부 확정 시까지" 직무정지할 수 있도록 정관을 개정할 수 있는지?
❶1 「표준정관」 제17조제4항에 따른 "자격정지 및 자격상실"은 "직무수행 정지"를 포함하며,
❶2 임원 해임 발의만 있어도 해임여부 확정 시까지 직무정지할 수 있는 정관의 개정은 「주택재개발정비사업조합 표준정관」 활용방법에 의하면, 표준정관(안)은 하나의 예시로 법적 구속력은 없음.
조합의 특징과 여건에 따라 관련 조항을 추가, 삭제 수정하여 달리 규정할 수도 있음.

별표 추진위원회 운영규정
제16조(위원의 결격사유 및 자격상실 등) ④ 위원으로 선임된 후 그 직무와 관련한 형사사건으로 기소된 경우에는 기소 내용에 따라 확정판결이 있을 때까지 제18조의 절차에 따라 그 자격을 정지할 수 있고, 위원이 그 사건으로 받은 확정판결내용이 법 제135조부터 제138조까지의 벌칙 규정에 따른 벌금형에 해당하는 경우에는 추진위원회에서 신임여부를 의결하여 자격상실 여부를 결정한다.

이 규정을 둘 경우, 무죄판결이 확정될 경우의 보상대책(상근의 경우 급여, 4대보험 등)을 마련해야 할 것이다.

■ 기소(起訴, 공소제기)된 경우

기소(공소제기)란 형사사건에서 검사가 범죄 혐의가 있어 법원에 재판을 구하는 행위를 말한다(구약식, 구공판 불문). 특히 구약식(벌금형으로 약식기소를 말함)도 포함되므로, 일부 조합에서는 도시정비법 위반한 벌금형 약식기소라는 단서를 달기도 한다.

확정판결 시까지 조합장 직무가 정지되어 누구에게 총회 소집권이 있느냐는 분쟁이 발생되는 사례가 많은데, 총회소집은 직무대행자에게 있다고 보아야 할 것이다.

직무와 관련된 범죄로는 대표적으로 뇌물범죄(뇌물수수, 요구, 약속)가 있으며, 업무와 관련한 업무상 횡령·배임 또는 도시정비법 위반 등도 이에 포함될 것이다. 따라서 직무와 관련되지 않은 단순 과실범(예, 교통사고, 재물손괴 등)엔 해당되지 않는다.

▲ 판례 등

표준정관 제17조제4항의 "자격정지 및 자격상실"과 제18조제4항의 "직무수행 정지"의 차이점, 이사회 구성원이 6인이나 4인이 운영해도 유효한지(서울시 재생협력과 2016.2.2)

Q1 표준정관 제17조제4항의 "자격정지 및 자격상실"과 제18조제4항의 "직무수행 정지"의 차이점은?

Q2 표준정관 제17조제4항에 따라 임원이 형사사건으로 기소된 경우 확정판결이 있을 때까지 자격을 정지할 수 있으나, 법 제23조제4항에 따라 해임발의만 있어도 "해임여부 확정시까지" 직무정지할 수 있도록 정관을 개정할 수 있는지?

A1 표준정관 제17조제4항에 따른 "자격정지 및 자격상실"은 "직무수행 정지"를 포함하며,

A2 임원 해임 발의만 있어도 해임여부 확정 시까지 직무정지할 수 있는 정관의 개정은 「재개발조합 표준정관」활용방법에 의하면, 표준정관(안)은 하나의 예시로 법적 구속력은 없으며, 조합의 특징과 여건에 따라 관련 조항을 추가, 삭제, 수정하여 달리 규정할 수도 있으나,

조합원의 권익과 관계되는 사항에 대한 규정완화 등은 치밀한 검토와 전체적인 합의절차 등을 거

쳐 신중하게 하는 것이 바람직하며 관계법령에 위반되게 하여서는 아니 될 것임

> 🔨 **판례**
>
> 재건축조합 대표자의 임기가 만료되어 대표자가 존재하지 않는 경우 종전 대표자의 업무수행권이 인정되는지(한정 적극)
> 대법원 2003.7.8선고 2002다74817판결, 대의원결의 무효확인등
> 【판결요지】
> 권리능력 없는 사단인 재건축조합과 그 대표기관과의 관계는 위임인과 수임인의 법률관계와 같은 것으로서 임기가 만료되면 일단 그 위임관계는 종료되는 것이 원칙이고, 다만 그 후임자가 선임될 때까지 대표자가 존재하지 않는다면 대표기관에 의하여 행위를 할 수밖에 없는 재건축조합은 당장 정상적인 활동을 중단하지 않을 수 없는 상태에 처하게 되므로,
> 민법 제691조를 유추하여 구 대표자로 하여금 조합의 업무를 수행케 함이 부적당하다고 인정할 만한 특별한 사정이 없고 종전의 직무를 구 대표자로 하여금 처리하게 할 필요가 있는 경우에 한하여, 후임 대표자가 선임될 때까지 임기만료된 구 대표자에게 대표자의 직무를 수행할 수 있는 업무수행권이 인정된다.

cf 부산광역시 재건축·재개발 표준정관

제15조(임원의 결격사유 및 자격상실 등) ① 다음 각 호의 자는 조합의 임원이 될 수 없다.

1. 미성년자, 피성년후견인 또는 피한정후견인
2. 파산선고를 받고 복권되지 아니한 자
3. 금고 이상의 실형을 선고받고 그 집행이 종료(종료된 것으로 보는 경우를 포함한다)되거나 집행이 면제된 날부터 2년이 경과되지 아니한 자
4. 금고 이상의 형의 집행유예를 받고 그 유예기간 중에 있는 자
5. 도시정비법을 위반하여 벌금 100만 원 이상의 형을 선고받고 10년이 지나지 아니한 자

② 조합임원이 제13조제2항에 따른 자격요건을 갖추지 못한 경우 또는 위 제1항 각 호의 어느 하나에 해당하게 되거나 선임 당시 그에 해당하는 자이었음이 판명된 때에는 당연퇴임한다. 이 경우 당연퇴임하는 임원에 대해서는 해임절차 없이 선고받은 날부터 그 자격을 상실한다.

③ 제2항에 따라 퇴임된 임원이 퇴임 전에 관여한 행위는 그 효력을 잃지 아니한다.

④ 임원으로 선임된 후 그 직무와 관련한 형사사건으로 기소된 경우에는 기소내용이 통지된 날부터 14일 이내에 조합원에게 그 내용을 고지하여야 하며, 그 내용에 따라 확정판결이 있을 때까지 직무를 수행하는 것이 적합하지 아니하다고 인정될 때에는 대의원회의 의결에 따라 그의 직무수행을 정지하고 조합장이 임원의 직무를 수행할 자를 임시로 선임할 수 있다.
다만, 조합장의 경우에는 제14조제8항을 준용하여 조합장 직무대행자를 정한다.

재건축·재개발 표준정관의 조문 위치와 내용이 같다.

광주광역시 재건축·재개발 표준정관
제17조(임원의 결격사유 및 자격상실 등) ① 법 제43조제1항 각 호의 어느 하나에 해당하는 자는 조합임원 또는 전문조합관리인이 될 수 없다.
② 임원이 임기 중 법 제43조제1항 각 호의 어느 하나에 해당하게 되거나 선임 당시 그에 해당하는 자이었음이 밝혀진 경우 또는 법 제41조제1항에서 정한 조합임원 자격요건을 갖추지 못한 경우에는 별도의 해임절차 없이 그 즉시 당연퇴임한다.
③ 제2항에 의하여 퇴임된 임원이 퇴임 전에 관여한 행위는 그 효력을 잃지 아니한다.
④ 조합임원으로 선임된 후 그 직무와 관련하여 형사사건으로 기소된 경우에는 그 내용에 따라 직무를 수행하는 것이 적합하지 아니하다고 인정될 때에는 ○○까지 제18조제3항의 절차에 따라 그 자격과 직무수행을 정지할 수 있다.
【주】이 규정을 둘 경우 무죄판결이 확정될 경우에 대한 보상대책(상근의 경우 급여, 4대보험 등)이 마련되어야 할 것임

재건축·재개발 표준정관의 조문 위치와 내용이 같다.

2023.11.29 국토부 별표2 지정개발자(신탁업자) 표준시행규정
관련 조문이 없다.

2006.8.25 국토부 재건축 표준정관
제17조(임원의 결격사유 및 자격상실 등) ① 다음 각 호의 자는 조합의 임원 및 대의

원이 될 수 없다.

1. 미성년자·금치산자·한정치산자
2. 파산자로서 복권되지 아니한 자
3. 금고 이상의 실형의 선고를 받고 그 집행이 종료(종료된 것으로 보는 경우를 포함한다)되거나 집행이 면제된 날부터 2년이 경과되지 아니한 자
4. 금고 이상의 형의 집행유예를 받고 그 유예기간 중에 있는 자
5. <u>법 또는 관련 법률에 의한 징계에 의하여 면직의 처분을 받은 때로부터 2년이 경과되지 아니한 자</u>[34]

② 임원이 제1항 각 호의 1에 해당하게 되거나 선임당시 그에 해당하는 자이었음이 판명되거나, 선임 당시에 제15조제2항 각 호에 해당하지 않은 것으로 판명된 경우 당연 퇴임한다.

③ 제2항에 의하여 퇴임된 임원이 퇴임 전에 관여한 행위는 그 효력을 잃지 아니한다.

【주】도시정비법 제23조에 의하여 임원의 퇴임 전에 행위에 대한 효력을 인정함으로서, 업무의 영속성을 유지 가능토록 함.

④ 임원으로 선임된 후 직무 위배행위로 인한 형사사건으로 기소된 경우에는 그 내용에 따라 확정판결이 있을 때까지 제18조제4항의 절차에 따라 그 자격을 정지할 수 있다. 또한, 임원이 그 사건으로 받은 확정판결 내용이 법 제85조 및 제86조 벌칙규정에 의한 벌금형에 해당하는 경우에는 총회에서 자격상실 여부를 의결한다.

【주】직무와 관련된 사건으로 기소된 후 확정판결까지의 기간이 장기화될 경우, 해당 임원의 자격시비 등으로 조합 업무추진에 지장이 많음을 감안한 것임

---

[34] 표준정관에 따른 조합임원 결격사유(국토부 주택정비과 2020.3.19)
Q. 표준정관 제17조제1항제5호에 따라, "법 또는 관련 법률에 의한 징계에 의하여 면직의 처분을 받은 때로부터 2년이 경과되지 아니한 자"는 임원이 될 수 없는데, 최근 2년 내에 총회에서 해임 및 직무정지된 조합원이 이에 해당되는지?
A. 우리 부에서 2006년에 배표한 '재건축조합 표준정관' 제1항제5호에 따르면, "법 또는 관련 법률에 의한 징계에 의하여 면직 처분을 받은 때로부터 2년이 경과되지 아니한 자"는 조합임원 및 대의원이 될 수 없다고 규정하고 있으며, 이때 '법'이란 동 표준정관 제2조에 따라 도시정비법을 말하는 것임
따라서 질의의 조합원의 해임 및 직무정지 사유가 명확하지 않으나, 도시정비법 또는 관련 법률에 의한 징계로 면직의 처분을 받은 경우라면 상기 규정에 따른 결격사유에 해당함.

2003.6.30 국토부 재개발 표준정관

제17조(임원의 결격사유 및 자격상실 등) ① 다음 각 호의 자는 조합의 임원에 선임될 수 없다.

1. 미성년자, 금치산자, 한정치산자
2. 파산자로서 복권되지 아니한 자
3. 금고 이상의 실형의 선고를 받고 그 집행이 종료(종료된 것으로 보는 경우를 포함한다)되거나 집행이 면제된 날부터 2년이 경과되지 아니한 자
4. 금고 이상의 형의 집행유예를 받고 그 유예기간 중에 있는 자
5. 법 또는 관련 법률에 의한 징계에 의하여 면직의 처분을 받은 때로부터 2년이 경과되지 아니한 자

② 임원이 제1항 각 호의 1에 해당하게 되거나 선임 당시 그에 해당하는 자이었음이 판명된 때에는 당연 퇴임한다

③ 제2항에 의하여 퇴직된 임원이 퇴직 전에 관여한 행위는 그 효력을 잃지 아니한다.

【주】도시정비법 제23조에 의하여 임원의 퇴임 전에 행위에 대한 효력을 인정하므로써, 업무의 영속성을 유지·가능토록 함.

④ 임원으로 선임된 후 그 직무와 관련한 형사사건으로 기소된 경우에는 기소내용이 통지된 날부터 14일 이내에 조합원에게 그 내용을 고지하여야 하며, 그 내용에 따라 확정판결이 있을 때까지 제18조제4항의 절차에 따라 그 자격을 정지할 수 있다. 또한, 임원이 그 사건으로 받은 확정판결내용이 법 제85조·제86조 벌칙 규정에 의한 벌금형에 해당하는 경우에는 총회에서 신임여부를 의결하여 자격상실여부를 결정한다.

【주】직무와 관련된 사건으로 기소된 후 확정판결까지의 기간이 장기화 될 경우 해당 임원의 자격시비 등으로 조합 업무추진에 지장이 많음을 감안한 것임

> ■ (서울) 재건축 표준정관 제18조(임원의 해임 등)
> ● (서울) 재개발 표준정관 제18조(임원의 해임 등):재건축 표준정관과 같다.

재건축·재개발 표준정관의 조문 위치와 내용이 같다.
조합임원의 해임, 사임, 당연퇴임 등은 법 제40조 정관의 기재사항이다.

종전 국토부 표준정관 제18조(임원의 해임 등) 제2항인 "임원이 자의로 사임하거나 제1항에 의하여 해임되는 경우에는 지체 없이 새로운 임원을 선출하여야 한다. 이 경우 새로 선임된 임원의 자격은 시장·군수의 조합설립변경인가 및 법인의 임원변경등기를 하여야 대외적으로 효력이 발생한다."는 규정이 있었다.

서울특별시 재건축·재개발 표준정관에서는 위 후단인 "새로 선임된 임원의 자격은 시장·군수의 조합설립변경인가 및 법인의 임원변경등기를 하여야 대외적으로 효력이 발생한다."는 내용이 삭제되었다.

□ 근거규정

○ 제1항
국토부 재건축 표준정관 제18조제1항
도시정비법 제43조제4항

> **재건축·재개발 표준정관**
> 제18조(임원의 해임 등) ① 임원이 직무유기, 업무태만 또는 관계법령 및 이 정관을 위반하여 조합에 부당한 손해를 초래한 경우에는 법 또는 이 정관에서 정한 바에 따라 해임할 수 있다.
> 이 경우 해당 임원에게 총회의 청문 등 소명기회를 부여하여야 하며, 청문 등 소명기회를 부여하였음에도 이에 응하지 아니한 경우에는 소명기회를 부여한 것으로 본다.

【주】임원의 해임은 법 제43조제4항에 따라 조합원 1/10 이상의 요구로 소집된 총회에서 할 수도 있음.

조합임원 해임 사항은 도시정비법 제40조제1항제6호상 정관의 필요적 기재사항이다.

2006.8.25 국토부 재건축 표준정관

제18조(임원의 해임 등) ① 임원이 직무유기 및 태만 또는 관계법령 및 이 정관에 위반하여 조합에 부당한 손해를 초래한 경우에는 해임할 수 있다. 이 경우 사전에 해임에 대해 청문 등 소명기회를 부여하여야 하며, 청문 등 소명기회를 부여하였음에도 이에 응하지 아니한 경우에는 소명기회를 부여한 것으로 본다. 다만, 제17조제2항에 의하여 당연 퇴임한 임원에 대해서는 해임절차 없이 그 사유가 발생한 날로부터 그 자격을 상실한다.

현행 서울특별시 재건축 표준정관은 위 규정 중 단서 조항이 삭제되었다.

도시정비법

제43조(조합임원 등의 결격사유 및 해임) ④ 조합임원은 제44조제2항에도 불구하고 조합원 1/10 이상의 요구로 소집된 총회에서 조합원 과반수의 출석과 출석 조합원 과반수의 동의를 받아 해임할 수 있다. 이 경우 요구자 대표로 선출된 자가 해임 총회의 소집 및 진행을 할 때에는 조합장의 권한을 대행한다.

임원이 직무유기, 업무태만 또는 관계법령 및 이 정관을 위반한 것만으로는 부족하며, 이로 인하여 조합에 부당한 손해를 초래한 경우를 예상해 정관에서 정한 경우에는 해임이 가능하다고 해석된다.

이 경우에도 해당 임원에게 총회의 청문 등 소명기회를 부여하여야 하며, 이에 응하지 아니한 경우에는 소명기회를 부여한 것으로 간주한 것으로 표준정관에서 정하고 있다.

그러나 법원 판례에서는 임원의 직무유기, 업무태만 또는 관계법령 및 이 정관을 위반한 행위와 함께 이로 인하여 조합에 부당한 손해를 초래함이 인과관계가 있어야 해임이 가능한 것으로 해석하지 않고, 그 해임 동의율 충족여부만으로 족하다고 판단한다는 것이다.

참고로 직무유기는 신분범인 공무원이 정당한 이유 없이 그 직무수행을 거부하거나 그 직무를 유기한 경우에 형법상 범죄로 처벌하는 경우이다(형법 제122조).

조합임원은 뇌물수수 행위에 대해서만 공무원으로 의제되므로 직무유기는 처벌 대상이 아니다. 혼동을 피하기 위해서라도 삭제하는 것이 좋다.

해임총회 소집 발의서 및 발의자대표 선출동의서

<발의자 인적사항>

성명		주민등록번호	
소유물건지			
현주소			
전화번호			

1. 상기 본인은 ○○아파트 재건축조합원으로서, 다음과 같이 조합임원 해임총회를 발의하며, 향후 새로운 임원선출을 위한 총회 소집권자로서의 역할을 해 줄 것에 동의합니다.

다 음

1) 근거법령

도시정비법 제23조제4항

2) 해임총회의 안건

현행 조합 임원(조합장, 이사, 감사) 해임의 건

신임 조합 임원 선임의 건 또는 선임 총회 개최를 위한 기타 안건들

3) 새로운 임원선출을 위한 임시총회 소집권

2. 상기 본인은 아래 조합원을 발의자 대표 및 새로운 임원선출을 위한 총회소집권자로 선출함에 동의합니다.

(발의자대표는 해임총회의 소집 및 진행에 있어 조합장의 권한을 대행하는바, 만약 아래 발의자 대표자 소집하는 해임총회가 총회개최금지 등으로 무산되거나, 절차상의 하자 등의 사유로 무효 또는 취소되는 경우에, 다시 개최되는 해임총회에서도 역시 소집권자가 됨에 동의합니다. 또한 새로운 임원을 선출하기 위한 총회의 소집권자가 됨에 동의합니다)

아　　래

<발의자 대표 인적사항>
조합원 성명 : ○ ○ ○
소유 물건지 : 서울 ○○구 ○○○동 ○○번지 ○○동 ○○○호

년　월　일

위 발의자 성명 :　　　　　(인)

○○아파트재건축조합 임원 해임총회 발의자 대표 ○○○ 귀중

■ **조합임원 해임(조합장, 이사, 감사)을 하기 위해 반드시 해당 임원에게 총회의 청문 등 소명기회를 부여해야 하는지**

　과반수 출석과 출석조합원 과반수 찬성으로 의결
　조합임원 해임에 소명기회 부여 필요 없이 가능

　다음은 2024년 현재 강남구 ○○재건축조합 정관 사례다.

제○○조(임원의 해임 등) ① 임원이 직무유기 및 태만 또는 관계법령 및 이 정관에 위반하여 조합에 부당한 손해를 초래한 경우에는 해임할 수 있다. 이 경우 사전에 해당 임원에 대해 청문 등 소명기회를 부여하여야 하며, 청문 등 소명기회를 부여하였음에도 이에 응하지 아니한 경우에는 소명기회를 부여한 것으로 본다. 다만, 제17조제2항에 의하여 당연 퇴임한 임원에 대해서는 해임절차 없이 그 사유가 발생한 날로부터 그 자격을 상실한다.

이 정관에서는 '직무유기 및 태만 또는 관계 법령 및 이 정관에 위반'과 '조합에 부당한 손해를 초래'한 것이 그 구성요건이며, 이에 해당되더라도 반드시 청문 등 소명기회를 부여해야 한다고 규정하고 있다.

하지만 판례에서는 이러한 구성요건에 맞지 않아도 해임이 가능하며, 해임 결의율이 충족되면 소명절차도 필요 없이 임원 해임이 가능하다는 것이 법원의 일관적 입장이다.

> **판례**
>
> 정관에서 정하고 있는 임원 해임사유가 필요한지(필요없음. 해임 사유 제한 없음)
> 서울고등법원 2014.6.20선고 2013나79797판결
> 【판결요지】
> 정관이나 규약에서 해임사유를 제한하는 것이 '가능하다'는 취지의 하급심 판결(수원지방법원 2010.10.1선고 2009가합24647판결, 서울서부지방법원 2009카합1020결정, 인천지방법원 2009.5.27.자 2009카합464결정 등 참조)이 있으나, 최근 서울고등법원에서 '정관에서 별도로 해임사유를 정하고 있더라도 조합원들의 자치적인 판단으로 해임 여부를 결정하는 것이 유효하다'는 판결을 선고한 이래 다른 하급심 판결들도 <u>'정관이 정하고 있는 해임사유가 있는지를 불문하고 조합원 총회에서 조합 임원의 해임을 결의할 수 있다고 봄이 상당하다.</u>
>
> 임원 해임에 실질적 소명 기회 부여 여부 필요 없이 가능하다.
> 서울북부지법 제13민사부 2014.4.2.선고 2013가합22601판결, 임시조합총회결의무효확인등
> 【판결요지】
> 도시정비법 제23조제4항(현행법 제43조제4항)이 위 개정으로 '제24조(현행법 제44조)에도 불구하고'라는 문언을 추가하면서 해임 사유에 관하여 아무런 제한을 두지 않은 것은, 종전에 정관으로 조합 임원의 해임 사유를 제한함으로써 조합 임원과 조합 사이의 신뢰관계가 파탄되어 조합원 다수가 새로운 임원을 선출하기를 원하고 있음에도 조합 임원의 해임이 곤란한 경우가 있었던

> 폐단을 없애고자 정관으로 조합 임원의 해임 사유를 제한하지 못하도록 명문화한 것으로 보이는 점, 원고 A 등과 피고 사이의 관계는 민법상 위임에 해당하는데 도시정비법에는 제23조 제4항의 해임 발의 사유에 관한 아무런 규정이 없고, 민법 제689조 제1항은 당사자로 하여금 자유로이 위임계약을 해지할 수 있도록 규정하고 있으며, 다만 제2항에서는 부득이한 사유 없이 상대방의 불리한 시기에 위임계약을 해지한 때에는 그 손해를 배상하도록 규정하고 있는 점, 위임관계에 있어서는 서로간의 신뢰관계가 무엇보다 중시되어야 할 것이어서 조합원 총회에서 다수의 의사에 따라 언제든지 그 임원을 해임하고 다른 조합원을 임원으로 선임할 수 있도록 함이 바람직해 보이는 점 등에 비추어 보면, 이 사건 피고 정관에서 정한 임원해임 사유는 주의적 규정에 불과하다고 할 것이다.

■ 부당한 해임에 대한 대안

해임의 부당성을 납득시키는 것이 가장 중요하며, 부가적으로 아래와 같은 보충 방법을 사용하기도 한다.

1. 일반적 방법으로 해임총회의 절차적 하자 등을 찾아 해임총회 개최금지가처분을 신청하는 방법이 있다. 그러나 절차의 하자는 보완하면 치유되므로, 시간을 끄는 것 외에는 별다른 효과가 없다.

2. 해임총회의 정족수 미달을 위한 해임반대 서면결의서를 징구하여 해산총회를 무산 또는 부결시키기도 한다.
① 해임 반대를 원하는 서면결의서를 만들어서 배포, 수집하여, 과반수를 걷게 되면 해임총회 주최자에게 제출하여 그 필요성을 반감시킨다.
② 해임 반대 서면결의서를 과반수 걷지 못한 경우에는 여러 가지 경우의 수를 계산하여 대처하기도 한다.
  수집한 해임 반대 서면결의서를 제출하여 참석 정족수의 과반수 이상이 되는 효과만 있어, 이 경우에는 제출하지 않는 것이 일반적이다. 만일 수집한 해임 반대 서면결의서가 과반수에 부족하지만 찬성보다는 많다고 예상될 경우, 부결을 위해 제출하게 될 것이다.
③ 위 ②인 경우의 수를 대비하여, 서면결의서에 제출 위임장을 만들어 수임인이 총회에 제출할지 여부를 판단하여 최후 순간에 제출한다.

3. 해임 반대 서면결의서와는 별개로 찬성 쪽 서면결의서 철회서를 받는다. 서면결의 철회서를 적시에 제출한다.

○ **제2항**(사임·해임·당연퇴임의 경우 지체 없이 임원 선출/조합장은 변경인가)
국토부 재건축 표준정관 제18조제2항

> **재건축·재개발 표준정관**
> 제18조(임원의 해임 등) ② 조합임원이 자의로 사임한 경우, 제1항에 따라 해임된 경우 또는 제17조 제2항에 따라 당연퇴임한 경우에는 법, 이 정관 및 조합 선거관리규정에 따라 지체 없이 새로운 임원을 선출하여야 한다.

2006.8.25 국토부 재건축 표준정관
제18조(임원의 해임 등) ② 임원이 자의로 사임하거나 제1항에 의하여 해임되는 경우에는 지체 없이 새로운 임원을 선출하여야 한다. 이 경우 새로 선임된 임원의 자격은 시장·군수의 조합설립변경인가 및 법인의 임원변경등기를 하여야 대외적으로 효력이 발생한다.

임원이 자의로 사임하거나 해임 외에도 '당연퇴임'하는 경우, 지체 없이 새로운 임원을 선출하도록 하였다.

■ **단서(새로운 임원의 자격 효력발생시기) 삭제**
종전의 국토부 재건축·재개발 표준정관에서는 "새로운 임원의 자격은 시장·군수의 조합설립변경인가 및 법인의 임원변경등기를 하여야 대외적으로 효력이 발생한다."고 규정하고 있었다.

또한, 부산광역시 재건축·재개발 표준정관 제16조제2항에서도 "~~~새로 선임된 임원의 자격은 구청장·군수의 조합설립변경인가 및 법인의 임원변경등기를 하여야 대외적으로 효력이 발생한다."고 규정하고 있다.

그러나 서울특별시는 재건축·재개발 표준정관에 이 단서를 삭제하여 임원의 자격 효력발생시기에 대해 해석에 맡기고 있다.

■ 조합설립인가내용의 경미한 변경 개정

도시정비법 시행령 [시행 2009.8.11] [대통령령 제21679호, 2009.8.11, 일부개정]
제27조(조합설립인가내용의 경미한 변경) 법 제16조제1항 각 호 외의 부분 단서에서 "대통령령으로 정하는 경미한 사항"이란 다음 각 호의 사항을 말한다. <개정 2008.12.17, 2009.8.11, 2011.4.4, 2012.7.31>
2의2. 조합임원 또는 대의원의 변경(조합장은 법 제24조에 따라 총회의 의결을 거쳐 변경인가를 받아야 한다)

2009.8.11 시행령 개정으로 조합임원 중 조합장의 변경은 총회 의결을 거쳐 조합설립변경인가를 받도록 강화되었다가, 2018.2.9 전부개정으로 아래와 같이 바뀌었다.

도시정비법 시행령[시행 2018.2.9] [대통령령 제28628호, 2018.2.9 전부개정]
제31조(조합설립인가내용의 경미한 변경) 법 제35조제5항 단서에서 "대통령령으로 정하는 경미한 사항"이란 다음 각 호의 사항을 말한다.
4. 조합임원 또는 대의원의 변경(법 제45조에 따른 총회의 의결 또는 법 제46조에 따른 대의원회의 의결을 거친 경우로 한정한다)

새로 선임된 임원의 경우에는 경미한 사항으로 구청장에 변경신고만으로 족하지만, 조합장에 한해서는 신고가 아닌 조합설립변경인가를 받아야 한다.

조합임원(이사)의 궐위로 이사회는 개최할 수 없으니, 대의원회 의결을 거쳐 조합장이 임원의 직무를 수행할 자를 임시로 선임할 수 있는지(서울시 주거정비과 2022.7.15)
ⓠ 조합임원(이사)의 궐위로 이사회는 개최할 수 없으니, 대의원회 의결을 거쳐 조합장이 임원의 직무를 수행할 자를 임시로 선임할 수 있는지?

A 「정비조합 표준정관」 제18조제4항에 따르면 제2항에 의하여 사임하거나 또는 해임되는 임원의 새로운 임원이 선임, 취임할 때까지 직무를 수행하는 것이 적합하지 아니하다고 인정될 때에는 이사회 또는 대의원회 의결에 따라 그의 직무수행을 정지하고 조합장이 임원의 직무를 수행할 자를 임시로 선임할 수 있다고 규정하고 있음

따라서, 상기 규정에 따라 조합장이 임원의 직무를 수행할 자를 임시로 선임할 수 있음.

○ 제3항
도시정비법 법 제46조, 동법 시행령 제31조제4호

> **재건축·재개발 표준정관**
> 제18조(임원의 해임 등) ③ 제1항에 따른 해임절차가 진행 중인 임원이 해임절차가 완료될 때까지 직무를 수행하는 것이 적합하지 아니하다고 인정될 때에는 대의원회의 의결에 따라 해당 임원의 직무수행을 정지하고 조합장이 임원의 직무를 수행할 자를 임시로 선임할 수 있다.
> 다만, 조합장이 '해임되는' 경우에는 제16조제8항에 따른 조합장 직무대행자가 대의원회를 소집하여 조합장의 직무수행 정지 여부를 의결할 수 있다.

총회의 의결 또는 대의원회의 의결을 거친 경우의 조합임원 또는 대의원의 변경을 조합설립인가내용의 경미한 변경으로 하였다.

이 경우 총회의 의결 없이 구청장에게 신고하고 변경할 수 있다.

재개발조합의 조합정관 제17조(임원의 해임)의 '해임되는~'의 의미가 총회에서 해임 의결'된' 경우를 뜻하는지(서울시 재생협력과 2011.6.30)

조합정관 제17조는 표준정관과 동일하게 아래와 같이 작성되어 있음.

조합정관 제17조(임원의 해임) ④ 제2항에 따라 사임하거나 또는 해임되는 임원이 새로운 임원이 선임, 취임할 때까지 직무를 수행하는 것이 적합하지 아니하다고 인정될 때에는 이사회 또는 대의원회의 의결에 따라 그의 직무를 정지하고 조합장이 임원의 직무를 수행할 자를 임시로 선임할 수 있다.(이하 생략)

Q 1. 위 조항 중 '해임되는'의 의미가 총회에서 해임 의결'된' 경우를 뜻하는지?

Q 2. 조합원 또는 대의원이 요건을 갖춰 해임 발의한 상태로서, 총회에서 해임 의결되지 않았으나 해임 절차가 '진행 중인' 경우도 해당되는지?

A "제2항에 따라 사임하거나 또는 해임되는"으로 되어 있어 제2항의 내용이 무엇인지 이에 따라 결과가 달라질 수 있으나, 통상 위와 같은 규정은 해임절차가 완료되었을 경우를 말하는 것임.

그 이전에 직무를 정지하려면 직무집행정지 가처분등의 방법으로 해야 할 것임.

제4항
서울특별시 별표 표준선거관리규정 제48조제1항, 제3항

> **재건축·재개발 표준정관**
> 제18조(임원의 해임 등) ④ 조합장을 제외한 조합임원이 자의로 사임하고자 하는 경우 조합장에게 그 의사를 서면으로 표시하여야 하며, 조합장은 이를 이사회에 상정하여야 한다. 이 경우 사임의사를 표시한 해당 임원은 사임에 대한 이사회의결이 있거나 후임 임원이 선임될 때까지 그 임기가 유지되는 것으로 본다. 조합이사 전원이 사임하고자 하는 경우에는 "이사회"를 "대의원회"로 보며, 조합장은 이사회의 개최 없이 대의원회를 바로 소집할 수 있다.
> 【주】임원이 사임한 경우, 대의원과 마찬가지로(제24조제5항) 이사회의 의결이나 수리행위가 있어야 그 효력이 발생하는 것으로 정할 수 있으며, 그 경우에는 수리행위가 종료되어 사임의 효력이 발생할 때까지 직무를 정지시킬 실익이 있을 것임.

임원, 대의원 중 궐위된 자가 발생할 경우, 조합장은 즉시 보궐선거를 위한 대의원회 소집을 하여야 한다. 다만, 대의원이 임기 중 궐위되어 대의원의 수가 법 제25조제2항에 따른 대의원의 수에 미달되게 된 경우에는 총회에서 보궐선임을 하여야 한다(서울시 표준선거관리규정 제48조제3항).

조합이사 전원이 사임하는 경우에는 이사회가 없으므로, 이사회 개최 없이 대의원회를 바로 소집할 수 있다.

■ **해임총회와 선임총회 동시 개최 가능여부**

도시정비법 상 정비조합의 최고의결기구인 '총회'는 법 및 조합정관에 따라 '조합장'에게 소집 권한이 전속되어 있다.

조합임원은 조합원 1/10 이상의 요구로 소집된 총회에서 조합원 과반수의 출석과 출석 조합원 과반수의 동의를 받아 해임할 수 있다. 이 경우 요구자 대표로 선출된 자가 해임 총회의 소집 및 진행을 할 때에는 조합장의 권한을 대행한다(도시정비법 제43조제4항).

임원 선정을 위한 조합총회는 조합장이 직권으로 소집하거나 조합원 1/5 이상 또는 대의원 2/3 이상의 요구로 조합장이 소집하게 된다(법 제44조제2항).

따라서 해임으로 인한 새로운 조합장이 된 경우에는 조합설립변경인가를 받아야 하며, 이러한 절차를 거치지 않은 새로운 조합장이 소집한 임원 선정총회는 무효라 할 것이다.

임원 해임뿐만 아니라 보궐선거, 연임의 경우에도 임원을 선정하려면 선거관리위원회를 조직하고 선거관리계획을 수립해야 한다(서울시 표준선거관리규정 제7조). 후보자 추천을 받아 등록하는 등의 절차를 거쳐야 하므로, 해임총회와 선임총회를 동시에 진행하는 것은 실무상 불가능하다.

해임총회와 선임총회를 한꺼번에 할 수 있는지(국토부 주택정비과 2016.5.13)

Q 1. 재개발조합원 1/10 발의에 의해 소집된 임시총회에서 조합임원의 해임과 동시에 새로운 임원의 선출이 가능한지?

Q 2. 발의자 대표가 소집한 임원해임을 위한 임시총회에서는 조합원 1/5 이상의 동의를 받아도 새로운 임원은 선임할 수 없는지?

A 1. 도시정비법 제23조제4항에 따르면 조합임원의 해임은 제24조에도 불구하고 조합원 1/10이상의 발의로 소집된 총회에서 조합원 과반수의 출석과 출석 조합원 과반수의 동의를 얻어 할 수 있고, 이 경우 발의자 대표로 선출된 자가 해임 총회의 소집 및 진행에 있어 조합장의 권한을 대행하도록 하고 있으므로, 동 규정에 따라 개최된 총회에서는 조합임원 해임은 가능

하나, 새로운 임원의 선출은 어려울 것으로 판단됨.

A 2. 도시정비법 제23조제4항에 따라 <u>개최된 조합임원 해임총회에서는 질의하신 경우와 같이 조합원 1/5 이상의 동의로 새로운 임원을 선출은 어려울 것으로 판단</u>되며, 새로운 임원선출 총회는 조합 정관의 임원선출 절차 및 총회 개최 방법 등을 검토하여 개최되어야 할 것으로 판단됨.

cf 부산광역시 재건축·재개발 표준정관

제16조(임원의 해임 등) ① 조합임원은 도시정비법 제44조제2항에도 불구하고 조합원 1/10 이상의 요구로 소집된 총회에서 조합원 과반수의 출석과 출석 조합원 과반수의 동의를 받아 해임할 수 있다. 이 경우 요구자 대표로 선출된 자가 해임총회의 소집 및 진행을 할 때에는 조합장의 권한을 대행한다.

② 임원이 자의로 사임하거나 제1항에 의하여 해임되는 경우, 제15조제2항에 따라 당연퇴임하는 경우에는 지체 없이 새로운 임원을 보궐선임하여야 한다. 이 경우 새로 선임된 임원의 자격은 구청장·군수의 조합설립변경인가 및 법인의 임원변경등기를 하여야 대외적으로 효력이 발생한다.

③ 제1항에 의한 해임의 경우에 사전에 해당 임원에 대해 청문 등 소명기회를 부여하여야 하며, 청문 등 소명기회를 부여하였음에도 이에 응하지 아니한 경우에는 소명기회를 부여한 것으로 본다.

④ 임원 및 대의원의 사임은 사임서를 조합사무실에 제출함으로써 효력이 발생한다.

⑤ 조합임원이 해임 의결된 경우 조합장이 임원의 직무를 수행할 자를 임시로 선임할 수 있으며, 사임한 경우에는 새로운 임원이 선임, 취임할 때까지 직무를 수행하는 것이 적합하지 아니하다고 인정될 때에는 대의원회의 의결에 따라 그의 직무수행을 정지하고 조합장이 임원의 직무를 수행할 자를 임시로 선임할 수 있다. 다만, 조합장이 사임하거나 퇴임·해임되는 경우에는 제14조제8항을 준용하여 조합장 직무대행자를 정한다.

재건축·재개발 표준정관의 조문 위치와 내용이 같다.

광주광역시 재건축·재개발 표준정관

제18조(임원의 해임 등) ① 임원이 직무유기, 업무태만 또는 관계 법령 및 이 정관을 위반하여 조합에 부당한 손해를 초래한 경우에는 법 또는 이 정관에서 정한 바에 따라 해임할 수 있다. 이 경우 해당 임원에게 총회의 청문 등 소명기회를 부여하여야 하며, 청문 등 소명기회를 부여하였음에도 이에 응하지 아니한 경우에는 소명기회를 부여한 것으로 본다.

【주】임원의 해임은 법 제43조제4항에 따라 조합원 1/10 이상의 요구로 소집된 총회에서 할 수도 있음

② 조합임원이 자의로 사임한 경우, 제1항에 따라 해임된 경우 또는 제17조제2항에 따라 당연퇴임한 경우에는 법, 이 정관 및 조합 선거관리규정에 따라 지체 없이 새로운 임원을 선출하여야 한다.

③ 제1항에 따른 해임절차가 진행 중인 임원이 해임절차가 완료될 때까지 직무를 수행하는 것이 적합하지 아니하다고 인정될 때에는 대의원회의 의결에 따라 해당 임원의 직무수행을 정지하고 조합장이 임원의 직무를 수행할 자를 임시로 선임할 수 있다. 다만, 조합장이 해임되는 경우에는 제16조제8항에 따른 조합장 직무대행자가 대의원회를 소집하여 조합장의 직무수행 정지 여부를 의결할 수 있다.

④ 조합장을 제외한 조합임원이 자의로 사임하고자 하는 경우 조합장에게 그 의사를 서면으로 표시하여야 하며, 조합장은 이를 이사회에 상정하여야 한다. 이 경우 사임의사를 표시한 해당 임원은 사임에 대한 이사회 의결이 있거나 후임 임원이 선임될 때까지 그 임기가 유지되는 것으로 본다. 조합이사 전원이 사임하고자 하는 경우에는 "이사회"를 "대의원회"로 보며, 조합장은 이사회의 개최 없이 대의원회를 바로 소집할 수 있다.

【주】임원이 사임한 경우, 대의원과 마찬가지로(제24조제5항) 이사회의 의결이나 수리행위가 있어야 그 효력이 발생하는 것으로 정할 수 있으며, 그 경우에는 수리행위가 종료되어 사임 효력이 발생할 때까지 직무를 정지시킬 실익이 있을 것임.

재건축·재개발 표준정관의 조문 위치와 내용이 같다.

2023.11.29 국토부 별표2 지정개발자(신탁업자) 표준시행규정

관련 조문이 없다.

2006.8.25 국토부 재건축 표준정관

제18조(임원의 해임 등) ① 임원이 직무유기 및 태만 또는 관계법령 및 이 정관에 위반하여 조합에 부당한 손해를 초래한 경우에는 해임할 수 있다. 이 경우 사전에 해임에 대해 청문 등 소명기회를 부여하여야 하며, 청문 등 소명기회를 부여하였음에도 이에 응하지 아니한 경우에는 소명기회를 부여한 것으로 본다. 다만, 제17조제2항에 의하여 당연퇴임한 임원에 대해서는 해임절차 없이 그 사유가 발생한 날로부터 그 자격을 상실한다.

② 임원이 자의로 사임하거나 제1항에 의하여 해임되는 경우에는 지체 없이 새로운 임원을 선출하여야 한다. 이 경우 새로 선임된 임원의 자격은 시장·군수의 조합설립변경인가 및 법인의 임원변경등기를 하여야 대외적으로 효력이 발생한다.

③ 임원의 해임은 조합원 1/10 이상 또는 대의원 2/3 이상의 발의로 조합장(조합장이 해임 대상인 경우는 발의자 공동명의로 한다)이 소집한 총회에서 조합원 과반수의 출석과 출석조합원 과반수의 동의를 얻어 해임할 수 있다. 조합장이 해임 대상인 경우 발의자 대표의 임시사회로 선출된 자가 그 의장이 된다.

④ 제2항에 의하여 사임하거나 또는 해임되는 임원의 새로운 임원이 선임, 취임할 때까지 직무를 수행하는 것이 적합하지 아니하다고 인정될 때에는 이사회 또는 대의원회 의결에 따라 그의 직무수행을 정지하고 조합장이 임원의 직무를 수행할 자를 임시로 선임할 수 있다. 다만, 조합장이 사임하거나 퇴임·해임되는 경우에는 제16조제6항을 준용한다.

【주】임원이 직무태만, 부정 등으로 해임되는 경우에는 새로운 임원이 선출될 때까지 업무를 수행하는 것이 적정하지 못한 경우가 대부분이므로 업무공백이나 부작용이 없도록 그 절차를 정한 것임.

2003.6.30 국토부 재개발 표준정관

제18조(임원의 해임 등) ① 임원이 직무유기 및 태만 또는 관계 법령 및 이 정관에 위반하여 부당한 손실을 초래한 경우에는 해임할 수 있다. 다만, 제17조제2항

에 의하여 당연 퇴임한 임원에 대해서는 해임 절차 없이 선고받은 날부터 그 자격을 상실한다.

② 임원이 자의로 사임하거나 제1항에 의하여 해임되는 경우에는 지체 없이 새로운 임원을 선출하여야 한다. 이 경우 새로 선임된 임원의 자격은 시장·군수의 조합설립변경인가 및 법인의 임원변경등기를 하여야 대외적으로 효력이 발생한다.

③ 임원의 해임은 조합원 1/10 이상 또는 대의원 2/3 이상의 발의로 소집된 총회에서 조합원 과반수 출석과 출석조합원 2/3 이상의 동의를 얻어 해임할 수 있으며 이 경우 발의자 대표의 임시사회로 선출된 자가 그 의장이 된다.

④ 제2항에 의하여 사임하거나 또는 해임되는 임원이 새로운 임원이 선임, 취임할 때까지 직무를 수행하는 것이 적합하지 아니하다고 인정될 때에는 이사회 또는 대의원회의 의결에 따라 그의 직무수행을 정지하고 조합장이 임원의 직무를 수행할 자를 임시로 선임할 수 있다.

다만, 조합장이 사임하거나 해임되는 경우에는 감사가 직무를 수행할 자를 임시로 선임할 수 있다.

【주】임원이 직무태만, 부정 등으로 해임되는 경우에는 새로운 임원이 선출될 때까지 업무를 수행하는 것이 적정하지 못한 경우가 대부분이므로 업무공백이나 부작용이 없도록 업무수행을 대신할 자를 임시로 선임할 수 있도록 한 것임.

- ■ **(서울) 재건축 표준정관 제19조(임직원의 보수 등)**
- ● **(서울) 재개발 표준정관 제19조(임직원의 보수 등)**:재건축 표준정관과 같다.

> **재건축·재개발 표준정관**
> 제19조(임직원의 보수 등) ① 조합은 상근임원 외의 임원에 대하여는 보수를 지급하지 아니한다. 다만, 임원의 직무수행으로 발생되는 경비 등은 조합 행정업무규정에서 정하는 바에 따라 지급할 수 있다.
> ② 조합은 조합에 상근하는 유급직원을 둘 수 있으며, 그 수·채용방법·보수 등 근무조건 기타 유급직원에 관하여 필요한 사항은 조합 업무규정으로 정한다.

재건축·재개발 표준정관의 조문 위치와 내용이 같다.

■ **표준정관 제19조 관련 "직원 채용 후 대의원회 미인준"**
서울특별시 정비사업 조합운영 실태점검

재건축·재개발 표준정관 제19조(임직원의 보수 등) 제2항에서 "조합에 상근하는 유급직원을 둘 수 있으며, 그 수, 채용방법, 보수 등 근무조건 기타 유급직원에 관하여 필요한 사항은 조합 업무규정으로 정한다."고 하여 표준행정업무규정에 위임하는 등 관계를 맺고 있다.

표준행정업무규정에서와 같이 직접 상근이사를 총회에서 선출하는 경우도 있으며, 2024.12월 개최된 용산구 재개발조합에서처럼 이사를 선출한 후 조합장이 추천한 자를 상근이사로 하기도 한다(동 규정 제9조제1호).

■ **위반사례**
◇ 유급 직원을 채용한 경우 임명 후 대의원회의 인준을 받아야 하나, 별도의 대의원회의 인준을 받은 사실이 없음.

■ 근거 규정과 처리방향

직원채용의 건을 대의원회 정식 안건으로 상정하여 인준받고, 향후 직원 채용시 조합정관 규정을 준수하여 처리하도록 시정명령

서울시 표준행정업무규정 제9조(채용원칙) 상근임원(위원) 임명 및 직원 채용은 소정의 자격을 구비한 자 중에서 다음 각 호와 같은 방법을 원칙으로 하되 별도 선거관리규정으로 따로 정할 수 있다.

1. 상근임원은 총회에서 상근이사를 선출하거나, 선출된 이사 중에서 조합장이 추천하여 이사회 또는 대의원회 의결을 통하여 임명한다.

2. 상근위원은 추진위원 중에서 추진위원장이 추천하여 추진위원회의 의결을 통하여 임명한다.

3. 직원은 조합장 등이 추천하여 이사회 또는 추진위원회의 결의에 의해 채용할 수 있다. 다만, 채용결과에 대한 사후 인준절차 등을 정관 등에서 따로 정한 경우에는 그에 따른다.

종전 국토부 재건축·재개발 표준정관 제19조(임직원의 보수 등) 제3항에서는 서울특별시 표준정관과 달리, "유급직원은 조합의 업무규정이 정하는 바에 따라 조합장이 임명한다. 이 경우 임명결과에 대하여 사후에 대의원회의 인준을 받아야 하며 인준을 받지 못하면 즉시 해임하여야 한다."는 규정을 둔 바 있다.

□ 근거규정
서울특별시 별표 행정업무규정 제3장 보수규정

제3장 제19조(보수지급 기준 등), 제19조의2(휴면조합의 보수지급 제한 등), 제20조(회의 수당 등), 제21조(실비변상 등), 제22조(퇴직금의 지급) 등이 있다.

■ 재건축, 재개발조합장, 상근이사, 사무장 등 봉급
서울특별시 서초구, 강남구, 송파구, 용산구 및 경기도 과천시

조합	조합원(명)	인건비(급여)·월 예산					상여금	업무 추진비	비고
		조합장	부조합장	상근이사	사무장(실장)	사무직원			
신반포○차	716	800					년 600% 분기별 지급		
신반포○차	1,572	700		550	350	300	년 400% 분기별 지급	300	2023년 예산
신반포○차, 경남	2,486	750	750	600	400	300	년 400% 분기별 지급	700 (부조합장 포함)	2023년 예산
신반포○차	1,828	600		396	360	264	년 400% 분기별 지급		2023년 예산
신반포○지구	2,676	550		385	450	290	년 400% 분기별 지급	250	2024년 예산
신반포○○차	180	700					년 400% 분기별 지급	200	
신반포○○차	396	750			500		년 400% 분기별 지급		
반포○주구	1,627	500		250			년 400% 분기별 지급	150	
반포○,○,○주구	2,294	1,000		1,000			년 400% 분기별 지급	150	상근임원 5인
서초 ○동아	1,043	500			650		년 400% 분기별 지급	150	사무직원 2인
방배 ○동아	549	750		607	450		년 400% 분기별 지급	150	
방배○구역 재건축	1,139	650		480	350		년 400% 분기별 지급	250	
방배 ○○구역	1,624	600			300		년 400% 분기별 지급	150	
방배○○재건축	473	500		350			년 400% 분기별 지급	150	
개포주공○단지	5,236	500		387			년 400% 분기별 지급	200	
개포주공○,○단지	1,997	500		450			년 400% 분기별 지급	200	
개포우성○차	517	630			[330]	270	년 400% 분기별 지급		2024년 예산
압구정○구역	1,924	600		350	400	350	년 400% 분기별 지급	200	2024년 예산
압구정○구역	4,065	550		250	400	320	년 400% 분기별 지급	150	2024년 예산
압구정○구역	1,368	500					년 400% 분기별 지급		
압구정○구역	1,226	500		350	320	270	년 400% 분기별 지급		2024년 예산
역삼 ○○○ 재건축	141	550			310		년 400% 분기별 지급	70	
잠실 ○○아파트	1,507	530		415	[370]	300	년 400% 분기별 지급	450	2023년 예산
잠실장미 ○,○,○차	4,008	750		500			년 400% 분기별 지급	200	2024년 예산
한남○구역 재개발	3,887	500		340			년 400% 분기별 지급	800	

구역									
한남○구역	1,207	500		380	400	320	년 400% 분기별 지급		2024년 예산
과천주공 ○단지	1,262	700		550			년 400% 분기별 지급	150	
과천주공 ○-○단지	722	1,000		400			년 400% 분기별 지급	200 상근임원 50	
과천주공 ○, ○단지	2,120	560			350		년 400% 분기별 지급	150	
○○아파트 지구 재개발	2,931	800		495	440		년 400% 분기별 지급	200	

판례

조합장 임기는 창립총회 선출일이 아니라 조합설립인가일부터며, 조합장의 퇴직금 계산 시 추진위원장으로 근무한 기간은 제외하여야 한다
대법원 2024.12.24.선고 2024다288779판결, 임금
【판결요지】
피고 조합의 조합장으로서 원고의 임기는 피고 조합이 설립인가 처분을 받은 2018.6.25.부터 시작된다고 보아야 하므로, 조합장 퇴직급여 상당 보수의 계속근무기간 역시 위 2018.6.25.부터 기산해야 한다. 그런데도 원심은 피고가 창립총회에서 조합장으로 선출된 2017.12.16부터 조합장의 계속근무기간을 산정하였는바, 이러한 원심의 판단에는 추진위원회 종기, 재개발조합의 시기, 조합장의 근무기간 등에 관한 법리를 오해한 잘못이 있다. 이 사건 추진위원회와 재개발조합인 피고가 별개의 단체이므로 원고의 조합장 근무기간을 계산함에 있어 추진위원장 근무기간은 제외되어야 한다.

조합장급여는 사임일까지로 계산하여야 하며, 사임 후 후임자 선임까지 근무한 것은 인정할 수 없다.
인천지방법원 2024.12.20선고 2022가단275921판결, 급여등 청구의 소
【판결요지】
추진위원회와 그 대표기관과의 관계가 근로관계가 아닌 위임관계인 점, 한편 피고의 창립총회 보수규정 제4조에 임직원 보수는 매월 25일에 정기 지급하는 것으로 규정하고 있는 점 등에 비추어 보면, 원고가 구하는 임금 상당보수는 매월 정기 지급하기로 약정한 보수로서 민법 제163조제1호에서 정한 '1년 이내의 기간으로 정한 금전의 지급을 목적으로 한 채권'에 해당하여 그 지급일로부터 3년의 단기소멸시효가 적용된다고 봄이 타당하다. 따라서 이 사건 소 제기일인 2022.10.28부터 역산하여 3년이 경과한 2019.10월분까지 보수 채권은 설령 그 존재가 인정된다고 하여도 시효로 소멸하였다.
조합장이 2019.11.1부터 스스로 사임한 2020.5.13까지(6개월 13일)는 조합장 업무를 수행한 것으로 보는 것이 타당하다.

표준정관에 규정된 유급직원에 상근임원이 포함되는지, 상근 임원의 선출 방법 및 절차(국토부 주택정비과 2016.11.2)

Q 1. 재개발조합 표준정관 제19조제3항에 규정된 유급직원은 상근하는 임원이 포함되는지, 표준정관 채택 시 유급직원에 상근하는 임원이 포함되지 않는다면 누가 임명하는지?

Q 2. 총회에서 상근·비상근 구분하여 총회에서 선임하는지, 총회에서 상근·비상근 구분하지 않고 선임 후 조합장이 상근임원을 임명한 후 사후에 대의원회의 인준을 받으면 되는지, 어떤 절차를 거쳐야 되는지?

A 「도시정비법 시행령」 제31조제16호에 따르면 조합직원의 채용 및 임원 중 상근임원의 지정에 관한 사항과 직원 및 상근임원의 보수에 관한 사항 등에 대하여는 조합정관으로 정하도록 하고 있으므로, 질의하신 상근임원의 결정방법은 해당 조합정관의 상근임원 지정에 관한 내용 및 관련 규정 등을 검토하여 결정해야 할 것으로 판단됨.

cf 부산광역시 재건축·재개발 표준정관

제17조(임직원의 보수 등) ① 조합은 상근임원 외의 임원에 대하여는 보수를 지급하지 아니한다. 다만, 임원의 직무수행으로 발생되는 경비 및 회의참석비, 업무수당 등은 조합 행정업무규정이 정하는 바에 따라 지급할 수 있다.

② 조합은 상근하는 임원 및 유급직원에 대하여 조합 행정업무규정이 정하는 바에 따라 보수를 지급하여야 한다.

③ 유급직원은 조합 행정업무규정이 정하는 바에 따라 조합장이 임명하고 우선 근무하도록 할 수 있다. 이 경우 임명결과에 대하여 2개월 이내에 대의원회의 인준을 받아야 하며, 인준을 받지 못하면 즉시 해임된다.

재건축·재개발 표준정관의 조문 위치와 내용이 같다.

부산광역시 정비사업조합 행정업무규정

2021.7.21 제정, 고시되었으며, 행정업무규정 표준안 제13조 내지 제17조 중 제13조는 다음과 같다.

제13조(임금의 지급) ① 상근임직원의 임금은 매년 총회의 예산(안) 의결을 거쳐

확정한 금액을 지급한다.

② 임금은 당월 1일부터 말일까지로 계산하고 매월 ○○일에 계좌이체를 통해 지급한다. 다만, 지급일이 토요일 또는 공휴일인 경우에는 그 전일에 지급한다.

③ 조합은 별지 제2호서식의 임금대장에 상근임직원의 임금 계산 및 원천징수 내역 등을 기재하고 당사자가 열람을 원하는 경우 열람하게 할 수 있다.

광주광역시 재건축·재개발 표준정관

제19조(임직원의 보수 등) ① 조합은 상근임원 외의 임원에 대하여는 보수를 지급하지 아니한다. 다만, 임원의 직무수행으로 발생되는 경비, 회의참석비 등은 조합 행정업무규정에서 정하는 바에 따라 지급할 수 있다.

② 조합은 조합에 상근하는 유급직원을 둘 수 있으며, 그 수, 채용방법, 보수 등 근무조건 기타 유급직원에 관하여 필요한 사항은 조합 업무규정으로 정한다.

재건축·재개발 표준정관의 조문 위치와 내용이 같다.

2023.11.29 국토부 별표2 지정개발자(신탁업자) 표준시행규정

관련 조문이 없다.

2006.8.25 국토부 재건축 표준정관

제19조(임직원의 보수 등) ①조합은 상근임원 외의 임원에 대하여는 보수를 지급하지 아니한다. 다만, 임원의 직무수행으로 발생되는 경비는 지급할 수 있다.

②조합은 상근하는 임원 및 유급직원에 대하여 조합이 정하는 별도의 보수규정에 따라 보수를 지급하여야 한다. 이 경우 보수규정은 미리 총회의 의결을 거쳐야 한다.

【주】상근하는 임원 및 유급직원에 대한 보수는 사업비에 영향을 미치므로 별도의 보수규정을 마련하여 운영토록 하고 총회의결을 거치도록 한 것이나, 조합의 규모에 따라 정관에 보수에 관한 사항 등을 직접 규정할 수도 있음.

③유급직원은 조합의 인사규정이 정하는 바에 따라 조합장이 임명한다. 이 경우 임명결과에 대하여 사후에 대의원회의 인준을 받아야 하며 인준을 받지 못하면 즉시 해임하여야 한다.

【주】유급직원은 조합 사무를 실무적으로 수행하므로 조합장이 관련규정에 따라

임명토록 한 것이며, 사후에 대의원회의 인준(또는 총회인준으로 조정가능)을 받도록 한 것임.

2003.6.30 국토부 재개발 표준정관

제19조(임직원의 보수 등) ①조합은 상근임원 외의 임원에 대하여는 보수를 지급하지 아니한다. 다만, 임원의 직무수행으로 발생되는 경비는 지급할 수 있다.

② 조합은 상근하는 임원 및 유급직원에 대하여 조합이 정하는 별도의 보수규정에 따라 보수를 지급하여야 한다. 이 경우 보수규정은 미리 총회의 인준을 받아야 한다.

【주】상근하는 임원 및 유급직원에 대한 보수는 사업비에 영향을 미치므로 별도의 보수규정을 마련하여 운영토록 하고 총회 인준을 받도록 한 것이나, 조합의 규모에 따라 정관에 보수에 관한 사항 등을 직접 규정할 수도 있음

③ 유급직원은 조합의 업무규정이 정하는 바에 따라 조합장이 임명한다. 이 경우 임명결과에 대하여 사후에 대의원회의 인준을 받아야 하며 인준을 받지 못하면 즉시 해임하여야 한다.

【주】유급직원은 조합 사무를 실무적으로 수행하므로 조합장이 관련 규정에 따라 임명토록 한 것이며, 사후에 대의원회의 인준(또는 총회인준으로 조정가능)을 받도록 한 것임.

5장 조직 및 운영

제20조(총회의 설치)

제21조(총회의 의결사항)

제22조(총회의 의결방법)

제23조(총회운영 등)

제24조(대의원회의 설치)

제25조(대의원회 개최)

제26조(대의원회 의결사항)

제27조(대의원회 의결방법)

제28조(이사회의 설치)

제29조(이사회의 사무)

제30조(이사회의 의결방법)

제31조(감사의 이사회 출석 권한 및 감사 요청)

제32조(의사록의 작성 및 관리)

지정개발자(신탁업자)의 표준시행규정은 지정개발자가 사업시행자로 조합을 구성하지 않으므로, 표준정관 제20조 내지 제32조에 대한 규정이 없다.

V

(서울·부산·광주)
재건축·재개발 표준정관 해설

> ■ (서울) 재건축 표준정관 제18조(임원의 해임 등)
> ● (서울) 재개발 표준정관 제18조(임원의 해임 등):재건축 표준정관과 같다.

재건축·재개발 표준정관의 조문 위치와 내용이 같다.

서울특별시 재건축·재개발 표준정관 제20조 '총회의 설치'에는 '소집'에 관한 사항도 포함되어 있다. 부산광역시 재건축·재개발 표준정관 제18조는 '총회의 설치 및 소집'으로 규정하고 있다.

□ 근거규정

○ 제1항
도시정비법 제44조제1항

재건축·재개발 표준정관
제20조(총회의 설치) ① 조합에는 조합원 전원으로 구성하는 총회를 둔다.

총회는 필요적 설치기관으로, 조합원 전체가 참여하는 최고의 의사결정기관이다. 조합에는 조합원으로 구성되는 총회를 둔다(법 제44조제1항)

○ 제2항(정기총회, 임시총회)
민법 제69조, 제70조

재건축·재개발 표준정관
제20조(총회의 설치) ① 조합에는 조합원 전원으로 구성하는 총회를 둔다.

총회는 필요적 설치기관으로, 조합원 전체가 참여하는 최고의 의사결정기관이다. 조합에는 조합원으로 구성되는 총회를 둔다(법 제44조제1항)

민법에서는 정기총회를 통상총회로 부르며 매년 1회 이상 소집하도록 하고 있다.

민법
제69조(통상총회) 사단법인의 이사는 매년 1회 이상 통상총회를 소집하여야 한다.

제70조(임시총회) ① 사단법인의 이사는 필요하다고 인정한 때에는 임시총회를 소집할 수 있다.
② 총사원의 1/5 이상으로부터 회의의 목적사항을 제시하여 청구한 때에는 이사는 임시총회를 소집하여야 한다. 이 정수는 정관으로 증감할 수 있다.
③ 전항의 청구 있는 후 2주간 내에 이사가 총회소집의 절차를 밟지 아니한 때에는 청구한 사원은 법원의 허가를 얻어 이를 소집할 수 있다.

재개발조합 표준정관 제20조제3항 관련, 정기총회를 반드시 매년 해야 하는지
(국토부 주택정비과 2011.5.19)

Q 재개발조합 표준정관 제20조제3항에 따르면, '정기총회는 매년 1회, 회계연도 종료일부터 2월 이내에 개최'하도록 되어 있고 제32조제1항에는 '조합의 회계는 매년 1월 1일(설립인가를 받은 당해 연도는 인가일)부터 12월 말일까지'로 되어 있음.
그런데 관리처분이 완료되고 기존 건물철거가 된 후에는 총회를 개최하려 해도 조합원들이 방방곡곡으로 뿔뿔이 흩어져 있고 총회에 대한 열기도 식어져 있는 관계로 정족수를 채우기가 매우 어려운 현실을 여러 차례 보아 왔기 때문에, 굳이 의무적으로 매년 정기총회를 개최하기보다는 융통성 있게 개최할 수 있도록 아래와 같은 유지로 정관에 정하여도 되는지?
제20조제3항 : 정기총회는 매년 1회, 회계연도 종료일부터 2월 이내에 개최하는 것을 원칙으로 함. 다만, 부득이한 사정이 있는 경우에는 3월 범위 내에서 사유와 기간을 명시하여 일시를 변경할 수 있음, 기존 예산의 변경이 없는 등의 사유로 정기총회에서 의결할 특별한 안건이 없는 경우에는 대의원회 의결에 따라 정기총회를 매년 개최하지 않을 수 있으며, 이 경우 조합원들에게 내용을 통지해야 함.

A 도시정비법 제20조제1항제8호 및 제10호에 따르면 조합의 회계 및 <u>총회의 소집절차·시기 및 의결방법 등에 관하여는 조합정관에서 정하도록</u> 규정하고 있고, 정관은 관련법에 위배되지

아니한 범위 내에서 당해 조합의 특성에 맞추어 자율적으로 정하여 운영하는 사항이며, 조합에 관하여는 이 법에 규정된 것을 제외하고는 민법 중 사단법인에 관한 규정을 준용하도록 규정하고 있음.

○ **제3항**

「서울특별시 별표 예산·회계규정」 제6조, 제19조

재건축·재개발 표준정관

제20조(총회의 설치) ③ 정기총회는 매년 1회, 당해 회계연도 종료일 전에 개최하여 다음 회계연도의 정비사업비의 세부 항목별 사용계획이 포함된 예산안을 의결하여야 한다. 다만, 부득이한 사정이 있는 경우에는 대의원회 의결을 거쳐 ○월 이내의 범위안에서 그 사유와 기간을 명시하여 변경할 수 있다.

【주】「서울특별시 정비사업조합 등 표준예산·회계규정」 제19조제1항은 "조합등은 부득이한 사유로 회계연도 개시 전까지 당해 연도 예산이 성립되지 아니한 때에는 전년도 동기간 예산에 준하여 집행할 수 있다"고 규정하고 있음. 즉 당해 연도 예산은 회계연도 개시 전에 성립되는 것을 전제로 하고 있음. 그런데 조합예산을 위한 임시총회를 잘 개최하지 않는 현실에서 정기총회마저 새 회계연도에 개최하도록 함으로써, 정기총회에서 예산이 의결될 때까지는 준예산을 집행해야 하는 문제가 매번 발생함. 따라서 대한민국 국회처럼 매번 개최하여야 하는 정기총회를 회계연도 개시 전에 개최하도록 하여 그때 예산에 대한 의결이 이루어질 수 있도록 하고, 그럼에도 부득이 해를 넘기는 경우에는 대의원회 의결로 준예산을 집행하도록 하는 것이 바람직함.

【주】정기총회 개최를 연기해야 하는 부득이한 사유 등에 대해 별도로 정할 수 있을 것이며, 총회개최를 무기한 연기하거나 지체하지 않도록 연기 기간을 정관으로 제한하되, 「서울특별시 조합 등 표준예산·회계규정」 제19조에 따라 준예산 적용가능 기간은 회계연도 종료일로부터 최대 1년이므로 동일 회계연도 내에 반드시 정기총회가 개최되도록 정해야 함

조합 내부 사정에 따라 정기총회 일시를 탄력적으로 운영할 수 있도록 하였으나, 총회소집을 무기한 연기 또는 지체는 바람직하지 못하므로 표준정관에서는 3월 범위내로 정하고 있다.

「서울특별시 별표 예산·회계규정」

제6조(회계연도) ① 조합 등의 회계연도는 매년 1월 1일부터 12월 31일까지로 하되, 설립인가 또는 승인을 받은 당해 연도는 인가(승인)일로부터 12월 31일까지로 하고, 사업마지막 연도는 1월 1일부터 사업종료일까지로 한다. 단, 추진위원회의 사업 마지막 연도는 조합설립인가일까지로 한다.

② 회계연도에 속하는 수입 및 지출의 결산은 회계연도 종료일부터 3개월 이내에 완료하여야 한다.

제19조(예산 불성립 시의 예산집행) ① 조합 등은 부득이한 사유로 회계연도 개시 전까지 당해 연도 예산이 성립되지 아니한 때에는 전년도 동기간 예산에 준하여 집행할 수 있다. 다만, 준예산 적용기간은 1년으로 한정하며 이 기간을 초과하여 예산을 집행할 수 없다.

② 제1항 단서에도 불구하고, 준예산 적용기간을 초과하여 예산을 집행하는 경우 사무실 운영을 위한 제세·공과금, 임차료, 수도광열비 등 불가피한 경비와 예산편성을 위한 총회비용의 집행은 그러지 아니할 수 있다. 다만, 예산편성을 위한 총회비용 중 총회 전에 소요된 비용은 당해 총회에서 추인을, 총회 이후에 소요될 비용은 당해 총회에서 승인을 받아야 한다.

③ 제1항에 의하여 집행된 예산은 당해 연도 예산이 성립되면 그 성립한 예산에 의하여 집행된 것으로 본다.

④ 조합 등은 제1항에 따라 전년도 예산에 준하여 집행할 사유가 생긴 때에는 사전에 추진위원회 또는 대의원회 의결을 거쳐 집행하여야 한다.

"3월의 의미"가 부득이한 사정이 있는 경우에는 3월까지 정기총회를 개최한다는 의미인지(국토부 주택정비과 2009.12.2)
Ⓠ 다음은 국토부의 재개발조합 표준정관의 일부임.

제20조(총회의 설치) ① 조합에는 조합원 전원으로 구성하는 총회를 둔다.
② 총회는 정기총회·임시총회로 구분하며 조합장이 소집한다.
③ 정기총회는 매년 1회, 회계연도 종료일부터 2월 이내에 개최한다. 다만, 부득이한 사정이 있는 경우에는 3월 범위 내에서 사유와 기간을 명시하여 일시를 변경할 수 있다.
1) 위 조문 제3항의 단서에 있는 "3월의 의미"가 부득이한 사정이 있는 경우에는 3월까지 정기총회를 개최한다는 의미인지?
2) 아니면 3개월의 의미로 해석해 5월까지 정기총회를 개최한다는 것인지?

A 질의의 경우 회계연도에 관하여 조합정관에서 정하고 있으며, <u>정기총회는 정관이 정한 회계연도 종료일부터 2개월 이내에 개최하여야 하나, 부득이한 사정이 있다면 3개월 범위에서 변경할 수 있다</u>는 것으로 보임.

예시로서, 회계연도 종료일이 12월 31일인 경우, 다음 년도 2월 말까지 정기총회를 개최하여야 하나 부득이한 사정이 있다면 당초 정기총회 개최일을 기준으로 3개월 범위에서 연기가 가능한 것으로 판단됨.

○ 제4항

도시정비법 제44조제2항

> **재건축·재개발 표준정관**
> 제20조(총회의 설치) ④ 임시총회는 조합장이 필요하다고 인정하는 경우에 개최한다. 다만,
> 다음 각 호의 어느 하나에 해당하는 때에는 조합장은 해당일로부터 2월 이내에 총회를 소집하여야 한다.
>   1. 조합원 1/5 이상이 총회의 목적사항을 제시하여 소집을 요구하는 때
>   2. 대의원 2/3 이상이 총회의 목적사항을 제시하여 소집을 요구하는 때
>   3. 조합원 1/10 이상이 정관의 기재사항 중 조합임원의 권리·의무·보수·선임방법·변경 및 해임에 관한 사항을 변경하기 위한 총회 소집을 요구하는 때

정기총회와 달리 임시총회의 경우, 조합장이 직권으로 소집하거나, 조합원 1/5 이상(정관의 기재사항 중 조합임원의 권리·의무·보수·선임방법·변경 및 해임 사항을 변경

하기 위한 총회의 경우는 1/10 이상으로 한다) 또는 대의원 2/3 이상의 요구로 조합장이 소집한다.

다만 그 사유에 해당하는 날부터 2월 이내에 총회를 소집하도록 표준정관에서 규정하고 있다.

도시정비법
제44조(총회의 소집) ② 총회는 조합장이 직권으로 소집하거나 조합원 1/5 이상(정관의 기재사항 중 조합임원의 권리·의무·보수·선임방법·변경 및 해임에 관한 사항을 변경하기 위한 총회의 경우는 1/10 이상으로 한다) 또는 대의원 2/3 이상의 요구로 조합장이 소집하며, 조합원 또는 대의원의 요구로 총회를 소집하는 경우 조합은 소집을 요구하는 자가 본인인지 여부를 <u>대통령령으로 정하는 기준에 따라 정관으로 정하는 방법으로 확인</u>하여야 한다. <개정 2019.4.23., 2023.7.18>

예를 들어,
A재건축조합의 전체 조합원 480명 중 1/10 이상인 48명의 요구가 있을 때 조합장을 해임하는 총회를 개최할 수 있고, 요구자 48명 중 대표자가 해임총회를 소집하고 진행할 수 있게 된다.

이때 전체 조합원 480명 중 과반수인 240명의 출석과 그 중 과반수 120명의 동의로 조합장은 해임된다.

○ **제5항(조합장, 감사의 미소집 vs 구청장 승인을 받은 소집·요구한 대표자)**
도시정비법 시행령 제44조제5항

재건축·재개발 표준정관
제20조(총회의 설치) ⑤ 제4항의 각 호에 의한 요구가 있는 경우로서 조합장이 2월 이내에 정당한 이유 없이 총회를 소집하지 아니하는 때에는 감사가 지체 없이 총회를 소집하여야 하며, 감사가 소집하지 아니하는 때에는 제4항 각 호에 의하여

소집을 요구한 자의 대표자가 ○○구청장의 승인을 얻어 이를 소집한다.

2003.7.1부터 현재까지 도시정비법 시행령 제44조제5항이 바뀌지 않았다. 다만, 국토부 재건축·재개발 표준정관이 소집권자의 범위(대표 또는 공동소집)가 변천되어 왔다.

2003.6.30 국토부 재건축·재개발 표준정관에서는 조합장, 감사가 총회 소집을 하지 않는 경우, 그 소집을 청구한 자의 대표가 시장·군수의 승인을 얻어 소집하도록 규정하였다.

2006.8.25 국토부 재건축 표준정관 개정으로 "~~소집을 청구한 자의 공동명의로 이를 소집한다."로 바뀌었으며, 이후 서울특별시 재건축·재개발 표준정관에서는 "소집을 요구한 자의 대표자가 ○○구청장의 승인을 얻어 이를 소집한다."고 하여 공공명의로 이를 소집한다는 규정이 삭제되면서 '청구→요구'로 표현을 달리하였다.

도시정비법 시행령

제44조(대의원회) ④ 대의원회는 조합장이 필요하다고 인정하는 때에 소집한다. 다만, 다음 각 호의 어느 하나에 해당하는 때에는 조합장은 해당일부터 14일 이내에 대의원회를 소집하여야 한다.
  1. 정관으로 정하는 바에 따라 소집청구가 있는 때
  2. 대의원의 1/3 이상(정관으로 달리 정한 경우에는 그에 따른다)이 회의의 목적사항을 제시하여 청구하는 때
  ⑤ 제4항 각 호의 어느 하나에 따른 소집청구가 있는 경우로서 조합장이 제4항 각 호 외의 부분 단서에 따른 기간 내에 정당한 이유 없이 대의원회를 소집하지 아니한 때에는 감사가 지체 없이 이를 소집하여야 하며, 감사가 소집하지 아니하는 때에는 제4항 각 호에 따라 소집을 청구한 사람의 대표가 소집한다. 이 경우 미리 시장·군수등의 승인을 받아야 한다.
  ⑥ 제5항에 따라 대의원회를 소집하는 경우에는 소집주체에 따라 감사 또는 제4항 각 호에 따라 소집을 청구한 사람의 대표가 의장의 직무를 대행한다.

국토부 재건축 표준정관에서는 조합장이 2월 이내에 정당한 이유 없이 총회 소집을 거부하는 경우로 기간을 정하였다.

일정 비율 이상의 조합원, 대의원 또는 감사에게 총회소집권을 부여하였으며, 총회소집요구 정족수는 조합원 수, 조합의 규모 등에 따라 적절히 정할 수 있다. 아래 소집 청구권자들이 그 권한 일체를 조합장에게 그 권한을 위임하였다면, 조합장이 소집권자가 됨은 더 말할 나위가 없다.

임시총회 소집요청서

소유물건	아파트(상가) 동 호
주　　소	(전화:　　　　)
성　　명	생년월일

　상기 본인은 oo아파트 재건축조합원으로서 도시정비법 제44조제2항 및 조합정관 제20조제4항에 의거 아래 총회 상정안건에 대한 조합원 임시총회 소집을 요청하며, 세부적인 내용은 조합장에게 위임, 처리하는 것에 동의합니다.

- 아　래 -

안건	안 건 내 용
제1호 안건	사업시행계획 수립 및 사업시행인가 신청의 건
제2호 안건	2015년도 예산수립의 건
제3호 안건	정관 및 업무규정 개정의 건
제4호 안건	기 수행업무 추인의 건

2024년　월　일

소집 요청 조합원 :

○○아파트 주택재건축정비사업조합 귀중

○ 제6항
서울특별시 도시정비조례 제22조

> **재건축·재개발 표준정관**
>
> 제20조(총회의 설치) ⑥ 제2항 내지 제4항에 의하여 총회를 소집하거나 일시를 변경하는 경우에는 총회의 목적·안건·일시·장소·변경사유 등에 관하여 미리 이사회의 의결을 거쳐야 한다.
> 다만, 제5항에 따라 총회를 소집하는 경우에는 그러하지 아니하다.

총회를 소집하거나 일시를 변경하는 경우에는 총회의 목적·안건·일시·장소·변경사유 등에 관하여 미리 이사회의 의결을 거쳐야 한다.

다만, 이사회, 대의원회를 거쳐 총회의 소집을 조합장, 감사가 거부하는 경우 예외 규정을 두었다.

참고로 총회가 연기될 경우 기존의 서면결의서 및 총회책자의 재사용 가능여부에 대한 사항은 관계 법령에서 별도로 규정하고 있지 않아 이를 정관에서 정하는 것도 필요할 것으로 보인다.

서울특별시 도시정비조례
제22조(조합정관에 정할 사항) 영 제38조제17호에서 "그 밖에 시·도조례로 정하는 사항"이란 다음 각 호의 사항을 말한다. <개정 2019.9.26., 2023.3.27>
 1. 이사회의 설치 및 소집, 사무, 의결방법 등 이사회 운영에 관한 사항

총회 (재)공고 시 공고기간을 지켜야 하는지, 총회 연기 시 기존 서면결의서·총회책자(자료) 재사용 가능여부(서울시 주거정비과 2020.8.26)

Q 1. 총회 (재)공고 시 공고기간을 지켜야 하는지?
Q 2. 총회 연기 시 기존 서면결의서·총회책자(자료) 재사용이 가능한지?
A 도시정비법 제40조제1항제10호에 따라 '총회의 소집 절차·시기 및 의결방법은 정관으로 정하도록 규정'하고 있으며,

「주택재개발정비사업조합 표준정관」 제20조제6항에 따르면 '제2항 내지 제5항에 의하여 총회를 소집하는 경우에는 회의개최 14일 전부터 회의목적·안건·일시 및 장소 등을 게시판에 게시하여야 하며 각 조합원에게는 회의개최 7일 전까지 등기우편으로 이를 발송, 통지하여야 한다'고 규정하고 있음.

다만, 질의와 같이 불가피한 사유로 인하여 총회가 연기될 경우 기존의 서면결의서 및 총회책자의 재사용 가능여부에 대한 사항은 관계 법령에서 별도로 규정하고 있지 않은 바, 필요한 경우 법률전문가 자문 등을 득하여 판단하여야 할 것으로 사료됨.

○ **제7항, 제8항**
도시정비법 시행령 제44조, 도시정비법 제74조제5항

> **재건축·재개발 표준정관**
>
> 제20조(총회의 설치) ⑦ 제2항부터 제5항에 의하여 총회를 소집하는 경우에는 회의개최 14일 전까지 회의 목적·안건·일시·장소 및 법 제45조제5항에 따른 서면의결권 행사에 필요한 사항 등을 정비사업 정보몽땅 및 게시판등에 게시하여야 하며 각 조합원에게는 법 제44조제4항에 따라 회의개최 7일 전까지 제7조제2항제1호의 방법으로 통지하여야 한다. 다만, 제21조제15호의 안건을 의결하기 위한 총회의 경우 회의개최 1개월 전에 법 제74조제5항에서 정하는 사항을 통지하여야 한다.

⑧ 총회는 제7항에 의하여 통지한 안건에 대해서만 의결할 수 있다.

총회를 소집하는 경우 회의개최 14일 전까지 회의 목적·안건·일시·장소 및 서면의결권 행사에 필요한 사항 등을 정비사업 정보몽땅 및 게시판 등에 게시하고 각 조합원에게는 조합장이 필요하다고 인정하는 때(정관에선 회의개최 7일로 정함) 전까지 통지하여야 한다.

다만, "관리처분계획의 수립 및 변경(영 제61조의 경미한 변경은 제외) 안건을 의결하기 위한 총회의 경우 회의개최 1개월 전에 통지하여야 한다.
총회는 통지한 안건에 대해서만 의결할 수 있다.

도시정비법 시행령

제44조(대의원회) ④ 대의원회는 조합장이 필요하다고 인정하는 때에 소집한다. 다만, 다음 각 호의 어느 하나에 해당하는 때에는 조합장은 해당일부터 14일 이내에 대의원회를 소집하여야 한다.

1. 정관으로 정하는 바에 따라 소집청구가 있는 때
2. 대의원의 1/3 이상(정관으로 달리 정한 경우에는 그에 따른다)이 회의의 목적사항을 제시하여 청구하는 때

⑦ 대의원회의 소집은 집회 7일 전까지 그 회의의 목적·안건·일시 및 장소를 기재한 서면을 대의원에게 통지하는 방법에 따른다. 이 경우 정관으로 정하는 바에 따라 대의원회의 소집내용을 공고하여야 한다.

⑧ 대의원회는 재적대의원 과반수의 출석과 출석대의원 과반수의 찬성으로 의결한다. 다만,
그 이상의 범위에서 정관으로 달리 정하는 경우에는 그에 따른다.

⑨ 대의원회는 제7항 전단에 따라 사전에 통지한 안건만 의결할 수 있다. 다만, 사전에 통지하지 아니한 안건으로서 대의원회의 회의에서 정관으로 정하는 바에 따라 채택된 안건의 경우에는 그러하지 아니하다.

도시정비법

제74조(관리처분계획의 인가 등) ⑤ 조합은 제45조제1항제10호의 사항을 의결하기 위한 총회의 개최일부터 1개월 전에 제1항제3호부터 제6호까지의 규정에 해당하는 사항을 각 조합원에게 문서로 통지하여야 한다. <개정 2021.3.16>

➡ 법 제45조(총회의 의결) ① 다음 각 호의 사항은 총회의 의결을 거쳐야 한다.
10. 관리처분계획의 수립 및 변경(제74조제1항 각 호 외의 부분 단서에 따른 경미한 변경은 제외)

○ **제9항(대의원 요구로 총회소집)**
도시정비법 제44조제2항, 동법 시행령 제41조의2,

재건축·재개발 표준정관
제20조(총회의 설치) ⑨ 제4항에 따라 조합원 또는 대의원의 요구로 총회를 소

집하는 경우 조합은 법 제44조제2항 및 시행령 제41조의2에서 정하는 기준에 따라 소집을 요구한 자가 본인인지 확인하여야 하며, 소집요구에 따른 총회가 개의 정족수를 갖추지 못하였거나 요구 안건이 부결된 때에는 당해 조합원의 소집요구서 및 해당 총회에 제출된 서면의결서 등의 효력은 상실된다.

조합원 또는 대의원의 요구로 총회 소집 시, 조합은 소집을 요구한 자가 본인인지 확인하여야 한다.

소집요구에 따른 총회가 개의 정족수를 미충족되었거나 안건 부결 시에는 당해 조합원의 소집요구서 및 해당 총회에 제출된 서면의결서 등의 효력이 상실되도록 표준정관에서 정하였다.

도시정비법

제44조(총회의 소집) ② 총회는 조합장이 직권으로 소집하거나 조합원 1/5 이상(정관의 기재사항 중 조합임원의 권리·의무·보수·선임방법·변경 및 해임에 관한 사항을 변경하기 위한 총회의 경우는 1/10 이상으로 한다) 또는 대의원 2/3 이상의 요구로 조합장이 소집하며, 조합원 또는 대의원의 요구로 총회를 소집하는 경우 조합은 소집을 요구하는 자가 본인인지 여부를 대통령령으로 정하는 기준에 따라 정관으로 정하는 방법으로 확인하여야 한다.

도시정비법 시행령

제41조의2(총회의 소집) 법 제44조제2항에서 "대통령령으로 정하는 기준"이란 다음 각 호와 같다.

1. 총회의 소집을 요구하는 조합원 또는 대의원은 요구서에 성명을 적고 서명 또는 지장날인을 하며, 주민등록증, 여권 등 신원을 확인할 수 있는 신분증명서의 사본을 첨부할 것.

2. 제1호에도 불구하고 총회의 소집을 요구하는 조합원 또는 대의원이 해외에 장기체류하는 등 불가피한 사유가 있다고 인정되는 경우에는 해당 조합원 또는 대의원의 인감도장을 찍은 요구서에 해당 인감증명서를 첨부할 것.

[본조신설 2023.12.5]

cf 부산광역시 재건축·재개발 표준정관

제18조(총회의 설치 및 소집) ① 조합에는 조합원으로 구성되는 총회를 둔다.

② 총회는 정기총회·임시총회로 구분하며 조합장이 소집한다.

③ 정기총회는 매년 1회, 3월 15일 이전에 개최하여야 한다. 다만, 부득이한 사정이 있는 경우에는 4월 말일까지 연기 사유와 기간을 명시하여 개최할 수 있다.

④ 임시총회는 조합장이 필요하다고 인정하는 경우에 개최한다. 다만, 다음 각 호의 1에 해당하는 때에는 조합장은 해당일로부터 2개월 이내에 총회를 개최하여야 한다.

  1. 조합원 1/5 이상(정관의 기재사항 중 도시정비법 제40조제1항제6호에 따른 조합임원의 권리·의무·보수·선임방법, 변경 및 해임에 관한 사항을 변경하기 위한 총회의 경우는 1/10 이상으로 한다)이 총회의 목적사항을 제시하여 요구하는 때

  2. 대의원 2/3 이상이 총회의 목적사항을 제시하여 요구하는 때

⑤ 제4항의 각 호에 의한 요구가 있는 경우로서 조합장이 2개월 이내에 정당한 이유 없이 총회를 소집하지 아니하는 때에는 감사가 1개월 이내에 소집하여야 하며, 감사가 소집하지 아니하는 때에는 제4항 각 호에 의하여 소집을 요구한 자의 대표자가 이를 소집한다.

⑥ 제2항 내지 제5항에 의하여 총회를 개최하거나 일시를 변경할 경우에는 총회의 목적·안건·일시·장소·변경사유 등에 관하여 미리 이사회 의결을 거쳐야 한다. 다만, 제5항에 따라 임시총회를 소집하는 경우에는 이사회 의결을 거치지 아니한다.

⑦ 제2항 내지 제5항 및 제16조제1항에 의하여 총회를 소집하는 경우에는 회의개최 14일 전까지 회의목적·안건·일시 및 장소 등을 게시판 등에 게시하여야 하며 각 조합원에게는 회의개최 7일 전까지 등기우편(또는 우체국택배)으로 총회자료를 발송하여야 하며, 반송된 경우에는 1회에 한하여 일반우편으로 즉시 발송한다.

⑧ 총회는 제7항에 의하여 통지한 안건에 대해서만 의결할 수 있다.

⑨ 조합임원의 사임, 해임 또는 임기만료 후 6개월 이상 조합임원이 선임되지 아니 한 경우에는 구청장·군수가 조합임원 선출을 위한 총회를 소집할 수 있고, 총회의 결을 거쳐 「선거관리위원회법」 제3조에 따라 선거관리위원회에 위탁할 수 있다.

재건축·재개발 표준정관의 조문 위치와 내용이 같다.

선거관리위원회는 법령이 정하는 바에 의하여 다음 각호의 사무를 행한다(선거관리위원회법 제3조제1항).

1. 국가 및 지방자치단체의 선거에 관한 사무
2. 국민투표에 관한 사무
3. 정당에 관한 사무
4. 「공공단체등 위탁선거에 관한 법률」에 따른 위탁선거에 관한 사무
5. 기타 법령으로 정하는 사무

선거관리위원회는 법령을 성실히 준수함으로써 선거 및 국민투표의 관리와 정당에 관한 사무의 처리에 공정을 기하여야 한다(동조 제2항).

중앙선거관리위원회는 제1항의 사무를 통할·관리하며, 각급선거관리위원회는 제1항의 사무를 수행함에 있어 하급선거관리위원회를 지휘·감독한다(동조 제3항).

광주광역시 재건축·재개발 표준정관

제20조(총회의 설치) ① 조합에는 조합원 전원으로 구성하는 총회를 둔다.

② 총회는 정기총회·임시총회로 구분하며 조합장이 소집한다.

③ 정기총회는 매년 1회, 당해 회계연도 종료일 전에 개최하여 다음 회계연도의 정비사업비의 세부 항목별 사용계획이 포함된 예산안을 의결하여야 한다. 다만, 부득이한 사정이 있는 경우에는 대의원회 의결을 거쳐 ○월 이내의 범위 안에서 그 사유와 기간을 명시하여 변경할 수 있다.

④ 임시총회는 조합장이 필요하다고 인정하는 경우에 개최한다. 다만, 다음 각 호의 어느 하나에 해당하는 때에는 조합장은 해당일로부터 2월 이내에 총회를 소집하여야 한다.

1. 조합원 1/5 이상이 총회의 목적사항을 제시하여 소집을 요구하는 때
2. 대의원 2/3 이상이 총회의 목적사항을 제시하여 소집을 요구하는 때
3. 조합원 1/10 이상이 정관의 기재사항 중 조합임원의 권리·의무·보수·선임방법·변경 및 해임에 관한 사항을 변경하기 위한 총회 소집을 요구하는 때

⑤ 제4항의 각 호에 의한 요구가 있는 경우로서 조합장이 2월 이내에 정당한 이유 없이 총회를 소집하지 아니하는 때에는 감사가 지체 없이 총회를 소집하여야 하며,

감사가 소집하지 아니하는 때에는 제4항 각 호에 의하여 소집을 요구한 자의 대표자가 ○○구청장의 승인을 얻어 이를 소집한다.

⑥ 제2항부터 제4항에 의하여 총회를 소집하거나 일시를 변경하는 경우에는 총회의 목적·안건·일시·장소·변경사유 등에 관하여 미리 이사회의 의결을 거쳐야 한다. 다만, 제5항에 따라 총회를 소집하는 경우에는 그러하지 아니하다.

⑦ 제2항부터 제5항에 의하여 총회를 소집하는 경우에는 회의개최 14일 전까지 회의목적·안건·일시·장소 및 법 제45조제5항에 따른 서면의결권 행사에 필요한 사항 등을 정비사업 관리시스템 및 게시판에 게시하여야 하며 각 조합원에게는 법 제44조제4항에 따라 회의개최 7일 전까지 제7조제2항제1호의 방법으로 통지하여야 한다. 다만, 제21조제15호의 안건을 의결하기 위한 총회의 경우 회의개최 1개월 전에 법 제74조제5항에서 정하는 사항을 통지하여야 한다.

⑧ 총회는 제7항에 의하여 통지한 안건에 대해서만 의결할 수 있다.

⑨ 제4항에 따라 조합원 또는 대의원의 요구로 총회를 소집하는 경우 조합은 법 제44조제2항 및 시행령 제41조의2에서 정하는 기준에 따라 소집을 요구한 자가 본인인지 확인하여야 하며, 소집요구에 따른 총회가 개의 정족수를 갖추지 못하였거나 요구 안건이 부결된 때에는 당해 조합원의 소집요구서 및 해당 총회에 제출된 서면의결서 등의 효력은 상실된다.

재건축·재개발 표준정관의 조문 위치와 내용이 같다.

2023.11.29 국토부 별표2 지정개발자(신탁업자) 표준시행규정
관련 조문이 없다.

2006.8.25 국토부 재건축 표준정관
제20조(총회의 설치) ① 조합에는 조합원 전원으로 구성하는 총회를 둔다.

② 총회는 정기총회·임시총회로 구분하며 조합장이 소집한다.

③ 정기총회는 매년 1회, 회계연도 종료일부터 2월 이내에 개최한다. 다만, 부득이한 사정이 있는 경우에는 3월 범위내에서 사유와 기간을 명시하여 일시를 변경할 수 있다.

【주】조합의 내부 사정에 따라 정기총회 일시를 탄력적으로 운영할 수 있도록 한 것이나, 총회소집을 무기한 연기하거나 지체할 수 있도록 하는 것은 바람직하지 못하므로 3월 범위내로 한 것임.

④ 임시총회는 조합장이 필요하다고 인정하는 경우에 개최한다. 다만, 다음 각 호의 1에 해당하는 때에는 조합장은 해당일로부터 2월 이내에 총회를 개최하여야 한다.
  1. 조합원 1/5 이상이 총회의 목적사항을 제시하여 청구하는 때
  2. 대의원 2/3 이상으로부터 개최요구가 있는 때

⑤ 제4항의 각 호에 의한 청구 또는 요구가 있는 경우로서 조합장이 2월 이내에 정당한 이유 없이 총회를 소집하지 아니하는 때에는 감사가 지체 없이 총회를 소집하여야 하며, 감사가 소집하지 아니하는 때에는 제4항 각 호에 의하여 소집을 청구한 자의 공동명의로 이를 소집한다.

【주】일정 비율 이상의 조합원, 대의원 또는 감사에게 총회소집 요구권을 부여함으로써 조합원의 권익을 보호하도록 함. 이때, 총회소집요구 정족수는 조합원 수, 조합의 규모 등에 따라 적절히 정할 수 있을 것임

⑥ 제2항 내지 제5항에 의하여 총회를 개최하거나 일시를 변경하는 경우에는 총회의 목적·안건·일시·장소·변경사유 등에 관하여 미리 이사회의 의결을 거쳐야 한다. 다만, 제5항에 의한 조합장이 아닌 공동명의로 총회를 소집하는 경우에는 그러하지 아니하다.

⑦ 제2항 내지 제5항에 의하여 총회를 소집하는 경우에는 회의개최 14일 전부터 회의목적·안건·일시 및 장소 등을 게시판에 게시하여야 하며 각 조합원에게는 회의개최 7일 전까지 등기우편으로 이를 발송, 통지하여야 한다.

⑧ 총회는 제7항에 의하여 통지한 안건에 대해서만 의결할 수 있다.

2003.6.30 국토부 재건축 표준정관과 그 내용이 같다.

2003.6.30 국토부 재개발 표준정관

제20조(총회의 설치) ① 조합에는 조합원 전원으로 구성하는 총회를 둔다.

② 총회는 정기총회·임시총회로 구분하며 조합장이 소집한다.

③ 정기총회는 매년 1회, 회계연도 종료일부터 2월 이내에 개최한다. 다만, 부득

이한 사정이 있는 경우에는 3월 범위 내에서 사유와 기간을 명시하여 일시를 변경할 수 있다.

【주】조합의 내부 사정에 따라 정기총회 일시를 탄력적으로 운영할 수 있도록 한 것이나, 총회소집을 무기한 연기하거나 지체할 수 있도록 하는 것은 바람직하지 못하므로 3월 범위내로 한 것임.

④ 임시총회는 조합장이 필요하다고 인정하는 경우에 개최한다. 다만, 다음 각호의 1에 해당하는 때에는 조합장은 해당일로부터 2월 이내에 총회를 개최하여야 한다.

1. 조합원 1/5 이상이 총회의 목적사항을 제시하여 청구하는 때
2. 대의원 2/3 이상으로부터 개최요구가 있는 때

⑤ 제4항의 각 호에 의한 청구 또는 요구가 있는 경우로서 조합장이 2월 이내에 정당한 이유 없이 총회를 소집하지 아니하는 때에는 감사가 지체 없이 총회를 소집하여야 하며, 감사가 소집하지 아니하는 때에는 제4항 각 호에 의하여 소집을 청구한 자의 대표가 시장·군수의 승인을 얻어 이를 소집한다.

【주】일정 비율 이상의 조합원, 대의원 또는 감사에게 총회소집요구권을 부여함으로써 조합원의 권익을 보호하도록 함. 이때, 총회 소집요구 정족수는 조합원 수, 조합의 규모 등에 따라 적절히 정할 수 있을 것임

⑥ 제2항 내지 제5항에 의하여 총회를 개최하거나 일시를 변경하는 경우에는 총회의 목적·안건·일시·장소·변경사유 등에 관하여 미리 이사회의 의결을 거쳐야 한다. 다만, 제5항에 의한 조합장이 아닌 공동명의로 총회를 소집하는 경우에는 그러하지 아니하다.

⑦ 제2항 내지 제5항에 의하여 총회를 소집하는 경우에는 회의개최 14일 전부터 회의목적·안건·일시 및 장소 등을 게시판에 게시하여야 하며 각 조합원에게는 회의개최 7일 전까지 등기우편으로 이를 발송, 통지하여야 한다.

⑧ 총회는 제7항에 의하여 통지한 안건에 대해서만 의결할 수 있다.

> ■ **(서울) 재건축 표준정관 제21조(총회의 의결사항)**
> ● **(서울) 재개발 표준정관 제21조(총회의 의결사항)**:재건축 표준정관과 같다.

재건축·재개발 표준정관의 조문 위치와 내용이 같다.

> **재건축·재개발 표준정관**
> 제21조(총회의 의결사항) 법 제45조 및 시행령 제42조에 따라 다음 각 호의 사항은 총회의 의결을 거쳐 결정한다.
> 1. 정관의 변경(법 제40조제4항에 따른 정관의 경미한 변경사항은 법 또는 이 정관에서 총회 의결사항으로 정한 경우로 한정)
> 2. 자금의 차입과 그 방법·이자율 및 상환방법
> 3. 정비사업비의 세부 항목별 사용계획이 포함된 예산안 및 예산의 사용내역
> 4. 예산으로 정한 사항 외에 조합원에게 부담이 되는 계약
> 5. 시공자·설계자·정비사업전문관리업자의 선정·취소 및 변경
> 6. 감정평가법인의 선정 및 변경(제74조제4항에 따른 구청장이 선정·계약하는 감정평가법인등은 제외한다), 감정평가법인의 선정 및 변경의 위탁에 관한 사항
> 7. 조합임원, 대의원의 선임(임기 중 궐위된 자를 보궐선임하는 경우는 제외) 및 해임
> 8. 조합임원의 연임
> 9. 조합장의 보궐선임
> 10. 정비사업비의 변경
> 11. 정비사업비의 조합원별 분담내역
> 12. 조합의 합병 또는 해산에 관한 사항
> 13. 건설되는 건축물의 설계 개요의 변경
> 14. 법 제52조에 따른 사업시행계획서의 작성 및 변경(정비사업의 중지 또는 폐지에 관한 사항을 포함하며, 시행령 제46조의 경미한 변경은 제외)
> 15. 법 제74조에 따른 관리처분계획의 수립 및 변경(시행령 제61조의 경미한 변경은 제외)
> 16. 법 제86조의2에 따른 조합의 해산과 조합 해산시의 회계보고

17. 법 제89조에 따른 청산금의 징수·지급(분할징수·분할지급을 포함한다)
18. 법 제93조에 따른 비용의 금액 및 징수방법
19. 법 또는 이 정관에 따라 조합원의 동의가 필요한 사항
20. 그 밖에 법 또는 이 정관에서 총회의 의결을 거치도록 한 사항

표준정관 제21조는 최고 의사결정기관인 총회의 의결사항을 규정하고 있다.

제6호인 감정평가법인의 선정 및 변경에서 "제74조제4항에 따른 구청장이 선정·계약하는 감정평가법인등은 제외한다."고 규정하고 있는데, 이는 시행령이나 표준정관이 아닌 법 제74조제4항을 말한다. "법"이 누락된 것으로 보인다.

표준정관에서는 법령에서 정하고 있는 사항 외에 "조합임원의 연임, 조합장의 보궐선임, 법 또는 이 정관에 따라 조합원의 동의가 필요한 사항, 그 밖에 법 또는 이 정관에서 총회의 의결을 거치도록 한 사항"을 추가로 열거하고 있다.

□ 근거규정
도시정비법 제45조, 동법 시행령 제42조

정관의 경미한 변경을 법 또는 이 정관에서 총회 의결사항으로 정한 경우로 한정되며, '대의원의 선임(임기 중 궐위된 자를 보궐선임하는 경우는 제외한다) 및 해임, 조합의 합병 또는 해산에 관한 사항, 건설되는 건축물의 설계 개요의 변경, 정비사업비의 변경'은 도시정비법 시행령에서 정한 사항이다.

'조합임원의 연임, 조합장의 보궐선임, 법 또는 이 정관에 따라 조합원의 동의가 필요한 사항, 그 밖에 법 또는 이 정관에서 총회의 의결을 거치도록 한 사항'은 표준정관에서 총회 의결을 거치도록 하고 있다.

도시정비법
제45조(총회의 의결) ① 다음 각 호의 사항은 총회의 의결을 거쳐야 한다. <개정 2019.4.23., 2020.4.7, 2021.3.16, 2022.6.10>
1. 정관의 변경(경미한 사항의 변경은 이 법 또는 정관에서 총회 의결사항으로 정한 경

우로 한정)

  2. 자금의 차입과 그 방법·이자율 및 상환방법
  3. 정비사업비의 세부 항목별 사용계획이 포함된 예산안 및 예산의 사용내역
  4. 예산으로 정한 사항 외에 조합원에게 부담이 되는 계약
  5. 시공자·설계자 및 감정평가법인등(시장·군수등이 선정·계약하는 감정평가법인등은 제외한다)의 선정 및 변경. 다만, 감정평가법인등 선정 및 변경은 총회의 의결을 거쳐 시장·군수등에게 위탁할 수 있다.
  6. 정비사업전문관리업자의 선정 및 변경
  7. 조합임원의 선임 및 해임
  8. 정비사업비의 조합원별 분담내역
  9. 사업시행계획서의 작성 및 변경(정비사업의 중지 또는 폐지에 관한 사항을 포함하며, 같은 항 단서에 따른 경미한 변경은 제외)
  10. 관리처분계획의 수립 및 변경(제74조제1항 각 호 외의 부분 단서에 따른 경미한 변경은 제외)
  10의2. 조합의 해산과 조합 해산 시의 회계보고
  11. 청산금의 징수·지급(분할징수·분할지급을 포함)
  12. 제93조에 따른 비용의 금액 및 징수방법
  13. 그 밖에 조합원에게 경제적 부담을 주는 사항 등 주요한 사항을 결정하기 위하여 대통령령 또는 정관으로 정하는 사항

도시정비법 시행령

제42조(총회의 의결) ① 총회의 의결을 거쳐야 하는 사항은 다음 각 호와 같다.
1. 조합의 합병 또는 해산에 관한 사항
2. 대의원의 선임 및 해임에 관한 사항
3. 건설되는 건축물의 설계 개요의 변경
4. 정비사업비의 변경

■ 총회 의결사항 중 '정비사업비 미 의결'

서울특별시 정비사업 조합운영 실태점검

재건축·재개발조합 표준정관 제21조(총회의 의결사항) 중 "3. 정비사업비의 세부 항목별 사용계획이 포함된 예산안 및 예산의 사용내역, 8. 정비사업비의 조합원별 분담내역"과 관계가 있다.

■ **위반사례**

◇ 운영비 사용에 대하여 총회결의(이사회 및 대의원회 결의 포함)를 거치지 않고 지출함.

◇ 정비사업비 예산의 사용내역을 총회의 의결을 거치지 아니함

■ **근거 규정과 처리방향**

정비사업비 사용은 법 제45조제1항 및 제46조제4항에 따라 총회 또는 대의원회 사전 의결사항이므로 이를 위반한 경우 도시정비법 제45조 및 제46조 위반으로 수사의뢰

도시정비법 제45조(총회의 의결) ① 다음 각 호의 사항은 총회의 의결을 거쳐야 한다.
3. 정비사업비의 세부 항목별 사용계획이 포함된 예산안 및 예산의 사용내역
② 제1항 각 호의 사항 중 이 법 또는 정관에 따라 조합원의 동의가 필요한 사항은 총회에 상정하여야 한다.

도시정비법 제46조(대의원회) ④ 대의원회는 총회의 의결사항 중 대통령령으로 정하는 사항 외에는 총회의 권한을 대행할 수 있다.

> 🔨 **판례**
>
> <u>소비대차계약무효확인 총회에서 자금차입을 의결하였어도 구체적인 내용이 없으면 의결 효력이 없다.</u>
> 부산지방법원 서부지원 2023.10.11.선고 2022가합101828판결, 소비대차계약무효확인

【판결요지】
원고의 2018.9.1자 임시총회에서 결의한 "자금의 차입과 방법, 이율 및 상환방법 승인의 건" 안건을 살펴보면, 자금차입의 대주, 이자율, 변제기 등에 관한 구체적인 내용이 없다. 원고의 2021.11.13.자 임시총회에서 결의한 "자금의 차입과 그 방법, 이자율 및 상환방법 승인의 건"을 살펴보면, 금융기관으로부터의 자금차입에 관하여만 그 규모, 금리, 상환방법, 차입기간에 관하여 정하고 있고, 시공자인 피고들로부터의 자금 차입에 관하여는 구체적인 정함이 없다.
"공사도급계약서(안)"에 유이자 사업경비 대여에 관한 조항도 있으나 그 대여 규모에 관한 내용은 없다. 즉, 위 "공사도급계약(안)"이 총회에서 결의되었다고 하더라도 원고가 피고들로부터 실제 자금차입을 하기 위해서는 그 구체적인 사항(도시정비법 제45조제1항제2호)에 관한 총회 결의를 거쳐야 하고, 이자의 부담이 있을 경우에는 더욱 그러하다(도시정비법 제45조제1항제4호).

조합원 및 일반분양계약자 중도금대출 이자 대납을 위해 은행과 대출업무협약을 체결하면서 총회의결을 받지 않은 사건(선고유예)[35]

서울북부지방법원 2024.1.25선고 2023고정763 도시정비법 위반
【판결요지】
피고인인 조합장 직무대행자는 2019.8.19.경 불상의 장소에서 총회의 의결을 거치지 아니하고 '총 한도액 : 117,800,000,000원, 대출의 연 이자율 : 신규 COPIX(6개월) + (1. 36)%, 이자의 납입주체는 시행사인 조합이 대납하고, 시행사가 일반분양자에 대한 중도금대출에 대해 연대보증한다'는 취지의 중도금 대출업무협약(일반분양계약자에게 중도금대출을 취급함에 있어 필요한 사항을 정하는 협약)을 체결하였다.
이로써 피고인은 예산으로 정한 사항 외에 조합원의 부담이 될 계약을 체결하면서 총회의 의결을 거치지 않았다.

총회 의결 없이 공사계약을 체결하였으나 예비비로 인정된 경우(무죄)
서울중앙지방법원 2023.12.15선고 2023노945판결, 도시정비법 위반
【판결요지】
① 이 사건 계약은 주식회사 C와의 기존 계약에 대한 철거 지장물 추가(전기시설)에 따른 변경계약인 점, ② 2020.7.14 제81차 대의원회에서 '단지 외 AB 부근의 F공사 공정구간(5구간: 현장 주출입구 부근)의 조속한 공사필요로 공사에 지장이 되는 지장물 이설이 시급한 상황이고, 위 안건은 2020년 조합사업비 예산이 편성되지 않아 예비비에서 전용하겠다'는 내용이 상정되어 의결된

---

[35] 형법
제59조(선고유예의 요건) ① 1년 이하의 징역이나 금고, 자격정지 또는 벌금의 형을 선고할 경우에 제51조의 사항을 고려하여 뉘우치는 정상이 뚜렷할 때에는 그 형의 선고를 유예할 수 있다. 다만, 자격정지 이상의 형을 받은 전과가 있는 사람에 대해서는 예외로 한다.
② 형을 병과할 경우에도 형의 전부 또는 일부에 대하여 선고를 유예할 수 있다.
[전문개정 2020.12.8.]
유죄판결을 받은 것이지만, 형의 선고를 유예하고 일정한 기간이 경과되면 면소된 것으로 하는 제도로 가장 가벼운 처벌을 말한다.

점, ③ 이후 2021.6.17 개최된 조합원 총회에서 이 사건 계약의 집행을 추인한 점, ④ 이 사건 계약 금액, 이 사건 조합이 추진하던 재건축사업의 경과, 규모 등에 비추어, 반드시 사전에 조합원 총회 결의를 얻어야 한다고 보는 경우 기초공사 지연으로 인하여 이 사건 조합이나 조합원들의 이익에 반하는 결과가 초래될 우려도 있어 보이는 점 등을 보태어 보면, 이 부분 공소사실을 무죄로 인정한 원심의 판단은 정당한 것으로 수긍이 간다.

재개발사업에서 수용재결을 위한 감정평가법인 선정은 총회 결의를 거쳐야 한다고 해석할 수는 없다.
부산지방법원 2023.10.13선고 2023노2224판결, 도시정비법 위반
【판결요지】
주택재개발사업의 경우 시장·군수 등이 선정·계약하는 감정평가법인 등이 평가한 금액을 산술평균하여 하도록 정하고 있을 뿐, 재개발조합이 총회의 결의를 거쳐 감정평가법인 등을 선정하도록 정한 것은 아니다. 위와 같은 점에 비추어 보면, 구 도시정비법상 감정평가업자의 선정에 총회의 의결이 필요한 경우는 재건축사업만을 전제한 것으로 보인다.
재개발사업에서 관리처분계획 수립을 위한 감정평가 시에 감정평가법인 등을 시장·군수 등이 선정하도록 되어 있을 뿐 재개발조합이 감정평가법인 등을 선정하는 절차에 관하여 정하고 있지 아니한 점 등에 비추어 보면, 토지보상법 제68조제1항에 따라 감정평가법인 등을 선정하는 절차에서 총회의 결의를 거쳐야 한다고 확장하여 해석할 것은 아니다.

창립총회 의결 과정에서 추후 자금차입 시 조합원들의 부담 정도를 충분히 예상할 수 있는 정보가 제공된 상태에서 장차 차입할 것을 의결한 경우에는, 사전 의결을 거친 것으로 본다광주지방법원 2022.1.19.선고 2021고정700판결, 도시정비법 위반
【판결요지】
피고인은 2020.11.30경 조합원총회의 의결을 거치지 아니하고, C로부터 4,000,000원을 차입한 것을 비롯하여 2019.6월경부터 2020. 11.경까지 조합원총회의 의결을 거치지 아니하고 8회에 걸쳐 합계 39,357,460원을 차입하였다.
창립총회 의결 과정에서 추후 자금차입 시 조합원들의 부담 정도를 충분히 예상할 수 있는 정보가 제공된 상태에서 장차 차입할 것을 의결한 경우에는, 사전 의결을 거친 것으로 보아, 정비사업의 원활한 추진에 지장이 없도록 조화롭게 해석할 필요가 있다(대법원 2018.6.15선고 2018도1202 판결 등 참조).

cf 부산광역시 재건축·재개발 표준정관

제19조(총회의 의결사항) ① 다음 각 호의 사항은 총회의 의결을 거쳐야 한다.

1. 정관의 변경(도시정비법 제40조제4항에 따른 경미한 사항의 변경은 도시정비법 또는 정관에서 총회의결사항으로 정한 경우로 한정한다)

2. 자금의 차입과 그 방법·이자율 및 상환방법

3. 정비사업비의 세부항목별 사용계획이 포함된 예산안 및 예산의 사용내역

4. 예산으로 정한 사항 외에 조합원에게 부담이 되는 계약

5. 시공자·설계자 또는 감정평가업자(구청장, 군수등이 선정·계약하는 감정평가업자는 제외한다)의 선정 및 변경 다만, 감정평가업자 선정 및 변경은 총회의 의결을 거쳐 구청장·군수에게 위탁할 수 있다.

6. 정비사업전문관리업자의 선정 및 변경

7. 조합임원의 선임(연임을 포함한다) 및 해임(조합장을 제외한 임기 중 궐위된 자를 보궐선임하는 경우는 제외한다.)

8. 정비사업비의 조합원별 분담내역

9. 사업시행계획서의 작성 및 변경(정비사업의 중지 또는 폐지에 관한 사항을 포함하며, 같은 항 단서에 따른 경미한 변경은 제외한다)

10. 관리처분계획의 수립 및 변경(도시정비법 제74조제1항 각 호 외의 부분 단서에 따른 경미한 변경은 제외한다)

11. 청산금의 징수·지급(분할징수·분할지급을 포함한다)과 조합해산 시의 회계 보고

12. 도시정비법 제93조에 따른 비용의 금액 및 징수방법

13. 조합의 합병 또는 해산에 관한 사항

14. 대의원의 선임 및 해임에 관한 사항

15. 건설되는 건축물의 설계 개요의 변경

16. 정비사업비의 변경

17. 분양신청을 하지 아니한 자와 분양신청기간 종료 이전에 분양신청을 철회한 자에 대한 분양신청을 다시 하는 경우

18. 조합규정 등의 제정

② 제1항 각 호의 사항 중 도시정비법 또는 정관에 따라 조합원의 동의가 필요한 사항은 총회에 상정하여야 한다.

재건축·재개발 표준정관의 조문 위치와 내용이 같다.

광주광역시 재건축·재개발 표준정관

제21조(총회의 의결사항) 법 제45조 및 시행령 제42조에 따라 다음 각 호의 사항은 총회의 의결을 거쳐 결정한다.

1. 정관의 변경(정관의 경미한 변경사항은 법 또는 이 정관에서 총회의결사항으로 정한 경우로 한정)
2. 자금의 차입과 그 방법·이자율 및 상환방법
3. 정비사업비의 세부 항목별 사용계획이 포함된 예산안 및 예산의 사용내역
4. 예산으로 정한 사항 외에 조합원에게 부담이 되는 계약
5. 시공자·설계자·정비사업전문관리업자의 선정·취소 및 변경
6. 감정평가법인의 선정 및 변경(법 제74조제4항에 따라 구청장이 선정·계약하는 감정평가법인등은 제외한다), 감정평가법인의 선정 및 변경의 위탁에 관한 사항
7. 조합임원 및 대의원의 선임(임기 중 궐위된 자를 보궐선임하는 경우는 제외) 및 해임
8. 조합임원의 연임
9. 조합장의 보궐선임
10. 정비사업비의 변경
11. 정비사업비의 조합원별 분담내역
12. 조합의 합병 또는 해산에 관한 사항
13. 건설되는 건축물의 설계 개요의 변경
14. 사업시행계획서의 작성 및 변경(정비사업의 중지 또는 폐지에 관한 사항을 포함하며, 시행령 제46조의 경미한 변경은 제외)
15. 관리처분계획의 수립 및 변경(시행령 제61조의 경미한 변경은 제외)
16. 조합의 해산과 조합 해산시의 회계보고
17. 청산금의 징수·지급(분할징수·분할지급을 포함)
18. 법 제93조에 따른 비용의 금액 및 징수방법
19. 법 또는 이 정관에 따라 조합원의 동의가 필요한 사항
20. 그 밖에 법 또는 이 정관에서 총회의 의결을 거치도록 한 사항

재건축·재개발 표준정관의 조문 위치와 내용이 같다.

2023.11.29 국토부 별표2 지정개발자(신탁업자) 표준시행규정
관련 조문이 없다.

2006.8.25 국토부 재건축 표준정관

제21조(총회의 의결사항) 다음 각 호의 사항은 총회의 의결을 거쳐 결정한다.

1. 정관의 변경
2. 자금의 차입과 그 방법·이율 및 상환방법
3. 법 제61조에 의한 부과금의 금액 및 징수방법
4. 정비사업비의 사용계획 등 예산안
5. 예산으로 정한 사항 외에 조합원의 부담이 될 계약
6. 철거업자·시공자·설계자의 선정 및 변경
7. 정비사업전문관리업자의 선정 및 변경
8. 조합임원 및 대의원의 선임 및 해임(임기 중 궐위된 자를 보궐선임하는 경우 제외)
9. 정비사업비의 조합원별 분담내역
10. 법 제48조에 의한 관리처분계획의 수립 및 변경(동법 제48조제1항 단서에 의한 경미한 변경을 제외)
11. 법 제57조에 의한 청산금의 징수·지급(분할징수·분할지급을 포함)과 조합 해산시의 회계 보고
12. 조합의 합병 또는 해산(사업완료로 인한 해산은 제외)
13. 법 제30조에 의한 사업시행계획서의 작성 및 변경(법 제28조제1항 단서에 의한 경미한 변경의 경우는 제외)
14. 그 밖에 이 정관에서 총회의 의결 또는 인준을 거치도록 한 사항

【주】조합원의 재산권과 관련된 정관 조문, 계약관계 및 관리처분계획 등 재건축사업의 시행에 있어서 핵심적인 사항에 대해서는 가급적 총회에서 조합원 스스로가 결정하도록 하여야 할 것이며, 그 밖의 조합원에게 경제적으로 부담되는 사항 등 주요 사항을 조합특성에 맞게 정할 수 있음.

2003.6.30 국토부 재개발 표준정관과 달리 "사업시행계획서의 작성 및 변경(법 제28조제1항 단서에 의한 경미한 변경의 경우는 제외한다)"를 총회 의결을 추가하였다.

2003.6.30 국토부 재개발 표준정관

제21조(총회의 의결사항) 다음 각 호의 사항은 총회의 의결을 거쳐 결정한다.

1. 정관의 변경
2. 자금의 차입과 그 방법·이율 및 상환방법
3. 법 제61조에 의한 부과금의 금액 및 징수방법
4. 정비사업비의 사용계획 등 예산안
5. 예산으로 정한 사항 외에 조합원의 부담이 될 계약
6. 철거업자·시공자·설계자의 선정 및 변경
7. 정비사업전문관리업자의 선정 및 변경
8. 조합임원 및 대의원의 선임 및 해임(임기 중 궐위된 자를 보궐선임하는 경우 제외한다)
9. 정비사업비의 조합원별 분담내역
10. 관리처분계획의 수립 및 변경(동법 제48조제1항 단서에 의한 경미한 변경을 제외한다)
11. 청산금의 징수·지급(분할징수·분할지급을 포함한다)과 조합 해산 시의 회계보고
12. 조합의 합병 또는 해산(사업완료로 인한 해산은 제외한다)
13. 그 밖에 이 정관에서 총회의 의결 또는 인준을 거치도록 한 사항

【주】 조합원의 재산권과 관련된 정관 조문, 계약관계 및 관리처분계획 등 재개발사업의 시행에 있어서 핵심적인 사항에 대해서는 가급적 총회에서 조합원 스스로가 결정하도록 하여야 할 것이며, 그 밖의 조합원에게 경제적으로 부담되는 사항 등 주요 사항을 조합특성에 맞게 정할 수 있음.

> ■ (서울) 재건축 표준정관 제22조(총회의 의결방법)
> ● (서울) 재개발 표준정관 제22조(총회의 의결방법):재건축 표준정관과 같다.

재건축·재개발 표준정관의 조문 위치와 내용이 같다.

조합총회는 최고의사결정기관으로서 조합과 관련된 업무에 관하여 가지는 자율성과 재량이 있지만, 무제한일 수는 없다.[36]

■ **의결방법**
의결방법으로는 의사정족수와 의결정족수가 있다.

■ **의사정족수**
조합원이 어느 정도 출석하여야 의사진행에 필요한 구성원의 출석 인원 수를 말한다. 총회 성립요건(개의요건 또는 성원요건이라고도 함)이라고 할 수 있다.
의사정족수를 충족하지 못한 상태에서 결의되었더라도, 이러한 총회는 절차상 중대한 하자로 무효이다.

- **개의요건(성원요건)**
일반정족수(재적조합원의 과반수 참석) 또는 특별정족수(재적 조합원 2/3 이상 참석 또는 4/5 이상 참석 등)의 충족여부에 따라 총회가 성립(성원)되거나 불성립(불성원)된다.

---

[36] 대법원 2020.9.3선고 2017다218987, 218994판결, 임시총회결의 무효확인의 소·임시총회결의 무효확인의 소
【판시사항】
재건축조합의 총회가 조합의 최고의사결정기관으로서 조합과 관련된 업무에 관하여 가지는 자율성과 재량의 정도
【판결요지】
재건축조합의 총회는 조합의 최고의사결정기관으로서 조합과 관련된 업무에 관하여 폭넓은 범위에서 의결할 수 있는 자율성과 형성의 재량을 가진다. 그러나 이러한 자율성과 재량이 무제한적인 것일 수는 없다.

■ **의결정족수**

총회에서 특정 안건을 가결하기 위해 필요한 찬성 인원수를 말하며, 여기에는 일반정족수(과반수이상 참석과 과반수이상 찬성), 특별정족수(과반수이상 참석과 2/3 이상 참석 또는 재적 2/3 이상 참석과 2/3 이상 찬성 등)가 있다.

그 외에도 특수정족수가 있는데, 조합원 전원의 동의(100% 동의)가 있어야 의안이 가결(통과)된다.

표준정관에 조합원 전원의 동의를 찾아보기 어렵지만, 도시정비법령상 재건축사업의 감정평가방법 등에 이런 규정이 있다.

법 제74조제4항제1호인 감정평가방법이나 영 제63조제2항의 재건축사업에서 조합원 전원의 동의로 따로 정할 수 있다는 조문이다.

□ **근거규정**

○ **제1항(총회 의결방법)**
도시정비법 제45조제3항

> **재건축·재개발 표준정관**
> 제22조(총회의 의결방법) ① 총회는 법 또는 이 정관에서 특별히 정한 경우를 제외하고는 조합원 과반수 출석으로 개의하고 출석조합원 과반수 찬성으로 의결한다.

재건축·재개발 표준정관 조문의 위치와 내용이 같다.

총회의 의결은 법 제45조제1항과 같이 도시정비법 또는 정관에 다른 규정이 없으면 조합원 과반수의 출석과 출석 조합원의 과반수 찬성으로 하도록 표준정관에서 정하고 있다.

이는 제2항에서 말하는 조합원 과반수 찬성으로 의결하는 사항과 구별하여야 한다.

○ **제2항(사업시행계획서의 작성, 변경 및 관리처분계획의 수립, 변경)**

도시정비법 제45조제4항

재건축·재개발 표준정관

제22조(총회의 의결방법) ② 제1항에도 불구하고 법 제45조제4항에 따라 제21조제14호 및 제15호는 조합원 과반수 찬성으로 의결한다. 다만, 정비사업비가 10/100(생산자물가상승률분, 법 제73조에 따른 손실보상 금액은 제외한다) 이상 늘어나는 경우에는 조합원 2/3 이상의 찬성으로 의결하여야 한다.

재건축·재개발 표준정관 조문의 위치와 내용이 같다.

표준정관 제21조제14호인 "사업시행계획서의 작성 및 변경(정비사업의 중지(폐지)에 관한 사항을 포함하며, 경미한 변경은 제외), 같은 조제15호인 관리처분계획의 수립 및 변경(경미한 변경은 제외)"은 조합원 과반수 과반수 찬성으로 의결한다. 다만, 정비사업비가 10/100 이상 증가 시, 조합원 2/3 이상의 찬성으로 의결하도록 규정하고 있다(법 제45조제4항).

■ **'조합원 과반수 찬성으로 의결한다'는 의미**

총회 의결방법은 정관에서 특별히 정한 경우를 제외하고는 조합원 과반수 출석으로 개의하고 출석조합원 과반수 찬성으로 의결한다.

전체 조합원의 수가 1,000명인 경우에는 501명이 출석으로 개의하게 되고, 출석한 과반수 찬성인 251명이 찬성하면 의결된다.

'사업시행계획서의 작성 및 변경'과 '관리처분계획의 수립 및 변경'은 경우에는 전체 조합원 과반수의 찬성이 필요하므로, 출석조합원의 수는 당연히 501명 이상이 출석해야 하며 요건을 충족하려면 이 501명 모두가 찬성해야 의결된다는 점에서 차이가 있다.

■ 조합임원의 해임

도시정비법 제45조제3항
조합임원의 해임을 어렵게 한 가중된 정관은 무효

조합 임원의 해임사항에 대한 총회의 의결은 이 법 또는 정관에 다른 규정이 없으면, 조합원 과반수의 출석과 출석 조합원의 과반수 찬성으로 족하다.

> **판례**
>
> '조합원 1/5 이상의 총회소집 요청' 이외에 '감사 3인 중 2인의 의결'이라는 추가적인 임시총회 소집 요건은 소수조합원 권한의 침해로 민법에 반한다.
> 대법원 2023.8.18.자 2023그608결정, 임시총회소집허가
> 【판결요지】
> 민법 제70조는 사단법인의 이사에게 임시총회 소집 권한을 부여하되(제1항), 총사원의 1/5 이상이 회의의 목적사항을 제시하여 임시총회 소집을 청구한 경우 이사에게 소집 의무가 있음을 명시하였고(제2항), 위 소집 청구 후 2주일 내에 이사가 총회소집 절차를 밟지 아니하는 때에는 청구한 사원이 법원의 허가를 얻어 임시총회를 소집할 수 있도록 정하였다(제3항).
> 이는 임시총회 소집 권한을 이사에게만 배타적·독점적으로 부여할 경우에 사원과 사단법인에 발생할 수 있는 불이익을 방지하고, 사원 개개인에게 소집 권한이 부여된 경우에 그것이 남용됨에 따라 사단법인의 운영·유지·존립에 혼란이 생길 위험을 방지하기 위하여 일정한 범위의 소수사원에게 그 소집권한을 부여한 것이다.
> 특별항고인의 정관 제25조제4항은 민법 제70조제2항에서 정한 '조합원 1/5 이상의 총회소집 요청' 이외에 '감사 3인 중 2인의 의결'이라는 추가적인 임시총회 소집 요건 또는 절차적 요건을 부과한 것인바, 이는 소수 조합원의 임시총회 소집 청구권의 행사를 사실상 어렵게 하거나 그 부담을 과도하게 가중시키는 경우에 해당하여 민법 제70조제2항 및 제3항에 반하여 허용될 수 없으므로, 원심결정에 사적자치의 원칙 및 다수결의 원칙을 위반하여 재판에 영향을 미친 헌법 위반 등의 특별항고 사유가 없다.
>
> 이사들이 고의로 이사회 방해 시 조합원 이익을 위한 안건이라면 사유를 기재하여 대의원회 또는 총회에 상정할 수 있다(이사회 및 대의원회 심의, 의결을 거치지 않은 총회 효력 유효)
> 서울고등법원 2007.6.7선고 2006나38842판결
> 【판결요지】
> 재건축조합에 있어서 총회는 최고의사결정기관으로 총회의 다수결은 모든 조합원을 구속하는 반면 위와 같은 대의원회 및 이사회의 심의 및 의결은 단체 내부의 의사결정에 불과하므로, 설령

> 피고 조합이 2004.12.27 개최된 임시총회에 시공사와의 공사 본계약체결 동의 및 관리처분계획안 인준에 관한 안건을 상정함에 있어서 위와 같은 안건 상정에 관한 <u>대의원회의 및 이사회의 심의 및 의결을 거치지 않았더라도 이는 총회의 결의를 무효로 할 만한 중대한 절차상의 하자라고 보기 어렵다.</u>

■ 법 제45조제4항에 따른 표준정관 제21조제14호·제15호는 조합원 과반수 찬성

과반수 출석과 출석조합원 과반수가 아닌 전체 조합원 과반수 찬성

표준정관 제21조제14호인 사업시행계획서의 작성 및 변경(정비사업의 중지 또는 폐지에 관한 사항을 포함하며, 시행령 제46조의 경미한 변경은 제외한다), 제15호인 관리처분계획의 수립 및 변경(시행령 제61조의 경미한 변경은 제외한다)의 경우 조합원 과반수 찬성으로 의결한다는 규정을 두었다.

이 규정은 다른 것들은 '조합원 과반수의 출석과 출석 조합원의 과반수 찬성'으로 1/4을 말하지만, 조합원 과반수 찬성이란 전체 조합원의 과반수를 받으라는 것임에 유의하여야 한다.

또한, 제14호와 제1호의 경우 정비사업비가 10/100(생산자물가상승률분, 법 제73조에 따른 손실보상 금액은 제외한다) 이상 늘어나는 경우, 전체 조합원 2/3 이상의 찬성으로 의결하여야 한다.

○ 제3항(조합원 2/3이상 찬성이 필요한 정관 변경)

도시정비법 제40조제3항

> **재건축·재개발 표준정관**
> 제22조(총회의 의결방법) ③ 제1항에도 불구하고 법 제40조제3항 단서에 해당하는 정관의 변경은 조합원 2/3 이상의 찬성으로 의결하여야 한다.

재건축·재개발 표준정관 조문의 위치와 내용이 같다.

총회는 이 정관에서 특별히 정한 경우를 제외하고는 조합원 과반수 출석으로 개

의하고 출석조합원 과반수 찬성으로 의결한다.

그러나 법 제40조제3항 단서에 해당하는 정관의 변경은 조합원 2/3 이상의 찬성으로 의결하도록 구분하고 있다.

■ 조합원 과반수 또는 2/3 이상 찬성에 의한 정관 변경(법 제40조제3항)
총회에서 특정 안건

1) 조합원 과반수 찬성
서울특별시 재건축·재개발 표준정관 제22조제3항에서의 찬성으로 의결해야 하는 정관 변경사항은 다음과 같다(법 제40조제3항).
- 조합의 명칭 및 사무소의 소재지
- 조합의 임원의 수 및 업무의 범위
- 조합임원의 권리·의무·보수·선임방법·변경 및 해임
- 대의원의 수, 선임방법, 선임절차 및 대의원회의 의결방법
- 정비사업의 시행연도 및 시행방법
- 총회의 소집 절차·시기 및 의결방법
- 총회의 개최 및 조합원의 총회소집 요구
- 법 제73조제3항에 따른 이자 지급
- 정비사업이 종결된 때의 청산절차(조합 해산 이후 청산인의 보수 등 청산 업무에 필요한 사항을 포함)
- 청산금의 징수·지급의 방법 및 절차
- 정관의 변경절차
- 그 밖에 정비사업의 추진 및 조합의 운영을 위하여 필요한 사항으로서 대통령령으로 정하는 사항

조합이 정관을 변경하려는 경우에는 법 제35조제2항부터 제5항까지의 규정에도 불구하고 총회를 개최하여 조합원 과반수의 찬성으로 시장·군수등의 인가를 받아야 한다(법 제40조제3항 전단 참조).

2) 조합원 2/3 이상 찬성

서울특별시 재건축·재개발 표준정관 제22조제3항에서의 조합원 2/3 이상 찬성으로 의결해야 하는 정관 변경사항은 다음과 같다(법 제40조제3항).

- 조합원의 자격
- 조합원의 제명·탈퇴 및 교체
- 정비구역의 위치 및 면적
- 조합의 비용부담 및 조합의 회계
- 정비사업비의 부담 시기 및 절차
- 시공자·설계자의 선정 및 계약서에 포함될 내용

위의 경우에는 조합원 2/3 이상의 찬성으로 한다(법 제40조제3항 후단 참조).

○ **제4항(직접참석율)**
도시정비법 제45조제10항, 동법 시행령 제42조제2항

> **재건축·재개발 표준정관**
>
> 제22조(총회의 의결방법) ④ 총회의 의결은 법 및 이 정관에 다른 규정이 없으면 법 제45조제7항에 따라 조합원 10/100 이상이 직접 출석하여야 한다. 다만, 시행령 제42조제2항에 따라 창립총회, 시공자 선정 취소를 위한 총회, 사업시행계획서의 작성 및 변경을 위한 총회, 관리처분계획의 수립 및 변경을 위한 총회, 정비사업비의 사용 및 변경을 의결하는 총회 등 중요한 사항을 의결하는 총회의 경우에는 조합원의 20/100 이상이 직접 출석하여야 한다.

재건축·재개발 표준정관 조문의 위치와 내용이 같다.

필요한 사항은 대해 직접출석과 법령, 정관에서 정하는 찬성율로 정하게 되는데, 이 표준정관에서는 10/100 이상의 직접출석으로 정하고 있다.

표준정관 제22조제4항 단서 조항은 2023.7.18 개정, 시행된 도시정비법 제45조

제10항을 근거로 하고 있다. 종전의 창립총회에서는 조합원 과반수 직접출석을 요구하고 있었으나, 2023.7.19부터는 조합원 20/100 이상이 직접출석하도록 하였다.

총회의 의결은 조합원의 10/100 이상이 직접 출석(법 제45조제5항에 따라 대리인을 통하거나 제6항 또는 제8항에 따라 전자적 방법으로 의결권을 행사하는 경우 직접 출석한 것으로 본다. 이하 이 조에서 같다)하여야 한다.

다만, 시공자의 선정을 의결하는 총회의 경우에는 조합원의 과반수가 직접 출석하여야 하고, 창립총회, 시공자 선정 취소를 위한 총회, 사업시행계획서의 작성 및 변경, 관리처분계획의 수립 및 변경을 의결하는 총회 등 대통령령으로 정하는 총회의 경우에는 조합원의 20/100 이상이 직접 출석하여야 한다(법 제45조제10항).

■ 재건축 패스트트랙과 2024.12.3 도시정비법 개정

도시정비법 제45조제6항은 2024.12.3 개정되어, 2025.6.4부터 효력이 발생된다.

의결권 행사방법으로 전자적 방법을 도입하되, 조합원이 전자적 방법 외에 서면 의결권 행사도 가능하도록 하며 의결권의 행사 방법에 따른 결과가 각각 구분되어 확인·관리할 수 있을 것을 조건으로 하였다.

도시정비법

제45조(총회의 의결) ⑤ 조합원은 서면으로 의결권을 행사하거나 다음 각 호의 어느 하나에 해당하는 경우에는 대리인을 통하여 의결권을 행사할 수 있다. 서면으로 의결권을 행사하는 경우에는 정족수를 산정할 때에 출석한 것으로 본다.

 1. 조합원이 권한을 행사할 수 없어 배우자, 직계존비속 또는 형제자매 중에서 성년자를 대리인으로 정하여 위임장을 제출하는 경우
 2. 해외에 거주하는 조합원이 대리인을 지정하는 경우
 3. 법인인 토지등소유자가 대리인을 지정하는 경우. 이 경우 법인의 대리인은 조합임원 또는 대의원으로 선임될 수 있다.

⑥ 제5항에도 불구하고 조합원은 다음 각 호의 요건을 모두 충족한 경우에는 전자적 방법(「전자문서 및 전자거래 기본법」 제2조제2호에 따른 정보처리시스템을 사용하거나 그 밖의 정보통신기술을 이용하는 방법을 말한다. 이하 같다)으로 의결권을 행사할

수 있다. 이 경우 정족수를 산정할 때에 출석한 것으로 본다. <신설 2024.12.3>

　1. 조합원이 전자적 방법 외에 제5항에 따른 방법으로도 의결권을 행사할 수 있게 할 것

　2. 의결권의 행사 방법에 따른 결과가 각각 구분되어 확인·관리할 수 있을 것

　3. 그 밖에 전자적 방법을 통한 의결권의 투명한 행사 등을 위하여 대통령령으로 정하는 기준에 부합할 것

　⑦ 조합은 조합원의 참여를 확대하기 위하여 조합원이 전자적 방법을 우선적으로 이용하도록 노력하여야 한다. <신설 2024.12.3>

　⑧ 제6항제1호에도 불구하고 제44조의2제1항 단서에 해당하는 경우에는 전자적 방법만으로 의결권을 행사할 수 있다. <신설 2024.12.3>

부　칙 <법률 제20549호, 2024.12.3>

제1조(시행일) 이 법은 공포 후 6개월이 경과한 날부터 시행한다. 다만, 제36조, 제44조의2, 제48조제3항(온라인총회에 관한 부분에 한정한다), 제135조 및 제136조의 개정규정은 공포 후 1년이 경과한 날부터 시행한다.

● **(개정) 재건축·재개발 표준정관(안)**

전자적 방법으로 의결권 행사(2025.6.4 시행) 및 온라인 총회 개최(2025.12.4 시행)

제22조(총회의 의결방법) ④ 총회의 의결은 이 법 및 이 정관에 다른 규정이 없으면 조합원 10/100 이상이 직접출석 <u>또는 제5항에 따라 대리인을 통하거나 제6항 또는 제8항에 따라 전자적 방법으로 의결권을 행사하는 경우 직접출석한 것으로 본다</u>. 다만, 시행령 제42조제2항에 따라 창립총회, 시공자 선정 취소를 위한 총회, 사업시행계획서의 작성 및 변경을 위한 총회, 관리처분계획의 수립 및 변경을 위한 총회, 정비사업비의 사용 및 변경을 의결하는 총회 등 중요한 사항을 의결하는 총회의 경우에는 조합원의 20/100 이상이 직접 출석하여야 한다.

전자적 방법으로 의결권 행사 규정의 근거규정은 도시정비법 제45조제6항이다.

● 도시정비법

제22조의2(온라인총회) ① 조합은 총회의 의결을 거쳐 제44조에 따른 총회와 병행하여 「정보통신망 이용촉진 및 정보보호 등에 관한 법률」 제2조제1항제1호에 따른 정보통신망을 이용한 총회(이하 "온라인총회")를 개최하여 조합원이 참석하게 할 수 있다. 다만, 「재난 및 안전관리 기본법」 제3조제1호에 따른 재난의 발생 등 사유가 발생하여 시장·군수등이 조합원의 직접 출석이 어렵다고 인정하는 경우에는 온라인총회를 단독으로 개최할 수 있다.

② 다음 각 호에 대한 동의(동의한 사항의 철회 또는 반대의 의사표시를 포함)는 서면동의서 또는 전자서명동의서(전자문서에 전자서명법 제2조제2호에 따른 전자서명을 한 동의서)를 제출하는 방법으로 한다. 이 경우 서면동의서는 토지등소유자가 성명을 적고 지장(指章)을 날인하는 방법으로 하며, 주민등록증, 여권 등 신원을 확인할 수 있는 신분증명서의 사본을 첨부하여야 한다.

1. 정비구역등 해제의 연장을 요청하는 경우
2. 정비구역의 해제에 동의하는 경우
3. 재개발사업·재건축사업의 공공시행자 또는 지정개발자를 지정하는 경우
4. 조합을 설립하는 경우
5. 사업시행계획인가를 신청하는 경우
6. 사업시행자가 사업시행계획서를 작성하려는 경우

개정(안) 제22조의2제1항인 온라인 총회의 근거규정은 법 제44조의2이며, 제2항인 동의방법은 법 제36조제1항이다.

■ 총회 의결을 거치지 않고 사업을 추진하는 조합임원 처벌여부
도시정비법 제137조제6호: 2년 이하 징역, 2천만 원 이하 벌금

도시정비법상 조합설립인가를 받은 이후 총회 의결을 거치지 않고 총회 의결사항에 대한 사업을 임의로 추진한 경우에 대한 처벌 사례가 많아 주의를 요한다.

도시정비법

제137조(벌칙) 다음 각 호의 어느 하나에 해당하는 자는 2년 이하의 징역 또는 2천만 원 이하의 벌금에 처한다. <개정 2020.6.9, 2024.12.3>

6. 제45조에 따른 총회의 의결을 거치지 아니하고 같은 조 제1항 각 호의 사업(같은 항 제13호 중 정관으로 정하는 사항은 제외한다)을 임의로 추진한 조합임원(전문조합관리인을 포함한다)

> **⚖️ 판례**
>
> 조합의 임원이 총회의 사전 의결 없이 조합원의 부담이 될 계약을 체결한 경우, 동법 제85조제5호를 위반한 범행이 성립하는지(적극) 및 총회의 사전 의결을 거쳐야 하는 사항
> 대법원 2018.6.15선고 2018도1202판결, 도시정비법 위반
> 【판결요지】
> 구 도시정비법(2015.1.6 법률 제12960호로 개정되기 전의 것) 제24조제3항제5호에서 '예산으로 정한 사항 외에 조합원의 부담이 될 계약'을 총회의 의결사항으로 규정한 취지는 조합원들의 권리·의무에 직접적인 영향을 미치는 사항에 조합원들의 의사가 반영될 수 있도록 절차적으로 보장하려는 것이다. 따라서 조합의 임원이 사전 의결 없이 조합원의 부담이 될 계약을 체결하였다면 이로써 구 도시정비법 제85조 제5호를 위반한 범행이 성립한다. 그러나 정비사업의 성격상 조합이 추진하는 모든 업무의 구체적 내용을 총회에서 사전에 의결하기는 어려우므로, 위 구 도시정비법 규정 취지에 비추어 사전에 총회에서 추진하려는 계약의 목적과 내용, 그로 인하여 조합원들이 부담하게 될 부담의 정도를 개략적으로 밝히고 그에 관하여 총회의 의결을 거쳤다면 사전 의결을 거친 것으로 볼 수 있다.
> 따라서 총회 의결 없이 조합의 부담이 늘어나는 계약을 체결하여 조합원의 이익이 침해되는 일이 없도록 하면서도, 기존 총회 의결 과정에서 조합원들의 부담 정도를 충분히 예상할 수 있는 정보가 제공된 상태에서 장차 그러한 계약이 체결될 것을 의결한 경우에는 사전 의결을 거친 것으로 보아 정비사업의 원활한 추진에 지장이 없도록 조화롭게 해석할 필요가 있다.

○ **제5항(대리인의 의결권 행사, 조합원 직접참석)**

도시정비법 제45조제5항

재건축·재개발 표준정관

제22조(총회의 의결방법) ⑤ 조합원은 서면으로 의결권을 행사하거나 법 제45조제5항 각 호의 어느 하나에 해당하는 경우에는 대리인을 통하여 의결권을 행사할 수 있다. 서면으로 의결권을 행사하는 경우에는 제1항의 출석으로 보며, 대리인을 통하

여 의결권을 행사하는 경우에는 제4항의 직접 출석으로 본다.

【주1】대리인을 통한 의결권 행사와 관련하여 필요한 경우 대리인 지정서의 구체적인 첨부서류, 해외거주자의 추가 필요서류, 법인의 대표자 대리인 지정서 제출여부 등을 정할 수 있음

【주2】필요한 경우 국토부 지침(23.7.20)에 따른 과학기술정보통신부로부터 실증을 위한 규제 특례를 지정받은 업체와 계약을 체결하여 전자적 방법을 적용하는 것을 정관으로 정할 수 있을 것임

재건축·재개발 표준정관 조문의 위치와 내용이 같다.

서면으로 의결권을 행사하는 경우에는 정족수를 산정할 때에 출석한 것으로 본다는 도시정비법 제45조제5항에 따라 표준정관에서도 같이 규정하고 있다.

필요한 경우 국토부 지침(23.7.20)에 따른 과학기술정보통신부로부터 실증을 위한 규제특례를 지정받은 업체와 계약을 체결하여 전자적방법을 적용하는 것을 정관으로 정할 수 있다.

2024.12.3 개정 도시정비법에서는 제45조제8항을 삭제하고 서면결의 방식 외에도 전자적 방법의 결의가 가능하게 되었다. 이 조항은 개정 공포 후 6개월 경과한 날인 2025.6.4 효력이 효력이 발생하게 되었다.

정관 작성 시에 이를 참조하여 수정안을 만들면 좋을 것이다.

도시정비법

[시행 2025.6.4] [법률 제20549호, 2024.12.3, 일부개정]

제45조(총회의 의결) ⑥ 제5항에도 불구하고 조합원은 다음 각 호의 요건을 모두 충족한 경우에는 전자적 방법(「전자문서 및 전자거래 기본법」 제2조제2호에 따른 정보처리시스템을 사용하거나 그 밖의 정보통신기술을 이용하는 방법을 말한다. 이하 같다)으로 의결권을 행사할 수 있다. 이 경우 정족수를 산정할 때에 출석한 것으로 본다. <신설 2024.12.3>

1. 조합원이 전자적 방법 외에 제5항에 따른 방법으로도 의결권을 행사할 수 있게 할 것
  2. 의결권의 행사 방법에 따른 결과가 각각 구분되어 확인·관리할 수 있을 것
  3. 그 밖에 전자적 방법을 통한 의결권의 투명한 행사 등을 위하여 대통령령으로 정하는 기준에 부합할 것

⑦ 조합은 조합원의 참여를 확대하기 위하여 조합원이 전자적 방법을 우선적으로 이용하도록 노력하여야 한다. <신설 2024. 12. 3>

~~⑧ 제5항에도 불구하고 「재난및 안전관리 기본법」에 따른 재난의 발생 등 대통령령으로 정하는 사유가 발생하여 시장·군수등이 조합원의 직접 출석이 어렵다고 인정하는 경우에는 전자적 방법으로 의결권을 행사할 수 있다. 이 경우 정족수를 산정할 때에는 직접 출석한 것으로 본다.~~ <삭제>

Q 총회의 서면의결 관련, 제3자가 조합원을 대리하여 서면결의서를 작성하고 제출한 경우 출석으로 간주되는지?

A 도시정비법 제45조제5항 각 호는 "1. 조합원이 권한을 행사할 수 없어 배우자, 직계존비속 또는 형제자매 중에서 성년자를 대리인으로 정하여 위임장을 제출하는 경우 2. 해외에 거주하는 조합원이 대리인을 지정하는 경우 3. 법인인 토지등소유자가 대리인을 지정하는 경우."를 규정하고 있음.

서면의결권은 본인이 행사하여야 하며 그 외의 경우 출석한 것으로 볼 수 없으나, 제5항 각 호의 어느 하나에 해당하여 대리인을 통하여 의결권을 행사한 경우 직접 출석으로 인정됨. (서울시 주거정비과 2023.8.4).

Q 총회의결 시 '직접 출석'의 의미가 현장에 직접 참석하여 투표까지인지, 투표하지 않더라도 현장에만 참석하고 서면의결권 행사도 포함하는지?

A 총회에 출석한 조합원이 이미 서면으로 의결권을 행사했다면 총회에서는 의결권을 중복 행사하지 않기 위해 결의에 참여하지 않은 것일 뿐, 안건에 관한 자신의 의사는 이미 표시한 것이므로 직접출석해서 결의에 참여한 것으로 판례를 인용하여 판단하고 있음(서울시 주거정비과 2022.1.20)

Q 사전에 서면결의서를 제출한 후 총회에 참석한 조합원을 법 제45조제6항에 따라 총회에 직접

출석한 것으로 볼 수 있는지?

🅐 도시정비법 제45조제6항에 따르면 총회의 의결은 조합원의 10/100 이상이 직접 출석하도록 하고, 다만, 창립총회, 사업시행계획서의 작성 및 변경, 관리처분계획의 수립 및 변경을 의결하는 총회 등 대통령령으로 정하는 총회의 경우에는 조합원의 20/100 이상이 직접 출석하여야 한다고 규정하고 있으며,

질의와 같이 서면결의서를 제출하고 현장에 참석한 자의 경우에도 동 규정에 따른 직접출석으로 볼 수 있을 것으로 판단됨(국토부 주택정비과 2018.12.5)

■ 전자적 방법의 의결권 행사

전자적 방법의 의결권 행사는 비용이 절감되고 정족수 확보 등에서 유리하다는 등의 장점이 있으나, 개정 전에는 "재난의 발생 또는 감염병을 예방하기 위한 집합 제한·금지"로 "시장·군수등이 조합원의 직접 출석이 어렵다고 인정"하는 경우에만 이를 허용하고 있었다(법 제45조제8항).

코로나 상황에서 전국 36개 조합이 전자적 방법으로 총회를 운영한 바 있고, 「정보통신 진흥 및 융합 활성화 등에 관한 특별법」 제38조의2에 따른 실증 규제특례를 6개 업체에 부여하여 2024.7월 기준 12개 조합의 조합원이 전자적 방법으로 의결권을 행사하고 있다.

24.12.3 개정 도시정비법에서는 '전자적 방법'을 서면이나 대리인을 통한 의결권 행사와 마찬가지로 조합원이 제한적이 아닌 일반적 선택할 수 있는 의결권 행사 방식으로 확대될 예정이므로, 조합정관도 이에 따라 개정이 필요할 것이다.

⚖ 판례

정비사업조합의 대의원회에서 전자투표로 정관 개정하여 의결권 행사한 것의 효력
서울고등법원 2022.10.17.자 2022라20815결정, 가처분이의
【결정요지】
채무자 정관 제22조제4항 변경은 전자적 의결방법에 의한 서면의결권 행사를 허용하는 등 총회 의

결방법을 변경하는 것으로 도시정비법 제40조 제4항, 동법 시행령 제39조 제4호에 따라 경미한 의결사항에 해당한다.

전자문서가 그 전자문서의 내용을 열람할 수 있고, 전자문서가 작성·변환되거나 송신·수신 또는 저장된 때의 형태 또는 그와 같이 재현될 수 있는 형태로 보존되어 있는 경우에는 그 전자문서를 서면으로 본다(전자문서 및 전자거래 기본법 제4조의2, 이하 '전자문서법'). 전자문서법 제4조의2는 서면요건을 갖춘 전자문서는 '서면으로 본다'고 정하고 있으므로 이는 도시정비법 제45조제5항, 채무자 정관 제22조제3항의 의결권 행사 방법인 '서면'에도 당연히 포함된다. 전자적 형태로 되어 있다는 이유만으로 그 법적 효력을 쉽게 부정할 수 없다(전자문서법 제4조제1항).

선행총회 발의서 및 서면결의서의 재사용이 위법인지
서울서부지방법원 2022.7.28.자 2022카합50377결정, 총회개최금지가처분
【판결요지】
조합총회 시 선행총회의 발의서와 서면결의서를 후행총회에서 그대로 사용하였더라도 개최일 변경 외에 목적사항 등 나머지가 동일하다면 의사가 왜곡될 염려가 없어 재사용이 위법하다고 인정하기 어렵고, 정관으로 전자적 방법에 의한 의결권 행사를 허용하였다면 전자적방법으로 의결권을 행사한 것을 위법하다고 보기 어렵다.

○ **제6항, 제7항**
도시정비법 제45조제5항, 동조 제9항, 서울특별시 재건축 표준정관 제20조제7항

재건축·재개발 표준정관

제22조(총회의 의결방법) ⑥ 조합은 서면의결권 행사에 필요한 다음 각 호의 사항을 정하며 조합원에게 통지하여야 하며, 조합원은 서면의결권을 행사하는 자가 본인임을 확인할 수 있도록 서면결의서에 주민등록증, 여권 등 신원을 확인할 수 있는 신분증명서의 사본을 첨부하여 제출하는 외에 제20조제7항에 따라 조합이 통지한 방법으로도 제출하여야 하며, 조합이 이에 따르지 아니하는 조합원의 서면의결권 행사를 허용하지 않거나 그 효력을 인정하지 않더라도 이의를 제기할 수 없다.
 1. 서면의결권의 행사기간
 2. 서면결의서 제출장소 및 제출방법
 3. 서면결의서 서식을 포함한 작성방법 및 첨부서류 안내
【주】법 제45조제6항에서 "조합은 제5항에 따른 서면의결권을 행사하는 자가 본

인인지 확인하여야 한다"고 규정하고, 제9항에서 "서면의결권 행사 및 본인확인방법 등에 필요한 사항은 정관으로 정한다"고 규정하고 있으므로, 본인확인 방법을 명확하게 규정할 필요가 있음. 해당 내용을 조합원에게 안내해야 하며, 서면결의서와 특히 신분확인자료의 제출방법은 조합명의 또는 조합장 명의의 휴대폰, 이메일이나 팩스 이용에 관한 사항을 포함하여 구체적으로 정할 수 있을 것임

⑦ 조합원은 제6항에 따라 서면으로 의결권을 행사하는 때에는 안건내용에 대한 의사가 표시된 서면결의서가 총회 전일까지 조합에 도착하여야 한다. 다만, 서면결의서를 제출한 조합원은 총회 당일에 현장출석하여 투표개시 선언이 이루어지기 전까지 직접 또는 제5항에 따른 대리인을 통하여 서면결의서에 의한 의결권행사를 철회하고 직접 투표할 수 있다.

재건축, 재개발 표준정관 조문의 위치와 내용이 같다.

법 제45조제9항에서 "서면의결권 행사 및 본인확인방법 등에 필요한 사항은 정관으로 정한다"고 규정하고 있으므로, 본인확인 방법을 명확하게 규정할 필요가 있다.

해당 내용을 조합원에게 안내해야 하며, 서면결의서와 특히 신분확인자료의 제출방법은 조합명의 또는 조합장 명의의 휴대폰, 이메일이나 팩스 이용에 관한 사항을 포함하여 구체적으로 정할 수 있을 것이다.

표준정관에서는 단서를 둬, 서면결의서를 제출한 조합원은 총회 당일에 현장출석하여 투표개시 선언이 이루어지기 전까지 직접 또는 대리인을 통하여 서면결의서에 의한 의결권행사를 철회하고 직접 투표할 수 있다.

도시정비법
제45조(총회의 의결) ⑨ 총회의 의결방법, 서면의결권 행사 및 본인확인방법 등에 필요한 사항은 정관으로 정한다. <개정 2021.8.10>

총회 서면결의서 본인 확인방법의 정관 규정 가능여부(서울시 주거정비과 2022.2.11)

Q 도시정비법 제45조제9항에서 총회 서면결의서 본인 확인방법은 정관으로 정한다고 규정하고 있는바,「서울시 정비사업 의사진행 표준운영규정」별지 제5호 서면결의서(예시) 서식대로 본인확인 방법을 자필서명과 지장날인의 방식으로 정관에 규정해도 되는지?

A 도시정비법 제45조제6항에서 조합은 제5항에 따른 서면의결권을 행사하는 자가 본인인지를 확인하여야 한다고 규정하면서 같은 조 제9항에서 본인 확인방법은 정관으로 정한다고 규정하고 있음.

또한, 정관의 변경은 도시정비법 제40조제3항 및 제45조제1항에 따라 총회 의결 사항(제40조제4항에 따른 경미한 사항의 변경은 이 법 또는 정관에서 총회의결사항으로 정한 경우로 한정)으로, 정관 변경의 적법한 절차를 거쳐 조합에서 본인 확인방법을 정관으로 정할 수 있음.

○ 제8항
도시정비법 제45조제8항

> **재건축·재개발 표준정관**
> 제22조(총회의 의결방법) ⑧ 제5항에도 불구하고 법 제45조제8항에 따라「재난 및 안전관리 기본법」제3조제1호 또는 시행령 제42조제3항 각 호의 사유가 발생하여 ○○구청장이 조합원의 직접 출석이 어렵다고 인정하는 경우에는 전자적 방법으로 의결권을 행사할 수 있다.
> 이 경우 정족수를 산정할 때에는 직접 출석한 것으로 보며, 서면의결권 행사는 병행하지 아니한다.

재건축, 재개발 표준정관 조문의 위치와 내용이 같다.
제8항의 경우 정족수를 산정할 때에는 직접 출석한 것으로 보며, 서면의결권 행사는 병행하지 아니한다고 표준정관에서 규정하고 있다.

도시정비법
제45조(총회의 의결) ⑧ 제5항에도 불구하고「재난 및 안전관리기본법」제3조제1호에 따른 재난 발생 등 대통령령으로 정하는 사유가 발생하여 시장·군수등이 조합원의 직접 출석이 어렵다고 인정하는 경우에는 전자적 방법(「전자문서 및 전자거

래 기본법」 제2조제2호에 따른 정보처리시스템을 사용하거나 그 밖의 정보통신기술을 이용하는 방법을 말한다)으로 의결권을 행사할 수 있다. 이 경우 정족수를 산정할 때에는 직접 출석한 것으로 본다. <신설 2021.8.10>

■ **2024.12.3 개정법에 따른 온라인 총회(2025.12.4 효력발생)**

정보통신망을 이용한 온라인총회를 일정한 장소에서 개최 총회 인정함에 따라, 예외적으로 인정받았던 종래의 태도와 달리, 원칙적으로 전자적 방식에 의한 의결권 행사를 가능하게 되었다.

재건축·재개발조합은 정관 작성을 추가하면서 이를 참고하여야 할 것이다.

2024.12.3 개정 도시정비법

법 제44조의2(온라인총회) ① 조합은 총회의 의결을 거쳐 제44조에 따른 총회와 병행하여 「정보통신망 이용촉진 및 정보보호 등에 관한 법률」 제2조제1항제1호에 따른 정보통신망을 이용한 총회(이하 "온라인총회")를 개최하여 조합원이 참석하게 할 수 있다. 다만, 「재난 및 안전관리 기본법」 제3조제1호에 따른 재난의 발생 등 대통령령으로 정하는 사유가 발생하여 시장·군수등이 조합원의 직접 출석이 어렵다고 인정하는 경우에는 온라인총회를 단독으로 개최할 수 있다.

② 제1항에 따른 온라인총회는 다음 각 호의 요건을 모두 갖추어 개최하여야 한다. 이 경우 정족수를 산정할 때에는 직접 출석한 것으로 본다.

1. 온라인총회에 참석한 조합원이 본인인지 여부를 확인할 수 있을 것
2. 온라인총회에 참석한 조합원의 접속 기록 등이 보관되어 실제 참석 여부를 확인·관리할 수 있을 것
3. 그 밖에 원활한 의견의 청취·제시 등을 위하여 대통령령으로 정하는 기준에 부합할 것

③ 그 밖에 온라인총회의 개최 방법 및 절차에 관하여 필요한 사항은 대통령령으로 정한다.

부칙

제1조(시행일) 이 법은 제44조의2, 제48조제3항(온라인총회에 관한 부분에 한정)의 개정규정은 공포 후 1년이 경과한 날부터 시행한다(효력발생시기 2025.12.4).

○ **제9항(총회 재소집)**

도시정비법 제46조제4항, 제5항, 동법 시행령 제43조

재건축·재개발 표준정관

제22조(총회의 의결방법) ⑨ 총회 소집결과 개의정족수에 미달되는 때에는 재소집하여야 하며, 재소집의 경우에도 개의정족수에 미달되는 때에는 대의원회로 총회를 갈음할 수 있다. 다만, 시행령 제43조의 각 호에 해당하는 사항은 그러하지 아니하다.

서울특별시 표준정관에는 위와 같이 총회소집 결과 정족수에 미달될 경우에는 재소집해야 하고, 재소집의 경우에도 미달될 경우에는 대의원회로 총회를 갈음할 수 있으며, 이 경우에도 대의원회가 총회 권한을 대행할 수 없는 사항은 도시정비법 시행령 제43조 각 호로 명시하고 있다.

시행령 제43조 각 호를 제외한 대의원의 수, 선임방법, 선임절차 및 대의원회의 의결방법 등은 정관으로 정할 수 있다(법 제46조).

■ **대의원회가 총회의 권한을 대행할 수 없는 사항**

법 제46조제4항에서 "대통령령으로 정하는 사항"이란 다음 각 호의 사항을 말한다(영 제43조).

1. 정관의 변경에 관한 사항(경미한 사항의 변경은 법 또는 정관에서 총회의결사항으로 정한 경우로 한정)
2. 자금의 차입과 그 방법·이자율 및 상환방법에 관한 사항
3. 예산으로 정한 사항 외에 조합원에게 부담이 되는 계약에 관한 사항
4. 시공자·설계자 또는 감정평가법인등(법 제74조제4항에 따라 시장·군수등이 선정·계약하는 감정평가법인등은 제외한다)의 선정 및 변경에 관한 사항
5. 정비사업전문관리업자의 선정 및 변경에 관한 사항

6. 조합임원의 선임 및 해임과 대의원의 선임 및 해임에 관한 사항. 다만, 정관으로 정하는 바에 따라 임기 중 궐위된 자(조합장은 제외한다)를 보궐선임하는 경우를 제외한다.

7. 사업시행계획서의 작성 및 변경에 관한 사항(정비사업의 중지 또는 폐지에 관한 사항을 포함하며, 같은 항 단서에 따른 경미한 변경은 제외)

8. 관리처분계획의 수립 및 변경에 관한 사항(법 제74조제1항 각 호 외의 부분 단서에 따른 경미한 변경은 제외)

9. 법 제45조제2항에 따라 총회에 상정하여야 하는 사항

10. 합의 합병 또는 해산에 관한 사항. 다만, 사업완료로 인한 해산의 경우는 제외한다.

11. 건설되는 건축물의 설계 개요의 변경에 관한 사항

12. 정비사업비의 변경에 관한 사항

■ 서면결의서 재사용 여부

총회를 개최하기 위해 서면결의서를 걷었지만, 정족수 미달로 무산되거나 다른 사유로 총회가 연기되는 경우가 종종 있다.

이 경우 같은 안건을 내용으로 총회를 재소집하려는 경우에 기존의 징구한 서면결의서를 그대로 사용할 수 있는지가 문제될 수 있다.

조합 총회가 연기되었더라도 총회의 목적사항이 변경되지 않았고 무엇보다도 서면결의서 자체에 "법원의 가처분 결정 등이 있거나 기타 부득이한 사유로 기일을 변경하거나 장소를 변경하는 경우에도 재사용할 수 있다."고 기재되어 있다면 서면결의서를 재사용하였더라도 무효가 아니다.

그러나 이미 제출한 서면결의서가 개봉되었다든지, 훼손된 경우에는 재사용이 어려울 것으로 보인다.

표준정관에서는 총회 소집결과 개의정족수에 미달되는 때에는 재소집하여야 한다는 정도로만 규정하고 있는데, 정관에 "개최금지가처분으로 일시장소가 바뀌었다든지, 정족수 미달로 재소집하되 기존의 서면결의서가 그대로 보존되어 있는 경우에는 재사용 할 수 있다."는 정도의 규정을 두면 좋을 것으로 보인다.

■ **총회 재소집에서도 무산된 경우의 대의원회 의결정족수**

총회가 재소집에도 무산되어 대의원회 결의 시 의결정족수는 대의원회 일반의결정족수와 서울특별시 표준정관에서는 대의원회가 총회의 권한을 대행하여 의결하는 경우에는 재적 대의원 2/3 이상의 출석과 출석대의원 2/3 이상으로 하고 있다.

즉, 대의원회 일반안건보다 더 가중 의결정족수를 요구하고 있다.

서울특별시 재건축·재개발 표준정관

제26조(대의원회 의결방법) ① 대의원회는 법 및 이 정관에서 특별히 정한 경우를 제외하고는 대의원 과반수 출석으로 개의하고 출석대의원 과반수의 찬성으로 의결한다. 다만, 제22조제6항에 의하여 대의원회가 총회의 권한을 대행하여 의결하는 경우에는 재적 대의원 2/3 이상의 출석과 출석대의원 2/3 이상의 동의를 얻어야 한다.

cf 부산광역시 재건축·재개발 표준정관

제20조(총회의 의결방법) ① 총회의 의결은 도시정비법 또는 정관에 다른 규정이 없으면 조합원 과반수의 출석과 출석조합원의 과반수 찬성으로 한다.

② 제19조제1항제9호 및 제10호의 경우에는 조합원 과반수의 찬성으로 의결한다. 다만, 정비사업비가 10/100(생산자물가상승률분, 도시정비법 제73조에 따른 손실보상금액은 제외한다) 이상 늘어나는 경우에는 조합원 2/3 이상의 찬성으로 의결하여야 한다.

③ 총회의 의결은 조합원의 10/100 이상이 직접 출석하여야 한다. 다만, 창립총회, 사업시행계획서의 작성 및 변경·관리처분계획의 수립 및 변경·정비사업비의 사용 및 변경을 위하여 개최하는 총회의 경우에는 조합원의 20/100 이상이 직접 출석하여야 한다.

④ 조합원이 서면결의서를 제출하는 경우에는 안건내용에 대한 의사를 표시하여 총회 전일까지 조합에 도착되도록 하여야 한다.

⑤ 총회 소집결과 정족수에 미달되는 때에는 재소집하여야 하며, 재소집의 경우에도 정족수에 미달되는 때에는 대의원회로 총회를 갈음할 수 있다. 다만, 도시정비법 시행령 제43조 각 호에 관한 사항은 그러하지 아니하다.

재건축·재개발 표준정관의 조문 위치와 내용이 같다.

광주광역시 재건축·재개발 표준정관

제22조(총회의 의결방법) ① 총회는 법 또는 이 정관에서 특별히 정한 경우를 제외하고는 조합원 과반수 출석으로 개의하고 출석조합원 과반수 찬성으로 의결한다.

② 제1항에도 불구하고 법 제45조제4항에 따라 제21조제14호 및 제15호는 조합원 과반수 찬성으로 의결한다. 다만, 정비사업비가 10/100(생산자물가상승률분, 법 제73조에 따른 손실보상 금액은 제외한다) 이상 늘어나는 경우에는 조합원 2/3 이상의 찬성으로 의결하여야 한다.

③ 제1항에도 불구하고 법 제40조제3항 단서에 해당하는 정관의 변경은 조합원 3분의 2 이상의 찬성으로 의결하여야 한다.

④ 총회의 의결은 법 및 이 정관에 다른 규정이 없으면 법 제45조제7항에 따라 조합원 10/100 이상이 직접 출석하여야 한다. 다만, 시행령 제42조제2항에 따라 창립총회, 시공자 선정 취소를 위한 총회, 사업시행계획서의 작성 및 변경을 위한 총회, 관리처분계획의 수립 및 변경을 위한 총회, 정비사업비의 사용 및 변경을 의결하는 총회 등 중요한 사항을 의결하는 총회의 경우에는 조합원의 20/100 이상이 직접 출석하여야 한다.

⑤ 조합원은 서면으로 의결권을 행사하거나 법 제45조제5항 각 호의 어느 하나에 해당하는 경우에는 대리인을 통하여 의결권을 행사할 수 있다. 서면으로 의결권을 행사하는 경우에는 제1항의 출석으로 보며, 대리인을 통하여 의결권을 행사하는 경우에는 제4항의 직접 출석으로 본다.

【주】대리인을 통한 의결권 행사와 관련하여 필요한 경우 대리인 지정서의 구체적인 첨부서류, 해외거주자의 추가 필요서류, 법인의 대표자 대리인 지정서 제출여부 등을 정할 수 있음

【주】필요한 경우 국토부 지침('23.7.20)에 따른 과학기술정보통신부로부터 실증을 위한 규제 특례를 지정받은 업체와 계약을 체결하여 전자적 방법을 적용하는 것을 정관으로 정할 수 있을 것임

⑥ 조합은 서면의결권 행사에 필요한 다음 각 호의 사항을 정하며 조합원에게 통지하여야 하며, 조합원은 서면의결권을 행사하는 자가 본인임을 확인할 수 있도

록 서면결의서에 주민등록증, 여권 등 신원을 확인할 수 있는 신분증명서의 사본을 첨부하여 제출하는 외에 제20조제7항에 따라 조합이 통지한 방법으로도 제출하여야 하며, 조합이 이에 따르지 아니하는 조합원의 서면의결권 행사를 허용하지 않거나 그 효력을 인정하지 않더라도 이의를 제기할 수 없다.

1. 서면의결권의 행사기간
2. 서면결의서 제출장소 및 제출방법
3. 서면결의서 서식을 포함한 작성방법 및 첨부서류 안내

【주】법 제45조제6항에서 "조합은 제5항에 따른 서면의결권을 행사하는 자가 본인인지 확인하여야 한다"고 규정하고, 제9항에서 "서면의결권 행사 및 본인확인방법 등에 필요한 사항은 정관으로 정한다"고 규정하고 있으므로, 본인확인 방법을 명확하게 규정할 필요가 있음. 해당 내용을 조합원에게 안내해야 하며, 서면결의서와 특히 신분확인자료의 제출방법은 조합명의 또는 조합장 명의의 휴대폰, 이메일이나 팩스 이용에 관한 사항을 포함하여 구체적으로 정할 수 있을 것임

⑦ 조합원은 제6항에 따라 서면으로 의결권을 행사하는 때에는 안건내용에 대한 의사가 표시된 서면결의서가 총회 전일까지 조합에 도착하여야 한다. 다만, 서면결의서를 제출한 조합원은 총회 당일에 현장출석하여 투표개시 선언이 이루어지기 전까지 직접 또는 제5항에 따른 대리인을 통하여 서면결의서에 의한 의결권 행사를 철회하고 직접 투표할 수 있다.

⑧ 제5항에도 불구하고 법 제45조제8항에 따라「재난 및 안전관리 기본법」제3조제1호 또는 시행령 제42조제3항 각 호의 사유가 발생하여 ○○구청장이 조합원의 직접 출석이 어렵다고 인정하는 경우에는 전자적 방법으로 의결권을 행사할 수 있다. 이 경우 정족수를 산정할 때에는 직접 출석한 것으로 보며, 서면의결권 행사는 병행하지 아니한다.

⑨ 총회 소집결과 개의정족수에 미달되는 때에는 재소집하여야 하며, 재소집의 경우에도 개의정족수에 미달되는 때에는 대의원회로 총회를 갈음할 수 있다. 다만, 시행령 제43조의 각 호에 해당하는 사항은 그러하지 아니하다.

재건축·재개발 표준정관의 조문 위치와 내용이 같다.

2006.8.25 국토부 재건축 표준정관

제22조(총회의 의결방법) ① 총회는 법, 이 정관에서 특별히 정한 경우를 제외하고는 조합원 과반수 출석으로 개의하고 출석조합원의 과반수 찬성으로 의결한다.

② 제1항에 불구하고 다음 각 호에 관한 사항은 조합원 과반수 출석과 출석조합원 2/3 이상의 찬성으로 의결한다.

1. 정관 제○조, 제○조제○항의 개정 및 폐지에 관한 사항
2. ....
3. ....

【주】조합원의 재산권·비용부담에 관한 사항 등 조합원의 권익과 직결되는 중요한 사항을 발췌하여 개의요건 및 의결정족수를 강화할 수 있도록 한 것으로 중요한 정관의 개폐, 그 밖에 중요한 사항을 구체적으로 명시할 수 있음

③ 조합원은 서면 또는 제10조제2항 각 호에 해당하는 대리인을 통하여 의결권을 행사할 수 있다. 서면행사하는 경우에는 제1항 및 제2항에 의한 출석으로 본다.

④ 조합원은 제3항에 의하여 출석을 서면으로 하는 때에는 안건내용에 대한 의사를 표시하여 총회 전일까지 조합에 도착되도록 하여야 한다.

⑤ 조합원은 제3항에 의하여 출석을 대리인으로 하고자 하는 경우에는 위임장 및 대리인 관계를 증명하는 서류를 조합에 제출하여야 한다.

⑥ 총회 소집결과 정족수에 미달되는 때에는 재소집하여야 하며, 재소집의 경우에도 정족수에 미달되는 때에는 대의원회로 총회를 갈음할 수 있다(단, 제21조제1호·제2호·제5호 내지 제8호·제10호 및 제12호에 관한 사항은 그러하지 아니하다).

【주】대의원회가 총회를 대신하여 의결할 경우에도 특례를 두어, 조합원의 권익을 보호하도록 한 것으로, 조합원의 권익에 직결되는 사항에 대해서는 대의원회가 총회를 대신할 수 없도록 하여 조합원 스스로가 총회에 참석하여 의결권을 행사하여야 할 것임.

⑦ 제3항에도 불구하고 시공자 선정을 위한 총회는 조합원 과반수가 직접 참석한 경우(대리인이 참석한 때에는 직접 참석으로 본다)에 한하여 의사를 진행할 수 있다.

2003.6.30 국토부 재개발 표준정관

제22조(총회의 의결방법) ① 총회는 법, 이 정관에서 특별히 정한 경우를 제외하

고는 조합원 과반수 출석으로 개의하고 출석조합원의 과반수 찬성으로 의결한다.

② 제1항에 불구하고 다음 각호에 관한 사항은 조합원 과반수 출석과 출석조합원 2/3 이상의 찬성으로 의결한다.

  1. 정관 제○조, 제○조제○항의 개정 및 폐지에 관한 사항

  2. ....

  3. ....

【주】조합원의 재산권·비용부담에 관한 사항 등 조합원의 권익과 직결되는 중요한 사항을 발췌하여 개의요건 및 의결정족수를 강화할 수 있도록 한 것으로 중요한 정관의 개폐, 그 밖에 중요한 사항을 구체적으로 명시할 수 있음

③ 조합원은 서면 또는 제10조제2항 각 호에 해당하는 대리인을 통하여 의결권을 행사할 수 있다. 서면행사하는 경우에는 제1항 및 제2항에 의한 출석으로 본다.

④ 조합원은 제3항에 의하여 출석을 서면으로 하는 때에는 안건내용에 대한 의사를 표시하여 총회 전일까지 조합에 도착되도록 하여야 한다.

⑤ 조합원은 제3항에 의하여 출석을 대리인으로 하고자 하는 경우에는 인감 또는 조합에 등록된 사용인감으로 대리인계를 작성하여 조합에 제출하여야 한다.

⑥ 총회 소집결과 정족수에 미달되는 때에는 재소집하여야 하며, 재소집의 경우에도 정족수에 미달되는 때에는 대의원회로 총회를 갈음할 수 있다(단, 제21조제1호·제2호·제5호·제6호·제8호·제10호 및 제12호에 관한 사항은 그러하지 아니하다).

【주】대의원회가 총회를 대신하여 의결할 경우에도 특례를 두어, 조합원의 권익을 보호하도록 한 것으로, 조합원의 권익에 직결되는 사항에 대해서는 대의원회가 총회를 대신할 수 없도록 하여 조합원 스스로가 총회에 참석하여 의결권을 행사하여야 할 것임.

> ■ (서울) 재건축 표준정관 제23조(총회운영 등)
> ● (서울) 재개발 표준정관 제23조(총회운영 등):재건축 표준정관과 같다.

재건축·재개발 표준정관의 조문 위치와 내용이 같다.

정비조합의 최고기관인 총회의 진행에 대한 의사진행과 질서유지 관련 규정이며, 총회 소집통지서에 기재된 순서에 의해 의안을 상정하게 된다.
효율성을 위해 일괄상정하는 1개 의안을 상정할 수 있으며, 이를 분할하여 상정하기도 한다.

■ **긴급안건**

당일 회의안건에 없는 새로운 안건으로 제안하거나 기타 안건에서 제안하여 처리하는 경우를 말한다.
정관에 특별한 규정이 없는 한 총회의 목적사항으로 미리 정하여 소집통지서에 기재된 안건에 한해 심의 결의할 수 있다. 총회 당일에 긴급안건으로 발의, 재청받아 처리할 수 없다.

■ **기타 사항(기타 안건)의 의미**

총회 소집통지서에서 상정 안건의 마지막 순서에 "기타 사항" 또는 "기타 안건" 등으로 기재하는 사례가 많다. 이 기타 사항에서 새로운 안건을 채택하여 처리하는 경우가 발생하여 적지 않은 논란이 발생하기도 한다.

대법원은 "'기타 사항'이란 회의의 기본적인 목적사항과 관계가 되는 사항과 일상적인 운영을 위하여 필요한 사항에 국한된다고 보아야 한다."고 판시한 바 있다.[37]

---

[37] 1996.10.25선고 95다56866판결, 임시총회결의 부존재확인
【판시사항】
총회소집통지에 열거된 회의 목적사항 말미에 기재된 '기타 사항'의 의미
【판시사항】

☐ 근거규정

○ 제1항

「서울특별시 정비사업 의사진행 표준운영규정(2017.2 서울시)」

제1장 총칙, 제2장 운영위원회 구성 등, 제3장 참석자명부 등, 제4장 회의소집 절차 등, 제5장 참석대상자 자격확인, 제6장 회의운영 일반기준.

재건축·재개발 표준정관

제23조(총회운영 등) ① 총회는 이 정관 및 「서울특별시 정비사업 의사진행 표준운영규정」을 따라 운영하되, 별도의 조합 의사진행규정을 제정하여 운영할 수 있다.

「서울특별시 정비사업 의사진행 표준운영규정」은 도시정비법에 따라 시행하는 정비사업에서 조합의 의사진행에 관하여 필요한 사항을 규정하여 의사결정 과정의 공정성 및 투명성을 확보하는 것을 목적으로 하고 있다.

조합에서는 자신에 맞도록 별도의 조합 의사진행규정을 제정하여 운영할 수 있다.

○ 제2항

「서울특별시 정비사업 의사진행 표준운영규정(2017.2)」 제14조제3항

재건축·재개발 표준정관

제23조(총회운영 등) ② 의장은 총회 안건의 내용 등을 고려하여 다음 각 호에 해당하는 자 등 조합원이 아닌 자를 총회에 참석하여 발언하도록 할 수 있다.
1. 조합직원
2. 정비사업전문관리업자·시공자·설계자 기타 협력업체의 임직원

비법인사단인 재건축조합이 총회 소집통지를 함에 있어서 회의의 목적사항을 열거한 다음 '기타 사항'이라고 기재한 경우, 총회소집통지에는 회의의 목적사항을 기재토록 한 민법 제71조 등 법 규정의 입법취지에 비추어 볼 때, '기타 사항'이란 회의의 기본적인 목적사항과 관계가 되는 사항과 일상적인 운영을 위하여 필요한 사항에 국한된다고 보아야 한다.

> 3. 그 밖에 의장이 총회운영을 위하여 필요하다고 인정하는 자

　총회 의장인 조합장은 안건의 내용 등을 고려하여 조합원등이 아닌 다음 각 호에 해당하는 자 등을 회의에 참석하여 발언하도록 할 수 있다(동 운영규정 제14조제3항).
　1. 조합등 직원
　2. 정비사업전문관리업자, 시공자 또는 설계자 등 조합등과 계약을 체결한 협력업체
　3. 그 밖에 의장이 회의진행을 위하여 필요하다고 인정하는 자

○ 제3항(퇴장 조치 등)
「서울특별시 정비사업 의사진행 표준운영규정(2017.2)」 제15조

> **재건축·재개발 표준정관**
> 　제23조(총회운영 등) ③ 의장은 총회의 질서를 유지하고 의사를 정리하며, 고의로 의사진행을 방해하는 발언·행동 등으로 총회질서를 문란하게 하는 자에 대하여 그 발언의 정지·제한 또는 퇴장을 명할 수 있다.

　의장인 조합장은 회의장의 질서를 유지하고 정리하기 위하여 다음 각 호에 해당하는 자에게 퇴장을 명할 수 있다. 다만, 제2호에 해당하는 경우 1회 경고 후에도 불구하고 지속적으로 회의진행을 방해할 경우 퇴장조치 할 수 있다(의사진행 표준운영규정 제15조).
　1. 조합원등 또는 대리인 자격이 없는 자가 출석한 경우
　2. 고의로 의사진행을 방해하는 발언·행동을 2회 이상 하여 회의질서를 문란하게 하는 경우

⚖ 판례

조합장 선임 결의를 할 당시, 직접 출석한 조합원은 결의방식을 무기명 비밀투표방식에서 거수방식으로 변경하기로 한 결의로 추인할 수 있는지
대법원　2012.3.15선고 2011다77078판결 총회결의 부존재확인

【판결요지】
총 조합원 중 과반수의 조합원이 이 사건 임시총회에서의 결의 내용에 대하여 찬성한다는 내용의 총회결의추인서를 제출한 사실은 인정되나, 총 조합원의 10/100 이상이 직접 총회 의결에 참석하여야 한다는 동법 제24조제5항 단서를 위반한 하자가 있는 조합장 및 임원 선임의 건에 대한 결의에 대하여 사후 서면만으로 추인할 수 있다고 할 경우 위와 같은 규정을 마련한 동법 제24조 제5항 단서의 취지를 몰각하게 되므로, 위와 같은 서면에 의한 총회결의 추인만으로는 이 사건 임시총회 결의의 하자가 치유된다고 볼 수 없다

대표권 및 총회소집권이 조합장에게 전속되어 있는 재건축조합장이 사임 후, 정관상의 소집절차에 따라 행한 총회소집이 적법한지(적극)
대법원 1996.10.25선고 95다56866판결 임시총회결의부존재확인
【판결요지】
재건축조합이 정관에서 조합장을 총회에서 직접 선임하고 조합의 대표권이나 총회의 소집권 또는 소집의무를 조합장에게만 전속되도록 규정하였으며, 조합장이 궐위된 때의 조합 대표권의 행사에 관해 아무런 보충적 규정을 두고 있지 않은 경우, 다른 이사들에게는 처음부터 총회의 소집권은 물론 조합을 대표할 권한이 없기 때문에 조합장이 궐위된 경우에도 이사들은 그 조합의 대표권이나 총회소집권을 가지지 못하며, 사임 조합장으로서는 후임 조합장이 선임될 때까지 조합장의 직무를 계속 수행할 수 있다는 이유로, 이미 사임한 재건축조합장이 사임 후 정관상의 소집절차에 따라 행한 총회소집이 적법하다.

cf 부산광역시 재건축·재개발 표준정관

제21조(총회운영 등) ① 총회는 이 정관 및 의사진행의 일반적인 규칙에 따라 운영한다.

② 의장은 총회의 안건 내용 등을 고려하여 다음 각 호에 해당하는 자 등 조합원이 아닌 자의 총회참석을 허용하거나 발언하도록 할 수 있다.

1. 조합직원
2. 정비사업전문관리업자·시공자 또는 설계자의 임직원
3. 그 밖에 의장이 총회운영을 위하여 필요하다고 인정하는 자

③ 의장은 총회의 질서를 유지하고 의사를 정리하며, 고의로 의사진행을 방해하는 발언·행동

등으로 총회질서를 문란하게 하는 자에 대하여 그 발언의 정지·제한 또는 퇴장을 명할 수 있다.

④ 제1항과 제3항의 의사규칙은 대의원회에서 정하여 운영할 수 있다.

재건축·재개발 표준정관의 조문 위치와 내용이 같다.

광주광역시 재건축·재개발 표준정관

제23조(총회운영 등) ① 총회는 이 정관을 따라 운영하되, 별도의 조합 의사진행 규정을 제정하여 운영할 수 있다.

② 의장은 총회 안건의 내용 등을 고려하여 다음 각 호에 해당하는 자 등 조합원이 아닌 자를 총회에 참석하여 발언하도록 할 수 있다.

1. 조합직원
2. 정비사업전문관리업자·시공자·설계자 기타 협력업체의 임직원
3. 그 밖에 의장이 총회운영을 위하여 필요하다고 인정하는 자

③ 의장은 총회의 질서를 유지하고 의사를 정리하며, 고의로 의사진행을 방해하는 발언·행동 등으로 총회질서를 문란하게 하는 자에 대하여 그 발언의 정지·제한 또는 퇴장을 명할 수 있다.

재건축·재개발 표준정관의 조문 위치와 내용이 같다.

2023.11.29 국토부 별표2 지정개발자(신탁업자) 표준시행규정

관련 조문이 없다.

2006.8.25 국토부 재건축 표준정관

제23조(총회운영 등) ① 총회는 이 정관 및 의사진행의 일반적인 규칙에 따라 운영한다.

② 의장은 총회의 안건의 내용 등을 고려하여 다음 각 호에 해당하는 자 등 조합원이 아닌 자를 총회에 참석하여 발언하도록 할 수 있다.

1. 조합직원
2. 정비사업전문관리업자·시공자 또는 설계자
3. 그 밖에 의장이 총회운영을 위하여 필요하다고 인정하는 자

③ 의장은 총회의 질서를 유지하고 의사를 정리하며, 고의로 의사진행을 방해하는 발언·행동 등으로 총회질서를 문란하게 하는 자에 대하여 그 발언의 정지·제한 또는 퇴장을 명할 수 있다.

④ 제1항과 제3항의 의사규칙은 대의원회에서 정하여 운영할 수 있다.

2003.6.30 국토부 재개발 표준정관

제23조(총회운영 등) ① 총회는 이 정관 및 의사진행의 일반적인 규칙에 따라 운영한다.

② 의장은 총회의 안건의 내용등을 고려하여 다음 각호에 해당하는 자등 조합원이 아닌 자를 총회에 참석하여 발언하도록 할 수 있다.

1. 조합직원
2. 정비사업전문관리업자·시공자 또는 설계자
3. 그 밖에 의장이 총회운영을 위하여 필요하다고 인정하는 자

③ 의장은 총회의 질서를 유지하고 의사를 정리하며, 고의로 의사진행을 방해하는 발언·행동 등으로 총회질서를 문란하게 하는 자에 대하여 그 발언의 정지·제한 또는 퇴장을 명할 수 있다.

④ 제1항과 제3항의 의사규칙은 대의원회에서 정하여 운영할 수 있다

> ■ (서울) 재건축 표준정관 제24조(대의원회의 설치)
> ● (서울) 재개발 표준정관 제24조(대의원회의 설치): 재건축 표준정관과 같다.

재건축·재개발 표준정관의 조문 위치와 내용이 같다.

총회 의결기관의 보조기관이면서 의결기구인 대의원회의 설치에 관한 규정이다.

대의원회는 도시정비법 시행령 제43조 외에는 총회의 권한을 대행할 수 있다(법 제46조제4항). 이 경우 서울특별시 재건축·재개발 표준정관 제26조에서 대의원회의 일반안건보다 가중된 재적대의원 2/3 이상의 출석 + 출석대의원 2/3 이상의 동의를 받아 결의하도록 하고 있다.[38]

□ 근거규정

○ 제1항 내지 제3항
도시정비법 제46조

> **재건축·재개발 표준정관**
> 제24조(대의원회의 설치) ① 조합에는 대의원회를 둔다.
> ② 대의원의 수는 ○○인 이상 ○○인 이하로 한다.
> 【주1】법 제46조에 따라 조합원 수가 100명 이상인 조합의 대의원회 설치는 의무이며, 대의원의 수는 조합원의 1/10 이상이어야 한다(다만, 조합원의 1/10이 100명을 넘는 경우에는 조합원의 1/10의 범위에서 100명 이상으로 구성 가능)

38 　도시정비법 시행령
　　제44조(대의원회) ⑧ 대의원회는 재적대의원 과반수의 출석과 출석대의원 과반수의 찬성으로 의결한다. **다만, 그 이상의 범위에서 정관으로 달리 정하는 경우에는 그에 따른다.**

【주2】 대의원의 수는 법에서 정한 기준 이상으로 조합의 사정을 고려하여 정하되, 대의원이 궐위되는 경우를 고려하여 가급적 법 제46조제2항에서 정한 최소 대의원의 수보다 일정규모 이상 확보하는 것이 바람직
③ 조합장은 대의원회 의장이 되며, 이 경우 조합장은 대의원으로 본다.

대의원회는 조합원 수가 100명 이상인 재건축·재개발조합에서 필수적 기관이며, 이 경우 조합장은 대의원회 의장으로서 대의원으로 의제된다.

정비구역 내 토지등소유자 수가 1,000명이 재개발사업의 경우, 강제조합원이므로 토지등소유자나 조합원 수가 같으므로 1,000명의 1/10 이상인 100명의 대의원으로 대의원회를 구성해야 한다.

재건축사업에선 토지등소유자가 1,000명이라도 그 사업에 동의한 자만이 조합원이므로, 동의한 자가 800명이라면 80명으로 된 대의원회를 구성하면 된다.

도시정비법

제46조(대의원회) ① 조합원의 수가 100명 이상인 조합은 대의원회를 두어야 한다.
② 대의원회는 조합원의 1/10 이상으로 구성한다. 다만, 조합원의 1/10이 100명을 넘는 경우에는 조합원의 1/10의 범위에서 100명 이상으로 구성할 수 있다.
③ 조합장이 아닌 조합임원은 대의원이 될 수 없다.

○ **제4항**
서울특별시 별표 표준선거관리규정 제24조제1항

재건축 표준정관

제24조(대의원회의 설치) ④ 대의원은 후보자 등록 공고일 현재 사업시행구역 내 건축물 및 그 부속토지를 ○년 이상 소유한 조합원 중에서 선임하며, 대의원 구성 시 조합의 규모나 거주형태 등을 고려하여 다양한 이해관계가 수렴될 수 있도록 한다.
【주】 대의원의 피선거권 자격에 대하여 조합 현황 등을 고려하여 결정하여야 함

재개발 표준정관 제24조제4항에서는 '건축물 및 그 부속토지'가 아닌 '토지 또

는 건축물'로 규정하고 있다.

또한, 재개발사업은 강제조합원으로 미동의자의 대의원 후보자 자격을 금지시킬 수 없으며, 재건축과 같이 재개발의 경우에도 대의원 후보자 추천의 수를 받도록 함에 따라 미동의자는 추천을 받기 어려워 사실상 입후보가 어렵다.

한편, 대의원인 100명 이상인 재건축·재개발사업장의 경우, 사업이 잘 진행될수록 정보에 빠른 대의원들이 매매함에 따라 대의원 수 미달로 총회 개최의 어려움이 있기도 하다.

법령에서 대의원의 임기를 정하지 않고 있어, 조합에서는 대의원의 임기를 정하지 않고 있다.

일부 사업장에서는 거주기간을 정하기도 하며, 후보자 추천의 수로 제한하는 곳이 많다.

서울특별시 별표 표준선거관리규정

제24조(후보자 추천) ① 선거에 입후보하고자 하는 자는 조합 선관위에서 정하는 기준에 따라 선거인의 추천을 받아야 한다. 이 경우 조합 선관위가 정한 추천서 양식에 따른다.

1. 조합장: 선거인 ○○인 이상의 추천
2. 감사: 선거인 ○○인 이상의 추천
3. 이사: 선거인 ○○인 이상의 추천
4. 대의원: 선거인 ○○인 이상의 추천
5. 부조합장: 선거인 ○○인 이상의 추천

조합설립에 미동의한 조합원이 재개발조합의 대의원에 입후보할 수 있는지(서울시 주거정비과 2019.1.3)

Q 해당 조합정관에 조합설립에 동의하지 않는 조합장 아닌 조합임원은 대의원이 될 수 없다고 정하고 있는 경우, 조합설립에 미동의한 조합원이 재개발조합의 대의원에 입후보할 수 있는지?

A 도시정비법 시행령 제44조제1항에 따르면 대의원은 조합원 중에서 선출하도록 하고 있으며, 해당 조합정관은 법령 및 관계 규정의 범위를 벗어나서 정할 수 없으므로 관련 규정 및 법령

에 적합하게 정관의 보완 등 구체적인 사항은 귀 구에서 판단바람.

➡ 「법령 및 관계 규정의 범위를 벗어나서 정할 수 없다는 것은 대의원에 입후보하지 못하도록 정관으로 정할수 없다는 의미임. 다만 후보 추천인 수를 제한하는 등 불이익이 있을 수는 있음.

○ **제5항**

도시정비법 제46조제3항

서울특별시 별표 표준선거관리규정 제48조제1항, 제3항, 제24조제2항

재건축·재개발 표준정관

제24조(대의원회의 설치) ⑤ 제17조제1항부터 제3항은 대의원에 관하여 준용하며, 조합장이 아닌 조합 임원은 대의원이 될 수 없다. 그 밖에 대의원의 선임 또는 궐위된 대의원의 보궐선임 방법 및 절차 등은 조합 선거관리규정에서 정한 바에 따른다.

■ **재건축·재개발 표준정관 제17조제1항부터 제3항**

임원 결격사유 및 자격상실은 대의원 자격에 준용

대의원의 결격사유 및 자격상실에 대해서는 재건축·재개발 표준정관 제17조(임원의 결격사유 및 자격상실 등)를 준용하도록 하였다.

재건축·재개발 표준정관

제17조(임원의 결격사유 및 자격상실 등) ① 법 제43조제1항 각 호의 어느 하나에 해당하는 자는 조합임원 또는 전문조합관리인이 될 수 없다.

② 임원이 임기 중 법 제43조제1항 각 호의 어느 하나에 해당하게 되거나 선임 당시 그에 해당하는 자이었음이 밝혀진 경우 또는 조합임원 자격요건을 갖추지 못한 경우에는 별도의 해임절차 없이 그 즉시 당연퇴임한다.

③ 제2항에 의하여 퇴임된 임원이 퇴임 전에 관여한 행위는 그 효력을 잃지 아니한다.

도시정비법
제46조(대의원회) ③ 조합장이 아닌 조합임원은 대의원이 될 수 없다.

서울특별시 별표 표준선거관리규정
제48조(보궐선거 등) ① 임원, 대의원 등의 임기 중 궐위된 자의 선거관리를 하고자 할 경우에는 이 규정에 의한다. 단, 조합장은 제외한다.

③ 임원, 대의원 중 궐위된 자가 발생할 경우 조합장은 즉시 제2항에 따른 보궐선거를 위한 대의원회 소집을 하여야 한다. 다만, 대의원이 임기 중 궐위되어 대의원의 수가 법 제25조제2항에 따른 대의원의 수에 미달되게 된 경우에는 제2항에도 불구하고 총회에서 보궐선임을 하여야 한다.

제24조(후보자 추천) ② 대의원 후보자는 동별·통별·가구별 세대수 및 시설의 종류·토지면적 등을 고려하여 구역 내 소수의견을 대표할 수 있는 자로 추천되어야 한다.

○ **제6항**
근거법령 없음

재건축·재개발 표준정관
제24조(대의원회의 설치) ⑥ 대의원의 임기 등에 관하여는 제15조제5항을 준용한다.

국토부 재건축·재개발 표준정관에서는 대의원 임기를 정하지 않았다.
부산광역시 표준정관에서는 대의원 임기는 3년 이하로 하고, 자격요건은 선임일 직전 3년 동안 정비구역 내 거주기간이 1년 이상 또는 정비구역에 위치한 토지 또는 건축물의 소유권을 2년 이상 가지고 있는 자로 하였다.

서울특별시는 재건축·재개발표준정관에서는 대의원 임기를 정하되, 표준정관 제15조제5항인 "조합임원의 임기는 ○년으로 하되, 총회의 사전 의결을 거쳐 연임할 수 있다. 이 경우 조합설립을 위한 창립총회에서 선임된 조합임원의 임기는 조합설립등기일로부터 개시하며, 그 후임자의 임기는 선임된 날의 다음 날부터 개시한다. 다만, 제2항 및 제3항에 의하여 보궐선임된 임원(조합장은 제외)의 임기는 그 선임된 날부터 전임자의 잔임기간으로 한다."는 규정을 준용하도록 하였다.

용산구 한남○구역 재개발조합에서는 2022.12.27 정관을 변경하여 대의원 임기를 정하였다.

정관 제○○조(대의원회 설치) ① 조합원에는 대의원회를 둔다. 대의원의 임기는 선임된 날로부터 3년까지로 하되(다만, 본 정관이 개정되는 경우의 현 대의원의 임기는 개정되는 정관 부칙 규정에 따름), 대의원은 총회의 의결을 거쳐 연임할 수 있다.
이때 연임된 대의원의 임기는 전임임기가 종료된 다음 날부터 시작되며 연임을 하고자 하는 경우에는 임기만료 전에 총회를 개최하고 연임 안건을 상정하여 제22조에 따라 의결하여야 하며, 연임안건이 통과되지 아니한 경우에는 새로운 대의원을 선출하기 위한 입후보절차 등을 거쳐 2개월 이내에 새로운 대의원 선출을 위한 총회를 개최하여야 한다. 이때 연임이 부결된 대의원도 입후보할 수 있다.

부칙(2022.12.27 개정)
이 정관은 개정일로부터 시행한다. 다만 제24조제1항의 개정 사항은 이 정관 시행 후 최초 대의원을 선임하는 분부터 적용하며, 종전 규정에 따라 선임된 대의원의 임기는 "2023년 정기총회 시까지"로 한다.

여러 가지 사유로 중도사퇴하는 대의원들이 많아, 법정대의원 수가 부족하게 된다. 이 경우 총회에서 대의원을 선출해야 하는 번거로움이 있어, 임기제의 채택이 쉽지 않은 실정이다.

서초구 반포○○○주구 재건축조합의 사례를 소개하면 다음과 같다.
정관 제○○조(대의원회 설치) ⑥ 대의원의 임기는 선임된 날로부터 3년까지로 하되, 총회의 의결을 거쳐 연임한다.

○ **제7항**

근거법령 없음

재건축·재개발 표준정관

제24조(대의원회의 설치) ⑦ 대의원이 자의로 사임하고자 하는 경우 조합장에게 그 의사를 서면으로 표시하여야 하며, 조합장은 이를 이사회에 상정하여야 한다. 사임의 사를 표명한 대의원은 사임에 대한 이사회 의결이 있거나 후임 대의원이 선임될 때까지 그 임기가 유지되는 것으로 본다.

【주】대의원이 정당한 이유 없이 사임하여 조합운영 및 사업추진에 상당한 지장을 초래하거나 조합원에 부당한 손해를 끼치는 일을 방지하기 위하여 사임 절차를 정관에 명시하여야 하며, 사임절차가 완료되기 전까지는 재적 대의원 수에서 제외하지 않는 것임.

조합집행부가 아닌 비상대책위(비대위) 소속 조합원들이 대의원으로 참여해 사업의 일부를 반대하기 위해 사임하여 조합운영 및 사업추진에 상당한 지장을 초래하거나 조합원에 부당한 손해를 끼치는 일을 방지하기 위하여 사임 절차를 정관에 명시하도록 했다.

사임절차가 완료되기 전까지는 재적 대의원 수에서 제외하지 않는다.

○ **제8항**

근거법령 없음

재건축·재개발 표준정관

제24조(대의원회의 설치) ⑧ 대의원이 특별한 사유 없이 3회 이상 연속으로 대의원회에 참석하지 않거나 관계법령 및 이 정관에 위반하여 조합에 부당한 손실을 초래한 경우에는 해임할 수 있다. 이 경우 제18조제1항을 준용한다.

대의원이 특별한 사유 없이 3회 이상 연속으로 참석하지 않거나, 관계법령 및 이 정관에 위반하여 조합에 부당한 손실을 초래한 경우에는 해임할 수 있도록 했다. 이 경우 조합임원의 해임 규정(표준정관 제18조제1항)을 준용하도록 했다.

○ 제9항

제5항, 제7항 및 제8항의 경우 표준정관 제18조제2항 준용

재건축·재개발 표준정관

제24조(대의원회의 설치) ⑨ 제5항, 제7항 및 제8항의 경우에는 제18조제2항을 준용한다.

아래 3가지를 준용하도록 하였다.

재건축·재개발 표준정관 제24조(대의원회의 설치) ⑨ 제5항, 제7항 및 제8항의 경우에는 제18조제2항을 준용한다.

조합임원이 자의로 사임되거나 해임된 경우, 해임되거나 당연퇴임한 때에는 정관 및 조합 선거관리규정에 따라 지체 없이 새로운 임원을 선출하여야 한다.

따라서, 대의원이 아래 3가지의 경우에는 지체 없이 새로운 대의원을 선출하라는 의미이다.

■ 대의원의 선임 또는 궐위된 대의원의 보궐선임 방법 및 절차 등(제5항)

■ 대의원이 자의로 사임하고자 하는 경우 조합장에게 그 의사를 서면으로 표시하여야 하며, 조합장은 이를 이사회에 상정하여야 한다. 사임의사를 표명한 대의원은 사임에 대한 이사회 의결이 있거나 후임 대의원이 선임될 때까지 그 임기가 유지되는 것으로 본다(제7항).

■ 대의원이 특별한 사유 없이 3회 이상 연속으로 대의원회에 참석하지 않거나 관계법령 및 이 정관에 위반하여 조합에 부당한 손실을 초래한 경우에는 해임할 수 있다(제8항).

대의원 선임과 해임에 관한 정관을 변경할 경우 도시정비법 제40조제3항에 의한 정관 변경으로 조합원 과반수이상 찬성을 받아야 하는지(서울시 주거정비과 2019.5.27)

Q 대의원 선임과 해임에 관한 정관을 변경할 경우

1) 도시정비법 제40조제3항에 의한 정관 변경으로 조합원 과반수이상 찬성을 받아야 하는지?

2) 아니면 도시정비법 제35조제5항에 의한 조합설립인가를 받은 사항 변경으로 조합원 2/3 이상 찬성을 받아야 하는지?

A 도시정비법 제46조 및 동법 시행령 제44조제2항에 의하면 "대의원의 선임 및 해임에 관하여는 정관으로 정하는 바에 따른다"고 규정하고 있음.

따라서, 대의원의 선임과 해임에 관한 정관을 변경할 경우 도시정비법 제40조제3항을 따라야 할 것으로 사료됨.

cf 부산광역시 재건축·재개발 표준정관

제22조(대의원회의 설치) ① 조합에는 대의원회를 둔다.

② 대의원의 수는 ○○인 이상 ○○인 이하로 하되, 동별로 최소 ○○인의 대의원을 선출하여야 한다.

③ 대의원 임기는 ○년(3년 이하)으로 하고, 자격요건은 선임일 직전 3년동안 정비구역 내 거주 기간이 1년 이상 또는 정비구역에 위치한 토지 또는 건축물의 소유권을 2년 이상 가지고 있는 자로 한다.

④ 대의원은 조합원 중에서 총회에서 선출하며, 조합장이 아닌 조합 임원은 대의원이 될 수 없다.

⑤ 궐위된 대의원의 보선은 대의원 5인 이상의 추천을 받아 대의원회가 이를 보궐선임한다.

⑥ 대의원 해임은 임원해임 규정을 준용하되, 사임 또는 해임된 대의원은 그 즉시 대의원직을 상실한다.

재건축·재개발 표준정관의 조문 위치와 내용이 같다.

광주광역시 재건축·재개발 표준정관

제24조(대의원회 설치) ① 조합에는 대의원회를 둔다.

② 대의원의 수는 ○○인 이상 ○○인 이하로 한다.

【주】법 제46조에 따라 조합원 수가 100명 이상인 조합의 대의원회 설치는 의무이며, 대의원의 수는 조합원의 1/10 이상이어야 한다(다만, 조합원의 1/10이 100명을 넘는 경우에는 조합원의 1/10의 범위에서 100명 이상으로 구성 가능).

【주】대의원의 수는 법에서 정한 기준 이상으로 조합의 사정을 고려하여 정하되, 대의원이 궐위되는 경우를 고려하여 가급적 법 제46조제2항에서 정한 최소 대의원의 수보다 일정규모 이상 확보하는 것이 바람직.

③ 조합장은 대의원회 의장이 되며, 이 경우 조합장은 대의원으로 본다.

④ 대의원은 후보자 등록 공고일 현재 사업시행구역 내 건축물 및 그 부속토지를 ○년 이상 소유한 조합원 중에서 선임하며, 대의원 구성 시 조합의 규모나 거주형태 등을 고려하여 다양한 이해관계가 수렴될 수 있도록 한다.

【주】대의원의 피선거권 자격에 대하여 조합 현황 등을 고려하여 결정하여야 함.

⑤ 제17조제1항부터 제3항은 대의원에 관하여 준용하며, 조합장이 아닌 조합임원은 대의원이 될 수 없다. 그 밖에 대의원의 선임 또는 궐위된 대의원의 보궐선임 방법 및 절차 등은 조합 선거관리규정에서 정한 바에 따른다.

⑥ 대의원의 임기 등에 관하여는 제15조제5항을 준용한다.

⑦ 대의원이 자의로 사임하고자 하는 경우 조합장에게 그 의사를 서면으로 표시하여야 하며, 조합장은 이를 이사회에 상정하여야 한다. 사임의사를 표명한 대의원은 사임에 대한 이사회 의결이 있거나 후임 대의원이 선임될 때까지 그 임기가 유지되는 것으로 본다.

【주】대의원이 정당한 이유 없이 사임하여 조합운영 및 사업추진에 상당한 지장을 초래하거나 조합원에 부당한 손해를 끼치는 일을 방지하기 위하여 사임절차를 정관에 명시하여야 하며, 사임절차가 완료되기 전까지는 재적 대의원 수에서 제외하지 않는 것임.

⑧ 대의원이 특별한 사유 없이 3회 이상 연속으로 대의원회에 참석하지 않거나 관계법령 및 이 정관에 위반하여 조합에 부당한 손실을 초래한 경우에는 해임할 수 있다. 이 경우 제18조제1항을 준용한다.

⑨ 제5항, 제7항 및 제8항의 경우에는 제18조제2항을 준용한다.

재건축·재개발 표준정관의 조문 위치와 내용이 같다.

2023.11.29 국토부 별표2 지정개발자(신탁업자) 표준시행규정

관련 조문이 없다.

2006.8.25 국토부 재건축 표준정관

제24조(대의원회의 설치) ① 조합에는 대의원회를 둔다.

【주】조합원이 100인 이상인 경우만 해당됨

② 대의원의 수는 ＿인 이상 ＿인 이하로 하되, 동별(街區별)로 최소＿인의 대의원을 선출하여야 한다.

【주】대의원 수는 동별 또는 단지규모 등을 고려하여 조합원의 1/10 이상으로 하되, 조합원의 1/10이 100인을 넘는 경우에는 100인의 대의원으로 구성한다. 동별로 고루 선출하되, 단독주택지의 경우에는 가구별로 균형 있게 선출함

③ 대의원은 조합원 중에서 선출하며, 조합장이 아닌 조합임원은 대의원이 될 수 없다.

【주】도시정비법 제25조제3항에 규정된 내용으로서 대의원회에서 의결함에 있어 순수 대의원회의 의견을 충분히 반영하기 위한 것임

④ 대의원의 선출 또는 궐위된 대의원의 보선은 다음 각 호의 1에 해당하는 조합원 중에서 선임한다. 다만, 궐위된 대위원의 보선은 대의원 5인 이상의 추천을 받아 대의원회가 이를 보궐선임한다.

1. 피선출일 현재 사업시행구역 안에서 3년 이내 1년 이상 거주하고 있는 자(다만, 거주의 목적이 아닌 상가 등의 건축물에서 영업 등을 하고 있는 경우 영업 등은 거주로 본다)

2. 피선출일 현재 사업시행구역 안에서 5년 이상 토지 및 건축물을 소유한 자

【주】대의원은 원칙적으로 조합원이 직접 선출하여야 할 것이나, 조합원의 이주로 인하여 소집이 어려울 경우에는 보선에 한해 대의원회에서 선출할 수 있도록 한 것이며, 대의원 자격요건으로 거주기간을 조합여건에 따라 정할 수 있음.

⑤ 대의원회는 조합장이 필요하다고 인정하는 때에 소집한다. 다만, 다음 각 호의 1에 해당하는 때에는 조합장은 해당 일부터 14일 이내에 대의원회를 소집하여야 한다.

1. 조합원 1/10 이상이 총회의 목적사항을 제시하여 소집을 청구하는 때

2. 대의원의 1/3 이상이 회의의 목적사항을 제시하여 청구하는 때

⑥ 제5항 각 호의 1에 의한 소집청구가 있는 경우로서 조합장이 14일 이내에 정

당한 이유 없이 대의원회를 소집하지 아니한 때에는 감사가 지체 없이 이를 소집하여야 하며, 감사가 소집하지 아니하는 때에는 제5항 각 호에 의하여 소집을 청구한 자의 공동명의로 이를 소집한다.

【주】일정 수 이상의 대의원이 대의원회의 소집을 요구하였으나 의장(조합장)이 이에 불응할 경우에 대비하여 보완한 것임

⑦ 대의원회 소집은 회의개최 7일 전에 회의목적·안건·일시 및 장소를 기재한 통지서를 대의원에게 송부하고, 게시판에 게시하여야 한다. 다만, 사업추진 상 시급히 대의원회 의결을 요하는 사안이 발생하는 경우에는 회의 개최 3일 전에 통지하고 대의원회에서 안건 상정여부를 묻고 의결할 수 있다.

⑧ 대의원 해임에 관한 사항은 제18조제1항을 준용한다.

2003.6.30 국토부 재개발 표준정관

제24조(대의원회의 설치) ① 조합에는 대의원회를 둔다.

【주】조합원이 100인 이상인 경우만 해당됨

② 대의원의 수는 _인 이상 _인 이하로 하되, 동별로 최소_인의 대의원을 선출하여야 한다.

【주】대의원 수는 동별 또는 단지규모 등을 고려하여 조합원의 1/10 이상으로 하되, 조합원의 1/10이 200인을 넘는 경우에는 200인의 대의원으로 구성한다.

③ 대의원은 조합원 중에서 선출하며, 조합장이 아닌 임원은 대의원이 될 수 없다.

【주】도시정비법 제25조제3항에 규정된 내용으로서 대의원회에서 의결함에 있어 순수 대의원회의 의견을 충분히 반영하기 위한 것임

④ 대의원의 선출 또는 궐위된 대의원의 보선은 조합창립총회일 현재 사업시행구역안에 1년 이상 거주하고 있는 조합원 중에서 선출한다. 다만, 궐위된 대의원의 보선은 대의원 5인 이상의 추천을 받아 대의원회에서 선출한다.

【주】대의원은 원칙적으로 조합원이 직접 선출하여야 할 것이나, 조합원의 이주로 인하여 소집이 어려울 경우에는 보선에 한해 대의원회에서 선출할 수 있도록 한 것이며, 대의원 자격요건으로 거주기간을 조합여건에 따라 정할 수 있음.

⑤대의원회는 조합장이 필요하다고 인정하는 때에 소집한다. 다만, 다음 각 호

의 1에 해당하는 때에는 조합장은 해당일부터 14일 이내에 대의원회를 소집하여야 한다.

  1. 조합원 1/10 이상이 총회의 목적사항을 제시하여 소집을 청구하는 때
  2. 대의원의 1/3 이상이 회의의 목적사항을 제시하여 소집을 청구하는 때
  ⑥ 제5항 각 호의 1에 의한 소집청구가 있는 경우로서 조합장이 14일 이내에 정당한 이유없이 대의원회를 소집하지 아니한 때에는 감사가 지체 없이 이를 소집하여야 하며, 감사가 소집하지 아니하는 때에는 제5항 각 호에 의하여 소집을 청구한 자의 대표가 이를 소집한다. 이 경우 미리 시장·군수의 승인을 얻어야 한다.

【주】일정 수 이상의 대의원이 대의원회의 소집을 요구하였으나 의장(조합장)이 이에 불응할 경우에 대비하여 보완한 것임

  ⑦ 대의원회의 소집은 회의개최 7일 전에 회의목적·안건·일시 및 장소를 기재한 통지서를 대의원에게 송부하고, 게시판에 게시하여야 한다. 다만, 사업추진 상 시급히 대의원회 의결을 요하는 사안이 발생하는 경우에는 회의 개최 3일 전에 통지하고 대의원회에서 안건 상정여부를 묻고 의결할 수 있다.

> ■ **(서울) 재건축 표준정관 제25조(대의원회 개최)**
> ● **(서울) 재개발 표준정관 제25조(대의원회 개최)**: 재건축 표준정관과 같다.

재건축·재개발 표준정관의 조문 위치와 내용이 같다.

총회에서 개의정족수에 미달되는 경우 재소집 규정을 두고 있지만, 대의원회에선 재소집 규정이 없다.

□ **근거규정**

○ **제1항, 제2항**
도시정비법 시행령 제44조, 서울특별시 재건축·재개발 표준정관 제20조제9항

> **재건축·재개발 표준정관**
> 제25조(대의원회 개최) ① 대의원회는 시행령 제44조에 따라 조합장이 필요하다고 인정하거나 이 정관에 따라 대의원회 의결을 거쳐야 하는 경우 소집한다. 다만, 다음 각 호의 어느 하나에 해당하는 때에는 조합장은 해당일부터 14일 이내에 대의원회를 소집하여야 한다.
> 1. 조합원 1/10 이상이 대의원회의 목적사항을 제시하여 소집을 청구하는 때
> 2. 대의원의 1/3 이상이 대의원회의 목적사항을 제시하여 소집을 청구하는 때
> 【주】시행령 제44조제4항에 따라 조합장은 정관으로 정하는 소집요구가 있는 때 또는 대의원 1/3 이상(정관으로 달리 정할 수 있음)이 회의의 목적사항을 제시하여 요구하는 때 조합장은 해당일로부터 14일 이내에 대의원회를 소집해야 함
> ② 제1항의 경우 제20조제9항을 준용한다.

대의원의 1/3 이상(정관으로 달리 정한 경우에는 그에 따름)이 대의원회의 목적사항을 제시하여 소집을 청구하는 때, 대의원회 소집이 가능하다(영 제44조제4항제2호).

즉, 대의원 1/3 이상에 의해 소집 청구가 가능하되 '정관에서 달리 정할 수 있다.'고 규정하고 있으며, 일선 재건축·재개발조합에서는 1/3 이상으로 정관에서 규정하고 있다.

서울특별시 재건축·재개발 표준정관에서도 1/3 이상으로 하였다.

조합장이 총회 소집을 하지 않자, 일부 대의원이 필요한 안건 상정을 위해 대의원회 소집 발의를 위해 작성한 동의서 양식을 소개한다.

○○재건축사업조합 대의원회 소집 발의 동의서

1. 대의원 인적사항 및 소유권 현황

권리지번	동 호		
성명		생년월일	
전화번호		휴대전화	

2. 대의원회 소집 요구 안건

안건번호	동 호
제1호 안건	
제2호 안건	
제3호 안건	

3. 안건 제안 사유

4. 소집대표자

성명   (생년월일)

권리지번

1) 상기 본인은 ○○○재건축조합의 대의원으로서, 위 ○○○안건을 처리하기 위한 대의원회 소집 발의에 동의함.

2) 본인은 소집 요구자 대표가 대의원회 소집, 진행 및 이와 관련한 일체의 행정적·법률적 행위를 진행하는 것에 동의함.

3) 소집요구자가 개최하는 대의원회가 절차적·행정적 등 제반 사유로 인하여 개최되지 못하거나 연기되는 경우 그 사유를 보완하여 다시 개최하는 대의원회에서 이 소집발의 동의서 및 재동의로 사용하는 데 동의함.

2025년   월   일

대의원 성명: 서명 또는 지장날인

※ 첨부 : 신분증 사본

대의원회 소집요구자 대표 귀중

○ 제3항

도시정비법 시행령 제44조제5항

재건축·재개발 표준정관

제25조(대의원회 개최) ③ 제1항 각 호에 따른 소집청구가 있는 경우로서 조합장이 14일 이내에 정당한 이유 없이 대의원회를 소집하지 아니한 때에는 감사가 지체 없이 대의원회를 소집하여야 하며, 감사가 소집하지 아니하는 때에는 제1항 각 호에 따라 소집을 청구한 사람의 대표가 ○○구청장의 승인을 얻어 소집한다. 이 경우 감사 또는 소집을 청구한 사람의 대표가 의장의 직무를 대행한다.

■ **구청장 승인과 대의원회 소집**

조합장이 표준정관 제25조제4항 각 호 외의 부분 단서에 따른 기간 내에 정당한 이유 없이 대의원회를 소집하지 않으면 감사가 지체 없이 소집하여야 하며, 감사가 소집하지 않으면 같은 항 각 호에 따라 소집을 청구한 사람의 대표가 소집한다.

이 경우 미리 구청장의 승인이 필요하다.

도시정비법 시행령

제44조(대의원회) ⑤ 제4항 각 호의 어느 하나에 따른 소집청구가 있는 경우로서 조합장이 제4항 각 호 외의 부분 단서에 따른 기간 내에 정당한 이유 없이 대의원회를 소집하지 아니한 때에는 감사가 지체 없이 이를 소집하여야 하며, <u>감사가 소집하지 아니하는 때에는 제4항 각 호에 따라 소집을 청구한 사람의 대표가 소집한다. 이 경우 미리 시장·군수등의 승인을 받아야 한다.</u>

○ 제4항

도시정비법 시행령 제44조제7항

재건축·재개발 표준정관

제25조(대의원회 개최) ④ 대의원회 소집은 회의개최 7일 전까지 회의목적·안건·

일시 및 장소를 기재한 서면을 대의원에게 통지하고, 정비사업 정보몽땅 및 게시판 등에 공고하여야 한다.

다만, 사업추진상 시급히 대의원회 의결을 요하는 사안이 발생하는 경우에는 회의 개최 3일 전에 통지하고 대의원회에서 안건상정 여부를 묻고 의결할 수 있다.

【주】제20조제7항과 같은 형식으로 규정할 수 있을 것임.

【주】시행령 제44조제7항에 대의원회의 소집공고 내용은 정관으로 정해야 하며, 법 제46조에 따라 대의원의 의결방법 등은 시행령 제44조에서 정한 범위에서 정관으로 정할 수 있음

대의원회의 소집공고 내용은 정관으로 정하되(영 제44조제7항), 법 제46조에 따라 대의원의 의결방법 등은 시행령 제44조에서 정한 범위에서 정관으로 정할 수 있다.

표준정관 제25조제4항에서 "다만, 사업추진상 시급히 대의원회 의결을 요하는 사안이 발생하는 경우에는 회의 개최 3일 전에 통지하고 대의원회에서 안건상정 여부를 묻고 의결할 수 있다."는 단서를 두었다.

도시정비법 시행령

제44조(대의원회) ⑦ 대의원회의 소집은 집회 7일 전까지 그 회의의 목적·안건·일시 및 장소를 기재한 서면을 대의원에게 통지하는 방법에 따른다. 이 경우 정관으로 정하는 바에 따라 대의원회의 소집내용을 공고하여야 한다.

○ **제5항**

서울특별시 재건축 표준정관 제20조제8항 준용

도시정비법 시행령 제44조제8항, 제9항

재건축·재개발 표준정관

제25조(대의원회 개최) ⑤ 제20조제8항은 대의원회에 준용한다. 다만, 사전에 통지하지 아니한 안건으로서 재적대의원 과반수가 직접 참석하고 직접 참석한 대의원 과반수가 그 채택에 동의한 안건은 그러하지 아니하다.

대의원회는 재적대의원 과반수의 출석과 출석대의원 과반수의 찬성으로 의결하며, 그 이상의 범위에서 정관으로 달리 정하는 경우에는 그에 따른다(영 제44조제8항).

대의원회는 사전에 통지한 안건만 의결할 수 있다. 다만, 사전에 통지하지 아니한 안건으로서 대의원회의 회의에서 정관으로 정하는 바에 따라 채택된 안건의 경우에는 그러하지 아니하다(동조 제9항).

cf 부산광역시 재건축·재개발 표준정관

제23조(대의원회의 개최) ① 대의원회는 조합장이 필요하다고 인정하는 때에 소집한다. 다만, 다음 각 호의 어느 하나에 해당하는 때에는 조합장은 소집청구를 받은 날로부터 14일 이내에 대의원회를 소집하여야 한다.
　1. 조합원 1/10 이상이 회의의 목적사항을 제시하여 소집청구를 한 경우
　2. 대의원의 1/3 이상이 회의의 목적사항을 제시하여 소집청구를 한 경우
　② 제1항 각 호에 따라 소집청구가 있는 경우로서 조합장이 14일 이내에 정당한 이유 없이 대의원회를 소집하지 아니한 때에는 감사가 ○일(14일 이내까지) 이내에 소집하여야 하며, 감사가 소집하지 아니하는 때에는 제1항 각 호에 따라 소집을 청구한 사람의 대표가 소집한다.
　이 경우 미리 구청장·군수의 승인을 받아야 한다.
　③ 제2항에 따라 대의원회를 소집하는 경우에는 소집주체에 따라 감사 또는 제1항 각 호에 따라 소집을 청구한 사람의 대표가 의장의 직무를 대행한다.
　④ 대의원회 소집은 회의개최 7일 전까지 회의목적·안건·일시 및 장소를 기재한 서면을 대의원에게 통지하고, 게시판 등에 공고하여야 한다.

재건축·재개발 표준정관의 조문 위치와 내용이 같다.

광주광역시 재건축·재개발 표준정관

제25조(대의원회 개최) ① 대의원회는 조합장이 필요하다고 인정하거나 이 정관에 따라 대의원회 의결을 거쳐야 하는 경우 소집한다. 다만, 다음 각 호의 어느 하나에 해당하는 때에는 조합장은 해당일부터 14일 이내에 대의원회를 소집하여야 한다.
　1. 조합원 1/10 이상이 대의원회의 목적사항을 제시하여 소집을 청구하는 때
　2. 대의원의 1/3 이상이 대의원회의 목적사항을 제시하여 소집을 청구하는 때
　【주】시행령 제44조제4항에 따라 조합장은 정관으로 정하는 소집요구가 있는 때 또는 대의원 1/3 이상(정관으로 달리 정할 수 있음)이 회의의 목적사항을 제시하여

요구하는 때 조합장은 해당일로부터 14일 이내에 대의원회를 소집해야 함

② 제1항의 경우 제20조제9항을 준용한다.

③ 제1항 각 호에 따른 소집청구가 있는 경우로서 조합장이 14일 이내에 정당한 이유 없이 대의원회를 소집하지 아니한 때에는 감사가 지체 없이 대의원회를 소집하여야 하며, 감사가 소집하지 아니하는 때에는 제1항 각 호에 따라 소집을 청구한 사람의 대표가 ○○구청장의 승인을 얻어 소집한다. 이 경우 감사 또는 소집을 청구한 사람의 대표가 의장의 직무를 대행한다.

④ 대의원회 소집은 회의개최 7일 전까지 회의목적·안건·일시 및 장소를 기재한 서면을 대의원에게 통지하고, 정비사업 관리시스템 및 게시판에 공고하여야 한다. 다만, 사업추진상 시급히 대의원회 의결을 요하는 사안이 발생하는 경우에는 회의 개최 3일 전에 통지하고 대의원회에서 안건상정 여부를 묻고 의결할 수 있다.

【주】제20조제7항과 같은 형식으로 규정할 수 있을 것임

【주】시행령 제44조제7항에 대의원회의 소집공고 내용은 정관으로 정해야 하며, 법 제46조에 따라 대의원의 의결방법 등은 시행령 제44조에서 정한 범위에서 정관으로 정할 수 있음

⑤ 제20조제8항은 대의원회에 준용한다. 다만, 사전에 통지하지 아니한 안건으로서 재적대의원 과반수가 직접 참석하고 직접 참석한 대의원 과반수가 그 채택에 동의한 안건은 그러하지 아니하다.

재건축·재개발 표준정관의 조문 위치와 내용이 같다.

2023.11.29 국토부 별표2 지정개발자(신탁업자) 표준시행규정
관련 조문이 없다.

2006.8.25 국토부 재건축 표준정관
관련 정관 규정이 없다.

2003.6.30 국토부 재개발 표준정관
관련 정관 규정이 없다.

정관 제24조(대의원회의 설치) 제7항에 소집 관련 규정을 두고 있어서, 별도의 대의원회 개최규정을 두지 않았던 것으로 보인다.

> ■ **(서울) 재건축 표준정관 제26조(대의원회 의결사항)**
> ● **(서울) 재개발 표준정관 제26조(대의원회 의결사항)**:재건축 표준정관과 같다.

재건축·재개발 표준정관의 조문 위치와 내용이 같다.

대의원회는 총회의 의결사항 중 "대통령령으로 정하는 사항(영 제43조)" 외에는 총회의 권한을 대행할 수 있다(법 제46조제4항). 또한, 대의원회의 의결방법 등은 "대통령령으로 정하는 범위(영 제44조)"에서 정관으로 정한다(동조 제5항).

대의원회 의결사항은 다음 각 호의 사항을 말한다(영 제43조).
 - 법 제40조제4항에 따른 경미한 사항의 변경은 법 또는 정관에서 총회의결사항으로 정하지 않은 경우(제1호)
 - 정관으로 정하는 바에 따라 임기 중 궐위된 자(조합장은 제외)를 보궐선임하는 경우(제6호)
 - 법 제50조제1항 본문에 따른 정비사업의 중지 또는 폐지에 관한 사항을 포함하며, 같은 항 단서에 따른 경미한 변경(제7호)
 - 법 제74조제1항 각 호 외의 부분 단서에 따른 관리처분계획인가의 경미한 변경(제8호)
 - 사업완료로 인한 해산(제10호)

표준정관에서는 대의원회 의결사항 외에도 서울특별시 조합 업무규정(별표 행정업무규정·예산회계규정·선거관리규정 등)의 개정 등을 담고 있다.

□ 근거규정

■ 제1호
도시정비법 시행령 제43조제6호

> **재건축·재개발 표준정관**
> 제26조(대의원회 의결사항) 대의원회는 다음 각 호의 사항을 의결한다.
> 1. 임기 중 궐위된 임원(조합장은 제외) 및 대의원의 보궐선임

정관으로 정하는 바에 따라 임기 중 궐위된 조합임원, 대의원의 선임 및 해임(조합장은 제외한다)를 보궐선임하는 경우, 총회 대신 대의원회 의결사항으로 가능하도록 표준정관에서 정하였다.

대의원회가 총회의 권한을 대행할 수 없는 사항으로는 "법 제45조제1항제7호에 따른 조합임원의 선임 및 해임과 제42조제1항제2호에 따른 대의원의 선임 및 해임에 관한 사항. 다만, 정관으로 정하는 바에 따라 임기 중 궐위된 자(조합장은 제외)를 보궐선임하는 경우를 제외한다."고 규정하고 있다(영 제43조제6호).

■ **제2호**

> **재건축·재개발 표준정관**
> 제26조(대의원회 의결사항) 대의원회는 다음 각 호의 사항을 의결한다.
> 2. 예산 및 결산의 승인에 관한 방법

■ **제3호**

> **재건축·재개발 표준정관**
> 제26조(대의원회 의결사항) 대의원회는 다음 각 호의 사항을 의결한다.
> 3. 총회 상정을 위한 안건의 사전심의 및 총회로부터 위임받은 사항

■ **제4호**

도시정비법 제45조제1항

> **재건축·재개발 표준정관**
> 제26조(대의원회 의결사항) 대의원회는 다음 각 호의 사항을 의결한다.
> 4. 총회 의결로 정한 예산 범위 내에서의 용역 계약(법 제45조제1항에 따라 총회의

의결이 필요한 업체의 선정은 제외)

총회 의결로 선정해야 하는 업체는 "시공자·설계자 및 감정평가법인등, 정비사업전문관리업자"이며, 나머지는 대의원회 의결사항이다.

■ **제5호**
도시정비법 시행령 제39조

> **재건축·재개발 표준정관**
> 제26조(대의원회 의결사항) 대의원회는 다음 각 호의 사항을 의결한다.
> 5. 시행령 제39조에 따른 정관의 경미한 변경

도시정비법 시행령 제39조, 서울특별시 도시정비조례 제23조의 사항을 대의원회 의결사항으로 정하였다.

■ **대의원회의 경미한 정관 변경사항 의결**

대의원회에서 의결할 수 있는 정관의 경미한 변경사항은 다음과 같다(영 제39조)
- 조합의 명칭 및 사무소의 소재지에 관한 사항
- 조합임원의 수 및 업무의 범위에 관한 사항
- 총회의 소집 절차·시기 및 의결방법에 관한 사항
- 임원의 임기, 업무의 분담 및 대행 등에 관한 사항
- 대의원회의 구성, 개회와 기능, 의결권의 행사방법, 그 밖에 회의의 운영에 관한 사항
- 정비사업전문관리업자에 관한 사항
- 공고·공람 및 통지의 방법에 관한 사항
- 임대주택의 건설 및 처분에 관한 사항
- 총회의 의결을 거쳐야 할 사항의 범위에 관한 사항
- 조합직원의 채용 및 임원 중 상근임원의 지정에 관한 사항과 직원 및 상근임원의 보수에 관한 사항

- 착오·오기 또는 누락임이 명백한 사항
- 정비구역 또는 정비계획의 변경에 따라 변경되어야 하는 사항
- 그 밖에 시·도조례로 정하는 사항: 예산의 집행 또는 조합원의 부담이 되지 않는 사항(서울시 도시정비조례 제23조)

■ 제6호

도시정비법 제50조, 동법 시행령 제46조, 서울특별시 도시정비조례 제25조

> **재건축·재개발 표준정관**
> 제26조(대의원회 의결사항) 대의원회는 다음 각 호의 사항을 의결한다.
> 6. 법 제50조제1항 단서 조항 및 시행령 제46조에 의한 사업시행계획의 경미한 변경

사업시행자는 정비사업을 시행하려는 경우에는 사업시행계획서에 정관등과 그 밖에 국토부령으로 정하는 서류를 첨부하여 ○○구청장에게 제출하고 사업시행계획인가를 받아야 하고, 인가받은 사항을 변경, 중지 또는 폐지하려는 경우에도 같다. 다만, 사업시행계획 경미한 사항의 변경 시에는 구청장에게 신고로 족하다(도시정비법 제50조제1항).

본조에서는 다음의 사업시행계획인가의 경미한 변경에 대해서는 대의원회 의결을 거치도록 하고 있다.

사업시행계획의 경미한 변경사항에 대해 2024.12.17 개정·시행된 도시정비법 시행령 제46조에 제11호의2, 제11호의3을 추가하였다.

사업시행계획인가의 경미한 변경인 위 제1항 단서인 "대통령령으로 정하는 경미한 사항을 변경하려는 때"란 다음 각 호의 어느 하나에 해당하는 때를 말한다(영 제46조).
 1. 정비사업비를 10%의 범위에서 변경하거나 관리처분계획의 인가에 따라 변

경하는 때.

다만, 「주택법」 제2조제5호에 따른 국민주택을 건설하는 사업인 경우에는 「주택도시기금법」에 따른 주택도시기금의 지원금액이 증가되지 아니하는 경우만 해당한다.

2. 건축물이 아닌 부대·복리시설의 설치규모를 확대하는 때(위치가 변경되는 경우는 제외)
3. 대지면적을 10%의 범위에서 변경하는 때
4. 세대수와 세대당 주거전용면적을 변경하지 않고 세대당 주거전용면적의 10%의 범위에서 세대 내부구조의 위치 또는 면적을 변경하는 때
5. 내장재료 또는 외장재료를 변경하는 때
6. 사업시행계획인가의 조건으로 부과된 사항의 이행에 따라 변경하는 때
7. 건축물의 설계와 용도별 위치를 변경하지 아니하는 범위에서 건축물의 배치 및 주택단지안의 도로 선형을 변경하는 때
8. 「건축법 시행령」 제12조제3항 각 호의 어느 하나에 해당하는 사항을 변경하는 때
9. 사업시행자의 명칭 또는 사무소 소재지를 변경하는 때
10. 정비구역 또는 정비계획의 변경에 따라 사업시행계획서를 변경하는 때
11. 법 제35조제5항 본문에 따른 조합설립변경 인가에 따라 사업시행계획서를 변경하는 때
11의2. 계산 착오, 오기, 누락이나 이에 준하는 명백한 오류에 해당하는 사항을 정정하는 때
11의3. 사업시행기간을 단축하거나 연장하는 때. 다만, 법 제73조제1항 각 호에 해당하는 자가 소유하는 토지 또는 건축물(토지 또는 건축물의 소유자가 국가나 지방자치단체인 경우는 제외한다)의 취득이 완료되기 전에 사업시행기간을 연장하는 때는 제외한다.
12. 그 밖에 시·도조례로 정하는 사항을 변경하는 때

위 제12호인 시도 조례로 정하는 사항을 변경하는 때란 서울특별시는 다음과 같이 정하였다.

"그 밖에 시·도조례로 정하는 사항"이란 다음 각 호의 어느 하나에 해당하는 사항을 말한다(조례 제25조).
1. 조례 제21조제1호(법령 또는 조례 등의 개정에 따라 단순한 정리가 필요한 사항)에 해당하는 사항
2. 사업시행자의 대표자
3. 토지 또는 건축물 등에 관한 권리자 및 그 권리의 명세

■ 제7호
도시정비법 제74조제1항 단서, 동법 시행령 제61조

> **재건축·재개발 표준정관**
> 제26조(대의원회 의결사항) 대의원회는 다음 각 호의 사항을 의결한다.
> 7. 법 제74조제1항 단서 조항 및 시행령 제61조에 의한 관리처분계획의 경미한 변경

■ 대의원회 의결사항인 관리처분계획의 경미한 변경(영 제61조)
경미한 사항을 변경하려는 경우에는 대의원회 의결을 거쳐 시장·군수등에게 신고로 족하다.
- 계산착오·오기·누락 등에 따른 조서의 단순정정인 경우(불이익을 받는 자가 없는 경우에만 해당)
- 법 제40조제3항에 따른 정관 및 사업시행계획인가의 변경에 따라 관리처분계획을 변경하는 경우
- 매도청구에 대한 판결에 따라 관리처분계획을 변경하는 경우
- 법 제129조에 따른 권리·의무의 변동이 있는 경우로서 분양설계의 변경을 수반하지 아니하는 경우
- 주택분양에 관한 권리를 포기하는 토지등소유자에 대한 임대주택의 공급에 따라 관리처분계획을 변경하는 경우
- 「민간임대주택에 관한 특별법」 제2조제7호에 따른 임대사업자의 주소(법인인 경우에는 법인의 소재지와 대표자의 성명 및 주소)를 변경하는 경우

■ **제8호**

서울특별시 별표 표준선거관리규정 부칙

> **재건축·재개발 표준정관**
> 제26조(대의원회 의결사항) 대의원회는 다음 각 호의 사항을 의결한다.
> 8. 조합 업무규정(행정업무규정·예산회계규정·선거관리규정 등)의 개정

서울특별시 별표 표준선거관리규정

부칙

이 선거관리규정은 조합 정관 또는 추진위원회 운영규정이 정하는 방법에 따라 조합총회 또는 주민총회(제56조 단서[39]에 의한 경우는 대의원회 또는 추진위원회)에서 의결한 날로부터 시행한다.

서울특별시 별표 정비사업조합(조합설립추진위원회) 예산·회계규정

부 칙(2018.00.00)

이 규정은 운영규정 또는 정관이 정하는 절차와 방법에 의해 총회 등에서 의결한 날로부터 시행한다.

별표2 정비사업조합(조합설립추진위원회) 회계처리규정 세칙

부 칙(2018.00.00)

이 회계처리규정 세칙은 운영규정 또는 정관이 정하는 절차와 방법에 의해 총회 등에서 의결한 날로부터 시행한다.

---

[39] 서울특별시 표준선거관리규정
제56조(선거관리규정의 제개정) ① 이 규정은 법령 및 조합정관(조합설립추진위원회운영규정)이 정하는 바에 따라 임원 등을 선출하기 위하여 시행하는 선거관리에 필요한 운영규정으로서 총회(주민총회) 의결로 제정 또는 개정한다. 다만,「서울특별시 도시정비조례」제47조에 따른「서울특별시 정비사업 표준선거관리규정」에 적합하게 최초로 제개정하는 경우를 제외하고 표준안의 개정으로 이 규정이 변경되어야 하는 사항은 조합 정관(조합설립추진위원회 운영규정)에서 정하는 바에 따라 대의원회(추진위원회) 의결
로 개정할 수 있다.
【주】선거관리규정에 포함된 내용 중 법령 및 정관 등에서 정한 임원 및 대의원 선임방법 등에 위배되는 사항이 없도록 하여야 함.

서울특별시 별표 정비사업조합 등 표준 행정업무규정

부 칙(2015.6.18)
이 행정업무규정은 추진위원회 운영규정 또는 조합 정관이 정하는 절차와 방법에 의해 총회등에서 의결한 날로부터 시행한다.

■ 제9호

> **재건축·재개발 표준정관**
> 제26조(대의원회 의결사항) 대의원회는 다음 각 호의 사항을 의결한다.
> 9. 준공인가 후 소송 제기에 관한 사항

■ 제10호

> **재건축·재개발 표준정관**
> 제26조(대의원회 의결사항) 대의원회는 다음 각 호의 사항을 의결한다.
> 10. 그 밖에 이 정관 및 관련 법령에서 정한 사항
> 【주】법 제46조에 따라 대의원은 시행령 제43조에서 대의원회가 총회의 의결을 대행할 수 없다고 규정한 사항 외에는 총회의 권한을 대행할 수 있으며, 이외 대의원회의 의결이 필요한 사항을 조합원 의사를 고려하여 추가할 수 있을 것임

도시정비법상 총회 의결사항임에도 불구하고, 재건축조합이 조합정관을 근거로 총회의 의결사항을 대의원에서 대행할 수 있는지(국토부 주택정비과 2016.10.7)
Q 아파트 재건축사업을 추진할 때 하기 사안이 도시정비법상 총회의 의결 사항임에도 불구하고, 재건축조합이 정관을 근거로 임시 조합총회(일자: 2015.3.29)를 통하여 대의원회에서 처리하도록 의결한 것이 관계 법률에 위반되는지?
a. 자금의 차입과 그 방법, 이율 및 상환방법(정비사업비 수요자 금융 및 조합원 개별 이주비 담보대출)
b. 조합 수행업무 협력업체 선정 및 계약 체결(관리처분총회 대행용역계약 및 계약금지급 등)

c. 예산으로 정한 사항 외에 조합원의 부담이 될 계약(관리처분총회 대행용역계약 및 계약금 지급 등)

관련 법: 도시정비법 제24조(총회개최 및 의결사항) ③ 다음 각 호의 사항은 총회의 의결을 거쳐야 한다.<개정 2009.2.6, 2009.5.27, 2010.4.15, 2012.2.1, 2014.5.21>

2. 제25조(대의원회)

②대의원회는 조합원의 1/10 이상으로 하되 조합원의 1/10이 100인을 넘는 경우에는 조합원의 1/10 범위 안에서 100인 이상으로 구성할 수 있으며, 총회의 의결사항 중 대통령령이 정하는 사항을 제외하고는 총회의 권한을 대행할 수 있다.<개정 2005.3.18, 2009.2.6>

조합정관 제25조(대의원회 의결사항) ②총회 부의 안건 사전심의 및 총회로부터 위임받은 사안

Ⓐ 도시정비법 제24조제3항제2호, 제5호, 제7호에 따라서 자금의 차입과 그 방법·이율 및 상환방법, 예산으로 정한 사항 외에 조합원의 부담이 될 계약, 정비사업전문관리업자의 선정 및 변경은 총회의 의결을 거쳐야 하며,

시행령 제35조제1호에 따라서 도시정비법 제24조제3항제2호, 제5호, 제7호는 대의원회가 대행할 수 없으므로, 질의하신 사항은 대의원회가 대행할 수 없을 것으로 판단됨.

㏄ 부산광역시 재건축·재개발 표준정관

제24조(대의원회 의결사항) ① 대의원회는 다음 각 호의 사항을 의결한다.
1. 임기 중 궐위된 임원(조합장은 제외한다) 및 대의원의 보궐선임
2. 예산 및 결산의 승인에 관한 방법
3. 총회 부의안건의 사전심의 및 총회로부터 위임받은 사항
4. 총회에서 선출하여야 하는 협력업체를 제외한 업체에 대하여 총회 의결로 정한 예산의 범위 내에서의 선정 및 계약체결
5. 사업완료로 인한 조합의 해산결의
6. 도시정비법 시행령 제39조에 의한 경미한 정관 변경
7. 조합규정 등의 개정
8. 총회 소집결과 정족수에 미달되는 때에는 재소집하여야 하며, 재소집의 경우에도 정족수에 미달되는 경우
9. 조합장이 임명한 유급직원 인준에 관한 사항
10. 조합 회계년도 결산보고서 의결에 관한 사항
11. 이주 기간에 관한 사항

② 이사·감사는 대의원회에 참석하여 의견을 진술할 수 있다. 다만, 대의원회에서 거부하는 경우에는 참석할 수 없다.

재건축·재개발 표준정관의 조문 위치와 내용이 같다.

광주광역시 재건축·재개발 표준정관
제26조(대의원회 의결사항) 대의원회는 다음 각 호의 사항을 의결한다.
1. 임기 중 궐위된 임원(조합장은 제외) 및 대의원의 보궐선임
2. 예산 및 결산의 승인에 관한 방법
3. 총회 상정을 위한 안건의 사전심의 및 총회로부터 위임받은 사항
4. 총회 의결로 정한 예산 범위 내에서의 용역 계약(법 제45조제1항에 따라 총회의 의결이 필요한 업체의 선정은 제외)
5. 시행령 제39조에 따른 정관의 경미한 변경
6. 법 제50조제1항 단서 조항 및 시행령 제46조에 의한 사업시행계획의 경미한 변경
7. 법 제74조제1항 단서 조항 및 시행령 제61조에 의한 관리처분계획의 경미한 변경
8. 조합 업무규정(행정업무규정·예산회계규정·선거관리규정 등)의 개정
9. 준공인가 후 소송 제기에 관한 사항
10. 그 밖에 이 정관 및 관련법령에서 정한 사항
【주】법 제46조에 따라 대의원은 시행령 제43조에서 대의원회가 총회의 의결을 대행할 수 없다고 규정한 사항 외에는 총회의 권한을 대행할 수 있으며, 이 외 대의원회의 의결이 필요한 사항을 조합원 의사를 고려하여 추가할 수 있을 것임

재건축·재개발 표준정관의 조문 위치와 내용이 같다.

2023.11.29 국토부 별표2 지정개발자(신탁업자) 표준시행규정
관련 조문이 없다.

2006.8.25 국토부 재건축 표준정관

제25조(대의원회 의결사항) ① 대의원회는 다음 각 호의 사항을 의결한다.
1. 궐위된 임원 및 대의원의 보궐선임
2. 예산 및 결산의 승인에 관한 방법
3. 총회 부의 안건의 사전심의 및 총회로부터 위임받은 사항
4. 총회 의결로 정한 예산의 범위 내에서의 용역계약 등
【주】사업추진 상 불가피하게 발생하는 계약(세무사, 법무사, 회계사, 교통영향평가 등)에 대하여 대의원회에서 결정이 가능토록 함.
② 대의원회는 제24조제7항에 의하여 통지한 사항에 관하여만 의결할 수 있다. 다만, 통지 후 시급히 의결할 사항이 발생한 경우, 의장의 발의와 출석대의원 과반수 동의를 얻어 안건으로 채택한 경우에는 그 사항을 의결할 수 있다.
③ 대의원 자신과 관련된 사항에 대하여는 그 대의원은 의결권을 행사할 수 없다.
④ 이사·감사는 대의원회에 참석하여 의견을 진술할 수 있다.

2003.6.30 국토부 재개발 표준정관

제25조(대의원회 의결사항) ① 대의원회는 다음 각호의 사항을 의결한다.
1. 궐위된 임원 및 대의원의 보궐선임
2. 예산 및 결산의 승인에 관한 방법
3. 총회 부의안건의 사전심의 및 총회로부터 위임받은 사항
4. 총회의결로 정한 예산의 범위내에서의 용역계약 등
【주】사업추진상 불가피하게 발생하는 계약(세무사, 법무사, 회계사, 교통영향평가 및 감정평가업체 등)에 대하여 대의원회에서 결정 가능토록 함.
② 대의원회는 제24조제7항에 의하여 통지한 사항에 관하여만 의결할 수 있다. 다만, 통지 후 시급히 의결할 사항이 발생한 경우, 의장의 발의와 출석대의원 과반수 이상 동의를 얻어 안건으로 채택한 경우에는 그 사항을 의결할 수 있다.
③ 대의원 자신과 관련된 사항에 대하여는 그 대의원은 의결권을 행사할 수 없다.

> ■ **(서울) 재건축 표준정관 제27조(대의원회 의결방법)**
> ● **(서울) 재개발 표준정관 제27조(대의원회 의결방법)**:재건축 표준정관과 같다.

재건축·재개발 표준정관의 조문 위치와 내용이 같다.

□ 근거규정

○ 제1항
도시정비법 시행령 제44조제8항

> **재건축·재개발 표준정관**
>
> 제27조(대의원회 의결방법) ① 대의원회는 법 및 이 정관에서 특별히 정한 경우를 제외하고는 재적 대의원 과반수 출석으로 개의하고 출석대의원 과반수의 찬성으로 의결한다.
>
> 다만, 제22조제8항에 의하여 대의원회가 총회의 의결을 대행하는 경우에는 재적 대의원 2/3 이상의 출석과 출석대의원 2/3 이상의 동의를 얻어야 한다.
>
> 【주】시행령 제44조제8항에 따라 대의원회는 재적대의원 과반수의 출석과 출석대의원 과반수의 찬성으로 의결하며, 그 이상의 범위에서 정관으로 달리 정할 수 있음

대의원회는 재적대의원 과반수의 출석과 출석대의원 과반수의 찬성으로 의결하며, 그 이상의 범위에서 정관으로 달리 정하는 경우에는 그에 따른다(영 제44조제8항). 서울특별시 표준정관에서는 "대의원회가 총회의 의결을 대행하는 경우에는 재적 대의원 2/3 이상의 출석과 출석대의원 2/3 이상의 동의를 얻어야 한다."는 규정을 두었다.

영 제44조제4항 단서인 "그 이상의 범위에서 정관으로 달리 정하는 경우에는 그에 따른다."

는 규정에 따라, 서울특별시 재건축 표준정관에서는 "대의원회가 총회의 의결을 대행하는 경우에는 재적 대의원 2/3 이상의 출석과 출석대의원 2/3 이상의 동의를 얻어야 한다."는 규정을 두었다.

이는 부산광역시 표준정관과 같다.

○ **제2항**
도시정비법 제46조제2항

> **재건축·재개발 표준정관**
> 제27조(대의원회 의결방법) ② 제1항에도 불구하고 재적 대의원의 수가 법 제46조제2항에서 정한 최소 대의원 수(이하 "법정 최소 대의원 수")에 미달되더라도 법정 최소 대의원 수의 3/4 이상인 경우에는 제26조제3호 중 총회상정을 위한 안건의 사전심의에 한하여 법정 최소 대의원 수의 과반수 출석으로 개의하고 출석대의원 과반수의 찬성으로 의결할 수 있다.

조합원의 수가 100명 이상인 조합은 대의원회를 두어야 한다(법 제45조제1항).
"법정 최소 대의원 수"란 재적 대의원 수가 법 제46조제2항에서 정한 최소 대의원 수라고 표준정관에서는 정의하고 있다.
즉, 조합원의 수가 1,000명인 경우의 '법정 최소대의원 수(또는 법정 대의원 수)'는 그 1/10인 100명이다. 그러나 조합정관에서는 그 이상을 정할 수 있어 110명으로 정했다면, 이를 '재적대의원의 수'라 한다.

그러나 사업이 진행되면서 대의원들은 부동산정보에 가장 민감한 사람들로서 매매를 하면 조합에 연락도 없이 사라지는 경우가 많다. 이로 인해 법정 최소 대의원 수가 미달되는 사례가 흔하다.

표준정관 제2항에서는 위와 같은 사정으로 "법정 최소 대의원 수"에 미달되더라도 법정 최소 대의원 수의 3/4 이상 동의를 받으면, 대의원회 의결사항인 "총회

상정을 위한 안건의 사전심의"에 한하여 법정 최소대의원 수의 과반수 출석으로 개의하고 출석대의원 과반수의 찬성으로 의결할 수 있도록 했다.

위 "법정 최소대의원 수의 과반수 출석으로 개의한다."는 의미는 그 수에 부족하더라도 충족되었을 때의 대의원 수로 예상해 그 수의 과반수가 되면 개의가 가능하도록 편의를 봐 준다는 뜻으로 해석된다.

■ 법정(法定) 최소 대의원 수

"법 제25조제2항(현행법 제45조제2항)에서 말하는 최소한의 대의원 수"를 "법정 대의원 수"라고 법제처는 정의한 바 있다[40].
조합원이 1,100명일 경우, 정관에서 대의원 수를 120명으로 정했더라도 "법정 대의원 수"는 법 제45조제2항에 따른 110명인 최소한의 대의원이다.

법 제45조제2항은 도시정비법 제정 시에 조합원의 1/10이 200인이 넘는 경우

---

[40] 대의원회가 법정 대의원 수에 미달하는 경우 대의원회에서 대의원을 보궐선임할 수 있는지[법제처 2015.2.1 민원인]
Q. 도시정비법 제25조에서는 대의원회는 조합원의 1/10 이상으로 구성하되, 조합원의 1/10이 100인을 넘는 경우에는 조합의 1/10 범위에서 100인 이상으로 구성할 수 있도록 되어 있고, 동법 영 제35조제2호 단서에서는 임기 중 궐위된 대의원의 보궐선임은 대의원회에서 할 수 있도록 하고 있는바, 대의원회가 이러한 법정 대의원 수에 미달되어 있는 경우, 대의원의 보궐선임을 의결할 수 있는지?
A. 도시정비법 제25조제2항에 따른 법정 대의원 수에 미달되는 대의원회는 대의원의 보궐선임을 의결할 수 없음
【이유】
이 사안은 도시정비법 제25조제2항에서 대의원회를 구성하는 최소한의 대의원 수(이하 "법정 대의원 수"라 함)를 정하고 있는데, 법정 대의원 수에 미달되어 있는 경우라도 대의원회가 도시정비법 제35조제2호 단서에 따라 대의원의 보궐선임을 의결할 수 있는지에 관한 것이라 하겠음. 먼저, 대의원회가 대의원의 보궐선임을 할 수 있기 위해서는 그 전제로 "적법한 의결행위"를 할 수 있는 상태에 있어야 할 것인바, 법정 대의원 수를 충족하지 못한 대의원회가 적법한 의결행위를 할 수 있는지에 관해서는 법령에서 대의원회의 정원을 정하고 있는 취지, 대의원회의 성격, 대의원회의 권한과 역할 등을 종합적으로 고려하여 판단할 필요가 있음.(중략)
대의원회가 권한대행기관으로서의 대표성을 확보하지 못해서 총회의 권한을 대행할 수 없는 경우라면 도시정비법
제35조제2호 단서에 따른 대의원의 보궐선임 권한 역시 대행할 수 없다고 보아야 할 것임. 이상과 같은 점을 종합해 볼 때, 도시정비법 제25조제2항에 따른 법정 대의원 수에 미달되는 대의원회는 대의원의 보궐선임을 의결할 수 없음.

에는200인으로 대의원회를 구성토록 하였으나, 200명이 수시로 모여 회의를 하는 장소를 찾는 것도 어려웠지만 자신의 주택을 매도하고 이주하는 사례가 많아 정상적인 운영이 어려웠다. 2005.3.18 개정으로 대의원 수를 100명으로 하였으나, 이 100명 중 1명이라도 부족하면 총회 의결을 통해 그 수를 충족해야 하는 단점이 있었다.

또다시, 2009.2.6 법 개정으로 조합원의 1/10 범위 안에서 100인 이상으로 탄력적으로 정하였다. 여기에서 대의원회에서 보궐선임할 수 있는 대의원의 범위는 무엇인지에 대한 문제가 발생하였다. 이는 법정 최소 대의원 수를 말하는 것으로 부족하면, 총회 개최가 필요했기 때문이었다.

예를 들어, 859명의 조합원이 있다면, 그 조합원의 1/10의 법정 대의원 수는 그 86명이라는 것이다. 다만, 총회에서 여유를 두어 100명을 정할 수 있지만, 법정 최소 대의원 수는 86명이라는 것이다. 이에 대해 반대의견도 있다.[41]

종전 법 제25조제2항의 개정은 그 연혁에서 알 수 있듯이, 최소 대의원 수 변경 때문이었다.

법정 최소 대의원 수가 100명이라도 조합정관으로 110명을 두는 것이 실무적 관행이다. 주택 매각으로 결원이 된 대의원 수를 뽑기 위해 대의원회에서 보궐선임하기 위하기 때문이다. 즉 법정대의원 수를 충족하였으나 정관의 수에 미달된 경우에는 총회 대신 대의원회에서 보궐선임할 수 있다.

그러나 법정 대의원 수에 부족한 99명인 경우에는 1명을 충원하기 위해 총회 의결을 통해 대의원을 선정해야 한다.

판례

---

[41] 법 제25조제4항(현행법 제45조제5항)에서 대의원 수, 선임방법 등은 대통령령이 정하는 범위 안에서 정관으로 정한다는 규정을 들고 있다. 위의 경우 조합원이 859명인 경우 1/10 이하가 86명이지만, 창립총회에서 정관으로 100명으로 정했다면 이를 법 제25조제2항에 의한 법정대의원 수라는 것이다. 이 경우에는 법정대의원 수의 개념이 성립할 수 없어 정관으로 정한 수에 미달되는 경우에는 대의원회는 총회 대행의 역할을 하려면, 조합총회를 개최해야 하는 결과가 발생하게 되는 단점이 있다.

> 법정정족수 미달 대의원회 결의는 무효, 대의원 보궐선임도 불가능, 총회 의결 통한 보궐선임 필요(소극)
> 대법원 2023.1.12.선고 2018다275307(본소), 2018다275314(반소)판결, 부당이득금(본소), 임금(반소)
> 【판결 요지】
> 구 「도시정비법」(2017.2.8 법률 제14567호로 개정되기 전의 것) 제25조제2항의 최소 인원수에 미치지 못하는 대의원으로 구성된 대의원회는 총회의 권한을 대행하여 적법한 결의를 할 수 없고, 이는 임기 중 궐위된 대의원의 보궐선임도 마찬가지이며, 이 경우 <u>법정 최소 인원수에 미달하는 대의원은 특별한 사정이 없는 한 총회의 결의를 통해 선임할 수 있을 뿐이다.</u>
> 한편 대의원의 수가 법정 최소 인원수를 초과하는 대의원회에서는 대의원이 임기 중 궐위된 경우, 구 도시정비법 시행령 제35조제2호 단서에 따라 대의원회의 결의로써 궐위된 대의원을 보궐선임할 수 있을 것이다.

○ 제3항

도시정비법 제46조제5항

> **재건축·재개발 표준정관**
>
> 제27조(대의원회 의결방법) ③ 대의원은 대리인을 통해 권한을 행사할 수 없다. 다만, 서면으로 대의원회에 출석하거나 의결권을 행사할 수 있다. 이 경우 제1항에 의한 출석으로 본다.
> 【주1】대의원회의 서면의결권 행사 가능여부 및 구체적인 행사 방법에 대해 조합 자체적으로 정해야 할 것임
> 【주2】조합 실정을 고려하여 대의원회 의결에 전자적 방법을 도입할 수 있을 것이나, 전자적방법을 위한 의결권 행사 시에는 본인명의의 휴대폰 또는 아이피를 사용하게 하는 등 본인인증을 위한 적절한 방안이 담보되어야 함.

도시정비법에는 대의원의 수, 선임방법, 선임절차 외에도 대의원회의 의결방법을 정관에 위임하고 있다(법 제46조제5항). 또한 대의원회의 직접참석률 규정을 두고 있지 않다.

표준정관에서는 대의원은 대리인을 통해 의결권 행사를 하지 못하도록 하고 있다.

재개발조합원이 1,298명인데 대의원은 102명으로 전체 조합원의 1/10에 미달되는 경우 대의원의결이 성립되는지, 대의원의 직접참석률(국토부 주택정비과 2017.2.8)

Q1. 재개발 대의원회의에서 의결하려는데 전체 조합원이 1298명인데 대의원은 102명으로 전체 조합원의 1/10이 안 되는 경우, 대의원 의결이 성립되는지?

Q2. 직접참석 대의원이 5명인 경우 의결이 성립되는지?

A 도시정비법 제25조제4항에 따르면 대의원의수, 의결방법, 선임방법 및 선임절차 등에 관하여는 대통령령이 정하는 범위 안에서 정관으로 정한다고 규정하고 있고, 동법 시행령 제36조제8항에 따르면 대의원회는 재적 대의원 과반수의 출석과 출석 대의원 과반수의 찬성으로 의결하나, 그 이상의 범위에서 정관이 달리 정하는 경우에는 그에 따른다고 규정하고 있을 뿐, 대의원의 직접 출석수에 대해서는 별도 규정이 없음.

또한, 동법 제25조제2항에 따르면 대의원회는 조합원의 1/10 이상으로 하되 조합원의 1/10이 100인을 넘는 경우에는 조합원의 1/10 범위 안에서 100인 이상으로 구성할 수 있다고 규정하고 있음.

○ 제4항

도시정비법 시행령 제44조제10항

> **재건축·재개발 표준정관**
> 제27조(대의원회 의결방법) ④ 특정한 대의원의 이해와 관련된 사항에 대해 그 대의원은 의결권을 행사할 수 없다.

도시정비법 시행령

제44조(대의원회) ⑩ 특정한 대의원의 이해와 관련된 사항에 대해서는 그 대의원은 의결권을 행사할 수 없다.

○ 제5항

「서울특별시 정비사업 의사진행 표준운영규정」
제1장 총칙, 제2장 운영위원회 구성 등, 제3장 참석자명부 등

제4장 회의소집 절차 등, 제5장 참석대상자 자격확인, 제6장 회의운영 일반기준

> **재건축·재개발 표준정관**
> 제27조(대의원회 의결방법) ⑤ 대의원회의 운영에 관하여는 제23조를 준용하며, 이사·감사는 대의원회에 참석하여 의견을 진술할 수 있다.

도시정비법령에 대의원회 참석대상에 대한 규정이 없는데, 표준정관에서는 이사, 감사가 의견진술을 할 수 있도록 했다.

cf 부산광역시 재건축·재개발 표준정관

제24조(대의원회 의결사항) ① 대의원제25조(대의원회 의결방법) ① 대의원회는 재적대의원 과반수의 출석과 출석대의원 과반수의 찬성으로 의결한다. 다만, 제24조제1항제6호·제8호에 따라 총회의 의결을 대신하는 경우 재적대의원 2/3 이상의 출석과 출석대의원 2/3 이상의 찬성으로 의결한다.

② 대의원회는 사전에 통지한 안건만 의결할 수 있다. 다만, 사전에 통지하지 아니한 안건으로서 대의원회의에서 의장의 발의와 출석대의원 2/3 이상의 동의를 얻어 안건으로 채택한 경우에는 그 사항을 의결할 수 있다.

③ 특정한 대의원의 이해와 관련된 사항에 대해서 그 대의원은 의결권을 행사할 수 없다.

④ 대의원은 대리인을 통한 출석을 할 수 없다. 다만, 서면으로 대의원회에 출석하거나 의결권을 행사할 수 있다. 이 경우 제1항에 의한 출석으로 본다.

재건축·재개발 표준정관의 조문 위치와 내용이 같다.

광주광역시 재건축·재개발 표준정관

제27조(대의원회 의결방법) ① 대의원회는 법 및 이 정관에서 특별히 정한 경우를 제외하고는 재적 대의원 과반수 출석으로 개의하고 출석대의원 과반수의 찬성으로 의결한다. 다만, 제22조제8항에 의하여 대의원회가 총회의 의결을 대행하는 경우에는 재적 대의원 2/3 이상의 출석과 출석대의원 2/3 이상의 동의를 얻어야 한다.

【주】시행령 제44조제8항에 따라 대의원회는 재적대의원 과반수의 출석과 출석대의원 과반수의 찬성으로 의결하며, 그 이상의 범위에서 정관으로 달리 정할 수 있음.

② 제1항에도 불구하고 재적 대의원의 수가 법 제46조제2항에서 정한 최소 대의원 수(이하 "법정 최소 대의원 수")에 미달되더라도 법정 최소 대의원 수의 3/4 이상인 경우에는 제26조제3호 중 총회상정을 위한 안건의 사전심의에 한하여 법정 최소 대의원 수의 과반수 출석으로 개의하고 출석대의원 과반수의 찬성으로 의결할 수 있다.

③ 대의원은 대리인을 통해 권한을 행사할 수 없다. 다만, 서면으로 대의원회에 출석하거나 의결권을 행사할 수 있다. 이 경우 제1항에 의한 출석으로 본다.

【주】대의원회의 서면의결권 행사 가능여부 및 구체적인 행사 방법에 대해 조합 자체적으로 정해야 할 것임

【주】조합 실정을 고려하여 대의원회 의결에 전자적 방법을 도입할 수 있을 것이나, 전자적 방법에 따른 의결권 행사 시에는 본인 명의의 휴대폰 또는 아이피를 사용하게 하는 등 본인인증을 위한 적절한 방안이 담보되어야 함

④ 특정한 대의원의 이해와 관련된 사항에 대해 그 대의원은 의결권을 행사할 수 없다.

⑤ 대의원회의 운영에 관하여는 제23조를 준용하며, 이사·감사는 대의원회에 참석하여 의견을 진술할 수 있다.

재건축·재개발 표준정관의 조문 위치와 내용이 같다.

2023.11.29 국토부 별표2 지정개발자(신탁업자) 표준시행규정

관련 조문이 없다.

2006.8.25 국토부 재건축 표준정관

제26조(대의원회 의결방법) ① 대의원회는 법 및 이 정관에서 특별히 정한 경우를 제외하고는 대의원 과반수 출석으로 개의하고 출석대의원 과반수의 찬성으로 의결한다. 다만, 제22조제6항에 의하여 대의원회가 총회의 권한을 대행하여 의결하는 경우에는 재적 대의원 2/3 이상의 출석과 출석대의원 2/3 이상의 동의를 얻어야 한다.

【주】총회의 권한을 대행하는 사항에 대해서는 출석 및 의결 정족수를 강화하여 조합운영을 보다 신중하게 하도록 한 것임

② 대의원은 대리인을 통한 출석을 할 수 없다. 다만, 서면으로 대의원회에 출석하거나 의결권을 행사할 수 있다. 이 경우 제1항의 규정에 의한 출석으로 본다.

③ 제23조의 규정은 대의원회에 이를 준용한다.

2003.6.30 국토부 재개발 표준정관

제26조(대의원회 의결방법) ① 대의원회는 법 및 이 정관에서 특별히 정한 경우를 제외하고는 대의원 과반수 출석으로 개의하고 출석대의원 과반수의 찬성으로 의결한다. 다만, 제22조제6항에 의하여 총회의 의결을 대신하는 의결사항은 재적대의원 2/3 이상의 출석과 출석대의원 2/3 이상의 동의를 얻어야 한다.

【주】총회의 의결을 대신하는 사항에 대해서는 출석 및 의결 정족수를 강화하여 조합운영을 보다 신중하게 하도록 한 것임

② 대의원은 서면으로 대의원회에 출석하거나 의결권을 행사할 수 있다. 이 경우 제1항에 의한 출석으로 본다.

> ■ (서울) 재건축 표준정관 제28조(이사회의 설치)
> ● (서울) 재개발 표준정관 제28조(이사회의 설치):재건축 표준정관과 같다.

재건축·재개발 표준정관의 조문 위치와 내용이 같다.

이사회의 설치, 소집 등에 관한 일반적 규정으로, 이사회는 조합의 업무집행 결정권한이 있는 집행기관으로 조합장과 이사 전원으로 구성되는 합의체를 두었다.

□ 근거규정

○ 제1항, 제2항

도시정비법 제42조, 서울특별시 도시정비조례 제22조제1호

재건축·재개발 표준정관
제28조(이사회의 설치) ① 조합에는 조합의 사무를 집행하기 위하여 조합장과 이사로 구성하는 이사회를 둔다.
② 이사회는 조합장이 소집하며, 조합장은 이사회의 의장이 된다.

도시정비법 시행된 2003.7.1부터 2009.2.5까지 조합임원의 직무 규정은 다음과 같았다.

구 도시정비법
제22조 (조합임원의 직무 등) ① 조합장은 조합을 대표하고, 그 사무를 총괄하며, 총회 또는 제25조에 의한 대의원회의 의장이 된다.
② 이사는 정관이 정하는 바에 따라 조합장을 보좌하며 조합의 사무를 분장한다.
③ 감사는 조합의 사무 및 재산상태와 회계에 관한 사항을 감사한다.

이후 2009.2.6 법 제22조제1항만 남고 제2항, 제3항이 삭제되었으며, 서울특별시 도시정비조례(제22조)에만 이사회 설치 및 소집, 사무, 의결방법 등 이사회 운영

에 관한 사항이 남아 있다.

서울특별시 도시정비조례

제22조(조합정관에 정할 사항) 영 제38조제17호에서 "그 밖에 시·도조례로 정하는 사항"이란 다음 각 호의 사항을 말한다. <개정 2019.9.26., 2023.3.27>
1. 이사회의 설치 및 소집, 사무, 의결방법 등 이사회 운영에 관한 사항

○ **제3항**

정비사업 정보몽땅 홈페이지 운영지침(정비사업 종합정보관리시스템 개정 2022.10.25)

재건축·재개발 표준정관

제28조(이사회의 설치) ③ 이사회를 소집하려면 회의개최 ○일 전에 회의목적·안건·일시 및 장소를 기재한 서면으로 이사에 통지하고, 게시판 및 정비사업 정보몽땅에 공고하여야 한다.

다만, 사업추진상 시급한 경우에는 회의 개최 1일 전에 통지하고 이사회를 개최할 수 있다.

【주】이사회의 사무, 사무처리 일정 등을 고려하여 정기 이사회 개최일을 정하여 운영할 수 있을 것임.

이사회를 소집하려면 일반적으로 회의개최 7일 전에 회의목적·안건·일시 및 장소를 기재한 서면으로 이사에 통지하고, 게시판 및 정비사업 정보몽땅에 공고하고 있다.

그러나 사업추진상 시급한 경우에는 회의 개최 1일 전에 통지하고 이사회를 개최할 수 있도록 표준정관에서 규정하고 있다.

■ **정보몽땅 홈페이지**

정비사업 정보 이용 시 반드시 거쳐야 하는 입구 역할을 하는 종합포털 서비스와 주택재개발, 주택재건축, 도시환경정비사업 등의 추진위원회·조합의 정보공개,

조합업무지원, 분담금 추정 서비스, 시/구 공무원의 사업장 개설, 게시판, 사용자관리 등 전반적인 시스템관리를 위한 시스템관리자 서비스를 총칭하여 말한다(동 지침 제2조제1호).

별표1 정비사업 정보몽땅 홈페이지 정보공개 사항
공통사항: 이사회 의사록
필수 첨부자료: 의사록, 회의내용안내자료, 참석자 및 결의자명부, 서면결의서 원본 스캔파일
공개기한: 자료효력발생일(개최일)로부터 <권장: 15일 이내, 의무: 15일 이내>
공고: 이사회 (일시, 장소, 주요안건, 공고일자)
공고문, 공고문의 붙임자료
자료 효력발생일(공고일)로부터 권장 : 3일 이내

결원에 대한 보궐선출 전까지 잔존 이사들만으로 이사회를 운영할 수 있는지(서울시 주거정비과 2024.8.14)

Q 조합의 이사(임원)들 중 일부가 사임·임기만료·해임 등으로 이사회에 결원이 생긴 경우, 결원에 대한 보궐선출 전까지 잔존 이사들만으로 이사회를 운영할 수 있는지?

A 도시정비법 제41조제2항에서 조합 이사 및 감사의 수는 대통령령으로 정하는 범위에서 정관으로 정하도록 규정하고 있으며, 동법 시행령 제40조에서 조합의 이사 수는 3명 이상(토지등소유자 수가 100인 초과 시 5명 이상)으로 규정하고 있음.

또한, 도시정비법 시행령 제38조제17호 및 「서울시 도시정비조례」 제22조에서 이사회의 설치 및 소집, 사무, 의결방법 등 이사회 운영에 관한 사항은 조합정관에 정할 사항으로 규정하고 있음. 따라서 이사회에 결원이 발생하여 법령에서 정한 최소 이사 수를 충족하지 못할 경우에는 보궐선거 등을 통해 최소 법령에서 정한 이사 수 이상은 충족하면서 해당 조합정관에서 정한 이사회 의결방법 등도 충족되도록 이사회를 운영함이 타당할 것으로 사료됨.

조합 이사회 의결사항(서울시 주거정비과 2024.5.22)

Q 조합 이사회 의결사항은?

A 「서울시 도시정비조례」 제22조제1호에 따르면 이사회의 설치 및 소집, 사무, 의결방법 등

이사회 운영에 관한 사항을 조합정관에 정할 사항으로 규정하고 있으며, 「정비사업 계약업무 처리기준」 제3조제2항에 따르면 관계 법령 등과 이 기준에서 정하지 않은 사항은 정관등이 정하는 바에 따르며, 정관등으로 정하지 않은 구체적인 방법 및 절차는 대의원회가 정하는 바에 따른다고 규정하고 있음

cf 부산광역시 재건축·재개발 표준정관

제26조(이사회의 설치) ① 조합에는 조합의 사무를 집행하기 위하여 조합장과 이사로 구성하는 이사회를 둔다.

② 이사회는 조합장이 소집하며, 조합장은 이사회의 의장이 된다.

재건축·재개발 표준정관의 조문 위치와 내용이 같다.

광주광역시 재건축·재개발 표준정관

제28조(이사회의 설치) ① 조합에는 조합의 사무를 집행하기 위하여 조합장과 이사로 구성하는 이사회를 둔다.

② 이사회는 조합장이 소집하며, 조합장은 이사회의 의장이 된다.

③ <u>이사회를 소집하려면 회의개최 ○일 전에 회의목적·안건·일시 및 장소를 기재한 서면으로 이사에 통지하고, 게시판 및 정비사업 관리시스템에 공고하여야 한다.</u> 다만, 사업추진상 시급한 경우에는 회의 개최 1일 전에 통지하고 이사회를 개최할 수 있다.

【주】이사회의 사무, 사무처리 일정 등을 고려하여 정기 이사회 개최일을 정하여 운영할 수 있을 것임.

재건축·재개발 표준정관의 조문 위치와 내용이 같다.

2023.11.29 국토부 별표2 지정개발자(신탁업자) 표준시행규정

관련 조문이 없다.

2006.8.25 국토부 재건축 표준정관

제27조(이사회의 설치) ① 조합에는 조합의 사무를 집행하기 위하여 조합장과 이사로 구성하는 이사회를 둔다.

② 이사회는 조합장이 소집하며, 조합장은 이사회의 의장이 된다.

2003.6.30 국토부 재개발 표준정관

제27조(이사회의 설치) ① 조합에는 조합의 사무를 집행하기 위하여 조합장과 이사로 구성하는 이사회를 둔다.

② 이사회는 조합장이 소집하며, 조합장은 이사회의 의장이 된다.

> ■ (서울) 재건축 표준정관 제29조(이사회의 사무)
> ● (서울) 재개발 표준정관 제29조(이사회의 사무) : 재건축 표준정관과 같다.

재건축·재개발 표준정관의 조문 위치와 내용이 같다.

도시정비법령에 이사회 관련 규정이 없이, 서울특별시 도시정비조례에 그 근거를 두고 있는 정도다.
참고로, 일부 이사를 배제하여 통지하지 않고 개최한 이사회는 무효란 대법원 결정이 있다.[42]

□ 근거규정

○ 제1항
서울특별시 정비사업조합등 공공지원 관련 규정, 도시정비조례 제22조제1호

> **재건축·재개발 표준정관**
> 제29조(이사회의 사무) ① 이사회는 다음 각 호의 사무를 집행한다.
> 1. 조합의 예산 및 통상업무의 집행에 관한 사항
> 2. 총회 및 대의원회의 상정안건의 심의에 관한 사항
> 3. 조합 업무규정 등의 제정 및 개정안 작성에 관한 사항
> 4. 총회 또는 대의원회로부터 위임받은 사항의 집행 및 의결

---

[42] 사회복지법인의 이사회가 특정 이사에게 적법한 소집통지를 하지 아니하여 그 이사가 출석하지 아니한 채 개최되었다면 그와 같이 개최된 이사회의 결의는 무효이고(대법원 1994.9.23선고 94다35084 판결 참조), 사회복지법인의 정관에 이사회의 소집통지시 '회의의 목적사항'을 명시하도록 정하고 있음에도, 일부 이사가 참석하지 않은 상태에서 소집통지서에 회의 목적사항으로 명시한 바 없는 안건에 관하여 이사회가 결의하였다면, 적어도 그 안건과 관련하여서는 불출석한 이사에 대하여는 정관에서 규정한 바대로의 적법한 소집통지가 없었던 것과 다를 바 없으므로 그 결의 역시 무효라 할 것이다(대법원 2005.5.18.자 2004마916결정, 이사직무집행정지등가처분).

5. 관리처분계획(안)에 대한 공람의견 심사
6. 주된 사무소의 변경에 관한 사항 등 이 정관에서 이사회의 사무로 정한 사항
7. 그 밖에 조합의 운영 및 사업시행에 관하여 필요한 사항

일부 조합에서는 제7호인 "그 밖에 조합의 운영 및 사업시행에 관하여 필요한 사항" 대신에 협력업체 선정기준을 정하기 위한 자문기구를 설치, 운영하기도 한다.

용산구 한남○구역 재개발조합의 이사회 사무에 대해 조합정관에서 다음과 같이 정하고 있다.

제○○조(이사회의 사무) ① 이사회는 다음 각 호의 사무를 집행한다.
1. 조합의 예산 및 통상업무의 집행에 관한 사항
2. 총회 및 대의원회의 상정안건의 심의 결정에 관한 사항
3. 업무규정 등 조합 내부규정의 제정 및 개정안 작성에 관한 사항
4. 총회 또는 대의원회로부터 위임받은 사항(관련법령에 의하여 위임할 수 없는 사항은 제외)
5. 관리처분계획 인가신청을 위한 공람의견 검토 및 심사
6. 외부(조합원 포함)에서 조합을 상대로 제기하는 소송 대응 관련 변호사 선임
7. 그 밖에 조합의 운영 및 사업시행에 관하여 필요한 사항

이 조합에서는 '외부(조합원 포함)에서 조합을 상대로 제기하는 소송 대응 관련 변호사 선임'을 이사회 사무로 정하고 있다. 이는 업무상횡령 등 형사처벌과 밀접한 관계가 있으므로 주의를 요한다.

> **판례**
>
> 조합장 개인사건의 변호사비용에 조합자금을 지출한 것은, 총회결의나 이사회 결의가 있었더라도 업무상횡령죄 성립에 영향을 미치지 아니한다.
> 수원지방법원 2023.10.13선고 2021노8865판결 업무상횡령
> 【판결요지】
> 피고인이 자신의 형사사건의 변호사비용으로 피해자 조합의 자금을 지출한 행위는, 위 사건이

피해자 조합과 업무적인 관련이 깊다거나 당시의 제반 사정에 비추어 위 조합의 이익을 위하여 소송을 수행하거나 고소에 대응하여야 할 특별한 필요성이 있다고 볼 수 없어, 업무상횡령죄에 해당한다고 판단된다.

분쟁에 대한 실질적인 이해관계는 단체에게 있으나 대표자의 지위에 있는 개인이 소송 기타 법적 절차의 당사자로 되어 조합장의 변호사선임료를 조합의 비용으로 지출
창원지방법원 2023.10.12선고 2023노103판결 업무상횡령
【판결요지】
단체의 비용으로 지출할 수 있는 변호사 선임료는 단체 자체가 소송당사자가 된 경우에 한하는 것이므로, 단체의 대표자 개인이 당사자가 된 민·형사사건의 변호사 비용은 원칙으로 단체의 비용으로 지출할 수 없다.
다만 예외적으로 분쟁에 대한 실질적인 이해관계는 단체에게 있으나 법적인 이유로 그 대표자의 지위에 있는 개인이 소송 기타 법적 절차의 당사자로 되었다거나, 대표자로서 단체를 위해 적법하게 행한 직무행위 또는 대표자의 지위에 있음으로 말미암아 의무적으로 행한 행위 등과 관련하여 분쟁이 발생한 경우와 같이 당해 법적 분쟁이 단체와 업무적인 관련이 깊고, 당시의 여러 사정에 비추어 단체의 이익을 위하여 소송을 수행하거나 고소에 대응하여야 할 특별한 필요성이 있는 경우에 한하여 단체의 비용으로 변호사 선임료를 지출할 수 있다.
따라서 그러한 특별한 필요성이 없음에도 단체의 비용으로 대표자 개인이 당사자가 된 민·형사사건의 변호사 선임료를 지출하였다면 이는 횡령에 해당하고, 나아가 대표자가 그 변호사 선임료를 지출하면서 이사회 등의 승인을 받았다 하여도 횡령죄의 성립에 영향을 미치지 아니한다
(대법원 2006.10.26선고 2004도6280판결 등 참조).

■ 이사회의 설치 및 소집, 사무, 의결방법 등 이사회 운영에 관한 사항

서울특별시 도시정비조례에서 이사회의 설치 및 소집, 사무, 의결방법 등 이사회 운영에 관한 사항을 정하고 있음은 앞서 설명한 바와 같다.

정비사업에서 "이사회의 설치 및 소집, 사무, 의결방법 등 이사회 운영에 관한 사항"을 아래와 같이 서울특별시 하위규정에서 정하고 있다.

서울특별시 정비사업 의사진행 표준운영규정
제5조(운영위원회 구성 등) ① 조합등은 이 규정에 따라 조합장등이 제안한 최초 안건(안건명, 제안설명, 관련 근거 및 첨부자료(별지 4-1호, 4-2호 서식))에 대한 검토 및 자문을 받기 위하여 운영위원회를 구성하여 운영할 수 있으며, 일반적인 업무집행

을 위한 회의의 경우에는 제외한다.
　③ 운영위원회는 운영위원 과반수 출석으로 개회하고 회의안건을 검토하여 검토보고서를 이사회에 제출한다.

제6조(운영위원회의 업무 등) 조합장등은 도시정비법령, 정관등 및 이 규정에서 정한 이사회 회의 소집통지 전까지 제5조제1항에 따른 운영위원회를 소집하여 회의안건을 검토하고 검토보고서(별지 제1호 서식)를 이사회에 제출한다.

제10조(회의소집 절차 등) 조합등의 회의 소집절차는 도시정비법령 및 정관 등에서 특별히 정한 경우를 제외하고는 다음 각 호에 따른다.
　1. 조합이 이사회를 소집하는 경우에는 회의개최 7일 전에 회의목적·안건·일시·장소등을 기재한 공고문(별지 제2호 서식)을 조합 게시판 및 클린업시스템에 게시하고 각 이사에게 등기우편으로 기재한 통지서(별지 제3호 서식)와 회의자료(별지 제4-1호, 제4-2호 서식)를 발송·통지할 수 있다. 다만, 사업 추진 상 시급히 이사회 심의를 요하는 사안이 발생하는 경우에는 회의개최 2일 전에 유선 등으로 통지할 수 있다.

서울특별시 공공지원 시공자 선정기준

제7조(선정계획 결정) ① 조합은 시공자를 선정하려는 때에는 다음 각 호의 사항을 포함한 선정계획안을 작성하여 이사회의 의결을 거쳐야 하며, 이사회가 의결한 선정계획안에 대하여 대의원회의 소집을 통지하기 전에 미리 조례 제72조제1호에 따른 공공지원자의 검토를 받아야 한다. 이때 공공지원자는 근무일 기준 3일 이내에 검토결과를 회신하여야 하며, 제출한 자료가 미비한 경우에는 처리기한을 연장할 수 있다(각 호 생략)

서울특별시 공동사업시행 건설업자 선정기준

제9조(선정계획 결정) ① 조합은 공동사업시행 건설업자를 선정하려는 때에는 다음 각 호의 사항을 포함한 선정계획안을 작성하여 이사회 의결을 거쳐야 하며, 이사회가 의결한 선정계획안에 대하여 조례 제72조제1호에 따른 공공지원자의 검토를 받아야 한다. 이때 공공지원자는

근무일 기준 3일 이내에 검토결과를 회신하여야 하며, 제출한 자료가 미비한 경우에 한하여 처리기한을 연장할 수 있다.

제11조(공동사업시행자 선정시기 등) ① 조합은 공동사업시행자인 건설업자를 선정하고자 하는 경우 건축법 제4조의2에 따른 건축위원회 건축심의를 통과한 후 제9조 제1항에 따른 이사회 개최 전에 공사입찰에 필요한 설계도서(건축심의를 득한 내용을 반영한 설계도서를 말하며, 사업시행계획인가 이후 건설업자를 선정하는 경우에는 사업시행계획인가 내용을 반영한 설계도서를 말한다)를 작성하고 사업비를 산출하여야 한다.

서울특별시 정비사업의 표준공동사업시행협약서
제12조(사업비 확정) ② 사업비는 "건설업자"가 입찰 참여제안서에 제출한 내용에 따라야 하며, 사업비 변경이 있는 경우에는 이사회 및 대의원회의 검토를 거쳐 조합총회의 의결을 거쳐 변경할 수 있다.

제22조(사업비 집행 의결) ① 공동사업시행자는 매년 다음 연도 사업비 집행계획을 대여금과 공사비로 구분하여 수립한 후 10월 말까지 "조합"의 총회 의결을 거쳐야 한다.
② 제1항에 따른 사업비 집행계획은 "건설업자"가 작성하여 "조합"의 이사회와 대의원회 등을 거쳐 총회에 상정·의결하여야 한다.

제25조(공사비 확정) ② 제1항에 따른 공사비는 "조합"의 이사회와 대의원회의 의결을 거쳐 "조합"의 총회에서 확정한다.

서울특별시 별표 정비사업조합 예산·회계규정
제18조(예산의 목적 외 사용금지) ① 사업비 및 운영비 지출은 예산을 초과하여 지출하거나 예산으로 정한 목적 외에 이를 사용할 수 없다.
③ 제2항의 단서에 의하여 예산을 전용할 때에는 회계책임자는 그 사유를 기재하여 이사회에 전용한 예산을 보고하여야 한다
제34조(분양금의 취급 및 기장) ① 모든 분양금은 금융기관에서만 대행 수납하도록

하되 조합 명의 또는 조합과 시공자의 공동명의로 된 예금계좌(공동명의)에 입금되도록 하여야 한다. 다만, 사업비나 운영비를 시공자, 금융기관, 공공기관 등으로부터 대여 받은 차입금은 조합등 단독명의로 된 예금계좌를 개설하여 입금하도록 한다.

② 분양금은 이사회의 승인에 의하여 인출하는 것을 원칙으로 한다.

서울특별시 별표 정비사업조합 등 표준 행정업무규정

제9조(채용원칙) 상근임원(위원) 임명 및 직원 채용은 소정의 자격을 구비한 자 중에서 다음

각 호와 같은 방법을 원칙으로 하되 별도 선거관리규정으로 따로 정할 수 있다.

1. 상근임원은 총회에서 상근이사를 선출하거나, 선출된 이사 중에서 조합장이 추천하여 이사회 또는 대의원회 의결을 통하여 임명한다.

2. 생략

3. 직원은 조합장등이 추천하여 이사회의 결의에 의해 채용할 수 있다. 다만, 채용결과에 대한 사후 인준절차 등을 정관 등에서 따로 정한 경우에는 그에 따른다.

제12조(계약직) ① 조합등은 필요에 따라 직위, 급여, 직무, 근무시간 및 기타 근무조건을 개별계약으로 정하는 계약직 임원·위원·직원을 둘 수 있으나, 예산범위를 초과하지 않은 범위 내에서 6개월 이내로 계약한다.

② 제1항의 계약직 임원, 위원, 직원은 조합장등이 추천하여 이사회 결의에 의해 채용할 수 있다.

제15조(퇴지 등) ② 조합장등은 상근임위(위원), 직원이 직무를 수행하는 것이 적합하지 않다고 판단될 경우 이사회 또는 대의원회 등의 의결에 따라 그 직무를 정지하고 제1항에 따른 퇴직 등을 시킬 수 있다.

총회에서 의결한 안건을 이사회에서 변경(수정)할 수 있는지(서울시 주거정비과 2019.8.20)

Q 총회에서 의결한 안건을 이사회에서 변경(수정)할 수 있는지?

A 도시정비법 및 「서울시 도시정비조례」에는 이사회의 사무에 대해 별도로 정한 바가 없으며,

「재건축조합 표준정관」 제28조(이사회의 사무)에 1. 조합의 예산 및 통상업무의 집행에 관한 사항 2. 총회 및 대의원회의 상정안건의 심의·결정에 관한 사항 3. 업무규정 등 조합 내부규정의 제정 및 개정안 작성에 관한 사항 4. 그밖에 조합의 운영 및 사업시행에 관하여 필요한 사항을 이사회의 사무로 규정하고 있으므로 총회에서 의결한 사항을 이사회에서 변경할 수는 없을 것으로 판단됨.

○ **제2항(제1항 각 호의 사항을 조합장에게 위임)**

재건축·재개발 표준정관
제29조(이사회의 사무) ② 이사회는 제1항 각 호의 사항에 관하여 구체적인 범위를 정하여 의장인 조합장에게 위임할 수 있다.
【주】총회장소나 일시 등의 변경을 위해 이사회를 개최하는 것은 소모적이므로, 조합장에게 구체적인 사항에 대하여 범위를 정하여 위임함으로써 시간단축 및 비용절감을 도모할 수 있을 것임.

구체적인 사항의 범위를 정하여 이사회 사무를 조합장에게 위임하여 이사회를 생략하여 비용절감할 수 있도록 했다.

cf 부산광역시 재건축·재개발 표준정관
제27조(이사회의 사무) ① 이사회는 다음 각 호의 사무를 집행한다.
1. 조합의 예산 및 통상업무의 집행에 관한 사항
2. 총회 및 대의원회의 상정안건의 심의에 관한 사항
3. 조합의 정관, 조합행정업무규정 등의 제·개정안 작성에 관한 심의
4. 제18조제6항에 관한 사항
5. 그 밖에 조합의 운영 및 사업시행에 관하여 필요한 사항 심의
② 대의원회 또는 총회결의 안건에 대하여 이사회에서 심의가 부결된 경우, 조합장은 직권으로 대의원회 또는 총회에 상정할 수 있으며, 이때 이사회에서 부결된 안건임을 대의원 또는 조합원에게 고지하여야 한다. 이사회가 정족수가 부족하여 2회 이상 무산된 경우에도 동일하다.

재건축·재개발 표준정관의 조문 위치와 내용이 같다.

광주광역시 재건축·재개발 표준정관

제29조(이사회의 사무) ① 이사회는 다음 각 호의 사무를 집행한다.

1. 조합의 예산 및 통상업무의 집행에 관한 사항
2. 총회 및 대의원회의 상정안건의 심의에 관한 사항
3. 조합 업무규정 등의 제정 및 개정안 작성에 관한 사항
4. 총회 또는 대의원회로부터 위임받은 사항의 집행 및 의결
5. 관리처분계획(안)에 대한 공람의견 심사
6. 주된 사무소의 변경에 관한 사항 등 이 정관에서 이사회의 사무로 정한 사항
7. 그 밖에 조합의 운영 및 사업시행에 관하여 필요한 사항

② 이사회는 제1항 각 호의 사항에 관하여 구체적인 범위를 정하여 의장인 조합장에게 위임할 수 있다.

【주】총회장소나 일시 등의 변경을 위해 이사회를 개최하는 것은 소모적이므로, 조합장에게 구체적인 사항에 대하여 범위를 정하여 위임함으로써 시간단축 및 비용절감을 도모할 수 있을 것임

재건축·재개발 표준정관의 조문 위치와 내용이 같다.

2023.11.29 국토부 별표2 지정개발자(신탁업자) 표준시행규정

관련 조문이 없다.

2006.8.25 국토부 재건축 표준정관

제28조(이사회의 사무) 이사회는 다음 각 호의 사무를 집행한다.

1. 조합의 예산 및 통상업무의 집행에 관한 사항
2. 총회 및 대의원회의 상정안건의 심의·결정에 관한 사항
3. 업무규정 등 조합 내부규정의 제정 및 개정안 작성에 관한 사항
4. 그 밖에 조합의 운영 및 사업시행에 관하여 필요한 사항

【주】별도의 조항으로 전문적이고 효율적인 조합운영을 위하여 이사회 보좌기관으로서 자문 또는 고문기관을 둘 수 있음.

2003.6.30 국토부 재개발 표준정관

제28조(이사회의 사무) 이사회는 다음 각호의 사무를 집행한다.

1. 조합의 예산 및 통상업무의 집행에 관한 사항
2. 총회 및 대의원회의 상정안건의 심의·결정에 관한 사항
3. 업무규정 등 조합 내부규정의 제정 및 개정안 작성에 관한 사항
4. 그 밖에 조합의 운영 및 사업시행에 관하여 필요한 사항

【주】별도의 조항으로 전문적이고 효율적인 조합운영을 위하여 이사회 보좌기관으로서 자문 또는 고문기관을 둘 수 있음.

> ■ (서울) 재건축 표준정관 제30조(이사회의 의결방법)
> ● (서울) 재개발 표준정관 제30조(이사회의 의결방법):재건축 표준정관과 같다.

재건축·재개발 표준정관의 조문 위치와 내용이 같다.

이사회 구성원의 개의요건과 의결요건인 정족수 규정은 이사 전원으로 구성되는 합의체로, 조합업무를 집행하는 기관은 대표자인 조합장이 있다.

□ 근거규정

○ 제1항
서울특별시 재건축 표준정관 제28조

> **재건축·재개발 표준정관**
> 제30조(이사회의 의결방법) ① 이사회는 대리인 참석이 불가하며, 조합장을 포함한 구성원 과반수 출석으로 개의하고 출석 구성원 과반수 찬성으로 의결한다.
> 【주】조합장이 이사회의 구성원으로 개의 및 의결정족수에 산입하여야 하고, 의결권이 있다는 점을 분명히 하려는 것임.

재개발 표준정관 제30조도 재건축 표준정관과 그 내용이 같다.
조합의 사무를 집행하기 위하여 조합장과 이사로 구성되는 이사회가 있다.
이사회는 조합장이 소집하며, 조합장은 이사회의 의장이 된다(재건축·재개발 표준정관 제28조제1항). 조합장이 이사회 정족수 산정에 포함됨을 명확히 하고 있다.

재적이사가 10명이라면, 과반수 출석으로 개의하므로 6명으로 개의하며, 출석 구성원 수의 과반수인 4명의 찬성으로 의결된다.

이사 1인이 사임하여 이사가 4인인 상태에서 이사회를 소집하였다면 의사정족수 미달로써 무효인 것인지(서울시 주거정비과 2025.2.5)

ⓠ 토지등소유자 수 100인을 초과한 조합에서 이사를 5명 이상 두어야 하나, 이사 1인이 사임하여 이사가 4인인 상태에서 이사회를 소집하였다면 의사정족수 미달로써 무효인지?

ⓐ 도시정비법 시행령 제40조에 따르면 토지등소유자의 수가 100인을 초과하는 경우에는 조합에 두는 이사의 수를 5명 이상으로 한다고 규정하고 있으며, 「서울시 공공지원 재건축정비사업조합 표준정관」(이하 "표준정관") 제28조제2항에 이사회는 조합장이 소집하며, 조합장은 이사회의 의장이 된다고 정하고 있음.

또한, 같은 표준정관 제30조제1항에 이사회는 구성원 과반수 출석으로 개의하고 출석 구성원 과반수 찬성으로 의결한다고 정하고 있는바, 이사가 4인임에도 불구하고 조합장이 이사회를 소집하고, 이사회의 의장이 되었다면 구성원 과반수 출석(4인 이상)한 것으로 보아 해당 이사회의 의사정족수는 충족할 것으로 사료됨.

> 🔨 **판례**
>
> 비법인사단의 이사회 혹은 대의원회의 결의에 자격 없는 자가 참가하여 표결한 경우, 그 결의의 효력
> 대법원 1997.5.30선고 96다23375 판결 조합창립총회등무효확인
> 【판결요지】
> 비법인사단의 이사회 혹은 대의원회의의 결의에 자격 없는 자가 참가한 하자가 있다 하더라도 그 의사의 경과, 자격 없는 자의 표결을 제외하더라도 그 결의가 성립함에 필요한 정족수를 충족하는 점 등 제반 사정에 비추어 그 하자가 결의의 결과에 영향을 미치지 않았다고 인정되는 때에는 그 결의를 무효라고 볼 것은 아니다.

○ 제2항

유사규정: 도시정비법 시행령 제44조제10항

> **재건축·재개발 표준정관**
>
> 제30조(이사회의 의결방법) ② 특정 임원의 이해와 관련된 안건의 경우 해당 임원은 그 안건에 대하여 의결권을 행사할 수 없다.
> 【주1】 이사회의 출석방법(서면 등), 출석인정여부 및 의결권 행사 방법에 대하여 조합실정을 고려하여 별도로 정할 수 있음.
> 【주2】 원활한 사업 추진을 위하여 필요한 경우 조합원 의사를 고려하여 제28조

제3항 제2호의 총회 및 대의원회 상정안건 심의를 위한 이사회가 개의 정족수 부족으로 2회 이상 개최되지 못하는 경우 등에 한해 조합장이 직권으로 대의원회 또는 총회에 상정하여 조합사업을 원활히 추진할 수 있도록 정할 수 있을 것임. 다만, 이 경우 조합장은 대의원회 또는 총회에 이사회 의결을 거치지 않은 사항임을 보고하여야 함.

특정한 대의원의 이해와 관련된 사항에 대해 그 대의원은 의결권을 행사할 수 없도록 규정하고 있는데, 임원의 경우도 표준정관으로 정하고 있다.

도시정비법 시행령
제44조(대의원회) ⑩ 특정한 대의원의 이해와 관련된 사항에 대해서는 그 대의원은 의결권을 행사할 수 없다.

○ **보충안**
이사회 개의 정족수가 부족하거나, 이사회나 대의원회에서의 부결을 피하기 위한 직접 총회소집 사례도 있다.
조합장이 이사회를 거치지 않고도 직접 대의원회 또는 총회에 안건을 상정하여 추진할 수 있는 규정도 필요하다.

강남구 모 재건축조합의 경우 협력업체 선정을 위해 대의원회 의결을 생략하고 직접 총회에서 선정하도록 하여 문제가 발생한 적이 있다. 한편, 대의원의 담합 등으로 조합이 어려움을 처할 수 있는 경우도 발생할 수 있어, 조합정관에서 이를 명백히 규정하여 분쟁을 줄이는 보충안이 필요하다고 보인다.

소유자의 위임장을 받은 가족이 정비조합의 임원, 대의원 활동 가능여부(서울시 주거정비과 2023.4.25)
ⓠ 토지등소유자의 위임장을 받은 가족이 정비조합의 임원, 대의원으로 활동할 수 있는지?
ⓐ 도시정비법 제41조제1항에 따르면 "조합은 다음 각 호의 어느 하나의 요건을 갖춘 조합장 1명과 이사, 감사를 임원으로 둔다. 이 경우 조합장은 선임일부터 제74조제1항에 따른

관리처분계획인가를 받을 때까지는 해당 정비구역에서 거주하여야 한다."고 규정하고 있으며, 각 호의 내용은 "1. 정비구역에서 거주하고 있는 자로서 선임일 직전 3년 동안 정비구역 내 거주 기간이 1년 이상일 것, 2. 정비구역에 위치한 건축물 또는 토지를 5년 이상 소유하고 있을 것"과 같음.

또한 도시정비법 시행령 제44조제1항에 따르면 "대의원은 조합원 중에서 선출한다."고 규정하고 있고, 도시정비법 제39조제1항에 따르면 "제25조에 따른 정비사업의 조합원은 토지등소유자로 하되, 다음 각 호의 어느 하나에 해당하는 때에는 그 여러 명을 대표하는 1명을 조합원으로 본다.(이하 생략)"라고 규정하고 있음.

위임장을 받은 가족이 상기 내용에 해당하지 않는 경우 정비사업조합의 임원 및 대의원으로 활동할 수 없음.

cf 부산광역시 재건축·재개발 표준정관

　제28조(이사회의 의결방법) ① 이사회는 대리인 참석이 불가하며, 구성원 과반수 출석으로 개의하고 출석 구성원 과반수 찬성으로 의결한다. 이 경우 조합장도 출석 및 의결권을 가진다.

　② 구성원 자신과 관련된 사항에 대하여는 그 구성원은 의결권을 행사할 수 없다.

　③ 이사 또는 조합장은 대리인을 통한 출석을 할 수 없다. 다만, 서면으로 이사회에 출석하거나 의결권을 행사할 수 있다. 이 경우 제1항에 의한 출석으로 본다.

재건축·재개발 표준정관의 조문 위치와 내용이 같다.

광주광역시 재건축·재개발 표준정관

　제30조(이사회의 의결방법) ① 이사회는 대리인 참석이 불가하며, 조합장을 포함한 구성원 과반수 출석으로 개의하고 출석 구성원 과반수 찬성으로 의결한다.

　【주】조합장이 이사회의 구성원으로 개의 및 의결정족수에 산입하여야 하고, 의결권이 있다는 점을 분명히 하려는 것임

　② 특정 임원의 이해와 관련된 안건의 경우 해당 임원은 그 안건에 대하여 의결권을 행사할 수 없다.

　【주】이사회의 출석방법(서면 등), 출석인정여부 및 의결권 행사 방법에 대하여

조합실정을 고려하여 별도로 정할 수 있음
【주】원활한 사업 추진을 위하여 필요한 경우 조합원 의사를 고려하여 제28조 제3항제2호의 총회 및 대의원회 상정안건 심의를 위한 이사회가 개의 정족수 부족으로 2회 이상 개최되지 못하는 경우 등에 한해 조합장이 직권으로 대의원회 또는 총회에 상정하여 조합사업을 원활히 추진할 수 있도록 정할 수 있을 것임. 다만, 이 경우 조합장은 대의원회 또는 총회에 이사회 의결을 거치지 않은 사항임을 보고하여야 함

재건축·재개발 표준정관의 조문 위치와 내용이 같다.

2023.11.29 국토부 별표2 지정개발자(신탁업자) 표준시행규정
관련 조문이 없다.

2006.8.25 국토부 재건축 표준정관
제29조(이사회의 의결방법) ① 이사회는 대리인 참석이 불가하며, 구성원 과반수 출석으로 개의하고 출석 구성원 과반수 찬성으로 의결한다.
② 구성원 자신과 관련된 사항에 대하여는 그 구성원은 의결권을 행사할 수 없다.
③ 제26조제2항은 이사회의 의결에 준용한다.

2003.6.30 국토부 재개발 표준정관
제29조(이사회의 의결방법) ① 이사회는 대리인 참석이 불가하며, 구성원 과반수 출석으로 개의하고 출석 구성원 과반수 찬성으로 의결한다.
② 구성원 자신과 관련된 사항에 대하여는 그 구성원은 의결권을 행사할 수 없다.

> ■ (서울) 재건축 표준정관 제31조(감사의 이사회 출석권한 및 감사요청)
> ● (서울) 재개발 표준정관 제31조(감사의 이사회 출석권한 및 감사요청)
>   :재건축 표준정관과 같다.

재건축·재개발 표준정관의 조문 위치와 내용이 같다.

재건축·재개발 표준정관
제31조(감사의 이사회 출석권한 및 감사요청) ① 감사는 이사회에 출석하여 의견을 진술할 수 있다. 다만, 의결권은 가지지 아니한다.
② 이사회는 조합운영상 필요하다고 인정될 때에는 감사에게 조합의 업무에 대하여 감사를 실시하도록 요청할 수 있다.

감사는 이사회 구성원은 아니며 출석권과 의견진술권이 있지만, 의결권은 없다.

조합임원 감사의 역할과 업무의 범위(서울시 주거정비과 2024.11.28)
Q 조합임원 감사의 역할과 업무의 범위는 무엇인지?
A 도시정비법 제41조제1항 조합의 임원을 조합장·이사·감사로 규정하고 있으며, 감사의 역할과 업무의 범위에 관한 내용은 동법 제40조제1항제5호 조합임원 업무의 범위. 제6호 조합임원의 권리·의무. 제18호 그 밖에 정비사업의 추진 및 조합의 운영을 위하여 필요한 사항으로서 대통령령으로 정하는 사항을 시행령으로 위임하고 있고, 동법 시행령 제38조제2호 임원의 임기, 업무의 분담 및 대행 등에 관한 사항 제3호 대의원회의 구성, 개회와 기능, 의결권의 행사방법 및 그 밖에 회의의 운영에 관한 사항 등을 조합정관에서 정해야 하는 기재사항으로 규정하고 있음. 따라서 감사의 대의원회 소집, 감사의 이사회 출석권한 등 감사의 역할과 업무의 범위 등에 관한 사항은 조합 내부규범인 조합정관(도시정비법 등 관계 법령에 위배되면 상위법령 우선적용)으로 판단하여야 하며, 정관의 해석에 대하여 이견이 있을 경우, 정관 제86조에 따라 일차적으로 이사회에서 해석하고 그래도 이견이 있을 경우는 대의원회에서 해석하도록 하고 있음. 다만, 관련 법령 및 조합정관에 정하고 있지 않은 감사의 직무와 역할 등 구체적인 사항 등은 도시정비법 제40조에 따라 정관을 변경(추가)할 수 있음.

□ 근거규정

구 도시정비법 제22조(조합임원의 직무 등) 제3항에서는 "감사는 조합의 사무 및 재산상태와 회계에 관한 사항을 감사한다."는 규정을 두었다.

이후 2009.2.6 법 개정으로 이 규정이 삭제되고, 현재는 감사에 대한 규정이 없다.

감사의 업무범위가 전반적인 조합의 업무에 있어 주기적 감사가 가능하다며 감사원의 기능이 있는 것으로 판단하여 전반적인 사전사후 감사를 이유로 조합 내부가 분쟁 사례가 있었다.

이를 예방하기 위해 표준정관에서는 이사회에서 조합운영상 필요하다고 인정될 때에는 감사에게 조합 업무에 대하여 감사를 요청할 수 있는 규정을 두었다.

아래 예산회계규정과 충돌이 있을 수 있으므로, 조화될 수 있도록 정리가 필요하다.

서울특별시 별표 조합등 표준예산회계규정

제35조(지출의 원칙 및 감사) ① 조합 등은 사업비·운영비 등 정비사업비의 모든 지출은 예산의 계정과목별로 사전에 승인받은 금액 범위 내에서 지출함을 원칙으로 한다.

② 지출의 방법은 계좌이체, 무통장입금, 또는 법인·사업자 명의의 신용·체크카드로 한다. 다만, 각 호의 방법으로 지출하는 경우에는 그러하지 아니할 수 있다.

1. 여비 및 교통비를 지출하는 경우
2. 1건당 1만원 미만을 지출하는 경우
3. 경조사비, 우편 반송료, 등본 발급료, 인감증명서 발급료 등 소액금액

③ 제2항 단서 규정에 따른 현금을 지출하는 경우 거래상대방의 영수증 등 증빙자료를 첨부하여야 한다. 다만, 증빙자료를 받을 수 없거나 부적절한 경우에는 지급목적, 일시, 장소, 금액, 대상 등을 나타내는 확인서로 갈음할 수 있다.

④ 조합 등의 감사는 지출업무의 적정을 유지하기 위하여 수시로 지출에 관한 내용과 증빙서류를 감사할 수 있다.

제42조(확인의무 등) ① 감사는 조합 등 카드의 위법·부당한 사용을 막기 위하여 사용내용을 주기적으로 점검하여야 한다. 이 경우 다음 각 호의 사항을 확인하여야 한다.
  1. 심야, 휴일, 자택 인근 등 업무와 무관한 시간 및 장소에서 사용 여부
  2. 휴가기간 중 법인카드 사용 여부
  3. 동일 일자 동일 거래처 반복 사용(분할 결제 여부를 확인하기 위한 것을 말한다)
  4. 법인카드를 이용한 상품권 구매 등 조합업무와 관련 없는 지출 여부
② 제1항에 따라 감사는 점검결과를 작성일로부터 15일 이내에 조례 제69조에 의한 클린업시스템 또는 e-조합시스템에 공개해야 하고, 이를 추진위원회 또는 대의원회에 보고하여야 한다.

■ 도시정비법 제42조제3항(감사의 조합 대표권)

조합장 또는 이사가 자기를 위하여 조합과 계약이나 소송을 할 때에는 감사가 조합을 대표한다.

조합장 또는 이사를 상대로 소송을 제기하는 경우 이사회 결의나 총회 결의를 거쳐야 하는지?

도시정비법 제38조는 조합은 법인으로 한다고 규정하고 있고, 제45조제1항 각 호에서는 정관의 변경, 자금의 차입과 그 방법·이자율 및 상환방법, 정비사업비의 사용, 예산으로 정한 사항 외에 조합원에게 부담이 되는 계약 등을 총회의 의결을 거쳐야 할 사항으로 규정하고 있다.

도시정비법령 및 조합정관에서도 조합의 소 제기에 대하여 총회의 의결을 거치도록 규정하고 있지 않다.

따라서 조합 감사는 총회 결의 없이 조합을 대표하여 조합장인 피고를 상대로 소를 제기할 수 있다고 할 것이다.

감사가 조합장 또는 이사를 상대로 소송을 제기하는 경우에는 감사는 이사회 결의 유무와 상관 없이 독립적으로 자기의 의사에 따라 소송을 제기할 것인지를 결정할 권한이 있다고 봄이 상당하다는 것이 판례의 입장이다.

도시정비법

제42조(조합임원의 직무 등) ③ 조합장 또는 이사가 자기를 위하여 조합과 계약이나 소송을 할 때에는 감사가 조합을 대표한다.

🔶 **판례**

이사가 자기를 위하여 조합을 상대로 소를 제기하는 경우, 조합에 감사가 있는데도 조합장이 없다는 이유로 민사소송법에 따라 특별대리인을 선임할 수 있는지(원칙적 소극)
대법원 2015.4.9선고 2013다89372판결 대여금
【판결요지】
도시정비법에 따른 조합의 이사가 자기를 위하여 조합을 상대로 소를 제기하는 경우, 조합에 감사가 있는데도 조합장이 없거나 조합장이 대표권을 행사할 수 없는 사정이 있다는 이유로 민사소송법 제64조, 제62조에 따라 특별대리인을 선임할 수 있는지(원칙적 소극) 및 수소법원이 이를 간과하고 특별대리인을 선임한 경우, 특별대리인이 이사가 제기한 소에 관하여 조합을 대표할 권한이 있는지(소극)
따라서 법원은 소송을 수행하기 위해 특별대리인을 선임할 수 없고, 이를 간과하고 특별대리인을 선임했더라도 그 특별대리인은 이사가 제기한 소에 관하여 조합을 대표할 권한이 없다고 봐야 한다.

---

cf 부산광역시 재건축·재개발 표준정관

제29조(감사의 이사회 출석권한 및 감사요청) ① 감사는 이사회에 출석하여 의견을 진술할 수 있다. 다만, 의결권은 가지지 아니한다.

② 이사회는 조합운영상 필요하다고 인정될 때에는 감사에게 조합의 업무에 대하여 감사를 실시하도록 요청할 수 있다.

재건축·재개발 표준정관의 조문 위치와 내용이 같다.

광주광역시 재건축·재개발 표준정관

제31조(감사의 이사회 출석권한 및 감사요청) ① 감사는 이사회에 출석하여 의견을 진술할 수 있다. 다만, 의결권은 가지지 아니한다.

② 이사회는 조합운영상 필요하다고 인정될 때에는 감사에게 조합의 업무에 대하여 감사를 실시하도록 요청할 수 있다.

재건축·재개발 표준정관의 조문 위치와 내용이 같다.

2023.11.29 국토부 별표2 지정개발자(신탁업자) 표준시행규정
관련 조문이 없다.

2006.8.25 국토부 재건축 표준정관
제30조(감사의 이사회 출석권한 및 감사요청) ① 감사는 이사회에 출석하여 의견을 진술할 수 있다. 다만, 의결권은 가지지 아니한다.

② 이사회는 조합운영상 필요하다고 인정될 때에는 감사에게 조합의 업무에 대하여 감사를 실시하도록 요청할 수 있다.

2003.6.30 국토부 재개발 표준정관
제30조(감사의 이사회 출석권한 및 감사요청) ① 감사는 이사회에 출석하여 의견을 진술할 수 있다. 다만, 의결권은 가지지 아니한다.

② 이사회는 조합운영상 필요하다고 인정될 때에는 감사에게 조합의 업무에 대하여 감사를 실시하도록 요청할 수 있다.

> ■ **(서울) 재건축 표준정관 제32조(의사록의 작성 및 관리)**
> ● **(서울) 재개발 표준정관 제32조(의사록의 작성 및 관리)**:재건축 표준정관과 같다.

재건축·재개발 표준정관의 조문 위치와 내용이 같다.

총회, 대의원회, 이사회에서 의사진행 과정, 요령 및 결과 등의 작성 및 의사록의 관리 등을 규정하고 있다. 의사록이란 총회등이 어떠한 과정을 거쳐 의사결정을 하였는지 등의 기록을 남긴 문서로, 의사록이 작성되어야만 효력이 발생하는 것은 아니다.

총회 의사록을 작성해야만 총회 결의의 효력이 발생하는 것은 아니고, 그 의결만으로 효력이 발생한다.

□ **근거규정**

○ **제1항(중요한 회의의 속기록, 영상자료)**
도시정비법 제125조제1항, 동법 시행령 제94조제3항

재건축·재개발 표준정관

제32조(의사록의 작성 및 관리) ① 조합임원(청산인을 포함한다)은 총회·대의원회 및 이사회의 의사록을 작성하여 청산 시까지 보관하여야 하며, 총회 또는 시행령 제94조제3항에서 정한 중요한 회의가 있는 때에는 속기록·녹음 또는 영상자료를 만들어 청산 시까지 보관하여야 한다.
【주】시행령 제94조제3항 각 호에서 규정한 '중요한 회의'란 아래와 같다.
 1. 용역 계약(변경계약을 포함한다) 및 업체 선정과 관련된 대의원회·이사회
 2. 조합임원·대의원의 선임·해임·징계 및 토지등소유자(조합이 설립된 경우에는 조합 원을 말한다) 자격에 관한 대의원회·이사회

정비사업전문관리업자 또는 사업시행자(조합의 경우 청산인을 포함한 조합임원 등)는

법 제124조제1항에 따른 서류 및 관련 자료와 총회 또는 중요한 회의(조합원의 비용부담을 수반하거나 권리·의무의 변동을 발생시키는 경우로서 대통령령으로 정하는 회의를 말한다)가 있은 때에는 속기록·녹음 또는 영상자료를 만들어 청산 시까지 보관하여야 한다.

중요한 회의의 속기록, 영상자료란 다음과 같다(영 제94조제3항).
1. 용역 계약(변경계약을 포함한다) 및 업체 선정과 관련된 대의원회·이사회
2. 조합임원·대의원의 선임·해임·징계 및 토지등소유자(조합이 설립된 경우에는 조합원을 말한다) 자격에 관한 대의원회·이사회

> 🔨 **판례**
>
> 의사록에 구체적 발언 요지를 기재하지 않았어도 도시정비법을 위반한 것으로 보기 어렵다(무죄)
> 부산지방법원 2024.11.14.선고 2024노1839판결, 도시정비법 위반
> **【판결요지】**
> 참석이사들의 '구체적 발언 요지'를 기재하지 아니하였다고 하더라도 피고인이 도시정비법을 위반하여 이 사건 의사록을 작성하였다고 보기 어렵다는 이유로 이 사건 공소사실은 범죄의 증명이 없는 경우에 해당한다고 판단된다

○ **제2항**
「서울특별시 정비사업 의사진행 표준운영규정」 별지 제15호 "의사록(예시)" 서식
「정비사업 정보몽땅 홈페이지 운영지침」에 회의개최일로부터 15일 이내 의사록 등을 정보몽땅에 게시

> **재건축·재개발 표준정관**
>
> 제32조(의사록의 작성 및 관리) ② 총회·대의원회 및 이사회를 개최하는 경우 다음 각 호의 기준에 따라 의사록을 작성하고 관리하여야 한다. 다만, 공인속기사가 작성한 속기록 또는 의사록은 이를 법 제124조제1항제3호에 따른 의사록으로 보며, 제1호는 적용하지 아니한다.

1. 의사록에는 의사의 경과, 주요 논의내용 및 결과를 기재하고 의장 및 출석한 대의원 또는 이사 및 감사가 서명하여야 한다.
【주】업무의 효율성을 위하여 의사록 작성에 「서울특별시 정비사업 의사진행 표준운영규정」 별지 제15호 "의사록(예시)" 서식을 사용할 수 있음
2. 의사록은 회의개최일로부터 15일 이내에 정비사업 정보몽땅에 게시하고 조합사무소에 비치하여 조합원등이 항시 열람할 수 있도록 하여야 한다.
【주】「정비사업 정보몽땅 홈페이지 운영지침」에 회의개최일로부터 15일 이내 의사록 등을 정보몽땅에 게시하도록 규정되어 있음
3. 그 밖에 의사록의 작성 및 관리는 법 및 이 정관등에 따른다.

■ 민법 제76조와 의사록 작성, 결과 기재 및 공개

도시정비법에서는 의사록을 어떠한 방법으로 작성해야 하는지 명확한 규정이 없다.

도시정비법 제49조에서는 "조합에 관하여는 이 법에 규정된 사항을 제외하고는 「민법」 중 사단법인에 관한 규정을 준용한다."고 규정하고 있어, 민법 제76조에 따라 의사록의 작성, 경과, 요령 및 결과 등을 기재하고 기명날인하는 방법으로 하면 될 것이다.

의사록의 작성, 결과 등은 조합원 동의율 산정 등에 밀접한 관계가 있으며, 공증 변호사의 참여가 필요한 이유도 여기에 있다.

민법
제76조(총회의 의사록) ① 총회의 의사에 관하여는 의사록을 작성하여야 한다.
② 의사록에는 의사의 경과, 요령 및 결과를 기재하고 의장 및 출석한 이사가 기명날인하여야 한다.
③ 이사는 의사록을 주된 사무소에 비치하여야 한다.

> **판례**
>
> 도시정비법 제24조에 따라 조합원 총회에서 관리처분계획의 수립을 의결하는 경우 의결정족수를 정하는 기준이 되는 출석조합원의 의미
> 대법원 2010.4.29선고 2008두5568판결, 관리처분계획인가신청 반려처분취소
> 【판결요지】
> 도시정비법 제24조에 따라 조합원 총회에서 관리처분계획의 수립을 의결하는 경우의 의결정족수를 정하는 기준이 되는 출석조합원은 당초 총회에 참석한 모든 조합원을 의미하는 것이 아니라 문제가 된 결의 당시 회의장에 남아 있던 조합원만을 의미하고, 회의 도중 스스로 회의장에서 퇴장한 조합원은 이에 포함되지 않는다.

■ **의사록의 공개 및 보존의무 위반과 형사처벌**

도시정비법 제124조, 제138조

위 민법 제76조에서도 주된 사무소에서 비치하도록 규정하고 있지만, 이를 위반하였다고 처벌 조항은 없다.

그러나 도시정비법 제138조제1항에서는 제3호 "속기록 등을 만들지 아니하거나 관련 자료를 청산 시까지 보관하지 아니한 추진위원장, 전문조합관리인 또는 조합임원(조합의 청산인 및 토지등소유자가 시행하는 재개발사업의 경우에는 그 대표자, 지정개발자가 사업시행자인 경우 그 대표자를 말함)"에 대해서 1년 이하의 징역 또는 1천만 원 이하의 벌금에 처하도록 규정하고 있다.

또한, 행위자인 전문조합관리인, 조합임원, 조합의 청산인, 토지등소유자가 시행하는 재개발사업의 경우에는 그 대표자, 지정개발자는 그 대표자 처벌과 함께 법인(조합이 사업시행자인 경우는 조합, 지정개발자는 소속 법인)도 1천만 원의 벌금에 처벌받게 된다.

도시정비법

제138조(벌칙) ① 다음 각 호의 어느 하나에 해당하는 자는 1년 이하의 징역 또

는 1천만 원 이하의 벌금에 처한다. <개정 2018.6.12, 2020.6.9, 2021.1.5>

7. 제124조제1항을 위반하여 정비사업시행과 관련한 서류 및 자료를 인터넷과 그 밖의 방법을 병행하여 공개하지 아니하거나 같은 조 제4항을 위반하여 조합원 또는 토지등소유자의 열람·복사 요청을 따르지 아니하는 추진위원장, 전문조합관리인 또는 조합임원(조합의 청산인 및 토지등소유자가 시행하는 재개발사업의 경우에는 그 대표자, 지정개발자가 사업시행자인 경우 그 대표자를 말함)

8. 제125조제1항을 위반하여 속기록 등을 만들지 아니하거나 관련 자료를 청산 시까지 보관하지 아니한 추진위원장, 전문조합관리인 또는 조합임원(조합 청산인 및 토지등소유자가 시행하는 재개발사업의 경우에는 그 대표자, 지정개발자가 사업시행자인 경우 그 대표자를 말함)

법 제139조(양벌규정) 법인의 대표자나 법인 또는 개인의 대리인, 사용인, 그 밖의 종업원이 그 법인 또는 개인의 업무에 관하여 제135조부터 제138조까지의 어느 하나에 해당하는 위반행위를 하면 그 행위자를 벌하는 외에 그 법인 또는 개인에게도 해당 조문의 벌금에 처한다.

다만, 법인 또는 개인이 그 위반행위를 방지하기 위하여 해당 업무에 관하여 상당한 주의와 감독을 게을리하지 아니한 경우에는 그러하지 아니하다.

■ 제1호
「서울특별시 정비사업 의사진행 표준운영규정」 별지 제15호 "의사록(예시)" 서식

■ 공인속기사의 속기록, 의사록
총회·대의원회 및 이사회를 개최하는 경우 법 제124조제1항제3호에 따른 의사록으로 보며, 제1호는 적용하지 아니 한다.

법 제124조제1항제3호에 따른 의사록에는 추진위원회·주민총회·조합총회 및 조합의 이사회·대의원 회의 의사록이 있다.

【별지 제15호】

의사록(예시)

☐ 회의일시: 20 년   월   일
☐ 회의장소:
☐ 상정안건
① 제1호 안건: 안건내용
② 제2호 안건: 안건내용
③ 제3호 안건: 안건내용
☐ 의사경과 및 요령:
[성원보고]
20 년   월   일(   )   시 종합등 사무실에서 다음과 같이 회의를 개최함.
1차 성원보고: 시   분 기준 조합원등   명 중 서면결의서 제출자 포함   명 참석 의장은 회의가 적법하게 성립되었음을 알리고 개회를 선언함.

[회의진행 방법]
의장은 ○○정비사업 조합등의 회의개최경과 및 보고사항에 대해 설명하고
회의진행방법 설명 및 조합원 동의를 득함(안건상정 및 심의방법, 표결(의결)방법, 서면결의서 개봉시기 및 선투표시기 등)
투표는 무기명 비밀투표로 진행하였음.
[안건상정 및 질의응답]
- 제1호 안건: ○○의 건(안건제목)
- 안건상정의 상세한 경위 기술
- 제안 설명 및 질의응답: 구체적으로 진술
- 표결결과: 찬성   표, 반대   표, 기권   표, 무효   표
- 결의내용: 구체적으로 기술
- 의장은 제1호 안건 ○○의 건(안건제목)이 조합원등 과반수 찬성으로 원안대로 가결되었음을 선포함.
- 제2호 안건: ○○의 건(안건제목)
- 안건상정의 상세한 경위 기술
- 제안설명 및 질의 응답: 구체적으로 기술
- 표결결과: A업체   표, B 업체   표, C업체   표, 기권   표, 무효   표
- 결의내용: 구체적으로 기술
- 의장은 2호 안건 ○○의 건(안건제목)이
   총   표 중   표를 득하여 A업체로 선정되었음을 선포함.
- 제3호 안건: ○○의 건(안건제목)

- 안건상정의 상세한 경위 기술
- 제안설명 및 질의 응답: 구체적으로 기술
- 표결결과: A업체   표, B 업체   표, C업체   표, 기권   표, 무효   표
- 결의내용: 구체적으로 기술
- 의장은 제3호 안건 ○○의건(안건제목)이
  조합원등 과반수 찬성 미달로 부결되었음을 선포함.

[폐회선언]
의장은 상정된 안건심의를 모두 마친 후 회의등 폐회를 선언함.

회의 종료 시각: 시   분

주: 구체적인 기재내용은 회의진행방법에 따라 조정할 수 있습니다.

※ 속기사가 회의에 참석하여 속기록을 작상하였을 경우 의사록은 생략가능
  금번 회의 상정안건이 기재사항과 같이 의결되었음을 확인함.

연번	직책	성명	생년월일	직장 및 자필서명	비고
	조합장			성명(서명 또는 날인)	
	감사			성명(서명 또는 날인)	
	감사			성명(서명 또는 날인)	
	대의원			성명(서명 또는 날인)	
	대의원			성명(서명 또는 날인)	
	대의원			성명(서명 또는 날인)	

■ 제2호

「정비사업 정보몽땅 홈페이지 운영지침」에 회의 개최일로부터 15일 이내 의사록 등을 정보몽땅에 게시

　조합총회: 의사록, 속기록(또는 녹음, 영상자료), 회의내용 안내책자(예. 총회책자등), 참석자 및 결의자명부, 서면결의서 원본 스캔파일

　의사회: 의사록, 회의내용 안내자료, 참석자 및 결의자명부, 서면결의서 원본스캔파일

　대의원회 : 의사록, 회의내용 안내자료, 참석자 및 결의자명부, 서면결의서 원본스캔파일

　기타: 의사록

cf 부산광역시 재건축·재개발 표준정관

제30조(의사록의 작성 및 관리) ① 조합은 총회 또는 다음 각 호의 회의가 있은 때에는, 속기록·녹음 또는 영상자료를 만들어 청산 시까지 보관하여야 한다.
  1. 용역계약(변경계약을 포함한다) 및 업체 선정과 관련된 대의원회·이사회
  2. 조합임원·대의원의 선임·해임·징계 및 토지등소유자(조합이 설립된 경우에는 조합원을 말한다) 자격에 관한 대의원회·이사회
② 총회·이사회 및 대의원회를 개최하는 경우 일시·장소·안건·참석자 및 회의결과 등을 기재한 의사록을 작성하고 출석한 의장을 포함하여 이사 또는 대의원이 기명날인하여야 한다.
③ 의사록은 회의종료 일로부터 15일 이내에 작성하여 게시판 등에 게시하고 조합원이 열람할 수 있도록 하여야 한다.

재건축·재개발 표준정관의 조문 위치와 내용이 같다.

광주광역시 재건축·재개발 표준정관

제32조(의사록의 작성 및 관리) ① 조합임원(청산인을 포함한다)은 총회·대의원회 및 이사회의 의사록을 작성하여 청산 시까지 보관하여야 하며, 총회 또는 시행령 제94조제3항에서 정한 중요한 회의가 있은 때에는 속기록·녹음 또는 영상자료를 만들어 청산 시까지 보관하여야 한다.
【주】시행령 제94조제3항 각 호에서 규정한 "중요한 회의"란 아래와 같다.
  1. 용역 계약(변경계약을 포함한다) 및 업체 선정과 관련된 대의원회·이사회
  2. 조합임원, 대의원의 선임·해임·징계 및 토지등소유자(조합이 설립된 경우에는 조합원을 말한다) 자격에 관한 대의원회, 이사회
② 총회·대의원회 및 이사회를 개최하는 경우 다음 각 호의 기준에 따라 의사록을 작성하고 관리하여야 한다. 다만, 공인속기사가 작성한 속기록 또는 의사록은 이를 법 제124조제1항제3호에 따른 의사록으로 보며, 제1호 규정은 적용하지 아니한다.
  1. 의사록에는 의사의 경과, 주요 논의내용 및 결과를 기재하고 의장 및 출석한 대의원 또는 이사 및 감사가 서명하여야 한다.
  2. 의사록은 회의개최일로부터 15일 이내에 정비사업 관리시스템에 게시하고 조

합 사무소에 비치하여 조합원등이 항시 열람할 수 있도록 하여야 한다.

3. 그 밖에 의사록의 작성 및 관리는 법 및 이 정관등에 따른다.

재건축·재개발 표준정관의 조문 위치와 내용이 같다.

2023.11.29 국토부 별표2 지정개발자(신탁업자) 표준시행규정
관련 조문이 없다.

2006.8.25 국토부 재건축 표준정관
제31조(의사록의 작성 및 관리) 조합은 총회·대의원회 및 이사회의 의사록을 작성하여 청산 시까지 보관하여야 하며, 그 작성기준 및 관리 등은 다음 각 호와 같다. 다만, 속기사의 속기록일 경우에는 제1호의 규정을 적용하지 아니한다.

1. 의사록에는 의사의 경과, 요령 및 결과를 기재하고 의장 및 출석한 이사가 기명날인하여야 한다.

2. 의사록은 조합사무소에 비치하여 조합원이 항시 열람할 수 있도록 하여야 한다.

3. 임원의 선임 또는 대의원의 선출과 관련된 총회의 의사록을 관할 시장·군수에게 송부하고자 할 때에는 임원 또는 대의원 명부와 그 피선자격을 증명하는 서류를 첨부하여야 한다.

2003.6.30 국토부 재개발 표준정관
제31조(의사록의 작성 및 관리) 총회, 대의원회 및 이사회의 의사록의 작성기준 및 관리 등은 다음 각 호와 같다.

1. 의사록에는 의사의 경과, 요령 및 결과를 기재하고 의장 및 출석한 이사가 기명날인하여야 한다. 다만, 속기사의 속기록일 경우에는 제1호의 규정을 적용하지 아니 한다.

2. 의사록은 조합사무소에 비치하여 조합원이 항시 열람할 수 있도록 하여야 한다.

3. 임원의 선임 또는 대의원의 선출과 관련된 총회의 의사록을 관할 시장·군수에게 송부하고자 할 때에는 임원 또는 대의원 명부와 그 피선자격을 증명하는 서류를 첨부하여야 한다.

6장 재정

제33조(조합의 회계)
제34조(재원)
제35조(정비사업비의 부과 및 징수)

> # V
> (서울·부산·광주)
> 재건축·재개발 표준정관 해설

> ■ **(서울) 재건축 표준정관 제33조(조합의 회계)**
> ● **(서울) 재개발 표준정관 제33조(조합의 회계)**:재건축 표준정관과 같다.

재건축·재개발 표준정관의 조문 위치와 내용이 같다.

1년의 회계기간 동안 집행한 재건축·재개발 정비사업비를 결산하고, 도시정비법 제112조에 의한 회계감사 실시 규정을 담고 있다.

■ 조합의 회계 결산 과정
서울특별시 재건축 표준정관 기준

1) 회계연도 종료(회계기간 매년 1.1~12.31/조합설립인가를 받은 경우 조합설립인가 등기일부터 12.31/표준정관 제33조제1항)

2) 결산보고서 작성

조합 예산·회계규정 별표2 회계처리규정 세칙에 따라 결산보고서를 작성하여 매 회계년도 종료일부터 3개월 이내에 대의원회 의결을 거쳐 다음 총회에 보고하거나 조합원에게 서면보고(동조 제3항)

3) 감사보고서 제출

감사는 조합의 사무 및 재산상태와 회계에 관하여 감사하고 정기총회에 감사결과 보고서를 제출. 조합원 1/5 이상의 요청이 있을 때에는 공인회계사에게 회계감사를 의뢰하여 공인회계사가 작성한 감사보고서를 총회 또는 대의원회에 제출(표준정관 제16조제4항)

4) 이사회 개최

총회, 대의원회 상정안건의 심의사항 및 조합의 예산 및 통상업무 집행에 관한 사항 결정(표준정관 제29조)

5) 대의원회 개최

예산 및 결산 승인에 관한 방법 등 심의 및 의결(표준정관 제26조, 제33조)

대의원회 의결을 받은 결산보고서는 의결 후 15일 이내 정비사업 정보몽땅에 공개, 3개월 이상 조합사무실에 비치

6) 총회 보고
총회에 결산보고 또는 서면보고(표준정관 제33조제3항)

7) 결산보고서 비치 및 정보몽땅에 공개
감사의 결산보고서 및 감사인의 회계감사(동조 제5항)

외부인의 회계감사 결과보고서는 제출받은 날로부터 15일 이내에 정비사업 정보몽땅에 공개하고, 3개월 이상 조합사무소에 비치

☐ 근거규정

○ 제1항
서울특별시 별표 조합 표준예산·회계규정 제6조

재건축·재개발 표준정관
제33조(조합의 회계) ① 조합의 회계는 매년 1월 1일(조합설립인가를 받은 당해연도는 조합설립등기일)부터 12월 말일까지로 한다.

정비조합 등의 회계연도는 매년 1월 1일부터 12월 31일까지로 하되, 설립인가 또는 승인을 받은 당해 연도는 인가(승인)일로부터 12월 31일까지로 하고, 사업마지막 연도는 1월 1일부터 사업종료일까지로 한다. 단, 추진위원회의 사업 마지막 연도는 조합설립인가일까지로 한다(표준예산·회계규정 제6조제1항).

회계연도에 속하는 수입 및 지출의 결산은 회계연도 종료일부터 3개월 이내에 완료하여야 한다(동조 제2항).

■ **표준정관 제33조제1항 관련 '1회계연도 원칙에 위배되는 예산안 승인'**
재건축·재개발조합 표준정관 제33조(조합의 회계) 제1항인 1회계연도에 대해 더 상세하게 서울특별시 별표 조합 표준예산·회계규정 제6조(회계연도) 제1항과 밀접한 관계가 있다.

■ 위반사례
◇ 3년간 1회계연도 원칙에 맞지 않게 예산안을 총회 상정하여 결의를 함
◇ 2015.5월 실시된 정기총회 안건으로 15년도 조합운영비와 정비사업비 예산안에 대한 총회 승인 절차를 거쳤음에도, 2015.11월 실시된 임시총회에서 15년도 정비사업비예산안이 중복되게 승인 절차를 거침
◇ 조합정기총회(2018.2월)에서 2017년도 예산에 대한 결산보고를 하며, 사업비예산결산대비표상 예산부족분에 대하여 총사업비 범위 내에서 전용한다고 사유를 달아 처리함

■ 근거 규정과 처리방향
1회계연도 예산원칙에 맞게 정비사업 추진일정을 고려하여 예산을 편성·집행하도록 시정명령

서울특별시 표준 예산회계규정
제15조(예산편성 및 성립) ② 조합장 등은 매 회계연도 예산을 편성하여 회계연도 개시일로부터 3월 이내에 총회의결을 거쳐 최종 확정한다. 단, 부득이하게 회계연도개시일로부터 3월 이내에 총회를 개최할 수 없을 경우에는 제19조에 따른다.

○ **제2항**
중소기업회계기준 고시(시행 2014.1.1/법무부고시 제2013-29호, 2013.2.1 제정)[43]
서울특별시 별표 조합 표준예산·회계규정 제15조

재건축·재개발 표준정관
제33조(조합의 회계) ② 다음 각 호의 사항에 관한 조합의 예산·회계는 조합 예산·회계규정에 따르며, 조합 예산·회계규정에서 정하지 아니한 사항은 관련법령,

---

[43] 중소기업회계기준 고시
[시행 2014. 1. 1] [법무부고시 제2013-29호, 2013. 2. 1, 제정]
제1조(목적) 중소기업회계기준(이하 '이 기준')은 상법 시행령 제15조제3호에 따른 주식회사의 회계처리와 재무보고에 관한 기준을 정함을 목적으로 한다.

조례, 이 정관, 「중소기업회계기준」 등을 준용한다.
1. 예산의 편성과 집행기준에 관한 사항
2. 세입·세출예산서 및 결산보고서의 작성에 관한 사항
3. 수입의 관리·징수방법 및 수납기관 등에 관한 사항
4. 지출의 관리 및 지급 등에 관한 사항
5. 계약 및 채무관리에 관한 사항
6. 그 밖에 회계문서와 장부에 관한 사항

재건축·재개발 표준정관의 조합 회계 규정으로, 서울특별시 별표 조합 표준예산·회계규정인 제15조(예산편성 및 성립), 제16조(예산서의 첨부서류), 제20조(예산집행 실적 보고), 제22조(용도별 자금관리), 제24조(계약의 원칙), 제25조(계약의 방법), 제29조(계약서의 작성), 제32조(수입·지출업무의 관리), 제35조(지출의 원칙 및 감사), 제36조(지출증빙서류의 수취 및 보관), 제37조(수입·지출의 처리), 제43조(회계 처리방법) 등이 있다.

위반사례로는 "조합은 임시직원(계약직)을 채용하면서 근로소득을 지급하였으나, 이를 인건비항목으로 회계 처리하지 않고 지급수수료(운영비) 계정으로 회계 처리"로 알려져 있다.

○ 제3항, 제5항(결산보고서 정보몽땅에 공개, 조합사무실 비치·열람)
서울특별시 별표 조합 표준예산·회계규정 및 동 회계규정 별표 회계처리규정 세칙

재건축·재개발 표준정관
제33조(조합의 회계) ③ 조합은 조합 예산·회계규정 별표2 회계처리규정 세칙에 따라 결산보고서를 작성하여 매 회계년도 종료일부터 3개월 이내에 대의원회 의결을 거쳐 다음 총회에 보고하거나 조합원에게 서면보고 하여야 한다. 대의원회 의결을 받은 결산보고서는 의결 후 15일 이내에 정비사업 정보몽땅에 공개하여야 하며, 3개월 이상 조합사무소에 비치하여 조합원들이 열람할 수 있도록 하여야 한다.

⑤ 조합은 제4항에 의하여 실시한 회계감사 결과보고서는 제출받은 날로부터 15일 이내에 정비사업 정보몽땅에 공개하고, 3개월 이상 조합사무소에 비치하여 조합원들이 열람할 수 있도록 하여야 한다.

별표 조합 표준예산·회계규정 및 동 회계규정 별표 회계처리규정 세칙
제20조(결산보고) ① 조합장 등은 회계연도 종료일로부터 3월 이내에 제12조에 의한 재무제표 및 부속명세서를 작성하고 감사의 의견서를 첨부하여 대의원회에 보고하여 표준정관에 따른 승인을 득해야 한다. 다만, 제19조에 의한 재무제표를 제외하고는 재무제표에 대한 주석은 생략할 수 있다.
② 조합원 1/10 이상의 감사요청이 있을 때에는 정관의 감사규정에 따르며, 이때에는 제1항의 결산보고서 제출기한을 1개월 범위내에서 연장할 수 있다.
③ 조합장 등은 대의원회의 승인 후 3개월 이내에 정기총회를 개최하지 못할 경우 제1항에 의한 재무제표 및 부속명세서를 조합원에게 서면으로 보고하여야 한다.

또한, 결산보고서는 대의원 의결 후 15일 이내에 정비사업 정보몽땅에 공개하도록 정했다.

■ **표준정관 제33조제2항제3호 관련 '결산보고서 보고 지연'**
서울특별시 정비사업 조합운영 실태점검

재건축·재개발 표준정관 제33조(조합의 회계) 제2항제2호인 "세입·세출예산서 및 결산보고서의 작성에 관한 사항"에 대해 매 회계년도 종료일부터 3개월 이내에 대의원회 의결을 거쳐 다음 총회에 보고하거나 조합원에게 서면보고 하도록 하고 있다.

■ **위반사례**
◇ 조합정관을 위반하여 결산보고서를 회계연도 종료일로부터 3월이 지난 시점에서야 소식지를 통해 서면보고함
◇ 조합정관에 따라 매 회계연도 종료일부터 30일 이내 결산보고해야 하나,

2016년 결산보고서를 2017.9월 대의원회 의결하여 2017.10월 총회 지연 보고함
◇ 2016년~2021년 결산보고서에 대하여 총회 또는 조합원에게 서면으로 지연 보고하거나 보고하지 않음

■ **근거규정과 처리방향**
결산보고 기간을 준수하여 매 회계연도 3월 이내에 총회 또는 조합원에게 서면 보고하도록 조치(시정명령)

도시정비법
제138조(벌칙) 1년 이하의 징역 또는 1천만 원 이하의 벌금

제124조(관련 자료의 공개 등) ① 추진위원장 또는 사업시행자(조합의 경우 청산인을 포함한 조합임원, 토지등소유자가 단독으로 시행하는 재개발사업의 경우에는 그 대표자를 말한다)는 정비사업의 시행에 관한 다음 각 호의 서류 및 관련 자료가 작성되거나 변경된 후 15일 이내에 이를 조합원, 토지등소유자 또는 세입자가 알 수 있도록 인터넷과 그 밖의 방법을 병행하여 공개하여야 한다.
9. 결산보고서

서울특별시 표준예산·회계규정
제11조(재무제표 및 부속명세서) ③ 재무제표의 부속명세서는 공사원가명세서, 자산부채명세서, 사업비명세서, 사업비 예산결산대비표, 운영비 예산결산대비표 및 예비비명세서로 하며, 서식은 「○○정비사업조합(조합설립추진위원회) 회계처리규정 세칙」에 예시된 별지서식 제4호 내지 제9호와 같으며, 결산보고서로 재무제표 및 부속명세서를 작성하고 감사의 의견서를 첨부하여 대의원회에 보고하고 정관 및 운영규정에 따른 승인을 득하여야 한다. 예산은 다음 각 호에 의하여 편성하여야 한다.

서울특별시 표준 예산·회계규정 세칙

제20조(결산보고) ① 조합장 등은 회계연도 종료일로부터 3월 이내에 제12조에 의한 재무제표 및 부속명세서를 작성하고 감사의 의견서를 첨부하여 대의원회에 보고하여 표준정관에 따른 승인을 득해야 한다. 다만, 제19조에 의한 재무제표를 제외하고는 재무제표에 대한 주석은 생략할 수 있다

○ 제4항

도시정비법 제112조, 동법 시행령 제88조, 「주식회사 등의 외부감사에 관한 법률」 제2조제7호 및 제9조

> **재건축·재개발 표준정관**
> 제33조(조합의 회계) ④ 조합에 대한 「주식회사 등의 외부감사에 관한 법률」 제2조제7호 및 제9조에 따른 감사인의 회계감사에 관하여는 법 제112조에 따른다.

이 법에서 사용하는 용어의 뜻은 다음과 같다(「주식회사 등의 외부감사에 관한 법률」 제2조).
7. "감사인"이란 다음 각 목의 어느 하나에 해당하는 자를 말한다.
　가. 「공인회계사법」 제23조에 따른 회계법인
　나. 「공인회계사법」 제41조에 따라 설립된 한국공인회계사회에 총리령으로 정하는 바에 따라 등록을 한 감사반

이 법에 의한 제9조(감사인의 자격 제한 등)의 회계감사는 아래와 같이 도시정비법 제112조에 따르도록 했다.

사업시행자인 정비조합은 다음 각 호의 어느 하나에 해당하는 경우에는 다음 각 호의 구분에 따른 기간 이내에 「주식회사 등의 외부감사에 관한 법률」 제2조제7호 및 제9조에 따른 감사인의 회계감사를 받기 위하여 시장·군수등에게 회계감사기관의 선정·계약을 요청하여야 하며, 그 감사결과를 회계감사가 종료된 날부터 15일 이내에 시장·군수등 및 해당 조합에 보고하고 조합원이 공람할 수 있도록 하여야 한다(도시정비법 제112조제1항).

1. 추진위원회에서 사업시행자로 인계되기 전까지 납부 또는 지출된 금액과 계약 등으로 지출될 것이 확정된 금액의 합이 대통령령으로 정한 금액 이상인 경우: 추진위원회에서 사업시행자로 인계되기 전 7일 이내
2. 사업시행계획인가 고시일 전까지 납부 또는 지출된 금액이 대통령령으로 정하는 금액 이상인 경우: 사업시행계획인가의 고시일부터 20일 이내
3. 준공인가 신청일까지 납부 또는 지출된 금액이 대통령령으로 정하는 금액 이상인 경우: 준공인가의 신청일부터 7일 이내
4. 토지등소유자 또는 조합원 1/5 이상이 사업시행자에게 회계감사를 요청하는 경우: 제4항에 따른 절차를 고려한 상당한 기간 이내

cf 부산광역시 재건축·재개발 표준정관

제31조(조합의 회계) ① 조합의 회계는 매년 1월1일(설립인가를 받은 당해년도는 인가일)부터 12월 31일까지로 한다.

② 조합의 예산·회계는 기업회계의 원칙에 따르되 조합은 필요하다고 인정하는 때에는 다음 각 호의 사항을 조합예산·회계규정에 정하여 운영할 수 있다.
1. 예산의 편성과 집행기준에 관한 사항
2. 세입·세출예산서 및 결산보고서의 작성에 관한 사항
3. 수입의 관리·징수방법 및 수납기관 등에 관한 사항
4. 지출의 관리 및 지급 등에 관한 사항
5. 계약 및 채무관리에 관한 사항
6. 그 밖에 회계문서와 장부에 관한 사항

③ 조합은 매 회계연도 종료일부터 30일 내에 결산보고서를 작성한 후 감사의 견서를 첨부하여 이사회의 심의 후 대의원회에 제출하여 의결을 거쳐야 하며, 대의원회 의결을 거친 결산보고서를 작성 후 15일 이내에 게시판 등에 공개하여야 하고, 총회에 서면으로 보고하고 조합사무소에 3월 이상 비치하여 조합원들이 열람할 수 있도록 하여야 한다. 다만, 부득이한 사정이 있는 경우에는 지연사유를 명시하여 매 회계연도 종료일부터 45일 내에 결산보고서를 작성하여야 한다.

④ 사업시행자는 다음 각 호의 어느 하나에 해당하는 시기에 「주식회사 등의 외부감사에 관한 법률」 제2조제7호 및 제9조에 따른 감사인의 회계감사를 받아야

하며, 그 감사결과를 회계감사가 종료된 날부터 15일 이내에 구청장·군수 및 조합에 제출하고, 게시판 등에 게시하여 조합원이 공람할 수 있도록 하여야 한다.

  1. 추진위원회에서 사업시행자로 인계되기 전까지 납부 또는 지출된 금액과 계약등으로 지출될 것이 확정된 금액의 합이 3억 5천만 원 이상인 경우에는 추진위원회에서 조합으로 인계되기 전 7일 이내 회계감사 신청

  2. 사업시행계획인가 고시일 전까지 납부 또는 지출된 금액이 7억 원 이상인 경우에는 사업시행계획인가의 고시일로부터 20일 이내

  3. 준공인가신청일까지 납부 또는 지출된 금액이 14억 원 이상인 경우에는 준공인가의 신청일로부터 7일 이내

  ⑤ 제4항에 따라 회계감사가 필요한 경우 조합은 구청장·군수에게 회계감사기관의 선정·계약을 요청하여야 한다.

  ⑥ 조합은 제5항에 따라 회계감사기관의 선정·계약을 요청하려는 경우 구청장·군수에게 회계감사에 필요한 비용을 미리 예치하여야 한다.

  ⑦ 정기총회에 당해년도 예산안을 상정하여야 하며, 정기총회에서 예산안이 의결될 때까지는 전년도 예산에 준하여 집행한다.

재건축·재개발 표준정관의 조문 위치와 내용이 같다.

광주광역시 재건축·재개발 표준정관

제33조(조합의 회계) ① 조합의 회계는 매년 1월 1일(<u>조합설립인가를 받은 당해연도는 조합설립등기일</u>)부터 12월 말일까지로 한다.

  ② 다음 각 호의 사항에 관한 조합의 예산·회계는 조합 예산·회계규정에 따르며, 조합 예산·회계규정에서 정하지 아니한 사항은 관련 법령, 조례, 이 정관, 「중소기업회계기준」 등을 준용한다.

  1. 예산의 편성과 집행기준에 관한 사항
  2. 세입·세출예산서 및 결산보고서의 작성에 관한 사항
  3. 수입의 관리·징수방법 및 수납기관 등에 관한 사항
  4. 지출의 관리 및 지급 등에 관한 사항
  5. 계약 및 채무관리에 관한 사항

6. 그 밖에 회계문서와 장부에 관한 사항

③ 조합은 결산보고서를 작성하여 매 회계년도 종료일부터 3개월 이내에 대의원회 의결을 거쳐 총회에 보고하거나 조합원에게 서면보고 하여야 한다. 대의원회 의결을 받은 결산보고서는 의결 후 15일 이내에 정비사업 관리시스템에 공개하여야 하며, 3개월 이상 조합사무소에 비치하여 조합원들이 열람할 수 있도록 하여야 한다.

④ 조합에 대한 「주식회사 등의 외부감사에 관한 법률」 제2조제7호 및 제9조에 따른 감사인의 회계감사에 관하여는 법 제112조에 따른다.

⑤ 조합은 제4항에 의하여 실시한 회계감사 결과보고서는 제출받은 날로부터 15일 이내에 정비사업 관리시스템에 공개하고, 3개월 이상 조합사무소에 비치하여 조합원들이 열람할 수 있도록 하여야 한다.

재건축·재개발 표준정관의 조문 위치와 내용이 같다.

2023.11.29 국토부 별표2 지정개발자(신탁업자) 표준시행규정

제45조(회계에 관한 사항) ① 이 사업의 회계기간은 매년 1월 1일(사업시행자 지정 고시가 있는 해에는 고시일부터)부터 12월 31일까지로 한다.

② 사업시행자의 신탁계정에 관한 회계는 기업회계의 원칙에 따른다. 다만, 금융감독원의 사전 검토를 받아 자체 회계규정을 정한 경우에는 그에 따른다.

③ 사업시행자는 매 회계년도 종료일부터 30일 내에 결산보고서를 작성한 후 「주식회사의 외부감사에 관한 법률」 제2조7호 및 제9조에 따른 감사인의 의견서를 첨부하여 결산보고서를 토지등소유자 전체회의 또는 토지등소유자에게 서면으로 보고하고 사무소에 이를 3개월 이상 비치하여 토지등소유자들이 열람할 수 있도록 하여야 한다.

④ 사업시행자는 사업에 대하여 도시정비법 제112조에 따라 「주식회사의 외부감사에 관한 법률」 제2조7호 및 제9조에 따른 감사인의 회계감사를 받아야 한다.

⑤ 사업시행자는 제4항에 따라 실시한 회계감사 결과를 회계감사종료일로부터 15일 내에 시장·군수등에게 보고하고, 사무소에 이를 비치하여 토지등소유자들이 열람할 수 있도록 하여야 한다.

2006.8.25 국토부 재건축 표준정관

제32조(조합의 회계) ① 조합의 회계는 매년 1월1일(설립인가를 받은 당해년도는 인가일)부터 12월말 일까지로 한다.

② 조합의 예산·회계는 기업회계의 원칙에 따르되 조합은 필요하다고 인정하는 때에는 다음 사항에 관하여 별도의 회계규정을 정하여 운영할 수 있다. 이 경우 회계규정을 정할 때는 미리 총회의 인준을 받아야 한다.

1. 예산의 편성과 집행기준에 관한 사항
2. 세입·세출예산서 및 결산보고서의 작성에 관한 사항
3. 수입의 관리·징수방법 및 수납기관 등에 관한 사항
4. 지출의 관리 및 지급 등에 관한 사항
5. 계약 및 채무관리에 관한 사항
6. 그 밖에 회계문서와 장부에 관한 사항

③ 조합은 매 회계년도 종료일부터 30일 내에 결산보고서를 작성한 후 감사의 의견서를 첨부하여 대의원회에 제출하여 의결을 거쳐야 하며, 대의원회 의결을 거친 결산보고서를 총회 또는 조합원에게 서면으로 보고하고 조합사무소에 이를 3월 이상 비치하여 조합원들이 열람할 수 있도록 하여야 한다.

④ 조합은 다음 각 호의 1에 해당하는 시기에 「주식회사의 외부감사에 관한 법률」 제3조에 의한 감사인의 회계감사를 받아야 한다.

1. 추진위원회에서 조합으로 인계되기 전까지 납부 또는 지출된 금액이 3억5천만 원 이상인 경우
2. 사업시행인가·고시일 전까지 납부 또는 지출된 금액이 7억 원 이상인 경우에 고시일부터 20일 이내
3. 준공인가신청 일까지 납부 또는 지출된 금액이 14억 원 이상인 경우에 준공검사의신청일부터 7일 이내

【주】도시정비법 제76조에 의한 회계감사를 실시함에 있어, 동법 영 제67조제1항에 의한 시기별로 회계감사를 받아야 한다.

⑤ 제4항에도 불구하고 비용의 납부 및 지출내역에 대하여 조합원 4/5 이상 동의할 경우 회계감사를 받지 아니할 수 있다.

⑥ 조합은 제4항에 의하여 실시한 회계감사 결과를 회계감사종료일로부터 15일

이내에 시장·군수에게 보고하고, 조합사무소에 이를 비치하여 조합원들이 열람할 수 있도록 하여야 한다.

2003.6.30 국토부 재개발 표준정관

제32조(조합의 회계) ① 조합의 회계는 매년 1월1일(설립인가를 받은 당해년도는 인가일)부터 12월 말일까지로 한다.

② 조합의 예산·회계는 기업회계의 원칙에 따르되 조합은 필요하다고 인정하는 때에는 다음 사항에 관하여 별도의 회계규정을 정하여 운영할 수 있다. 이 경우 회계규정을 정할 때는 미리 총회의 인준을 받아야 한다.

1. 예산의 편성과 집행기준에 관한 사항
2. 세입·세출예산서 및 결산보고서의 작성에 관한 사항
3. 수입의 관리·징수방법 및 수납기관 등에 관한 사항
4. 지출의 관리 및 지급 등에 관한 사항
5. 계약 및 채무관리에 관한 사항
6. 그 밖에 회계문서와 장부에 관한 사항

③ 조합은 매 회계년도 종료일부터 30일내에 결산보고서를 작성한 후 감사의 의견서를 첨부하여 대의원회에 제출하여 의결을 거쳐야 하며, 대의원회 의결을 거친 결산보고서를 총회 또는 조합원에게 서면으로 보고하고 조합사무소에 이를 3월 이상 비치하여 조합원들이 열람할 수 있도록 하여야 한다.

④ 조합은 다음 각호의 1에 해당하는 시기에 주식회사의 외부감사에 관한 법률 제3조에 의한 감사인의 회계감사를 받아야 한다.

1. 추진위원회에서 조합으로 인계되기 전까지 납부 또는 지출된 금액이 3억 5천만 원 이상인 경우
2. 사업시행인가고시일 전까지 납부 또는 지출된 금액이 7억 원 이상인 경우에 고시일부터 20일 이내
3. 준공인가신청일까지 납부 또는 지출된 금액이 14억 원 이상인 경우에 준공검사의 신청일부터 7일 이내

【주】도시정비법 제76조에 의한 회계감사를 실시함에 있어, 동법 시행령 제67조제1항에 의한 시기별로 회계감사를 받아야 한다.

⑤ 제4항에도 불구하고 비용의 납부 및 지출내역에 대하여 조합원 4/5 이상 동의할 경우 회계감사를 받지 아니할 수 있다.

⑥ 조합은 제4항에 의하여 실시한 회계감사 결과를 회계감사 종료일로부터 15일 이내에 시장·군수에게 보고하고, 조합사무소에 이를 비치하여 조합원들이 열람할 수 있도록 하여야 한다.

⑦ 조합은 사업시행상 조력을 얻기 위하여 용역업자와 계약을 체결하고자 하는 경우에는 「국가를 당사자로 하는 계약에 관한 법률」의 내용을 준용하여 처리한다.

> ■ **(서울) 재건축 표준정관 제34조(재원)**
> ● **(서울) 재개발 표준정관 제34조(재원)**:재건축 표준정관과 같다.

재건축·재개발 표준정관의 조문 위치와 내용이 같으며, 정비사업의 자금조달에 관한 사항이 담겨있다.

□ 근거규정

○ 제1항, 제2항

도시정비법 제74조, 제92조 내지 제94조, 서울특별시 도시정비조례 시행규칙 제16조 별지 제28호 서식

> **재건축·재개발 표준정관**
> 제34조(재원) ① 조합의 운영 및 사업시행을 위한 자금은 다음 각 호에 의하여 조달한다.
> 1. 조합원이 현물로 출자한 토지 및 건축물
> 2. 조합원이 납부하는 정비사업비 등 부과금
> 3. 건축물 및 부대·복리시설의 분양 수입금
> 4. 조합이 금융기관 및 시공자 등으로부터 조달하는 차입금
> 5. 서울특별시장, 주택도시보증공사 등으로부터 조달하는 융자금
> 6. 대여금의 이자 및 연체료 등 수입금
> 7. 청산금
> 8. 그 밖에 조합재산의 사용, 수익 또는 처분에 의한 수익금
> ② 조합이 자금을 차입한 때에는 자금을 차입한 날부터 30일 이내에 자금을 대여한 상대방, 차입일, 차입액, 이자율, 상환기한 및 상환방법을 기재한 자금차입계약서의 사본을 ○○구청장에게 제출하는 방법으로 신고하여야 한다.

정비사업비는 이 법 또는 다른 법령에 특별한 규정이 있는 경우를 제외하고는

사업시행자가 부담한다(법 제92조제1항).

사업시행자인 정비조합은 토지등소유자로부터 위 법 제92조제1항에 따른 비용과 정비사업의 시행과정에서 발생한 수입의 차액을 부과금으로 부과·징수할 수 있으며(법 제93조제1항), 토지등소유자가 이 부과금의 납부를 게을리한 때에는 연체료를 부과·징수할 수 있다(동조 제2항).

부과금 및 연체료의 부과·징수에 필요한 사항은 정관등으로 정한다(동조 제3항).

○ **제3항(정비사업비의 보조, 융자 등)**
도시정비법 제95조제3항, 동법 시행령 제79조
서울특별시 도시정비조례 제53조, 「서울특별시 융자금 지원계획 공고」

재건축·재개발 표준정관
제34조(재원) ③ 조합이 법 제95조제3항 및 조례 제53조에 따라 서울특별시로부터 사업비를 융자받고자 하는 경우 총회 의결을 거쳐 시장에게 신청하여야 하며, 융자기간·상환방법·이율 등은 융자금 신청 당시의 「서울특별시 융자계획 공고」에 따른다.

■ **국가·지방자치단체의 정비사업비 일부 보조, 융자(알선)**
국가·지방자치단체는 사업시행자인 정비조합이 시행하는 정비사업에 드는 비용의 일부를 보조 또는 융자하거나 융자를 알선할 수 있다(법 제95조제3항). 국가 또는 지방자치단체가 보조할 수 있는 금액은 기초조사비, 정비기반시설 및 임시거주시설의 사업비, 조합 운영경비의 각 50% 이내로 한다(영 제79조제4항).

법 제95조제3항에 따라 국가 또는 지방자치단체는 다음 각 호의 사항에 필요한 비용의 각 80% 이내에서 융자하거나 융자를 알선할 수 있다(영 제79조제5항).
1. 기초조사비
2. 정비기반시설 및 임시거주시설의 사업비
3. 세입자 보상비

4. 주민 이주비

5. 그 밖에 시·도조례로 정하는 사항(지방자치단체가 융자하거나 융자를 알선하는 경우만 해당한다)

■ 서울특별시 정비사업비 융자
도시정비법 시행령 제79조제5항제5호, 도시정비조례 제53조

위에서의 영 제79조제5항제5호인 "그 밖에 시·도조례로 정하는 사항"이란 추진위원회·조합의 운영자금 및 설계비 등 용역비를 말한다(조례 제53조제2항).

융자는 영 제79조제5항에서 정하는 범위에서 다음 각 호의 기준에 따라 할 수 있다(동조 제3항).

1. 융자금에 대한 대출 이율은 한국은행의 기준금리를 고려하여 정책자금으로서의 기능을 유지하는 수준에서 시장이 정하되, 추진위원회 및 조합의 운영자금 및 용역비 등 융자 비목에 따라 대출이율을 차등 적용할 수 있다.

2. 사업시행자는 정비사업의 준공인가 신청 전에 융자금을 상환하여야 한다.

정비조합은 총회의 의결을 거쳐 시장에게 융자를 신청할 수 있으며, 다음 각 호의 내용이 포함된 운영규정 또는 정관을 제출하여야 한다(동조 제4항).

1. 융자금액 상환에 관한 사항

2. 융자 신청 당시 담보 등을 제공한 추진위원장 또는 조합장 등이 변경될 경우 채무 승계에 관한 사항

위의 융자에 관하여 필요한 사항은 서울특별시 도시정비조례 시행규칙으로 정한다(동조 제6항).

서울특별시는 위 제6항 관련하여, 도시정비조례 시행규칙 제22조(융자계획 수립), 제23조(융자신청 대상자), 제24조(우선융자대상 정비구역), 제25조(융자신청),제29조(융자의 취소 및 융자신청 제한 등), 제30조(융자금 상환방법 등), 제31조(융자금의 대여 제26조(융자대상 및 금액결정 방법 등), 제27조(융자사무의 위탁), 제28조(융자대상자 통

보), 조건 및 상환) 등 규정을 두고 있다.

다음은 서울특별시 정비사업 융자금 지원계획 공고 사례이다.

서울특별시 공고 제2024-629호
2024년 서울특별시 정비사업 융자금 지원계획 공고
주택정비형·도시정비형 재개발·재건축조합 및 추진위원회에 대한 2024년 정비사업 융자금 지원계획을 도시정비법 제95조제3항, 도시정비법 시행령 제79조제5항제5호, 도시정비조례 제53조제2항부터 제6항 및 도시정비조례 시행규칙 제22조부터 제31조에 의하여 다음과 같이 공고합니다.

2024년 2월 29일
서 울 특 별 시 장

1. 신청대상: 정비사업 융자계획 공고 이전에 도시정비법 제16조에 따라 정비구역으로 지정·고시된 구역의 추진위원회와 조합(법 제25조에 따라 조합이 토지주택공사등, 건설업자 등과 공동으로 시행하는 경우 제외)

2. 지원금액: 24,800백만 원

3. 대출이자: 신용대출 연 4.0%, 담보대출 연 2.5%

    가. 2024년 신규 융자 건은 위의 이자율 적용
    나. 2024년 이전 융자 건 중, 2024년 서울시 정비사업 융자금 지원계획 공고일부터 상환기간 연장되는 건은 위의 이자율 적용
    다. 2024년 이전 융자 건 중, 상환기간 내의 융자금은 기존 약정된 이자율 적용

4. 융자신청요건

    가. 정비구역이 지정된 구역일 것
    나. 도시정비법 제20조 및 제21조에 따른 해제 대상구역이 아닐 것
    다. 추진위원회 및 조합의 존립에 관한 소송이 진행 중인 구역이 아닐 것
    라. 추진위원회 운영규정 또는 조합 정관에 아래 사항이 기재 되어 있을 것
    - 정비사업이 추진되지 않을 경우 융자금 상환에 관한 사항
    - 융자 신청 당시 담보 등을 제공한 추진위원장 또는 조합장 등이 변경될 경우

채무 승계에 관한 사항

마. 표준 예산·회계규정, 선거관리규정, 행정업무규정을 적용하는 구역일 것

바. 서울시 정비사업 정보몽땅(조합업무지원) 시스템을 사용하는 구역일 것

사. 2022.1.1 이후 총회에서 서울시 융자금 차입을 의결한 구역일 것

아. 신탁업자가 정비사업에 공동시행·지정개발자·사업대행자로 참여한 구역이 아닐 것

5. **융자금 한도:** 단계별 필요경비의 80% 이내

   가. 담보대출: 한도 담보 범위 내

   나. 신용대출

   - 조합장 또는 추진위원장 1인 보증을 요함
   - 건축연면적: 차수별 공고일 직전 수립되어 고시된 정비계획의 지상 건축연면적

융자금 한도액					
건축연면적	20만㎡ 미만	20만㎡~30만㎡	30만㎡~40만㎡	40만㎡~50만㎡	50만㎡ 이상
추진위원회	10억원	12억원	15억원	15억원	15억원
조합	20억원	30억원	40억원	50억원	60억원

6. **융자금 용도:** 설계비 등 용역비, 운영자금 등

7. **융자의 부적격 및 취소**

   가. 융자지원을 부적격 처리할 수 있는 경우

   1) 자치구 또는 서울특별시의 융자심사 시 사업추진 지연 등으로 원활한 사업추진이 곤란하여 지원이 적절치 않다고 결정한 경우
   2) 수탁기관의 심사기준에 따라 지원이 적절치 않다고 결정하였거나 조합장 또는 추진위원장의 여신심사결과 대출이 부적당하다고 판단된 경우
   3) 융자실행 전 조합 또는 추진위원회의 존립에 관한 소송이 제기된 경우
   4) 당해 공고에 기재된 융자금 대출이자율보다 낮은 고정이자율로 총회 의결을 받은 경우

   나. 융자를 취소할 수 있는 경우

   1) 거짓 또는 부정한 수단으로 융자를 받은 경우
   2) 정비구역 해제 또는 추진위원회 승인·조합설립인가가 취소된 경우

3) 사업시행계획인가 또는 관리처분계획인가가 취소된 경우

4) 융자금을 지원받고 있는 사업장이 정비사업 시행방식을 지정개발자로 변경한 경우

8. 융자상환

가. 상환방법: 원리금 일시상환

나. 상환시기

1) 융자기간이 만료되었을 때

2) 융자기간 만료 전 아래와 같은 때

- 추진위원회에서 받은 융자금: 시공자 선정일로부터 30일 이내

- 조합에서 받은 융자금: 준공인가 신청 전

3) 융자 취소 사유가 발생했을 때

※ 원리금 상환을 연체하였을 때 수탁기관은 별도의 연체이자 징수

9. 융자기간

가. 융자기간: 최초 대출일로부터 5년

나. 기간연장: 아래와 같은 경우 서울시의 승인을 얻어 1년 단위로 연장 가능

- 추진위원회에서 받은 융자금: 시공자를 선정하지 못한 때

- 조합에서 받은 융자금: 준공인가 신청을 하지 못한 때

- 단, 융자를 지원받고 있는 사업장의 정비사업 시행방식이 공동시행, 사업대행자 방식으로 변경되는 경우 융자만기 시 연장 불가

10. 지원절차

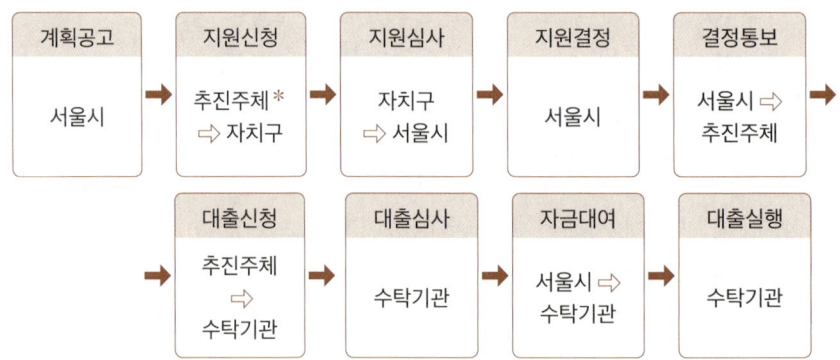

＊추진 주체: 조합 또는 추진위원회

가. 신청서류 제출(추진위원회/조합→자치구)

1) 접 수 처: 정비사업 구역 관할 자치구청 사업 담당부서

2) 접수기간: 2024.3.19(화) ~ 3.27(수)

11. 신청서류

가. 융자신청서 (공문_문서형식)

나. 융자금 집행계획서 (파일 형식)

다. 정비구역 지정 고시문 사본 (파일 형식)

라. 융자금 집행내역 검증내역서 (파일 형식)

마. 조합 및 추진위원회 승인서(최초, 최종) 사본 (파일 형식)

바. 서울시 융자금 차입 안건이 포함된 총회 회의자료 및 의사록 사본 (파일 형식)

사. 상환 및 채무승계에 관한 조항이 포함된 정관 또는 운영규정 (파일 형식)

아. 예산회계규정, 표준선거관리규정, 표준행정업무규정 (파일 형식)

12. 기타

가. 융자금 관련 모든 문서는 서울시 정보몽땅 시스템(조합업무지원)에 등재되어야 함

※ 자치구에 신청한 공문 및 신청서류(신청서, 집행계획, 집행내역)

나. 서울시 융자지원 결정 이후 90일 이내 수탁기관(주택도시보증공사)에 신청하여야 하며, 2024.12.31 이전 융자금 대출을 받아야 함

다. 수탁기관의 심사결과에 따라 융자금을 일괄 또는 분할지급

※ 본 공고에 명시되지 않은 내용은 근거 법령에 따름

○ **제4항(조합장 변경 시 새 조합장으로 일괄 승계)**
2024 서울특별시 정비사업 융자금 지원계획 공고 참조

재건축·재개발 표준정관
제34조(재원) ④ 제3항에 따른 융자를 받은 후 조합장이 변경될 경우 새로운 조합장은 융자신청 당시 융자원리금의 상환과 관련하여 연대보증하거나 담보 등을 제공한 전 조합장의 지위를 일괄승계한다. 다만, 조합설립추진위원장에 대해서는 최초로 선임된 조합장이 이를 일괄 승계한다.

2024 서울특별시 정비사업 융자금 지원계획 공고

융자신청 요건: 추진위원회 운영규정 또는 조합정관에 아래 사항이 기재 되어 있을 것.

- 정비사업이 추진되지 않을 경우 융자금 상환에 관한 사항
- 융자 신청 당시 담보 등을 제공한 추진위원장 또는 조합장 등이 변경될 경우 채무 승계에 관한 사항

융자금 한도: 조합장 또는 추진위원장 1인 보증을 요함

신청서류: 상환 및 채무승계에 관한 조항이 포함된 정관 또는 운영규정 (파일 형식)

○ **제5항(조합의 융자원리금 상환채무)**

> **재건축·재개발 표준정관**
>
> 제34조(재원) ⑤ 제3항에 따른 융자를 받은 후 사업이 추진되지 못하는 경우 조합의 융자원리금 상환채무는 그 당시 조합원이 법 제74조제1항제5호에서 정한 가격에 대한 법 제74조제4항제1호에 따른 평가액(법 제74조제4항제1호에 따른 감정평가가 실시되지 않은 경우에는 최종 추정분담금 검증 후 통지된 평가액)의 비율에 따라 이를 인수한다. 제4항에 따라 융자원리금을 지급한 조합장은 조합원들에게 그 인수비율에 따라 구상할 수 있다.

분양대상자별 종전의 토지 또는 건축물 명세 및 사업시행계획인가·고시가 있은 날을 기준으로 한 가격(사업시행계획인가 전에 철거된 건축물은 시장·군수등에게 허가를 받은 날을 기준으로 한 가격)에 대한 법 제74조제4항제1호에 따른 평가액(법 제74조제4항제1호에 따른 감정평가가 실시되지 않은 경우에는 최종 추정분담금 검증 후 통지된 평가액)의 비율에 따라 이를 인수하도록 하고 있다.

cf 부산광역시 재건축·재개발 표준정관

제32조(재원) 조합의 운영 및 사업시행을 위한 자금은 다음 각 호에 의하여 조달한다.

1. 조합원이 현물로 출자한 토지 및 건축물

2. 조합원이 납부하는 정비사업비 등 부과금
  3. 건축물 및 부대·복리시설 등의 분양 수입금
  4. 조합이 금융기관 및 시공자 등으로부터 조달하는 차입금
  5. 대여금의 이자 및 연체료 등 수입금
  6. 청산금
  7. 그 밖에 조합재산의 사용, 수익 또는 처분에 의한 수익금

재건축·재개발 표준정관의 조문 위치와 내용이 같다.

광주광역시 재건축·재개발 표준정관
제34조(재원) ① 조합의 운영 및 사업시행을 위한 자금은 다음 각 호에 의하여 조달한다.
  1. 조합원이 현물로 출자한 토지 및 건축물
  2. 조합원이 납부하는 정비사업비 등 부과금
  3. 건축물 및 부대·복리시설의 분양 수입금
  4. 조합이 금융기관 및 시공자 등으로부터 조달하는 차입금
  5. 대여금의 이자 및 연체료 등 수입금
  6. 청산금
  7. 그 밖에 조합재산의 사용·수익 또는 처분에 의한 수익금
② 조합이 자금을 차입한 때에는 자금을 차입한 날부터 30일 이내에 자금을 대여한 상대방, 차입일, 차입액, 이자율, 상환기한 및 상환방법을 기재한 자금차입계약서의 사본을 ○○구청장에게 제출하는 방법으로 신고하여야 한다.

재건축·재개발 표준정관의 조문 위치와 내용이 같다.

2023.11.29 국토부 별표2 지정개발자(신탁업자) 표준시행규정
제46조(사업비의 차입) ① 정비사업의 시행을 위한 자금은 다음 각 호에 따른 방법으로 조달한다.
  1. 토지등소유자가 제공한 토지 및 건축물

2. 토지등소유자가 납부하는 분담금

  3. 사업시행자 조달금

  4. 일반분양에 의한 분양수입금

  5. 건축물 및 부대·복리시설의 일반분양 수입금

  6. 대여금의 이자 및 연체료 등 수입금

  7. 청산금

  8. 도시정비법 제95조에 따른 보조금 또는 융자금

  9. 기타 정비사업으로 인한 수입금 등

② 사업시행자는 제1항제3호에 따른 사업비용을 금융기관, 토지등소유자 또는 사업시행자의 고유계정으로부터 차입할 수 있다. 이 경우 조달금리·수탁자 고유계정의 적정수익률 등을 고려하여 대출금액, 이자율 등 주요 조건을 합리적으로 정하여 따른 토지등소유자 전체회의의 의결을 거쳐야 한다.

2006.8.25 국토부 재건축 표준정관

제33조(재원) 조합의 운영 및 사업시행을 위한 자금은 다음 각 호에 의하여 조달한다.

  1. 조합원이 현물로 출자한 토지 및 건축물

  2. 조합원이 납부하는 정비사업비 등 부과금

  3. 건축물 및 부대·복리시설의 분양 수입금

  4. 조합이 금융기관 및 시공자 등으로부터 조달하는 차입금

  5. 대여금의 이자 및 연체료 등 수입금

  6. 청산금

  7. 그 밖에 조합재산의 사용·수익 또는 처분에 의한 수익금

2003.6.30 국토부 재개발 표준정관

제33조(재원) 조합의 운영 및 사업시행을 위한 자금은 다음 각호에 의하여 조달한다.

  1. 조합원이 현물로 출자한 대지 및 건축물

  2. 조합원이 납부하는 정비사업비 등 부과금

3. 건축물 및 부대·복리시설의 분양 수입금

4. 조합이 금융기관 및 시공자 등으로부터 조달하는 차입금

5. 대여금의 이자 및 연체료 등 수입금

6. 청산금

7. 그 밖에 조합재산의 사용, 수익 또는 처분에 의한 수익금

> ■ **(서울) 재건축 표준정관 제35조(정비사업비의 부과 및 징수)**
> ● **(서울) 재개발 표준정관 제35조(정비사업비의 부과 및 징수)**
>   :재건축 표준정관과 같다.

재건축·재개발 표준정관의 조문 위치와 내용이 같다.

정비사업비란 건축물의 철거 및 새 건축물의 건설에 드는 공사비 등 정비사업에 드는 비용이다.

정비사업비의 부담시기 및 절차는 정관의 필수적 기재사항이며, 총회 의결사항이다.

도시정비법 제92조제1항에서는 정비사업비는 이 법 또는 다른 법령의 특별한 규정이 있는 경우를 제외하고는 사업시행자인 조합이 부담하는 것이라 함에 따라, 표준정관 제35조에서는 이를 조합원에게 배분하여 징수하도록 하는 규정이다.

□ 근거규정
국토부 정비사업 조합운영 실태점검 매뉴얼(2. 정비사업비 구성)
서울특별시 정비사업비 55개 항목 용어정의 및 산출근거

■ 정비사업비 구성(국토부 정비사업 조합운영 실태점검 매뉴얼)

■ 정비사업비 관련 규정
조합에서는 정비사업 단계별로 도시정비법에 따라 아래의 정비사업비를 토지등소유자 및 조합원에게 통지하며, 총회에서 의결하여 확정함.

구분	법률내용
조합설립동의서 징구 시	[법 제35조 제8항] 추정분담금 통지
조합설립인가	[법 제35조 제2항] **정비사업비**와 관련된 자료 통지
사업시행계획인가	[법 제52조 제1항] 사업시행계획서 작성시 **정비사업비** 포함
분양신청시	[법 제72조 제1항] 분양대상자별 분담금의 추산액 통지
관리처분계획인가	[법 제74조 제1항] **정비사업비**의 추산액 통지

■ 정비사업비 구성항목

조합의 사업비구성 항목은 아래 양식을 기본으로 하며, 조합이 사업특성에 맞게 추가 용역계약을 추가한 경우 신규항목이 추가됨

부담금	기반시설부담금, 광역교통시설부담금, 그 밖의 원인자부담금 등과 국공유지 사용에 따른 대부료, 사용료
제세공과금	해당 정비사업을 위하여 지출되는 취득세, 등록세, 면허세, 법인세, 산업재해보상보험료 등

■ 정비사업비 누락 항목 점검

구분	내역	
공사비	해당 정비사업으로 설치되는 제반 시설공사(공동주택과 이에 수반되는 복리시설 및 주차장에 한한다)에 드는 건축·토목·조경·철거공사비, 예술장식품 설치비, 시공보증수수료 등	
설계·감리비	해당 정비사업을 위하여 투입되는 설계 및 감리에 관한 비용	
부대비용	법 제11조제1항제1호에 해당하는 총비용 중에서 공사비, 설계감리비, 그 밖의 경비를 제외한 비용으로서 분양 관련비용, 수도·가스·전기시설 인입(引入)비용, 등기비용 등	
그 밖의 경비	교통·환경영향평가 등 사업시행인가와 관련된 비용, 주택 및 토지매입비, 조합원의 이주를 위하여 드는 이주비용에 대한 금융비용, 안전진단비용, 측량비용, 감정평가수수료, 「도시 및 주거환경정비법」에 따른 정비사업전문관리업자에 대한 위탁 및 자문비용, 회계·감사비용, 해당정비사업과 관련된 용역비용 등	
조합(추진위원회)의 운영비	운영비, 소송 비용 등 조합(추진위원회)의 운영과 관련된 제반 비용	
외주 용역비	측량비	
	지질조사비	
	문화재조사비	
	설계비	
	감리비	
	신탁등기비	재건축사업에 한함
	정비사업전문관리업비	

구분	내역		비고
공사비	건축시설공사비		법제29조에 따라 기존건축물의 철거공사(석면조사·해체·제거를 포함) 포함
	공사비 부가가치세		
	정비기반시설공사비		
	지장물이설비		
	인입공사비		
	기타 공사비		대지조성비, 미술장식품공사비, 사업시행인가조건 공사비 등
보상비	국공유지 매입비		조합매입분
	현금청산	건축물	
		토지	
	영업손실보상		
	주거이전비		
	기타이주촉진비		이사비용, 조사비용 등
외주 용역비	법무비		현금청산, 매도청구, 기타 조합 관련 소송
	세무회계		
	안전진단		재건축사업에 한함
	감정평가수수료		
	도시계획용역		
	교통영향평가		
	환경영향평가 등		
	친환경에너지 인증 관련 용역		
	범죄예방관련 용역		
	이주관련 용역		
	기타용역		임대주택, 국공유지 매입, 모델하우스, 광고선전 비용 등

관리비	조합(추진위원회)운영비	
	총회비	
부담금	상수도 부담금	
	하수도 부담금	
	도시가스 부담금	
	광역교통시설부담금	
	학교용지 부담금	
관리비	조합(추진위원회)운영비	
	총회비	
부담금	상수도 부담금	
	하수도 부담금	
	도시가스 부담금	
	광역교통시설 부담금	
	학교용지 부담금	
금융비용	이주비 이자 등	
기타 경비	채권매입	할인매각시 손실액만 산정함
	제세공과금 등	재산세, 법인세, 취등록세 등
	재건축 부담금	재건축사업만 해당됨
	예비비	

■ 서울특별시 정비사업비 55개 항목 용어정의 및 산출근거

2012년 정비사업비 항목을 53개로, 2013.7.29에는 55개로 늘려 용어정의와 산출근거를 제시한 바 있다. 재건축·재개발조합은 이를 기준으로 사업시행계획인가를 위한 총회자료인 '정비사업비 결의의 건'을 작성하고 있다.

2013년 정비사업비 55개 항목 용어 정의 및 산출근거

1. 사업비 55개 항목의 용어 정의　　　　　　　<2013.7.29 기준, 서울특별시>

구분	항목			항목의 정의
소요비용추산액	조사측량비	측량비		• 현황, 경계, 확정 측량비
		지질조사비		• 착공 전 지질조사비용
		문화재조사비		• 매장 문화재 조사비용
	설계감리비	설계비		• 건축물 시공을 위해 도면·구조계획서 및 공사시방서 등 도서 작성 비용
		감리비		• 건축, 소방, 전기감리비 포함
	공사비	대지조성 공사비		• 필요 시 직접 입력하는 항목 - 정비사업구역의 대지조성(토목) 공사비,
		건축시설 공사비		• 분양주택, 기타시설 등 건축시설공사비용(구조가산비용 포함)
		건축물철거비		• 기존 건축물 철거비용
		가산 공사비		• 필요시 직접 입력하는 항목 - 초고층공사비, 아파트특화공사비와 인텔리전트 설치비, 발코니확장공사비
		정비기반 시설공사비		• 필요시 직접 입력하는 항목 - 도로·공원 등 정비기반시설 공사비
		지장물이설비		• 필요시 직접 입력하는 항목 - 상수도 폐쇄·철탑·전신주·통신 이설비 등
		미술장식품 공사비		• 필요시 직접 입력하는 항목 - 문화예술진흥법 제9조에 따른 미술장식품 설치비용
		인입공사비		• 필요시 직접 입력하는 항목 - 부지경계까지 인입하는 전기·통신·상하수도 공사비
		부대시설 공사비		• 필요시 직접 입력하는 항목 - 주상복합건물의 근린/판매시설, 문화시설 등의 공사비
		단지외부 공사비		• 필요시 직접 입력하는 항목 - 단지외 조경공사비 등
	보상비	국공유(토지) 매입비		• 조합에서 매수하는 국공유지 매입금액
		손실보상비	청산대상자 청산자	• 토지/건축물 수용 및 현금청산자 지급금액
			영업손실보상비(상가 등)	• 상가 등의 영업손실보장

소요비용추산액	보상비	이주비	주거이전비	• 철거되는 주택세입자 주거이전비용
			기타 이주보상비	• 이사비용, 이주촉진비, 이주대책위원회 경비, 위탁수수료 등
	관리비	추진위원회 관리비	• 추진위에서 조합설립까지의 운영비
		조합 운영비	• 조합설립인가 후 총회에서 승인된 운영비
		신탁 등기비	• 조합원 신탁등기 및 멸실등기비
		소송비용	• 매도청구·관리처분 소송 비용 등
		회계감사비/세무대행 수수료	• 조합회계 감사비용(세무대행수수료 포함)
		기타 관리비	• 주민총회, 조합총회 개최비용, 기투입비용 등
	보상비	이주비	주거이전비	• 철거되는 주택세입자 주거이전비용
			기타 이주보상비	• 이사비용, 이주촉진비, 이주대책위원회 경비, 위탁수수료 등
	부대경비	외주 용역비	감정평가 수수료	• 종전·종후 자산감정평가, 매도청구 감정평가, 현금청산을 위한 감정평가 수수료
			정비사업전문 관리용역비	• 정비사업전문관리업체 용역비(관리처분계획용역비 포함)
			교통영향평가 용역비	• 교통영향분석·개선대책의 수립대행 비용
			환경영향평가 용역비	• 환경영향평가 대행비용
			정비기반시설 용역비	• 정비기반시설 산출 용역비
			안전진단 용역비	• 공동주택 재건축사업의 안전진단 비용
			기타 용역비	• 소음진동영향평가비, 친환경인증용역, 배출소음저감대책 용역, 상수도폐소ㅔ관리용역, 홈페이지제작용역 등
		각종 부담금	광역교통시설 부담	• 광역교통시설 건설재원의 일부를 부담시키는 부담금
			학교용지 부담금	• 학교용지법에 의하여 공동주택 건설사업에 적용하는 부담금 (단, 세대수 100세대 이상에만 적용)
			상수도공사비	• 단지내 상수도 인입 공사비
			하수도부담금	• 하수도 신설 또는 증설자에게 부과하는 부남금
			지역난방/도시 가스 시설부담금	• 지역난방·도시가스 분담금
			기반시설 부담금	• 부담금 폐지로 기 납부금액만 적용

소요비용추산액	부대경비	제세공과금	보존등기비	• 일잔분양분의 보존등기 시 조합에서 부담하는 등기비용
			재산세	• 조합에서 매수하는 국공유지 세금
			채권매입비	• 국민주택채권, 면허세 등 사업시행인가 시 매입비용
			법인세	• 법인의 소득을 과세대상으로하여 법인에게 부과하는 조세
			법인세 세무 조정료	• 법인세 조정을 위해 세무사에게 지급하는 비용
		기타경비	광고선전비	• 일반분양분 아파트와 상가에 대한 광고선전비
			분양보증 수수료	• 조합이 분양계약을 이행할 수 없을 때 계약금 및 중도금의 환급을 책임지는 보증
			민원처리비	• 착공시 민원처리비용 등
			기타비용	• 하자보증수수료·입주관리비·사업추진대책비·결손처리비·재난 관련비용 등
			견본주택건축비/ 임차비/운영비	• 조합원 및 일반분양분 아파트의 견본주택 건축비·임차비 및 운영비
			분양대행수수료	• 일반분양분 아파트 및 상가의 분양판촉을 위한 분양대행업체 비용
	예비비			• 예상치 못한 비용발생에 대비한 비용
	사업비 대여금이자			• 정비사업 추진시 설계비·조합운영비 등 관리처분인가 시까지 소용되는 정비사업비의 대여금에 대한 금융비용
	조합원 이주자 대여금이자			• 조합원들이 이주하고 입주시까지의 이주비에 대한 무이자 금융비용

2. 사업비 55개 항목 산출근거   <2013.7.26 기준, 서울특별시>

항목		항목설명 및 산출식
조사측량비	측량비	• 현황, 경계, 확정 측량비 • 측량비(천원) = 측량면적(㎡) × 적용단가(천원/㎡) • 측량면적(㎡) = 구역면적(㎡) × 적용범위(%)
	지질조사비	• 착공 전 지질조사비용 • 지질조사비(천원) = 지질조사면적(㎡) × 적용단가(천원/㎡) • 지질조사면적(㎡) = 구역면적(㎡) × 적용범위(%)
	문화재조사비	• 매장 문화재조사비용[단, 구역면적 20,000 ㎡ 이상만 적용] • 문화재조사비(천원) = 문화재조사면적(㎡) × 적용단가(천원/㎡) • 문화재조사면적(㎡) = 구역면적(㎡) × 적용범위(%)

설계 감리 비	설계비	• 건축물 시공을 위해 도면·구조계획서 및 공사시방서 등 도서를 작성하는 비용 • 설계비(천원) = 건축시설공사비(천원) × 대가요율(%) × 낙찰률(%)
	감리비	• 건축, 소방, 전기감리비 포함 • 감리비(천원) = 건축시설공사비(천원) × 적용요율(%) × 낙찰률(%)
공 사 비	대지조성공사비	• 필요 시 직접 입력 ※ 산출식 삭제
	건축시설공사비	• 분양주택, 기타시설 등 건축시설공사비용(구조가산비 포함) • 건축시설공사비(천원) = 주거부분 공사비(천원/㎡)(①) + 비주거부분 공사비(천원/㎡)(②) ① 주거부분 공사비(천원) = {각 유형별 [(공급면적(㎡) × 지상 구조가산비용 적용 건축비(천원/㎡)) + (주차장면적(㎡) × 지하 구조가산비용 적용 건축비(천원/㎡))] × 세대수(세대)의 총 합계} × 낙찰률(%) ② 비주거부분 공사비(천원) =【각 층별 {[(계약면적(㎡) - 주차장면적(㎡)) × 지상 표준건축비(천원/㎡)] + (주차장면적(㎡) × 지하 표준건축비(천원/㎡))}의 총 합계】× 낙찰률(%)
	매입부가세	• 제외
	가산공사비	• 필요 시 직접 입력 ※ 산출식 삭제
	건축물철거비	• 기존 건축물 철거비용 • 2012년 상반기 건설공사 실적공사비 적용 공종 및 단가 및 한국물가정보(2011년) 공사비 단가 적용
	지장물이설비	• 필요시 직접 입력 ※ 산출식 삭제
	정비기반시설 공사비	• 필요 시 직접 입력 ※ 산출식 삭제
	미술장식품공사비	• 필요 시 직접 입력 ※ 산출식 삭제
	인입공사비	• 필요 시 직접 입력 ※ 산출식 삭제
	부대시설공사비	• 필요 시 직접 입력 ※ 산출식 삭제
	단지외부공사비	• 필요 시 직접 입력 ※ 산출식 삭제

보상비		국공유지(토지) 매입비	• 조합에서 매수하는 국공유지 매입금액 • 국공유지(토지)매입비(천원) = 국공유지불하면적(㎡)×적용단가(천원/㎡)
	손실보상비	청산대상자 청산금	• 토지/건축물 수용 및 현금청산자 지급금액 • 청산대상자 청산금(천원) = 사유지 총 가액(천원) × 청산대상자 추정비율(%)
		영업 손실 보상비 (상가 등)	• 상가 등의 영업손실보상 • 영업 손실보상비(상가 등)(천원) = 영업 손실보상비(상가 등)1(①), 영업 손실보상비(상가 등)2(②) 중 큰 값 ① 영업 손실보상비(상가 등)1(천원) = 비주거용 호수(호) × 최저영업이익(천원) × 가중치 ② 영업 손실보상비(상가 등)2(천원) = 기타시설면적(㎡) × 단위보상가(천원) × 보상기간(개월) × 가중치
	이주비	주거이전비	• 철거되는 주택세입자 주거이전비용 • 주거이전비(천원) = 1인 가구 주거이전비(①) + 2인 가구 주거이전비(②) + 3인 가구 주거이전비(③) + 4인 가구 주거이전비(④) + 5인 이상 가구 주거이전비(⑤) ① 1인 가구 주거이전비(천원) = 보상가구수(가구) × 가구당 보상금액(천원/가구) ② 2인 가구 주거이전비(천원) = 보상가구수(가구) × 가구당 보상금액(천원/가구) ③ 3인 가구 주거이전비(천원) = 보상가구수(가구) × 가구당 보상금액(천원/가구) ④ 4인 가구 주거이전비(천원) = 보상가구수(가구) × 가구당 보상금액(천원/가구) ⑤ 5인 이상 가구 주거이전비(천원) = 보상가구수(가구) × 가구당 보상금액(천원/가구)
		기타 이주 보상비	• 이사비용, 이주촉진비, 이주대책위원회 경비, 위탁수수료 등 • 기타 이주보상비(천원) = 건축연면적(㎡) × 적용단가(20.93천 원/㎡) ※ 비용 발생시 직접 입력
	추진위원회 운영비		• 추진위에서 조합설립까지의 운영비 • 추진위원회 운영비(천원) = 건축연면적(㎡) × 적용단가(천원/㎡)
	조합운영비		• 조합설립인가 후 총회에서 승인된 운영비 • 조합 운영비(천원) = 건축연면적(㎡) × 적용단가(천원/㎡)
관리비	신탁등기비		• 조합원 신탁등기 및 멸실등기비 • 신탁등기비(천원) = 조합원 수(인) × 세대당 비용(200천원/㎡)
	소송비용		• 매도청구·관리처분 소송 비용 등 • 소송비용(천원) = 매출액(천원) × 적용비율(0.5%) × 청산대상자 추정비율(%)
	회계감사비 /세무대행수수료		• 조합회계 감사비용(세무대행수수료 포함) • 회계감사비(천원) = 1회 회계감사비적용비율(0.5%) × 회계감사 회수(3회) • 1회 회계감사비(천 원/회) = 기준금액에 따른 적용단가(천원) × 낙찰률(100%)
	기타 관리비		• 주민총회, 조합총회 개최비용, 기투입비용 등 • 기타 관리비(천원) = (추진위원회 운영비 + 조합 운영비 + 신탁등기비 + 소송비용 + 회계감사비 + 기장/갑근세)(천원) × 10%

부대경비	외주용역비	감정평가 수수료	• 종전·종후 자산감정평가, 매도청구 감정평가, 현금청산을 위한 감정평가 수수료 • 감정평가수수료 = 종전자산 평가수수료 + 종후자산 평가수수료 ① 평가수수료 = 평가보수 + 추가실비 ② 평가보수 = 종전자산 총 가액(천원) × 종전자산 총 가액에 따른 기준요율(%) ③ 추가실비 = 종전자산 총 가액에 따른 적용금액(천원)
		교통영향평가 용역비	• 교통영향분석, 개선대책 대행비용 산정기준 적용(2011년)
		환경영향평가 용역비	• 교통영향분석, 개선대책 대행비용 산정기준 적용(2011년)
		정비기반시설 용역비	• 정비기반시설 산출 용역비 • 정비기반시설 설계 용역비(천원) = 건축연면적(㎡) × 적용단가(천원/㎡)
		안전진단 용역비	• 공동주택 재건축사업의 안전진단 비용 • 안전진단 용역비(천원) = 건축연면적(㎡) × 적용단가(천원/㎡)
		정비계획변경 용역비	• 정비구역지정 및 정비계획 수립 용역비 • 정비계획변경 용역비(천원) = 구역면적(㎡) × 적용단가(6.31천 원/㎡)
		기타 용역비	• 소음진동영향평가비, 친환경인증 용역, 배출소음저감대책 용역, 상수도폐쇄관리 용역, 홈페이지제작 용역 등 • 기타 용역비(천원) = 건축연면적(㎡) × 적용단가(천원/㎡)
	각종부담금	광역교통시설 부담금	• 광역교통시설 건설재원의 일부를 부담시키는 부담금 • 광역교통시설부담금(천원) = (각 시설별 공급면적 계(㎡) - 기존 건축연면적(㎡)) × 임대주택 표준건축비(천원) × 부과율(%) × 경감률(%)
		학교용지 부담금	• 학교용지법에 의하여 공동주택 건설사업에 적용하는 부담금[단, 세대수 100세대 이상에만 적용] • 학교용지부담금(천원) = 일반분양주택 수입(천원) × 0.8%
		상수도 공사비	• 단지내 상수도 인입 공사비 • 상수도 공사비(천원) = 정액공사비 + 시설부담금 ① 500세대 이하 - 정액공사비(천원) = 세대수(세대) × ((220천원-(0.26천원×세대수(세대))천원 - 시설부담금(천원) = 세대수(세대) × 327천원 ② 500세대 초과 - 정액공사비(천원) = 세대수(세대) × 90천원 - 시설부담금(천원) = 세대수(세대) × 327천원
		하수도 부담금	• 하수도 신설 또는 증설자에게 부과하는 부담금 • 하수도부담금(천원) = 계획세대수(세대) × 세대당 인원기준(4.5인) × 1인 1일 오수발생량(0.2㎥/1㎡) × 설치비용(천원/㎡)
		지역난방/도시 가스시설분담금	• 지역난빙·도시가스 분금 • 지역난방 시설부담금(천원) = 공동주택 계약면적 계(㎡) × 14.00천원/㎡ • 도시가스 시설부담금(천원) = 계획세대수(세대) × 89.96천원
		기반시설 부담금	• 부담금 폐지로 기 납부 금액만 적용 • 기반시설부담금(천원) = 별도의 산출식 없음 ※ 비용 발생시 직접 입력

부대경비	제세공과금	보존등기비	• 일반분양분의 보존등기시 조합에서 부담하는 등기비용 • 보존등기비(건물제세금)(천원) = 분양주택 보존등기비(건물제세금)(①) + 비주거부분 건축시설 보존등기비(건물제세금)(②) ① 분양주택 보존등기비(건물제세금)(천원) - 일반분양에 한함 - 85㎡ 이하 : 건물과세표준 총액(천원) × 3.0% - 85㎡ 초과 : 건물과세표준 총액(천원) × 3.2% ② 비주거부분 건축시설 보존등기비(건물제세금)(천원) - 건물과세표준 총액(천원) × 3.2%
		재산세	• 조합에서 매수하는 국공유지 세금 • 재산세(천원) = 재산세(과세적용금액에 따른 재산세 산식적용 금액)(천원) + 도시계획세(천원) + 지방교육세(천원) ① 과세적용금액(천원) = 적용토지가(천원) × 년차별 과세표준 적용비율(%) ② 적용토지가(천원) = 국공유지 매입대상면적(㎡) × 국공유지 토지 평균가(천원/㎡) ③ 재산세 산식적용 금액(천원) - 50,000천 원 이하 : 과세적용금액 × 0.2% - 100,000천 원 이하 : 100 + (과세적용금액 - 50,000천 원) × 0.3% - 100,000천 원 이하 : 250 + (과세적용금액 - 100,000천 원) × 0.5% ④ 도시계획세(천원) = 적용토지가(천원) × 0.15% ⑤ 지방교육세(천원) = 재산세(과세적용금액에 따른 재산세 산식적용 금액)(천원)의 20.0%
		채권매입비	• 국민주택채권, 면허세 등 사업시행인가 시 매입비용 • 채권매입비(천원) = 주거부분(분양주택) 채권매입비(①) + 비주거부분 채권매입비(②) ① 주거부분 채권매입비(천원) = 전용면적(㎡) × 적용단가(천원/㎡) ② 비주거부분 채권매입비(천원) = 전용면적(㎡) × 적용단가(천원/㎡)
		법인세	• 법인의 소득을 과세대상으로 하여 법인에게 부과하는 조세 ※ 비용 발생시 직접 입력
		법인세 세무조정료	• 법인세 조정을 위해 세무사에 지급하는 비용 ※ 비용 발생시 직접 입력
	기타경비	광고선전비	• 일반분양분 아파트와 상가에 대한 광고선전비 • 광고선전비(천원) = 건축연면적(㎡) × 적용단가(8.05천 원/㎡)
		분양보증 수수료	• 조합이 분양계약을 이행할 수 없을 때 계약금 및 중도금의 환급을 책임지는 보증 • 분양보증수수료(천원) = [(대지비부분 보증금액(천원) × 0.213%) + (건축비부분 보증금액(천원) × 0.282%)] × 보증기간(개월)
		민원처리비	• 착공시 민원처리비용 등 • 민원처리비(천원) = 건축연면적(㎡) × 적용단가(천원/㎡)

부대경비	기타경비	견본주택 건축비/ 임차비/운영비	• 조합원 및 일반분양분 아파트의 견본주택 건축비·임차비 및 운영비 • 견본주택 건축비/임차비(천원) = 일반분양수입(천원) × 적용비율(%) ※ 비용 발생시 직접 입력
		분양대행 수수료	• 일반분양분 아파트 및 상가의 분양판촉을 위한 분양대행업체 비용 • 분양대행수수료(천원) = 일반분양수입(천원) × 적용비율(%) ※ 비용 발생시 직접 입력
		기타비용	• 하자보증수수료·입주관리비·사업추진대책비·결손처리비·재난관련비용 등 • 기타비용(천원) = 건축연면적(㎡) × 적용단가(18.19천원/㎡)
	예비비		• 예상치 못한 비용발생에 대비한 비용 • 예비비(천원) = 건축연면적(㎡) × 적용단가(천원/㎡)
	사업비 대여금 이자		• 정비사업 추진시 설계비, 조합운영비 등 관리처분인가 시까지 소요되는 정비사업비의 대여금에 대한 금융비용 • 사업비 대여금 이자(천원) = 초기투입비용(천원) × 이자율(4.5%) × 대여기간(개월) • 초기투입비용(천원) = 측량비 + 지질조사비 + 문화재조사비 + 설계비 + 손실보상비 + 조합운영비 + 소송비용 + 정비사업전문관리비 + 교통영향평가비 + 기타용역비 + 광역교통시설부담금 + 회계감사비 + 기타감사비 + 예비비
	조합원이주비 대여금 이자		• 조합원들이 이주하고 입주 시까지의 이주비에 대한 무이자 금융비용 • 조합원이주비 대여금 이자(천원) = 조합원 세대수(세대) × 세대당 무이자이주비(천원) × 이자율(4.61%) × 대여기간(개월)

부산광역시도 정비사업 추정분담금 정보시스템의 추정분담금 상세 산정 로직 및 산출방법 매뉴얼 '사업비 세부항목에 대한 추정 근거'에서 그 근거를 밝히고 있다.

○ 제1항

도시정비법 제93조

재건축·재개발 표준정관

제35조(정비사업비의 부과 및 징수) ① 조합은 사업시행에 필요한 비용을 충당하기 위하여 조합원에게 공사비 등 사업에 소요되는 정비사업비를 부과·징수할 수 있다.

사업시행자인 정비사업조합은 이 법 또는 다른 법령에 특별한 규정이 있는 경우를 제외하고는 조합원으로부터 사업시행에 필요한 비용을 충당하기 위하여 공사비 등 사업에 소요되는 정비사업비를 부과·징수할 수 있다.

도시정비법

제93조(비용의 조달) ① 사업시행자는 토지등소유자로부터 제92조제1항에 따른 비용과 정비사업의 시행과정에서 발생한 수입의 차액을 부과금으로 부과·징수할 수 있다.

○ **제2항**

도시정비법 제40조제1항, 제45조, 제74조제1항제6호, 제76조제1항제1호

재건축·재개발 표준정관

제35조(정비사업비의 부과 및 징수) ② 제1항의 정비사업비는 총회 의결을 거쳐 부과할 수 있으며, 추후 사업시행구역안의 토지 및 건축물 등의 위치·면적·이용상황·환경 등 제반여건을 종합적으로 고려하여 관리처분계획에 따라 공평하게 금액을 조정하여야 한다.

'정비사업비의 부담시기 및 절차'는 정관의 필수적 기재사항이다.

정비조합의 정관에는 "정비사업비의 부담 시기 및 절차" 사항이 포함되어야 한다(법 제40조제1항).

도시정비법

제45조(총회의 의결) ① 다음 각 호의 사항은 총회의 의결을 거쳐야 한다.

3. 정비사업비의 세부 항목별 사용계획이 포함된 예산안 및 예산의 사용내역
8. 정비사업비의 조합원별 분담내역
12. 제93조에 따른 비용의 금액 및 징수방법
13. 그 밖에 조합원에게 경제적 부담을 주는 사항 등 주요한 사항을 결정하기 위하여 대통령령 또는 정관으로 정하는 사항

② 제1항 각 호의 사항 중 이 법 또는 정관에 따라 조합원의 동의가 필요한 사항은 총회에 상정하여야 한다.

③ 총회의 의결은 이 법 또는 정관에 다른 규정이 없으면 조합원 과반수의 출석과 출석 조합원의 과반수 찬성으로 한다.

제74조(관리처분계획의 인가 등) ① 사업시행자는 분양신청기간이 종료된 때에는 분양신청의 현황을 기초로 다음 각 호의 사항이 포함된 관리처분계획을 수립하여 시장·군수등의 인가를 받아야 하며, 관리처분계획을 변경·중지 또는 폐지하려는 경우에도 또한 같다. 다만, 대통령령으로 정하는 경미한 사항을 변경하려는 경우에는 시장·군수등에게 신고하여야 한다. <개정 2018.1.16>

6. 정비사업비의 추산액(재건축사업의 경우에는 「재건축초과이익 환수에 관한 법률」에 따른 재건축부담금에 관한 사항을 포함한다) 및 그에 따른 조합원 분담규모 및 분담시기

제76조(관리처분계획의 수립기준) ① 제74조제1항에 따른 관리처분계획의 내용은 다음 각 호의 기준에 따른다. <개정 2017.10.24., 2018.3.20., 2022.2.3., 2023.6.9., 2024.1.30>

1. 종전의 토지 또는 건축물의 면적·이용 상황·환경, 그 밖의 사항을 종합적으로 고려하여 대지 또는 건축물이 균형 있게 분양신청자에게 배분되고 합리적으로 이용되도록 한다.

○ 제3항
도시정비법 제93조

재건축·재개발 표준정관

제35조(정비사업비의 부과 및 징수) ③ 조합은 납부기한 내에 정비사업비를 납부하지 아니한 조합원에 대하여는 금융기관에서 적용하는 연체금리의 범위 내에서 연체료를 부과할 수 있으며 법 제93조제4항에 따라 ○○구청장에게 정비사업비의 징수를 위탁할 수 있다.

【주】그 밖에 분양신청을 하지 않거나 분양계약을 체결하지 않은 현금청산자 또는 제명자에 대한 조합원 지위 상실시점까지 발생한 정비사업비용에 대해 이를 부과하는 규정을 두려는 경우에는, 대법원 판례에 따라 부과의무의 발생시점, 부과할 정비사업비의 종류와 범위, 해당자에게 부과할 부과금의 액수와 그 산정기준 등에 관하여 매우 구체적으로 규정하여야 할 것임.

사업시행자인 정비조합은 토지등소유자가 정비사업 비용인 부과금의 납부를 게을리한 때에는 연체료를 부과·징수할 수 있다(법 제93조제2항).

이 부과금 및 연체료의 부과·징수에 필요한 사항은 정관등으로 정하게 되며(동조 제3항), 정비조합은 부과금 또는 연체료를 체납하는 자가 있는 때에는 시장·군수등에게 그 부과·징수를 위탁할 수 있다(동조 제4항).

일부 정비조합은 분양신청을 하지 않거나 분양계약을 체결하지 않은 현금청산자 또는 제명자에 대한 조합원 지위 상실시점까지 발생한 정비사업비용에 대해 이를 부과하는 규정을 두고 있다.

현금청산자에 대한 정비사업비 부과는 대법원 판례에 따라 부과의무의 발생시점, 부과할 정비사업비의 종류와 범위, 해당자에게 부과할 부과금의 액수와 그 산정기준 등에 관하여 매우 구체적으로 정하여야 한다.

> **🔖 판례**
>
> 재건축조합원의 지위를 잃고 현금청산 대상자가 된 사람에게 그때까지 발생한 정비사업비를 나누어 부담시킨다는 추상적인 정관 규정이나 총회 결의만으로 현금청산금에서 사업비용을 공제할 수 있는지(소극)
> 대법원 2021.8.19.선고 2020다243532판결, 청산금 지급
> 【판결요지】
> 재건축조합이 조합원 지위를 잃고 현금청산 대상자가 된 사람에게 그때까지 발생한 정비사업비를 나누어 부담시킨다는 정관 규정이나 총회 결의에는, 부담시킬 비용의 발생 근거, 분담 기준과 내역, 범위 등이 구체적으로 정해져 있어야 한다. 분담액을 미리 가늠하기 어려운 추상적인 정관 규정이나 총회 결의만으로 현금청산금에서 사업비용을 공제하여 지급할 수는 없다(대법원 2021.4.29선고 2017두48437판결 참조).
>
> 단순히 현금청산 대상자가 받을 현금청산금에서 사업비용 중 일정 부분 등을 공제하고 청산할 수 있다는 등의 추상적인 내용을 정한 것만으로 사업비용을 부담하게 할 수 있는지(소극)
> 대법원 2021.6.30선고 2020다291340판결, 2021.4.29선고 2017두48437판결
> 【판결요지】
> 현금청산 대상자에게 정관 등으로 조합원 지위를 상실하기 전까지 발생한 정비사업비 중 일부를 부담하도록 하기 위해서는 '정관' 또는 '정관에서 지정하는 방식' 등으로 현금청산 대상자가 부담하게 될

> 비용의 발생 근거, 분담 기준과 내역, 범위 등을 구체적으로 규정하여야 한다.
> 이와 달리 정관이나 조합원 총회의 결의 등으로 단순히 '조합이 현금청산 대상자가 받을 현금청산금에서 사업비용 중 일정 부분 등을 공제하고 청산할 수 있다'라거나 '현금청산 대상자는 조합원의 지위를 상실할 때까지 발생한 사업비용 중 일정 부분 등을 부담하여야 한다.'는 등의 추상적인 내용을 정한 것만으로는 현금청산 대상자에게 사업비용을 부담하게 할 수는 없다(대법원 2021.4.29선고 2017두48512판결 등 참조).

cf 부산광역시 재건축·재개발 표준정관

제33조(정비사업비의 부과 및 징수) ① 조합은 사업시행에 필요한 비용을 충당하기 위하여 조합원에게 공사비 등 주택사업에 소요되는 비용(이하 "정비사업비")을 부과·징수할 수 있다.

② 제1항에 의한 정비사업비는 총회의결을 거쳐 부과할 수 있으며, 추후 정비구역 안의 토지 및 건축물 등의 위치·면적·이용상황·환경 등 제반 여건을 종합적으로 고려하여 관리처분계획에 따라 공평하게 금액을 조정하여야 한다.

③ 조합은 납부기한 내에 정비사업비를 납부하지 아니한 조합원에 대하여는 금융기관에서 적용하는 연체금리의 범위 내에서 연체료를 부과·징수할 수 있으며, 도시정비법 제93조제4항에 따라 부과금 또는 연체료를 체납하는 자가 있는 때에는 구청장·군수에게 정비사업비의 부과·징수를 위탁할 수 있다.

④ 조합은 도시정비법 제95조제3항에 의한 융자를 받은 경우, 사업이 추진되지 못하는 사유가 발생하여 조합이 그 융자금을 상환하지 못할 때에는 조합원이 지분에 비례하여 채무를 인수한다. 이 경우 상환방법은 조합총회에 따르도록 한다.

⑤ 제4항에 의한 융자금을 조합임원의 보증으로 받은 경우, 조합임원 변경 시에도 선임된 조합임원이 채무를 승계한다.

재건축·재개발 표준정관의 조문 위치와 내용이 같다.

광주광역시 재건축·재개발 표준정관

제35조(정비사업비의 부과 및 징수) ① 조합은 사업시행에 필요한 비용을 충당하기 위하여 조합원에게 공사비 등 사업에 소요되는 정비사업비를 부과·징수할 수 있다.

② 제1항의 정비사업비는 총회 의결을 거쳐 부과할 수 있으며, 추후 사업시행구역안의 토지 및 건축물 등의 위치·면적·이용상황·환경 등 제반 여건을 종합적으로 고려하여 관리처분계획에 따라 공평하게 금액을 조정하여야 한다.

③ 조합은 납부기한 내에 정비사업비를 납부하지 아니한 조합원에 대하여는 금융기관에서 적용하는 연체금리의 범위 내에서 연체료를 부과할 수 있으며 법 제93조제4항에 따라 ○○구청장에게 정비사업비의 징수를 위탁할 수 있다.

【주】 그 밖에 분양신청을 하지 않거나 분양계약을 체결하지 않은 현금청산자 또는 제명자에 대한 조합원 지위 상실시점까지 발생한 정비사업비용에 대해 이를 부과하는 규정을 두려는 경우에는, 대법원 판례에 따라 부과의무의 발생시점, 부과할 정비사업비의 종류와 범위, 해당자에게 부과할 부과금의 액수와 그 산정기준 등에 관하여 매우 구체적으로 규정하여야 할 것임.

재건축·재개발 표준정관의 조문 위치와 내용이 같다.
국토부의 표준시행규정에서는 "부과금의 징수"로 규정하고 있다.

2023.11.29 국토부 별표2 지정개발자(신탁업자) 표준시행규정

제47조(부과금 징수 등) ① 사업시행자는 토지등소유자로부터 정비사업에 소요된 비용과 사업시행과정에서 발생한 수입의 차액을 부과금으로 부과·징수한다.

② 사업시행자는 토지등소유자가 제1항에 따른 부과금의 납부를 게을리한 때에는 연 [   ] %의 이율에 해당하는 연체료를 부과·징수 할 수 있다.

③ 사업시행자는 제1항 및 제2항의 부과금 및 연체료의 부과·징수에 관하여는 도시정비법 제93조제4항·제5항에 따른다.

④ 다음 각 호의 비용은 토지등소유자가 개별적으로 부담하여야 하고, 사업시행자가 이를 지출한 경우에는 토지등소유자에게 별도로 구상할 수 있다. 이 경우 부과·징수에 관하여는 도시정비법 제93조제3항·제4항에 따른다.

 1. 종전토지 및 종전건축물에 대한 조세, 각종 공과금 및 부담금
 2. 시행규정 및 관계법령상의 이주대책을 위한 차입에 따른 원리금 상환비용
 3. 분양대금 및 임대차보증금 반환채무
 4. 사업 관리 외의 목적에 따른 종전토지 및 종전건축물의 보존·유지·수선 등 관리

비용 및 보험료

2006.8.25 국토부 재건축 표준정관

제33조(재원) 조합의 운영 및 사업시행을 위한 자금은 다음 각 호에 의하여 조달한다.

1. 조합원이 현물로 출자한 토지 및 건축물
2. 조합원이 납부하는 정비사업비 등 부과금
3. 건축물 및 부대·복리시설의 분양 수입금
4. 조합이 금융기관 및 시공자 등으로부터 조달하는 차입금
5. 대여금의 이자 및 연체료 등 수입금
6. 청산금
7. 그 밖에 조합재산의 사용· 수익 또는 처분에 의한 수익금

2003.6.30 국토부 재개발 표준정관

제33조(재원) 조합의 운영 및 사업시행을 위한 자금은 다음 각호에 의하여 조달한다.

1. 조합원이 현물로 출자한 대지 및 건축물
2. 조합원이 납부하는 정비사업비 등 부과금
3. 건축물 및 부대·복리시설의 분양 수입금
4. 조합이 금융기관 및 시공자 등으로부터 조달하는 차입금
5. 대여금의 이자 및 연체료 등 수입금
6. 청산금
7. 그 밖에 조합재산의 사용, 수익 또는 처분에 의한 수익금

7장 사업시행

제36조(이주대책)

제36조의2(신탁등기 등/서울·광주 재건축)

제37조(공가발생 시 안전조치 및 지장물 철거 등)

제38조(보상의 예외 등/서울 재건축), 제38조(손실보상/서울 재개발)

제39조(지상권 등 계약의 해지)

제39조(토지등의 수용 또는 사용/서울 재개발)

제40조(매도청구 등)

제40조(재개발임대주택의 매각 등/서울 재개발)

제41조(소유자의 확인이 곤란한 건축물 등에 대한 처분)

V

(서울·부산·광주)
재건축·재개발 표준정관 해설

> ■ (서울) 재건축 표준정관 제36조(이주대책)
> ● (서울) 재개발 표준정관 제36조(이주대책)

■ 재건축 표준정관 제36조(이주대책)
제1항~제7항까지는 재개발 표준정관과 같다

● 재개발 표준정관 제36조(이주대책)
재건축과 달리 제7항이 추가되었다.

조합원의 이주의무, 이주비 대출, 미이주 지연에 대한 손해배상을 정하고 있다.
서울특별시는 도시정비조례 시행규칙에 의해 이주시기를 재건축·재개발사업 구별 없이 관리처분계획 인가 후 "3개월 이내/6개월 이내/9개월 이내/1년 이내"의 기간을 정해 주민이주대책을 수립하도록 규정하였다.

다음은 강남구 ○○재건축조합 정관 사례다.

제○○조(이주대책) ① 사업시행으로 주택이 철거되는 조합원은 대의원회의 결의로 정하는 이주기간 내에 사업을 시행하는 동안 자신의 부담으로 이주하여야 한다.
② 조합은 이주비의 지원을 희망하는 조합원에게 조합이 직접 금융기관과 약정을 체결하거나, 시공자와 약정을 체결하여 지원하도록 알선할 수 있다. 이 경우 이주비를 지원받은 조합원은 사업시행구역안의 소유 토지 및 건축물을 담보로 제공하여야 한다.
③ 제2항에 의하여 이주비를 지원받은 조합원 또는 그 권리를 승계한 조합원은 지원받은 이주비를 주택 등에 입주 시까지 시공자(또는 금융기관)에게 상환하여야 한다.
④ 조합원은 조합이 정하여 통지하는 이주기한 내에 당해 건축물에서 퇴거하여야 하며, 세입자 또는 임시거주자 등이 있을 때에는 당해 조합원의 책임으로 함께 퇴거하도록 조치하여야 한다.

⑤ 조합원은 본인 또는 세입자 등이 당해 건축물에서 퇴거하지 아니하여 기존 주택 등의 철거 등 사업시행에 지장을 초래하는 때에는 그에 따라 발생되는 모든 손해에 대하여 변상할 책임을 지며, 제11조제3항 및 제39조를 준용한다.

⑥ 제5항에 의하여 조합원이 변상할 손해금액과 징수방법 등은 대의원회에서 정하여 총회의 승인을 얻어 당해 조합원에게 부과하며, 이를 기한 내에 납부하지 아니한 때에는 당해 조합원의 권리물건을 환가처분하여 그 금액으로 충당할 수 있다.

⑦ 조합원은 아파트관리비, 전기, 수도, 도시가스 요금 등 제세공과금을 이주 시 또는 이주비 수령 시까지 조합원의 책임으로 정산하여야 한다.

⑧ 이주비 지급절차 등에 관한 세부적인 사항은 조합과 시공사 또는 금융기관 등 사이에 정한 약정에 따르며, 이주와 관련한 구체적인 사항은 이사회 또는 대의원회에서 정하여 운영할 수 있다.

□ **근거규정**

○ **제1항, 제2항**

도시정비법 제50조, 제52조, 제74조 및 서울특별시 도시정비조례 제11조 별지 제13호 서식

재건축·재개발 표준정관

제36조(이주대책) ① 사업시행으로 주택 등 건축물이 해체되는 조합원은 사업을 시행하는 동안 자신의 부담으로 이주하여야 한다.

② 조합은 이주비의 대출을 희망하는 조합원에게 조합이 직접 금융기관과 약정을 체결하거나, 시공자와 약정을 체결하여 대출을 알선할 수 있다. 이 경우 조합원은 사업시행구역 내의 소유 토지 또는 건축물을 담보로 제공하고 자신의 명의로 대출을 받는다.

재건축사업에선 재개발사업과는 달리, 이주대책이 정관의 기재사항은 아니지만, 요번 고시된 서울특별시 표준정관에서는 재건축의 경우도 포함시켰다.

제2항에서 "~~이주비의 지원을 희망하는 조합원에게 조합이 직접 금융기관과 약정을 체결하거나, 시공자와 약정을 체결하여 지원하도록 알선할 수 있다."고 규정하고 있지만, 이를 임의규정으로 해석하기보다는 "하여야 한다."고 해석하는 것이 옳다.

조합설립에 동의할 때 이주비 지급요건이 중요한 요소로 작용하기 때문이다.

또한, 이주비 지급 시 실무에서 이주비 총액의 120%를 채권최고액으로 하여 은행에 근저당권을 설정하고 있으며, 이보다 선순위의 채권이 있거나 더 많은 채무로 이주비를 지급받지 못하거나 그대로 남아있는 경우도 종종 있다(이를 '깡통 조합원'이라고 부르기도 함).

한편, 조합이 이주비의 지원 알선을 해 주지 못하면 조합을 상대로 손해배상을 청구할 수 없다[44]는 것이 법원이 태도다.

법 개정 전, 송파구 ○○재건축조합은 관리처분계획인가 이전 사업시행인가를 받고 선 이주시켜, 천억 원 이상의 이주비 이자를 부담하는 등 사회적 문제가 발생된 바 있다.

이에 서울특별시는 「재개발·재건축 정비구역 관리처분계획인가 이전 임의 이주 방지대책」(서울행정제2부시장 방침 제8호 2013.1.11)을 수립하고, 관리처분계획인가 이후 이주하도록 규정하였다(도시정비조례 시행규칙 별표 제13호 서식).

---

[44] 도시재개발법상 재개발조합의 대표기관이 직무를 집행함에 있어 조합에게 과다한 채무를 부담하게 하는 등 불법행위를 함으로써 재개발조합이 손해를 입고 결과적으로 조합원의 경제적 이익이 침해되는 손해가 발생한 경우, 조합원이 조합에 대하여 민법 제35조에 의한 손해배상을 청구할 수 있는지(소극)
- 도시재개발법에 의하여 설립된 재개발조합의 조합원이 조합의 이사 기타 조합장 등 대표기관의 직무상의 불법행위로 인하여 직접 손해를 입은 경우에는 도시재개발법 제21조, 민법 제35조에 의하여 재개발조합에 대하여 그 손해배상을 청구할 수 있으나, 재개발조합의 대표기관의 직무상 불법행위로 조합에게 과다한 채무를 부담하게 함으로써 재개발조합이 손해를 입고 결과적으로 조합원의 경제적 이익이 침해되는 손해와 같은 간접적인 손해는 민법 제35조에서 말하는 손해의 개념에 포함되지 아니하므로 이에 대하여는 위 법 조항에 의하여 손해배상을 청구할 수 없다.
(대법원 1999.07.27선고 99다19384판결 손해배상(기))

이주대책에서 주민이주 및 사업시행계획서의 관계는 다음과 같다.

- 주민 이주 및 자금계획 확정체계

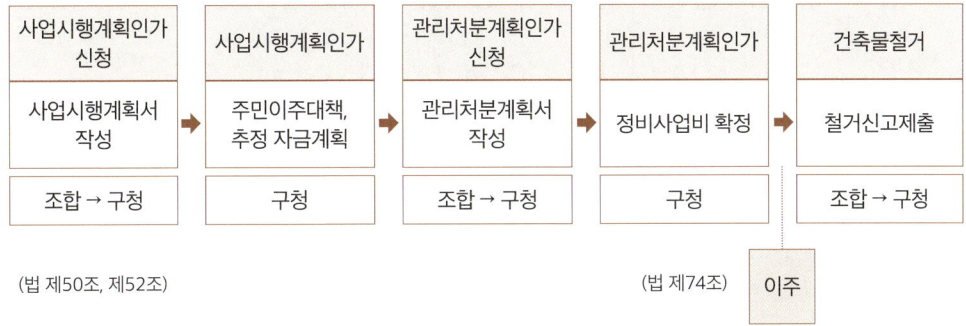

- 사업시행계획서 및 관리처분계획서 작성

구분		조항	주요내용	비고
사업시행 계획서 작성	법	법 제52조	- 주민이주대책	
	조례	시행규칙 제11조	- 주민이주대책, 추정 자금계획	별지 제13호 서식
관리처분 계획서 작성	법	법 제48조	- 정비사업비 추산액	
	조례	시행규칙 제16조제3항	- 정비사업비 추산액	별지 제28호 서식

[별지 제13호서식]

주민이주대책

이주계획	방법	전체 이주대상	임시수용시설 수용	융자알선 이주	기타 이주 방법
	세대수				

<table>
<tr><td rowspan="3">이주시기</td><td rowspan="3">관리처분계획인가 이후</td><td colspan="6">관리처분계획인가 예정일: 년 월 일</td></tr>
<tr><td>총 이주 가구수</td><td>인가 후 3개월 이내 이주가구</td><td>인가 후 6개월 이내 이주가구</td><td>인가 후 9개월 이내 이주가구</td><td>인가 후 1년 이내 이주가구</td><td>기타</td></tr>
<tr><td></td><td></td><td></td><td></td><td></td><td></td></tr>
</table>

<table>
<tr><td rowspan="4">방법별 내역</td><td rowspan="3">임시수용시설 이주</td><td rowspan="2">위치</td><td rowspan="2">부지 면적</td><td colspan="2">설치 세대수</td><td rowspan="2">구조</td><td rowspan="2">부대시설 종류 및 규모</td><td colspan="3">시행구역 외 설치의 경우</td><td colspan="3">순환용주택 활용의 경우</td></tr>
<tr><td>세대당 규모</td><td>세대수</td><td>토지 소유자</td><td>토지 용도</td><td>토지 사용 방법</td><td>위치</td><td>주택의 형태</td><td>주택 규모별 세대수</td></tr>
<tr><td colspan="12"></td></tr>
<tr><td>융자알선 이주</td><td colspan="6">융자규모</td><td colspan="6">융자조건</td></tr>
<tr><td></td><td>기타 이주 방법</td><td colspan="6">유 형</td><td colspan="6">방 법</td></tr>
</table>

세입자 임시이주 계획	

○ 제3항, 제4항

재건축·재개발 표준정관

　제36조(이주대책) ③ 제2항에 의하여 이주비를 대출받은 조합원 또는 그 권리를 승계한 조합원은 대출받은 이주비를 "신축건축물등"(사업시행으로 건설되는 건축물 등을 말한다. 이하 같다)에 입주 시까지 금융기관 등에 상환하여야 한다.
　④ 조합원은 조합이 정하여 통지하는 이주기한 내에 해당 건축물에서 퇴거하여야 하며, 세입자 또는 임시거주자 등이 퇴거하도록 하여야 한다.

■ 이주비

재건축·재개발사업이 진행되면서 관리처분계획인가를 받게 되면 현 거주지에서 다른 곳으로 이주하여야 하는데, 이때의 이주 비용을 말한다.

이주비는 정비조합에서 시공자 등에서 자금을 빌려와 무이자로 조합원에게 지급하거나 유이자로 지급하게 되는데, 해당 조합원의 기존 부동산에 근저당권을 설정한 후에 지급한다.

이주비는 세입자에게 보상금 명목으로 지급하는 '주거이전비'와 다르며, 실제 이사에 소요되는 비용을 기준으로 산정하는 '이사비'와 구별하여야 한다.

1) 무이자 이주비

조합원들은 이주비를 대출받아 이주자금을 마련하는데, 대출이자는 본인이 부담하게 된다.

그러나 무이자 이주비는 정비조합이 대출이자를 대신 부담하기 때문에 조합원은 이자를 내지 않지만, 모든 사업장에서 제공되는 것은 아니다. 정비조합의 재정상태나 대출조건 등에 따라 무이자 이주비 제공여부가 결정된다.

2) 유이자 이주비

무이자 이주비는 정비조합이 대출이자를 대신 부담하므로 조합원은 이자를 내지 않지만, 일반적으로 조합원들은 유이자 이주비를 대출받아 이주자금을 마련하게 된다.

이때 대출이자는 조합원이 직접 부담하게 되며, 대출한도는 조합원의 자산과 신용등급에 따라 결정된다.

○ 제5항, 제6항

> **재건축·재개발 표준정관**
>
> 제36조(이주대책) ⑤ 조합원은 본인 또는 세입자 등이 제4항의 이주기한 내에 해당 건축물에서 퇴거하지 아니하여 기존 주택 등의 해체지연 등 사업시행에 지장을 초래하는 때에는 그에 따라 발생되는 모든 손해에 대하여 변상할 책임을 진다.
>
> ⑥ 제5항에 의하여 조합원이 변상할 손해금액과 징수방법 등은 총회의 의결을 얻어 해당 조합원에게 부과한다. 해당 조합원이 이를 납부하지 아니한 때에는 법 제89조에 따른 해당 조합원의 청산금에 그 부과금과 연체료를 부가하여 징수하거나 공제하여 지급할 수 있다.

서울특별시 강남구 개포○○재건축조합에서는 2015년 개최한 관리처분총회에서 다음과 같이 손해배상청구 안건을 제출한 바 있다.

이주지연 등에 대한 손해배상청구 등 관련업무 진행의 건

- 의결주문

개포주공○단지 재건축조합의 "이주지연 등에 대한 손해배상청구 등 관련 업무"를 제안 사유와 하는 것에 대해 의결합니다.

- 제안사유

조합의 원활한 사업진행을 위해 관리처분인가 후 실시하는 조합원 이주 시 이주지연 및 이주거부 조합원 등이 발생할 경우 사업이 지연됨과 더불어 그에 따른 금융비용 발생, 시공자 공사비 상승 등 조합원의 부담에 매우 큰 영향을 끼치게 됩니다.

따라서 향후 조합에서 통지하는 이주기간 내에 이주를 거부하거나 지연하는 행위를 하는 조합원에게 조합정관 제○○조(이주대책)에 의거, 이사회 의결로 명도소송, 점유이전금지가처분신청 등의 소를 제기하고, 당해 조합원에게 부동산의 인도 지연에 따른 조합의 사업비 지출비용 등 손해배상을 청구하고자 합니다.

또한 신탁등기 이행을 지연하거나 거부하여 사업시행이 지연되는 경우에 조합정관 제○○조(소유권이전 및 신탁)에 의거하여 손해배상청구 등의 업무를 진행하는 것에 대한 의결을 구하고자 합니다.

- 관련 근거
도시정비법 제24조(현행 제45조, 제46조 총회소집 및 의결사항)
조합정관 제○○조(총회 의결사항), 조합정관 제36조(이주대책)
조합정관 제○○조(소유권이전 및 신탁)

○ **제7항**

재건축 표준정관
제36조(이주대책) ⑦ 이주비 지급절차 등에 관한 세부적인 사항은 조합과 시공사 또는 금융기관 등과 정한 약정에 따르며, 이주와 관련한 구체적인 사항은 대의원회에서 정하여 운영한다.

재개발 표준정관 제36조제8항과 같다.

다음은 강남구 ○○재건축 조합정관의 사례다.

제○○조(이주대책) ① 사업시행으로 주택이 철거되는 조합원은 대의원회의 결의로 정하는 이주기간 내에 사업을 시행하는 동안 자신의 부담으로 이주하여야 한다.
② 조합은 이주비의 지원을 희망하는 조합원에게 조합이 직접 금융기관과 약정을 체결하거나, 시공자와 약정을 체결하여 지원하도록 알선할 수 있다. 이 경우 이주비

를 지원받은 조합원은 사업시행구역안의 소유 토지 및 건축물을 담보로 제공하여야 한다.

③ 제2항에 의하여 이주비를 지원받은 조합원 또는 그 권리를 승계한 조합원은 지원받은 이주비를 주택 등에 입주 시까지 시공자(또는 금융기관)에게 상환하여야 한다

④ 조합원은 조합이 정하여 통지하는 이주기한 내에 당해 건축물에서 퇴거하여야 하며, 세입자 또는 임시거주자 등이 있을 때에는 당해 조합원의 책임으로 함께 퇴거하도록 조치하여야 한다.

⑤ 조합원은 본인 또는 세입자 등이 당해 건축물에서 퇴거하지 아니하여 기존 주택 등의 철거 등 사업시행에 지장을 초래하는 때에는 그에 따라 발생되는 모든 손해에 대하여 변상할 책임을 지며, 제○○조제○항 및 제○○조를 준용한다.

⑥ 제5항에 의하여 조합원이 변상할 손해금액과 징수방법 등은 대의원회에서 정하여 총회의 승인을 얻어 당해 조합원에게 부과하며, 이를 기한 내에 납부하지 아니한 때에는 당해 조합원의 권리물건을 환가처분하여 그 금액으로 충당할 수 있다.

⑦ 조합원은 아파트관리비, 전기, 수도, 도시가스 요금 등 제세공과금을 이주시 또는 이주비 수령 시까지 조합원의 책임으로 정산하여야 한다.

⑧ 이주비 지급절차 등에 관한 세부적인 사항은 조합과 시공사 또는 금융기관 등 사이에 정한 약정에 따르며, 이주와 관련한 구체적인 사항은 이사회 또는 대의원회에서 정하여 운영할 수 있다.

재개발 표준정관

제36조(이주대책) ⑦ 사업시행으로 해체되는 주택의 세입자는 조례 제27조 및 제46조 등에서 정하는 바에 따라 임대주택을 공급하고, 토지보상법 시행규칙 제54조제2항 및 제55조제2항의 기준에 해당하는 주거용 건축물의 세입자에 대하여는 동 규칙이 정한 바에 따라 주거이전비 및 이사비를 지급하며, 세부 사항은 관리처분계획기준에 따른다.

사업성격상 재건축 표준정관에 없는 제7항이 추가되어 있다.

일반적으로 이주비·주거이전비·이사비의 관계는 다음과 같다.

구분	목적	성격	상환 여부	지급대상
이주비	임시거처를 마련하기 위한 비용 (재건축, 재개발사용 공통)	대여금 (무이자·유이자)	○	조합원
주거이전비	조속한 이주를 위한 지원금 (재개발사업)	지원금	×	실제 점유자
이사비 (재건축은 이주촉진비)	실제 이사에 필요한 비용지금 (재건축,재개발사업 공통)	실비	×	실제 점유자 (재건축은 조합원)

■ **주거이전비와 이사비**

1) 주거이전비(주거대책비)
도시정비법 시행령 제54조제1항, 제4항
토지보상법 시행규칙 제54조제1항, 제2항

재건축사업이 아닌 재개발사업에 해당되는 것으로, 주거이전비는 주거지를 이전하는 데 필요한 비용을 말한다. 주거이전비는 이주비와 달리, 구체적으로 주거지 이전 과정에서 실제 비용을 보전하는 데 목적이 있다.

주거지에 거주하는 조합원은 2개월의 주거이전비를 받게 된다.
정비구역 지정을 위한 공람·공고일부터 계약체결일 또는 수용재결일까지 계속하여 거주하고 있지 아니한 건축물의 소유자는 토지보상법 시행령 제40조제5항제2호에 따라 이주대책대상자에서 제외한다(도시정비법 시행령 제54조제1항). 주거이전비를 보상하는 경우 보상대상자의 인정시점은 정비구역 지정을 위한 공람·공고일이다(동조 제4항).

주거용 건축물의 세입자(임차인)은 4개월의 주거이전비를 받게 된다.
주거용 건축물의 세입자(무상으로 사용하는 거주자를 포함)로서 사업인정고시일등 당시 또는 공익사업을 위한 관계 법령에 따른 고시 등이 있은 당시 해당 공익사업 시행지구안에서 3개월 이상 거주한 자에 대해서는 가구원 수에 따라 4개월분의 주거이전비를 보상해야 한다.

토지보상법 시행규칙

제54조(주거이전비의 보상) ①공익사업시행지구에 편입되는 주거용 건축물의 소유자에 대하여는 해당 건축물에 대한 보상을 하는 때에 가구원 수에 따라 2개월분의 주거이전비를 보상하여야 한다. 다만, 건축물의 소유자가 해당 건축물 또는 공익사업시행지구 내 타인의 건축물에 실제 거주하고 있지 아니하거나 해당 건축물이 무허가건축물등인 경우에는 그러하지 아니하다. <개정 2016.1.6>

② 공익사업의 시행으로 인하여 이주하게 되는 주거용 건축물의 세입자(무상으로 사용하는 거주자를 포함하되, 법 제78조제1항에 따른 이주대책대상자인 세입자는 제외한다)로서 사업인정고시일등 당시 또는 공익사업을 위한 관계 법령에 따른 고시 등이 있은 당시 해당 공익사업시행지구안에서 3개월 이상 거주한 자에 대해서는 가구원 수에 따라 4개월분의 주거이전비를 보상해야 한다. 다만, 무허가건축물등에 입주한 세입자로서 사업인정고시일등 당시 또는 공익사업을 위한 관계 법령에 따른 고시 등이 있은 당시 그 공익사업지구 안에서 1년 이상 거주한 세입자에 대해서는 본문에 따라 주거이전비를 보상해야 한다. <개정 2007.4.12, 2016.1.6, 2020.12.11>

판례

구 토지보상법 시행규칙 제54조제2항의 '세입자'에 주거용 건축물을 무상으로 사용하는 거주자도 포함되는지(적극)
대법원 2023.7.27선고 2022두44392판결, 주거이전비등
【판결요지】
구 토지보상법 시행규칙(2016.1.6 국토교통부령 제272호로 개정되기 전의 것) 제54조제2항의 '세입자'에는 주거용 건축물을 무상으로 사용하는 거주자도 포함된다고 봄이 타당하다.
구체적인 이유는 다음과 같다.
① 구 토지보상법(2022.2.3 법률 제18828호로 개정되기 전의 것) 제78조제5항은 주거용 건물의 '거주자'에 대하여는 주거 이전에 필요한 비용과 가재도구 등 동산의 운반에 필요한 비용을 산정하여 보상하여야 한다고 규정하여 사용대가의 지급 여부를 구분하지 않고 주거용 건물의 거주자 일반에 대하여 주거이전비 등을 필요적으로 보상하도록 정하고 있다. 구 토지보상법 제78조제9항은 주거이전비의 보상에 대하여는 국토교통부령이 정하는 기준에 의한다고 규정하고 있으나, 이러한 규정을 살펴보더라도 무상으로 사용하는 거주자를 주거이전비 보상대상에서 일률적으로 배제하는 내용이 규율될 것이라고 예상할 수 없다.
② 주거이전비는 당해 공익사업 시행지구 안에 거주하는 세입자들의 조기이주를 장려하여 사업추진을 원활하게 하려는 정책적인 목적과 주거이전으로 인하여 특별한 어려움을 겪게 될 세입자들을 대상으로 하는 사회보장적인 차원에서 지급하는 금원인데, 조기이주 장려 및 사회보장적 지원의 필요성

이 사용대가의 지급 여부에 따라 달라진다고 보기 어렵다.
③ 주거이전비와 이사비는 모두 구 토지보상법 제78조제5항에 따라 보상되는 것으로 제도의 취지도 동일하다. 이사비의 경우 무상으로 사용하는 거주자도 보상대상에 포함됨에 이론이 없고, 양자를 달리 취급할 합리적인 이유를 발견하기 어려우므로, 주거이전비의 경우에도 보상대상에 무상으로 사용하는 거주자가 포함된다고 보는 것이 형평에 부합한다.
④ 구 토지보상법 시행규칙 제54조제2항의 '세입자'에 무상으로 사용하는 거주자도 포함된다고 보는 해석은 상위법령의 위임 범위와 제도의 취지, 구체적 타당성을 고려한 결과이다. 위 조항이 '세입자'라는 문언을 사용한 것은 같은 조 제1항의 '소유자'의 경우와 구분하기 위한 것으로 볼 수 있으므로, 위와 같은 해석이 문언의 가능한 의미를 벗어났다고 볼 것은 아니다.
⑤ 토지보상법 시행규칙이 2020.12.11 국토교통부령 제788호로 개정되면서 제54조제2항의 주거용 건축물의 세입자에 '무상으로 사용하는 거주자'도 포함됨이 명시되었다. 개정 조항이 '세입자'라는 문언을 그대로 유지하면서 괄호 안에서 무상으로 사용하는 거주자가 '세입자'에 포함된다고 추가한 점 등에 비추어 볼 때, 위와 같은 개정 조항은 기존 법령의 규정 내용으로부터 도출되는 사항을 주의적·확인적으로 규정한 것이라고 봄이 타당하다.

재개발구역에서 현금청산자가 정비구역 공람·공고일부터 전입·신고한 후 수용재결일까지 자주 왕래하였더라도, 생활근거지로 삼아 거주한 것이 아니면 주거이전비 보상을 받을 수 없다.
의정부지방법원 2024.12.18선고 2024구단5757판결, 주거이전비등 청구의 소
【판결요지】
이주대책 제도 및 주거이전비 보상 제도는 공익사업의 시행으로 생활 근거를 상실하게 되는 자를 위하여 종전의 생활 상태를 원상으로 회복시키면서 동시에 인간다운 생활을 보장하여 주기 위한 이른바 생활 보상의 일환으로 국가의 적극적이고 정책적인 배려에 의하여 마련된 제도이다(대법원 1994.5.24선고 92다35783 전원합의체 판결 등 참조). 그러므로 위와 같은 거주요건을 갖추었는지 판단은 해당 대상자가 실제로 이주대책 기준에서 정하는 기간 동안 당해 건축물을 생활근거지로 삼아 거주하였고 공익사업 시행으로 인하여 생활 근거를 상실하게 되었는지가 판단기준이 되어야 할 것이다. 주민등록이 거주 사실을 증명하는 절대적인 증거는 아니고, 설령 원고가 이 사건 주택에 왕래하였다고 하더라도, 원고가 제출한 사실확인서 기재만으로는 원고가 그곳을 주된 생활근거지로 삼아 상시 생활하였다고 보기는 어렵다). 달리 원고가 이 사건 주택을 생활근거지로 삼아 거주하였다는 점을 인정할 다른 객관적인 증거가 없다.

구 도시정비법이 적용되는 재개발구역 내 주거용 건축물을 소유하는 조합원이 사업구역 내 타인의 주거용 건축물에 거주하는 세입자일 경우, '세입자로서의 주거이전비(4개월분)' 지급대상인지(소극)
대법원 2017.10.31선고 2017두40068판결, 주거이전비등
【판결요지】
구 도시정비법(2009.2.6 법률 제9444호로 개정되기 전의 것) 제40조제1항, 토지보상법 제78조제5항, 제9항, 구 토지보상법 시행규칙(2016.1.6 국토부령 제272호로 개정되기 전의 것) 제54조제1항, 제2항의 내용, 체계, 취지 등에 비추어 보면, 구 도시정비법이 적용되는 재개발구역 내 주거용 건축물을 소유하는 재개발조합원이 사업구역 내의 타인의 주거용 건축물에 거주하는 세입자일 경우(이하 '소유자 겸 세입자')에는 구 도시정비법 제40조제1항, 구 토지보상법 시행규칙 제54조제2항에 따른 '세입자로서의 주거이전비(4개월분)' 지급대상은 아니라고 봄이 타당하다.

2) 이사비(동산의 이전비 보상)

이사비는 토지보상법에 따라 임차인에게 지급되는 돈을 말한다.
특별한 지급기준은 없지만, 실제로 현재 점유자가 수령하는 것이 원칙으로 100만 원에서 300만 원 정도를 지급하고 있다.

토지보상법 시행규칙

제55조(동산의 이전비 보상 등) ① 토지등의 취득 또는 사용에 따라 이전하여야 하는 동산(제2항에 따른 이사비의 보상대상인 동산을 제외한다)에 대하여는 이전에 소요되는 비용 및 그 이전에 따른 감손상당액을 보상하여야 한다. <개정 2007.4.12>

② 공익사업시행지구에 편입되는 주거용건축물의 거주자가 해당 공익사업시행지구 밖으로 이사를 하거나 사업시행자가 지정하는 해당 공익사업시행지구 안의 장소로 이사를 하는 경우에는 별표4의 기준에 의하여 산정한 이사비(가재도구 등 동산의 운반에 필요한 비용을 말한다. 이하 이 조에서 같다)를 보상하여야 한다. <개정 2012.1.2, 2023.4.17>

■ **토지보상법 시행규칙 [별표 4] <개정 2021.8.27>**

이사비 기준(제55조제2항 관련)

주택연면적기준	이사비			비고
	임금	차량운임	포장비	
1. 33㎡ 미만	3명분	1대분	(임금+차량운임) × 0.15	1. 임금은 「통계법」 제3조제3호에 따른 통계작성기관이 동법 제18조에 따른 승인을 받아 작성·공표한 공사부문 보통인부의 임금을 기준으로 한다. 2. 차량운임은 한국교통연구원이 발표하는 최대적재량이 5톤인 화물자동차의 1일 8시간 운임을 기준으로 한다. 3. 한 주택에서 여러 세대가 거주하는 경우 주택연면적기준은 세대별 점유면적에 따라 각 세대별로 계산·적용한다.
2. 33㎡ 이상 49.5㎡ 미만	4명분	2대분	(임금+차량운임) × 0.15	
3. 49.5㎡ 이상 66㎡ 미만	5명분	2.5대분	(임금+차량운임) × 0.15	
4. 66㎡ 이상 99㎡ 미만	6명분	3대분	(임금+차량운임) × 0.15	
5. 99㎡ 이상	8명분	4대분	(임금+차량운임) × 0.15	

>  **판례**
>
> 이사비 지급 기준일은 사업시행계획인가·고시일이다
> 대구지방법원 2024.9.11선고 2023구합25741판결, 손실보상금
> 【판결요지】
> 사업시행계획인가·고시일에 이사비 지급의무가 발생하므로(대법원 2012.4.26선고 2010두7475 판결 참조, 이와 달리 실제 이주시점을 기준으로 이사비를 산정하여야 한다는 원고의 주장은 이유 없다), 원고에게 지급할 이사비는 사업시행계획인가·고시일을 기준으로 산정하여야 한다.
>
> 토지보상법 제78조제5항 등에 따른 이사비의 보상대상자
> 대법원 2010.11.11선고 2010두5332판결, 주거이전비 등
> 【판결요지】
> 토지보상법 제78조제5항, 동법 시행규칙 제55조제2항의 각 규정 및 공익사업의 추진을 원활하게 함과 아울러 주거를 이전하게 되는 거주자들을 보호하려는 이사비(가재도구 등 동산의 운반에 필요한 비용을 말함) 제도의 취지에 비추어 보면, 이사비 보상대상자는 공익사업시행지구에 편입되는 주거용 건축물의 거주자로서 공익사업의 시행으로 인하여 이주하게 되는 자로 보는 것이 타당하다.

■ 영업보상비

도시정비법 제65조제1항, 동법 시행령 제54조제3항
토지보상법 제77조제1항, 동법 시행규칙 제45조

■ 도시정비법령

정비구역에서 정비사업의 시행을 위한 토지 또는 건축물의 소유권과 그 밖의 권리에 대한 수용·사용은 이 법에 규정된 사항을 제외하고는 토지보상법을 준용한다. 다만, 정비사업의 시행에 따른 손실보상의 기준 및 절차는 시행령으로 정한다(법 제65조제1항).

정비사업으로 인한 영업의 폐지 또는 휴업에 대하여 손실을 평가하는 경우 영업의 휴업기간은 4개월 이내로 하며, 다음 각 호의 어느 하나에 해당하는 경우에는 실제 휴업기간으로 하되, 그 휴업기간은 2년을 초과할 수 없다(영 제54조제2항).

  1. 해당 정비사업을 위한 영업의 금지 또는 제한으로 인하여 4개월 이상의 기간

동안 영업을 할 수 없는 경우

2. 영업시설의 규모가 크거나 이전에 고도의 정밀성을 요구하는 등 해당 영업의 고유한 특수성으로 인하여 4개월 이내에 다른 장소로 이전하는 것이 어렵다고 객관적으로 인정되는 경우

위 제2항에 따라 <u>영업손실을 보상하는 경우, 보상대상자의 인정시점은 정비구역 지정을 위한 공람공고일</u>로 본다(동조 제3항).

■ **토지보상법령**

공익사업의 시행으로 인하여 기존의 영업을 계속할 수 없게 되는 경우, 그에 대한 손실보상을 하여야 한다(재개발사업이 해당하며, 재건축사업은 제외).

토지보상법 제77조제1항에서 "영업을 폐지하거나 휴업함에 따른 영업손실에 대하여는 영업이익과 시설의 이전비용 등을 고려하여 보상하여야 한다."고 규정하여 영업보상의 종류로 폐업과 휴업을 명시하고 있으며, 영업보상의 항목으로 영업이익과 시설 이전비용 등을 예시하고 있다.

토지보상법 시행규칙에서는 영업보상의 대상과 폐업보상, 휴업보상에 대해 구체적 평가 방법을 규정하고 있다.

영업손실을 보상하여야 하는 대상은 다음 각 호 모두에 해당하는 영업으로 한다(동법 시행규칙 제45조).

1. 사업인정고시일등 전부터 적법한 장소(무허가건축물 등, 불법 형질변경토지, 그 밖에 다른 법령에서 물건을 쌓아놓는 행위가 금지되는 장소가 아닌 곳을 말함)에서 인적·물적시설을 갖추고 계속적으로 행하고 있는 영업. 다만, 무허가건축물 등에서 임차인이 영업하는 경우에는 그 임차인이 사업인정고시일 등 1년 이전부터 「부가가치세법」 제8조에 따른 사업자등록을 하고 행하고 있는 영업을 말한다.

2. 영업을 행함에 있어서 관계 법령에 의한 허가등을 필요로 하는 경우에는 사업인정고시일등 전에 허가등을 받아 그 내용대로 행하고 있는 영업

또한, 같은 시행규칙에서 제46조(영업의 폐업에 대한 손실의 평가 등), 제47조(영업의 휴업 등에 대한 손실의 평가)의 규정을 두고 있다.

신속통합기획 재개발 후보지에서 사업자등록 없이 제조업을 하는 경우는 영업손실보상이 아니며(서울시 주거정비과 2023.5.8), 같은 후보지 내에서 임대차계약 체결 후 공장 영업 중인 경우의 이사비 등 보상권에 대해서는 손실보상대상에 해당된다(서울시 주거정비과 2023.4.25)고 해석한 바 있다.

> **판례**
>
> 구 도시정비법 제49조제6항 단서나 '토지보상법' 규정이 재건축사업에 유추적용되는지(소극)
> 대법원 2022.3.31선고 2021다258029판결, 부당이득금반환청구의소
> 【판결요지】
> 재건축사업에 관한 이 사건에는 구 도시정비법 제49조제6항 단서 및 토지보상법 규정이 적용된다고 볼 수 없고, 피고들이 위 관련 민사소송에서 성립된 조정에 따라 원고로부터 지급받기로 한 돈이 이 사건 각 부동산에 관한 매매대금에 해당한다면, 적어도 피고들은 그 돈을 모두 지급받을 때까지 이 사건 각 부동산을 점유·사용할 권원이 있다.
>
> 재개발사업에서 고유번호증을 갖춘 어린이집이 영업손실 보상대상인지
> 수원지방법원 2023.5.4선고 2019구합1693판결, 영업보상 증액에 관한 소
>
> 【판결요지】
> 어린이집의 운영은 토지보상법 시행규칙 제45조에 따른 영업손실보상의 대상이 되는 영업에 해당하고, 그에 따라 '휴업기간에 해당하는 영업이익' 및 '영업장소 이전 후 발생하는 영업이익감소액'도 이 사건 어린이집의 영업손실로 평가하여야 한다.
>
> 소유자 겸 세입자의 영업보상 및 주거이전비의 지급대상자 해당여부
> 서울동부지법 2019.12.19선고 2018가단141399 부당이득금반환청구
> 【판결요지】
> 도시정비법이 적용되는 재개발구역 내 주거용 건축물, 상가 건축물을 불문하고 이를 소유하는 조합원이 정비사업에 동의하고 사업시행으로 신축될 건축물에 관한 분양신청을 함으로써 정비사업에 참여한 경우에는 위 조합원이 사업구역 내의 타인 소유 건축물에 거주하거나 영업하는 세입자라도 토지보상법 시행규칙 제45조, 제54조제2항에 따른 영업보상비 내지 주거이전비의 지급대상에는 해당하지 않는다.

cf 부산광역시 재건축 표준정관

제34조(이주대책) ① 사업시행으로 주택이 해체되는 조합원은 사업을 시행하는 동안 조합이 대의원회 결의로 정하는 이주 기간 내에 자신의 부담으로 이주하여야 한다.

② 조합은 이주비(금융기관으로부터 대여받아 입주 시 상환하는 대출금을 말함)의 지

원을 희망하는 조합원에게 조합이 직접 금융기관과 약정을 체결하거나 시공자와 약정을 체결하여 이주비 대출을 알선할 수 있다. 이 경우 이주비를 지원받은 조합원은 자신의 명의로 대출을 받으며, 사업시행구역안의 소유 토지 및 건축물을 담보로 제공하여야 한다.

③ 제2항에 의하여 이주비를 지원받은 조합원 또는 그 권리를 승계한 조합원은 지원받은 이주비를 주택 등에 입주 시까지 금융기관 등에 상환하여야 한다.

④ 조합원은 세입자 또는 임시거주자 등이 있을 때에는 퇴거하도록 조합에 적극 협조하여야 한다.

재개발 표준정관에는 재건축 표준정관에 없는 제4항, 제5항이 추가되어 있다.

재개발 표준정관

제34조(이주대책) ① 사업시행으로 주택이 해체되는 조합원은 사업을 시행하는 동안 조합이 대의원회 결의로 정하는 이주 기간 내에 자신의 부담으로 이주하여야 한다.

② 조합은 이주비(금융기관으로부터 대여받아 입주 시 상환하는 대출금을 말함)의 지원을 희망하는 조합원에게 조합이 직접 금융기관과 약정을 체결하거나 시공자와 약정을 체결하여 이주비 대출을 알선할 수 있다. 이 경우 이주비를 지원받은 조합원은 자신의 명의로 대출을 받으며, 사업시행구역안의 소유 토지 및 건축물을 담보로 제공하여야 한다.

③ 제2항에 의하여 이주비를 대출받은 조합원 또는 그 권리를 승계한 조합원은 대출받은 이주비를 "신축건축물등"에 입주 시까지 금융기관 등에 상환하여야 한다.

④ 사업시행으로 해체되는 주택의 세입자에 대하여 도시정비조례 제30조에서 정하는 바에 따라 임대주택을 공급하거나, 토지보상법 시행규칙 제54조제2항 및 제55조제2항에 해당하는 세입자에 대하여는 동 규칙이 정한 바에 따라 주거이전비등을 지급한다. 다만, 주거이전비 보상대상자의 인정시점은 도시정비법 시행령 제13조제1항에 따른 공람공고일로 본다.

⑤ 토지보상법 시행규칙 제53조제2항, 제54조제2항 및 제55조제2항에 해당하는 경우 이주정착금 등을 지급한다. 다만, 도시정비법 시행령 제13조제1항에 따른

공람공고일부터 계약체결일 또는 수용재결일까지 계속하여 거주하고 있지 아니한 청산조합원은 이주정착금 등을 지급하지 아니한다.

부산광역시 재개발 표준정관의 경우 "주거이전비 보상대상자의 인정시점은 도시정비법 시행령 제13조제1항에 따른 공람공고일로 본다."고 적시하고 있다.

또한, 이주정착금 등을 지급과 관련해 "다만, 도시정비법 시행령 제13조제1항에 따른 공람공고일부터 계약체결일 또는 수용재결일까지 계속하여 거주하고 있지 아니한 청산조합원은 이주정착금 등을 지급하지 아니한다."고 규정하고 있다.

주거이전비 보상대상자의 인정시점은 도시정비법 시행령 제13조제1항에서의 '재개발 정비계획 주민공람공고일'이다. 이 경우 해당 지방자치단체는 시보 또는 공보를 통하여 공고하고 공람장소에 관계 서류를 비치하여야 한다.

공람공고일부터 계약체결일 또는 수용재결일까지 계속하여 거주하고 있지 아니한 청산조합원은 이주정착금 등을 지급하지 않는다.

광주광역시 재건축 표준정관

제36조(이주대책) ① 사업시행으로 주택 등 건축물이 해체되는 조합원은 사업을 시행하는 동안 자신의 부담으로 이주하여야 한다.

② 조합은 이주비의 대출을 희망하는 조합원에게 조합이 직접 금융기관과 약정을 체결하거나, 시공자와 약정을 체결하여 대출을 알선할 수 있다. 이 경우 조합원은 사업시행구역내의 소유 토지 또는 건축물을 담보로 제공하고 자신의 명의로 대출을 받는다.

③ 제2항에 의하여 이주비를 대출받은 조합원 또는 그 권리를 승계한 조합원은 대출받은 이주비를 "신축건축물등"에 입주 시까지 금융기관 등에 상환하여야 한다.

④ 조합원은 조합이 정하여 통지하는 이주기한 내에 해당 건축물에서 퇴거하여야 하며, 세입자 또는 임시거주자 등이 퇴거하도록 하여야 한다.

⑤ 조합원은 본인 또는 세입자 등이 제4항의 이주기한 내에 해당 건축물에서 퇴거하지 아니하여 기존 주택 등의 해체지연 등 사업시행에 지장을 초래하는 때에는 그에 따라 발생되는 모든 손해에 대하여 변상할 책임을 진다.

⑥ 제5항에 의하여 조합원이 변상할 손해금액과 징수방법 등은 총회의 의결을 얻

어 해당 조합원에게 부과한다. 해당 조합원이 이를 납부하지 아니한 때에는 법 제89조에 따른 해당 조합원의 청산금에 그 부과금과 연체료를 부가하여 징수하거나 공제하여 지급할 수 있다.

⑦ 이주비 지급절차 등에 관한 세부적인 사항은 조합과 시공사 또는 금융기관 등과 정한 약정에 따르며, 이주와 관련한 구체적인 사항은 대의원회에서 정하여 운영한다.

재개발 표준정관

제36조(이주대책) ① 사업시행으로 주택 등 건축물이 해체되는 조합원은 사업을 시행하는 동안 자신의 부담으로 이주하여야 한다.

② 조합은 이주비의 대출을 희망하는 조합원에게 조합이 직접 금융기관과 약정을 체결하거나, 시공자와 약정을 체결하여 대출을 알선할 수 있다. 이 경우 조합원은 사업시행구역내의 소유 토지 또는 건축물을 담보로 제공하고 자신의 명의로 대출을 받는다.

③ 제2항에 의하여 이주비를 대출받은 조합원 또는 그 권리를 승계한 조합원은 대출받은 이주비를 "신축건축물등"에 입주 시까지 금융기관 등에 상환하여야 한다.

④ 조합원은 조합이 정하여 통지하는 이주기한 내에 해당 건축물에서 퇴거하여야 하며, 세입자 또는 임시거주자 등이 퇴거하도록 하여야 한다.

⑤ 조합원은 본인 또는 세입자 등이 제4항의 이주기한 내에 해당 건축물에서 퇴거하지 아니하여 기존 주택 등의 해체지연 등 사업시행에 지장을 초래하는 때에는 그에 따라 발생되는 모든 손해에 대하여 변상할 책임을 진다.

⑥ 제5항에 의하여 조합원이 변상할 손해금액과 징수방법 등은 총회의 의결을 얻어 해당 조합원에게 부과한다. 해당 조합원이 이를 납부하지 아니한 때에는 법 제89조에 따른 해당 조합원의 청산금에 그 부과금과 연체료를 부가하여 징수하거나 공제하여 지급할 수 있다.

⑦ <u>사업시행으로 해체되는 주택의 세입자는 조례 제28조제1항제2호에서 정하는 바에 따른다.</u>

⑧ 이주비 지급절차 등에 관한 세부적인 사항은 조합과 시공사 또는 금융기관 등과 정한 약정에 따르며, 이주와 관련한 구체적인 사항은 대의원회에서 정하여 운영한다.

재개발 표준정관의 제1항 내지 제6항 및 제8항은 재건축과 같다.

다만, 제7항인 "사업시행으로 해체되는 주택의 세입자는 조례 제28조제1항제2호에서 정하는 바에 따른다."는 규정을 두는 점에서 차이가 있다.

광주광역시 도시정비조례

제28조(세입자의 주거대책 등) ① 정비사업 시행을 위한 세입자대책 및 임대주택건설계획은 다음 각 호의 방법에 의한다.

1. 사업시행자가 임대주택을 건설할 경우에는 임대주택건설계획을 사업시행계획에 포함하여 사업시행계획인가를 신청하여야 한다.

2. 재개발사업의 시행으로 이주하게 되는 세입자 중 임대주택입주를 희망하는 세입자가 있는 경우, 서면으로 공급신청을 받아 입주자격이 있는 세입자를 대상으로 임대주택공급대상자 명부를 작성하여 사업시행계획인가 신청 시 이를 첨부하여야 한다.

2023.11.29 국토부 별표2 지정개발자(신탁업자) 표준시행규정

제22조(이주대책) ① 사업시행자는 토지등소유자(재건축사업의 경우에는 신탁업자를 사업시행자로 지정하는 것에 동의한 토지등소유자를 말한다. 이하 이 조에서 같다)에게 이주비(이사비, 이주촉진비 등을 포함한다. 이하 이 조에서 같다)를 지원하거나 이주비 대출을 위한 금융기관을 알선해야 한다.

② 이주비의 지원 규모, 절차 등에 관한 사항은 토지등소유자 전체회의의 의결을 거쳐 사업시행자가 정한다.

③ 이주대책에 관하여 시행규정에서 정하지 아니한 사항은 사업시행계획에서 정한 비에 따른다.

제23조(이주에 따른 토지등소유자의 의무 등) ① 토지등소유자(재건축사업의 경우에는 신탁업자를 사업시행자로 지정하는 것에 동의한 토지등소유자를 말한다. 이하 이 조에서 같다)는 사업시행자가 정하여 통보하는 이주기간 내에 해당 건축물에서 퇴거하여야 하며, 세입자 또는 임시거주자 등이 있을 때에는 이주기간 내에 퇴거가 완료될 수 있도록 하여야 한다.

② 사업시행자는 이주의사가 없다고 객관적으로 인정되는 토지등소유자, 세입

자 또는 임시거주자 등에 대하여는 점유이전금지가처분 및 명도소송 등을 제기할 수 있다.

③ 토지등소유자가 건축물에서 퇴거하지 아니하여 기존 건축물 등의 철거 등 사업시행에 지장을 초래하거나 시행규정에 따른 의무를 이행하지 아니하여 사업시행에 지장을 초래한 경우,

해당 토지등소유자는 그에 따라 사업에 발생하는 손해를 배상하여야 한다.

④ 제3항에 따라 토지등소유자가 배상할 손해액은 사업시행자가 토지등소유자 전체회의 의결을 거쳐 해당 토지등소유자에게 청구할 수 있다.

⑤ 토지등소유자는 전기, 수도 및 가스 등 제 공과금을 이주 시까지 자신의 책임으로 정산하여야 한다.

2006.8.25 국토부 재건축 표준정관

제37조(이주대책) ① 사업시행으로 주택이 철거되는 조합원은 사업을 시행하는 동안 자신의 부담으로 이주하여야 한다.

② 조합은 이주비의 지원을 희망하는 조합원에게 조합이 직접 금융기관과 약정을 체결하거나, 시공자와 약정을 체결하여 지원하도록 알선할 수 있다. 이 경우 이주비를 지원받은 조합원은 사업시행구역안의 소유 토지 및 건축물을 담보로 제공하여야 한다.

【주】이주비에 있어 차입대상에 따라 조정 가능함.

③ 제2항에 의하여 이주비를 지원받은 조합원 또는 그 권리를 승계한 조합원은 지원받은 이주비를 주택 등에 입주 시까지 시공자(또는 금융기관)에게 환불하여야 한다.

④ 조합원은 조합이 정하여 통지하는 이주기한 내에 당해 건축물에서 퇴거하여야 하며, 세입자 또는 임시거주자 등이 있을 때에는 당해 조합원의 책임으로 함께 퇴거하도록 조치하여야 한다.

⑤ 조합원은 본인 또는 세입자 등이 당해 건축물에서 퇴거하지 아니하여 기존 주택 등의 철거 등 사업시행에 지장을 초래하는 때에는 그에 따라 발생되는 모든 손해에 대하여 변상할 책임을 진다.

⑥ 제5항에 의하여 조합원이 변상할 손해금액과 징수방법 등은 대의원회에서 정

하여 총회의 승인을 얻어 당해 조합원에게 부과하며, 이를 기한 내에 납부하지 아니한 때에는 당해 조합원의 권리물건을 환가처분하여 그 금액으로 충당할 수 있다.

> 【주】소수 조합원의 의무불이행으로 사업지연 등 다수 조합원의 피해를 초래한 경우에는 변상책임이 있음을 미리 모든 조합원이 숙지토록 하여 분쟁을 예방하고 사업수행에 원활을 기하기 위한 것임.

2003.6.30 국토부 재개발 표준정관

제35조(이주대책) ① 사업시행구역안의 거주자 중 사업시행으로 주택이 철거되는 조합원에게 사업시행기간 동안 임시수용시설에 수용하거나 주택자금을 융자알선한다.

> 【주】임시수용시설의 설치내용 및 방법, 수용대상, 관리방법 등과 융자알선의 시기 및 방법, 융자조건, 상환방법 등을 규정한다.

② 조합은 이주비의 지원을 희망하는 조합원에게 조합이 직접 금융기관과 약정을 체결하거나, 시공자와 약정을 체결하여 지원하도록 알선할 수 있다. 이 경우 이주비를 지원받는 조합원은 사업시행구역안의 소유토지 및 건축물을 담보로 제공하여야 한다.

> 【주】이주비에 있어 차입대상에 따라 조문 조정 필요

③ 사업시행으로 철거되는 주택의 세입자는 해당 시·도조례에서 정하는 바에 따라 임대주택을 공급하거나, 토지보상법 시행규칙 제54조제2항 및 제55조제2항의 기준에 해당하는 세입자에 대하여는 동 규칙이 정한 바에 따라 주거이전비를 지급한다.

> 【주】주거이전비의 지급시기 및 방법, 주거이전비의 전부 또는 일부 및 일정 비율 등을 정하고자 할 경우 임대자인 해당 조합원과 협의하여 그 규모 및 방법을 별도로 규정한다.

> ■ **(서울) 재건축 표준정관 제36조의2(신탁등기 등)**
> ● **(서울) 재개발 표준정관**: 관련 규정이 없지만, 대지지분이 고가이거나 분쟁이 있는 경우에는 신탁등기 규정을 두는 곳이 많다.

재건축 표준정관

제36조의2(신탁등기 등) ①재건축사업의 원활한 추진을 위하여 조합원은 사업시행계획인가 이후에 조합이 정하여 통지한 기간 내에 조합원의 소유로 되어 있는 사업시행구역안의 건축물 및 그 부속토지 등에 대하여 조합에 신탁등기를 완료하여야 하며, 이 기간 내에 신탁등기를 이행치 않을 경우 조합은 신탁등기 이행의 소를 제기할 수 있다.

②조합은 신탁된 조합원의 재산권을 재건축사업 시행 목적에 적합하게 사용 및 관리·처분하여야 하며, 권리이전 등 필요한 경우에는 신탁을 해지하여 신탁재산을 당해 조합원에게 반환하여 주어야 하며, 당해 조합원으로부터 주택 및 부속 토지 등을 매입하여 새로이 조합원이 된 자는 소유권 이전 후 즉시 신탁하여야 한다.

③ 법 제86조의 이전고시에 따른 신탁종료, 권리관계 등 신탁에 대한 필요한 사항은 신탁계약과 신탁원부에 정한다.

【주】신탁을 하지 않을 경우에는 채택하지 않을 수 있음.

부산광역시 재건축 표준정관에는 신탁등기에 대한 규정이 없다.

재건축사업의 신탁은 사업시행을 위한 조합원의 현물출자행위이다. 조합원의 개별소유인 토지등 재산권에 대해 사업 목적 범위에서 사업시행자인 조합이 관리, 처분할 수 있게 하는 행위이다(법인세의 경우 신탁등기 시점이 현물출자 시점으로 보며, 그렇지 않으면 관리처분인가 시점이 될 수 있음).

신탁등기는 조합정관과 신탁법에 의하여 이루어지며, 국내 재건축사업에서 신탁등기를 하지 않은 곳이 없다.

최근 재개발사업이나 시장정비사업에서도 신탁등기가 이뤄지는 곳이 늘고 있다. 서울특별시 재개발표준정관에 신탁등기 관련 규정이 없지만, 2024년 현재 용산구 재개발사업장에서 신탁등기를 한 사례가 있다.

고가인 대지지분 분쟁 등으로 인해 재개발사업장이나 시장정비사업에서도 조합으로의 신탁등기를 한 사례가 있다(예, 안양 호원초교 재개발사업장, 강남구 남서울 시장정비사업).

강남구 ○○재건축조합 정관 사례다.

제○○조(조합원의 신탁등기 의무) ① 조합은 사업의 원활한 추진을 위하여 조합원에게 사업시행구역안의 토지 및 건축물에 대하여 신탁등기의 이행을 청구하여야 하며, 이 경우 조합원은 조합이 정하여 통보한 기한까지 신탁등기 절차를 이행하여야 한다.

② 조합은 제1항에서 정한 기한까지 신탁등기절차를 이행하지 아니하는 조합원을 상대로 신탁을 원인으로 한 '소유권이전등기절차의 이행을 구하는 소'를 제기하여 신탁등기를 경료할 수 있고, 신탁등기 완료 시까지 해당 조합원의 분양신청권 등의 권리행사를 제한할 수 있으며, 법령에 따라 신탁 이후 조합원이 출자한 현물로 인하여 조합이 납부한 재산세 등은 조합원 부담으로 한다.

③ 조합은 신탁된 조합원의 재산권을 사업시행 목적에 적합하게 사용하여야 하며, 법 제86조에 의한 이전고시가 있는 경우 신탁해지 및 신탁종료 등 필요한 조치를 취하여야 한다.

■ **신탁등기를 하지 않으면 불편한 점(2016.12 주택조합제도 해설서, 국토부)**
- 신축아파트 면적이 변경될 경우, 조합원의 대지지분 변동에 따른 등기절차가 복잡함.
- 일반분양자의 지분 등기이전 절차가 매우 복잡할 뿐만 아니라, 많은 비용이 소요됨.
- 조합원 개개인이 사업시행자이지만 신탁등기를 하지 않는 경우에는 일반분양

자 분양계약서에 조합원 전원이 날인하여야 함.
 - 건물 사용검사 후 일반분양자에 대한 소유권이전 등기 시, 조합원 전원의 매도용 인감증명서를 첨부해야 하므로 번잡함.
 - 주택조합은 신탁된 조합원의 재산권을 사업시행 목적에 적합하게 행사하고, 사업이 종료되면 즉시 신탁을 해지하고 조합원에게 재산권 반환.

■ 「신탁등기 청구 이행의 소」 제기

이행기간 내에 신탁등기를 이행하지 않을 경우, 조합은 「신탁등기청구 이행의 소」를 제기할 수 있도록 조합정관에 규정하고 있다.

□ 근거규정

유사규정: 별표 추진위원회 운영규정안 제13조제3항, 제5항

매매 등으로 대표조합원이 변경되었으면서 새로운 대표조합원을 재선정하지 않은 경우, 의결권을 행사하지 못할 수 있다. 또한, 관리처분계획 인가를 받은 이후 재건축조합으로 신탁등기가 되어 있는 상태에서 소유권을 양도한 경우, 조합에 신고하고 기존의 신탁을 해지하고 재신탁 절차를 밟아야 조합원 자격을 갖게 된다.
이후 조합설립변경인가를 받으면, 조합원 자격이 주어진다.

소유권 변동의 신고를 늦게 하거나 이행하지 않는 경우, 위와 같은 불이익 **외에도** 주민등록법 제11조 위반으로 과태료 처벌을 받게 된다.

별표 추진위원회 운영규정

제13조(토지등소유자의 권리·의무) ③ 토지등소유자가 그 권리를 양도하거나 주소 또는 인감을 변경하였을 경우에는 그 양수자 또는 변경 당사자는 그 행위의 종료일부터 14일 이내에 추진위원회에 그 변경내용을 신고하여야 한다. 이 경우 신고하지 아니하여 발생되는 불이익 등에 대하여 해당 토지등소유자는 추진위원회에 이의를 제기할 수 없다.
⑤ 소유권을 수인이 공동 소유하는 경우에는 그 수인은 대표자 1인을 대표소유자

로 지정하고 별지 서식의 대표소유자 선임동의서를 작성하여 추진위원회에 신고하여야 한다. 이 경우 소유자로서의 법률행위는 그 대표소유자가 행한다.

주민등록법[시행 2024.6.27] [법률 제19841호, 2023.12.26 일부개정]
제11조(신고의무자) ① 제10조에 따른 신고는 세대주가 신고사유가 발생한 날부터 14일 이내에 하여야 한다. 다만, 세대주가 신고할 수 없으면 그를 대신하여 다음 각 호의 어느 하나에 해당하는 자가 할 수 있다.
  1. 세대를 관리하는 자
  2. 본인
  3. 세대주의 위임을 받은 자로서 다음 각 목의 어느 하나에 해당하는 자
    가. 세대주의 배우자
    나. 세대주의 직계혈족
    다. 세대주의 배우자의 직계혈족
    라. 세대주의 직계혈족의 배우자
② 제10조의2에 따른 신고는 재외국민 본인이 하여야 한다. 다만, 재외국민 본인이 신고할 수 없으면 그를 대신하여 다음 각 호의 어느 하나에 해당하는 사람이 할 수 있다.
  1. 재외국민이 거주하는 세대의 세대주
  2. 재외국민 본인의 위임을 받은 사람으로서 다음 각 목의 어느 하나에 해당하는 사람
    가. 재외국민 본인의 배우자
    나. 재외국민 본인의 직계혈족
    다. 재외국민 본인의 배우자의 직계혈족
    라. 재외국민 본인의 직계혈족의 배우자
제40조(과태료) ④ 정당한 사유 없이 제11조부터 제13조까지, 제16조제1항 또는 제24조제4항 전단에 따른 신고 또는 신청을 기간 내에 하지 아니한 자에게는 5만원 이하의 과태료를 부과한다.
⑤ 제1항부터 제4항까지의 과태료는 대통령령으로 정하는 바에 따라 시장·군수 또는 구청장이 부과·징수한다.

○ 정비사업에서 신탁등기의 필요성

1. 재건축사업에 있어서의 신탁등기

재건축사업에서의 신탁은 조합원의 현물출자행위로서, 조합원의 개별소유인 토지 등 재산권을 사업 목적 범위 내에서 사업시행자인 정비조합이 관리, 처분이 가능하게 하는 행위이다.

신탁등기 절차를 경료하면 부동산 등기부상 형식적인 소유자는 조합이지만 실질적 소유권은 계속적으로 조합원에게 존재한다. 또한, 신탁법에 따라 조합이 신탁된 재산을 처분하고자 할 때에는 반드시 신탁계약서상 신탁목적 범위 내에서만 가능하다.

신탁목적을 벗어난 행위는 원인 무효 또는 취소 사유가 되기 때문이다.

2. 신탁등기를 하는 이유

가. 조합원의 관리, 사업 목적 범위 내 처분행위 등이 용이함

투기과열지구에서 재건축사업을 시행하는 경우, 조합설립인가 후 토지의 양도를 제한하고 있다(도시정비법 제39조제2항 참조).

신탁등기 후에 소유권 변동이 발생하면 조합원은 정비조합에 새로운 조합원을 알려야 하며, 조합 집행부는 조합원의 변동 사항을 쉽게 파악할 수 있게 된다.

부동산 대책에 따른 전매제한 등과 관련, 정비조합은 1차적으로 확인 절차를 거쳐 조합원 지위를 상실하는 위험을 방지할 기회를 얻게 된다.

만일 정비조합이 신탁을 통하여 건물 및 대지에 관한 소유권을 확보하지 못하면, 사업 목적 범위(재건축사업을 위하여 신탁받은 건물의 철거와 멸실등기, 분할, 합병, 기부채납등) 내에서 처분행위를 하려면 여러 문제가 발생하게 된다. 예를 들어, 각 조합원별로 매 행위마다 인감증명서등을 첨부해야 한다.

따라서 조합이 사업 목적 범위 내에서 처분행위를 하기 위하여도 신탁등기를 함이 바람직하다.

나. 과다부채 채무의 방지

정비사업의 시행으로 지상권·전세권 또는 임차권의 설정 목적을 달성할 수 없는 때에는 그 권리자는 계약을 해지할 수 있고, 계약을 해지할 수 있는 자가 가지는 전세금·보증금, 그 밖의 계약상의 금전의 반환청구권은 사업시행자에게 행사할 수 있다(도시정비법 제70조).

조합원이 본인 소유 부동산에 대하여 전세권, 임차권 등기를 설정하는 경우, 정비조합은 사업시행을 위하여 전세금·보증금 등을 임차인등에게 직접 지급해야 하는 경우도 있다.

조합원에게 부동산을 사용·수익하게 하거나 임차권, 전세권등기를 허용하면, 과다부채가 발생할 수 있어 사업 진행에 영향을 미칠 수 있다.

이를 방지하기 위하여 신탁등기를 할 필요가 있다.

다. 강제집행 방지

신탁재산에는 강제집행, 담보권 실행 등을 위한 경매, 보전처분(이하 "강제집행 등") 또는 국세 등 체납처분을 할 수 없다(신탁법 제22조). 이로 인하여, 조합원 개인 사정으로 제3자로부터 받을 수 있는 가압류, 가처분, 압류 등 재산권의 제한 행위가 금지되므로, 사업의 원활한 진행을 할 수 있다.

이는 사업을 시행하는 정비조합에게 전체 조합원의 재산권 보호라는 고유 업무를 수행할 수 있는 근거를 제시한다는 것이다.

라. 청산절차의 용이성

도시정비법 제73조에서 말하는 재건축조합이 분양신청을 하지 아니하거나 철회한 조합원이 출자한 토지 등에 대하여 현금으로 청산하도록 규정한 취지는, 조합원이 조합정관에 따라 현물출자 후 청산되는 경우에 출자한 현물 반환이 아닌 현금 지급을 하도록 한 것이다.

정비조합이 신탁등기에 의해 토지등의 소유권을 확보하고 있는 경우, 신탁재산인 토지등은 재건축조합에 귀속되므로 소유자가 재건축조합 앞으로 청산을 원인으로 하는 소유권이전등기를 하는 절차를 밟을 필요가 없다.

또한, 위탁자의 동의 없이 종전토지의 말소등기 및 이전고시에 따른 조합 명의의 소유권보존등기를 할 수 있다.

마. 법인세의 절감

재건축조합은 법인으로서 일반분양분등에 대하여 법인세를 납부하여야 한다.

정비조합은 현물출자(신탁)로 토지등을 취득한 경우, 조합원들에게는 법인에게 부동산을 양도한 것이 된다.

「법인세법」상 상품 등 외의 자산의 취득시기는 대금을 청산하기 전에 소유권 등의 이전등기(등록 포함)를 하거나 당해 자산을 인도하거나 상대방이 당해 자산을 사용·수익하는 경우에는 그 이전등기일(등록일 포함)·인도일 또는 사용·수익일 중 빠른 날로 한다(「법인세법」 제40조제2항, 동법 시행령 제68조제1항제3호).

부동산의 시가가 불분명한 경우에는 현물출자일(신탁일)을 기준으로 감정평가한 가액을 따르게 된다.

신탁등기일자(2007.7.1)가 관리처분계획인가일(2007.12.26)보다 선행인 사안에서 조세심판원은 종전자산 감정가액은 법인의 사업시행인가일인 2006.6.23을 기준으로 평가한 것으로 개발이익이 반영되어 있지 아니하므로, 신탁등기일 시점을 기준으로, 재건축 개발이익을 반영한 감정평가가액을 취득가액으로 시가를 조사하여 그 결과에 따라 과세표준 및 세액을 결정하여야 한다(조심2015부4909 참조).

위 조세심판원의 결정에 조합설립인가일로부터 관리처분계획인가 이후 시점까지 상당한 시간경과 및 사회·경제적 변화로 인하여 재건축 부지의 가격이 증가가 예상되는 경우, 관리처분계획인가 이전에 신탁등기를 마쳐, 법인세 상당부분 감액시킬 수 있을 것이다.

재건축조합원들이 조합정관에 의한 소유권 이전 및 신탁등기된 이후 아파트가 멸실된 경우의 재산세를 묻는 사례가 많은데, 아래 유권해석을 참조하기 바란다.

재개발·재건축구역의 멸실예정 공동주택 재산세 부과기준(행안부 부동산세제 과-377, 2019.9.5)

Q 재개발·재건축구역의 멸실예정 공동주택에 대한 재산세 부과기준은?

A 주택으로 과세해야 함. 주택의 건축물이 사실상 철거·멸실된 날, 사실상 철거·멸실된 날을 알 수 없는 경우에는 공부상 철거·멸실된 날을 기준으로 주택 여부를 판단하는 것이 타당함.

행정안전부「재개발·재건축구역 멸실예정 주택 적용기준」은 멸실이 임박한 주택에 대해 어느 시점까지 주택으로 볼 것인지 기준을 설정하고, 기존 적용기준을 지자체간에 상이하게 운영함에 따른 문제점 해결이 필요하다는 감사원 지적을 반영하여 새로운 적용요령을 제시한 것임.

새로운 적용기준은 '본 적용기준 시행일(2018.1.1) 이후 납세의무가 성립하는 경우'부터 적용하는 것을 원칙으로 하고, 재산세는 과세기준일(매년 6월 1일) 현재 소유자에게 부과되기 때문에 위 적용기준은 2019.6.1 현재 재산세 납세의무자에게 동일하게 적용되어야 함.

따라서 사업시행인가일 이후 적용기준이 변경되었다는 이유 등으로 재건축단계별 진행상황에 따라 적용기준을 달리 적용하는 것은 과세형평에 맞지 않음.

또한 새로운 적용기준의 단서에 "특별한 사정이 있는 경우 적용기준을 달리 적용 가능하다"고 규정하고 있는데, 이는 조세회피 등 고의적으로 철거를 지연시켜 세제상 이익을 도모하려는 행위를 금지하기 위한 것으로써, 질의한 내용의 사실관계로 살펴보았을 때 쟁점 재건축아파트 관련 분쟁은 조합·집행관청과 특정 조합원간의 권리에 대한 다툼으로 판단되며, 이는 조세회피 목적으로 보기 어려움.

따라서 과세기준일(2019.6.1) 현재 쟁점 재건축아파트의 재산세 과세유형 판단은 새로운 적용기준을 따라 주택으로 과세하는 것이 타당함.

이주완료 및 전기, 도시가스, 상하수도 등 시설물이 철거되었으나, 과세기준일 현재 아파트가 멸실되지 아니한 경우 토지분 재산세가 분리과세 대상인지(행정안전부 37, 2007.6.1)

관계 법령: 지방세법 시행령 제132조

Q 주택사업계획의 승인일 이후 거주민의 이주완료 및 전기·도시가스·상하수도 등 시설물이 철거되었으나, 과세기준일 현재 아파트가 멸실되지 아니한 경우 토지분 재산세가 분리과세 대상에 해당되는지?

A 재건축사업 대상인 주택이 멸실되기 이전이라도 전기·도시가스·상하수도 등이 철거되어 복

원할 수 없을 뿐만 아니라 사실상 거주가 불가능할 경우에는 재산세 분리과세 대상에 해당한다.

지방세법 시행령 제132조제4항제8호에서 "「주택법」에 의하여 주택건설사업자 등록을 한 주택건설사업자(주택법 제32조에 의한 주택조합 및 고용자인 사업주체와 도시정비법 제7조 내지 제9조에 의한 사업시행자를 포함한다)가 주택을 건설하기 위하여 동법에 의한 사업계획승인을 받은 토지로서 주택건설사업에 공여되고 있는 토지"에 대하여는 재산세의 과세대상을 분리과세 대상으로 규정하고 있음.

귀문의 경우 재건축사업 대상인 주택에 대한 재산세 과세는 사실상 멸실 시점까지는 주택으로서 주택분 재산세 과세대상이며, 멸실 이후부터는 토지분 재산세를 과세하여야 하나 당해 주택이 사회통념상 전기, 도시가스, 상하수도 등의 시설물이 철거되어 주거생활을 영위할 수 있는 상태로 복원할 수 없을 뿐만 아니라 사실상 거주가 불가능한 상황이라면

형식적으로 주택의 요건을 충족한다고 하더라도 이는 주택분 재산세 부과대상인 주택에 해당하지 않는 것으로 보아 분리과세 대상으로 하여 토지분 재산세를 부과하는 것이 타당함.

재건축조합원이 조합원 부동산을 재건축조합에 신탁등기 하는 경우, 등록세 납세의무 여부(행정안전부53, 2005.11.24)

관계법령: 지방세법 제128조

Q 재건축조합원이 공동주택재건축을 위해 조합원 부동산을 재건축조합에 신탁등기하는 경우, 등록세 납세의무가 있는지?

A 지방세법 제128조제1호 및 그 가목에서 신탁으로 인한 재산권 취득의 등기 또는 등록으로서 위탁자로부터 수탁자에게 이전하는 경우로서 재산권의 취득 또는 등록에 대하여는 등록세를 비과세하도록 규정하고 있어, 재건축 조합원(위탁자)이 공동주택 재건축을 위해 재건축조합(수탁자)에 부동산을 신탁등기 하는 경우라면 등록세 비과세 대상이 됨.

지방세법 제128조제1호 및 그 가목에서 신탁(신탁법에 의한 신탁으로서 신탁등기가 병행되는 것에 한함)으로 인한 재산권 취득의 등기 또는 등록으로서 위탁자로부터 수탁자에게 이전하는 경우로서 재산권의 취득 또는 등록에 대하여는 등록세를 비과세하도록 규정하고 있는바, 귀문의 경우와 같이 재건축조합원(위탁자)이 공동주택 재건축을 위해 재건축조합(수탁자)에 부동산을 신탁등기하는 경우라면 상기 규정에 의한 등록세의 비과세 대상이 되는 것임.

cf 부산광역시 재건축·재개발 표준정관

부산광역시 재건축·재개발 표준정관에는 신탁등기 관련 규정이 없지만, 실무에서는 재건축사업에서 신탁등기를 하고 있다.

광주광역시 재건축 표준정관

제36조의2(신탁등기 등) ① 재건축사업의 원활한 추진을 위하여 조합원은 사업시행계획인가 이후에 조합이 정하여 통지한 기간 내에 조합원의 소유로 되어 있는 사업시행구역안의 건축물 및 그 부속토지 등에 대하여 조합에 신탁등기를 완료하여야 하며, 이 기간 내에 신탁등기를 이행치 않을 경우, 조합은 신탁등기 이행의 소를 제기할 수 있다.

② 조합은 신탁된 조합원의 재산권을 재건축사업 시행 목적에 적합하게 사용 및 관리·처분하여야 하며, 권리이전 등 필요한 경우에는 신탁을 해지하여 신탁재산을 당해 조합원에게 반환하여 주어야 하며, 당해 조합원으로부터 주택 및 부속 토지 등을 매입하여 새로이 조합원이 된 자는 소유권 이전 후 즉시 신탁하여야 한다.

③ 법 제86조의 이전고시에 따른 신탁종료, 권리관계 등 신탁에 대한 필요한 사항은 신탁계약과 신탁원부에 정한다.

【주】신탁을 하지 않을 경우에는 채택하지 않을 수 있음

서울특별시와 같이, 광주광역시도 제36조의2(신탁등기 등)를 두었다.

2006.8.25 국토부 재건축 표준정관

제37조의2(소유권이전 및 신탁) ① 정비사업의 원활한 추진을 위하여 조합에서 정하여 통지한 기간 내에 조합원은 자신의 소유인 주택 및 부속토지 등에 대해 「소유권이전 및 신탁등기」에 필요한 제반서류를 조합에 제출하여야 하며, 이 기간 내에 신탁등기를 이행하지 않을 경우 조합은 「신탁등기청구 이행의 소」를 제기할 수 있다.

② 조합은 신탁된 조합원의 재산을 사업 목적에 맞게 행사하여야 하며, 사업이 종료되면 즉시 신탁을 해지하고 위탁자인 조합원에게 반환하여야 한다.

2003.6.30 국토부 재개발 표준정관

해당 규정이 없다.

> ■ **(서울) 재건축 표준정관 제37조(공가발생 시 안전조치 및 지장물 철거 등)**
> ● **(서울) 재개발 표준정관 제37조(공가발생 시 안전조치 및 지장물 철거 등)**
>   : 재건축 표준정관과 같다.

재건축·재개발 표준정관의 조문 위치와 내용이 같다.

조합원의 이주의무, 이주비 대여, 이주지연에 따른 손해배상 등을 정하고 있다.

또한, 건축물 및 공작물 해체의 허가(신고) 및 멸실신고는 이주완료 후 조합이 일괄위임받아 처리하도록 하는 내용을 두고 있다.

■ 정비사업의 진행절차

사업시행계획인가(변경) **고시**(구청장등) (조합→한국부동산원, LH) **공사비 필요적 검증요청** (법 §29의2)	-서울시 주거정책심의위원회의 시기조정 후 사업시행인가 결정(조례 §48~51) **경기도는 관리처분계획 시기조정만 있음** -시공자선정(토지등소유자가 시행하는 재개발사업, 법 §29⑤) - 수용·사용할 토지·건물의 명세 -사업시행계획인가·고시일로부터 30일 이내 최고절차 후 매도청구 착수(재건축사업)(법 §64)/재건축부담금예정액 통지
종전자산평가 통지(조합→토지등소유자) (법 §72①1)	종전 분양신청 후 종전평가의 깜깜이 분양신청 X 2018.2.9부터 종전자산평가액을 각 토지등소유자에게 종전평가 통지 후 분양신청 받음 사업시행계획인가·고시일(인가 이후 시공자 선정시, 시공자와 계약체결일)로부터 90일 대통령령으로 정하는 경우 1회에 한정하여 30일 이내에서 연장 가능)이내에 토지등소유자에게 통지(법 §72①)
	-종전평가시점: 사업시행계획인가·고시일/종후평가시점: 관리처분계획기준일(분양신청 마감일) -평가방법: 감정평가법에 따른 감정평가업자 2인 이상의 평가한 금액을 산술평균
분양공고 및 분양신청(사업시행자: 신문에 공고) (법 §72, §73)	토지등소유자(미동의자 포함)에게 분양신청 공고 전 종전자산평가 결과와 분양대상자별 분담금 추산액을 알려주고, 분양공고는 사업시행계획인가 후 120일로 연장(법 §72)

```
                                    ┌─ 분양신청기간: 분양신청 통지한 날로부터 30일 이상 60일 이내, 20일 범위에서 연
                                    │  장/정관등 에서 정하거나 총회의결을 거친 경우 미 분양신청자, 분양신청철회자는
                                    │  재분양신청 가능(법-§72⑤)※미신청자: 손실보상(구 현금청산)
                                    └─ 분양신청 제한(법§72⑥)
           ┌─────────────────────┐
           │ 관리처분계획 수립(변경) 및 총회 │     총회개최 1개월 전에 종전가액 외에도 보류지 처분, 정비
           │    (사업시행자: 조합)       │     사업 추잔액등을 조합원에게 통지(법 §74③)
           └─────────────────────┘
```

조합원 과반수 찬성으로 의결, 정비사업비 10/100 이상 증가 시 조합원 數 2/3 이상(법§45④)
10/100직접출석/관리처분 총회는 20/100 직접출석(동조⑦)

― 관리처분총회 수립(변경) 의결: 총회 개최일부터 1개월 전에 분양대상자별 대지, 건축물 추산액, 종전 감정평가액, 정비사업비 추산액을 조합원에게 통지/다만 경미한 변경은 신고로 족함(법 §74.3)

관리처분계획의 공람(사업시행자: 조합)
(법 §78)

― 관리처분 관계서류 사본을 인가신청 전 30일 이상 토지등소유자에게 공람(법 §78①)

관리처분계획인가 신청(사업시행자→구청장등),
(구청장, 사업시행자→한국감정원, LH) 타당성 검증요청
(법 §78)

구청장등은 30일 이내 인가 결정→사업시행자(조합)에 통보. 단, 타당성검증 시 신청받은 날부터 60일 이내 인가 결정(법 §78②)

- 구청장→공공기관에 관리처분계획 타당성 검증 요청(법 §78③)
10% 이상 정비사업비 증가, 분담금 추산액의 20% 이상 증가, 조합원 1/5이상이 인가신청 15일 이내에 타당성 검증요청, 그밖에 구청장이 필요하다고 인정하는 경우
- 관리처분인가 시기조정 신청(법 §75①)
서울시 조례 §51(구청장→특별시장)인가신청일로부터 1년 넘을 수 없음
경기도 시기조정 관련 도시정비조례(경기도 내 대도시도 적용)

관리처분계획 인가·고시(구보)

- 관리처분계획인가 후 건축물 철거(법 §81②)
- 무상양도대상에 현황도로 포함(법 §97③,서울시 조례 §54)/무상귀속 관련 용도폐지되는 국가등 소유 정비기반시설의 대부료는 면제(법 §97⑦)

― 고시방법 등: 자치구 구보 게재/사업명칭, 시행구역의 위치, 사업시행자의 주소 및 성명, 관리처분계획의 인가연월일과 요지

종전 건축물의 사용·수익금지
(관리처분인가~이전고시일까지)
(법 §81①)

```
관리처분 계획인가 내용 통지(사업시행자)
         (법 §74③)
```

- SH공사 : 임대주택의 처분명세서, 임대주택 공급대상세입자 명부통보 등
- 관리처분내용과 관련 있는 기관과 부서에 인가내용 통보
- 사업시행자는 인가고시가 있으면 분양 신청한 토지등소유자에게 통지(법 §78.4)/해태 시 500만 원 이하 과태료(법 §140②2)
- 부동산거래신고(부동산거래신고법 제3조제1항제3호 나)

```
재결 및 토지수용(재개발사업)
매도청구소송(재건축)
```

관리처분인가고시 다음날부터 90일 이내 미분양신청자에게 손실보상협의, 협의 미성립 시 60일 이내 수용재결신청, 매도청구 및 이자지급(법 §73)

- 철거예정일 7일 전까지 건축물 철거·멸실 신고

```
감리자 지정, 시공보증서
제출 및 착공신고
```

- 착공 전 사업시행자로부터 감리자 지원 요청을 받아 구청장등은 주택법에 따른 감리자 지정(주택건설공사 감리자 지정기준: 국토부)

■ 건축물 해체공사 및 감리업무 진행절차

건축물관리법, 동법 시행령, 동법 시행규칙
서울특별시 건축물관리조례[시행 2021.1.7, 조례 제7860호, 2021.1.7 제정]
서울특별시 해체공사감리 운영방안(서울특별시 방침)
건축물 해체계획서의 작성 및 감리업무 등에 관한 기준

조합원 이주 후 건축물 해체공사를 하게 된다.

건축주의 해체허가 신청서 제출(법 제30조제3항) → 허가권자는 건축사협회에 해체감리자 추천 요청(법 제31조제1항) → 건축사협회는 4개 권역별 신청 분야에 따라 등록명부 중에서 무작위로 허가권자에게 추천 또는 지자체장의 모집공고(허가권자

지정 해체공사 감리운영기준 제8조제2항) → 허가권자는 건축주에게 해체공사감리자 지정통보서 송부(법 제31조제1항, 규칙 제13조제2항) → 정비조합과 해체공사감리 용역계약 체결(규칙 제13조제3항) → 해체공사감리 관리수수료 납부(허가권자지정 해체공사 감리운영기준 제8조제5항) → 해체감리업무 수행(법 제32조) → 해체감리업무 완료보고서 제출 및 해체감리자 지정 홈페이지에 완료보고(법 제32조제3항, 허가권자지정 해체공사 감리운영기준 제5조제4항) → 해체공사 감리 완료신고(법 제33조제1항, 해체공사가 끝난 날부터 30일 이내) → 건축물의 멸실신고(법 제34조제1항, 멸실신고일부터 30일 이내)

다음은 강남구 ○○재건축조합 정관 사례다.

제○○조(지장물 철거 등) ① 조합은 관리처분계획인가 후, 사업시행구역안의 건축물을 철거할 수 있다.
② 조합은 제1항에 의하여 건축물을 철거하고자 하는 때에는 30일 이상의 기간을 정하여 구체적인 철거계획에 관한 내용을 미리 조합원 등에게 통지하여야 한다.
③ 사업시행구역안의 통신시설·전기시설·급수시설·도시가스시설등 공급시설에 대하여는 당해 시설물 관리권자와 협의하여 철거기간이나 방법 등을 따로 정할 수 있다.
④ 조합원의 이주 후 건축물관리법 제34조 및 공동주택관리법 시행령 제35조제1항에 의한 철거 및 멸실신고는 조합원의 명시적인 의사표시가 없더라도 조합이 일괄하여 처리하며, 조합원은 이에 대한 이의를 제기할 수 없다.

□ 근거규정

○ 제1항 내지 제3항
도시정비법 제52조제1항, 제81조제3항

재건축·재개발 표준정관
제37조(공가발생 시 안전조치 및 지장물 철거 등) ① 조합은 사업시행계획인가 후 법

제52조 제1항제5호에 따른 범죄예방대책을 실시하여야 하며, 관리처분계획인가 후에는 공가(空家)로 인하여 안전사고가 발생하지 않도록 미리 대책을 수립하여 이를 관리하여야 한다.

② 조합은 관리처분계획인가 후 사업시행구역 내의 건축물 등을 해체할 수 있으며, 건축물등을 해체하고자 하는 때에는 구체적인 해체계획에 관한 내용을 30일 전에 조합원에게 통지하여야 한다.

부산광역시 사상구 ○○재개발사업장에서 여중생 납치·살인사건이 발생함에 따라, 2012.2.1 법 개정으로 '사업시행기간 동안 정비구역 내 가로등·폐쇄회로 텔레비전 설치 등 범죄예방대책'을 세우게 되었다.

정비조합은 정비계획에 따라 사업시행계획인가 신청 전에 '사업시행기간 동안 정비구역 내 가로등 설치, 폐쇄회로 텔레비전 설치 등' 범죄예방대책을 위한 협력업체를 선정하게 되며, 선정된 업체를 통하여 범죄예방대책 계획을 수립하여야 한다(법 제52조제1항제5호).

도시정비법

제81조(건축물 등의 사용·수익의 중지 및 철거 등) ① 종전의 토지 또는 건축물의 소유자·지상권자·전세권자·임차권자 등 권리자는 관리처분계획인가의 고시가 있은 때에는 이전고시가 있는 날까지 종전의 토지 또는 건축물을 사용하거나 수익할 수 없다. 다만, 다음 각 호의 어느 하나에 해당하는 경우에는 그러하지 아니하다. <개정 2017.8.9>

1. 사업시행자의 동의를 받은 경우
2. 「공익사업을 위한 토지 등의 취득 및 보상에 관한 법률」(이하 "토지보상법")에 따른 손실보상이 완료되지 아니한 경우

② 사업시행자는 제74조제1항에 따른 관리처분계획인가를 받은 후 기존의 건축물을 철거하여야 한다.

③ 사업시행자는 다음 각 호의 어느 하나에 해당하는 경우에는 제2항에도 불구하고 기존 건축물 소유자의 동의 및 시장·군수등의 허가를 받아 해당 건축물을 철거할 수 있다. 이 경우 건축물의 철거는 토지등소유자로서의 권리·의무에 영향을

주지 아니한다.
  1. 「재난 및 안전관리 기본법」·「주택법」·「건축법」 등 관계 법령에서 정하는 기존 건축물의 붕괴 등 안전사고의 우려가 있는 경우
  2. 폐공가(廢空家)의 밀집으로 범죄발생의 우려가 있는 경우

■ 제3항

> **재건축·재개발 표준정관**
> 제37조(공가발생 시 안전조치 및 지장물 철거 등) ③ 제2항에도 불구하고 법 제81조제3항 각 호에 해당하는 경우에는 건축물 소유자의 동의 및 ○○구청장의 허가를 받아 해당 건축물을 해체할 수 있으며, 건축물의 해체에도 불구하고 토지등소유자로서의 권리·의무에 영향을 주지 아니한다.

정비조합은 관리처분계획인가를 받은 후 기존의 건축물을 철거하게 된다.
다만, 법 제81조제3항의 관계 법령에서 정하는 기존 건축물의 붕괴 등 안전사고의 우려가 있거나, 폐공가의 밀집으로 범죄발생의 우려가 있으면 관리처분계획 이전에 기존 건축물 소유자의 동의 및 시장·군수등의 허가를 받아 해당 건축물을 철거할 수 있다.

이 경우 건축물의 철거는 토지등소유자로서의 권리·의무에 영향을 주지 아니한다.
이는 건축물이 철거되어도 종전의 재건축·재개발조합원 지위에 불이익이 없다는 의미다.

한편, '기존 건축물 소유자의 동의'는 건축물의 권리·의무를 가진 소유자 전원이라고 서울특별시는 판단하고 있다.

법 제81조제3항에 따른 건축물 등의 사용·수익 중지 및 철거(서울시 주거정비과 2023.4.4)
Q 도시정비법 제81조제3항에 따른 기존 건축물 철거에 대한 동의 비율은?
A 도시정비법 제81조제2항 및 제3항에 따르면 사업시행자는 관리처분계획인가를 받은 후 기

존 건축물을 철거하여야 하나, 관계법령에서 정하는 기존 건축물의 붕괴 등 안전사고의 우려가 있는 경우이거나 폐공가의 밀집으로 범죄발생의 우려가 있는 경우에는 기존 건축물의 소유자의 동의 및 구청장의 허가를 받아 해당 건축물을 철거할 수 있으며, 이 경우 건축물의 철거는 토지등소유자로서의 권리·의무에 영향을 주지 아니한다고 규정하고 있음.

상기 규정에서 '기존 건축물 소유자의 동의'는 건축물의 권리·의무를 가진 소유자 전원을 의미하는 것으로 사료됨

○ 제4항

> **재건축·재개발 표준정관**
> 제37조(공가발생 시 안전조치 및 지장물 철거 등) ④ 사업시행구역 내의 통신시설·전기시설·급수시설·도시가스시설 등 공급시설에 대하여는 당해 시설물 관리권자와 협의하여 해체기간 및 방법 등을 따로 정할 수 있다.

○ 제5항

「건축물관리법」 제30조·제34조, 부동산등기법 제43조

> **재건축·재개발 표준정관**
> 제37조(공가발생 시 안전조치 및 지장물 철거 등) ⑤ 「건축물관리법」 제30조 및 제34조 등에 의한 건축물 및 공작물 해체의 허가(신고) 및 멸실신고는 이주완료 후 조합이 일괄위임받아 처리하도록 한다.

2021.6.9 광주광역시 동구 학동 재개발지역에서 철거 중이던 5층 빌딩 한 채가 차도에 정차해 있던 시내버스를 덮친 사건으로 사망자 9명, 부상자 8명을 낸 충격적인 사건이 있었다.

이 사건으로 광주고법 제1형사부에서 업무상과실치사, 산업안전보건법 위반, 건축물관리법 위반 등의 혐의를 받는 학동 참사 관련자 10명(법인 포함)에 대한 항소심 속행 기일을 재개된 바 있다.

건축물관리법

제30조(건축물 해체의 허가) ① 관리자가 건축물을 해체하려는 경우에는 특별자치시장·특별자치도지사 또는 시장·군수·구청장(이하 이 장에서 "허가권자")의 허가를 받아야 한다. 다만, 다음 각 호의 어느 하나에 해당하는 경우 대통령령으로 정하는 바에 따라 신고를 하면 허가를 받은 것으로 본다. <개정 2020.4.7>

1. 「건축법」 제2조제1항제7호에 따른 주요구조부의 해체를 수반하지 아니하고 건축물의 일부를 해체하는 경우

2. 다음 각 목에 모두 해당하는 건축물의 전체를 해체하는 경우

가. 연면적 500㎡ 미만의 건축물

나. 건축물의 높이가 12미터 미만인 건축물

다. 지상층과 지하층을 포함하여 3개 층 이하인 건축물

3. 그 밖에 대통령령으로 정하는 건축물을 해체하는 경우

② 제1항 각 호 외의 부분 단서에도 불구하고 관리자가 다음 각 호의 어느 하나에 해당하는 경우로서 해당 건축물을 해체하려는 경우에는 허가권자의 허가를 받아야 한다. <개정 2022. 2.3>

1. 해당 건축물 주변의 일정 반경 내에 버스 정류장, 도시철도 역사 출입구, 횡단보도 등 해당 지방자치단체의 조례로 정하는 시설이 있는 경우

2. 해당 건축물의 외벽으로부터 건축물의 높이에 해당하는 범위 내에 해당 지방자치단체의 조례로 정하는 폭 이상의 도로가 있는 경우

3. 그 밖에 건축물의 안전한 해체를 위하여 건축물의 배치, 유동인구 등 해당 건축물의 주변 여건을 고려하여 해당 지방자치단체의 조례로 정하는 경우

③ 제1항 또는 제2항에 따라 허가를 받으려는 자 또는 신고를 하려는 자는 건축물 해체 허가신청서 또는 신고서에 제4항에 따라 작성되거나 제5항에 따라 검토된 해체계획서를 첨부하여 허가권자에게 제출하여야 한다. <개정 2022.2.3>

■ **멸실등기**

부동산등기법상 건물이 멸실된 경우에는 그 건물 소유권의 등기명의인은 그 사실이 있는 때부터 1개월 이내에 그 등기를 신청하여야 한다.

구분건물로서 그 건물이 속하는 1동 전부가 멸실된 경우에는 그 구분건물의 소유권의 등기명의인은 1동의 건물에 속하는 다른 구분건물의 소유권의 등기명의인을 대위하여 1동 전부에 대한 멸실등기를 신청할 수 있다. 재건축·재개발사업에서의 멸실등기 신청은 이 근거를 규정으로 하고 있다.

건축물관리법

제34조(건축물의 멸실신고) ① 관리자는 해당 건축물이 멸실된 날부터 30일 이내에 건축물 멸실신고서를 허가권자에게 제출하여야 한다. 다만, 건축물을 전면해체하고 제33조에 따른 건축물 해체공사 완료신고를 한 경우에는 멸실신고를 한 것으로 본다. <개정 2022.2.3>

② 제1항에 따른 신고의 방법·절차에 관한 사항은 국토부령으로 정한다.

부동산등기법

제43조(멸실등기의 신청) ① 건물이 멸실된 경우에는 그 건물 소유권의 등기명의인은 그 사실이 있는 때부터 1개월 이내에 그 등기를 신청하여야 한다. 이 경우 제41조제2항을 준용한다.

② 제1항의 경우 그 소유권의 등기명의인이 1개월 이내에 멸실등기를 신청하지 아니하면 그 건물대지의 소유자가 건물 소유권의 등기명의인을 대위하여 그 등기를 신청할 수 있다.

③ 구분건물로서 그 건물이 속하는 1동 전부가 멸실된 경우에는 그 구분건물의 소유권의 등기명의인은 1동의 건물에 속하는 다른 구분건물의 소유권의 등기명의인을 대위하여 1동 전부에 대한 멸실등기를 신청할 수 있다.

건축물의 철거공사 시공사 선정기준(국토부 건축안전과 2024.3.15)

Ⓠ 건축물의 철거공사 시 지정 폐기물(석면, 스레트 등)은 석면 조사 후 석면 철거 업체에서 처리하고 건물철거는 시공사에서 철거 전문 업체를 지정하여 철거하는 것으로 알고 있음.
시공사에서 철거공사 중 미처 발견되지 못한 석면이 있을 것에 대비하여 석면을 처리할 수 있는 석면을 처리할 수 있는 전문업체가 철거공사를 해야 하는지?

Ⓐ 도시정비법 제41조제2항에서 조합 이사 및 감사의 수는 대통령령으로 정하는 범위에서 정

「건축물관리법」 제5조에 따라 건축물관리에 관하여 다른 법률에 특별한 규정이 있는 경우를 제외하고는 이 법에서 정하는 바에 따르는 것으로 규정하고 있음.

따라서, 「건축물관리법」에는 건축물 해체공사 시공자가 석면해체·제거업자로 등록된 자로 하여야 하는지는 별도로 규정하고 있지 않으므로, 착공 전 석면에 대한 면밀한 조사를 통한 제거와 동시에 관계 법령(석면안전관리법, 산업안전보건법 등)에 따라 감리자 지정 등 건축물 해체공사와 별개로 실시되어야 하는 사항으로 판단됨.

건축물 해체신고 시 석면처리확인서 제출 의무 여부(국토부 건축안전과 2022.4.11)

❓ 건축물대장상에는 지붕이 슬레이트로 표기되어있는 건물인데 지붕재 석면(슬레이트)만 별도로 석면처리전문업체에 위탁하여 철거 완료한 상태임.

1) 현재 석면이 존재하지 않는 건물인데, 건축물 해체신고를 할 때에 석면처리에 대한 필증(또는 내역서)을 의무적으로 제출하여야 되는지?

2) 현재 해체신고 대상 현장에 석면이 없으니 해체신고서 상에 '석면함유 재존치여부'에 '해당 없음'으로 표기하면 된다고 생각하는데, 과거 처리된 석면처리내역을 구해서 꼭 제출해야 해체신고가 처리될지?

🅰 건축물 해체신고 시 석면처리확인서 제출에 대하여 「건축물관리법」 제33조제2항에서 제1항에 따라 허가를 받으려는 자 또는 신고를 하려는 자는 건축물 해체 허가신청서 또는 신고서에 국토부령으로 정하는 해체계획서를 첨부하여 허가권자에게 제출하여야 하며, 다만, 「건설기술진흥법」 제62조에 따른 안전관리계획 수립 대상 공사의 경우 안전관리계획을 제출하면 해체계획서를 제출한 것으로 본다고 규정하고 있음

또한, 해체계획서는 「건축물관리법 시행규칙」 제12조제1항에 따른 내용과 「건축물 해체계획서의 작성 및 감리업무 등에 관한 기준」에서 규정한 사항을 포함하여야 하며,

아울러, 기준 제7조에 따라 유해물질 및 환경공해 조사에는 「산업안전보건법」 제119조제2항에 따른 기관석면조사를 포함해야 함.

또한, 「건축물관리법 시행령」 제21조제3항에 따라 허가권자는 법 제30조제2항 및 이 조 제2항에 따라 건축물 해체 허가신청서 또는 신고서를 제출받은 경우 건축물 또는 건축물에 사용된 자재에 석면이 함유되었는지를 확인하고, 석면이 함유되어 있는 경우 지체 없이 다음 각 호의 자에게 해당 사실을 통보해야 함.

1. 「산업안전보건법」 제119조제4항 및 동법 시행령 제115조제1항제28호에 따라 조치를 명하는 지방고용노동청장 또는 지청장

2. 「폐기물관리법」 제17조제5항, 동법 시행령 제37조제1항제2호 가목 및 같은 조 제2항제1호에 따라 서류를 확인하는 시·도지사, 유역환경청장 또는 지방환경청장

따라서, 철거하고자 하는 건축물의 석면 함유 여부를 허가권자가 확인하고 관계기관에 통보하도록 되어 있는 바, 질의하신 사항(자료의 필요성 등 포함)에 대하여는 해당 지역의 허가권자가 판단할 사항으로 허가권자와 협의바람.

cf 재건축·재개발 촉진 특례법(제정안 국토위 24.11.27 계류 중)

제16조(건축물 해체 허가에 관한 특례) ① 사업시행자는 관리처분계획인가를 받은 경우 시장·군수등에게 「건축물관리법」 제30조제1항에 따른 건축물 해체의 허가를 신청할 수 있다.

② 제1항에 따른 신청을 받은 시장·군수등은 이주가 완료되기 전에 「건축물관리법」 제30조제6항에 따른 건축위원회 심의를 개최할 수 있다.

철거허가 절차 조기 이행을 위해 관리처분계획인가 후 이주완료 전에 건축물 철거심의 허용하며 건축물관리법에 의해 건축물 해제허가를 신정하도록 하며, 이 법의 대상은 도시정비법, 노후계획도시정비법 등 정비사업이 그 대상이다.

부산광역시 재건축·재개발 표준정관

제35조(공가발생 시 안전조치) ① 조합은 관리처분계획인가 이후 이주가 개시될 경우 정비구역 내 가로등 설치, 폐쇄회로 텔레비전 설치 등 범죄예방대책을 수립하여 시행하여야 한다.

② 조합은 다음 각 호의 어느 하나에 해당하는 경우에는 도시정비법 제81조제2항에도 불구하고 기존 건축물 소유자의 동의 및 구청장·군수의 허가를 받아 해당 건축물을 해체할 수 있다.

이 경우 건축물의 해체는 토지등소유자로서의 권리·의무에 영향을 주지 아니한다.

1. 「재난 및 안전관리기본법」, 「주택법」, 「건축법」 등 관계 법령에서 정하는 기존 건축물의 붕괴 등 안전사고의 우려가 있는 경우

2. 폐공가의 밀집으로 범죄발생의 우려가 있는 경우

제36조(지장물 해체 등) ① 조합은 관리처분계획인가 후 사업시행구역안의 건축물 또는 공작물 등을 해체할 수 있다.

② 조합은 제1항에 의하여 건축물 또는 공작물 등을 해체하고자 하는 때에는 30일 이상의 기간을 정하여 구체적인 해체계획에 관한 내용을 미리 조합원 등에게 통지하여야 한다.

③ 사업시행구역안의 통신시설·전기시설·급수시설·도시가스시설 등 공급시설에 대하여는 당해 시설물 관리권자와 협의하여 해체 기간이나 방법 등을 따로 정할 수 있다.

④ 조합원의 이주 후 「건축물관리법」 제30조·제34조에 의한 건축물 해체의 허가(신고) 및 멸실신고는 조합이 일괄 위임받아 처리하도록 한다.

⑤ 제2항에 의하여 해체기간 중 해체하지 아니한 자는 행정대집행 관련 법령에 따라 강제 해체할 수 있다. 다만, ○○구 정비사업 건축물 철거기준에 따라 제한조치 할 수 있다(재개발에만 규정).

재건축·재개발 표준정관의 조문 위치와 내용이 같다.

재건축사업의 사업특성상 재개발 표준정관에 있는 제36조제5항인 "제2항에 의하여 해체기간 중 해체하지 아니한 자는 행정대집행 관련 법령에 따라 강제 해체할 수 있다. 다만, ○○구 정비사업 건축물 철거기준에 따라 제한조치 할 수 있다."는 규정은 두지 않았다.

광주광역시 재건축·재개발 표준정관

제37조(공가발생 시 안전조치 및 지장물 철거 등) ① 조합은 사업시행계획인가 후 법 제52조제1항제5호에 따른 범죄예방대책을 실시하여야 하며, 관리처분계획인가 후에는 공가(空家)로 인하여 안전사고가 발생하지 않도록 미리 대책을 수립하여 이를 관리하여야 한다.

② 조합은 관리처분계획인가 후 사업시행구역 내의 건축물 등을 해체할 수 있으며, 건축물 등을 해체하고자 하는 때에는 구체적인 해체계획에 관한 내용을 30일 전에 조합원에게 통지하여야 한다.

③ 제2항에도 불구하고 법 제81조제3항 각 호에 해당하는 경우에는 건축물 소유자

의 동의 및 ○○구청장의 허가를 받아 해당 건축물을 해체할 수 있으며, 건축물의 해체에도 불구하고 토지등소유자로서의 권리·의무에 영향을 주지 아니한다.

④ 사업시행구역 내의 통신시설·전기시설·급수시설·도시가스시설 등 공급시설에 대하여는 당해 시설물 관리권자와 협의하여 해체기간 및 방법 등을 따로 정할 수 있다.

⑤ 「건축물관리법」 제30조 및 제34조 등에 의한 건축물 및 공작물 해체의 허가(신고) 및 멸실신고는 이주완료 후 조합이 일괄 위임받아 처리하도록 한다.

재건축·재개발 표준정관의 조문 위치와 내용이 같다.

2023.11.29 국토부 별표2 지정개발자(신탁업자) 표준시행규정

제24조(지장물의 철거) ① 사업시행자는 도시정비법 제74조 제1항에 따른 관리처분계획의 인가를 받은 후 정비구역 내 건축물 또는 공작물 등을 철거할 수 있다.

② 제1항에 따라 사업시행자가 건축물 또는 공작물 등을 철거하고자 하는 때에는 30일 이상의 기간을 정하여 구체적인 철거계획에 관한 내용을 미리 해당 전체 토지등소유자에게 통지하여야 한다.

③ 사업시행자는 도시정비법 제81조제3항 각 호의 어느 하나에 해당하는 경우에는 제1항에도 불구하고 종전건축물의 소유자 동의 및 시장·군수의 허가를 얻어 해당 건축물을 철거할 수 있다. 이 경우 건축물의 철거는 토지등소유자의 권리·의무에 영향을 주지 아니한다.

제38조(건축물 등의 사용·수익의 중지 및 철거 등) ① 관리처분계획인가 후 종전토지 및 종전건축물의 사용·수익 및 철거에 관한 사항은 도시정비법 제81조에 따른다.

② 사업시행자는 제1항에 따라 건축물 또는 공작물 등을 철거하고자 하는 때에는 30일 이상의 기간을 정하여 구체적인 철거계획에 관한 내용을 토지등소유자에게 미리 통지하여야 한다.

③ 건축법 제36조에 따른 건축물의 철거 및 멸실 신고·등기는 사업시행자가 일괄 처리하고, 정비구역 내의 통신시설·전기시설·급수시설·도시가스시설 등 공급시설에 대하여는 사업시행자가 해당 시설물 관리자와 협의하여 철거기간이나 방법 등을 따로 정할 수 있다.

2006.8.25 국토부 재건축 표준정관

제38조(지장물 철거 등) ①조합은 관리처분계획인가 후 사업시행구역안의 건축물을 철거할 수 있다.

②조합은 제1항에 의하여 건축물을 철거하고자 하는 때에는 30일 이상의 기간을 정하여 구체적인 철거계획에 관한 내용을 미리 조합원 등에게 통지하여야 한다.

③ 사업시행구역안의 통신시설·전기시설·급수시설·도시가스시설 등 공급시설에 대하여는 당해 시설물 관리권자와 협의하여 철거기간이나 방법 등을 따로 정할 수 있다.

④ 조합원의 이주 후 건축법 제27조에 의한 철거 및 멸실신고는 조합이 일괄 위임받아 처리하도록 한다.

【주】철거 및 멸실신고 절차를 조합이 일괄 처리함으로서 사업기간의 단축 등의 효과가 나타날 수 있음.

건축법 제27조에 의한 철거 및 멸실신고는 현재 건축물관리법 제30조·제34조에 의한 건축물 해체의 허가(신고) 및 멸실신고로 바뀌었다.

2003.6.30 국토부 재개발 표준정관

제36조(지장물 철거 등) ① 조합은 관리처분계획인가 후 사업시행구역안의 건축물 또는 공작물등을 철거할 수 있다.

② 조합은 제1항에 의하여 건축물을 철거하고자 하는 때에는 30일 이상의 기간을 정하여 구체적인 철거계획에 관한 내용을 미리 조합원 등에게 통지하여야 한다.

③ 사업시행구역안의 통신시설·전기시설·급수시설·도시가스시설 등 공급시설에 대하여는 당해 시설물 관리권자와 협의하여 철거기간이나 방법 등을 따로 정할 수 있다.

④ 조합원의 이주 후 건축법 제27조에 의한 철거 및 멸실신고는 조합이 일괄 위임받아 처리하도록 한다.

【주】철거 및 멸실신고 절차를 조합이 일괄처리함으로서, 사업기간의 단축 등의 효과가 나타날 수 있음.

⑤ 제2항에 의하여 철거기간 중 철거하지 아니한 자는 행정대집행 관련 법령에 따라 강제 철거할 수 있다.

> ■ (서울) 재건축 표준정관 제38조(보상의 예외 등)
> ● (서울) 재개발 표준정관 제38조(손실보상) : 재건축 표준정관 제38조와 유사하지만, 사업 성격상 정관 제명을 손실보상이라고 하며 추가 규정을 두고 있다.

손해배상이란 타인의 위법한 행위(고의나 과실)로 인하여 발생한 손해를 배상하는 것이며, 손실보상이란 적법한 공권력(대표적으로 재개발조합 포함)의 행사에 의한 재산상 손실이 발생했을 경우 보상해주는 제도이다.

같은 공익사업의 일종이라고 하지만 재건축사업에는 손실보상이란 개념이 없다.

□ 근거규정

○ 재건축 표준정관 제38조(보상의 예외 등), 재개발 표준정관 제[38조(손실보상)제3항,서울특별시 도시정비조례 제34조제3호, 제4호

> **재건축 표준정관**
> 제38조(보상의 예외 등) 사업시행구역 내의 철거 또는 해체되는 일체의 지장물 중 등기 또는 행정기관의 공부에 등재되지 아니한 지장물은 보상대상이 될 수 없다.

재개발 표준정관(손실보상) 제3항과 같다.
종전 건축물의 소유면적은 관리처분계획기준일 현재 소유건축물별 건축물대장을 기준으로 하'되, 법령에 위반하여 건축된 부분의 면적은 제외한다.
그러나 정관에서 따로 정하는 경우, 재산세과세대장 또는 측량성과를 기준으로 보상대상이 될 수 있다.

서울특별시 도시정비조례
제34조(관리처분계획의 수립 기준) 법 제74조제1항에 따른 정비사업의 관리처분계획은 다음 각 호의 기준에 적합하게 수립하여야 한다. <개정 2023.5.22>

생략

2. 국·공유지의 점유연고권은 그 경계를 기준으로 실시한 지적측량성과에 따라 관계 법령과 정관 등이 정하는 바에 따라 인정한다.

3. 종전 건축물의 소유면적은 관리처분계획기준일 현재 소유건축물별 건축물대장을 기준으로 하되, 법령에 위반하여 건축된 부분의 면적은 제외한다. 다만, 정관 등이 따로 정하는 경우에는 재산세과세대장 또는 측량성과를 기준으로 할 수 있다.

4. 종전 토지 등의 소유권은 관리처분계획기준일 현재 부동산등기부(사업시행방식전환의 경우에는 환지예정지증명원)에 따르며, 소유권 취득일은 부동산등기부상의 접수일자를 기준으로 한다. 다만, 특정무허가건축물(미사용승인건축물을 포함한다)인 경우에는 구청장 또는 동장이 발행한 기존무허가건축물확인원이나 그 밖에 소유자임을 증명하는 자료를 기준으로 한다.

5. 국·공유지의 점유연고권자는 제2호에 따라 인정된 점유연고권을 기준으로 한다.

6. 생략

○ 재개발 표준정관 제[38조(손실보상) 제1항

도시정비법 제73조, 동법 시행령 제54조

재개발 표준정관
제38조(손실보상) ① 사업시행을 위한 손실보상 기준 및 절차는 법 제73조 및 시행령 제54조에 따르며, 토지보상법을 준용한다.

사업시행자인 재개발조합은 법 제73조(분양신청을 하지 아니한 자 등에 대한 조치) 제1항에 따른 협의되지 아니 하면, 그 기간의 만료일 다음 날부터 60일 이내에 수용재결을 신청하여야 한다(도시정비법 제73조제2항).

수용재결 관련 협의기간을 넘겨 수용재결을 신청하는 경우에는 해당 토지등소유자에게 지연일수(遲延日數)에 따른 이자를 지급하여야 한다. 이 경우 이자는 15/100 이하의 범위에서 대통령령으로 정하는 이율을 적용하여 산정하게 된다(동조 제3항).

대통령령으로 정하는 이율은 다음과 같다(도시정비법 시행령 제60조제2항).

1. 6개월 이내의 지연일수에 따른 이자의 이율: 5/100
2. 6개월 초과 12개월 이내의 지연일수에 따른 이자의 이율: 10/100
3. 12개월 초과의 지연일수에 따른 이자의 이율: 15/100

도시정비법 시행령

제54조(손실보상 등) ① 제13조제1항에 따른 공람공고일부터 계약체결일 또는 수용재결일까지 계속하여 거주하고 있지 아니한 건축물의 소유자는 토지보상법 시행령 제40조제5항제2호에 따라 이주대책대상자에서 제외한다. 다만, 같은 호 단서(같은 호 마목은 제외한다)에 해당하는 경우에는 그러하지 아니하다.

② 정비사업으로 인한 영업의 폐지 또는 휴업에 대하여 손실을 평가하는 경우 영업의 휴업기간은 4개월 이내로 한다. 다만, 다음 각 호의 어느 하나에 해당하는 경우에는 실제 휴업기간으로 하되, 그 휴업기간은 2년을 초과할 수 없다.

1. 해당 정비사업을 위한 영업의 금지 또는 제한으로 인하여 4개월 이상의 기간 동안 영업을 할 수 없는 경우
2. 영업시설의 규모가 크거나 이전에 고도의 정밀성을 요구하는 등 해당 영업의 고유한 특수성으로 인하여 4개월 이내에 다른 장소로 이전하는 것이 어렵다고 객관적으로 인정되는 경우

③ 제2항에 따라 영업손실을 보상하는 경우 보상대상자의 인정시점은 제13조제1항에 따른 공람공고일로 본다.

④ 주거이전비를 보상하는 경우 보상대상자의 인정시점은 제13조제1항에 따른 공람공고일로 본다.

○재개발 표준정관 제38조(손실보상) 제2항

토지보상법 제49조에 의하여 설치되는 관할 토지수용위원회에 재결 신청

재개발 표준정관

제38조(손실보상) ② 조합과 손실보상 대상자 간에 손실보상을 위한 협의가 성립되지 아니하거나 협의할 수 없는 경우, 조합은 토지보상법 제49조에 의하여 설

치되는 서울특별시 토지수용위원회에 재결을 신청한다.

토지등의 수용·사용에 관한 재결을 하기 위하여 국토부에 중앙토지수용위원회를 두고, 특별시·광역시·도·특별자치도(이하 "시·도")에 지방토지수용위원회를 둔다(토지보상법 제49조).

서울특별시(서울부동산정보광장)의 수용재결 절차는 다음과 같다.

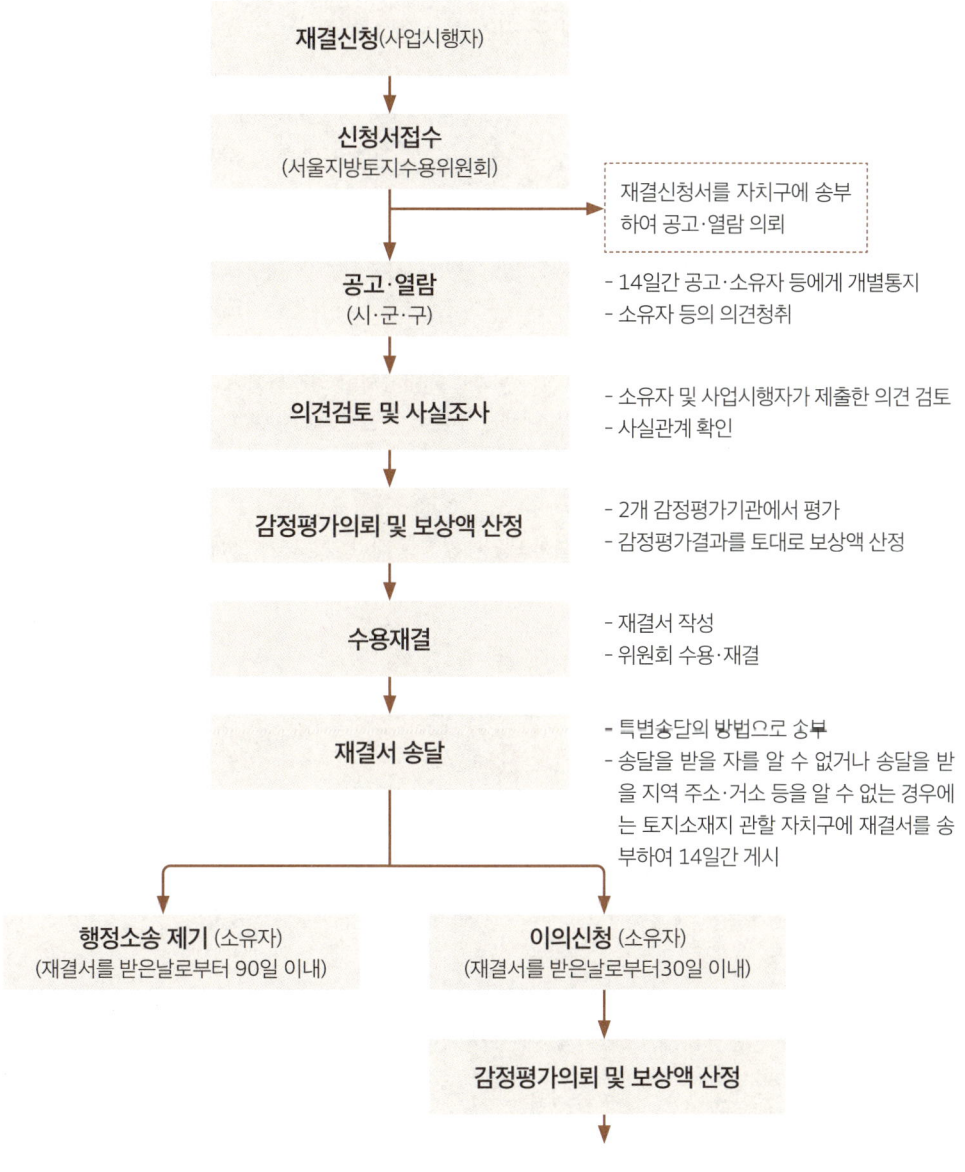

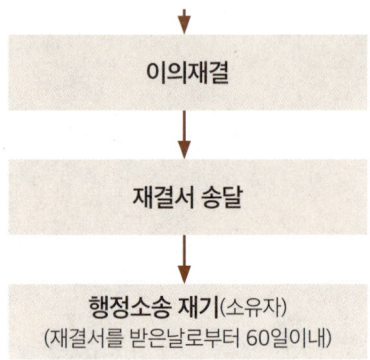

- **토지수용위원회 및 토지소재지 시·군·구가 하는 일**

- **토지수용위원회의 열람공고지시**
  사업시행자가 협의매수가 되지 않은 토지등에 대하여 토지수용위원회에 수용재결신청을 하게되면 토지수용위원회는 수용신청토지 소재의 시·군·구에 관련 서류를 송부하고 열람공고를 지시하게 됩니다.
- **시·군·구의 열람공고**
  시·군·구의 장은 토지수용위원회로 부터 열람공고 지시를 받으면 이를 게시판에 14일간 게시공고함과 아울러 토지소유자에게 개별적으로 공고내용을 통지하여 열람하도록 하고 있습니다.
- **의견서제출**
  토지소유자는 열람공고기간중에 수용신청 서류를 열람사하고 의견서를 토지수용위원회나 열람공고한 시·군·구에 제출합니다. 의견서의 내용은 수용과 관련된 희망이나 요구사항(예를 들면 보상 가격, 잔여지, 수용청구, 물건의 누락, 기타 권리주장등)을 기재하면 됩니다.

※ 토지소용위원회에서는 소유자가 제출한 의견내용을 토대로 감정평가 할때 참고하고 법적 다툼이 있을 때에는 이를 검토 심사한 후에 수용재결을 하게 되므로 의견 내용은 가급적 구체적으로 자세이 기재하여야 합니다.

> ⚖️ **판례**
>
> 관리처분계획인가 후 시행자가 관할 토지수용위원회의 수용재결 등에서 정한 손실보상금을 공탁한 경우, 토지보상법에 따른 손실보상을 완료한 것임
> 광주지방법원 2024.9.5.선고 2023가단531242판결, 건물인도
> 【판결요지】
> 도시정비법 제81조제1항 본문, 제2항에 의하면, 관리처분계획인가의 고시가 있는 때에는 건축물의 소유자나 임차권자 등 권리자는 그때부터 이전고시가 있는 날까지 건축물을 사용하거나 수익할 수 없고, 사업시행자는 관리처분계획인가를 받은 후 기존 건축물을 철거하여야 하므로, 관리처분계획에

> 따라 건축물의 사용·수익권은 사업시행자에게 귀속하고, 사업시행자는 소유자, 임차권자 등을 상대로 부동산의 인도를 구할 수 있다(대법원 2020.11.26선고 2019다249831판결 등 참조).
> 한편 도시정비법 제65조제1항에 의하여 준용되는 토지보상법 제40조제1항은 "사업시행자는 제38조 또는 제39조에 따른 사용의 경우를 제외하고는 수용 또는 사용의 개시일까지 관할 토지수용위원회가 재결한 보상금을 지급하여야 한다."고 규정하고 있고, 제2항은 "사업시행자는 다음 각 호의 어느 하나에 해당할 때에는 수용 또는 사용의 개시일까지 수용하거나 사용하려는 토지 등의 소재지의 공탁소에 보상금을 공탁할 수 있다"고 규정하고 있다.
> 위 각 법 규정들에 비추어 보면, 재개발정비사업의 시행자가 관할 토지수용위원회의 수용재결 등에서 정한 손실보상금을 공탁한 경우에는 도시정비법 제81조제1항의 토지보상법에 따른 손실보상을 완료한 것으로 보아야 할 것이다.

cf 부산광역시 재건축 표준정관

제37조(보상의 예외 등) 사업시행구역안의 해체되는 일체의 지장물 중 등기 또는 행정기관의 공부에 등재되지 아니한 지장물(무허가 건축물 등)은 보상대상이 될 수 없다. 다만, 도시정비법 시행령 제7조제1항 및 별표1 제4호에 따라 부지의 정형화, 효율적인 기반시설의 확보 등을 위하여 정비구역 면적의 110/100 범위 내에서 확장된 정비구역내의 지장물(무허가 건축물 등)은 제외한다.

110/100은 120/100으로 고쳐야 할 것이다.

도시정비법 시행령

제7조(정비계획의 입안대상지역) ① 특별시장·광역시장·특별자치시장·특별자치도지사·시장·군수 또는 자치구의 구청장은 법 제8조제4항 및 제5항에 따라 별표1의 요건에 해당하는 지역에 대하여 법 제8조제1항 및 제5항에 따른 정비계획을 입안할 수 있다.

도시정비법 시행령 별표1, 정비계획의 입안대상지역(제7조제1항 관련)
5. 부지의 정형화, 효율적인 기반시설의 확보 등을 위하여 필요하다고 인정되는 경우에는 지방도시계획위원회의 심의를 거쳐 제1호부터 제3호까지의 규정에 해

당하는 정비구역의 입안대상지역 면적의 120/100 이하의 범위에서 시·도조례[45]로 정하는 바에 따라 제1호부터 제3호까지의 규정에 해당하지 않는 지역을 포함하여 정비계획을 입안할 수 있다.

재개발 표준정관

제37조(손실보상) ① 사업시행에 따른 손실보상에 관하여는 도시정비법 및 토지보상법을 준용한다.

② 조합과 손실을 받은 자 간에 손실보상의 협의가 성립되지 아니하거나 협의할 수 없는 경우에는 조합이 토지보상법 제49조에 의하여 설치되는 부산광역시 지방토지수용위원회에 재결을 신청한다.

부산광역시 도시정비조례 제36조[46] 재개발사업의 관리처분계획 기준 등) 제3호에서도 "법령에 위반하여 건축된 부분의 면적(무허가건축물의 경우에는 기존무허가건축물에 추가된 면적을 말한다)은 제외한다.

---

[45] 부산광역시 도시정비조례
제5조(정비계획의 입안대상지역)③ 영 별표1 제5호에 따라 부지의 정형화, 효율적인 기반시설의 확보 등을 위하여 필요하다고 인정되는 경우 정비구역의 입안대상지역 면적의 120/100까지 정비구역을 확장할 수 있다. <개정 2021.12.29., 2024.5.22.>

[46] 부산광역시 도시정비조례(시행 2024.5.22 일부개정) 2024.5.22 조례 제7298호)
제36조(재개발사업의 관리처분계획 기준 등) 법 제76조제1항에 따라 사업시행자가 수립하는 재개발사업의 관리처분계획은 다음 각 호의 기준에 따른다.
1. 종전 토지의 소유면적은 관리처분계획 기준일 현재 「공간정보의 구축 및 관리 등에 관한 법률」제2조제19호에 따른 소유토지별 지적공부(제2조제5호에 따른 환지방식사업의 경우에는 환지예정지증명원)에 따른다. 다만, 1필지의 토지를 여러 명이 공유하고 있는 경우에는 부동산등기부(제2조제5호에 따른 환지방식사업의 경우에는 환지예정지증명원)의 지분비율을 기준으로 한다.
2. 국·공유지 점유자는 점유연고권이 인정되어 그 경계를 기준으로 실시한 지적측량성과에 따라 관계법령과 정관등이 정하는 바에 따른다.
3. 종전 건축물의 소유면적은 관리처분계획 기준일 현재 소유 건축물별 건축물대장을 기준으로 하며, 법령에 위반하여 건축된 부분의 면적(무허가건축물의 경우에는 기존무허가건축물에 추가된 면적을 말한다)은 제외한다. 다만, 정관 등이 정하는 바에 따라 재산세과세대장·측량성과 및 물건조서 기준으로 할 수 있다.
4. 종전 토지 또는 건축물의 소유권은 관리처분계획 기준일 현재 부동산등기부(제2조제5호에 따른 환지방식사업의 경우에는 환지예정지증명원)에 따르며, 소유권 취득일은 부동산등기부상의 접수일자를 기준으로 한다.
5. 기존무허가건축물인 경우에는 항공촬영판독결과와 재산세과세대장 등 소유자임을 입증하는 자료를 기준으로 하며, 국·공유지는 제2호에 따라 인정된 점유연고권자를 기준으로 한다.
6. 「건축법」제2조제1항제1호에 따른 대지부분 중 국·공유재산의 감정평가는 법 제74조제2항제1호를 준용하며, 법 제98조제5항 및 제6항에 따라 평가한다.

다만, 정관 등이 정하는 바에 따라 재산세과세대장·측량성과 및 물건조서 기준
으로 할 수 있다."고 규정하고 있지만, 이를 표준정관에는 넣지 않았다.

광주광역시 재건축 표준정관
제38조(보상의 예외 등) 사업시행구역 내의 철거 또는 해체되는 일체의 지장물 중 등기 또는 행정기관의 공부에 등재되지 아니한 지장물은 보상대상이 될 수 없다.

보상의 예외 규정을 두고 있지만 손실보상 조문은 없다.

재개발 표준정관
제38조(손실보상) ① 사업시행을 위한 손실보상 기준 및 절차는 법 제73조 및 시행령 제54조에 따르며, 토지보상법을 준용한다.
② 조합과 손실보상 대상자 간에 손실보상을 위한 협의가 성립되지 아니하거나 협의할 수 없는 경우, 조합은 토지보상법 제49조에 의하여 설치되는 광주광역시 토지수용위원회에 재결을 신청한다.

2006.8.25 국토부 재건축 표준정관
제39조(보상의 예외 등) 사업시행구역안의 철거되는 일체의 지장물 중 등기 또는 행정기관의 공부에 등재되지 아니한 지장물은 보상대상이 될 수 없다.

2003.6.30. 국토부 재개발 표준정관
제37조(손실보상) ① 사업시행에 따른 손실보상에 관하여는 도시정비법령 및 토지보상법을 준용한다.
② 조합 또는 손실을 받은 자는 손실보상의 협의가 성립되지 아니하거나 협의할 수 없는 경우에는 조합이 토지보상법 제49조에 의하여 설치되는 관할 토지수용위원회에 재결을 신청한다.

> ■ (서울) 재건축 표준정관 제39조(지상권 등 계약의 해지)
> ● (서울) 재개발 표준정관 제41조(지상권 등 계약의 해지)
>   : 재건축 표준정관과 같다.

재건축·재개발 표준정관의 조문 위치가 다르나, 내용은 같다.

관리처분계획인가·고시 후에는 종전의 토지 또는 건축물의 소유자나 임차권자 등 권리자는 이전고시가 있는 날까지 이것을 사용·수익할 수 없다. 이때부터는 조합이 이를 사용·수익할 수 있게 된다. 즉 조합은 임차인 등을 상대로 있는 부동산 인도를 청구할 수 있으며, 임차인이 임대차기간이 남아 있더라도 인도를 거부할 수 없다.

이런 경우 임차인 보호를 위하여 정비구역 내 부동산 임차인은 임대차 목적 달성이 불가능한 경우 임대차계약을 해지할 수 있고, 임대차보증금을 사업시행자인 정비조합에 청구할 수 있다(도시정비법 제70조).

□ 근거규정

○ 제1항, 제2항
도시정비법 제70조제1항 내지 제4항

> **재건축 표준정관**
> 제39조(지상권 등 계약의 해지) ① 사업시행으로 지상권·전세권 또는 임차권의 설정 목적을 달성할 수 없는 권리자가 법 제70조제1항 및 제2항에 따라 계약상 금전의 반환청구권을 조합에 행사하여 해당 금전을 지급한 조합은 해당 조합원에게 이를 구상할 수 있다.
> ② 조합은 제1항에 따른 구상이 되지 아니한 때에는 해당 조합원에게 귀속될 대지 또는 건축물을 압류할 수 있다. 이 경우 압류한 권리는 저당권과 동일한 효력을 가진다.

재개발 표준정관 제41조(지상권 등 계약의 해지) 제1항, 제2항과 같으며, 정관의 필요적 기재사항은 아니다.

정비사업의 시행으로 지상권·전세권 또는 임차권의 설정 목적을 달성할 수 없는 때에는 그 권리자는 계약을 해지할 수 있다(도시정비법 제70조제1항).

위에 따라 계약을 해지할 수 있는 권리자가 가지는 전세금·보증금, 그 밖의 계약상의 금전의 반환청구권은 사업시행자인 정비조합에 행사할 수 있다(동조 제2항).

금전의 반환청구권의 행사로 해당 금전을 지급한 정비조합은 해당 토지등소유자에게 구상할 수 있다(동조 제3항).

정비조합은 위와 같이 지급한 금전에 대한 구상이 되지 아니하는 때에는 해당 토지등소유자에게 귀속될 신축아파트 또는 대지를 압류할 수 있다. 이 경우 압류한 권리는 저당권과 동일한 효력을 가진다(동조 제4항).

○ 제3항

도시정비법 제70조제5항

재건축 표준정관

제39조(지상권 등 계약의 해지) ③ 법 제74조에 따라 관리처분계획인가를 받은 경우에는 지상권·전세권설정계약 또는 임대차계약의 계약기간에 대하여는 민법 제280조·제281조 및 제312조제2항, 「주택임대차보호법」 제4조제1항, 「상가건물임대차보호법」 제9조제1항은 이를 적용하지 아니한다.

재개발 표준정관 제41조제3항과 같다.

2009.2.6 법 개정으로 제3항인 지상권 등 임대차계획 기간은 관리처분계획인가를 받은 이후에는 적용하지 않게 되었다.

즉, 관리처분계획인가 이후 상가건물임대차보호법 제9조제1항의 임대차기간 1년, 주택임대차보호법 제4조제1항의 2년을 적용받지 않게 되었다.

관리처분계획의 인가를 받은 경우, 지상권·전세권설정계약 또는 임대차계약의 계약기간은 「민법」 제280조·제281조 및 제312조제2항, 「주택임대차보호법」 제4조제1항, 「상가건물 임대차보호법」 제9조제1항을 적용하지 아니한다(도시정비법 제70조제5항).

■ 상가권리금 보호장치와 재건축·재개발사업

임대인은 임대차기간이 끝나기 6개월 전부터 임대차 종료 시까지 임차인이 주선한 신규임차인이 되려는 자에게 권리금을 요구하는 등 행위를 함으로써 신규임차인이 되려는 자로부터 권리금을 지급받는 것을 방해해서는 안 된다(상가건물임대차보호법 제10조의4제1항).

이를 위반하여 손해가 발생한 경우 배상하도록 하며, 임차인은 임대인에게 신규임차인이 되려는 자에 대한 정보를 제공하여야 한다(동조 제5항).

그러나 위 권리금 회수기회 보호등을 위한 상가건물임대차보호법 제10조의4(권리금 회수기회 보호등)는 재건축·재개발사업으로 상가건물이 철거되어 후속임차인이 없는 상황에서까지 보호해 주는 기능이 없다는 점을 알아야 한다.

cf 부산광역시 재건축 표준정관

제39조(지상권 등 계약의 해지) ① 조합은 정비사업의 시행으로 인하여 지상권·전세권 또는 임차권의 설정 목적을 달성할 수 없는 권리자가 계약상 금전의 반환청구권을 조합에 행사할 경우 당해 금전을 지급할 수 있다.

② 조합은 제1항에 의하여 금전을 지급하였을 경우 당해 조합원에게 이를 구상할 수 있으며 구상이 되지 아니한 때에는 당해 조합원에게 귀속될 건축물을 압류할 수 있으며 이 경우 압류한 권리는 저당권과 동일한 효력을 가진다.

③ 관리처분계획인가·고시가 있은 때에는 지상권·전세권 설정계약 또는 임대차계약의 계약기간은 「민법」 제280조제281조 및 제312조제2항, 「주택임대차보호법」 제4조제1항, 「상가건물 임대차보호법」 제9조제1항을 적용하지 아니한다. 다만, 도시정비법 제81조제1항 단서의 경우에는 그러하지 아니하다.

재개발 표준정관 제41조(지상권 등 계약의 해지)와 같다.

광주광역시 재건축 표준정관

제39조(지상권 등 계약의 해지) ① 사업시행으로 지상권·전세권 또는 임차권의 설정 목적을 달성할 수 없는 권리자가 법 제70조제1항 및 제2항에 따라 계약상 금전의 반환청구권을 조합에 행사하여 해당 금전을 지급한 조합은 해당 조합원에게 이를 구상할 수 있다.

② 조합은 제1항에 따른 구상이 되지 아니한 때에는 해당 조합원에게 귀속될 대지 또는 건축물을 압류할 수 있다. 이 경우 압류한 권리는 저당권과 동일한 효력을 가진다.

③ 법 제74조에 따라 관리처분계획 인가를 받은 경우에는 지상권·전세권설정계약 또는 임대차계약의 계약기간에 대하여는 「민법」 제280조·제281조 및 제312조제2항, 「주택임대차보호법」 제4조제1항, 「상가건물 임대차보호법」 제9조제1항은 이를 적용하지 아니한다.

재개발 표준정관은 제40조로, 재건축 표준정관과 그 내용이 같다.

2023.11.29 국토부 별표2 지정개발자(신탁업자) 표준시행규정

제26조(지상권 등 계약의 해지) 사업의 시행으로 지상권·전세권 또는 임차권의 설정목적을 달성할 수 없는 경우 그 권리자와 계약 해지 등에 관한 사항은 도시정비법 제70조에 따른다.

2006.8.25 국토부 재건축 표준정관

제40조(지상권 등 계약의 해지) ① 조합은 사업의 시행으로 인하여 지상권·전세권 또는 임차권의 설정목적을 달성할 수 없는 권리자가 계약상 금전의 반환청구권을 조합에 행사할 경우 조합은 당해 금전을 지급할 수 있다.

② 조합은 제1항에 의하여 금전을 지급하였을 경우 당해 조합원에게 이를 구상할 수 있으며 구상이 되지아니 한 때에는 당해 조합원에게 귀속될 건축물을 압류할 수 있으며 이 경우 압류한 권리는 저당권과 동일한 효력을 가진다.

③ 조합설립인가일 이후에 체결되는 지상권·전세권설정계약 또는 임대차계약의 계약기간에 대하여는 민법 제280조·제281조 및 제312조제2항, 주택임대차보

호법 제4조제1항, 상가건물임대차보호법 제9조제1항은 이를 적용하지 아니한다.

2003.6.30 국토부 재개발 표준정관

제41조(지상권 등 계약의 해지) ① 조합은 사업의 시행으로 인하여 지상권·전세권 또는 임차권의 설정목적을 달성할 수 없는 권리자가 계약상 금전의 반환청구권을 조합에 행사할 경우 조합은 당해 금전을 지급할 수 있다.

② 조합은 제1항의 공탁금에 대한 금전을 지급하였을 경우 조합원에게 이를 구상할 수 있으며 구상이 되지 아니 한 때에는 당해 조합원에게 귀속될 건축물을 압류할 수 있으며, 이 경우 압류한 권리는 저당권과 동일한 효력을 가진다.

③ 조합설립인가일 이후에 체결되는 지상권·전세권설정 계약 또는 임대차계약의 계약기간에 대하여는 민법 제280조제281조 및 제312조제2항, 주택임대차보호법 제4조제1항, 상가건물임대차보호법 제9조제1항은 이를 적용하지 아니한다.

> ■ **(서울) 재개발 표준정관**
> **제39조(토지등의 수용 또는 사용)**

재건축 표준정관에는 재개발 표준정관의 토지등 수용·사용 대신 제40조(매도청구 등)를 두고 있다.

□ 근거규정
도시정비법 제63조, 제65조, 동법 시행령 제54조

> **재개발 표준정관**
> 제39조(토지등의 수용 또는 사용) 조합은 사업을 시행하기 위하여 법 제63조 및 제65조에 따라 토지 등을 수용 또는 사용할 수 있다. 이 경우 관련법령에 따른 보상을 하여야 한다.

재개발조합은 정비구역에서 정비사업을 시행하기 위하여 토지보상법 제3조에 따른 토지·물건 또는 그 밖의 권리를 취득하거나 사용할 수 있다.

반면, 재건축사업의 경우 수용·사용을 하지 않지만, "천재지변, 「재난 및 안전관리 기본법」 제27조 또는 「시설물의 안전 및 유지관리에 관한 특별법」 제23조에 따른 사용제한·사용금지, 그 밖의 불가피한 사유로 긴급하게 정비사업을 시행할 필요가 있다고 인정하는 때"에 한하여 토지·물건 또는 그 밖의 권리를 취득하거나 사용할 수 있다(도시정비법 제63조).

도시정비법
제65조(토지보상법의 준용) ① 정비구역에서 정비사업의 시행을 위한 토지 또는 건축물의 소유권과 그 밖의 권리에 대한 수용 또는 사용은 이 법에 규정된 사항을 제외하고는 토지보상법을 준용한다. 다만, 정비사업의 시행에 따른 손실보상의 기준 및 절차는 대통령령으로 정할 수 있다.

② 제1항에 따라 토지보상법을 준용하는 경우 사업시행계획인가 고시(시장·군수 등이 직접 정비사업을 시행하는 경우에는 사업시행계획서의 고시를 말한다. 이하 이 조에서 같다)가 있은 때에는 동법 제20조제1항 및 제22조제1항에 따른 사업인정 및 그 고시가 있은 것으로 본다. <개정 2021.3.16>

③ 제1항에 따른 수용 또는 사용에 대한 재결의 신청은 토지보상법 제23조 및 동법 제28조제1항에도 불구하고 사업시행계획인가(변경인가를 포함한다)를 할 때 정한 사업시행기간 이내에 하여야 한다.

④ 대지 또는 건축물을 현물보상하는 경우에는 토지보상법 제42조에도 불구하고 제83조에 따른 준공인가 이후에도 할 수 있다.

도시정비법 시행령

제54조(손실보상 등) ① 정비구역 지정을 위한 공람공고일부터 계약체결일 또는 수용재결일까지 계속하여 거주하고 있지 아니한 건축물의 소유자는 토지보상법 시행령 제40조제5항제2호에 따라 이주대책대상자에서 제외한다. 다만, 같은 호 단서(해당 공익사업지구 내 타인이 소유하고 있는 건축물에의 거주의 경우는 제외)에 해당하는 경우에는 그러하지 아니하다. <개정 2018.4.17>

② 정비사업으로 인한 영업의 폐지 또는 휴업에 대하여 손실을 평가하는 경우 영업의 휴업기간은 4개월 이내로 한다. 다만, 다음 각 호의 어느 하나에 해당하는 경우에는 실제 휴업기간으로 하되, 그 휴업기간은 2년을 초과할 수 없다.

1. 해당 정비사업을 위한 영업의 금지 또는 제한으로 인하여 4개월 이상의 기간 동안 영업을 할 수 없는 경우

2. 영업시설의 규모가 크거나 이전에 고도의 정밀성을 요구하는 등 해당 영업의 고유한 특수성으로 인하여 4개월 이내에 다른 장소로 이전하는 것이 어렵다고 객관적으로 인정되는 경우

③ 제2항에 따라 영업손실을 보상하는 경우 보상대상자의 인정시점은 정비구역 지정을 위한 공람공고일로 본다.

④ 주거이전비를 보상하는 경우 보상대상자의 인정시점은 정비구역 지정을 위한 공람공고일로 본다.

■ **효율적인 수용재결업무 처리기준(서울특별시 토지관리과 2016.8)**

도시정비법 또는 토지보상법상 협의 절차를 이행하지 않은 수용재결신청서 반려 조치에 대한 업무개선(대법원 2015.11.27선고 2015두48877판결)

1. 수용재결신청 절차

■ **토지보상법 규정(대법원 판례 이전에는 토지보상법 절차에 따름)**

사업인정고시 → 토지, 물건조사 → 보상계획공고 → 협의보상 → 재결신청

■ **도시정비법 규정(대법원 판례 요약)**

사업인정·고시(토지 등의 명세서 작성 및 고시, 개별통지) → 청산협의(감정평가) → 재결신청

> **대법원 판결 내용**
> ① 도시정비법상 정비사업의 단계별 진행과정을 보면, 현금청산대상자와 사업시행자 사이의 청산금 협의에 앞서 사업시행인가 신청과 그 인가처분·고시 및 분양신청 통지·공고 절차가 선행하게 되는데, 이를 통하여 수용의 대상이 되는 토지 등의 명세가 작성되고 그 개요가 대외적으로 고시되며, 세부사항이 토지등소유자에게 개별적으로 통지되거나 공고되는 점,
> ② 따라서 토지등소유자에 대하여는 위와 같은 도시정비법 고유의 절차와 별도로 토지보상법상 토지조서 및 물건조서의 작성(제14조)이나 보상계획의 공고·통지 및 열람(제15조)의 절차를 새로이 거쳐야 할 필요나 이유가 없는 점,
> ③ 토지보상법상 손실보상의 협의는 사업시행자와 토지등소유자 사이의 사법상 계약의 실질을 갖는다(대법원 2014.4.24선고 2013다218620판결 참조)는 점에서 도시정비법상 협의와 그 성격상 구별된다고 보기 어려운 점,
> ④ 또한 도시정비법은 협의의 기준이 되는 감정평가액의 산정에 관하여 별도의 규정을 두고 있으므로, 토지보상법상 감정평가업자를 통한 보상액의 산정(제68조)이나 이를 기초로 한 사업시행자와의 협의(제16조) 절차를 따로 거칠 필요도 없는 점 등에 비추어 보면, 토지보상법상 협의 및 그 사전절차를 정한 위 각 규정은 도시정비법 제40조 제1항 본문에서 말하는 '이 법에 특별한 규정이 있는 경우'에 해당하므로 도시정비법상 현금청산대상자인 토지등소유자에 대하여는 준용될 여지가 없다고 보아야 한다.

2. 대법원 판례 이후 제기된 문제점

- 사업시행자가 토지등소유자들과 보상협의 절차를 생략한 수용재결 신청
- 종전 감정평가서 및 1년이 경과한 감정평가금액으로 재결신청

- 토지소유자 추천 감정평가업자의 감정평가서 제출 지연 : 토지소유자와 추천된 감정평가업자가 사업시행자의 재결신청을 지연시켜 가산금 발생(지급) 유도
- 사업시행자가 토지소유자들의 감정평가업자 추천절차 생략(토지보상법상 소유자의 감정평가 추천 권한 박탈) : 현금청산자와의 청산협의절차 미이행의 경우, 토지보상법 규정을 준수하여야 함(도시정비법 제73조를 이행하는 경우 토지소유자 추천 불필요)

3. 수용재결 신청서 처리방안

■ **토지등 보상(청산)을 위한 가격시점**
- 특별한 규정이 없는 경우: 토지보상법 제67조 적용
  협의에 의한 경우: 협의 당시 가격
  재결에 의한 경우: 재결 당시 가격
- 특별한 규정이 있는 경우: 도시정비법 제73조 관련
  청산기간 이내인 경우: 분양신청종료일 다음날 기준
  청산기관 경과의 경우: 토지보상법 제67조 준용

■ **토지, 물건조서 작성 및 보상계획공고**
- 특별한 규정이 없는 경우: 토지보상법 준용
- 특별한 규정이 있는 경우: 도시정비법 적용
  청산기간 이내인 경우: 생략 가능
  청산기간 경과의 경우: 토지보상법 준용
※ 재결신청 청구의 경우: 생략 가능

■ **감정평가업자 추천 및 평가업자의 감정평가서 제출지연**
- 도시정비법 제73조에 해당하는 경우: 시장, 군수가 2인 이상 추천
- 토지보상법 적용(준용)의 경우: 보상계획 공고 시 30일 이내 소유자들의 감정평가업자 1인 추천(시, 도지사1, 토지소유자1, 사업시행자1)
- 감정평가서 제출 지연 시: 2개의 감정평가업자 평가액으로 보상협의 후 재결

신청 가능

※ 사업시행자 조치: 평가서 제출독려 및 미제출 시 조치계획 통보

4. 대법원 판례 주요점

- 수용재결 신청 청구자에 한하여 소극적 적용할 필요가 있고, 도시정비법상 협의는 필요함. 도시정비법상 협의조차 불요하다는 취지는 아님(도시정비법 제73조 후단)
- 청산금액 산정에 관한 협의과정을 전혀 거치지 아니한 채 곧바로 수용재결 신청은 허용되어서는 안 됨.
- 정비사업(재건축, 가로주택정비사업 제외)의 사업시행자는 토지보상법이 아니라 도시정비법의 사전절차를 거쳐 수용재결 신청.

  재판절차를 거치지 아니한 경우에는 토지보상법에 따라 협의성립 당시의 가격 또는 수용재결 당시의 가격을 기준으로 협의하거나 또는 재결.

  사업시행자는 도시정비법에 의한 감정평가(시장, 군수가 추천하는 감정평가업자 2인 이상의 감정평가)의 절차만 하면 다른 사전절차인 보상협의절차를 하지 않고도 바로 수용재결 신청을 할 수 있음.

5. 토지수용에 대한 불복과정(토지보상법)

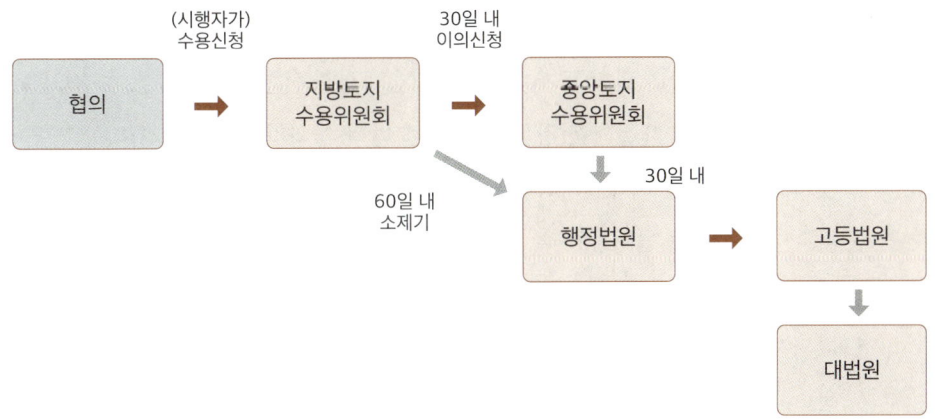

현금으로 청산하는 경우 평가금액의 기준시점(국토부 재정비과-766, 2016.2.16)
ⓠ 현금으로 청산하는 경우 평가금액의 기준시점은?
ⓐ 도시정비법 시행령 제48조에 따르면 사업시행자가 법 제47조에 의해 토지등소유자의 토지, 건축물 그 밖의 권리에 대하여 현금으로 청산하는 경우 청산금액은 사업시행자와 토지등소유자가 협의하여 산정하며, 이 경우 시장, 군수가 추천하는 부동산가격공시법에 의한 감정평가업자 2인 이상이 평가한 금액을 산술평균하여 산정한 금액을 기준으로 협의할 수 있다고 규정하고 있을 뿐, 평가시점에 대해서는 별도 규정이 없음.

분양신청기간종료일 다음 날부터 150일 이내 협의절차가 미 완료된 경우 토지보상법에 의한 협의절차와 수용재결신청을 하여야 하는지(국토부 재정비과-5459, 2016.7.19)
ⓠ 재개발사업시행자인 조합은 구 도시정비법 제47조에 의거 분양신청기간 종료일의 다음 날부터 150일 이내 감정평가 협의 등 도시정비법상 청산협의 절차가 완료되지 못한 경우, 토지보상법에서 정한 수용보상금 사전 협의절차를 이행하고 수용재결 신청하여야 하는지?
ⓐ 토지보상법은 공익사업에 필요한 토지 등을 협의 또는 수용에 의하여 취득하거나 사용함에 따른 손실보상에 관한 사항을 규정한 법률로서, 공익사업의 수행을 위하여 필요한 토지 등을 토지보상법령에 정한 절차와 방법에 따라 취득하는 경우에는 토지보상법령에서 정한 바에 따라야 할 것으로 보며, 사업시행자가 토지보상법이 아닌 타 법령에 의하여 토지 등을 취득하는 경우, 개별법에 보상과 관련하여 별도로 정하고 있는 경우엔 토지보상법이 아닌 개별법을 따라야 할 것으로 봄토지보상법 제28조제1항에서 제26조에 따른 협의가 성립되지 아니하거나 협의할 수 없을 때에는 사업시행자는 사업인정고시가 된 날부터 1년 이내에 대통령령이 정하는 바에 따라 관할 토지수용위원회에 재결을 신청할 수 있도록 하고 있음.
따라서 토지보상법에 따라 재결의 신청은 동 규정에 따라 협의가 성립되지 아니한 경우 등에 가능할 것으로, 질의하신 재개발사업에 따른 협의절차가 토지보상법에 대한 별도의 협의절차를 규정한 것이라면 동 협의절차 후 재결신청이 가능할 것으로 봄.

수용재결 절차

1. 사업인정·고시(사업시행계획인가·고시)

실무에서 경기도 ○○재개발사업에서 사업시행계획인가를 받았으나, 해당 시청에서 이를 고시하지 않아서 수용재결에 큰 어려움이 있었다.

사업인정·고시를 한 경우에는 지체 없이 토지소유자 및 관계인 등에게 통지하고 고시하여야 한다. 이는 수용할 목적물의 범위를 정하고 수용할 목적물에 관한 현재 및 장래의 권리자에게 대항할 수 있는 일종의 공법상 물권으로서의 효력을 발생시킨다(공탁실무편람).

사업시행자가 사업인정·고시가 된 날부터 1년 이내에 재결신청을 하지 아니한 경우에는 사업인정 고시가 된 날부터 1년이 되는 날의 다음 날에 사업인정은 그 효력을 상실한다(토지보상법 제23조제1항).

제2714호 17-6   2020.3.4

◎ 서울특별시 중구 고시 제2020-21호

세운재정비촉진기구 6-2-24구역 도시정비형 재개발사업
사업시행계획 인가 고시

서울특별시 고시 제2006-365호(2006.10.26)로 최초 재정비촉진지구로 지정되고, 서울특별시고시 제2009-107호(2009.3.19)로 재정비촉진계획 결정. 서울특별시 고시 제2014-119호(2014.3.27)로 재정비촉진계획 변경결정되고 서울특별시중구고시 제2018-139호(2019.1.6)로 사업시행계획 인가된 세운재정비족진지구 제6-2-24구역 도시정비형 재개발사업에 대하여, 「도시 및 주거환경정비법」 제50조 제1항에 따라 사업시행계획 변경인가 처리하고, 같은 법 제50조 제7항 및 같은법 시행규칙 제10조 제3항의 규정 따라 이를 고시합니다.

2020년 3월 4일
서울특별시 중구청장

(이하 생략)

2. 토지 및 물건조서 등의 작성(사업시행자인 조합)
사업인정 고시 후 조합이 작성(토지보상법 제14조, 제26조제1항 후단)

사업시행자가 수용대상인 토지와 건물을 조사하여 수용할 목적물의 범위를 확정하는 절차이다(공탁실무편람). 조합이 수용대상이 되는 토지와 건물을 측량, 조사하여 조서를 작성하고, 이 조서에 토지도유자 등의 관계인이 확인 또는 날인하는 절차를 거치게 된다.

관리처분계획인가·고시 후에 재개발조합은 현금청산자 관련 토지, 건물 등에 대한 조서를 작성하여 이를 정비업체에게 진행토록 하거나, 관련 업체를 선정하기도 한다.

그 용역비용이 5천만 원 이상인 경우, 누리장터 또는 그 이하는 수의계약으로 조서작성 업체를 선정한다.

영 제72조(물건조서 등의 작성) ① 사업시행자는 건축물을 철거하기 전에 관리처분계획의 수립을 위하여 기존 건축물에 대한 물건조서와 사진 또는 영상자료를 만들어 이를 착공 전까지 보관하여야 한다.

② 제1항에 따른 물건조서를 작성할 때에는 종전 건축물의 가격산정을 위하여 건축물의 연면적, 그 실측평면도, 주요마감재료 등을 첨부하여야 한다. 다만, 실측한 면적이 건축물대장에 첨부된 건축물현황도와 일치하는 경우에는 건축물현황도로 실측평면도를 갈음할 수 있다.

3. 보상액 산정
조합 1인, 시도지사 1인, 토지소유자 1인 추천

3인 감정평가업체가 보상액을 산정한다.

분양신청을 하지 아니한 자 등에 대해 사업시행자인 정비조합은 토지등소유자의 토지, 건축물 또는 그 밖의 권리에 대하여 현금으로 청산하는 경우 청산금액은 사업시행자와 토지등소유자가 협의하여 산정하게 된다.

이 경우 재개발사업의 손실보상액의 산정을 위한 감정평가업자 선정은 토지보상법 제68조제1항에 따른다(도시정비법 시행령 제60조제1항).

토지보상법

제68조(보상액의 산정) ① 사업시행자는 토지등에 대한 보상액을 산정하려는 경우에는 감정평가법인등 3인(제2항에 따라 시·도지사와 토지소유자가 모두 감정평가법인등을 추천하지 아니하거나 시·도지사 또는 토지소유자 어느 한쪽이 감정평가법인등을 추천하지 아니하는 경우에는 2인)을 선정하여 토지등의 평가를 의뢰하여야 한다. 다만, 사업시행자가 국토교통부령으로 정하는 기준에 따라 직접 보상액을 산정할 수 있을 때에는 그러하지 아니하다.

② 제1항 본문에 따라 사업시행자가 감정평가법인등을 선정할 때 해당 토지를 관할하는 시·도지사와 토지소유자는 대통령령으로 정하는 바에 따라 감정평가법인등을 각 1인씩 추천할 수 있다. 이 경우 사업시행자는 추천된 감정평가법인등을 포함하여 선정하여야 한다.

③ 제1항 및 제2항에 따른 평가 의뢰의 절차 및 방법, 보상액의 산정기준 등에 관하여 필요한 사항은 국토교통부령으로 정한다.

판례

재개발사업에서 수용재결 대상자들이 자신의 주택등을 감정평가업체에게 개방하지 않은 것이 불법행위가 되어 조합에 손해배상하여야 하는지(소극)
울산지방법원 2024.9.12선고 2024가단113560판결, 손해배상등
【판결요지】
원고가 이 사건 재결신청을 하려면 수용 대상에 관한 감정평가가 필요하고 위 감정평가를 위해서는 실지조사가 필수적이며 위 실지조사에는 대상 부동산의 내부조사가 포함되는바, 피고는 출입문을 시정하는 등의 방법으로 감정평가사들의 출입을 막아 감정평가사들의 업무를 방해하였다.
피고가 실시소사에 나선 감성평가사들에게 물리력을 행사하거나 소사를 방해한 바는 없는 것으로 보이고, 피고 소유의 보상대상 목적물 중 보상금액의 대부분을 차지하는 부분은 토지와 주택 등으로서 이는 반드시 그 내부까지 들어가야만 감정평가가 가능한 것이 아니라 공부 등의 자료와 외부 관찰(이 또한 실지조사임)을 통하여도 감정이 가능하다.
설령 지장물 등 일부 요소에 관하여 다소 미흡한 감정평가가 이루어졌더라도 토지수용위원회의 재결 및 그 이의 등을 통해 이를 교정할 수 있는 절차가 마련되어 있는 점까지 보태어 보면, 피고의 귀책사유로 인해 감정평가가 지연되었다거나 원고의 재결신청이 늦어졌다고 보기 어렵다.

4. 협의

'협의'란 수용대상토지 등에 관한 권리를 취득하거나 소멸시키기 위해 사업인정을 받은 사업시행자와 토지소유자 및 관계인이 하는 합의를 말한다(공탁실무편람).

사업인정·고시를 받은 조합은 토지, 물건조서의 작성, 보상계획, 보상액의 산정 등에 대해 토지송자와 관계인과의 협의절차를 거쳐야 한다(토지보상법 제26조제1항 전단)

조합은 위 감정평가업체 3곳에서 감정평가한 금액으로 현금청산자들에게 토지나 건물을 매입하겠다는 의사표시로 협의취득 절차를 진행하게 된다.

30일 이상의 기간을 두고 토지소유자등에게 통지하며, 이 협의에 응하는 경우 협의취득을 위한 소유권이전이 진행하게 된다. 소유권이전에 필요한 서류 및 절차는 별첨1과 같다.

[별지 제13호서식] (앞쪽)

재결신청서

신청인 (사업시행자)	성명 또는 명칭	용두제6구역 주택재개발정비사업조합 조합장 김주진
	주소	서울시 동대문구 왕산로9길15, 4층(용두동, 대광빌딩)
공익사업의 종류 및 명칭		용두제6구역 주택재개발정비사업
사업인정의 근거 및 고시일		서울특별시동대문구고시 제2015-69호(2015.08.20.)
수용 또는 사용할 토지등의 표시		해당없음
수용할 토지등에 있는 물건의 표시		서울시 동대문구 용두동 190-1 외 3필지 1건 (첨부서류 참조)
보상액 및 그 내역		금 93,223,330원 (첨부서류 참조)
사용하고자 하는 경우	사용의 방법	해당없음
	사용의 기간	해당없음
토지등 소유자	성명 또는 명칭	(주)대동레이저금속(대표 최철환)
	주소	서울시 동대문구 용두동 190-1 외 3필지
관계인	성명 또는 명칭	없음
	주소	
수용 또는 사용의 게시예정일		법의 기준 예정일
재결신청의 청구	청구일	해당없음
	청구인의 성명 또는 명칭	해당없음
	청구인의 주소	해당없음

「공익사업을위한토지등의취득및보상에관한법률」 제28조제1항·제30조 제2항 및 동법시행령 제12조 제1항의 규정에 의하여 위와 같이 재결을 신청합니다.

2019년 4월 1일

신청인(사업시행자) 용두제6구역 주택재개발정비사업조합 조합장 김주진 (인)

서울지방 토지수용위원회위원장 귀하

구비 서류	1. 토지조서 또는 물건조서 각1부 2. 협의경위서 각1부 3. 사업계획서 1부 4. 사업예정지 및 사업계획을 표시한 도면 각1부 5. 채권에 의하여 보상금을 지급할 수 있는 경우에 해당함을 증명하는 서류와 채권으로 보상하는 보상금의 금액, 채권원금의 상환방법 및 상환기일, 채권의 이율과 이자의 지급방법 및 지급기일을 기재한 서류 각 1부(채권으로 보상하는 경우에 한한다)	수수료 동법시행규칙 별표 1에서 정하는 금액

토지보상법 시행령

제8조(협의의 절차 및 방법 등) ① 사업시행자는 법 제16조에 따른 협의를 하려는 경우에는 국토교통부령으로 정하는 보상협의요청서에 다음 각 호의 사항을 적어 토지소유자 및 관계인에게 통지하여야 한다. 다만, 토지소유자 및 관계인을 알 수 없거나 그 주소·거소 또는 그 밖에 통지할 장소를 알 수 없을 때에는 제2항에 따른 공고로 통지를 갈음할 수 있다.

1. 협의기간·협의장소 및 협의방법

2. 보상의 시기·방법·절차 및 금액

3. 계약체결에 필요한 구비서류

② 제1항 각 호 외의 부분 단서에 따른 공고는 사업시행자가 공고할 서류를 토지 등의 소재지를 관할하는 시장(행정시의 시장을 포함한다)·군수 또는 구청장(자치구가 아닌 구의 구청장을 포함한다)에게 송부하여 해당 시(행정시를 포함한다)·군 또는 구(자치구가 아닌 구를 포함한다)의 게시판 및 홈페이지와 사업시행자의 홈페이지에 14일 이상 게시하는 방법으로 한다.

③ 제1항제1호에 따른 협의기간은 특별한 사유가 없으면 30일 이상으로 하여야 한다.

④ 법 제17조에 따라 체결되는 계약의 내용에는 계약의 해지 또는 변경에 관한 사항과 이에 따르는 보상액의 환수 및 원상복구 등에 관한 사항이 포함되어야 한다.

⑤ 사업시행자는 협의기간에 협의가 성립되지 아니한 경우에는 국토교통부령으로 정하는 협의경위서에 다음 각 호의 사항을 적어 토지소유자 및 관계인의 서명 또는 날인을 받아야 한다. 다만, 사업시행자는 토지소유자 및 관계인이 정당한 사유 없이 서명 또는 날인을 거부하거나 토지소유자 및 관계인을 알 수 없거나 그 주소·거소, 그 밖에 통지할 장소를 알 수 없는 등의 사유로 서명 또는 날인을 받을 수 없는 경우에는 서명 또는 날인을 받지 아니하되, 해당 협의경위서에 그 사유를 기재하여야 한다.

1. 협의의 일시·장소 및 방법
2. 대상 토지의 소재지·지번·지목 및 면적과 토지에 있는 물건의 종류·구조 및 수량
3. 토지소유자 및 관계인의 성명 또는 명칭 및 주소
4. 토지소유자 및 관계인의 구체적인 주장내용과 이에 대한 사업시행자의 의견
5. 그 밖에 협의와 관련된 사항

5. 수용재결신청서 접수(서울시 지방토지수용위원회)

협의 되지 않는 토지소유자들에 대해 사업시행자인 조합은 지방토지수용위원회에 재결을 신청하게 된다.

6. 수용재결 신청 관계서류 열람공고(시·군·구)

수용재결이 신청되면 지방토지수용위원회에서는 관할 시·군·구에서 열람공고를 하도록 한다.

열람공고에서 이의가 있는 사람은 반드시 "의견서제출"을 하는 것이 좋다. 이 열람공고에는 수용재결신청서가 첨부되기도 한다.

토지보상법

제31조(열람) ① 제49조에 따른 중앙토지수용위원회 또는 지방토지수용위원회(이하 "토지수용위원회")는 재결신청서를 접수하였을 때에는 대통령령으로 정하는 바에 따라 지체 없이 이를 공고하고, 공고한 날부터 14일 이상 관계 서류의 사본을 일반인이 열람할 수 있도록 하여야 한다.

② 토지수용위원회가 제1항에 따른 공고를 하였을 때에는 관계 서류의 열람기간 중에 토지소유자 또는 관계인은 의견을 제시할 수 있다.

토지보상법 시행규칙

제15조(재결신청서의 열람 등) ① 관할 토지수용위원회는 재결신청서를 접수하였을 때에는 법 제31조제1항에 따라 그 신청서 및 관계 서류의 사본을 토지등의 소재지를 관할하는 시장(행정시의 시장을 포함한다)·군수 또는 구청장(자치구가 아닌 구의 구청장을 포함한다)에게 송부하여 공고 및 열람을 의뢰하여야 한다.

② 시장·군수 또는 구청장은 송부된 서류를 받았을 때에는 지체 없이 재결신청 내용을 시(행정시를 포함한다)·군 또는 구(자치구가 아닌 구를 포함한다)의 게시판에 공고하고, 공고한 날부터 14일 이상 그 서류를 일반인이 열람할 수 있도록 하여야 한다. 다만, 시장·군수 또는 구청장이 천재지변이나 그 밖의 긴급한 사정으로 공고 및 열람 의뢰를 받은 날부터 14일 이내에 공고하지 못하거나 일반인이 열람할 수 있도록 하지 못하는 경우 관할 토지수용위원회는 직접 재결신청 내용을 공고(중앙토지수용위원회는 관보에, 지방토지수용위원회는 공보에 게재하는 방법으로 한다)하고, 재결신청서와 관계 서류의 사본을 일반인이 14일 이상 열람할 수 있도록 할 수 있다.

③ 시장·군수·구청장 또는 관할 토지수용위원회는 공고를 한 경우에는 그 공고의 내용과 의견이 있으면 의견서를 제출할 수 있다는 뜻을 토지소유자 및 관계인에게 통지하여야 한다. 다만, 통지받을 자를 알 수 없거나 그 주소·거소 또는 그 밖에 통지할 장소를 알 수 없을 때에는 그러하지 아니하다.

④ 토지소유자 또는 관계인은 열람기간에 해당 시장·군수·구청장 또는 관할 토지수용위원회(제2항 단서에 해당하는 경우로 한정한다)에 의견서를 제출할 수 있다.

⑤ 시장·군수 또는 구청장은 열람기간이 끝나면 제출된 의견서를 지체 없이 관할 토지수용위원회에 송부하여야 하며, 제출된 의견서가 없는 경우에는 그 사실을 통지하여야 한다.

⑥ 관할 토지수용위원회는 상당한 이유가 있다고 인정하는 경우에는 제4항에도 불구하고 제2항에 따른 열람기간이 지난 후 제출된 의견서를 수리할 수 있다.

답십리○○구역 수용재결신청 관계서류 열람공고(3차)

1. 서울특별시고시 제2007-434호(2007.11.29)로 정비계획 및 정비구역 지정고시되고, 동대문구고시 제2016-71호(2016.10.13)로 사업시행계획인가 된 답십리○○구역 주택재개발정비사업에 저촉, 편입되는 토지 등의 수용을 위한 재결신청서 등을 토지보상법 제31조 및 동법 시행령 제15조에 따라 관계서류 사본을 다음과 같이 열람공고함.

2. 관계서류는 동대문구청 주거정비과 및 사업시행자인 서울주택도시공사 정비사업보상부 사무실에 비치하여 열람기간 동안 일반인에게 열람하며, 본 수용재결신청서 내용에 대하여 의견이 있는 토지등소유자 및 관계인은 열람기간 내에 동대문구청 주거정비과 및 서울주택도시공사에 의견서를 제출할 수 있음.

2020년 4월 2일
서울특별시 동대문구청장

가. 열람기간: 2020.4.2 ~ 2020.4.16(14일이상)
나. 열람서류: 토지 등의 수용을 위한 재결신청서 및 관계서류
다. 열람장소: 동대문구청 주거정비과, 서울주택도시공사 정비사업보상부 사무실
라. 수용재결 신청내역
  1) 사 업 명: 답십리○○구역 주택재개발정비사업
  2) 신 청 자: 서울주택도시공사(사장 김★용)
  3) 사 업 위 치: 동대문구 답십리동 12번지 일대
  4) 수용재결 신청내용: 토지 등의 수용
  5) 수용재결신청 토지 등의 내용: 답십리○○구역 주택재개발정비사업구역 내 저촉, 편입되는 아래의 토지, 물건, 영업권 등 일체
  물건, 영업권 등: 서울특별시 동대문구 답십리동 12-32, 12-83, 12-89, 12-154, 12-155, 12-197, 12-202, 12-203, 12-205, 12-290, 14-11번지 토지상에 소재한 물건, 영업권 및 권리관계 일체
  6) 관계서류 : 수용재결신청서, 보상물건내역서

마. 열람 편의를 위하여 수용·재결신청 관계서류는 동대문구청 주거정비과 및 서울주택도시공사 정비사업보상부 사무실에 비치하고 있음.

수용할 토지 및 이전할 물건의 주소					소유자		관계인		
소재지	구분	지목(종류)	이용상황(구조)	면적(수량)	주소	성명	주소	성명	권리종류(비고)
용두동	151-01	영업	이전비등	1식	서울시 동대문구 한빛로 57(주)○○○○				
용두동	155-00	영업	영업손실	1식	서울시 동대문구 무학로 169-2(○○○○)				
용두동	158-02	영업	영업손실	1식	서울시 동대문구 무학로 167 (○○○○)				
용두동	160-01	영업	영업손실	1식	서울시 동대문구 무학로 167-1(○○○○)				
용두동	186-01 187-12	영업	영업손실	1식	서울시 동대문구 무학로 177-1(○○○○)				
용두동	187-57	영업	이전비등	1식	서울시 동대문구 무학로 43길 29(○○○○○주식회사)				
용두동	187-57	영업	이전비등	1식	서울시 동대문구 무학로 43길(원씨앤씨)				
용두동	203-01	영업	이전비등	1식	서울시 동대문구 무학로 43길 53(○○○○교회)				
용두동	215-00	영업	영업손실	1식	서울시 동대문구 무학로 43길 59(○○○)				
용두동	216-00 217-03	영업	이전비등	1식	서울시 동대문구 한빛로 47(주식회사 ○○○)				

7. 이의신청서 제출 → 의견검토, 사실조사

서울특별시

수신

(경유)

제목 재개발사업 수용재결 감정평가 이의신청에 대한 회신

귀하가 제출하신 민원내용은 "성북구 소재 안암○○구역 주택재개발정비사업 현금청산 보상금"에 관한 것으로 이해되며, 우리 시에도 동일한 민원내용이 3월 9일자로 접수되어 우리 시 토지관리과-5472(2020.3.16)호로 회신하여 드린 적이 있음.

우리 시에서 회신한 바와 같이, 성북구 소재 안암○○구역 재개발사업의 재결신청서류가 지난 2019.8.9 서울특별시 지방토지수용위원회에 접수된 후 재결신청서류의 열람공고 및 감정평가 등의 절차를 이행하고,

 2020.1.31 서울특별시 지방토지수용위원회에서 심리의결되었으며, 2월 초에 토지소유자 및 관계인에게 재결서정본을 송달하였으며, 귀하께는 2월 7일 송달된 것으로 확인되었음. 재결서정본을 송달받은 귀하는 지난 2020.3.4 이의신청서를 우리 시에 제출하였음.

 서울특별시 지방토지수용위원회의 재결로 결정한 보상액이 귀하가 충분히 만족할 만한 수준으로 결정되지 못한 것 같아 매우 안타깝게 생각함. 다만 서울특별시 지방토지수용위원회에서는 이미 심리가 종료된 사항이므로 다시 처리할 수 없기에, 귀하 재산이 다시 감정평가 및 재결될 수 있도록 중앙토지수용위원회로 송부하겠음. 또한, 귀하가 3월 4일 제출하신 이의신청서 내용과 함께 이번에 제출하신 민원내용도 중앙토지수용위원회에서 심리될 수 있도록 조치하겠음.

 모쪼록 성북구 소재 안암○○구역 재개발사업 시행지구 내 귀하 재산의 현금청산 보상액이 중앙토지수용위원회에서는 귀하가 만족할 만한 수준으로 감정평가 및 재결될 수 있기를 진심으로 바라며, 기타 더 궁금하신 사항이 있으시면 토지관리과로 문의바람.

2020.3.16

서 울 특 별 시 장

8. 감정평가 의뢰 및 협의금액 재감정

관할 지방토지수용위원회에서 감정평가사 2인을 선정하여 재감정하게 된다.

9. 재결위원회 소집→수용재결 결정→(토지소유자에게)재결서 송달

재결이란 협의가 불성립하는 경우나 협의가 불가능한 경우에 사업시행자의 신청에 의해 관할 토지수용위원회가 사업시행자의 토지수용보상금 지급을 조건으로 토지구역, 손실보상, 수용개시일 등을 결정하여 그 토지에 관한 권리를 사업시행자가 취득하게 하고, 토지소유자 등은 그 권리를 상실하게 하는 효과를 발생하는 형성행위이다(공탁실무편람).

재결의 효과는 사업시행자가 수용개시일에 토지나 물건의 소유권을 취득하며, 그 토지나 물건에 관한 다른 권리는 이와 동시에 소멸한다(토지보상법 제45조제1항).

소집된 재결위원회에서 수용재결을 결정하면 수용재결결정 통지서(재결서라고도 함)를 토지소유자에게 내게 된다.
수용재결결정 통지서에는 물건명세, 수용개시일 등이 기재되어 있다.

10. 보상금 지급, 공탁(소유권은 조합으로 이전)
재결서 작성 및 위원회 심의, 재결

지방토지수용위원회에서 위촉하는 2명의 감정평가사가 토지, 건물, 지장물의 가격을 재감정하게 되며, "보상액"보다 높게 산정되는 것이 일반적이다(불이익변경 금지의 원칙이 적용됨). 이를 1차 증액이라고도 한다.

1) 지방토지수용위원회의 재결
위 재결에 따라 다시 현금청산자와 협의되지 않으면 조합은 보상금을 법원에 공탁하게 되며, 법원에 공탁 시에 현금청산자의 부동산소유권이 조합으로 이전된다. 특히 이 경우 수용개시일 이전에 공탁되어 있지 않으면 수용재결이 실효될 수 있음에 유의하여야 한다.
이후에도 현금청산자가 이의재결을 신청하더라도 토지소유권은 조합으로 이전되며 정비사업은 계속해서 진행하게 된다.

2) 중앙토지수용위원회의 재결
지방토지수용위원회의 재결에 대해 현금청산자가 이의신청하면 사건은 중앙토지수용위원회로 이전되며, 여기에서 위촉한 2명의 감정평가사가 다시 토지, 건물, 지장물 가격을 감정하여 지방토지수용위원회의 감정결과보다 조금 더 증액되는 것이 일반적이다.
이를 2차 증액이라고도 하는데, 1차 증액보다 증가 폭이 낮다.

3) 행정소송

법원이 지정한 감정인의 감정평가한 토지, 건물, 지장물의 가격으로 보상금이 결정된다. 수용재결금을 수령하더라도 이의유보를 하지 않으면, 추후 이의신청이나, 행정소송을 할 수 없게 되므로 주의를 요한다.

서울특별시 성북구 공고 제2020-462호
재결서 정본 공시송달 공고

장위○○구역 재개발조합이 시행하는 '장위○○구역 재개발사업'에 편입되는 토지 등의 수용을 위한 재결신청에 대하여 서울특별시 지방토지수용위원회에서 2020.1.31 수용 재결하여 소유자 및 관계인에게 재결서 정본을 송부하였으나, 주소·거소 등 송달장소 불명 등의 사유로 송달이 불가능함에 따라 토지보상법 시행령 제4조에 의거하여 다음과 같이 공시송달 공고함.

2020. 3. 26.
성 북 구 청 장

1. 사 업 명: 장위○○구역 재개발사업
2. 위   치: 서울특별시 성북구 장위동 ○○번지 일대
3. 사업시행자: 장위○○구역 재개발조합(조합장 ○○○)
4. 공 고 기 간: 2019.3.26 ~ 2020.4.11(16일간)
5. 공시송달 대상자 및 공시송달 내용

연번	성명	주소	사유	공시송달 내용
1	○○○		수취인불명	재결서 정본 송달
2	○○○		주소불명	
3	○○○		폐문부재	

7. 재결서 정본: 성북구청 주거정비과(9층)에 비치
8. 기타 사항
   가. 게시판에 공고한 날부터 14일이 지난 날에 해당 서류가 송달받을 자에게 송달된 것으로 봄.

나. 기타 문의 사항은 장위○○구역 재개발조합 및 성북구청 주거정비과로 문의바람.

cf 부산광역시 재건축 표준정관
관련 조문이 없다.

재개발 표준정관
제38조(토지등의 수용 또는 사용) 조합은 정비구역에서 정비사업을 시행하기 위하여 도시정비법 제63조 및 제65조에서 정하는 바에 따라 토지 등을 수용 또는 사용할 수 있다. 이 경우 보상을 하여야 한다.

광주광역시 재건축·재개발 표준정관
관련 조문이 없다.

2006.8.25 국토부 재건축 표준정관
관련 조문이 없다.

2003.6.30 국토부 재개발 표준정관
제38조(토지등의 수용 또는 사용) 조합은 법 제2조제1호에 의한 정비구역안에서 사업을 시행하기 위하여 필요한 경우에는 토지보상법 제3조에 의한 토지·물건 또는 그 밖의 권리를 수용 또는 사용할 수 있다.

> ■ (서울) 재건축 표준정관 제40조(매도청구 등)
> 조합은 조합설립에 동의하지 않은 토지등소유자와 건축물 또는 토지만 소유한 자에게 법 제64조에 따라 사업시행구역내의 건축물 또는 토지의 소유권과 그 밖의 권리를 매도할 것을 청구할 수 있다.

    2017.2.8 전부개정으로 2018.2.9 이후 도시정비법 제64조에서는 준용했던 집합건물법을 삭제하고, 직접 도시정비법에서 매도청구권 행사할 수 있도록 하였다.
    서울특별시·부산광역시는 전부개정된 법에 맞춰 표준정관에서 규정하고 있다.

□ 근거규정
도시정비법 제64조(1차 매도청구), 제73조제1항 내지 제3항(제2차 매도청구)

> **재건축 표준정관 제40조(매도청구 등)**
> 조합은 조합설립에 동의하지 않은 토지등소유자와 건축물 또는 토지만 소유한 자에게 법 제64조에 따라 사업시행구역내의 건축물 또는 토지의 소유권과 그 밖의 권리를 매도할 것을 청구할 수 있다.
>
> 재개발 표준정관에는 없는 규정이다.

■ 1차 매도청구(조합설립에 동의하지 아니한 자)
    재건축사업의 사업시행자(대표적 재건축조합)는 사업시행계획인가·고시일부터 30일 이내에 조합에 동의하지 아니한 자에게 조합설립에 관한 동의 여부를 회답할 것을 서면으로 촉구하여야 한다(법 제64조제1항).
    사업시행자가 지정개발자인 경우, 사업시행자 지정에 동의하지 아니한 자에게 동의여부를 회답할 것을 서면으로 촉구하여야 한다.

    위 제1항의 촉구를 받은 토지등소유자는 촉구를 받은 날부터 2개월 이내에 회답하여야 하며, 이 기간 내에 회답하지 아니한 경우 그 토지등소유자는 조합설립 또는 사업시행자의 지정에 동의하지 아니하겠다는 뜻을 회답한 것으로 본다(동조 제2항, 제3항).

위 촉구를 받은 날부터 2개월 이내에 회답기간이 지나면 정비조합은 그 기간이 만료된 때부터 2개월 이내에 조합설립 또는 사업시행자 지정에 동의하지 아니하겠다는 뜻을 회답한 토지등소유자와 건축물 또는 토지만 소유한 자에게 건축물 또는 토지의 소유권과 그 밖의 권리를 매도할 것을 청구할 수 있다(동조 제4항).

■ 2차 매도청구(분양신청을 하지 아니 한 자 등)

사업시행자(대표적 재건축조합)은 관리처분계획인가·고시된 다음 날부터 90일 이내에 다음 각 호에서 정하는 자와 토지, 건축물 또는 그 밖의 권리의 손실보상에 관한 협의를 하여야 한다. 다만, 사업시행자는 분양신청기간 종료일의 다음 날부터 협의를 시작할 수 있다(도시정비법 제73조제1항).

1. 분양신청을 하지 아니한 자
2. 분양신청기간 종료 이전에 분양신청을 철회한 자
3. 법 제72조제6항 본문에 따라 분양신청을 할 수 없는 자
4. 인가된 관리처분계획에 따라 분양대상에서 제외된 자

재건축조합은 위 제1항에 따른 협의가 성립되지 아니하면 그 기간의 만료일 다음 날부터 60일 이내에 매도청구소송을 제기하여야 한다(동조 제2항).

재건축조합이 위 제2항에 따른 기간을 넘겨서 매도청구소송을 제기한 경우, 해당 토지등소유자에게 지연일수(遲延日數)에 따른 이자를 지급하여야 한다. <u>이 경우 이자는 15/100 이하의 범위에서 대통령령으로 정하는 이율을 적용하여 산정한다</u>(동조 제3항).

도시정비법 시행령

제60조(분양신청을 하지 아니한 자 등에 대한 조치) ② 법 제73조제3항 후단에서 "대통령으로 정하는 이율"이란 다음 각 호를 말한다.

1. 6개월 이내의 지연일수에 따른 이자의 이율: 5/100

2. 6개월 초과 12개월 이내의 지연일수에 따른 이자의 이율: 10/100
3. 12개월 초과의 지연일수에 따른 이자의 이율: 15/100

■ 매도청구소송에 의해 조합으로 소유권을 이전시킨 자가 매매계약해제를 통해 조합원지위를 회복시킬 수 있는지(소극)

피고 재건축조합은 2021.5.21 공급주택 세대수를 줄이는 등 사업시행계획변경 인가를 받았고 조합원들을 상대로 새로운 분양절차를 거쳐야 히므로, 조합정관은 조합설립에 동의하지 않은 토지등소유자도 분양신청 기한까지 조합설립동의서를 제출하면 조합원 자격을 갖는 것으로 규정하였다.

원고는 이 사건 소장 부본의 송달로써 피고에게 조합설립동의서를 제출하였으므로, 피고의 조합원 지위를 갖는다는 주장이었다.

법원의 판단은 다음과 같다.

원고가 위 조합설립동의서를 제출함으로써 이 사건 정관조항에 따라 조합원 자격을 취득할 수 있는지는 이 사건 정관 조항의 '분양신청기한'의 해석과 관련된 문제다.

다음과 같은 점을 종합하여 보면 위 분양신청 기한은 특별한 사정이 없는 한, 사업시행계획인가 고시 이후 최초로 진행한 분양신청 기한을 의미하는 것으로 보아야 하고, 분양신청 결과에 따라 관리처분이 이루어진 때에는 그 이후 사업시행계획의 변경 등으로 새로운 분양신청 절차가 진행된다고 하여 이 사건 정관 조항에 따라 조합원 자격을 취득할 수는 없다고 봄이 타당하다.

따라서 원고가 이 사건 매매계약을 해제하더라도 이 사건 정관조항에 따라 예외적으로 조합원 자격을 취득할 수도 없으므로, 원고의 주장은 어느 모로 보나 이유 없다.

이 사건 정관에 의하여 조합설립에 동의하지 아니한 자를 대상으로 분양신청 기한까지 조합설립동의서를 조합에 제출함으로써 조합원이 될 수 있는 기회가 부여되었다고 하여, 조합원이 아닌 자에 대해서까지 위와 같은 절차를 진행하여야 하는 것으로 볼 수는 없다(서울고등법원 2023.11.23선고 2022누73064판결).

> 📌 **판례**
>
> 매도청구 판결 또는 화해권고 결정이 확정되었더라도 소유권을 가지고 있는 이상, 분양신청기간 내에 조합설립에 동의하여 조합원이 될 수 있다.
> 수원지방법원 2024.2.1선고 2021가합22223판결 재건축조합원 지위확인청구의 소
> 【판결요지】
> 피고(조합)가 원고들을 상대로 매도청구권을 행사한 판결 또는 화해권고 결정이 확정되었더라도 원고들이 이 사건 아파트의 소유권을 가지고 있는 이상 원고들은 이 사건 사업의 분양신청기간 내에 조합설립에 동의하여 피고의 조합원이 될 수 있는 지위에 있었고, 실제 조합설립에 동의함으로써 피고 조합원이 되었다고 봄이 상당하다.
> ▶ 같은 취지의 판결
> 미동의자가 매도청구소송 확정판결된 후 분양신청기간까지 동의한 경우 조합원이 될 수 있음
> (대법원 2023.6.1선고 2022다232369판결 재건축조합원 지위확인)

● 추가 정관(안)

표준정관에는 제2항·제3항이 없으나, 필자는 정관에 추가로 제2항, 제3항이 필요하다고 판단된다.

■ 추가 제2항 정관(안)

재건축 표준정관

제40조(매도청구 등) ② 제1항에 의한 매도청구 시 매도청구의 소에 관한 조합 측 당사자는 조합장에게 있으며, 별도의 총회 의결 없이 소를 제기할 수 있다.

매도청구는 별도의 총회 의결 없이 소를 제기할 수 있도록 하였다.

이를 위해 조합총회 또는 대의원총회를 거치도록 규정하기도 하는데, 이는 대외적으로 구속력이 있는 법령상 제한이 아니라 내부적인 의사결정 절차에 불과하다는 의견도 있다[47].

---

47 「주해 도시 및 주거환경정비법」 하권, 97쪽 저자 이우재

▣ 추가 제3항 정관(안)

재건축 표준정관

　　제40조(매도청구 등) ③ 제1항에 의한 매도청구대상 중 제명, 탈퇴한 조합원, 건축물 또는 토지만 소유자 자에 대해 법 제64조제1항에 의한 촉구를 생략하고 매도청구의 소를 제기할 수 있다.[48]

　　건축물 또는 토지만 소유한 자는 최고 없이 매도청구권을 행사할 수 있다. 재건축사업에서의 토지등소유자의 요건을 구비하지 못해, 조합원 자격에 미달되기 때문이다.

▣ 도시정비법상 매도청구

■ 매도청구 시기(1차, 2차)

사업시행계획인가(변경) 고시(구청장등)
(조합→한국부동산원, LH) 공사비 필요적 검증요청
(법 §29의2)

- 서울시 주거정책심의위원회의 시기조정 후 사업시행인가 결정(조례 §48~51) 경기도는 관리처분계획 시기조정만 있음
- 시공자선정(토지등소유자가 시행하는 재개발사업, 법 §29⑤)
- 수용·사용할 토지·건물의 명세
- 사업시행계획인가·고시일로부터 30일 이내 최고절차 후 1차 매도청구 착수(재건축사업)(법 §64)/재건축부담금 예정액 통지

---

[48] 최고 없이 매도청구소송 가능
Q. 주택건설촉진법상 재건축조합원 임시총회에서의 조합원 제명결의가 매도청구권의 행사를 전제로 한 것이라는 이유로 재건축조합의 위 조합원에 대한 매도청구소송이 조합총회의 결의를 거쳐 제기된 것으로 볼 수 있는지(적극)
A. 원고는 피고가 그 소유의 이 사건 주택에 설정된 근저당권을 말소하지 않는 바람에 당국으로부터 사업계획승인을 받지 못하여 재건축에 차질이 빚어지게 되자 피고를 제명한 다음 피고를 상대로 매도청구권을 행사하는 방법으로 재건축을 계속 추진하기로 하고, 소송을 통하여 피고에 대하여 매도청구권을 행사하는 것을 당연한 전제로 하여 1996. 8. 13의 조합원 임시총회에서 출석한 조합원 전원의 찬성으로 피고를 제명하기로 결의한 사실을 알아 볼 수 있는바, 그렇다면 위 조합원 임시총회에서 한 피고에 대한 제명결의 속에는 소송을 통하여 피고에 대하여 매도청구권을 행사하기로 하는 취지도 당연히 포함되어 있다 할 것이다(대법원 1999.12.10선고 98다36344 판결, 소유권이전등기등)

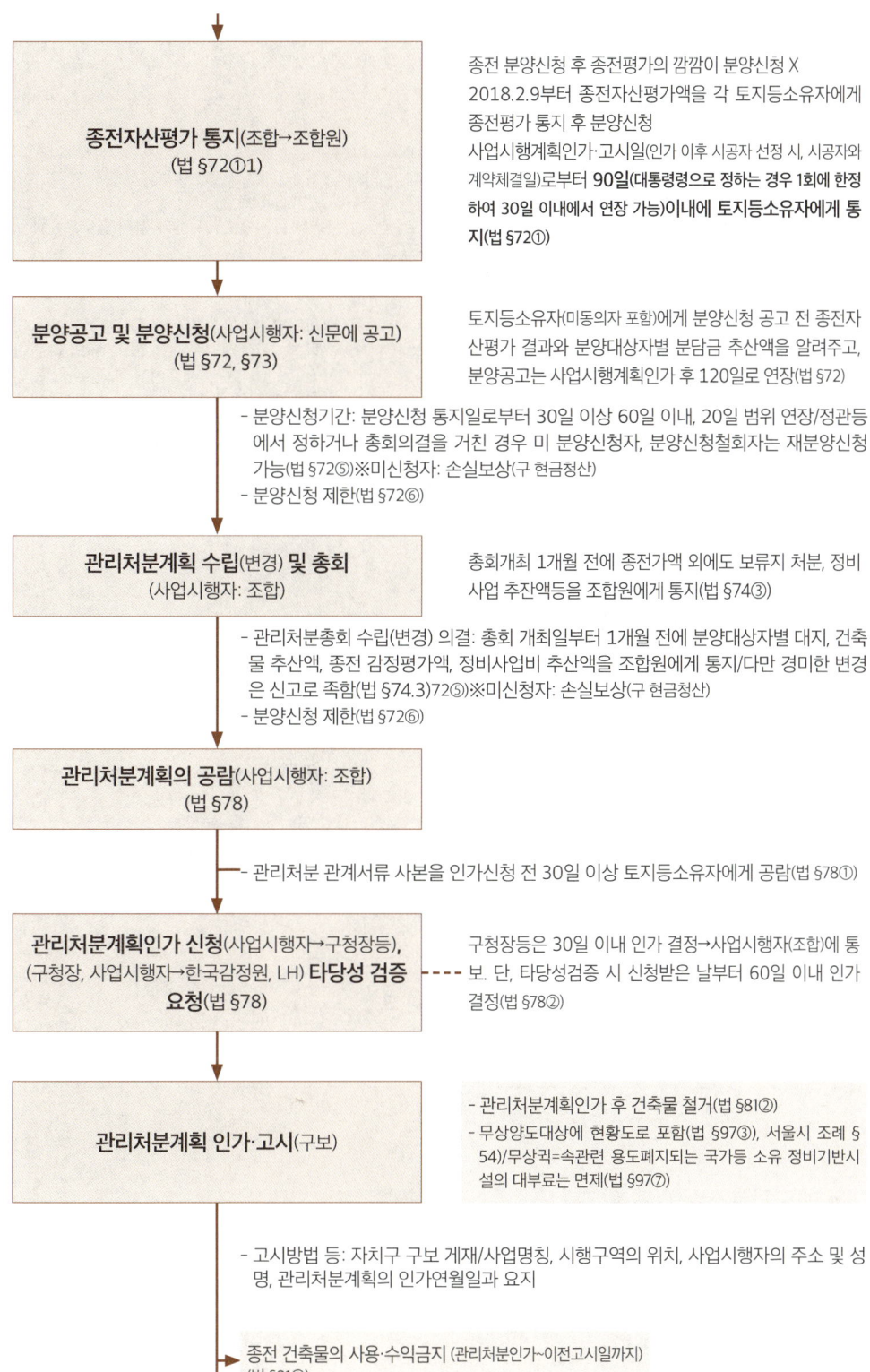

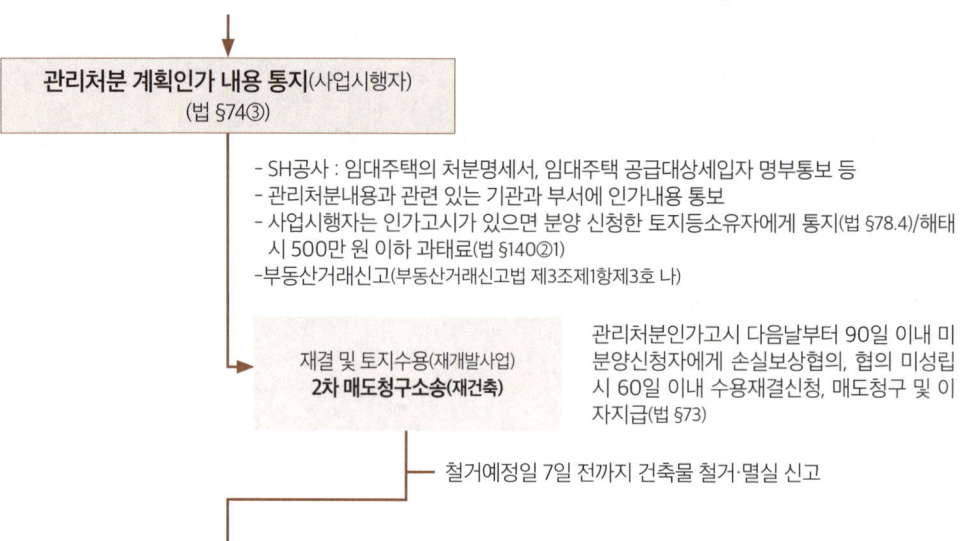

■ 도시정비법상 매도청구소송의 진행

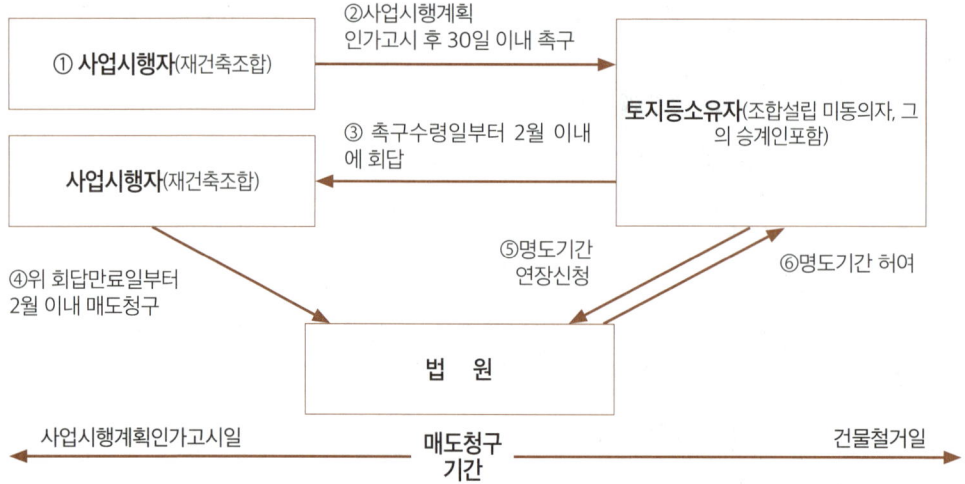

■ 매도청구소송의 원·피고

1) 매도청구권자(매도청구소송의 원고)

사업시행자는 조합설립인가를 받은 재건축조합으로, 이 소송은 조합설립등기를 마친 조합이 원고다.

2) 매도청구의 상대방(매도청구소송의 피고)

■ 재건축조합 설립에 동의하지 않는 구분소유자 및 승계인

'구분소유권 및 대지사용권을 가지고 있는 자로서 재건축에 참가하지 않는 자'가 매도청구의 상대방이며 포괄승계인뿐만 아니라 특정승계인[49]도 포함되지만, 임차인이나 전세권자와 같은 설정적 승계인[50]은 포함되지 않는다. 회답기간 2월이 경과하여 재건축조합설립 동의하지 않는 것으로 확정된 후 매도청구소장이 송달되기 전에 소유권이 변동된 경우, 소송실무상 새로운 소유자에게 최고서를 발송하고 피고 경정신청을 통하여 그 자에게 소장을 송달하는 등의 방식으로 대응하고 있다.

■ 대지사용권만을 가진 자

조합설립의 동의 후에 대지사용권만을 취득하고 건물의 소유권이 없는 자에게도 매도청구를 할 수 있다.

■ 공유자

공유자 중 일부만 조합설립에 동의하였더라도 나머지 공유자가 동의하지 않는 경우, 그 공유자 전체에 관하여 매도청구권을 행사할 수 있다.

■ 제명 또는 탈퇴한 조합원

재건축조합설립에 동의한 구분소유자가 후에 재건축에 반대나 협조하지 않는 경우 재건축조합을 탈퇴하거나 제명되지 않는 이상, 매도청구권의 상대방이 되지

---

[49] 승계취득이란 타인이 가지고 있는 기존의 권리에 기초하여 권리를 취득하는 것으로 원시취득과 상대되는 개념이다. 승계인이란 다른 사람이 권리와 의무를 이어 받는 사람이다.
부친이 사망하면 그의 대지, 건물, 자동차, 예금, 주식 등을 모두 이어 받는 것을 포괄승계라고 한다. 반면, 특정승계는 매매와 같이 그 이전에 가지고 있었던 토지나 건물에 대한 권리만 이어 받는 것으로, 매매, 증여, 교환, 임대차 등과 같은 권리가 이에 해당한다.

[50] 승계취득이란 타인이 가지고 있는 기존의 권리에 기초하여 권리를 취득하는 것으로 무상취득에는 증여, 상속이 있으며, 유상승계로는 매매, 임대차 등이 있다. 승계취득은 취득 전 권리자가 보유하는 권리를 그대로 취득하는 이전적 승계취득(예, 매매)과 취득 전 권리자의 물건에 의거하여 이와 다른 새로운 물건을 승계하는 설정적 승계취득(예, 지상권, 저당권 설정 등)으로 구분된다.

않는다.

그러나 재건축조합원이었다가 제명된 조합원에게는 매도청구권을 행사할 수 있다.[51]

■ 매도청구소송 이후 건물이 철거된 부동산소유자

대지와 건물에 대하여 일괄하여 매도청구소송을 제기한 이후 재건축공사가 시작되어 건물부분이 철거된 경우, 건물에 대하여 매도청구권을 행사할 실익이 없으므로 건물 부분에 대한 소(訴)를 취하하고 대지부분에만 매도청구권을 행사할 수 있다.

■ 건물이나 토지만 소유한 자

기존의 경우 재건축을 반대하는 토지 및 건축물의 소유자에 대하여 매도청구소송을 제기해 왔다. 도시정비법에 의하면 단독주택지의 재건축허용에 따라 나대지 소유자의 반대에 따른 재건축이 지연되는 것을 방지하고 일부 부대·복리시설이 철거(예, 아파트단지 내 연탄창고)되어 대지만 남은 경우에도 매도청구를 할 수 있다고 한다.[52]

건물이나 토지만 소유한 자는 재건축조합원의 자격이 없다.

이들로 인해 사업이 지연되는 것을 방지하기 위하여 사업시행자는 재건축사업을 시행함에 있어 조합설립의 동의를 하지 않은 자의 건물 또는 토지를 소유한 자에 대하여는 도시정비법 제64조를 적용하여 매도청구를 할 수 있다. 그러나 위 건물 또는 토지를 각각 소유하고 있는 자는 재건축조합원의 자격이 없으므로 이들에 대한 최고를 어떻게 할 것인지 보완책이 요구된다.

---

51 조합원이 기 설정된 근저당권을 말소하지 않아 재건축사업에 중대한 지장을 초래한 경우에 조합원 임시총회에서 규약을 개정, 제명조항을 신설한 후 제명결의를 하고 조합원변경인가를 받은 후 매도청구소송을 제기한 경우에 적법하다(대법원 91.12.10선고 98다36344판결).
제명 또는 탈퇴(임의탈퇴는 원칙적으로 허용되지 않으나 정관상 허용되어 탈퇴한 경우)한 조합원에 대하여도 매도청구가 인정된다(서울고법 98.7.2선고 97나23992판결, 서울지법 98.9.23선고 98나11894판결).
동의한 조합원이라도 설립인가 이전이거나 재건축에 동의한 자를 조합원으로 포함시켜 변경인가를 받기 전에는 조합규약 등에서 조합원의 탈퇴를 불허하는 규정이 없는 한 임의탈퇴가 가능하다고 보고 있어, 탈퇴의 경우에도 매도청구소송이 가능하다(대법원 2000.10.17선고 2000다20052판결).
52 건교부의 도시정비법안 입법참고자료집 265쪽 참조

또한, 조합설립에 동의할 권한도 없는 자들에게 동의를 최고하는 것도 이론적으로 맞지 않는다. 제도보완이 필요한 부분이다.

■ 등기부상 소유자

아파트를 이미 제3자에게 매도하였으나 일부 잔대금 청산이 완결되지 않아 그 소유권보존등기가 아직 매도인 명의로 남아 있는 경우, 매도청구권의 상대방은 등기부상 소유자인 매도인이다.[53]

여러 개의 동(棟) 중 일부 동에 대한 동의요건을 구비하지 못하면, 적법하게 동의요건을 구비한 미동의자에게 매도청구권 행사가 가능하다.

■ 현금청산자에 대한 매도청구

조합원이 분양신청을 하지 아니하거나 철회하는 등 도시정비법 제73조와 조합정관에서 정한 요건에 해당하여 현금청산 대상자가 된 경우에는 조합원 지위를 상실하게 되어, 조합탈퇴자에 준하는 신분을 가지는 것이므로,

매도청구에 관한 도시정비법 제39조를 준용하여 재건축조합은 현금청산 대상자를 상대로 정비구역 내 부동산에 관한 소유권이전등기를 청구할 수 있다(대법원 2013.9.26.선고 2011다16127판결, 소유권이전등기).

cf 부산광역시 재건축 표준정관

제33조제38조(재건축사업에서의 매도청구) 조합은 도시정비법 제64조에서 정하는 바에 따라 조합설립에 동의하지 않은 토지등소유자와 건축물 또는 토지만 소유한 자에게 건축물 또는 토지의 소유권과 그 밖의 권리를 매도할 것을 청구할 수 있다.

---

53 아파트 분양자가 분양자 소유의 아파트를 이미 제3자에게 분양하여 그의 일부 잔대금 청산이 완결될 때까지만 그의 소유권을 보유하고 있는 상태라고 하더라도 그의 소유권보존등기가 아직 분양자 명의로 남아 있는 이상 그 분양자는 대외적으로 그 아파트의 처분권을 갖고 있는 적법한 소유자라고 할 것이므로, 「집합건물법」 제48조에 정한 매도청구권은 대외적으로 법률상의 처분권을 갖고 있는 등기부상 소유자인 분양자에게 행사하여야 하며, 그로 인하여 분양자가 수분양자들에 대해 소유권이전등기의무의 이행불능에 따른 손해배상책임을 부담하게 된다고 하더라도 그 매도청구권의 행사가 부동산등기에 관한 특별조치법이나 사회질서에 반하거나 신의성실의 원칙에 위반한다고 할 수는 없다(대법원 2000.6.23.선고 99다63084판결).

재개발 표준정관

관련 조문이 없다.

광주광역시 재건축 표준정관

제40조(매도청구 등) 조합은 조합설립에 동의하지 않은 토지등소유자와 건축물 또는 토지만 소유한 자에게 법 제64조에 따라 사업시행구역내의 건축물 또는 토지의 소유권과 그 밖의 권리를 매도할 것을 청구할 수 있다.

재건축 표준정관에만 있다.

2023.11.29 국토부 별표2 지정개발자(신탁업자) 표준시행규정

제25조(매도청구) 사업시행자는 도시정비법 제64조에 따라 다음 각 호의 어느 하나에 해당하는 자에게 건축물 또는 토지의 소유권과 그 밖의 권리를 매도할 것을 청구할 수 있다(재건축사업인 경우로 한정한다).
1. 사업시행자 지정에 동의하지 아니한 자
2. 건축물 또는 토지만 소유한 자

2006.8.25 국토부 재건축 표준정관

제41조(매도청구 등) ① 조합은 재건축사업을 시행함에 있어 법 제16조제2항 및 제3항에 의한 조합설립의 동의를 하지 아니한 자(건축물 또는 토지만 소유한 자를 포함한다)의 토지 및 건축물에 대하여는 집합건물법 제48조를 준용하여 매도청구를 할 수 있다. 이 경우 재건축결의는 조합설립의 동의로 보며, (구분)소유권 및 토지사용권은 사업시행구역안의 매도청구의 대상이 되는 토지 또는 건축물의 소유권과 그 밖의 권리로 본다.

②제1항에 의한 매도청구 시 매도청구의 소에 관한 조합측 당사자는 조합장에게 있다.

2003.6.30 국토부 재개발 표준정관

관련 조문이 없다.

> ■ **(서울) 재개발 표준정관 제40조(재개발임대주택의 매각 등)**
> ● **(서울) 재건축 표준정관**: 해당 규정이 없다.

도시정비법령에 따라 2005.5.18 "정비사업의 임대주택 및 주택규모별 건설비율"(건교부장관고시)이 시행된 이후, 여러 차례를 거쳐 2024.1.19 개정에 이르고 있다.

재개발사업의 경우, 도시정비법 제10조제2항에 의거 「서울특별시 정비사업의 임대주택 및 주택규모별 건설비율」에 따라 주택을 건설하게 된다.

부산광역시도 현재 2024.11.6 개정된 「정비사업의 임대주택 및 주택규모별 건설비율(제2024-388호)」에 의하고 있다.

도시정비법

제10조(임대주택 및 주택규모별 건설비율) ① 정비계획의 입안권자는 주택수급의 안정과 저소득 주민의 입주기회 확대를 위하여 정비사업으로 건설하는 주택에 대하여 다음 각 호의 구분에 따른 범위에서 국토부장관이 정하여 고시하는 임대주택 및 주택규모별 건설비율 등을 정비계획에 반영하여야 한다. <개정 2021.4.13>

1. 「주택법」 제2조제6호에 따른 국민주택규모의 주택이 전체 세대수의 90/100 이하에서 대통령령으로 정하는 범위

2. 임대주택(공공임대주택 및 「민간임대주택에 관한 특별법」에 따른 민간임대주택을 말한다)이 전체 세대수 또는 전체 연면적의 30/100 이하에서 대통령령으로 정하는 범위

② 사업시행자는 제1항에 따라 고시된 내용에 따라 주택을 건설하여야 한다.

도시정비법 시행령

제9조(주택의 규모 및 건설비율) ① 법 제10조제1항제1호 및 제2호에서 "대통령령으로 정하는 범위"란 각각 다음 각 호의 범위를 말한다.

2. 재개발사업의 경우 다음 각 목의 범위

  가. 국민주택규모의 주택: 건설하는 주택 전체 세대수의 80/100 이하

나. 임대주택(「민간임대주택에 관한 특별법」에 따른 민간임대주택과 공공임대주택을 말한다): 건설하는 주택 전체 세대수 또는 전체 연면적(법 제54조제1항, 법 제66조제2항 또는 법 제101조의5제1항에 따라 정비계획으로 정한 용적률을 초과하여 건축함으로써 증가된 세대수 또는 면적은 제외한다. 이하 이 목에서 같다)의 20/100 이하[법 제55조제1항, 법 제66조제3항 또는 법 제101조의5제2항 본문에 따라 공급되는 임대주택은 제외하며, 해당 임대주택 중 주거전용면적이 40㎡ 이하인 임대주택이 전체 임대주택 세대수(법 제55조제1항, 법 제66조제3항 또는 법 제101조의5제2항 본문에 따라 공급되는 임대주택은 제외한다. 이하 이 목에서 같다)의 40/100 이하여야 한다]. 다만, 특별시장·광역시장·특별자치시장·특별자치도지사·시장·군수 또는 자치구의 구청장이 정비계획을 입안할 때 관할 구역에서 시행된 재개발사업에서 건설하는 주택 전체 세대수에서 별표3 제2호가목1)에 해당하는 세입자가 입주하는 임대주택 세대수가 차지하는 비율이 특별시장·광역시장·특별자치시장·도지사·특별자치도지사가 정하여 고시하는 임대주택 비율보다 높은 경우 등 관할 구역의 특성상 주택수급안정이 필요한 경우에는 다음 계산식에 따라 산정한 임대주택 비율 이하의 범위에서 임대주택 비율을 높일 수 있다.

> **해당 시·도지사가 고시한 임대주택 비율+(건설하는 주택 전체 세대수×10/100)**

국토교통부장관이 고시하는 임대주택 및 주택규모별 건설비율에 대한 규정은 「정비사업의 임대주택 및 주택규모별 건설비율(국토부고시 제2024-26호, 2024.1.19 일부개정)」이다.

국토교통부고시 제2024-26호
정비사업의 임대주택 및 주택규모별 건설비율

제1조~제3조: 생략

제4조(재개발사업의 임대주택 및 주택규모별 건설비율) ① 재개발사업의 사업시행자는 건설하는 주택 전체 세대수의 80% 이상을 85㎡ 이하 규모의 주택으로 건설하여야 한다. 다만, 주택단지 전체를 평균 5층 이하로 건설하는 경우에는 그러하지 아니하다.

② 제1항에도 불구하고 시·도지사는 필요한 경우 제1항에 따른 주택규모별 건설비율 이하의 건설비율을 별도로 정하여 공보에 고시할 수 있다.

③ 재개발사업의 사업시행자는 건설하는 주택 전체 세대수 또는 전체 연면적[연면적의 20%를 임대주택으로 건설하여야 하며, 전체 임대주택 세대수의 30% 이상 또는 건설하는 주택 전체 세대수의 5% 이상을 주거전용면적 40㎡ 이하 규모의 임대주택으로 건설하여야 한다.

④ 제3항에도 불구하고 다음 각 호의 어느 하나에 해당하는 경우 재개발사업의 사업시행자는 임대주택을 건설하지 아니할 수 있다.

1. 건설하는 주택 전체 세대수가 200세대 미만인 경우

2. 도시·군관리계획 상 자연경관지구 및 최고고도지구 내에서 7층 이하의 층수제한을 받게 되는 경우

3. 일반주거지역 안에서 자연경관·역사문화경관 보호 및 한옥 보존 등을 위하여 7층 이하로 개발계획을 수립한 경우

4. 「항공법」 및 「군사기지 및 군사시설 보호법」의 고도제한에 따라 7층 이하의 층수제한을 받게 되는 경우

5. 제1종 일반주거지역에서 용도지역을 변경하지 않고 개발계획을 수립하는 경우

⑤ 제3항에도 불구하고 정비구역에서 학교용지를 확보하여야 하는 경우에는 시·도지사가 정하는 바에 따라 임대주택 세대수를 50% 범위 내에서 차감하여 조정할 수 있다.

⑥ 제3항에도 불구하고 시·도지사가 임대주택 건설비율을 다음 각 호의 범위에서 공보에 고시한 경우에는 고시된 기준에 따른다. 다만, 「국토의 계획 및 이용에 관한 법률 시행령」 제30조제1항제2호에 따른 상업지역에서의 임대주택 건설비율에 대해서는 시·도지사가 지역의 세입자 수와 주택 수급 여건 등을 고려하여 제1호의 지역은 5%까지, 제2호의 지역은 2.5%까지, 제3호의 지역에 대해서는 0%까지 완화하여 정할 수 있다.

1. 수도권정비계획법에 따른 수도권 중 서울특별시: 건설하는 주택 전체 세대수 또는 전체 연면적의 10% 이상 20% 이하

2. 수도권정비계획법에 따른 수도권 중 인천광역시 및 경기도: 건설하는 주택 전체 세대수 또는 전체 연면적의 5% 이상 20% 이하

3. 제1호 및 제2호 외의 지역: 건설하는 주택 전체 세대수 또는 전체 연면적의 5% 이상 12% 이하

⑦ 시장·군수가 정비계획을 수립할 때 관할 구역에서 시행된 재개발사업으로 건설하는 주택 전체 세대수에서 도시정비법 시행령 별표3 제2호 가목(1)에 해당하는 세입자가 입주하는 임대주택 세대수가 차지하는 비율이 시·도지사가 정하여 고시한 임대주택 비율보다 높은 경우

또는 관할 구역의 특성상 주택수급안정이 필요한 경우에는 다음 산식에 따라 산정한 임대주택 비율 이하의 범위에서 임대주택 비율을 높일 수 있다.

> 해당 시·도지사가 고시한 임대주택 비율+(건설하는 주택 전체 세대수×10/100)

⑧ 제3항 및 제5항부터 제7항까지에서 주택 전체 세대수·연면적, 전체 임대주택 세대수 및 임대주택 비율을 산정할 때에는 도시정비법(이하 "법") 제54조제1항, 법 제66제3항 또는 법 제101조의5제1항에 따라 정비계획으로 정한 용적률을 초과하여 건축함으로써 증가된 세대수, 연면적 및 임대주택은 제외한다.

제5조(재건축사업의 임대주택 및 주택규모별 건설비율) ① 「수도권정비계획법」 제6조제1항제1호에 따른 과밀억제권역에서 시행하는 재건축사업의 사업시행자는 건설하는 주택 전체 세대수의 60% 이상을 85㎡ 이하 규모의 주택으로 건설하여야 한다.

② 제1항에도 불구하고 다음 각 호를 충족하는 경우에는 제1항을 적용하지 아니한다.

1. 조합원에게 분양하는 주택의 주거전용면적의 합이 종전 주택(재건축하기 전의 주택을 말한다)의 주거전용면적의 합보다 작거나 30%의 범위에서 클 것
2. 조합원 이외의 자에게 분양하는 주택을 모두 85㎡ 이하 규모로 건설할 것

제6조(공공재개발사업에서의 공공임대주택 건설비율): 생략

부 칙

이 고시는 2024.1.19부터 시행한다.

재개발사업의 국민주택건설 규모(국토부 주택정비과 2024.8.29)

Q 국토부고시(제2024-26호)정비사업의 임대주택 및 주택규모별 건설비율 관련 질의.

도시정비법 제10조(임대주택 및 주택규모별 건설비율)제1항제1호에는 국민주택규모의 주택이 전체 대수의 90/100 이하에서 대통령령으로 정하는 범위로 명시되어 있으며, 국토부장관이 정하여 고시하도록 정하고 있음.

시행령 제9조(주택규모 및 건설비율) 제1항제2호 가목 재개발사업의 경우 국민주택규모의 주택 : 건설하는 주택 전체 세대수의 80/100 이하로 되어 있음.

국토부장관은 도시정비법에서 위임한 범위 내에서 규모별 건설비율을 정하게 되는데, 국토부고시(제2024-26호) 제4조(재개발사업의 임대주택 및 주택규모별 건설비율) 제1항에는 재개발사업시행자는 건설하는 주택 전체 세대수의 80% 이상을 85㎡ 이하 규모의 주택으로 건설하도록 규정되어 있음.

도시정비법에서는 국민주택규모를 80% 이하로, 국토부는 80% 이상을 지으라고 함. 정확히 국민주택규모를 정확히 80%를 맞추면 충족되겠지만, 국토부고시의 모법인 도시정비법의 위임범위를 넘어서는 것을 어떻게 생각하는지?

A 도시정비법 제10조제2항에 따르면 사업시행자는 제1항에 따라 고시된 내용에 따라 주택을 건설하도록 규정하고 있어 「정비사업의 임대주택 및 주택규모별 건설비율」 제4조제1항에 따라 재개발사업의 사업시행자는 건설하는 주택 전체 세대수의 80% 이상을 85㎡ 이하 규모의 주택으로 건설하여야 하는 것이 타당하다고 판단됨(주택단지 전체를 평균 5층 이하로 건설하는 경우에는 제외).

아울러, 도시정비법 시행령 제9조제1항제2호에 따른 국민주택규모 주택을 전체 세대수의 80% 이하는 고시로 정할 수 있는 국민주택건설 규모의 최소 기준으로 하도록 한 것으로 판단됨.

□ **근거규정**

○ **제1항**

도시정비법 제79조제5항, 동법 시행령 제68조, 서울특별시 도시정비조례 제41조, 제42조

> **재개발 표준정관**
> 제40조(재개발임대주택의 매각 등) ① 법 제79조제5항에 따라 재개발사업의 시행으로 건설된 임대주택은 시행령 제68조 및 조례 제41조, 제42조 등 관련 규정에 따라 매각한다.

원래 도시정비법 제79조제5항은 2008.3.28 재개발사업에서 건설된 임대주택을 국토부장관, 시·도지사등이 인수할 수 있도록 임의규정으로 신설되었으나, 2009.5.27 개정으로 지금의 강행규정으로 바뀌었다.

법 제79조제5항에 따라 조합이 재개발사업의 시행으로 건설된 임대주택(이하 "재개발임대주택")의 인수를 요청하는 경우, 시·도지사 또는 시장·군수·구청장이 우선하여 인수하도록 매각하여야 한다.

도시정비법
제79조(관리처분계획에 따른 처분 등) ⑤ 국토부장관, 시·도지사, 시장, 군수, 구청장 또는 토지주택공사등은 조합이 요청하는 경우 재개발사업의 시행으로 건설된 임대주택을 인수하여야 한다. 이 경우 재개발임대주택의 인수 절차 및 방법, 인수 가격 등에 필요한 사항은 대통령령으로 정한다.

■ 재개발 임대주택의 인수가격
도시정비법 제79조제5항에 따른 재개발임대주택의 인수 가격은 다음 각 호의 금액 또는 가격을 합한 금액으로 하며, 제2호에 따른 부속토지의 가격은 사업시행계획인가·고시가 있는 날을 기준으로 감정평가법인등 둘 이상이 평가한 금액을 산술평균한 금액으로 한다(도시정비법 시행령 제68조제2항).

2024.12.17 개정 도시정비법 시행령에서는 종전의 제69조제2항 단서 조항인 "이 경우 건축비 및 부속토지의 가격에 가산할 항목은 인수자가 조합과 협의하여 정할 수 있다."는 규정을 삭제하고 아래와 같이 제1호 내지 제3호를 신설했다.
1. 「주택법」 제57조제4항 전단에 따른 국토부장관이 정하여 고시하는 건축비

(이하 이 조에서 "기본형건축비")의 80%에 해당하는 금액. 이 경우 기본형건축비는 제67조에 따른 조합원 외의 자에게 분양하는 경우의 분양 공고일 직전에 고시된 금액으로 한다.

  2. 부속토지의 가격

  3. 다음 각 목에 따른 금액의 범위에서 인수자가 정하는 금액을 합산한 금액. 이 경우 인수자가 시·도지사 또는 시장, 군수, 구청장인 경우에는 다음 각 목에 따른 금액의 범위에서 시·도 조례로 정하는 기준에 따라 정한다.

    가. 기본형건축비에 가산되는 금액으로서 국토교통부령으로 정하는 금액

    나. 제2호에 따른 부속토지의 가격에 가산되는 금액으로서 국토교통부령으로 정하는 금액

종전에는 재개발사업의 정비조합이 의무적으로 건설하는 임대주택을 시·도지사 등이 인수하는 경우 해당 주택의 인수 가격 산정기준을 「공공주택 특별법」에 따른 표준건축비로 하던 것을, 개정·시행 후에는 「주택법」에 따른 기본형건축비로서 조합원 외의 자에게 분양하는 경우의 분양공고일 직전에 고시된 금액의 80%에 해당하는 금액으로 하였다.

도시정비법 시행령

제68조(재개발임대주택 인수방법 및 절차 등) ① 법 제79조제5항에 따라 조합이 재개발사업의 시행으로 건설된 임대주택(이하 "재개발임대주택")의 인수를 요청하는 경우 시·도지사 또는 시장, 군수, 구청장이 우선하여 인수하여야 하며, 시·도지사 또는 시장·군수·구청장이 예산·관리인력의 부족 등 부득이한 사정으로 인수하기 어려운 경우에는 국토부장관에게 토지주택공사등을 인수자로 지정할 것을 요청할 수 있다.

② 법 제79조제5항에 따른 재개발임대주택의 인수 가격은 다음 각 호의 금액 또는 가격을 합한 금액으로 하며, 제2호에 따른 부속토지의 가격은 사업시행계획인가 고시가 있는 날을 기준으로 감정평가법인등 둘 이상이 평가한 금액을 산술평균한 금액으로 한다.

  1. 「주택법」 제57조제4항 전단에 따른 국토교통부장관이 정하여 고시하는 건축

비(이하 이 조에서 "기본형건축비")의 80%에 해당하는 금액. 이 경우 기본형건축비는 제67조에 따른 조합원 외의 자에게 분양하는 경우의 분양 공고일 직전에 고시된 금액으로 한다.

2. 부속토지의 가격

3. 다음 각 목에 따른 금액의 범위에서 인수자가 정하는 금액을 합산한 금액. 이 경우 인수자가 시·도지사 또는 시장, 군수, 구청장인 경우에는 다음 각 목에 따른 금액의 범위에서 시·도조례로 정하는 기준에 따라 정한다.

가. 기본형건축비에 가산되는 금액으로서 국토교통부령으로 정하는 금액

나. 제2호에 따른 부속토지의 가격에 가산되는 금액으로서 국토교통부령으로 정하는 금액

③ 제1항 및 제2항에서 정한 사항 외에 재개발임대주택의 인수계약 체결을 위한 사전협의, 인수계약의 체결, 인수대금의 지급방법 등 필요한 사항은 인수자가 따로 정하는 바에 따른다.

이 경우 인수자가 시·도지사 또는 시장, 군수, 구청장인 경우에는 시·도조례로 정하는 바에 따른다.

부 칙 <대통령령 제35083호, 2024.12.17>

제1조(시행일) 이 영은 공포한 날부터 시행한다. 다만, 다음 각 호의 개정규정은 해당 호에서 정하는 날부터 시행한다.

1. 제68조제2항 및 제3항의 개정규정: 공포 후 3개월이 경과한 날(효력발생시기는 2025.3.17)

서울특별시 도시정비조례 제41조(재개발임대주택 인수가격 및 가산항목 등), 제42조(임대주택 인수방법 및 절차 등) 등이 도시정비법 시행령 제68조제3항에서 시도조례에 해당하는 사항으로, 향후 개정 사항을 확인해 보아야 한다.

○ **제2항**

도시정비법 시행령 제69조제1항 별표3 제2호 가목4)

서울특별시 도시정비조례 제46조

재개발 표준정관

제40조(재개발임대주택의 매각 등) ② 재개발임대주택의 공급대상자 결정(그 판단기준을 포함한다) 및 순위 등은 조례 제46조에 의한다. 다만, 조합은 재개발임대주택에 대한 임차인의 자격·선정방법·임대보증금·임대료 등 임대조건에 관한 기준 및 무주택 세대주에게 우선 매각하도록 하는 기준 등에 관하여 시행령으로 정하는 범위에서 ○○구청장의 승인을 받아 따로 정할 수 있다.

2021.7.13 개정된 도시정비법 시행령 별표3(영 제69조제1항, 임대주택의 공급조건 등)에서 재개발사업의 임대주택은 다음의 어느 하나에 해당하는 자로서 입주를 희망하는 자에게 공급한다(별표3 제2호 가목).

1) 기준일 3개월 전부터 해당 재개발사업을 위한 정비구역 또는 다른 재개발사업을 위한 정비구역에 거주하는 세입자

2) 기준일 현재 해당 재개발사업을 위한 정비구역에 주택이 건설될 토지 또는 철거예정인 건축물을 소유한 자로서 주택분양에 관한 권리를 포기한 자

3) 별표2 제3호 라목의 순위에 해당하는 자[54]

4) 시·도조례로 정하는 자

■ 재개발 표준정관 제40조제2항의 "조례 제46조에 의한다"는 의미

"조례"는 서울특별시 도시정비조례 제46조로 그 내용은 다음과 같다.

재개발사업의 임대주택 공급대상자 등과 관련하여, 도시정비법 시행령 제69조제1항 별표3 제2호 가목4)에서 "시·도조례로 정하는 자"란 다음 각 호의 어느 하나에 해당하는 자를 말한다(조례 제46조제1항).

---

[54] 도시정비법 시행령 별표2 주거환경개선사업의 주택공급 조건(영 제66조 관련)
3. (주거환경개선사업)주택의 공급순위
라. 제4순위: 제2호 다목에 해당하는자
▶ 국토계획법 제2조제11호에 따른 도시·군계획사업으로 주거지를 상실하여 이주하게 되는 자로서 해당 시장·군수등이 인정하는 자제2조제11호에 따른 도시·군계획사업으로 주거지를 상실하여 이주하게 되는 자로서 해당 시장·군수등이 인정하는 자

1. 해당 정비구역에 거주하는 세입자로서 세대별 주민등록표에 등재된 날을 기준으로 정비구역의 지정을 위한 공람공고일(1996.6.30) 이전 지정된 정비구역은 사업계획결정·고시일, 사업시행방식전환의 경우에는 전환을 위한 공람공고일을 말한다.

공공재개발사업의 경우에는 단서를 두고 있으나, 이 책은 민간재개발사업이 대상이므로 생략하기로 한다.

2. 해당 정비구역의 주택을 공급받을 자격을 가진 분양대상 토지등소유자로서 분양신청을 포기한 자(철거되는 주택 이외의 다른 주택을 소유하지 않은 자로 한정한다).

3. 소속 대학의 장(총장 또는 학장)의 추천에 따라 선정된 저소득가구의 대학생(제8조제1항제2호에 따라 임대주택을 계획한 해당 구역으로 한정한다)

4. 해당 정비구역 이외의 재개발구역 안의 세입자로서 제1호 또는 토지등소유자로서 제2호에 해당하는 입주자격을 가진 자

5. 해당 정비구역에 인접하여 시행하는 도시계획사업(법·영·시행규칙 및 이 조례에 따른 정비사업을 제외)으로 철거되는 주택의 소유자 또는 무주택세대주로서 구청장이 추천하여 시장이 선정한 자

6. 그 밖에 규칙으로 정하는 자

위 제1항제1호에 따른 공급대상자 세대의 판단기준은 다음 각 호와 같다(동조 제2항). <개정 2021.9.30>

1. 기준일 3개월 이전부터 임대주택 입주 시까지 세대별 주민등록표에 부부 또는 직계 존·비속으로 이루어진 세대. 이 경우 이혼모가 직계 존·비속이었던 사람과 동거하고 있는 세대를 포함한다.

2. 관할 구청장이 소년·소녀 가장세대로 정한 세대로서 가족 2명 이상이 세대별 주민등록표에 등재된 세대

3. 형제자매 등으로만 이루어진 세대로서 가족 2명 이상이 세대별 주민등록표에 등재된 세대.

이 경우 세대주가 30세 이상이거나 「소득세법」 제4조에 따른 소득이 있는 사람이어야 한다.

4. 기준일 3개월 이전부터 이주 시까지 세대별 주민등록표상에 배우자 및 직계 존·비속인 세대원이 없는 세대인 경우에는 세대주가 30세 이상이거나 「소득세법」 제

4조에 따른 소득이 있는 자이어야 한다. 다만, 가옥주와 동일 가옥 거주자로서 주민등록표상 분리세대는 제외하며, 동일 가옥에 주민등록표상 여러 세대인 경우 하나의 임대주택만 공급한다.

재개발사업의 임대주택은 다음 각 호의 순위에 따라 공급한다(동조 제3항).
1. 제1순위: 제1항제1호에 해당하는 자, 2. 제2순위: 제1항제2호에 해당하는 자
3. 제3순위: 제1항제3호에 해당하는 자, 4. 제4순위: 제1항제4호에 해당하는 자
5. 제5순위: 제1항제5호에 해당하는 자, 6. 제6순위: 제1항제6호에 해당하는 자

위 제3항에 따른 같은 순위에서 경쟁이 있는 때에는 해당 정비구역에서 거주한 기간이 오래된 순으로 공급한다(동조 제5항).

■ **표준정관 제40조제2항 단서**
도시정비법 시행령 별표3(2021.7.13 개정) 제2호 나목, 다목

주택의 규모 및 규모별 입주자선정방법, 공급절차 등에 관하여는 시·도조례로 정하는 바에 따른다(별표3 제2호 나목).
공급절차 등은 입주자모집공고 내용 및 절차, 공급신청·계약조건·임대보증금 및 임대료 등 주택공급에 관하여는 민간임대주택에 관한 특별법령, 공공주택 특별법령 및 주택법령의 관련 규정에 따른다(동호 다목).

이에 따라 표준정관 제40조제2항 단서인 "재개발임대주택에 대한 임차인의 자격·선정방법·임대보증금·임대료 등 임대조건에 관한 기준 및 무주택 세대주에게 우선 매각하도록 하는 기준 등에 관하여 도시정비법 시행령에서 정하는 범위에서 ○○구청장의 승인을 받아 따로 정할 수 있다."고 하고 있어, 조합에 맞도록 정관을 정하면 될 것이다.

○ **제3항**
도시정비법 제74조제1항

재개발 표준정관

제40조(재개발임대주택의 매각 등) ③ 제1항 및 제2항에 따른 임대주택 공급계획은 관리처분계획인가·고시로 확정한다.

정비조합은 분양신청기간이 종료된 때에는 분양신청의 현황을 기초로 아래 제4호의 사항이 포함된 관리처분계획을 수립하여 시장·군수등의 인가를 받아야 하며, 관리처분계획을 변경·중지(폐지)하려는 경우에도 또한 같다(도시정비법 제74조제1항).

→ 제4호: 다음 가~라에 해당하는 보류지 등의 명세와 추산액 및 처분방법. 다만, 나목의 경우에는 선정된 임대사업자의 성명 및 주소(법인인 경우, 법인의 명칭 및 소재지와 대표자의 성명 및 주소)를 포함한다.

가. 일반분양분, 나. 공공지원민간임대주택, 다. 임대주택, 라. 그 밖에 부대·복리시설 등.

임대주택과 관련하여 관리처분계획의 경미한 변경에 속하여 시장·군수등에 관리처분계획인가를 받을 필요 없이 신고로 족한 경우는 "주택분양에 관한 권리를 포기하는 토지등소유자에 대한 임대주택의 공급에 따라 관리처분계획을 변경하는 경우(제5호)"와 "「민간임대주택에 관한 특별법」상 임대사업자의 주소(법인은 그 소재지와 대표자의 성명 및 주소)를 변경하는 경우(제6호)"이다(동법 시행령 제61조제5호, 제6호).

⚖️ **판례**

기부채납하는 임대주택의 서울시 취득일은 계약일이므로, 준공 후 재건축조합이 보존등기를 했어도 임대주택 재산세 납부자(서울특별시)
서울고등법원 2024.6.25선고 2024누32135판결(서울행정법원 2023.12.14선고 2022구합74294, 재산세등부과처분무효확인)

【판결요지】
구 지방세법 제107조제1항은 "재산세 과세기준일 현재 재산을 사실상 소유하고 있는 자는 재산세를 납부할 의무가 있다."고 규정하고 있다. 여기서 '사실상 소유하고 있는 자'란 공부상 소유자로 등재되어 있는지를 불문하고 과세대상 재산에 대한 실질적인 소유권을 가진 자를 뜻한다(대법원 2023두

> 37315판결 등 참조).
> 이때 사실상 소유자 내지 실질적 소유자에 해당하는지를 판단함에 있어 그가 사법상의 소유자가 갖는 완전한 사용·수익·처분권을 모두 갖추어야 하는 것은 아니다.
> 무상승계취득의 경우 증여계약이 성립하면 양수인이 양도인에게 별도의 대가를 지급하지 않고도 해당 재산의 법률상 소유권을 이전받아 이를 사용·수익할 수 있으므로, 소유권을 이전받는 데에 별도의 조건을 성취하여야 한다는 등 특별한 사정이 없는 이상 유상승계 취득에서와 같이 대금지급이 완료되기를 기다릴 필요 없이 계약일에 즉시 해당 재산의 경제적·실질적인 소유권이 양수인에게 이전되어 양수인이 재산세 납세의무자가 된다고 봄이 타당하다.

「민간임대주택 특별법」에 의한 임대주택 공급 관련, 정관 변경 가능여부(서울시 공동주택과 2019.10.31)

Q 일반분양으로 계획되어 있던 주택을 임대주택으로 새로이 공급하려는 경우, 「민간임대주택특별법」에 따라 임대사업자에게 매각할 수 있도록 하는 내용으로 조합정관을 변경할 수 있는지?

A 도시정비법 제9조제1항제12호 및 동법 시행령 제8조제3항제11호에 따르면, 정비계획 수립 시 '정비사업의 원활한 추진을 위하여 시·도조례로 정하는 사항'을 포함하도록 하고 있으며, 서울시 도시정비조례 제8조제1항제2호에 따르면, 정비계획 수립 시 '임대주택의 건설에 관한 계획'을 포함하도록 규정하고 있음

한편, 조합정관은 조합에서 해당 사업의 특성 등을 고려하여 관계 법령과 선행 계획 등에 위배되지 아니한 범위 내에서 정해야 함. 따라서, <u>임대주택의 공급에 관하여 조합정관을 변경하고자 하는 경우 같은 내용이 해당 정비계획에 우선 반영되어야 함</u>.

법 제79조제5항의 재개발임대주택을 민간임대주택사업자에게 매각할 수 있는지(국토부 주택정비과 2018.8.24)

Q 1. 도시정비법 제79조제5항의 재개발임대주택을 민간임대주택사업자에게 매각할 수 있는지?

Q 2. 만일 재개발임대주택을 민간임대주택사업자에게 매각할 수 있다면, 그와 관련하여 규정된 매각절차가 있는지?

A 도시정비법 제35조제6항에 따르면 조합이 이 법에 의한 정비사업을 시행하는 경우, 주택법 제54조를 적용함에 있어서는 조합을 동법 제2조제10호에 의한 사업주체로 보며, 조합설립인가일부터 동법 제4조에 의한 주택건설사업 등의 등록을 한 것으로 보도록 하고 있고,

「민간임대주택에 관한 특별법」 제5조 및 시행령 제4조제1항에 따라 주택법 제4조에 따라 등록한 주택건설사업자는 임대사업자로 등록할 수 있으며, 민간임대주택법 제43조제1항에 따라 임대사업자는 임대의무기간 중에는 임대주택을 매각할 수 없으나, 같은 조 제2항에 따라 시장·군수·구청장에게 신고한 후 다른 임대사업자에게 양도할 수 있을 것으로 판단됨

다만, 이에 대해서는 해당 지방자치단체의 조례 등을 확인할 필요가 있으며, 도시정비법에서는 관련 세부절차를 규정하고 있지 않음.

임대주택 인수요청을 철회하고 재개발조합에서 직접 임대사업을 할 수 있는지, 임대의무기간 동안 민간임대사업자에게 승계할 수 있는지(국토부 주택정비과 2018.5.3)

Q 도시정비법 시행령 제68조제1항에 따르면 조합이 재개발사업의 시행으로 건설된 임대주택의 인수를 요청하는 경우, 시·도지사 또는 시장·군수가 우선 인수해야 하며, 시·도지사 또는 시장·군수가 부득이한 사정으로 인수하기 어려운 경우에는 국토부장관에게 주택공사등을 인수자로 지정할 것을 요청할 수 있다고 하나,

1) 조합에서 상기에 따른 인수요청을 철회하고 조합에서 직접 임대사업을 할 수 있는지?
2) 조합에서 임대의무기간 동안 민간임대사업자에게 승계할 수 있는지?

A 도시정비법 제35조제6항에 따르면 조합이 이 법에 의한 정비사업을 시행하는 경우, 「주택법」 제54조를 적용함에 있어서는 조합을 동법 제2조제10호에 의한 사업주체로 보며, 조합설립인가일부터 동법 제4조에 의한 주택건설사업 등의 등록을 한 것으로 보도록 하고 있음

귀 질의하신 임대사업자 등록 및 임대의무기간과 관련하여, 구 「민간임대주택에 관한 특별법」 제5조 및 동법 시행령 제4조제1항에 따르면 주택법 제4조에 따라 등록한 주택건설사업자는 임대사업자로 등록할 수 있으며, 민간임대주택법 제43조제1항에 따라 임대사업자는 임대의무기간 중에는 임대주택을 매각할 수 없으나, 같은 조 제2항에 따라 시장·군수·구청장에게 신고한 후 다른 임대사업자에게 양도할 수 있음

따라서 조합이 주택재개발사업의 시행으로 건설된 임대주택의 인수를 주택공사 등에 요청하지 않고 임대사업자로 등록하는 경우에는 민간임대주택법 따른 임대주택을 임대의무기간 규정을 준수해야 함.

cf 부산광역시 재건축 표준정관
관련 조문이 없다.

재개발 표준정관

제39조(임대주택의 건설 및 처분에 관한 사항) ① 조합은 도시정비법 제10조제2항에 의거 부산광역시 정비사업의 임대주택 및 주택규모별 건설비율의 내용에 따라 주택을 건설하여야 한다.

② 조합은 사업의 시행으로 건설된 임대주택을 국토부장관, 부산광역시장, 구청장·군수 또는 토지주택공사 등에게 인수를 요청할 수 있다.

제40조(재개발임대주택의 입주자격 등) ① 임대주택을 건설하는 경우 당해 임대주택의 입주자격은 다음 각 호와 같다.

1. 기준일 3개월 전부터 해당 재개발사업을 위한 정비구역 또는 다른 재개발사업을 위한 정비구역에 거주하는 세입자
2. 기준일 현재 해당 재개발사업을 위한 정비구역에 주택이 건설될 토지 또는 해체예정인 건축물을 소유한 자로서 주택분양에 관한 권리를 포기한 자
3. 국토계획법 제2조제11호에 따른 도시·군계획사업으로 주거지를 상실하여 이주하게 되는 자로서 구청장·군수가 인정하는 자
4. 입주자모집공고일 현재 혼인기간이 5년 이내인 무주택세대주

② 주택의 규모별 입주자선정방법, 공급절차의 기준은 도시정비조례 제46조제2항에서 정하는 바에 따른다.

③ 제1항 및 제2항에 의한 임대주택 공급은 관리처분계획인가로서 확정한다.

광주광역시 재개발 표준정관

제39조(재개발임대주택의 매각 등) ① 법 제79조제5항에 따라 재개발사업의 시행으로 건설된 임대주택은 시행령 제68조 등 관련 규정에 따라 매각한다.

② 재개발임대주택의 공급대상자 결정(그 판단기준을 포함한다) 및 순위 등은 조례 제44조에 의한다. 다만, 조합은 재개발임대주택에 대한 임차인의 자격·선정방법·임대보증금·임대료 등 임대조건에 관한 기준 및 무주택 세대주에게 우선 매각하도록 하는 기준 등에 관하여 시행령으로 정하는 범위에서 ○○구청장의 승인을 받아 따로 정할 수 있다.

③ 제1항 및 제2항에 따른 임대주택 공급계획은 관리처분계획인가·고시로 확정한다.

재건축 표준정관에는 규정이 없다.

광주광역시 임대주택 공급대상자 규정은 다음과 같다.

도시정비조례

제44조(재개발사업의 임대주택 공급대상자 등) ① 영 제69조제1항 관련 별표 3 제2호가목4)에서 "시·도 조례로 정하는 자"는 다음 각 호의 하나에 해당하는 자를 말한다.

1. 해당 정비구역에 거주하는 세입자로서 세대별 주민등록표상 등재일을 기준으로 정비구역지정을 위한 공람공고일 3월 이전부터 사업시행계획인가를 받은 후 재개발사업의 시행으로 이주하는 날까지 계속하여 해당 정비구역에 거주하고 있는 무주택세대주. 다만, 신발생 무허가건축물에 거주하는 세입자를 제외한다.

2. 해당 정비구역안의 주택을 공급받을 자격을 가진 분양대상 토지등의 소유자로서 분양신청을 포기한 자(철거되는 주택 이외의 다른 주택을 소유하지 않은 사람에 한한다)

3. 해당 정비구역 이외의 재개발구역안의 세입자로서 제1호에 해당하는 입주자격을 가진 무주택 세대주

4. 해당 정비구역에 인접하여 시행하는 도시계획사업(법에 따른 정비사업을 제외한다)으로 철거되는 주택의 소유자 또는 무주택세대주로서 구청장이 추천하여 시장이 선정한 자

② 제1항제1호에 따른 공급대상자의 세대의 판단기준은 다음 각 호의 하나에 해당하는 경우로 한다(각 호 생략)

③ 영 제69조제1항 관련 별표3 제2호 나목에 따른 재개발사업의 임대주택은 다음 각 호의 순위에 따라 공급한다.

1. 제1순위: 제1항제1호에 해당하는 자
2. 제2순위: 제1항제2호에 해당하는 자
3. 제3순위: 제1항제3호에 해당하는 자
4. 제4순위: 제1항제4호에 해당하는 자

④ 제3항에 따른 같은 순위 안에서 경쟁이 있는 때에는 해당 정비구역에서 거주한 기간이 오래된 순으로 공급한다.

2006.8.25 국토부 재건축 표준정관
관련 조문이 없다

2003.6.30 국토부 재개발 표준정관

제39조(재개발임대주택의 부지 등) ① 조합은 제40조에 해당하는 세입자에게 공급될 재개발임

대주택(이하 "임대주택")의 건립에 필요한 임대주택부지를 당해 사업시행구역 내 구획할 수 있으며, 관할 시·도지사의 요청에 따라 처분할 수 있다.

② 제1항의 임대주택부지의 확보는 당해 사업시행구역 내 국·공유지 중 점유연고권자에게 매각하고 남은 면적으로 충당한다. 임대주택 부지면적이 부족한 경우에는 시·도조례가 정하는 바에 따라 산정한 부지가격으로 관할 시·도지사에게 매각한다.

③ 조합은 제2항에 의한 임대주택부지의 확보, 임대주택 대지조성계획 등을 법 제30조에 의한 사업시행계획서의 내용에 포함하여야 하며, 임대주택부지의 대지조성비 및 제2항의 매각시기·방법등을 법 제28조에 의한 사업시행인가 신청 내용에 포함하여야 한다.

【주】제40조제41조는 시도조례에서 임대주택 건설을 의무화하고 있는 경우와 조합이 자발적으로 임대주택건설을 결정하는 경우에 규정할 수 있으며, 당해 시·도의 조례내용을 검토하여 보완을 검토하여야 할 것임

제40조(재개발임대주택의 입주자격 등) ① 임대주택을 건설하는 경우 당해 임대주택의 입주자격은 다음 각호와 같다.

1. 당해 정비구역 안에 거주하는 세입자로서, 정비구역지정에 대한 공람·공고일 3월 전부터 사업시행으로 인한 이주 시까지 당해 정비구역에 주민등록을 등재하고 실제로 거주하고 있는 자

2. 토지등소유자로서 주택의 분양에 관한 권리를 포기하는 자

3. 국토계획법에 의한 도시계획사업으로 인하여 주거지를 상실하여 이주하게 되는 자로서 당해 시장·군수가 인정하는 자

4. 그 밖에 시·도조례가 정하는 자

② 주택의 규모 및 규모별 입주자선정방법 등에 대하여는 시·도조례가 정하는 바에 따른다.

③ 제1항 및 제2항에 의한 임대주택 공급은 관리처분계획인가로서 확정한다.

【주】임대주택의 공급은 도시정비법 제50조제3항 및 동법 시행령 제55조제2항과 시행령 별표3에 따른다.

> ■ (서울) 재건축 표준정관 제41조(소유자의 확인이 곤란한 건축물 등에 대한 처분)
> ● 서울) 재개발 표준정관 제42조(소유자의 확인이 곤란한 건축물 등에 대한 처분)
> : 재건축 표준정관 제1항과 같지만, 제2항·제3항은 성격상 두지 않았다.

구 주택건설촉진법에서 조합원 전체의 공동소유인 관리사무소, 노인정 등 복리시설에 대해 소유자 확인이 어렵거나, 전체 주택소유자 공동명의 또는 입주자대표회의 소유이어서 이들과 대립하는 경우 재건축결의를 받기 어려웠다.

이 때문에 재건축 추진단체(가칭 추진위 등)와 입주자대표회의 등이 반목하는 경우, 사업 진행에 어려움이 있었는데, 이를 해소하기 위해 만들어진 조문이다.

2003.7.1 도시정비법 시행으로 법 제71조가 시행되면서, 2007.1.11 주택법 제18조의3(소유자의 확인이 곤란한 대지 등에 대한 처분)이 신설되었다.

□ 근거규정
일간신문 공고→감정평가액 공탁→정비사업의 시행

○ 재건축 표준정관 제41조제1항, 제4항/재개발 표준정관 제42조제1항, 제2항
도시정비법 제71조제1항, 제74조제4항제1호

> **재건축 표준정관**
> 제41조(소유자의 확인이 곤란한 건축물 등에 대한 처분) ① 조합이 조합설립인가일 현재 건축물 또는 토지의 소유자의 소재 확인이 현저히 곤란한 때에는 전국적으로 배포되는 둘 이상의 일간신문에 2회 이상 공고하고, 공고한 날부터 30일 이상이 지난 때에는 그 소유자의 해당 건축물 또는 토지의 감정평가액에 해당하는 금액을 법원에 공탁하고 사업을 시행할 수 있다.
> ④ 제1항의 토지 또는 건축물의 감정평가는 법 제74조제4항제1호를 준용한다.

재개발 표준정관

제42조(소유자의 확인이 곤란한 건축물 등에 대한 처분) ① 조합이 조합설립인가일 현재 건축물 또는 토지의 소유자의 소재 확인이 현저히 곤란한 때에는 전국적으로 배포되는 둘 이상의 일간신문에 2회 이상 공고하고, 공고한 날부터 30일 이상이 지난 때에는 그 소유자의 해당 건축물 또는 토지의 감정평가액에 해당하는 금액을 법원에 공탁하고 사업을 시행할 수 있다.

② 제1항의 토지 또는 건축물의 감정평가는 법 제74조제4항제1호를 준용한다.

재건축 표준정관 제41조제1항·제4항은 재개발 표준정관 제42조제1항·제2항과 같다.

국토부 재건축·재개발 표준정관 제42조 후단인 "이 경우 그 감정평가액은 시장·군수가 추천하는 「지가공시 및 토지등의 평가에 관한 법률」[55]에 의한 감정평가업자 2인 이상이 평가한 금액을 산술평균하여 산정한다."는 규정이 삭제되었다.

그 대신 제4항에서 "토지 또는 건축물의 감정평가는 법 제74조제4항제1호를 준용한다."는 규정을 마련했다.

법령상 정관의 기재사항이 아니며, 법 제71조를 주의적으로 규정한 것이다.

위 표준정관 제41조제1항의 "시행할 수 있다"는 것은 관리처분계획인가·고시가 있을 때의 효력과 건축물 등에 대하여 개발행위에 수반되는 물리적 훼손이 포함되지만, 시행자가 법률상 처분권한을 가진다고 할 수는 없다.

본조에 의한 처분은 임시적 조치에 불과하여 종국적으로 매도청구권 행사 또는 수용 등 별개의 소유권 확보절차를 거쳐야 한다.

사업시행자인 정비조합은 다음 각 호에서 정하는 날 현재 건축물 또는 토지의

---

[55] 이 법은 2005.1.14. 「부동산가격공시 및 감정평가에 관한 법률(약칭 부동산공시법)」으로 바뀌었다.

소유자의 소재 확인이 현저히 곤란한 때에는 전국적으로 배포되는 둘 이상의 일간신문에 2회 이상 공고하고, 공고한 날부터 30일 이상이 지난 때에는 그 소유자의 해당 건축물 또는 토지의 감정평가액에 해당하는 금액을 법원에 공탁하고 정비사업을 시행할 수 있다(도시정비법 제71조제1항).

   1. 조합이 사업시행자가 되는 경우에는 조합설립인가일
   2. 토지등소유자가 시행하는 재개발사업의 경우에는 사업시행계획인가일
   3. 시장·군수등, 토지주택공사등이 정비사업을 시행하는 경우에는 시행자 지정·고시일
   4. 지정개발자를 사업시행자로 지정하는 경우에는 사업시행자 지정·고시일

정비사업에서 "①분양대상자별 분양예정인 대지 또는 건축물의 추산액(임대관리 위탁주택에 관한 내용을 포함한다), ②분양대상자별 종전의 토지 또는 건축물 명세 및 사업시행계획인가 고시가 있은 날을 기준으로 한 가격(사업시행계획인가 전에 철거된 건축물은 시장·군수등에게 허가를 받은 날을 기준으로 한 가격), ③세입자별 손실보상을 위한 권리명세 및 그 평가액에 따라 재산 또는 권리"를 평가할 때에는 다음 각 호의 방법에 따른다(법 제74조제4항).

   1. 「감정평가 및 감정평가사에 관한 법률」에 따른 감정평가법인등 중 다음 각 목의 구분에 따른 감정평가법인등이 평가한 금액을 산술평균하여 산정한다. 다만, 관리처분계획을 변경·중지 또는 폐지하려는 경우 분양예정 대상인 대지 또는 건축물의 추산액과 종전의 토지 또는 건축물의 가격은 사업시행자 및 토지등소유자 전원이 합의하여 산정할 수 있다.
     가. 재개발사업: 시장·군수등이 선정·계약한 2인 이상의 감정평가법인등
     나. 재건축사업: 시장·군수등이 선정·계약한 1인 이상의 감정평가법인등과 조합 총회의 의결로 선정·계약한 1인 이상의 감정평가법인등

재건축구역 내에 소유자가 불분명한 토지가 있을 경우, 법 제45조에 의한 공탁절차 처리가 가능한지(건교부 주환 2005.1.4)
Ⓠ 재건축구역 내에 소유자가 불분명한 토지가 있을 경우, 도시정비법 제45조에 의한 공탁절차 처리로 가능한지?

Ⓐ 도시정비법 제45조에 의하여 조합설립인가일 현재 건축물 또는 토지의 소유자의 소재확인이 현저히 곤란한 경우에는 전국적으로 배포되는 2 이상의 일간신문에 2회 이상 공고하고, 그 공고한 날부터 30일 이상이 지난 때에는 그 소유자의 소재확인이 현저히 곤란한 건축물 또는 토지의 감정평가액에 해당하는 금액을 법원에 공탁하고 정비사업을 시행할 수 있음

▶ 도시정비법 제45조는 현재 법 제71조(소유자의 확인이 곤란한 건축물 등에 대한 처분)으로 바뀜

○ **제2항**(재건축사업만 해당)
도시정비법 제71조제2항

> **재건축 표준정관**
> 제41조(소유자의 확인이 곤란한 건축물 등에 대한 처분) ② 조합설립인가일 현재 조합원 전체의 공동소유인 토지 또는 건축물은 조합 소유로 본다.

소유자의 확인이 곤란한 경우, 도시정비법 시행령 제33조제1항제4호인 "토지건물등기사항증명서·건물등기사항증명서·토지대장 또는 건축물관리대장에 소유자로 등재될 당시 주민등록번호의 기록이 없고 기록된 주소가 현재 주소와 달라 소재가 확인되지 아니한 자는 토지등소유자의 수 또는 공유자 수에서 제외할 것"이라고 동의자 수 산정방법을 규정하고 있다.

집합건물인 아파트단지 내 노인정, 체육시설, 테니스장 등 부대시설에 대한 규정에 대해 재개발 표준정관에는 규정이 없다.

재건축사업을 시행하는 경우 조합설립인가일 현재 조합원 전체의 공동소유인 토지 또는 건축물은 조합 소유의 토지 또는 건축물로 본다(법 제71조제2항).

재건축사업 추진 시 단지 내에 관리사무소나 놀이터 시설물 등을 어떻게 처리하는지, 주민 동의를 받아서 하는지(국토부 주택정비과 2011.7.19)
Ⓠ 재건축사업 추진 시 단지 내에 관리사무소나 놀이터 시설물 등을 어떻게 처리하는지, 주민 동의를 받아서 하는지?

🅐 도시정비법 제45조제1항 및 제4항에 사업시행자는 정비사업을 시행함에 있어 조합설립인가일(시장·군수가 직접 정비사업을 시행하거나 한국토지주택공사등을 사업시행자로 지정한 경우에는 사업시행자지정·고시일) 현재 건축물 또는 토지의 소유자의 소재확인이 현저히 곤란한 경우에는 전국적으로 배포되는 2 이상의 일간신문에 2회 이상 공고하고,

그 공고한 날부터 30일 이상이 지난 때에는 해당 건축물 또는 토지의 감정평가액에 해당하는 금액(감정평가업자 2인 이상이 평가한 금액의 산술평균금액)을 법원에 공탁하고 정비사업을 시행할 수 있다고 되어 있음.

재건축사업을 시행함에 있어 조합설립인가일 현재 조합원 전체의 공동소유인 토지 또는 건축물에 대하여는 조합 소유의 토지 또는 건축물로 의제됨.

이 경우 조합의 소유로 보는 토지 또는 건축물의 처분에 관한 사항은 관리처분계획에 이를 명시하게 함으로써 공유자 전원의 동의 없이도 관리처분계획만으로 공유물의 처분(민법 제264조 참조)이 가능함(도시정비법 제45조제2항 및 제3항).

○ **제3항(재건축사항만 해당)**
도시정비법 제71조제3항

재건축 표준정관
제41조(소유자의 확인이 곤란한 건축물 등에 대한 처분) ③ 제2항에 따라 조합 소유로 보는 토지 또는 건축물의 처분에 관한 사항은 법 제74조제1항에 따른 관리처분계획에 명시하여야 한다.

재건축사업을 시행하는 경우, 조합설립인가일 현재 조합원 전체의 공동소유인 토지 또는 건축물은 조합 소유의 토지 또는 건축물로 간주된다(법 제71조제2항).

조합 소유로 보는 토지 또는 건축물의 처분에 관한 사항은 관리처분계획에 명시하도록 하였다(동조 제3항).

cf 부산광역시 재건축 표준정관
제40조(소유자의 확인이 곤란한 건축물 등에 대한 처분) 조합은 정비사업을 시행함

에 있어 조합설립인가일 현재 건축물 또는 토지 소유자의 소재 확인이 현저히 곤란한 때에는 전국적으로 배포되는 둘 이상의 일간신문에 2회 이상 공고하고, 공고한 날부터 30일 이상이 지난 때에는 그 소유자의 해당 건축물 또는 토지의 감정평가액에 해당하는 금액을 법원에 공탁하고 사업을 시행할 수 있다. 이 경우 그 공탁금은 구청장·군수가 추천하는 감정평가 및 감정평가사에 관한 법률에 따른 감정평가업자 2인 이상이 평가한 금액을 산술평균하여 산정한다.

재개발 표준정관 제42조(소유자의 확인이 곤란한 건축물 등에 대한 처분)와 같다.

광주광역시 재건축 표준정관

제41조(소유자의 확인이 곤란한 건축물 등에 대한 처분) ① 조합이 조합설립인가일 현재 건축물 또는 토지의 소유자의 소재 확인이 현저히 곤란한 때에는 전국적으로 배포되는 둘 이상의 일간신문에 2회 이상 공고하고, 공고한 날부터 30일 이상이 지난 때에는 그 소유자의 해당 건축물 또는 토지의 감정평가액에 해당하는 금액을 법원에 공탁하고 사업을 시행할 수 있다.
② 조합설립인가일 현재 조합원 전체의 공동소유인 토지 또는 건축물은 조합 소유로 본다.
③ 제2항에 따라 조합 소유로 보는 토지 또는 건축물의 처분에 관한 사항은 법 제74조제1항에 관리처분계획에 명시하여야 한다.
④ 제1항의 토지 또는 건축물의 감정평가는 법 제74조제4항제1호를 준용한다.

재개발 표준정관

제41조(소유자의 확인이 곤란한 건축물 등에 대한 처분) ① 조합이 조합설립인가일 현재 건축물 또는 토지의 소유자의 소재 확인이 현저히 곤란한 때에는 전국적으로 배포되는 둘 이상의 일간신문에 2회 이상 공고하고, 공고한 날부터 30일 이상이 지난 때에는 그 소유자의 해당 건축물 또는 토지의 감정평가액에 해당하는 금액을 법원에 공탁하고 사업을 시행할 수 있다.
② 제1항의 토지 또는 건축물의 감정평가는 법 제74조제4항제1호를 준용한다.

2023.11.29 국토부 별표2 지정개발자(신탁업자) 표준시행규정

제27조(소유자의 확인이 곤란한 건축물 등에 대한 처분) 사업시행자가 사업을 시행함에 있어 건축물 또는 토지의 소유자의 소재확인이 현저히 곤란한 경우 그 건축물 등에 대한 처분에 관한 사항은 도시정비법 제71조를 따른다.

2006.8.25 국토부 재건축 표준정관

제42조(소유자의 확인이 곤란한 건축물 등에 대한 처분) ① 조합은 사업을 시행함에 있어 조합설립인가일 현재 토지 또는 건축물의 소유자의 소재확인이 현저히 곤란한 경우 전국적으로 배포되는 2 이상의 일간신문에 2회 이상 공고하고, 그 공고한 날부터 30일 이상이 지난 때에는 그 소유자의 소재확인이 현저히 곤란한 토지 또는 건축물의 감정평가액에 해당하는 금액을 법원에 공탁하고 사업을 시행할 수 있다. 이 경우 그 감정평가액은 시장·군수가 추천하는 「지가공시 및 토지등의 평가에 관한 법률」에 의한 감정평가업자 2인 이상이 평가한 금액을 산술평균하여 산정한다.

② 사업을 시행함에 있어 조합설립인가일 현재 조합원 전체의 공동소유인 토지 또는 건축물에 대하여는 조합소유의 토지 또는 주택 등으로 보며 이를 관리처분계획에 명시한다.

2003.6.30 국토부 재개발 표준정관

제42조(소유자의 확인이 곤란한 건축물 등에 대한 처분) 조합은 사업을 시행함에 있어 조합설립인가일 현재 토지 또는 건축물의 소유자의 소재확인이 현저히 곤란한 경우 전국적으로 배포되는 2 이상의 일간신문에 2회 이상 공고하고, 그 공고한 날부터 30일이상이 지난 때에는 그 소유자의 소재 확인이 현저히 곤란한 토지 또는 건축물의 감정평가액에 해당하는 금액을 법원에 공탁하고 사업을 시행할 수 있다.

이 경우 그 공탁금은 시장·군수가 추천하는 「지가공시 및 토지등의 평가에 관한 법률」에 의한 감정평가업자 2인 이상이 평가한 금액을 산술평균하여 산정한다.

8장 관리처분계획

제42조(분양통지 및 공고 등)

제43조(분양신청 등)

제44조(분양신청을 하지 아니한 자 등에 대한 조치)

제45조(관리처분계획의 기준)

제45조(국유·공유재산의 처분 등/부산 재건축·재개발)

제46조(보류지)

제47조(분양받을 권리의 양도 등)

제47조(국·공유지의 점유연고권 인정기준 등/서울 재개발)

제48조(관리처분계획의 공람 등)

제49조(관리처분계획의 통지 등)

제49조(조합원 분양/서울 재개발)

제50조(토지 등의 평가 등)

제50조(일반분양/서울 재개발)

V

(서울·부산·광주)
재건축·재개발 표준정관 해설

> ■ **(서울) 재건축 표준정관 제42조(분양통지 및 공고 등)**
> ● **(서울) 재개발 표준정관 제43조(분양통지 및 공고 등)**
>   : 재건축 표준정관 제42조와 같다.

재건축·재개발 표준정관의 조문 위치가 다르나, 내용은 같다.

> **재건축 표준정관**
> 제42조(분양통지 및 공고 등) 조합은 사업시행계획인가의 고시가 있는 날(사업시행계획인가 이후 시공자를 선정하는 경우에는 시공자와 계약을 체결한 날)부터 120일 이내에 법 제72조제1항 각 호, 시행령 제59조제1항 각 호 및 조례 제32조제1항 각 호에서 정한 사항을 조합원에게 통지하고, 시행령 제59조제1항 각 호에서 정한 사항을 해당 지역에서 발간되는 일간신문 및 정비사업 정보몽땅에 공고하여야 한다.
> 【주】법 제72조제1항, 시행령 제59조제1항, 조례 제32조제1항 각 호의 내용을
>   열거하는 방법으로 각 조합의 정관으로 정할 수 있음

재개발 표준정관 제43조와 같다.

구 도시재개발법이 도시정비법으로 이어진 것으로, 분양공고 및 분양신청은 관리처분계획 수립을 위한 전(前) 단계이다.

2018.2.9 이전에는 분양신청을 받은 이후에야 종전·종후 감정평가를 받아 관리처분계획 총회를 거쳐 인가를 신청하여 왔다.

이는 자신의 종전평가액을 알지 못한 채 분양신청하는 일명 '깜깜이 분양'이었지만, 2018.2.9. 전부개정 시행에 의해 분양공고 전에 실시된 종전자산평가에 따라 분양신청하도록 바뀌게 되었다.

■ **정비사업의 진행절차**

```
┌─────────────────────────────┐
│  사업시행계획인가 신청(조합→구청장)  │ ──── 사업시행계획인가 시기조정 심의 요청(법 §75①, 조례 §49)
│  구청장→특별시장, 광역시장' 신청(법 §50) │     (구청장→특별시장), 인가신청일로부터 1년 넘을 수 없음
└─────────────┬───────────────┘     국·공유지 관리와 처분, 무상양도 및 용도폐지에 대한 각
              │                     관리청과 협의(법 §97, 98 및 101)
              │                     시장군수는 신고일로부터 20일 이내 신고 수리여부 통지
              │                     (법 §50②), 관계 행정기관의 장이 30일 이내 협의의견을 제출
              │                     하지 아니한 경우 사업의 신속을 위해 협의의제(법 §57④)
              ▼
┌─────────────────────────────┐
│ 사업시행계획인가를 위한 공람·공고 │ ──── 인가 전 무상양도를 위한 감정평가업체 선정(총회 의결 요)
│        -구청장등(법 §56)        │
└─────────────┬───────────────┘
              │  - 둘 이상의 심의가 필요한 경우 통합심의필요(법 §50의2)
              │  - **정비계획 변경 및 사업시행인가 심의 통합심의(법 §50의3)**
              │  - 사업시행계획서의 사본 14일간 공람/경미한 변경은 공람 생략(법 §56①)
              │  - 공람기간 내 제출된 의견은 채택 또는 그렇지 않으면 제출자에게 통지(법 §56②~③)
              ▼
┌─────────────────────────────┐
│ 사업시행계획인가(변경) 고시(구청장등) │ ──── -서울시 주거정책심의위원회의 시기조정 후 사업시행인가
│ (조합→한국부동산원, LH) 공사비 필요적 검증요청 │     결정(조례 §48~51) **경기도는 관리처분계획 시기조정만 있음**
│           (법 §29의2)           │     -시공자선정(토지등소유자가 시행하는 재개발사업, 법 §29⑤)
└─────────────┬───────────────┘     -수용·사용할 토지·건물의 명세
              │                     -사업시행계획인가·고시일로부터 30일 이내 최고절차 후 매
              │                      도청구 착수(재건축사업)(법 §64)/재건축부담금예정액 통지
              ▼
┌─────────────────────────────┐
│                             │     종전 분양신청 후 종전평가의 깜깜이 분양신청 X
│  종전자산평가 통지(조합→토지등소유자) │     2018.2.9부터 종전자산평가액을 각 토지등소유자에게
│           (법 §72①)           │     종전평가 통지 후 분양신청
│                             │     사업시행계획인가·고시일(인가 이후 시공자 선정 시, 시공자
│                             │     와 계약체결일)로부터 90일 (대통령령으로 정하는 경우 1
│                             │     회에 한정하여 30일 이내에 토지등소유자에게 통지(법 §
│                             │     72①)
└─────────────┬───────────────┘
              - 종전평가시점: 사업시행계획인가·고시일/종후평가시점: 관리처분계획기준일(분양신청
                마감일)
              -평가방법: 감정평가법에 따른 감정평가업자 2인 이상의 평가한 금액을 산술평균
```

□ 근거규정

도시정비법 제72조제1항, 동법 시행령 제59조제1항, 서울특별시 도시정비조례 제32조제1항

■ 통지 대상인 토지등소유자의 범위

토지등소유자의 강제가입제인 재개발사업의 경우, 동의여부와 관계없이 토지등소유자 모두가 조합원이기 때문에 이론의 여지없이 토지등소유자 모두가 통지 대상이 된다.

반면, 재건축사업에서 조합설립에 동의하지 않은 자도 포함되는지는 미동의자

까지 통지 대상이라는 것이 국토교통부 견해다.[56]

■ **사업시행계획인가 이후 시공자를 선정한 경우, 시공자와 계약을 체결한 날**

서울특별시 공공지원 적용을 받은 경우에도 조합설립인가 이후 시공자를 선정할 수 있게 되었음을 앞서 설명한 바와 같다.

토지등소유자에게 분양공고 및 분양신청을 위한 통지 기산일은 조합설립인가 이후가 아닌, 사업시행계획인가·고시일로부터 120일 이내이다, 이 인가·고시일 이후 시공자를 선정한 경우에는 시공자와 계약을 체결한 날부터 기산한다.

정비조합의 형편에 따라 대의원회의 의결을 받았음에도 분양통지 시점을 연장하기 위해 공사도급계약서의 계약체결을 지연하는 것은 정당하지 못하다.

이 정비조합과 시공자 간 공사도급계약서를 체결한 날은 본계약 아닌 가계약의 경우에도 법적 효력이 발생한다고 할 것이다.

도시정비법

제72조(분양공고 및 분양신청) ① 사업시행자는 사업시행계획인가의 고시가 있은 날(사업시행계획인가 이후 시공자를 선정한 경우에는 시공자와 계약을 체결한 날)부터 120일 이내에 다음 각 호의 사항을 토지등소유자에게 통지하고, 분양의 대상이 되

---

56 재건축사업 관련 재분양신청으로 인한 분양신청 통지대상자 기준과 범위(국토부 주택정비과 2017.1.18)
도시정비법 제46조제1항에 의거 사업시행**인가·고시**가 있은 날부터 60일 이내에 개략적인 부담금내역 및 분양신청기간 그밖에 대통령령이 정하는 사항을 토지등소유자에게 통지해야 되는바, 재건축사업에서 평형변경 및 신축세대수 변경으로 인한 사업시행변경인가를 득한 후, 재분양 신청을 받기 위해 분양신청에 대한 통지를 할 때,
Q1. 사업시행변경인가를 득한 후 재분양 신청을 받기 위해 부담금내역 및 분양신청기간 통지를 할 때, 최초 분양신청 시 분양신청을 하지 아니하여 현금청산대상자가 된 자를 포함하여 통지하는지?
Q2. 분양신청에 대한 통지를 조합원(최초 분양신청 시 분양신청을 하지 않아 현금청산대상자가 된 자 제외)에게만 통지하여 조합원을 대상으로 재분양신청을 받아야 되는지?
A. 도시정비법 제46조제1항에 따라서 사업시행자는 사업시행인가·고시가 있은 날부터 60일 이내에 개략적인 부담금내역 및 분양신청기간 그밖에 대통령령이 정하는 사항을 토지등소유자에게 통지하도록 하고 있으나, 질의하신 경우와 같이 분양신청을 아니한 자에게 변경시행인가로 인해 분양신청 등에 관한 사항을 통지하여야 하는지는 도시정비법 시행령 제31조제10호에 따라 도시정비법 제48조제1항에 따른 관리처분계획에 관한 사항은 해당 조합정관에 정하도록 하고 있고, 최초 분양신청의 근거가 되는 사실관계에 중대한 변화가 생겨 최초 조합원들의 분양신청 의사 결정에 영향을 미치는 경우인지와 일반분양이 되었는지 등을 포함한 현지현황, 관련서류 및 관련법령 등을 종합적으로 검토하여 판단할 사항으로 보임.

는 대지 또는 건축물의 내역 등 대통령령으로 정하는 사항을 해당 지역에서 발간되는 일간신문에 공고하여야 한다. 다만, 토지등소유자 1인이 시행하는 재개발사업의 경우에는 그러하지 아니하다. <개정 2021.3.16>

1. 분양대상자별 종전의 토지 또는 건축물의 명세 및 사업시행계획인가의 고시가 있은 날을 기준으로 한 가격(사업시행계획인가 전에 철거된 건축물은 시장·군수등에게 허가를 받은 날을 기준으로 한 가격)
2. 분양대상자별 분담금의 추산액
3. 분양신청기간
4. 그 밖에 대통령령으로 정하는 사항

도시정비법 시행령

제59조(분양신청의 절차 등) ① 법 제72조제1항 각 호 외의 부분 본문에서 "분양의 대상이 되는 대지 또는 건축물의 내역 등 대통령령으로 정하는 사항"이란 다음 각 호의 사항을 말한다.

1. 사업시행인가의 내용
2. 정비사업의 종류·명칭 및 정비구역의 위치·면적
3. 분양신청기간 및 장소
4. 분양대상 대지 또는 건축물의 내역
5. 분양신청자격
6. 분양신청방법
7. 토지등소유자외의 권리자의 권리신고방법
8. 분양을 신청하지 아니한 자에 대한 조치
9. 그 밖에 시·도조례로 정하는 사항

서울특별시 도시정비조례

제32조(분양신청의 절차 등) ① 영 제59조제1항제9호에서 "그 밖에 시·도조례로 정하는 사항"이란 다음 각 호의 사항을 말한다.

1. 법 제72조제4항에 따른 재분양공고 안내
2. 제44조제2항에 따른 보류지 분양처분 내용

동일한 정비구역 내에 2주택을 소유한 경우 1주택은 분양신청, 1주택은 현금청산 할 수 있는지(국토부 주택정비과 2020.12.2)

Q 동일한 정비구역 내에 2주택을 소유한 경우, 1주택은 분양신청하고 1주택은 현금청산 할 수 있는지?

A 도시정비법 제73조제1항에 따르면 사업시행자는 분양신청을 하지 아니한 자, 분양신청기간 종료 이전에 분양신청을 철회한 자 또는 분양신청을 할 수 없는 자, 인가된 관리처분계획에 따라 분양대상에서 제외된 자에 대해서는 관리처분계획인가·고시된 다음 날로부터 90일 이내에 토지·건축물 또는 그 밖의 권리의 손실보상에 대하여 협의하도록 하고 있음.

따라서 손실보상 등에 대한 협의는 <u>대상물건이 아닌 사람을 기준으로 분양신청 또는 손실보상 중 하나를 결정하여야 함.</u>

공유자들의 분양신청 관련, 지분 정리의 방법과 대표조합원 미선임 시 분양신청이 가능한지(서울시 주거정비과 2019.7.31)

Q 대표조합원 미선임 시 분양신청이 가능한지?

A 「재개발조합 표준정관」 제9조(조합원의 자격 등)제4항에 '토지 또는 건축물의 소유권과 지상권이 수인의 공유에 속하는 때에는 그 수인을 대표하는 1인을 조합원으로 본다. 이 경우 그 수인은 대표자 1인을 대표조합원으로 지정하고 별지의 대표조합원선임동의서를 작성하여 조합에 신고해야 하며,

조합원으로서의 법률행위는 그 대표조합원이 행한다'고 규정하고 있으므로 분양신청권은 대표조합원만이 행사할 수 있을 것으로 판단되며, 공유자 중 어느 한 사람이 분양신청을 원하지 않는 경우 나머지 공유자는 단독으로 분양대상이 될 수 없고 전체 공유자의 의견이 합치되어야 분양신청이 가능할 것으로 판단됨.

cf 부산광역시 재건축 표준정관

제41조(분양통지 및 공고 등) 조합은 도시정비법 제50조제7항에 따른 사업시행계획인가의 고시가 있은 날(사업시행계획인가 이후 시공자를 선정한 경우에는 시공자와 계약을 체결한 날)부터 120일 이내에 다음 각 호의 사항을 토지등소유자에게 통지하고, 해당 지역에서 발간되는 일간신문 및 게시판 등에 공고하여야 한다. 이 경우 제11호의 사항은 통지하지 아니하고,

제1호, 제2호 및 제4호의 사항은 공고하지 아니한다.

1. 분양대상자별 종전의 토지 또는 건축물의 명세 및 사업시행계획인가의 고시가 있은 날을 기준으로 한 가격(사업시행계획인가 전에 도시정비법 제81조제3항에 따라 해체된 건축물은 구청장·군수에게 허가를 받은 날을 기준으로 한 가격)
2. 분양대상자별 분담금의 추산액
3. 분양신청기간
4. 분양신청서
5. 사업시행계획인가의 내용
6. 정비사업의 종류·명칭 및 정비구역의 위치·면적
7. 분양신청기간 및 장소
8. 분양대상 대지 또는 건축물의 내역
9. 분양신청자격
10. 분양신청방법
11. 토지등소유자외의 권리자의 권리신고방법
12. 분양을 신청하지 아니한 자에 대한 조치
13. 분양신청 안내문
14. 해체 및 이주 예정일
15. 도시정비법 제72조제4항에 따른 재분양공고 안내문

재개발 표준정관 제43조(분양통지 및 공고 등)와 같다.

광주광역시 재건축·재개발 표준정관

제42조(분양통지 및 공고 등) 조합은 사업시행인가의 고시가 있은 날(사업시행계획인가 이후 시공자를 선정하는 경우에는 시공자와 계약을 체결한 날)부터 120일 이내에 법 제72조제1항 각 호, 시행령 제59조제1항 각 호에서 정한 사항을 조합원에게 통지하고, 시행령 제59조제1항 각 호에서 정한 사항을 해당 지역에서 발간되는 일간신문 및 정비사업 관리시스템에 공고하여야 한다.

> 【주】법 제72조제1항, 시행령 제59조제1항의 내용을 열거하는 방법으로 각 조합의 정관으로 정할 수 있음

재건축·재개발 표준정관의 조문 위치와 내용이 같다.

2023.11.29 국토부 별표2 지정개발자(신탁업자) 표준시행규정

제28조(분양공고 및 분양신청) ① 사업시행계획 인가 후 분양공고 및 분양신청에 관한 사항은 도시정비법 제72조에 따른다.

2006.8.25 국토부 재건축 표준정관

제43조(분양통지 및 공고 등) 조합은 사업시행인가의 고시가 있는 날부터 21일 이내에 다음 각 호의 사항을 토지등소유자에게 통지하고, 해당지역에서 발간되는 (2 또는 1)이상의 일간신문에 공고하여야 한다. 이 경우 제9호의 사항은 통지하지 아니하고, 제3호 및 제6호의 사항은 공고하지 아니한다.

1. 사업시행인가의 내용
2. 사업의 종류·명칭 및 정비구역의 위치·면적
3. 분양신청서
4. 분양신청기간 및 장소
5. 분양대상 대지 또는 건축물의 내역
6. 개략적인 부담금 내역
7. 분양신청자격
8. 분양신청방법
9. 토지등소유자 외의 권리자의 권리신고 방법
10. 분양을 신청하지 아니한 자에 대한 조치
11. 그 밖에 시도조례가 정하는 사항

【주】분양신청·계약 및 이와 관련한 조합원의 권리·의무 등을 제8조에 따라 철저히 고지·공고하도록 하되, 분양신청을 하지 않을 경우 청산토록 법에 명시하고 있는바, 조합은 선의 피해자가 없도록 하기 위해 추가적인 통지방법을 강구할 수 있음

2003.6.30 국토부 재개발 표준정관

제43조(분양통지 및 공고 등) 조합은 사업시행인가의 고시가 있는 날부터 21일 이내에 다음 각 호의 사항을 토지등소유자에게 통지하고, 해당 지역에서 발간되는 (2

또는 1)이상의 일간신문에 공고하여야 한다. 이 경우 제9호의 사항은 통지하지 아니하고, 제3호 및 제6호의 사항은 공고하지 아니한다.

1. 사업시행인가의 내용
2. 사업의 종류·명칭 및 정비구역의 위치·면적
3. 분양신청서
4. 분양신청기간 및 장소
5. 분양대상 대지 또는 건축물의 내역
6. 개략적인 부담금 내역
7. 분양신청자격
8. 분양신청방법
9. 토지등소유자외의 권리자의 권리신고방법
10. 분양을 신청하지 아니한 자에 대한 조치
11. 그 밖에 시·도조례가 정하는 사항

【주】분양신청·계약 및 이와 관련한 조합원의 권리·의무 등을 제8조에 따라 철저히 고지·공고하도록 하되, 분양신청을 하지 않을 경우 청산토록 법에 명시하고 있는 바, 조합은 선의 피해자가 없도록 하기 위해 추가적인 통지방법을 강구 할 수 있음

- ■ (서울) 재건축 표준정관 제43조(분양신청 등)
- ● (서울) 재개발 표준정관 제44조(분양신청 등)
  : 재건축 표준정관 제43조와 같다.

재건축·재개발 표준정관의 조문 위치가 다르나, 내용은 같다.

■ 정비사업의 진행절차

사업시행계획인가(변경) 고시(구청장등)
(조합→한국부동산원, LH) **공사비 필요적 검증요청**
(법 §29의2)

- 서울시 주거정책심의위원회의 시기조정 후 사업시행인가 결정(조례 §48~51) **경기도는 관리처분계획** 시기조정만 있음
- 시공자선정(토지등소유자가 시행하는 재개발사업, 법 §29⑤)
- 수용·사용할 토지·건물의 명세
- 사업시행계획인가·고시일로부터 30일 이내 최고절차 후 매도청구 착수(재건축사업)(법 §64)/재건축부담금예정액 통지

↓

종전자산평가 통지(조합→토지등소유자)
(법 §72①1)

종전 분양신청 후 종전평가의 깜깜이 분양신청 X
2018.2.9부터 종전자산평가액을 각 토지등소유자에게 종전평가 통지 후 분양신청
사업시행계획인가·고시일(인가 이후 시공자 선정 시, 시공자와 계약체결일)로부터 90일(대통령령으로 정하는 경우 1회에 한정하여 30일 이내에서 연장 가능)이내에 토지등소유자에게 통지(법 §72①)

- 종전평가시점: 사업시행계획인가·고시일/종후평가시점: 관리처분계획기준일(분양신청 마감일)
- 평가방법: 감정평가법에 따른 감정평가업자 2인 이상의 평가한 금액을 산술평균

↓

분양공고 및 분양신청(사업시행자: 신문에 공고)
(법 §72, §73)

토지등소유자(미동의자 포함)에게 분양신청 공고 전 종전자산평가 결과와 분양대상별 분담금 추산액을 알려주고, 분양공고는 사업시행계획인가 후 120일로 연장(법 §72)

- 분양신청기간: 분양신청 통지일로부터 30일 이상 60일 이내, 20일 범위 연장/정관등에서 정하거나 총회의결을 거친 경우 미 분양신청자, 분양신청철회자는 재분양신청 가능(법 §72⑤)※미신청자: 손실보상(구 현금청산)
- 분양신청 제한(법 §72⑥)

□ 근거규정

■ 분양신청 통지 대상의 범위

재개발·재건축사업의 경우, 미동의자까지 포함된 토지등소유자를 그 대상으로 한다.

재건축사업에선 분양신청기한 종료일까지 조합설립동의서를 제출하여 조합원이 될 수 있으므로, 분양통지의 대상은 조합원뿐만 아니라 미동의자까지 포함된 토지등소유자가 그 대상이다.

앞선 서울특별시 재건축 표준정관 제10조제1항에서 "조합원은 법 제2조제9호 나목에 따른 토지등소유자로서 조합설립에 동의한 자로 하며, 조합설립에 동의하지 아니한 토지등소유자는 분양신청기간 종료일까지 조합설립동의서를 조합에 제출하여 조합원이 될 수 있다."고 규정한 바 있다.

○ 제1항, 제4항

■ 제1항
도시정비법 제72조제2항

재건축 표준정관
제43조(분양신청 등) ① 분양신청기간은 전조에 따른 통지일 이후 30일 이상 60일 이내로 한다. 다만, 조합은 관리처분계획의 수립에 지장이 없다고 판단하는 경우에는 분양신청기간 만료일부터 20일의 범위에서 한 차례만 연장할 수 있다.

재개발 표준정관 제44조제1항과 같다.

위 제43조제1항의 분양신청기간은 "전조"에 따른 통지일로 규정하고 있다.

이 "전조"란 재건축 표준정관 제42조(분양통지 및 공고 등)제1항을 말하는데, 그 통지일이란 "사업시행계획인가의 고시가 있은 날(사업시행계획인가 이후 시공자를 선정하는 경우에는 시공자와 계약을 체결한 날)부터 120일 이내"을 말한다(이는 도시정비법 제72조제1항과 같음).

전조에 따른 분양신청기간을 상세히 규정한 것이 본조이다.

이 분양신청기간은 통지한 날부터 30일 이상 60일 이내로 하여야 한다. 다만, 사업시행자인 정비조합은 관리처분계획의 수립에 지장이 없다고 판단하는 경우에는 분양신청기간을 20일의 범위에서 한 차례만 연장할 수 있다(법 제72조제2항).

> **⚖️ 판례**
>
> 조합원에서 제명되었다가 분양신청기간 종료 이후 조합원 지위를 회복한 자에 대하여도 30일 이상 60일 이내 분양신청 기간이 부여되어야 하는지
> (판례: 7일간 분양신청 기간 부여도 적법하다고 판단)
>
> 【판결요지】
> 대구지방법원 2020.1.15.선고 2019나307162판결, 심리불속행 기각 확정
> 재건축사업에 있어 분양신청기간을 정한 취지는 분양신청기간이 길어지거나 계속 연장돼, 이후 절차가 지연되거나 늘어지는 것을 막고, 이를 통해 특별한 사정이 없는 한, 분양신청기간 종료와 더불어 분양신청 여부가 확정되도록 해 분양신청에 따른 권리관계를 정리하고자 한 것으로 보이는 점 ▲원고의 정관 제43조제1항은 분양신청기간을 30일 이상 60일 이내로 정하고 있으나, 이는 통상적인 절차에 따라 주택재건축사업을 진행하는 과정에서 정관 제42조에 따른 분양통지 및 공고를 할 경우 그 분양신청기간을 정한 것이고, 위와 같이 분양신청기간을 정한 취지에 비춰보면 조합과 분쟁을 통해 조합원의 지위가 확인된 피고에게도 그 지위가 확인된 시점을 기준으로 동일한 기간의 추가 분양신청기간이 부여돼야 한다고 보기는 어려운 점 ▲원고는 피고에게 약 7일간의 분양신청기간을 줬고, 분양신청에 필요한 자료도 제공한 점 등을 종합해 보면, 원고가 피고에게 부여한 추가 분양신청기간에 하자가 있어 매도청구권 행사가 부적법하다고 보기는 어렵다.
> ➡ 위 판결은 대법원에서 심리불속행 기각으로 그대로 확정됐다.

■ 제4항(분양신청 방법 및 절차 등에 관한 구체적인 사항)

> **재건축 표준정관**
>
> 제43조(분양신청 등) ④ 제1항부터 제3항 이외에 분양신청 방법 및 절차 등에 관한 구체적인 사항은 관련법령 및 조례에 따라 조합이 작성한 분양신청공고 및 분양신청 안내문 등에서 정한 바에 따른다.
>
> 　【주】투기과열지구에 해당하는 조합은 재당첨금지에 의한 분양신청 불가 사항을 명시할 수 있음

재개발 표준정관 제44조제4항과 같다.

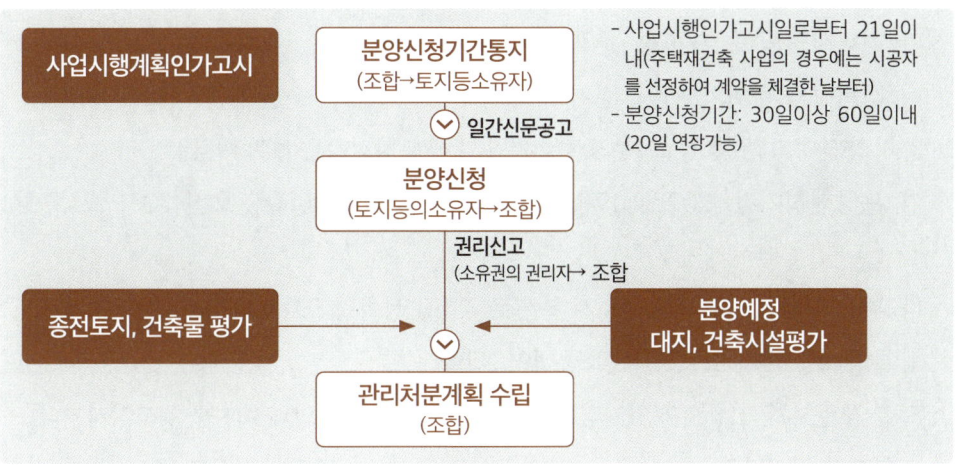

※ 분양신청(토지등소유자→조합)

전부개정 전: 관리처분계획 인가받은 다음날부터 90일 이내 현금청산(구법 제47조제1항)

2018.2.9 전부개정: 분양신청을 아니한 자는 관리처분개획인가일 다음날부터 90일 니애 손실 보상을 협의하되 협의기간 종료후 60일 이내에 수용재결, 매도청구소송 제기(법 제73조 제1항, 제2항)

군포○○ 재개발정비사업조합 공고 제2023-○○호
군포○○ 재개발사업 조합원 분양신청 공고

「노시성비법」 제50소에 따라 2022년 ○월 ○○일 군포○○ 재개발사업의 사업시행계획인가고시(군포시 고시 제2022-○○○호)되어 동법 제72조 및 동법 시행령 제59조에 따라 다음과 같이 분양신청 공고를 하오니, 정해진 신청기간 내에 분양신청하여 주시기 바라며, 분양신청 안내책자를 미 수령한 조합원은 본 공고를 통지함으로써 갈음합니다.

1. 사업시행인가의 내용(군포시 고시 제2022-153호 참조)

가. 사업시행자: 군포10 재개발정비사업조합(조합장: ○○○)

나. 사업시행기간: 사업시행계획인가일로부터 48개월

다. 건축규모: 공동주택 5개 동(1,031세대, 지하6층/지상49층), 업무시설(오피스텔) 1개동(396호, 지하6층/지상 41층) 및 판매시설 (지하1층, 지상1층, 지상2층) 등

라. 건축계획: 건축면적(8,270.5578㎡), 연면적(239,153.4664㎡), 건폐율(35.00%), 용적률(612.42%)

2. 정비사업의 종류·명칭 및 정비구역의 위치·면적

가. 정비사업의 종류·명칭: 군포10 재개발사업

나. 정비구역의 위치·면적: 경기도 군포시 당동 781번지 일대 / 37,720.70㎡

3. 분양신청기간 및 장소 (분양신청 기간 내에 분양신청을 하기 바람.)

가. 분양신청기간: 2023.4.17(월) ~ 2023.5.26(금)[40일간], 오전 10시~오후 6시 (토, 일, 휴일 정상근무)

나. 분양신청장소: 경기도 군포시 봉성로○번길 성빌딩 504호(조합사무실 동일건물)

4. 분양대상 대지 또는 건축물의 내역: 생략

5. 분양신청자격(상세 분양자격은 등기 발송한 분양신청안내 책자를 참고하시거나, 조합으로 문의바람). 군포○○ 재개발사업구역 내 토지등소유자로서 관련 법률 및 조합정관에 해당하는 자

6. 분양신청 방법: 분양신청안내 책자 참조

가. 직접신청: 분양신청기간 내에 분양신청서와 구비서류를 작성하여 분양신청사무실에 직접 제출(대리인 위임 가능)

나. 우편신청: 분양신청서(구비서류 포함)가 분양신청기간 내에 발송된 것임을 증명할 수 있는 등기우편 등으로 발송해야 함.

7. 토지등소유자 외의 권리자의 권리신고 방법

토지등소유자 이외의 지상권자, 전세권자, 임차권자, 저당권자 등 기타의 권리자는 권리를 증명할 수 있는 서류(등기부등본 등) 및 권리내역을 조합(경기도 군포시 봉성로○번길 ○○빌딩 3층)에 접수해야 함.

8. 분양을 신청하지 아니한 자에 대한 조치

도시정비법 제73조 및 동법 시행령 제60조에 따라 현금으로 청산함.

9. 분양신청 안내문: 분양신청안내 책자 참조
10. 철거 및 이주 예정일: 관리처분계획인가 후 철거 및 이주 기간이 결정되며, 이주 시기가 확정되면 서면통보 예정
11. 그 밖의 시·도 조례가 정하는 사항: 분양신청안내 책자 참조

2023년 4월 6일
군포○○ 재개발정비사업조합
조합장 ○○○ (직인생략)

○ 제2항(재분양신청)

도시정비법 제72조제4항, 제5항

재건축 표준정관

제43조(분양신청 등) ② 조합이 법 제72조제4항에 따라 분양공고 등의 절차를 다시 거치는 경우, 총회의 의결을 받아 법 제73조제1항제1호 및 제2호에 해당하는 조합원에게 분양신청을 다시 하게 할 수 있다.

【주】필요한 경우 안건의 중요성을 고려하여 관련 총회의 직접 참석비율 및 의결요건 등을 별도로 정할 수 있을 것이며, 기존 조합원과 차별되는 별도의 패널티를 적용할 수도 있을 것임

재개발 표준정관 제44조제2항과 같다.

■ 재분양신청 및 분양공고

사업시행자인 정비조합은 분양신청기간 종료 후 사업시행계획인가의 변경(경미한 사항의 변경은 제외)으로 세대수 또는 주택규모가 달라지는 경우, 분양공고 등의 절차를 다시 거칠 수 있다(법 제72조제4항).

사업시행자는 정관등으로 정하고 있거나 총회의 의결을 거친 경우 위 제4항에 따라 법 제73조제1항제1호(분양신청을 하지 아니한 자) 및 제2호(분양신청기간 종료 이전에 분양신청을 철회한 자)에 해당하는 토지등소유자에게 분양신청을 다시 하게 할 수 있다(동조 제5항).

■ 현금청산대상자 재분양신청 자격 부여

서울특별시 ○○구 A재건축조합에서 현금청산대상자에 대한 재분양신청 자격을 주기 위해 총회 의결을 거쳤다. A조합은 2013.12.24 이후에 최초로 조합설립인가를 신청한 경우이며, 조합 정관에 보류지 규정을 두지 않았다.

제2호 안건 현금청산대상자 재분양신청 자격 부여의 건
1. 의안 상정
제2호 안건 "현금청산대상자 재분양신청 자격 부여의 건"을 상정함
2. 제안 사유
가. 우리 조합은 지난 2017.○.○~○.○까지 조합원 분양신청을 접수받은 결과 총 ○명(아파트 ○명, 상가○명)의 조합원들이 분양신청을 하지 않아 현금청산대상자로 분류되었음.
나. 이에 조합은 도시정비법 제73조에 따라 현금청산자 ○명과 청산금 협의를 진행하여 상가소유자 ○명과는 협의를 완료하였고, 아파트소유자 ○명과는 협의가 이뤄지지 않아 매도청구소송을 진행할 예정임
다. 다만 우리 조합은 관리처분계획인가 이후 용적률 300%를 확보하기 위해 설계변경을 진행하고 있어 금년 중으로 사업시행계획 변경인가와 분양신청 변경 절차를 진행할 예정이고, 현금청산대상자 6명은 도시정비법 제72조에 따라 분양신청 변경 시 분양신청을 할 수 있도록 선처를 요청하고 있음.
라. 2018.2.9 개정 시행된 도시정비법 제72조(분양공고 및 분양신청)는 사업시행계획 변경 시에는 총회 의결을 거쳐 분양신청 미신청자에게 분양공고 등의 절차를 다시 하게 할 수 있다고 규정하고 있는바,
향후 이주 업무가 원활히 진행될 수 있도록 사업시행계획 변경을 통해 별도의 합의서를 체결한 현금청산 대상자에 대해 분양신청 자격을 부여하고자 하오니 본 건을 심의 후 의결하여 주기 바람
3. 의결 근거
　가. 도시정비법 제44조(총회의 소집),　나. 도시정비법 제45조(총회의 의결)
　다. 조합정관 제21조(총회의 의결사항)

4. 의안 내용(첨부)

　가. 현금청산자 명단,

　나. 합의서/합의서(안) : 생략

한남○재정비촉진구역 주택재개발 조합원 분양신청 기간 연장 공고

한남○재정비촉진구역 주택재개발정비사업 조합은 도시정비법 제72조(분양공고 및 분양신청) 제2항에 의거 아래와 같이 분양신청 기간 연장에 관한 내용을 공고하오니 미신청 조합원님들께서는 분양신청 연장 기잔내에 분양신청서를 제출하여 주시기 바랍니다.

- 아　래 -

1. 사업시행인가의 내용
- 가. 명칭: 한남○재정비촉진구역 주택재개발정비사업조합(조합장: ○○○)
- 나. 주소: 서울특별시 용산구 녹사평대로 ○○○, ○○○호(이태원동, ○○○빌딩)
- 다. 기간: 사업시행계획인가일로부터 90개월
- 라. 인가: 2019년 3월 29일(용산구 고시 제2019-38호)
- 마. 신축: 공동주택 및 근린생활시설 등(지하 6층 ~ 지상 22층, 197동)
  ☞ 건축면적: 1,048,998.52㎡, 건폐율: 42.09%, 용적률: 232.47%, 최고높이: 71.15m

2. 사업의 종류
- 가. 종류: 주택재개발정비사업
- 나. 명칭: 한남○재정비촉진구역 주택재개발정비사업
- 다. 위치: 서울시 용산구 한남동 ○○○번지 일원
- 라. 면적: 386,395.50㎡

3. 분양신청 연장기간 및 장소
- 가. 기간: 2021년 6월 8일(화) ~ 2021년 6월 27일(일) [20일간]
  평일: 오전 9시 30분 ~ 오후 6시 / 주말 및 휴일: 오전 10시 ~ 오후 5시
- 나. 장소: 분양신청사무실 (서울시 용산구 보광로 ○○○) ☎ 02) 796-3408, 팩스 02)○○○-○○○

4. 분양대상 대지 또는 건축물의 내역

5. 분양신청자격
　- 한남○재정비촉진구역 주택재개발정비사업조합의 토지등소유자로서 **조합정관, 구 서울특별시 도시 (2010.07.15 개정되기 전의 것) 제27조 및 관련법규에 조건이 만족하는자.**
　※ 세부 분양신청자격은 기존 배부된 분양신청 안내책자를 참고하시기 바랍니다.

6. 분양신청방법

- 분양신청서 및 첨부서류를 구비하여 분양신청사무실에 제출하시거나 등기우편으로 발송
※ 단, 우편으로 분양신청을 하시는 분은 분양신청 기간내에 발송된 것임을 증명하여야 함.
※ **분양신청 연장기간(20일) 이내에도 분양신청을 하지 않을사 발생하는 불이익에 대한 책임은 해당 토지등소유자가 진다.**

7. 토지등소유자와의 권리자의 권리신고방법
    - 분양신청기간 내에 그 권리를 증명할 수 있는 서류를 지침하시고 조합네 방문.
    - 곡공유지 점유자, 영업권 손실보상대상자 등은 관련 내용을 증명할 수 있는 서류를 제출해야 함.

8. 분양을 신청하지 아니한 자에 대한 조치
    - 도시정비법 제 73조에 의거 현금 청산되며, 분양신청 마감일 후 조합원자격이 상실됨.

9. 법제72조제4항에 따른 재분양공고: 분양신청 기간 종료 후 사업시행계획인가의 변경으로 세대수 또는 주택규모가 달라지는 경우 재분양 공고 예정임.

10. 보류지 분양 처분: 서울시 조례 제44조제2항에 따라 처분함.

11. 분양신청 안내문: 조합 발송 공문으로 별도 통지함.

12. 철거 및 이주예정일: 법 제74조1항의 관리처분계획인가 이후 이주 및 철거 예정이며, 시기가 확정되면 별도 서면 통지 예정임

2021년 ○월 ○일

한남○ 재정비촉진구역 주택재개발사업조합
조합장 ○ ○ ○

 판례

분양신청 완료 후 공공재개발방식으로 정비계획이 변경된 경우에도 반드시 재분양신청을 하여야 하는 것은 아니다.
서울남부지방법원 2024.10.11선고 2023가합100521판결, 총회결의무효확인 등 청구
【판결요지】
공공재개발사업으로 사업시행방식이 변화되었다는 사정만으로 분양공고 및 분양신청 절차 등 후속 절차를 다시 진행하도록 하는 것은 재산권이나 분양신청 절차에서 합리적인 의사결정을 할 권

> 리 등 정비구역 내 토지등소유자의 권리·의무에 미치는 영향에 비하여 사업시행자에게 과도한 절차의 반복을 요구하는 것이 될 우려가 있다.
> 종래의 분양신청 절차에 따른 신청기간 내에 분양신청을 하지 아니하여 분양신청기간 종료 다음 날에 조합원의 지위를 상실하게 된 자들에 대하여 조합이 사업진행 도중 사업시행방식을 변경하기로 하는 결정에 따라 정비계획이 변경되었다고 하여 상실된 조합원 지위가 다시 부활한다고 보게 되면 법적 안정성을 저해할 우려가 있다.
> 또한, 분양 미신청자들은 조합원 지위를 상실하여 그 후의 사업시행방식 변경을 위한 조합원 총회에 관여할 수 없는데, 정비계획의 변경으로 조합원 지위가 다시 부활한다면 자신들이 관여할 수 없었던 총회 결의에 따른 규율을 받게 되는 것과 마찬가지여서 부당한 결과를 초래할 수 있다.

재분양신청 절차 진행 시 관리처분계획기준일 등(서울시 주거정비과 2023.12.26)
Q 1. 재분양신청 절차 진행 시, 관리처분계획기준일은?
Q 2. 재분양신청 절차 진행 시 최초 분양신청기간에 분양신청을 하지 아니한 현금청산자의 부동산을 조합원이 매입한 경우, 권리가액이 포함되는지?

A 우선, 도시정비법 제76조제1항제5호에 따라 분양설계에 관한 계획은 제72조에 따른 분양신청기간이 만료하는 날을 기준으로 하여 수립한다고 규정하고 있고, 동법 제72조에 따른 분양신청은 제4항 및 제5항에 따른 재분양을 포함하므로 사업시행계획인가의 변경(경미한 사항의 변경 제외) 등으로 사업시행자가 분양공고 등을 다시 할 경우 서울시 도시정비조례 제2조제3호에 따른 관리처분계획기준일은 재분양신청기간의 종료일로 보아야 할 것으로 사료되며,

재분양신청 절차 진행 시 최초 분양신청기간에 분양신청을 하지 아니한 현금청산자의 부동산을 조합원이 매입한 경우에 권리가액을 산정함에 있어서는 동 조례 제36조제3항에 1필지의 토지를 권리산정기준일 후 분할하여 취득하거나 공유로 취득한 토지 등은 권리가액 산정에 포함하지 않는다고 규정하고 있음.

분양신청을 하지 아니한 자, 분양신청기간 종료 이전에 분양신청을 철회한 자인 토지등소유자에게 분양신청을 다시 하게 할 수 있는 경우의 범위(법제처 2020.2.13 은평구)
Q 사업시행자는 분양신청기간 종료 후 사업시행계획인가의 변경(경미한 사항의 변경은 제외)으로 세대수 또는 주택규모가 달라지는 경우가 아니어도 정관등으로 정하고 있거나 총회의 의결을 거친

경우에는 분양신청을 하지 아니한 자, 분양신청기간 종료 이전에 분양신청을 철회한 자에 해당하는 토지등소유자(이하 "분양미신청자등")에게 분양신청을 다시 하게 할 수 있는지?

A 이 사안의 경우 사업시행자는 분양미신청자등에게 분양신청을 다시 하게 할 수 없음.

법 제72조제3항에서는 대지 또는 건축물에 대한 분양을 받으려는 토지등소유자는 분양신청기간에 분양신청을 하는 것을 원칙으로 하는 반면, 예외적으로 분양신청기간이 종료된 후에 할 수 있는 분양공고 등의 절차에 대해 규정하고 있는바,

이는 분양신청기간 종료 후 사업시행계획이 변경되어 정비사업 규모가 변동되는 경우 이미 종료된 분양신청 결과가 유효한지에 대한 논란을 해소하려는 목적으로 사업시행계획인가의 변경으로 세대수 또는 주택규모가 달라지는 경우 예외적으로 분양공고 등의 절차를 다시 거칠 수 있도록 한 것임.

사업시행자가 분양신청기간을 연장하여 통지하는 경우 분양신청 연장기간을 당초의 분양신청기간에 이어서만 연장할 수 있는지(도시정비법 제46조제1항 등)(법제처 2011.10.13 민원인)

Q 도시정비법 제46조제1항 단서에 따라 사업시행자가 분양신청기간을 연장하고자 할 경우 당초의 분양신청기간에 이어서만 연장할 수 있는지, 관리처분계획에 지장이 없는 한 당초의 분양신청기간과 이어지지 않는 기간을 별도로 정하여 연장할 수 있는지?

A 도시정비법 제46조제1항 단서에 따라 사업시행자가 분양신청기간을 연장하고자 할 경우 당초의 분양신청기간에 이어서만 연장할 수 있다고 할 것임. 도시정비법 제46조제1항 및 제48조제1항에서는 사업시행인가·고시일부터 60일 이내 분양신청기간 등 통지 및 공고, 분양신청기간 종료, 분양신청 현황을 기초로 한 관리처분계획 수립, 관리처분계획에 대한 시장·군수의 인가 등 일련의 절차를 예정하고 있는데, 이러한 일련의 절차를 조속히 진행하여 도시정비사업의 효율성을 높이는 방향으로 분양신청기간의 종료 시기를 명확히 할 필요가 있고, 그렇다면 분양신청기간은 도시정비법 제46조제1항에 따른 통지 및 공고일부터 최소 30일 이상 최대 80일 이내라고 해석하는 것이 도시기능의 회복이 필요하거나 주거환경이 불량한 지역을 계획적으로 정비하고 노후·불량건축물을 효율적으로 개량하기 위한 도시정비법의 목적에도 부합한다고 할 것임. 따라서, 도시정비법 제46조제1항 단서에 따라 사업시행자가 분양신청기간을 연장하고자 할 경우, 당초의 분양신청기간에 이어서만 연장할 수 있다고 할 것임.

○ **제3항(우편의 방법으로 분양신청)**

도시정비법 제72조제3항, 동법 시행령 제59조제3항

> **재건축 표준정관**
>
> 제43조(분양신청 등) ③ 대지 또는 건축물에 대한 분양을 받으려는 조합원은 제1항에 따른 분양신청기간에 시행령 제59조제3항에서 정하는 방법 및 절차에 따라 분양신청을 하여야 한다.
>
> 이 경우 우편의 방법으로 분양신청을 하는 때에는 제1항에 따른 분양신청기간 내에 발송된 것임을 증명할 수 있는 등기우편등으로 하여야 한다.

재개발 표준정관 제44조제3항과 같다.

대지 또는 건축물에 대한 분양을 받으려는 토지등소유자는 분양신청기간에 도시정비법 시행령 제59조제3항으로 정하는 방법 및 절차에 따라 사업시행자에게 대지 또는 건축물에 대한 분양신청하여야 한다(법 제72조제3항).

위 법 제72조제3항에 따라 분양신청을 하려는 자는 분양신청서에 소유권의 내역을 분명하게 적고, 그 소유의 토지 및 건축물에 관한 등기부등본 또는 환지예정지증명원을 첨부하여 사업시행자에게 제출하여야 한다. <u>이 경우 우편의 방법으로 분양신청을 하는 때에는 분양신청기간 내에 발송된 것임을 증명할 수 있는 우편으로 하여야 한다</u>(영 제59조제3항).

> 🔖 **판례**
>
> 신고한 주소지에 제1차 분양신청 안내문이 발송되어 원고가 직접 수령했음에도 이후 주소나 전화번호의 변동을 피고에게 신고하지 아니한 채 장기부재의 경우, 공고 및 통지의 절차를 이행 여부
> 서울고등법원은 2013.6.20선고 2012누30259판결
> 【판결요지】
> 피고는 도시정비법과 정관에서 규정한 분양신청에 관한 공고 및 통지의 절차를 이행했다고 볼 것이

> 고, 한편 원고가 최종 분양신청 기간 내에 분양신청을 못한 것은 원고가 피고에게 신고한 위 주소지에 제1차 분양신청 안내문이 발송되어 원고가 직접 수령했음에도 이후 주소나 전화번호의 변동을 피고에게 신고하지 아니한 채 위 주소지에 장기 부재하는 등의 주관적인 사정에 기인한 것으로서, 이러한 사유는 원고에게 책임이 있다.

● **추가 개정(안)**
도시정비법 제72조제6항

> **재건축·재개발 표준정관**
> 제43조(분양신청 등) ⑤ 투기과열지구의 정비사업에서 관리처분계획에 따라 조합원분 또는 일반분양 분양대상자 및 그 세대에 속한 자는 분양대상자 선정일(조합원 분양분의 분양대상자는 최초 관리처분계획 인가일을 말한다)부터 5년 이내에는 투기과열지구에서 분양신청을 할 수 없다. 다만, 상속, 결혼, 이혼으로 조합원 자격을 취득한 경우에는 분양신청을 할 수 있다.

투기과열지구 내에 재건축·재개발사업에서 분양신청 제한에 해당되는 경우, 분양신청이 불가하다는 것을 사전에 명시하는 것이 좋다. 부동산경기가 과열되면 언제든지 투기과열지구로 지정이 가능하기 때문이다.

분양신청 제한에는 재건축·재개발사업의 조합원분·일반분양분 모두가 적용된다.

대지 또는 건축물에 대한 분양을 받으려는 토지등소유자는 분양신청기간에 사업시행자인 정비조합에게 분양신청을 하여야 한다.
분양신청기간 종료되면 정비조합은 사업시행계획인가의 변경(경미한 변경은 제외)으로 세대수 또는 주택규모가 달라지면 분양공고 등의 절차를 다시 거칠 수 있다. 정비조합은 정관등으로
정하고 있거나 총회의 의결을 거친 경우 "분양신청을 하지 아니한 자 또는 분양신청기간 종료 이전에 분양신청을 철회한 자"인 토지등소유자에게 분양신청을 다시 하

게 할 수 있다

그러나 투기과열지구에서의 분양신청은 제한을 받는다.

현재 서울특별시 강남구, 서초구, 송파구, 용산구인 투기과열지구의 정비사업에서는 관리처분계획에 따라 "조합원분 또는 일반분양분의 분양대상자 및 그 세대에 속한 자"는 분양대상자 선정일(조합원분양분 분양대상자는 최초 관리처분계획 인가일)부터 5년 이내에는 투기과열지구에서 위와 같은 분양신청을 할 수 없다. 다만, 상속, 결혼, 이혼으로 조합원 자격을 취득한 경우에는 분양신청이 가능하다(도시정비법 제72조제6항).

■ 투기과열지구 내 분양신청 제한과 조합 정관 사례

<헤럴드경제 2023.7.15>

웃돈만 9억인데 사라진 아파트…한남3구역 현금청산 날벼락

한남3구역 현금청산자 216명…20명 중 1명 꼴

투기과열지구 내 '5년 재당첨 제한'이 큰 이슈

지난달 관리처분계획 인가가 고시된 한남3구역에 대지지분 27㎡ 투룸을 갖고 있던 김모씨는 청천벽력 같은 소식을 접했다. 3년 전 영등포 재개발단지에서 분양하는 아파트에 청약을 넣어 당첨된 것이 문제의 발단이었다. 이 때문에 한남3구역이 현금청산 대상에 해당한다는 것이다.

알아보니 도시정비법은 투기과열지구 내에서 주택을 한번 당첨받았다면 이후 5년간 해당 소유주에게 다른 주택의 당첨을 막고 있다. 김씨는 하루 아침에 아파트 프리미엄 8~9억이 날아갔다는 사실에 억울해서 잠을 못 잔다. 그는 법이 사유재산에 지나친 침해를 하고 있다면서 헌법소원까지도 고려 중에 있다.

최근 관리처분 인가를 마친 한남3구역이 일부 현금청산자들로 소란스럽다. 졸지에 아파트 분양권을 잃어버린 조합원들 중에는 조합과 국가를 상대로 조합원 및 분양대상자 지위 확인 소송에 들어가겠다는 사례도 나온다. 전문가들은 전국 곳곳에서 재개발 사업이 활발해지면서 사업에 속도를 내는 곳들이 많아지는 만큼 투자 때 꼼꼼히 살펴야 한다고 강조했다.

15일 용산구청에 따르면 한남3구역 조합원 3834명 중 216명은 현금청산 대상인 것으로 파악됐다. 20명 중 1명이 정비계획 지역에 땅을 가지고 있었지만 아파트를 받지 못하게 된 것이다.

위 지역은 당시 투기과열지구(현재 영등포는 해제되어 있음)인 용산구의 주택정비형 재개발조합원들이 영등포구 도시정비형 재개발사업의 일반분양분을 먼저 받음에 따라, 분양신청제한 규정에 걸려 분양신청이 불가함에 따라 현금청산자가 되었다는 기사이다.

다음은 투기과열지구인 용산구 한남○구역 재개발조합정관에서의 분양신청 제한 규정이다.

제○○조(분양신청 등) ⑦ 투기과열지구의 정비사업에서 관리처분계획에 따라 조합원 분양분이나 일반분양분 및 그 세대에 속한 자는 분양대상자 선정일(조합원 분양분의 분양대상자는 최초 관리처분계획인가일을 말함)부터 5년 이내에는 투기과열지구에서 분양신청 및 재분양공고 등에 따른 분양신청을 할 수 없다. 다만, 상속, 결혼, 이혼으로 조합원 자격을 취득한 경우에는 분양신청을 할 수 있다.

⑧ 제7항에도 불구하고 2017.10.24 전 투기과열지구의 토지등소유자는 분양신청을 할 수 있으나, 다음 각 호의 어느 하나에 해당하는 경우에는 그러하지 아니하다.

토지등소유자와 그 세대에 속하는 자가 2017.10.24 이후 투기과열지구의 정비사업구역에 소재한 토지 또는 건축물을 취득하여 해당 정비사업의 관리처분계획에 따라 조합원 분양분의 대상자로 선정된 경우

2. 토지등소유자와 그 세대에 속하는 자가 2017.10.24 이후 투기과열지구의 정비사업 관리처분계획에 따라 일반분양분의 분양대상자로 선정된 경우

2017.10.24 도시정비법 개정, 시행으로 투기과열지구 내 재개발사업의 경우에도 관리처분계획 인가 이후에 조합원 지위 양도를 금지하고, 투기과열지구 내 정비사업에서 일반분양 또는 조합원분양에 당첨된 자는 5년 이내에 투기과열지구 내 정비사업의 조합원분양 신청을 할 수 없도록 하는 분양신청 제한 규정을 두었다.

위 정관은 2017.10.24를 기준으로 하여, 투기과열지구 vs 다른 투기과열지구에서 재건축, 재개발조합원분, 일반분양분을 받은 경우 5년 이내에는 분양신청을 할 수 없다.

따라서 어느 한 구역이 투기과열지구가 아닌 재건축·재개발사업의 경우, 위와 같은 정관은 작성할 필요가 없는 것이다.

도시정비법 부칙 <법률 제14943호, 2017.10.24>

제1조(시행일) 이 법은 공포한 날부터 시행한다.

제4조(투기과열지구 내 분양신청 제한에 관한 경과조치) 이 법 시행 전에 투기과열지구의 토지등소유자는 제46조제3항의 개정규정에도 불구하고 종전의 규정을 적용한다. 다만, 다음 각 호의 어느 하나에 해당하는 경우에는 그러하지 아니하다.

1. 토지등소유자와 그 세대에 속하는 자가 이 법 시행 후 투기과열지구의 정비사업구역에 소재한 토지 또는 건축물을 취득하여 해당 정비사업의 관리처분계획에 따라 제48조제1항제3호 가목의 분양대상자로 선정된 경우

2. 토지등소유자와 그 세대에 속하는 자가 이 법 시행 후 투기과열지구의 정비사업의 관리처분계획에 따라 제48조제1항제3호 나목의 분양대상자로 선정된 경우

> **판례**
>
> 투기과열지구의 5년 내 재당첨제한은 분양신청만료일이 아닌 최초 관리처분계획인가일부터 계산된다(서울 용산구 한남○구역 재개발조합)
> 서울행정법원 2024.7.4.선고 2022구합71424판결, 분양대상자 지위확인
> 【판결요지】
> 투기과열지구에서 분양신청 제한의 기산점이 되는 '최초 관리처분계획 인가일'은 분양대상자가 된 선행 관리처분계획의 인가일을 의미한다고 보아야 하므로, 원고가 도시정비법 제72조 제6항 시행 이후로서 D구역사업의 '최초 관리처분계획 인가일'인 2018.5.10 D구역사업의 분양대상자로 선정된 이상, 그로부터 5년 이내에 분양신청 절차를 개시한 이 사건 사업에 관하여는 분양신청을 할 수 없다고 봄이 타당하다.
>
> 도시정비법상 분양신청 제한 관련, '세대'와 주택공급에 관한 규칙의 '세대'는 다르다.
> 수원고등법원 2023.6.21선고 2022누13585판결, 조합원 지위확인
> 【판결요지】
> 원고는 아들 H과 동일한 세대를 구성하지 않으므로, H의 아파트분양 당첨에 불구하고 도시정비법 제72조제6항에 규정된 "분양대상자 및 그 세대에 속한 자"에 해당하지 않는다.
> 위 "세대"의 의미는 도시정비법 내에서 해석해야 하고, 여기에 「주택법」이나 구 「주택공급에 관한 규칙」(2021.2.2 국토부령 제816호로 개정되기 전의 것, 이하 '주택공급규칙')을 적용해 해석할 법적 근거가 없다. 따라서 관리처분계획 중 원고 부분은 위법하므로 이를 취소해야 한다. 도시정비법 제72조 제6항에 규정된 "그 세대에 속한 자"는 분양대상자와 주거와 생계를 같이하는 사람을 의미한다고 봄이 타당하다.

주택공급규칙 제57조제7항 본문[57]에 규정된 "세대"의 범위가 도시정비법 제72조제6항에 규정된 "세대"에 준용 또는 유추적용된다고 볼 수는 없다.

cf 부산광역시 재건축 표준정관

제42조(분양신청 등) ① 제41조제3호에 따른 분양신청기간은 통지한 날부터 30일 이상 60일 이내로 한다. 다만, 조합은 도시정비법 제74조제1항에 따른 관리처분계획의 수립에 지장이 없다고 판단하는 경우에는 최초 분양신청기간 만료일로부터 1회에 한하여 20일의 범위에서 연장할 수 있다.

② 대지 또는 건축물에 대한 분양을 받으려는 토지등소유자는 제1항에 따른 분양신청기간에 도시정비법 시행령 제59조제3항으로 정하는 방법 및 절차에 따라 조합에 대지 또는 건축물에 대한 분양신청을 하여야 한다.

③ 조합은 제1항에 따른 분양신청기간 종료 후 도시정비법 제50조제1항에 따른 사업시행계획인가의 변경(경미한 사항의 변경은 제외한다)으로 세대수 또는 주택규모가 달라지는 경우 제41조 및 제1항·제2항에 따라 분양공고 등의 절차를 다시 거칠 수 있다.

④ 조합은 정관등으로 정하고 있거나 총회의 의결을 거친 경우 제3항에 따라 분양신청을 하지 아니한 자 및 분양신청기간 종료 이전에 분양신청을 철회한 자에게 분양신청을 다시 하게 할 수 있다.

재개발 표준정관 제44조와 같다.

---

[57] 주택공급에 관한 규칙
제57조(당첨자의 명단관리) ⑦ 주택청약업무수행기관은 제1항부터 제3항까지의 규정에 따라 통보받은 당첨자(사전당첨자를 포함한다. 이하 이 항에서 같다)와 그 세대에 속한 자(당첨자와 동일한 세대별 주민등록표상에 등재되어 있지 않은 당첨자의 배우자 및 배우자와 동일한 세대를 이루고 있는 세대원을 포함한다)에 대하여 당첨자 명단을 전산검색하고, 그 결과 다음 각 호의 어느 하나에 해당하는 자가 있는 경우에는 그 명단을 사업주체에게 통보해야 한다. 다만, 제1호의 경우에는 제1항부터 제3항까지의 규정에 따라 통보받은 당첨자에 대해서만 당첨자 명단을 전산검색한다.
1~3, 5~8: 생략
4. 제54조제1항 각 호의 주택에 당첨된 자가 같은 조 제2항에 따른 재당첨 제한 기간 내에 분양주택(분양전환공공임대주택을 포함하되, 투기과열지구 및 청약과열지역이 아닌 지역에서 공급되는 민영주택은 제외한다)의 입주자로 선정된 경우

광주광역시 재건축·재개발 표준정관

제43조(분양신청 등) ① 분양신청기간은 전조에 따른 통지일 이후 30일 이상 60일 이내로 한다. 다만, 조합은 관리처분계획의 수립에 지장이 없다고 판단하는 경우에는 분양신청기간 만료일부터 20일의 범위에서 한 차례만 연장할 수 있다.

② 조합이 법 제72조제4항에 따라 분양공고 등의 절차를 다시 거치는 경우, 총회의 의결을 받아 법 제73조제1항제1호 및 제2호에 해당하는 조합원에게 분양신청을 다시 하게 할 수 있다.

【주】필요한 경우 안건의 중요성을 고려하여 관련 총회의 직접 참석비율 및 의결요건 등을 별도로 정할 수 있을 것이며, 기존조합원과 차별되는 별도의 패널티를 적용할 수도 있을 것임

③ 대지 또는 건축물에 대한 분양을 받으려는 토지등소유자는 제1항에 따른 분양신청기간에 시행령 제59조제3항에서 정하는 방법 및 절차에 따라 분양신청을 하여야 한다. 이 경우 우편의 방법으로 분양신청을 하는 때에는 제1항에 따른 분양신청기간 내에 발송된 것임을 증명할 수 있는 등기우편등으로 하여야 한다.

④ 제1항부터 제3항 이외에 분양신청 방법 및 절차 등에 관한 구체적인 사항은 관련법령 및 조례에 따라 조합이 작성한 분양신청공고 및 분양신청 안내문 등에서 정한 바에 따른다.

【주】투기과열지구에 해당하는 조합은 재당첨금지에 의한 분양신청 불가 사항을 명시할 수 있음

재건축·재개발 표준정관의 조문 위치와 내용이 같다.

2023.11.29 국토부 별표2 지정개발자(신탁업자) 표준시행규정

제28조(분양공고 및 분양신청) ① 사업시행계획 인가 후 분양공고 및 분양신청에 관한 사항은 도시정비법 제72조에 따른다.

② 대지 또는 건축물을 분양받고자 하는 토지등소유자는 제1항에 따른 분양신청기간 내에 분양신청서에 다음 각 호의 서류를 첨부하여 사업시행자에게 제출하여야 하며, 분양신청을 철회하고자 할 경우에는 같은 기간 내에 철회할 수 있다.

1. 종전토지 또는 종전건축물에 관한 소유권의 내역

2. 분양신청권리를 증명할 수 있는 서류

3. 시행규정에서 분양신청자격을 특별히 정한 경우 그 자격을 증명할 수 있는 서류

③ 토지등소유자가 분양신청서를 우편으로 제출하고자 할 경우에는 그 신청서가 분양신청기간 내에 발송된 것임을 증명할 수 있도록 등기우편으로 제출하여야 한다.

2006.8.25 국토부 재건축 표준정관

제44조(분양신청 등) ① 제43조제4호의 분양신청기간은 그 통지한 날부터 30일 이상 60일 이내로 한다. 다만, 조합은 관리처분계획의 수립에 지장이 없다고 판단되는 경우에는 분양신청기간을 20일 범위 이내에서 연장할 수 있다.

② 토지 또는 건축물을 분양받고자 하는 조합원은 분양신청서에 소유권의 내역을 명시하고, 그 소유의 토지 및 건축물에 관한 등기부등본 등 그 권리를 입증할 수 있는 증명서류를 조합에 제출하여야 한다.

③ 제1항 및 제2항에 의한 분양신청서를 우편으로 제출하고자 할 경우에는 그 신청서가 분양신청기간 내에 발송된 것임을 증명할 수 있도록 등기우편 등으로 제출하여야 한다.

④ 조합은 조합원이 다음 각 호의 어느 하나에 해당하는 경우에는 그 해당하게 된 날부터 150일 이내에 건축물 또는 그 밖의 권리에 대하여 현금으로 청산한다. 그 금액은 시장·군수가 추천하는 감정평가업자 2 이상이 평가한 금액을 산술평균하여 산정한다.

1. 분양신청을 하지 아니한 자
2. 분양신청을 철회한 자
3. 인가된 관리처분계획에 의하여 분양대상에서 제외된 자

【주】도시정비법 제47조 및 영 제48조에 근거하여 재건축사업에 동의하고도 분양신청을 하지 않아 원활한 사업진행에 차질을 빚을 경우에 대비한 것으로, 조합원의 권리·의무와 직결되는 중요한 사항이므로 이를 이행치 않을 경우의 불이익 등에 대해 충분히 설명, 고지하여야 할 것임.

⑤ 조합원은 관리처분계획인가 후 ○일 이내에 분양계약체결을 하여야 하며 분양계약체결을 하지 않는 경우 제4항을 준용한다.

【주】관리처분계획인가 후 조합은 분양계약체결 장기화를 방지하기 위해 계약체결과 관련하여 일정 기간을 정할 수 있음.

2003.6.30 국토부 재개발 표준정관

제44조(분양신청 등) ① 제43조제4호의 분양신청기간은 그 통지한 날부터 30일 이상 60일 이내로 한다. 다만, 조합은 관리처분계획의 수립에 지장이 없다고 판단되는 경우에는 분양신청기간을 20일 범위 이내에서 연장할 수 있다.

② 토지 또는 건축물을 분양받고자 하는 조합원은 분양신청서에 소유권의 내역을 명시하고, 그 소유의 토지 및 건축물에 관한 등기부등본 등 그 권리를 입증할 수 있는 증명서류를 조합에 제출하여야 한다.

③ 제1항 및 제2항에 의한 분양신청서를 우편으로 제출하고자 할 경우에는 그 신청서가 분양신청기간 내에 발송된 것임을 증명할 수 있도록 등기우편 등으로 제출하여야 한다.

④ 조합은 조합원이 다음 각 호의 1에 해당하는 경우에는 그 해당하게 된 날부터 150일 이내에 건축물 또는 그 밖의 권리에 대하여 현금으로 청산한다. 그 금액은 시장·군수가 추천하는 감정평가업자 2 이상이 평가한 금액을 산술평균하여 산정한다.

1. 분양신청을 하지 아니한 자
2. 분양신청을 철회한 자
3. 인가된 관리처분계획에 의하여 분양대상에서 제외된 자

【주】도시정비법 제47조 및 시행령 제48조에 근거하여 주택재개발사업시 분양신청을 하지 않아 원활한 사업진행에 차질을 빚을 경우에 대비한 것으로, 조합원의 권리·의무와 직결 되는 중요한 사항이므로 이를 이행치 않을 경우의 불이익 등에 대해 충분히 설명, 고지 하여야 할 것임

⑤ 조합원은 관리처분계획인가 후 ○일 이내에 분양계약체결을 하여야 하며 분양계약체결을 하지 않는 경우 제4항의 규정을 준용한다.

【주】관리처분계획인가후 조합은 분양계약체결 장기화를 방지하기 위해 계약체결과 관련하여 일정기간을 정할 수 있음.

> ■ **(서울) 재건축 표준정관 제44조(분양신청을 하지 아니한 자 등에 대한 조치)**
> ● **(서울) 재개발 표준정관 제45조(분양신청을 하지 아니한 자 등에 대한 조치)**
>   : 재건축 표준정관 제44조와 내용이 유사하다.

구 도시재개발법에서는 분양신청을 하지 않거나 철회한 자를 현금청산하되, 별도 조문 없이 청산금 규정을 적용하였다.

도시정비법에 와서 재개발·재건축사업이 통합되고 개정을 거치면서, 현금청산이 조합원의 이탈 방법으로 변질되었다.

시행 초기 이들에 대해 "해당하게 된 날부터 150일 이내에 토지·건축물 또는 그 밖의 권리에 대하여 현금청산하여야 한다."고 하였으나, "관리처분계획인가일 그 다음날"을 기산일로 하여 현금청산하지 않으면 정관등에서 정하는 바에 따라 이자를 지급하였다.

8.2대책으로 재개발조합원 지위승계 제한 규정이 발효되고, 분양신청 및 분양신청 제한에 해당하는 자도 현금청산자에 포함되었다.

□ **근거규정**

○ **제1항(재건축·재개발 공통)**
도시정비법 제73조

> **재건축·재개발 표준정관**
> 제44조(분양신청을 하지 아니한 자 등에 대한 조치) ① 조합은 관리처분계획이 인가·고시된 다음 날부터 90일 이내에 법 제73조제1항 각 호에 해당하는 자와 토지, 건축물 또는 그 밖의 권리의 손실보상에 관한 협의를 하여야 한다. 다만, 협의는 분양신청 기간 종료일의 다음 날부터 시작할 수 있다.

재개발 표준정관 제45조제1항과 재건축 표준정관 제44조제1항은 그 내용이 같다.

수용재결을 위한 협의 시작점은 분양신청기간 종료일의 다음 날부터로, 이 분양신청기간 종료일이 관리처분계획 기준일이다(서울특별시 도시정비조례 제2조제3호).

사업시행자인 정비조합은 관리처분계획인가·고시된 다음 날부터 90일 이내에 다음 각 호에서 정하는 자와 토지, 건축물 또는 그 밖의 권리의 손실보상에 관한 협의를 하여야 한다. 다만, 사업시행자는 분양신청기간 종료일의 다음 날부터 협의를 시작할 수 있다(법 제73조제1항).
   1. 분양신청을 하지 아니한 자
   2. 분양신청기간 종료 이전에 분양신청을 철회한 자
   3. 법 제72조제6항(분양신청 제한) 본문에 따라 분양신청을 할 수 없는 자
   4. 인가된 관리처분계획에 따라 분양대상에서 제외된 자

본조 표준정관에서는 "협의는 분양신청기간 종료일 다음날부터 시작할 수 있다."는 단서를 두었다.

⚖ 판례

현금청산대상자 조합원 지위 상실시점(분양신청기간 종료일 다음 날)
대법원 2010.8.19선고 2009다81203판결, 소유권이전등기절차이행 등
【판결요지】
조합원의 지위를 상실하는 시점은 재건축사업에서 현금청산관계가 성립되어 조합의 청산금 지급의무가 발생하는 시기이자 현금청산에 따른 토지 등 권리의 가액을 평가하는 기준시점과 마찬가지로 <u>분양신청을 하지 않거나 철회한 조합원은 분양신청기간 종료일 다음날 조합원의 지위를 상실한다</u>고 보아야 한다.

현금청산대상자 조합원 지위 상실 시점(분양계약체결 기간 종료일 다음날)
대법원 2011.7.28.선고 2008다91364판결, 부동산명도
【판결요지】
재개발조합정관에서 구 도시정비법(2009.5.27 법률 제9729호로 개정되기 전의 것) 제47조와 같은

내용을 규정한 다음, 관리처분계획의 인가 후 60일 이내에 분양계약을 체결하지 아니한 조합원에게 이를 준용한다고 규정한 사안에서, 이에 따르면 위 조합의 조합원은 관리처분계획이 인가된 후라도 정관에서 정한 분양계약 체결기간 이내에 분양계약을 체결하지 아니함으로써 특별한 사정이 없는 한 현금청산대상자가 될 수 있는데,

이러한 정관 규정은 조합원으로 하여금 관리처분계획이 인가된 이후라도 조합원 지위에서 이탈하여 현금청산을 받을 기회를 추가로 부여하려는 취지이므로, 그 내용이 구 도시정비법에 위배되어 무효라고 볼 수 없다.

도시정비법 제47조에 따라 사업시행자가 토지등소유자에게 청산금 지급의무를 부담하는 경우, 토지등소유자의 소유권 이전의무와 사업시행자의 청산금 지급의무의 동시이행 관계대법원 2008.10.9선고 2008다37780판결, 청산금

【판결요지】
도시정비법 제47조에 따라 사업시행자가 분양신청을 하지 아니하거나 분양신청을 철회한 토지등소유자에게 청산금의 지급의무를 부담하는 경우에, 공평의 원칙상 토지등소유자는 권리제한등기가 없는 상태로 토지등의 소유권을 사업시행자에게 이전할 의무를 부담하고, 이러한 권리제한등기 없는 소유권 이전의무와 사업시행자의 청산금 지급의무는 동시이행관계에 있는 것이 원칙이다.

다만, 사업시행자는 사업수행을 위하여 필요한 경우에는 토지등소유자에게 청산금 중에서 권리제한 등기를 말소하는 데 필요한 금액을 공제한 나머지 금액을 먼저 지급할 수 있고 이에 대하여 토지등소유자는 동시이행항변권을 행사할 수 없다. 한편, 토지등소유자가 그 소유 토지등에 관하여 이미 사업시행자 앞으로 신탁을 원인으로 한 소유권이전등기를 마친 경우에는 청산금을 지급받기 위하여 별도로 소유권을 이전할 의무는 부담하지 아니한다.

○ 재건축사업은 표준정관 제44조제2항, 재개발사업은 표준정관 제45조제2항, 제3항

- 재건축사업: 도시정비법 제65조 제1차 매도청구소송/도시정비법 제73조제2항, 제3항: 제2차 매도청구소송
- 재개발사업: 토지보상법 제68조제1항: 수용재결

재건축 표준정관

제44조(분양신청을 하지 아니한 자 등에 대한 조치) ② 제1항에 따른 협의가 성립되지 아니할 경우 조합이 제기하는 매도청구에 관하여는 법 제73조제2항 및 제3항에 따른다.

재개발 표준정관

제45조(분양신청을 하지 아니한 자 등에 대한 조치) ② 제1항의 손실보상 금액은 조합과 토지등소유자가 협의하여 산정하며, 손실보상액의 산정을 위한 감정평가법인 선정에 관하여는 토지보상법 제68조제1항에 따른다.

③ 제1항 및 제2항에 따른 협의가 성립되지 아니할 경우의 수용재결 신청 등은 법 제73조제2항 및 제3항에 따른다.

재건축 표준정관 제44조제1항은 제2차 매도청구를 말한다.

반면, 재개발 표준정관 제45조제1항은 토지등소유자와의 협의를 거치되며 협의가 성립되지 않으면 수용재결 신청을 하게 됨을 규정하고 있다.

사업시행자인 정비조합은 손실보상에 따른 협의가 성립되지 아니 하면, 그 기간의 만료일 다음 날부터 60일 이내에 수용재결을 신청하여야 한다(법 제73조제1항).

사업시행자는 협의 기간 만료일 다음 날부터 60일을 넘겨서 수용재결을 신청하는 경우에는 해당 토지등소유자에게 지연일수(遲延日數)에 따른 이자를 지급하여야 한다. 이 경우 이자는 <u>15/100 이하의 범위에서 대통령령으로 정하는 이율</u>[58]을 적용하여 산정한다(동조 제3항).

토지보상법

제68조(보상액의 산정) ① 사업시행자는 토지등에 대한 보상액을 산정하려는 경우에는 감정평가법인등 3인(제2항에 따라 시·도지사와 토지소유자가 모두 감정평가법인등을 추천하지 아니하거나 시·도지사 또는 토지소유자 어느 한쪽이 감정평가법인등을 추천하지 아니하는 경우에는 2인)을 선정하여 토지등의 평가를 의뢰하여야 한다. 다

---

[58] 도시정비법 시행령
제60조(분양신청을 하지 아니한 자 등에 대한 조치) ② 법 제73조제3항 후단에서 "대통령으로 정하는 이율"이란 다음 각 호를 말한다.
1. 6개월 이내의 지연일수에 따른 이자의 이율: 5/100
2. 6개월 초과 12개월 이내의 지연일수에 따른 이자의 이율: 10/100
3. 12개월 초과의 지연일수에 따른 이자의 이율: 15/100

만, 사업시행자가 국토부령으로 정하는 기준에 따라 직접 보상액을 산정할 수 있을 때에는 그러하지 아니하다.

② 제1항 본문에 따라 사업시행자가 감정평가법인등을 선정할 때 해당 토지를 관할하는 시·도지사와 토지소유자는 대통령령으로 정하는 바에 따라 감정평가법인등을 각 1인씩 추천할 수 있다. 이 경우 사업시행자는 추천된 감정평가법인등을 포함하여 선정하여야 한다.

③ 제1항 및 제2항에 따른 평가 의뢰의 절차 및 방법, 보상액의 산정기준 등에 관하여 필요한 사항은 국토부령으로 정한다.

○ **재건축사업은 표준정관 제44조제3항, 재개발사업은 표준정관 제45조제3항**
분양계약 미 체결자의 제2차 매도청구소송 대상

재건축 표준정관

제44조(분양신청을 하지 아니한 자 등에 대한 조치) ③ 조합원이 조합에서 통지한 기간 내에 분양계약을 체결하지 않는 경우에는 제1항 및 제2항을 준용한다.

재개발 표준정관 제45조제3항과 같다.

아래와 같이 재건축 표준정관 제44조제3항(또는 재개발 표준정관 제45조제3항)을 두는 것이 필요하다.

■ **"분양계약을 체결하지 않는 경우에는 제1항 및 제2항을 준용한다."는 의미**

종전의 국토부 재건축 표준정관 제44조(분양신청 등)[59]에서는 현금청산자의 대상

---

[59] 2006.8.25 국토부 재건축 표준정관
제44조(분양신청 등) ④조합은 조합원이 다음 각 호의 1에 해당하는 경우에는 그 해당하게 된 날부터 150일 이내에 건축물 또는 그 밖의 권리에 대하여 현금으로 청산한다. 그 금액은 시장·군수가 추천하는 감정평가업자 2 이상이 평가한 금액을 산술평균하여 산정한다.
1. 분양신청을 하지 아니한 자
2. 분양신청을 철회한 자
3. 인가된 관리처분계획에 의하여 분양대상에서 제외된 자
⑤ 조합원은 관리처분계획인가 후 ○일 이내에 분양계약체결을 하여야 하며 분양계약체결을 하지 않는 경우 제4항의 규정을 준용한다.

으로, "1. 분양신청을 하지 아니한 자, 2. 분양신청을 철회한 자, 3. 인가된 관리처분계획에 의하여 분양대상에서 제외된 자"로 되어 있었으며, 분양계약을 체결하지 않은 자는 그 대상에 포함되지 않았다.

따라서 정관에서 '분양계약을 체결하지 않는 자'에 대해 현금청산자 규정을 적용했던 것이다.[60]

이후 대법원은 아래와 같이 조합정관에서 정한 분양계약 체결기간 내에 분양계약을 체결하지 아니한 조합원은 현금청산대상자가 될 수 있다는 재개발조합 정관 규정이 무효라고 볼 수 없다고 판시하였다.

> **⚖ 판례**
>
> 관리처분계획인가 후라도 정관에서 정한 분양계약 체결기간 내에 분양계약을 체결하지 아니한 조합원은 현금청산대상자가 될 수 있다는 재개발조합 정관 규정이 무효라고 볼 수 없다
> 대법원 2011.7.28.선고 2008다91364판결, 부동산명도
> 【판결요지】
> 재개발조합 정관에서 구 도시정비법(2009.5.27 법률 제9729호로 개정되기 전의 것) 제47조와 같은 내용을 규정한 다음, 관리처분계획의 인가 후 60일 이내에 분양계약을 체결하지 아니한 조합원에게 이를 준용한다고 규정한 사안에서, 이에 따르면 위 조합의 조합원은 관리처분계획이 인가된 후라도 정관에서 정한 분양계약 체결기간 이내에 분양계약을 체결하지 아니함으로써 특별한 사정이 없는 한 현금청산대상자가 될 수 있는데, 이러한 정관 규정은 조합원으로 하여금 관리처분계획이 인가된 이후라도 조합원 지위에서 이탈하여 현금청산을 받을 기회를 추가로 부여하려는 취지이므로, 그 내용이 구 도시정비법에 위배되어 무효라고 볼 수 없다.

---

[60] 조합정관상 분양계약 미체결자의 경우 제4항(현 서울시 표준정관의 제1항 및 제2항)을 준용한다는 의미(서울시 주거정비과 2019.12.9)
Q. 조합정관 제45조제5항 조합원은 관리처분계획인가 후 60일 이내에 분양계약을 체결하여야 하며, 분양계약체결을 하지 않을 경우 제4항을 준용한다. 제4항은 조합은 조합원이 다음 각 호의 1(분양신청을 하지 아니한 자, 분양신청을 철회한 자 등)에 해당하는 경우에는 그 해당하게 될 날로부터 150일 이내에 건축물 또는 그 밖이 권리에 대하여 현금으로 청산한다. 이 경우 조합정관 제45조제5항 중 "제4항의 규정에 준용한다"는 해석은?
A. 도시정비법 제72조에 의하면 사업시행자는 사업시행계획인가의 고시가 있는 날로부터 120일 이내에 토지등소유자에게 분양통지하고 공고하여야 하며, 분양신청기간은 통지한 날로 부터 30일 이상 60일 이내로 하여야 한다. 동법 제73조에 의거 관리처분계획인가·고시가 된 다음 날부터 90일 이내에 분양신청을 하지 아니한 자, 분양신청기간 종료 이전에 분양신청을 철회한 자 등과 손실보상에 관한 협의를 하여야 하며, 사업시행자는 협의가 성립되지 아니 하면 그 기간 만료일 다음 날부터 60일 이내에 수용재결을 신청하여야 한다고 규정하고 있음.

■ **최초 분양계약 체결기간을 연장한 경우, 현금청산대상자 되는 시기**

최초 분양계약 체결기간 종료일이 현금청산대상자 시기

서울행정법원은 "피고가 분양계약 체결기간을 연장하여 본 분양계약체결기간이 종료하지 않았다고 본다면, 분양계약 체결기간 내에 분양계약을 체결하지 않은 조합원들의 지위가 피고의 일방적인 의사에 따라서 수시로 변동하게 되어 법률관계의 안정을 해할 가능성이 큰 점 등을 종합하면, 비록 분양계약 체결기간을 연장하였더라도 최초 분양계약 체결기간 종료일 다음에 현금청산자 지위를 취득한다."고 판시한 바 있어 유의하여야 한다(서울행정법원 2014.8.14.선고 2013구합60040판결).

○ **재건축사업은 표준정관 제44조제4항, 재개발사업은 표준정관 제45조제5항**

분양계약을 체결한 조합원이 분양계약에서 정한 의무를 이행하지 아니하여 조합이 계약을 해지할 경우

> **재건축 표준정관**
> 제44조(분양신청을 하지 아니한 자 등에 대한 조치) ④ 분양계약을 체결한 조합원이 분양계약에서 정한 의무를 이행하지 아니하여 조합이 계약을 해지할 경우에는 해당 분양계약에서 정한 바에 따른다.

재개발 표준정관 제45조제5항과 같다.

조합원 공급계약서나 공사계약서에 의하여 분양계약을 해지하고 일반분양하여 현금으로 청산할 수 있는지(건교부 주환 2005.6.28)

Q 1. 2003.6.30 사업계획승인을 얻어 시행 중인 재건축사업과 관련하여 도시정비법 제55조제1항에 의하여 종전의 토지 또는 건축물에 설정된 권리는 소유권을 이전받은 대지 또는 건축물에 설정된 것으로 보아, 종전에 모든 등기된 권리와 부동산 소유권이전 등기청구권, 압류명령등은 신규로 공급되는 아파트의 보존등기 시 조합원에게 이전되는지?

Q 2. Q1의 조합과 관련하여 조합원 공급계약서나 공사계약서에 의하여 분양계약을 해지하고 일반분양하여 현금으로 청산할 수 있는지?

A 1. 도시정비법 부칙 제7조제1항에 의하여 종전법률에 의하여 사업계획의 승인이나 사업시행인가를 받아 시행 중인 것은 종전의 규정에 의하도록 규정되어 있는바, 종전법률(주택건

설촉진법) 제44조의3제5항에서 "재건축대상인 노후·불량주택이나 그 대지에 설정된 저당권 등 등기된 권리는 동법 제33조에 의한 주택건설사업계획승인 이후에는 새로이 건설되는 주택이나 그 대지에 설정된 것으로 봄.

이 경우 도시재개발법 제33조 내지 제45를 준용한다"고 규정하여 재건축조합원 소유물건에 저당권 등이 설정된 경우 그 저당권 등이 사업계획승인 이후에는 도시재개발법 제33조 내지 제45조에서 정한 절차를 거쳐 그 조합원에게 그대로 승계되도록 하고 있음.

그러나 사업추진 과정에서 사업주체가 조합의 소유물건에 대하여 설정하는 저당권 등은 이해관계가 없는 일반분양자의 재산권 행사 등을 제한하는 피해를 야기할 수 있을 것이므로 일반분양 등을 위해 조합소유의 물건에 설정된 저당권 등은 말소되어야 할 것으로 사료됨.

A 2. 종전법률인 주택건설촉진법 제44조에 의하여 조합원의 제명·탈퇴 및 교체에 관한 사항, 청산절차 및 방법 등은 조합규약에 정하도록 규정되어 있는바, 질의의 경우는 당해 조합규약에 따라야 할 것으로 사료됨.

cf 부산광역시 재건축 표준정관

제43조(분양신청을 하지 아니한 자 등에 대한 조치) ① 조합은 관리처분계획이 인가·고시된 다음 날부터 90일 이내에 다음 각 호에서 정하는 자와 토지, 건축물 또는 그 밖의 권리의 손실보상에 관한 협의를 하여야 한다. 다만, 조합은 분양신청기간 종료일의 다음 날부터 협의를 시작할 수 있으며, 현금으로 청산하는 경우 청산금액은 조합과 토지등소유자가 협의하여 산정한다.

1. 분양신청을 하지 아니한 자
2. 분양신청기간 종료 이전에 분양신청을 철회한 자
3. 도시정비법 제72조제6항 본문에 따라 분양신청을 할 수 없는 자
4. 도시정비법 제74조에 따라 인가된 관리처분계획에 따라 분양대상에서 제외된 자

② 조합원은 조합에서 통지한 기간 내에 분양계약을 체결하여야 하며, 분양계약을 체결하지 않는 경우 제1항을 준용한다.

③ 조합은 제1항에 따른 협의가 성립되지 아니하면 그 기간의 만료일 다음 날부터 60일 이내에 매도청구소송을 제기하여야 한다.

④ 조합은 제3항에 따른 기간을 넘겨서 매도청구소송을 제기한 경우에는 해당 토지등소유자에게 지연일수에 따른 이자를 지급하여야 한다. 이 경우 이자는 15/100 이하의 범위에서 도정법 시행령 제60조제2항에서 정하는 이율을 적용한다.

재개발 표준정관

제45조(분양신청을 하지 아니한 자 등에 대한 조치) ① 조합은 관리처분계획이 인가·고시된 다음 날부터 90일 이내에 다음 각 호에서 정하는 자와 토지, 건축물 또는 그 밖의 권리의 손실보상에 관한 협의를 하여야 한다. 다만, 조합은 분양신청기간종료일의 다음 날부터 협의를 시작할 수 있으며, 현금으로 청산하는 경우 청산금액은 조합과 토지등소유자가 협의하여 산정한다. 이 경우 손실보상액의 산정을 위한 감정평가업자 선정에 관하여는 토지보상법 제68조제1항에 따른다.

1. 분양신청을 하지 아니한 자
2. 분양신청기간 종료 이전에 분양신청을 철회한 자
3. 도시정비법 제72조제6항 본문에 따라 분양신청을 할 수 없는 자
4. 도시정비법 제74조에 따라 인가된 관리처분계획에 따라 분양대상에서 제외된 자

② 조합원은 조합에서 통지한 기간 내에 분양계약을 체결하여야 하며, 분양계약을 체결하지 않는 경우 제1항의 규정을 준용한다.

③ 조합은 제1항에 따른 협의가 성립되지 아니하면 그 기간의 만료일 다음 날부터 60일 이내에 수용재결을 신청하여야 한다.

④ 조합은 제3항에 따른 기간을 넘겨서 수용재결을 신청한 경우에는 해당 토지등소유자에게 지연일수에 따른 이자를 지급하여야 한다. 이 경우 이자는 15/100 이하의 범위에서 도시정비법 시행령 제60조제2항에서 정하는 이율을 적용한다.

광주광역시 재건축 표준정관

제44조(분양신청을 하지 아니한 자 등에 대한 조치) ① 조합은 관리처분계획이 인가·고시된 다음 날부터 90일 이내에 법 제73조제1항 각 호에 해당하는 자와 토지, 건축물 또는 그 밖의 권리의 손실보상에 관한 협의를 하여야 한다. 다만, 협의는 분양신청기간 종료일의 다음날부터 시작할 수 있다.

② 제1항에 따른 협의가 성립되지 아니할 경우 조합이 제기하는 매도청구에 관하여는 법 제73조제2항 및 제3항에 따른다.

③ 조합원이 조합에서 통지한 기간 내에 분양계약을 체결하지 않는 경우에는 제1항 및 제2항을 준용한다.

④ 분양계약을 체결한 조합원이 분양계약에서 정한 의무를 이행하지 아니하여 조합이 계약을 해지할 경우에는 해당 분양계약에서 정한 바에 따른다.

재개발 표준정관

제44조(분양신청을 하지 아니한 자 등에 대한 조치) ① 조합은 관리처분계획이 인가·고시된 다음 날부터 90일 이내에 법 제73조제1항 각 호에 해당하는 자와 토지, 건축물 또는 그 밖의 권리의 손실보상에 관한 협의를 하여야 한다. 다만, 협의는 분양신청기간 종료일의 다음날부터 시작할 수 있다.

② 제1항의 손실보상 금액은 조합과 토지등소유자가 협의하여 산정하며, 손실보상액의 산정을 위한 감정평가법인 선정에 관하여는 토지보상법 제68조제1항에 따른다.

③ 제1항 및 제2항에 따른 협의가 성립되지 아니할 경우의 수용재결 신청 등은 법 제73조제2항 및 제3항에 따른다.

④ 조합원이 조합에서 통지한 기간 내에 분양계약을 체결하지 않는 경우에는 제1항부터 제3항 규정을 준용한다.

⑤ 분양계약을 체결한 조합원이 분양계약에서 정한 의무를 이행하지 아니하여 조합이 계약을 해지할 경우에는 해당 분양계약에서 정한 바에 따른다.

2023.11.29 국토부 별표2 지정개발자(신탁업자) 표준시행규정

제29조(분양신청을 하지 아니한 자 등에 대한 조치) 다음 각 호의 어느 하나에 해당하는 자에 대한 토지·건축물 또는 그 밖의 권리의 손실보상 등에 대해서는 도시정비법 제73조에 따른다.

1. 분양신청을 하지 아니한 자
2. 분양신청 기간 종료 이전에 분양신청을 철회한 자
3. 도시정비법 제72조제6항 본문에 따라 분양신청을 할 수 없는 자
4. 도시정비법 제74조에 따라 인가된 관리처분계획에 의하여 분양대상에서 제외된 자

2006.8.25 국토부 재건축 표준정관

관련 정관 규정이 없다

2003.6.30 국토부 재개발 표준정관

관련 정관 규정이 없다

> ■ **(서울) 재건축 표준정관 제45조(관리처분계획의 기준)**
> ● **(서울) 재개발 표준정관 제46조(관리처분계획의 기준)**
> : 재건축 표준정관과 유사하지만, 재개발사업의 성격상 일부는 다르다.

부산광역시 재건축 표준정관 제44조, 재개발 표준정관 제46조에선 '관리처분계획의 수립기준'이란 제명으로 규정하고 있다.

□ 근거규정

○ **재건축 표준정관 제45조제1항/재개발 표준정관 제46조제1항**
서울특별시 도시정비조례 제2조제1항제3호
도시정비법 제76조(관리처분계획의 수립기준), 동법 시행령 제63조

> **재건축 표준정관**
> 제45조(관리처분계획의 기준) ① 조합은 "관리처분계획기준일"(법 제72조제1항제3호에 따른 분양신청기간의 종료일을 말한다. 이하같다)의 분양신청 결과를 토대로 법 제76조, 시행령 제63조, 국토부 및 서울특별시 고시 등 관련 규정, 지침을 준수하여 관리처분계획을 수립하여야 한다.

재개발 표준정관 제46조제1항과 같다.

"관리처분계획기준일"이란 도시정비법 제72조제1항제3호에 따른 분양신청기간의 종료일이다(도시정비조례 제2조제3호).

조합은 관리처분계획기준일(분양신청기간의 종료일을 말함)의 분양신청 결과를 토대로 관리처분계획 기준을 정관에서 정하기도 하며, 정관에서 정하지 않은 경우 관리처분계획을 수립하기 이전에 별도의 관리처분계획 기준을 정하기도 한다.

○ **재건축 표준정관 제45조제2항/재개발 표준정관 제46조제2항**
관리처분계획 기준의 총회 의결 및 경미한 변경의 경우 신고로 족함
도시정비법 제45조제1항제10호, 동법 시행령 제61조(법 제74조제1항 각 호 외의 부분 단서에 따른 경미한 변경)

> **재건축 표준정관**
> 제45조(관리처분계획의 기준) ② 제1항에 의하여 수립된 관리처분계획 기준은 총회 의결을 거쳐 ○○구청장의 인가·고시로 결정되며, 관리처분계획을 변경·중지 또는 폐지하려는 경우에도 같다. 다만, 시행령 제61조 각 호에서 규정하는 경미한 사항을 변경하는 경우에는 ○○구청장에게 신고하여 그 수리 완료로 결정된다.

재개발 표준정관 제46조제2항과 같다.

관리처분계획의 수립 및 변경(법 제74조제1항 각 호 외의 부분 단서에 따른 경미한 변경은 제외)은 총회의 의결을 거쳐야 한다(도시정비법 제45조제1항제10호).

본조에서는 도시정비법 시행령 제61조 각 호에서 규정하는 경미한 사항을 변경하는 경우에는 구청장에게 신고하여 그 수리 완료로 결정되도록 하고 있다.

여기에 해당하는 관리처분계획의 경미한 변경은 각 호의 어느 하나에 해당하는 경우를 말한다(영 제61조).
 1. 계산착오·오기·누락 등에 따른 조서의 단순정정인 경우(불이익을 받는 자가 없는 경우에만 해당)
 2. 정관 및 사업시행계획인가의 변경에 따라 관리처분계획을 변경하는 경우
 3. 매도청구에 대한 판결에 따라 관리처분계획을 변경하는 경우
 4. 법 제129조에 따른 권리·의무의 변동이 있는 경우로서 분양설계의 변경을 수반하지 아니하는 경우
 5. 주택분양에 관한 권리를 포기하는 토지등소유자에 대한 임대주택의 공급에 따라 관리처분계획을 변경하는 경우

6. 「민간임대주택에 관한 특별법」 제2조제7호에 따른 임대사업자의 주소(법인인 경우에는 법인의 소재지와 대표자의 성명 및 주소)를 변경하는 경우

○ **재건축 표준정관 제45조제3항제1호/재개발 표준정관 제46조제3항제1호**
도시정비법 시행령 제63조제1항제5호(재개발사업), 동조 제2항제1호(재건축사업)

재건축 표준정관

제45조(관리처분계획의 기준) ③ 관리처분계획은 다음 각 호의 기준을 포함하여 작성하며 조합의 상황을 종합적으로 고려하고 대지 또는 건축물이 균형 있게 분양신청자에게 배분되고 합리적으로 이용되도록 하여야 한다.

【주】아래 각 호의 사항은 법·시행령·조례에서 규정한 관리처분계획 수립기준을 명시한 것으로, 조합은 정관 작성 현재의 관련 규정 원문을 확인하여야 함.

1. 종전토지의 소유면적은 관리처분계획기준일 현재 「공간정보의 구축 및 관리 등에 관한 법률」 제2조제19호에 따른 소유토지별 지적공부에 따를 것. 다만, 1필지의 토지를 여러 명이 공유하고 있는 경우에는 부동산 등기사항증명서의 지분비율을 기준으로 한다.

재개발 표준정관

제46조(관리처분계획의 기준) ③ 관리처분계획은 다음 각 호의 기준을 포함하여 작성하며 조합의 상황을 종합적으로 고려하고 대지 또는 건축물이 균형 있게 분양신청자에게 배분되고 합리적으로 이용되도록 하여야 한다.

【주】아래 각 호의 사항은 법·시행령·조례에서 규정한 관리처분계획 수립기준을 명시한 것으로, 조합은 정관 작성 현재의 관련 규정 원문을 확인하여야 함

1. 종전 토지의 소유면적은 관리처분계획기준일 현재 「공간정보의 구축 및 관리 등에 관한 법률」 제2조제19호에 따른 소유토지별 지적공부에 따를 것. 다만, 1필지의 토지를 여러 명이 공유하고 있는 경우에는 부동산 등기사항증명서의 지분비율을 기준으로 한다.
【주】사업시행방식전환의 경우에는 환지예정지증명원에 의한다.

재개발 표준정관 제46조제3항제1호와 같으며, 재개발사업에만 적용되는 "사업시행방식전환[61]의 경우에는 환지예정지증명원에 의한다."는 주석이 있다.

재개발사업의 관리처분은 도시정비법 시행령 제63조제1항제5호인 "분양대상자가 공동으로 취득하게 되는 건축물의 공용부분은 각 권리자의 공유로 하되, 해당 공용부분에 대한 각 권리자의 지분비율은 그가 취득하게 되는 부분의 위치 및 바닥면적 등의 사항을 고려하여 정할 것"이란 방법에 따라야 한다.

또한, 동법 시행령 제63조제1항제6호에서 "1필지의 대지 위에 2인 이상에게 분양될 건축물이 설치된 경우에는 건축물의 분양면적의 비율에 따라 그 대지소유권이 주어지도록 할 것(주택과 그 밖의 용도의 건축물이 함께 설치된 경우에는 건축물의 용도 및 규모 등을 고려하여 대지지분이 합리적으로 배분될 수 있도록 한다). 이 경우 토지의 소유관계는 공유토록 할 것"이라고 규정하고 있다.

재건축사업의 관리처분은 재개발사업의 관리처분방법인 위 제5호, 제6호를 적용하도록 하였다. 다만, 조합이 조합원 전원의 동의를 받아 그 기준을 따로 정하는 경우에는 그에 따른다(도시정비법 시행령 제63조제2항).

재건축사업에서 토지등소유자가 아닌 조합원이란 분양신청기간이 만료되고 미동의자를 매도청구소송 뒤 나머지 토지등소유자는 조합원이 되기 때문이다.

「공간정보의 구축 및 관리 등에 관한 법률」

제2조(정의) 이 법에서 사용하는 용어의 뜻은 다음과 같다.

19. "지적공부"란 토지대장, 임야대장, 공유지연명부, 대지권등록부, 지적도, 임야도 및 경계점좌표등록부 등 지적측량 등을 통하여 조사된 토지의 표시와 해당 토지의 소유자 등을 기록한 대장 및 도면(정보처리시스템을 통하여 기록·저장된 것을 포함한다)을 말한다.

---

[61] 도시정비법
제123조(재개발사업 등의 시행방식의 전환) ① 시장·군수등은 제28조제1항에 따라 사업대행자를 지정하거나 토지등소유자의 4/5 이상의 요구가 있어 제23조제2항에 따른 재개발사업의 시행방식의 전환이 필요하다고 인정하는 경우에는 정비사업이 완료되기 전이라도 대통령령으로 정하는 범위에서 정비구역의 전부 또는 일부에 대하여 시행방식의 전환을 승인할 수 있다.

○ **재건축 표준정관 제45조제3항제2호/재개발 표준정관 제46조제3항제2호**
서울특별시 도시정비조례 제34조제3호

> **재건축 표준정관**
>
> 제45조(관리처분계획의 기준) ③ 관리처분계획은 다음 각 호의 기준을 포함하여 작성하며 조합의 상황을 종합적으로 고려하고 대지 또는 건축물이 균형 있게 분양신청자에게 배분되고 합리적으로 이용되도록 하여야 한다.
>
> 2. 종전 건축물의 소유면적은 관리처분계획기준일 현재 소유 건축물별 건축물대장을 기준으로 하되, 법령에 위반하여 건축된 부분의 면적은 제외할 것.
>
> 【주】조례 제34조제3호 단서에 따라 정관으로 따로 정하는 경우에는 소유건축물별 건축물대장이 아닌 재산세과세대장 또는 측량성과를 기준으로 할 수 있으므로 조합원 의사 및 사업여건을 고려하여 조례 제2조제1호에 따른 특정무허가건축물 등에 해당 단서조항을 적용할 수도 있을 것임

재개발 표준정관 제46조제3항제2호와 같다.

공동주택 재건축사업의 경우에도 서울특별시 도시정비조례 제2조제1호에 따른 특정무허가건축물 등에 해당 단서조항을 적용할 수도 있어, 조합원 및 분양대상자가 될 수 있다고 한다.

단독주택 재건축사업이 사라진 이후, 특정무허가건축물 소유자가 공동주택 재건축사업에도 조합원으로서 분양대상자가 될 수 있다는 조문은 재검토해 보아야 할 것이다.

서울특별시 도시정비조례

제34조(관리처분계획의 수립 기준) 법 제74조제1항에 따른 정비사업의 관리처분계획은 다음 각 호의 기준에 적합하게 수립하여야 한다. <개정 2023.5.22>

3. 종전 건축물의 소유면적은 관리처분계획기준일 현재 소유건축물별 건축물 대장을 기준으로 하되, 법령에 위반하여 건축된 부분의 면적은 제외한다. 다만, 정관 등이 따로 정하는 경우에는 재산세과세대장 또는 측량성과를 기준으로 할 수 있다.

○ **재건축 표준정관 제45조제3항제3호/재개발 표준정관 제46조제3항제3호**
서울특별시 도시정비조례 제34조제4호

> **재건축 표준정관**
>
> 제45조(관리처분계획의 기준) ③ 관리처분계획은 다음 각 호의 기준을 포함하여 작성하며 조합의 상황을 종합적으로 고려하고 대지 또는 건축물이 균형 있게 분양신청자에게 배분되고 합리적으로 이용되도록 하여야 한다.
>
> 3. 종전토지 등의 소유권은 관리처분계획기준일 현재 부동산 등기사항증명서에 따르며, 소유권 취득일은 부동산 등기사항증명서상의 접수일자를 기준으로 할 것. 다만, 특정무허가건축물인 경우에는 구청장 등이 발행한 무허가건축물 확인원이나 그 밖에 소유자임을 증명하는 자료를 기준으로 한다.

재개발 표준정관 제46조제3항제3호와 같다.

재건축사업의 경우 도시정비조례 제34조제4호를 적용하게 되지만, 단서는 재개발사업에 적용되므로, 이를 제외하였다.

서울특별시 도시정비조례

제34조(관리처분계획의 수립 기준) 법 제74조제1항에 따른 정비사업의 관리처분계획은 다음 각 호의 기준에 적합하게 수립하여야 한다.<개정 2023.5.22>

4. 종전 토지 등의 소유권은 관리처분계획기준일 현재 부동산등기부(사업시행방식전환의 경우에는 환지예정지증명원)에 따르며, 소유권 취득일은 부동산등기부상의 접수일자를 기준으로 한다. 다만, 특정무허가건축물(미사용승인건축물을 포함한다)인 경우에는 구청장 또는 동장이 발행한 기존무허가건축물확인원이나 그 밖에 소유자임을 증명하는 자료를 기준으로 한다.

○ **재건축 표준정관 제45조제3항제4호/재개발 표준정관 제46조제3항제4호**
도시정비법 제76조제1항제1호

> **재건축 표준정관**
>
> 제45조(관리처분계획의 기준) ③ 관리처분계획은 다음 각 호의 기준을 포함하여 작성하며 조합의 상황을 종합적으로 고려하고 대지 또는 건축물이 균형 있게 분양신청자에게 배분되고 합리적으로 이용되도록 하여야 한다.
> 4. 종전의 토지 또는 건축물의 면적·이용 상황·환경, 그 밖의 사항을 종합적으로 고려하여 대지 또는 건축물이 균형 있게 분양신청자에게 배분되고 합리적으로 이용되도록 할 것.

재개발 표준정관 제46조제3항제4호와 같다.

관리처분계획은 "종전의 토지 또는 건축물의 면적·이용 상황·환경, 그 밖의 사항을 종합적으로 고려하여 대지 또는 건축물이 균형 있게 분양신청자에게 배분되고 합리적으로 이용되도록 한다."는 기준에 따른다(법 제76조제1항제1호).

○ 재건축 표준정관 제45조제3항제5호/재개발 표준정관 제46조제3항제8호 내지 제10호

■ 재건축조합의 경우

도시정비법 제76조제1항제6호, 제7호 나목1)~4)

> **재건축 표준정관**
>
> 제45조(관리처분계획의 기준) ③ 관리처분계획은 다음 각 호의 기준을 포함하여 작성하며 조합의 상황을 종합적으로 고려하고 대지 또는 건축물이 균형 있게 분양신청자에게 배분되고 합리적으로 이용되도록 하여야 한다.
> 5. 1세대 또는 1명이 하나 이상의 주택 또는 토지를 소유한 경우 1주택을 공급하고, 같은 세대에 속하지 아니하는 2명 이상이 1주택 또는 1토지를 공유한 경우에는 1주택만 공급할 것.
> <u>다만, 법 제76조제1항제7호 나목에서 정한 1) 또는 4)의 어느 하나에 해당하는 조합원에게는 소유한 주택 수만큼 공급할 수 있다.</u>

재개발 표준정관

제46조(관리처분계획의 기준) ③ 관리처분계획은 다음 각 호의 기준을 포함하여 작성하며 조합의 상황을 종합적으로 고려하고 대지 또는 건축물이 균형 있게 분양신청자에게 배분되고 합리적으로 이용되도록 하여야 한다.

8. 1세대 또는 1명이 하나 이상의 주택 또는 토지를 소유한 경우 1주택을 공급하고, 같은 세대에 속하지 아니하는 2명 이상이 1주택 또는 1토지를 공유한 경우에는 1주택만 공급할 것

9. 제8호에도 불구하고 법 제76조제1항제7호 가목에 따라 <u>조례 제36조제2항제3호 단서규정을 충족하는 경우에는 해당 토지등소유자에게 1주택을 각각 공급할 수 있도록 할 것</u>[62]

10. 제8호에도 불구하고 법 제76조제1항제7호 나목에서 정한 다음 각 목의 어느 하나에 해당하는 토지등소유자에게는 소유한 주택 수만큼 공급할 수 있도록 할 것

 가. 근로자(공무원인 근로자를 포함한다) 숙소, 기숙사 용도로 주택을 소유하고 있는 토지등소유자

 나. 국가, 지방자치단체 및 토지주택공사등

 다. 「지방자치분권 및 지역균형발전에 관한 특별법」 제25조에 따른 공공기관지방이전 및 혁신도시 활성화를 위한 시책 등에 따라 이전하는 공공기관이 소유한 주택을 양수한 자

"1세대 또는 1명이 하나 이상의 주택 또는 토지를 소유한 경우 1주택을 공급하고, 같은 세대에 속하지 아니하는 2명 이상이 1주택 또는 1토지를 공유한 경우에는 1주

---

[62] 서울특별시 도시정비조례
제36조(재개발사업의 분양대상 등) ① 영 제63조제1항제3호에 따라 재개발사업으로 건립되는 공동주택의 분양대상자는 관리처분계획기준일 현재 다음 각 호의 어느 하나에 해당하는 토지등소유자로 한다.
1, 4, 5: 생략
2. 분양신청자가 소유하고 있는 종전토지의 총면적이 90㎡ 이상인 자
3. 분양신청자가 소유하고 있는 권리가액이 분양용 최소규모 공동주택 1가구의 추산액 이상인 자. 다만, 분양신청자가 동일한 세대인 경우의 권리가액은 세대원 전원의 가액을 합하여 산정할 수 있다.
② 제1항에도 불구하고 다음 각 호의 어느 하나에 해당하는 경우에는 여러 명의 분양신청자를 1명의 분양대상자로 본다.
1, 2, 4~6: 생략
3. 1주택 또는 1필지의 토지를 여러 명이 소유하고 있는 경우. 다만, 권리산정기준일 이전부터 공유로 소유한 토지의 지분이 제1항제2호 또는 권리가액이 제1항제3호에 해당하는 경우는 예외로 한다.

택만 공급할 것"이라는 제5호는 재개발 표준정관 제46조제3항제8호와 같다.

재개발 표준정관에는 재건축 표준정관 제5호의 단서가 없지만, 제9호와 제10호에서 포함하고 있어 재건축과 그 범위가 같다.

또한, 제8호의 예외규정으로서 제9호에서 "1주택 또는 1필지의 토지를 여러 명이 소유하고 있는 경우. 다만, 권리산정기준일 이전부터 공유로 소유한 토지의 지분이 90㎡ 이상이거나, 그 이하라도 권리가액이 분양신청자가 소유하고 있는 권리가액이 분양용 최소규모 공동주택 1가구의 추산액 이상인 자에게는 각각을 분양대상자로 하겠다는 것이다.

■ "법 제76조제1항제7호 나목에서 정한 1) 또는 4)의 어느 하나에 해당하는 조합원에게는 소유한 주택 수만큼 공급할 수 있다."는 의미

하나의 정비구역(재건축·재개발 모두 포함)에서 다주택을 소유한 토지등소유자에게 종전의 주택 수만큼 공급할 수 있는 특례 규정을 두었다.

① 나목 1)

과밀억제권역인 서울, 경기, 인천이 아닌 재건축사업의 경우, 그 정비구역 내 토지등소유자가 가지고 있던 주택 수만큼 공급하는 특례 규정이 적용된다. 대표적 사례로 과밀억제권역 내 재건축조합설립인 후에도 계속하여 다주택을 소유한 재건축조합원이 이에 속한다.

과밀억제권역이 아닌 부산·울산·대구·광주·대전광역시 등 재건축사업에서 특례 규정이 적용된다.

다만, 과밀억제권역이 아닌 투기과열지구 또는 조정대상지역에서 사업시행계획인가(최초 사업시행계획인가를 말함)를 신청하는 재건축사업의 토지등소유자는 제외한다.

즉, 과밀억제권역이 아니지만, 이후 주택경기 여부에 따라 투기과열지구나 조정대상지역에 포함되는 경우, 최초 사업시행계획인가를 신청하는 재건축사업에 대해선 주택 수만큼 공급하지 않게 된다.

서울시 도시정비조례상 재건축구역에서 3주택 공급기준이 있는지(서울시 주거정비과 2023.6.15)

Q 재건축사업구역에서 3주택 공급기준이 무엇인지?

A 도시정비법 제76조제1항제1호에 따르면 관리처분계획의 기준은 종전의 토지 또는 건축물의 면적·이용상황·환경, 그 밖의 사항을 종합적으로 고려하여 대지 또는 건축물이 균형 있게 분양신청자에게 배분되고 합리적으로 이용되도록 한다고 규정하고 있으며, 같은 항 제7호에서는 1주택 공급(제6호)에도 불구하고 주택공급 방법을 따로 정하는 경우를 명시하고, 마목에서는 과밀억제권역 내 재건축사업의 경우 토지등소유자가 소유한 주택 수의 범위에서 3주택까지 공급할 수 있으며 다만, 투기과열지구 또는 조정대상지역에서 사업시행계획인가(최초 사업시행계획인가를 말함)를 신청하는 재건축사업의 경우에는 그러하지 아니하다고 규정하고 있음.

또한 「서울특별시 도시정비조례」 제38조제1항에서는 단독주택재건축사업의 주택공급에 관한 기준을 제1호~제4호까지 규정하고 있음. 하지만 조례에서는 질의하신 3주택 공급과 관련하여 구체적인 기준을 별도로 규정하고 있지 않으며, 이는 법령에 근거하여 토지와 건축물의 이용상황, 환경, 정비사업 현황 등을 종합적으로 고려하여 합리적으로 이용되고 균형 있게 배분되어야 함.

② 나목 2)

근로자(공무원인 근로자를 포함) 숙소, 기숙사 용도로 주택을 소유하고 있는 재건축·재개발사업에서의 토지등소유자에게도 같은 특례가 적용된다.

③ 나목 3)

국가, 지방자치단체 및 토지주택공사등 관련, 재건축·재개발사업에서의 토지등소유자에게도 같은 특례가 적용된다.

④ 나목 4)

「지방자치분권 및 지역균형발전에 관한 특별법」 제25조에 따른 공공기관지방이전 및 혁신도시 활성화를 위한 시책 등에 따라 재건축·재개발사업 불문하고 이전하는 공공기관이 소유한 주택을 양수한 자에게 주택공급이 가능하다.

도시정비법

제76조(관리처분계획의 수립기준) ① 제74조제1항에 따른 관리처분계획의 내용은 다음 각 호의 기준에 따른다. <개정 2017.10.24, 2018.3.20, 2022.2.3, 2023.6.9, 2024.1.30>

7. 제6호에도 불구하고 다음 각 목의 경우에는 각 목의 방법에 따라 주택을 공급할 수 있다.

　나. 다음 어느 하나에 해당하는 토지등소유자에게는 소유한 주택 수만큼 공급할 수 있다.

　　1) 과밀억제권역에 위치하지 아니한 재건축사업의 토지등소유자. 다만, 투기과열지구 또는 조정대상지역에서 사업시행계획인가(최초 사업시행계획인가를 말한다)를 신청하는 재건축사업의 토지등소유자는 제외한다.

　　2) 근로자(공무원인 근로자를 포함한다) 숙소, 기숙사 용도로 주택을 소유하고 있는 토지등소유자

　　3) 국가, 지방자치단체 및 토지주택공사등

　　4) 「지방자치분권 및 지역균형발전에 관한 특별법」 제25조에 따른 공공기관 지방이전 및 혁신도시 활성화를 위한 시책 등에 따라 이전하는 공공기관이 소유한 주택을 양수한 자

부 칙 <제14943호, 2017.10.24>

제1조(시행일) 이 법은 공포한 날부터 시행한다. 다만, 제48조제2항제7호의 개정규정은 2017.11.10부터 시행하고, 제19조제2항의 개정규정은 공포 후 3개월이 경과한 날부터 시행한다.

제3조(재건축사업의 주택공급 수 제한에 관한 적용례) ① 제48조제2항제7호 나목1)의 개정규정은 같은 개정규정 시행 후 최초로 사업시행인가를 신청하는 경우부터 적용한다.

② 제48조제2항제7호 나목1)의 개정규정 시행 전에 주택법 제63조의2제1항제1호에 따라 지정된 조정대상지역 및 과밀억제권역 외의 투기과열지구에서 1명의 토지등소유자로부터 토지 또는 건축물의 소유권을 양수하여 여러 명이 소유하

게 된 경우에는 같은 개정규정에도 불구하고 양도인과 양수인에게 각각 1주택을 공급할 수 있다.

▶ 부칙 제48조제2항제7호 나목1)은 현행법 제76조제2항제7호 나목 1)을 말함.

■ 부산광역시 재건축사업

도시정비법 제76조제1항제7호 나목 1)

재건축 표준정관

제44조(관리처분계획의 기준) 다음 어느 하나에 해당하는 토지등소유자에게는 소유한 주택 수만큼 공급할 수 있다.

7. 제6호에도 불구하고 다음 각 목의 경우에는 각 목의 방법에 따라 주택을 공급할 수 있다.

 1) 투기과열지구 또는 조정대상지역에서 사업시행계획인가(최초 사업시행계획인가를 말한다)를 신청하는 토지등소유자를 제외한 토지등소유자.

수도권정비계획법상 과밀억제권역은 서울시 전역 및 경기·인천(일부지역 제외)을 말하며, 부산광역시는 이에 해당되지 않는다.

2024.10월말 현재 투기과열지구인 서울특별시 강남구·서초구·송파구·용산구는 동시에 조정대상지역이다.

"부산광역시 재건축 표준정관 제44조제7호 1)"이 규정되어 있지만, 현재 적용되지는 않는다.

■ 재개발조합의 경우

도시정비법 제76조제1항제7호 나목2)~4)
서울특별시 도시정비조례 제36조제2항제2호, 제3호

재개발 표준정관

제46조(관리처분계획의 기준) ③ 관리처분계획은 다음 각 호의 기준을 포함하여 작

성하며 조합의 상황을 종합적으로 고려하고 대지 또는 건축물이 균형 있게 분양신청자에게 배분되고 합리적으로 이용되도록 하여야 한다.

> 【주】아래 각 호의 사항은 법·시행령·조례에서 규정한 관리처분계획 수립기준을 명시한 것으로, 조합은 정관 작성 현재의 관련규정 원문을 확인하여야 함
>
> 1~7: 생략
>
> 8. 1세대 또는 1명이 하나 이상의 주택 또는 토지를 소유한 경우 1주택을 공급하고, 같은 세대에 속하지 아니하는 2명 이상이 1주택 또는 1토지를 공유한 경우에는 1주택만 공급할 것.
>
> 9. 제8호에도 불구하고 법 제76조제1항제7호 가목에 따라 조례 제36조제2항제3호 단서규정을 충족하는 경우에는 해당 토지등소유자에게 1주택을 각각 공급할 수 있도록 할 것
>
> 10. 제8호에도 불구하고 법 제76조제1항제7호 나목에서 정한 다음 각 목의 어느 하나에 해당하는 토지등소유자에게는 소유한 주택 수만큼 공급할 수 있도록 할 것
>
>   가. 근로자(공무원인 근로자 포함) 숙소, 기숙사 용도로 주택을 소유하고 있는 토지등소유자
>
>   나. 국가, 지방자치단체 및 토지주택공사등
>
>   다. 「지방자치분권 및 지역균형발전에 관한 특별법」 제25조에 따른 공공기관지방이전 및 혁신도시 활성화를 위한 시책 등에 따라 이전하는 공공기관이 소유한 주택을 양수한 자

재개발 표준정관 제46조제3항제8호는 재건축 표준정관 제45조제3항제5호와 그 내용이 같다.

제9호 관련, 서울특별시 도시정비조례 제36조제2항제3호 단서를 충족하는 경우에는 해당토지등소유자에게 1주택을 각각 공급할 수 있도록 하고 있다.

즉, 공유 시에는 1주택을 공급해야 하지만, 권리산정기준일 이전부터 공유토지 면적이 90㎡ 이상이거나, 권리가액이 분양용 최소규모 공동주택 1가구의 추산액 이상이면 공유자 각자에게 1주택을 공급할 수 있도록 규정하고 있다.

서울특별시 도시정비조례

제36조(재개발사업의 분양대상 등) ② 제1항에도 불구하고 다음 각 호의 어느 하나에 해당하는 경우에는 여러 명의 분양신청자를 1명의 분양대상자로 본다.

2. 법 제39조제1항제2호에 따라 여러 명의 분양신청자가 1세대에 속하는 경우
3. 1주택 또는 1필지의 토지를 여러 명이 소유하고 있는 경우. 다만, 권리산정기준일 이전부터 공유로 소유한 토지의 지분이 제1항제2호 또는 권리가액이 제1항제3호에 해당하는 경우는 예외로 한다.

재개발사업장에서 1세대의 경우, 서울특별시 도시정비조례를 근거로 1주택을 공급해 왔다. 재건축사업장에서는 별다른 제한을 두지 않고 있다가, 2003.12.31 도시정비법 개정·시행으로 재건축사업에도 1세대 개념이 도입되면서 지금과 같이 1주택만 공급하도록 제한되었다.

투기과열지구가 아닌 서울특별시에 거주하는 부부가 해당 정비구역에 각각 소유한 주택을 보유하는 경우 각각 1채씩 분양을 받을 수 있는지(국토부 주택정비과 2025.2.17)

Q 도시정비법 제76조(관리처분계획의 수립기준) 제1항제7호 마목에 의하면 "과밀억제권역에 위치한 재건축사업의 경우에는 토지등소유자가 소유한 주택 수의 범위에서 3주택까지 공급할 수 있다. 다만, 투기과열지구 또는 조정대상지역에서 사업시행계획인가(최초 사업시행계획인가를 말한다)를 신청하는 재건축사업의 경우에는 그러하지 아니하다."고 규정하고 있음.
투기과열지구 해제된 재건축 추진 준비 중인 서울의 경우, 부부가 각각 아파트 1채씩 소유하고 있음. 위 규정에 의하여 본인과 배우자 각가 1채씩 분양을 받을 수 있는지?

A 도시정비법 제39조제1항에 따르면, 정비사업의 조합원은 토지등소유자(재건축사업의 경우에는 재건축사업에 동의한 자만 해당)로 하되, 다음 각 호의 어느 하나에 해당하는 때에는 그 여러 명을 대표하는 1명을 조합원으로 보도록 규정하고 있으며, 동조 제2호는 아래와 같음.

"2. 여러 명의 토지등소유자가 1세대에 속하는 때. 이 경우 동일한 세대별 주민등록표 상에 등재되어 있지 아니한 배우자 및 미혼인 19세 미만의 직계비속은 1세대로 보며, 1세대로 구성된 여러 명의 토지등소유자가 조합설립인가 후 세대를 분리하여 동일한 세대에 속하지 아니하는 때에도 이혼 및 19세 이상 자녀의 분가(세대별 주민등록을 달리하고, 실거주지를 분

가한 경우로 한정한다)를 제외하고는 1세대로 본다."

따라서, 부부가 같은 정비구역에 각각 주택을 보유하고 있더라도 이 중 한 명만이 조합원으로 될 수 있을 것으로 판단되며, 분양받을 수 있는 주택 수는 관리처분계획에 따라 결정되는 것임.

참고로, 도시정비법 제76조제1항제7호 라목에 따라, 제74조제1항제5호에 따른 가격의 범위 또는 종전 주택의 주거전용면적의 범위에서 2주택을 공급할 수 있고, 이 중 1주택은 주거전용면적을 60㎡ 이하로 한다. 다만, 60㎡ 이하로 공급받은 1주택은 제86조제2항에 따른 이전고시일 다음 날부터 3년이 지나기 전에는 주택을 전매(매매·증여나 그 밖에 권리의 변동을 수반하는 모든 행위를 포함하되 상속의 경우는 제외)하거나 전매를 알선할 수 없도록 규정이 있음.

■ 재개발 표준정관 제46조제3항제10호

재개발사업이므로 제10호에 "법 제76조제1항제7호 나목에서 정한 1)에 해당하는 재건축조합원에게는 소유한 주택 수만큼 공급할 수 있다."는 규정은 제외되었다.

○ 재건축 표준정관 제45조제3항제6호/재개발 표준정관 제46조제3항제11호

1+1 공급과 주거전용면적
도시정비법 제76조제1항제7호 라목

> **재건축 표준정관**
> 제45조(관리처분계획의 기준) ③ 관리처분계획은 다음 각 호의 기준을 포함하여 작성하며 조합의 상황을 종합적으로 고려하고 대지 또는 건축물이 균형 있게 분양신청자에게 배분되고 합리적으로 이용되도록 하여야 한다.
> 6. 조합원이 소유한 종전의 토지 또는 건축물의 사업시행계획인가·고시가 있는 날(사업시행계획인가 전에 법 제81조제3항에 따라 철거된 건축물은 ○○구청장에게 허가를 받은 날)을 기준으로 한 가격의 범위 또는 조합원이 소유한 종전 주택의 주거전용면적의 범위 내에서 2주택을 공급할 수 있고, 이 중 1주택은 주거전용면적을 60㎡ 이하로 할 것. 다만, 60㎡ 이하로 공급받은 1주택은 이전고시일 다음 날부터 3년이 지나기 전에는 전매(매매, 증여 및 그 밖에 권리의 변동을 수반하는 모든 행위를 포함하되 상속

의 경우에는 제외한다.)하거나 이의 전매를 알선할 수 없다.

【주】 2주택 공급 여부 및 60㎡ 이하로 공급받은 주택의 분양가격에 대해 조합원의 의사 및 사업여건을 고려하여 가능한 한 정관으로 정하되, 그렇지 아니할 경우에는 관리처분계획으로 확정하여야 함

재개발 표준정관 제46조제3항제11호와 같다.

도시정비법

제76조(관리처분계획의 수립기준) ① 제74조제1항에 따른 관리처분계획의 내용은 다음 각 호의 기준에 따른다. <개정 2017.10.24., 2018.3.20., 2022.2.3., 2023.6.9., 2024.1.30>

7. 제6호에도 불구하고 다음 각 목의 경우에는 각 목의 방법에 따라 주택을 공급할 수 있다.

라. 제74조제1항제5호에 따른 가격의 범위 또는 종전 주택의 주거전용면적의 범위에서 2주택을 공급할 수 있고, 이 중 1주택은 주거전용면적을 60㎡ 이하로 한다. 다만, 60㎡ 이하로 공급받은 1주택은 이전고시일 다음 날부터 3년이 지나기 전에는 주택을 전매(매매·증여나 그 밖에 권리의 변동을 수반하는 모든 행위를 포함하되 상속의 경우는 제외한다)하거나 전매를 알선할 수 없다.

1+1 주택공급 여부 및 60㎡ 이하로 공급받은 주택의 분양가격에 대해 조합원의 의사 및 사업여건을 고려하여 가능한 정관으로 정해 관리처분계획으로 확정하게 된다.

다만 +1주택에 대한 공급가격 규정을 두지 않아서 많은 조합들에게 분쟁의 불씨가 되고 있다.

> 🔖 **판례**
>
> 1+1분양 시 2주택분양가 및 분양조건은 조합의 계획재량이 인정된다.
> 부산고등법원 2023.6.9선고 2022누20976판결 관리처분계획일부취소
> 【판결요지】
> 도시정비법 제76조제1항제1호는 관리처분계획 수립기준으로 "종전의 토지 또는 건축물의 면적 · 이

용 상황·환경, 그 밖의 사항을 종합적으로 고려하여 대지 또는 건축물이 균형 있게 분양신청자에게 배분되고 합리적으로 이용되도록 한다."고 규정하고 있으나(구 도시정비법 제48조제2항제1호도 유사한 내용을 규정하고 있음), 시행령 제63조제1항이나 구 도시정비법 시행령(2018.2.9 대통령령 제28628호로 개정되기 전의 것) 제52제1항, 그리고 피고의 정관 등에는 2주택 분양 시 그 분양가 산정에 관하여 별 다른 내용을 규정하고 있지 않다.

이 사건 2주택 분양가의 내용과 일반분양가의 상향조정 등으로 인하여 이 사건 정비사업 부지 내 소유자들 사이에 일부 불균형이 초래된다고 하더라도, 그러한 사정만에 근거하여 원고들의 재산권이 본질적으로 침해되는 등 이 사건 제2계획에 위법사유가 있다고 볼 수는 없다.

이 사건 정비사업과 관련하여, <u>조합원이 2주택을 분양받을 당연한 법적 권리가 있다고 보기 어렵고 피고가 조합원에게 2주택을 분양한다고 하여 2주택 모두를 조합원 분양가로 분양하여야 할 뚜렷한 근거도 없다.</u> 오히려 2주택의 분양가격 등 그 구체적 분양조건을 결정함에 있어서는 피고의 상당한 계획재량이 인정된다고 할 것이다.

■ 1+1 주택공급과 주거전용면적 산정

1+1 주택공급을 위한 주거전용면적 산정 시 '사실상 주거용' 건축물에 대해 하급심 판결에서 서로 다른 판결을 내놓고 있다.

■ 부산지방법원(2022.1.14선고 2021구합22938판결 관리처분계획인가 일부취소)

분양신청 당시 사실상 주거용으로 사용되는 면적을 주거전용면적으로 인정함.

도시정비조례는 기존무허가건축물로서 사실상 주거용으로 사용되는 건축물만 인정하며, 그 외의 사실상 주거용건축물은 인정하지 않음.

부산광역시 도시정비조례는 2019.8.7 개정(종전규정은 사실상주거용 건축물 포함)

➡ 2주택 공급기준이 되는 종전 주택의 주거전용면적을 관리처분계획기준일 현재의 종전건축물 용도 및 면적에 따라 산정할 수 있는 것처럼 해석할 여지가 있다. 그러나 피고의 정관 제46조는 본문에서 '관리처분계획은 도시정비법 제74조 내지 제77조의 기준에 따라 수립한다'고 규정함으로써 관리처분계획 수립의 기본 원칙을 정하고 있고, 재개발조합이 자치적으로 만든 정관이더라도 도시정비법령의 입법 취지에 위배되는 내용은 규정할 수 없으므로, 피고의 정관 제46조는 도시정비법령의 취지를 저해하지 않는 범위에서 해석되어야 하고, 그에 따른 관리처분계획도 도시정비법령을 준수하는 방식으로 수립되어야 할 것임.

■ **서울행정법원(2021.5.4선고 2020구합78476판결 관리처분계획 일부취소)**

건축물대장상 주택 용도만 주거전용면적으로 인정하며, 사실상 주거용 건축물은 인정하지 않음.

공부상 용도와 달리 단지 주거용으로 사용하였다고 하여 면적산입하도록 하는 규정이 아님.

※ 서울특별시 도시정비조례 해당규정은 2008.7.30 개정되어 미 해당

■ **재개발사업 관리처분계획 수립의 주거전용면적 산정 세부운영기준**

서울특별시 중구청 도시관리국(2023.10월)

- 검토 배경

최근 서울·부산 타 재개발구역에서 2주택 공급기준 분쟁사례인 관리처분계획 일부취소 소송 등이 다수 제기되고 있음/건축물대장상 주거용도가 아닌 지하실, 근린생활시설 등을 주거용으로 사용하였으므로 주거전용면적에 포함하여 1세대 2주택 공급 요구한 소송 제기

- 관련 법령
  - 1세대 2주택 공급가능(도시정비법 제76조 관리처분계획의 수립)/1세대1주택 공급이 원칙, 가격의 범위 또는 "종전주택의 주거전용면적의 범위 내에서 2주택을 공급할 수 있음".
  - 주거전용면적 의미 및 산정기준(주택법 시행규칙 제2조 주거전용면적의 산정기준)
    의미 : 주거의 용도로만 쓰이는 면적
    산정기준 : 단독주택 바닥면적(지하실대피소, 창고, 부속동 창고, 차고, 화장실등 면적제외)
    　　　　　다가구, 다세대의 주거용도의 전용면적(2세대 이상 공용부분은 제외)

- 세부운영기준
  - 적용대상
    도시정비법 제25조 및 제35조의 조합이 시행하는 재개발사업 관리처분계획

중, 동법 제76조제1항7호 라목의 『주거전용면적의 범위 내에서 2주택 공급가능』 적격여부 판단에 한해서 적용함.
- 산정기준

건축물대장상 주거용도의 면적만을 합산하는 것으로 함(주택, 주거용 등) 2세대 이상 다가구/다세대(연립, 아파트)주택 중 건축물대장상 주거전용면적 미기재된 경우는 공동사용 면적제외하고 산정하되, 제외면적에 대한 적정 변경절차 선행 후 산정함.

구분		주거전용면적 사정방법
단독주택	단독주택(다중주택)	▶주거전용면적 = 건축물대장 연면적 - 지하실(대피소, 창고 등) - 부속동(차고, 창고 등) ※ 제외되는 면적: 지하실(단, 건축물대장상 거실은 면적신입), 부속동의 창고, 차고, 화장실 등
	다가구주택	▶주거전용면적 = 건축물대장 연면적 - 복도, 계단, 현관 등 2세대 이상이 공동사용 면적
공동주택	다세대주택 연립주택 아파트	▶주거전용면적 = 건축물대장 연면적 - 복도, 계단, 현관 등 2세대 이상이 공동사용 면적 - 관리사무소 등 그 밖의 공용면적

도시정비법 제76조제1항제7호 다목에서 '종전주택의 주거전용면적' 산정 시 건축물대장 면적으로 해야 하는지(서울시 주거정비과 2020.12.18)

Q 도시정비법 제76조제1항제7호 다목에서 '종전 주택의 주거전용면적' 산정 시 건축물대장 면적으로 해야 하는지 재산세과세대장 면적으로 해야 하는지?

A 「서울시 도시정비조례」 제34조제3호에 따르면 정비사업의 관리처분계획 수립 시 '종전 건축물의 소유면적은 관리처분계획기준일 현재 소유건축물별 건축물대장을 기준으로 하되, 법령에 위반하여 건축된 부분의 면적은 제외함. 다만, 정관 등이 따로 정하는 경우에는 재산세과세대장 또는 측량성과를 기준으로 할 수 있다.'고 규정하고 있으므로 질의하신 사항은 상기 규정에 따라야 할 것임.

법 제76조제1항제7호 다목의 "제74조제1항제5호에 따른 가격의 범위 또는 종전 주택의 주거전용면적의 범위"(서울시 주거정비과 2019.6.28)

Q 도시정비법 제76조제1항제7호 다목의 내용 중 "제74조제1항제5호에 따른 가격의 범위 또는 종전 주택의 주거전용면적의 범위"는 얼마인가?

A 도시정비법 제76조제1항제7호 다목에 따라 종전 가격의 범위 또는 종전 주택의 주거전

용면적의 범위에서 2주택을 공급할 수 있도록 규정하고 있으며,
귀하께서 소유하고 있는 종전 주택의 가격 또는 주거전용면적과 당해 조합정관 등이 정하는 관리처분계획에 따라 분양받을 주택의 면적이 따라 정하여지는 것임.

위 유권해석에서 알 수 있듯이, 조합정관에서 어떻게 정하느냐에 따라 주거전용면적이 달라질 수 있어 현황에 맞도록 세심한 규정이 필요하다.

○ **재건축 표준정관 제45조제3항제7호, 재개발 표준정관 제46조제3항제14호**
도시정비법 시행령 제63조제1항제5호

> **재건축 표준정관**
> 제45조(관리처분계획의 기준) ③ 관리처분계획은 다음 각 호의 기준을 포함하여 작성하며 조합의 상황을 종합적으로 고려하고 대지 또는 건축물이 균형 있게 분양신청자에게 배분되고 합리적으로 이용되도록 하여야 한다.
> 7. 분양대상자가 공동으로 취득하게 되는 건축물의 공용부분은 각 권리자의 공유로 하되, 해당 공용부분에 대한 각 권리자의 지분비율은 그가 취득하게 되는 부분의 위치 및 바닥면적 등의 사항을 고려하여 정할 것

재개발 표준정관 제46조제3항제14호와 같다.

도시정비법 시행령
제63조(관리처분의 방법 등) ① 법 제23조제1항세4호의 방법으로 시행하는 주거환경개선사업과 재개발사업의 경우 법 제74조에 따른 관리처분은 다음 각 호의 방법에 따른다. <개정 2022.12.9>
5. 분양대상자가 공동으로 취득하게 되는 건축물의 공용부분은 각 권리지의 공유로 하되, 해당 공용부분에 대한 각 권리자의 지분비율은 그가 취득하게 되는 부분의 위치 및 바닥면적 등의 사항을 고려하여 정할 것

○ **재건축 표준정관 제45조제3항제8호, 재개발 표준정관 제46조제3항15호**

도시정비법 시행령 제63조제1항제6호

> **재건축 표준정관**
> 제45조(관리처분계획의 기준) ③ 관리처분계획은 다음 각 호의 기준을 포함하여 작성하며 조합의 상황을 종합적으로 고려하고 대지 또는 건축물이 균형 있게 분양신청자에게 배분되고 합리적으로 이용되도록 하여야 한다.
> 8. 1필지의 대지 위에 2인 이상에게 분양될 건축물이 설치된 경우에는 건축물의 분양면적의 비율에 따라 그 대지소유권이 주어지도록 할 것(주택과 그 밖의 용도의 건축물이 함께 설치된 경우에는 건축물의 용도 및 규모 등을 고려하여 대지지분이 합리적으로 배분될 수 있도록 한다). 이 경우 토지의 소유관계는 공유로 한다.

재건축 표준정관과 같이 재개발 표준정관 제46조제3항제15호와 그 내용이 같다.

재개발사업의 경우, 법 제74조에 따른 관리처분은 다음 제6호의 방법에 따른다(도시정비법 시행령 제63조제1항).

6. 1필지의 대지 위에 2인 이상에게 분양될 건축물이 설치된 경우에는 <u>건축물의 분양면적의 비율에 따라</u> 그 대지소유권이 주어지도록 할 것(주택과 그 밖의 용도의 건축물이 함께 설치된 경우에는 건축물의 용도 및 규모 등을 고려하여 대지지분이 합리적으로 배분될 수 있도록 한다). 이 경우 토지의 소유관계는 공유로 한다.

■ 추가 개정(안)(재건축사업)

도시정비법 제76조제1항제7호 마목
1기 신도시 노후계획도시정비법 적용의 재건축사업

> 과밀억제권역에 위치한 재건축사업의 경우에는 토지등소유자가 소유한 주택 수의 범위에서 3주택까지 공급할 수 있다. 다만, 투기과열지구 또는 조정대상지역에서 사업시행계획인가(최초 사업시행계획인가를 말함)를 신청하는 재건축사업의 경우에는 그러하지 아니하다.

수도권정비계획법상 과밀억제권역(서울·경기·인천)의 재건축사업에서는 소유한 주택 수가 3 이상이면 최대 3주택까지 공급을 할 수 있되, 2017.10.24 법 개정으로 지금의 단서가 추가되었다.

2024.10말 현재 투기과열지구인 서울특별시 강남구·서초구·송파구·용산구는 동시에 조정대상지역이다. 현재 과밀억제권역이면서, 투기과열지구·조정대상지역이 아닌 노후계획도시정비법의 적용을 받은 1기 신도시 재건축사업장, 인천광역시가 이에 포함된다.

이 경우 3주택 이상 소유자의 경우(단 1세대에 해당하는 경우는 제외), 3주택을 공급받을 수 있다.

○ 재건축 표준정관 제45조제3항제9호(재건축사업에서 상가소유자의 아파트 공급)
도시정비법 시행령 제63조제2항, 재개발 표준정관에는 없음

재건축 표준정관

제45조(관리처분계획의 기준) ③ 관리처분계획은 다음 각 호의 기준을 포함하여 작성하며 조합의 상황을 종합적으로 고려하고 대지 또는 건축물이 균형있게 분양신청자에게 배분되고 합리적으로 이용되도록 하여야 한다.

9. 부대·복리시설(부속 토지를 포함한다. 이하 이 호에서 같다.)의 소유자에게는 부대·복리시설을 공급할 것. 다만, 다음 각 목의 어느 하나에 해당하는 경우에는 부대·복리시설의 소유자에게 1주택을 공급할 수 있다.

   가. 새로운 부대·복리시설을 건설하지 아니하는 경우로서 기존 부대·복리시설의 가액이 분양주택 중 최소분양단위규모 추산액에 총회에서 정하는 비율(정하지 아니한 경우에는 1로 한다)을 곱한 가액 이상일 것

   나. 기존 부대·복리시설의 가액에서 새로 공급받는 부대·복리시설의 추산액을 뺀 금액이 분양주택 중 최소분양단위규모의 추산액에 총회에서 정하는 비율을 곱한 가액보다 클 것

   다. 새로 건설한 부대·복리시설 중 최소분양단위규모의 추산액이 분양주택 중 최

> 소분양단위규모의 추산액보다 클 것

2006.8.25 국토부 재건축 표준정관에서는 가목을 "새로운 부대·복리시설을 공급받지 아니하는 경우로서 종전의 부대·복리시설의 가액이 분양주택의 최소분양단위규모 추산액에 총회에서 정하는 비율(정하지 아니한 경우에는 1로 한다)을 곱한 가액 이상일 것"이라고 정한 바 있다.

도시정비법령이 시행된 이후부터 현재까지 도시정비법 시행령 제63조제2항제2호 가목에서는 "새로운 부대·복리시설을 건설하지 아니하는 경우로서~~"로 하여 규정하고 있다.

한편, 대부분 재건축사업장에서는 이 국토부 표준정관에 따라 상가를 공급받지 않는 상가소유자에게 가 ~ 다목의 어느 하나에 해당하면 상가소유자에게 아파트를 공급받도록 규정해 옴에 따라 많은 분쟁이 있었다.

도시정비법 시행령

제63조(관리처분의 방법 등) ② 재건축사업의 경우 법 제74조에 따른 관리처분은 다음 각 호의 방법에 따른다. 다만, 조합이 조합원 전원의 동의를 받아 그 기준을 따로 정하는 경우에는 그에 따른다. <개정 2022.12.9>

1. 제1항제5호 및 제6호를 적용할 것
2. 부대·복리시설(부속토지를 포함한다. 이하 이 호에서 같다)의 소유자에게는 부대·복리시설을 공급할 것. 다만, 다음 각 목의 어느 하나에 해당하는 경우에는 1주택을 공급할 수 있다.

　가. 새로운 부대·복리시설을 건설하지 아니하는 경우로서 기존 부대시설·복리시설의 가액이 분양주택 중 최소분양단위규모의 추산액에 정관등으로 정하는 비율(정관등으로 정하지 아니하는 경우에는 1로 한다. 이하 나목에서 같다)을 곱한 가액보다 클 것.

　나. 기존 부대·복리시설의 가액에서 새로 공급받는 부대·복리시설의 추산액을 뺀 금액이 분양주택 중 최소분양단위규모의 추산액에 정관등으로 정하는 비율을 곱한 가액보다 클 것.

다. 새로 건설한 부대·복리시설 중 최소분양단위규모의 추산액이 분양주택 중 최소분양단위규모의 추산액보다 클 것.

> **판례**
>
> 주차장 부지를 소유한 자에게 부대·복리시설 공급기준을 적용할 수 있는지
> 서울고등법원 2024.8.23 선고 2023누66780판결, 관리처분계획 무효확인 등
> 【판결요지】
> 도시정비법 제76조제1항제1호가 "관리처분계획의 수립기준" 중 하나로서 "종전의 토지 또는 건축의 면적·이용 상황·환경, 그 밖의 사항을 종합적으로 고려하여 대지 또는 건축물이 균형 있게 분양신청자에게 배분되고 합리적으로 이용되도록 한다."고 규정하고 있기는 하나,
> 이는 정비사업으로 조성되는 대지 및 건축물의 배분 및 이용에 관한 기준일 뿐이므로, 이를 근거로 정비사업의 내용에 '종전 부설주차장 부지에 상응하는 부설주차장 부지의 조성'이 반드시 포함되어야 한다고 볼 수는 없다.
> 원고는 이 사건 사업구역 내에 다세대주택 1세대(대지권 포함)와 이 사건 부설주차장 부지를 소유하였으나, 위 규정에 따라 1주택만 공급받을 수 있다. 이 사건 부설주차장 부지가 이 사건 건물을 위한 부설주차장의 부지로 사용되었더라도, 그것이 '토지'인 이상 위와 달리 볼 수 없다(원고 주장처럼 이 사건 부설주차장 부지를 '부대시설'로 보아 이에 대하여 위 다세대주택에 대한 주택 공급과 별도로 토지를 공급해야 한다고 볼 수는 없다).
>
> 주택·상가 분양권 중 상가만 분양계약 포기 가능한지(X)
> 서울고등법원 2016.9.9.선고 2016누34273판결, 토지보상금
> 【판결요지】
> 4층 근린생활시설의 소유(1, 2층 상가, 3, 4층 주택)하여, 아파트와 상가를 각각 분양신청하였다가, 2년 후 아파트 분양계약 시에 상가 분양포기하여 계약 미체결함원고는 상가부분만 현금청산이 가능하다며 상가만 현금청산대상자 확인을 청구함.
> ① 관리처분계획은 권리배분인 것으로서 분양받을 종류에 따라 각 조합원에게 별개의 지위가 형성된다고 보기 어려운 점, ② 복수 분양권 중 일부 현금청산을 허용한다면 단수 분양권 조합원 대비 부당한 우월적 지위을 향유하게 되는 점, ③ 아파트와 상가 분양은 상호 연계되어 하나의 분양가액을 제외한 가액을 권리가액으로 하여 분양된 점, ④ 종전평가에서 상가와 주택을 분리하여 평가된 것이 아니라 하나의 가액으로 평가된 점, ⑤ 1조합원임에도 아파트와 상가 중 일부만 청산대상자가 될 수는 없는 법리에 의해 원고 청구 기각함

■ 2022.8.16 국토부의 재건축사업 부대·복리시설 소유자 주택공급 규정 운영방안 알림

국토교통부

수신   수신자 참조
(경유)
제목   재건축사업 부대·복리시설 소유자 주택공급 규정 운영방안 알림

1. 귀 기관의 무궁한 발전을 기원합니다.

2. 감사원에서 실시한 "재건축관리처분계획 인가처분 관련" 실지감사 결과 「도시 및 주거환경정비법 시행령」 제63조제2항제2호 규정과 舊건설교통부에서 작성·보급한 표준정관의 내용이 서로 상이하여 재건축사업 부대·복리시설 소유자의 주택공급과 관련하여 불필요한 분쟁 발생 우려가 있다는 지적이 있었습니다.

3. 이에 따라, 명확한 유권해석 및 표준정관 반영사항 등을 포함한 「재건축사업 부대·복리시설 소유자 주택공급 규정 운영방안」을 붙임과 같이 보내드리니, 소속시·군·구에 즉시 알리고 표준정관을 정비하는 등 필요한 조치를 하여 주시기 바랍니다.

붙임 「재건축사업 부대·복리시설 소유자 주택공급 규정 운영방안」 1부. 끝.

국토교통부장관

수신자   서울특별시장, 부산광역시장, 대구광역시장, 인천광역시장, 광주광역시장, 대정광역시장, 울산광역시장, 강원도지사, 경기도지사, 충청북도지사, 총청남도지사, 전라북도지사, 전라남도지사, 경상북도지사, 경상남도지사, 제주특별자치도지사, 세종특별자치시장

                                                    전결 2022.8.12
사무관대우   서기관   주택정비과장
  ○○○   ○○○   ○○○

협조자

시행   주택정비과 - 3952   (2022.8.16)   접수   공동주택지원과 - 27864   2022.8.16

우 30103   세종특별자치시 도움6로 11(어진동) 국토교통부   /http://www.molit.go.kr
          주택토지실 주택정비과

전화번호 ○○○-○○○-○○○○   팩스번호 ○○○-○○○-○○○○   /○○○@○○○.go.kr/비공개

재건축사업 부대·복리시설 소유자 주택공급 규정 운영방안

□ **재건축사업 부대·복리시설 소유자 주택공급 규정 및 표준정관 현황**
○ **(규정)** 부대 복리시설 소유자에게는 부대·복리시설을 공급하되, "새로운 부대·복리시설을 건설하지 아니하는 경우" 1주택 공급 가능(영 §63②2)
○ **(표준정관)** 舊 건설교통부에서 작성·보급한 표준정관*에서 "새로운 부대·복리시설을 공급하지 아니하는 경우"로 기재

* 표준정관 작성·보급 주체는 국토교통부에서 시·도지사로 변경('19.4.23)

□ **운영방안**
① **(유권해석 명확화)** 법령에 따라 "새로운 부대·복리시설을 건설하지 아니하는 경우"에만 1주택 공급이 가능한 것으로 유권해석
- 상가조합원이 상가를 포기하는 등 "새로운 부대·복리시설을 공급하지 아니하는 경우"에는 1주택 공급 불가
② **(표준정관 반영)** 시·도에서 표준정관을 이미 작성·배포한 경우 "새로운 부대·복리시설을 건설하지 아니하는 경우"에만 **1주택 공급이 가능**한 것으로 **즉시 변경**하고,
- 향후, 시·도에서 작성하는 표준정관은 해당 내용을 반영하여 작성
③ **(조합정관 인가)** 공문 시행일 이후 조합설립인가가 신청된 조합정관은 "새로운 부대·복리시설을 건설하지 아니하는 경우"로 인가
- 기존 표준정관 등을 신뢰하여 "새로운 부대·복리시설을 공급하지 아니하는 경우" 1주택 공급이 가능한 것으로 인가된 조합정관이나, 공문 시행일 이전 인가 신청된 조합정관은 인정

　위 국토부 공문은 서울특별시, 경기도, 인천광역시, 부산광역시, 광주광역시 등에 발송되었으며, 서울특별시는 각 구청 및 재건축조합으로 이 공문을 전달한 바 있다.

2022.8.16 이후 조합설립인가가 신청된 조합정관은 "새로운 부대·복리시설을 건설하지 아니하는 경우"로 인가를 하도록 하고, 그 이전에 국토부 표준정관 등을 신뢰해 "새로운 부대·복리시설을 공급하지 아니하는 경우" 1주택 공급이 가능한 것으로 인가된 조합정관이나, 공문 시행일인 2022.8.16 이전에 인가 신청된 조합정관은 인정하도록 하였다.

특히 향후 시도에서 작성하는 표준정관은 해당 내용을 반영하여 작성하도록 함에 따라. 서울특별시 재건축 표준정관 제45조제3항제9호 가목에서 "새로운 부대·복리시설을 건설하지 아니하는 경우로서~~~~"로 규정하고 있다.

정비구역 내의 상가의 면적이 줄어드는 경우, 상가 소유자가 주택을 공급받을 수 있는지(국토부 주택정비과 2024.11.6)

Q 우리 아파트단지는 아파트와 부대·복리시설 및 전통시장으로 구성되어 있음.
관리처분계획을 수립하기 위해 의견 청취를 해보니, 현재 상가연면적 500㎡ 중 250㎡ 상가소유자만 계속 영업을 원하고 있고 나머지는 영업을 포기하고 있음.
500㎡ 중 250㎡(영업을 포기한 상가 제외한 면적)로 규모를 줄이는 경우, 줄어든 250㎡ 상가소유자는 도시정비법 시행령 제63조제2항제2호 가목에 의해 부대·복리시설을 건설하지 아니하는 경우로 볼 수 있는지?

A 도시정비법 시행령」 제63조제2항제2호에 따르면, 부대·복리시설의 소유자에게는 부대·복리시설을 공급할 것. 다만, 다음 각 목의 어느 하나에 해당하는 경우에는 1주택을 공급할 수 있도록 규정하고 있으며, 각 호 중 가목은 아래와 같음.
가. 새로운 부대·복리시설을 건설하지 아니하는 경우로서 기존 부대시설·복리시설의 가액이 분양주택 중 최소분양단위규모의 추산액에 정관등으로 정하는 비율(정관등으로 정하지 아니하는 경우에는 1로 한다. 이하 나목에서 같다)을 곱한 가액보다 클 것.
우리 부는 감사원 지적에 따라 "새로운 부대·복리시설을 공급하지 아니하는 경우"의 정관을 "새로운 부대·복리시설을 건설하지 아니하는 경우"로 표준정관을 변경하도록 각 시도에 공문을 시행(주택정비과-3952, 2022.8.12)하였음.

■ 2022.8.16 서울특별시 재건축사업 부대·복리시설 소유자 주택공급 규정 운영방안 알림

서울특별시

수신자　수신자 참조

(경유)

제목　재건축사업 부대·복리시설 소유자 주택공급 규정 운영방안 알림

1. 국토교통부 주택정비과-3952(2022.8.16)호 관련입니다.

2. 감사원에서 실시한 "재건축관리처분계획 인가처분 관련" 실지감사 결과 「도시 및 주거환경정비법 시행령」 제63조제2항제2호 규정과 舊건설교통부에서 작성·보급한 표준정관의 내용이 서로 상이하여 재건축사업 부대·복리시설 소유자의 주택공급과 관련하여 불필요한 분쟁 발생 우려가 있다는 지적이 있었습니다.

3. 이에 따라, 「재건축사업 부대·복리시설 소유자 주택공급 규정 운영방안」을 붙임과 같이 보내드리니, 재건축사업 관련 부서에서는 운영방안에 따라 조치를 하여 주시기 바랍니다.

붙임 관련공문 1부. 끝.

서 울 특 별 시 장

수신자　주택정책과장, 주거정비과장, 재정비촉진사업과장, 간서구 1-25(재건축사업 부서)

					08/16
주무관	○○○	재건축정책팀장	○○○	공동주택지원과장	○○○

협조자

시행　공동주택정비과 - 3952　　(2022.8.16)　　접수　주거개선과 - 33672　(2022..8.16)

우 04514　　서울특별시 중구 서소문로124, 13층 공동주택지원 /http://www.seoul.go.kr

■ 재건축 표준정관 제45조제3항 가~다목

가. 새로운 부대·복리시설을 건설하지 아니하는 경우로서 기존 부대시설·복리시설의 가액이 분양주택 중 최소분양단위규모 추산액에 총회에서 정하는 비율(정하지 아니한 경우에는 1로 한다)을 곱한 가액 이상일 것.

▶ 재건축조합에 따라 0.1~0.5 정도를 정해 사용하고 있다.

기존 상가 가액> 최소분양 단위규모 주택가액 X 정관비율

나. 기존 부대시설·복리시설의 가액에서 새로 공급받는 부대·복리시설의 추산액을 뺀 금액이 분양주택 중 최소분양단위규모의 추산액에 총회에서 정하는 비율을 곱한 가액보다 클 것.

▶ 기존 상가 가액-새로 공급받는 부대·복리시설의 추산액>최소분양단위규모의 추산액 X 정관비율

다. 새로 건설한 부대·복리시설 중 최소분양단위규모의 추산액이 분양주택 중 최소분양단위규모의 추산액보다 클 것

▶ 신축상가 분양가액>최소분양 단위규모 주택가액

대규모 상가를 소유하고 있는 경우로, 이를 적용받아 아파트를 받는 것은 문제가 없지만 그 사례를 찾기가 쉽지 않다.

⚖ 판례

상가조합원에게 도시정비법 시행령 제63조제2항제2호와 다르게 주택공급을 허용하는 정관 변경 개정안의 가결에는 조합원 전원의 동의가 필요하다
서울고등법원 2024.5.23.선고 2023나2027555판결, 총회안건가결 확인
방배6구역 단독주택 재건축사업 관련
【판결요지】
정관개정안은 상가조합원에게 1주택을 공급할 수 있는 기준에 관하여 도시정비법 시행령 제63조제2항제2호와는 달리 정하는 것이므로, 이 사건 안건의 가결에는 같은 시행령 제63조제2항 단서에 따라 조합원 전원의 동의가 필요하다고 판단된다.
이 사건 총회에서는 이 사건 안건에 대하여 전체 조합원 약 56.8%만이 동의하였을 뿐 조합원 전원의 동의가 없었으므로, 이 사건 안건은 부결된 것으로 봄이 타당하다.

▶ 24.8.29 대법원에서 심리불속행기각으로 서울고등법원 판결이 확정(2024다252794).

대법원 심리불속행 기각 판결로 확정되었지만, 이를 종전 대법원판결에 대해 의견이 변경된 것으로 볼 수는 없으므로 이를 그대로 따르기는 어렵다고 판단된다.

참고로, 2010.2월 대법원은 정관 변경에 필요한 의결정족수로 족하고, 조합원 전원의 동의를 얻을 필요가 없다고 판시한 바 있다.[63]

<법률신문 2024.11.6>

대법원이 올해 1~5월에 처리된 민사 본안 사건 가운데 72.3%를 심리불속행으로 기각한 것으로 나타났다(소송남용인 사건 제외). 10명 중 7.2명의 사건 당사자가 이유도 모른 채 상고를 기각당했다는 것이다.

법률신문 취재를 종합하면, 2024년 1~5월 대법원에 접수된 민사 본안사건은 모두 4845건으로, 같은 기간 동일인의 과다 소송 제기 사건을 제외한 처리 건수는 5687건이었다. 이 가운데 72.3%에 달하는 4112건이 심리불속행 기각으로 종결된 것으로 파악됐다.

심리불속행(기각)이란 민사나 가사·행정·특허 분야 상고 사건에서 상고 이유에 관한 주장이 헌법이나 법률, 대법원 판례 위반이나 중대한 법령 위반에 관한 사항 등을 포함하지 않는 경우 더 이상 심리하지 않고 상고를 기각하는 제도이다.

○ 재건축 표준정관 제45조제3항제11호/재개발 표준정관 제46조제3항제17호

재건축 표준정관

제45조(관리처분계획의 기준) ③ 관리처분계획은 다음 각 호의 기준을 포함하여 작성하며 조합의 상황을 종합적으로 고려하고 대지 또는 건축물이 균형 있게 분양신청

---

[63] 대법원 2010.2.11선고 2008다45637, 2008다45644 판결
"상가 조합원이 상가의 분양을 포기한 경우에 아파트를 분양하는 조합정관개정"에 관하여, '상가 소유조합원이 상가의 분양을 포기'한 경우를 ❶도시정비법 시행령 제63조제2항제2호 가목의 '새로운 상가를 건설하지 아니하는 경우'로 유추 적용하거나, ❷동 규정의 나목의 '새로이 공급받는 부대·복리시설의 추산액이 0인 경우'로 보아, 동 규정 가, 나, 목에 기하여 1주택을 공급할 수 있다고 해석되는 것을 이유로, '상가 조합원의 상가 분양 포기의 경우에 아파트를 공급하는 조합정관 개정은 도시정비법 시행령 제63조제2항제2호 각 목에서 정한 기준에 부합하므로, **조합 정관개정에 필요한 의결정족수를 얻으면 족하고, 조합원 전원의 동의를 얻을 필요는 없다**'고 판단함.

자에게 배분되고 합리적으로 이용되도록 하여야 한다.

11. 그 밖에 관리처분계획을 수립하기 위하여 필요한 세부적인 사항은 관련법령 및 조례 등에 의거하여 수립하는 관리처분계획기준으로 결정할 것

【주】그 밖에 해당 조합의 사정(예를 들어 상가독립정산제를 채택한 경우 등)에 따라 국토부 표준정관에 나오는 관리처분계획 기준 등을 참고하여 법 및 이 정관에 위반되지 않는 기준을 추가하여 규정할 수 있을 것임.

재개발 표준정관 제46조제3항제17호와 같다.

관리처분계획을 수립하기 위하여 필요한 세부적인 사항은 관련 법령 및 조례 등에 의거하여 수립하는 관리처분계획기준으로 결정한다.

해당 조합의 사정(예를 들어 상가독립정산제를 채택한 경우 등)에 따라 국토부 표준정관에 나오는 관리처분계획 기준 등을 참고하여 법 및 이 정관에 위반되지 않는 기준을 추가하여 규정할 수 있을 것이다.

재개발 표준정관

제46조(관리처분계획의 기준) ③ 관리처분계획은 다음 각 호의 기준을 포함하여 작성하며 조합의 상황을 종합적으로 고려하고 대지 또는 건축물이 균형 있게 분양신청자에게 배분되고 합리적으로 이용되도록 하여야 한다.

12. 정비구역의 토지등소유자(지상권자는 제외한다. 이하 이 항에서 같다)에게 분양하되, 공동주택을 분양하는 경우의 분양대상자는 조례 제36조에 따를 것

재건축 표준정관에는 없는 규정이다.

재개발사업이 그 대상인 도시정비법 시행령 제63조제1항과 달리, 공동주택 재건축사업은 동조 제2항에서 규정하고 있다.

재개발사업의 관리처분은 "정비구역의 토지등소유자(지상권자는 제외)에게 분양할 것. 다만,

공동주택을 분양하는 경우 시·도조례로 정하는 금액·규모·취득 시기 또는 유형에 대한 기준에 부합하지 아니하는 토지등소유자는 시·도조례로 정하는 바에 따라 분양대상에서 제외할 수 있다."고 규정하고 있다(도시정비법 시행령 제63조제2항).

서울특별시는 도시정비조례 제36조에서 재개발사업, 제37조에서 단독주택 재건축사업에 대한 분양대상자 규정을 두고 있지만, 이 규정들은 공동주택 재건축사업에는 적용되지 않는다.

재개발사업으로 건립되는 공동주택의 분양대상자는 관리처분계획기준일 현재 다음 각 호의 어느 하나에 해당하는 토지등소유자로 한다(서울특별시 도시정비조례 제36조제1항).

1. 종전의 건축물 중 주택(주거용으로 사용하고 있는 특정무허가건축물 중 조합의 정관등에서 정한 건축물을 포함한다)을 소유한 자
   ➡ 특정무허가건축물 소유자는 조합정관에서 조합원으로 규정하고 있어야 분양대상자가 됨

2. 분양신청자가 소유하고 있는 종전토지의 총면적이 90㎡ 이상인 자
   ➡ 토지등소유자가 소유하는 토지 총면적이 90㎡ 이상이어야 함. 이는 용도와 관계없이 소유하는 총 토지면적을 합산한 것으로, 권리산정기준일 이후는 합산되지 않음

3. 분양신청자가 소유하고 있는 권리가액이 분양용 최소규모 공동주택 1가구의 추산액 이상인 자. 다만, 분양신청자가 동일한 세대인 경우의 권리가액은 세대원 전원의 가액을 합하여 산정할 수 있다.
   ➡ 위 제2호의 보완규정으로 총 토지면적이 90㎡ 미만이라도 권리가액이 분양용 최소규모 공동주택 1가구의 추산액 이상이면 분양대상자임. 다만, 분양신청자가 동일한 세대인 경우의 권리가액은 세대원 전원의 가액을 합산할 수 있음.

4. 사업시행방식전환의 경우에는 전환되기 전의 사업방식에 따라 환지를 지정받은 자. 이 경우 제1호부터 제3호까지는 적용하지 아니할 수 있다.
   ➡ 주택개량방식에 의해 환지를 받은 경우 그 토지면적이 위 제1호 내지 제3호에 해당되지 않아 분

양대상이 될 수 있음. 감보율에 의해 그 면적이 적어짐에 따른 보완규정임.

5. 도시재정비법 제11조제4항에 따라 재정비촉진계획에 따른 기반시설을 설치하게 되는 경우로서 종전의 주택(사실상 주거용으로 사용되고 있는 건축물을 포함한다)에 관한 보상을 받은 자

▶ 재정비촉진계획에 따라 재개발사업에서 기반시설을 설치하게 되는 경우에 시장·군수·구청장 등으로부터 토지 또는 건축물 등에 관한 보상을 받은 자가 그 보상금액에 이자를 더한 금액을 시장·군수·구청장등에게 반환 시에는 해당 재정비촉진구역 또는 인접한 재정비촉진구역의 토지등소유자로 간주하고 있다.
이 경우 해당 토지등소유자는 보상을 받았다고 분양대상자가 되는 것이 아니라, 보상금액+이자를 구청장에게 반환하고 분양대상자로서 조합정관에 규정되어야 그 대상이 됨.

위 제1항은 해당하는 각자가 분양대상자가 되지만, 다음 각 호의 어느 하나에 해당하는 경우에는 여러 명의 분양신청자를 1명의 분양대상자로 본다(동조 제2항).
즉, 권리산정기준일, 조합설립인가일 등 그 이후에 다세대 전환, 1세대가 되는 경우에 1주택만 공급받게 된다.

1. 단독주택 또는 다가구주택을 권리산정기준일 후 다세대주택으로 전환한 경우
2. 법 제39조제1항제2호에 따라 여러 명의 분양신청자가 1세대에 속하는 경우
3. 1주택 또는 1필지의 토지를 여러 명이 소유하고 있는 경우. 다만, 권리산정기준일 이전부터 공유로 소유한 토지의 지분이 제1항제2호 또는 권리가액이 제1항제3호에 해당하는 경우는 예외로 한다.
4. 1필지의 토지를 권리산정기준일 후 여러 개의 필지로 분할한 경우
5. 하나의 대지범위에 속하는 동일인 소유의 토지와 주택을 건축물 준공 이후 토지와 건축물로 각각 분리하여 소유하는 경우. 다만, 권리산정기준일 이전부터 소유한 토지의 면적이 90㎡ 이상인 자는 예외로 한다.
6. 권리산정기준일 후 나대지에 건축물을 새로 건축하거나 기존 건축물을 철거하고 다세대주택, 그 밖에 공동주택을 건축하여 토지등소유자가 증가되는 경우

전조인 제36조제1항제2호의 종전 토지의 총면적 및 동조 제1항제3호의 권리가액의 산정을 하는데 있어, 다음 각 호의 어느 하나에 해당하는 토지는 포함하지 않는다. 즉 합산 산정이 불가능하다는 것이다(동조 제3항).

1. 「건축법」 제2조제1항제1호에 따른 하나의 대지범위 안에 속하는 토지가 여러

필지인 경우 권리산정기준일 후에 그 토지의 일부를 취득하였거나 공유지분으로 취득한 토지

2. 하나의 건축물이 하나의 대지범위 안에 속하는 토지를 점유하고 있는 경우로서 권리산정기준일 후 그 건축물과 분리하여 취득한 토지

3. 1필지의 토지를 권리산정기준일 후 분할하여 취득하거나 공유로 취득한 토지

○ **제13호(재개발사업만 해당)**

도시정비법 시행령 제63조제1항제4호

재개발 표준정관

제46조(관리처분계획의 기준) ③ 관리처분계획은 다음 각 호의 기준을 포함하여 작성하며 조합의 상황을 종합적으로 고려하고 대지 또는 건축물이 균형 있게 분양신청자에게 배분되고 합리적으로 이용되도록 하여야 한다.

13. 1필지의 대지 및 그 대지에 건축된 건축물(법 제79조제4항 전단에 따라 보류지로 정하거나 조합원 외의 자에게 분양하는 부분은 제외한다)을 2인 이상에게 분양하는 때에는 기존의 토지 및 건축물의 가격(시행령 제93조에 따라 사업시행방식이 전환된 경우에는 환지예정지의 권리가액을 말한다. 이하 제16호에서 같다)과 시행령 제59조제4항 및 제62조제3호에 따라 토지등소유자가 부담하는 비용의 비율에 따라 분양할 것

재건축 표준정관에는 없는 규정이다.

재개발사업 관리처분에 대해 "1필지의 대지 및 그 대지에 건축된 건축물(보류지로 정하거나 조합원 외의 자에게 분양하는 부분은 제외)을 2인 이상에게 분양하는 때에는 기존의 토지 및 건축물의 가격과 영 제59조제4항 및 제62소제3호[64]에 따

---

[64] 도시정비법 시행령

제59조(분양신청의 절차 등) ④ 재개발사업의 경우 토지등소유자가 정비사업에 제공되는 종전의 토지 또는 건축물에 따라 분양받을 수 있는 것 외에 공사비 등 사업시행에 필요한 비용의 일부를 부담하고 그 대지 및 건축물(주택을 제외한다)을 분양받으려는 때에는 제3항에 따른 분양신청을 하는 때에 그 의사를 분명히 하고, 법 제72조제1항제1호에 따른 가격의 10%에 상당하는 금액을 사업시행자에게 납입하여야 한다. 이 경우 그 금액은 납입하였으나 제62조제3호에 따라 정하여진 비용부담액을 정하여진 시기에 납입하지 아니한 자는 그 납입한 금액의 비율에 해당하는 만큼의 대지 및 건축물(주택을 제외한다)만 분양을 받을 수 있다.

제62조(관리처분계획의 내용) 법 제74조제1항제9호에서 "대통령령으로 정하는 사항"이란 다음 각 호의

라 토지등소유자가 부담하는 비용

(재개발사업의 경우에만 해당)의 비율에 따라 분양할 것"이라고 규정되어 있다(도시정비법 시행령 제63조제1항).

○ 제14호(재개발사업만 해당)

도시정비법 시행령 제63조제1항제6호

> **재개발 표준정관**
> 제46조(관리처분계획의 기준) ③ 관리처분계획은 다음 각 호의 기준을 포함하여 작성하며 조합의 상황을 종합적으로 고려하고 대지 또는 건축물이 균형있게 분양신청자에게 배분되고 합리적으로 이용되도록 하여야 한다.
> 14. 분양대상자가 공동으로 취득하게 되는 건축물의 공용부분은 각 권리자의 공유로 하되, 해당 공용부분에 대한 각 권리자의 지분비율은 그가 취득하게 되는 부분의 위치 및 바닥면적 등의 사항을 고려하여 정할 것

재건축 표준정관에는 없는 규정이다.

재개발사업 관리처분에 대해 "분양대상자가 공동으로 취득하게 되는 건축물의 공용부분은 각 권리자의 공유로 하되, 해당 공용부분에 대한 각 권리자의 지분비율은 그가 취득하게 되는 부분의 위치 및 바닥면적등의 사항을 고려하여 정할 것"이라고 규정되어 있다(도시정비법 시행령 제63조제1항제5호).

○ 제15호(재개발사업만 해당)

도시정비법 시행령 제63조제1항제6호

사항을 말한다.
3. 제63조제1항제4호에 따른 비용의 부담비율에 따른 대지 및 건축물의 분양계획과 그 비용부담의 한도·방법 및 시기. 이 경우 비용부담으로 분양받을 수 있는 한도는 정관등에서 따로 정하는 경우를 제외하고는 기존의 토지 또는 건축물의 가격의 비율에 따라 부담할 수 있는 비용의 50%를 기준으로 정한다.

재개발 표준정관

제46조(관리처분계획의 기준) ③ 관리처분계획은 다음 각 호의 기준을 포함하여 작성하며 조합의 상황을 종합적으로 고려하고 대지 또는 건축물이 균형 있게 분양신청자에게 배분되고 합리적으로 이용되도록 하여야 한다.

15. 1필지의 대지 위에 2인 이상에게 분양될 건축물이 설치된 경우에는 건축물의 분양면적의 비율에 따라 그 대지소유권이 주어지도록 할 것(주택과 그 밖의 용도의 건축물이 함께 설치된 경우에는 건축물의 용도 및 규모 등을 고려하여 대지지분이 합리적으로 배분될 수 있도록 한다). 이 경우 토지의 소유관계는 공유로 한다.

재건축 표준정관에는 없는 규정이다.

재개발사업 관리처분에 대해 "1필지의 대지 위에 2인 이상에게 분양될 건축물이 설치된 경우에는 건축물의 분양면적의 비율에 따라 그 대지소유권이 주어지도록 할 것(주택과 그 밖의 용도의 건축물이 함께 설치된 경우에는 건축물의 용도 및 규모 등을 고려하여 대지지분이 합리적으로 배분될 수 있도록 한다). 이 경우 토지의 소유관계는 공유로 한다."고 규정되어 있다(도시정비법 시행령 제63조제1항제6호)

○ **제16호(재개발사업만 해당)**

서울특별시 도시정비조례 제38조제1항(주택), 제2항(부대·복리시설)

재개발 표준정관

제46조(관리처분계획의 기준) ③ 관리처분계획은 다음 각 호의 기준을 포함하여 작성하며 조합의 상황을 종합적으로 고려하고 대지 또는 건축물이 균형 있게 분양신청자에게 배분되고 합리적으로 이용되도록 하여야 한다.

16. 주택 및 부대·복리시설의 공급순위는 기존의 토지 또는 건축물의 가격을 고려하여 정하되, 그 구체적인 기준은 조례 제38조에 따를 것.

재건축 표준정관에는 없는 규정이다.

공동주택 재건축사업에는 해당되지 않지만, 서울특별시는 도시정비조례 경과조치에 의해 진행되며 주택공급의 경우 단독주택 재건축사업에도 해당되도록 규정하고 있다.

<u>재개발사업 및 단독주택재건축사업의 주택공급에 관한 기준</u>은 다음 각 호와 같다(도시정비조례 제38조제1항).
1. 권리가액에 해당하는 분양주택가액의 주택을 분양한다. 이 경우 권리가액이 2개의 분양주택가액의 사이에 해당하는 경우에는 분양대상자의 신청에 따른다.
2. 제1호에도 불구하고 정관등으로 정하는 경우 권리가액이 많은 순서로 분양할 수 있다.
3. 법 제76조제1항제7호 라목에 따라 2주택을 공급하는 경우에는 권리가액에서 1주택 분양신청에 따른 분양주택가액을 제외하고 나머지 권리가액이 많은 순서로 60㎡ 이하의 주택을 공급할 수 있다.
4. 동일규모의 주택분양에 경합이 있는 경우에는 권리가액이 많은 순서로 분양하고, 권리가액이 동일한 경우에는 공개추첨에 따르며, 주택의 동·층 및 호의 결정은 주택규모별 공개추첨에 따른다.

<u>재개발사업으로 조성되는 상가 등 부대·복리시설</u>은 관리처분계획기준일 현재 다음 각 호의 순위를 기준으로 공급한다. 이 경우 동일 순위의 상가 등 부대·복리시설에 경합이 있는 경우에는 제1항제4호에 따라 정한다(동조 제2항).
1. 제1순위: 종전 건축물의 용도가 분양건축물 용도와 동일하거나 비슷한 시설이며 사업자등록(인가·허가 또는 신고 등을 포함한다. 이하 이 항에서 같다)을 하고 영업을 하는 건축물의 소유자로서 권리가액(공동주택을 분양받은 경우에는 그 분양가격을 제외한 가액을 말한다. 이하 이 항에서 같다)이 분양건축물의 최소분양단위규모 추산액 이상인 자
2. 제2순위: 종전 건축물의 용도가 분양건축물 용도와 동일하거나 비슷한 시설인 건축물의 소유자로서 권리가액이 분양건축물의 최소분양단위규모 추산액 이상인 자
3. 제3순위: 종전 건축물의 용도가 분양건축물 용도와 동일하거나 비슷한 시설이

며 사업자등록을 필한 건축물의 소유자로서 권리가액이 분양건축물의 최소분양단위규모 추산액에 미달되나 공동주택을 분양받지 않은 자
4. 제4순위: 종전 건축물의 용도가 분양건축물 용도와 동일하거나 비슷한 시설인 건축물의 소유자로서 권리가액이 분양건축물의 최소분양단위규모 추산액에 미달되나 공동주택을 분양받지 않은 자
5. 제5순위: 공동주택을 분양받지 않은 자로서 권리가액이 분양건축물의 최소분양단위규모 추산액 이상인 자
6. 제6순위: 공동주택을 분양받은 자로서 권리가액이 분양건축물의 최소분양단위규모 추산액 이상인 자

○ 추가 개정(안)(재건축사업)

재건축 표준정관
제46조(관리처분계획의 기준) ③ 관리처분계획은 다음 각 호의 기준을 포함하여 작성하며 조합의 상황을 종합적으로 고려하고 대지 또는 건축물이 균형 있게 분양신청자에게 배분되고 합리적으로 이용되도록 하여야 한다.
11. 너무 좁은 토지 또는 건축물을 취득한 자나 정비구역 지정 후 분할된 토지 또는 집합건물의 구분소유권을 취득한 자에게는 현금으로 청산할 수 있다.

상가지분쪼개기 금지규정은 도시정비법 제19조제7항, 제77조제1항, 제76조제1항제3호로, 2024.1.30 신설되어 같은 해 7.31부터 효력이 발생하였다.

정비예정구역 또는 정비계획 수립 중 행위제한을 위반하여 "건축법 제38조에 따른 건축물대장 중 일반건축물대장을 집합건축물대장으로 전환, 건축법 제38조에 따른 건축물대장 중 집합건축물대장의 전유부분 분할"행위를 제한하였다.
또한, 시·도지사가 기준일의 다음 날을 기준으로 정비사업의 건축물을 분양받을 권리를 산정할 수 있는 경우에 집합건물의 전유부분을 분할하는 경우를 추가하였으며, 이에 해당하는 자는 현금으로 청산하도록 조문이 신설되어 시행되고 있다.

서울특별시 재건축 표준정관 제46조에는 이 규정이 누락되었는데, 추가하여야 할 것이다.

도시정비법

[시행 2024.1.30] [법률 제20174호, 2024.1.30, 일부개정]

제19조(행위제한 등) ⑦ 국토부장관, 시·도지사, 시장, 군수 또는 구청장은 비경제적인 건축행위 및 투기 수요의 유입을 막기 위하여 제6조제1항에 따라 기본계획을 공람 중인 정비예정구역 또는 정비계획을 수립 중인 지역에 대하여 3년 이내의 기간(1년의 범위에서 한 차례만 연장할 수 있다)을 정하여 대통령령으로 정하는 방법과 절차에 따라 다음 각 호의 행위를 제한할 수 있다. <개정 2024.1.30>

3. 「건축법」 제38조에 따른 건축물대장 중 일반건축물대장을 집합건축물대장으로 전환.

4. 「건축법」 제38조에 따른 건축물대장 중 집합건축물대장의 전유부분 분할.

제76조(관리처분계획의 수립기준) ① 제74조제1항에 따른 관리처분계획의 내용은 다음 각 호의 기준에 따른다. <개정 2017.10.24, 2018.3.20, 2022.2.3, 2023.6.9, 2024.1.30>

3. 너무 좁은 토지 또는 건축물을 취득한 자나 정비구역 지정 후 분할된 토지 또는 집합건물의 구분소유권을 취득한 자에게는 현금으로 청산할 수 있다.

제77조(주택 등 건축물을 분양받을 권리의 산정 기준일) ① 정비사업을 통하여 분양받을 건축물이 다음 각 호의 어느 하나에 해당하는 경우에는 제16조제2항 전단에 따른 고시가 있는 날 또는 시·도지사가 투기를 억제하기 위하여 제6조제1항에 따른 기본계획 수립을 위한 주민공람의 공고일 후 정비구역 지정·고시 전에 따로 정하는 날(이하 이 조에서 "기준일")의 다음 날을 기준으로 건축물을 분양받을 권리를 산정한다. <개정 2018.6.12., 2024.1.30>

2. 집합건물법에 따른 집합건물이 아닌 건축물이 동법에 따른 집합건물로 전환되는 경우.

5. 집합건물법 제2조제3호에 따른 전유부분의 분할로 토지등소유자의 수가 증

가하는 경우.

부칙 <법률 제20174호, 2024.1.30>
제1조(시행일) 이 법은 공포한 날부터 시행한다.

cf 부산광역시 재건축 표준정관

제44조(관리처분계획의 수립기준) 조합은 도시정비법 제72조에 따른 분양신청기간이 종료된 때에는 분양신청의 현황을 기초로 도시정비법 제74조제1항에 따른 관리처분계획을 다음 각 호의 기준에 따라 수립하여야 한다.

1. 종전의 토지 또는 건축물의 면적·이용상황·환경, 그 밖의 사항을 종합적으로 고려하여 대지 또는 건축물이 균형 있게 분양신청자에게 배분되고 합리적으로 이용되도록 한다.

2. 지나치게 좁거나 넓은 토지 또는 건축물은 넓히거나 좁혀 대지 또는 건축물이 적정 규모가 되도록 한다.

3. 너무 좁은 토지 또는 건축물이나 정비구역 지정 후 분할된 토지를 취득한 자에게는 현금으로 청산할 수 있다.

4. 재해 또는 위생상의 위해를 방지하기 위하여 토지의 규모를 조정할 특별한 필요가 있는 때에는 너무 좁은 토지를 넓혀 토지를 갈음하여 보상을 하거나 건축물의 일부와 그 건축물이 있는 대지의 공유지분을 교부할 수 있다.

5. 분양설계에 관한 계획은 도시정비법 제72조에 따른 분양신청기간이 만료하는 날을 기준으로 하여 수립한다.

6. 1세대 또는 1명이 하나 이상의 주택 또는 토지를 소유한 경우 1주택을 공급하고, 같은 세대에 속하지 아니하는 2명 이상이 1주택 또는 1토지를 공유한 경우에는 1주택만 공급한다.

7. 제6호에도 불구하고 다음 각 목의 경우에는 각 목의 방법에 따라 주택을 공급할 수 있다.

가. 다음 어느 하나에 해당하는 토지등소유자에게는 소유한 주택 수 만큼 공급할 수 있다.

1) 투기과열지구 또는 「주택법」 제63조의2제1항제1호에 따라 지정된 조정대

상지역에서 사업시행계획인가(최초 사업시행계획인가를 말한다)를 신청하는 토지등소유자를 제외한 토지등소유자

　2) 근로자(공무원인 근로자를 포함한다) 숙소, 기숙사 용도로 주택을 소유하고 있는 토지등소유자

　3) 국가, 지방자치단체 및 토지주택공사 등

나. 도시정비법 제74조제1항제5호에 따른 가격의 범위 또는 종전 주택의 주거전용면적의 범위에서 2주택을 공급할 수 있고, 이 중 1주택은 주거전용면적을 60㎡ 이하로 한다. 다만, 60㎡ 이하로 공급받은 1주택은 이전고시일 다음 날부터 3년이 지나기 전에는 주택을 전매(매매·증여나 그 밖에 권리의 변동을 수반하는 모든 행위를 포함하되 상속의 경우는 제외한다)하거나 전매를 알선할 수 없다.

재개발 표준정관

제46조(관리처분계획의 수립기준) 조합은 도시정비법 제72조에 따른 분양신청기간이 종료된 때에는 분양신청의 현황을 기초로 도시정비법 제74조제1항에 따른 관리처분계획을 다음 각 호의 기준에 따라 수립하여야 한다.

1. 종전 토지의 소유면적은 관리처분계획 기준일 현재 「공간정보의 구축 및 관리 등에 관한 법률」 제2조제19호에 따른 소유토지별 지적공부(도시정비조례 제2조제5호에 따른 환지방식사업의 경우에는 환지예정지증명원)에 따른다. 다만, 1필지의 토지를 여러 명이 공유하고 있는 경우에는 부동산등기부(도시정비조례 제2조제5호에 따른 환지방식사업의 경우에는 환지예정지증명원)의 지분비율을 기준으로 한다.

2. 종전 건축물의 소유면적은 관리처분계획 기준일 현재 소유 건축물별 건축물대장을 기준으로 하며, 법령에 위반하여 건축된 부분의 면적(무허가건축물의 경우에는 도시정비조례 제2조제1호에 의한 기존무허가건축물에 추가된 면적을 말한다)은 제외한다. 다만, 재산세과세대장·측량성과 및 물건조서 기준으로 할 수 있다.

3. 종전 토지 또는 건축물의 소유권은 관리처분계획 기준일 현재 부동산등기부(도시정비조례 제2조제5호에 따른 환지방식사업의 경우에는 환지예정지증명원)에 따르며, 소유권 취득일은 부동산등기부상의 접수일자를 기준으로 한다.

4. 종전의 토지 또는 건축물의 면적·이용상황·환경, 그 밖의 사항을 종합적으로 고려하여 대지 또는 건축물이 균형 있게 분양신청자에게 배분되고 합리적으로 이용되

도록 한다.

5. 지나치게 좁거나 넓은 토지 또는 건축물은 넓히거나 좁혀 대지 또는 건축물이 적정 규모가 되도록 한다.

6. 너무 좁은 토지 또는 건축물이나 정비구역 지정 후 분할된 토지를 취득한 자에게는 현금으로 청산할 수 있다.

7. 재해 또는 위생상의 위해를 방지하기 위하여 토지의 규모를 조정할 특별한 필요가 있는 때에는 너무 좁은 토지를 넓혀 토지를 갈음하여 보상을 하거나 건축물의 일부와 그 건축물이 있는 대지의 공유지분을 교부할 수 있다.

8. 분양설계에 관한 계획은 도시정비법 제72조에 따른 분양신청기간이 만료하는 날을 기준으로 하여 수립한다.

9. 1세대 또는 1명이 하나 이상의 주택 또는 토지를 소유한 경우 1주택을 공급하고, 같은 세대에 속하지 아니하는 2명 이상이 1주택 또는 1토지를 공유한 경우에는 1주택만 공급한다.

10. 제9호에도 불구하고 다음 각 목의 경우에는 각 목의 방법에 따라 주택을 공급할 수 있다.

  가. 다음 어느 하나에 해당하는 토지등소유자에게는 소유한 주택 수 만큼 공급할 수 있다.

    1) 근로자(공무원인 근로자를 포함한다) 숙소, 기숙사 용도로 주택을 소유하고 있는 토지등소유자

    2) 국가, 지방자치단체 및 토지주택공사 등

  나. 도시정비법 제74조제1항제5호에 따른 가격의 범위 또는 종전 주택의 주거전용면적의 범위에서 2주택을 공급할 수 있고, 이 중 1주택은 주거전용면적을 60㎡ 이하로 한다. 다만, 60㎡ 이하로 공급받은 1주택은 이전고시일 다음 날부터 3년이 지나기 전에는 주택을 전매(매매·증여나 그 밖에 권리의 변동을 수반하는 모든 행위를 포함하되 상속의 경우는 제외한다)하거나 전매를 알선할 수 없다.

11. 국·공유지 점유자는 점유연고권이 인정되어 그 경계를 기준으로 실시한 지적측량성과에 따라 관계 법령과 정관 등이 정하는 바에 따른다.

12. 도시정비조례 제2조제1호에 의한 기존무허가건축물인 경우에는 항공촬영 판독결과와 재산세과세대장 등 소유자임을 입증하는 자료를 기준으로 하며, 국·공유지

는 제11호 규정에 따라 인정된 점유연고권자를 기준으로 한다.

13. 「건축법」 제2조제1항제1호에 따른 대지부분 중 국·공유재산의 감정평가는 도시정비법 제74조제2항제1호를 준용하며, 도시정비법 제98조제5항 및 제6항에 따라 평가한다.

서울특별시 재건축 표준정관 제45조(관리처분계획의 기준), 재개발 표준정관 제46조(관리처분계획의 기준)과 비교해 보기 바란다.

광주광역시 재건축 표준정관

제45조(관리처분계획의 기준) ① 조합은 "관리처분계획기준일"(법 제72조제1항제3호에 따른 분양신청기간의 종료일을 말한다. 이하같다)의 분양신청 결과를 토대로 법 제76조, 시행령 제63조, 국토교통부 및 광주광역시 고시 등 관련 규정, 지침을 준수하여 관리처분계획을 수립하여야 한다.

② 제1항에 의하여 수립된 관리처분계획 기준은 총회의결을 거쳐 ○○구청장의 인가·고시로 결정되며, 관리처분계획을 변경·중지 또는 폐지하려는 경우에도 같다. 다만, 시행령 제61조 각 호에서 규정하는 경미한 사항을 변경하는 경우에는 ○○구청장에게 신고하여 그 수리 완료로 결정된다.

③ 관리처분계획은 다음 각 호의 기준을 포함하여 작성하며, 조합의 상황을 종합적으로 고려하여 대지 또는 건축물이 균형 있게 분양신청자에게 배분되고 합리적으로 이용되도록 하여야 한다.

【주】아래 각 호의 사항은 법·시행령·조례에서 규정한 관리처분계획 수립기준을 명시한 것으로, 조합은 정관 작성 현재의 관련규정 원문을 확인하여야 함.

1. 종전 토지의 소유면적은 관리처분계획기준일 현재 공간정보의 구축 및 관리 등에 관한 법률 제2조제19호에 따른 소유토지별 지적공부에 따를 것. 다만, 1필지의 토지를 여러 명이 공유하고 있는 경우에는 부동산 등기사항증명서의 지분비율을 기준으로 한다.

【주】사업시행방식전환의 경우에는 환지예정지증명원에 의한다.

2. 종전 건축물의 소유면적은 관리처분계획기준일 현재 소유 건축물별 건축물대장을 기준으로 하되, 법령에 위반하여 건축된 부분의 면적은 제외할 것.

【주】소유건축물별 건축물대장이 아닌 재산세과세대장 또는 측량성과를 기준으로 할 수 있으므로 조합원 의사 및 사업여건을 고려하여 적용할 수도 있을 것임.

3. 종전 토지 등의 소유권은 관리처분계획기준일 현재 부동산 등기사항증명서에 따르며, 소유권 취득일은 부동산 등기사항증명서상의 접수일자를 기준으로 할 것. 다만, 특정무허가건축물인 경우에는 구청장 등이 발행한 무허가건축물 확인원이나 그 밖에 소유자임을 증명하는 자료를 기준으로 한다.

4. 종전의 토지 또는 건축물의 면적·이용 상황·환경, 그 밖의 사항을 종합적으로 고려하여 대지 또는 건축물이 균형 있게 분양신청자에게 배분되고 합리적으로 이용되도록 할 것.

5. 1세대 또는 1명이 하나 이상의 주택 또는 토지를 소유한 경우 1주택을 공급하고, 같은 세대에 속하지 아니하는 2명 이상이 1주택 또는 1토지를 공유한 경우에는 1주택만 공급할 것. 다만, 법 제76조제1항제7호 나목에서 정한 1) 또는 4)의 어느 하나에 해당하는 조합원에게는 소유한 주택 수만큼 공급할 수 있다.

6. 조합원이 소유한 종전의 토지 또는 건축물의 사업시행계획인가 고시가 있는 날(사업시행계획인가 전에 법 제81조제3항에 따라 철거된 건축물은 ○○구청장에게 허가를 받은 날)을 기준으로한 가격의 범위 또는 조합원이 소유한 종전 주택의 주거전용면적의 범위 내에서 2주택을 공급할 수 있고, 이 중 1주택은 주거전용면적을 60㎡ 이하로 할 것. 다만, 60㎡ 이하로 공급받은 1주택은 이전고시일 다음 날부터 3년이 지나기 전에는 전매(매매, 증여 및 그 밖에 권리의 변동을 수반하는 모든 행위를 포함하되 상속의 경우에는 제외한다.)하거나 이의 전매를 알선할 수 없다.

【주】2주택공급 여부 및 60㎡ 이하로 공급받은 주택의 분양가격에 대해 조합원의 의사 및 사업여건을 고려하여 가능한 한 정관으로 정하되, 그렇지 아니할 경우에는 관리처분계획으로 확정하여야 함.

7. 분양대상자가 공동으로 취득하게 되는 건축물의 공용부분은 각 권리자의 공유로 하되, 해당 공용부분에 대한 각 권리자의 지분비율은 그가 취득하게 되는 부분의 위치 및 바닥면적 등의 사항을 고려하여 정할 것.

8. 1필지의 대지 위에 2인 이상에게 분양될 건축물이 설치된 경우에는 건축물의 분양면적의 비율에 따라 그 대지소유권이 주어지도록 할 것(주택과 그 밖의 용도의 건

축물이 함께 설치된 경우에는 건축물의 용도 및 규모 등을 고려하여 대지지분이 합리적으로 배분될 수 있도록 한다). 이 경우 토지의 소유관계는 공유로 한다.

 9. 부대·복리시설(부속 토지를 포함한다. 이하 이 호에서 같다.)의 소유자에게는 부대·복리시설을 공급할 것. 다만, 다음 각 목의 어느 하나에 해당하는 경우에는 부대·복리시설의 소유자에게 1주택을 공급할 수 있다.

  가. 새로운 부대·복리시설을 건설하지 아니하는 경우로서 기존 부대·복리시설의 가액이 분양주택 중 최소분양단위규모 추산액에 총회에서 정하는 비율(정하지 아니한 경우에는 1로 한다)을 곱한 가액 이상일 것.

  나. 기존 부대·복리시설의 가액에서 새로 공급받는 부대·복리시설의 추산액을 뺀 금액이 분양주택 중 최소분양단위규모의 추산액에 총회에서 정하는 비율을 곱한 가액보다 클 것.

  다. 새로 건설한 부대·복리시설 중 최소분양단위규모의 추산액이 분양주택 중 최소분양단위 규모의 추산액보다 클 것.

 10. 그 밖에 관리처분계획을 수립하기 위하여 필요한 세부적인 사항은 관련법령 및 조례 등에 의거하여 수립하는 관리처분계획기준으로 결정할 것.

 【주】그 밖에 해당 조합의 사정(예를 들어 상가독립정산제를 채택한 경우 등)에 따라 국토부 표준정관에 나오는 관리처분계획 기준 등을 참고하여 법 및 이 정관에 위반되지 않는 기준을 추가하여 규정할 수 있을 것임.

재개발 표준정관

 제45조(관리처분계획의 기준) ① 조합은 "관리처분계획기준일"(법 제72조제1항제3호에 따른 분양신청기간의 종료일을 말한다. 이하같다)의 분양신청 결과를 토대로 법 제76조, 시행령 제63조, 국토교통부 및 광주광역시 고시 등 관련 규정, 지침을 준수하여 관리처분계획을 수립하여야 한다.

 ② 제1항에 의하여 수립된 관리처분계획 기준은 총회 의결을 거쳐 ○○구청장의 인가·고시로 결정되며, 관리처분계획을 변경·중지 또는 폐지하려는 경우에도 같다. 다만, 시행령 제61조 각 호에서 규정하는 경미한 사항을 변경하는 경우에는 ○○구청장에게 신고하여 그 수리 완료로 결정된다.

 ③ 관리처분계획은 다음 각 호의 기준을 포함하여 작성하며, 조합의 상황을 종합

적으로 고려하여 대지 또는 건축물이 균형 있게 분양신청자에게 배분되고 합리적으로 이용되도록 하여야 한다.

【주】아래 각 호의 사항은 법·시행령·조례에서 규정한 관리처분계획 수립기준을 명시한 것으로, 조합은 정관 작성 현재의 관련규정 원문을 확인하여야 함

1. 종전 토지의 소유면적은 관리처분계획기준일 현재 공간정보의 구축 및 관리등에 관한 법률 제2조제19호에 따른 소유토지별 지적공부에 따를 것. 다만, 1필지의 토지를 여러 명이 공유하고 있는 경우에는 부동산 등기사항증명서의 지분비율을 기준으로 한다.

【주】사업시행방식전환의 경우에는 환지예정지증명원에 의한다.

2. 종전 건축물의 소유면적은 관리처분계획기준일 현재 소유 건축물별 건축물대장을 기준으로 할 수 있다.

【주】소유건축물별 건축물대장이 아닌 재산세과세대장 또는 측량성과를 기준으로 할 수 있으므로 조합원 의사 및 사업여건을 고려하여 적용할 수도 있을 것임

3. 종전 토지 등의 소유권은 관리처분계획기준일 현재 부동산 등기사항증명서에 따르며, 소유권 취득일은 부동산 등기사항증명서상의 접수일자를 기준으로 할 것. 다만, 특정무허가건축물인 경우에는 구청장 등이 발행한 무허가건축물 확인원이나 그 밖에 소유자임을 증명하는 자료를 기준으로 한다.

【주】사업시행방식전환의 경우에는 환지예정지증명원에 의한다.

4. 종전의 토지 또는 건축물의 면적·이용 상황·환경, 그 밖의 사항을 종합적으로 고려하여 대지 또는 건축물이 균형 있게 분양신청자에게 배분되고 합리적으로 이용되도록 할 것

5. 지나치게 좁거나 넓은 토지 또는 건축물은 넓히거나 좁혀 대지 또는 건축물이 적정 규모가 되도록 할 것

6. 너무 좁은 토지 또는 건축물을 취득한 자나 정비구역 지정 후 분할된 토지 또는 집합건물의 구분소유권을 취득한 자에게는 현금으로 청산할 수 있도록 할 것

7. 재해 또는 위생상의 위해를 방지하기 위하여 토지의 규모를 조정할 특별한 필요가 있는 때에는 너무 좁은 토지를 넓혀 토지를 갈음하여 보상을 하거나 건축물의 일부와 그 건축물이 있는 대지의 공유지분을 교부할 수 있도록 할 것

8. 1세대 또는 1명이 하나 이상의 주택 또는 토지를 소유한 경우 1주택을 공급하

고, 같은 세대에 속하지 아니하는 2명 이상이 1주택 또는 1토지를 공유한 경우에는 1주택만 공급할 것

9. 제8호에도 불구하고 법 제76조제1항제7호 가목에 따라 해당 토지등소유자에게 1주택을 각각 공급할 수 있도록 할 것

10. 제8호에도 불구하고 법 제76조제1항제7호 나목에서 정한 다음 각 목의 어느 하나에 해당하는 토지등소유자에게는 소유한 주택 수만큼 공급할 수 있도록 할 것

　가. 근로자(공무원인 근로자를 포함한다) 숙소, 기숙사 용도로 주택을 소유하고 있는 토지등소유자

　나. 국가, 지방자치단체 및 토지주택공사등

　다. 「지방자치분권 및 지역균형발전에 관한 특별법」 제25조에 따른 공공기관지방이전 및 혁신도시 활성화를 위한 시책 등에 따라 이전하는 공공기관이 소유한 주택을 양수한 자

11. 조합원이 소유한 종전의 토지 또는 건축물의 사업시행계획인가·고시가 있은 날(사업시행계획인가 전에 법 제81조제3항에 따라 철거된 건축물은 ○○구청장에게 허가를 받은 날)을 기준으로한 가격의 범위 또는 조합원이 소유한 종전 주택의 주거전용면적의 범위 내에서 2주택을 공급할 수 있고, 이 중 1주택은 주거전용면적을 60㎡ 이하로 할 것. 다만, 60㎡ 이하로 공급받은 1주택은 이전고시일 다음 날부터 3년이 지나기 전에는 전매(매매, 증여 및 그 밖에 권리의 변동을 수반하는 모든 행위를 포함하되 상속의 경우에는 제외한다.)하거나 이의 전매를 알선할 수 없다.

【주】2주택공급 여부 및 60㎡ 이하로 공급받은 주택의 분양가격에 대해 조합원의 의사 및 사업여건을 고려하여 가능한 한 정관으로 정하되, 그렇지 아니할 경우에는 관리처분계획으로 확정하여야 함

12. 정비구역의 토지등소유자(지상권자는 제외한다. 이하 이 항에서 같다)에게 분양하되, 공동주택을 분양하는 경우의 분양대상자는 <u>조례 제41조에 따를 것</u>[65]

65　광주광역시 도시정비조례
　　제41조(일반분양) 법 제79조제2항에 따라 토지등소유자에게 공급하는 주택과 제43조에 따른 처분 보류지를 제외한 대지 및 건축물(이하 "체비시설")은 법 제79조제4항에 따라 조합원 또는 토지등소유자 이외의 자에게 분양할 수 있으며 분양기준은 다음 각 호에 따른다.
　　1. 체비시설 중 공동주택은 법 제74조제1항제4호 가목에 따라 산정된 가격을 기준으로 「주택법」 및 「주택공급에 관한 규칙」에서 정하는 바에 따라 일반에게 분양한다.

13. 1필지의 대지 및 그 대지에 건축된 건축물(법 제79조제4항 전단에 따라 보류지로 정하거나 조합원 외의 자에게 분양하는 부분은 제외한다)을 2인 이상에게 분양하는 때에는 기존의 토지 및 건축물의 가격(시행령 제93조에 따라 사업시행방식이 전환된 경우에는 환지예정지의 권리가액을 말한다. 이하 제16호에서 같다)과 시행령 제59조제4항 및 제62조제3호에 따라 토지등소유자가 부담하는 비용의 비율에 따라 분양할 것

14. 분양대상자가 공동으로 취득하게 되는 건축물의 공용부분은 각 권리자의 공유로 하되, 해당 공용부분에 대한 각 권리자의 지분비율은 그가 취득하게 되는 부분의 위치 및 바닥면적 등의 사항을 고려하여 정할 것

15. 1필지의 대지 위에 2인 이상에게 분양될 건축물이 설치된 경우에는 건축물의 분양면적의 비율에 따라 그 대지소유권이 주어지도록 할 것(주택과 그 밖의 용도의 건축물이 함께 설치된 경우에는 건축물의 용도 및 규모 등을 고려하여 대지지분이 합리적으로 배분될 수 있도록 한다). 이 경우 토지의 소유관계는 공유로 한다.

16. 주택 및 부대·복리시설의 공급순위는 기존의 토지 또는 건축물의 가격을 고려하여 정하되, 그 구체적인 기준은 조례 제38조에 따를 것

17. 그 밖에 관리처분계획을 수립하기 위하여 필요한 세부적인 사항은 관련법령 및 조례 등에 따라 수립하는 관리처분계획기준으로 결정할 것

재개발사업의 주택공급기준은 다음 각 호와 같다(조례 제38조제1항)

1. 권리가액에 해당하는 분양주택가액의 주택을 분양한다. 이 경우 권리가액이 2개의 분양주택가액의 사이에 해당하는 경우에는 분양대상자의 신청에 따른다.

2. 제1호에도 불구하고 정관 등으로 정하는 경우 권리가액이 많은 순서로 분양할 수 있다.

---

2. 체비시설 중 부대복리시설은 법 제74조제1항제4호라목에 따라 산정된 가격을 기준으로 「주택법」 및 「주택공급에 관한 규칙」에서 정하는 바에 따라 분양한다. 다만, 세입자(정비구역의 지정을 위한 공람공고일 3월 전부터 사업시행계획인가로 인하여 이주하는 날까지 계속하여 영업하고 있는 세입자를 말한다)가 분양을 희망하는 경우에는 다음 각 목이 순위에 따라 우선 분양한다.
 가. 제1순위 : 종전 건축물의 용도가 분양건축물 용도와 동일하거나 비슷한 시설인 건축물의 세입자로서 사업자등록을 필하고 영업한 자
 나. 제2순위 : 종전 건축물의 용도가 분양건축물 용도와 동일하거나 비슷한 시설인 건축물의 세입자로서 영업한 자
3. 제1호 및 제2호에 불구하고 구청장은 재정비촉진지구에서 도시계획사업으로 철거되는 주택을 소유한 자(철거되는 주택 이외의 다른 주택을 소유하지 않은 자에 한한다)가 인근 정비구역 안의 주택분양을 희망하는 경우에는 「주택공급에 관한 규칙」 제36조에 따라 특별공급하도록 한다.

3. 법 제76조제1항제7호 라목에 따라 2주택을 공급하는 경우에는 권리가액에서 1주택 분양신청에 따른 분양주택가액을 제외하고 나머지 권리가액이 많은 순서로 60㎡ 이하의 주택을 공급할 수 있다. <개정 2024.12.13>

4. 동일규모의 주택분양에 경쟁이 있는 경우에는 권리가액이 많은 순서로 분양하고, 권리가액이 동일한 경우에는 공개추첨에 따르며, 주택의 동·층 및 호의 결정은 주택규모별 공개추첨에 따른다.

재개발사업으로 조성되는 상가 등 부대·복리시설은 관리처분계획기준일 현재 다음 각 호의 순위를 기준으로 공급한다. 이 경우 동일순위의 상가 등 부대복리시설에 경합이 있는 경우에는 제1항제4호에 따라 정한다(동조 제2항). <개정 2020.12.15>

1. 제1순위: 종전 건축물의 용도가 분양건축물 용도와 동일하거나 비슷한 시설로 사업자등록(인가·허가 또는 신고 등을 포함한다. 이하 이 항에서 같다)을 하고 영업을 하는 건축물의 소유자로서 권리가액(공동주택을 분양받은 경우에는 그 분양가격을 제외한 가액을 말한다. 이하 이 항에서 같다)이 분양건축물의 최소분양단위규모 추산액 이상인 자

2. 제2순위: 종전 건축물의 용도가 분양건축물 용도와 동일하거나 비슷한 시설의 건축물 소유자로서 권리가액이 분양건축물의 최소분양단위규모 추산액 이상인 자

3. 제3순위: 종전 건축물의 용도가 분양건축물 용도와 동일하거나 비슷한 시설로 사업자등록을 한 건축물의 소유자로서 권리가액이 분양건축물의 최소분양단위규모 추산액에 미달되나 공동주택을 분양받지 않은 자

4. 제4순위: 종전 건축물의 용도가 분양건축물 용도와 동일하거나 비슷한 시설의 건축물 소유자로서 권리가액이 분양건축물의 최소분양단위규모 추산액에 미달되나 공동주택을 분양받지 않은 자

5. 제5순위: 공동주택을 분양받지 아니한 자로서 권리가액이 분양건축물의 최소분양단위규모 추산액 이상인 자

6. 제6순위: 공동주택을 분양받은 자로서 권리가액이 분양건축물의 최소분양단위규모 추산액 이상인 자

7. 제7순위: 그 밖에 분양을 희망하는 토지 등의 소유자

2023.11.29 국토부 별표2 지정개발자(신탁업자) 표준시행규정

제33조(분양대상자) 분양대상자와 분양기준은 도시정비법 및 조례가 정하는 기준에 적합한 범위 안에서 관리처분계획으로 정한다.

제34조(주택 등 공급기준 등) ① 사업시행자는 정비사업의 시행으로 건설된 건축물을 도시정비법 제74조에 따라 인가받은 관리처분계획에 따라 토지등소유자에게 공급하여야 한다. 이 경우 관리처분의 방법은 도시정비법 시행령 제63조에 따른다.

② 도시정비법 시행령 제63조제2항제2호 가목 및 같은 호 나목에서 "정관등으로 정하는 비율"이란 [   ]을 말한다(재건축사업인 경우에만 해당한다).

2006.8.25 국토부 재건축 표준정관

제46조(관리처분계획의 기준) 조합원의 소유재산에 관한 관리처분계획은 분양신청 및 공사비가 확정된 후 건축물 철거 전에 수립하며 다음 각 호의 기준에 따라 수립하여야 한다.

1. 조합원이 출자한 종전의 토지 및 건축물의 가격/면적을 기준으로 새로이 건설되는 주택 등을 분양함을 원칙으로 한다.

2. 사업시행 후 분양받을 건축물의 면적은 분양면적(전용면적+공유면적)을 기준으로 하며, 1필지의 대지위에 2인 이상에게 분양될 건축물이 설치된 경우에는 건축물의 분양면적의 비율에 의하여 그 대지소유권이 주어지도록 하여야 한다. 이 경우 토지의 소유관계는 공유로 한다.

3. 조합원에게 분양하는 주택의 규모는 건축계획을 작성하여 사업시행인가를 받은 후 평형별로 확정한다.

4. 조합원에 대한 신축건축물의 평형별 배정에 있어 조합원 소유 종전건축물의 가격·면적·유형·규모 등에 따라 우선순위를 정할 수 있다.

【주】일정평형에 신청이 몰릴 경우 다툼이 예상되는 바, 이에 대한 기준을 미리 설정할 수 있으며, 면적으로 결정이 불합리한 경우, 금액으로 순위를 정할 수 있다.

5. 조합원이 출자한 종전의 토지 및 건축물의 면적을 기준으로 산정한 주택의 분양대상면적과 사업시행 후 조합원이 분양받을 주택의 규모에 차이가 있을 때에

는 당해 사업계획서에 의하여 산정하는 평형별 가격을 기준으로 환산한 금액의 부과 및 지급은 제54조 및 제55조를 준용한다.

6. 사업시행구역 안에 건립하는 상가 등 부대·복리시설은 조합이 시공자와 협의하여 별도로 정하는 약정에 따라 공동주택과 구분하여 관리처분계획을 수립할 수 있다.

7. 조합원에게 공급하고 남는 잔여주택이 20세대 이상인 경우에는 일반에게 분양하며, 그 잔여주택의 공급시기와 절차 및 방법 등에 대하여는 「주택공급에 관한 규칙」이 정하는 바에 따라야 한다. 잔여주택이 20세대 미만인 경우 그러하지 아니하다.

【주】「주택공급에 관한 규칙」에 따라 일반분양하는 경우는 잔여주택이 20세대 이상일 때임을 설명한 것임

8. 1세대가 1 이상의 주택을 소유한 경우 1주택을 공급하고 2인 이상이 1주택을 공유한 경우에는 1주택만 공급한다. 다만 다음 각 목의 어느 하나에 해당하는 토지등소유자에 대하여는 소유한 주택 수만큼 공급할 수 있다.

가. 투기과열지구 안에 위치하지 아니하는 재건축사업의 토지등소유자

나. 근로자(공무원인 근로자를 포함) 숙소기숙사 용도로 주택을 소유하고 있는 토지등소유자

다. 국가, 지방자치단체 및 주택공사 등

9. 부대·복리시설(부속 토지를 포함한다. 이하 이 호에서 같다)의 소유자에게는 부대·복리시설을 공급한다. 다만, 다음 각 목의 1에 해당하는 경우에는 부대·복리시설의 소유자에게 1주택을 공급할 수 있다.

가. 새로운 부대·복리시설을 공급받지 아니하는 경우로서 종전의 부대·복리시설의 가액이 분양주택의 최소분양단위규모 추산액에 총회에서 정하는 비율(정하지 아니한 경우에는 1로 한다)을 곱한 가액 이상일 것

나. 종전 부대·복리시설의 가액에서 새로이 공급받는 부대·복리시설의 추산액을 차감한 금액이 분양주택의 최소분양단위규모 추산액에 총회에서 정하는 비율을 곱한 가액 이상일 것

다. 새로이 공급받는 부대·복리시설의 추산액이 분양주택 최소분양단위규모 추산액 이상일 것

라. 조합원 전원이 동의한 경우

10. 종전의 주택 및 부대·복리시설(부속되는 토지를 포함한다)의 평가는 감정평가업자 2인 이상이 평가한 금액을 산술평가한 금액으로 한다.

【주】동별 입지 상 주거환경이 크지 않고, 유사한 주택구조 또는 층별 시세차가 크지 않는 경우 등 감정평가를 실시할 필요가 크지 않은 경우에는 면적기준으로 가치평가하는 것으로 규정할 수 있음

11. 분양예정인 주택 및 부대·복리시설(부속되는 토지를 포함한다)의 평가는 감정평가업자 2인 이상이 평가한 금액을 산술평가한 금액으로 한다.

【주】감정평가업자를 선정할 때 재개발사업과 같이 시장·군수의 추천을 받는 것으로도 규정할 수 있음

12. 그 밖에 관리처분계획을 수립하기 위하여 필요한 세부적인 사항은 관계규정 등에 따라 조합장이 정하여 대의원회의 의결을 거쳐 시행한다.

2003.6.30 국토부 재개발 표준정관

제45조(관리처분계획의 기준) 조합원의 소유재산에 관한 관리처분계획은 분양신청 및 공사비가 확정된 후 건축물의 철거 전에 수립하며 다음 각 호의 기준에 따라 수립하여 시장·군수에게 인가를 받아야 한다.

1. 종전토지의 소유면적은 관리처분계획 기준일 현재 지적법 제2조제1호에 의한 소유토지별지적공부에 의한다. 다만, 사업시행구역안의 국·공유지 점유자는 관계법령과 이 정관이 정하는 바에 따라 점유연고권이 인정되어 그 경계를 실시한 지적측량성과를 기준으로 한다.

2. 종전건축물의 소유면적은 관리처분계획 기준일 현재 소유 건축물별 건축물대장을 기준으로 한다. 다만, 건축물 관리대장에 등재되어 있지 아니한 종전 건축물에 대하여는 재산세과세대장 또는 측량성과를 기준으로 할 수 있다. 이 경우 위법하게 건축된 부분의 면적(무허가 건축물의 경우에는 기존 무허가 건축물에 추가된 면적을 말한다)은 제외한다.

3. 분양설계의 기준이 될 종전토지등의 소유권은 관리처분계획 기준일 현재 부동산등기부에 의하며, 무허가건축물일 경우에는 관할 동장이 발행한 무허가건물확인원 또는 소유자임을 입증하는 자료를 기준으로 한다. 다만, 권리자의 변동이 있을 때에는 변동된 부동산등기부 및 무허가건물확인원에 의한다.

> ■ (부산) 재건축 표준정관 제45조(국유, 공유재산의 처분 등)
> ● (부산) 재개발 표준정관 제47조(국유, 공유재산의 처분 등)
>   : 재건축 표준정관과 같다

재건축·재개발 표준정관의 조문 위치가 다르나, 내용은 같다.

> **(부산) 재건축 표준정관**
> 제45조(국유·공유재산의 처분 등) ① 정비구역안의 국·공유지의 매각의 방법 등에 대하여는 도시정비법 제98조에 의한다.
> ② 국·공유지의 매수 및 사용에 관하여 필요한 사항은 도시정비법에서 규정한 것을 제외하고는 국유재산법·지방재정법 등 관계 법령이 정하는 바에 의한다.

재개발 표준정관 제47조(국·공유지의 점유연고권 인정기준 등)와 같다.

서울특별시의 경우 재개발 표준정관 제47조(국·공유지의 점유연고권 인정기준 등)로 규정하고 있으며, 재건축 표준정관에는 관련 규정을 두지 않았다.

국공유지의 처분은 매각에 대한 규정이다.

기존 재개발사업에서 국·공유재산 처분을 하려면 관리청과 협의가 필요하였지만, 그 기간이 의무화되지 않아 신속한 협의가 어려웠다.

도시정비법상 시장·군수등은 사업시행계획서에 국·공유재산의 처분에 관한 내용이 포함된 때에는 미리 관리청과 협의하도록 규정하였다.

■ **국유·공유재산의 매각절차**

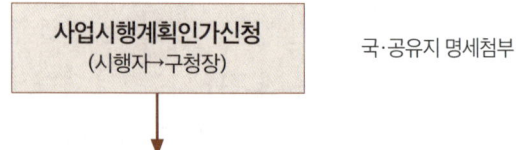

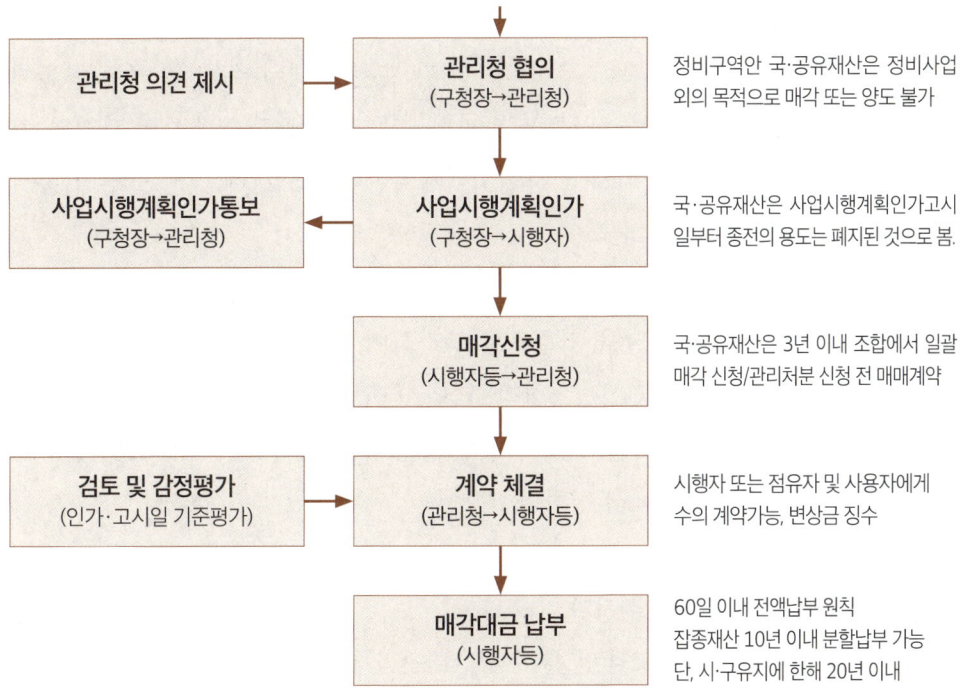

□ **근거규정**

도시정비법

제98조(국유·공유재산의 처분 등) ① 시장·군수등은 제50조 및 제52조에 따라 인가하려는 사업시행계획 또는 직접 작성하는 사업시행계획서에 국유·공유재산의 처분에 관한 내용이 포함되어 있는 때에는 미리 관리청과 협의하여야 한다. 이 경우 관리청이 불분명한 재산 중 도로·구거(도랑) 등은 국토부장관을, 하천은 환경부장관을, 그 외의 재산은 기획재정부장관을 관리청으로 본다. <개정 2020.12.31, 2021.1.5>

② 제1항에 따라 협의를 받은 관리청은 20일 이내에 의견을 제시하여야 한다.

③ 정비구역의 국유·공유재산은 정비사업 외의 목적으로 매각되거나 양도될 수 없다.

④ 정비구역의 국유·공유재산은 「국유재산법」 제9조 또는 「공유재산 및 물품 관리법」 제10조에 따른 국유재산종합계획 또는 공유재산관리계획과 「국유재산법」 제43조 및 「공유재산 및 물품 관리법」 제29조에 따른 계약의 방법에도 불구하고 사업시행자 또는 점유자 및 사용자에게 다른 사람에 우선하여 수의계약으로 매각

또는 임대될 수 있다.

⑤ 제4항에 따라 다른 사람에 우선하여 매각 또는 임대될 수 있는 국유·공유재산은 「국유재산법」, 「공유재산 및 물품 관리법」 및 그 밖에 국·공유지의 관리와 처분에 관한 관계 법령에도 불구하고 사업시행계획인가의 고시가 있는 날부터 종전의 용도가 폐지된 것으로 본다.

⑥ 제4항에 따라 정비사업을 목적으로 우선하여 매각하는 국·공유지는 사업시행계획인가의 고시가 있는 날을 기준으로 평가하며, 주거환경개선사업의 경우 매각가격은 평가금액의 80/100으로 한다. 다만, 사업시행계획인가의 고시가 있는 날부터 3년 이내에 매매계약을 체결하지 아니한 국·공유지는 「국유재산법」 또는 「공유재산 및 물품 관리법」에서 정한다.

cf 서울특별시 재개발 표준정관

제47조(국·공유지의 점유연고권 인정기준 등) ① 관리처분계획을 수립함에 있어 국·공유지의 점유연고권 및 점유연고권자는 조례 제34조에 따라 그 경계를 기준으로 실시한 지적측량성과에 따라 인정하고, 점유연고권이 인정된 국·공유지를 법 제98조제4항에 따라 우선 매각하는 기준은 조례 제55조에 따른다.

② 제1항에 따른 점유연고권자는 제44조제1항의 분양신청기간 내에 점유·사용하고 있는 국·공유지에 대한 매수 의사를 조합에 서면으로 제출하고 분양신청을 하여야 하며, 관리처분계획인가신청을 하는 때까지 해당 국·공유지의 관리청과 매매계약을 체결하여야 한다.

③ 제2항에도 불구하고 점유연고권자가 국·공유지에 대한 매수 포기 의사를 조합에 서면으로 제출하거나, 관리처분계획인가 신청 전까지 해당 국·공유지의 관리청과 매매계약을 체결하지 아니할 경우, 해당 국·공유지는 조합이 매수하고 해당 조합원의 권리가액 산정 시 제외한다.

점유연고권자와 국·공유지의 관리청이 체결한 매매계약이 무효·취소 또는 해제된 경우에도 이와 같다.

④ 국·공유지의 매수 및 사용에 관하여 필요한 사항은 관련 법령 및 조례 등에서 규정한 것을 제외하고는 「국유재산법」·「공유재산 및 물품관리법」 등이 정하는 바에 의한다.

서울특별시 재건축 표준정관에는 관련 조문이 없다.

광주광역시 재개발 표준정관

제46조(국·공유지의 점유연고권 인정기준 등) ① 관리처분계획을 수립함에 있어 국·공유지의 점유연고권 및 점유연고권자는 조례 제35조에 따라 그 경계를 기준으로 실시한 지적측량성과에 따라 인정하고, 점유연고권이 인정된 국·공유지를 법 제98조제4항에 따라 우선 매각하는 기준은 조례 제47조에 따른다.

② 제1항에 따른 점유연고권자는 제44조제1항의 분양신청기간내에 점유·사용하고 있는 국·공유지에 대한 매수 의사를 조합에 서면으로 제출하고 분양신청을 하여야 하며, 관리처분계획인가신청을 하는 때까지 해당 국·공유지의 관리청과 매매계약을 체결하여야 한다.

③ 제2항에도 불구하고 점유연고권자가 국·공유지에 대한 매수 포기 의사를 조합에 서면으로 제출하거나, 관리처분계획인가 신청 전까지 해당 국·공유지의 관리청과 매매계약을 체결하지 아니할 경우, 해당 국·공유지는 조합이 매수하고 해당 조합원의 권리가액 산정시 제외한다. 점유연고권자와 국·공유지의 관리청이 체결한 매매계약이 무효·취소 또는 해제된 경우에도 이와 같다.

④ 국·공유지의 매수 및 사용에 관하여 필요한 사항은 관련법령 및 조례 등에서 규정한 것을 제외하고는 「국유재산법」·「공유재산 및 물품관리법」 등이 정하는 바에 의한다.

재건축 표준정관에는 규정이 없다.

2006.8.25 국토부 재건축 표준정관

관련 조문이 없다.

2003.6.30 국토부 재개발 표준정관

제46조(국·공유지의 점유연고권 인정기준 등) ① 법 제66조에 의하여 사업시행구역안의 국·공유지의 매각의 방법 등에 대하여는 시·도조례에 의한다.

② 국·공유지의 매수 및 사용에 관하여 필요한 사항은 도시정비법령에서 규정한 것을 제외하고는 국유재산법, 지방재정법 등 관련 법령이 정하는 바에 의한다.

> ■ (서울) 재건축 표준정관 제46조(보류지)
> ● (서울) 재개발 표준정관 제51조(보류지)

재건축 표준정관

제46조(보류지) 조합은 분양대상의 누락, 착오 등의 사유로 인한 관리처분계획의 소송등의 사유로 향후 추가분양이 예상되는 경우 분양하는 공동주택 총 건립세대수의 ○% 이내와 부대·복리시설의 일부를 보류지로 정할 수 있다.

【주】보류지 확보비율 및 처분기준에 대하여 도시정비조례 제44조를 준용하여 구체적으로 정할 수 있을 것임

재개발 표준정관

제51조(보류지) ① 조합은 분양대상자의 누락·착오 및 소송 등에 대비하기 위하여 보류지(건축물을 포함한다. 이하 같다)를 다음 각 호의 기준에 따라 확보하여야 한다.

1. 토지등소유자에게 분양하는 공동주택 총 건립세대수의 1% 범위의 공동주택과 상가 등 부대시설·복리시설의 일부를 보류지로 정할 수 있도록 할 것

2. 조합이 제1호에 따른 1%의 범위를 초과하여 보류지를 정하려면 구청장에게 그 사유 및 증명 서류를 제출하여 인가를 받을 것

② 제1항에 따른 보류지는 다음의 기준에 따라 처분하여야 한다.

1. 분양대상의 누락·착오 및 소송 등에 따른 대상자 또는 조례 제27조제2항제3호에 따른 적격세입자에게 우선 처분할 것

2. 보류지의 분양가격은 법 제74조제1항제3호에 따를 것

3. 제1호에 따라 보류지를 처분한 후 잔여분이 있는 경우에는 조례 제40조에 따라 분양할 것

서울특별시 재개발 표준정관에서는 국토부 재건축·재개발 표준정관과는 달리, 제51조제2항제2호와 제3호를 신설하여 규정하고 있다.

□ **근거규정**

■ 보류지 관련 규정
도시정비법 제74조제1항제3호, 제4호 및 제79조제4항

도시정비법
　제74조(관리처분계획의 인가 등) ① 사업시행자는 제72조에 따른 분양신청기간이 종료된 때에는 분양신청의 현황을 기초로 다음 각 호의 사항이 포함된 관리처분계획을 수립하여 시장·군수등의 인가를 받아야 하며, 관리처분계획을 변경·중지 또는 폐지하려는 경우에도 또한 같다. 다만, 대통령령으로 정하는 경미한 사항을 변경하려는 경우에는 시장·군수등에게 신고하여야 한다.
　3. 분양대상자별 분양예정인 대지 또는 건축물의 추산액(임대관리 위탁주택에 관한 내용을 포함한다)
　4. 다음 각 목에 해당하는 보류지 등의 명세와 추산액 및 처분방법. 다만, 나목의 경우에는 제30조제1항에 따라 선정된 임대사업자의 성명 및 주소(법인인 경우에는 법인의 명칭 및 소재지와 대표자의 성명 및 주소)를 포함한다.
　가. 일반분양분
　나. 공공지원민간임대주택
　다. 임대주택
　라. 그 밖에 부대·복리시설 등

　제79조(관리처분계획에 따른 처분 등) ④ 사업시행자는 제72조에 따른 분양신청을 받은 후 잔여분이 있는 경우에는 정관등 또는 사업시행계획으로 정하는 목적을 위하여 그 잔여분을 보류지(건축물을 포함한다)로 정하거나 조합원 또는 토지등소유자 이외의 자에게 분양할 수 있다. 이 경우 분양공고와 분양신청절차 등에 필요한 사항은 대통령령으로 정한다.
　▶ 영 제67조(일반분양신청절차 등)

■ 보류지 확보비율 및 처분기준
서울특별시 도시정비조례 제44조

서울특별시 도시정비조례

제44조(보류지 등) ① 사업시행자는 제38조에 따라 주택 등을 공급하는 경우 분양대상자의 누락·착오 및 소송 등에 대비하기 위하여 법 제79조제4항에 따른 보류지(건축물을 포함한다.)를 다음 각 호의 기준에 따라 확보하여야 한다.

1. 법 제74조 및 제79조에 따른 토지등소유자에게 분양하는 공동주택 총 건립세대수의 1% 범위의 공동주택과 상가 등 부대·복리시설의 일부를 보류지로 정할 수 있다.

2. 사업시행자가 제1호에 따른 1%의 범위를 초과하여 보류지를 정하려면 구청장에게 그 사유 및 증명 서류를 제출하여 인가를 받아야 한다.

② 제1항에 따른 보류지는 다음의 기준에 따라 처분하여야 한다.

1. 분양대상의 누락·착오 및 소송 등에 따른 대상자 또는 제27조제2항제3호에 따른 적격세입자에게 우선 처분한다.

2. 보류지의 분양가격은 법 제74조제1항제3호를 준용한다.

3. 제1호에 따라 보류지를 처분한 후 잔여분이 있는 경우에는 제40조에 따라 분양하여야 한다.

■ 재건축조합에서 보류지 규정 사례

■ 공동주택 총 건립세대수의 1% 범위 안의 보류지로 정한 조합

서초구 신반포3차, 반포·경남 재건축조합, 방배6구역 재건축조합, 반포2단지 재건축조합, 반포3주구 재건축조합, 강남구 개포시영아파트 재건축조합, 개포4단지 재건축조합, 송파구 잠실5단지 재건축조합 등

■ 공동주택 총 건립세대수의 2% 범위 안의 보류지로 정한 조합

안양호계주공아파트주변지구 단독주택 재건축조합정관

제45조(보류지) 분양대상의 누락, 착오 등의 사유로 인한 관리처분계획의 변경과 소송 등의 사유로 향후 추가분양이 예상되는 경우 분양하는 공동주택 총 건립세대수의 2% 이내와 부대·복리시설의 일부를 보류지로 정할 수 있다.

재건축사업의 보류지를 정할 수 있는지(서울시 주거정비과 2023.9.11←강남구)

Q 재건축사업의 경우 보류지 규정을 적용할 수 있는지?

A 「도시정비법」 제74조제6항에서 "관리처분계획의 내용, 관리처분의 방법 등에 필요한 사항은 대통령령으로 정한다"고 규정하고, 동법 제79조제4항에서는 "사업시행자는 분양신청을 받은 후 잔여분이 있는 경우에는 정관등 또는 사업시행계획으로 정하는 목적을 위하여 그 잔여분을 보류지(건축물을 포함한다)로 정하거나 조합원 또는 토지등소유자 이외의 자에게 분양할 수 있다."고 규정하고 있으며,

서울시 도시정비조례 제38조에서 주거환경개선사업, 재개발사업 및 단독주택재건축사업의 주택 및 부대·복리시설 공급기준을 정하고, 제44조에서는 제38조에 따라 주택 등을 공급하는 경우 각 호의 기준에 따라 보류지를 확보토록 규정하고 있음.

조례에서는 재건축사업의 보류지 확보기준에 대해 따로 규정하고 있진 않으나, 관련 법령에서 정하는 규정 및 해당 사업구역의 주택공급 규모 및 소송 현황 등을 종합 검토하여 귀 구에서 적의 처리하셔야 할 것으로 판단됨

보류지는 세대수에서 공제 후 조합원에게 배정한다는 내용이 법령에 저촉되는지(서울시 주거정비과 2022.8.30)

Q 조합에서 분양신청 안내책자에 "보류지등의 사유로 세대수에서 공제 후 조합원에게 배정한다"고 명기하여 분양신청을 받는 것이 법령에 저촉되는지?

A 도시정비법 제79조제4항에서 사업시행자는 제72조에 따른 분양신청을 받은 후 잔여분이 있는 경우 정관등 또는 사업시행계획으로 정하는 목적을 위해 그 잔여분을 보류지(건축물 포함)로 정하거나 조합원 또는 토지등소유자 이외의 자에게 분양할 수 있다고 규정하고 있음.

따라서, 분양신청을 받은 후 잔여분이 있는 경우 보류지로 정하는 것이 타당할 것으로 사료되나, 법령 저촉 여부 판단은 해당 구역의 사업계획, 분양 공고내용, 분양신청 결과 등을 종합적으로 검토·판단할 사항임.

보류지 중 일반분양분에 해당하는 보류지의 처분가격 등 처분방법은 어떻게 되는지, 분양가상한제 적용지역의 경우 특별히 적용되는 법 규정이 있는지(보류지의 일반분양분 처분가격 등)(서울시 주거정비과 2020.7.28)

Q 도시정비법 제72조(분양공고 및 분양신청), 동법 제74조(관리처분계획의 인가 등), 동법 제79조(관

리처분계획에 따른 처분 등), 서울시 도시정비조례 제40조(일반분양), 동 조례 제44조(보류지 등)에 따라 1% 범위의 보류지분을 처분하고자 함.

1) 위 보류지 중 일반분양분에 해당하는 보류지의 처분가격 등 처분방법은 어떻게 되는지?
2) 분양가상한제 적용지역의 경우 특별히 적용되는 법 규정이 있는지?

A 서울시 도시정비조례 제44조제1항에 따르면, 사업시행자는 제38조에 따라 주택 등을 공급하는 경우 분양대상자의 누락·착오 및 소송 등에 대비하기 위하여 법 제79조제4항에 따른 보류지를 제1호부터 제2호까지의 기준에 따라 확보해야 한다고 규정하고 있으며,

제2항에는 제1항에 따른 보류지는 제1호부터 제3호까지의 기준에 따라 처분해야 한다고 정하고 있으며, 이에 따라 제2항 제3호에는 제1호에 따라 보류지를 처분한 후 잔여분이 있는 경우에는 제40조(일반분양)에 따라 분양해야 한다고 규정하고 있음

질의하신 바와 같이 서울시 도시정비조례 제40조에 의거 도시정비법 제79조제2항에 따라 토지등소유자에게 공급하는 주택과 제44조에 따른 처분 보류지를 제외한 대지 및 건축물(이하 "체비시설")은 법 제79조제4항에 따라 조합원 또는 토지등소유자 이외의 자에게 분양할 수 있으며 분양기준은 제1호부터 제3호에 따른다고 규정하고 있으며, 보류지의 분양가격은 도시정비법 제74조제1항제3호를 준용한다고 규정하고 있음.

※ 도시정비법

제74조(관리처분계획의 인가 등) ① 사업시행자는 제72조에 따른 분양신청기간이 종료된 때에는 분양신청의 현황을 기초로 다음 각 호의 사항이 포함된 관리처분계획을 수립하여 시장·군수등의 인가를 받아야 하며, 관리처분계획을 변경·중지 또는 폐지하려는 경우에도 또한 같다. 다만, 대통령령으로 정하는 경미한 사항을 변경하려는 경우에는 시장·군수등에게 신고하여야 한다. <개정 2018.1.16>

3. 분양대상자별 분양예정인 대지 또는 건축물의 추산액(임대관리 위탁주택에 관한 내용을 포함함)

cf 부산광역시 재건축 표준정관

제49조(보류지 등) 보류지의 처분 등은 다음 각 호에 따른다.

1. 분양대상의 누락, 착오 등의 사유로 인한 관리처분계획의 변경과 소송 등의 사유로 향후 추가분양이 예상되는 경우에는 도시정비법 제74조 및 제79조에 따른 토

지등소유자에게 분양하는 공동주택 건립세대수의 1/100 이내 공동주택과 상가 등 부대·복리시설 총면적의 1/100 이내의 상가 등 부대·복리시설을 각각 보류지로 정할 수 있다.

    2. 조합은 제1호에 따른 1/100의 범위를 초과하여 보류지로 정하고자 하는 때에는 구청장·군수에게 그 사유 및 증빙서류를 제출하고 인가를 받아야 한다.

    3. 보류지를 분양받을 대상자 중 도시정비법·동법 시행령 또는 도시정비조례에 따른 토지등소유자의 자격기준에 합당한 자를 제외하고는 조합은 총회의 의결을 거쳐 분양받을 대상자를 결정한다.

    4. 보류지 분양가격의 산정방법에 관하여는 도시정비법 제74조제2항제1호를 준용한다.

    5. 제1호부터 제4호까지의 규정에 따라 보류지를 처분한 후 잔여분이 있는 경우에는 제48조에 따라 처분한다.

재개발 표준정관 제51조와 같다.

광주광역시 재건축 표준정관

제46조(보류지) 조합은 분양대상의 누락, 착오 등의 사유로 인한 관리처분계획의 변경과 소송 등의 사유로 향후 추가분양이 예상되는 경우 분양하는 공동주택 총 건립세대수의 ○% 이내와 부대·복리시설의 일부를 보류지로 정할 수 있다.

  【주】보류지 확보비율 및 처분기준에 대하여 조례 제43조를 준용하여 구체적으로 정할 수 있을 것임.

사업시행자인 정비조합은 조례 제38조에 따라 주택 등을 공급하는 경우 분양대상자의 누락·착오 및 소송 등에 대비하기 위하여 법 제79조제4항에 따른 보류지를 다음 각 호의 기준에 따라 확보하여야 한다(도시정비조례 제43조제1항).

    1. 법 제74조 및 제79조에 따른 토지등소유자에게 분양하는 공동주택 총 건립세대수의 1% 범위의 공동주택과 상가 등 부대·복리시설의 일부를 보류지로 정할 수 있다.

    2. 정비조합이 제1호에 따른 1%의 범위를 초과하여 보류지를 정하려면 구청장

에게 그 사유 및 증명 서류를 제출하여 인가를 받아야 한다.
　제1항에 따른 보류지는 다음의 기준에 따라 처분하여야 한다(동조 제2항).
　1. 분양대상의 누락·착오 및 소송 등에 따른 대상자 또는 제28조제2항제3호에 따른 적격세입자를 말한다.
　2. 보류지의 분양가격은 법 제74조제1항제3호를 준용한다.
　3. 제1호에 따라 보류지를 처분한 후 잔여분이 있는 경우에는 제41조에 따라 분양하여야 한다.

재개발 표준정관
　제50조(보류지) ① 조합은 분양대상자의 누락·착오 및 소송 등에 대비하기 위하여 보류지(건축물을 포함한다. 이하 같다)를 다음 각 호의 기준에 따라 확보하여야 한다.
　1. 토지등소유자에게 분양하는 공동주택 총 건립세대수위 1% 범위의 공동주택과 상가 등 부대·복리시설의 일부를 보류지로 정할 수 있도록 할 것
　2. 조합이 제1호에 따른 1%의 범위를 초과하여 보류지를 정하려면 구청장에게 그 사유 및 증명 서류를 제출하여 관련 인가를 받을 것
　② 제1항에 따른 보류지는 다음의 기준에 따라 처분하여야 한다.
　1. 분양대상자의 누락·착오 및 소송 등에 따른 대상자 또는 조례 제43조제2항제1호에 따른 적격세입자에게 우선 처분할 것
　2. 보류지의 분양가격은 법 제74조제1항제3호에 따를 것
　3. 제1호에 따라 보류지를 처분할 후 잔여분이 있는 경우에는 조례 제41조에 따라 분양할 것

　보류지를 처분할 후 잔여분이 있는 경우, 조례 제41조에 따라 일반분양하도록 하였다.

　법 제79조제2항에 따라 토지등소유자에게 공급하는 주택과 조례 제43조에 따른 처분 보류지를 제외한 대지 및 건축물(이하 "체비시설")은 법 제79조제4항에 따라 조합원 또는 토지등소유자 이외의 자에게 분양할 수 있으며 분양기준은 다음 각 호에 따른다(도시정비조례 제41조).

1. 체비시설 중 공동주택은 법 제74조제1항제4호 가목에 따라 산정된 가격을 기준으로 「주택법」 및 「주택공급에 관한 규칙」에서 정하는 바에 따라 일반에게 분양한다.

2. 체비시설 중 부대·복리시설은 법 제74조제1항제4호 라목에 따라 산정된 가격을 기준으로 「주택법」 및 「주택공급에 관한 규칙」에서 정하는 바에 따라 분양한다. 다만, 세입자(정비구역의 지정을 위한 공람공고일 3월 전부터 사업시행계획인가로 인하여 이주하는 날까지 계속하여 영업하고 있는 세입자를 말한다)가 분양을 희망하는 경우에는 다음 각 목의 순위에 따라 우선 분양한다.

   가. 제1순위: 종전 건축물의 용도가 분양건축물 용도와 동일하거나 비슷한 시설인 건축물의 세입자로서 사업자등록을 필하고 영업한 자

   나. 제2순위: 종전 건축물의 용도가 분양건축물 용도와 동일하거나 비슷한 시설인 건축물의 세입자로서 영업한 자

3. 제1호 및 제2호에 불구하고 구청장은 재정비촉진지구에서 도시계획사업으로 철거되는 주택을 소유한 자(철거되는 주택 이외의 다른 주택을 소유하지 않은 자에 한한다)가 인근 정비구역 안의 주택분양을 희망하는 경우에는 「주택공급에 관한 규칙」 제36조에 따라 특별공급하도록 한다.

2023.11.29 국토부 별표2 지정개발자(신탁업자) 표준시행규정

제36조(보류지 등) 도시정비법 제79조에 따라 보류지를 정하는 경우 보류지의 확보 및 처분 등 필요한 사항은 조례가 정하는 범위에서 및 토지등소유자 전체회의 의결을 거쳐 정한다.

2006.8.25 국토부 재건축 표준정관

제45조(보류지) 분양대상의 누락, 착오 등의 사유로 인한 관리처분계획의 변경과 소송 등의 사유로 향후 추가분양이 예상되는 경우, 분양하는 공동주택 총 건립세대수의 __% 이내와 부대·복리시설의 일부를 보류지로 정할 수 있다.

2003.6.30 국토부 재개발 표준정관

제50조(보류지) ① 분양대상의 누락, 착오 등의 사유로 인한 관리처분계획의 변경

과 소송 등의 사유로 향후 추가분양이 예상되거나 법 제64조제2항에 의한 우선매수 청구권자가 있는 경우 공급⁶⁶하는 주택의 총세대 수의 _% 이내와 공급하는 부대·복리시설 면적의 _% 이내는 보류지(건축물을 포함한다)로 정할 수 있다.

② 보류지의 분양대상자가 제51조의 우선매수청구권자와 제48조의 분양대상자가 아닌 경우에는 총회의 의결을 거쳐야 한다.

③ 보류지의 분양가격은 제47조제1항을 준용한다.

④ 제1항 내지 제3항에 따라 보류지를 처분한 후 잔여 보류지가 있는 경우에는 제49조제2항 및 제3항에 따라 처분하여야 한다.

구 도시정비법 제64조제2항의 우선매수청구권은 구 도시재개발법에서부터 인정되어 온 권리이며, 도시정비법 시행에서도 이어졌다.

이후 2018.2.9 도시정비법 전부개정으로 삭제됨에 따라 2006.8.25 국토부 재건축 표준정관에서 삭제되었음을 알 수 있다.

66　도시정비법[시행 2016.7.28] [법률 제13912호, 2016.1.27 일부개정]
　　제64조(정비기반시설의 설치 등) ① 사업시행자는 관할지방자치단체장과의 협의를 거쳐 정비구역안에 정비기반시설(주거환경관리사업의 경우에는 공동이용시설을 포함한다. 이하 이 조에서 같다)을 설치하여야 한다. <개정 2012.2.1>
　　② 제1항에 따른 정비기반시설의 설치를 위하여 토지 또는 건축물이 수용된 자는 해당 정비구역안에 소재하는 대지 또는 건축물로서 매각대상이 되는 대지 또는 건축물에 대하여 제50조제5항에 불구하고 다른 사람에 우선하여 매수청구할 수 있다. 이 경우 당해 대지 또는 건축물이 국가 또는 지방자치단체의 소유인 때에는 「국유재산법」 제9조 또는 「공유재산 및 물품 관리법」 제10조에 따른 국유재산관리계획 또는 공유재산관리계획과 「국유재산법」 제43조 또는 「공유재산 및 물품 관리법」 제29조에 따른 계약의 방법에도 불구하고 수의계약으로 매각할 수 있다. <개정 2009.1.30, 2009.2.6, 2012.2.1>
　　③, ④: 생략

> ■ **(서울) 재건축 표준정관 제47조(분양받을 권리의 양도 등)**
> ● **(서울) 재개발 표준정관 제52조(분양받을 권리의 양도 등)**
>   : 재건축 표준정관과 같다.

재건축·재개발 표준정관의 조문 위치가 다르나, 내용은 같다.

■ 조합설립(변경)인가 절차

(자치구청장) 추진위원회 구성·승인
(법 §31②~④)
예비추진위원회→공공지원 정비업체 선정(추진위 구성 위한 동의서 징구)→추진위원회 승인→정비업체, 설계자 등 선정→추정분담금 산정을 위한 감정평가업자선정→추정분담금 산정, 승인→조합정관(안)작성→선거관리규정안 작성→선거관리위원회 구성→법 §35①~③ 동의율 충족 후 창립총회 소집→창립총회

- 정비구역 지정고시 전 추진위 구성 승인가능
- 지정개발자: 토지등소유자 전체회의(법 §48, 신탁업자)
※공공시행자, 지정개발자: 시행자지정 고시 후 경쟁입찰(규모가 작으면 수의계약)로 시공자선정(법 §29⑥)
- 주민협의체(임의단체)구성과 추진위 생략→조합(법 §118, 영 §27⑥, 조례 §82)/ex: 서울시 금천구 모 아파트재건축조합

↓ 토지등소유자의 과반수동의(법 §31①)

조합설립인가
(법 §35)

- 배우자 및 미혼인 19세 이상은 1세대. 자녀분가요건(세대별 주민등록 다르고+실거주지 분가)(법 §39②)
- 조합설립인가 후 전자입찰로 시공자 선정(재건축·재개발조합:)(§29④)/토지등소유자가 시행하는 재개발은 사업시행인가 후(§29⑤)

(가로주택)토지등소유자수8/10이상+토지면적2/3이상. 단 공동주택의 경우 각동 과반수+전체 토지면적의 1/2이상 동의(빈집법 §23①))

조합설립변경 시 총회에서 조합원 2/3이상 찬성, 시장군수인가 필요. 경미한 변경 시 총회 의결 없이 신고(법 §35⑤)/총회의결정족수 명시, 과반출석, 과반 의결(법 §45)

- 재개발사업은 토지등소유자의 3/4+토지면적 1/2이상의 동의(법 §35②)
- 재건축사업은 공동주택의 각 동(복리시설로서 대통령령으로 정하는 경우에는 1/3이상))별 구분소유자 과반수 동의와 주택단지 안의 전체 구분소유자의 70%+ 토지면적 70% 이상 동의 (동조③)
- 주택단지 아닌 경우 토지, 건축물소유자 3/4+토지면적 2/3이상 동의(동조④)

사업시행계획인가 신청에서 필요 시 건축 및 특별건축구역지정, 교육환경, 교통영향평가, 환경영향평가, 재해영향평가, 소방 성능위주 설계평가의 통합심의(법 §50의2)

- 특별시, 광역시(市) 심의(구 경유, 건축위원회심의)
  허가대상 21층이거나 연면적 10만㎡이상 건축물 건축에 관한 사항(건축법 §11, 영 §8①)
  법적상한용적률 확정(서울시 건축조례 §7①)
- (서울시) 건축심의 후 공동시행자의 시공자 선정 가능(§118⑦1). 선정 이후 계약하면 시공자 지위 확보(법 §118⑥~⑧)

V. (서울·부산·광주) 재건축·재개발 표준정관 해설

□ 근거규정

도시정비법 제35조제5항 내지 제7항, 동법 시행령 제31조, 서울특별시 도시정비조례 제21조 및 도시정비조례 시행규칙 제10조

○ 제1항

도시정비법 제35조제5항, 동법 시행령 제31조

> **재건축 표준정관**
>
> 제47조(분양받을 권리의 양도 등) ① 조합원이 조합원의 자격이나 지위, 입주자로 선정된 지위 등을 양도하는 경우에는 양수자에게 제9조제4항과 제10조제3항의 내용을 설명·고지하여 명확히 하여야 한다.

재개발 표준정관 제52조제1항과 같다.

조합은 정관변경에 대한 조합설립변경인가를 받거나 경미한 변경신고 수리가 완료되면 지체 없이 그 사실을 게시판에 공고하고, 변경 전·후 비교표 및 변경된 정관 개정 전문을 정비사업 정보몽땅에 공개하여야 한다(재건축 표준정관 제9조제4항).

법 제39조제1항 각 호의 어느 하나에 해당하면, 그 여러 명을 대표하는 1인을 조합원으로 본다. 이 경우 대표조합원 선임동의서를 작성하여 조합에 신고하여야 하며, 조합원으로서의 법률행위는 그 대표조합원이 하고, 조합의 처분, 법률행위 기타 행위는 그 대표조합원에게 한다(동 정관 제10조제3항).

만일 대표조합원을 선임하지 않거나 선임하였는데도 신고하지 않은 경우, 그 효력을 어떻게 볼 것인지도 정관에 담을 수 있다.

○ 제1항

도시정비법 제35조제5항, 동법 시행령 제31조

> **재건축 표준정관**
>
> 제47조(분양받을 권리의 양도 등) ② 조합은 제10조제3항에 따른 조합원변경 신고 등이 있는 경우, 그 변경의 내용을 증명하는 서류를 첨부하여 ○○구청장에게 경미한 조합설립변경신고를 하여야 한다.

재개발 표준정관 제52조제2항과 같다.

'토지 또는 건축물의 매매 등으로 조합원의 권리가 이전된 경우의 조합원의 교체 또는 신규가입'은 조합설립인가내용의 경미한 변경으로 관할 구청장에게 신고로 족하다.

도시정비법

제35조(조합설립인가 등) ⑤ 제2항 및 제3항에 따라 설립된 조합이 인가받은 사항을 변경하고자 하는 때에는 총회에서 조합원의 2/3 이상의 찬성으로 의결하고, 제2항 각 호의 사항을 첨부하여 시장·군수등의 인가를 받아야 한다. 다만, 대통령령으로 정하는 경미한 사항을 변경하려는 때에는 총회의 의결 없이 시장·군수등에게 신고하고 변경할 수 있다.

⑥ 시장·군수등은 제5항 단서에 따른 신고를 받은 날부터 20일 이내에 신고수리 여부를 신고인에게 통지하여야 한다. <신설 2021.3.16>

⑦ 시장·군수등이 제6항에서 정한 기간 내에 신고수리 여부 또는 민원 처리 관련 법령에 따른 처리기간의 연장을 신고인에게 통지하지 아니하면 그 기간(민원 처리 관련 법령에 따라 처리기간이 연장 또는 재연장된 경우에는 해당 처리기간을 말한다)이 끝난 날의 다음 날에 신고를 수리한 것으로 본다. <신설 2021.3.16>

도시정비법 시행령

제31조(조합설립인가내용의 경미한 변경) 법 제35조제5항 단서에서 "대통령령으로 정하는 경미한 사항"이란 다음 각 호의 사항을 말한다.

1. 착오·오기 또는 누락임이 명백한 사항
2. 조합의 명칭 및 주된 사무소의 소재지와 조합장의 성명 및 주소(조합장의 변경

이 없는 경우로 한정한다)

  3. 토지 또는 건축물의 매매 등으로 조합원의 권리가 이전된 경우의 조합원의 교체 또는 신규가입

  4. 조합임원 또는 대의원의 변경(법 제45조에 따른 총회의 의결 또는 법 제46조에 따른 대의원회의 의결을 거친 경우로 한정한다)

  5. 건설되는 건축물의 설계 개요의 변경

  6. 정비사업비의 변경

  7. 현금청산으로 인하여 정관에서 정하는 바에 따라 조합원이 변경되는 경우

  8. 법 제16조에 따른 정비구역 또는 정비계획의 변경에 따라 변경되어야 하는 사항. 다만, 정비구역 면적이 10% 이상의 범위에서 변경되는 경우는 제외한다.

  9. 그 밖에 시·도조례로 정하는 사항

서울특별시 도시정비조례

  제21조(조합설립인가내용의 경미한 변경) 영 제31조제9호에서 "그 밖에 시·도조례로 정하는 사항"이란 다음 각 호의 사항을 말한다.

  1. 법령 또는 조례 등의 개정에 따라 단순한 정리를 요하는 사항

  2. 사업시행계획인가 또는 관리처분계획인가의 변경에 따라 변경되어야 하는 사항

  3. 매도청구대상자가 추가로 조합에 가입함에 따라 변경되어야 하는 사항

  4. 그 밖에 규칙으로 정하는 사항

서울특별시 도시정비조례 시행규칙

  제10조(조합설립인가 내용의 경미한 변경) 조례 제21조제4호에서 "그 밖에 규칙으로 정하는 사항"이란 사업시행계획인가 신청예정시기의 변경을 말한다.

cf 부산광역시 재건축 표준정관

  제50조(분양받을 권리의 양도 등) ① 조합원은 조합원의 자격이나 권한, 입주자로 선정된 지위 등을 양도한 경우에는 조합에 변동 신고를 하여야 하며, 양수자에게는 조합원의 권리와 의무, 자신이 행하였거나 조합이 자신에게 행한 처분·절차, 청산 시

권리·의무에 범위 등이 포괄승계됨을 명확히 하여 양도하여야 한다.

② 제1항에 의하여 사업시행구역안의 토지 또는 건축물에 대한 권리를 양도받은 자는 등기부등본 등 증명서류를 첨부하여 조합에 신고하여야 하며, 신고하지 아니하면 조합에 이의제기를 할 수 없다.

③ 조합은 조합원의 변동이 있는 경우 변경의 내용을 증명하는 서류를 첨부하여 구청장, 군수에게 신고하여야 한다.

재개발 표준정관 제52조와 같다.

광주광역시 재건축 표준정관

제47조(분양받을 권리의 양도 등) ① 조합원이 조합원의 자격이나 지위, 입주자로 선정된 지위 등을 양도하는 경우에는 양수자에게 제9조제4항과 제10조제3항의 내용을 설명·고지하여 명확히 하여야 한다.

② 조합은 제10조제3항에 따른 조합원변경 신고 등이 있는 경우, 그 변경의 내용을 증명하는 서류를 첨부하여 ○○구청장에게 경미한 조합설립변경신고를 하여야 한다.

재개발 표준정관 제51조와 같다.

2006.8.25 국토부 재건축 표준정관

제47조(분양받을 권리의 양도 등) ① 조합원은 조합원의 자격이나 권한, 입주자로 선정된 지위 등을 양도한 경우에는 조합에 변동 신고를 하여야 하며, 양수자에게는 조합원의 권리와 의무, 자신이 행하였거나 조합이 자신에게 행한 처분·절차, 청산시 권리·의무에 범위 등이 포괄승계됨을 명확히 하여 양도하여야 한다.

② 제1항에 의하여 사업시행구역안의 토지 또는 건축물에 대한 권리를 양도받은 자는 등기부등본 등 증명서류를 첨부하여 조합에 신고하여야 하며, 신고하지 아니하면 조합에 대항할 수 없다.

③ 조합은 조합원의 변동이 있는 경우, 변경의 내용을 증명하는 서류를 첨부하여 시장·군수에 신고하여야 한다.

【주】조합설립인가 당시의 제출서류에 변동이 있을 때에는 반드시 변경인가를 받아야하는 점을 감안하여, 이를 정확히 숙지토록 하기 위하여 동 내용을 추가로 규정한 것임.

2003.6.30 국토부 재개발 표준정관

제52조(분양받을 권리의 양도 등) ① 조합원은 조합원의 자격이나 권한, 입주자로 선정된 지위 등을 양도한 경우에는 조합에 변동 신고를 하여야 하며, 양수자에게는 조합원의 권리와 의무, 자신이 행하였거나 조합이 자신에게 행한 처분·절차, 청산시 권리·의무에 관한 범위 등이 포괄승계됨을 명확히 하여 양도하여야 한다.

② 제1항에 의하여 사업시행구역안의 토지 또는 건축물에 대한 권리를 양도받은 자는 확정일자가 있는 증서를 첨부하여 조합에 통지하여야 하며, 조합에 통지한 이후가 아니면 조합에 대항할 수 없다.

③ 조합은 조합원의 변동이 있는 경우 변경의 내용을 증명하는 서류를 첨부하여 시장·군수의 조합원 변경인가를 받아야 한다.

【주】조합설립인가 당시의 제출서류에 변동이 있을 때에는 반드시 변경인가를 받아야 하는점을 감안하여, 이를 정확히 숙지토록 하기 위하여 동 내용을 추가로 규정한 것임.

> ■ (서울) 재개발 표준정관 제47조(국·공유지의 점유연고권 인정기준 등)
> ● (서울) 재건축 표준정관: 관련 조문이 없다

재건축 표준정관에는 관련 조문이 없다.

부산광역시 재건축·재개발 표준정관에서는 '국·공유재산의 처분 등', 광주광역시 재개발 표준정관에서는 국·공유지의 점유연고권 인정기준 등이란 규정을 두고 있다.

■ 국·공유지의 재산 처분

점유지 또는 비점유지인지 여부에 따라 달라질 수 있다.

점유지는 점유자와 국·공유지 소유청과 계약하는 것이 원칙으로, '국·공유지 매수위임장'을 받는 등 조합원의 위임을 받은 정비조합에서 해당 구청 재무부서와 일괄계약하거나, 국·공유지 매수포기각서를 받는 것이 보통이다. 점유자 개개인보다는 정비조합이 구청과의 단체교섭권을 통하는 것이 유리하기 때문이다.

이 계약서에서 정비조합은 단지 계약대리인으로 되어 있으며, 계약이 끝난 후 조합원이 계약금을 정비조합에 납부하면 정비조합이 조합원 명의로 이전등기해 주게 된다.

반면, 비점유지인 경우에는 정비조합에서 일괄계약하고 계약일로부터 60일 이내에 완납하여야 한다(「공유재산 및 물품관리법 시행령」 제39조제3항).[67]

공사 착공 전까지는 국·공유지 계약이 완료되어야 한다.

□ 근거규정

---

[67] 공유재산 및 물품 관리법 시행령
제39조(대금의 납부 및 연납) ③ 법 제37조제1항에 따른 매각대금의 일시 전액 납부기간은 계약체결 후 60일을 초과하지 못한다. 다만, 지방자치단체의 조례로 정하는 외국인투자기업에 대해서는 해당 지방자치단체의 조례로 납부기간을 따로 정할 수 있다.

○ **제1항, 제2항**

서울특별시 도시정비조례 제34조, 제55조, 도시정비법 제98조제4항

> **재개발 표준정관**
>
> 제47조(국·공유지의 점유연고권 인정기준 등) ① 관리처분계획을 수립함에 있어 국·공유지의 점유연고권 및 점유연고권자는 조례 제34조에 따라 그 경계를 기준으로 실시한 지적측량성과에 따라 인정하고, 점유연고권이 인정된 국·공유지를 법 제98조제4항에 따라 우선 매각하는 기준은 조례 제55조에 따른다.
>
> ② 제1항에 따른 점유연고권자는 제44조제1항의 분양신청기간 내에 점유·사용하고 있는 국·공유지에 대한 매수 의사를 조합에 서면으로 제출하고 분양신청을 하여야 하며, 관리처분계획인가 신청을 하는 때까지 해당 국·공유지의 관리청과 매매계약을 체결하여야 한다.

서울특별시 도시정비조례

제34조(관리처분계획의 수립 기준) 법 제74조제1항에 따른 정비사업의 관리처분계획은 다음 각 호의 기준에 적합하게 수립하여야 한다. <개정 2023.5.22>

2. 국·공유지의 점유연고권은 그 경계를 기준으로 실시한 지적측량성과에 따라 관계 법령과 정관 등이 정하는 바에 따라 인정한다.

5. 국·공유지의 점유연고권자는 제2호에 따라 인정된 점유연고권을 기준으로 한다.

제55조(국·공유지의 점유·사용 연고권 인정기준 등) ① 법 제98조제4항에 따라 정비구역의 국·공유지를 점유·사용하고 있는 건축물소유자(조합 정관에 따라 조합원 자격이 인정되지 않은 경우와 신발생무허가건축물을 제외한다)에게 우선 매각하는 기준은 다음 각 호와 같다.

이 경우 매각면적은 200㎡를 초과할 수 없다.

1. 점유·사용인정 면적은 건축물이 담장 등으로 경계가 구분되어 실제사용하고 있는 면적으로 하고, 경계의 구분이 어려운 경우에는 처마 끝 수직선을 경계로 한다.

2. 건축물이 사유지와 국·공유지를 점유·사용하고 있는 경우에 매각면적은 구역 내 사유지면적과 국·공유지 면적을 포함하여야 한다.

② 제1항에 따른 점유·사용 면적의 산정은 「공간정보의 구축 및 관리 등에 관한 법률」에 따른 지적측량성과에 따른다.

도시정비법

제98조(국유·공유재산의 처분 등) ④ 정비구역의 국유·공유재산은 「국유재산법」 제9조 또는 「공유재산 및 물품 관리법」 제10조에 따른 국유재산종합계획 또는 공유재산관리계획과 「국유재산법」 제43조 및 「공유재산 및 물품 관리법」 제29조에 따른 계약의 방법에도 불구하고 사업시행자 또는 점유자 및 사용자에게 다른 사람에 우선하여 수의계약으로 매각 또는 임대될 수 있다.

> **판례**
>
> 공유재산을 매각하는 지방자치단체에 감정평가법인에 의뢰하여 평가한 감정평가액이 시가를 반영한 적정한 것인지 살펴볼 책임이 있는지(적극)
> 대법원 2014.4.10.선고 2012다54997판결, 손해배상
> 【판시사항】
> 공유재산을 매각하는 지방자치단체에 감정평가법인에 의뢰하여 평가한 감정평가액이 시가를 반영한 적정한 것인지 살펴볼 책임이 있는지(적극)
> 【판결요지】
> 구 「공유재산 및 물품 관리법」(2007.8.3 법률 제8635호로 개정되기 전의 것) 제30조는 "잡종재산의 처분에 있어서 그 가격은 대통령령이 정하는 바에 의하여 시가를 참작하여 결정한다."고 규정하고 있고, 동법 시행령(2008.2.29 대통령령 제20741호로 개정되기 전의 것) 제27조제1항은 "법 제30조에 따라 잡종재산을 매각 또는 교환하는 경우의 당해 재산의 예정가격은 지방자치단체의 장이 시가로 결정하고 이를 공개하여야 한다. 이 경우 시가는 「부동산 가격공시 및 감정평가에 관한 법률」에 의한 2 이상의 감정평가법인에 의뢰하여 평가한 감정평가액을 산술평균한 금액 이상으로 한다."고 규정하고 있는데, 이러한 규정의 내용 및 취지에 비추어 보면, 공유재산을 매각하는 지방자치단체는 그 책임하에 감정평가법인에 의뢰하여 감정평가액을 기초로 매각 목적물의 예정가격을 결정한 후 이를 토대로 매매계약을 체결하여야 하므로, 감정평가액이 시가를 반영한 적정한 것인지를 살펴볼 책임은 매도인인 지방자치단체에 있다.
>
> 봉천제4-2구역재개발조합이 수차례 독촉한 후 연체 분납금과 기한 미도래 분납금을 전부 대위변제하여 구상권을 행사한 사안
> 대법원 2010.4.15.선고 2009다59541판결, 분양대금등
> 【판시사항】
> 주택재개발구역 내의 시유지를 점유하는 무허가 건축물의 소유자로서 주택재개발조합의 조합원이 된 자가 구 도시재개발법에 따라 서울특별시로부터 시유지를 매수하면서 체결한 매매대금 분납약정

등에 따라 준공검사 신청 전까지 분납금을 완납하거나 분납금 납부를 위한 담보를 제공한 후 소유권을 취득하여 준공검사 등 조합의 사업추진에 지장을 초래하지 않도록 하여야 함에도 불구하고 이를 이행하지 않자, 조합이 수차례 독촉한 후 연체 분납금과 기한 미도래 분납금을 전부 대위변제하여 구상권을 행사한 사안에서, 조합원은 담보 제공의무의 불이행으로 기한의 이익을 상실하였으므로 기한 미도래 분납금에 관한 기한의 이익을 주장할 수 없다.

○ 제3항

서울특별시 도시정비조례 제55조제3항

재개발 표준정관

제47조(국·공유지의 점유연고권 인정기준 등) ③ 제2항에도 불구하고 점유연고권자가 국·공유지에 대한 매수 포기 의사를 조합에 서면으로 제출하거나, 관리처분계획인가 신청 전까지 해당 국·공유지의 관리청과 매매계약을 체결하지 아니할 경우, 해당 국·공유지는 조합이 매수하고 해당 조합원의 권리가액 산정 시 제외한다. 점유연고권자와 국·공유지의 관리청이 체결한 매매계약이 무효·취소 또는 해제된 경우에도 이와 같다.

■ 서울특별시

국·공유지를 점유·사용하고 있는 자로서 우선 매수하고자 하는 자는 관리처분계획인가신청을 하는 때까지 해당 국·공유지의 관리청과 매매계약을 체결하도록 강제하고 있다(도시정비조례 제55조제3항).

■ 부산광역시

서울특별시와 달리 위와 같은 규정이 없다.

"국·공유지 점유자는 점유연고권이 인정되어 그 경계를 기준으로 실시한 지적측량성과에 따라 관계 법령과 정관등이 정하는 바에 따른다."고 하여 정관에서 정할 수 있도록 규정하고 있다.

또한, "기존무허가건축물인 경우에는 항공촬영판독결과와 재산세과세대장 등 소유자임을 입증하는 자료를 기준으로 하며, 국·공유지는 점유연고권이 인정되어 그 경계를 기준으로 실시한 지적측량성과에 따라 관계 법령과 정관등이 정하는 바에 따라 인정된 점유연고권자를 기준으로 한다."고 규정하고 있다(도시정비조례 제36조제2호, 제5호).

○ **제4항**

도시정비법 제98조

> **재개발 표준정관**
>
> 제47조(국·공유지의 점유연고권 인정기준 등) ④ 국·공유지의 매수 및 사용에 관하여 필요한 사항은 관련법령 및 조례 등에서 규정한 것을 제외하고는 국유재산법·공유재산 및 물품관리법 등이 정하는 바에 의한다.

국·공유지 매각은 기획재정부에서 매년 '국유재산관리계획'을 수립하여, 각 지자체에 시달된다.[68]

국유 또는 공유재산의 일반재산을 대부 또는 처분하는 계약을 체결할 경우에는 그 뜻을 공고하여 일반경쟁에 부쳐야 한다. 다만, 계약의 목적·성질·규모 등을 고려하여 필요하다고 인정되면 참가자의 자격을 제한하거나 참가자를 지명하여 경

---

[68] 국유재산법 제9조(관리계획) ① 총괄청은 다음 연도의 국유재산의 관리와 처분에 관한 계획의 작성을 위한 지침을 매년 6월 30일까지 관리청등(관리청과 제42조제1항에 따라 일반재산의 관리·처분에 관한 사무를 위임·위탁받은 자를 말한다)에 통보하여야 한다.
  ② 관리청등은 그 소관에 속하는 예산이나 사업의 예정과 제1항의 지침에 따라 대통령령으로 정하는 국유재산의 관리 및 처분에 관한 다음 연도의 계획을 작성하여 매년 12월 31일까지 총괄청에 제출하여야 한다.
  ③ 총괄청은 제2항에 따라 제출된 계획을 종합 조정하여 국유재산관리계획을 수립하고 국무회의의 심의를 거쳐 대통령의 승인을 받아 이를 확정한다.
  ④ 관리계획에는 다음 각 호의 사항을 포함하여야 한다.
  1. 국유재산을 효율적으로 관리하기 위한 중장기적인 국유재산 정책방향
  2. 국유재산 관리·처분의 총괄적인 사항
  3. 국유재산 관리·처분의 기준에 관한 사항
  4. 관리·처분의 대상이 되는 국유재산 명세의 총계
  5. 그밖에 국유재산 관리·처분에 관한 중요한 사항
  ⑤ 관리계획을 변경하는 경우에는 제3항을 준용한다. 다만, 관리·처분의 대상이 되는 국유재산의 명세 등 대통령령으로 정하는 경미한 사항을 변경하는 경우에는 그러하지 않는다.
  ⑥ 총괄청은 제3항 및 제5항 본문에 따라 관리계획이 확정되거나 변경된 경우에는 각 호의 구분에 따라 국회에 제출하고, 관리청등에 통보하여야 한다.
  1. 관리계획이 확정된 경우 : 해당 연도 2월 말일까지 제출 및 통보
  2. 관리계획이 변경된 경우 : 지체 없이 제출 및 통보
  ⑦ 관리청등은 제6항에 따라 관리계획을 통보받기 전에 국유재산을 관리하거나 처분할 필요가 있는 경우에는 총괄청과 협의하여 해당 관리계획을 집행할 수 있다.
  ⑧ 관리청등은 관리계획에 따라 국유재산을 관리하거나 처분하고, 해당 연도에 집행하지 못 한 관리계획은 다음 연도에만 이월하여 집행할 수 있다.
  ⑨ 관리청등은 매년의 관리계획에 대한 집행 상황을 다음 연도 1월 31일까지 총괄청과 감사원에 보고하여야 한다.

쟁에 부치거나 수의계약으로 할 수 있다(국유재산법 제43조, 공유재산 및 물품관리법 제29조 참조).

도시정비법

제98조(국유·공유재산의 처분 등) ① 시장·군수등은 제50조 및 제52조에 따라 인가하려는 사업시행계획 또는 직접 작성하는 사업시행계획서에 국유、공유재산의 처분에 관한 내용이 포함되어 있는 때에는 미리 관리청과 협의하여야 한다. 이 경우 관리청이 불분명한 재산 중 도로·구거(도랑) 등은 국토부장관을, 하천은 환경부장관을, 그 외의 재산은 기획재정부장관을 관리청으로 본다. <개정 2020.12.31, 2021.1.5>

② 제1항에 따라 협의를 받은 관리청은 20일 이내에 의견을 제시하여야 한다.

③ 정비구역의 국유·공유재산은 정비사업 외의 목적으로 매각되거나 양도될 수 없다.

④ 정비구역의 국유、공유재산은 「국유재산법」 제9조 또는 「공유재산 및 물품 관리법」 제10조에 따른 국유재산종합계획 또는 공유재산관리계획과 「국유재산법」 제43조 및 「공유재산 및 물품 관리법」 제29조에 따른 계약의 방법에도 불구하고 사업시행자 또는 점유자 및 사용자에게 다른 사람에 우선하여 수의계약으로 매각 또는 임대될 수 있다.

국유재산법

제43조(계약의 방법) ① 일반재산을 처분하는 계약을 체결할 경우에는 그 뜻을 공고하여 일반경쟁에 부쳐야 한다. 다만, 계약의 목적·성질·규모 등을 고려하여 필요하다고 인정되면 대통령령으로 정하는 바에 따라 참가자의 자격을 제한하거나 참가자를 지명하여 경쟁에 부치거나 수의계약으로 할 수 있으며, 증권인 경우에는 대통령령으로 정하는 방법에 따를 수 있다.

② 제1항에 따라 경쟁에 부치는 경우 공고와 절차에 관하여는 제31조제2항을 준용한다.

제57조(개발) ① 일반재산은 국유재산관리기금의 운용계획에 따라 국유재산관리기금의 재원으로 개발하거나 제58조·제59조 및 제59조의2에 따라 개발하여 대부·분양할 수 있다. <개정 2018.3.13>

② 제1항의 개발이란 다음 각 호의 행위를 말한다. <신설 2018.3.13>
1. 「건축법」 제2조에 따른 건축, 대수선, 리모델링 등의 행위
2. 「공공주택 특별법」, 「국토계획법」, 「도시개발법」, 「도시정비법」, 「산업입지 및 개발에 관한 법률」, 「주택법」, 「택지개발촉진법」 및 그 밖에 대통령령으로 정하는 법률에 따라 토지를 조성하는 행위

「공유재산 및 물품 관리법」

제29조(계약의 방법) ① 일반재산을 대부하거나 매각하는 계약을 체결할 때에는 일반입찰에 부쳐야 한다. 다만, 대통령령으로 정하는 경우에는 제한경쟁 또는 지명경쟁에 부치거나 수의계약으로 할 수 있으며, 증권의 경우에는 「자본시장과 금융투자업에 관한 법률」 제9조제9항에 따른 증권매출의 방법으로 하며, 이 법 제4조제1항제2호 및 제3호의 일반재산을 매각하는 경우에는 제76조제3항을 준용한다. <개정 2010.2.4., 2015.1.20., 2021.4.20>

② 제1항 단서에 따라 증권을 매각하는 경우 가격산정에 필요한 사항은 대통령령으로 정한다.

③ 제1항에 따라 대부를 받은 자는 그 일반재산을 다른 자에게 사용하게 하여서는 아니 된다.

<신설 2021.4.20>

제43조의3(위탁개발) ① 지방자치단체의 장은 일반재산의 효율적인 활용을 위하여 수탁기관에 해당 일반재산의 개발을 위탁할 수 있다. <개정 2021.4.20>

② 제1항의 개발이란 다음 각 호의 행위를 말한다. <신설 2020.12.29>
1. 「건축법」 제2조에 따른 건축, 대수선(大修繕), 리모델링 등의 행위
2. 「공공주택 특별법」, 「국토계획법」, 「도시개발법」, 도시정비법, 「산업입지 및 개발에 관한 법률」, 「주택법」, 「택지개발촉진법」 및 그 밖에 대통령령으로 정하는 법률에 따라 토지를 조성하는 행위

cf 부산광역시 재건축 표준정관

제45조(국·공유재산의 처분 등) ① 정비구역안의 국·공유지의 매각의 방법 등에 대하여는 도시정비법 제98조에 의한다.

② 국·공유지의 매수 및 사용에 관하여 필요한 사항은 도시정비법에서 규정한 것을 제외하고는 「국유재산법」·「지방재정법」 등 관계 법령이 정하는 바에 의한다.

재개발 표준정관 제47조와 같다.

광주광역시 재개발 표준정관

제46조(국·공유지의 점유연고권 인정기준 등) ① 관리처분계획을 수립함에 있어 국·공유지의 점유연고권 및 점유연고권자는 조례 제35조에 따라 그 경계를 기준으로 실시한 지적측량성과에 따라 인정하고, 점유연고권이 인정된 국·공유지를 법 제98조제4항에 따라 우선 매각하는 기준은 조례 제47조[69]에 따른다.

② 제1항에 따른 점유연고권자는 제44조제1항의 분양신청기간내에 점유·사용하고 있는 국·공유지에 대한 매수 의사를 조합에 서면으로 제출하고 분양신청을 하여야 하며, 관리처분계획인가신청을 하는 때까지 해당 국·공유지의 관리청과 매매계약을 체결하여야 한다.

③ 제2항에도 불구하고 점유연고권자가 국·공유지에 대한 매수 포기 의사를 조합에 서면으로 제출하거나, 관리처분계획인가 신청 전까지 해당 국·공유지의 관리청과 매매계약을 체결하지 아니할 경우, 해당 국·공유지는 조합이 매수하고 해당 조합원의 권리가액 산정시 제외한다. 점유연고권자와 국·공유지의 관리청이 체결한 매매계약이 무효·취소 또는 해제된 경우에도 이와 같다.

④ 국·공유지의 매수 및 사용에 관하여 필요한 사항은 관련법령 및 조례 등에서 규정한 것을 제외하고는 「국유재산법」·「공유재산 및 물품관리법」 등이 정하는 바

---

[69] 광주광역시 도시정비조례
제47조(국·공유지의 점유·사용 연고권 인정기준 등) ① 법 제98조제4항에 따라 정비구역의 국·공유지를 점유·사용하고 있는 건축물소유자(조합 정관에 따라 조합원 자격이 인정되지 않은 경우와 신발생무허가건축물을 제외한다)에게 우선 매각한다.
1. 점유·사용 면적은 건축물이 담장 등으로 경계가 구분되어 실제사용하고 있는 면적으로 하되, 200제곱미터를 초과할 수 없다.
2. 경계의 구분이 어려운 경우에는 처마 끝 수직선을 경계로 한다.
3. 제1호 및 제2호에 따른 점유·사용 건축물이 사유지와 국·공유지를 함께 점유·사용하고 있는 경우에는 사유토지와 점유·사용 국·공유지를 합한 매각면적이 200제곱미터를 초과할 수 없다.② 제1항에 따른 점유·사용 면적의 산정은 「공간정보의 구축 및 관리 등에 관한 법률」에 따른 지적측량성과에 따른다.③ 제1항에 따라 국·공유지를 우선 매수하고자 하는 자는 관리처분계획인가신청을 하는 때까지 해당 국·공유지 관리청과 매매계약을 체결하여야 한다.

에 의한다.

재건축 표준정관에는 규정이 없다.

2006.8.25 국토부 재건축 표준정관
해당 규정이 없다.

2003.6.30 국토부 재개발 표준정관
제46조(국·공유지의 점유연고권 인정기준 등) ① 법 제66조에 의하여 사업시행구역안의 국·공유지의 매각의 방법 등에 대하여는 시·도 조례에 의한다.

② 국·공유지의 매수 및 사용에 관하여 필요한 사항은 도시정비법령에서 규정한 것을 제외하고는 국유재산법 지방재정법 등 관련 법령이 정하는 바에 의한다.

> ■ **(서울) 재건축 표준정관 제48조(관리처분계획의 공람 등)**
> ● **(서울) 재개발 표준정관 제53조(관리처분계획의 공람 등)**: 재건축 표준정관과 같다.

재건축·재개발 표준정관의 조문 위치가 다르나, 내용은 같다.

■ 정비사업의 진행절차

사업시행계획인가(변경) 고시(구청장등)
(조합→한국부동산원, LH) **공사비 필요적 검증요청**
(법 §29의2)

- 서울시 주거정책심의위원회의 시기조정 후 사업시행인가 결정(조례 §48~51) **경기도는 관리처분계획 시기조정만 있음**
- 시공자선정(토지등소유자가 시행하는 재개발사업, 법 §29⑤)
- 수용·사용할 토지·건물의 명세
- 사업시행계획인가·고시일로부터 30일 이내 최고절차를 밟아 매도청구 착수(재건축사업)(법 §64)/재건축부담금예정액 통지

↓

종전자산평가 통지(조합→조합원)
(법 §72①1)

종전 분양신청 후 종전평가의 깜깜이 분양신청 X/ 2018.2.9부터 종전자산평가액을 각 토지등소유자에게 종전평가 통지 후 분양신청 받음
사업시행계획인가·고시일(인가 이후 시공자 선정 시, 시공자와 계약을 체결한 날)로부터 90일(대통령령으로 정하는 경우 1회에 한정하여 30일 이내에서 연장가능) 이내에 토지등소유자에게 통지(법 §72①)

- 종전 평가시점: 사업시행계획인가·고시일/종후평가시점: 관리처분계획 기준일(분양신청 마감일)
- 평가방법: 감정평가법에 따른 감정평가업자 2인 이상의 평가한 금액을 산술평균

↓

분양공고 및 분양신청(사업시행자: 신문에 공고)
(법 §72, §73)

토지등소유자(미동의자 포함)에게 분양신청 공고 전에 종전자산평가 결과와 분양대상자별 분담금 추산액을 알려주고, 분양공고는 사업시행계획인가 후 120일로 연장(법 §72)

- 분양신청기간: 분양신청 통지한 날로부터 30일 이상 60일 이내, 20일 범위에서 연장/정관등에서 정하거나 총회의결을 거친 경우 미 분양신청자, 분양신청철회자는 재분양신청 가능(법 §72⑤)※미신청자 : 손실보상(구 현금청산)
- 분양신청 제한(법 §72⑥)

↓

관리처분계획 수립(변경) 및 총회
(사업시행자: 조합)

총회개회 1개월 전에 종전가액 외에도 **보류지 처분**, 정비사업 추잔액등을 조합원에게 통지(법 §74③)

조합원 과반수 찬성으로 의결, 정비사업비 10/100 이상 증가 시 조합원 數 2/3이상 동의**(법 §45④)** **10/100직접출석/관리처분 총회는 20/100 직접출석(동조⑦)**

- 관리처분총회 수립(변경) 의결: 총회 개최일부터 1개월 전에 분양대상자별 대지, 건축물 추산액, 종전 감정평가액, 정비사업비 추산액을 조합원에게 통지/다만 경미한 변경은 신고로 족함(법 §74.3)

↓

```
                    ↓
┌─────────────────────────────────────────┐
│   관리처분계획의 공람(사업시행자: 조합)      │
│              (법 §78)                    │
└─────────────────────────────────────────┘
                    │        - 관리처분 관계서류 사본을 인가신청 전 30일 이상 토지등소유자에게 공람(법 §78①)
                    ↓
┌─────────────────────────────────────────┐   구청장등은 30일 이내 인가 결정→사업시행자(조합)에 통보.
│ 관리처분계획인가 신청(사업시행자→구청장등), │---  단, 타당성검증 시 신청 받은 날부터 60일 이내 인가 결정
│ (구청장, 사업시행자→한국부동산원, LH) 타당성│    (법 §78②)
│            검증요청                       │
└─────────────────────────────────────────┘
```

관리처분계획인가를 위해 인가 구청에서는 공람의견 처리여부를 확인한 후 인가하게 된다.

조합 집행부에서 최초로 작성한 관리처분계획은 총회 의결로 조합의 관리처분계획안(案)으로 공람되므로 총회 의결을 공람절차 이전에 하여야 한다는 것이 대체적 의견이다.

토지등소유자나 정비사업과 관련하여 이해관계를 가지는 자는 공람기간 이내에 사업시행자에게 서면으로 의견을 제출할 수 있다.

사업시행자는 이렇게 제출된 의견을 심사하여 채택할 필요가 있다고 인정하는 때에는 이를 채택하고, 그렇지 않은 경우에는 의견을 제출한 자에게 그 사유를 알려주어야 한다.

이때 채택된 의견에 따라 관리처분계획의 중요한 사항이 변경되는 경우에는 원칙적으로 총회결의 및 공람절차를 다시 거쳐야 하겠지만 실제 사례는 찾기 어렵다.

□ 근거규정

○ **제1항, 제2항, 제3항**
도시정비법 제78조제1항, 동법 시행령 제61조

재건축 표준정관
제48조(관리처분계획의 공람 등) ① 조합은 법 제74조에 따른 관리처분계획의 인가를 신청하기 전에 관계서류의 사본을 30일 이상 토지등소유자에게 공람하게 하여야 하며, 다음 각 호의 사항을 공람 실시 전 각 조합원에게 통지하여야 한다. 다만, 시행령 제61조

의 경미한 사항을 변경하는 경우에는 공람 및 의견청취 절차를 거치지 아니할 수 있다.
  1. 공람기간·장소 등 공람계획에 관한 사항
  2. 사업시행계획의 개요 및 관리처분계획(안)
  3. 분양대상자별 기존의 토지 또는 건축물의 명세 및 가격과 분양예정인 대지 또는 건축물의 명세 및 추산가액
  4. 그 밖에 조합원의 권리·의무와 이의신청 등에 관한 사항
  ② 조합원은 제1항의 통지를 받은 때에는 조합에서 정하는 기간 내에 관리처분계획(안)에 관한 이의신청을 조합에 제출할 수 있다.
  ③ 조합은 제2항에 의하여 제출된 조합원의 이의신청 내용을 이사회에서 검토하여 합당하다고 인정되는 경우에는 관리처분계획(안)의 수정 등 필요한 조치를 취하고, 그 조치 결과를 해당 조합원에게 통지하여야 하며, 이의신청이 이유 없다고 인정되는 경우에도 그 사유를 명시하여 해당 조합원에게 통지하여야 한다.

재개발 표준정관 제53조제1항 내지 제3항과 같다.

사업시행계획인가의 공람권자는 구청장이지만, 관리처분계획인가의 공람권자는 사업시행자인 정비조합이다. 정비조합은 관리처분계획인가 신청 전에 관계 서류의 사본을 30일 이상 토지등소유자에게 공람하게 하고, 그 의견을 들어야 한다.

국토부는 주거환경과-4826(2004.7.20)호로 배포한 「정비사업 업무편람」에서 조합 총회(관리처분계획 총회)의결 후, 공람·의견을 청취하도록 지방자치단체에 시달한 바 있다(국토부 2009.11.3).
반대의견도 있다.[70]

---

[70] 관리처분계획인가 신청 전에 공람하려는 경우, 총회 이전에 공람을 실시해도 좋은지(서울시 재생협력과-16359, 2017.10.23)
  Q. 관리처분계획의 인가를 신청하기 전에 관계서류의 사본을 토지등소유자에게 30일 이상 공람을 하려는 경우 관리처분계획 수립을 위한 총회 이전에 공람을 실시해도 되는지?
  A. 도시정비법 제49조제1항에 따르면 사업시행자는 제48조에 따른 관리처분계획의 인가를 신청하기 전에 관계서류의 사본을 30일 이상 토지등소유자에게 공람하게 하고 의견을 들어야 한다고 규정하고 있으며, 질의와 같이 관리처분계획 수립을 위한 총회 이전에 공람을 실시하는 것은 가능할 것으로 판단됨지 관리청과 매매계약을 체결하여야 한다.

도시정비법

제78조(관리처분계획의 공람 및 인가절차 등) ① 사업시행자는 제74조에 따른 **관리처분계획인가를 신청하기 전에 관계 서류의 사본을 30일 이상 토지등소유자에게 공람하게 하고 의견**을 들어야 한다. 다만, 제74조제1항 각 호 외의 부분 단서에 따라 대통령령으로 정하는 경미한 사항을 변경하려는 경우에는 토지등소유자의 공람 및 의견청취 절차를 거치지 아니할 수 있다.

② 시장·군수등은 사업시행자의 관리처분계획인가의 신청이 있은 날부터 30일 이내에 인가 여부를 결정하여 사업시행자에게 통보하여야 한다. 다만, 시장·군수등은 제3항에 따라 관리처분계획의 타당성 검증을 요청하는 경우에는 관리처분계획인가의 신청을 받은 날부터 60일 이내에 인가 여부를 결정하여 사업시행자에게 통지하여야 한다. <개정 2017.8.9>

개포주공○단지아파트 재건축조합 공고 제2017-1호
관리처분계획 공람 공고

개포주공○단지아파트 재건축사업에 대하여 도시정비법 제49조(관리처분계획의 공람 및 인가절차 등), 동법 시행령 제53조(통지사항) 및 조합정관 제4○○조(관리처분계획의 공람 등)에 따라 공람사항에 대하여 아래 내용과 같이 공람하고자 공고하오니, 의견이 있으신 조합원께서는 공람기간 내에 공람의견서를 제출바라며,

우편으로 의견신청을 하시는 조합원께서는 반드시 기한 내에 등기우편으로 제출바람.

- 아　　래 -

1. 관리처분계획의 개요
① 정비사업의 종류: 재건축사업
② 정비사업의 명칭: 개포주공○단지아파트 재건축사업
③ 정비사업 시행구역의 면적: 179,794.90㎡
④ 사업시행자의 성명: 개포주공○단지아파트 재건축조합(조합장 ○○○)
⑤ 사업시행자의 주소: 서울특별시 강남구 삼성로 ○○(개포동 ○○○) 개포주공

○ 단지아파트 재건축조합
　※ 기타 자세한 사항은 기 조합에서 개별통지한 관리처분계획을 증명하는 서류 및 2016년 임시총회 자료 참조

2. 분양대상자별 기존의 토지 또는 건축물의 명세 및 가격과 분양예정인 대지 또는 건축물의 명세 및 추산가액: 기 조합에서 개별 통지한 관리처분계획을 증명하는 서류 참조

3. 주택 및 토지지분면적 등 분양대상 물건의 명세: 별도 개별 통지

4. 그 밖에 조합원의 권리·의무와 의견(이의)신청 등에 관한 사항

① 공람 기간 : 2017.1.3 ~ 2017.2.6(31일간)

※ 공람 기간 내 토·일요일 및 2017.1.27~1.30은 설 연휴인 관계로 공람할 수 없음.

② 공람 시간: 평일 10:00~17:00

③ 공람 장소: 강남구 삼성로 ○○(개포동 ○○○) 개포주공○단지아파트 조합 사무실

④ 공람 도서: 조합사무실에 비치

⑤ 공람 방법: 공람 기간 및 시간 내에 조합사무실에 비치되어 있는 공람도서 열람 후, 의견이 있는 경우 공람의견서를 작성하여 제출

⑥ 공지사항

1) 제출된 조합원의 의견신청내용을 검토하여 합당하다고 인정되는 경우에는 관리처분계획의 수정 등 필요한 조치를 취하고, 그 조치 결과를 공람·공고 마감일부터 10일 안에 당해 조합원에게 통지하여 드리며, 의견신청이 이유 없다고 인정되는 경우에도 그 사유를 명시하여 당해 조합원에게 통지함.

2) 의견신청서는 조합원만 제출 가능하며, 공람기간이 완료된 후의 의견신청은 일체 받지 않으므로 이점 착오 없길 바람. 또한 공람 완료 후 강남구청으로부터 관리처분계획을 인가받으면, 분양신청 하신 분들께 인가내용 등을 통지함.

3) 공람 도서 열람 시 타인의 개인정보와 관련된 사항은 제한적으로 열람 가능함.

4) 주소변경이나 소유권변경 등 조합원의 권리·의무에 관한 사항은 공람기간 중에 그 변동사항을 입증할 수 있는 서류를 첨부하여 필히 조합에 신고하여야 하며, 불이행 시 발생되는 불이익은 해당 조합원이 책임져야 함.

　※ 기타 자세한 사항은 별도 개별 통지

2017.1.2
개포주공○단지아파트 재건축조합장

관리처분계획 공람시기(서울시 주거정비과 2023.9.27)

Q 관리처분계획 공람 시기는?

A 도시정비법 제78조제1항에 따르면 "사업시행자는 관리처분계획인가를 신청하기 전에 관계 서류의 사본을 30일 이상 토지등소유자에게 공람하게 하고 의견을 들어야 한다. 다만, 제74조제1항 각 호 외의 부분 단서에 따라 대통령령으로 정하는 경미한 사항을 변경하려는 경우에는 토지등소유자의 공람 및 의견청취 절차를 거치지 아니할 수 있다."고 규정하고 있음. 해당 질의의 경우 관리처분계획 <u>**수립을 위한 주민 의견 청취 등을 위해 인가 신청 전에 30일 이상 공람을 실시**</u>하는 것이 적정할 것으로 사료됨.

■ 관리처분계획의 타당성 검증

구청장은 관리처분계획인가의 신청이 있은 날부터 30일 이내에 인가 여부를 결정하여 사업시행자에게 통보하여야 한다.

다만, 구청장은 관리처분계획의 타당성 검증을 요청하는 경우에는 관리처분계획인가의 신청을 받은 날부터 60일 이내에 인가 여부를 결정하여 사업시행자에게 통지하여야 한다(법 제78조제2항).

관리처분계획의 타당성 검증은 관할 구청장이 판단할 사항으로 표준정관에서는 담지 않았다.

○ 제4항
도시정비법 제45조제1항제10호

> **재건축 표준정관**
> 제48조(관리처분계획의 공람 등) ④ 조합은 제3항에 따라 관리처분계획(안)을 수정한 때에는 총회의 의결을 거쳐 확정한 후 그 내용을 조합원에게 통지하여야 한다.

재개발 표준정관 제53조제4항과 같다.

관리처분계획의 수립·변경(경미한 변경은 제외) 사항은 총회 의결을 거쳐야 한다(법 제45조제1항제10호).

이 총회 의결을 거쳐 확정된 후, 정비조합은 그 내용을 조합원에게 통지하도록 하였다.

○ 제5항

서울특별시 도시정비조례 제38조제1항제4호

> **재건축 표준정관**
> 제48조(관리처분계획의 공람 등) ⑤ 조합원의 동·호수 추첨은 한국부동산원 등 추첨기관의 전산추첨을 원칙으로 공정하게 실시하여야 한다.

재개발 표준정관 제53조제5항과 같다.

다만, 재건축 표준정관에는 주석이 없지만, 재개발 표준정관에서는 "조합의 사정상 부득이하게 전산추첨이 불가할 경우를 대비하여 '대의원회의 의결을 거쳐 공개수기 추첨 등의 방법을 할 수 있음' 등을 추가하여 정할 수 있다."고 규정하고 있다.

서울특별시 도시정비조례

제38조(주택 및 부대·복리시설 공급 기준 등) ① 영 제63조제1항제7호에 따라 법 제23조제1항제4호의 방법으로 시행하는 주거환경개선사업, 재개발사업 및 단독주택 재건축사업의 주택공급에 관한 기준은 다음 각 호와 같다. <개정 2023.5.22>

1. 권리가액에 해당하는 분양주택가액의 주택을 분양한다. 이 경우 권리가액이 2개의 분양주택가액의 사이에 해당하는 경우에는 분양대상자의 신청에 따른다.

2. 제1호에도 불구하고 정관등으로 정하는 경우 권리가액이 많은 순서로 분양할 수 있다.

3. 법 제76조제1항제7호 라목에 따라 2주택을 공급하는 경우에는 권리가액에서 1주택 분양신청에 따른 분양주택가액을 제외하고 나머지 권리가액이 많은 순서로 60㎡ 이하의 주택을 공급할 수 있다.

4. 동일규모의 주택분양에 경합이 있는 경우에는 권리가액이 많은 순서로 분양하고, 권리가액이 동일한 경우에는 공개추첨에 따르며, 주택의 동·층 및 호의 결정은 주택규모별 공개추첨에 따른다.

cf 부산광역시 재건축 표준정관

제51조(관리처분계획의 공람 등) ① 조합은 도시정비법 제74조에 따른 관리처분계획인가를 신청하기 전에 관계 서류의 사본을 30일 이상 토지등소유자에게 공람하게 하고 의견을 들어야 한다. 다만, 도시정비법 시행령 제61조 각 호의 경미한 변경사항은 공람 및 의견청취 절차를 거치지 아니할 수 있다.

② 조합원은 제1항에 의한 공람공고 후 조합에서 정하는 기간 안에 관리처분계획에 관한 이의신청을 조합에 제출 할 수 있다.

③ 조합은 제2항에 의하여 제출된 조합원의 이의신청 내용을 검토하여 타당하다고 인정되는 경우에는 관리처분계획의 변경 등 필요한 조치를 취하고, 그 조치결과를 공람·공고 마감일부터 10일 안에 당해 조합원에게 통지하여야 하며, 이의신청이 이유 없다고 인정되는 경우에도 그 사유를 명시하여 당해 조합원에게 통지하여야 한다.

④ 조합은 제3항에 따라 관리처분계획을 변경한 때에는 총회의 의결을 거쳐 확정한 후 그 내용을 각 조합원에게 통지하여야 한다.

⑤ 조합원의 동·호수추첨은 한국감정원 전산추첨을 원칙으로 공정하게 실시하여야 하며 추첨결과는 구청장·군수에게 통보하여야 한다.

재개발 표준정관 제53조의 같다.

광주광역시 재건축 표준정관

제48조(관리처분계획의 공람 등) ① 조합은 법 제74조에 따른 관리처분계획의 인가를 신청하기 전에 관계서류의 사본을 30일 이상 토지등소유자에게 공람하게 하여야 하며, 다음 각 호의 사항을 공람 실시 전 각 조합원에게 통지하여야 한다. 다만, 시행령 제61조의 경미한 사항을 변경하는 경우에는 공람 및 의견칭취 절차를 거치지 아니할 수 있다.

1. 공람기간·장소 등 공람계획에 관한 사항
2. 사업시행계획의 개요 및 관리처분계획(안)
3. 분양대상자별 기존의 토지 또는 건축물의 명세 및 가격과 분양예정인 대지 또는 건축물의 명세 및 추산가액
4. 그 밖에 조합원의 권리·의무와 이의신청 등에 관한 사항

② 조합원은 제1항의 통지를 받은 때에는 조합에서 정하는 기간 내에 관리처분계

획(안)에 관한 이의신청을 조합에 제출할 수 있다.

③ 조합은 제2항에 의하여 제출된 조합원의 이의신청 내용을 이사회에서 검토하여 합당하다고 인정되는 경우에는 관리처분계획(안)의 수정 등 필요한 조치를 취하고, 그 조치 결과를 해당 조합원에게 통지하여야 하며, 이의신청이 이유 없다고 인정되는 경우에도 그 사유를 명시하여 해당 조합원에게 통지하여야 한다.

④ 조합은 제3항에 따라 관리처분계획(안)을 수정한 때에는 총회의 의결을 거쳐 확정한 후 그 내용을 조합원에게 통지하여야 한다.

⑤ 조합원의 동·호수추첨은 한국부동산원 등 추첨기관의 전산추첨을 원칙으로 공정하게 실시하여야 한다.

재개발 표준정관 제52조와 같다.

2023.11.29 국토부 별표2 지정개발자(신탁업자) 표준시행규정

제31조(관리처분계획의 공람 및 통지) ① 관리처분계획인가를 신청하기 전에 관리처리처분계획의 공람 및 토지등소유자의 의견청취에 관한 사항은 도시정비법 제78조제1항에 따른다.

② 사업시행자는 제1항에 따라 공람을 실시하는 경우 공람기간, 장소 등 공람계획에 관한 사항과 개략적인 공람사항을 미리 토지등소유자에게 통지하여야 한다.

2006.8.25 국토부 재건축 표준정관

제48조(관리처분계획의 공람 등) ① 조합은 관리처분계획의 인가를 받기 전에 관계서류의 사본을 30일 이상 토지등소유자에게 공람하고 다음 각 호의 사항을 각 조합원에게 통지하여야 한다.

1. 관리처분계획의 개요
2. 주택 및 토지지분면적 등 분양대상 물건의 명세
3. 그 밖에 조합원의 권리·의무와 이의신청 등에 관한 사항

② 조합원은 제1항에 의한 통지를 받은 때에는 조합에서 정하는 기간 안에 관리처분계획에 관한 이의신청을 조합에 제출 할 수 있다.

③ 조합은 제2항에 의하여 제출된 조합원의 이의신청 내용을 검토하여 합당하다고

인정되는 경우에는 관리처분계획의 수정 등 필요한 조치를 취하고, 그 조치 결과를 공람·공고 마감일부터 10일 안에 당해 조합원에게 통지하여야 하며, 이의신청이 이유 없다고 인정되는 경우에도 그 사유를 명시하여 당해 조합원에게 통지하여야 한다.

【주】관리처분계획의 수립에 있어서 합당한 의견일 경우에는 조합원의 의사가 최대한 반영될 수 있도록 한 것임

④ 조합은 제3항에 따라 관리처분계획을 수정한 때에는 총회의 의결을 거쳐 확정한 후 그 내용을 각 조합원에게 통지하여야 한다.

⑤ 조합원의 동·호수추첨은 ○○은행 전산추첨을 원칙으로 경찰관 입회하에 공정하게 실시하여야 하며 추첨결과는 시장·군수에게 통보하여야 한다.

2003.6.30 국토부 재개발 표준정관

제53조(관리처분계획의 공람 등) ① 조합은 관리처분계획의 인가를 받기 전에 관계 서류의 사본을 30일 이상 조합원에게 공람하고 다음 각 호의 사항을 각 조합원에게 통지하여야 한다.

1. 관리처분계획의 개요
2. 주택 및 대지지분면적 등 분양대상 물건의 명세
3. 그 밖에 조합원의 권리·의무와 이의신청 등에 관한 사항

② 조합원은 제1항에 의한 통지를 받은 때에는 조합에서 정하는 기간 안에 관리처분계획에 관한 이의신청을 조합에 할 수 있다.

③ 조합은 제2항에 의하여 제출된 조합원의 이의신청 내용을 검토하여 합당하다고 인정되는 경우에는 관리처분계획의 수정 등 필요한 조치를 취하고, 그 조치 결과를 공람·공고 마감일부터 10일 안에 당해 조합원에게 통지하여야 하며, 이의신청이 이유 없다고 인정되는 경우에도 그 사유를 명시하여 당해 조합원에게 통지하여야 한다.

【주】관리처분계획의 수립에 있어서 합당한 의견일 경우에는 조합원의 의사가 최대한 반영될 수 있도록 한 것임

④ 조합은 제3항에 따라 관리처분계획을 수정한 때에는 총회의 의결을 거쳐 확정한 후 그 내용을 각 조합원에게 통지하여야 한다.

⑤ 조합원의 동·호수 추첨은 ○○은행 전산추첨을 원칙으로 경찰관 입회 하에 공정하게 실시하여야 하며 추첨결과는 시장·군수에게 통보하여야 한다.

> ■ (서울) 재건축 표준정관 제49조(관리처분계획의 통지 등)
> ● (서울) 재개발 표준정관 제54조(관리처분계획의 통지 등)
>   : 재건축 표준정관과 유사하다.

근거규정

제1항

> **재건축 표준정관**
> 제49조(관리처분계획의 통지 등) ① 조합은 관리처분계획의 수립 및 변경을 의결하기 위한 총회의 개최일 1개월 전에 다음 각 호의 사항을 각 조합원에게 문서로 통지하여야 한다.
>   1. 분양대상자별 분양예정인 대지 또는 건축물의 추산액(임대관리 위탁주택에 관한 내용을 포함한다)
>   2. 다음 각 목에 해당하는 보류지 등의 명세와 추산액 및 처분방법. 다만, 나목의 경우에는 제30조제1항에 따라 선정된 임대사업자의 성명 및 주소(법인인 경우에는 법인의 명칭 및 소재지와 대표자의 성명 및 주소)를 포함한다.
>   가. 일반 분양분
>   나. 공공지원민간임대주택
>   다. 임대주택
>   라. 그 밖에 부대·복리시설 등
>   3. 분양대상자별 종전의 토지 또는 건축물 명세 및 사업시행계획인가 고시가 있은 날을 기준으로 한 가격(사업시행계획인가 전에 제81조제3항에 따라 철거된 건축물은 시장·군수등에게 허가를 받은 날을 기준으로 한 가격)
>   4. 정비사업비의 추산액(「재건축초과이익 환수에 관한 법률」에 따른 재건축부담금에 관한 사항을 포함한다) 및 그에 따른 조합원 분담규모 및 분담시기

재개발 표준정관 제54조제1항제1호 내지 제3호와 같다.

다만 추산액에서 "「재건축초과이익 환수에 관한 법률」에 따른 재건축부담금에 관한 사항을 포함한다."는 내용이 삭제되어 있다.

재개발사업에는 재건축부담금이 부과되지 않기 때문이다.

제2호인 제30조제1항은 '도시정비법 제30조제1항', 제3호의 제81조제3항은 '도시정비법 제81조제3항'을 말한다. 독자들은 표준정관 조문으로 혼동하기 쉬우니 명확한 규정이 필요하다.

제4호의 경우, 재개발사업은 재건축부담금 대상이 아니어서, "정비사업비의 추산액 및 그에 따른 조합원 분담규모 및 분담시기"로 하고 괄호안의 「재건축초과이익 환수에 관한 법률」에 따른 재건축부담금에 관한 사항은 삭제되었다.

○ 제2항(사업시행자의 관리처분계획 공람 실시)

도시정비법 제78조제5항, 동법 시행령 제65조제2항

> **재건축 표준정관**
> 제49조(관리처분계획의 통지 등) ② 조합은 관리처분계획인가의 고시가 있은 때 지체 없이 다음 각 호의 사항을 분양신청자에게 통지하여야 하며, 관리처분계획(변경)의 인가·고시가 있은 때에는 그 변경 내용을 통지하여야 한다.
> 1. 정비사업의 종류 및 명칭
> 2. 정비사업 시행구역의 면적
> 3. 사업시행자의 성명 및 주소
> 4. 관리처분계획의 인가일
> 5. 분양대상자별 기존의 토지 또는 건축물의 명세 및 가격과 분양예정인 대지 또는 건축물의 명세 및 추산가액

재개발 표준정관 제54조제2항과 같다.

사업시행자인 정비조합은 관리처분계획인가를 신청하기 전에 관계 서류의 사본

을 30일 이상 토지등소유자에게 공람하게 하고 의견을 들어야 한다. 다만, 경미한 사항을 변경하려는 경우에는 토지등소유자의 공람 및 의견청취 절차를 거치지 아니할 수 있다(법 제78조제1항).

정비조합은 위 제1항에 따라 공람을 실시하려거나 시장·군수등의 고시가 있은 때에는 도시정비법 시행령 제65조에서 정하는 방법과 절차에 따라 토지등소유자에게는 공람계획을 통지하고, 분양신청을 한 자에게는 관리처분계획인가의 내용 등을 통지하여야 한다(동조 제5항).

○ **제3항**
도시정비법 제81조제1항

> **재건축 표준정관**
> 제49조(관리처분계획의 통지 등) ③ 관리처분계획인가의 고시가 있은 때에는 종전의 토지 또는 건축물의 소유자·지상권자·전세권자·임차권자 등 권리자는 법 제86조에 따른 이전고시가 있는 날까지 종전의 토지 또는 건축물을 사용하거나 수익할 수 없다. 다만, 조합의 동의를 받은 경우에는 그러하지 아니하다.

재건축 표준정관 제49조제3항과 달리, 재개발 표준정관 제54조제3항의 단서가 다르다.

재건축 표준정관의 단서인 "다만, 조합의 동의를 받은 경우 외에도 토지보상법에 따른 손실보상이 완료되지 아니한 경우"도 예외규정에 담았다.

> **재개발 표준정관**
> 제54조(관리처분계획의 통지 등) ③ 관리처분계획인가의 고시가 있은 때에는 종전의 토지 또는 건축물의 소유자·지상권자·전세권자·임차권자 등 권리자는 법 제86조에 따른 이전고시가 있는 날까지 종전의 토지 또는 건축물을 사용하거나 수익할 수 없다. 다만, 다음 각 호의 어느 하나에 해당하는 경우에는 그러하지 아니하다.
> 1. 조합의 동의를 받은 경우

2. 토지보상법에 따른 손실보상이 완료되지 아니한 경우

도시정비법이 시행되면서 관리처분계획의 수립을 위한 동의서 징구를 쉽게 하기 위해 조합원들을 먼저 이주시킨 후, 서면결의서로 해결해 왔던 적이 있었다. 철거하기 전에 분양신청을 받아 관리처분계획을 수립하라는 내용이 포함되어 있었지만, 지금처럼 별도의 조문으로 만들어진 것은 2009.2.6 개정부터다.

관리처분계획인가·고시는 이주 및 명도의 권원(權源)을 표시하는 기능도 있지만, 토지 또는 건축물의 소유자·지상권자·전세권자·임차권자 등 권리자가 사전에 충분히 알지 못하면 불의의 피해를 당할 수 있다.

법 제122조제1항에서는 토지등소유자에게 거래 상대방에게 설명·고지하도록 하고 실무에서는 법 제81조제1항을 근거로 하여 사업부지 내 점유자들을 상대로 이주명도 업무의 법적근거로 삼고 있다.

도시정비법

제81조(건축물 등의 사용·수익의 중지 및 철거 등) ① 종전의 토지 또는 건축물의 소유자·지상권자·전세권자·임차권자 등 권리자는 제78조제4항에 따른 관리처분계획인가의 고시가 있은 때에는 제86조에 따른 이전고시가 있는 날까지 종전의 토지 또는 건축물을 사용하거나 수익할 수 없다. 다만, 다음 각 호의 어느 하나에 해당하는 경우에는 그러하지 아니하다. <개정 2017.8.9>
  1. 사업시행자의 동의를 받은 경우
  2. 토지보상법에 따른 손실보상이 완료되지 아니한 경우

■ 재건축사업의 재개발 표준정관 제54조제3항 단서 적용 가능 여부

재개발 표준정관 제54조제3항 단서를 재건축사업에 적용할 수 있는지 대법원은 다음과 같이 판시하였다.

재개발사업 등에서 수용보상금의 산정이 개발이익을 배제한 수용 당시의 공시지

가에 의하는 것과는 달리, 재건축사업의 매도청구권 행사의 기준인 '시가'는 재건축으로 인하여 발생할 것으로 예상되는 개발이익이 포함된 가격이다.

이러한 차이는 재건축사업의 토지등소유자로 하여금 임차권자등에 대한 보상을 임대차계약 등에 따라 스스로 해결하게 할 것을 전제로 한 것으로 보이는 점 등에 비추어 보면, <u>재건축사업에 대하여 도시정비법 제49조제6항(현행 제81조제1항) 단서나 토지보상법 규정이 유추적용 된다고 보기도 어렵다</u>(대법원 2014.7.24.선고 2012다62561, 62578판결).

cf 부산광역시 재건축 표준정관

제52조(관리처분계획의 통지 등) ① 조합은 관리처분계획을 공람할 경우 공람기간·장소 등 공람계획에 관한 사항과 개략적인 공람 사항을 미리 토지등소유자에게 통지하여야 한다.

② 조합은 관리처분계획의 수립 및 변경을 의결하기 위한 총회의 개최일부터 1개월 전에 도정법 제74조제1항제3호부터 제6호까지의 사항을 각 조합원에게 문서로 통지하여야 한다.

③ 조합은 관리처분계획인가의 고시가 있은 때에는 분양을 신청한자에게 다음 각 호의 사항을 통지하여야 하며 관리처분계획변경의 고시가 있는 때에는 변경내용을 통지하여야 한다.

  1. 정비사업의 종류 및 명칭
  2. 정비사업 시행구역의 면적
  3. 사업시행자의 성명 및 주소
  4. 관리처분계획의 인가일
  5. 분양대상자별 기존의 토지 또는 건축물의 명세 및 가격과 분양예정인 대지 또는 건축물의 명세 및 추산가액

제3항의 근거규정은 도시정비법 시행령 제65조제2항이다.
재개발 표준정관 제54조와 내용이 같다.

광주광역시 재건축 표준정관

제49조(관리처분계획의 통지 등) ① 조합은 관리처분계획의 수립 및 변경을 의결하기 위한 총회의 개최일 1개월 전에 다음 각 호의 사항을 각 조합원에게 문서로 통지하여야 한다.

  1. 분양대상자별 분양예정인 대지 또는 건축물의 추산액(임대관리 위탁주택에 관한 내용을 포함한다)

  2. 다음 각 목에 해당하는 보류지 등의 명세와 추산액 및 처분방법. 다만, 나목의 경우에는 제30조제1항에 따라 선정된 임대사업자의 성명 및 주소(법인인 경우에는 법인의 명칭 및 소재지와 대표자의 성명 및 주소)를 포함한다.

    가. 일반분양분

    나. 공공지원민간임대주택

    다. 임대주택

    라. 그 밖에 부대시설·복리시설 등

  3. 분양대상자별 종전의 토지 또는 건축물 명세 및 사업시행계획인가 고시가 있은 날을 기준으로 한 가격(사업시행계획인가 전에 법 제81조제3항에 따라 철거된 건축물은 시장·군수등에게 허가를 받은 날을 기준으로 한 가격)

  4. 정비사업비의 추산액(「재건축초과이익 환수에 관한 법률」에 따른 재건축부담금에 관한 사항을 포함한다) 및 그에 따른 조합원 분담규모 및 분담시기

② 조합은 관리처분계획인가의 고시가 있은 때 지체 없이 다음 각 호의 사항을 분양신청자에게 통지하여야 하며, 관리처분계획(변경)의 인가·고시가 있은 때에는 그 변경 내용을 통지하여야 한다.

  1. 정비사업의 종류 및 명칭

  2. 정비사업 시행구역의 면적

  3. 사업시행자의 성명 및 주소

  4. 관리처분계획의 인가일

  5. 분양대상자별 기존의 토지 또는 건축물의 명세 및 가격과 분양예정인 대지 또는 건축물의 명세 및 추산가액

③ 관리처분계획인가의 고시가 있은 때에는 종전의 토지 또는 건축물의 소유자·지상권자·전세권자·임차권자 등 권리자는 법 제86조에 따른 이전고시가 있는 날까지 종전의 토지 또는 건축물을 사용하거나 수익할 수 없다. 다만, 다음 각 호의

어느 하나에 해당하는 경우에는 그러하지 아니하다.
    1. 조합의 동의를 받은 경우
    2. 토지보상법에 따른 손실보상이 완료되지 아니한 경우

재개발 표준정관 제53조와 같다.
다만, 재건축 표준정관의 제4호는 정비사업비의 추산액(「재건축초과이익 환수에 관한 법률」에 따른 재건축부담금에 관한 사항을 포함한다) 및 그에 따른 조합원 분담규모 및 분담시기다.
재개발 표준정관에서는 괄호안의 내용(「재건축초과이익 환수에 관한 법률」에 따른 재건축부담금에 관한 사항을 포함한다)이 포함되지 않는다.

2023.11.29 국토부 별표2 지정개발자(신탁업자) 표준시행규정

제31조(관리처분계획의 공람 및 통지) ③ 토지등소유자는 제2항에 따른 통지를 받은 때에는 사업시행자가 정한 기간 안에 관리처분계획에 관한 이의신청을 사업시행자에게 제출할 수 있다.

④ 사업시행자는 제3항에 따라 제출된 토지등소유자의 이의신청내용을 검토하여 정당하다고 인정되는 경우에는 관리처분계획의 변경 등 필요한 조치를 취하고, 그 조치 결과를 공람·공고 마감일부터 10일 이내에 당해 토지등소유자에게 통지하여야 한다. 이 경우 이의신청이 이유 없다고 인정되는 경우에도 그 사유를 명시하여 당해 토지등소유자에게 통지하여야 한다.

⑤ 사업시행자는 제4항에 따라 관리처분계획을 변경한 때에는 토지등소유자전체회의의 의결을 거쳐 확정한 후 그 내용을 각 토지등소유자에게 통지하여야 한다. 다만, 도시정비법 시행령 제61조에 따른 경미한 변경인 경우에는 그러하지 아니하다.

⑥ 사업시행자는 관리처분계획의 인가·고시가 있은 때에는 지체 없이 다음 각 호의 내용을 분양신청을 한 자에게 통지하여야 한다.
    1. 사업의 종류 및 명칭
    2. 사업시행구역의 면적
    3. 사업시행자의 성명 및 주소
    4. 관리처분계획의 인가일

5. 분양대상자별 기존의 토지 또는 건축물의 명세 및 가격과 분양예정인 대지 또는 건축물의 명세 및 추산가액

2006.8.25 국토부 재건축 표준정관

제49조(관리처분계획의 통지 등) ① 조합은 관리처분계획의 고시가 있은 때에는 지체 없이 다음 각 호의 사항을 분양신청을 한 각 조합원에게 통지하여야 한다.

1. 사업의 명칭
2. 사업시행구역의 면적
3. 조합의 명칭 및 주된 사무소의 소재지
4. 관리처분계획인가일
5. 분양대상자별로 기존의 토지 또는 건축물의 명세 및 가격과 분양예정인 토지 또는 건축물의 명세 및 추산가액

② 관리처분계획인가·고시가 있은 때에는 종전의 건축물의 소유자·지상권자·전세권자·임차권자 등 권리자는 법 제54조에 의한 이전고시가 있은 날까지 종전의 토지 또는 건축물에 대하여 이를 사용·수익할 수 없다. 다만, 조합의 동의를 얻은 경우에는 그러하지 아니한다.

Q 2009.11.28 이전에 총회를 개최하고 2009.11.28 이후에 관리처분계획인가를 신청하는 경우 2009.11.28부터 시행되고 있는 도시정비법 제48조제1항에 따라 총회의 개최 일부터 1개월 전에 동조 제3호부터 제5호까지에 해당하는 사항을 각 조합원에게 문서로 통지하는 절차를 거쳐야 하는지?

A 2009.5.27 개정되어 2009.11.28부터 시행 중인 도시정비법 제48조제1항에 따라 관리처분계획의 수립 및 변경 시 동조 제3호부터 제5호까지에 해당하는 사항을 총회의 개최일부터 1개월 전에 각 조합원에게 문서로 통지하도록 한 사항은 2009.11.28 이후에 상기 개정된 규정에 따라 총회를 개최하는 경우에 적용되는 사항으로 봄(국토부 주택정비과 2009.12.16)

▶ 도시정비법[시행 2010.1.1] [법률 제9729호, 2009.5.27 일부개정]

제48조(관리처분계획의 인가 등) ①사업시행자(주거환경개선사업을 제외한다)는 제46조에 따른 분양신청기간이 종료된 때에는 제46조에 따른 분양신청의 현황을 기초로 다음 각호의 사항

이 포함된 관리처분계획을 수립하여 시장·군수의 인가를 받아야 하며, 관리처분계획을 변경·중지 또는 폐지하고자 하는 경우에도 <u>같으며, 이 경우 조합은 제24조제3항제10호의 사항을 의결하기 위한 총회의 개최일부터 1개월 전에 제3호부터 제5호까지에 해당하는 사항을 각 조합원에게 문서로 통지하여야</u> 한다. 다만, 대통령령이 정하는 경미한 사항을 변경하고자 하는 때에는 시장·군수에게 신고하여야 한다. <개정 2009.2.6, 2009.5.27>

(각 호 생략)

부 칙 <제9729호, 2009.5.27>

제1조(시행일) 이 법은 공포 후 6개월이 경과한 날부터 시행한다.

제6조(관리처분계획의 인가에 관한 경과조치) 제48조제1항제7호 및 제2항제6호 가목의 개정규정은 이 법 시행 후 최초로 제48조제1항에 따른 관리처분계획을 수립하는 분부터 적용한다.

2003.6.30 국토부 재개발 표준정관

제54조(관리처분계획의 통지 등) ① 조합은 관리처분계획인가의 고시가 있은 때에는 지체 없이 다음 각 호의 사항을 분양신청을 한 각 조합원에게 통지하여야 한다.

1. 사업의 명칭
2. 사업시행구역의 면적
3. 조합의 명칭 및 주된 사무소의 소재지
4. 관리처분계획인가일
5. 분양대상자별로 기존의 토지 또는 건축물의 명세 및 가격과 분양예정인 토지 또는 건축물의 명세 및 추산가액

② 관리처분계획의 인가고시가 있은 때에는 종전의 건축물의 소유자·지상권자·전세권자·임차권자 등 권리자는 법 제54조에 의한 이전고시일까지 종전의 토지 또는 건축물에 대하여 이를 사용하거나 수익할 수 없다. 다만, 조합의 동의를 얻은 경우에는 그러하지 아니한다.

■ (서울) 재개발 표준정관 제49조(조합원 분양)
● (서울) 재건축 표준정관 제49조(조합원 분양): 관련 조문이 없다

재개발 표준정관

제49조(조합원 분양) 주택 및 부대·복리시설의 분양대상자와 분양기준은 관련 법령, 조례 및 이 정관이 정하는 기준에 적합한 범위 안에서 총회의 의결을 거쳐 관리처분계획인가·고시를 통하여 결정한다.

【주1】조례 제22조제4호에 따른 "단독 또는 다가구주택을 건축물 준공 이후 다세대주택으로 전환한 주택을 취득한 자에 대한 분양권 부여에 관한 사항" 또는 제5호에 따른 "재정비촉진지구의 도시계획사업으로 철거되는 주택을 소유한 자 중 구청장이 선정한 자에 대한 주택의 특별공급에 관한 사항"을 조합의 실정에 맞게 정관으로 정하여야 함

【주2】재개발사업의 분양대상자에 관해 조례 제36조를 준수하여야 함

부산광역시는 재건축·재개발 표준정관에서 조합원 분양을 규정하고 있으며, 서울특별시와 광주광역시는 재개발 표준정관에서 규정하고 있다.

□ 근거규정

서울특별시 도시정비조례 제22조, 제36조/부산광역시 도시정비조례 제24조, 제37조인천광역시 도시정비조례 제20조, 제34조

경기도(인구 50만 미만의 시·군만 해당) 도시정비조례 제18조, 제26조

경기도 내 대도시인 경우, 고양시, 남양주시, 부천시, 성남시, 수원시, 안양시 등의 도시정비조례 적용

■ 서울특별시 도시정비조례

제22조(조합정관에 정할 사항) 영 제38조제17호에서 "그 밖에 시·도조례로 정하는 사항"이란 다음 각 호의 사항을 말한다. <개정 2019.9.26, 2023.3.27>

4. 단독 또는 다가구주택을 건축물 준공 이후 다세대주택으로 전환한 주택을 취

득한 자에 대한 분양권 부여에 관한 사항

5. 재정비촉진지구의 도시계획사업으로 철거되는 주택을 소유한 자 중 구청장이 선정한 자에 대한 주택의 특별공급에 관한 사항

아래 서울특별시 도시정비조례 제36조제1항 각 호의 어느 하나에 해당하는 토지등소유자는 각각 분양대상이 된. 이렇게 제1항의 토지등소유자가 각각 분양대상자이지만, 제2항은 제1항과 달리 여러 명의 토지등소유자 중 1명만이 분양대상자로 제한하고 있다.

제1항에서의 종전 토지의 총면적 및 권리가액을 산정방법을 설명하는 제3항은 권리산정기준일 이후 취득하는 토지나 권리가액은 합산하지 않도록 하고 있다.[71]

도시정비조례

제36조(재개발사업의 분양대상 등) ① 영 제63조제1항제3호에 따라 재개발사업으로 건립되는 공동주택의 분양대상자는 관리처분계획기준일 현재 다음 각 호의 어느 하나에 해당하는 토지등소유자로 한다.

1. 종전의 건축물 중 주택(주거용으로 사용하고 있는 특정무허가건축물 중 조합의 정관등에서 정한 건축물을 포함한다)을 소유한 자.

2. 분양신청자가 소유하고 있는 종전토지의 총면적이 90㎡ 이상인 자

3. 분양신청자가 소유하고 있는 권리가액이 분양용 최소규모 공동주택 1가구의 추산액 이상인 자. 다만, 분양신청자가 동일한 세대인 경우의 권리가액은 세대원 전원의 가액을 합하여 산정할 수 있다.

4. 사업시행방식전환의 경우에는 전환되기 전의 사업방식에 따라 환지를 지정받은 자. 이 경우 제1호부터 제3호까지는 적용하지 아니할 수 있다.

5. 도시재정비법 제11조제4항에 따라 재정비촉진계획에 따른 기반시설을 설치하게 되는 경우로서 종전의 주택(사실상 주거용으로 사용되고 있는 건축물을 포함한다)에 관한 보상을 받은 자.

② 제1항에도 불구하고 다음 각 호의 어느 하나에 해당하는 경우에는 여러 명의

---

[71] 21.3 재개발, 단독주택재건축 분양자격의 정석(전연규 외 1)을 참조하기 바람

분양신청자를 1명의 분양대상자로 본다.

1. 단독주택 또는 다가구주택을 권리산정기준일 후 다세대주택으로 전환한 경우
2. 법 제39조제1항제2호에 따라 여러 명의 분양신청자가 1세대에 속하는 경우
3. 1주택 또는 1필지의 토지를 여러 명이 소유하고 있는 경우. 다만, 권리산정기준일 이전부터 공유로 소유한 토지의 지분이 제1항제2호 또는 권리가액이 제1항제3호에 해당하는 경우는 예외로 한다.
4. 1필지의 토지를 권리산정기준일 후 여러 개의 필지로 분할한 경우
5. 하나의 대지범위에 속하는 동일인 소유의 토지와 주택을 건축물 준공 이후 토지와 건축물로 각각 분리하여 소유하는 경우. 다만, 권리산정기준일 이전부터 소유한 토지의 면적이 90㎡ 이상인 자는 예외로 한다.
6. 권리산정기준일 후 나대지에 건축물을 새로 건축하거나 기존 건축물을 철거하고 다세대주택, 그 밖에 공동주택을 건축하여 토지등소유자가 증가되는 경우

③ 제1항제2호의 종전 토지의 총면적 및 제1항제3호의 권리가액을 산정함에 있어 다음 각 호의 어느 하나에 해당하는 토지는 포함하지 않는다.

1. 「건축법」 제2조제1항제1호에 따른 하나의 대지범위 안에 속하는 토지가 여러 필지인 경우 권리산정기준일 후에 그 토지의 일부를 취득하였거나 공유지분으로 취득한 토지.
2. 하나의 건축물이 하나의 대지범위 안에 속하는 토지를 점유하고 있는 경우로서 권리산정기준일 후 그 건축물과 분리하여 취득한 토지
3. 1필지의 토지를 권리산정기준일 후 분할하여 취득하거나 공유로 취득한 토지.

④ 제1항부터 제3항까지에도 불구하고 사업시행방식전환의 경우에는 환지면적의 크기, 공동환지 여부에 관계 없이 환지를 지정받은 자 전부를 각각 분양대상자로 할 수 있다.

■ "조합 실정에 맞게 정관으로 정하는 사항"의 범위

1. "단독 또는 다가구주택을 건축물 준공 이후 다세대주택으로 전환한 주택을 취득한 자에 대한 분양권 부여에 관한 사항"
서울특별시 도시정비조례 제22조제4호재개발

■ **2003.12.30 도시정비조례 시행일**

부칙 <2003.12.30 제4167호>

제1조(시행일) 이 조례는 공포한 날부터 시행한다.

제5조(분양대상기준의 경과조치) 제24조제2항제1호(현행 제36조제2항제1호를 말함)에 불구하고 이 조례 시행 전에 단독 또는 다가구주택을 다세대주택으로 전환하여 구분등기를 완료한 주택에 대하여는 전용면적 60㎡ 이하의 주택을 공급하거나 정비구역안의 임대주택을 공급할 수 있으며, 다세대주택의 주거전용총면적이 60㎡를 초과하는 경우에는 종전 관련조례의 규정[72]에 의한다.

단, 하나의 다세대전환주택을 공유지분으로 소유하고 있는 경우에는 주거전용 총면적에 포함시키지 아니하며 전용면적 85㎡ 이하 주택을 분양신청 조합원에게 배정하고 잔여 분이 있는 경우, 전용면적 60㎡ 이하 주택 배정조합원의 상향요청이 있을 시에는 권리가액 다액 순으로 추가 배정할 수 있다. <개정 2007.7.30>

■ **2009.7.30 조례 개정·시행**

부 칙 <조례 제4824호, 2009.7.30>

제1조(시행일) 이 조례는 공포한 날부터 시행한다.

제3조(다세대주택으로 전환된 주택의 분양기준에 관한 경과조치 등) ① 제27조제2항제1호에 불구하고 1997.1.15 전에 가구별로 지분 또는 구분소유등기를 필한 다가구주택이 건축허가 받은 가구 수의 증가 없이 다세대주택으로 전환된 경우에는 가구별 각각 1인을 분양대상자로 한다.

② 제1항의 개정규정은 이 조례 시행 당시 최초로 사업시행인가를 신청하는 분부터 적용한다.

---

[72] 서울특별시 구 도시재개발사업조례 부칙(2000.5.20)
　　제1조(시행일) 이 조례는 공포한 날부터 시행한다.
　　제2조(분양대상이 되는 공동주택 취득의 범위에 대한 경과조치) 이 조례 시행 전에 다세대주택으로 전환하여 구분소유 등기를 필한 주택은 제27조제3항의 개정규정에 불구하고 종전의 규정을 적용하여 가구별 각각 1인의 분양대상자로 한다.

전환다세대에 대하여 "제27조제2항제1호(현 제36조제2항제1호)에 불구하고 1997.1.15 전에 가구별로 지분 또는 구분소유등기를 필한 다가구주택이 건축허가 받은 가구 수의 증가 없이 다세대주택으로 전환된 경우에는 가구별 각각 1인을 분양대상자로 한다."로 하였다.

이 개정규정은 이 조례 시행 당시인 2009.7.30 전에 최초로 사업시행인가를 신청하는 분부터 적용하여 전환다세대의 경우 가구별 각각 1인을 분양대상자로 한다고 하였다.

■ 용산구 한남○구역 재개발정관

제○○조(조합원 분양) ① 재개발사업으로 건립되는 공동주택의 분양대상자는 법령과 조례에서 정한 토지등소유자로 한다.
② 주택공급에 관한 기준은 다음 각 호와 같다.
권리가액에 해당하는 분양주택가액의 주택을 분양한다. 이 경우 권리가액이 2개의 분양주택가액의 사이에 해당하는 경우에는 분양대상자의 신청에 따른다.
2. 제1호에 불구하고, 다음 각 목의 기준에 따라 주택을 분양할 수 있다.
　가. 국민주택규모 주택은 분양대상자의 권리가액이 많은 순으로 분양할 수 있다.
　나. 국민주택규모를 초과하는 주택은 분양대상자에게 권리가액이 많은 순으로 분양할 수 있으며, 제1항에 따른 분양대상자가 분양받을 국민주택규모의 주택이 부족하여 현금청산되어야 하는 경우에는 그 부족분에 한하여 권리가액이 많은 순으로 추가 공급할 수 있다.
3. 동일 규모의 주택분양에 경합이 있는 경우에는 권리가액이 많은 순으로 분양하고, 권리가액이 동일한 경우에는 공개추첨에 따르며, 주택의 동, 층 및 호의 결정은 주택규모별 공개추첨에 따른다.
③ 제1항 및 제2항 이외의 주택 및 부대·복리시설의 분양대상자와 분양기준은 법령과 조례가 정하는 기준에 적합한 범위 안에서 총회의 의결로 결정한다.

단독 또는 다가구주택을 준공 이후 다세대주택으로 전환한 주택을 취득한 자에 대

한 분양권 부여와 관련 조합정관에 정해야 할 사항(서울시 주거정비과 2023.4.19)

Q 단독 또는 다가구주택을 준공 이후 다세대주택으로 전환한 주택을 취득한 자에 대한 분양권 부여와 관련 조합정관에 정해야 할 사항은?

A 「서울시 도시정비조례」(이하 "조례") 제22조제4호에서 조합정관에 정할 사항으로 단독 또는 다가구주택을 건축물 준공 이후 다세대주택으로 전환한 주택을 취득한 자에 대한 분양권 부여에 관한 사항을 규정하고 있으며, 조례[제6899호, 2018.7.19] 부칙 제27조에 따르면 제36조제2항제1호와 제37조제2항제1호의 개정규정에도 불구하고 조례 제4824호 도시정비조례 일부개정조례 시행 당시(2009.7.30) 최초로 사업시행인가를 신청하는 분부터 1997.1.15 전에 가구별로 지분 또는 구분소유등기를 필한 다가구주택이 건축허가 받은 가구 수의 증가 없이 다세대주택으로 전환된 경우에는 가구별 각각 1명을 분양대상자로 하여 적용한다고 규정하고 있음. 따라서, 질의에 따른 조합정관에 정해야 할 사항은 도시정비법령 및 조례 등 관계규정에 위배되지 않는 범위에서 당해 조합정관 등의 절차에 따라 규정할 수 있을 것으로 사료됨.

전환다세대 및 별도 토지를 소유한 조합원일 경우, 60㎡보다 큰 평형의 주택을 받을 수 있는지(서울시 주거정비과 2022.5.26)

Q 재개발구역 전환다세대 분양신청 관련
1) 전환다세대 및 별도 토지를 소유한 조합원일 경우, 종전 규정에 따라 전환다세대주택만 소유한 분양신청자와 동일하게 적용하는지?
2) 60㎡보다 큰 평형의 주택을 받을 수 있는지?

A 종전 서울시 도시정비조례(제4550호, 2007.7.30 개정·시행) 제24조제1항에 따르면, 재개발사업으로 건립되는 공동주택 분양대상자는 관리처분기준일 현재, 주택 소유자(제1호), 종전 토지 총면적이 건축조례 규모(90㎡) 이상(제2호), 분양용 최소규모 공동주택 1가구 추산액 이상의 권리가액 소유자(제3호), 사업시행방식 전환의 경우에는 전환 전 환지를 지정받은 자(제4호) 중 어느 하나에 해당하는 토지등소유자로 한다고 규정하고 있으며,

같은 조 제24조제2항제1호에 따르면 단독주택 또는 다가구주택이 건축물준공 이후 다세대주택으로 전환된 경우에는 수인의 분양신청자를 1인의 분양대상자로 본다고 규정하고 있음. 같은 조례 부칙 제5조 분양대상기준의 경과조치에 따르면 제24조제2항제1호에 불구하고 이 조례 시행 전(제4167호, 2003.12.30 제정·시행)에 단독 또는 다가구주택을 다세대주택으로 전환하여 구분등기를 완료한 주택에 대하여는 전용면적 60㎡ 이하의 주택을 공급하거나 정비

구역안의 임대주택을 공급할 수 있으며, 다세대주택의 주거전용 총면적이 60㎡를 초과하는 경우에는 종전 관련 조례의 규정에 의하며 단, 하나의 다세대전환주택을 공유지분으로 소유하고 있는 경우에는 주거전용 총면적에 포함시키지 아니하며 전용면적 85㎡ 이하 주택을 분양신청 조합원에게 배정하고 잔여 분이 있는 경우, 전용면적 60㎡ 이하 주택 배정조합원의 상향요청이 있을 시에는 권리가액 다액 순으로 추가 배정할 수 있다고 규정하고 있음.

질의하신 사항은 상기 규정에 따라 주택 소유한 토지등소유자면서 다세대 전환된 경우로 1인 분양대상자 해당되나, 조례 경과조치에 따라 구분등기 완료한 전환다세대주택에 한하여 각각 분양대상자 된 것이므로 해당 규정에서 정하고 있는 60㎡ 이하 주택 또는 임대주택을 공급받을 수 있을 것으로 보이며 또한, 부칙 단서에 따라 분양신청 조합원에게 배정하고 잔여분이 있는 경우, 상향요청(권리가액 다액순)으로 추가 배정받을 수 있을 것으로 사료됨

2. "재정비촉진지구의 도시계획사업으로 철거되는 주택을 소유한 자 중 구청장이 선정한 자에 대한 주택의 특별공급에 관한 사항"

도시재정비촉진을 위한 특별법 제11조제4항, 서울특별시 도시정비조례 제22조제5호

재정비촉진계획에 따라 기반시설을 설치하는 경우 구청장으로부터 토지 또는 건축물 등에 관한 보상을 받은 자가 그 보상금액에 이자를 더한 금액을 구청장에게 반환하는 경우에는 해당 재정비촉진구역 또는 인접한 재정비촉진구역의 토지등소유자로 의제된다.

서울특별시는 이들을 조합정관에 정하면 조합원 지위를 주도록 했다(법 제11조제4항).

서울특별시 재정비촉진지구는 대부분 뉴타운지구로 시작하였으며, 도시재정비법 시행으로 재정비촉진지구로 의제[73]받았다. 종전 도시정비조례에서는 "뉴타운지구의 도시계획사업으로 철거되는 주택을 소유한 자 중에서 구청장이 선정한 자에

---

[73] 도시재정비촉진을 위한 특별법
부 칙 <법률 제07834호, 2005.12.30.>
제1조(시행일) 이 법은 공포후 6월이 경과한 날부터 시행한다.
제2조(기존 사업지구 등에 대한 특례) 이 법 시행 당시 재정비촉진지구와 유사한 경우로서 시·도지사가 이미 지구 지정·고시한 지구 중 이 법에 따른 주민공람·지방의회 의견청취 및 관련 위원회의 심의 등의 절차와 유사한 절차를 거친 경우 시·도지사의 요청에 의해 국토해양부장관이 인정하는 지구 또는 당해 사업계획은 이 법에 의한 재정비촉진지구의 지정·고시 또는 재정비촉진계획의 결정·고시를 한 것으로 본다. <개정 2011.5.30>

대한 주택의 특별공급에 관한 사항"을 조합정관에거 정하도록 한 바 있다.

이후 뉴타운지구가 재정비촉진지구로 의제돼, 현재의 조항으로 바뀌었다.

한편 철거민에 대한 특별공급 규정인 「서울특별시 철거민 등에 대한 국민주택 특별공급규칙」을 두고 있지만, 이는 정비사업 관련 주택공급 규정은 아니다.

대표적 사례로, 노량진재정비촉진지구 내 6구역과 2구역을 가로지르는 도시계획도로의 설치로 주택이 철거되면서 6구역과 2구역에 걸치는 사례도 있어 어느 쪽의 조합원 자격이 있는지 문제가 발생한 바 있다.

법에 의해 조합원 자격을 받을 수 있다고 규정하고 있지만, 이후 그냥 있어서는 조합원의 자격을 보장받지 못할 수 있다.

토지등소유자로 의제받은 자는 어느 쪽의 재개발조합으로 갈 것인지를 위해 사전에 양쪽의 조합이 상호 협약서를 작성하는 것이 보통이다. 이를 위해 관할 구청에서 조정하기도 한다.

실무에서는 경계토지의 정리를 위해 양 조합이 경계토지를 소유하는 토지등소유자들이 양 조합의 사업 중 1개 사업을 선택하도록 하며, 토지등소유자들은 각자 선택한 사업을 시행하는 조합에 신탁을 원인으로 한 「소유권 이전등기 및 신탁등기」를 하도록 하여 진행한 것으로 알려져 있다.

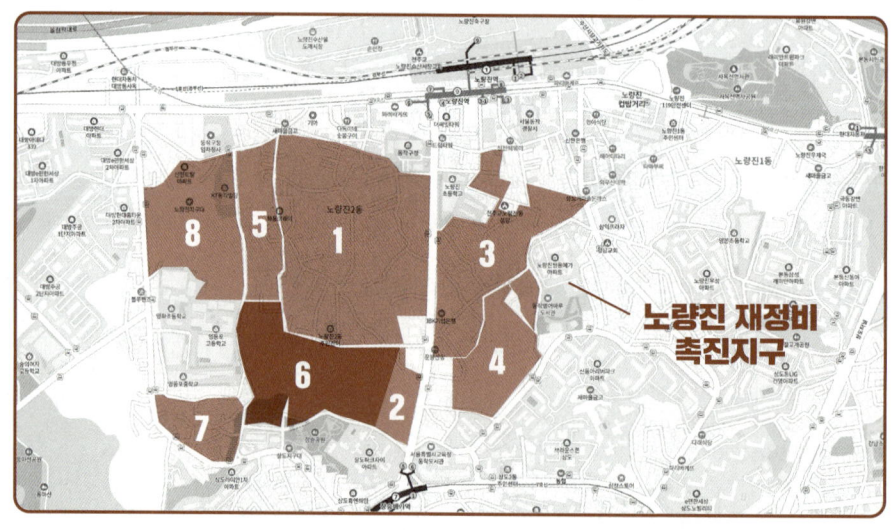

도시재정비촉진을 위한 특별법

제11조(기반시설 설치비용의 분담 등) ① 기반시설 설치비용은 제15조 또는 제18조에 따른 재정비촉진사업의 시행자가 재정비촉진계획의 비용분담계획에 따라 부담하여야 한다.

②~③: 생략

④ 시·도지사 또는 시장·군수·구청장이 재정비촉진계획에 따라 기반시설을 설치하게 되는 경우에 시·도지사 또는 시장·군수·구청장으로부터 토지 또는 건축물 등에 관한 보상을 받은 자가 그 <u>보상금액에 국토교통부령으로 정하는 이자를 더한 금액을 시·도지사 또는 시장·군수·구청장에게 반환하는 경우에는 해당 재정비촉진구역 또는 인접한 재정비촉진구역의 토지등소유자로 보며</u>, 이 경우 해당 재정비촉진구역 사업시행자가 기반시설의 설치에 필요한 부지를 제공한 것으로 본다. 또한 토지 또는 건축물 등에 관한 보상을 받은 자가 보상금액을 반환하지 아니한 경우에는 해당 재정비촉진구역 또는 인접한 재정비촉진구역에서 매각되는 토지 또는 건축물에 대하여 우선 매수를 청구할 수 있다. <개정 2013.3.23>

[전문개정 2011.5.30]

cf 부산광역시 재건축 표준정관

제47조(조합원 분양) 주택 및 부대·복리시설의 분양대상자와 분양기준은 도시정비법 및 도시정비조례가 정하는 기준에 적합한 범위 안에서 총회의 의결로 결정한다.

부산광역시 재개발 표준정관 제49조와 같다.
서울특별시 재건축 표준정관에는 조합원 분양 규정이 없다.

광주광역시 재개발 표준정관

제48조(조합원 분양) 주택 및 부대·복리시설의 분양대상자와 분양기준은 관련법령, 조례 및 이 정관이 정하는 기준에 적합한 범위 안에서 총회의 의결을 거쳐 관리처분계획인가·고시를 통하여 결정한다.

【주】재개발사업의 분양대상자에 관해 조례 제37조를 준수여야 함

재건축 표준정관에는 규정이 없다.

재개발사업의 분양대상자에 대해서는 광주광역시 도시정비조례 제37조의 "재개발사업의 분양대상등"에서 규정하고 있다.

2023.11.29 국토부 별표2 지정개발자(신탁업자) 표준시행규정

제33조(분양대상자) 분양대상자와 분양기준은 도시정비법 및 조례가 정하는 기준에 적합한 범위 안에서 관리처분계획으로 정한다.

2006.8.25 국토부 재건축 표준정관

해당 규정이 없다

2003.6.30 국토부 재개발 표준정관

제48(조합원 분양) 주택 및 부대·복리시설의 분양대상자와 분양기준은 법 및 시·도의 조례가 정하는 기준에 적합한 범위안에서 총회의 의결로 결정한다.

> ■ (서울) 재건축 표준정관 제50조(토지 등의 평가 등)
> ● (서울) 재개발 표준정관 제48조(토지 등의 평가 등)

　서울과 광주에서는 "토지등의 평가등"이란 조례 제명을 쓰고 있지만, 부산광역시 재건축·재개발 표준정관에는 "토지 및 건축물 등에 관한 권리의 평가방법"으로 규정하고 있다.

　토지 등의 평가와 관련, 가장 심각한 분쟁 유발지는 강남구, 서초구, 송파구 재건축사업장을 들 수 있다.

　서울특별시는 1970년대부터 한남대교를 기점으로 경부고속도로의 건설과 그 비용 충당을 위해 토지구획정리사업을 시행하면서 그 시행청으로 서울시청이 일부를 맡았고(대표적으로 압구정지역), 일부는 농지개량조합 등이 그 시행자였다(대표적으로 은마아파트).

　이때 건설비용을 충당하기 위해 체비지를 매각하였으며, 이러한 체비지를 끌어 모은 것이 집단체비지였다. 그 위에 건설한 아파트를 '아파트지구'[74]로 불렀는데, 이는 이후 분류체계상 삭제되어 더 이상 존재하지 않는다.

　토지구획정비사업법(현 도시개발법)상 환지처분은 이전고시를 말한다. 지금의 도시정비법상 이전고시는 종전 환지처분→분양처분·고시를 거쳐 지금의 이전고시가 되었다.
　이 환지처분에 따른 대지권 표시변경등기[75]가 잘못되어 있으면, 등기부상 대지

74　아파트지구(apartment地區)
　　건설 토지 이용도를 높이고 주거생활을 둘러싼 환경 보호를 위하여 아파트의 집단적인 건설을 목적으로 지정한 지구로 국토계획법상 용도지구의 일종이었으나 현재는 삭제되었다. 따라서 아파트가 많이 건설되어 있는 아파트군(群)과는 다른 개념이다.

75　부동산등기법 제42조제2항, 제101조제2항 등에 의해 건물등기부상에 행해지는 등기를 대지권 표시등기('대지권변경등기'라 함)라 한다.

면적과 일치하지 않아 재건축사업에서는 중요한 변수로 떠오르게 된다.

이것이 대지지분의 문제이며, 또 다른 변수는 등기부와 환지확정조서상 소유자가 불일치하는 경우이다.

> **판례**
>
> 대법원 2004.7.8.선고 2002다40210판결, 대지권의 표시등기 절차이행
> 【판시사항】
> [1] 대지권에 대한 지분이전등기를 해 주기로 하는 약정하에 수분양자에게 전유부분에 대한 소유권이전등기를 경료하였으나, 대지에 대한 소유권이전등기가 되지 않은 상태에서 제3자가 경매절차를 통하여 전유부분을 경락받은 경우, 경락인이 대지사용권을 취득하는지(적극)
> [2] 구분건물의 소유권이 대지권등기가 되지 않은 채 수분양자로부터 전전 양도되고 이후 분양자가 대지사용권을 취득한 경우, 구분건물의 현소유자가 분양자를 상대로 부동산등기법 시행규칙 제60조의2에 의한 대지권변경등기를 직접 청구할 수 있는지(적극)
> 【판결요지】
> [1] 분양자가 지적정리 등의 지연으로 대지권에 대한 지분이전등기는 지적정리 후 해 주기로 하는 약정하에 우선 전유부분만에 관하여 소유권보존등기를 한 후 수분양자에게 소유권이전등기를 경료하였는데, 그 후 대지에 대한 소유권이전등기가 되지 아니한 상태에서 전유부분에 관한 경매절차가 진행되어 제3자가 전유부분을 경락받은 경우, 그 경락인은 본권으로서 집합건물법 제2조제6호 소정의 대지사용권을 취득한다.
> [2] 분양자가 전유부분의 소유자인 경락인을 위하여 하는 부동산등기법 시행규칙 제60조의2에 의한 대지권변경등기는 그 형식은 건물의 표시변경등기이나 실질은 당해 전유부분의 최종 소유자가 그 등기에 의하여 분양자로부터 바로 대지권을 취득하게 되는 것이어서 분양자로부터 전유부분의 현재의 최종 소유명의인에게 하는 토지에 관한 공유지분이전등기에 해당되고, 그 의사표시의 진술만 있으면 분양자와 중간소유자의 적극적인 협력이나 계속적인 행위가 없더라도 그 목적을 달성할 수 있으므로, 전유부분의 소유자는 분양자로부터 직접 대지권을 이전받기 위하여 분양자를 상대로 대지권변경등기절차의 이행을 소구할 수 있다.
>
> 대법원 1990.10.10선고 89누4673판결, 환지처분 취소
> 【판시사항】
> 환지처분 공고가 된 종전토지의 소유자에게 개별적 통지가 누락된 경우 환지처분의 존부(적극)
> 【판결요지】
> 환지처분은 개별적인 통지의 유무와는 관계 없이 표시행위인 그 공고에 의하여 외부적으로 성립하고, 공고 익일부터 실체법상의 효과가 발생하는 것이며, 다만 공고에 의해서는 특정의 상대방인 토지소유자에게 환지처분이 고지되었다고 보기 어려워서 행정쟁송등을 위한 불복기간의 기산점은 환지처분의 개별적인 통지를 기준으로 정하는 것이므로, 종전 토지에 대한 환지처분의 공고가 있었다면 그 소유자에 대한 개별적 통지가 누락되었더라도 환지처분이 없었다고 할 수는 없다.

□ 근거규정

○ 제1항
도시정비법 제74조제1항제5호, 「감정평가에 관한 규칙」 제5조

> **재건축 표준정관**
>
> 제50조(토지 등의 평가 등) ① 분양대상자별 분양예정인 대지 또는 건축물의 추산액 및 분양대상자별 종전의 토지 또는 건축물의 사업시행계획인가 고시가 있는 날(사업시행계획인가 전에 법 제81조제3항에 따라 철거된 건축물은 시장·군수등에게 허가를 받은 날)을 기준으로 한 가격은 ○○구청장이 선정·계약한 1인 이상의 감정평가법인등과 조합총회의 의결로 선정·계약한 1인 이상의 감정평가법인등이 평가한 금액을 산술평균하여 산정한다.

> **재개발 표준정관**
>
> 제48조(토지 등의 평가 등) ① 분양대상자별 분양예정인 대지 또는 건축물의 추산액, 분양대상자별 종전의 토지 또는 건축물의 사업시행계획인가 고시가 있는 날(사업시행계획인가 전에 법 제81조제3항에 따라 철거된 건축물은 시장·군수등에게 허가를 받은 날)을 기준으로 한 가격 및 세입자별 손실보상을 위한 권리 평가액은 법 제74조제4항제1호 가목에 따라 ○○구청장이 선정·계약한 2인 이상의 감정평가법인이 평가한 금액을 산술평균하여 산정한다.

재개발사업의 경우 종전, 종후자산 감정평가 외에 세입자별 손실보상을 위한 권리평가액을 대상으로 산술평가하게 된다. 다만 감정평가법인은 정비사업의 종류에 따라 선정방법이 다르다.

즉, 재건축사업과 달리, 재개발사업에서의 감정평가법인은 관할 자치구에서 2개 업체를 선정하여 그 법인이 평가한 금액을 산술평균하게 된다.

분양대상자별 분양예정인 대지 또는 건축물은 종후자산이라 부르며, 이를 '조합원 분양가'를 의미한다.

분양대상자별 종전의 토지 또는 건축물은 종전자산이라 하며, 이는 분양신청의 우선권을 가질 수 있는 권리가액(종전자산가격X비례율)의 기준이 된다.

도시정비법

제74조(관리처분계획의 인가 등) ① 사업시행자는 분양신청기간이 종료된 때에는 분양신청의 현황을 기초로 다음 각 호의 사항이 포함된 관리처분계획을 수립하여 시장·군수등의 인가를 받아야 하며, 관리처분계획을 변경·중지 또는 폐지하려는 경우에도 또한 같다. 다만, 대통령령으로 정하는 경미한 사항을 변경하려는 경우에는 시장·군수등에게 신고하여야 한다. <개정 2018.1.16>

5. 분양대상자별 종전의 토지 또는 건축물 명세 및 사업시행계획인가 고시가 있은 날을 기준으로 한 가격(사업시행계획인가 전에 철거된 건축물은 시장·군수등에게 허가를 받은 날을 기준으로 한 가격)

감정평가에 관한 규칙

제5조(시장가치기준 원칙) ① 대상물건에 대한 감정평가액은 시장가치를 기준으로 결정한다.

② 감정평가법인등은 제1항에도 불구하고 다음 각 호의 어느 하나에 해당하는 경우에는 대상물건의 감정평가액을 시장가치 외의 가치를 기준으로 결정할 수 있다. <개정 2022.1.21>

1. 법령에 다른 규정이 있는 경우
2. 감정평가 의뢰인이 요청하는 경우
3. 감정평가의 목적이나 대상물건의 특성에 비추어 사회통념상 필요하다고 인정되는 경우

③ 감정평가법인등은 제2항에 따라 시장가치 외의 가치를 기준으로 감정평가할 때에는 다음 각 호의 사항을 검토해야 한다. 다만, 제2항제1호의 경우 그렇지 않다. <개정 2022.1.21>

1. 해당 시장가치 외의 가치의 성격과 특징
2. 시장가치 외의 가치를 기준으로 하는 감정평가의 합리성 및 적법성

> **판례**
>
> 사업시행계획 변경인가가 있는 경우, 최초 사업시행계획인가·고시일을 기준으로 평가한 종전자산가격을 기초로 수립된 관리처분계획 위반 여부(원칙적 소극)
> 대법원 2015.11.26.선고 2014두15528판결, 관리처분총회결의 무효확인
> 【판결요지】
> 구 도시정비법 제48조제1항제4호가 원칙적으로 사업시행인가·고시일을 기준으로 종전자산가격을 평가하도록 하면서, 구 도시정비법 제48조의2제2항에 따라 철거된 건축물은 시장·군수에게 허가받은 날을 기준으로 평가하도록 하고 있을 뿐, 사업시행계획이 변경된 경우 종전자산가격평가를 새로 해야 한다는 내용의 규정을 두고 있지 않은 것은,
> ① 평가시점에 따라 종전자산가격이 달라질 경우 발생할 수 있는 분쟁을 방지하기 위하여 종전자산 가격 평가시점을 획일적으로 정하기 위한 것인 점,
> ② 사업시행계획의 변경이 필연적으로 종전자산 가격에 영향을 미쳐 평가를 변경인가·고시일을 기준으로 새로 해야 한다고 볼 수도 없는 점,
> ③ 최초 사업시행계획의 주요 부분에 해당하는 공동주택의 면적, 세대수 및 세대별 면적 등이 실질적으로 변경되어 최초 사업시행계획이 효력을 상실한다고 하더라도, 이는 사업시행계획변경시점을 기준으로 최초 사업시행계획이 장래를 향하여 실효되었다는 의미일 뿐, 이전에 이루어진 종전자산가격평가에 어떠한 영향을 미친다고 볼 수 없는 점 등에 비추어 보면, 비교적 장기간에 걸쳐서 진행되는 정비사업의 특성에 비추어 보더라도 구 도시정비법 제48조제1항제4호가 정한 '사업시행인가·고시일'이란 문언 그대로 '최초 사업시행계획인가·고시일'을 의미한다.
> 따라서 최초 사업시행계획의 주요부분을 실질적으로 변경하는 사업시행계획 변경인가가 있었더라도 특별한 사정이 없는 한 최초 사업시행계획인가·고시일을 기준으로 평가한 종전자산가격을 기초로 수립된 관리처분계획이 종전자산의 면적·이용상황·환경 등을 종합적으로 고려하여 대지 또는 건축물이 균형 있게 분양신청자에게 배분되도록 정한 구 도시정비법 제48조제2항제1호에 위반된다고 볼 수 없다.

▶ 구 법 제48조(관리처분계획의 인가 등)제1항제4호는 현행 도시정비법 제74조(관리처분계획의 인가 등) 제1항제5호를 말함

○ 제2항

도시정비법 제74조제4항제1호, 감정평가 실무기준 730-3.2

재건축 표준정관

제50조(토지 등의 평가 등) ② 제1항에도 불구하고 관리처분계획을 변경·중지 또

는 폐지하고자 하는 경우에는 분양예정인 대지 또는 건축물의 추산액과 종전의 토지 또는 건축물의 가격을 사업시행자 및 토지등소유자 전원이 합의하여 산정할 수 있다.

재개발 표준정관 제48조제2항과 같다.

분양예정인 대지 또는 건축물의 종후자산감정평가는 분양신청기간 만료일이나 의뢰인이 제시하는 날을 기준으로 한다.
관리처분계획의 변경·중지 또는 폐지 시 종전자산가격과 종후자산가격을 조합과 토지등소유자 전원이 합의하여 산정할 수 있도록 하고 있지만, 실무에서는 이뤄지기 어렵다.

도시정비법
제74조(관리처분계획의 인가 등) ④ 정비사업에서 제1항제3호·제5호 및 제8호에 따라 재산 또는 권리를 평가할 때에는 다음 각 호의 방법에 따른다.
1. 「감정평가 및 감정평가사에 관한 법률」에 따른 감정평가법인등 중 다음 각 목의 구분에 따른 감정평가법인등이 평가한 금액을 산술평균하여 산정한다. 다만, 관리처분계획을 변경·중지 또는 폐지하려는 경우 분양예정 대상인 대지 또는 건축물의 추산액과 종전의 토지 또는 건축물의 가격은 사업시행자 및 토지등소유자 전원이 합의하여 산정할 수 있다.
가. 재개발사업: 시장·군수등이 선정·계약한 2인 이상의 감정평가법인등
나. 재건축사업: 시장·군수등이 선정·계약한 1인 이상의 감정평가법인등과 조합총회의 의결로 선정·계약한 1인 이상의 감정평가법인등

감정평가 실무기준 730 도시정비평가
1 적용 및 정의
① 도시정비법에 따른 정비사업과 관련된 감정평가(이하 "도시정비평가")를 수행할 때에는 감정평가 관계법규에서 따로 정한 것을 제외하고는 이 절에서 정하는 바에 따르고, 이 절에서 정하지 않은 사항은 [100총칙]부터 [600 물건별 감정평

가]까지의 규정을 준용한다.

② 이 절에서 사용하는 용어의 뜻은 다음 각 호와 같다.

3. "종전자산"이란 도시정비법 제48조제1항제4호에 규정된 종전의 토지나 건물을 말한다.

4. "종후자산"이란 도시정비법 제48조제1항제3호에 규정된 분양예정인 대지나 건물을 말한다.

3.2 종후자산의 감정평가

① 종후자산의 감정평가는 <u>분양신청기간 만료일이나 의뢰인이 제시하는 날을 기준</u>으로 하며, 대상물건의 유형·위치·규모 등에 따라 감정평가액의 균형이 유지되도록 하여야 한다.

② 종후자산은 인근지역이나 동일수급권 안의 유사지역에 있는 유사물건의 분양사례·거래사례·평가선례 및 수요성, 총 사업비 원가 등을 고려하여 감정평가한다.

관리처분계획 변경 등의 경우 종전토지 등의 가격을 사업시행자 및 토지등소유자 전원의 합의로 산정하기 위한 방법(법제처 2018.4.16)

Q 도시정비법 제74조제2항제1호 각 목 외의 부분 단서에 따라 관리처분계획을 변경·중지 또는 폐지하려는 경우 분양예정 대상인 대지 또는 건축물의 추산액과 종전의 토지 또는 건축물의 가격을 사업시행자 및 토지등소유자 전원이 합의하여 산정하려면 사업시행자 및 토지등소유자 전원이 일치된 의견으로 산정해야 하는지?

A 도시정비법 제74조제2항제1호 각 목 외의 부분 단서에 따라 분양예정 대상인 대지 또는 건축물의 추산액과 종전의 토지 또는 건축물의 가격을 사업시행자 및 토지등소유자 전원이 합의하여 산정하려면 사업시행자 및 토지등소유자 전원이 일치된 의견으로 산정해야 한다

법 제48조제5항제1호 단서인 전원의 합의란 조합총회 결의요건인 조합원 1/2 출석과 출석인원의 과반수의 의결만 있으면 되는지(국토부 주택정비과 2013.12.31)

Q 도시정비법 제48조제5항제1호 단서인 "다만 관리처분계획을 변경, 중지 또는 폐지하고자 하는 경우에는 분양예 대상인 대지 또는 건축물의 가격은 사업시행자 및 토지소유자 전원이 합의하여 이를 산정할 수 있다."고 한 규정에 관련하여 우리 재개발조합은 사업변경을 다시 하였기 때문에 종후 감정을 다시 해야 함.

1) 이 경우 전원의 합의란 조합총회 결의 요건인 조합원 1/2 출석과 출석인원의 과반수 의결만 있으면 되는지?

2) 위 법 제48조제5항제1호 본문에 통상적으로는 시장 군수가 선정해야 하나 사업시행자와 조합원의 전원합의가 있는 경우는 조합에서 2인의 감정평가사를 선정 계약할 수 있는지?
이 경우 통상 발생하는 행방불명자 등은 전원합의에서 제외되어도 좋은지?

3) 조합과 토지소유자가 전원이 합의한다고 해도 직접 산출하는 것이 아닌 때의 감정평가법인은 시장 군수가 선정하는 것이 정당한지?

A 도시정비법 제48조제5항제1호에 따르면 재개발, 도시환경정비사업에서 제1항제3호·제4호 및 제7호에 따라 재산 또는 권리를 평가할 때에는 「부동산가격 공시 및 감정평가에 관한 법률」에 따른 감정평가업자 중 시장·군수가 선정·계약한 감정평가업자 2인 이상이 평가한 금액을 산술평균하여 산정하도록 하고 있고,

다만, 관리처분계획을 변경·중지 또는 폐지하고자 하는 경우에는 분양예정 대상인 대지 또는 건축물의 추산액과 종전의 토지 또는 건축물의 가격은 사업시행자 및 토지등소유자 전원이 합의하여 이를 산정할 수 있도록 하고 있음

A 1. 질의하신 도시정비법 제48조제5항제1호 단서의 "사업시행자 및 토지등소유자 전원의 합의"는 총회 의결에 따른 합의가 아닌 토지등소유자 전원의 합의를 말하는 것임

A 2, 3. 도시정비법 제48조제5항제1호 단서는 관리처분계획을 변경·중지 또는 폐지하고자 하는 경우로서 사업시행자 및 토지등소유자 전원이 합의하면 분양예정 대상인 대지 또는 건축물의 추산액과 종전의 토지 또는 건축물의 가격을 산정할 수 있도록 하는 사항으로, 감정평가업자 의뢰등의 방법을 포함한 가격 산정방법도 사업시행자 및 토지등소유자 전원의 합의로 정할 수 있을 것으로 판단되며,

해방불명자의 토지등소유자 산정과 관련해서는 도시정비법 시행령 제28조제1항제4호를 준용할 수 있을 것임.

cf 부산광역시 재건축 표준정관

제46조(토지 및 건축물 등에 관한 권리의 평가방법) 토지 및 건축물 등에 관한 다음 각 호의 재산 또는 권리의 평가방법은 도시정비법 제74조제2항 및 도시정비조례

제38조[76]에 따른다.

　1. 분양대상자별 분양예정인 대지 또는 건축물의 추산액(임대관리 위탁주택에 관한 내용을 포함한다)

　2. 분양대상자별 종전의 토지 또는 건축물 명세 및 사업시행계획인가 고시가 있은 날을 기준으로 한 가격(사업시행계획인가 전에 도시정비법 제81조제3항에 따라 해체된 건축물은 구청장·군수에게 허가를 받은 날을 기준으로 한 가격)

　3. 세입자별 손실보상을 위한 권리명세 및 그 평가액

재개발 표준정관 제48조와 같다.

광주광역시 재건축 표준정관

제50조(토지 등의 평가 등) ① 분양대상자별 분양예정인 대지 또는 건축물의 추산액 및 분양대상자별 종전의 토지 또는 건축물의 사업시행계획인가 고시가 있은 날(사업시행계획인가 전에 법 제81조제3항에 따라 철거된 건축물은 시장·군수등에게 허가를 받은 날)을 기준으로 한 가격은 ○○구청장이 선정·계약한 1인 이상의 감정평가법인등과 조합총회의 의결로 선정·계약한 1인 이상의 감정평가법인등이 평가한 금액을 산술평균하여 산정한다.

---

[76] 부산광역시 도시정비조례[시행 2024.5.22](일부개정) 2024-5-22 조례 제 7298호
제38조(감정평가법인등의 선정) <조 제목 변경 2021.12.29> ① 법 제74조제4항제2호에 따라 구청장이 감정평가법인등을 선정하는 기준·절차 및 방법은 다음 각 호와 같다. <개정 2021.12.29>
1. 구청장은 감정평가법인등으로부터 신청을 받아 다음 각 목의 가중치 기준을 반영하여 감정평가법인등을 선정하며, 각 목별 가중치 반영비율은 별표와 같다. <개정 2021.12.29>
　가. 감정평가법인등에 소속된 감정평가사의 수 <개정 2021.12.29>
　나. 감정평가법인등의 업무수행능력 및 감정평가실적 <개정 2021.12.29>
　다. 업무 중첩도,
　라. 법규 준수 등 이행도,
　마. 감정평가 수행의 성실도
2. 감정평가법인등이 다음 각 목의 어느 하나에 해당하는 경우에는 선정대상에서 제외한다. <개정 2021.12.2>
　가. 「감정평가 및 감정평가사에 관한 법률」 제32조에 따른 업무정지처분 기간이 만료된 날부터 6개월이 경과되지 아니한 자
　나. 토지보상법 제95조, 「감정평가 및 감정평가사에 관한 법률」 제49조·제50조에 따라 벌금 이상의 형을 받은 날부터 1년이 경과하지 아니한 자
　다. 「감정평가 및 감정평가사에 관한 법률」 제52조에 따른 과태료 처분을 받은 날부터 6개월이 경과되지 아니한 자
② 구청장은 사업시행자의 요청이 있거나 그 밖에 필요하다고 인정하는 경우에는 제1항에도 불구하고 「감정평가 및 감정평가사에 관한 법률」 제33조에 따른 한국감정평가사협회에 감정평가법인등의 추천을 의뢰하여 추천받은 자를 감정평가법인등으로 선정할 수 있다. <개정 2021.12.29>

② 제1항에도 불구하고 관리처분계획을 변경·중지 또는 폐지하고자 하는 경우에는 분양예정인 대지 또는 건축물의 추산액과 종전의 토지 또는 건축물의 가격을 사업시행자 및 토지등소유자 전원이 합의하여 산정할 수 있다.

재개발 표준정관 제47조와 같다.

2023.11.29 국토부 별표2 지정개발자(신탁업자) 표준시행규정
제37조(토지 및 건축물에 관한 권리의 평가방법) 종전 토지 및 종전건축물의 추산액 및 토지등소유자에게 분양예정인 대지 또는 건축물의 추산액의 평가에 관한 사항은 도시정비법 제74조제4항에 따른다.

2006.8.25 국토부 재건축 표준정관
관련 조문이 없다

2003.6.30 국토부 재개발 표준정관
제47조(토지 등의 평가 등) ① 분양대상자별 분양예정인 대지 또는 건축물의 추산액은 시·도의 조례가 정하는 바에 의하여 산정하되, 시장·군수가 추천하는 2인 이상의 감정평가업자의 감정의견을 참작한다.
② 분양대상자별 종전의 토지 또는 건축물의 가격은 시장·군수가 추천하는 감정평가업자 2인 이상이 사업시행인가의 고시가 있는 날을 기준으로 평가한 금액을 산술평균하여 산정한다.
③ 제1호 및 제2호에 불구하고 관리처분계획을 변경·중지 또는 폐지하고자 하는 경우에는 분양예정인 대지 또는 건축물의 추산액과 종전의 토지 또는 건축물의 가격은 사업시행자 및 토지등의소유자 전원이 합의하여 이를 산정할 수 있다.

일반분양(재개발)

일반분양(재개발)

> ■ **(서울) 재개발 표준정관 제50조(일반분양)**
> ● **(서울) 재건축 표준정관 제50조(일반분양)**: 해당 규정이 없다

재개발 표준정관

제50조(일반분양) ① 대지 및 건축물 중 제49조의 조합원 분양분과 제51조의 보류지를 제외한 잔여 대지 및 신축건축물 등을 체비지로 정하여야 한다.

② 체비지 중 신축건축물 등은 「주택법」 및 「주택공급에 관한 규칙」이 정하는 바에 따라 일반에게 분양하여야 하며, 그 공급가격은 제48조에 의하여 산정된 가격을 참작하여 따로 정할 수 있다.

서울특별시는 재개발 표준정관에서만 규정하고 있다.

부산광역시는 재건축 표준정관 제48조, 재개발 표준정관 제50조에서 규정하고 있으며 그 내용은 같다.

조합원 및 임대주택 등 공급대상자에게 주택을 공급하고 남은 주택에 대해서는 일반분양을 할 수 있다.

일반분양의 주택의 공급방법, 절차 등은 주택법 제54조를 준용한다.

다만, 조합은 매도청구소송을 통하여 법원의 승소판결을 받은 후 입주예정자에게 피해가 없도록 손실보상금을 공탁하고 분양예정인 건축물을 담보한 경우에는 법원의 승소판결이 확정되기 전이라도 「주택법」 제54조에도 불구하고 입주자를 모집할 수 있으나, 준공인가 신청 전까지 해당 주택건설 대지의 소유권을 확보하여야 한다(법 제79조제8항).

용산구 한남3구역 재개발사업장의 경우 재개발 표준정관 제50조제1항, 제2항 외에도 제3항에 아래 서울특별시 도시정비조례 제40조제1호와 제2호를 추가로 담고 있다.

서울특별시 도시정비조례

제40조(일반분양) 법 제79조제2항에 따라 토지등소유자에게 공급하는 주택과 제44조에 따른 처분 보류지를 제외한 대지 및 건축물(이하 "체비시설")은 법 제79조제4항에 따라 조합원 또는 토지등소유자 이외의 자에게 분양할 수 있으며 분양기준은 다음 각 호에 따른다. <개정 2021.12.30>

  1. 체비시설 중 공동주택은 법 제74조제1항제4호 가목에 따라 산정된 가격을 기준으로 「주택법」 및 「주택공급에 관한 규칙」에서 정하는 바에 따라 일반에게 분양한다.

  2. 체비시설 중 부대·복리시설은 법 제74조제1항제4호 라목에 따라 산정된 가격을 기준으로 「주택법」 및 「주택공급에 관한 규칙」에서 정하는 바에 따라 분양한다. 다만, 세입자(정비구역의 지정을 위한 공람공고일 3개월 전부터 사업시행계획인가로 인하여 이주하는 날까지 계속하여 영업하고 있는 세입자를 말한다)가 분양을 희망하는 경우에는 다음 각 목의 순위에 따라 우선 분양한다.

  가. 제1순위 : 종전 건축물의 용도가 분양건축물 용도와 동일하거나 비슷한 시설인 건축물의 세입자로서 사업자등록을 필하고 영업한 자

  나. 제2순위: 종전 건축물의 용도가 분양건축물 용도와 동일하거나 비슷한 시설인 건축물의 세입자로서 영업한 자

  3. 제1호 및 제2호에도 불구하고 구청장은 재정비촉진지구에서 도시계획사업으로 철거되는 주택을 소유한 자(철거되는 주택 이외의 다른 주택을 소유하지 않은 자로 한정한다)가 인근 정비구역의 주택분양을 희망하는 경우에는 <u>「주택공급에 관한 규칙」 제36조</u>[77]에 따라 특별공급하도록 한다.

---

[77] 주택공급에 관한 규칙
제36조(85㎡ 이하 민영주택의 특별공급) 사업주체는 제4조제1항·제5항 및 제25조제3항에도 불구하고 건설하여 공급하는 85㎡이하의 민영주택(제35조제1항제24호라목에 따른 시책을 추진하기 위해 입주자모집승인권자의 승인을 받은 경우에는 85㎡를 초과하는 민영주택을 포함한다)을 그 건설량의 10%의 범위에서 입주자모집공고일 현재 제4조제3항에 따른 공급대상인 무주택세대구성원(제8호의2에 해당하는 경우는 제외한다)으로서 다음 각 호의 어느 하나에 해당하는 자에게 관계기관의 장이 정하는 우선순위기준에 따라 한 차례(제1호 및 제8호의2에 해당하는 경우는 제외한다)에 한정하여 1세대1주택의 기준으로 특별공급할 수 있다. 다만, 시·도지사의 승인을 받은 경우에는 수도권에서는 15%, 그 외의 지역에서는 20%의 범위에서 특별공급할 수 있다. <개정 2024.9.30>
1. 해당 주택을 건설하는 지역에서 철거되는 주택을 관계법령에 따라 해당 사업시행을 위한 고시 등이 있은 날(사업시행을 위한 고시를 하기 전에 사업시행에 관한 사항을 공고·공람하는 경우에는 해당 공고가 있은 날을 말한다) 이전부터 소유 및 거주한 자(대지와 건물의 소유자가 같은 경우에 한하며, 1세대 1주택에 한한다)
2. 「독립유공자예우에 관한 법률」에 따른 독립유공자 또는 그 유족2의2. 「국가유공자 등 예우 및 지원에 관한 법률」에 따른 국가유공자 또는 그 유족

□ **근거규정**

도시정비법 제79조, 동법 시행령 제67조, 주택법 제54조
「주택공급에 관한 규칙」 제25조(주택의 공급방법), 제27조(국민주택의 일반공급), 제28조(민영주택의 일반공급)

「주택공급에 관한 규칙」은 국토부령이지만 이를 위반하여 공급한 경우, 주택법 제54조제1항을 위반한 것으로 주택법 제102조에 해당하는 행위로 2년 이하의 징역 또는 2천만 원 이하의 벌금에 처할 수 있다.

동 규칙에서 주택공급의 기준에는 "제25조 주택의 공급방법, 일반공급으로는 "제27조 국민주택의 일반공급, 제28조 민영주택의 일반공급"이 있다.

도시정비법

제79조(관리처분계획에 따른 처분 등) ① 정비사업의 시행으로 조성된 대지 및 건축물은 관리처분계획에 따라 처분 또는 관리하여야 한다.
② 사업시행자는 정비사업의 시행으로 건설된 건축물을 인가받은 관리처분계획에 따라 토지등소유자에게 공급하여야 한다.
③ 사업시행자는 정비구역에 주택을 건설하는 경우에는 입주자 모집 조건·방법·절차, 입주금(계약금·중도금 및 잔금을 말한다)의 납부 방법·시기·절차, 주택공급 방법·절차 등에 관하여 「주택법」 제54조에도 불구하고 대통령령으로 정하는 범위에서 시장·군수등의 승인을 받아 따로 정할 수 있다.

---

3. 「보훈보상대상자 지원에 관한 법률」에 따른 보훈보상대상자 또는 그 유족3의2. 종전의 「국가유공자 등 예우 및 지원에 관한 법률」(법률 제11041호로 개정되기 전의 것을 말한다) 제73조의2에 따라 국가유공자에 준하는 군경 등으로 등록된 사람 또는 그 유족
4. 「5·18민주유공자 예우에 관한 법률」에 따른 5·18민주유공자 또는 그 유족
5. 「특수임무유공자 예우 및 단체설립에 관한 법률」에 따른 특수임무유공자 또는 그 유족
6. 「참전유공자예우 및 단체설립에 관한 법률」에 따른 참전유공자
7. 「의사상자 등 예우 및 지원에 관한 법률」 제2조제4호 및 제5호에 따른 의사상자 또는 의사자유족
8. 제35조제1항제6호, 제7호, 제9호, 제10호, 제15호, 제17호, 제19호, 제20호, 제22호부터 제24호까지, 제26호에 해당되는 자8의2. 제35조제1항제27호의2에 해당하는 자
9. 국외에서 1년 이상 근무한 근로자 중 귀국일부터 2년 이내인 자로서 주택청약종합저축에 가입하여 제1순위에 해당하는 자

④ 사업시행자는 분양신청을 받은 후 잔여분이 있는 경우에는 정관등 또는 사업시행계획으로 정하는 목적을 위하여 그 잔여분을 보류지(건축물을 포함한다)로 정하거나 조합원 또는 토지등소유자 이외의 자에게 분양할 수 있다. 이 경우 분양공고와 분양신청절차 등에 필요한 사항은 대통령령으로 정한다.

⑤, ⑥: 생략

⑦ 사업시행자는 제2항부터 제6항까지의 규정에 따른 공급대상자에게 주택을 공급하고 남은 주택을 제2항부터 제6항까지의 규정에 따른 공급대상자 외의 자에게 공급할 수 있다.

⑧ 제7항에 따른 주택의 공급 방법·절차 등은 「주택법」 제54조를 준용한다. 다만, 사업시행자가 제64조에 따른 매도청구소송을 통하여 법원의 승소판결을 받은 후 입주예정자에게 피해가 없도록 손실보상금을 공탁하고 분양예정인 건축물을 담보한 경우에는 법원의 승소판결이 확정되기 전이라도 「주택법」 제54조에도 불구하고 입주자를 모집할 수 있으나, 제83조에 따른 준공인가 신청 전까지 해당 주택건설 대지의 소유권을 확보하여야 한다.

도시정비법 시행령

제67조(일반분양 신청절차 등) 법 제79조제4항에 따라 조합원 외의 자에게 분양하는 경우의 공고·신청절차·공급조건·방법 및 절차 등은 「주택법」 제54조를 준용한다. 이 경우 "사업주체"는 "사업시행자(토지주택공사등이 공동사업시행자인 경우에는 토지주택공사등을 말함)"로 본다.

주택법

제54조(주택의 공급) ① 사업주체(「건축법」 제11조에 따른 건축허가를 받아 주택 외의 시설과 주택을 동일 건축물로 하여 제15조제1항에 따른 호수 이상으로 건설·공급하는 건축주와 제49조에 따라 사용검사를 받은 주택을 사업주체로부터 일괄하여 양수받은 자를 포함한다. 이하 이 장에서 같다)는 다음 각 호에서 정하는 바에 따라 주택을 건설·공급하여야 한다. 이 경우 국가유공자, 보훈보상대상자, 장애인, 철거주택의 소유자, 그 밖에 국토부령으로 정하는 대상자에게는 국토부령으로 정하는 바에 따라 입주자 모집조건 등을 달리 정하여 별도로 공급할 수 있다. <개정 2018.3.13>

1. 사업주체(공공주택사업자는 제외)가 입주자를 모집하려는 경우: 국토부령으로 정하는 바에 따라 시장·군수·구청장의 승인(복리시설의 경우에는 신고를 말한다)을 받을 것

2. 사업주체가 건설하는 주택을 공급하려는 경우

가. 국토부령으로 정하는 입주자모집의 시기(사업주체 또는 시공자가 영업정지를 받거나 「건설기술진흥법」 제53조에 따른 벌점이 국토부령으로 정하는 기준에 해당하는 경우 등에 달리 정한 입주자모집의 시기를 포함한다)·조건·방법·절차, 입주금(입주예정자가 사업주체에게 납입하는 주택가격을 말한다)의 납부 방법·시기·절차, 주택공급계약의 방법·절차 등에 적합할 것

나. 국토부령으로 정하는 바에 따라 벽지·바닥재·주방용구·조명기구 등을 제외한 부분의 가격을 따로 제시하고, 이를 입주자가 선택할 수 있도록 할 것

② 주택을 공급받으려는 자는 국토부령으로 정하는 입주자자격, 재당첨 제한 및 공급 순위 등에 맞게 주택을 공급받아야 한다. 이 경우 투기과열지구 및 조정대상지역에서 건설·공급되는 주택을 공급받으려는 자의 입주자자격, 재당첨 제한 및 공급 순위 등은 주택의 수급 상황 및 투기 우려 등을 고려하여 국토부령으로 지역별로 달리 정할 수 있다. <개정 2017.8.9>

③~⑧: 생략

제102조(벌칙) 다음 각 호의 어느 하나에 해당하는 자는 2년 이하의 징역 또는 2천만원 이하의 벌금에 처한다. 다만, 제5호 또는 제18호에 해당하는 자로서 그 위반행위로 얻은 이익의 50%에 해당하는 금액이 2천만 원을 초과하는 자는 2년 이하의 징역 또는 그 이익의 2배에 해당하는 금액 이하의 벌금에 처한다.

13. 제54조제1항을 위반하여 주택을 건설·공급한 자(제54조의2에 따라 주택의 공급업무를 대행한 자를 포함한다)

「주택공급에 관한 규칙」

이 규칙은 「주택법」 제54조(제1항제2호 나목은 제외), 제54조의2, 제56조, 제56조의2, 제56조의3, 제60조, 제63조, 제63조의2, 제64조 및 제65조에 따라 주택 및 복리시설을 공급하는 조건·방법 및 절차 등에 관한 사항을 규정함을 목적으로 한다.

■ 사업시행자인 조합이 취득하는 체비지 등 취득세 과세방법 등
지방세특례제한법 제74조제5항[78]

사업시행자인 조합이 체비지, 보류지를 취득하는 경우의 지방세 관련, 행정안전부(지방세특례제도과-1511, 2022.7.13)의 유권해석을 소개하면 다음과 같다.

○ 사업시행자의 체비지 등 취득을 원시취득으로 볼 수 있는지

지방세법 제11조제1항은 부동산 취득의 세율을 상속 외의 무상취득은 35/1,000(제2호), 원시취득은 28/1,000(제3호), 농지 외의 것으로 그 밖의 원인으로 인한 취득(제7호 나목)은 40/1,000으로 각 정하고 있는데,

이는 원시취득이 사회적 생산과 부에 기여하는 점을 고려하여 승계취득에 비해 세율적용 시 우대하기 위한 취지로 취득의 유형을 구별하여 규정한 것임

지방세법 제6조제1호에서 수용재결로 취득한 경우 등 과세대상이 이미 존재하는 상태에서 취득하는 경우는 원시취득에서 제외하고 있으며, 이는 건축물의 신축, 공유수면 매립 등과 같이 과세물건이 새롭게 생성되는 경우에만 원시취득에 해당하고 수용재결 등과 같이 과세물건이 존재하는 상태에서 관련 법률에 따라 취득하는 경우는 원시취득에서 제외하는 것으로 명확히 하여 개정(2017.1.1 시행, 법률 제14475호)한 것임.

---

[78] 지방세특례제한법
제74조(도시개발사업 등에 대한 감면) ⑤「도시정비법」에 따른 재개발사업의 시행에 따라 취득하는 부동산에 대해서는 다음 각 호의 구분에 따라 취득세를 2025.12.31까지 경감한다. 다만, 그 취득일부터 5년 이내에「지방세법」제13조제5항제1호부터 제4호까지의 규정에 해당하는 부동산이 되거나 관계 법령을 위반하여 건축한 경우 및 제3호에 따라 대통령령으로 정하는 일시적 2주택자에 해당하여 취득세를 경감받은 사람이 그 취득일부터 3년 이내에 대통령령으로 정하는 1가구1주택이 되지 아니한 경우에는 감면된 취득세를 추징한다. <신설 2020.1.15., 2023.3.14.>
1. 재개발사업의 시행자가 재개발사업의 대지조성을 위하여 취득하는 부동산에 대해서는 취득세의 50/100을 경감한다.
2. 재개발사업의 시행자가 도시정비법 제74조에 따른 해당 사업의 관리처분계획에 따라 취득하는 주택에 대해서는 취득세의 50/100을 경감한다.
3. 재개발사업의 정비구역 지정고시일 현재 부동산의 소유자가 재개발사업의 시행으로 주택을 취득함으로써 대통령령으로 정하는 1가구 1주택이 되는 경우(취득 당시 대통령령으로 정하는 일시적으로 2주택이 되는 경우를 포함한다)에는 다음 각 목에서 정하는 바에 따라 취득세를 경감한다.
가. 전용면적 60㎡ 이하의 주택을 취득하는 경우에는 취득세의 75/100를 경감한다.
나. 전용면적 60㎡ 초과 85㎡ 이하의 주택을 취득하는 경우에는 취득세의 50/100을 경감한다.

○ **사업시행자의 체비지 등 취득을 유상취득으로 볼 수 있는지**

유상취득이란 물건 취득에 따른 대가를 지급하고 취득하는 형태를 의미한다고 볼 수 있고, 이는 지방세법 제10조제5항 및 동법 시행령 제18조제1항에서 사실상의 취득가격의 범위를 규정하면서 취득시기를 기준으로 그 이전에 해당 물건을 취득하기 위하여 거래 상대방 또는 제3자에게 지급하였거나 지급하여야 할 직접비용과 건설자금에 충당한 차입금의 이자 등 간접비용의 합계액으로 규정하고 있는 점에서도 확인할 수 있음.

재개발사업시행자가 사업에 필요한 경비에 충당하거나 규약·정관·시행규정 또는 사업시행계획으로 정한 목적을 위하여 관리처분계획에서 조합원 외의 자에게 분양하는 새로운 소유지적의 체비지를 창설한 경우, 당해 체비지는 사업시행자가 도시정비법 및 도시개발법 제45조제5항 법률에 따라 취득할 따름이고 그에 대한 대가를 지급한 것으로 볼 사정도 없는 이상, 사업시행자가 위 체비지 등을 취득한 것이 유상취득에 해당한다고 볼 수 없음.

○ **사업시행자의 체비지 등 취득에 따른 과세표준을 산정함에 있어서 대지조성용으로 보유하고 있던 토지의 과세표준을 차감할 수 있는지**

지방세특례제한법(2020.1.15 법률 제16865호로 개정된 것) 부칙 제17조제1항은 2020.1.1 전에 도시개발법 제17조에 따른 실시계획인가를 받거나 도시정비법 제50조에 따른 사업시행계획인가를 받은 사업 시행으로 2020.1.1 이후 취득하는 부동산에 대한 취득세 감면에 대해서는 제74조제1항 및 제3항의 개정규정에도 불구하고 종전의 제74조제1항에 따르도록 규정하고 있고,

지방세특례제한법(2020.1.15 법률 제16865호로 개정되기 전의 것) 제74조제1항은 도시개발법에 따른 도시개발사업과 도시정비법에 따른 정비사업(재개발사업으로 한정)의 시행으로 사업시행자가 취득하는 체비지 또는 보류지에 대해서는 취득세를 2019.12.31까지 면제하도록 규정하고 있으며, 2023.3.14. 개정법에서는 체비지 또는 보류지에 대해서는 취득세를 2025.12.31까지 면제하도록 규정하고 있음

조세법률주의의 원칙상 과세요건이나 비과세요건 또는 조세 감면요건을 막론하

고 조세법규의 해석은 특별한 사정이 없는 한 법문대로 해석할 것이고, 합리적인 이유 없이 확장해석하거나 유추해석하는 것은 허용되지 아니하고 특히 감면요건 규정 가운데 명백히 특혜규정이라고 볼 수 있는 것은 엄격하게 해석하는 것이 조세공평의 원칙에도 부합한다고 할 것(대법원1998.3.27선고 97누20090판결 등 참조)으로,사업시행자의 경우 체비지 등에 대하여 그 취득세를 면제하도록 하고 있을 뿐 그 과세표준의 조정에 대하여 달리 규정하고 있지 않으므로 대지조성용으로 보유하고 있던 토지의 가액을 그 과세표준에서 차감할 수 없다고 판단됨.

> **판례**
>
> 일반분양자들의 입주지정기일 말일부터 보존등기가 지연된 기간만큼 조합이 손해배상하여야 한다
> 서울동부지방법원 2023.9.14.선고 2020가합689판결, 손해배상(기)
> 【판결요지】
> 특별한 사정이 없는 한 피고가 통보한 입주지정기간의 말일인 2019.4.1 이후로서 상당한 기간이라고 평가되는 약 1년이 경과한 2020.4.1.경에는 피고의 수분양자들에 대한 소유권이전등기의무의 이행기가 도래하였다고 봄이 타당하다. 그러나 피고는 위 이행기를 지난 2021.2.17 비로소 이 사건 아파트에 관한 소유권보존등기를 마침으로써 그 무렵부터 원고들의 이 사건 아파트 중 해당 세대에 관한 소유권이전등기가 가능하게 되었다.
> 따라서 피고는 원고들에게 이행기 다음 날인 2020.4.1.부터 피고가 이 사건 아파트에 관한 소유권보존등기를 마친 2021.2.17까지 위와 같은 이행지체로 인하여 원고들이 입은 재산상 손해를 배상할 책임이 있다.
>
> 조합원 우선배정 구간에 포함되지 않은 일반분양 구간의 세대를 조합원에게 배정한 재건축조합 및 조합장에 대하여 불법행위로 인한 손해배상책임을 인정
> 대구지방법원 2020.7.10선고 2018가합209786판결
> 【판결요지】
> 재건축조합의 아파트 동·호수 추첨 시, 조합원 우선배정 구간을 대상으로 아파트 동·호수 추첨을 하기로 하는 내용의 관리처분계획에 관한 결의에도 불구하고 일반분양 구간을 포함하여 동·호수 추첨을 실시한 것은 조합원들의 동·호수 추첨권을 박탈할 것으로서 위법하다.
> 피고 조합장 및 조합은 공동하여 위법한 동·호수 추첨으로 인해 조합원들에게 발생한 손해를 배상할 책임이 있고, 이때 손해는 해당 조합원이 배정받을 수 있었던 아파트의 평균 기대수익에서 실제 취득한 아파트의 수익을 뺀 액수가 된다.
> 따라서 피고 <u>조합장 및 조합은 공동하여, 위법한 동·호수 추첨으로 인해 조합원들에게 발생한 위 손해액 상당을 배상할 책임이 있다.</u>

▲ 유권해석

일반분양분의 분양시기 및 분양가 결정방법(서울시 주거정비과 2023.4.19)

Q 정비사업 시 일반분양분의 분양시기 및 분양가 결정방법은?

A 도시정비법 제79조제4항에 따르면 사업시행자는 분양신청을 받은 후 잔여분이 있는 경우에는 조합원 또는 토지등소유자 이외의 자에게 분양할 수 있으며, 이때 분양공고와 분양신청 절차 등에 필요한 사항은 대통령령으로 정한다고 규정하고 있고,

동법 시행령 제67조(일반분양 신청절차 등)에 따르면 법 제79조제4항에 따라 조합원 외의 자에게 분양하는 경우의 공고·신청절차·공급조건·방법 및 절차 등은 「주택법」 제54조를 준용하고, 이 경우 "사업주체"는 "사업시행자(토지주택공사등이 공동사업시행자인 경우에는 토지주택공사등을 말한다)"로 본다고 규정하고 있음.

이와 관련하여 「주택법」 제54조제1항제1호에 따르면 사업주체(공공주택사업자는 제외한다)가 입주자를 모집하려는 경우 국토부령으로 정하는 바에 따라 구청장의 승인을 받도록 규정하고 있고,

「주택공급에 관한 규칙」 제15조제1항에 따르면 사업주체(영 제16조에 따라 토지소유자 및 등록사업자가 공동사업주체인 경우에는 등록사업자를 말한다. 이하 이 조에서 같다)는 다음 각 호의 요건을 모두 갖춘 경우에는 착공과 동시에 입주자를 모집할 수 있다고 규정하며, 같은 항 제2호에 따르면 「주택도시기금법 시행령」 제21조제1항제1호에 따른 분양보증을 받도록 규정하고 있음.

따라서, 질의에 따른 정비사업 시 일반분양분의 분양시기 및 분양가 결정방법 등은 상기 규정 및 관계 법령에 따라 처리되어야 할 것으로 사료됨

잔금 지급일 이전에 사실상 사용하는 경우 취득세 납세의무 성립여부(행안부 부동산세제과-1173, 2022.4.25)

관계법령: 지방세법 시행령 제20조제2항

Q 재개발아파트의 일반분양자가 임시사용승인 후 전체 분양대금의 90%만 지급하고 우선 입주한 경우, 취득세 납세의무가 성립되는지?

A 해당 사안의 경우, 재개발아파트의 일반 분양자(개인)가 원시취득이 아닌 유상승계로 취득한 점, 유상승계 취득의 경우 사실상 거주 여부는 취득세 납세의무 성립 또는 취득의 시기와 무관한 점, 입주 당시 분양 금액(8억9천만 원)의 잔금 일부로 볼 수 있는 10%에 해당하는 8

천9백만 원이 남아 있는 점, 그동안 잔금 인정 사례(대법원 2008두8147, 2010.10.14 지방세운영과-992, 2017.11.16 등) 등을 고려할 때, 입주 당시 취득의 시기가 도래했다고 볼 수는 없다.

조합원이 아닌 토지등소유자에 대한 주택공급을 할 수 있는지(서울시 공동주택과 2017.5.22)

Q 조합원이 아닌 토지등소유자에 대한 주택공급을 할 수 있는지?

A 도시정비법 제50조제1항에 따르면 사업시행자는 정비사업의 시행으로 건설된 건축물을 제48조에 의하여 인가된 관리처분계획에 따라 토지등소유자에게 공급해야 한다고 규정하고 있기 때문에, 조합원이 아닌 토지등소유자에 대한 주택의 공급은 위 규정에서 명시한 바와 같이 인가된 관리처분계획에 따라야 하며,
관리처분계획은 동법 제48조제2항의 기준에 적합해야 하고 동법 제20조 및 동법 시행령 제31조제10호에 따라 조합정관에도 적합해야 할 것으로 판단됨.

cf 부산광역시 재건축 표준정관

제48조(일반분양) ① 대지 및 건축물 중 제49조의 조합원 분양분과 제51조에 의한 보류지를 제외한 잔여대지 및 건축물은 이를 체비지(건축물을 포함한다)로 정하여야 한다.

② 체비지 중 공동주택은 「주택공급에 관한 규칙」이 정하는 바에 따라 일반에게 분양하여야 하며, 그 공급가격은 제48조에 의하여 산정된 가격을 참작하여 따로 정할 수 있다.

③ 체비지 중 분양대상 부대·복리시설은 제48조의 가격을 기준으로 「주택공급에 관한 규칙」이 정하는 바에 따른다.

재개발 표준정관 제50조와 같다.

광주광역시 재개발 표준정관

제49조(일반분양) ① 대지 및 건축물 중 제49조의 조합원 분양분과 제51조의 보류지를 제외한 잔여 대지 및 신축건축물 등을 체비지로 정하여야 한다.

② 체비지 중 신축건축물등은 「주택법」 및 「주택공급에 관한 규칙」이 정하는 바

에 따라 일반에게 분양하여야 하며, 그 공급가격은 제48조에 의하여 산정된 가격을 참작하여 따로 정할 수 있다.

재건축 표준정관에는 없다.

2023.11.29 국토부 별표2 지정개발자(신탁업자) 표준시행규정

제35조(일반분양) 사업시행자는 도시정비법 제79조제2항에 따라 토지등소유자에게 공급하는 주택과 제39조에 따른 보류지를 제외한 대지 및 건축물을 도시정비법 제79조제4항에 따라 토지등소유자 이외의 자에게 공급할 수 있다. 이 경우 주택의 공급방법 및 절차 등에 관하여는
도시정비법 시행령 제67조에 따른다.

2006.8.25 국토부 재건축 표준정관

관련 조문이 없다

2003.6.30 국토부 재개발 표준정관

제49조(일반분양) ① 대지 및 건축물 중 제48조의 조합원 분양분과 제50조에 의한 보류지를 제외한 잔여대지 및 건축물은 이를 체비지(건축물을 포함한다)로 정하여야 한다.

② 체비지 중 공동주택은 「주택공급에 관한 규칙」이 정하는 바에 따라 일반에게 분양하여야 하며, 그 공급가격은 제47조제1항에 의하여 산정된 가격을 참작하여 따로 정할 수 있다.

③ 체비지 중 분양대상 부대·복리시설은 제47조의 가격을 기준으로 「주택공급에 관한 규칙」이 정하는 바에 따라 공개경쟁에 의하여 분양하여야 한다.

9장 사업 완료조치

제51조(준공인가 및 입주통지 등)

제52조(이전고시 등)

제53조(대지 및 건축물에 대한 권리의 확정)

제54조(등기절차 및 권리변동의 제한)

제55조(청산금 및 청산기준 가격의 평가)

제56조(청산금의 징수방법)

제57조(조합의 해산)

제65조(조합해산 의결정족수: 부산 재건축/부산재개발: 제67조)

제66조(잔여재산의 귀속: 부산 재건축/부산재개발 제68조)

제68조(해산등기: 부산 재건축/부산재개발 제70조)

제69조(해산신고: /부산 재건축/부산재개발 제71조)

제69조(해산신고/부산 재건축)

제58조(청산인의 임무 및 보수 등)

제59조(채무변제 및 잔여재산의 처분)

제77조(청산 중의 파산: 부산 재건축/부산재개발 제79조)

제78조(청산종결의 등기와 신고: 부산 재건축/부산재개발 제80조)

제60조(관계서류의 이관)

V

(서울·부산·광주) 재건축·재개발 표준정관 해설

> ■ (서울) 재건축 표준정관 제51조(준공인가 및 입주통지 등)
> ● (서울) 재개발 표준정관 제55조(준공인가 및 입주통지 등)
>   : 재건축 표준정관과 같다.

재건축·재개발 표준정관의 조문 위치가 다르나, 내용은 같다.

■ 개략적인 준공인가 절차

준공인가 신청(사업시행자→시장·군수·구청장)→관련 부서협의(시장·군수·구청장)→ 준공
인가 실시의뢰(행정기관·정부투자기관·연구기관 등의 준공검사 실시의뢰)→ 준공인가 →준공인가 고시→ 준공인가증 교부→ 준공통보(사업시행자-분양대상자)→입주

○ 제1항

도시정비법 시행령 제74조제1항, 제3항

> **재건축 표준정관**
> 제51조(준공인가 및 입주통지 등) ① 조합이 ○○구청장으로부터 준공인가증을 교부받은 때에는 지체 없이 그 사실과 입주기간을 조합원 등 분양받은 자에게 통지하여야 한다.

시장·군수등이 아닌 사업시행자(대표적으로 정비조합)는 법 제83조제1항에 따라 준공인가를 받으려는 때에는 국토교통부령으로 정하는 준공인가신청서를 시장·군수·구청장에게 제출하여야 한다(영 제74조제1항, 시행규칙 별지 제10호 서식).

준공인가증을 교부받은 때에는 그 사실을 분양대상자에게 지체 없이 통지하여야 한다(동조 제3항).

■ 도시정비법 시행규칙[별지 제10호서식]

준공인가신청서

[□재개발사업, □재건축사업, □주거환경개선사업]

※ 색상이 어두운 란은 신청인이 적지 않습니다. (앞쪽)

접수번호			접수일		처리기간	
인가번호(연-월-일)						
사업 시행자	명칭			등록번호		
	주소			대표자		
설계자	명칭			등록번호		
	주소			대표자		
시공자	명칭			등록번호		
	주소			대표자		
공사 감리자	명칭			등록번호		
	주소			대표자		
	상주감리자			보유자격		
사업위치						
공사착공일		년 월 일		공사완료일		년 월 일
건축물 개요	주용도			주요구조		
	세대수			층수		지상( )층/지하( )층

도시정비법 제83조제1항, 동법 시행령 제74조제1항 및 동법 시행규칙 제15조제1항에 따라 위와 같이 정비사업에 대한 준공인가를 신청합니다.

년 월 일

신청인 대표 (서명 또는 인)

특별자치시장·특별자치도지사
시장·군수·구청장 귀하

(뒤쪽)

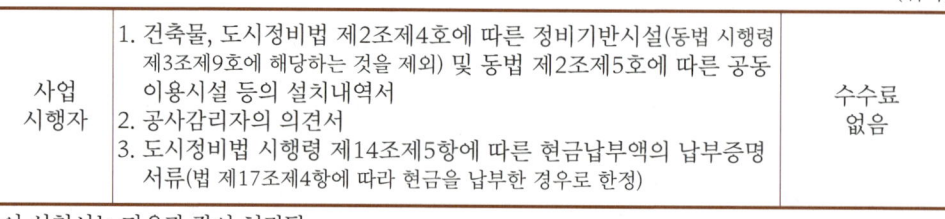

이 신청서는 다음과 같이 처리됨.

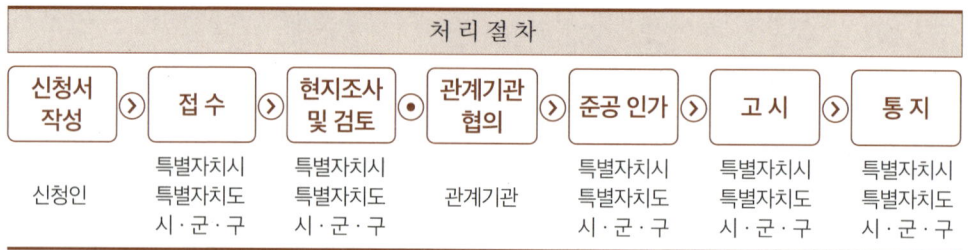

○ **제2항**

지방세법 제20조, 동법 시행령 제20조

> **재건축 표준정관**
>
> 제51조(준공인가 및 입주통지 등) ② 조합은 제1항에 의하여 통지한 때에는 통지된 날부터 1개월 이내에 소유자별로 통지내용에 따라 등기신청을 할 수 있도록 필요한 조치를 하여야 하며, 보류지 또는 일반분양분에 대해서는 조합 명의로 보존등기한 후 분양받은 자가 이전등기절차를 이행하도록 하여야 한다.

준공 통지된 날부터 1개월 이내에 소유자별로 통지내용에 따라 등기신청을 할 수 있도록 필요한 조치를 하여야 한다. 보류지 또는 일반분양분은 조합 명의로 보존등기한 후, 분양받은 자가 소유권 이전등기절차를 이행하게 된다.

지방세법 제20조에서 "취득세 과세물건을 취득한 자는 그 취득한 날부터 60일 또는 증여자의 채무를 인수하는 부담부 증여로 인한 취득의 경우는 취득일이 속하는 달의 말일부터 3개월, 상속으로 인한 경우는 상속개시일이 속하는 달의 말일부터, 실종으로 인한 경우는 실종선고일이 속하는 달의 말일부터 각각 6개월(외국에 주소를 둔 상속인이 있는 경우에는 각각 9개월) 이내에 그 과세표준에 제11조부터 제

13조까지, 제13조의2, 제13조의3, 제14조 및 제15조의 세율을 적용하여 산출한 세액을 대통령령으로 정하는 바에 따라 신고하고 납부하도록 하고 있다.

지방세법

제20조(신고 및 납부) ① 취득세 과세물건을 취득한 자는 그 취득한 날(토지거래계약에 관한 허가를 받기 전에 거래대금을 완납한 경우에는 그 허가일이나 허가구역의 지정 해제일 또는 축소일을 말한다)부터 60일 무상취득(상속은 제외한다) 또는 증여자의 채무를 인수하는 부담부 증여로 인한 취득의 경우는 취득일이 속하는 달의 말일부터 3개월, 상속으로 인한 경우는 상속개시일이 속하는 달의 말일부터, 실종으로 인한 경우는 실종선고일이 속하는 달의 말일부터 각각 6개월(외국에 주소를 둔 상속인이 있는 경우에는 각각 9개월) 이내에 그 과세표준에 제11조부터 제13조까지, 제13조의2, 제13조의3, 제14조 및 제15조의 세율을 적용하여 산출한 세액을 대통령령으로 정하는 바에 따라 신고하고 납부하여야 한다. <개정 2011.12.31, 2014.1.1, 2016.1.19, 2016.12.27, 2021.12.28, 2023.12.29>

② 취득세 과세물건을 취득한 후에 그 과세물건이 제13조제1항부터 제7항까지의 세율의 적용대상이 되었을 때에는 대통령령으로 정하는 날부터 60일 이내에 제13조제1항부터 제7항까지의 세율(제16조제6항제2호에 해당하는 경우에는 제13조의2제3항의 세율)을 적용하여 산출한 세액에서 이미 납부한 세액(가산세는 제외한다)을 공제한 금액을 세액으로 하여 대통령령으로 정하는 바에 따라 신고하고 납부하여야 한다. <개정 2010.12.27, 2018.12.31, 2020.8.12>

③ 이 법 또는 다른 법령에 따라 취득세를 비과세, 과세면제 또는 경감받은 후에 해당 과세물건이 취득세 부과대상 또는 추징 대상이 되었을 때에는 제1항에도 불구하고 그 사유 발생일부터 60일 이내에 해당 과세표준에 제11조부터 제15조까지의 세율을 적용하여 산출한 세액[경감받은 경우에는 이미 납부한 세액(가산세는 제외한다)을 공제한 세액을 말한다]을 대통령령으로 정하는 바에 따라 신고하고 납부하여야 한다. <개정 2018.12.31>

④ 제1항부터 제3항까지의 신고·납부기한 이내에 재산권과 그 밖의 권리의 취득·이전에 관한 사항을 공부(公簿)에 등기하거나 등록[등재(登載)를 포함한다]하려는 경우에는 등기 또는 등록 신청서를 등기·등록관서에 접수하는 날까지 취득세를

신고·납부하여야 한다. <개정 2015.12.29, 2018.12.31>

지방세법 시행령

제20조(취득의 시기 등) ⑥ 건축물을 건축 또는 개수하여 취득하는 경우에는 사용승인서(도시정비법 시행령 제74조에 따른 준공인가증 및 그 밖에 건축 관계 법령에 따른 사용승인서에 준하는 서류를 포함한다)를 내주는 날(사용승인서를 내주기 전에 임시사용승인을 받은 경우에는 그 임시사용승인일을 말하고, 사용승인서 또는 임시사용승인서를 받을 수 없는 건축물의 경우에는 사실상 사용이 가능한 날을 말한다)과 사실상의 사용일 중 빠른 날을 취득일로 본다. <개정 2019.5.31>

⑦ 도시정비법 제35조제3항에 따른 재건축조합이 재건축사업을 하거나 소규모주택정비법 제23조제2항에 따른 소규모재건축조합이 소규모재건축사업을 하면서 조합원으로부터 취득하는 토지 중 조합원에게 귀속되지 아니하는 토지를 취득하는 경우에는 도시정비법 제86조제2항 또는 소규모주택정비법 제40조제2항에 따른 소유권이전고시일의 다음 날에 그 토지를 취득한 것으로 본다. <개정 2015.7.24, 2016.8.11, 2018.2.9>

■ **준공인가 이후 이전고시를 위한 일시 매매 중지**

재건축·재개발조합은 준공인가를 받으면, 소유권 보존등기 전(前)단계인 이전고시를 준비하게 된다.

이 이전고시 준비 중에는 조합이 일정한 기간을 정하여 매매 중지를 하는 것이 실무적 관행이다. 매매를 무한정 가능하도록 하면 이전고시를 할 수가 없고, 조합원 전체의 소유권 보존등기가 지체되기 때문이다.

■ **준공인가 이전 매매하면, 매수인에게 불리하다**

투기과열지구가 아닌 곳에서, 준공 이전에 조합원입주권을 인수한 경우에는 조합원 명의변경을 할 수 있다. 즉 조합원으로서 이전고시에 이를 기재하면 소유권 보존등기가 가능하게 된다. 투기과열지구라도 매도인이 "착공일부터 3년 이상 준공되지 않은 재개발·재건축사업의 토지를 3년 이상 계속하여 소유하고 있는 경우"에도 이와 같다.

이 경우 매수인은 프레미엄이 부가된 토지취득세를 납부하게 된다. 또한, 취득세 납부 후에 신축아파트가 준공되었다면, 준공된 신축아파트에 대한 취득세를 다시 내는 부담이 뒤따르므로 준공 이후에 매매하는 것이 경제적이라는 것이다.

cf 부산광역시 재건축 표준정관

제53조(정비사업의 준공인가) ① 조합이 정비사업 공사를 완료한 때에는 구청장·군수의 준공인가를 받아야 한다.
② 조합은 구청장·군수로부터 준공인가증을 교부받은 때에는 그 사실을 분양대상자에게 지체없이 통지하여야 한다.
③ 조합은 제2항에 의하여 통지한 때에는 통지된 날부터 1월 이내에 소유자별로 통지내용에 따라 등기신청을 할 수 있도록 필요한 조치를 하여야 하며, 토지 및 건축물 중 일반분양분에 대해서는 조합명의로 등기한 후 매입자가 이전등기절차를 이행하도록 하여야 한다.

재개발 표준정관 제55조와 같다.

재개발 표준정관 제55조와 같다.
부산광역시의 경우 정비사업 공사를 완료한 때에는 '구청장, 군수', 지정개발자(신탁업자) 표준시행규정에는 시장, 군수등의 인가를 받도록 하고 있다.

광주광역시 재건축 표준정관

제51조(준공인가 및 입주통지 등) ① 조합이 ○○구청장으로부터 준공인가증을 교부받은 때에는 지체 없이 그 사실과 입주기간을 조합원 등 분양받은 자에게 통지하여야 한다.
② 조합은 제1항에 의하여 통지한 때에는 통지된 날부터 1개월 이내에 소유자별로 통지내용에 따라 등기신청을 할 수 있도록 필요한 조치를 하여야 하며, 보류

지 또는 일반분양분에 대해서는 조합 명의로 보존등기한 후 분양받은 자가 이전등기절차를 이행하도록 하여야 한다.

재개발 표준정관 제54조와 같다.

2023.11.29 국토부 별표2 지정개발자(신탁업자) 표준시행규정

제41조(준공인가 및 입주통지 등) ① 사업시행자는 공사를 완료한 때에는 지체 없이 도시정비법 제83조에 따른 방법 및 절차에 따라 관할 시장·군수등의 준공인가를 받아야 한다.

② 사업시행자는 제1항에 따라 준공인가증을 교부받은 때에는 그 사실을 분양대상자에게 지체 없이 통지하여 입주하도록 하여야 한다.

③ 사업시행자는 준공인가를 받기 전이라도 도시정비법 제83조제5항에 따라 시장·군수등으로부터 허가를 받아 입주예정자가 완공된 건축물을 사용하게 할 수 있다.

2006.8.25 국토부 재건축 표준정관

제50조(준공인가 및 입주통지 등) ① 조합은 관할 시장·군수로부터 준공인가증을 교부 받은 때에는 지체 없이 조합원에게 입주하도록 통지하여야 한다.

② 조합은 제1항에 의하여 입주통지를 한 때에는 통지된 날부터 1월 이내에 소유자별로 통지내용에 따라 등기신청을 할 수 있도록 필요한 조치를 하여야 하며, 토지 및 건축물 중 일반분양분에 대해서는 조합명의로 등기한 후 매입자가 이전등기절차를 이행하도록 하여야 한다.

2003.6.30 국토부 재개발 표준정관

제55조(준공인가 및 입주통지 등) ① 조합은 관할 시장·군수로부터 준공인가증을 교부받은 때에는 지체 없이 조합원에게 입주하도록 통지하여야 한다.

② 조합은 제1항에 의하여 입주통지를 한 때에는 통지된 날부터 1월 이내에 소유자별로 통지내용에 따라 등기신청을 할 수 있도록 필요한 조치를 하여야 하며, 대지 및 건축물 중 일반분양분에 대해서는 조합명의로 등기한 후 매입자가 이전등기절차를 이행하도록 하여야 한다.

> ■ **(서울) 재건축 표준정관 제52조(이전고시 등)**
> ● **(서울) 재개발 표준정관 제56조(이전고시 등)**
>   : 재건축 표준정관과 같다.

재건축·재개발 표준정관의 조문 위치가 다르나, 내용은 같다.

2003.7.1 시행된 도시정비법에서 종전 구 도시재개발법에서의 '분양처분·고시'를 '이전고시'로 명칭을 바꾸고 '소유권을 취득한다.'는 규정 없이 이전고시 후 "대지 또는 건축물의 소유권을 이전하여야 한다(법 제86조제1항)."고 규정하였다.

■ **정비사업의 진행절차**

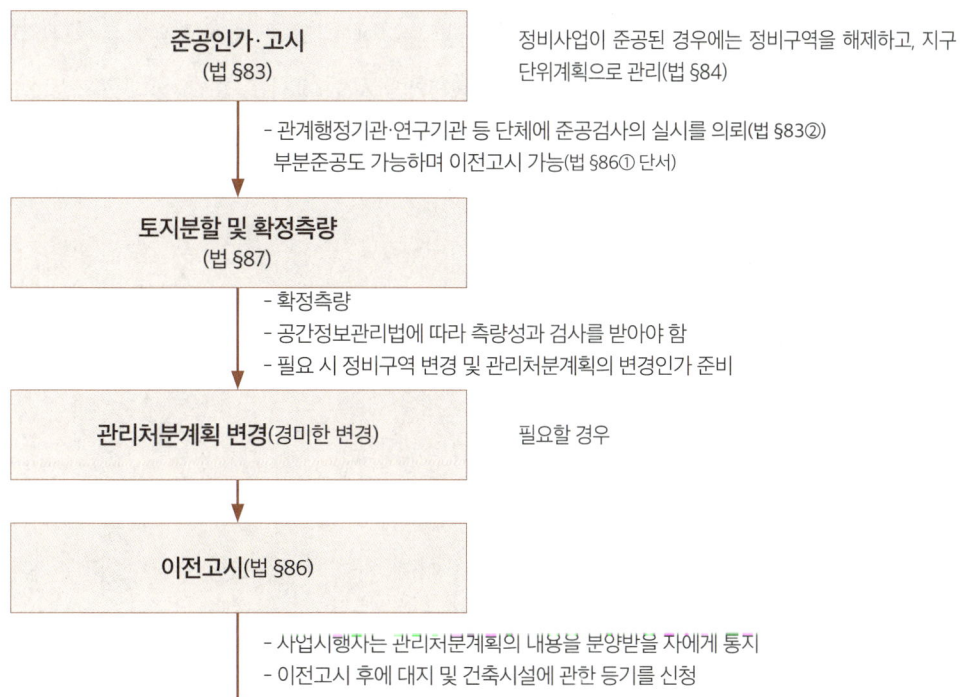

확정측량에 따라 대지면적이 달라 조합원과 일반분양자의 대지지분면적이 변경될 수 있어, 이 경우 조합원의 대지지분을 변경하는 기준을 두는 조문을 두는 것이 좋다.

■ 이전고시의 법적 효과

■ 소유권 변동
이전고시가 효력이 발생되는 시점에 소유권이 취득된다. 이러한 소유권변동은 등기를 요하지 않다(민법 제187조).

■ 대지 및 건축물에 대한 권리의 이전
대지 또는 건축물을 분양받을 자에게 법 제86조제2항에 따라 소유권을 이전한 경우 종전의 토지 또는 건축물에 설정된 지상권·전세권·저당권·임차권·가등기담보권·가압류 등 등기된 권리 및 주택임대차보호법의 요건을 갖춘 임차권은 소유권을 이전받은 대지 또는 건축물에 설정된 것으로 본다(법 제87조제1항).

■ 도시개발법상 환지로 의제
지방세법에서는 환지계획 등에 따른 취득부동산에 대하여 재건축사업은 처음부터 해당되지 않으므로 취득세를 부과하며, 재개발사업에서도 환지방식을 적용하는 경우 환지에 해당하는 액수에 대해서는 부과되지 않으나, 청산금에는 부과된다.

■ 다른 등기의 제한
정비사업에 관하여 위 이전고시가 있은 날부터 위 제88조제1항에 따른 등기가 있을 때까지는 저당권 등의 다른 등기를 하지 못 한다(법 제88조제3항).

■ 청산금절차의 개시
대지 또는 건축물을 분양받은 자가 종전에 소유하고 있던 토지 또는 건축물의 가격과 분양받은 대지 또는 건축물의 가격사이에 차이가 있으면 사업시행자는 이전고시 이후에 그 차액에 상당하는 금액(이하 '청산금')을 분양받은 자로부터 징수하거나 분양받은 자에게 지급하여야 한다(법 제89조제1항).

반면 조합원이 차액을 납부하게 되는 것을 추가부담금이라 하며, 정비사업의 완료로 조합원이 청산금을 받게 되면 양도소득세를 납부하게 된다.

■ **공사완료 후에도 분양계약을 체결하지 않는 조합원의 청산금 등 징수**

공사완료 후에도 시공자와 분양계약을 체결하지 않아, 시공자들은 분양대금을 받아내기 위하여 이주비 반환청구소송으로 조합원을 압박하거나, 개별 설득하기도 한다. 재건축조합에서는 사업시행계획인가 이후 조합원으로부터 「소유권이전 및 신탁등기」로 소유권을 이전받은 상태이므로 별다른 문제가 없다.

그러나 추가부담금이나 공사비 등을 납부하지 않아 담보가치보다 채권이 초과하는 경우에는 문제가 있다. 재개발사업은 재건축사업과 달리 조합이 소유권을 확보하지 못한 상태에서 사업을 진행해 나감으로써 청산금 문제가 심각할 수 있다.

때문에, 재개발사업에서도 소유권확보가 필요해서 재건축과 같이 신탁등기가 필요하며, 그 이외의 자는 수용을 통하여 문제를 해결하는 것이 옳다.

□ 근거규정

○ 제1항

도시정비법 제86조제1항, 「도시 및 주거환경정비 등기규칙」(대법원규칙 제2792호 2018.5.29)

「도시 및 주거환경정비 등기에 관한 업무처리지침」(등기예규 제1590호, 시행 2016.1.11)

> **재건축 표준정관**
>
> 제52조(이전고시 등) ① 조합은 법 제83조제3항에 따른 공사완료의 고시가 있은 때에는 지체 없이 대지확정측량을 하고 토지의 분할절차를 거쳐 관리처분계획에서 정한 사항을 분양받을 자에게 통지하고 대지 또는 건축물의 소유권을 이전하여야 한다.
>
> 다만, 정비사업의 효율적인 추진을 위하여 필요한 경우에는 해당 정비사업에 관한 공사가 전부 완료되기 전이라도 완공된 부분은 준공인가를 받아 대지 또는 건축물별로 분양받을 자에게 소유권을 이전할 수 있다.

재개발 표준정관 제56조와 그 내용이 같다.

종전의 「도시 및 주거환경정비 등기처리규칙」은 2018.5.29 「도시 및 주거환경정비 등기규칙」(대법원규칙)으로 바뀌었다.

이전고시한 때에는 지체 없이 그 사실을 관할 등기소에 통지하고, "정비사업 시행에 의한 종전 토지에 관한 등기의 말소등기, 정비사업 시행으로 축조된 건축시설과 조성된 대지에 관한 소유권보존등기, 담보권등에 관한 권리의 등기로서 분양받은 건축시설과 대지에 존속하게 되는 등기"를 신청하여야 한다(동 등기규칙 제5조제1항).

위 등기 시에 1필의 토지 위에 수 개의 건축시설이 있는 경우에는 그 건축시설 전부와 그 대지를 1개의 단위로 하여, 수필의 토지를 공동대지로 하여 그 위에 수 개의 건축시설이 있는 경우에는 그 건축시설 및 대지 전부를 1개 단위로 하여 동시에 하여야 한다.

다만, 시행자가 사업에 관한 공사의 완공 부분만에 관하여 이전고시를 한 때에는 제1항의 등기 중 건물에 관한 등기신청은 그 부분만에 관하여 할 수 있다(동조 제2항).

도시정비법

제86조(이전고시 등) ① 사업시행자는 제83조제3항 및 제4항에 따른 고시가 있은 때에는 지체 없이 대지확정측량을 하고 토지의 분할절차를 거쳐 관리처분계획에서 정한 사항을 분양받을 자에게 통지하고 대지 또는 건축물의 소유권을 이전하여야 한다.

다만, 정비사업의 효율적인 추진을 위하여 필요한 경우에는 해당 정비사업에 관한 공사가 <u>전부 완료되기 전이라도 완공된 부분은 준공인가를 받아 대지 또는 건축물별로 분양받을 자에게 소유권을 이전할 수 있다.</u>

도시 및 주거환경정비 등기규칙

제5조(이전고시에 따른 등기신청) ① 시행자는 이전고시를 한 때에는 지체 없이 그 사실을 관할 등기소에 통지하고 다음의 등기를 신청하여야 한다. <개정 2018.5.29>

1. 정비사업시행에 의한 종전 토지에 관한 등기의 말소등기
2. 정비사업 시행으로 축조된 건축시설과 조성된 대지에 관한 소유권보존등기
3. 종전 건물과 토지에 관한 지상권, 전세권, 임차권, 저당권, 가등기, 환매특약이나 권리소멸의 약정, 처분제한의 등기(이하 "담보권등에 관한 권리의 등기")로서 분양받은 건축시설과 대지에 존속하게 되는 등기

② 제1항의 등기를 신청함에 있어서는 1개의 건축시설 및 그 대지인 토지를 1개의 단위로 하여, 1필의 토지 위에 수 개의 건축시설이 있는 경우에는 그 건축시설 전부와 그 대지를 1개의 단위로 하여, 수필의 토지를 공동대지로 하여 그 위에 수 개의 건축시설이 있는 경우에는 그 건축시설 및 대지 전부를 1개 단위로 하여 동시에 하여야 한다. 다만, 법 제86조제1항 단서에 의하여 시행자가 사업에 관한 공사의 완공 부분만에 관하여 이전고시를 한 때에는 제1항의 등기 중 건물에 관한 등기신청은 그 부분만에 관하여 할 수 있다. <개정 2018.5.29>

③ 생략

공동주택 단지와 정비기반시설 또는 정비기반시설 각 항목별(도로, 공원 등) 부분 준공인가가 가능한지(서울시 주거정비과 2023.11.22)

Q 1. 공동주택 단지와 정비기반시설 또는 정비기반시설 각 항목별(도로·공원 등) 부분 준공인가가 가능한지?

Q 2. 부분 준공인가가 가능하다면, 부분이전고시를 통해 소유권 이전도 가능한지?

Q 3. 부분 준공인가가 되었지만 건축물등기가 나오지 않는다면, 구체적으로 어떠한 것이 제한되는지?

A 도시정비법 제83조제5항에서 시장·군수등은 제1항에 따른 준공인가를 하기 전이라도 완공된 건축물이 사용에 지장이 없는 등 동법 시행령 제75조[79]에서 정하는 기준에 적합한

---

[79] 도시정비법 시행령
제75조(준공인가전 사용허가) ① 법 제83조제5항 본문에서 "완공된 건축물이 사용에 지장이 없는 등 대통령령으로 정하는 기준"이란 다음 각 호를 말한다.
1. 완공된 건축물에 전기·수도·난방 및 상·하수도 시설 등이 갖추어져 있어 해당 건축물을 사용하는 데 지장이 없을 것
2. 완공된 건축물이 관리처분계획에 적합할 것
3. 입주자가 공사에 따른 차량통행·소음·분진 등의 위해로부터 안전할 것
② 사업시행자는 법 제83조제5항 본문에 따른 사용허가를 받으려는 때에는 국토교통부령으로 정하는 신청서를 시장·군수등에게 제출하여야 한다.
③ 시장·군수등은 법 제83조제5항에 따른 사용허가를 하는 때에는 동별·세대별 또는 구획별로 사용허가를 할 수 있다.

경우에는 입주예정자가 완공된 건축물을 사용할 수 있도록 사업시행자에게 동별·세대별 또는 구획별로 사용허가할 수 있다고 규정하고 있음.

또한, 도시정비법 제86조제1항 단서에서는 정비사업의 효율적인 추진을 위하여 필요한 경우에는 해당 정비사업에 관한 공사가 <u>전부 완료되기 전이라도 완공된 부분은 준공인가(이하 '부분준공인가')를 받아 대지 또는 건축물별로 분양받을 자에게 소유권을 이전할 수 있다</u>고 규정하고 있음.

A 1. 따라서 공동주택 단지와 정비기반시설 또는 정비기반시설의 각 항목별 부분 준공인가는 정비사업의 효율적인 추진을 위하여 필요하다고 준공인가 또는 사용허가의 인가권자가 인정하는 경우에 한 해 가능할 것으로는 사료되나, 해당 구역의 공사 진척도 및 각 부분별 지연 사유, 사용허가 조건 충족 여부 등을 종합적으로 검토하여 인가권자가 판단할 사항임.

A 2. 상기 규정에 따라 인가권자가 부분 준공인가를 했다면 해당 부분의 건축물에 대한 이전 고시도 가능할 것이나, 이전 고시까지 종합적으로 고려하여 인가권자가 부분 준공인가 여부를 결정하게 됨.

A 3. 매매 계약만으로 소유권이 이전되는 것은 아니고 그에 따른 등기를 하여야 소유권이 이전됨에 따라 건축물 등기가 없는 경우에는 매매거래 등이 제한받을 수 있음.

정비사업으로 건축되는 건축물 중 상가시설을 별도로 준공할 수 있는지, 상가시설에 대하여 준공인가 전에 사용허가로 사용 가능 여부(국토부 주택정비과 2017.4.26)

Q 1. 정비사업으로 건축되는 건축물 중 상가시설을 별도로 준공할 수 있는지, 전체 허가 사업 준공 전 상가시설 사전 준공이 가능한지?

Q 2. 상기 상가시설에 대하여 준공인가 전에 사용허가를 받아 사용할 수 있는지, 도시정비법 시행령 제56조(준공인가 전 사용허가/현 시행령 제75조)에 근거하여 당해 건축물을 사용하는데 지장이 없을 경우 준공 전 상가 별도 사용이 가능한지?

A 1. 도시정비법 제54조제1항(현행법 제86조 이전고시등)단서에 따르면 정비사업의 효율적인 추진을 위하여 필요한 경우에는 당해 정비사업에 관한 공사가 전부 완료되기 전에 완공된 부분에 대하여 준공인가를 받아 대지 또는 건축물별로 이를 분양받을 자에게 그 소유권을 이전할 수 있도록 하고 있으므로, 귀 질의하신 상가건축물에 대하여도 동 규정에 따라 완공된 부분에 대하여 준공인가가 가능할 것으로 판단됨.

A 2. 도시정비법 제52조제5항에 따르면 시장·군수는 같은 조 제1항에 의한 준공인가를 하

기 전이라도 완공된 건축물이 사용에 지장이 없는 등 대통령령이 정하는 기준에 적합한 경우에는 입주예정자가 완공된 건축물을 사용할 것을 사업시행자에 대하여 허가할 수 있도록 하고 있음.

○ 제2항

도시정비법 제86조제2항

> **재건축 표준정관**
> 제52조(이전고시 등) ② 조합은 제1항에 따라 대지 또는 건축물의 소유권을 이전하려는 때에는 그 내용을 해당 지방자치단체의 공보에 고시 및 ○○구청장에게 보고하여야 한다. 이 경우 대지 또는 건축물을 분양받을 자는 고시가 있은 날의 다음 날에 그 대지 또는 건축물의 소유권을 취득한다.

도시정비법 제86조를 옮겨다 놓았다.

사업시행자인 정비조합은 대지 및 건축물의 소유권을 이전하려는 때에는 그 내용을 해당 지방자치단체의 공보에 고시한 후 시장·군수등에게 보고하여야 한다. 이 경우 대지 또는 건축물을 분양받을 자는 고시가 있은 날의 다음 날에 그 대지 또는 건축물의 소유권을 취득한다(법 제86조제2항).

> **⚖ 판례**
>
> 재건축사업이 시행된 결과 대지 또는 건축물을 분양받은 조합원이 이전고시 이후에 그 대지 또는 건축물을 제3자에게 양도 등 처분하는 경우, 조합원의 지위도 제3자에게 자동승계되는지(원칙적 소극)
> 대법원 2024.4.25.선고 2022두52874판결
> 【판결요지】
> 조합원 자격의 자동 득실변경에 관한 도시정비법이나 조합정관의 규정은 이전고시 이전의 상황에 적용되는 것이고, 이전고시 이후의 경우에도 당연히 적용된다고 볼 수는 없다. 오히려, 이전고시 이후에는 민법의 사단법인 사원의 지위 및 그 득실변경에 관한 일반법리로 돌아가 대지 또는 건축물을 분양받은 조합원이 그 대지 또는 건축물을 제3자에게 양도 등 처분하는 경우에도 <u>도시정비법과 정관에 특별한 정함이 없는 이상 조합원의 지위 역시 당연히 제3자에게 자동승계되지는 않는다</u>

> 이전고시가 효력을 발생한 이후 조합원 등이 사업시행계획과 사업시행인가, 관리처분계획과 관리처분계획인가의 취소 또는 무효확인을 구할 법률상 이익이 없다.
>
> 대법원 2022.1.13선고 2021두50772판결, 무효확인
>
> 【판시사항】
>
> 이전고시의 효력이 발생하면 조합원 등이 관리처분계획에 따라 분양받을 대지 또는 건축물에 관한 권리의 귀속이 확정되고 조합원 등은 이를 토대로 다시 새로운 법률관계를 형성하게 된다.
>
> 이전고시의 효력 발생으로 대다수 조합원 등에 대하여 권리귀속 관계가 획일적·일률적으로 처리되는 이상 그 후 일부 내용만을 분리하여 변경할 수 없고, 그렇다고 하여 전체 이전고시를 모두 무효화시켜 처음부터 다시 관리처분계획을 수립하여 이전고시 절차를 거치도록 하는 것도 정비사업의 공익적·단체법적 성격에 배치되어 허용될 수 없다.
>
> 따라서 <u>이전고시가 그 효력을 발생하게 된 이후에는 재건축조합원 등이 사업시행계획과 사업시행인가, 관리처분계획과 관리처분계획인가의 취소 또는 무효확인을 구할 법률상 이익이 인정되지 않는다.</u>

cf 부산광역시 재건축 표준정관

제54조(이전고시 등) ① 조합은 준공인가고시가 있은 때에는 지체 없이 대지확정측량을 하고 토지의 분할절차를 거쳐 관리처분계획에서 정한 사항을 분양받을 자에게 통지하고 대지 또는 건축물의 소유권을 이전하여야 한다. 다만, 정비사업의 효율적인 추진을 위하여 필요한 경우에는 해당 정비사업에 관한 공사가 전부 완료되기 전이라도 완공된 부분은 준공인가를 받아 대지 또는 건축물별로 분양받을 자에게 소유권을 이전할 수 있다.

② 조합은 제1항에 따라 대지 및 건축물의 소유권을 이전하려는 때에는 그 내용을 해당 지방자치단체의 공보에 고시한 후 구청장·군수에게 보고하여야 한다. 이 경우 대지 또는 건축물을 분양받을 자는 고시가 있은 날의 다음 날에 그 대지 또는 건축물의 소유권을 취득한다.

재개발 표준정관 제56조와 같다.

광주광역시 재건축 표준정관

제52조(이전고시 등) ① 조합은 법 제83조제3항에 따른 공사완료의 고시가 있

은 때에는 지체 없이 대지확정측량을 하고 토지의 분할절차를 거쳐 관리처분계획에서 정한 사항을 분양받을 자에게 통지하고 대지 또는 건축물의 소유권을 이전하여야 한다. 다만, 정비사업의 효율적인 추진을 위하여 필요한 경우에는 해당 정비사업에 관한 공사가 전부 완료되기 전이라도 완공된 부분은 준공인가를 받아 대지 또는 건축물별로 분양받을 자에게 소유권을 이전할 수 있다.

② 조합은 제1항에 따라 대지 또는 건축물의 소유권을 이전하려는 때에는 그 내용을 해당 지방자치단체의 공보에 고시 및 ○○구청장에게 보고하여야 한다. 이 경우 대지 또는 건축물을 분양받을 자는 고시가 있은 날의 다음 날에 그 대지 또는 건축물의 소유권을 취득한다.

재개발 표준정관 제55조와 같다.

2023.11.29 국토부 별표2 지정개발자(신탁업자) 표준시행규정

제42조(이전고시 등) ① 준공인가 후 이전고시 및 소유권 이전 등에 관한 사항은 도시정비법 제86조에 따른다.

② 이전고시에 따른 대지 및 건축물의 등기에 관한 사항은 도시정비법 제88조를 따른다.

2006.8.25 국토부 재건축 표준정관

제51조(이전고시 등) ① 조합은 공사의 완료·고시가 있는 때에는 지체 없이 토지확정측량을 하고 토지의 분할절차를 거쳐 조합원과 일반분양자에게 이전하여야 한다. 다만, 사업의 효율적인 추진을 하는데 필요한 경우에는 당해 사업에 관한 공사가 전부 완료되기 전에 완공된 부분에 대하여 준공인가를 받아 토지 및 건축물별로 이를 분양받을 자에게 이전할 수 있다.

② 조합은 제1항에 의하여 건축물을 이전하고자 하는 때에는 조합원과 일반분양자에게 통지하고 그 내용을 당해 지방자치단체의 공보에 고시한 후 이를 시장·군수에게 보고하여야 한다.

2003.6.30 국토부 재건축 표준정관

제56조(조합의 해산) ① 조합은 준공인가를 받은 날로부터 1년 이내에 이전고시 및 건축물 등에 대한 등기절차를 완료하고 총회 또는 대의원회를 소집하여 해산 의결을 하여야 하며, 해산을 의결한 경우 시장·군수에게 신고하여야 한다.

② 조합이 해산의결을 한 때에는 해산의결 당시의 임원이 청산인이 된다.

③ 조합이 해산하는 경우에 청산에 관한 업무와 채권의 추심 및 채무의 변제 등에 관하여 필요한 사항은 민법의 관계 규정에 따른다.

표준정관 제56조제1항의 1년 이내 의미(서울시 주거정비과 2019.11.26)
Q 재건축사업의 조합 표준정관 제56조제1항의 1년 이내의 의미는?
A 『재건축조합 표준정관』제56조제1항에 따르면, 조합은 준공인가를 받은 날로부터 1년 이내에 이전고시 및 건축물 등에 대한 등기절차를 완료하고 총회 또는 대의원회를 소집하여 해산 의결을 하여야 하며, 해산을 의결한 경우 시장·군수에게 신고하여야 한다고 규정하고 있음.
질의하신 바와 같이 재건축조합 표준정관 제56조제1항에 따라 조합은 <u>준공인가를 받은 날로부터 1년 이내에 이전고시, 등기(신청)완료, 조합총회를 거쳐 조합해산 및 조합해산 신고(구청장)까지를 포함하고 있음</u>.

재건축 표준정관 관련, 조합원 내부사정(미분양, 청산금 등)으로 해산 못하고 있을 시, 행정청에서 강제할 수 있는 사항인지(국토부 주택정비과 2011.11.28)
Q 자치단체 공무원으로 재건축 표준정관 관련 내용을 질의함.
재건축 표준정관 제54조제1항에 조합은 준공인가 후 1년 이내에 이전고시 및 해산 의결을 하도록 하고 있음. 이에 표준정관에 따라 조합에서 정관을 만들고 있으며,
1) 조합원 내부 사정(미분양, 청산금 등)으로 해산못하고 있을 시 행정청에서 강제할 수 있는 사항인지?
2) 도시정비법 제27조에 따라 민법을 준용하여 조합내부(민사적 판단)에서 처리할 사항인지?
A 법 제54조제1항에서 사업시행자는 제52조제3항 및 제4항에 의한 고시가 있은 때에는 지체 없이 대지확정측량을 하고 분할절차를 거쳐 관리처분계획에 정한 사항을 분양을 받을 자에게 통지하고 대지 또는 건축물의 소유권을 이전하여야 함.

> ■ (서울) 재건축 표준정관 제53조(대지 및 건축물에 대한 권리의 확정)
> ● (서울) 재개발 표준정관 제57조(대지 및 건축물에 대한 권리의 확정)
>   : 재건축 표준정관과 같다.

재건축·재개발 표준정관의 조문 위치가 다르나, 내용은 같다.

재건축 표준정관
제53조(대지 및 건축물에 대한 권리의 확정) 대지 또는 건축물을 분양받을 자에게 법 제86조제2항에 따라 소유권을 이전한 경우 법 제87조에 따라 종전의 토지 또는 건축물에 설정된 지상권·전세권·저당권·임차권·가등기담보권·가압류 등 등기된 권리 및 「주택임대차보호법」 제3조제1항의 요건을 갖춘 임차권은 소유권을 이전받은 대지 또는 건축물에 설정된 것으로 본다.

재개발 표준정관 제57조와 같다.

이전고시 효과로 법 제86조에서의 소유권변경 외에 "대지·건축물에 대한 권리의 이전, 도시개발법상 환지로의 의제, 다른 등기의 제한"에 대한 규정이다.

■ **정비사업의 진행절차**

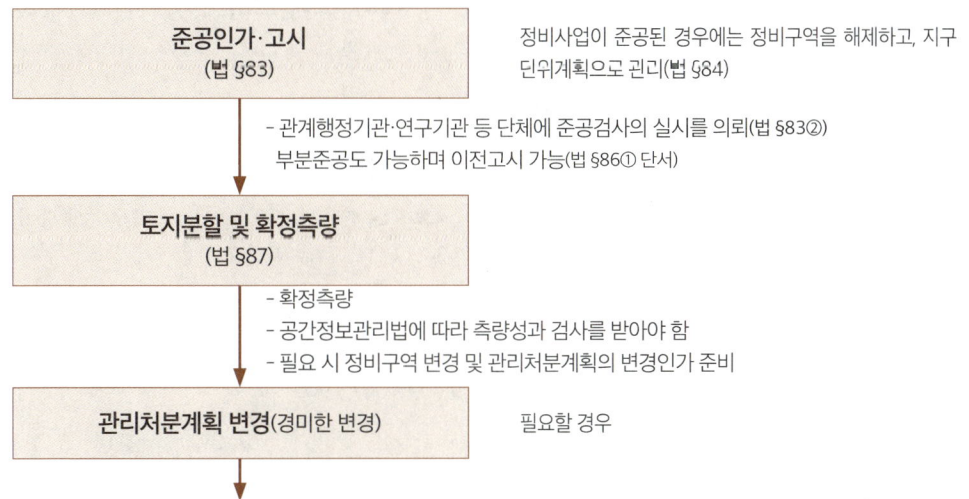

```
        ↓
┌─────────────────┐
│  이전고시(법 §86)  │
└─────────────────┘
         │    - 사업시행자는 관리처분계획의 내용을 분양받을 자에게 통지
         │    - 이전고시 후에 대지 및 건축시설에 관한 등기를 신청
┌─────────────────┐
│  보존등기(법 §88)  │
└─────────────────┘
         │    - 사업시행자인 조합은 이전고시 후 지체 없이 소유자별 이전고시 내용을 등기신청
         │    - 등기신청은 「도시 및 주거환경정비등기처리규칙」에 따름
┌─────────────────┐
│  조합해산(법 §89)  │
└─────────────────┘
              - 분양받은 대지 또는 건축시설의 가격에 차액이 있을 때는 사업시행자는 이전고시 후
                에 그 차액에 상당하는 금액을 징수하거나 지급
              - 조합의 해산방법 및 시기는 정관에 따로 정하여 시행가능
              - 조합정관에 청산인의 보수 필수적 포함(법 §40①14)
              - 해산 의결 시 청산인은 지체 없이 청산업무 수행(법 §86의2⑤)
```

■ 대지 및 건축물에 대한 권리의 이전

구「주택건설촉진법」상 재건축사업의 대상인 노후·불량주택은 그 대지에 설정된 저당권, 가등기담보권, 가압류, 전세권. 지상권 등 등기된 권리는 사업계획승인이 있은 후에는 새로이 건설되는 주택이나 그 대지에 설정되는 것으로 보았다.

그러나 재건축조합의 주택건설의 경우, 구 도시재개발법 제33조부터 제45조까지의 절차를 거치지 않으면 도시재개발등기절차가 준용되지 않아 재건축에 따른 소유권 및 저당권 등의 등기를 도시재개발등기처리규칙에 의하여 등기할 수 없었다(대법원 등기선례). 따라서, 준공되었어도 재건축사업에서는 제한물권을 먼저 해지하지 않고는 보존등기가 불가능하였다.

이 때문에 만들어진 조문이 도시정비법 제87조이고, 서울특별시 재건축·재개발 표준정관에서 담고 있다.

도시정비법 제55조제1항(현행 법 제87조제1항을 말함)관련, 종전토지 설정 권리 및 이전고시(국토부 주택정비과 2012.8.10)

Q 1. 법 제55조제1항과 관련하여 종전토지에 설정된 권리는 토지만에, 건물에 설정된 권리는 건물만에 설정된 것으로 보는지, 종전토지에 설정된 권리가 아파트 토지와 건물에 공통으로 설정된 것으로 보는지?

Q 2. 이전고시를 할 때 종전토지에 설정되어 있는 것을 새로운 건축물에 이기하면서 토지에만 설정할 것인지, 토지건물에 함께 할 것인지가 조합의 재량사항인지?

A 법 제55조제1항에 따라 대지 또는 건축물을 분양받을 자에게 소유권을 이전한 경우 종전의 토지 또는 건축물에 설정된 지상권, 전세권, 저당권, 임차권, 가등기담보권, 가압류 등 등기된 권리 및 주택임대차보호법 제3조제1항의 요건을 갖춘 임차권은 소유권을 이전받은 대지 또는 건축물에 설정된 것으로 보도록 하고 있음.

이전고시에 따른 등기신청 시 종전 건물과 토지에 관한 제한물권 등의 존속 여부

Q&A 종전의 토지 또는 건축물에 설정된 지상권·전세권·저당권·임차권·가등기담보권·가압류 등 등기된 권리는 도시정비법 제55조제1항에 의하여 수분양자가 소유권을 이전받은 대지 또는 건축물에 설정된 것으로 보는바,

조합원인 수분양자의 종전 토지지분에 등기된 가압류등기는 그 수분양자가 분양받은 건물 또는 대지에만 존속하게 되므로, 사업시행자는 <u>이전고시를 한 때에는 지체 없이 수분양자 명의의 소유권보존등기와 동시에 존속하게 된 가압류등기를 신청하여야 한다</u>(2006.9.20 부동산등기과 - 2849 질의회답)

참조조문 : 도시정비법 제55조, 도시 및 주거환경 정비등기 처리규칙 제5조

▶ 도시정비법 제55조제1항은 현행법 제87조(대지 및 건축물에 대한 권리의 확정)제1항임

□ 근거규정

도시정비법

제87조(대지 및 건축물에 대한 권리의 확정) ① 대지 또는 건축물을 분양받을 자에게 제86조제2항에 따라 소유권을 이전한 경우 종전의 토지 또는 건축물에 설정된 지상권·전세권·저당권·임차권·가등기담보권·가압류 등 등기된 권리 및 「주택임대차보호법」 제3조제1항의 요건을 갖춘 임차권은 소유권을 이전받은 대지 또는 건축물에 설정된 것으로 본다.

② 제1항에 따라 취득하는 대지 또는 건축물 중 토지등소유자에게 분양하는 대지 또는 건축물은 「도시개발법」 제40조에 따라 행하여진 환지로 본다.

③ 제79조제4항에 따른 보류지와 일반에게 분양하는 대지 또는 건축물은 「도시개발법」 제34조에 따른 보류지 또는 체비지로 본다.

> **판례**
>
> 도시정비법상 관리처분계획 인가와 이전고시 등의 절차를 거쳐 경우, 신 주택이나 대지에 관한 권리로 강제적으로 교환·변경되어 공용환권으로 볼 수 있다(적극)
> 대법원 2020.9.3선고 2019다272343판결
> 【판결요지】
> 재건축조합이 재건축사업을 하면서 구 주택건설촉진법 제44조의3 제5항에 따라 준용되는 구 도시재개발법 제33조부터 제45조까지 정한 관리처분계획 인가와 이에 따른 분양처분의 고시 등의 절차 또는 도시정비법상의 관리처분계획 인가와 이에 따른 이전고시 등의 절차를 거쳐 신 주택이나 대지를 조합원에게 분양한 경우,
> 구 주택이나 대지에 관한 권리가 권리자의 의사와 관계없이 신 주택이나 대지에 관한 권리로 강제적으로 교환·변경되어 공용환권된 것으로 볼 수 있다.

cf 부산광역시 재건축 표준정관

제55조(대지 및 건축물에 대한 권리의 확정) ① 대지 또는 건축물을 분양받을 자에게 도시정비법 제86조제2항에 따라 소유권을 이전한 경우 종전의 토지 또는 건축물에 설정된 지상권, 전세권, 저당권, 임차권, 가등기담보권·가압류 등 등기된 권리 및 「주택임대차보호법」 제3조제1항의 요건을 갖춘 임차권은 소유권을 이전받은 대지 또는 건축물에 설정된 것으로 본다.

② 제1항에 따라 취득하는 대지 또는 건축물 중 토지등소유자에게 분양하는 대지 또는 건축물은 「도시개발법」 제40조에 따라 행하여진 환지로 본다.

③ 도시정비법 제79조제4항에 따른 보류지와 일반에게 분양하는 대지 또는 건축물은 「도시개발법」 제34조에 따른 보류지 또는 체비지로 본다.

재개발 표준정관 제57조와 같다.

서울특별시 재건축·재개발 표준정관과 달리, 제2항, 제3항이 추가되어 있다. 이는 도시정비법 제87조제2항, 제3항을 말한다.

■ **표준정관 제55조제2항에서 "환지로 본다"는 의미**

환지(換地)란 도시개발법에 따른 사업시행으로 구 토지의 대가로서 조합원 등에게 새롭게 부여되는 토지를 말한다(도시개발법 제42조).

환지로 의제되는 법적 효과로는 지방세특례제한법 제74조[80]에서 환지계획 등에 따른 취득부동산에 대하여 재건축사업은 처음부터 해당되지 않으므로 취득세를 부과하며, 재개발사업에서도 환지방식을 적용하는 경우 환지에 해당하는 액수에 대해서는 부과되지 않는다.

그러나 청산금에는 취득세가 부과된다.

광주광역시 재건축 표준정관

제53조(대지 및 건축물에 대한 권리의 확정) 대지 또는 건축물을 분양받을 자에게 법 제86조제2항에 따라 소유권을 이전한 경우 법 제87조에 따라 종전의 토지 또는 건축물에 설정된 지상권·전세권·저당권·임차권·가등기담보권·가압류 등 등기된 권리 및「주택임대차보호법」 제3조제1항의 요건을 갖춘 임차권은 소유권을 이

---

[80] 지방세특례제한법
[시행 2024.9.15] [법률 제19702호, 2023.9.14 타법개정]
제74조(도시개발사업 등에 대한 감면) ③「도시개발법」에 따른 도시개발사업의 사업시행자가 해당 도시개발사업의 시행으로 취득하는 체비지 또는 보류지에 대해서는 취득세의 75/100를 2025.12.31.까지 경감한다. <개정 2020.1.15, 2023.3.14>
⑤ 도시정비법에 따른 재개발사업(이하 이 조에서 "재개발사업")의 시행에 따라 취득하는 부동산에 대해서는 다음 각 호의 구분에 따라 취득세를 2025.12.31.까지 경감한다. 다만, 그 취득일부터 5년 이내에「지방세법」제13조제5항제1호부터 제4호까지의 규정에 해당하는 부동산이 되거나 관계 법령을 위반하여 건축한 경우 및 제3호에 따라 대통령령으로 정하는 일시적 2주택자에 해당하여 취득세를 경감받은 사람이 그 취득일부터 3년 이내에 대통령령으로 정하는 1가구 1주택이 되지 아니한 경우에는 감면된 취득세를 추징한다. <신설 2020.1.15, 2023.3.14>
1. 재개발사업 시행자가 재개발사업의 대지조성을 위하여 취득하는 부동산에 대해서는 취득세의 50/100을 경감한다.
2. 재개발사업의 시행자가 도시정비법 제74조에 따른 해당 사업의 관리처분계획에 따라 취득하는 주택에 대해서는 취득세의 50/100을 경감한다.
3. 재개발사업의 정비구역지정 고시일 현재 부동산의 소유자가 재개발사업의 시행으로 주택을 취득함으로써 대통령령으로 정하는 1가구 1주택이 되는 경우(취득 당시 대통령령으로 정하는 일시적으로 2주택이 되는 경우를 포함한다)에는 다음 각 목에서 정하는 바에 따라 취득세를 경감한다.
가. 전용면적 60㎡ 이하의 주택을 취득하는 경우에는 취득세의 75/100를 경감한다.
나. 전용면적 60㎡ 초과 85㎡ 이하의 주택을 취득하는 경우에는 취득세의 50/100을 경감한다.

전받은 대지 또는 건축물에 설정된 것으로 본다.

재개발 표준정관 제56조와 같다.

2006.8.25 국토부 재건축 표준정관

제52조(토지 및 건축물에 대한 권리의 확정) 대지 또는 건축물을 분양받을 자에게 법 제54조제2항에 의하여 소유권을 이전한 경우 종전의 토지 또는 건축물에 관한 지상권·전세권·저당권 또는 등기된 임차권과 주택임대차보호법 제3조제1항의 요건을 갖춘 임차권은 분양받은 토지 또는 건축물에 설정된 것으로 본다.

2003.6.30 국토부 재개발 표준정관

제57조(대지 및 건축물에 대한 권리의 확정) 조합원은 이전고시가 있은 날의 다음 날에 분양대상 건축물에 대한 소유권을 취득한다. 이 경우 종전의 토지 또는 건축물에 관한 지상권·전세권·저당권 또는 등기된 임차권과 주택임대차보호법 제3조제1항의 요건을 갖춘 임차권은 분양받은 대지 또는 건축물에 설정된 것으로 본다.

> ■ **(서울) 재건축 표준정관 제54조(등기절차 및 권리변동의 제한)**
> ● **(서울) 재개발 표준정관 제58조(등기절차 및 권리변동의 제한)**
> : 재건축 표준정관과 같다.

재건축·재개발 표준정관의 조문 위치가 다르나, 내용은 같다.

재건축 표준정관
제54조(등기절차 및 권리변동의 제한) 조합은 법 제86조제2항에 따른 이전고시가 있은 때에는 지체 없이 대지 및 건축물에 관한 등기를 지방법원지원 또는 등기소에 촉탁 또는 신청하여야 한다.

재개발 표준정관 제58조와 같다.

■ **도시정비법에 따른 재건축사업을 시행하면서 아파트 동과 상가 동을 별개의 동으로 건축하는 경우, 일부 준공인가를 받아 이전고시한 아파트 동에 관하여만 소유권보존등기를 신청할 수 있는지(적극)**

도시정비법에 따른 재건축사업의 시행자가 수필의 토지를 공동대지로 하여 아파트동과 상가동을 별개의 동으로 건축하는 경우 정비사업에 관한 공사가 전부 완료되기 전에 완공된 아파트동과 공동대지의 일부 면적에 대하여 준공인가를 받아 이전고시를 한 때에는 조성된 대지에 대한 소유권보존등기는 신청할 수 없으나, 아파트 동인 1동의 건물에 속하는 구분건물 전부에 대하여는 소유권보존등기를 신청할 수 있다.

위와 같이 일부 건축시설에 대하여 소유권보존등기를 신청하는 경우에는 관리처분계획에서 분양받을 건축시설에 존속하게 되는 것으로 정해진 종전 건물 및 토지에 관한 담보권 등에 관한 권리의 등기를 함께 신청하여야 한다(2010.4.13 부동산등기과 - 763 질의회답)

참조조문 : 도시 및 주거환경정비 등기규칙 제5조, 제10조, 제12조

□ 근거규정

도시정비법 제88조, 도시 및 주거환경정비 등기규칙 제5조

도시정비법

제88조(등기절차 및 권리변동의 제한) ① 사업시행자는 제86조제2항에 따른 이전고시가 있은 때에는 지체 없이 대지 및 건축물에 관한 등기를 지방법원지원 또는 등기소에 촉탁 또는 신청하여야 한다.

② 제1항의 등기에 필요한 사항은 대법원규칙으로 정한다.

③ 정비사업에 관하여 제86조제2항에 따른 이전고시가 있은 날부터 제1항에 따른 등기가 있을 때까지는 저당권 등의 다른 등기를 하지 못한다.

도시 및 주거환경정비 등기규칙

제5조(이전고시에 따른 등기신청) ①시행자는 법 제86조제2항에 의한 이전고시를 한 때에는 지체 없이 그 사실을 관할 등기소에 통지하고 다음의 등기를 신청하여야 한다. <개정 2018.5.29>

1. 정비사업시행에 의한 종전 토지에 관한 등기의 말소등기
2. 정비사업시행으로 축조된 건축시설과 조성된 대지에 관한 소유권보존등기
3. 종전 건물과 토지에 관한 지상권, 전세권, 임차권, 저당권, 가등기, 환매특약이나 권리소멸의 약정, 처분제한의 등기(이하 "담보권등에 관한 권리의 등기")로서 분양받은 건축시설과 대지에 존속하게 되는 등기

② 제1항의 등기를 신청함에 있어서는 1개의 건축시설 및 그 대지인 토지를 1개의 단위로 하여, 1필의 토지 위에 수 개의 건축시설이 있는 경우에는 그 건축시설 전부와 그 대지를 1개의 단위로 하여, 수필의 토지를 공동대지로 하여 그 위에 수개의 건축시설이 있는 경우에는 그 건축시설 및 대지전부를 1개 단위로 하여 동시에 하여야 한다. 다만, 법 제86조제1항 단서에 의하여 시행자가 사업에 관한 공사의 완공 부분만에 관하여 이전고시를 한 때에는 제1항의 등기 중 건물에 관한 등기신청은 그 부분만에 관하여 할 수 있다. <개정 2018.5.29>

③ 제1항의 등기를 신청하는 경우에는 관리처분계획 및 그 인가를 증명하는 서면과 이전고시를 증명하는 서면을 첨부하여야 한다.

cf 부산광역시 재건축 표준정관

제56조(등기절차 및 권리변동의 제한) ① 조합은 이전고시가 있은 때에는 지체 없이 대지 및 건축물에 관한 등기를 지방법원지원 또는 등기소에 촉탁 또는 신청하여야 한다.

② 제1항의 등기에 필요한 사항은 대법원규칙으로 정한다.

③ 정비사업에 관하여 이전고시가 있은 날부터 제1항에 따른 등기가 있을 때까지는 저당권등의 다른 등기를 하지 못한다.

재개발 표준정관 제58조와 같다.
서울특별시 재건축·재개발 표준정관과 달리 제2항과 제3항이 추가되어 있는데, 이는 도시정비법 제88조제2항, 제3항을 말한다.

■ 표준정관 제56조제3항인 "저당권등의 다른 등기를 하지 못한다."는 의미

도시정비법에 따른 이전고시일 이전에 등기원인이 발생한 경우, 이전고시에 따른 등기촉탁이나 신청이 있기 전에도 그 등기신청을 할 수 있는지(소극)

도시정비법 제43조제2항은 정비사업과 관련한 환지에 관하여 도시개발법 제27조 내지 제48조를 준용하고 있으나, 동법 제56조제3항에서는 이전고시에 따른 등기절차를 규정하면서 이전고시에 따른 등기신청이 있을 때까지는 저당권 등의 다른 등기를 제한하고 있으므로,

등기신청인이 확정일자 있는 서류에 의하여 이전고시 전에 등기원인이 생긴 것임을 증명하여도 이전고시에 따른 등기신청이 있을 때까지는 다른 등기신청을 할 수 없다(2006.11.21 부동산등기과 - 3439 질의회답)

참조조문 : 도시정비법 제43조제2항, 동법 제56조제3항, 도시개발법 제42조 제3항

➡ 도시정비법 제56조, 제43조는 현행법 제86조(이전고시등), 제87조(대지 및 건축물에 대한 권리의 확정)임

광주광역시 재건축 표준정관

제54조(등기절차 및 권리변동의 제한) 조합은 법 제86조제2항에 따른 이전고시

가 있은 때에는 지체 없이 대지 및 건축물에 관한 등기를 지방법원지원 또는 등기소에 촉탁 또는 신청하여야 한다.

재개발 표준정관 제57조와 같다.

2006.8.25 국토부 재건축 표준정관
제53조(등기절차 등) 조합은 이전고시가 있은 때에는 지체 없이 토지 및 건축물에 관한 등기를 지방법원지원 또는 등기소에 촉탁 또는 신청하여야 한다.

2003.6.30 국토부 재개발 표준정관
제58조(등기절차 등) 조합은 제56조제2항의 규정에 의한 이전의 고시가 있은 때에는 지체 없이 대지 및 건축물에 관한 등기를 지방법원지원 또는 등기소에 촉탁 또는 신청하여야 한다.

> ■ 서울) 재건축 표준정관 제55조(청산금 및 청산기준 가격의 평가)
> ● (서울) 재개발 표준정관 제59조(청산금 및 청산기준 가격의 평가)
>   : 재건축 표준정관과 같다.

재건축·재개발 표준정관의 조문 위치가 다르나, 내용은 같다.

분양받은 자의 종전자산가격과 분양자산가격의 차액을 청산금이라 한다(법 제89조). 종후자산가격이 종전자산가격보도 더 많으면 이전고시 후 그 차액(청산금)을 분양받은 자로부터 징수하게 되며, 종전자산가격이 더 큰 경우에는 청산환급금을 받게 된다.

실무에서는 청산금이란 용어보다는 관리처분계획 총회 의결을 거쳐 체결한 분양계약서에 따른 계약금, 중도금(보통은 5~6회 정도), 잔금(입주 시까지)으로 이해하기도 한다. 이 경우 도시정비법 제89조에 따른 청산금 규정보다는 개별적으로 분양계약 내용이 우선적으로 적용된다.

법 제73조에 따라 발생하는 현금청산금은 분양신청을 하지 않는 자에 대해 발생하는 것이다. 따라서 청산금은 현금청산금과는 구별하여야 한다.
한편, 신탁회사가 지정개발자이거나 사업대행자인 경우, 청산금에 대해 시행규정이나 신탁계약서에 관련 조항을 두고 있다.

■ 분양신청한 조합원의 청산환급금 지급시기

종후자산가격보다 큰 조합원은 청산금이 아닌 청산환급금을 받게 된다.

예를 들어, 종전자산가격이 50억 원인데, 종후가격으로 받을 아파트가격이 30억 원이라면 20억 원의 청산환급금을 받아야 한다.

이 경우 그 시기가 언제인가?

도시정비법 제89조제1항에서는 "대지 또는 건축물을 분양받은 자가 종전에 소유하고 있던 토지 또는 건축물의 가격과 분양받은 대지 또는 건축물의 가격 사이에 차이가 있는 경우 사업시행자는 이전고시가 있은 후에 그 차액에 상당하는 청산금을 분양받은 자로부터 징수하거나 분양받은 자에게 지급하여야 한다."고 규정하고 있다.

동조 제2항에서는 "사업시행자는 정관등에서 분할징수 및 분할지급을 정하고 있거나 총회의 의결을 거쳐 따로 정한 경우에는 관리처분계획인가 후부터 이전고시가 있은 날까지 일정 기간별로 분할징수하거나 분할지급할 수 있다."는 규정도 두고 있다.

판례

이전고시가 없으면 청산금 지급청구권이 발생하였다고 볼 수 없으며, 청산환급금 지급시기도 이전고시 후(청산금, 환급금 지급시기는 이전고시일이 기준)
서울고등법원 2013.8.23.선고 2012나105132판결, 청산환급금피고, 피항소인: 재건축조합

【판결요지】
구법 시대에 인정되던 가청산제도가 폐지된 이상, 이전고시가 없으면 청산금 지급청구권이 발생하였다고 볼 수도 없으므로, 청산금 지급청구권이 발생하기 전에 청산금을 지급하게 하는 것은 관계 법령이나 규약에 반하게 될 뿐만 아니라, 이전고시 전에는 청산금 지급채무가 이행지체에 빠진다고 할 수도 없다.
결국, 피고는 분양계약에 따라 청산금을 분할하여 징수하면서 이전고시가 있은 후 입주를 하는 것을 전제로 하여 청산금 최종납부일을 입주 시로 정하면서 청산금 지급일도 이에 상응하여 입주일로 정하였으나, 청산금 지급일을 이전고시 이전으로 할 수 없음은 앞에서 본 바와 같으므로, 피고의 원고들에 대한 청산금 및 금융비용 환급금 지급채무의 이행기는 이 사건 이전고시일인 2011.9.29로 보는 것이 타당하다. 요컨대, 청산금을 분할하여 일부 선지급하는 등 청산금 징수와 지급을 서로 균형 있게 시행할 필요가 있음은 별론으로 하고, 이전고시일 이전에 청산금 지급채무의 지체책임을 지울 수는 없다.

□ 근거규정

○ 제1항 내지 제3항

도시정비법 제89조제1항 내지 제3항

> **재건축 표준정관**
>
> 제55조(청산금 및 청산기준 가격의 평가) ① 조합은 대지 또는 건축물을 분양받은 자가 종전에 소유하고 있던 토지 또는 건축물의 가격과 분양받은 대지 또는 건축물의 가격 사이에 차이가 있는 경우 법 제86조제2항에 따른 이전고시가 있은 후에 그 차액에 상당하는 금액(이하 "청산금")을 분양받은 자로부터 징수하거나 분양받은 자에게 지급하여야 한다.
>
> ② 제1항에도 불구하고 분할징수 및 분할지급에 대하여 제46조의 관리처분계획기준에서 정하고 있거나, 총회의 의결을 거쳐 따로 정한 경우에는 관리처분계획인가 후부터 제86조제2항에 따른 이전고시가 있는 날까지 일정 기간별로 분할징수하거나 분할지급할 수 있다.
>
> 【주】법 제89조제2항에 따라 분할징수 및 분할지급을 정관등으로 정하거나 총회의 의결을 거쳐 따로 정할 수 있음
>
> ③ 조합은 제1항 및 제2항을 적용하기 위하여 종전에 소유하고 있던 토지 또는 건축물의 가격과 분양받은 대지 또는 건축물의 가격을 평가하는 경우 그 토지 또는 건축물의 규모·위치·용도·이용 상황·정비사업비 등을 참작하여 평가하여야 한다.

재개발 표준정관 제59조제1항 내지 제3항과 같다.

제1항의 제86조제2항은 도시정비법 제86조제2항이며, 제2항의 제46조는 재건축 표준정관을 말하는 것이므로 혼동하지 말아야 한다.

분할징수 및 분할지급에 대해 정관등으로 정할 수 있는데, 총회 의결을 거쳐 따로 정할 수 있다.

도시정비법

제89조(청산금 등) ① 대지 또는 건축물을 분양받은 자가 종전에 소유하고 있던 토지 또는 건축물의 가격과 분양받은 대지 또는 건축물의 가격 사이에 차이가 있는 경우 사업시행자는 제86조제2항에 따른 이전고시가 있은 후에 그 차액에 상당하는 금액(이하 "청산금")을 분양받은 자로부터 징수하거나 분양받은 자에게 지급하여야 한다.

② 제1항에도 불구하고 사업시행자는 정관등에서 분할징수 및 분할지급을 정하고 있거나 총회의 의결을 거쳐 따로 정한 경우에는 관리처분계획인가 후부터 이전고시가 있은 날까지 일정 기간별로 분할징수하거나 분할지급할 수 있다.

③ 사업시행자는 제1항 및 제2항을 적용하기 위하여 종전에 소유하고 있던 토지 또는 건축물의 가격과 분양받은 대지 또는 건축물의 가격을 평가하는 경우 그 토지 또는 건축물의 규모·위치·용도·이용 상황·정비사업비 등을 참작하여 평가하여야 한다.

○ 제4항

도시정비법 시행령 제76조제1항제2호, 동조 제2항제2호, 동조 제4항

재건축 표준정관

제55조(청산금 및 청산기준 가격의 평가) ④ 대지 또는 건축물을 분양받은 자가 종전에 소유하고 있던 토지 또는 건축물의 가격 및 분양받은 대지 또는 건축물의 가격은 이 정관이나 관리처분계획 또는 총회 의결로 달리 정한 경우를 제외하고는 법 제74조제4항제1호 나목을 준용하여 평가한다.

【주】 시행령 제76조제4항에 따라 제3항 및 제4항에 의한 건축물의 가격평가를 할 때 층별·위치별 가중치를 참작할 수 있음

재개발 표준정관

제59조(청산금 및 청산기준 가격의 평가) ④ 대지 또는 건축물을 분양받은 자가 종전에 소유하고 있던 토지 또는 건축물의 가격 및 분양받은 대지 또는 건축물의 가격은 법 제74조제4항제1호 가목을 준용하여 평가한다.

【주】 시행령 제76조제4항에 따라 제3항 및 제4항에 의한 건축물의 가격평가를 할

때 층별·위치별 가중치를 참작할 수 있음

재개발 표준정관 제59조제4항과 유사하지만 그 내용은 다르다.

재건축 표준정관에서는 "이 정관이나 관리처분계획 또는 총회 의결로 달리 정한 경우를 제외하고는 법 제74조제4항제1호 나목을 준용하여 평가한다."고 규정하여, 정관으로 달리 정할 수 있도록 하였다.

재개발 표준정관에서는 '정관이나 총회의결'이 아닌, 법 제74조제4항제1호 가목을 준용하여 평가하도록 하였다.

■ 법 제74조제4항제1호 가·나 "사업시행자 및 토지등소유자 전원이 합의하여 산정"

구 도시재개발법상 제53조(청산금 등)에서는 종전의 토지 또는 건축물의 가격과 분양받은 대지 또는 건축물의 가격은 구 도시정비법 제57조제2항과 같이 규모·위치·용도·이용상황·정비사업비 등을 참작하여 평가하도록 규정하였다. "다만 토지등소유자 전원의 동의가 있는 경우에는 예외로 한다."는 규정을 두었으며, 구 도시재개발법이 폐지될 때까지 존속되었다.

도시정비법이 시행되면서 이 단서 조항이 삭제되었다가, 2009.5.27 법 제48조제5항 개정 시 되살아났다. 이 조문은 분양신청을 위한 종전·종후평가로 청산금을 정산하도록 하면서 재강주한 것으로 보인다.

■ 종전 토지 또는 건축물의 가격 평가

대지 또는 건축물을 분양받은 자가 기존에 소유하고 있던 토지 또는 건축물의 가격은 다음 각 호의 방법에 의하여 평가한다(영 제76조제1항).
 1. 재개발사업의 경우에는 법 제74조제4항제1호 가목을 준용하여 평가할 것
 2. 재건축사업의 경우에는 사업시행자가 정하는 바에 따라 평가할 것. 다만, 감정평가업자의 평가를 받으려는 경우에는 법 제74조제4항제1호 나목을 준용할 수 있다.

건축물의 가격평가에 있어서는 층별·위치별 가중치를 참작할 수 있다(동조 제4항).

도시정비법 시행령

제76조(청산기준가격의 평가) ① 대지 또는 건축물을 분양받은 자가 종전에 소유하고 있던 토지 또는 건축물의 가격은 법 제89조제3항에 따라 다음 각 호의 구분에 따른 방법으로 평가한다. <개정 2022.1.21, 2022.12.9>

1. 재개발사업의 경우에는 법 제74조제4항제1호 가목을 준용하여 평가할 것

2. 재건축사업의 경우에는 사업시행자가 정하는 바에 따라 평가할 것. 다만, 감정평가법인등의 평가를 받으려는 경우에는 법 제74조제4항제1호 나목을 준용할 수 있다.

② 분양받은 대지 또는 건축물의 가격은 법 제89조제3항에 따라 다음 각 호의 구분에 따른 방법으로 평가한다. <개정 2022.1.21, 2022.12.9>

1. 법 제23조제1항제4호의 방법으로 시행하는 주거환경개선사업과 재개발사업의 경우에는 법 제74조제4항제1호 가목을 준용하여 평가할 것

2. 재건축사업의 경우에는 사업시행자가 정하는 바에 따라 평가할 것. 다만, 감정평가법인등의 평가를 받으려는 경우에는 법 제74조제4항제1호 나목을 준용할 수 있다.

④ 제1항 및 제2항에 따른 건축물의 가격평가를 할 때 층별·위치별 가중치를 참작할 수 있다.

도시정비법

제74조(관리처분계획의 인가 등) ④ 정비사업에서 제1항제3호·제5호 및 제8호에 따라 재산 또는 권리를 평가할 때에는 다음 각 호의 방법에 따른다. <개정 2020.4.7, 2021.3.16, 2021. 7.27>

1. 「감정평가 및 감정평가사에 관한 법률」에 따른 감정평가법인등 중 다음 각 목의 구분에 따른 감정평가법인등이 평가한 금액을 산술평균하여 산정한다. 다만, 관리처분계획을 변경·중지 또는 폐지하려는 경우 분양예정 대상인 대지 또는 건축물의 추산액과 종전의 토지 또는 건축물의 가격은 사업시행자 및 토지등소유자 전원이 합의하여 산정할 수 있다.

가. 재개발사업: 시장·군수등이 선정·계약한 2인 이상의 감정평가법인등

나. 재건축사업: 시장·군수등이 선정·계약한 1인 이상의 감정평가법인등과 조합총회의 의결로 선정·계약한 1인 이상의 감정평가법인등

판례

분양대상자별 분양예정자산 추산액 및 종전자산 가액의 의미(분양대상자 전원에 관한 분양예정자산 추산액 및 종전자산가액)
서울고등법원 2022.6.9.선고 2021누66434판결(상고심 진행 중)

【판결요지】
관리처분총회 개최 전에 통지해야 하는 사항들 중 '분양대상자별 분양예정자산 추산액 및 종전자산 가격'의 의미는 '분양대상자 전원'에 관한 분양예정자산 추산액 및 종전자산 가격을 의미한다. 그 핵심 논거로 조합이 통지해야 하는 위 정보들은 조합원들 사이에 상대적 출자비율의 공정성을 검토할 수 있는 정보이다.

▶ 위의 서울고등법원과 달리 서울행정법원에서는 "각 조합원'자신'의 정보만을 의미한다"고 그 견해를 달리하고 있다(서울행정법원 2019구합67593 판결).

서울행정법원은 분양신청에 관한 도시정비법 제72조의 취지를 언급하면서, "분양공고 및 분양신청 절차를 정한 구 도시정비법 제72조제1항 제1, 2호는 '분양대상자별' 종전자산 가액이나 분담금의 추산액을 '공람'이 아닌 '통지'의 방식에만 의하도록 하고 있다.

그런데 분양신청절차는 관리처분계획과 달리 개별 조합원의 조합관계의 유지 내지 탈퇴 의사를 확인하는 절차이므로 위 규정이 분양신청 단계에서부터 개별 조합원에게 조합원 '전원'의 종전자산 가액을 통지하도록 한 것이라고 보기는 어렵고, 단지 각 조합원에게 자신의 개별 내역을 확인하고 분양신청 여부를 결정하도록 규정한 것이라고 보는 것이 합리적이다"라고 판시했다.

그리고 "관리처분계획 단계에서 마찬가지로 각 조합원에게 '분양대상자별 종전자산 가액' 및 '분양대상자별 분양예정지인 대지 또는 건축물의 추산액'을 통지하도록 한 제74조제1항제3항의 규정 역시 같은 맥락으로 보는 것이 체계적 해석에 부합한다"고 판시했다

즉, 총회의결 및 그 사전통지 단계에서 개별 조합원들이 자신의 종전자산 가액이나 분양예정 건축물 추산액 등을 통지받는 것을 넘어 나머지 분양대상자 전원의 해당 내역을 통지받지 못했다는 이유만으로, 도시정비법의 통지절차를 누락했다고 볼 수 없다는 취지로 해석된다.

○ **제5항**

도시정비법 시행령 제76조제3항

> **재건축 표준정관**
>
> 제55조(청산금 및 청산기준 가격의 평가) ⑤ 제4항의 분양받은 대지 또는 건축물의 가격산정을 위한 평가를 할 때 다음 각 호의 비용을 가산하여야 하며, 이 경우 법 제95조에 따른 보조금은 공제하여야 한다.
> 1. 정비사업의 조사·측량·설계 및 감리에 소요된 비용
> 2. 공사비
> 3. 정비사업의 관리에 소요된 등기비용·인건비·통신비·사무용품비·이자 그 밖에 필요한 경비
> 4. 법 제95조에 따른 융자금이 있는 경우에는 그 이자에 해당하는 금액
> 5. 정비기반시설 및 공동이용시설의 설치에 소요된 비용(법 제95조제1항에 따라 시장·군수 등이 부담한 비용은 제외한다)
> 6. 안전진단의 실시, 정비사업전문관리업자의 선정, 회계감사, 감정평가, 그 밖에 정비사업 추진과 관련하여 지출한 비용 등
> 【주】시행령 제76조제3항제6호에 따라 "그 밖에 정비사업 추진과 관련하여 지출한 비용으로서 정관등에서 정한 비용"을 가산하는 항목에 포함할 수 있음

재개발 표준정관 제59조제5항과 같다.

도시정비법 시행령 제76조제3항제6호에 따라 "그 밖에 정비사업 추진과 관련하여 지출한 비용으로서 정관등에서 정한 비용"을 가산하는 항목에 포함할 수 있도록 했다.

■ **분양받은 대지 또는 건축물의 가격평가**

종전 토지 또는 건축물의 가격평가와 같이 도시정비법 시행령 제76조제1항에 의해 평가하도록 하고 있다.

종전 토지 또는 건축물의 가격평가와 다른 점은 다음과 같다.

분양받은 대지 또는 건축물의 가격 산정 평가방법은 다음 각 호의 비용은 가산

하여야 하며, 법 제95조의 보조금은 이를 공제하여야 한다(영 제76조제3항).

　1. 정비사업의 조사·측량·설계 및 감리에 소요된 비용
　2. 공사비
　3. 정비사업의 관리에 소요된 등기비용·인건비·통신비·사무용품비·이자 그 밖에 필요한 경비
　4. 법 제95조에 따른 융자금이 있는 경우에는 그 이자에 해당하는 금액
　5. 정비기반시설 및 공동이용시설의 설치에 소요된 비용(법 제95조제1항에 따라 시장·군수등이 부담한 비용은 제외한다)
　6. 안전진단의 실시, 정비사업전문관리업자의 선정, 회계감사, 감정평가, 그 밖에 정비사업 추진과 관련하여 지출한 비용으로서 정관등에서 정한 비용

'종전 토지 또는 건축물의 가격평가'와 같이 '분양받은 대지 또는 건축물의 가격평가'에 있어서 층별·위치별 가중치를 참작할 수 있다(영 제76조제4항).

재건축·재개발 표준정관에서는 위 도시정비법 시행령 제63조제3항제6호인 '정관등에서 정한 비용'에 추가하지 않았다.

조합에서는 실제 정관을 만들면서 검토해 볼 사항이다.

⚖ 판례

재건축조합이 현금청산 대상자가 된 사람에게 정비사업비를 나누어 부담시킨다는 추상적인 정관 규정이나 총회 결의만으로 현금청산금에서 사업비용을 공제할 수 있는지(소극)
대법원 2021.8.19선고 2020다243532판결, 청산금지급
【판례요지】
재건축조합이 조합원 지위를 잃고 현금정산 대상자가 된 사람에게 그때까지 발생한 정비사업비를 나누어 부담시킨다는 정관 규정이나 총회 결의에는, 부담시킬 비용의 발생 근거, 분담 기준과 내역, 범위 등이 구체적으로 정해져 있어야 한다. 분담액을 미리 가늠하기 어려운 추상적인 정관 규정이나 총회 결의만으로 현금청산금에서 사업비용을 공제하여 지급할 수는 없다(대법원 2021.4.29선고 2017두48437판결 참조).

cf 부산광역시 재건축 표준정관

제57조(청산금 및 청산기준가격의 평가) ① 대지 또는 건축물을 분양받은 자가 종전에 소유하고 있던 토지 또는 건축물의 가격과 분양받은 대지 또는 건축물의 가격사이에 차이가 있는 경우 조합은 이전고시가 있은 후에 그 차액에 상당하는 금액(이하 "청산금")을 분양받은 자로부터 징수하거나 분양받은 자에게 지급하여야 한다.

② 제1항에도 불구하고 분할징수 및 분할지급에 대하여 총회의 의결을 거쳐 따로 정한 경우에는 관리처분계획인가 후부터 도시정비법 제86조제2항에 따른 이전고시가 있은 날까지 일정 기간별로 분할징수하거나 분할지급할 수 있다.

③ 조합은 제1항 및 제2항을 적용하기 위하여 종전에 소유하고 있던 토지 또는 건축물의 가격과 분양받은 대지 또는 건축물의 가격을 평가하는 경우 그 토지 또는 건축물의 규모, 위치,용도, 이용상황, 정비사업비 등을 참작하여 평가하여야 한다.

④ 제3항에 따른 가격평가의 방법 및 절차 등에 필요한 사항은 도시정비법 제74조제2항제1호 가목을 준용하여 평가한다.

⑤ 분양받은 대지 또는 건축물의 가격의 평가에 있어 다음 각 호의 비용을 가산한다. 다만, 도시정비법 제95조에 따른 보조금은 공제하여야 한다.
 1. 정비사업의 조사·측량·설계 및 감리에 소요된 비용
 2. 공사비
 3. 정비사업의 관리에 소요된 등기비용·인건비·통신비·사무용품비·이자 그 밖에 필요한 경비
 4. 도시정비법 제95조에 따른 융자금이 있는 경우에는 그 이자에 해당하는 금액
 5. 정비기반시설 및 공동이용시설의 설치에 소요된 비용(도시정비법 제95조제1항에 따라 구청장·군수가 부담한 비용은 제외한다)
 6. 정비사업전문관리업자의 선정, 회계감사, 감정평가, 그 밖에 정비사업 추진과 관련하여 지출한 비용으로서 정관 등에서 정한 비용

⑥ 제3항에 따른 건축물의 가격평가를 할 때 층별·위치별 가중치를 참작할 수 있다.

재개발 표준정관 제59조와 같다.

광주광역시 재건축 표준정관

제55조(청산금 및 청산기준 가격의 평가) ① 조합은 대지 또는 건축물을 분양받은 자가 종전에 소유하고 있던 토지 또는 건축물의 가격과 분양받은 대지 또는 건축물의 가격 사이에 차이가 있는 경우 법 제86조제2항에 따른 이전고시가 있은 후에 그 차액에 상당하는 금액(이하 "청산금")을 분양받은 자로부터 징수하거나 분양받은 자에게 지급하여야 한다.

② 제1항에도 불구하고 분할징수 및 분할지급에 대하여 제46조의 관리처분계획기준에서 정하고 있거나, 총회의 의결을 거쳐 따로 정한 경우에는 관리처분계획인가 후부터 법 제86조제2항에 따른 이전고시가 있은 날까지 일정 기간별로 분할징수하거나 분할지급할 수 있다.

【주】법 제89조제2항에 따라 분할징수 및 분할지급을 정관등으로 정하거나 총회의 의결을 거쳐 따로 정할 수 있음

③ 조합은 제1항 및 제2항을 적용하기 위하여 종전에 소유하고 있던 토지 또는 건축물의 가격과 분양받은 대지 또는 건축물의 가격을 평가하는 경우 그 토지 또는 건축물의 규모·위치·용도·이용 상황·정비사업비 등을 참작하여 평가하여야 한다.

④ 대지 또는 건축물을 분양받은 자가 종전에 소유하고 있던 토지 또는 건축물의 가격 및 분양받은 대지 또는 건축물의 가격은 법 제74조제4항제1호 나목을 준용하여 평가한다.

【주】시행령 제76조제4항에 따라 제3항 및 제4항에 의한 건축물의 가격평가를 할 때 층별·위치별 가중치를 참작할 수 있음

⑤ 제4항의 분양받은 대지 또는 건축물의 가격산정을 위한 평가를 할 때 다음 각 호의 비용을 가산하여야 하며, 이 경우 법 제95조에 따른 보조금은 공제하여야 한다.

1. 정비사업의 조사·측량·설계 및 감리에 소요된 비용
2. 공사비
3. 정비사업이 관리에 소요된 등기비용·인건비·통신비·사무용품비·이자 그 밖에 필요한 경비
4. 정비기반시설 및 공동이용시설의 설치에 소요된 비용(법 제95조제1항에 따라 시장·군수 등이 부담한 비용은 제외한다)
5. 안전진단의 실시, 정비사업전문관리업자의 선정, 회계감사, 감정평가, 그 밖

에 정비사업 추진과 관련하여 지출한 비용 등

【주】시행령 제76조제3항제6호에 규정에 따라 "그 밖에 정비사업 추진과 관련하여 지출한 비용으로서 정관등에서 정한 비용"을 가산하는 항목에 포함할 수 있음

재개발 표준정관 제58조와 같다.

다만, 재건축 표준정관 제4항인 "대지 또는 건축물을 분양받은 자가 종전에 소유하고 있던 토지 또는 건축물의 가격 및 분양받은 대지 또는 건축물의 가격은 법 제74조제4항제1호 나목을 준용하여 평가한다."과 달리, 재개발 표준정관에서는 같은 조제4항제1호의 "가목"을 준용한다는 점이 다르다.

2023.11.29 국토부 별표2 지정개발자(신탁업자) 표준시행규정

제43조(청산금의 징수 및 지급 등) 대지 또는 건축물을 분양받은 자가 종전의 토지 또는 건축물의 가격과 분양받은 대지 또는 건축물의 가격 사이에 차이가 있는 경우 그 차액에 상당하는 금액(이하 "청산금")의 징수·지급에 관한 사항은 도시정비법 제89조에 따른다.

2006.8.25 국토부 재건축 표준정관

제54조(청산금 등) ① 토지 또는 건축물을 분양받은 자가 종전에 소유하고 있던 토지 또는 건축물의 가격과 분양받은 토지 또는 건축물의 가격사이에 차이가 있는 경우에는 조합은 이전고시일 후에 그 차액에 상당하는 금액(이하 "청산금")을 분양받은 자로부터 징수하거나 분양받은 자에게 지급하여야 한다. 다만, 분할징수 및 분할지급에 대하여 총회의 의결을 거쳐 따로 정한 경우에는 관리처분계획인가 후부터 이전고시일까지 일정기간 별로 분할징수하거나 분할 지급할 수 있다.

② 제1항을 적용함에 있어서 종전에 소유하고 있던 토지 또는 건축물의 가격과 분양받은 토지 또는 건축물의 가격은 감정평가업자 2인 이상이 평가한 금액을 산술평균하여 산정한다.

③ 제2항의 분양받은 토지 또는 건축물의 가격산정에 있어 다음 각 호의 비용을 가산한다. 다만, 법 제63조에 의한 보조금은 이를 공제하여야 한다.

1. 조사·측량·설계 및 감리에 소요된 비용
2. 공사비
3. 정비사업의 관리에 소요된 등기비용·인건비·통신비·사무용품비·이자 그 밖에 필요한 경비
4. 법 제63조에 의한 융자금이 있는 경우에는 그 이자에 해당하는 금액
5. 정비기반시설 및 공동이용시설의 설치에 소요된 비용(법 제63조제1항에 의하여 시장·군수가 부 담한 비용을 제외한다)
6. 안전진단의 실시, 정비사업전문관리업자의 선정, 회계감사, 감정평가비용
7. 그밖에 정비사업추진과 관련하여 지출한 비용으로서 총회에서 포함하기로 정한 것

서울특별시 재건축·재개발 표준정관과 달리, 제7호를 둬, 정관이 아닌 '총회에서 포함하기로 정한 것'이란 규정을 두었다.

조합원 내부 사정(미분양, 청산금 등)으로 해산을 못 하고 있을 시 행정청에서 강제할 수 있는 사항인지, 법 제27조에 따라 민법을 준용하여 조합내부(민사적인 판단)에서 처리할 사항인지(국토부 주택정비과 2011.12.5)

❓ 재건축조합 표준정관 제54조제1항에 조합은 준공인가 후 1년 이내에 이전고시 및 해산 의결을 하도록 하고 있음.
1) 이에 표준정관에 따라 조합에서 정관을 만들고 있으며, 조합원 내부 사정(미분양, 청산금 등)으로 해산을 못하고 있을 때 행정청에서 강제할 수 있는 사항인지?
가) 아니면 도시정비법 제27주에 따라 민법을 준용하여 조합내부(민사적인 판단)에서 처리할 사항인지?
🅰 도시정비법 제54조제1항에서 사업시행자는 **이전고시가** 있은 때에는, 지체 없이 대지확정측량을 하고 분할절차를 거쳐 관리처분계획에 정한 사항을 분양을 받을 자에게 통지하고 대지 또는 건축물의 소유권을 이전해야 한다고 규정함.

2003.6.30 재개발 표준정관

제59조(청산금 등) ① 대지 또는 건축물을 분양받은 자가 종전에 소유하고 있던 토지 또는 건축물의 가격과 분양받은 대지 또는 건축물의 가격사이에 차이가 있는

경우에는 조합은 이전고시일 후에 그 차액에 상당하는 금액(이하 "청산금")을 분양받은 자로부터 징수하거나 분양받은 자에게 지급하여야 한다. 다만, 분할징수 및 분할지급에 대하여 총회의 의결을 거쳐 따로 정한 경우에는 관리처분계획인가후부터 이전고시일까지 일정기간 별로 분할징수하거나 분할지급할 수 있다.

② 제1항을 적용함에 있어서 종전에 소유하고 있던 토지 또는 건축물의 가격과 분양받은 대지 또는 건축물의 가격은 시장·군수가 추천하는 감정평가업자 2인 이상이 평가한 금액을 산술평균하여 산정한다.

③ 제2항의 분양받은 대지 또는 건축물의 가격의 평가에 있어 다음 각호의 비용을 가산한다.

다만, 법 제63조에 의한 보조금은 이를 공제한다.

1. 조사·측량·설계 및 감리에 소요된 비용

2. 공사비

3. 정비사업의 관리에 소요된 등기비용·인건비·통신비·사무용품비·이자 그 밖에 필요한 경비

4. 법 제63조에 의한 융자금이 있는 경우에는 그 이자에 해당하는 금액

5. 정비기반시설 및 공동이용시설의 설치에 소요된 비용(법 제63조제1항에 의하여 시장·군수가 부담한 비용을 제외한다)

6. 정비사업전문관리업자의 선정, 회계감사, 감정평가비용

7. 그 밖에 정비사업 추진과 관련하여 지출한 비용으로서 총회에서 포함하기로 정한 것

> ■ **(서울) 재건축 표준정관 제56조(청산금의 징수방법)**
> ● **(서울) 재개발 표준정관 제60조(청산금의 징수방법)**
>   : 재건축 표준정관과 같다.

재건축·재개발 표준정관의 조문 위치가 다르나, 내용은 같다.

구 도시재개발법에서 가청산금이었다가 삭제된 후, 1996.6.30부터 청산금 조문의 청산금 징수방법에 포함되었다.
그 후 도시정비법 시행으로, 청산금과 별도로 징수방법이란 독립된 이름의 조문으로 자리잡았다.

■ **정비사업의 진행절차**

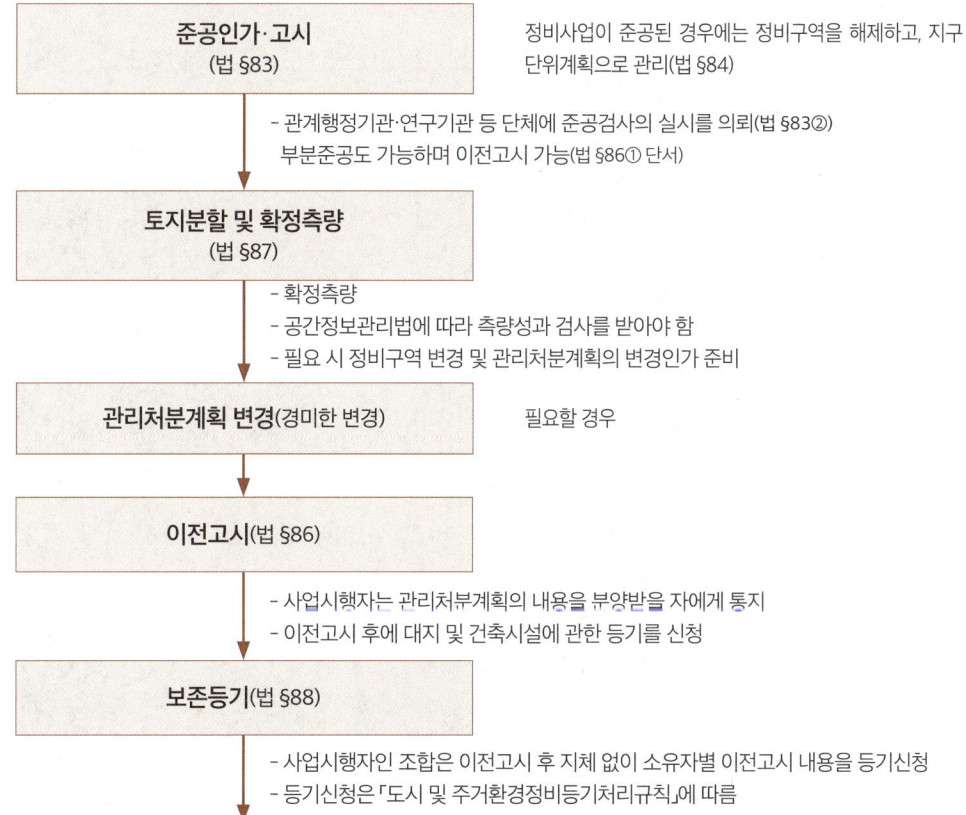

조합해산(법 §89)

- 분양받은 대지 또는 건축시설의 가격에 차액이 있을 때는 사업시행자는 이전고시 후에 그 차액에 상당하는 금액을 징수하거나 지급
- 조합의 해산방법 및 시기는 정관에 따로 정하여 시행가능
- 조합정관에 청산인의 보수 필수적 포함(법 §40①14)
- 해산 의결 시 청산인은 지체 없이 청산업무 수행(법 §86의2⑤)

□ 근거규정

○ 제1항

도시정비법 제90조제1항

> **재건축 표준정관**
>
> 제56조(청산금의 징수방법) ① 청산금을 납부할 자가 납부하지 아니하는 경우 조합은 지방세 체납처분의 예에 따라 징수할 수 있도록 ○○구청장에게 청산금의 징수를 위탁할 수 있다.
> 【주】위탁에 앞서, 국토부 표준정관처럼 ○회 이상 납부를 최고(催告)하는 규정을 둘 수 있음.

재개발 표준정관 제60조제1항과 같다.

2006.8.25 국토부 재건축 표준정관 제55조(청산금의 징수방법) 제1항에서는 조합은 청산금 납부요청을 2회 이상 최고(催告)하고, 최고 최종일로부터 1월 이내 시장·군수에게 청산금과 연체료의 징수를 위탁할 수 있다고 하였다.

위탁에 앞서, 위 국토부 표준정관처럼 ○회 이상 납부를 최고하도록 하는 규정을 두었다.

시장·군수등이 사업시행자인 경우, 청산금을 납부할 자가 이를 납부하지 아니

하면 지방세 체납처분의 예에 따라 징수(분할징수를 포함한다. 이하 이 조에서 같다)할 수 있다.

시장·군수등이 아닌 사업시행자(대표적으로 정비조합)는 시장·군수등에게 청산금의 징수를 위탁할 수 있다. 이 경우 법 제93조제5항을 준용하여 지방세 체납처분의 예에 따라 징수할 수 있도록 관할 구청장에게 청산금의 징수를 위탁할 수 있다. 한다(법 제90조제1항).

○ **제2항**

재건축 표준정관
제56조(청산금의 징수방법) ② 제55조제1항에 따른 청산금을 지급받을 자가 받을 수 없거나 받기를 거부한 때에는 조합은 그 청산금을 공탁할 수 있다.

채권자의 협조 없이도 채무자가 채무를 청산하고 채무자의 지위에서 여러 가지 부담(이자를 물어야 하는 점, 근저당권을 소멸시키지 못하는 점 등)에서 벗어나게 채무자를 보호하려는 목적이 있다.
이 규정은 청산금을 지급받을 자가 받을 수 없거나 받기를 거부한 때에는 조합은 그 청산금을 공탁할 수 있도록 하고 있다.

■ **공탁(供託)**
타인과의 금전거래에서 채권자의 행방불명, 거부 등으로 변제기간에 채부변제를 하지 못하는 등의 문제를 해결하기 위한 것으로, 법령에 따른 금전·유가증권·기타의 물품을 국가기관(법원의 공탁소)에 맡겨 일정한 법률상의 목적을 달성하려는 제도이다.
이 공탁에는 "변제공탁, 보증공탁, 집행공탁, 보관공탁, 몰취공탁" 등이 있는데, 우리가 이용할 수 있는 공탁이 변제공탁이다.
변제공탁은 채무자가 변제하려고 하여도 채권자가 변제받지 않거나, 변제를 받을 수 없는 경우 또는 과실 없이 채권자가 누구인지 알 수 없는 경우에 채무자가 채무이행에 갈음하여 채무의 목적물을 공탁소에 맡겨 그 채무를 면할 수 있는 제도다.

도시정비법

제90조(청산금의 징수방법 등) ② 제89조제1항에 따른 청산금을 지급받을 자가 받을 수 없거나 받기를 거부한 때에는 사업시행자는 그 청산금을 공탁할 수 있다.

○ **제3항**

> **재건축 표준정관**
> 제56조(청산금의 징수방법) ③ 청산금을 지급(분할지급을 포함한다)받을 권리 또는 이를 징수할 권리는 법 제86조제2항에 따른 이전고시일의 다음 날부터 5년간 행사하지 아니하면 소멸한다.

재개발 표준정관 제60조제3항과 같다.

청산금 소멸시효는 5년이며, 그 기산점은 이전고시일 그 다음 날부터다. 따라서 기산점 이후부터는 미지급 청산금에 대한 이자가 발생할 수 있다.
주택의 입주도 완료된 시점에서 이전고시가 불가능한 특별한 사정이 없음에도 불구하고 조합이 이를 부당하게 지연한다면, 민법 제750조(불법행위)에 따른 지연배상금을 청구할 수 있을 것이다.

도시정비법

제90조(청산금의 징수방법 등) ③ 청산금을 지급(분할지급을 포함한다)받을 권리 또는 이를 징수할 권리는 제86조제2항에 따른 이전고시일의 다음 날부터 5년간 행사하지 아니하면 소멸한다

cf 부산광역시 재건축 표준정관

제58조(청산금의 징수방법 등) ① 조합은 청산금을 납부할 자가 이를 납부하지 아니 하는 경우 구청장·군수에게 청산금의 징수를 위탁할 수 있다. 이 경우 구청장·군

수는 지방세 체납처분의 예에 따라 부과·징수할 수 있으며, 조합은 징수한 금액의 4/100에 해당하는 금액을 구청장·군수에게 교부하여야 한다.

② 도시정비법 제89조제1항에 따른 청산금을 지급받을 자가 받을 수 없거나 받기를 거부한 때에는 조합은 그 청산금을 공탁할 수 있다.

③ 청산금을 지급(분할지급을 포함한다)받을 권리 또는 이를 징수할 권리는 이전고시일의 다음 날부터 5년간 행사하지 아니하면 소멸한다.

재개발 표준정관 제60조와 같다.

광주광역시 재건축 표준정관

제56조(청산금의 징수방법) ① 청산금을 납부할 자가 납부하지 아니하는 경우, 조합은 지방세 체납처분의 예에 따라 징수할 수 있도록 ○○구청장에게 청산금의 징수를 위탁할 수 있다.

【주】위탁에 앞서, 국토부 표준정관처럼 ○회 이상 납부를 최고하도록 하는 규정을 둘 수 있음

② 제55조제1항에 따른 청산금을 지급받을 자가 받을 수 없거나 받기를 거부한 때에는 조합은 그 청산금을 공탁할 수 있다.

③ 청산금을 지급(분할지급을 포함한다)받을 권리 또는 이를 징수할 권리는 법 제86조제2항에 따른 이전고시일의 다음 날부터 5년간 행사하지 아니하면 소멸한다.

재개발 표준정관 제59조와 같다.

2023.11.29 국토부 별표2 지정개발자(신탁업자) 표준시행규정

제44조(청산금의 징수방법) ① 사업시행자가 제43조에 따른 청산금 납부요청을 2회 이상 최고하였음에도 청산금을 납부하지 않은 토지등소유자가 있을 경우 사업시행자는 시장·군수등에게 청산금과 연체료의 징수를 위탁할 수 있다.

② 청산금을 지급받을 토지등소유자가 이를 받을 수 없거나 거부한 때에는 사업시행자는 그 청산금을 공탁할 수 있다.

③ 토지등소유자가 청산금 또는 분할징수금을 기한 내에 납부하지 않을 때는 기

간경과 일수에 따라 연 [ ]%의 연체이자를 가산하여 납부하여야 한다.

④ 청산금을 지급(분할지급을 포함한다)받을 권리 또는 이를 징수할 권리는 도시정비법 제86조제2항에 따른 이전고시일 다음 날부터 5년간 이를 행사하지 아니하면 소멸한다.

2006.8.25 국토부 재건축 표준정관

제55조(청산금의 징수방법) ① 청산금을 납부하지 않은 조합원이 있을 경우, 조합은 청산금 납부요청을 2회 이상 최고하고 최고 최종일로부터 1월 이내 시장·군수에게 청산금과 연체료의 징수를 위탁할 수 있다.

② 청산금을 지급받을 조합원이 이를 받을 수 없거나 거부한 때에는 조합은 그 청산금을 공탁한다.

③ 청산금을 지급받을 권리 또는 이를 징수할 권리는 이전고시일 다음 날부터 5년간 이를 행사하지 아니하면 소멸한다.

2003.6.30 국토부 재개발 표준정관

제60조(청산금의 징수방법) ① 청산금을 납부하지 않은 조합원이 있을 경우 조합은 청산금 납부요청을 2회 이상 최고하고, 최고 최종일로부터 1월 이내 시장·군수에게 청산금과 연체료의 징수를 위탁한다.

② 청산금을 지급받을 조합원이 이를 받을 수 없거나 거부한 때에는 조합은 그 청산금을 공탁한다.

③ 청산금을 지급받을 권리 또는 이를 징수할 권리는 이전고시일 다음 날부터 5년간 이를 행사하지 아니하면 소멸한다.

> ■ **(서울) 재건축 표준정관 제57조(조합의 해산)**
> ● **(서울) 재개발 표준정관 제61조(조합의 해산)**
>   : 재건축 표준정관과 같다.

재건축·재개발 표준정관의 조문 위치가 다르나, 내용은 같다.

조합 해산은 정관의 필요적 기재사항이다.

준공 이후 이전고시→청산→해산의 절차를 거치게 된다.

이 과정에서 조합해산이 지연되는 사유로는 ① 조합청산 후 취득세 등 지방세 환급 소송, ② 정비사업전문관리업체와의 소송, ③ 최근 개포○단지 재건축조합의 상가조합원들과의 소송, ④ 비상대책위원회와의 갈등, ⑤ 조합원들이 주택을 팔고 나갔으나 이후 국세, 법인세가 추가로 나오는 등을 그 원인으로 들 수 있다.

정비사업 종료 후에도 조합 임원이 고의로 조합해산을 지연시키는 것을 방지하기 위하여, 2022.12.11 개정 도시정비법이 시행되면서 이전고시 후 1년 내에 조합해산을 위한 총회를 소집하도록 하였다.

서울특별시 재건축·재개발 표준정관에서 이를 담고 있다.

📌 판례

재건축조합이 정관으로 해산결의 요건을 민법 제78조에 정한 총조합원 3/4 이상의 동의보다 완화하여 규정할 수 있는지(원칙적 적극)
대법원 2007.7.24자 2006마635결정, 조합해산결의효력정지가처분
【판시사항】
민법 제78조는 "사단법인은 총사원 3/4 이상의 동의가 없으면 해산을 결의하지 못한다. 그러나 정관에 다른 규정이 있는 때에는 그 규정에 의한다."고 규정하고 있고, 한편 도시정비법 제20조제1항제17호, 제24조제3항제12호, 제24조제5항, 동법 시행령 제31조제12호, 제34조제1호는 조합 해산은

총회의 의결을 거쳐야 하되 그 의결방법에 관하여 정관에서 정하도록 규정하고 있는바, 민법 제78조의 문언의 취지 및 도시정비법상 해산결의의 최소요건을 규정하고 있지는 않은 점에 비추어, 재건축조합이 정관으로 해산결의의 요건을 정함에 있어 총조합원 3/4 이상의 동의보다 완화하여 규정하는 것도 가능하고, 그것이 통상의 결의 요건에도 미달하는 등 현저히 타당성이 없는 경우가 아닌 한 유효하다고 할 것이다.

■ 조합의 해산과 청산

해산이란 조합의 법인격을 소멸시키거나 그 원인인 청산절차를 여는 법률요건을 말한다. 해산사유가 파산이 경우를 제외하고는 해산조합은 청산의 목적 범위 내에서 존속하고, 청산이 종결하여야 그 법인격이 소멸된다(민법 제81조).

청산이란 조합이 해산한 후 그 잔영 법률관계를 처리하는 것 또는 그 절차를 의미한다.

청산이 종결되면 비로소 조합은 법인격을 상실하게 된다. 청산절차는 제3자에의 이해관계에 중대한 영향을 미치는 것으로 강행규정이므로 정관에 다른 규정을 두더라도 그것은 무효다(대법원 98두5289판결).

□ 근거규정

○ 제1항, 제2항
도시정비법 제86조의2 제1항 및 제2항

> **재건축 표준정관**
> 제57조(조합의 해산) ① 조합장은 이전고시가 있은 날부터 1년 이내에 조합 해산을 위한 총회를 소집하여야 한다.
> ② 조합장이 제1항의 기간 내에 총회를 소집하지 아니한 경우 조합원 1/5 이상의

요구로 소집된 총회에서 조합원 과반수의 출석과 출석조합원 과반수의 동의를 받아 해산을 의결할 수 있다. 이 경우 요구자 대표로 선출된 자가 조합해산을 위한 총회의 소집 및 진행을 할 때에는 조합장의 권한을 대행한다.

> 【주】조합의 해산절차에 대해서는 법 제86조의2 제1항 및 제2항에 상세하게 규정되어 있으므로 그에 따라야 하며, 같은 조문 제3항에 따라 조합이 정당한 사유 없이 해산을 의결하지 아니하는 경우 구청장이 조합설립인가를 취소할 수 있음

재개발 표준정관 제61조제1항, 제2항과 같다.

2022.6.10 법 개정, 같은 해 12.11 시행되어 정비사업 종료 후에도 조합 임원이 고의로 조합 해산을 지연시키는 것을 방지하기 위하여, 이전고시 후 1년 내에 조합 해산을 위한 총회를 소집제도가 신설되었다.

조합의 해산절차는 법 제86조의2 제1항 및 제2항에 상세하게 규정되어 있으므로 그에 따라야 하며, 조합이 정당한 사유 없이 해산을 의결하지 아니하는 경우 구청장이 조합설립인가를 취소할 수 있다.

도시정비법

법 제86조의2(조합의 해산) ① 조합장은 제86조제2항에 따른 고시가 있은 날부터 1년 이내에 조합 해산을 위한 총회를 소집하여야 한다.

② 조합장이 제1항에 따른 기간 내에 총회를 소집하지 아니한 경우 제44조제2항에도 불구하고 조합원 1/5 이상의 요구로 소집된 총회에서 조합원 과반수의 출석과 출석 조합원 과반수의 동의를 받아 해산을 의결할 수 있다. 이 경우 요구자 대표로 선출된 자가 조합 해산을 위한 총회의 소집 및 진행을 할 때에는 조합장의 권한을 대행한다.

표준정관 제56조제1항의 1년의 의미(서울시 주거정비과 2019.11.26)
Q 재건축조합 표준정관 제56조제1항의 1년 이내의 의미는?
A 『재건축조합 표준정관』 제56조제1항에 따르면, 조합은 준공인가를 받은 날로부터 1년 이내에 이전고시 및 건축물 등에 대한 등기절차를 완료하고 총회 또는 대의원회를 소집하여 해산의결을 하여야 하며, 해산을 의결한 경우 시장·군수에게 신고하여야 한다고 규정하고 있음.

귀하가 질의하신 바와 같이 재건축조합 표준정관 제56조제1항에 따라 조합은 준공인가를 받은 날로부터 1년 이내에 이전고시, 등기(신청)완료, 조합의 총회를 거쳐 조합해산 및 조합해산 신고(구청장)까지를 포함하고 있음.

○ **제3항, 제4항**

■ **제3항**
도시정비법 제41조제5항, 동법 시행령 제41조

> **재건축 표준정관**
> 제57조(조합의 해산) ③ 조합이 해산을 의결한 때에는 해산의결 당시 조합장이 대표청산인이 되고, 해산의결 당시의 이사는 청산인이 된다. 다만, 해산 총회에서 ○○구청장에게 대표청산인이 될 전문조합관리인의 선정을 요청하기로 의결한 경우 ○○구청장이 선정한 전문조합관리인을 대표청산인으로 할 수 있다.
> 【주】청산인이 될 자를 임원이 아니라 '이사회 구성원'으로 하여 감사가 집행기관인 청산인이 되는 것을 방지할 수도 있을 것임.

재개발 표준정관 제61조제3항과 같다.
법 제86조의2제2항에 의해 조합원 1/5 이상의 요구로 소집된 <u>총회에서 조합원 과반수의 출석과 출석 조합원 과반수의 동의를 받아 해산을</u> 구청장이 선정한 전문조합관리인을 대표청산인으로 가능하도록 하였다.

표준정관에서 청산인이 될 자를 임원이 아니라 '이사회 구성원'으로 하여 감사가 집행기관인 청산인이 되는 것을 방지하였다.

도시정비법
제41조(조합의 임원) ⑤ 조합임원의 선출방법 등은 정관으로 정한다. 다만, 시장·군수등은 다음 각 호의 어느 하나에 해당하는 경우, 시·도조례로 정하는 바에 따라 변호사·회계사·기술사 등으로서 대통령령으로 정하는 요건을 갖춘 자를 전문조합관리

인으로 선정하여 조합임원의 업무를 대행하게 할 수 있다. <개정 2019.4.23>

  1. 조합임원이 사임, 해임, 임기만료, 그 밖에 불가피한 사유 등으로 직무를 수행할 수 없는 때부터 6개월 이상 선임되지 아니한 경우

  2. 총회에서 조합원 과반수의 출석과 출석 조합원 과반수의 동의로 전문조합관리인의 선정을 요청하는 경우

  ⑥ 제5항에 따른 전문조합관리인의 선정절차, 업무집행 등에 필요한 사항은 대통령령으로 정한다.

■ **제4항(조합 해산 및 청산)**

민법 제77조, 제78조, 제81조 내지 제87조 준용

> **재건축 표준정관**
>
> 제57조(조합의 해산) ④ 관계법령 및 이 정관으로 정한 사항 외에 조합의 해산 및 청산에 관한 업무와 관련하여 필요한 사항은 「민법」의 관련 규정을 준용한다.

재개발 표준정관 제61조제4항과 같다.

민법

제77조(해산사유) ① 법인은 존립기간의 만료, 법인의 목적의 달성 또는 달성의 불능 기타 정관에 정한 해산사유의 발생, 파산 또는 설립허가의 취소로 해산한다.

② 사단법인은 사원이 없게 되거나 총회의 결의로도 해산한다.

제78조(사단법인의 해산결의) 사단법인은 총사원 3/4 이상의 동의가 없으면 해산을 결의하지 못한다. 그러나 정관에 다른 규정이 있는 때에는 그 규정에 의한다.

제81조(청산법인) 해산한 법인은 청산의 목적범위 내에서만 권리가 있고 의무를 부담한다.

제82조(청산인) 법인이 해산한 때에는 파산의 경우를 제하고는 이사가 청산인이 된다. 그러나 정관 또는 총회의 결의로 달리 정한 바가 있으면 그에 의한다.

제83조(법원에 의한 청산인의 선임) 전조의 규정에 의하여 청산인이 될 자가 없거나 청산인의 결원으로 인하여 손해가 생길 염려가 있는 때에는 법원은 직권 또는 이해관계인이나 검사의 청구에 의하여 청산인을 선임할 수 있다.

제84조(법원에 의한 청산인의 해임) 중요한 사유가 있는 때에는 법원은 직권 또는 이해관계인이나 검사의 청구에 의하여 청산인을 해임할 수 있다.

제85조(해산등기) ① 청산인은 파산의 경우를 제하고는 그 취임후 3주간 내에 해산의 사유 및 연월일, 청산인의 성명 및 주소와 청산인의 대표권을 제한한 때에는 그 제한을 주된 사무소 및 분사무소소재지에서 등기하여야 한다.
② 제52조의 규정은 전항의 등기에 준용한다.

제85조(해산등기) ① 청산인은 법인이 파산으로 해산한 경우가 아니면 취임 후 3주일 내에 다음 각 호의 사항을 주사무소 소재지에서 등기하여야 한다.
1. 해산 사유와 해산 연월일
2. 청산인의 성명과 주소
3. 청산인의 대표권을 제한한 경우에는 그 제한
② 제1항의 등기에 관하여는 제52조를 준용한다.

제86조(해산신고) ① 청산인은 파산의 경우를 제하고는 그 취임 후 3주간 내에 전조 제1항의 사항을 주무관청에 신고하여야 한다.
② 청산 중에 취임한 청산인은 그 성명 및 주소를 신고하면 된다.

제87조(청산인의 직무) ① 청산인의 직무는 다음과 같다.
1. 현존사무의 종결
2. 채권의 추심 및 채무의 변제
3. 잔여재산의 인도
② 청산인은 전항의 직무를 행하기 위하여 필요한 모든 행위를 할 수 있다.

📌 판례

조합이 해산된 때에 처리하여야 할 잔무가 있는 경우, 청산절차가 종료되지 아니한 상태에서 잔여재산의 분배를 청구할 수 있는지

대법원 2024.9.13선고 2024다234239판결, 부당이득금

【판시사항】
[1] 조합이 해산된 때에 처리하여야 할 잔무가 있는 경우, 청산절차가 종료되지 아니한 상태에서 잔여재산의 분배를 청구할 수 있는지(소극)
[2] 조합원의 조합 탈퇴는 남은 조합원이 동업사업을 계속 유지, 존속함을 전제로 하는지(적극)/조합 탈퇴 당시의 조합재산을 계산한 결과 조합의 재산상태가 적자가 아닌 경우, 탈퇴 조합원이 지분 환급을 받을 수 있는지(적극)

【판결요지】
[1] 조합의 해산은 조합이 소멸하기 위하여 그 목적인 사업을 수행하기 위한 적극적인 활동을 중지하고 조합재산을 정리하는 단계에 들어가는 것이다. 조합이 해산한 때 청산사무는 총조합원이 공동으로 또는 그들이 선임한 자가 집행하고, 청산인의 선임은 조합원의 과반수로써 결정한다(민법 제721조).
조합이 해산된 때에 처리하여야 할 잔무가 없고 잔여재산의 분배만이 남아 있을 경우에는 따로 청산절차를 밟을 필요가 없지만, 그렇지 않은 경우에는 조합원들에게 분배할 잔여재산과 그 가액은 청산절차가 종료된 때에 확정되므로 조합원들 사이에 별도의 약정이 없는 이상 청산절차가 종료되지 아니한 상태에서 잔여재산의 분배를 청구할 수는 없다.

[2] 조합원의 조합 탈퇴는 특정 조합원이 장래에 향하여 조합원으로서의 지위를 벗어나는 것으로, 조합 그 자체는 남은 조합원에 의해 동일성을 유지하며 존속하므로 결국 탈퇴는 남은 조합원이 동업사업을 계속 유지·존속함을 전제로 한다.
탈퇴한 조합원은 탈퇴 당시의 조합재산을 계산한 결과 조합의 재산상태가 적자가 아닌 경우에 지분을 환급받을 수 있다. 탈퇴한 조합원과 다른 조합원 간의 계산은 탈퇴 당시의 조합재산상태에 의하여야 한다(민법 제719조제1항). 탈퇴 조합원의 지분을 계산할 때 그 계산 방법에 관하여 별도 약정이 있다는 등 특별한 사정이 없는 한 지분의 환급을 주장하는 사람에게 조합재산의 상태를 증명할 책임이 있다.

보류지 등 잔여재산을 처분하지 않고 조합해산 의결한 것이 유효한지

서울고등법원 2024.7.18선고 2024나2009271판결, 정기총회결의 무효확인청구의 소

【판결요지】
도시정비법 제45조제1항제8호가 '정비사업비의 조합원별 분담내역'을 총회 의결사항으로 정하고 있는 것을 근거로 보류지의 처분대금이 사업비의 정산에 반영되어야 한다는 취지로도 주장하나,
이 사건 관리처분계획 인가서에서 확인되는 이 사건 사업의 수입 추산액(708,369,516,416원)과 이 사건 각 부동산의 가액을 고려하면 이를 해산 전에 처분하여 정비사업비를 정산하여야 할 필요성이 강하게 요구된다고 보기 어렵고, 청산법인이 보류지를 이 사건 관리처분계획 및 임시총회 결의, 피고 정관의 규정 내용에 따라 처분할 수 있다는 점도 함께 고려하면, 해산 후 청산과정에서 잔여재산의 분배를 통해 처분대금을 정산하면 족할 뿐이지, 이러한 정산이 해산 전에 반드시 이루어져야 한다고 보기 어렵다(위 대법원 2005다63542판결 참조).

cf 부산광역시 재건축 표준정관

제64조(조합의 해산) ① 조합은 준공인가를 받은 날로부터 1년 이내에 이전고시 및 건축물 등에 대한 등기절차를 완료하고 대의원회를 소집하여 해산의결을 하여야 한다.

② 조합이 해산의결을 한 때에는 해산의결 당시의 임원이 청산인이 되고 해산의결 당시 조합장이 대표청산인이 된다.

③ 조합이 해산하는 경우에 청산에 관한 업무와 채권의 추심 및 채무의 변제 등에 관하여 필요한 사항은 본 정관이 정하는 것 이외에는 「민법」의 관계 규정에 따른다.

제65조(조합해산 의결정족수) 사업완료로 인한 조합의 해산은 대의원 과반수의 출석 과 출석 대의원 과반수 찬성으로 해산의결한다.

제68조(해산등기) 청산인은 파산의 경우를 제하고는 그 취임 후 3주간내에 해산의 사유 및 연월일, 청산인의 성명 및 주소와 청산인의 대표권을 제한한 때에는 그 제한을 주된 사무소 및 분사무소 소재지에서 등기하여야 한다.

제69조(해산신고) ① 청산인은 파산의 경우를 제하고는 그 취임 후 3주간 내에 제70조의 사항을 관할 등기소에 신고하여야 하며, 그 결과를 구청장·군수에게 통지하여야 한다.

② 청산 중에 취임한 청산인은 그 성명 및 주소를 관할 등기소에 신고하여야 하며, 그 결과를 구청장·군수에게 통지하여야 한다.

재개발 표준정관 제66조, 제67조, 제70조, 제71조와 같다.

광주광역시 재건축 표준정관

제57조(조합의 해산) ① 조합장은 이전고시가 있은 날부터 1년 이내에 조합 해산을 위한 총회를 소집하여야 한다.

② 조합장이 제1항의 기간 내에 총회를 소집하지 아니한 경우 조합원 5분의 1 이상의 요구로 소집된 총회에서 조합원 과반수의 출석과 출석조합원 과반수의 동

의를 받아 해산을 의결할 수 있다. 이 경우 요구자 대표로 선출된 자가 조합해산을 위한 총회의 소집 및 진행을 할 때에는 조합장의 권한을 대행한다.

【주】조합의 해산절차에 대해서는 법 제86조의2 제1항 및 제2항에 상세하게 규정되어 있으므로 그에 따라야 하며, 같은 조문 제3항에 따라 조합이 정당한 사유 없이 해산을 의결하지 아니하는 경우 구청장이 조합설립인가를 취소할 수 있음

③ 조합이 해산을 의결한 때에는 해산의결 당시 조합장이 대표청산인이 되고, 해산의결 당시의 이사는 청산인이 된다. 다만, 해산 총회에서 ○○구청장에게 대표청산인이 될 전문조합관리인의 선정을 요청하기로 의결한 경우 ○○구청장이 선정한 전문조합관리인을 대표청산인으로 할 수 있다.

【주】청산인이 될 자를 임원이 아니라 '이사회 구성원'으로 하여 감사가 집행기관인 청산인이 되는 것을 방지할 수도 있을 것임

④ 관계법령 및 이 정관으로 정한 사항 외에 조합의 해산 및 청산에 관한 업무와 관련하여 필요한 사항은 「민법」의 관련 규정을 준용한다.

재개발 표준정관 제60조와 같다.

2006.8.25 국토부 재건축 표준정관

제56조(조합의 해산) ① 조합은 준공인가를 받은 날로부터 1년 이내에 이전고시 및 건축물 등에 대한 등기절차를 완료하고 총회 또는 대의원회를 소집하여 해산의결을 하여야 하며, 해산을 의결한 경우 시장·군수에게 신고하여야 한다.

② 조합이 해산의결을 한 때에는 해산의결 당시의 임원이 청산인이 된다.

③ 조합이 해산하는 경우에 청산에 관한 업무와 채권의 추심 및 채무의 변제 등에 관하여 필요한 사항은 민법의 관계규정에 따른다.

2003.6.30 국토부 재개발 표준정관

제61조(조합의 해산) ① 조합은 준공인가를 받은 날로부터 1년 이내에 이전고시 및 건축물 등에 대한 등기절차를 완료하고 총회를 소집하여 해산의결을 하여야 한다.

② 조합이 해산의결을 한 때에는 해산의결 당시의 임원이 청산인이 된다.

③ 조합이 해산하는 경우에 청산에 관한 업무와 채권의 추심 및 채무의 변제 등에 관하여 필요한 사항은 민법의 관계규정에 따른다.

청산조합 임원의 겸임 가능여부 (서울시 재생협력과 2016.4.6)

Q 도시정비법 제22조제5항에 따르면 조합임원이 같은 목적의 정비사업을 하는 다른 조합 임원 또는 직원을 겸직할 수 없다고 규정되어 있는바, 청산법인의 조합임원이 다른 조합의 임원을 겸임할 수 있는지?

A 「재개발 표준정관」 제61조(재건축정관 제56조)에 따르면, 조합은 준공인가, 이전고시 및 등기절차가 완료된 이후 조합총회를 통해 해산의결을 하고, 당시의 임원이 청산인이 되어 제62조(재건축정관 제57조)에서 정한 청산인으로서의 업무를 수행하게 되며,

청산에 관한 업무에 대하여는 민법의 관계 규정을 따르므로, 질의하신 기존 조합 해산 이후 청산법인 조합임원에 대한 사항은 민법 관계규정에 따라야 할 것으로 사료됨

> ■ **(부산) 재건축 표준정관 제65조(조합해산 의결정족수)**
> ● **(부산) 재개발 표준정관 제67조(조합해산 의결정족수)**
>   : 재건축 표준정관과 같다.

재건축·재개발 표준정관의 조문 위치가 다르나, 내용은 같다.

> **재건축 표준정관**
> 제65조(조합해산 의결정족수) 사업완료로 인한 조합의 해산은 대의원 과반수의 출석과 출석 대의원 과반수 찬성으로 해산의결 한다.

재개발 표준정관 제67조와 같다.
정관에서 대의원회 의결을 받도록 하되, 의결정족수를 높이지는 않았다.

□ 근거규정
도시정비법 제86조의2, 제46조제4항, 제5항 및 동법 시행령 제43조, 제44조

조합장이 이전고시가 있은 날로부터 1년 이내에 총회를 소집하지 아니한 경우 법 제44조제2항에도 불구하고 조합원 1/5 이상의 요구로 소집된 총회에서 조합원 과반수의 출석과 출석 조합원 과반수의 동의를 받아 해산을 의결할 수 있다. 이 경우 요구자 대표로 선출된 자가 조합 해산을 위한 총회의 소집 및 진행을 할 때에는 조합장의 권한을 대행한다(법 제86조의2제1항, 제2항).

시장·군수등은 조합이 정당한 사유 없이 위에에 따라 해산을 의결하지 아니하는 경우에는 조합설립인가를 취소할 수 있다(동조 제3항).

■ 사업완료로 인한 해산은 대의원회 의결사항

대의원회는 총회의 의결사항 중 사업완료로 인한 해산의 경우에는 총회의 권한

을 대행할 수 있다(법 제46조제4항).

대의원회는 조합장이 필요하다고 인정하는 때에 소집한다. 다만, 다음 각 호의 어느 하나에 해당하는 때에는 조합장은 해당일부터 14일 이내에 대의원회를 소집하여야 한다(영 제44조제4항).

1. 정관으로 정하는 바에 따라 소집청구가 있는 때

2. 대의원의 1/3 이상(정관으로 달리 정한 경우에는 그에 따른다)이 회의의 목적사항을 제시하여 청구하는 때

대의원회는 재적대의원 과반수의 출석과 출석대의원 과반수의 찬성으로 의결한다. 다만, 그 이상의 범위에서 정관으로 달리 정하는 경우에는 그에 따른다(동조 제8항).

표준정관에서는 대의원회 의결방법을 도시정비법 시행령 제44조제8항으로 하면서, 가중하지 않았다.

cf 서울특별시 재건축 표준정관
제57조(조합의 해산) ① 조합장은 이전고시가 있은 날부터 1년 이내에 조합 해산을 위한 총회를 소집하여야 한다.
② 조합장이 제1항의 기간 내에 총회를 소집하지 아니한 경우 조합원 1/5 이상의 요구로 소집된 총회에서 조합원 과반수의 출석과 출석조합원 과반수의 동의를 받아 해산을 의결할 수 있다. 이 경우 요구자 대표로 선출된 자가 조합해산을 위한 총회의 소집 및 진행을 할 때에는 조합장의 권한을 대행한다.
【주】조합의 해산절차에 대해서는 법 제86조의2 제1항 및 제2항에 상세하게 규정되어 있으므로 그에 따라야 하며, 같은 조문 제3항에 따라 조합이 정당한 사유 없이 해산을 의결하지 아니하는 경우 구청장이 조합설립인가를 취소할 수 있음

서울특별시 재개발 표준정관 제61조와 같다.

부산광역시와 같이 독립조문이 아닌 "조합의 해산" 규정 속에 "조합해산 의결정족수"가 포함되어 있다.

광주광역시 재건축 표준정관

제57조(조합의 해산) ① 조합장은 이전고시가 있은 날부터 1년 이내에 조합 해산을 위한 총회를 소집하여야 한다.

② 조합장이 제1항의 기간 내에 총회를 소집하지 아니한 경우 조합원 5분의 1 이상의 요구로 소집된 총회에서 조합원 과반수의 출석과 출석조합원 과반수의 동의를 받아 해산을 의결할 수 있다. 이 경우 요구자 대표로 선출된 자가 조합해산을 위한 총회의 소집 및 진행을 할 때에는 조합장의 권한을 대행한다.

【주】조합의 해산절차에 대해서는 법 제86조의2 제1항 및 제2항에 상세하게 규정되어 있으므로 그에 따라야 하며, 같은 조문 제3항에 따라 조합이 정당한 사유 없이 해산을 의결하지 아니하는 경우 구청장이 조합설립인가를 취소할 수 있음

③ 조합이 해산을 의결한 때에는 해산의결 당시 조합장이 대표청산인이 되고, 해산의결 당시의 이사는 청산인이 된다. 다만, 해산 총회에서 ○○구청장에게 대표청산인이 될 전문조합관리인의 선정을 요청하기로 의결한 경우 ○○구청장이 선정한 전문조합관리인을 대표청산인으로 할 수 있다.

【주】청산인이 될 자를 임원이 아니라 '이사회 구성원'으로 하여 감사가 집행기관인 청산인이 되는 것을 방지할 수도 있을 것임

④ 관계법령 및 이 정관으로 정한 사항 외에 조합의 해산 및 청산에 관한 업무와 관련하여 필요한 사항은 「민법」의 관련 규정을 준용한다.

재개발 표준정관에는 규정이 없다.

2006.8.25 국토부 재건축 표준정관
관련 조문이 없다.

2003.6.30 국토부 재개발 표준정관
관련 조문이 없다.

- ■ (부산) 재건축 표준정관 제66조(잔여재산의 귀속)
- ● (부산) 재개발 표준정관 제68조(잔여재산의 귀속)
  : 재건축 표준정관과 같다.

재건축·재개발 표준정관의 조문 위치가 다르나, 내용은 같다.

재건축 표준정관
제66조(잔여재산의 귀속) 해산한 법인의 재산은 대의원회의 의결을 통해 지정한 자에게 귀속한다.

재개발 표준정관 제68조와 같다

 청산절차에 관한 규정은 모두 제3자의 이해관계에 중대한 영향을 미치기 때문에 강행규정이라고 해석되므로, 만일 그 청산법인이나 그 청산인이 청산법인의 목적범위 외의 행위를 한 때는 무효이다.
 또한, 청산종결등기가 경료된 경우에도 청산사무가 종료되었다 할 수 없는 경우에는 청산법인으로 존속한다는 것이 대법원의 입장이다(79다2036판결).

□ 근거규정

민법
 제80조(잔여재산의 귀속) ① 해산한 법인의 재산은 정관으로 지정한 자에게 귀속한다.
 ② 정관으로 귀속권리자를 지정하지 아니하거나 이를 지정하는 방법을 정하지 아니한 때에는 이사 또는 청산인은 주무관청의 허가를 얻어 그 법인의 목적에 유사한 목적을 위하여 그 재산을 처분할 수 있다. 그러나 사단법인에 있어서는 총회의 결의가 있어야 한다.
 ③ 전 2항에 의하여 처분되지 아니한 재산은 국고에 귀속한다.

> ## 판례
>
> 법인 해산 시 잔여재산의 귀속권리자를 사원총회나 이사회의 결의에 따라 정하도록 한 정관 규정도 유효한지
> 대법원 1995.2.10선고 94다13473판결, 토지소유권이전등기말소
> 【판시사항】
> 가. 법인 해산 시 잔여재산의 귀속권리자를 사원총회나 이사회의 결의에 따라 정하도록 한 정관 규정도 유효한지
> 나. 민법상의 청산절차에 관한 규정에 반하는 잔여재산 처분행위의 효력
> 다. 이사 전원의 의결에 의하여 잔여재산을 처분하도록 한 정관 규정이 등기하여야만 대항할 수 있는 청산인의 대표권에 대한 제한인지
> 【판결요지】
> 가. 민법 제80조제1항과 제2항의 각 규정 내용을 대비하여 보면, 법인 해산 시 잔여재산의 귀속권리자를 직접 지정하지 아니하고 사원총회나 이사회의 결의에 따라 이를 정하도록 하는 등 간접적으로 그 귀속권리자의 지정방법을 정해 놓은 정관 규정도 유효하다.
> 나. 민법상의 청산절차에 관한 규정은 모두 제3자의 이해관계에 중대한 영향을 미치기 때문에 이른바 강행규정이라고 해석되므로 이에 반하는 잔여재산의 처분행위는 특단의 사정이 없는 한 무효라고 보아야 한다.
> 다. 이사 전원의 의결에 의하여 잔여재산을 처분하도록 한 정관 규정은 성질상 등기하여야만 제3자에게 대항할 수 있는 청산인의 대표권에 관한 제한이라고 볼 수 없다.

cf 서울특별시 재건축 표준정관

관련 조문이 없다.

광주광역시 재건축 표준정관

제59조(채무변제 및 잔여재산의 처분) 청산종결 후 조합의 채무 및 잔여재산이 있을 때에는 이 정관이나 관리처분계획 또는 해산총회 의결로 달리 정한 경우를 제외하고는 해산의결 당시의 조합원에게 분양받은 토지 또는 건축물의 부담비용 등을 종합적으로 고려하여 형평성이 유지되도록 공정하게 배분하여야 한다.

재개발 표준정관 제62조와 같다.

2006.8.25 국토부 재건축 표준정관

관련 조문이 없다.

2003.6.30 국토부 재개발 표준정관

관련 조문이 없다.

> ■ (부산) 재건축 표준정관 제68조(해산등기)
> ● (부산) 재개발 표준정관 제70조(해산등기)
>   : 재건축 표준정관과 같다.

재건축·재개발 표준정관의 조문 위치가 다르나, 내용은 같다.

> **재건축 표준정관**
> 제68조(해산등기) 청산인은 파산의 경우를 제하고는 그 취임 후 3주간내에 해산의 사유 및 연월일, 청산인의 성명 및 주소와 청산인의 대표권을 제한한 때에는 그 제한을 주된 사무소 및 분사무소 소재지에서 등기하여야 한다.

재개발 표준정관 제70조와 같다.

□ 근거규정

민법
제85조(해산등기) ① 청산인은 법인이 파산으로 해산한 경우가 아니면 취임 후 3주일 내에 다음 각 호의 사항을 주사무소 소재지에서 등기하여야 한다.
1. 해산 사유와 해산 연월일
2. 청산인의 성명과 주소
3. 청산인의 대표권을 제한한 경우에는 그 제한
② 제1항의 등기에 관하여는 제52조를 준용한다.
[전문개정 2024.9.20] [시행일: 2025.1.31]

종전에는 법인의 주사무소 등기부와 별도로 분사무소 등기부를 두고 있어 신청인이 분사무소 소재지에서 추가로 등기신청을 하여야 하는 부담이 있고 각 등기부가 서로 일치하지 않는 문제가 발생할 수 있었다.
이에 민법 제85조를 개정하여 2025.1.31부터는 법인의 분사무소 등기부를 폐지하고 법인의 주사무소 소재지에서만 등기하도록 하였다.

부산광역시 재건축재개발 표준정관은 민법 개정 이전에 규정한 것으로, 개정 민법에 따라 아래와 같이 수정하는 것이 좋다.

● **수정 정관(안)**

재건축·재개발 표준정관
제68조(해산등기) 청산인은 파산의 경우를 제하고는 그 취임 후 3주간내에 해산의 사유 및 연월일, 청산인의 성명 및 주소와 청산인의 대표권을 제한한 때에는 그 제한을 주된 사무소에서 등기하여야 한다.

> **판례**
>
> 해산등기 없이 법인의 해산사실을 제3자에게 주장할 수 있는지
> 대법원 1984.9.25.선고 84다카493판결, 소유권이전등기
> 【판결요지】
> 민법 제54조제1항, 제85조제1항에 따르면 법인이 해산한 경우에 청산인은 파산의 경우를 제외하고 해산등기를 하여야 하고 해산등기를 하기 전에는 제3자에게 해산사실을 대항할 수 없다.

cf 서울특별시 재건축 표준정관
관련 조문이 없다.

광주광역시 재건축·재개발 표준정관
관련 조문이 없다.

2006.8.25 국토부 재건축 표준정관
관련 조문이 없다.

2003.6.30 국토부 재개발 표준정관
관련 조문이 없다.

> ■ **(부산) 재건축 표준정관 제69조(해산신고)**
> ● **(부산) 재개발 표준정관 제71조(해산신고)**: 재건축 표준정관과 같다.

재건축·재개발 표준정관의 조문 위치가 다르나, 내용은 같다.

> **재건축 표준정관**
> 제69조(해산신고) ① 청산인은 파산의 경우를 제하고는 그 취임 후 3주간 내에 제68조의 사항을 관할 등기소에 신고하여야 하며, 그 결과를 구청장·군수에게 통지하여야 한다.
> ② 청산 중에 취임한 청산인은 그 성명 및 주소를 관할 등기소에 신고하여야 하며, 그 결과를 구청장·군수에게 통지하여야 한다.

재개발 표준정관 제71조와 같다

□ **근거규정**

민법
제86조(해산신고) ① 청산인은 파산의 경우를 제하고는 그 취임 후 3주간 내에 전조 제1항의 사항을 주무관청에 신고하여야 한다.
② 청산 중에 취임한 청산인은 그 성명 및 주소를 신고하면 된다.

cf 서울특별시 재건축 표준정관
관련 조문이 없다.

광주광역시 재건축·재개발 표준정관
관련 조문이 없다.

2006.8.25 국토부 재건축 표준정관
관련 조문이 없다.

2003.6.30 국토부 재개발 표준정관
관련 조문이 없다.

> ■ **(서울) 재건축 표준정관 제58조(청산인의 임무 및 보수 등)**
> ● **(서울) 재개발 표준정관 제62조(청산인의 임무 및 보수 등)**: 재건축 표준정관과 같다.

재건축·재개발 표준정관의 조문 위치가 다르나, 내용은 같다.

근거규정

○ 제1항

민법 제81조

> **재건축 표준정관**
> 제58조(청산인의 임무 및 보수 등) ① 해산한 조합은 청산의 목적범위 내에서만 권리가 있고 의무를 부담한다.

서울 재개발 표준정관 제62조제1항과 같다.
부산 재건축 표준정관 제67조, 재개발 표준정관 제69조와도 같다

민법
제81조(청산법인) 해산한 법인은 청산의 목적범위 내에서만 권리가 있고 의무를 부담한다.

아래는 서울특별시 중구 신당○○구역재개발사업에서 발생한 판례다.

> **판례**
>
> 재개발추진위원회가 조합설립인가 처분을 받아 조합이 법인으로 성립된 후 조합설립인가 처분이 법원의 판결에 의하여 취소된 경우, 추진위원회가 지위를 회복하여 조합설립추진 업무를 계속 수행할 수 있는지(적극)
> 대법원 2016.12.15선고 2013두17473판결, 추진위원 변경신고 반려처분취소
> 【판결요지】

구 도시정비법(2012.2.1 법률 제11293호로 개정되기 전의 것) 제13조제1항 본문, 제14조, 제15조 제4항, 제5항, 제16조, 제18조, 제19조제1항, 제85조제4호, 제27조, 민법 제77조제1항, 제81조 등 관련 규정의 내용, 형식 및 취지에 비추어 보면, 재개발추진위원회는 조합의 설립을 목적으로 하는 비법인사단으로서 추진위원회가 행한 업무와 관련된 권리·의무는 구 도시정비법 제16조에 의한 조합설립인가 처분을 받아 법인으로 설립된 조합에 모두 포괄승계되므로, 원칙적으로 조합설립인가 처분을 받은 조합이 설립등기를 마쳐 법인으로 성립하게 되면 추진위원회는 목적을 달성하여 소멸한다. 그러나 그 후 조합설립인가 처분이 법원의 판결에 의하여 취소된 경우에는 추진위원회가 지위를 회복하여 다시 조합설립인가 신청을 하는 등 조합설립추진 업무를 계속 수행할 수 있다.

아파트건설·분양사업을 완료한 후 해산된 주택조합에 개발부담금을 부과하는 처분 효력(유효)
대법원 1998.10.27선고 98다18414판결, 압류채권
【판결요지】
주택조합이 민영주택건설사업계획의 승인을 받아 아파트건설을 완료하고 이를 조합원들에게 분양한 다음 해산하여 설립인가가 취소되었는데 그 후 구청장이 해산된 주택조합에 개발부담금을 부과하는 처분을 한 경우, 위 주택조합이 해산되었다 하여도 권리·의무 관계가 남아 있다면 그 범위 안에서 아직 소멸하지 않고 존속하는 것이므로 주택조합들에 대하여 개발부담금을 부과한 처분은 무효가 아니다.

cf 부산광역시 재건축·재개발 표준정관

재건축 표준정관 제67조, 재개발 표준정관 제69조와 같다.

○ 제2항(청산인의 임무)

도시정비법 제86조의2, 민법 제87조(청산인의 직무)

재건축 표준정관

제58조(청산인의 임무 및 보수 등) ② 청산인 전원으로 청산위원회를 구성하며, 다음 각 호의 업무는 청산위원회의 의결을 거쳐 집행한다. 다만, 청산위원회는 구체적인 범위를 정하여 대표청산인에게 이를 위임할 수 있다.
1. 현존하는 조합의 사무종결
2. 채권의 추심 및 채무의 변제
3. 잔여재산의 처분

4. 「민법」 제85조부터 제86조에 따른 해산등기 및 해산신고
5. 「민법」 제94조에 따른 청산종결의 등기 및 신고
6. 그 밖에 청산에 필요한 사항

재개발 표준정관 제62조제2항, 제3항과 같다.

청산인의 직무는 '현존사무의 종결, 채권의 추심 및 채무의 변제, 잔여재산의 인도' 등이다(민법 제87조제1항).

청산인은 전항의 직무를 행하기 위하여 필요한 모든 행위를 할 수 있다(동조 제2항).

정비사업 종료 후에도 조합 임원이 고의로 조합 해산 지연을 방지하기 위해, 이전고시 후 1년 내에 조합 해산 총회를 소집하도록 2022.12.11 도시정비법이 개정·시행되었다.

이런 과정을 통하여 도시정비법 제86조의2(조합의 해산)가 신설되었다.

그리고 다음과 같은 경과조치를 두었다.

도시정비법

제86조의2(조합의 해산) ① 조합장은 제86조제2항에 따른 고시가 있은 날부터 1년 이내에 조합 해산을 위한 총회를 소집하여야 한다.

② 조합장이 제1항에 따른 기간 내에 총회를 소집하지 아니한 경우 제44조제2항에도 불구하고 조합원 1/5 이상의 요구로 소집된 총회에서 조합원 과반수의 출석과 출석 조합원 과반수의 동의를 받아 해산을 의결할 수 있다. 이 경우 요구자 대표로 선출된 자가 조합 해산을 위한 총회의 소집 및 진행을 할 때에는 조합장의 권한을 대행한다.

③ 시장·군수등은 조합이 정당한 사유 없이 제1항 또는 제2항에 따라 해산을 의결하지 아니하는 경우에는 조합설립인가를 취소할 수 있다.

④ 해산하는 조합에 청산인이 될 자가 없는 경우에는 「민법」 제83조에도 불구하고 시장·군수등은 법원에 청산인의 선임을 청구할 수 있다.

⑤ 제1항 또는 제2항에 따라 조합이 해산을 의결하거나 제3항에 따라 조합설립인가가 취소된 경우 청산인은 지체 없이 청산의 목적범위에서 성실하게 청산인의 직무를 수행하여야 한다.

부 칙 <법률 제18941호, 2022.6.10>
제1조(시행일) 이 법은 공포 후 6개월이 경과한 날부터 시행한다.
제5조(조합 해산을 위한 총회에 관한 특례) ① 이 법 시행 당시 대지 및 건축물의 소유권 이전에 관한 사항을 고시한 조합의 조합장은 제86조의2제1항의 개정규정에도 불구하고 이 법 시행일부터 1년 이내에 같은 개정규정에 따른 조합 해산을 위한 총회를 소집하여야 한다.
② 조합장이 제1항에 따른 기간 내에 총회를 소집하지 아니한 경우 제86조의2제2항의 개정규정에 따라 조합원 1/5 이상의 요구로 소집된 총회에서 조합의 해산을 의결할 수 있다.

○ **제3항(청산위원회)**

> **재건축 표준정관**
> 제58조(청산인의 임무 및 보수 등) ③ 청산인의 권리·의무·보수 기타 청산인에 관하여 필요한 사항 및 청산위원회의 운영에 필요한 사항(청산위원회 의결사항 및 의결방법 등을 포함한다)은 제57조에 따른 해산 총회에서 미리 의결하여야 한다.

국어사전에서 '청산위원회'란 법인·조합이 해산되어 모든 법률관계를 종료하고 그 재산 관계를 정리하여 이를 분배하는 절차를 맡아서 처리하는 위원회라고 설명하고 있다.

2024.8월 신암○동 재건축조합의 경우 청산위원회를 구성한 바 있다.
청산위원회 대표(현 조합장), 청산위원(현 이사 5명), 감사(현 감사 2명), 직원(현 사무장, 실장: 2명)으로 구성잔여 업무: 남은 상가 3개 처분, 소송문제, 민원처리 등
청산 예정기간 설정(예, 2025.5월경까지 1차 청산, 2차는 연장 사유 발생 시): 청산 시

까지는예측 사항 남은 잔여재산 처분 문제: 지금은 남은 청산잔여금(약 100억 정도 추산)으로 청산위원회에서결정 집행 <청산위원회 운영규정안 제13조(재정)>

또한, 청산위원회 회의 의사록도 이전고시 당시 조합원이 열람, 정보공개 청구 등을 할 수 있어야 함에도, 이런 조항은 현재 없어서 제14조제4항을 첨가할 필요성 제기

서울특별시 서초구 ○○재건축조합의 경우, 2024.7월 청산위원회를 구성하면서 청산위원회 업무규정(안)을 아래와 같이 규정하였다.

■ 청산위원회 업무규정(안) ■

제1조(명칭)
본 청산 법인의 명칭은'신반포3차, 경남아파트 주택재건축정비사업조합'의 청산 법인(이하"청산위원회"라 한다)이라 한다.

제2조(목적)
본 청산위원회는 도시 및 주거환경정비법("이하 도정법"이라 함.)과 신반포3차 경남아파트 주택재건축정비사업조합 정관 (이하 "조합정관"이라 함), 민법 등 관련 법령이 정하는 바에 따라 조합해산총회에서 조합해산 및 청산 업무 위임 결의에 따라 "조합"의 잔여 사무를 안정적으로 조합이 청산될 수 있도록 다음 각호의 업무를 수행함을 목적으로 한다.
1. 현존하는 조합의 사무 종결
2. 채권의 추심 및 채무의 변재
3. 잔여재산의 처분 또는 잔여재산의 배분
4. 잔여 소송 등에 관한 진행 및 관련 업무 일체 및 종결
   (향후 청산 법인이 제기하거나 제기 받는 소송 일체 포함)
5. 해산 등기 및 신고 업무
6. 청산 종결 및 법인등기 말소에 관한 업무
7. 정비사업 해산에 따를 관계 서류 이관 업무
8. 청산 법인 업무규정에 따라 청산 관련 업무를 결의한 사항
9. 청산 법인의 업무규정 개정 및 사업비·운영비의 집행에 관한 사항
10. 그 밖에 청산 법인 운영 및 사업 시행에 관하여 필요한 사항

제3조(사무소)
청산위원회 주된 사무소는 '레미안 원베일리' 단지 인접 지역에 두며, 청산위원회에서 정하는 경우 이전할 수 있다.

제4조(기간)
청산위원회의 활동 기간은 조합의 해산등기일부터 청산이 완료되는 날까지로 한다.

제5조(청산위원회 구성)
① 본 위원회는 민법 제81조 - 제82조 및 조합정관 제56조(조합의 해산)에 근거하여 해산 결의 당시 조합의 임원 중 해산총회에서 선임된 청산위원으로 하며 조합장[직무대행자(이사) 포함]을 대표 청산 위원으로 한다.
② 청산 위원의 임기는 등기부등본에 등재된 날부터 청산이 완료되는 날까지로 한다.
③ 대표 청산 위원의 유고 시 존속하는 청산 위원 중 이사인 신반포3차 청산 위원, 경남아파트 청산 위원, 경남상가 청산위원 순으로 대표 청산 위원의 직무를 수행하며, 사유가 발생한 날부터 청산인 대표자로 보궐 선임 된 것으로 본다.
④ 청산 위원이 임기 중 궐위된 경우에는 제적 청산인 수에서 제외하고 보궐 선임을 하지 아니하고 존속하는 청산 위원으로 청산위원회를 운영하며 이 경우 존속하는 청산 위원을 청산위원회의 총원으로 본다.
⑤ 청산위원회는 효율적인 업무수행을 위해 유급위 청산 위원 대표 및 청산 위원 (원베일리스퀘어 상가협의회의 청산 전임자)과 계약직 직원을 2명 이내에서 채용하여 청산에 필요한 업무를 수행할 수 있다. 이때 계약직 직원은 청산인대표가 지정하거나 채용한다.

제7조(보수 등)
① 청산위원회 대표 등에게는 보수와 기타 업무수행에 따른 업무추진비 등을 지급할 수 있으며, 조합 해산총회에서 의결된 청산위원회 예산(안)에 따라 청산 완료 시까지로 한다.
② 청산 위원 대표가 필요하다고 인정하여 채용한 계약직 직원 보수는 청산위원회 예산(안) 범위 내에서 지급할 수 있다.
③ 상근하지 않는 청산 위원회에 대해서는 보수를 지급하지 아니한다. 다만 청산위원회 회의 참석 시 청산 위원회의 회비를 예산안의 범위에서 지급하며, 청산 위원이 청산 법인의 직무 수행으로 발생하는 경비는 청산 법인의 예산안의 범위에서 지급할 수 있다.

제8조(청산 법인의 회계와 재원)
① 본 위원회는 조합 잔여재산의 범위 내에서 제2조의 목적에 맞게 청산에 필요한 비용 밍 비용을 동반하는 계약을 체결할 수 있으며, 청산 관련 업무로 인한 발생 경비를 지출할 수 있다.
② 청산 법인은 이 운영 규정에서 달리 정하는 경우를 제외하고는 청산종결 시까지 해산총회 당시 승인 받은 자산(자금 및 미수금 예산) 범위내에서 사업비 및 운영비를 집행한다. 다만 청산인 대표자는 항목별 과부족이 발생하였을 때 인건비 항목을 제외하고 전용하여 사용하거나 증감 조정을 할 수 있다.
③ 청산 법인의 회계는 매년 1월 1일(조합해산 결의한 해당연도는 조합 해산 등기일) 부터 12월 말일까지로 한다.

제9조(채무 변제 및 잔여재산의 처분)
① 청산 종결 후 조합의 채무 및 잔여재산이 있을 때는 해산 당시의 조합원(이하 "조합원"이라 한다.)에게 조합원별 종전 자산 평가금액의 비율에 따라 형평이 유지되도록 공정하게 배분하여야 한다.
② 잔여배산을 받을 조합원이 이를 받을 수 없거나 거부한 때에는 청산 법인은 그 잔여 재산을 공탁한다.

제10조(청산위원회의)
① 청산위원회는 청산위원들로 구성한다.
② 청산위원회는 청산위원회의 대표가 의장이 된다.
③ 청산위원회는 청산위원회의 대표가 소집하며, 개최 3일 전에 그 회의의 목적과 안건, 일시, 장소를 청산위원회 사무실 게시판에 게시하고 우편 문자, 유선 등으로 통지하여야 한다.
④ 청산 위원 총수의 과반수부터 회의의 목적 사항을 제시하며 청구한 때에는 청산위원회의 대표는 지체 없아 회의를 소집하여야 한다.

제11조(청산위원회의 결의 사항)
① 청산위원회는 다음 각호의 사항을 결의한다.
　1. 청산위원회 업무규정의 변경
　2. 현존하는 조합의 사무 종결
　3. 채권의 추심 및 채무의 변재
　4. 잔여재산의 처분 또는 잔여재산의 배분
　5. 잔여 소송 등에 관한 진행 및 관련 업무 일체 및 종결
　　(향후 청산 법인이 제기하거나 제기 받는 소소 일체 포함)
　6. 청산위원 대표의 보궐 선임
　7. 그 밖에 청산 법인 운영 및 사업 시행에 관하여 필요한 사항.
② 청산위원회는 제10조 제3항의 규정에 따라 통지한 사항에 관해서만 결의할 수 있다. 다만, 회의 당일 의안으로 채택되었을 때 그러하지 아니하다.

제12조(청산위원회의 결의 방법 등)
① 청산위원회는 결의는 청산 위원 과반수의 출석과 출석 청산 위원 과반수 찬성으로 의결한다. 다만 감사는 청산위원회에 참석하여 의견을 진술할 수 있으마 의결권은 가지지 아니한다.
② 각 청산 위원회의 결의권은 평등하며 청산 위원은 서면으로 결의권을 행사할 수 있다. 서면의 제출 방법은 제10조 ③항의 통지에 명사하는 방법에 따른다. 이 경우 당해 청산 위원은 제1항의 규정에 따른 출석과 의결로 본다.
③ 청산위원회의 소집 결과 제1항 및 제2항의 규정에 따른 성원 미달로 회의를 시작할 수 없을 때는 재소집하여야 하며, 재소집의 경우에도 성원 미달일 때에는 청산 위원 1/3 이상의 출석과 출석 청산 위원 2/3 이상의 찬성으로 의결한다.
④ 청산 위원과 관련된 사항을 의결할 때는 그 청산 위원은 결의권이 없다

제15조(청산위원회의 회의록)
① 청산위원회의 의사에 관하는 회의록을 작성하여야 하며, 회의록에는 의장 및 출석한 청산 위원이 이름을 쓰고 서명을 한다.
② 청산위원회는 회의록을 주된 사무소에 비치하여야 한다.

제16조(해산, 등기와 신고)
① 청산위원회는 제2조(목적)의 모든 수행 업무가 종결되었을 때 청산 위원회의 과반수 참석과 참석위원 과반수의 동의로 청산 법인을 해산한다.
② 이 경우 대표 청산인은 30일 이내에 이를 등기하고 주무 관청에 신고하여야 한다.

제17조(운영 규정의 변경)
이 운영 규정을 변경하려는 경우에는 재적 청산 위원 과반수의 또는 청산 위원의 발의가 있어야 하며 재적 청산인 3분의 2의 찬성으로 변경한다.

제18조(해석)
본 규정에 대한 해석 및 세부 지침 적용은 청산위원회의 의결에 따른다.

부 칙

1. 본 규정은 조합 해산 등기가 완료된 이후부터 효력을 발생한다.
2. 본 규정에 정하지 않은 사항은 관련 법규를 준용한다.

○ 제4항

민법 제84조

> **재건축 표준정관**
> 제58조(청산인의 임무 및 보수 등) ④ 민법 제84조에 따라 청산인을 해임할 중 중요한 사유가 있다고 인정될 경우 해산의결 당시 조합원이었던 자는 이해관계인으로서 법원에 청산인의 해임을 청구할 수 있다.

재개발 표준정관 제62조제4항과 같다.

민법 제84조(법원에 의한 청산인의 해임)에서는 중요한 사유가 있는 때에는 법원은 직권 또는 이해관계인이나 검사의 청구에 의하여 청산인을 해임할 수 있다.

민법상 이해관계인을 표준정관에선 "민법 제84조에 따라 청산인을 해임할 중 중요한 사유가 있다고 인정될 경우 해산의결 당시 조합원이었던 자"로 하여 법원에 청산인의 해임을 청구할 수 있도록 했다.

cf 부산광역시 재건축 표준정관

제67조(청산법인) 해산한 조합은 청산의 목적범위 내에서만 권리가 있고 의무를 부담한다.

재개발 표준정관 제69조와 같다.

제70조(청산인의 임무) 청산인은 다음 각 호의 업무를 성실히 수행하여야 한다.
1. 현존하는 조합의 사무 종결
2. 채권의 추심 및 채무변재
3. 잔여재산의 처분
4. 그 밖에 청산에 필요한 사항

재개발 표준정관 72조와 같다.

광주광역시 재건축 표준정관

제58조(청산인의 임무 및 보수 등) ① 해산한 조합은 청산의 목적범위 내에서만 권리가 있고 의무를 부담한다.

② 청산인 전원으로 청산위원회를 구성하며, 다음 각 호의 업무는 청산위원회의 의결을 거쳐 집행한다. 다만, 청산위원회는 구체적인 범위를 정하여 대표청산인에게 이를 위임할 수 있다.
1. 현존하는 조합의 사무종결
2. 채권의 추심 및 채무의 변제
3. 잔여재산의 처분
4. 「민법」 제85조부터 제86조 규정에 따른 해산등기 및 해산신고
5. 「민법」 제94조 규정에 따른 청산종결의 등기 및 신고
6. 그 밖에 청산에 필요한 사항

③ 청산인의 권리·의무·보수 기타 청산인에 관하여 필요한 사항 및 청산위원회의

운영에 필요한 사항(청산위원회 의결사항 및 의결방법 등을 포함한다)은 제57조에 따른 해산 총회에서 미리 의결하여야 한다.

④ 「민법」 제84조에 따라 청산인을 해임할 중 중요한 사유가 있다고 인정될 경우 해산의결 당시 조합원이었던 자는 이해관계인으로서 법원에 청산인의 해임을 청구할 수 있다.

재개발 표준정관 제61조와 같다.

2006.8.25 국토부 재건축 표준정관

제57조(청산인의 임무) 청산인은 다음 각 호의 업무를 성실히 수행하여야 한다.
1. 현존하는 조합의 사무종결,   2. 채권의 추심 및 채무의 변제
3. 잔여재산의 처분,   4. 그 밖에 청산에 필요한 사항

2003.6.30 국토부 재개발 표준정관

제62조(청산인의 임무) 청산인은 다음 각호의 업무를 성실히 수행하여야 한다.
1. 현존하는 조합의 사무종결
2. 채권의 추심 및 채무의 변제
3. 잔여재산의 처분
4. 그 밖에 청산에 필요한 사항

> ■ **(서울) 재건축 표준정관 제59조(채무변제 및 잔여재산의 처분)**
> ● **(서울) 재개발 표준정관 제63조(채무변제 및 잔여재산의 처분)**
>   : 재건축 표준정관과 같다.

재건축·재개발 표준정관의 조문 위치가 다르나, 내용은 같다.

재건축 표준정관

제59조(채무변제 및 잔여재산의 처분) 청산 종결 후 조합의 채무 및 잔여재산이 있을 때에는 이 정관이나 관리처분계획 또는 해산총회 의결로 달리 정한 경우를 제외하고는 해산의결 당시의 조합원에게 분양받은 토지 또는 건축물의 부담비용 등을 종합적으로 고려하여 형평성이 유지되도록 공정하게 배분하여야 한다.
【주】해산의결 당시가 아니라 이전고시 당시를 기준으로 삼을 수도 있을 것임.

재개발 표준정관 제63조와 같다.

■ 채무변제

민법 제88조 내지 제92조

조합원이 구성원이 되어 정비조합을 구성하게 되지만, 정비조합은 조합원과는 분리된 별개의 법인격이 있다. 따라서 정비조합이 사업진행 도중에 없어져 버리면, 조합의 채권자는 돈을 받기 어렵게 된다.

이러한 경우를 예상해 조합에 대한 채권신고의 공고(민법 제88조)와 채권신고의 최고(민법 제89조)를 거쳐 신고한 자에게 채무를 변제하게 된다.

민법
제88조(채권신고의 공고) ① 청산인은 취임한 날로부터 2월 내에 3회 이상의 공고로 채권자에 대하여 일정한 기간내에 그 채권을 신고할 것을 최고하여야 한다. 그 기간은 2월 이상이어야 한다.

② 전항의 공고에는 채권자가 기간 내에 신고하지 아니 하면, 청산으로부터 제외될 것을 표시하여야 한다.
③ 제1항의 공고는 법원의 등기사항의 공고와 동일한 방법으로 하여야 한다.

제89조(채권신고의 최고) 청산인은 알고 있는 채권자에게 대하여는 각각 그 채권신고를 최고하여야 한다. 알고 있는 채권자는 청산으로부터 제외하지 못한다.

제90조(채권신고기간 내의 변제금지) 청산인은 제88조제1항의 채권신고기간 내에는 채권자에 대하여 변제하지 못한다. 그러나 법인은 채권자에 대한 지연손해배상의 의무를 면하지 못한다.

제91조(채권변제의 특례) ① 청산 중의 법인은 변제기에 이르지 아니한 채권에 대하여도 변제할 수 있다.
② 전항의 경우에는 조건있는 채권, 존속기간의 불확정한 채권 기타 가액의 불확정한 채권에 관하여는 법원이 선임한 감정인의 평가에 의하여 변제하여야 한다.

제92조(청산으로부터 제외된 채권) 청산으로부터 제외된 채권자는 법인의 채무를 완제한 후 귀속권리자에게 인도하지 아니한 재산에 대하여서만 변제를 청구할 수 있다.

■ 잔여재산의 배분
민법 제80조

정비조합이 채무를 변제 지출한 비용을 조합원들이 분담하여 책임지도록 규정하게 된다.
따라서 변제하고도 잉여재산이 있는 경우에는 조합원들에게 배분하게 되며, 채무가 있는 경우에는 그 채무 분담도 배분하여야 한다.

해산의결 당시 또는 이전고시 당시를 기준으로 삼을 수도 있으며, 조합원에게 분양받은 토지 또는 건축물의 부담비용 등을 종합적으로 고려하여 형평성이 유지되도록 공정하게 배분하도록 규정하는 것이 좋다.

민법

제80조(잔여재산의 귀속) ① 해산한 법인의 재산은 정관으로 지정한 자에게 귀속한다.

② 정관으로 귀속권리자를 지정하지 아니하거나 이를 지정하는 방법을 정하지 아니한 때에는 이사 또는 청산인은 주무관청의 허가를 얻어 그 법인의 목적에 유사한 목적을 위하여 그 재산을 처분할 수 있다. 그러나 사단법인에 있어서는 총회의 결의가 있어야 한다.

③ 전2항에 의하여 처분되지 아니한 재산은 국고에 귀속한다.

□ 근거규정

도시정비법 시행령 제43조, 민법 제80조, 제88조 내지 제92조

도시정비법 시행령

제43조(대의원회가 총회의 권한을 대행할 수 없는 사항) 법 제46조제4항에서 "대통령령으로 정하는 사항"이란 다음 각 호의 사항을 말한다. <개정 2022.1.21, 2022.12.9>

10. 조합의 합병 또는 해산에 관한 사항. 다만, 사업완료로 인한 해산의 경우는 제외한다.

■ 조합해산 절차도

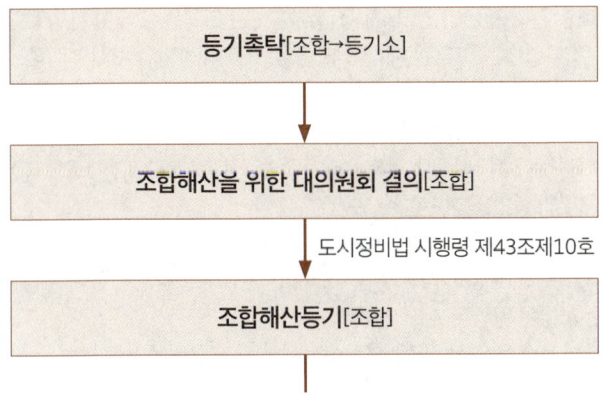

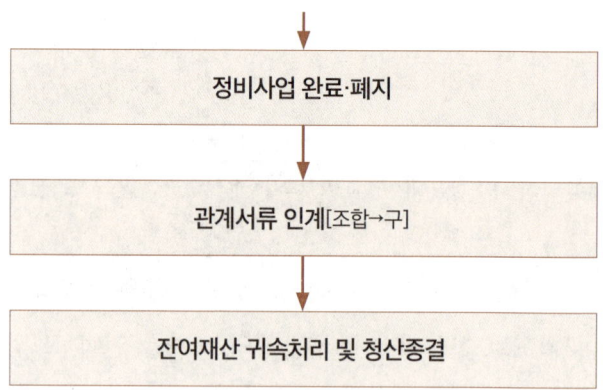

　사업완료로 인한 조합 해산의 경우, 대의원회 의결로 총회의 권한을 대행하도록 하였다.

　국토부 재건축 표준정관에서는 "청산종결 후 조합의 채무 및 잔여재산이 있을 때에는 해산 당시의~~~~~~"로 규정한 바 있다.
　서울특별시 재건축 표준정관에서는 "해산의결 당시의~~~~"로 수정하였다.

> **📌 판례**
>
> 공사업자가 지역주택조합에 대한 채권을 조합원에 받을 수 있는지(소극)
> 대법원 2014.11.13.선고 2009다38155판결, 구상금등 반환
> 【판결요지】
> A회사는 B지역주택조합으로부터 아파트 신축공사를 도급받아 공사를 진행하였으나, 공사대금 일부를 지급받지 못하여 B지역주택조합에 대하여 약 70억 원의 채권을 갖고 있다. 그런데 B지역주택조합은 아파트 부지 외에는 달리 재산이 없고, 위 사업부지 또한 조합원 및 일반분양자들에게 대지권 등기를 마치면 청산 종결 무렵에는 아무런 재산이 없을 것으로 예상된다. B지역주택조합의 조합규약(정관)은 청산 종결 후 조합의 채무 및 잔여 재산이 있을 때에는 해산 당시의 조합원 수에 따라 분할된 가액으로 이를 배분받는다고 규정되어 있다.
> 이러한 상황에서 A회사는 B지역주택조합의 조합원들을 상대로 B지역주택조합의 위 70억 원의 채무에 대한 각 분담금채무의 확인을 청구할 수 있는가.
> 그런데 B지역주택조합이 청산절차를 거치지 않은 상태이므로 청산 종결 후의 잔여 재산과 잔존 채무가 모두 확정되었다고 보기 어렵고, 나아가 향후 조합원총회의 결의를 통하여 조합원
> 들의 분담금에 관한 사항은 달라질 수도 있다.
> 따라서 조합 청산종결 후 조합의 채무 등은 해산 당시의 각 조합원들이 조합원 수에 따라 분할된 가액

> 으로 배분받는다는 조합규약만으로는 B지역주택조합의 A회사에 대한 채무청산 종결 후 반드시 현재 조합원의 수에 비례하여 배분될 것이라고 단정하기 어려우므로, A회사가 B지역주택조합의 조합원들에 대하여 지금 장래 분담금 채무에 관한 확인판결을 받더라도 그것이 현존하는 법적 불안을 해소하는 가장 유효적절한 수단이라고 할 수 없다

이 판례는 조합원에게 채무를 배분하기 위해서는 원칙적으로 조합총회의 의결이 있어야 한다는 점에서 의미가 있다. 따라서 공사업체가 장래 이행의 소를 제기할 경우에는 조합이 채무를 면탈할 목적으로 수년간 총회 개최를 악의적으로 지연시키고 있다는 점을 입증하여야 한다.

cf 부산광역시 재건축 표준정관

제71조(채무변제 및 잔여재산의 처분) 청산 종결 후 조합의 채무 및 잔여재산이 있을 때에는 해산 당시의 조합원에게 분양받은 토지 또는 건축물의 부담비용 등을 종합적으로 고려하여 형평이 유지되도록 공정하게 배분하여야 한다.

재개발 표준정관 제73조와 같다.

광주광역시 재건축 표준정관

제59조(채무변제 및 잔여재산의 처분) 청산 종결 후 조합의 채무 및 잔여재산이 있을 때에는 이 정관이나 관리처분계획 또는 해산총회 의결로 달리 정한 경우를 제외하고는 해산의결 당시의 조합원에게 분양받은 토지 또는 건축물의 부담비용 등을 종합적으로 고려하여 형평성이 유지되도록 공정하게 배분하여야 한다.

재개발 표준정관 제62조와 같다.
다만, 재개발 표준정관에는 재건축과 달리, "【주】해산의결 당시가 아니라 이전고시 당시를 기준으로 삼을 수도 있을 것임"이 첨부되어 있다.

2006.8.25 국토부 재건축 표준정관

제58조(채무변제 및 잔여재산의 처분) 청산 종결 후 조합의 채무 및 잔여재산이 있

을 때에는 해산 당시의 조합원에게 분양받은 토지 또는 건축물의 부담비용 등을 종합적으로 고려하여 형평이 유지되도록 공정하게 배분하여야 한다.

【주】잔여재산뿐 아니라 채무에 대해서도 규정하여 청산 시 혼란을 줄이도록 한 것임

2003.6.30 국토부 재개발 표준정관

제63조(채무변제 및 잔여재산의 처분) 청산 종결 후 조합의 채무 및 잔여재산이 있을 때에는 해산 당시의 조합원에게 분양받은 토지 또는 건축물의 부담비용 등을 종합적으로 고려하여 형평이 유지되도록 공정하게 배분하여야 한다.

【주】잔여재산뿐 아니라 채무에 대해서도 규정하여 청산시의 혼란을 줄이도록 한 것임

> ■ (부산) 재건축 표준정관 제77조(청산 중의 파산)
> ● (부산) 재개발 표준정관 제79조(청산 중의 파산)
>   : 재건축 표준정관과 같다.

재건축·재개발 표준정관의 조문 위치가 다르나, 내용은 같다.

> **재건축 표준정관**
> 제77조(청산 중의 파산) ① 청산 중 조합의 재산이 그 채무를 완제하기에 부족한 것이 분명하게 된 때에는 청산인은 지체 없이 파산선고를 신청하고 이를 공고하여야 한다.
> ② 청산인은 파산관재인에게 그 사무를 인계함으로써 그 임무가 종료한다.

재개발 표준정관 제79조와 같다

법인이 파산의 사유로 해산하게 되는 경우, 「채무자 회생 및 파산에 관한 법률」을 적용받게 된다. 반면, 민법에서는 파산 외의 사유로 해산하는 경우가 그 대상이다.

처음부터 파산의 사유로 해산하는 것이 아닌 총회 의결로 해산하게 되는 경우가 있다. 예를 들면, 정비사업에서 청산에 들어갔으나, 법인재산으로 채무를 갚을 수 없는 경우를 들 수 있다.

정비조합이 채무 완제를 하지 못하게 되면, 청산 도중에 이러한 사실을 알게 된 청산인은 민법에 의한 파산신고를 신청하도록 규정하고 있다.
이후 청산인은 「채무자 회생 및 파산에 관한 법률」에 따른 파산관재인에게 사무를 인계하게 되며, 청산인은 파산관재인에게 그 사무를 인계함으로써 그 임무가 종료된다.

□ 근거규정

「채무자 회생 및 파산에 관한 법률」 제355조, 제358조, 제364조, 제648조, 민법 제93조

■ 파산관재인(破産管財人)

파산관재인이란 파산재단에 속하는 재산을 관리하고, 파산절차에 따른 업무를 수행하는 자로서 법원에 의해 임명된다. 파산관재인은 법원에 의해 파산선고와 동시에 선임되며, 법원의 감독을 받는다.

「채무자 회생 및 파산에 관한 법률」
제355조(파산관재인의 선임) ① 파산관재인은 관리위원회의 의견을 들어 법원이 선임한다.
② 법인도 파산관재인이 될 수 있다. 이 경우 그 법인은 이사 중에서 파산관재인의 직무를 행할 자를 지명하고 법원에 신고하여야 한다.

제358조(법원의 감독) 파산관재인은 법원의 감독을 받는다.

제364조(파산관재인의 해임) ① 법원은 채권자집회의 결의, 감사위원의 신청에 의하거나 직권으로 파산관재인을 해임할 수 있다. 이 경우 법원은 그 파산관재인을 심문하여야 한다.
② 제1항에 의한 파산관재인의 해임결정에 대하여는 즉시항고를 할 수 있다.
③ 제2항의 즉시항고는 집행정지의 효력이 없다.

제648조(무허가행위 등의 죄) ① 관리인·파산관재인(제637조에 의한 국제도산관리인을 포함한다) 또는 보전관리인이 법원의 허가를 받아야 하는 행위를 허가를 받지 아니하고 행한 경우 그 자는 3년 이하의 징역 또는 3천만원 이하의 벌금에 처한다.
② 관리인 또는 보전관리인이 법원에 허위의 보고를 하거나 임무종료 후 정당한 사유 없이 제84조제1항에 의한 계산에 관한 보고를 하지 아니한 경우 그 자는 1년 이하의 징역 또는 1천만원 이하의 벌금에 처한다.

민법
제93조(청산중의 파산) ① 청산 중 법인의 재산이 그 채무를 완제하기에 부족한 것이 분명하게 된 때에는 청산인은 지체 없이 파산선고를 신청하고 이를 공고하여야 한다.

② 청산인은 파산관재인에게 그 사무를 인계함으로써 그 임무가 종료한다.
③ 제88조제3항의 규정은 제1항의 공고에 준용한다.

> **판례**
>
> **청산 중의 비법인사단의 성격 및 권리능력**
> 대법원 2007.11.16선고 2006다41297판결, 대표자지위부존재확인
> 【판결요지】
> 비법인사단에 해산사유가 발생하였더라도 곧바로 당사자능력이 소멸하는 것이 아니라 청산사무가 완료될 때까지 청산의 목적범위 내에서 권리·의무의 주체가 되고, 이 경우 청산 중의 비법인사단은 해산 전의 비법인사단과 동일한 사단이고 다만 그 목적이 청산 범위 내로 축소된 데 지나지 않는다.

cf 서울특별시 재건축·재개발 표준정관

관련 조문이 없다.

광주광역시 재건축·재개발 표준정관

관련 조문이 없다.

2006.8.25 국토부 재건축 표준정관

관련 조문이 없다.

2003.6.30 국토부 재개발 표준정관

관련 조문이 없다.

> ■ **(부산) 재건축 표준정관 제78조(청산종결의 등기와 신고)**
> ● **(부산) 재개발 표준정관 제80조(청산종결의 등기와 신고)**
>   : 재건축 표준정관과 같다.

재건축·재개발 표준정관의 조문 위치가 다르나, 내용은 같다.

재건축 표준정관
제78조(청산종결의 등기와 신고) 청산이 종결한 때에는 청산인은 3주간 내에 이를 등기하고 주무관청에 신고하여야 한다.

재개발 표준정관 제80조와 같다
청산이 종결한 때에는 청산인은 3주간 내에 이를 등기하고 주무관청에 신고하여야 한다.
이 경우, 청산종결의 취지와 연월일을 기재한 청산종결등기 신청서와 공증받은 사원총회의사록(「공증인법」 제66조의2제1항) 등을 첨부해야 합니다.

□ **근거규정**

민법
제94조(청산종결의 등기와 신고) 청산이 종결한 때에는 청산인은 3주간 내에 이를 등기하고 주무관청에 신고하여야 한다.

공증인법
제66조의2(법인의사록의 인증) ① 법인 등기를 할 때 그 신청서류에 첨부되는 법인 총회 등의 의사록은 공증인의 인증을 받아야 한다. 다만, 다음 각 호의 어느 하나에 해당하는 경우에는 그러하지 아니하다. <개정 2009.5.28, 2017.12.12>
1. 자본금 총액이 10억 원 미만인 회사를 「상법」 제295조제1항에 따라 발기설립하는 경우

2. 대통령령으로 정하는 공법인 또는 비영리법인인 경우
  3. 대통령령으로 정하는 경미한 사항을 의결한 경우
 ② 제1항 본문에 따른 인증은 공증인이 법인 총회 등의 결의의 절차 및 내용이 진실에 부합한다는 사실을 확인하고, 촉탁인이나 그 대리인으로 하여금 공증인 앞에서 의사록의 서명 또는 기명날인을 확인하게 한 후 그 사실을 적는 방법으로 한다.

공증인법 시행령

 제37조의3(의사록 인증 제외대상 법인) ① 법 제66조의2제1항제2호에서 "대통령령으로 정하는 공법인 또는 비영리법인"이란 「민법」 제32조에 따라 주무관청의 허가를 받아 설립된 비영리법인 또는 공법인 중 다음의 요건을 모두 갖춘 법인으로서 주무관청의 추천을 받아 법무부장관이 지정·고시하는 법인을 말한다. <개정 2018.6.19>
  1. 설립 목적 및 수행 사무가 공익적일 것
  2. 주무관청의 감독으로 법인 총회 등의 결의절차와 내용의 진실성에 대한 분쟁의 소지가 없을 것
 ② 법 제66조의2제1항제3호에서 "대통령령으로 정하는 경미한 사항"이란 다음 각 호의 어느 하나에 해당하는 사항을 말한다. 다만, 정관의 변경이 필요한 경우는 제외한다. <신설 2018. 6.19>
  1. 지점의 설치·이전 또는 폐지
  2. 명의개서 대리인의 선임 또는 변경

🔨 **판례**

주택개량 재개발조합이 법인변경등기신청을 함에 있어서 등기공무원에게 회의록과 공증인법 제66조의2에 따라 작성된 공증서를 제출하여야 하는지(적극)
서울지법 북부지원 2002.11.8.자 2002비단5결정 : 항고, 등기관의 처분에 대한 이의신청
【판결요지】
공증인법 제66조의2는 법인이 등기할 경우 총회 등의 의사록은 공증인의 인증을 받아야 하고, 이를 인증하는 공증인은 당해 법인의 의결 장소에 참석하여 결의절차와 내용을 검사하거나 당해 의결을 한 자 중 그 의결에 필요한 정족수 이상의 자 또는 그 대리인의 촉탁을 받아 그 촉탁인으로부터 의사록의 내용이 진실에 부합하는가에 관하여 진술을 듣고 촉탁인으로 하여금 공증인의 앞에서 의사록의

서명 또는 기명날인을 확인하게 한 후 그 사실을 기재하여 총회 등의 결의절차와 내용이 진실에 부합하다는 확인을 하도록 규정하고 있으므로, 도시재개발법 제13조제1항에 의하여 법인으로 인정되는 주택개량재개발조합이 새로운 임원에 대한 변경등기신청을 하기 위하여는 등기공무원에게 회의록과 총회의 결의절차와 내용이 진실에 부합하다고 하는 회의록에 대하여, 공증인법 제66조의2에 따라 작성된 공증서를 제출하여야 한다.

청산종결등기가 경료되었으나 청산사무가 남아 있는 청산법인의 당사자능력 유무(적극)
대법원 1997.4.22.선고 97다3408판결, 소유권이전등기
【판결요지】
법인에 관하여 청산종결등기가 경료된 경우에도 청산사무가 종료되었다고 할 수 없는 경우에는 청산법인으로서 당사자능력이 있다.

사단법인이 해산하면서 동일한 사원으로써 설립목적이 같은 신법인을 설립하고 재산을 신법인에 승계시키기로 했으나 구법인의 청산절차가 종료되지 않은 경우 신구 법인의 관계
대법원 1989.8.8.선고 88다카26123판결, 소유권이전등기
【판결요지】
사단법인의 구성원들이 그 법인을 해산하고 신 법인을 결성한 경우 구 법인과 신 법인의 구성원이 동일하고 그 두 법인의 임원과 대표자가 일시 부분적으로 중복된 때가 있었으며 두 법인의 설립목적이 같고 구 법인이 해산하면서 그 재산을 신 법인에 승계시키기로 결의하고 신 법인이 구 법인의 재산을 사실상 인수하여 관리한 바 있더라도, 구 법인이 그 청산절차를 종료하지 않은 이상 의연히 법인으로 존속하므로 구법인과 신법인과는 별개의 법인으로 보아야 한다.

cf 서울특별시 재건축·재개발 표준정관

관련 조문이 없다.

광주광역시 재건축·재개발 표준정관

관련 조문이 없다.

2006.8.25 국토부 재건축 표준정관

관련 조문이 없다.

2003.6.30 국토부 재개발 표준정관

관련 조문이 없다.

> ■ (서울) 재건축 표준정관 제60조(관계서류의 이관)
> ● (서울) 재개발 표준정관 제64조(관계서류의 이관)
>   : 재건축 표준정관과 같다.

재건축·재개발 표준정관의 조문 위치가 다르나, 내용은 같다.

> **재건축 표준정관**
> 제60조(관계서류의 이관) 조합은 사업을 완료하거나 폐지한 때에는 조례 제88조에서 정하는 바에 따라 관계서류를 ○○구청장에게 인계하여야 한다.

재개발 표준정관 제64조와 같다.

토지주택공사등이 아닌 사업시행자인 정비조합은 다음 조례상 제1호 내지 제11호의 서류를 구청장에게 인계하여야 하며(도시정비조례 제88조제1항), 이를 위반하면 과태료 처분을 받는다.

서류의 인계는 법 제86조에 따른 이전고시일부터 3개월 또는 정비사업이 폐지되는 경우 폐지일부터 2개월 이내에 하여야 한다. 다만, 구청장이 부득이한 사정이 있다고 인정하는 때에는 사업시행자의 신청에 따라 연기할 수 있다.

□ 근거규정

도시정비법

제125조(관련 자료의 보관 및 인계) ② 시장·군수등 또는 토지주택공사등이 아닌 사업시행자는 정비사업을 완료하거나 폐지한 때에는 시·도조례로 정하는 바에 따라 관계 서류를 시장·군수등에게 인계하여야 한다.

법 제125조제2항에 따른 관계 서류의 인계를 게을리한 자에게는 500만 원 이하의 과태료가 부과될 수 있다(법 제140조제2항제4호). 과태료는 국토부장관, 시·도지사, 시장, 군수 또는 구청장이 부과·징수한다(동조 제3항).

서울특별시 도시정비조례

제88조(관련 자료의 인계) ① 법 제125조제2항에 따라 토지주택공사등이 아닌 사업시행자는 다음 각 호의 서류를 구청장에게 인계하여야 한다.
  1. 이전고시 관계서류
  2. 확정측량 관계서류
  3. 청산관계 서류
  4. 등기신청 관계서류
  5. 감정평가 관계서류
  6. 손실보상 및 수용 관계서류
  7. 공동구설치 비용부담 관계서류
  8. 회계 및 계약 관계서류
  9. 회계감사 관계서류
  10. 총회, 대의원회, 이사회 및 감사의 감사 관계서류
  11. 보류지 및 체비시설의 처분에 대한 분양 관계서류

② 제1항에 따른 서류의 인계는 법 제86조에 따른 이전고시일부터 3개월 또는 정비사업이 폐지되는 경우 폐지일부터 2개월 이내에 하여야 한다. 다만, 구청장이 부득이한 사정이 있다고 인정하는 때에는 사업시행자의 신청에 따라 연기할 수 있다.

cf 부산광역시 재건축 표준정관

제80조(관련 자료의 보관 및 인계) ① 정비사업전문관리업자, 조합임원(청산인 포함)은 도시정비법 제124조제1항에 따른 서류 및 관련 자료와 총회 또는 다음 각 호에서 정하는 중요한 회의가 있은 때에는 속기록·녹음 또는 영상자료를 만들어 청산시까지 보관하여야 한다.
  1. 용역계약(변경계약을 포함한다) 및 업체 선정과 관련된 대의원회·이사회
  2. 조합임원·대의원의 선임·해임·징계 및 조합원의 자격에 관한 대의원회·이사회

② 조합은 정비사업을 완료하거나 폐지한 때에는 도시정비조례 제54조에 정하는 바에 따라 관계 서류를 구청장·군수에게 인계하여야 한다.

재개발 표준정관 제82조와 같다.

광주광역시 재건축 표준정관

제60조(관계서류의 이관) 조합은 사업을 완료하거나 폐지한 때에는 조례 제73조에서 정하는 바에 따라 관계서류를 ○○구청장에게 인계하여야 한다.

재개발 표준정관 제63조와 같다.

법 제125조제2항에 따라 정비조합은 다음 각 호의 서류를 구청장에게 인계하여야 한다(도시정비조례 제73조제1항).
  1. 이전고시 관계서류,   2. 확정측량 관계서류,   3. 청산관계 서류
  4. 등기신청 관계 서류,   5. 감정평가 관계 서류,   6. 손실보상 및 수용관계 서류
  7. 공동구설치 비용부담 관계 서류,   8. 회계 및 계약관계 서류,   9. 회계감사 관계서류
  10. 총회, 대의원회, 이사회 및 감사의 감사관계 서류
  11. 보류지 및 체비시설의 처분에 대한 분양관계 서류

서류의 인계는 법 제86조에 따른 이전고시일부터 3개월 또는 정비사업이 폐지되는 경우 폐지일부터 2개월 이내에 하여야 한다. 다만, 구청장이 부득이한 사정이 있다고 인정하는 때에는 정비조합의 신청에 따라 연기할 수 있다(동조 제2항).

2023.11.29 국토부 별표2 지정개발자(신탁업자) 표준시행규정

제52조(정비사업 완료, 폐지에 따른 조치) 사업시행자는 사업을 완료하거나 폐지한 때에는 도시정비법 제125조 및 조례가 정하는 바에 따라 관계서류를 시장·군수등에게 인계하여야 한다.

2006.8.25 국토부 재건축 표준정관

제59조(관계서류의 이관) 조합은 사업을 완료하거나 폐지한 때에는 시도조례가 정하는 바에 따라 관계서류를 시장·군수에게 인계하여야 한다.

2003.6.30 국토부 재개발 표준정관

제64조(관계서류의 이관) 조합은 사업을 완료하거나 폐지한 때에는 시·도조례가 정하는 바에 따라 관계서류를 시장·군수에게 인계하여야 한다.

10장 비용의 부담 등

제59조(비용부담의 원칙: 부산 재건축/제61조: 부산 재개발)

제60조(비용의 조달: 부산 재건축/제62조: 부산 재건축)

제61조(정비기반시설 관리자의 비용부담: 부산 재건축/제63조: 부산 재건축)

제62조(정비기반시설의 설치: 부산 재건축/제64조: 부산 재건축)

제63조(정비기반시설 및 토지 등의 귀속: 부산 재건축/제65조: 부산 재건축)

V

(서울·부산·광주) 재건축·재개발 표준정관 해설

> ■ (부산) 재건축 표준정관 제59조(비용부담의 원칙)
> ● (부산) 재개발 표준정관 제61조(비용부담의 원칙)
>   : 재건축 표준정관과 같다.

재건축·재개발 표준정관의 조문 위치가 다르나, 내용은 같다.

재건축 표준정관
제59조(비용부담의 원칙) 정비사업비는 도시정비법 또는 다른 법령에 특별한 규정이 있는 경우를 제외하고는 조합이 부담한다.

재개발 표준정관 제62조제1항과 같으며, 제1항의 제59조는 재개발에서는 제61조이다.

분양받은 자가 종전에 소유하고 있던 토지 또는 건축물의 가격과 분양받은 대지 또는 건축물의 가격사이에 차이가 있으면, 이전고시 후에 그 차액에 상당하는 금액을 분양받은 자로부터 청산금을 받거나 분양받은 자에게 환급금을 지급하게 된다.

반면, 사업시행자가 정비사업을 수행하기 위해서는 운영비, 공사비 등 각종 비용인 정비사업비가 소요되는데, 이러한 비용조달을 위해 그 구성원인 조합원에게 부과금이란 용어를 사용하고 있다.

■ 정비사업비와 관련이 있는 비용

① 청산금
사업시행자는 대지 또는 건축물을 분양받은 조합원이 종전에 소유하고 있던 토지 또는 건축물의 가격과 분양받은 대지 또는 건축물의 가격사이에 차이가 있는 경우에는 이전고시 후에 정비사업비와 그 차액에 상당하는 금액인 청산금을 분양받은 자로부터 부과하거나, 분양받은 자에게 환급금을 지급하여야 한다(법 제89조제1항).
이와 관련, 도시정비법에 청산금의 물상대위(법 제91조) 규정이 있다.

> **판례**
>
> 사업시행자가 토지등소유자에게 청산금 지급의무를 부담하는 경우, 토지등소유자가 권리제한등기가 없는 상태로 토지등의 소유권을 사업시행자에게 이전하여야 하는지(적극)
> 대법원 2018.9.28선고 2016다246800판결, 추심금
> 【판시사항】
> 구 도시정비법 제47조에 따라 사업시행자가 토지등소유자에게 청산금 지급의무를 부담하는 경우, 토지등소유자가 권리제한등기가 없는 상태로 토지 등의 소유권을 사업시행자에게 이전하여야 하는지 (적극) 및 토지 등 소유자의 권리제한등기 없는 소유권이전 의무와 사업시행자의 청산금 지급의무가 동시이행관계에 있는지 (적극)
> 【판결요지】
> 구 도시정비법(2017.2.8 법률 제14567호로 전부 개정되기 전의 것) 제47조에 의하여 사업시행자가 분양신청을 하지 아니하거나 분양신청을 철회한 <u>토지등소유자에게 청산금 지급의무를 부담하는 경우에, 공평의 원칙상 토지등소유자는 권리제한등기가 없는 상태로 토지등의 소유권을 사업시행자에게 이전할 의무를 부담하고, 이러한 권리제한등기 없는 소유권 이전의무와 사업시행자의 청산금 지급의무는 동시이행관계에 있다.</u>

② 정비기반시설 관리자의 비용부담

시장·군수는 자신이 직접 시행하는 정비사업으로 인해 현저하게 이익을 받는 정비기반시설의 관리자가 있는 경우 관리자와 협의하여 그 설치비용의 1/3 또는 50%까지 부담시킬 수 있다(법 제94조제1항, 영 제78조제1항).

③ 공동구 설치의무자의 비용부담

사업시행자는 정비사업 시행지역에 전기·가스 등의 공급시설을 위한 공동구를 설치하는 경우에는 다른 법령에 따라 그 공동구에 수용될 시설을 설치할 의무가 있는 자에게 공동구의 설치에 소요되는 설치공사 비용 등을 부담시킬 수 있다(법 제94조제2항).

④ 기타 부담금

사업시행자는 정비사업비, 정비기반시설의 부담금 외에도 광역교통시설부담금, 학교용지부담금, 지역난방부담금, 상·하수도분담금, 농지보전부담금 등을 부담해야 한다.

□ 근거규정

■ 특별한 규정
법 제94조의 '정비기반시설 관리자의 비용부담'과 법 제95조제3항에서의 정비사업비에 대한 "보조 및 융자" 규정이 있다.

■ 정비사업비 등 부담 주체
정비사업비의 부담은 사업시행자인 정비조합이 한다. 정비구역내의 주택정비형 재개발, 도시정비형 재개발사업에서 토지등소유자는 조합설립에 동의하든 동의여부와 관계없이 조합이 설립되면 강제조합원이며(법 제39조제1항), 정비사업비의 부담은 그 구성원인 조합원이다.

반면 재건축사업은 조합설립에 동의한 조합원이 정비사업비의 부담주체다.

도시정비법
제92조(비용부담의 원칙) ① 정비사업비는 이 법 또는 다른 법령에 특별한 규정이 있는 경우를 제외하고는 사업시행자가 부담한다.

② 시장·군수등은 시장·군수등이 아닌 사업시행자가 시행하는 정비사업의 정비계획에 따라 설치되는 다음 각 호의 시설에 대하여는 그 건설에 드는 비용의 전부 또는 일부를 부담할 수 있다.

1. 도시·군계획시설 중 대통령령으로 정하는 주요 정비기반시설 및 공동이용시설
2. 임시거주시설

도시정비법 시행령
제77조(주요 정비기반시설) 법 제92조제2항제1호에서 "대통령령으로 정하는 주요 정비기반시설 및 공동이용시설"이란 다음 각 호의 시설을 말한다.

1. 도로,　　2. 상·하수도,　　3. 공원,　　4. 공용주차장,　　5. 공동구
6. 녹지,　　7. 하천,　　8. 공공공지,　　9. 광장

cf 서울특별시 재건축 표준정관

관련 조문이 없다.

광주광역시 재건축·재개발 표준정관

관련 조문이 없다.

2006.8.25 국토부 재건축 표준정관

관련 조문이 없다.

2003.6.30 국토부 재개발 표준정관

관련 조문이 없다.

> ■ (부산) 재건축 표준정관 제60조(비용의 조달)
> ● (부산) 재개발 표준정관 제62조(비용의 조달)

재건축 표준정관 제60조는 재개발 표준정관 제62조와 유사하지만, 제3항과 제4항이 다르다.

제5항은 재개발사업에서만 적용되도록 규정했다.

도시정비법령 또는 다른 법령에 특별한 규정이 있는 경우를 제외하고는 사업시행자인 정비조합이 부담한다. 사업시행자는 경비조달을 위하여 토지등소유자로부터 정비사업비와 정비사업 시행으로 발생한 수입의 차액을 부과금으로 부과·징수하게 된다.

도시정비법에서는 비용부담의 원칙과 함께 비용 조달 규정을 두고 있으며, 비용의 조달은 청산금의 징수방법과 밀접한 관계가 있다.

부산광역시 재건축·재개발 표준정관에서 이를 담고 있다.

□ 근거규정

○ 제1항
도시정비법 제93조제1항

> **재건축 표준정관**
> 제60조(비용의 조달) ① 조합은 토지등소유자로부터 제59조에 따른 비용과 정비사업의 시행과정에서 발생한 수입의 차액을 부과금으로 부과·징수할 수 있다.

재개발 표준정관 제62조제1항과 같다.

표준정관에서의 부과금은 청산금과는 다르다. 청산금은 평가방법과 제비용 중 보조금을 제외하기 때문이다.

실제 이 부과금을 통하여 정비사업의 비용을 충당한 사례는 많지 않고, 수익성이 없는 경우 실현가능성이 역시 높지 않아, 수익성이 높은 재건축사업에서는 가능하다.

도시정비법
제93조(비용의 조달) ① 사업시행자는 토지등소유자로부터 제92조제1항에 따른 비용과 정비사업의 시행과정에서 발생한 수입의 차액을 부과금으로 부과·징수할 수 있다.

○ **제2항**
도시정비법 제93조제2항

재건축 표준정관
제60조(비용의 조달) ② 조합은 토지등소유자가 제1항에 따른 부과금의 납부를 태만히 한 때에는 연체료를 부과·징수할 수 있다.

재개발 표준정관 제62조제2항과 같다.

도시정비법
제93조(비용의 조달) ② 사업시행자는 토지등소유자가 제1항에 따른 부과금의 납부를 게을리한 때에는 연체료를 부과·징수할 수 있다. <개정 2020.6.9>

○ **제3항**
도시정비법 제93조제3항

재건축 표준정관
제60조(비용의 조달) ③ 제1항 및 제2항에 따른 부과금의 부담규모 및 시기는 도시정비법 제74조제1항제6호에 의한 조합원 분담규모 및 분담시기에 따르며 변경하려는 경우에는 도시정비법 제74조제1항에 따른다.

재개발 표준정관

제62조(비용의 조달) ③ 도시정비법 시행령 제59조제4항에 따라 토지등소유자가 정비사업에 제공되는 종전의 토지 또는 건축물에 따라 분양받을 수 있는 것 외에 공사비 등 사업시행에 필요한 비용의 일부를 부담하고 그 대지 및 건축물(주택을 제외한다)을 분양받으려는 때에는 분양신청 시 그 의사를 분명히 하고, 종전의 토지 또는 건축물 가격의 10%에 상당하는 금액을 조합에 납입하여야 한다. 이 경우 비용부담으로 분양받을 수 있는 한도는 기존 토지 또는 건축물 가격의 비율에 따라 ○○%(최대 50%) 이하로 한다.

도시정비법 제93조제1항 및 제2항에 따른 부과금, 연체료의 부과, 징수 사항을 정관으로 위임함에 따라, 재건축·재개발사업의 경우 자신들의 특성에 맞도록 규정하였다.

도시정비법

제93조(비용의 조달) ③ 제1항 및 제2항에 따른 부과금 및 연체료의 부과·징수에 필요한 사항은 정관등으로 정한다.

○ **제4항**

도시정비법 제74조제1항, 제93조제3항

재건축 표준정관

제60조(비용의 조달) ④ 조합은 부과금 또는 연체료를 체납하는 자가 있는 때에는 구청장·군수에게 그 부과·징수를 위탁할 수 있다. 이 경우 부과·징수 및 교부금의 납부는 제58조제1항 후단에 따른다.

재개발 표준정관 제62조제5항과 같으며, 위 제4항에서 제58조제1항후단은 재개발과정에서는 제60조제1항 후단이다.

재개발 표준정관

제62조(비용의 조달) ④ 제1항 및 제2항에 따른 부과금의 부담규모 및 시기는 도

시징비법 제74조제1항제6호에 의한 조합원 분담규모 및 분담시기에 따르며 변경하려는 경우에는 도시정비법 제74조제1항에 따른다.

재건축 표준정관 제60조제4항과 같으며, 위 제60조제1항 후단은 재건축정관 제58조제1항 후단이다.

도시정비법
제74조(관리처분계획의 인가 등) ① 사업시행자는 제72조에 따른 분양신청기간이 종료된 때에는 분양신청의 현황을 기초로 다음 각 호의 사항이 포함된 관리처분계획을 수립하여 시장·군수등의 인가를 받아야 하며, 관리처분계획을 변경·중지 또는 폐지하려는 경우에도 또한 같다. 다만, 대통령령으로 정하는 경미한 사항을 변경하려는 경우에는 시장·군수등에게 신고하여야 한다.
(각 호 생략)

제93조(비용의 조달) ④ 시장·군수등이 아닌 사업시행자는 부과금 또는 연체료를 체납하는 자가 있는 때에는 시장·군수등에게 그 부과·징수를 위탁할 수 있다.

○ **제5항(재개발사업만 해당)**
도시정비법 제93조제5항

재개발 표준정관
제62조(비용의 조달) ⑤ 조합은 부과금 또는 연체료를 체납하는 자가 있는 때에는 구청장·군수에게 그 부과·징수를 위탁할 수 있다. 이 경우 부과·징수 및 교부금의 납부는 제60조제1항 후단에 따른다.

재건축 표준정관 제60조제4항과 같다.

도시정비법
제93조(비용의 조달) ⑤ 시장·군수등은 제4항에 따라 부과·징수를 위탁받은 경우에는 지방세 체납처분의 예에 따라 부과·징수할 수 있다. 이 경우 사업시행자는 징수

한 금액의 4/100에 해당하는 금액을 해당 시장·군수등에게 교부하여야 한다.

cf 서울특별시 재건축 표준정관

관련 조문이 없다.

광주광역시 재건축·재개발 표준정관

관련 조문이 없다.

2006.8.25 국토부 재건축 표준정관

관련 조문이 없다.

2003.6.30 국토부 재개발 표준정관

관련 조문이 없다.

> ■ **(부산) 재건축 표준정관 제61조**(정비기반시설 관리자의 비용부담)
> ● **(부산) 재개발 표준정관 제63조**(정비기반시설 관리자의 비용부담)
>   : 재건축 표준정관과 같다.

재건축·재개발 표준정관의 조문 위치가 다르나, 내용은 같다.

정비사업비는 사업시행자인 조합의 부담이 원칙이다.

사업시행자가 시장·군수인 경우 그가 시행하는 정비사업으로 현저한 이익을 받는 정비기반시설의 관리자가 있으면 그 일부를 그 정비기반시설의 관리자와 협의를 통하여 그 관리자에게 이를 부담시킬 수 있도록 한 규정이다.

대표적으로 전기·가스 등의 공급시설 설치를 위한 공동구 설치비용이 있다.

□ 근거규정

○ 제1항

도시정비법 제94조

> **재건축 표준정관**
> 제61조(정비기반시설 관리자의 비용부담) ① 조합은 정비사업을 시행하는 지역에 전기·가스 등의 공급시설을 설치하기 위하여 공동구를 설치하는 경우에는 다른 법령에 따라 그 공동구에 수용될 시설을 설치할 의무가 있는 자에게 공동구의 설치에 드는 비용을 부담시킬 수 있다.

재개발 표준정관 제63조와 같다.

공동구(共同溝)란 지하매설물(전기·가스·수도 등의 공급설비, 통신시설, 하수도시설 등)을 공동 수용함으로써 미관의 개선, 도로구조의 보전 및 교통의 원활한 소통을 기하기 위하여 지하에 설치하는 시설물이다(국토계획법 제2조제9호).

이 공동구는 특별시장·광역시장·특별자치시장·특별자치도지사·시장 또는 군수("공동구 관리자")가 관리하며, 공동구의 효율적인 관리·운영을 위하여 필요하다고 인정하는 경우에는 대통령령으로 정하는 기관에 그 관리·운영을 위탁할 수 있다(동법 제44조의2).

도시정비법

제94조(정비기반시설 관리자의 비용부담) ① 시장·군수등은 자신이 시행하는 정비사업으로 현저한 이익을 받는 정비기반시설의 관리자가 있는 경우에는 대통령령으로 정하는 방법 및 절차에 따라 해당 정비사업비의 일부를 그 정비기반시설의 관리자와 협의하여 그 관리자에게 부담시킬 수 있다.

② 사업시행자는 정비사업을 시행하는 지역에 전기·가스 등의 공급시설을 설치하기 위하여 공동구를 설치하는 경우에는 다른 법령에 따라 그 공동구에 수용될 시설을 설치할 의무가 있는 자에게 공동구의 설치에 드는 비용을 부담시킬 수 있다.

③ 제2항의 비용부담의 비율 및 부담방법과 공동구의 관리에 필요한 사항은 국토부령으로 정한다.

○ **제2항**

도시정비법 시행규칙 제16조, 제17조

재건축 표준정관

제61조(정비기반시설 관리자의 비용부담) ② 제1항의 비용부담의 비율 및 부담방법과 공동구의 관리에 필요한 사항은 도시정비법 시행규칙 제16조 및 제17조에 따른다.

재개발 표준정관 제63조제2항과 같다.

■ **공동구의 설치비용 등**

공동구의 설치에 드는 비용은 다음 각 호와 같다. 다만, 법 제95조에 따른 보조금이 있는 경우에는 설치에 드는 비용에서 해당 보조금의 금액을 빼야 한다(도시정비법 시행규칙 제16조제1항).

1. 설치공사의 비용
2. 내부공사의 비용
3. 설치를 위한 측량・설계비용
4. 공동구의 설치로 인한 보상의 필요가 있는 경우에는 그 보상비용
5. 공동구 부대시설의 설치비용
6. 법 제95조에 따른 융자금이 있는 경우에는 그 이자에 해당하는 금액

공동구에 수용될 전기・가스・수도의 공급시설과 전기통신시설 등의 관리자(이하 "공동구점용예정자")가 부담할 공동구의 설치에 드는 비용의 부담비율은 공동구의 점용예정면적비율에 따른다(동조 제2항).

조합은 사업시행계획인가의 고시가 있은 후 지체 없이 공동구 점용예정자에게 산정된 부담금의 납부를 통지하여야 한다(동조 제3항).

부담금의 납부통지를 받은 공동구 점용예정자는 공동구의 설치공사가 착수되기 전에 부담금액의 1/3 이상을 납부하여야 하며, 그 잔액은 공사완료 고시일 전까지 납부하여야 한다(동조 제4항).

■ **공동구 관리**

공동구는 시장・군수등이 관리한다(도시정비법 시행규칙 제17조제1항).

시장・군수등은 공동구 관리비용(유지・수선비를 말하며, 조명・배수・통풍・방수・개축・재축・그 밖의 시설비 및 인건비를 포함한다)의 일부를 그 공동구를 점용하는 자에게 부담시킬 수 있으며, 그 부담비율은 점용면적비율을 고려하여 시장・군수등이 정한다.

공동구 관리비용은 연도별로 산출하여 부과하며, 그 관리비용의 납입기한은 매년 3월 31일까지로 하며, 시장・군수등은 납입기한 1개월 전까지 납입통지서를 발부하여야 한다. 다만, 필요한 경우에는 2회로 분할하여 납부하게 할 수 있으며 이 경우 분할금의 납입기한은 3월 31일과 9월 30일로 한다(동조 제2항 내지 제4항).

cf 서울특별시 재건축 표준정관
관련 조문이 없다.

광주광역시 재건축·재개발 표준정관

관련 조문이 없다.

2006.8.25 국토부 재건축 표준정관

관련 조문이 없다.

2003.6.30 국토부 재개발 표준정관

관련 조문이 없다.

> ■ **(부산) 재건축 표준정관 제62조(정비기반시설의 설치)**
> ● **(부산) 재개발 표준정관 제64조(정비기반시설의 설치)**
>   : 재건축 표준정관과 같다.

재건축·재개발 표준정관의 조문 위치가 다르나, 내용은 같다.

> **재건축 표준정관**
> 제62조(정비기반시설의 설치) 조합은 관할 지방자치단체의 장과의 협의를 거쳐 정비구역에 정비기반시설을 설치하여야 한다.

재개발 표준정관 제64조와 같다.

구 도시재개발법상 공공시설의 설치를 위하여 토지등이 수용된 자는 당해 재개발구역 안에서 사업시행자가 매각하고자 하는 대지 또는 건축시설인 보류지를 다른 사람보다 우선하여 매수청구할 수 있는 조문을 두었으나, 이 경우는 대체로 시장·군수가 정비기반시설을 설치할 때 필요한 조문이었다.

도시정비법에 와서도 같은 조문을 두면서 대지 또는 건축물이 국가 또는 지방자치단체 소유인 경우에는 앞서 수용된 자에게 수의계약으로 매각할 수 있도록 하였다.

<u>2018.2.9 도시정비법 전부개정으로 정비기반시설 우선매수 규정을 삭제하였다.</u>

□ **근거규정**

도시정비법
제96조(정비기반시설의 설치) 사업시행자는 관할 지방자치단체의 장과의 협의를 거쳐 정비구역에 정비기반시설(주거환경개선사업의 경우에는 공동이용시설을 포함한다)을 설치하여야 한다.

2018.2.9 삭제된 우선매수청구권 규정은 밑줄 친 제2항으로 다음과 같다.

도시정비법

제96조(정비기반시설의 설치) 사업시행자는 관할 지방자치단체장과의 협의를 거쳐 정비구역에 정비기반시설(주거환경개선사업의 경우에는 공동이용시설을 포함한다)을 설치하여야 한다.

② 제1항에 따른 정비기반시설의 설치를 위하여 토지 또는 건축물이 수용된 자는 해당 정비구역 안에 소재하는 대지 또는 건축물로서 매각대상이 되는 대지 또는 건축물에 대하여 제50조제5항에 불구하고 다른 사람에 우선하여 매수청구할 수 있다. 이 경우 당해 대지 또는 건축물이 국가 또는 지방자치단체의 소유인 때에는 「국유재산법」 제9조 또는 「공유재산 및 물품 관리법」 제10조에 따른 국유재산관리계획 또는 공유재산관리계획과 「국유재산법」 제43조 또는 「공유재산 및 물품 관리법」 제29조에 따른 계약의 방법에도 불구하고 수의계약으로 매각할 수 있다.

2018.2.9 법령개정에 따른 우선매수청구권이 삭제되었는데, 정관을 개정해야 하는지(서울시 재생협력과 2018.4.26)
Q 도시정비법 전부개정(2018.2.9 시행)에 따라 종전의 우선매수청구와 관련한 조항이 삭제되었는바, 이에 따라 조합정관을 개정해야 하는지?
A 도시정비법 제40조에 따라 조합의 정관에는 제1항 각 호의 사항이 포함되어야 하며, 정관은 도시정비법령에 위배되지 않는 범위에서 작성되어야 할 것이므로,
법령 개정에 따라 관련 조항이 삭제된 경우 이를 반영하여 정관을 개정하는 것이 바람직할 것으로 판단됨.

우선매수청구권 행사가 법령개정 이후에도 가능한지, 법령 개정되는 취지로 인해 우선매수청구권을 행사가 불가능한지(국토부 주택정비과 2017.6.16)
Q 도시정비법 제64조제2항과 관련하여 현행법상 조문을 보면 "제1항에 따른 정비기반시설의 설치를 위하여 토지 또는 건축물이 수용된 자는 해당 정비구역 안에 소재하는 대지 또는 건축물로서 매각대상이 되는 대지 또는 건축물에 대하여 제50조제5항에 불구하고 다른 사람에 우선하여 매수청구할 수 있다."고 규정되어 있으나

2018.2.9 개정되는 법 조항은 과거 도시재개발법상 정비기반시설을 시업시행자가 설치하도록 규정하고 있어 현행법 체계와 맞지 않다는 취지로 삭제가 된다고 함.

법 개정과 상관없이 현행법상 위 제64조제2항과 같이 우선매수청구권을 행사가 가능한지, 아니면 개정되는 취지로 인해 우선매수청구권을 행사가 불가한지?

🅐 도시정비법 제64조제2항에 따르면 정비기반시설의 설치를 위하여 토지 또는 건축물이 수용된 자는 해당 정비구역안에 소재하는 대지 또는 건축물로서 매각대상이 되는 대지 또는 건축물에 대하여 제50조제5항에 불구하고 다른 사람에 우선하여 매수청구할 수 있다.

이 경우 당해 대지 또는 건축물이 국가 또는 지방자치단체의 소유인 때에는 「국유재산법」 제9조 또는 「공유재산 및 물품 관리법」 제10조에 따른 국유재산관리계획 또는 공유재산관리계획과 「국유재산법」 제43조 또는 「공유재산 및 물품 관리법」 제29조에 따른 계약의 방법에도 불구하고 수의계약으로 매각할 수 있도록 하고 있으나, <u>개정된 도시정비법에서는 동 규정이 삭제됨에 따라 개정된 법률 시행일(2018.2.9) 이후에는 적용되지 않음</u>.

cf 서울특별시 재건축·재개발 표준정관

관련 조문이 없다.

광주광역시 재건축·재개발 표준정관

관련 조문이 없다.

2006.8.25 국토부 재건축 표준정관

관련 조문이 없다.

2003.6.30 국토부 재개발 표준정관

제51조(우선매수청구권에 의한 분양) ① 조합은 법 제64조제2항에 의한 정비기반시설의 설치를 위하여 토지 또는 건축물이 수용되어 우선매수청구권이 있는 자가 있을 때에는 영 제61조제1항 각호의 사항을 공고하여야 한다.

② 제1항에 의한 공고 후 14일 내에 우선매수청구자가 있는 경우에는 영 제61조의 절차를 거쳐 분양하고자 하는 대지 또는 건축물을 타에 우선하여 분양할 수 있다.

우선매수청구권 관련 재개발 조합정관 삭제방법(서울시 주거정비과 2024.3.5)

Q 우선매수청구권 관련 재개발 조합정관 삭제 방법은?

A 건설교통부 재개발조합 표준정관 후단 '표준정관의 활용방법'에 본 표준정관(안)은 하나의 예시로 법적 구속력은 없으며, 조합의 특징과 여건에 따라 관련 조항을 추가·삭제·수정하여 달리 규정할 수도 있으나, 조합원의 권익과 관계되는 사항에 대한 규정완화 등은 치밀한 검토와 전체적인 합의절차 등을 거쳐 신중하게 하는 것이 바람직하며, 관계법령에 위반되게 하여서는 아니 된다고 정하고 있음.

따라서, 위의 표준정관을 기준으로 조합의 정관을 작성한 경우 관계 법령을 위반하지 않는 범위에서 관련 조항을 추가·삭제·수정할 사항으로 판단됨.

> ■ (부산) 재건축 표준정관 제63조(정비기반시설 및 토지등의 귀속)
> ● 부산) 재개발 표준정관 제65조(정비기반시설 및 토지등의 귀속)
>   : 재건축 표준정관과 같다.

재건축·재개발 표준정관의 조문 위치가 다르나, 내용은 같다.

도시정비법상 정비사업의 시행으로 새로이 정비기반시설을 설치하거나 기존의 정비기반시설에 대체되는 정비기반시설을 설치한 경우에는 종전의 정비기반시설은 사업시행자에게 무상귀속된다.
 또한, 새로이 설치된 정비기반시설은 그 시설을 관리할 국가 또는 지방자치단체에 무상양도된다고 표준정관에서 규정하고 있다.

□ 근거규정

○ 제1항
도시정비법 제97조제1항, 제2항

> **재건축 표준정관**
> 제63조(정비기반시설 및 토지 등의 귀속) ① 조합이 정비사업의 시행으로 새로 설치한 정비기반시설은 그 시설을 관리할 국가 또는 지방자치단체에 무상으로 귀속되고, 정비사업의 시행으로 용도가 폐지되는 국가 또는 지방자치단체 소유의 정비기반시설은 조합이 새로 설치한 정비기반시설의 설치비용에 상당하는 범위에서 그에게 무상으로 양도된다.

재개발 표준정관 제65조와 같다.
 제1항은 정비사업으로 인해 설치한 정비기반시설의 무상귀속, 무상양도 원칙을 규정하고 있다.

2015.9.1 법 개정으로 도로의 무상양도 범위를 확장하여 "현황도로"의 경우에도 그 범위에 포함시켜 정비사업의 활성화를 꾀하였다.

또한, 2018.2.9 전부개정으로 민간시행자에게도 적용되도록 바로 잡았다.

도시정비법

제97조(정비기반시설 및 토지 등의 귀속) ① 시장·군수등 또는 토지주택공사등이 정비사업의 시행으로 새로 정비기반시설을 설치하거나 기존의 정비기반시설을 대체하는 정비기반시설을 설치한 경우에는 「국유재산법」 및 「공유재산 및 물품 관리법」에도 불구하고 종래의 정비기반시설은 사업시행자에게 무상으로 귀속되고, 새로 설치된 정비기반시설은 그 시설을 관리할 국가 또는 지방자치단체에 무상으로 귀속된다.

② 시장·군수등 또는 토지주택공사등이 아닌 사업시행자가 정비사업의 시행으로 새로 설치한 정비기반시설은 그 시설을 관리할 국가 또는 지방자치단체에 무상으로 귀속되고, 정비사업의 시행으로 용도가 폐지되는 국가 또는 지방자치단체 소유의 정비기반시설은 사업시행자가 새로 설치한 정비기반시설의 설치비용에 상당하는 범위에서 그에게 무상으로 양도된다.

○ **제2항**

도시정비법 제97조제3항

재건축 표준정관

제63조(정비기반시설 및 토지 등의 귀속) ② 제1항의 정비기반시설에 해당하는 도로는 도시정비법 제97조제3항 각 호의 어느 하나에 해당하는 도로를 말한다.

무상귀속, 무상양도의 대상이 되는 도로를 도시정비법 제97조제3항인 "「국토계획법」 제30조에 따라 도시·군관리계획으로 결정되어 설치된 도로, 「도로법」 제23조에 따라 도로관리청이 관리하는 도로, 「도시개발법」 등 다른 법률에 따라 설치된 국가 또는 지방자치단체 소유의 도로 및 그 밖에 「공유재산 및 물품 관리법」에 따른 공유재산 중 일반인의 교통을 위하여 제공되고 있는 부지인 현황도로"로 규정하고 있다.

법 제97조제3항제4호인 현황도로를 뜻하는 "그 밖에 「공유재산 및 물품 관리법」에 따른 공유재산 중 일반인의 교통을 위하여 제공되고 있는 부지. 이 경우 부지의 사용 형태, 규모, 기능 등 구체적인 기준은 시·도조례로 정할 수 있다."라고 하여 그 범위에 추가하였다.

다만, 이를 무한정 인정할 수 없어서 부산광역시장, 서울특별시장은 도시정비조례에서 "무상귀속 또는 무상양도에 필요한 현황도로의 기준 등에 대해 시장이 정할 수 있다."는 규정만 하고 있지만, 아직 그 기준을 정하지 않고 있다.

도시정비법

제97조(정비기반시설 및 토지 등의 귀속) ③ 제1항 및 제2항의 정비기반시설에 해당하는 도로는 다음 각 호의 어느 하나에 해당하는 도로를 말한다.
1. 「국토계획법」 제30조에 따라 도시·군관리계획으로 결정되어 설치된 도로
2. 「도로법」 제23조에 따라 도로관리청이 관리하는 도로
3. 「도시개발법」 등 다른 법률에 따라 설치된 국가 또는 지방자치단체 소유의 도로
4. 그 밖에 「공유재산 및 물품 관리법」에 따른 공유재산 중 일반인의 교통을 위하여 제공되고 있는 부지. 이 경우 부지의 사용 형태, 규모, 기능 등 구체적인 기준은 시·도조례로 정할 수 있다.

부산광역시 도시정비조례

제49조(정비기반시설 및 토지 등의 귀속) ① 법 제97조제3항제4호에 따른 도로는 일반인의 통행에 제공되어 실제 도로로 이용하고 있는 부지를 말한다.
② 제1항에서 규정한 사항 외에 무상귀속 또는 무상양도에 필요한 도로의 기준 등에 관하여는 시장이 따로 정할 수 있다.

> **판례**
>
> 도로로서의 도시계획시설 결정 및 지적승인만 있었을 뿐 그 도시계획사업이 실시되었거나 그 토지가

자연공로로 이용된 적이 없는 경우에는 아직 공용개시행위가 있었다고 할 수 없어 그 토지가 행정재산이 되었다고 할 수 없다.
서울중앙지방법원 2024.7.18선고 2022가합513377판결, 부당이득금
【판결요지】
구 도시정비법 제65조제2항이 정한 '사업시행자에게 무상으로 양도되는 국가 또는 지방자치단체 소유의 정비기반시설'이란 사업시행인가 전에 국토계획법에 의하여 도시관리계획으로 결정되어 설치된 국가 또는 지방자치단체 소유의 기반시설을 의미한다. 구 도시정비법 제65조 제2항에 따라 사업시행자에게 무상으로 양도되는 정비기반시설이라는 사실에 관한 증명책임은 이를 주장하는 사업시행자가 부담한다

또한 토지에 대하여 도로로서의 도시계획시설 결정 및 지적승인만 있었을 뿐 그 도시계획사업이 실시되었거나 그 토지가 자연공로로 이용된 적이 없는 경우에는 도시계획결정 및 지적승인의 고시만으로는 아직 공용개시행위가 있었다고 할 수 없어 그 토지가 행정재산이 되었다고 할 수 없다.
이는 국유재산대장에 행정재산으로 등재되어 있다가 용도폐지된 바가 있더라도 마찬가지이다. 그러므로 개발사업 시행지구 내에 있는 토지가 지목이 도로이고 국유재산대장에 행정재산으로 등재되었다가 용도폐지되었다는 사정만으로는 당연히 무상귀속 대상인 종래의 공공시설에 해당한다고 할 수 없고, 대상 시설에 해당한다는 점은 사업시행자가 증명하여야 한다(대법원 2000.4.25선고 2000다348판결, 대법원 2016.4.12선고 2015다228744판결 등 참조).

위 서울중앙지방법원 2022가합513377판결에서의 도로는 법 제97조제3항제1호의 도로를 말한다. 아래 서울고등법원 2022나2015470판결 관련 도로는 같은 항제4호인 현황도로를 그 대상으로 한 것으로 보인다.

2015.9.1 공포된 도시정비법부터 민간사업시행자에게 무상양도되는 용도폐지되는 정비기반시설에는 공공사업시행자와 같이 공유재산인 현황도로가 포함된다.
서울고등법원 2024.1.11.선고 2022나2015470판결, 부당이득금반환
【판결요지】
2015년 개정 도시정비법 제65조제2항에 따라 용도폐지되어 민간 사업시행자에게 무상양도가 되는 정비기반시설에는 현황도로가 포함되고, 이 사건 각 매매계약의 대상이 된 이 사건 각 토지가 공유재산인 현황도로임은 다툼이 없다.
2015년 개정 도시정비법 제65조제2항에 의하면 민간 사업시행자의 경우 용도폐지되는 정비기반시설이 새롭게 설치하는 정비기반시설의 설치비용에 상당하는 범위 안에서 무상양도되는 것이므로, 원고는 새롭게 설치한 정비기반시설의 설치비용 32,050,550,500원과 이미 무상양도 받은 국·공유지 가액 285,559,000원의 차액인 31,764,991,500원(= 32,050,550,500원- 285,559,000원)의 범위 내에서 용도폐지되는 정비기반시설을 무상양도 받을 수 있다.
그런데 이 사건 각 매매계약의 매매대금 가액은 위 차액 범위 내이므로, 민간 사업시행자인 원고가 용도폐지될 현황도로로서 무상양도 대상인 이 사건 각 토지를 유상으로 매입하는 내용의 이 사건 각 매매계약은 위 강행규정에 반하는 것으로 무효이다.

■ 현황도로(사실상 도로)

도로법, 국토계획법, 도시개발법, 주택법 및 「주택건설기준 등에 관한 규정」, 건축법, 사도(私道)법 및 농어촌도로정비법 등에 따른 법정도로가 아니다.

특정 다수에게 제공되는 등 도로로써 사용되고 있는 토지로 '사실상 도로' 또는 '현황도로', '관습상 도로'로 표현되기도 한다.

■ 지목

도로 이외의 지목도 포함됨(전, 답, 임야, 대지, 잡종지 등)

■ 발생배경 및 형태

현황도로는 대부분 폭 2m 내외의 자연 발생된 도로이다.

도시지역의 경우 '도시계획법' 이전부터 존재하여 실질적으로 장기간 도시계획시설 역할을 한 도로이다.

비도시지역에 산재된 소수 촌락의 진입로와 1970년대 새마을운동의 일환으로 개설된 새마을도로, 좁은 농로에 인접하여 구거(도랑을 말함), 임야 등의 부지를 통합하여 2~3m 폭으로 확장·개설된 도로가 주류를 이룬다.

<그림> 서울 불광동4구역 재개발구역 내 현황도로

▶ 자료 : 염주호 등, 2012, "현황도로의 무상양도에 대한 법적문제점과 개선방안"(한국도시설계학회)

○ 제3항

도시정비법 제97조제5항

> **재건축 표준정관**
> 제63조(정비기반시설 및 토지 등의 귀속) ③ 조합은 제1항 및 제2항에 따라 관리청에 귀속될 정비기반시설과 조합에게 귀속 또는 양도될 재산의 종류와 세목을 정비사업의 준공 전에 관리청에 통지하여야 하며, 해당 정비기반시설은 그 정비사업이 준공인가되어 관리청에 준공인가통지를 한 때에 국가 또는 지방자치단체에 귀속되거나 조합에게 귀속 또는 양도된 것으로 본다.

사업시행자인 조합은 관리청에 귀속될 정비기반시설과 조합에게 귀속 또는 양도될 재산의 종류와 세목을 정비사업의 준공 전에 관리청에 통지하여야 하며, 해당 정비기반시설은 그 정비사업이 준공인가되어 관리청에 준공인가 통지를 한 때에 국가 또는 지방자치단체에 귀속되거나 사업시행자에게 귀속 또는 양도된 것으로 본다(법 제97조제5항).

■ "조합에게 귀속 또는 양도된 것으로 본다."는 의미

부동산 물권변동이란 물권의 발생, 변경, 소멸이라는 효과를 가져 오는 일체의 법률행위를 말한다. "귀속 또는 양도된 것으로 본다."는 것은 법률에 따른 물권변동으로 본다는 것이다.

'정비기반시설의 귀속'과 관련 새로이 설치된 공공시설은 그 시설을 관리할 행정청(또는 관리청)에 무상으로 귀속된다.

즉 행정청은 등기 없이도 새로이 설치된 공공시설의 소유권을 취득할 수 있다.

정비기반시설의 귀속은 민법 제187조의 '기타의 법률에 따른 부동산 취득'에 해당된다.

— 법률행위로 인한 부동산 물권변동

민법 제186조(부동산물권변동의 효력) 부동산에 관한 법률행위로 인한 물권의 득실변경은 등기하여야 그 효력이 생긴다(물권행위인 양도, 포기, 담보설정+등기)

— 법률에 따른 부동산 물권변동의 근거규정(등기를 요하지 아니하는 부동산물권취득)

상속, 공용징수, 판결, 경매 기타 법률에 따른 부동산에 관한 물권의 취득은 등기를 요하지 아니한다. 그러나 등기를 하지 아니하면 이를 처분하지 못한다(민법 제187조).

> **⚖ 판례**
>
> 도로 일부분이 인접부지에 사용되고 있을 때 일부분을 무상귀속에서 제외할 것인지
> 서울고등법원 2023.9.1선고 2022나2042243판결, 부당이득금
> 【판결요지】
> 도로는 도로의 형태를 갖추고 도로법에 따라 노선의 지정·인정 공고와 도로구역 결정·고시를 한 때 또는 구 도시계획법(1972.12.30 법률 제2435호로 개정되기 전의 것)이 정한 절차를 거쳐 도로를 설치한 때, 공용개시행위가 있다고 볼 수 있다.
> 지방자치단체가 도시계획사업의 일환으로 토지구획정리사업을 시행하여 설치한 도로의 부지에 대해서는 구 국토계획법상 기반시설에 관한 도시관리계획 결정도 있는 것으로 간주되어 도로법에 따라 노선의 지정·인정 공고와 도로구역 결정·고시가 되었는지와 상관없이 구 도시정비법 제65조제2항 후단이 적용된다(대법원 2018.5.11선고 2015다41671판결 등 참조).
> 토지구획정리사업에 따른 공사완료 공고 및 환지처분 공고와 도로 확정 후 소유권 귀속 등의 절차를 거쳐 전체 면적에 대하여 개설 및 공용개시가 된 것으로 보아야 하고, 그 중 극히 일부분이 어떠한 이유로 인접부지의 사용에 공하게 되었다고 하여 그 부분만을 도려 내어 도로의 '개설'이 없었다고 볼 수는 없다.

cf 서울특별시 재건축·재개발 표준정관

관련 조문이 없다.

광주광역시 재건축·재개발 표준정관

관련 조문이 없다.

2006.8.25 국토부 재건축 표준정관

관련 조문이 없다.

2003.6.30 국토부 재개발 표준정관

관련 조문이 없다.

11장 보칙

제61조(정비사업 정보몽땅의 사용)

제62조(관련자료의 공개와 보존)

제63조(계약의 효력)

제64조(재건축/재개발정비사업조합설립추진위원회, 주민협의체)

제65조(정관의 해석)

제66조(분쟁 및 소송)

제67조(민법의 준용 등)

V

(서울·부산·광주)
재건축·재개발 표준정관 해설

> ■ (서울) 재건축 표준정관 제61조(정비사업 정보몽땅의 사용)
> ● (서울) 재개발 표준정관 제65조(정비사업 정보몽땅의 사용)
>   : 재건축 표준정관과 같다.

재건축·재개발 표준정관의 조문 위치가 다르나, 내용은 같다.

> **재건축 표준정관**
> 제61조(정비사업 정보몽땅의 사용) ① 조합임원(청산인을 포함한다) 및 직원은 "정비사업정보몽땅 홈페이지 운영지침"에 따라, 해당 조합의 정비사업 정보몽땅을 관리·담당한다.
> ② 조합은 관련법령, 조례, 이 정관 및 조합 업무규정에서 정하는 바에 따라 관련 자료 등을 공개·등록하고 조합원이 열람할 수 있도록 관리하여야 한다.

재개발 표준정관 제65조와 같다.

□ 근거규정

서울특별시 정비사업 정보몽땅 홈페이지 운영지침(정비사업 종합정보관리시스템 2022.10.25)

이 지침은 서울특별시 「정비사업 정보몽땅 홈페이지(이하 "정보몽땅 홈페이지")」의 원활한 운영을 위하여 정보몽땅 홈페이지의 운영 및 관리 등에 관해 필요한 사항을 규정함을 목적으로 한다(동 지침 제1조).

■ 정보몽땅 홈페이지

정비사업 정보 이용 시 반드시 거쳐야 하는 입구 역할을 하는 종합포털 서비스와 재개발·재건축·도시환경정비사업 등의 추진위원회·조합의 정보공개, 조합업무지원, 분담금 추정 서비스, 시, 구 공무원의 사업장 개설, 게시판, 사용자관리 등 전반적인 시스템관리를 위한 시스템관리자 서비스를 총칭하여 말한다(동 지침 제2조제1호).

별표1에는 추진위원회(추진위원장이 수행)와 조합(조합장이 수행)의 사항이 있으나, 이 책에서는 조합을 기준으로 설명하겠다.

<별표1>
정비사업 정보몽땅 홈페이지 정보공개 사항

조합(조합장이 수행)
1. 공통사항
    1) 의사록: 조합총회, 이사회, 대의원회, 기타/공통적으로 의사록, 속기록(또는 녹음 또는 영상자료), <u>회의내용 안내책자</u>(예. 총회책자등), 참석자 및 결의자명부, 서면결의서원본 스캔파일
    2) 용역업체 선정계약: 정비사업전문관리업자, 설계자, 시공자, 철거업자, 기타
    3) 자금운용: 연간자금운용계획, 월별자금입출금 세부내역, 자금입출금 관련 약정·계약서, 자금수지보고서, 결산보고서, 회계감사보고서, 카드사용점검결과서
    4) 사업시행 관련 공문서: 발신, 수신
    5) 공고: 조합총회, 이사회, 대의원회, 입찰, 세입자, 분양(조합원), 기타
2. 조합설립인가: 조합설립(변경)인가서/정관, 업무규정(기타)
3. 사업시행계획서(인가): 사업(시행·변경·중지·폐지)인가서/건축시설계획-사업개요/건축시설계획-조감도/건축시설계획-배치도/건축시설계획-단위세대평면도/건축시설계획-재료마감표/세입자 대책현황(예정자)
4. 관리처분계획서(인가): 관리처분계획인가(변경·중지·폐지인가)서/정비사업비 추산액 및 조합원 부담규모 및 시기/세입자 대책현황
5. 공사시행: 월별공사 진행사항/사업비 변경내역(공사비 제외)/공사비 변경내역
6. 준공인가: 준공인가 전 사용허가, 준공인가
7. 해산 및 청산: 조합해산, 조합청산

(위 별지1) 회의내용 안내자료는 회의 주관자가 회의참석자에게 회의안건 설명을 위해 그 설명을 요약한 자료인지(서울시 주거정비과-2773, 2022.10.14)
Q 1. 회의내용 안내자료는 회의주관자가 회의참석자에게 회의안건 설명을 위해 그 설명을 요약한 자료를 말하는지?

Ⓐ 도시정비법 제124조제1항은 조합임원등이 정비사업의 시행에 관하여 조합원·토지등소유자 또는 세입자가 알 수 있도록 15일 이내에 인터넷과 그 밖의 방법을 병행하여 공개해야 할 서류를 열거하면서도 '관련 자료'에 관하여 명시적으로 규정하고 있지 않으나 통상 다음과 같이 해석이 가능하겠음.

본 지침 별표1 조합이 공개해야 할 공통사항 내 의사록 필수 첨부자료 중 <u>'회의내용 안내자료'란 이사회의 개최 전 회의 안건, 회의 일시, 회의 장소 등이 기재되어 사전 공지된 안내문과 회의에 관련한 개요 및 회의안건이 요약된 자료를 의미</u>하는 것으로 해석할 수 있겠음.

ⒸⒻ 부산광역시 재건축 표준정관

제81조(정비사업관리시스템 사용) ① 조합은 정비사업의 고지·공고 및 정보공개 등을 위하여 부산광역시 정비사업 통합홈페이지를 사용하여야 한다.

② 조합은 정비사업의 예산·회계·인사 및 행정업무의 전자결재 등을 위하여 부산광역시 정비사업 e-조합시스템을 사용하여야 한다.

재개발 표준정관 제83조와 같다.

광주광역시 재건축 표준정관

제61조(정비사업 관리시스템의 사용) ① 조합임원(청산인을 포함한다) 및 직원은 "정비사업 관리시스템 홈페이지 운영지침"에 따라, 해당 조합의 정비사업 정보를 관리·담당한다.

② 조합은 관련법령, 조례, 이 정관 및 조합 업무규정에서 정하는 바에 따라 관련자료 등을 공개·등록하고 조합원이 열람할 수 있도록 관리하여야 한다.

재개발 표준정관 제64조와 같다.

2006.8.25 국토부 재건축 표준정관

관련 조문이 없다.

2003.6.30 국토부 재개발 표준정관

관련 조문이 없다.

> ■ **(서울) 재건축 표준정관 제62조(관련자료의 공개와 보존)**
> ● **(서울) 재개발 표준정관 제66조(관련자료의 공개와 보존)**
>   : 재건축 표준정관과 같다.

재건축·재개발 표준정관의 조문 위치가 다르나, 내용은 같다.

구 도시재개발법에서는 정비사업 관련 자료를 인계받은 구청장은 5년간 보관하여야 하며, 이를 위반해도 형사처벌이 없이 과태료만 있었다.

이후 도시정비법 시행으로 초기까지 법 제81조(관련자료의 공개와 보존)를 위반해도 처벌규정이 없었으나, 2007.12.21 처벌조항을 두었다.

이후 2018.2.9 도시정비법 전부개정 시행으로 법 제124조(관련 자료의 공개)와 제125조(관련자료의 보관 및 인계)의 별개 조문으로 구분되었다.

표준정관에서는 "공개와 보존"으로 하였다.

□ 근거규정

○ 제1항
도시정비법 제124조, 동법 시행령 제94조제1항

> **재건축 표준정관**
> 제62조(관련자료의 공개와 보존) ① 조합임원 및 청산인은 법 제124조 각 호 및 시행령 제94조 각 호에서 공개하도록 규정한 정비사업의 시행에 관한 아래 각 호의 서류 및 자료를 해당 서류 또는 자료가 작성되거나 변경된 후 15일 이내에 정비사업 정보몽땅과 그 밖의 방법을 병행하여 공개하여야 한다. 다만, 정비사업 정보몽땅 등 인터넷을 통해 공개하는 자료 중 주민등록번호를 제외하고 공개할 수 있다.
> 1. 추진위원회 운영규정 및 정관등
> 2. 설계자·시공자 및 정비사업전문관리업자 등 용역업체의 선정계약서

3. 추진위원회·주민총회·조합총회 및 조합의 이사회·대의원회의 의사록

4. 사업시행계획서

5. 관리처분계획서

6. 해당 정비사업의 시행에 관한 공문서

7. 회계감사보고서

8. 월별 자금의 입금·출금 세부내역

8의2. 법 제111조의2에 따라 신고한 자금차입에 관한 사항

9. 결산보고서

10. 청산인의 업무 처리 현황

11. 법 제72조제1항에 따른 분양공고 및 분양신청에 관한 사항

12. 연간 자금운용 계획에 관한 사항

13. 정비사업의 월별 공사 진행에 관한 사항

14. 설계자·시공자·정비사업전문관리업자 등 용역업체와의 세부 계약 변경에 관한 사항

15. 정비사업비 변경에 관한 사항

【주】법 제124조제1항 각 호 및 시행령 제94조제1항 각 호에 따라 공개대상이 되는 자료의 목록을 열거한 것이며, 조합이 필요하다고 판단하는 항목을 추가할 수 있음

재개발 표준정관 제66조제1항과 같다.

2018.2.9 도시정비법 전부개정, 시행으로 제9호 결산보고서가 추가되었다.

종전에는 기한 없이 공개여부만 규정하여 처벌이 쉽지 않았으나, 2012.2.1 "정비사업 관련 자료가 작성되거나 변경된 후 15일 이내"로 강제하고, 월별 자금의 입출금 세부내역 등을 추가 공개하게 되었다.

위 규정 각 호의 사항 외에도 조합이 필요하다고 판단하는 항목을 추가할 수 있다.

▲ 판례

■ 비공개대상

구 도시정비법 제124조제1항 각 호에 규정된 서류나 관련 자료가 작성되어 존재한 바가 없는 경우, 조합임원 등에 대한 구 도시정비법 제124조제1항 위반죄가 성립할 수 있는지(소극)
대법원 2024.9.13.선고 2023도16588판결, 도시정비법 위반
【판결요지】
구 도시정비법(2020.6.9 법률 제17453호로 개정되기 전의 것) 제124조제1항에 따르면, 조합임원 등은 구 도시정비법 제124조제1항 각 호에 규정된 서류 및 관련 자료의 작성 또는 그 작성된 서류 및 관련 자료의 변경 후 15일 이내에 이를 공개하게 되어 있다.
위 조항에 따른 공개가 이루어지려면 조합원이나 토지등소유자 또는 세입자가 알 수 있는 형태로 해당 서류 등이 작성되어 존재하여야 하는데, 이와 같이 작성되지 않은 서류 등에 대하여 공개의무가 있다고 해석한다면 이는 명문의 근거 없이 조합임원 등에게 해당 서류 등에 대한 작성의무까지도 부담시키는 결과가 된다.
위 조항이 '작성'과 '공개'를 구별하고 있음에도 존재하지 않는 서류 등에 대한 공개의무를 인정하는 것은 '공개'의 의미를 피고인에게 불리한 방향으로 지나치게 확장해석하거나 유추해석하는 것에 해당하여 허용될 수 없다.
결국 구 도시정비법 제124조 각 호에 규정된 서류나 관련 자료가 작성되어 존재한 바가 없다면 조합임원 등에 대한 구 도시정비법 제124조제1항 위반죄는 성립할 여지가 없다.

소송대리인 선임을 위한 사건위임계약서는 도시정비법에서 공개대상으로 정한 서류 및 관련 자료에 해당한다고 보기 어렵다(부산 금정구 재개발조합)
부산지방법원 2024고정99판결, 도시정비법 위반
【판시사항】
각 사건수임계약은 정비사업 진행 과정에서 우연히 발생한 법률문제의 처리를 위하여 조합과 법무법인 사이에 체결된 것으로서 본질적으로 위임계약에 해당하므로 그 계약서가 도시정비법 제124조제1항제2호에서 정한 '설계자·시공자·철거업자 및 정비사업전문관리업자 등 용역업체의 선정계약서'에 해당한다고 보기는 어렵다.
검사는 위 각 사건수임계약이 대의원회의 또는 이사회의 의결에 따라 이루어진 것이므로 도시정비법 제124조제1항제3호의 '의사록 및 관련 자료'에 해당한다고 주장하나, 모든 의사결정이 조합원총회나 임원회의를 거쳐 이루어질 수밖에 없는 조합의 특성상 조합원총회나 임원회의 의결사항에 대한 집행행위의 결과물이 '의사록 관련 자료'로서 공개의 대상이 된다고 한다면 결국 조합이 체결하는 거의 대부분의 계약이 공개의 대상이 된다는 결론에 이르게 되고, 이는 죄형법정주의에서 금지하는 확장해석에 해당한다고 하지 않을 수 없다.
사건수임계약서는 위 도시정비법에서 공개대상으로 정한 서류 및 관련 자료에 해당한다고 보기 어려워 위 각 공소사실은 범죄가 되지 아니하는 경우에 해당하므로 형사소송법 제325조 전단에 의하여 무죄를 선고한다.

<u>조합의 '정기총회 홍보요원 근로계약서'는 도시정비법 제124조제1항에 규정된 공개하여야 하는 서류 및 관련 자료에 해당하지 않는다</u>(군산시 재개발조합)

전주지방법원 군산지원 2024고정57판결
【판결요지】
증거들에 의하여 인정되는 아래와 같은 사실 또는 사정들, 즉 ①'각 정기총회 홍보요원 근로계약서'는 도시정비법 제124조제1항에 명시적으로 정한 서류에 해당하지 않는 점, ②도시정비법 제124조제1항제11호에서 정한 대통령령으로 정하는 서류 및 관련 자료는 관련 법리에 의할 때 엄격하게 해석하여야 하는데, 정기총회 홍보요원의 근로계약서는 동법 제124조제1항, 제4항, 동법 시행령 제94조제1항 각 호에 열거된 서류에 해당한다고 단정하기 어려운 점, ③그럼에도 정기총회 홍보요원의 근로계약서를 위 조항에서 규정한 서류에 해당하는 것으로 해석하여 형사처벌의 근거로 삼는 것은 죄형법정주의의 원칙하에서 문언의 가능한 범위를 벗어나 피고인들에게 불리한 확장해석에 해당하여 허용될 수 없는 점(대법원 2023.11.2선고 2023도5616 판결, 2024.5.30선고 2024도3220판결 참조) 등을 종합하면,
군산 F재개발조합의 '2019년, 2020년, 2021년 각 정기총회 홍보요원 근로계약서'는 도시정비법 제124조제1항에 규정된 인터넷과 그 밖의 방법을 병행하여 공개하여야 하는 서류 및 관련 자료에 해당하지 않는다고 봄이 타당하다.

조합이 구청을 수신처로 하여 작성한 문서와 주택도시보증공사에게 제출할 목적으로 작성한 금전소비대차약정서는 정보공개대상인 '공문서'에 해당하지 않는다(서울 영등포구 재건축조합)
서울남부지방법원 2022고정1264판결
【판시사항】
1) 조합이 구청을 상대로 작성한 문서가 공문서인지 여부
범죄일람표 순번 22번, 34번, 35번 기재 각 서류는 이 사건 조합이 영등포구청을 수신처로 하여 작성한 문서인바, 이 사건 조합이 관할 행정청의 감독 아래 도시정비법상 재건축사업을 시행하는 공법인에 해당한다고 하더라도, 도시정비법 제124조제1항 제6호의 '해당 정비사업의 시행에 관한 공문서'에 조합이 작성한 문서가 포함된다고 본다면 조합이 공개하여야 하는 문서로 동 항 다른 호에서 열거하고 있는 용역업체 선정계약서, 사업시행계획서, 월별 자금의 입·출금 세부내역, 결산보고서 등 다른 자료와 중복되는 점, 공문서는 공무원이 그 직무에 관하여 작성하는 문서인데 도시정비법 제49조는 '조합의 관하여는 이 법에 규정된 사항을 제외하고는 민법 중 사단법인에 관한 규정을 준용한다'고 정하고 있고, 도시정비법 제134조는 '조합임원은 형법상 뇌물 범죄에 대한 규정을 적용할 때 공무원으로 본다'고 규정하고 있는 점을 고려하면, 벌칙규정에 대한 적용 외에는 조합장 등을 공무원으로 보지 않는 것으로 해석함이 타당하고 따라서 조합이 작성한 문서는 공문서에 해당하지 않는다.
2) 주택도시보증공사에게 제출할 목적으로 작성된 '금전소비대차 약정서'가 공문서인지 여부
이 사건 조합의 전신인 조합설립추진위원회가 주채무자로서 주택도시보증공사로부터 필요비용을 차용함에 있어 약정내용을 승인하고 성실히 이행하고, 추진위원장인 H가 연대보증인으로서 주채무자와의 연대책임을 확약한다는 의사를 표시한 문서이므로, 위 추진위원회와 추진위원장이 작성한 위 금전소비대차 약정서 역시 위 (1)항에서 본 바와 같은 이유로 공문서로 보기는 어렵다고 할 것이다.

연기되어 개최되지 않은 총회의 참석자명부, 홍보요원 명단 등이 정보공개 대상이 되지 않는다
서울북부지방법원 2022고정197판결
【판시사항】
연기되어 개최되지 않은 위 두 개의 총회에 '총회 참석자 명부'는 존재할 수 없고, '총회 반송자 명단, 총회책자 발송 등기우편 영수증, 총회 책자 재발송 명단 및영수증, 총회 홍보요원 명단(휴대폰 연락처 포

함)'은 도시정비법상 공개해야 하는 총회 의사록 관련 자료로 보이지도 않으며, 설령 공개대상 자료라고 하더라도 총회가 개최되지 않는 이상 도시정비법상의 공개대상이 될 수도 없다.

그렇다면, 2021.6.18과 2021.7.29자 각 총회의 총회 참석자 명부, 총회 반송자 명단, 총회책자 발송 등기우편 영수증, 총회 책자 재발송 명단 및 영수증, 총회 홍보요원 명단(휴대폰 연락처 포함) 미공개의 점은 범죄로 되지 아니하는 때에 해당하므로 형사소송법 제325조 전단에 따라 무죄를 선고한다.

정보공개대상 중 회의자료, 집계표, 속기록에 대해 그 대상이 되지 않는다
의정부지방법원 2021노2430, 도시정비법 위반
【판시사항】
'회의자료 등'이 그 자체로는 무엇을 의미하는지 명확하지 아니하고, 오히려 위 인정사실에 의하면, '회의자료 등'은 피고인이 이미 공개한 의사록 및 관련 자료일 가능성이 높아 보인다. 수사기관에서부터 원심에 이르기까지 서면결의서와 참석자명단 외에 다른 어떤 자료를 공개하지 아니한 것이 조사 또는 심리 대상이 된 바도 없다.

'집계표'의 경우, 그것이 어떤 문서를 의미하는 것이라면 그러한 문서가 작성되었는지 여부를 확인할 아무런 증거가 없고, 집계 결과를 의미하는 것이라면, 앞서 든 증거들에 의하여 인정되는 바와 같이, 피고인이 이미 공개한 이 사건 대의원회의 '의사록'에 각 안건별로 찬성, 반대, 기권 및 무효표의 수를 집계한 결과가 기재되어 있어 마찬가지로 이미 공개된 것으로 인정할 수 있다.

'속기록'에 대하여 본다. 도시정비법 제138조제1항제7호 및 제124조제1항은 공개대상이 되는 서류를 각호에서 구체적으로 열거하면서도 '관련 자료'의 판단 기준에 관하여는 별도로 규정하고 있지 않을 뿐만 아니라, 그 밖에 공개가 필요한 서류 및 관련 자료는 대통령령에 위임하여 이를 추가할 수 있는 근거 규정을 두고 있으므로,

도시정비법 혹은 그 시행령에 명문의 근거 규정 없이 정비사업의 투명성·공공성 확보 내지 조합원의 알권리 보장 등 규제의 목적만을 앞세워 각호에 명시된 서류의 '관련 자료'의 범위를 지나치게 확장하여 인정하는 것은 죄형법정주의가 요구하는 형벌법규 해석원칙에 어긋난다.

도시정비법 제124조제1항은 정비사업의 시행에 관하여 작성 또는 변경 후 15일 이내에 공개하여야 할 서류를 규정하는 한편, 도시정비법 제125조제1항은 위와 같이 공개하여야 할 서류를 포함하여 총회 또는 중요한 회의가 있는 때에는 속기록·녹음 또는 영상자료를 만들어 청산 시까지 보관하여야 한다고 규정한다.

즉, 도시정비법은 신속하게 공개하여야 할 자료와 일정한 경우에 한하여 작성 후 청산 시까지 보관하여야 할 자료를 구분하고, 속기록·녹음 또는 영상자료는 보관대상으로 규정할 뿐 의사록과 같은 공개 대상으로 명시하지 않고 있다. 의사록이 진정하게 작성되었는가는 참석자 명부와 서면결의서를 통해서도 확인할 수 있으므로, 반드시 참석자의 구체적인 발언 내용이 담긴 속기록이 필요하다고 보기 어렵다(대법원 2022.1.27선고 2021도15334판결 참조). 따라서 속기록은 이 사건 법률조항에서 정하는 공개대상인 서류 또는 자료에 해당된다고 볼 수 없다.

공개대상이 아니라는 하급심 판결에도 불구하고 사실관계가 다른 경우에는 공개의무 위반으로 고발될 수 있으므로, 조합에서는 주의를 요한다.

■ **공개대상**

'조합원의 신축건물 동호수 배정 결과'가 도시정비법 제124조제4항에 따른 열람·복사 대상인지, 재건축조합의 감사가 열람·복사를 요청한 경우에도 도시정비법 제124조제4항이 적용되는지(모두 적극)
대법원 2021.2.10선고 2019도18700판결, 도시정비법 위반
【판시사항】
[1] '조합원별 신축건물 동호수 배정 결과'가 도시정비법 제124조제4항에 따른 열람·복사의 대상인지(적극)
[2] 정비조합의 '조합원'이자 '감사'인 사람이 정비사업 관련 자료의 열람·복사를 요청한 경우, 조합임원은 도시정비법 제124조제4항에 따라 열람·복사를 허용할 의무를 부담하는지(적극) 및 이를 위반하여 열람·복사를 허용하지 않는 경우에는 동법 제138조제1항제7호에 따라 형사처벌 대상이 되는지(적극)
【판결요지】
[1] 도시정비법 제124조제1항, 제4항(이하 제4항을 '의무조항'), 제138조제1항제7호의 내용과 체계에다가 정비조합이 수립하는 관리처분계획의 내용 등을 종합하면, 조합원별 신축건물 동호수 배정결과는 의무조항에 따른 열람·복사의 대상이라고 보아야 한다.
[2] 도시정비법 제124조제4항은 '조합원'과 '토지등소유자'를 열람·복사 요청권자로 규정하고 있을 뿐이고, 조합임원인 '감사'는 의무조항에서 규정한 열람·복사 요청권자에 해당하지 않는다. 그러나 '감사'가 '조합원'의 지위를 함께 가지고 있다면 '조합원'으로서 열람·복사 요청을 할 수 있고, 어떤 조합원이 조합의 감사가 되었다는 사정만으로 조합원 또는 토지등소유자의 지위에서 가지는 권리를 상실한다고 볼 수는 없다.
감사인 조합원이 정보공개청구의 목적에 '감사업무'를 부기하였다고 하여 조합원의 지위에서 한 것이 아니라고 단정하기도 어렵다. 감사가 아닌 조합원도 조합의 사무 및 재산상태를 확인하고 업무집행에 불공정이나 부정이 있는지를 감시할 권리가 있고, 정보공개를 통해 조합의 업무집행에 문제가 있다고 생각하면 감사에게 감사권 발동을 촉구할 수도 있다.

따라서 정비조합의 '조합원'이자 '감사'인 사람이 정비사업 관련 자료의 열람·복사를 요청한 경우에도 특별한 사정이 없는 한, 조합임원은 의무조항에 따라 열람·복사를 허용할 의무를 부담하고, 이를 위반하여 열람·복사를 허용하지 않는 경우에는 도시정비법 제138조제1항제7호에 따라 형사처벌의 대상이 된다고 보아야 한다.

일부 조합에서는 이사나 감사가 조합에 대해 정보공개를 청구하는 경우가 종종 있다. 위 대법원 판례에서 '감사'가 그 직책 외에도 '조합원'의 지위를 함께 가지고 있다면 '조합원'으로서 열람·복사 요청을 할 수 있다고 판시하였다.

○ **제2항**

도시정비법 시행령 제94조제2항

재건축 표준정관

제62조(관련자료의 공개와 보존) ② 제1항에 따라 공개의 대상이 되는 서류 및 관련 자료의 경우 분기별로 공개대상의 목록, 개략적인 내용, 공개장소, 열람·복사 방법 등을 시행령 제94조제2항에서 정하는 방법과 절차에 따라 매 분기가 끝나는 달의 다음 달 15일까지 조합원에게 서면으로 통지하여야 한다.

재개발 표준정관 제66조제2항과 같다.

도시정비법 시행령

제94조(자료의 공개 및 통지 등) ② 추진위원장 또는 사업시행자(조합의 경우 조합임원, 재개발사업을 토지등소유자가 시행하는 경우 그 대표자를 말한다)는 법 제124조제2항에 따라 매 분기가 끝나는 달의 다음 달 15일까지 다음 각 호의 사항을 조합원 또는 토지등소유자에게 서면으로 통지하여야 한다.

1. 공개 대상의 목록
2. 공개 자료의 개략적인 내용
3. 공개 장소
4. 대상자별 정보공개의 범위
5. 열람·복사 방법
6. 등사에 필요한 비용

○ **제3항**

도시정비법 시행규칙 제22조에 따라 사용목적 등을 기재한 서면(전자문서를 포함)

재건축 표준정관

제62조(관련자료의 공개와 보존) ③ 조합원이 제1항 및 제4항에 따라 공개 및 열람·복사등을 요청하는 경우에는 도시정비법 시행규칙 제22조에 따라 사용목적 등

을 기재한 서면(전자문서를 포함한다)으로 하여야 한다.

【주】조합은 업무처리의 효율성 및 조합원의 편의를 위해 '정보공개 청구서' 서식을 작성하여 활용할 수 있음.

재개발 표준정관 제66조제3항과 같다.

도시정비법 시행규칙

제22조(자료의 공개 및 열람) 법 제124조제4항에 따른 토지등소유자 또는 조합원의 열람·복사 요청은 사용목적 등을 기재한 서면(전자문서를 포함한다)으로 하여야 한다.

○ 제4항

재건축 표준정관

제62조(관련자료의 공개와 보존) ④ 조합원이 제1항에 따른 서류 및 법 제124조제4항 각 호를 포함한 정비사업 시행에 관한 서류와 관련 자료에 대하여 제3항의 방법으로 열람·복사 요청을 한 경우 조합장은 15일 이내에 그 요청에 따라야 한다. 이 경우 조합은 대의원회의 의결을 거쳐 열람·복사 방법 등 세부적인 방법과 절차에 관한 기준을 정할 수 있다.

【주】열람·복사방법은 조합이 재량으로 정할 수 있다는 대법원 판례에 따름

재개발 표준정관 제66조제4항과 같다.

열람·복사 요청을 한 경우 조합장은 15일 이내에 대의원회의 의결을 거쳐 열람·복사 방법 등 세부적인 방법과 절차에 관한 기준을 정할 수 있다(대법원 판례에 따라 열람·복사방법은 조합이 재량으로 정할 수 있음)

"열람·복사 요청을 한 경우 조합장은 15일 이내"란 자료공개일은 회의 개최한 날이 아니라 회의록 작성일로부터 15일 이내이다(서울중앙지법 2024.4.3선고 2024노908판결).

▲ 판례 등

도시정비법 제124조제4항에 따른 열람·복사의 대상이 되는 서류 및 관련 자료의 범위(법제처 2024.7.2)

Q 도시정비법 제125조제1항에 따라 보관하여야 하는 속기록 등 자료가 동법 제124조제4항에 따른 열람·복사의 대상이 되는 서류 및 관련 자료에 해당하는지?

A 도시정비법 제125조제1항에 따른 속기록 등 자료는 동법 제124조제4항에 따른 열람·복사의 대상이 되는 서류 및 관련 자료에 해당하지 않음.

> ### 판례
>
> 서면결의서를 복사해 주면서, 한번은 인적사항을 가리고 한번은 표기사항을 가려 두 번에 걸쳐 복사해 준 것은 정보공개 위반인지, OS고용계약서는 정보공개 대상인지
> 대법원 2024.5.30선고 2024도3220판결, 도시정비법 위반
> 【판결요지】
> 홍보요원의 명단, 채용계약서 또는 고용계약서는 도시정비법 제124조제1항, 제4항의 각 호에 명시적으로 열거되어 있는 서류에 해당하지 않는다.
> 도시정비법 제124조제1항제11호, 제4항제3호에 각 규정된 '대통령령으로 정하는 서류 및 관련 자료'의 범위는 엄격하게 해석해야 한다. 그런데, 홍보요원의 명단, 채용계약서 또는 고용계약서는 동법 제124조제1항, 제4항, 동법 시행령 제94조제1항 각 호에 열거된 자료들(① 분양공고 및 분양신청에 관한 사항, ② 연간 자금운용 계획에 관한 사항, ③ 정비사업의 월별 공사 진행에 관한 사항, ④ 설계자·시공자·정비사업전문관리업자 등 용역업체와의 세부 계약 변경에 관한 사항, ⑤ 정비사업비 변경에 관한 사항)에 해당한다고 단정하기도 어렵다.
> 한편, 도시정비법 제124조제1항제8호에 '월별 자금의 입금·출금 세부내역'이 공개대상으로 명시되어 있기는 하나, 조합이 진행한 분양신청 및 정기총회와 관련한 비용 산정의 적정성을 판단하기 위하여 반드시 홍보요원의 명단, 채용계약서 또는 고용계약서가 필요하다고 보기도 어렵고, 같은 항 제2호에 규정된 "설계자·시공자·철거업자 및 정비사업전문관리업자 등 용역업체의 선정계약서" 또는 그 '관련 자료'에 홍보요원의 명단, 채용계약서 또는 고용계약서가 포함된다고 보기도 어렵다.
> 위 사정들에 비추어 보면, 홍보요원의 명단, 채용계약서 또는 고용계약서를 위 조항에서 규정한 서류에 해당하는 것으로 해석하여 형사처벌의 근거로 삼는 것은 죄형법정주의의 원칙하에서 문언의 가능한 범위를 벗어나 피고인에게 불리한 확장해석에 해당하여 허용될 수 없다(대법원 2023.11.2선고 2023도5616판결 참조).
>
> 사용목적을 기재하지 않은 서면에 의하여 정비사업 시행에 관한 서류와 자료에 대하여 열람·복사를 요청하였더라도, 단순히 그러한 사정만으로 요청을 거부할 수는 없다
> 대법원 2023.12.14선고 2023도4470판결, 도시정비법 위반
> 【판결요지】

> 도시정비법은 제124조제6항에서 요청한 자료를 제공받은 사람에 대하여 목적 외 사용을 금지하고 있을 뿐, 자료를 요청하는 경우 목적을 기재하여야 한다거나 그러한 기재가 없는 경우 자료공개 요청에 응하지 않을 수 있다는 취지의 규정은 두지 않고 있는 점 등에 비추어 보면,
> 도시정비법 제124조제4항에 의하여 조합원, 토지등 소유자가 정비사업 시행에 관한 서류와 관련 자료에 대하여 열람·복사 요청을 한 경우 추진위원장이나 사업시행자는 15일 이내에 그 요청에 따라야 하고, 위 조합원이나 토지등소유자가 사용목적을 기재하지 않은 서면에 의하여 열람·복사를 요청하였다 하더라도, 단순히 그러한 사정만으로 그 요청을 거부할 수는 없다고 판단된다.

○ **제5항(정보공개 비용)**

도시정비법 제124조제5항, 서울특별시 도시정비조례 제87조 및 별표4

재건축 표준정관

제62조(관련자료의 공개와 보존) ⑤ 제4항의 복사에 필요한 비용은 실비의 범위에서 청구인이 부담한다. 이 경우 비용납부의 방법, 시기 및 금액 등에 필요한 사항은 조례 제87조 및 조례 별표4에 따른 자료공개에 따른 수수료 금액에서 정한 바에 따른다.

재개발 표준정관 제66조제5항과 같다.

조합원, 토지등소유자가 제1항에 따른 서류 및 다음 각 호를 포함하여 정비사업 시행에 관한 서류와 관련 자료에 대하여 열람·복사 요청을 한 경우 추진위원장이나 사업시행자는 15일 이내에 그 요청에 따라야 한다(법 제124조제4항).
 1. 토지등소유자 명부
 2. 조합원 명부
 3. 그 밖에 대통령령으로 정하는 서류 및 관련 자료

위 제4항의 복사에 필요한 비용은 실비의 범위에서 청구인이 부담한다. 이 경우 비용납부의 방법, 시기 및 금액 등에 필요한 사항은 시·도조례로 정한다(동조 제5항).

서울특별시 도시정비조례 제87조(자료공개의 방법 및 비용부담 등) ① 조합원 및

토지등소유자는 추진위원장이나 사업시행자가 법 제124조제4항에 따른 서류 및 관련 자료 공개 요청에 대하여 통지한 날부터 10일 이내에 수수료를 현금으로 납부해야 한다.
  ② 제2항에 따른 수수료 금액은 별표4와 같다.

조합에 조합원 성명, 연락처 등의 정보공개를 요청하였는데, 조합이 인쇄물로 공개하였는데, 이를 엑셀파일로 공개 요구 가능여부(재생협력과 2018.6.27)
Q 1. 조합에 조합원 성명, 연락처 등의 정보공개를 요청하였는데, 조합이 인쇄물로 공개하였는데, 이를 엑셀파일로 공개하도록 요구할 수 있는지?
Q 2. 조합이 정보공개 시 인쇄비용을 청구하고 1개월 내에 공개한 자료의 반납을 요청하였는데, 이는 합법적인 요청인지?
A 도시정비법 제124조제4항 및 제5항에 따라 조합원, 토지등소유자가 조합원명부에 대하여 열람·복사 요청을 한 경우 사업시행자는 15일 이내에 그 요청에 따라야 하며, 복사에 필요한 비용은 실비의 범위에서 청구인이 부담하도록 하고 있음
같은 조 제6항에 따라 열람·복사를 요청한 사람은 제공받은 서류와 자료를 사용목적 외의 용도로 이용·활용하여서는 아니 되며, 공개자료의 형태 등 이밖에 질의하신 사항은 도시정비법령에 별도로 규정된 바 없음

■ **서울특별시 도시정비조례 [별표4]**

자료공개에 따른 수수료 금액 (제87조제2항 관련)

자료공개		단위	금액
원본의 사본(종이출력물)			
	문서 등 사본(1장 기준)	A3 이상 1장	300원
		1장 초과마다	100원
		B4 이하 1장	250원
		1장 초과마다	50원
	도면·사진 등 사본(1장 기준)	A3 이상 1장	300원
		1장 초과마다	100원
		B4 이하 1장	250원
		1장 초과마다	50원

	전자파일의 사본(종이출력물)·복제물		
문서 등 (매체비용 별도)	문서 등의 사본(종이출력물)	A3 이상 1장	300원
		1장 초과마다	100원
		B4 이하 1장	250원
		1장 초과마다	50원
	문서 등의 복제	1건 1MB 이내	무료
		1MB 초과 시 1MB마다 (단, 10장마다 100원을 초과할 수 없음)	100원
		■ 전자파일로 변환 작업 필요시 사본(종이 출력물)수수료의 1/2로 산정 ■ 부분공개처리를 위한 지움 및 전자파일로 변환 작업 필요시 사본(종이출력물) 수수료와 동일	
도면·사진 등 (매체비용 별도)	도면·사진 등의 사본 (종이출력물)	A3 이상 1장	300원
		1장 초과마다	100원
		B4 이하 1장	250원
		1장 초과마다	50원
	도면·사진 등의 복제	1건 1MB 이내	무료
		1MB 초과 시 1MB마다 (단, 10장마다 100원을 초과할 수 없음)	100원
		■ 전자파일로 변환 작업 필요 시 사본(종이출력물)수수료의 1/2로 산정 ■ 부분공개처리를 위한 지움 및 전자파일로 변환 작업 필요 시 사본(종이출력물) 수수료와 동일	

○ 제6항

도시정비법 제124조제6항

> **재건축 표준정관**
> 제62조(관련자료의 공개와 보존) ⑥ 제4항에 따라 열람·복사를 요청한 조합원은 제공받은 서류와 자료를 사용목적 외의 용도로 이용·활용하여서는 아니 된다.

재개발 표준정관 제66조세6항과 같다.

개인정보보호법에서도 "개인정보처리자는 개인정보의 처리 목적에 필요한 범위에서 적합하게 개인정보를 처리하여야 하며, 그 목적 외의 용도로 활용하여서는 아니 된다."고 규정하고 있다(법 제3조제2항).

또한, 개인정보처리자는 개인정보의 처리 목적에 필요한 범위에서 개인정보의 정확성, 완전성 및 최신성이 보장되도록 하여야 한다(동조 제3항).

이 법에서도 처벌규정이 없듯이, 도시정비법 제124조제6항을 위반해도 처벌규정이 없는 실정이다.

도시정비법
제124조(관련 자료의 공개 등) ⑥ 제4항에 따라 열람·복사를 요청한 사람은 제공받은 서류와 자료를 사용목적 외의 용도로 이용·활용하여서는 아니 된다.

조합원이 조합원 명부 공개 요청 시, 사용목적으로 조합원의 알권리 충족을 기재한 경우 공개 가능여부(서울시 주거정비과 2021.8.18)
Q 조합원이 조합원 명부 공개 요청 시, 사용목적으로 조합원의 알권리 충족을 기재한 경우 공개가 가능한지?
A 도시정비법 제124조제4항 및 제6에 따르면 조합원, 토지등소유자가 조합원명부를 열람·복사 요청을 한 경우 추진위원장이나 사업시행자는 15일 이내에 그 요청에 따라야 하며, 열람·복사를 요청한 사람은 제공받은 서류와 자료를 사용목적 외의 용도로 이용·활용하여서는 아니 된다고 규정하고 있음.
따라서, 질의의 경우 상기 규정에 따라 공개해야 할 것으로 사료됨.

cf 부산광역시 재건축 표준정관
제79조(관련 자료의 공개 등) ① 조합 임원(청산인 포함)은 정비사업 시행에 관한 다음 각 호의 서류 및 관련 자료가 작성되거나 변경된 후 15일 이내에 이를 조합원, 토지등소유자 또는 세입자가 알 수 있도록 게시판 등에 공개하여야 한다.

1. 도시정비법 제34조제1항에 따른 추진위원회 운영규정 및 정관 등
2. 설계자·시공자·철거업자 및 정비사업전문관리업자 등 용역업체의 선정계약서
3. 추진위원회, 주민총회, 조합총회 및 조합의 이사회, 대의원회의 의사록
4. 사업시행계획서
5. 관리처분계획서
6. 해당 정비사업의 시행에 관한 공문서
7. 회계감사보고서
8. 월별 자금의 입금·출금 세부내역
9. 결산보고서
10. 청산인의 업무 처리 현황
11. 도시정비법 제72조제1항에 따른 분양공고 및 분양신청에 관한 사항
12. 연간 자금운용 계획에 관한 사항
13. 정비사업의 월별 공사 진행에 관한 사항
14. 설계자·시공자·정비사업전문관리업자 등 용역업체와의 세부 계약 변경에 관한 사항
15. 정비사업비 변경에 관한 사항

② 제1항에 따라 공개의 대상이 되는 서류 및 관련 자료의 경우 매 분기가 끝나는 달의 다음 달 15일까지 다음 각 호의 사항을 조합원 또는 토지등소유자에게 서면 및 게시판 등으로 통지하여야 한다.

1. 공개 대상의 목록
2. 공개 자료의 개략적인 내용
3. 공개 장소
4. 대상자별 정보공개의 범위
5. 열람·복사 방법
6. 등사에 필요한 비용

③ 조합은 제1항 및 제4항에 따라 공개 및 열람·복사 등을 하는 경우에는 주민등록번호를 제외하고 공개하여야 한다. 이 경우 토지등소유자 또는 조합원의 열람·복사 요청은 사용목적 등을 기재한 서면(전자문서를 포함한다)으로 하여야 한다.

④ 조합원, 토지등소유자가 제1항에 따른 서류 및 다음 각 호를 포함하여 정비사업시행에 관한 서류와 관련 자료에 대하여 열람·복사 요청을 한 경우 조합은 15일 이

내에 그 요청에 따라야 한다.

   1. 토지등소유자 명부
   2. 조합원 명부
   ⑤ 제4항의 복사에 필요한 비용은 실비의 범위에서 청구인이 부담한다. 이 경우 비용납부의 방법, 시기 및 금액 등에 필요한 사항은 도시정비조례 제68조제4항에 따른다.
   ⑥ 제3항에 따라 열람·복사를 요청한 사람은 제공받은 서류와 자료를 사용목적 외의 용도로 이용·활용하여서는 아니 된다.

재개발 표준정관 제81조와 같다.

광주광역시 재건축 표준정관

제62조(관련자료의 공개와 보존) ① 조합임원 및 청산인은 법 제124조 각 호 및 시행령 제94조 각 호에서 공개하도록 규정한 정비사업의 시행에 관한 아래 각 호의 서류 및 자료를 해당 서류 또는 자료가 작성되거나 변경된 후 15일 이내에 정비사업 관리시스템과 그 밖의 방법을 병행하여 공개하여야 한다. 다만, 정비사업 관리시스템 등 인터넷을 통해 공개하는 자료 중 주민등록번호를 제외하고 공개할 수 있다.

   1. 추진위원회 운영규정 및 정관등
   2. 설계자·시공자 및 정비사업전문관리업자 등 용역업체의 선정계약서
   3. 추진위원회·주민총회·조합총회 및 조합의 이사회·대의원회의 의사록
   4. 사업시행계획서
   5. 관리처분계획서
   6. 해당 정비사업의 시행에 관한 공문서
   7. 회계감사보고서
   8. 월별 자금의 입금·출금 세부내역
   8의2. 법 제111조의2에 따라 신고한 자금차입에 관한 사항
   9. 결산보고서
   10. 청산인의 업무 처리 현황
   11. 법 제72조제1항에 따른 분양공고 및 분양신청에 관한 사항
   12. 연간 자금운용 계획에 관한 사항

13. 정비사업의 월별 공사 진행에 관한 사항
14. 설계자·시공자·정비사업전문관리업자 등 용역업체와의 세부 계약 변경에 관한 사항
15. 정비사업비 변경에 관한 사항

【주】법 제124조제1항 각 호 및 시행령 제94조제1항 각 호에 따라 공개대상이 되는 자료의 목록을 열거한 것이며, 조합이 필요하다고 판단하는 항목을 추가할 수 있음.

② 제1항에 따라 공개의 대상이 되는 서류 및 관련 자료의 경우 분기별로 공개대상의 목록, 개략적인 내용, 공개장소, 열람·복사 방법 등을 시행령 제94조제2항에서 정하는 방법과 절차에 따라 매 분기가 끝나는 달의 다음 달 15일까지 조합원에게 서면으로 통지하여야 한다.

③ 조합원이 제1항 및 제4항에 따라 공개 및 열람·복사 등을 요청하는 경우에는 도시 정비법 시행규칙 제22조에 따라 사용목적 등을 기재한 서면(전자문서를 포함한다)으로 하여야 한다.

【주】조합은 업무처리의 효율성 및 조합원의 편의를 위해 '정보공개 청구서' 서식을 작성하여 활용할 수 있음

④ 조합원이 제1항에 따른 서류 및 법 제124조제4항 각 호를 포함한 정비사업 시행에 관한 서류와 관련 자료에 대하여 제3항의 방법으로 열람·복사 요청을 한 경우 조합장은 15일 이내에 그 요청에 따라야 한다. 이 경우 조합은 대의원회의 의결을 거쳐 열람·복사 방법 등 세부적인 방법과 절차에 관한 기준을 정할 수 있다.

【주】열람·복사방법은 조합이 재량으로 정할 수 있다는 대법원 판례에 따름

⑤ 제4항의 복사에 필요한 비용은 실비의 범위에서 청구인이 부담한다. 이 경우 비용납부의 방법, 시기 및 금액 등에 필요한 사항은 조합 내부규정에 따른 자료공개에 따른 수수료 금액에서 정한 바에 따른다.

⑥ 제4항에 따라 열람·복사를 요청한 조합원은 제공받은 서류와 자료를 사용목적 외의 용도로 이용·활용하여서는 아니 된다.

재개발 표준정관 제65조와 같다.

2006.8.25 국토부 재건축 표준정관

제60조(관련 자료의 공개와 보존) ①조합은 사업시행에 관하여 다음 각 호의 서류

및 관련 자료를 인터넷 등을 통하여 공개하여야 하며, 조합원의 공람요청이 있는 경우에는 이를 공람시켜 주어야 한다. 다만, 개인비밀의 보호, 자료의 특성상 인터넷 등에 공개하기 어려운 사항은 개략적인 내용만 공개할 수 있다.

  1. 정관,   2. 설계자·시공자 및 정비사업전문관리업자의 선정계약서

  3. 총회의사록,   4. 추진위원회, 조합의 이사회 및 대의원회 의사록

  5. 사업시행계획서,   6. 관리처분계획서

  7. 당해 사업의 시행에 관한 행정기관의 문서,   8. 회계감사결과

② 조합 또는 정비사업전문관리업자는 총회 또는 중요한 회의가 있는 때에는 속기록, 녹음 또는 영상 자료를 만들어 이를 청산 시까지 보관하여야 한다.

③ 조합원이 제1항 각 호의 사항을 열람하고자 하는 때에는 서면으로 열람을 요청하여야 하며, 조합은 특별한 사유가 없는 한 이에 응하여야 한다.

2003.6.30 국토부 재개발 표준정관

제65조(관련 자료의 공개와 보존) ① 조합은 사업시행에 관하여 다음 각 호의 서류 및 관련 자료를 인터넷 등을 통하여 공개하여야 하며, 조합원의 공람요청이 있는 경우에는 이를 공람시켜 주어야 한다. 다만, 개인비밀의 보호, 자료의 특성상 인터넷 등에 공개하기 어려운 사항은 개략적인 내용만 공개할 수 있다.

  1. 정관

  2. 설계자·시공자 및 정비사업전문관리업자의 선정계약서

  3. 총회의사록

  4. 추진위원회, 조합의 이사회 및 대의원회 의사록

  5. 사업시행계획서

  6. 관리처분계획서

  7. 당해 사업의 시행에 관한 행정기관의 문서

  8. 회계감사결과

② 조합 또는 정비사업전문관리업자는 총회 또는 중요한 회의가 있는 때에는 속기록·녹음 또는 영상자료를 만들어 이를 청산 시까지 보관하여야 한다.

③ 조합원이 제1항 각 호의 사항을 열람하고자 하는 때에는 서면으로 열람을 요청하여야 하며, 조합은 특별한 사유가 없는 한 이에 응하여야 한다.

> ■ (서울) 재건축 표준정관 제63조(계약의 효력)
> ● (서울) 재개발 표준정관 제67조(계약의 효력)
>   : 재건축 표준정관과 같다.

재건축·재개발 표준정관의 조문 위치가 다르나, 내용은 같다.

> **재건축 표준정관**
> 제63조(계약의 효력) 조합이 사업시행에 관하여 시공자 및 설계자, 정비사업전문관리업자 등 협력업체와 체결한 계약은 관계법령 및 이 정관이 정하는 범위 안에서 조합원에게 효력을 갖는다.

추진위원회에서 정비사업전문관리업체·설계자 선정의 효력이 조합으로 미치느냐에 대한 분쟁이 있었다.

이를 의식한 서울특별시 재건축·재개발 표준정관에서는 관계법령 외에도 정관에서 이를 판단하도록 하여, 그 범위에서 효력을 인정하도록 하였다.

□ 근거규정

도시정비법 제104조, 민법 제789조

정비사업전문관리업자에게 업무를 위탁하거나 자문을 요청한 자와 정비사업전문관리업자의 관계에 관하여 이 법에 규정된 사항을 제외하고는 「민법」 중 위임에 관한 규정을 준용한다(법 제104조).

민법 중 위임에 관한 조문은 제11절 위임, 제680조 내지 제692조가 있다. 그 중에서도 상호해지의 자유가 있다.

민법
제689조(위임의 상호해지의 자유) ① 위임계약은 각 당사자가 언제든지 해지할

수 있다.
　② 당사자 일방이 부득이한 사유 없이 상대방의 불리한 시기에 계약을 해지한 때에는 그 손해를 배상하여야 한다.

> 🔨 **판례**
>
> 민법 제689조제1항의 임의해지가 적용되지 않아 정비업체의 지위가 인정된 판결
> 부산지방법원 2024.9.25.선고 2023가합40003판결, 용역계약존속확인
> 【판결요지】
> ① 이 사건 용역계약 제12조는 원고와 피고가 위 용역계약을 해지할 수 있는 사유를 당사자별로 서로 달리 하여 한정적으로 열거하고 있는 점, ② 위 제12조는 위 용역계약 해지를 위한 절차 역시 별도로 규정한 점, ③ 이와 같이 계약해지의 사유와 절차를 특별하게 규정한 점에서 이는 단순한 주의적 규정이라기보다는 당사자들이 그와 같은 해지사유 및 절차에 의하지 아니하고서는 위 용역계약을 종료할 수 없도록 하려는 의사로 볼 수 있는 점 등에 비추어 보면, 원고와 피고는 <u>이 사건 용역계약의 해지에 관하여 민법 제689조 제1항, 제2항과 다른 내용을 정함으로써 위 민법 규정의 적용을 배제하였다고 봄이 타당하다.</u>
> 따라서 이 사건 용역계약이 민법 제689조 제1항에 따라 해지되었다는 피고의 주장은 이유 없다

■ 시공자, 설계자, 정비사업전문관리업체의 선정 및 계약체결은 총회 의결사항
그 밖의 협력업체는 대의원회 의결 사항

다음 각 호의 사항은 총회의 의결을 거쳐야 한다(법 제45조제1항).
- 예산으로 정한 사항 외에 조합원에게 부담이 되는 계약
- 시공자·설계자 및 감정평가법인등(제74조제4항에 따라 시장·군수등이 선정·계약하는 감정평가법인등은 제외한다)의 선정 및 변경. 다만, 감정평가법인등 선정 및 변경은 총회의 의결을 거쳐 시장·군수등에게 위탁할 수 있다.
- 정비사업전문관리업자의 선정 및 변경

cf 부산광역시 재건축 표준정관
제82조(약정의 효력) 조합이 사업시행에 관하여 시공자 및 설계자, 정비사업전문

관리업자와 체결한 약정은 관계 법령 및 이 정관이 정하는 범위 안에서 조합원에게 효력을 갖는다.

재개발 표준정관 제84조와 같다.

광주광역시 재건축 표준정관
제63조(계약의 효력) 조합이 사업시행에 관하여 시공자 및 설계자, 정비사업전문관리업자 등 협력업체와 체결한 계약은 관계법령 및 이 정관이 정하는 범위안에서 조합원에게 효력을 갖는다.

재개발 표준정관 제66조와 같다.

2006.8.25 국토부 재건축 표준정관
제61조(약정의 효력) 조합이 사업시행에 관하여 시공자 및 설계자, 정비사업전문관리업자와 체결한 약정은 관계법령 및 이 정관이 정하는 범위 안에서 조합원에게 효력을 갖는다.

2003.6.30 국토부 재개발 표준정관
제66조(약정의 효력) 조합이 사업시행에 관하여 시공자 및 설계자, 정비사업전문관리업자와 체결한 약정은 관계법령 및 이 정관이 정하는 범위안에서 조합원에게 효력을 갖는다.

> ■ **(서울) 재건축 표준정관 제64조**(재건축정비사업조합설립추진위원회, 주민협의체)
> ● **(서울) 재개발 표준정관 제68조**(재개발정비사업조합설립추진위원회, 주민협의체)
>   : 재건축 표준정관과 같다.

재건축·재개발 표준정관의 조문 위치가 다르나, 내용은 같다.

재건축 표준정관
제64조〔재건축정비사업조합설립추진위원회(주민협의체) 행위의 효력〕조합설립인가일 전에 조합의 설립과 사업시행에 관하여 추진위원회(주민협의체)가 행한 행위는 관계법령 및 이 정관이 정하는 범위 안에서 조합이 이를 승계한 것으로 본다.

재개발 표준정관 제68조와 같다.

추진위원장을 조합설립을 위한 창립총회 소집권자로서, 조합정관 초안을 작성하는 등의 업무를 수행하는 조직이다.

주민협의체는 조합설립주민협의체로서, 법 제117조의2 조정위원회 관련 협의체와 구별하여야 한다.

추진위원회가 행한 업무 및 권리·의무를 조합이 포괄 승계한다.
또한, 조합설립주민협의체는 정비구역 지정·고시 후 조합설립을 위하여 추진위원회 구성을 생략하고 직접 조합설립인가를 위해 토지등소유자·공공지원자·변호사 등으로 구성되어 창립총회 개최 준비업무를 지원하는 조직으로, 이 협의체가 행한 행위를 추진위원회의 행위와 함께 조합이 승계하도록 규정하고 있다.

☐ **근거규정**

■ **추진위원회 업무 승계**

도시정비법 제34조제3항, 별표 추진위원회 운영규정 제11조

추진위원회는 추진위원회가 행한 업무를 조합의 총회에 보고하여야 하며, 추진위원회가 행한 업무와 관련된 권리·의무는 조합이 포괄 승계한다(법 제34조제3항).

또한, 양도·상속·증여 및 판결 등으로 토지등소유자가 된 자는 종전의 토지등소유자가 행하였거나 추진위원회가 종전의 권리자에게 행한 처분 및 권리·의무 등을 포괄 승계한다(별표 추진위원회 운영규정 제11조).

■ 주민협의체 업무 승계

도시정비법 제31조제7항, 동법 시행령 제27조제6항 및 서울특별시 도시정비조례 제82조. 조합설립 지원을 위한 업무기준(서울시고시 2016.11.10): 조합직접설립과 조합설립주민협의체

정비사업에 대하여 공공지원을 하려는 경우에는 추진위원회를 구성하지 아니할 수 있다. 이 경우 조합설립 방법 및 절차 등에 필요한 사항은 대통령령으로 정한다(법 제31조제7항).

공공지원 방식으로 시행하는 정비사업 중 추진위원회를 구성하지 아니하는 경우에는 영 제27조제1항부터 제5항까지에서 규정한 사항 외에 영 제26조제2호부터 제4호까지의 업무에 대한 절차 등에 필요한 사항을 시·도조례로 정할 수 있다(영 제27조제6항).

서울특별시 도시정비조례

제82조(공공지원에 의한 조합설립 방법) ① 시장은 법 제31조제4항 및 영 제27조제6항에 따라 추진위원회를 구성하지 아니하는 경우에 조합설립 방법 및 절차 등에 필요한 사항을 다음 각 호의 내용을 포함하여 고시하여야 한다.

➡ 법 개정으로 제31조제4항은 제31조제7항으로 이동함

1. 토지등소유자의 대표자 등 주민협의체 구성을 위한 선출방법

2. 참여주체별 역할

3. 조합설립 단계별 업무처리 기준

4. 그 밖에 조합설립 업무지원을 위하여 필요한 사항

② 구청장은 제7조제12호에 따라 토지등소유자의 과반수가 추진위원회 구성 단계 생략을 원하는 경우 제1항에 따른 방법과 절차 등에 따라 조합을 설립하여야 한다.

■ **조합설립주민협의체**

정비구역 지정·고시 후 조합설립을 위하여 추진위원회 구성을 생략하고 직접 조합설립인가를 위해 토지등소유자, 공공지원자, 변호사 등으로 구성되어 주민의견 수렴 등 창립총회 개최 준비 업무를 지원하는 조직을 말한다

공공지원 조합직접설립 제도 관련, '조합설립주민협의체'를 '주민대표회의'와 같은 승인받은 추진단체로 볼 수 있는지(서울시 주거정비과 2024.1.10)

Q 「조합설립 지원을 위한 업무기준」 제8조에 따른 '조합설립주민협의체'를 도시정비법 제31조제1항의 '추진위원회' 또는 제47조제3항의 '주민대표회의'와 같은 승인받은 추진단체로 볼 수 있는지?

A 도시정비법 제25~제27조에서는 재개발·재건축의 사업방식에 따른 사업시행자에 대한 사항을 정하고 있고, 공공지원의 대상사업은 법 제25조와 「서울시 도시정비조례」 제73조에 따라 "조합이 시행하거나 조합이 건설업자 또는 등록사업자와 공동으로 시행하는 정비사업으로, 법 제16조에 따라 정비구역 지정·고시가 있은 날 당시 토지등소유자의 수가 100명 미만이고, 주거용 건축물의 건설비율이 50% 미만인 도시정비형 재개발사업은 제외한다."고 규정하고 있음.

질의하신 사항 관련, 「조합설립 지원을 위한 업무기준」의 '조합설립주민협의체'는 도시정비법 제31조제4항에 근거하여 공공지원자이자 조합설립인가권자인 구청장이 추진위원회 구성을 생략하고 조합직접설립을 위해 구성하는 협의체를 말하며, 도시정비법 제31조제1항의 '추진위원회'는 추진위원회 구성을 생략하지 않는 경우에 구청장 승인으로 구성되는 위원회를 말함.

또한, 법 제47조제3항의 '주민대표회의'는 조합을 설립하지 않고 구청장이나 토지주택공사 등의 사업시행을 원하는 경우, 구청장의 승인을 받아야 하는 주민대표기구를 말함.

조합설립지원을 위한 업무기준 주민협의체 구성관련(서울시 주거정비과 2023.10.5)

Q 1. 조합설립주민협의체 위원장을 주민이 투표하여 직접 선출할 수 있는지?

Q 2. 민협의체 부위원장(주민대표)의 조합장 출마자격 제한이 있는지?

Q 3. 조합설립주민협의체 위원 구성 시 부위원장 후보자들이 추천한 인원을 전체 구성원의 80%로 선임하고 20%만 후보자 접수를 받아 추첨 또는 선거로 선정할 수 있는지?

A 1. 조합설립주민협의체 위원장은 토지등소유자가 아닌 전문가 중에서 공공지원자인 자치구청장이 위촉한다고 정하고 있으며, 그 방법 및 절차에 대하여는 별도로 규정하고 있지 않은바, 주민투표로 직접선출 가능여부는 관할 자치구청장에 문의바람.

A 2. 조합장은 조합을 대표하는 자로, 도시정비법 제41조 및 제43조에는 조합임원의 자격요건 및 결격사유를 정하고 있으며, 「서울시 정비사업 표준선거관리규정」 별표 제6조에는 임원 및 대의원선거에 입후보자에 대한 피선거권을 정하고 있음. 따라서, <u>주민협의체 부위원장이 도시정비법상의 조합임원 자격요건을 갖추고 선거관리규정에서 정하는 피선거권이 있는 경우에는 조합장 출마가 가능할 것으로 사료됨.</u>

A 3. 주민협의체 위원은 「조합설립지원을 위한 업무기준」 제8조제4항[81]에 근거하여 부위원장을 포함하여 토지등소유자의 1/20 이상으로 하며, 주거유형 및 동별, 통반별, 가구별 세대수 및 시설의 종류, 토지면적 등을 고려하여 구역내 의견을 대표할 수 있는 자로 공공지원자가 선임하되, 모집인원 초과 시 공고문에 따라 연장자순 또는 공개추첨을 통해 선정할 수 있다고 정하고 있음.

■ 추진위원회 업무 인계하지 않는 행위와 형사처벌

조합설립주민협의체 규정 위반 시에도 형사처벌 대상 아님

도시정비법

제138조(벌칙) ① 다음 각 호의 어느 하나에 해당하는 자는 1년 이하의 징역 또

---

[81] 조합설립 지원을 위한 업무기준(서울시고시 제2016-354호)
제8조(주민협의체 구성 등) ④ 위원은 당연직인 주민협의체 부위원장을 포함하여 토지등소유자의 1/20 이상으로 하되 토지등소유자가 1/20이 50인을 넘는 경우에는 토지등소유자의 1/20 범위안에서 50인 이상으로 구성할 수 있으며 최소인원은 10명 이상으로 하며 주거유형 및 동별, 통·반별, 가구별 세대수 및 시설의 종류, 토지면적 등을 고려하여 구역내 의견을 대표할 수 있는 자로 공공지원자가 선임한다. 다만, 모집인원 초과 시 공고문에 따라 연장자 순 또는 공개추첨을 통해 선정할 수 있다.

는 1천만 원 이하의 벌금에 처한다. <개정 2018.6.12, 2020.6.9, 2021.1.5>

2. 제34조제4항을 위반하여 추진위원회의 회계장부 및 관계 서류를 조합에 인계하지 아니한 추진위원장(전문조합관리인을 포함한다)

6. 회계감사를 요청하지 아니한 추진위원장, 전문조합관리인 또는 조합임원(토지등소유자가 시행하는 재개발사업 또는 제27조에 따라 지정개발자가 시행하는 정비사업의 경우에는 그 대표자를 말한다)

제139조(양벌규정) 법인의 대표자나 법인 또는 개인의 대리인, 사용인, 그 밖의 종업원이 그 법인 또는 개인의 업무에 관하여 제135조부터 제138조까지의 어느 하나에 해당하는 위반행위를 하면 그 행위자를 벌하는 외에 그 법인 또는 개인에게도 해당 조문의 벌금에 처한다. 다만, 법인 또는 개인이 그 위반행위를 방지하기 위하여 해당 업무에 관하여 상당한 주의와 감독을 게을리하지 아니한 경우에는 그러하지 아니하다.

양벌규정은 추진위원장, 조합임원 개인이 처벌받는 것 외에 정비조합인 법인도 벌금형의 처벌을 받는 것을 말한다.

cf 부산광역시 재건축 표준정관

제83조(재건축정비사업조합설립추진위원회 행위의 효력) 조합설립인가일 전에 조합의 설립과 사업시행에 관하여 추진위원회가 행한 행위는 관계 법령 및 이 정관이 정하는 범위 안에서 조합이 이를 승계한 것으로 본다.

재개발 표준정관 제85조와 같다.

부산광역시는 서울특별시 도시정비조례 제82조, 조합설립 지원을 위한 업무기준(서울시고시 2016.11.10) 등 조합직접설립과 조합설립주민협의체 규정이 없다.
아래 국토부 지정개발자(신탁업자)의 표준시행규정이나 국토부 재개발·재건축 표준정관에 조합직접설립과 조합설립주민협의체 규정이 없다.

광주광역시 재건축 표준정관

제64조(재개발정비사업조합설립추진위원회(주민협의체) 행위의 효력) 조합설립인가일 전에 조합의 설립과 사업시행에 관하여 추진위원회(주민협의체)가 행한 행위는 관계법령 및 이 정관이 정하는 범위 안에서 조합이 이를 승계한 것으로 본다.

재개발 표준정관 제67조와 같다.

2023.11.29 국토부 별표2 지정개발자(신탁업자) 표준시행규정

제53조(사업시행자 등의 권리·의무의 승계) 사업시행자와 권리자의 변동이 있은 때에는 종전의 사업시행자와 권리자의 권리·의무는 새로 사업시행자와 권리자로 된 자가 승계한다.

2006.8.25 국토부 재건축 표준정관

제62조(재건축추진위원회 행위의 효력) 조합설립인가일 전에 조합의 설립과 사업시행에 관하여 추진위원회가 행한 행위는 관계법령 및 이 정관이 정하는 범위 안에서 조합이 이를 승계한 것으로 본다.

2003.6.30 국토부 재개발 표준정관

제67조(재개발조합설립추진위원회 행위의 효력) 조합설립인가일 전에 조합의 설립과 사업시행에 관하여 추진위원회가 행한 행위는 관계법령 및 이 정관이 정하는 범위 안에서 조합이 이를 승계한 것으로 본다.

> ■ (서울) 재건축 표준정관 제65조(정관의 해석)
> ● (서울) 재개발 표준정관 제69조(정관의 해석)
>   : 재건축 표준정관과 같다.

재건축·재개발 표준정관의 조문 위치가 다르나, 내용은 같다.

재건축 표준정관
제65조(정관의 해석) 이 정관의 해석에 대하여 이견이 있을 경우 일차적으로 이사회에서 해석하고, 그래도 이견이 있을 경우는 대의원회에서 해석한다.

재개발 표준정관 제69조와 같다.
이사회·대의원회에서의 정관 해석은 그 효력을 인정하기 어렵다.

이사회·대의원회는 정관의 해석에 있어, 논리적 방법을 사용하여 그 의미와 내용을 관련법령의 전체 체계와 부합되는 해석이나 일반적인 법규해석의 방법에 따라 해석할 권한을 확인받은 것에 불과하다.

사단법인 정관은 이를 작성한 사원뿐만 아니라 그 후에 가입한 사원이나 사단법인의 기관 등도 구속하는 점에 비추어 보면 그 법적 성질은 계약이 아니라 자치법규로 보는 것이 타당하다. 따라서 이는 어디까지나 객관적인 기준에 따라 그 규범적인 의미 내용을 확정하는 법규해석 방법으로 해석되어야지, 작성자의 주관이나 해석 당시의 사원의 다수결에 의한 방법으로 자의적으로 해석될 수는 없다.
어느 시점의 사단법인의 사원들이 정관의 규범적인 의미 내용과 다른 해석을 사원총회의 결의라는 방법으로 표명하였더라도 그 결의에 의한 해석은 그 사단법인의 구성원인 사원들이나 법원을 구속하는 효력이 없다(대법원 2000.11.24선고 99다12437판결).

정관 제18조는 과도한 제한으로, 본인의 서명 또는 지장날인과 신분증명서 첨부로 가능한지(서울시 재성비과 2014.4.23)

Q 한남O재정비촉진구역 조합정관 제18조(임원의 해임 등)에는 "임원해임을 위한 총회발의 시 총회소집요구서 및 서면결의서는 인감날인하고, 서면결의서는 인감을 첨부하여 총회 장소에 비치토록 규정"하고 있는데,

과도한 제한이므로 본인의 서명 또는 지장날인과 신분증명서 첨부로 가능한지, 그렇지 않다면 정관 규정에 따라야 하는지?

A 도시정비법 제17조(토지등소유자의 동의방법 등)가 사업의 원활한 추진과 토지등소유자의 편의도모를 위해 추진위원회 설립이나 조합설립 동의 시에 당초 인감도장 날인, 인감증명서 첨부하는 방법을 자필서명 및 지장날인하고 신분증명서를 첨부하는 방법으로 개정(2012.2.1)된바 있으나, 임원 해임 등 규정은 도시정비법 제20조(정관의 작성 및 변경) 제1항에 조합의 정관에 포함되도록 규정되어 있는 상태임.

한남O재정비촉진구역 조합정관 제69조(정관의 해석)에는 정관의 해석에 이견이 있을 경우 일차적으로 이사회에서 해석하고, 그래도 이견이 있을 경우, 대의원회에서 해석하도록 한 규정을 감안해야 할 것이며,

대법원판례(1992.11.24.선고 91다29026판결)는 조합정관은 사회질서에 위반되거나 결정절차가 현저히 정의에 어긋나지 않는 한 유효성을 인정하고 있으며, 또한 법인이 정관으로 이사(임원)의 해임 사유 및 절차에 대하여 별도의 규정을 둔 경우 이러한 정관 규정은 임원의 신분을 보장하는 의미도 가지고 있으므로 단순한 주의적 규정으로 볼 수는 없다는 것이 판례(대법원 2013.11.28선고 2011다41741판결)[82]이므로,

임원 해임을 위한 총회 소집 시 인감 날인 및 인감증명서를 첨부해야 한다는 정관 규정이 사회질서에 위반된다고 보기는 어려워 유효하다는 의견 참고하기 바람.

---

[82] 대법원 2013.11.28.선고 2011다41741판결, 이사 해임취소
【판시사항】
법인 정관에 이사의 해임사유에 관한 규정이 있는 경우, 정관에서 정하지 아니한 사유로 이사를 해임할 수 있는지(원칙적 소극)
【판결요지】
법인과 이사의 법률관계는 신뢰를 기초로 한 위임 유사의 관계로 볼 수 있는데, 민법 제689조 제1항에서는 위임계약은 각 당사자가 언제든지 해지할 수 있다고 규정하고 있으므로, 법인은 원칙적으로 이사의 임기 만료 전에도 이사를 해임할 수 있지만, 이러한 민법의 규정은 임의규정에 불과하므로 법인이 자치법규인 정관으로 이사의 해임사유 및 절차 등에 관하여 별도의 규정을 두는 것도 가능하다. 그리고 이와 같이 법인이 정관에 이사의 해임사유 및 절차 등을 따로 정한 경우 그 규정은 법인과 이사와의 관계를 명확히 함은 물론 이사의 신분을 보장하는 의미도 아울러 가지고 있어 이를 단순히 주의적 규정으로 볼 수는 없다. 따라서 법인의 정관에 이사의 해임사유에 관한 규정이 있는 경우 법인으로서는 이사의 중대한 의무위반 또는 정상적인 사무집행 불능 등의 특별한 사정이 없는 이상, 정관에서 정하지 아니한 사유로 이사를 해임할 수 없다.

재개발조합에서 용역회사에 용역비 지출이 총회 의결사항인지(서울시 재생협력과 2012.11.16)

Q 용역비 지출을 하려면 조합 이사회 결의가 있어야 집행되는 것으로 알고 있는데, 이사회의 결의 없이 집행되고 있음.

조합의 답변에 의하면 용역계약은 조합정관에 제21조(총회 결의사항) 및 제25조(대의원회 의결사항)에 의거 총회 또는 대의원회에서 체결하게 되어있으며, 계약된 범위 내에서 집행은 조합운영규정에 제34조(세입세출 회계 책임)에 의거 세입(수입). 세출(지출)의 업무는 조합장의 책임하에 집행토록 되어 있음.

이렇게 조합에서 답변이 왔는데 이 답변이 맞는지?

A 재개발조합에서 용역비 지출은 이사회에 결의 없이 집행이 가능하지는 도시정비법 제24조에 따라 업체선정 및 변경, 정비사업비의 사용 등을 조합총회의 의결사항이며 용역비 지출 등에 대해서는 따로 규정하고 있지 않는바,

인가된 해당 조합정관에 따라야 할 것으로 사료되며, <u>정관의 해석은 일차적으로 이사회에서 해석하고, 이견이 있을 경우는 대의원회에서 해석해야 할 것임.</u>

cf 산광역시 재건축 표준정관

제84조(정관의 해석) 이 정관의 해석에 대하여 이견이 있을 경우 일차적으로 이사회에서 해석하고, 그래도 이견이 있을 경우는 대의원회에서 해석한다.

재개발 표준정관 제86조와 같다.

광주광역시 재건축 표준정관

제65조(정관의 해석) 이 정관의 해석에 대하여 이견이 있을 경우 일차적으로 이사회에서 해석하고, 그래도 이견이 있을 경우는 대의원회에서 해석한다.

재개발 표준정관 제68조와 같다.

2006.8.25 국토부 재건축 표준정관

제63조(정관의 해석) 이 정관의 해석에 대하여 이견이 있을 경우 일차적으로 이

사회에서 해석하고, 그래도 이견이 있을 경우는 대의원회에서 해석한다.

【주】이 정관의 해석상 다툼이 있을 경우를 대비하여 해석에 관한 권한을 미리 규정한 것으로, 이사회, 대의원회의 해석에도 이견이 있을 경우는 관할 행정기관의 해석이나 법원 판결에 따를 수밖에 없을 것임

2003.6.30 국토부 재개발 표준정관

제68조(정관의 해석) 이 정관의 해석에 대하여 이견이 있을 경우 일차적으로 이사회에서 해석하고, 그래도 이견이 있을 경우는 대의원회에서 해석한다.

【주】이 정관의 해석상 다툼이 있을 경우를 대비하여 해석에 관한 권한을 미리 규정한 것으로, 이사회, 대의원회의 해석에도 이견이 있을 경우는 관할 행정기관의 해석이나 법원의 판결에 따를 수밖에 없을 것임.

> ■ **(서울) 재건축 표준정관 제66조(분쟁 및 소송)**
> ● **(서울) 재건축 표준정관 제66조(분쟁 및 소송)**
>   : 재건축 표준정관과 같다.

재건축·재개발 표준정관의 조문 위치가 다르나, 내용은 같다.

분쟁조정 관련 협의체와 서울특별시 재건축 표준정관 제64조 조합설립주민협의체와는 구별하여야 한다.

□ 근거규정

○ 제1항

민사소송법 제28조

> **재건축 표준정관**
> 제66조(분쟁 및 소송) ① 조합과 조합원간에 법률상 다툼이 있는 경우, 소송관할 법원은 조합소재지 관할 법원으로 한다.

재개발 표준정관 제70조제1항과 같다.

조합과 조합원 간에 법률상 다툼이 있으면, 소송관할 법원은 조합소재지 관할 법원으로 한다.

당사자는 일정한 법률관계에 기인한 소송에 관하여 서면으로서 합의에 의하여 제1심 관할법원을 정할 수 있다. 관할 합의는 반드시 서면에 의하여야 하며, 서면은 계약의 조항으로도 정할 수 있다.

민사소송법
제29조(합의관할) ① 당사자는 합의로 제1심 관할법원을 정할 수 있다.
② 제1항의 합의는 일정한 법률관계로 말미암은 소에 관하여 서면으로 하여야 한다.

○ **제2항**

도시정비법 제116조 및 제117조에 따른 도시분쟁조정위원회를 통해 분쟁 조정

> **재건축 표준정관**
>
> 제66조(분쟁 및 소송) ② 조합은 사업의 시행과 관련하여 분쟁이 발생한 경우 또는 제2항에 따른 소송을 제기하기 전 법 제116조 및 제117조에 따른 도시분쟁조정위원회를 통해 분쟁을 조정할 수 있다.
> 【주】조합이 소송을 제기하거나 형사고소·고발을 할 경우에는 사전에 그 실익이나 장단점 등에 관하여 비교·검토한 결과를 대의원회에 보고하도록 정할 수 있을 것임.

재개발 표준정관 제70조제2항과 같다.

■ 도시분쟁조정위원회

1) 구성

정비사업의 시행으로 발생한 분쟁을 조정하기 위하여 정비구역이 지정된 특별자치시, 특별자치도, 또는 시·군·구(자치구를 말한다. 이하 이 조에서 같다)에 도시분쟁조정위원회(이하 "조정위원회")를 둔다. 다만, 시장·군수등을 당사자로 하여 발생한 정비사업의 시행과 관련된 분쟁 등의 조정을 위하여 필요한 경우에는 시·도에 조정위원회를 둘 수 있다(법 제115조제1항).

조정위원회는 부시장·부지사·부구청장 또는 부군수를 위원장으로 한 10명 이내의 위원으로 구성한다(동조 제2항).

조정위원회 위원은 정비사업에 대한 학식과 경험이 풍부한 사람으로서 다음 각 호의 어느 하나에 해당하는 사람 중에서 시장·군수등이 임명 또는 위촉한다. 이 경우 제1호, 제3호 및 제4호에 해당하는 사람이 각 2명 이상 포함되어야 한다(동조 제3항).

1. 해당 특별자치시, 특별자치도 또는 시·군·구에서 정비사업 관련 업무에 종사하는 5급 이상 공무원
2. 대학이나 연구기관에서 부교수 이상 또는 이에 상당하는 직에 재직하고 있는 사람
3. 판사, 검사 또는 변호사의 직에 5년 이상 재직한 사람
4. 건축사, 감정평가사, 공인회계사로서 5년 이상 종사한 사람
5. 그 밖에 정비사업에 전문적 지식을 갖춘 사람으로서 시·도조례로 정하는 자

조정위원회에는 위원 3명으로 구성된 분과위원회를 두며, 분과위원회에는 제3항 제1호 및 제3호에 해당하는 사람이 각 1명 이상 포함되어야 한다(동조 제4항).

2) 조정위원회의 조정 등

조정위원회는 정비사업의 시행과 관련하여 다음 각 호의 어느 하나에 해당하는 분쟁 사항을 심사·조정한다. 다만, 주택법, 토지보상법, 그 밖의 관계 법률에 따라 설치된 위원회의 심사대상에 포함되는 사항은 제외할 수 있다(법 제117조제1항).
1. 매도청구권 행사 시 감정가액에 대한 분쟁
2. 공동주택 평형 배정방법에 대한 분쟁
3. 그 밖에 대통령령으로 정하는 분쟁

3) 조정위원회 개최 및 조정절차

시장·군수등은 다음 각 호의 어느 하나에 해당하는 경우 조정위원회를 개최할 수 있으며, 조정위원회는 조정신청을 받은 날(제2호의 경우 조정위원회를 처음 개최한 날을 말한다)부터 60일 이내에 조정절차를 마쳐야 한다. 다만, 조정기간 내에 조정절차를 마칠 수 없는 정당한 사유가 있다고 판단되는 경우에는 조정위원회의 의결로 그 기간을 한 차례만 연장할 수 있으며 그 기간은 30일 이내로 한다(동조 제2항).
1. 분쟁당사자가 정비사업의 시행으로 인하여 발생한 분쟁의 조정을 신청하는 경우
2. 시장·군수등이 조정위원회의 조정이 필요하다고 인정하는 경우

조정위원장은 조정위원회의 심사에 앞서 분과위원회에서 사전 심사를 담당하게 할 수 있다.

다만, 분과위원회의 위원 전원이 일치된 의견으로 조정위원회의 심사가 필요없다고 인정하는 경우에는 조정위원회에 회부하지 아니하고 분과위원회의 심사로 조정절차를 마칠 수 있다(동조 제3항).

조정위원회 또는 분과위원회는 위의 제2항 또는 제3항에 따른 조정절차를 마친 경우 조정안을 작성하여 지체 없이 각 당사자에게 제시하여야 한다. 이 경우 조정안을 제시받은 각 당사자는 제시받은 날부터 15일 이내에 수락 여부를 조정위원회 또는 분과위원회에 통보하여야 한다(동조 제4항). 당사자가 조정안을 수락한 경우 조정위원회는 즉시 조정서를 작성한 후, 위원장 및 각 당사자는 조정서에 서명·날인하여야 한다(동조 제5항).

그 밖에 조정위원회의 구성·운영 및 비용의 부담, 조정기간 연장 등에 필요한 사항은 시·도 조례로 정한다(동조 제7항).

■ **조정서 서명, 날인 : 집행력 있는 집행권원의 효력**

위 제5항에 따라 당사자가 강제집행을 승낙하는 취지의 내용이 기재된 조정서에 서명·날인한 경우 조정서의 정본은 「민사집행법」 제56조에도 불구하고 집행력 있는 집행권원과 같은 효력을 가진다. 다만, 청구에 관한 이의의 주장에 대하여는 「민사집행법」 제44조제2항[83]을 적용하지 아니 한다(동조 제6항).

3) 협의체의 운영 등

시장·군수등은 정비사업과 관련하여 발생하는 문제를 협의하기 위하여 법 제117

---

[83] 민사집행법
제44조(청구에 관한 이의의 소) ① 채무자가 판결에 따라 확정된 청구에 관하여 이의하려면 제1심 판결법원에 청구에 관한 이의의 소를 제기하여야 한다.
② 제1항의 이의는 그 이유가 변론이 종결된 뒤(변론 없이 한 판결의 경우에는 판결이 선고된 뒤)에 생긴 것이어야 한다.
③ 이의이유가 여러 가지인 때에는 동시에 주장하여야 한다.

조제2항에 따라 조정위원회의 조정신청을 받기 전에 사업시행자, 관계 공무원 및 전문가, 그 밖에 이해관계가 있는 자 등으로 구성된 협의체를 구성·운영할 수 있다(법 제117조의2제1항).

특별시장·광역시장 또는 도지사는 제1항에 따른 협의체의 구성·운영에 드는 비용의 전부 또는 일부를 보조할 수 있다(동조 제2항). 협의체의 구성·운영 시기, 협의 대상·방법 및 제2항에 따른 비용 보조 등에 관하여 필요한 사항은 시·도조례로 정한다(동조 제3항).

서울특별시 도시정비조례에는 제64조 도시분쟁조정위원회 위원 자격, 제65조 도시분쟁조정위원회 운영 등, 제66조 조정위원회 조정신청 및 절차, 제67조 협의체 구성 및 운영 조문이 있다.

<연합뉴스 2024.10.22>

서울 중구는 신당10구역 주택재개발사업 시공자 선정 과정의 '불법 홍보' 행위와 관련해 지난 21일 처분권고안을 조합에 통보했다고 22일 밝혔다.

지난 15일, 17일 도시분쟁조정위원회를 통해 결정된 처분권고안은 ▲ 합동 홍보공간 운영 기간 단축 ▲ 재발방지 교육실시 ▲ 권고 이후 신규 위반행위 발생 시 즉시 입찰 배제 등을 담았다.

구는 위반행위 시기나 사안의 경중 등을 고려해 시공사별 처분 범위를 차등 적용했다. 해당 시공사는 2곳인 것으로 알려졌다.

구 관계자는 "개별 조합원 상대 홍보 등 불법 홍보 의혹과 신고가 끊이지 않자 신당10구역 조합의 요청으로 도시분쟁조정위원회가 소집된 것"이라고 전했다.

처분 권고안을 통보받은 신당10구역 조합은 향후 대의원회를 열어 최종 처분을 결정할 계획이다.

---

cf 부산광역시 재건축 표준정관

제85조(소송 관할법원) 조합과 조합원 간에 법률상 다툼이 있는 경우 소송 관할법원은 조합소재지 관할법원으로 한다.

재개발 표준정관 제87조와 같다.

광주광역시 재건축 표준정관

제66조(분쟁 및 소송) ① 조합과 조합원간에 법률상 다툼이 있는 경우 소송관할 법원은 조합소재지 관할 법원으로 한다.

② 조합은 사업의 시행과 관련하여 분쟁이 발생한 경우 또는 제2항에 따른 소송을 제기하기 전 법 제116조 및 제117조에 따른 도시분쟁조정위원회를 통해 분쟁을 조정할 수 있다.

【주】조합이 소송을 제기하거나 형사고소·고발을 할 경우에는 사전에 그 실익이나 장단점 등에 관하여 비교·검토한 결과를 대의원회에 보고하도록 정할 수 있을 것임

재개발 표준정관 제69조와 같다.

2023.11.29 국토부 별표2 지정개발자(신탁업자) 표준시행규정

제55조(분쟁의 조정) 토지등소유자 및 사업시행자는 정비사업의 시행과 관련하여 분쟁이 발생한 경우에는 도시정비법 제116조·제117조에 따라 분쟁의 조정을 신청하여 조정할 수 있다.

2006.8.25 국토부 재건축 표준정관

제64조(소송 관할법원) 조합과 조합원 간에 법률상 다툼이 있는 경우 소송관할 법원은 조합소재지 관할법원으로 한다.

2003.6.30 국토부 재개발 표준정관

제69조(소송 관할법원) 조합과 조합원간에 법률상 다툼이 있는 경우 소송관할 법원은 조합소재지 관할법원으로 한다.

> ■ (서울) 재건축 표준정관 제67조(민법의 준용 등)
> ● (서울) 재개발 표준정관 제71조(민법의 준용 등)
>   : 재건축 표준정관과 같다.

재건축·재개발 표준정관의 조문 위치가 다르나, 내용은 같다.

□ 근거규정

○ 제1항

「민법」 중 사단법인에 관한 규정 준용

> **재건축 표준정관**
> 제67조(민법의 준용 등) ① 조합에 관하여는 법에 규정된 것을 제외하고는 민법 중 사단법인에 관한 규정을 준용한다.

재개발 표준정관 제71조제1항과 같다.

준용되는 사단법인 규정으로 "법인의 권리능력과 불법행위능력, 법인의 등기, 이사의 대표권 제한과 이사의 사무집행 및 직무대행 등 임원 관련 규정, 총회규정과 해산규정" 등이 있다.

○ 제2항

> **재건축 표준정관**
> 제67조(민법의 준용 등) ② 법, 민법, 이 정관에서 정하는 사항 외에 조합의 운영과 사업시행 등에 관하여 필요한 사항은 관계법령 및 관련 행정기관의 지침·고시 또는 유권해석 등에 따른다.

재개발 표준정관 제71조제2항과 같다.

도시정비법령, 서울특별시, 국토부, 법제처 유권해석 및 서울특별시 공공지원 관련 규정, 고시문, 국토부 고시문, 유권해석 등에 따르도록 하였다.

○ **제3항**

> **재건축 표준정관**
>
> 제67조(민법의 준용 등) ③ 이 정관이 법 기타 관계법령 및 법 제118조에 따라 서울특별시가 제정하여 운용 중인 공공지원 관련 규정의 개정으로 변경되어야 할 경우 정관의 변경절차에 관계없이 변경되는 것으로 본다. 그러나 관계법령의 내용이 임의규정인 경우에는 그러하지 아니하다.
>
> 【주】이 표준정관은 법·시행령·규칙 및 조례에 규정되어 있는 조합의 의무, 업무처리방법의 근거 조문 및 그 내용을 필요에 따라 최대한 상세히 기재하였으나, 오늘날 법령 등의 개정이 잦은 점을 고려하여 적법한 사업추진을 위해 조합은 법 원문을 수시로 확인해야 함

재개발 표준정관 제71조제4항과 같다.

관계 법령 및 도시정비법 제118조에 따라 서울특별시 공공지원 관련 규정의 개정에 따라 조합정관을 변경해야 할 경우, 정관의 변경절차와 관계 없이 변경되는 것으로 간주된다.

다만, 임의규정인 경우에는 예외로 한다.

cf 부산광역시 재건축 표준정관

제86조(민법의 준용 등) ① 조합에 관하여는 도시정비법에 규정된 사항을 제외하고는 「민법」 중 사단법인에 관한 규정을 준용한다.

② 도시정비법, 「민법」, 이 정관에서 정하는 사항 외에 조합의 운영과 사업시행 등에 관하여 필요한 사항은 관계 법령 및 관련 행정기관의 지침·지시 또는 유권해석 등에 따른다.

③ 이 정관이 법령의 개정으로 변경하여야 할 경우, 정관의 개정 절차에 관계 없이 변경되는 것으로 본다. 그러나 관계 법령의 내용이 임의규정인 경우에는 그러하지 아니하다.

재개발 표준정관 제88조와 같다.

광주광역시 재건축 표준정관
제67조(민법의 준용 등) ① 조합에 관하여는 법에 규정된 것을 제외하고는 「민법」 중 사단법인에 관한 규정을 준용한다.
② 법, 「민법」, 이 정관에서 정하는 사항 외에 조합의 운영과 사업시행 등에 관하여 필요한 사항은 관계 법령 및 관련 행정기관의 지침·고시 또는 유권해석 등에 따른다.
③ 이 정관이 법 기타 관계 법령 및 법 제118조에 따라 광주광역시가 제정한 규정으로 변경하여야 할 경우, 정관의 변경절차에 관계 없이 변경되는 것으로 본다. 그러나 관계법령의 내용이 임의규정인 경우에는 그러하지 아니하다.
【주】이 표준정관은 법·시행령·규칙 및 조례에 규정되어 있는 조합의 의무, 업무처리방법의 근거 조문 및 그 내용을 필요에 따라 최대한 상세히 기재하였으나, 오늘날 법령 등의 개정이 잦은 점을 고려하여 적법한 사업추진을 위해 조합은 법 원문을 수시로 확인해야 함

재개발 표준정관 제70조와 같다.

2006.8.25. 국토부 재건축 표준정관
제65조(민법의 준용 등) ① 조합에 관하여는 도시정비법에 규정된 것을 제외하고는 민법 중 사단법인에 관한 규정을 준용한다.
② 법, 민법, 이 정관에서 정하는 사항 외에 조합의 운영과 사업시행 등에 관하여 필요한 사항은 관계법령 및 관련 행정기관의 지침·지시 또는 유권해석 등에 따른다.
③ 이 정관이 법령의 개정으로 변경하여야 할 경우 정관의 개정절차에 관계없이 변경되는 것으로 본다. 그러나 관계법령의 내용이 임의규정인 경우에는 그러하지 아니하다.

2003.6.30 국토부 재개발 표준정관

제70조(민법의 준용 등) ① 조합에 관하여는 법에 규정된 것을 제외하고는 민법 중 사단법인에 관한 규정을 준용한다.

② 법, 민법, 이 정관에서 정하는 사항 외에 조합의 운영과 사업시행 등에 관하여 필요한 사항은 관계법령 및 관련 행정기관의 지침·지시 또는 유권해석 등에 따른다. 다만, 이 정관이 법령의 개정으로 변경하여야 할 경우 정관의 개정절차에 관계없이 변경되는 것으로 본다. 그러나 관계법령의 내용이 임의규정인 경우에는 그러하지 아니하다.

V

(서울·부산·광주) 재건축·재개발 표준정관 부칙

■ 부 칙

제1조(시행일)
제2조(일반적 경과조치)

> **(서울) 재건축·재개발 표준정관**
> 부칙 제1조(시행일) ① 이 정관은 조합설립등기일부터 시행한다.
> ② 변경된 정관은 조합설립변경인가(신고)일을 기준으로 시행한다.

2006.8.25 국토부 재건축 표준정관 부칙에서는 "○○구청의 조합설립인가를 받은 날부터 시행한다."고 규정하였다.

정비조합은 법인으로 하며, 조합설립인가를 받은 날부터 30일 이내에 주된 사무소의 소재지에서 '설립목적, 조합의 명칭, 주된 사무소의 소재지, 설립인가일, 임원의 성명 및 주소, 임원의 대표권을 제한하는 경우에는 그 내용, 전문조합관리인을 선정한 경우에는 그 성명 및 주소' 등을 등기하는 때에 성립한다(법 제38조, 영 제36조).

> **판례**
>
> 주택건설촉진법상 비법인사단인 주택조합 판례에서 위 부칙에 불구하고 설립인가를 받기 전인 규약도 비법인사단으로서의 실체를 갖고 있다
> 대법원 1998.8.21선고 96누10379판결
> 【판결요지】
> 참가인 지역주택조합 정관 부칙 제1조에서 "이 정관은 설립인가를 받아 등기한 날로부터 시행한다."고 규정하고 있으나, 이는 참가인 조합이 설립인가를 받아 주택건설촉진법상의 주택조합이 된 경우에 그 때부터 위 정관이 그 조합규약으로서의 효력을 발생한다는 의미이고,
> 이미 위 정관에서 정한 방법에 따라 조합총회를 개최하고 대표자를 선출하는 등 현실적으로 참가인조합의 규약으로서의 기능을 하고 있는 위 정관이 위 부칙 규정 때문에 비법인사단의 규약으로서의 효력까지도 없다고 할 수는 없다.

cf 부산광역시 재건축·재개발 표준정관
부칙 제1조(시행일) ① 이 정관은 조합설립등기일부터 시행한다.
② 정관의 개정은 조합설립변경인가(변경신고를 포함한다)일을 기준으로 시행한다.

재건축·재개발 표준정관의 조문 위치와 내용이 같다.

광주광역시 재건축·재개발 표준정관
부칙 제1조(시행일) ① 이 정관은 조합설립등기일부터 시행한다.
② 변경된 정관은 조합설립변경인가(신고)일을 기준으로 시행한다.

재건축·재개발 표준정관의 조문 위치와 내용이 같다.

2006.8.25 국토부 재건축 표준정관
이 정관은 ○○구청의 조합설립인가를 받은 날부터 시행한다.

2003.6.30 국토부 재개발 표준정관
이 정관은 ○○지방법원에 ○○주택재개발정비사업조합으로 등기를 받은 날부터 시행한다

> **(서울) 재건축·재개발 표준정관**
> 부칙 제2조(일반적 경과조치) 변경된 정관의 시행 당시 종전의 정관에 따른 결정·처분·절차, 그 밖의 행위는 이 정관의 규정에 따라 행하여진 것으로 본다.

구 주택건설촉진법, 「도시 저소득주민의 주거환경개선을 위한 임시조치법」, 구 도시재개발법이 도시정비법으로 통폐합되어 2003.7.1 시행되면서 다음과 같은 부칙을 두었다.

부 칙 <법률 제6852호, 2002.12.30>
제1조(시행일) 이 법은 공포 후 6월이 경과한 날부터 시행한다(효력발생시기 2003.7.1).
제3조(일반적 경과조치) 이 법 시행 당시 도시재개발법, 「도시 저소득주민의 주거환경개선을 위한 임시조치법」 및 주택건설촉진법의 재건축 관련 규정(이하 "종전법률")에 의하여 행하여진 처분·절차 그 밖의 행위는 이 법의 규정에 의하여 행하여진 것으로 본다.

또한, 2018.2.9 도시정비법 전부개정, 시행되면서 일반적 경과조치를 두었다.
일반적 경과조치에는 정관 변경 관련 내용이 포함되어 있다.

부 칙 <법률 제14567호, 2017.2.8>
제1조(시행일) 이 법은 공포 후 1년이 경과한 날부터 시행한다.
제25조(일반적 경과조치) 이 법 시행 당시 종전의 도시정비법에 따른 결정·처분·절차, 그 밖의 행위는 이 법의 규정에 따라 행하여진 것으로 본다.

cf 부산광역시 재건축·재개발 표준정관

부칙 제2조(일반적 경과조치) 이 정관 시행 당시 종전의 정관에 따른 결정·처분·절차, 그 밖의 행위는 이 정관의 규정에 따라 행하여진 것으로 본다.

재건축·재개발 표준정관의 조문 위치와 내용이 같다.

광주광역시 재건축·재개발 표준정관
부칙 제2조(일반적 경과조치) 변경된 정관의 시행 당시 종전의 정관에 따른 결정·처분·절차, 그 밖의 행위는 이 정관의 규정에 따라 행하여진 것으로 본다.

재건축·재개발 표준정관의 조문 위치와 내용이 같다.

2006.8.25 국토부 재건축 표준정관
관련 정관 규정이 없다.

2003.6.30 국토부 재개발 표준정관
관련 정관 규정이 없다.

실태점검에 따른 조합·추진위 조치사항

■ 정비사업 조합운영 실태점검과 수사의뢰

● 조합운영 실태점검

● 도시정비법 위반 등으로 수사의뢰 등

1. 변호사법 제109조(벌칙) 7년 이하의 징역 또는 5천만 원 이하의 벌금
2. 도시정비법 제135조(벌칙) 5년 이하의 징역 또는 5천만 원 이하 벌금
3. 도시정비법 제136조(벌칙) 3년 이하의 징역 또는 3천만 원 이하의 벌금
4. 도시정비법 제137조(벌칙) 2년 이하의 징역 또는 2천만 원 이하의 벌금
5. 도시정비법 제138조(벌칙) 1년 이하의 징역 또는 1천만 원 이하의 벌금
6. 도시정비법 제140조(과태료) 1천만원 이하의 과태료

■ 정비사업 계약업무 처리기준(시정명령)

■ 예산회계규정 관련 시정명령, 환수조치

■ 표준행정업무규정 관련 시정명령, 환수조치

■ 표준선거관리규정 관련 시정명령

■ 조세특례제한법 관련 시정명령

■ 법인세법 관련 시정명령, 환수조치

■ 소득세법 관련 시정명령, 환수조치

■ 부가가치세법 관련 시정명령, 환수조치

VI

(서울·부산·광주)
재건축·재개발 표준정관 해설
부록

실태점검에 따른 조합·추진위 조치사항

■ 정비사업 조합운영 실태점검과 수사의뢰

국토부와 서울특별시는 각각 '정비사업 조합운영 실태점검 매뉴얼'을 시행해 오고 있다.

특히, 서울특별시 '정비사업 조합운영 실태점검 매뉴얼'에서 잘못 운용된 사례들을 발췌해 수사의뢰, 시정명령, 환수조치 등으로 조치한 것을 그 하위규정별로 정리하였다.

● 조합운영 실태점검

"조합운영 실태점검"은 도시정비법 제113조에 따라 국토교통부장관, 시·도지사, 시장·군수 또는 구청장이 정비사업의 원활한 시행을 위하여 관계 공무원 및 전문가로 구성된 점검반을 구성하여 정비사업 분쟁의 조정, 위법사항의 시정요구 등 필요한 조치를 하기 위한 현장점검을 실시하는 것을 말한다.

■ 실태점검 절차

단계	시장·군수·구청장	비고
사전준비	점검계획 수립 ▼ 점검대상 구역 선정 ▼ 점검반 구성 ▼ 조합 통보 ▼ 점검반 교육	[소요예산, 점검기간, 점검사항 등 포함] - 현장점검 1개월 전에 인력 및 조사일정 확정 [변호사, 회계사, 정비사업지원기구 등] [점검 시기, 대상, 사전 준비 사항 목록 등 통지 (7일 전)] [업무분장 및 주요 점검사항 체크]

현장점검 실시	현장방문	[조합의견 청취, 보안각서 및 청렴서약서 작성]
	▼	
	조합업무 전반 점검	[점검관련 법규 및 조합내규 검토, 중점 점검 사항 확인, 점검유형별 체크리스트 작성 등]
	▼	
	중간점검 회의	[중점 점검이 필요한 사항 도출]
	▼	
	주요점검 사항 점검	
	▼	
	확인서 작성	[확인서 작성 완료 및 조합에 설명(1일전)]
사후조치	조합소명자료 확인	[점검차 처분의견서 제출]
	▼	
	적발사항에 대한 자문회의 개최	
	▼	[수사의뢰(고발), 시정명령 등]
	확인서 작성	

● 도시정비법 위반 등으로 수사의뢰 등

1. 변호사법 제109조(벌칙) 7년 이하의 징역 또는 5천만 원 이하의 벌금
변호사법 제109조 위반으로 수사의뢰

변호사법
제109조(벌칙) 다음 각 호의 어느 하나에 해당하는 자는 7년 이하의 징역 또는 5천만 원 이하의 벌금에 처한다. 이 경우 벌금과 징역은 병과(倂科)할 수 있다.
 1. 변호사가 아니면서 금품·향응 또는 그 밖의 이익을 받거나 받을 것을 약속하고 또는 제3자에게 이를 공여하게 하거나 공여하게 할 것을 약속하고 다음 각 목의 사건에 관하여 감정·대리·중재·화해·청탁·법률상담 또는 법률관계 문서 작성, 그 밖의 법률사무를 취급하거나 이러한 행위를 알선한 자.

<실제 사례>

 ◇ 조합은 회계법인과 "지방세 및 각종 원인자부담금 환급 관련 조세검증 및 환급업무 위임. 계약-행정(민사)소송 등 대리업무(계약서 제2조)"를 체결하고, 만일 행정(민사)소송 등을 통해 과다납부 소지가 있는 금액을 환급받을 경우, 그 보수로 "환급금액의 20%(계약서 제4조)"를 지급하기로 약정함.
 ◇ 토지보상법 제7조에 따르면 사업인정의 신청, 재결의 신청, 의견서 제출 등의 행위'를 할 때 변호사나 그 밖의 자를 대리인으로 하여 수행할 수 있고 변호사가 아니면서 금품·향응 또는 그 밖의 이익을 받거나 받을 것을 약속할 수 없음에도 조합은 철거업체와 토지수용업무대행 계약을 체결함.
 ◇ 소송사건 등에 관하여는 변호사가 아닌 자의 법률사무 취급을 금지하고 있고 법무사는 서류의 작성, 신청의 대리, 서류제출 대행, 상담자문 등의 부수적인 사무만을 한정하고 있으나 A조합은 '수용재결 명도업무' 용역업체를 선정하면서 자격을 법무사로 한정하였으면서도 법무사가 할 수 없는 범위의 업무까지 포함하였음.

2. 도시정비법 제135조(벌칙) 5년 이하의 징역 또는 5천만 원 이하 벌금
수사의뢰

형법

제315조(경매, 입찰의 방해) 위계 또는 위력 기타 방법으로 경매 또는 입찰의 공정을 방해한 자는 2년 이하의 징역 또는 700만 원 이하의 벌금에 처한다.

「표시·광고의 공정화에 관한 법률」(약칭 표시광고법)
제3조(부당한 표시·광고 행위의 금지) ① 사업자등은 소비자를 속이거나 소비자로 하여금 잘못 알게 할 우려가 있는 표시·광고 행위로서 공정한 거래질서를 해칠 우려가 있는 다음 각 호의 행위를 하거나 다른 사업자등으로 하여금 하게 하여서는 아니 된다.
  1. 거짓·과장의 표시·광고
  2. 기만적인 표시·광고
  3. 부당하게 비교하는 표시·광고
  4. 비방적인 표시·광고
② 제1항 각 호의 행위의 구체적인 내용은 대통령령으로 정한다.

제17조(벌칙) 다음 각 호의 어느 하나에 해당하는 자는 2년 이하의 징역 또는 1억 5천만 원 이하의 벌금에 처한다.
  1. 제3조제1항을 위반하여 부당한 표시·광고 행위를 하거나 다른 사업자등으로 하여금 하게 한 사업자등

제19조(양벌규정) 법인(법인격 없는 단체를 포함한다. 이하 이 조에서 같다)의 대표자나 법인 또는 개인의 대리인, 사용인, 그 밖의 종업원이 그 법인 또는 개인의 업무에 관하여 제17조의 위반행위를 하면 그 행위자를 벌하는 외에 그 법인 또는 개인에게도 해당 조문의 벌금형을 과(科)한다. 다만, 법인 또는 개인이 그 위반행위를 방지하기 위하여 해당 업무에 관하여 상당한 주의와 감독을 게을리하지 아니한 경우에는 그러하지 아니하다.

도시정비법

제132조(조합임원 등의 선임·선정 및 계약체결 시 행위제한) ① 누구든지 추진위원, 조합임원의 선임 또는 제29조에 따른 계약체결과 관련하여 다음 각 호의 행위를 하여서는 아니 된다.

1. 금품, 향응 또는 그 밖의 재산상 이익을 제공하거나 제공의사를 표시하거나 제공을 약속하는 행위.

2. 금품, 향응 또는 그 밖의 재산상 이익을 제공받거나 제공의사표시를 승낙하는 행위.

3. 제3자를 통하여 제1호 또는 제2호에 해당하는 행위를 하는 행위.

② 건설업자와 등록사업자는 제29조에 따른 계약의 체결과 관련하여 시공과 관련 없는 사항으로서 다음 각 호의 어느 하나에 해당하는 사항을 제안하여서는 아니 된다.

1. 이사비, 이주비, 이주촉진비, 그 밖에 시공과 관련 없는 사항에 대한 금전이나 재산상 이익을 제공하는 것으로서 대통령령으로 정하는 사항.

2. 「재건축초과이익 환수에 관한 법률」에 따른 재건축부담금의 대납 등 이 법 또는 다른 법률을 위반하는 방법으로 정비사업을 수행하는 것으로서 대통령령으로 정하는 사항.

제135조(벌칙) 다음 각 호의 어느 하나에 해당하는 자는 5년 이하의 징역 또는 5천만 원 이하의 벌금에 처한다. <개정 2022.6.10>

2. 제132조제1항 각 호의 어느 하나를 위반하여 금품, 향응 또는 그 밖의 재산상 이익을 제공하거나 제공의사를 표시하거나 제공을 약속하는 행위를 하거나 제공을 받거나 제공의사 표시를 승낙한 자.

<실제 사례>

◇ 무상특화내역의 유상제공, 이사비용 무상지급 등 시공사 입찰제안의 적정성 및 홍보지침 미준수 등에 대한 시공사 수사의뢰.

3. 도시정비법 제136조(벌칙) 3년 이하의 징역 또는 3천만 원 이하의 벌금

1) 추진위 정비사업전문관리자 선정 절차 부적정
도시정비법 제32조 위반으로 수사의뢰

도시정비법
제32조(추진위원회의 기능) ① 추진위원회는 다음 각 호의 업무를 수행할 수 있다.
1. 제102조에 따른 정비사업전문관리업자의 선정 및 변경
2. 설계자의 선정 및 변경
3. 개략적인 정비사업 시행계획서의 작성
4. 조합설립인가를 받기 위한 준비업무
5. 그 밖에 조합설립을 추진하기 위하여 대통령령으로 정하는 업무
② 추진위원회가 정비사업전문관리업자를 선정하려는 경우에는 제31조에 따라 추진위원회 승인을 받은 후 제29조제1항에 따른 경쟁입찰 또는 수의계약(2회 이상 경쟁입찰이 유찰된 경우로 한정한다)의 방법으로 선정하여야 한다.

도시정비법
제136조(벌칙) 다음 각 호의 어느 하나에 해당하는 자는 3년 이하의 징역 또는 3천만원 이하의 벌금에 처한다. <개정 2017.8.9, 2019.4.23., 2022.2.3, 2023.1226>
4. 제32조제2항에 따른 계약의 방법을 위반하여 정비사업전문관리업자를 선정한 추진위원장(전문조합관리인을 포함한다)

<실제 사례>

◇ 「추진위원회 운영규정」에 따라 용업업체의 선정 등은 조합에 승계되지 아니하다고 규정하고 있음에도 A구역의 추진위에서 정비사업전문관리업자 선정 시 당초 과업기간은 '계약일로부터 해산 의결일'로 정하였고, 입찰 마감 이후 '계약일로부터 조합설립인가까지'로 주민총회에서 변경함과 동시에 향후 창립총회에서 승계 여부를 결정하기로 하여 사실상 일반경쟁이 아닌 제한경쟁입찰로 계약을 체결함.

2) 일반공개경쟁 입찰 대상을 수의계약으로 의결
시정명령

도시정비법

제136조(벌칙) 다음 각 호의 어느 하나에 해당하는 자는 3년 이하의 징역 또는 3천만원 이하의 벌금에 처한다.

1. 제29조제1항에 따른 계약의 방법을 위반하여 계약을 체결한 추진위원장, 전문조합관리인 또는 조합임원(조합의 청산인 및 토지등소유자가 시행하는 재개발사업의 경우에는 그 대표자, 지정개발자가 사업시행자인 경우 그 대표자를 말한다)

제29조(계약의 방법 및 시공자 선정 등) ① 추진위원장 또는 사업시행자(청산인을 포함한다)는 이 법 또는 다른 법령에 특별한 규정이 있는 경우를 제외하고는 계약(공사, 용역, 물품구매 및 제조 등을 포함한다)을 체결하려면 일반경쟁에 부쳐야 한다. 다만, 계약규모, 재난의 발생 등 대통령령으로 정하는 경우에는 입찰 참가자를 지명하여 경쟁에 부치거나 수의계약으로 할 수 있다. <신설 2017.8.9>

<실제 사례>

◇ 도시정비법 개정('18.2.9) 전 사항에 대하여는 1회 엄중 경고하고 향후 일반경쟁에 따라 업체를 선정하도록 시정명령.

3) 일반경쟁입찰 대상 용역 지명경쟁에 의한 방법으로 계약 체결

도시정비법 개정('18.2.9) 전 사항에 대하여는 1회 엄중 경고하고 향후 일반경쟁에따라 업체를 선정하도록 시정명령

도시정비법

제139조(벌칙) 3년 이하의 징역 또는 3천만 원 이하의 벌금

2. 제29조제4항부터 제7항까지 및 제10항을 위반하여 시공자를 선정한 자 및 시공자로 선정된 자

제29조(계약의 방법 및 시공자 선정 등) ① 추진위원장 또는 사업시행자(청산인을 포함한다)는 이 법 또는 다른 법령에 특별한 규정이 있는 경우를 제외하고는 계약(공사, 용역, 물품구매 및 제조 등을 포함한다. 이하 같다)을 체결하려면 일반경쟁에 부쳐야 한다. 다만, 계약규모, 재난의 발생 등 대통령령으로 정하는 경우에는 입찰 참가자를 지명하여 경쟁에 부치거나 수의계약으로 할 수 있다. <신설 2017.8.9>

② 제1항 본문에 따라 일반경쟁의 방법으로 계약을 체결하는 경우로서 대통령령으로정하는 규모를 초과하는 계약은 「전자조달의 이용 및 촉진에 관한 법률」 제2조제4호의 국가종합전자조달시스템을 이용하여야 한다. <신설 2017.8.9>

③ 제1항 및 제2항에 따라 계약을 체결하는 경우 계약의 방법 및 절차 등에 필요한 사항은 국토교통부장관이 정하여 고시한다. <신설 2017.8.9>

<실제 사례>

◇ 공사, 용역 등 계약을 체결하기 위해서는 일반경쟁입찰이 원칙이나 건산법에 의한 건설공사(전문공사 제외)로서 추정가격이 3억 원 이하인 공사 등 수의계약에 의할 수 있는 경우에만 지명경쟁입찰이 가능함에도 3억 원 초과 용역에 대하여 지명경쟁에 의한 계약을 체결함.

◇ 계약을 체결은 경쟁입찰이 원칙이며, 다만 계약의 목적, 성질, 규모 등을 고려하여 필요하다고 인정되는 경우에만 지명경쟁에 부칠 수 있음에도 조합에서 임의로 지정한 업체만을 대상으로 지명경쟁 입찰을 하여 다수 업체를 선정함.

◇ 추정가격 1억 원 이하의 총회 대행업체는 지명경쟁이 가능하나 합계 1억5천만 원 상당의 서면결의서 징구 및 홍보용역을 일반경쟁입찰을 하지 않고 가가 지명경쟁으로 분리하여 계약체결.

4) 일반경쟁입찰 시 과도한 입찰 참가제격 등 제한
정비사업 계약업무 처리기준을 준수하여 업체를 선정하도록 시정명령

도시정비법
제136조(벌칙) 다음 각 호의 어느 하나에 해당하는 자는 3년 이하의 징역 또는 3

천만원 이하의 벌금에 처한다.

제29조(계약의 방법 및 시공자 선정 등) ① 추진위원장 또는 사업시행자(청산인을 포함한다)는 이 법 또는 다른 법령에 특별한 규정이 있는 경우를 제외하고는 계약(공사, 용역, 물품구매 및 제조 등을 포함한다. 이하 같다)을 체결하려면 일반경쟁에 부쳐야 한다. 다만, 계약규모, 재난의 발생 등 대통령령으로 정하는 경우에는 입찰 참가자를 지명하여 경쟁에 부치거나 수의계약으로 할 수 있다. <신설 2017.8.9>

② 제1항 본문에 따라 일반경쟁의 방법으로 계약을 체결하는 경우로서 대통령령으로 정하는 규모를 초과하는 계약은 「전자조달의 이용 및 촉진에 관한 법률」 제2조제4호의 국가종합전자조달시스템을 이용하여야 한다. <신설 2017.8.9>

③ 제1항 및 제2항에 따라 계약을 체결하는 경우 계약의 방법 및 절차 등에 필요한 사항은 국토교통부장관이 정하여 고시한다. <신설 2017.8.9>

정비사업 계약업무 처리기준(국토교통부 고시 제2018-101호)
제6조(입찰의 방법) ① 사업시행자등이 정비사업 과정에서 계약을 체결하는 경우 일반경쟁입찰에 부쳐야 한다. 다만, 「도시정비법 시행령」 제24조제1항에 해당하는 경우에는 지명경쟁이나 수의계약으로 할 수 있다.

② 제1항에 따라 일반경쟁입찰 또는 지명경쟁입찰을 하는 경우 2인 이상의 유효한 입찰참가 신청이 있어야 한다.

<실제 사례>

◇ 정비사업 계약업무처리기준에 따라 '부정당업자의 입찰참가자격 제한에 관한 사항'을 공고하도록 규정하고 있음에도 입찰공고에 포함시키지 않고 계약체결은 원칙적으로 일반경쟁입찰임에도 입찰참가자격에 과도한 요구사항을 기재하여 사실상 제한입찰로 진행함.

◇ 정비사업 계약업무처리기준에는 입찰방법에 대해 일반경쟁, 지명경쟁, 수의계약만을 규정하고 있음에도 조합원에게 부담이 될 계약을 하면서 입찰자격을 임의로 제한하여 제한경쟁입찰로 입찰공고함.

4. 도시정비법 제137조(벌칙) 2년 이하의 징역 또는 2천만 원 이하의 벌금

1) 예산안 총회 사전 의결 없이 용역계약 체결
수사의뢰

도시정비법
제45조① 다음 각 호의 사항은 총회의 의결을 거쳐야 한다.
3. 정비사업비의 세부 항목별 사용계획이 포함된 예산안 및 예산의 사용내역
4. 예산으로 정한 사항 외에 조합원에게 부담이 되는 계약
5. 시공자·설계자 및 감정평가법인등(제74조제4항에 따라 시장·군수등이 선정·계약하는 감정평가법인등은 제외한다)의 선정 및 변경. 다만, 감정평가법인등 선정 및 변경은 총회의 의결을 거쳐 시장·군수등에게 위탁할 수 있다.

제46조(대의원회) ④ 대의원회는 대통령령으로 정하는 사항 외에는 총회의 권한을 대행할 수 있다.

표준 예산회계규정
제15조(예산편성 및 성립) ② 조합장 등은 매 회계연도 예산을 편성하여 회계연도 개시일로부터 3월 이내에 총회 의결을 거쳐 최종 확정한다.

<실제 사례>

◇ 정기총회의 의결을 받아 예산안이 의결된 이후 사업을 추진하도록 규정되어 있음에도, 예산을 집행하면서 총회의 의결을 거치지 않고 대의원회에서 심의를 받은 예산안으로 계약을 체결함.

◇ 조합은 매 회계연도 예산을 편성하여 회계연도 개시일로부터 3월 이내에 총회 의결을 거쳐 예산 범위에서 집행하여야 함에도, 총회를 통한 적법한 예산안 의결을 하지 않고 대의원회의에서 업체를 선정함.

◇ 총회의결로 정한 예산의 범위 내의 용역계약에 한하여 대의원회 의결을 거치도

록 하고 있음에도 불구하고, 총회를 개최하지 않아 예산안 승인이 없는 상태에서 조합원의 부담이 되는 용역계약을 체결함.

2) '조합원 부담이 될 계약'을 총회 의결 없이 체결
수사의뢰

도시정비법
제45조(총회의 의결) ① 다음 각 호의 사항은 총회의 의결을 거쳐야 한다
4. 예산으로 정한 사항 외에 조합원에게 부담이 되는 계약

제46조(대의원회) ④ 대의원회는 총회의 의결사항 중 대통령령으로 정하는 사항 외에는 총회의 권한을 대행할 수 있다.

<실제 사례>

◇ '예산으로 정한 사항 외에 조합원의 부담이 될 계약'은 총회의 의결을 거쳐야 하고, 총회의 의결로 정한 예산의 범위 내에서의 용역계약은 대의원회 의결을 거치도록 하고 있음에도, 조합원에게 부담이 될 각종 계약에 대하여 총회의 의결 절차를 거치지 않고 계약을 체결함.
◇ 도시계획, 친환경인증 등의 용역계약을 체결함에 있어 예산으로 정하지 않고, 총회의 의결을 받지 않음.
◇ 지적측량, 건축설계 등 용역계약을 총회 의결 없이 대의원회 또는 이사회 의결로 업체와 계약한 사항을 총회에서 사후 추인함.
◇ 규정상 총회의 의결사항인 '감정평가업자의 선정 및 변경, 사업비 대출 등'에 대하여 총회의 의결 없이 계약함.
◇ 건축연면적 증가에 따른 건축설계 용역 금액이 변경된 사항에 대하여 변경계약서를 작성하지 않고 총회의 의결 없이 계약을 체결함.

3) 감정평가업자 선정 관련 총회 미의결(대의원회 의결)

감정평가업자 선정은 총회의 고유 의결사항으로 수사의뢰

도시정비법

제137조(벌칙) 다음 각 호의 어느 하나에 해당하는 자는 2년 이하의 징역 또는 2천만 원 이하의 벌금에 처한다. <개정 2020.6.9>

6. 제45조에 따른 총회의 의결을 거치지 아니하고 같은 조 제1항 각 호의 사업(같은 항 제13호 중 정관으로 정하는 사항은 제외한다)을 임의로 추진한 조합임원(전문조합관리인을 포함한다)

도시정비법 시행령

제43조(대의원회가 총회의 권한을 대행할 수 없는 사항) 법 제46조제4항에서 "대통령령으로 정하는 사항"이란 다음 각 호의 사항을 말한다.

4. 법 제45조제1항제5호에 따른 시공자·설계자 또는 **감정평가법인등(법 제74조제4항에 따라 시장·군수등이 선정·계약하는 감정평가법인등은 제외한다)**의 선정 및 변경에 관한 사항

<실제 사례>

◇ 감정평가업자는 총회에서 선정하여야 함에도 불구하고, 대의원회 의결로 신설 및 용도폐지정비기반시설 감정평가업자를 선정함.

◇ 감정평가업자의 선정은 총회의 의결을 거쳐야 함에도 불구하고, 이사회 및 대의원회에서 감정평가업자를 선정함.

4) 기타 총회 의결이 필요한 사항임에도 미의결

수사의뢰

도시정비법

제137조(벌칙) 다음 각 호의 어느 하나에 해당하는 자는 2년 이하의 징역 또는 2천만 원 이하의 벌금에 처한다. <개정 2020.6.9>

6. 제45조에 따른 총회의 의결을 거치지 아니하고 같은 조 제1항 각 호의 사업(같은 항 제13호 중 정관으로 정하는 사항은 제외한다)을 임의로 추진한 조합임원(전문조합관리인을 포함한다)

제45조(총회의 의결) ① 다음 각 호의 사항은 총회의 의결을 거쳐야 한다
4. 정비사업전문관리업자의 선정 및 변경
7. 조합임원의 선임 및 해임

<실제 사례>

◇ 정비사업전문관리업자로 당초 계약한 A업체가 등록 취소되어 이 회사를 인수합병한 B업체로 정비사업전문관리업자 변경하였음에도 조합원에게 알리지 않고 총회 의결도 받지 않음.

◇ 감사 해임의 건, 총무이사 해임의 건 등 총회의결을 거쳐야 하는 사항임에도 긴급 대의원회를 소집하여 의결 처리하였음.

5) 부적절한 설계변경 및 대금지급 등
수사의뢰

도시정비법
제137조(벌칙) 다음 각 호의 어느 하나에 해당하는 자는 2년 이하의 징역 또는 2천만 원 이하의 벌금에 처한다. <개정 2020.6.9>
6. 제45조에 따른 총회의 의결을 거치지 아니하고 같은 조 제1항 각 호의 사업(같은 항 제13호 중 정관으로 정하는 사항은 제외한다)을 임의로 추진한 조합임원(전문조합관리인을 포함한다)

제29조(계약의 방법 및 시공자 선정 등) ① 추진위원장 또는 사업시행자(청산인을 포함한다)는 이 법 또는 다른 법령에 특별한 규정이 있는 경우를 제외하고는 계약(공사, 용역, 물품구매 및 제조 등을 포함한다. 이하 같다)을 체결하려면 일반경쟁에 부

쳐야 한다. 다만, 계약규모, 재난의 발생 등 대통령령으로 정하는 경우에는 입찰 참가자를 지명하여 경쟁에 부치거나 수의계약으로 할 수 있다. <신설 2017.8.9>

② 제1항 본문에 따라 일반경쟁의 방법으로 계약을 체결하는 경우로서 대통령령으로정하는 규모를 초과하는 계약은 「전자조달의 이용 및 촉진에 관한 법률」 제2조제4호의 국가종합전자조달시스템을 이용하여야 한다. <신설 2017.8.9>

③ 제1항 및 제2항에 따라 계약을 체결하는 경우 계약의 방법 및 절차 등에 필요한 사항은 국토교통부장관이 정하여 고시한다. <신설 2017.8.9>

<실제 사례>

◇ A구역은 추진위에서 선정한 설계사를 조합설립인가 이후 대의원회 의결로 기 지급한 용역대금에 대한 별도의 계약서를 작성.

◇ 이후 조합 정기총회 시 설계자 선정 및 계약체결 위임의 건을 상정하면서 입찰에 참여한 7개 업체 중 특정업체 2개만을 상정하였으며, 용역계약을 체결하면서 업무에서 제외되는 범위를 설정, 업무범위 외 사항을 위탁할 때는 별도의 비용을 지불하도록 하여 경쟁 없이 계약을 체결하고 대금을 지불함.

6) 자금차입 총회 의결 없이 금전소비대차계약 체결
수사의뢰

도시정비법
제137조(벌칙) 다음 각 호의 어느 하나에 해당하는 자는 2년 이하의 징역 또는 2천만 원 이하의 벌금에 처한다. <개정 2020.6.9>

6. 제45조에 따른 총회의 의결을 거치지 아니하고 같은 조 제1항 각 호의 사업(같은 항 제13호 중 정관으로 정하는 사항은 제외한다)을 임의로 추진한 조합임원(전문조합관리인을 포함한다)

제45조(총회의 의결) ① 다음 각 호의 사항은 총회의 의결을 거쳐야 한다.
2. 자금의 차입과 그 방법·이자율 및 상환방법

도시정비법 시행령

제43조(대의원회가 총회의 권한을 대행할 수 없는 사항) 법 제46조제4항에서 "대통령령으로 정하는 사항"이란 다음 각 호의 사항을 말한다.

2. 법 제45조제1항제2호에 따른 자금의 차입과 그 방법·이자율 및 상환방법에 관한 사항.

<실제 사례>

◇ 추진위원회에서 자금차입 의결하여 2018.5월 금전소비대차계약을 하고 2019.2월 조합설립인가 이후에 2020.11월 금전소비대차계약의 승계 및 연장하는 합의서를 작성하여 자금차입을 하였으나, 이에 대한 총회의결을 하지 않음.

◇ 조합설립 창립총회에서 서울시로부터 공공융자금 차입안건만 의결하였으나, 설계자로부터 5천만 원 차입하는 금전소비대차계약을 체결함.

◇ 추진위원회에서 자금차입에 대하여 추진위원회의 의결을 하지 않고 업체와 개인에게 자금차입을 하면서 금전소비대차계약서를 체결하지 않음.

◇ 시공자와 총 대여한도 170억 원으로 하는 금전소비대차계약서를 체결하기 전에 총회 의결을 하지 않음

◇ 총회의결 없이 개인에게 2억 원을 차입하고, 총회에서 차입금액을 상환할 것을 의결하였으나 구체적인 상환이율 산정근거에 대한 의결 없이 2억1만 원을 상환함.

◇ 자금차입과 그 방법에 관하여 총회의결을 거치면서 자금차입 범위는 대의원회에서 의결하도록 정하였으나, 시공자로부터 자금차입에 있어 대의원회 의결을 거치지 않고 금전소비대차계약서를 작성하지 않음.

◇ 총회 의결 없이 조합장 및 정비사업전문관리업자로부터 운영비를 자금차입함.

7) 결산보고 지연 및 인터넷 공개 미이행
수사의뢰

도시정비법

제124조(관련 자료의 공개 등) ① 추진위원장 또는 사업시행자(조합의 경우 청산인

을 포함한 조합임원, 토지등소유자가 단독으로 시행하는 재개발사업의 경우에는 그 대표자를 말한다)는 정비사업의 시행에 관한 다음 각 호의 서류 및 관련 자료가 작성되거나 변경된 후 15일 이내에 이를 조합원, 토지등소유자 또는 세입자가 알 수 있도록 인터넷과 그 밖의 방법을 병행하여 공개하여야 한다.

9. 결산보고서

표준 예산·회계규정

제11조(재무제표 및 부속명세서) ③ 재무제표의 부속명세서는 공사원가명세서, 자산부채명세서, 사업비명세서, 사업비 예산결산대비표, 운영비 예산결산대비표 및 예비비명세서로 하며, 서식은 「○○정비사업조합(추진위원회) 회계처리규정 세칙」에 예시된 별지서식 제4호 내지 제9호와 같으며, 결산보고서로 재무제표 및 부속명세서를 작성하고 감사의 의견서를 첨부하여 대의원회에 보고하고 정관 및 운영규정에 따른 승인을 득하여야 한다. 예산은 다음 각호에 의하여 편성하여야 한다.

표준 예산·회계규정 세칙

제20조(결산보고) ① 조합장 등은 회계연도 종료일로부터 3월 이내에 제12조에 의한 재무제표 및 부속명세서를 작성하고 감사의 의견서를 첨부하여 대의원회에 보고하여 표준정관에 따른 승인을 득해야 한다. 다만, 제19조에 의한 재무제표를 제외하고는 재무제표에 대한 주석은 생략할 수 있다.

<실제 사례>

◇ 2018년 결산보고 시 대의원회 미의결, 2019년~2020년 결산보고 시 대의원회 지연의결하고 감사의견서 미첨부, 총회 지연 보고하고 인터넷에 병행하여 정보를 공개하지 않음.

◇ 2015~2020년 회계연도 종료일 90일 이내 결산보고서를 총회 또는 조합원에게 서면으로 보고하지 않았으며, 2020년 결산보고서는 일부 미반영으로 재결산하였으나 2021년 중 총회 미개최로 보고 또는 조합원에게 통지하지 않음.

◇ 조합정관에 따라 매 회계연도 종료일부터 30일 이내 결산보고해야 하나, 2016

년 결산보고서를 2017.9월 대의원회 의결하여 2017.10월 총회 지연 보고함.
◇ 2016년~2021년 결산보고서에 대하여 총회 또는 조합원에게 서면으로 지연 보고하거나 보고하지 않음.

8) 인수인계 미흡
수사의뢰

도시정비법
제34조(추진위원회의 운영) ④ 추진위원회는 사용경비를 기재한 회계장부 및 관계서류를 조합설립인가일부터 30일 이내에 조합에 인계하여야 한다.

<실제 사례>

◇ 조합설립인가 된 사실은 있으나 조합설립 후 30일 이내에 추진위원회는 사용경비를 기재한 회계장부 및 관련 서류를 조합에 인계하지 않음.
◇ 추진위원회가 체결한 사업약정서 관련 입찰공고문 등 각종 계약 및 지출에 관한 증빙문서가 인수인계되지 아니하거나 보관 미흡으로 일부 유실.

9) 관련 자료 보관 미비
향후 도시정비법에 따라 용역계약(관련 회의포함) 관련 자료는 속기록, 녹음 또는 영상자료를 만들어 보관하도록 조치/수사의뢰

도시정비법
제125조(관련 자료의 보관 및 인계) ① 추진위원장·정비사업전문관리업자 또는 사업시행자(조합의 경우 청산인을 포함한 조합임원, 토지등소유자가 단독으로 시행하는 재개발사업의 경우에는 그 대표자를 말한다)는 제124조제1항에 따른 서류 및 관련 자료와 총회 또는 중요한 회의(조합원 또는 토지등소유자의 비용부담을 수반하거나 권리·의무의 변동을 발생시키는 경우로서 대통령령으로 정하는 회의를 말한다)가 있은 때에는 속기록·녹음 또는 영상자료를 만들어 청산 시까지 보관하여야 한다.

<실제 사례>

◇ 용역계약 및 업체선정과 관련한 일부 이사회에 관하여 속기록·녹음 또는 영상자료를 만들어 보관하지 아니하였음.
◇ 총회 또는 중요한 회의 녹음자료를 미작성 (또는 작성 후 분실)하였음.

10) 정비사업비 미의결

정비사업비의 사용은 법 제45조 제1항 및 제46조 제4항에 따라 총회 또는 대의원회 사전 의결사항이므로 도시정비법 제45조 및 제46조 위반으로 수사의뢰

도시정비법
제45조(총회의 의결) ① 다음 각 호의 사항은 총회의 의결을 거쳐야 한다.
3. 정비사업비의 세부 항목별 사용계획이 포함된 예산안 및 예산의 사용내역
② 제1항 각 호의 사항 중 이 법 또는 정관에 따라 조합원의 동의가 필요한 사항은 총회에 상정하여야 한다.

제46조(대의원회) ④ 대의원회는 총회의 의결사항 중 대통령령으로 정하는 사항 외에는 총회의 권한을 대행할 수 있다.

재개발 표준정관
제21조(총회의 의결사항) 다음 각 호의 사항은 총회의 의결을 거쳐 결정한다.
4. 정비사업비의 사용계획 등 예산안

<실제 사례>

◇ 운영비 사용에 대하여 총회결의(이사회 및 대의원회 결의 포함)를 거치지 않고 지출함.
◇ 정비사업비 예산의 사용내역을 총회의 의결을 거치지 아니함.

11) 대의원회 위임 불가 사항

도시정비법에 정한 위임사항을 준수하여 대의원회에 위임토록 조치/수사의뢰

도시정비법 시행령

제43조(대의원회가 총회의 권한을 대행할 수 없는 사항) 법 제46조제4항에서 "대통령령으로 정하는 사항"이란 다음 각 호의 사항을 말한다.

6. 법 제45조제1항제7호에 따른 조합임원의 선임 및 해임과 제42조제1항제2호에 따른 대의원의 선임 및 해임에 관한 사항. 다만, 정관으로 정하는 바에 따라 임기 중 궐위된 자(조합장은 제외한다)를 보궐선임하는 경우를 제외한다.

7. 법 제45조제1항제9호에 따른 사업시행계획서의 작성 및 변경에 관한 사항(법 제50조제1항 본문에 따른 정비사업의 중지 또는 폐지에 관한 사항을 포함하며, 같은 항 단서에 따른 경미한 변경은 제외한다)

8. 법 제45조제1항제10호에 따른 관리처분계획의 수립 및 변경에 관한 사항(법 제74조제1항 각 호 외의 부분 단서에 따른 경미한 변경은 제외한다)

<실제 사례>

◇ 관리처분계획의 수립 및 변경에 관한 사항인 '일반분양가 등 분양조건을 대의원회 위임의결의 건'을 의결함.

◇ 관리처분계획의 수립 및 변경에 관한 사항은 대의원회에 위임할 수 없음에도, 일반분양가격을 하향 조정하여야 할 경우 대의원회에 위임하여 진행한 후 추후 총회에서 추인받기로 결의함.

◇ 총회의결사항 중 대의원 해임 권한을 대의원회에 위임.

12) 정보공개 미등록 및 지연

도시정비법 제124조 위반으로 수사의뢰

도시정비법

제124조(관련 자료의 공개 등) ① 추진위원장 또는 사업시행자(조합의 경우 청산인을 포함한 조합임원, 토지등소유자가 단독으로 시행하는 재개발사업의 경우에는 그 대표자를 말한다)는 정비사업의 시행에 관한 다음 각 호의 서류 및 관련 자료가 작성되거

나 변경된 후 15일 이내에 이를 조합원, 토지등소유자 또는 세입자가 알 수 있도록 인터넷과 그 밖의 방법을 병행하여 공개하여야 한다.
1. 제34조제1항에 따른 추진위원회 운영규정 및 정관 등
2. 설계자·시공자·철거업자 및 정비사업전문관리업자 등 용역업체의 선정계약서
3. 추진위원회·주민총회·조합총회 및 조합의 이사회·대의원회의 의사록
4. 사업시행계획서
5. 관리처분계획서
6. 해당 정비사업의 시행에 관한 공문서
7. 회계감사보고서
8. 월별 자금의 입금·출금 세부내역
8의2. 제111조의2에 따라 신고한 자금차입에 관한 사항
9. 결산보고서
10. 청산인의 업무 처리 현황
11. 그 밖에 정비사업 시행에 관하여 대통령령으로 정하는 서류 및 관련 자료

<실제 사례>

◇ 조합총회 의사록 등에 대하여 기간 경과 후 일괄 등록하는 등 지연 공개함.
◇ 이사회 회의자료 등 미공개, 지연처리 등을 하였음.

13) 총회의결 내용과 상이한 금전소비대차계약서 체결
수시의뢰

도시정비법
제137조(벌칙) 다음 각 호의 어느 하나에 해당하는 자는 2년 이하의 징역 또는 2천만 원 이하의 벌금에 처한다. <개정 2020.6.9>
6. 제45조에 따른 총회의 의결을 거치지 아니하고 같은 조 제1항 각 호의 사업(같은 항 제13호 중 정관으로 정하는 사항은 제외한다)을 임의로 추진한 조합임원(전문조합관리인을 포함한다)

제45조(총회의 의결) ① 다음 각 호의 사항은 총회의 의결을 거쳐야 한다.
2. 자금의 차입과 그 방법·이자율 및 상환방법

도시정비법 시행령

제43조(대의원회가 총회의 권한을 대행할 수 없는 사항) 법 제46조제4항에서 "대통령령으로 정하는 사항"이란 다음 각 호의 사항을 말한다.

2. 법 제45조제1항제2호에 따른 자금의 차입과 그 방법·이자율 및 상환방법에 관한 사항

표준 예산·회계규정

제29조(계약서의 작성) ① 모든 계약은 계약서를 작성하여야 한다.
② 제1항의 계약서에는 계약의 목적, 이행기간, 계약위반의 경우에 있어서 보증금의 처분위험의 부담, 지체상금, 실비 정산방법, 기타 필요한 사유 등를 기재한 계약서를 작성하여 계약담당자가 기명날인하여야 한다

<실제 사례>

◇ 자금차입에 대한 이자율, 상환방법, 상환기한 총회의결 내용과 다르게 자금차입하는 금전소비대차계약을 체결함.
◇ 총회 의결한 자금차입조건과 금전소비대차계약서의 상환조건 이율이 상이함.
◇ 자금차입과 그 방법·이자율 및 상환방법 결의 건을 의결하기 전에 금전소비대차계약 한도액을 초과하여 차용함.

14) 구체적 내용 없이 자금차입 총회 의결
수사의뢰

도시정비법

제137조(벌칙) 2년 이하의 징역 또는 2천만 원 이하의 벌금

제45조(총회의 의결) ① 다음 각 호의 사항은 총회의 의결을 거쳐야 한다.
2. 자금의 차입과 그 방법·이자율 및 상환방법

도시정비법 시행령

제43조(대의원회가 총회의 권한을 대행할 수 없는 사항) 법 제46조제4항에서 "대통령령으로 정하는 사항"이란 다음 각 호의 사항을 말한다.

2. 법 제45조제1항제2호에 따른 자금의 차입과 그 방법·이자율 및 상환방법에 관한 사항

<실제 사례>

◇ 창립총회 및 정기총회에서 차입금 액수, 이율 및 차입기간 등을 구체적으로 작성하지 않고 안건 상정하여 총회 의결함.
◇ 총회 의결한 자금차입조건과 금전소비대차계약서의 상환조건 이율이 상이함.
◇ 조합 정기총회에서 차입금의 액수, 이율 및 차입기간 등 차입내용을 구체적으로 밝히지 않고 추상적인 내용만 기재하여 총회 의결한 후 자금차입함.

15) 자금차입 총회의결 사항을 대의원회로 위임
수사의뢰

도시정비법
제137조(벌칙) 2년 이하의 징역 또는 2천만 원 이하의 벌금

제45조(총회의 의결) ① 다음 각 호의 사항은 총회의 의결을 거쳐야 한다.
2. 자금의 차입과 그 방법·이자율 및 상환방법

도시정비법 시행령

제43조(대의원회가 총회의 권한을 대행할 수 없는 사항) 법 제46조제4항에서 "대통령령으로 정하는 사항"이란 다음 각 호의 사항을 말한다.
2. 법 제45조제1항제2호에 따른 자금의 차입과 그 방법·이자율 및 상환방법에 관한 사항

<실제 사례>

◇ 자금차입과 방법, 이자율 및 상환방법은 대의원회가 대행할 수 없으나, 금융기관 선정 등 자금차입 세부사항을 대의원회 및 이사회에 위임할 수 있도록 총회에 안건 상정하고 의결함.

◇ 조합 임시총회에서 금융기관(조합원 일반분양 중도금 대출) 설정 및 협약체결에 관한 사항을 대의원회 위임함.

◇ 자금의 차입과 그 방법·이자율 및 상환방법은 대의원회가 대행할 수 없는 안건임에도 조합은 구체적인 차입금액, 이자율을 의결하지 않고 선정계약에서 협의하여 정하도록 총회에서 의결하여 대의원회 또는 이사회에 위임함.

◇ 총회 안건에서 사업비 차입과 관련한 사항(차입금액 한도, 차입방법, 대출이율)을 대의원회에서 결정하도록 그 권한을 위임하였으며, 대의원회에서 차입에 관한 사항을 결정하였음.

16) 예산안 총회의결을 거치지 않고 용역계약 체결
수사의뢰

도시정비법
제45조(총회의 의결) ① 다음 각 호의 사항은 총회의 의결을 거쳐야 한다.
4. 예산으로 정한 사항 외에 조합원에게 부담이 되는 계약

도시정비법 시행령
제43조(대의원회가 총회의 권한을 대행할 수 없는 사항) 법 제46조제4항에서 "대통령령으로 정하는 사항"이란 다음 각 호의 사항을 말한다.
3. 법 제45조제1항제4호에 따른 예산으로 정한 사항 외에 조합원에게 부담이 되는 계약에 관한 사항

<실제 사례>

◇ 예산을 집행하면서 총회의 의결을 거치지 않고 대의원회에서 심의를 받아 예산안으로 계약을 체결함.

◇ 창립총회 때 '정비사업비 예산안 승인 건'에만 의결하고 예산안을 수립하지 않고 총회결의도 득하지 않고 용역계약을 체결함.

◇ 사업비 예산을 편성하지 않고, 대의원회에서 용역업체를 선정한 후, 정기총회에서 '협력업체 선정 및 계약체결 승인의 건'에 해당 업체를 포함하여 추인의결을 받음.

◇ 대의원회 안건 '2018년도 운영비 예산안 및 사업비 예산안 의결의 건'을 가결하고, 용역계약을 체결함.

17) 예산의결을 대의원회에 위임
수사의뢰

도시정비법
제45조(총회의 의결) ① 다음 각 호의 사항은 총회의 의결을 거쳐야 한다.
3. 정비사업비의 세부 항목별 사용계획이 포함된 예산안 및 예산의 사용내역

대법원 2009도14296판결
'예산으로 정해지지 않은 사항 외에 조합원의 부담이 될 계약'을 조합원들의 권리·의무에 직접적인 영향을 미치는 사항으로 조합원들의 의사가 충분히 반영될 수 있도록 절차적 보장을 하기 위해 총회의 의결사항으로 규정(대법원 2009도14296)한 도시정비법의 취지를 고려할 때, 예산안 의결 권한은 총회에서 대의원회로 위임이 불가함

<실제 사례>

◇ 총회 의결사항 중 '조합운영비를 포함한 정비사업비의 사용계획 등 예산안 편성 및 변경 권한'을 대의원회 위임함.

◇ 총회에서 '정비사업비 예산 범위 내에서의 연도별 예산집행계획 및 예비비집행계획 안건'을 대의원회에 위임하는 안건을 의결하고, 대의원회에서 정비사업비 및 조합 운영비 예산안을 가결함.

18) 예산편성 없이 사업비 등 지출
수사의뢰

도시정비법
제45조(총회의 의결) ① 다음 각 호의 사항은 총회의 의결을 거쳐야 한다.
3. 정비사업비의 세부 항목별 사용계획이 포함된 예산안 및 예산의 사용내역

표준 예산·회계규정
제20조(예산집행 실적 보고) 조합 등은 당해 연도의 예산으로 정하지 아니한 공사·용역의 계약을 하고자 하는 경우에는 총회의 사전 결의를 거쳐야 한다.

<실제 사례>

◇ 사업비 집행 시 예산편성이 없거나, 지출금액이 예산에 초과했는데도 예산편성에 대한 재의결 없이 사업비를 지출함.
◇ 조합설립동의서 징구 업무 관련 별도 업무추진비 예산편성을 하지 않고, 총회 승인 없이 관리이사에게 별도업무추진비 1,800만 원(월 3백만 원)을 지급함.
◇ 당해 연도의 예산으로 정하지 않은 공사, 용역의 계약을 하는 경우에는, 총회 사전 결의를 거치지 않고 예비비로 사후 승인받음.

19) 예산을 초과하여 총회의결 등 없이 계약체결
대의원회 등을 통하여 불필요한 계약이 발생되지 않도록 예산 및 계약 관리 철저/수사의뢰

도시정비법
제45조(총회의 의결) ① 다음 각 호의 사항은 총회의 의결을 거쳐야 한다.
4. 예산으로 정한 사항 외에 조합원에게 부담이 되는 계약

표준 예산·회계규정

제18조(예산의 목적 외 사용금지) ① 사업비 및 운영비 지출은 예산을 초과하여 지출하거나 예산으로 정한 목적 외에 이를 사용할 수 없다.

② 제1항에도 불구하고 지출예산의 전용이 필요할 경우 총회에서 승인된 총 지출예산 범위 내에서 대의원회의 의결을 거쳐 사용할 수 있다. 다만, 운영비 예산은 부득이한 경우 동일 항 내의 목간에 예산의 과부족이 있을 때에는 상호 전용할 수 있다.

③ 제2항의 단서에 의하여 예산을 전용할 때에는 회계책임자는 그 사유를 기재하여 추진위원회 또는 이사회에 전용한 예산을 보고하여야 한다.

<실제 사례>

◇ 예산으로 정한 사항 외 조합원 부담되는 계약은 총회의결하고, 예산범위 내 계약체결은 대의원회 의결을 거쳐야 하나 2016년 구유재산 매매계약 체결 시 대의원회 미의결하고 2017년 시유재산 매매계약 및 국유재산 매매계약 체결 시 회계연도 예산을 벗어남에도 총회의결을 하지 않음[도시정비법 제45조]

◇ 소송 및 법무용역비로 예산편성하고 이사회 결의를 거쳐 조합원 ○○명을 고발하기 위한 법무용역계약 체결 및 용역비를 지출하였으나, 동일 조합원을 타 건으로 고발하기 위해 법무법인 2곳과 각각 계약 체결함

◇ 건축물철거비, 이주비·주거이전비, 건설시설공사비, 손실보상비 등 사업비 집행 시 예산편성이 없거나, 지출금액이 예산에 초과했는데도 예산편성에 대한 재의결 없이 사업비를 지출함.

◇ 조합설립동의서 징구 업무 관련 별도 업무추진비 예산편성을 하지 않고, 총회 승인 없이 관리이사에게 별도업무추진비 1,800만 원(월 3백만 원)을 지급함.

◇ 당해 연도의 예산으로 정하지 않은 공사, 용역(전기이설비, 상수도이설비, 교통영향평가용역비 등)의 계약을 하는 경우에는 총회 사전결의를 거치지 않고 예비비로 사후 승인받음.

5. 도시정비법 제138조(벌칙) 1년 이하의 징역 또는 1천만원 이하의 벌금

1) 외부회계감사 지연
수사의뢰

도시정비법

제112조(회계감사) ① 다음 각 호의 구분에 따른 기간 이내에 「주식회사 등의 외부감사에 관한 법률」 제2조제7호 및 제9조에 따른 감사인의 회계감사를 받기 위하여 시장·군수등에게 회계감사기관의 선정·계약을 요청하여야 하며, 그 감사결과를 회계감사가 종료된 날부터 15일 이내에 시장·군수등 및 해당 조합에 보고하고 조합원이 공람할 수 있도록 하여야 한다.

1. 제34조제4항에 따라 추진위원회에서 사업시행자로 인계되기 전까지 납부 또는 지출된 금액과 계약 등으로 지출될 것이 확정된 금액의 합이 대통령령으로 정한 금액 이상인 경우: 추진위원회에서 사업시행자로 인계되기 전 7일 이내

2. 제50조제9항에 따른 사업시행계획인가·고시일 전까지 납부 또는 지출된 금액이 대통령령으로 정하는 금액 이상인 경우: 사업시행계획인가·고시일부터 20일 이내

3. 제83조제1항에 따른 준공인가 신청일까지 납부 또는 지출된 금액이 대통령령으로 정하는 금액 이상인 경우: 준공인가의 신청일부터 7일 이내

4. 토지등소유자 또는 조합원 1/5 이상이 사업시행자에게 회계감사를 요청하는 경우: 제4항에 따른 절차를 고려한 상당한 기간 이내

<실제 사례>

◇ 조합설립인가일, 사업시행인가·고시일로부터 법정기일을 경과하여 외부회계감사를 받음.

◇ 추진위원회 기간에 대한 외부감사보고서를 받고 클린업시스템에 게시하였으나, 총회에 보고 또는 조합원에게 서면보고 하지 않음.

6. 도시정비법 제140조(과태료) 1천만원 이하의 과태료

관련 법에 따라 과태료 부과

도시정비법

제140조(과태료) ① 다음 각 호의 어느 하나에 해당하는 자에게는 1천만 원 이하의 과태료를 부과한다. <개정 2022.6.10>

  1. 제113조제2항에 따른 점검반의 현장조사를 거부·기피 또는 방해한 자

  2. 제132조제2항을 위반하여 제29조에 따른 계약의 체결과 관련하여 시공과 관련 없는 사항을 제안한 자

  3. 제132조의3제1항을 위반하여 사실과 다른 정보 또는 부풀려진 정보를 제공하거나, 사실을 숨기거나 축소하여 정보를 제공한 자

  제113조(감독) ② 국토교통부장관, 시·도지사, 시장, 군수 또는 구청장은 이 법에 따른 정비사업의 원활한 시행을 위하여 관계 공무원 및 전문가로 구성된 점검반을 구성하여 정비사업 현장조사를 통하여 분쟁의 조정, 위법사항의 시정요구 등 필요한 조치를 할 수 있다. 이 경우 관할 지방자치단체의 장과 조합 등은 대통령령으로 정하는 자료의 제공 등 점검반의 활동에 적극 협조하여야 한다.

<실제 사례>

◇ 추진위원회에 대한 운영실태 현장점검에 있어서 관계공무원 및 전문가의 현장점검 활동 중 추진위원회 내 캐비넷 3개 속에 잠궈서 보관한 자료를 공개하지 아니한 사실이 있음.

■ 정비사업 계약업무 처리기준(시정명령)

1. 부적절한 입찰 진행 사항 등

입찰 추진 시 용역범위와 산출금액에 대해 명확하게 작성하여 공정성을 확보하고 입찰 관련 규정을 준수하도록 시정명령

정비사업 계약업무 처리기준(국토교통부 고시 제2018-101호)
제9조(입찰 공고 등) ① 사업시행자등이 계약을 위하여 입찰을 하고자 하는 경우에는 입찰서 제출 마감일 7일 전까지 전자조달시스템 또는 1회 이상 일간신문(전국 또는 해당 지방을 주된 보급지역으로 하는 일간신문을 말한다)에 입찰을 공고하여야 한다. 다만, 지명경쟁에 의한 입찰의 경우에는 입찰서 제출 마감일 7일 전까지 내용증명우편으로 입찰대상자에게 통지(도달을 말한다)하여야 한다.

<실제 사례>

◇ A조합에서 발주한 정비사업전문관리업자 선정 건 입찰 시 최종 입찰에 참가 신청한 3개 업체가 제출한 입찰서의 용역범위가 다르게 제출되어 동일한 용역범위에 대해서 대금을 산정했는지가 명확하지 않아 불공정성 논란.
◇ 입찰을 하고자 하는 경우 「정비사업 계약업무 처리기준」에 따라 입찰서 제출마감을 7일 전까지 전자조달시스템 또는 1회 이상 일간신문에 입찰공고 해야 하나 B추진위는 법무사 및 세무사 선정을 위한 입찰공고를 하면서 입찰기간을 4일로 정하여 계약을 추진함.

2. 지명경쟁 취지에 맞지 않는 용역계약 체결

석면철거업체 선정 시 제한경쟁입찰 공고 후 최저가 업체를 대의원회에 단독 상정하여 대의원회에서 찬반 의결만으로 업체 선정
향후 용역계약 시 「정비사업 계약업무 처리기준(18.2.9 시행)」등에 따라 적합한 입찰 절차를 진행하도록 시정명령

정비사업 계약업무 처리기준

제7조(지명경쟁에 의한 입찰) ① 사업시행자등이 제6조제1항에 따라 지명경쟁에 의한 입찰을 하고자 할 때에는, 같은 조 제2항에도 불구하고 4인 이상의 입찰대상자를 지명하여야 하고, 3인 이상의 입찰참가 신청이 있어야 한다.

② 사업시행자등은 제1항에 따라 입찰대상자를 지명하고자 하는 경우에는 대의원회의 의결을 거쳐야 한다.

<실제 사례>

◇ 소형주택 매매금액 산정 및 매매협의 용역 체결 시 경쟁입찰의 방법으로 공고하고 입찰에 참여한 3개 회사 중 최저가를 제시한 업체를 대의원회에 상정함.

◇ 석면철거업체 선정 시 제한경쟁입찰 공고 후 최저가 업체를 대의원회에 단독상정하여 대의원회에서 찬반 의결만으로 업체 선정.

3. 설계자 선정 시 절차상의 하자 등

「정비사업 계약업무 처리기준」 및 「공공지원 설계자 선정기준」에 적합한 절차에 따라 설계사 선정하도록 시정명령

정비사업 계약업무 처리기준(국토교통부 고시 제2018-101호)

제10조(입찰 공고 등의 내용) 제9조에 따른 공고 등에는 다음 각 호의 사항을 포함하여야 한다.

1. 사업계획의 개요(공사규모, 면적 등)
2. 입찰의 일시 및 장소
3. 입찰의 방법(경쟁입찰 방법, 공동참여 여부 등)
4. 현장설명회 일시 및 장소(현장설명회를 개최하는 경우에 한한다)
5. 부정당업자의 입찰 참가자격 제한에 관한 사항
6. 입찰참가에 따른 준수사항 및 위반시 자격 박탈에 관한 사항
7. 그 밖에 사업시행자등이 정하는 사항

공공지원 설계자 선정기준(서울시 고시 제2018-247호)

제8조(현장설명회) ① 추진위원회등은 입찰일로부터 10일 전에 현장설명회를 개최하여야 하며, 현장설명에는 다음 각 호의 사항이 포함되어야 한다. 다만, 정비구역 지정전에 승인된 추진위원회는 제1호의 정비계획도서를 정비기본 계획도서로 본다.

1. 정비계획도서
2. 입찰서 작성방법·제출서류·접수방법 및 입찰유의사항 등
3. 설계자 선정방법
4. 계약에 관한 사항
5. 기타 입찰에 관하여 필요한 사항

② 추진위원회등은 설계자가 현장설명회에 참가한 경우에만 입찰에 참여할 수 있도록하여야 한다. 다만, 공동참여의 경우에는 1개 업체만 참여할 수 있다.

도시정비법

제45조(총회의 의결) ① 다음 각 호의 사항은 총회의 의결을 거쳐야 한다.
5. 시공자·설계자 및 감정평가법인 등의 선정 및 변경

<실제 사례>

◇ A구역 조합은 전자조달시스템을 통해 설계경기 응모 공고 시 「정비사업의 계약업무 처리기준」에 따라 '부정당업자의 입찰 참가자격 제한'에 관한 사항을 포함하여 공고하여야 하나 누락시킴.

◇ 「공공지원 설계자 선정기준」에 따라 추진위원회 등은 설계자가 현장설명회에 참가한 경우에만 입찰에 참여할 수 있도록 하고 공동참여의 경우 1개 업체만 참여할 수 있음에도 A구역 설계자 선정 시 현장설명회에 5개 업체가 참가, 이후 3개 업체가 입찰 마감 시 컨소시엄을 구성하여 입찰에 참가하였음에도 현장설명회에는 각각 참여한 사실이 있음.

◇ 수의계약을 하는 경우 보증금과 기한을 제외하고는 최초 입찰 시의 가격 및 기타 조건을 변경할 수 없고 설계자의 선정 및 변경은 총회의결사항이나 A조합에 입찰한 설계컨소시엄은 입찰참가 시 입찰공고문의 예상연면적을 변경 기재하고 창립총

회 시 결의된 공공수급협정서 상의 지분비율을 임의로 변경하여 계약을 체결함

4. 시공자 선정 홍보설명회와 입찰제안서 상이
시공사가 입찰 제안한 내용을 다시 확인·검토하여 공사도급계약서 수정 등 필요한 조치를 하도록 시정명령

정비사업 계약업무 처리기준

제34조(건설업자등의 홍보) ① 사업시행자등은 입찰공고에 따른 입찰마감일 다음 날부터 시공자 선정을 위한 총회 개최일까지의 기간동안 건설업자등의 합동설명회를 2회 이상 개최하여야 한다. 이 경우 사업시행자등은 총회에 상정하는 건설업자등이 제출 한 입찰제안서에 대하여 시공능력, 공사비 등이 포함되는 객관적인 비교표를 작성하 여 토지등소유자에게 제공하여야 하며, 건설업자등이 제출한 입찰제안서 사본을 토지등소유자가 확인할 수 있도록 전자적 방식(「전자문서 및 전자거래 기본법」 제2조제2호에 따른 정보처리시스템을 사용하거나 그 밖에 정보통신기술을 이용하는 방법을 말한다)을 통해 게시할 수 있다.

② 사업시행자등은 제1항에 따라 합동설명회를 개최할 때에는 개최일 7일 전까지 일시 및 장소를 정하여 토지등소유자에게 이를 통지하여야 한다.

③ 건설업자등의 임직원, 시공자 선정과 관련하여 홍보 등을 위해 계약한 용역업체의 임직원 등은 토지등소유자 등을 상대로 개별적인 홍보를 할 수 없으며, 홍보를 목적으로 토지등소유자 또는 정비사업전문관리업자 등에게 사은품 등 물품·금품·재산상의 이익을 제공하거나 제공을 약속하여서는 아니 된다.

④ 사업시행자등은 제1항에 따른 합동설명회(최초 합동설명회를 말함) 개최 이후 건설업자등의 신청을 받아 정비구역 내 또는 인근에 개방된 형태의 홍보공간을 1개소 제공하거나, 건설업자등이 공동으로 마련하여 한시적으로 제공하고자 하는 공간 1개소를 홍보공간으로 지정할 수 있다. 이 경우 건설업자등은 제3항에도 불구하고 사업시행자등이 제공하거나 지정하는 홍보공간에서는 토지등소유자 등에게 홍보할 수 있다.

⑤ 건설업자등은 제4항에 따라 홍보를 하려는 경우에는 미리 홍보를 수행할 직원 (건설업자등의 직원을 포함한다. 이하 "홍보직원")의 명단을 사업시행자등에 등록하여

야 하며, 홍보직원의 명단을 등록하기 이전에 홍보를 하거나, 등록하지 않은 홍보직원이 홍보를 하여서는 아니 된다. 이 경우 사업시행자등은 등록된 홍보직원의 명단을 토지등소유자에게 알릴 수 있다.

서울특별시 공공지원 시공자 선정기준
제13조(입찰제안서 비교표 작성 등) 조합은 계약업무 처리기준 제22조제3항 및 제4항에 따라 일입찰 부속서류를 개봉한 때에는 건설업자 등이 제출한 입찰제안서에 따라 별지 제3호 서식의 입찰제안서 비교표를 작성하고, 건설업자등과 각각 확인날인하여 사업을 완료하는 때까지 보관하여야 한다.

제14호(대의원회 의결) ③ 총회에 상정될 건설업자등의 홍보에 관한 사항은 정비사업 계약업무처리기준 제34조에 따른다.

<실제 사례>

◇ 홍보설명회에 참석한 시공사는 조합원의 무상특화 금액에 대한 질의 시 확인해줬던 사항을 시공사 선정 설명회 개최 시 특화비 관련 공사금액은 단순 오기인 것으로 확인하는 공문을 통지하는 등 홍보설명회와 입찰제안서 내용 상이.
◇ 시공자 '입찰제안서 비교표'를 총회책자에 첨부하고 비교표에 제시된 사항 및 제안서에 포함된 '사업참여조건'을 도급계약서에 반영하여야 함에도 반영하지 않음.
◇ 건설업자는 조합원을 상대로 개별적인 홍보를 할 수 없도록 하고 있으나 A건설은 부재자 투표기간 전 조합원들에게 '혁신 설계변경에 따른 추가부담 없는 확정공사비' 등 사실과 다른 내용의 공증서를 발송하였으며, 입찰제안서, 1차, 2차설명회에서는 혁신안 적용 시 상당한 금액이 투입되는 사항임을 설명함.

5. 입찰지침 및 공고문 내용의 불명확
정비사업 계약업무 처리기준에 따라 입찰공고 등 할 수 있도록 시정명령

정비사업 계약업무 처리기준

제10조(입찰공고 등의 내용) 제9조에 따른 공고 등에는 다음 각 호의 사항을 포함하여야 한다.
1. 사업계획의 개요(규모, 면적 등)
2. 입찰의 일시 및 장소
3. 입찰의 방법
4. 현장설명회 일시 및 장소(현장설명회 개최하는 경우)
5. 부정당업자의 입찰 참가자격 제한에 관한 사항
6. 입찰참가에 따른 준수사항 및 위반 시 자격박탈에 관한 사항
7. 그 밖에 사업시행자들이 정하는 사항

<실제 사례>

◇ A구역은 업체 선정을 위한 입찰공고 시 전체 공사규모, 관계법령에 따른 자격제한 등 구체적 내용을 포함하지 않은 채 입찰공고를 하였음.

6. 용역업체 선정 시 공정성 미확보
정비사업 계약업무 처리기준에 따라 공정성을 유지하여 입찰을 진행하도록 시정명령

정비사업 계약업무 처리기준

제4조(공정성 유지 의무 등) ① 사업시행자등 및 입찰에 관계된 자는 입찰에 관한 업무가 자신의 재산상 이해와 관련되어 공정성을 잃지 않도록 이해 충돌의 방지에 노력하여야 한다.

② 임원 및 대의원 등 입찰에 관한 업무를 수행하는 자는 직무의 적정성을 확보하여 조합원 또는 토지등소유자의 이익을 우선으로 성실히 직무를 수행하여야 한다.

<실제 사례>

◇ A구역의 총회대행 용역업체의 선정을 위한 입찰 시 본 입찰에 참여한 업체가 입찰절차를 주관하고 향후 최종 낙찰자로 선정.

■ 예산회계규정 관련 시정명령, 환수조치

1. 용역계약서 미작성
예산회계규정에 따라 모든 계약은 계약서를 작성하거나 변경계약을 체결하도록 시정명령

표준 예산회계규정
제29조(결산보고) ① 모든 계약은 계약서를 작성하여야 한다.

② 제1항의 계약서에는 계약의 목적, 이행기간, 계약위반의 경우에 있어서 보증금의 처분위험의 부담, 지체상금, 실비정산방법, 기타 필요한 사유 등을 기재한 계약서를 작성하여 계약담당자가 기명날인하여야 한다.

③ 계약서에는 용역 완료에 따른 용역결과물을 제출하도록 명기하여야 한다

<실제 사례>

◇ 조합이 인쇄물 용역 발주를 하면서 계약서 없이 구두로 계약을 체결함
◇ 조합 세무회계 용역을 계약서 없이 시행하고 용역 대금을 지급함
◇ 조합 총회개최를 위한 용역업체 선정 과정에서 계약서를 작성하지 않음
◇ 조합과 세무회계법인이 용역계약서 없이 상호 협의로 용역을 진행하면서, 세무조정계산서 작성 및 법인세 신고 용역 대금을 지급함
◇ 기존 세무 용역을 수행하는 세무법인과 추가 용역계약을 체결하면서 계약서에 용역결과물을 구체적으로 명기하지 아니하여 일부 중복되는 용역을 시행함
◇ 조합의 예산회계규정 제27조(견적서 징구에 의한 가격결정 등) 제2항에 따라 300만 원 이상의 비용을 지출하는 경우 견적서를 제출받아 제출된 견적가격이 거래사례가격, 통계작성 승인을 받은 기관이 조사 공표한 가격, 감정가격, 유사거래 사례가격, 용역수행의 전문성 등을 비교 검토하여 가장 합리적인 가격으로 최종 계약금액을 결정하여 계약서를 작성해야 함에도, 별도의 계약서와 견적서 없이 총회 사회자비용을 집행하였음
◇ 설계변경 계약을 체결하면서 총회의결을 받았으나 계약서를 작성하지 않은 채,

계약을 체결함.

2. 수의계약 체결 시 2인 이상 견적 징구 여부
2천만 원 이상의 용역 등 계약 시에는 복수견적서를 받아 업체를 선정하도록 시정명령

표준 예산회계규정

제27조(견적서 징구에 의한 가격 결정) ① 조합 등이 "정비사업 계약업무 처리기준" 제6조제1항에 따라 수의계약을 체결하고자 할 때에는 2인 이상으로부터 견적서를 받아야 한다. 다만, 계약금액이 2천만 원 이하의 경우에는 단일견적에 의할 수 있다.

② 300만 원 이상의 비용지출 또는 제1항 단서 및 도시정비법 시행령 제24조제1항 제2호 바목에 따라 수의계약을 체결하고자 하는 경우 견적서를 제출받아 제출된 견적가격이 거래사례가격, 통계작성 승인을 받은 기관이 조사, 공표한 가격, 감정가격, 유사거래 사례가격, 용역수행의 전문성 등을 비교 검토하여 가장 합리적인 가격으로 최종 계약금액을 결정한다.

③ 제1항 내지 제2항에 따른 견적서는 조달청이 제공하는 전자적 방법에 의한 조달시스템을 통해 견적요청 및 견적 비교자료를 활용할 수 있다.

<실제 사례>

◇ 총액 2천만 원 이상의 계약 건에 대하여 2인 이상 견적을 징구하여야 하나, 단일견적으로 수의계약 체결함.

◇ 국공유지 무상양도 협의 용역 건에 대하여 수의계약을 체결하면서 2인 이상으로부터 견적서를 징구하지 않고 계약을 체결함.

◇ 법률대리인 선임계약 시 3천만 원이 넘는 금액임에도 별도의 견적서를 징구하지 않고 수의계약을 체결함.

3. 자금차입 시 금전소비대차계약서 미작성

예산회계규정에 맞게 금전소비대차계약서를 작성

표준 예산·회계규정

제29조(계약서의 작성) ① 모든 계약은 계약서를 작성하여야 한다.
② 제1항의 계약서에는 계약의 목적, 이행기간, 계약위반의 경우에 있어서 보증금의 처분위험 의 부담, 지체상금, 실비정산방법, 기타 필요한 사유 등을 기재한 계약서를 작성하여 계약담당자가 기명날인하여야 한다.

<실제 사례>

◇ 모든 계약은 계약서를 작성하여야 하나, 개인에서 자금차입하면서 계약서를 작성하지 않음.
◇ ○○업체와 용역계약을 하면서 입찰보증보험증권을 계약이행보증금으로 전환하여 조합이 사용함으로써 사실상 자금차입을 하였음에도 금전소비대차계약서를 작성하지 않음.
◇ 시공자와 계약 시 조합운영비를 차입함에 있어 조합임원 전원을 연대보증인으로 하는 약속어음을 발행하거나 금전소비대차약정서를 작성하여 공증한다는 내용으로 계약서를 작성하였으나, 조합운영비 등을 차입하면서 약속어음 내지 금전소비대차약정서를 작성하지 않음.
◇ 조합은 공사비 20억 원을 대여하면서 구체적인 대여금 및 이자율에 대한 금전소비대차계약서를 작성하지 않음.
◇ 조합정관에서 조합장이 조합에 금전을 대여할 때 감사가 조합장을 대신하여 소비대차계약서를 작성하여야 하나, 계약서를 작성하지 않음.

4.조합자금 관련 법인통장 외 개인통장 거래

예산회계규정에 따라 조합의 모든 자금관리는 조합의 명의로 개설한 통장으로 사용하도록 시정명령

표준 예산회계규정

제21조(자금관리 원칙) ② 조합 등의 임·직원은 정비사업 목적인 경우에도 총회사전 결의 없이 조합자금을 개인통장으로 이체·대여·가지급 등을 할 수 없다.

<실제 사례>

◇ 조합원 등이 조합의 운영을 위하여 조합에 지급한 현금을 총회 사전결의 없이 임·직원 명의의 통장에 입금하여 정비사업을 위한 운영비 등으로 사용함.

5. 사용목적별로 자금을 분리하여 통장 미관리

예산회계규정을 준수하여 사용 목적별로 자금을 분리하여 사용·관리하도록 시정명령

표준 예산회계규정

제22조(용도별 자금관리) 조합 등은 사업비, 운영비, 퇴직적립금, 조합원분양금, 일반분양금, 이주비, 국공유지매입비, 조합원 이주공과금, 기타수입(세금환급금, 임대수입 등 기타수입) 등 사용 목적별로 자금을 분리하여 금융거래하고 그 통장과 기록을 구분 관리한다.

<실제 사례>

◇ 사업비(외부회계감사비용, 총회 관련비용)를 운영비 통장에서 지급함
◇ 조합장은 퇴직연금 가입이 되지 않아 운영비 통장으로 지급되었고, 조합원 이주공과금 및 국공유지 매입비 통장이 없어 재산세 등 금액은 사업비통장으로 지출하였음.

6. 예산에 없는 지출 및 근로계약서 관한 사항

예산의 초과 지출과 예산의 전용이 필요할 경우 대의원회 의결 및 이사회 보고를 반드시 진행하도록 하여 불필요한 예산집행을 줄이고, 용역결과물이 없이 집행된 용역비와 총회와는 무관한 홍보요원 지급금액은 환수 등 조치.

표준 예산회계규정

제18조(예산의 목적 외 사용금지) ① 사업비 및 운영비 지출은 예산을 초과하여 지출하거나 예산으로 정한 목적 외에 이를 사용할 수 없다.

② 제1항에도 불구하고 지출예산의 전용이 필요할 경우 총회에서 승인된 총 지출예산 범위 내에서 대의원회의 의결을 거쳐 사용할 수 있다. 다만, 운영비 예산은 부득이한 경우 동일 항 내의 목간에 예산의 과부족이 있을 때에는 상호 전용할 수 있다.

제29조(계약서의 작성) ① 모든 계약은 계약서를 작성하여야 한다.
③ 계약서에는 용역 완료에 따른 용역결과물을 제출하도록 명기하여야 한다.

<실제 사례>

◇ 조합 예산회계규정을 위반하여 예산에 정함이나 대의원회 의결 없이, 상근이사에게 대의원회 서면결의서 징구 등의 용역비를 지급하고 이를 지급수수료, 예비비, 총회비, 기타사업비 등의 계정과목으로 회계처리함
◇ 근로계약서를 작성하지 않고 용역비를 지급하고 지급수수료로 회계처리함

7. 예산 초과 및 전용 대의원회 미의결

예산회계규정을 준수하여 예산액 초과사용분 및 예산전용과 관련하여 대의원 및 이사회의 의결을 받도록 시정명령

표준 예산회계규정

제18조(예산의 목적 외 사용금지) ① 사업비 및 운영비 지출은 예산을 초과하여 지출하거나 예산으로 정한 목적 외에 이를 사용할 수 없다.

② 제1항에도 불구하고 지출예산의 전용이 필요할 경우 총회에서 승인된 총 지출예산 범위 내에서 대의원회의 의결을 거쳐 사용할 수 있다. 다만, 운영비 예산은 부득이한 경우 동일 항내의 목간에 예산의 과부족이 있을 때에는 상호 전용할 수 있다.

③ 제2항의 단서에 의하여 예산을 전용할 때에는 회계책임자는 그 사유를 기재하여 추진위원회 또는 이사회에 전용한 예산을 보고하여야 한다.

<실제 사례>

◇ 조합은 대의원회 전용에 대한 의결 없이 초과 집행함.
◇ 총회에서 승인된 정비사업비 중 총회비 예산액 대비 사용액이 초과되었음에도 이에 대한 대의원회 의결이 없었으며, 예산전용에 대한 이사회 보고도 없었음.

8. 이사회에 전용한 예산 미보고
이사회에 안건을 올려 보고하도록 시정명령

표준 예산회계규정

제15조(예산편성 및 성립) ① 예산은 다음 각 호에 의하여 편성하여야 한다.
1. 모든 수입과 지출은 예산에 편성하여야 하며, 수입예산과 지출예산을 상계하거나 그 일부를 예산에서 제외하여서는 안 되며, 거래처에 지급하거나 수입하는 총액(부가가치세 포함 금액)에 의한다.

제18조(예산의 목적 외 사용금지) ③ 제2항의 단서에 의하여 예산을 전용할 때에는 회계책임자는 그 사유를 기재하여 추진위원회 또는 이사회에 전용한 예산을 보고하여야 한다.

<실제 사례>

◇ 예산에 편성되지 아니한 미지급 연장근로수당 등의 지급으로 인건비 예산이 초과되어, 예산을 전용하여 사용하였음에도 이사회의 안건으로 보고하지 않음.

9. 1회계연도 원칙에 위배되는 예산안 승인
1회계연도 예산원칙에 맞게 정비사업 추진일정을 고려하여 예산을 편성·집행하도록 시정명령

표준 예산회계규정

제15조(예산편성 및 성립) ② 조합장 등은 매 회계연도 예산을 편성하여 회계연도 개시일로부터 3월 이내에 총회의결을 거쳐 최종 확정한다. 단, 부득이하게 회계연도 개시일로부터 3월 이내에 총회를 개최할 수 없을 경우에는 제19조에 따른다.

○○재개발조합 정관

제32조(조합의 회계) ① 조합의 회계는 매년 1월1일(설립인가를 받은 당해년도인가일)부터 12월 말일까지로 한다.

② 조합의 예산·회계는 기업회계의 원칙에 따르되 조합은 필요하다고 인정하는 때에는 다음 사항에 관하여 별도의 회계규정을 정하여 운영할 수 있다. 이 경우 회계규정을 정할 때는 미리 총회의 인준을 받아야 한다.

<실제 사례>

◇ 3년간 1회계연도 원칙에 맞지 않게 예산안을 총회상정하여 결의를 함.

◇ '15.5월 실시된 정기총회 안건으로 15년도 조합운영비와 정비사업비 예산안에 대한 총회 승인 절차를 거쳤음에도 '15.11월 실시된 임시총회에서 15년도 정비사업비 예산안이 중복되게 승인 절차를 거침.

◇ 조합 정기총회(2018.2월)에서 '17년도 예산에 대한 결산보고를 하며, 사업비예산 결산대비표상 예산부족분에 대하여 총사업비 범위 내에서 전용한다고 사유를 달아 처리함.

◇ 1회계연도 예산이 아닌 총사업비 예산안을 총회 의결함.

대법원 2015.5.14. 선고 2014도8096 판결[입찰방해·도시정비법 위반]

'예산'이란 '조합의 정관에서 정한 1회계연도의 수입·지출 계획'을 의미하고, 따라서 이러한 예산의 요건을 충족하지 아니하는 이상, 조합이 정비사업을 추진하는 과정에서 공사비 등 정비사업에 드는 비용인 정비사업비의 지출예정액에 관하여 사업비 예산이라는 명목으로 총회의 의결을 거친 적이 있다고 하더라도, 이를 두고 (구)도시정비법 제24조제3항제5호에서 규정하는 '예산'이라고 볼 수는 없다.

10. 회계연도 개시일 3월 이내 예산총회 미의결

회계연도 개시일로부터 3월 이내에 총회의결을 통해 최종 편성토록 조치

표준 예산회계규정

제15조(예산편성 및 성립) ② 조합장 등은 매 회계연도 예산을 편성하여 회계연도 개시일로부터 3월 이내에 총회의결을 거쳐 최종 확정한다. 단, 부득이하게 회계연도 개시일로부터 3월 이내에 총회를 개최할 수 없을 경우에는 제19조에 따른다.

<실제 사례>

◇ 예산을 편성하여 회계연도 개시일(1월1일)로부터 3월 이내에 총회의결을 하지 않음.

11. 매 회계연도 예산 미수립 및 부적정, 초과 집행

사업 진행시기 및 지출 고려 1년 단위 회계연도에 적합한 사업비 예산 수립/예비비를 인건비로 사용하지 않는 등 예산·회계규정에 따라 예산 집행

표준 예산·회계규정

제15조(예산편성 및 성립) ① 예산은 다음 각 호에 의하여 편성하여야 한다.

1. 모든 수입과 지출은 예산에 편성하여야 하며, 수입예산과 지출예산을 상계하거나 그 일부를 예산에서 제외하여서는 안 되며, 거래처에 지급하거나 수입하는 총액(부가가치세 포함 금액)에 의한다.

2. 수입 예산 중 차입금은 차입방법, 이율 및 상환방법을 반드시 명시하여 편성한다.

3. 지출 예산은 매 회계연도마다 조합장 등이 정비사업의 예상 추진 일정을 고려하여 사업비와 운영비로 구분하여 예산을 편성하며, 예산과목은 제12조 계정과목에 따라 관, 항, 목으로 단계별로 구분한다.

② 조합장 등은 매 회계연도 예산을 편성하여 회계연도개시일로부터 3월 이내에 총회 의결을 거쳐 최종 확정한다. 단, 부득이하게 회계연도개시일로부터 3월 이내에 총회를 개최할 수 없을 경우에는 제19조에 따른다.

제17조(예비비) ① 예측할 수 없는 예산외의 지출 또는 예산의 초과지출에 충당하기 위하여 예비비를 지출예산에 계상할 수 있다. 단, 업무추진비, 상근임·직원 인건비, 복리후생비 항목으로 지출할 수 없다.

<실제 사례>

◇ 지출예산은 매 회계연도마다 정비사업 예상 추진일정을 고려하여야 하나, 2015년~2018년 사업비예산 편성 시 매 1년 단위가 아닌 착공 시까지 필요로 하는 비용등을 포함함.
◇ 2015년 인건비 및 2016년 용역비는 전년도 미지급금을 고려하지 않고 편성하여 예산초과 집행함.
◇ 예산·회계규정에 위반하여 예산을 편성하지 않거나 예산을 초과 지출하여 예산전용이 필요한 경우에 대의원회 의결 및 이사회 보고하지 않음.
◇ 목간 전용한 경우에도 이사회에 보고하지 않고 예비비 사용할 수 없는 상근임 직원 인건비(급여, 상여금) 예비비로 집행함.

12. 예산대비 초과지출 전용절차 미준수
예산대비 초과금액 이사회 보고 및 사전 대의원회 결의 후 집행

표준 예산·회계규정
제18조(예산의 목적 외 사용금지) ① 사업비 및 운영비 지출은 예산을 초과하여 지출하거나 예산으로 정한 목적 외에 이를 사용할 수 없다.
② 제1항에도 불구하고 지출예산의 전용이 필요할 경우 총회에서 승인된 총 지출예산 범위 내에서 대의원회의 의결을 거쳐 사용할 수 있다. 다만, 운영비 예산은 부득이한 경우 동일 항 내의 목간에 예산의 과부족이 있을 때에는 상호 전용할 수 있다.
③ 제2항의 단서에 의하여 예산을 전용할 때에는 회계책임자는 그 사유를 기재하여 추진위원회 또는 이사회에 전용한 예산을 보고하여야 한다.

<실제 사례>

◇ 운영비는 부득이한 경우 동일항내의 목간에 예산과부족으로 상호 전용할 수 있으나, 2018년 예산대비 실적 초과금액에 대하여 이사회 보고하지 않음.
◇ 사업비 항목 중에서 외주용역비와 예비비 예산을 초과 집행함.
◇ 사업비 예산에 대해 대의원회 의결을 거치지 않고 예산을 초과하여 지출함.
◇ 조합직원들 연차수당 지급에 대한 이사회 승인만 의결하고 인건비 예산전용에 대한 의결 없이 연차수당을 지급하면서 근로기준법에 적합하지 않게 초과 지급함.
◇ 운영비 집행 시 예산(항) 초과항목에 대해 대의원회에서 전용 의결을 하지 않음.
◇ 사업비 중 이설비 예산은 2억4천만 원, 대의원회 전용 의결을 받아 2억5천만 원이 되었으나, 실제 지출된 이설비는 8억 원으로 대의원회 의결을 받지 않고 사업비 예산을 전용함.

13. 50만 원 초과하여 현금보유
부득이한 경우에도 50만 원 이내 현금 보유 및 예산·회계규정을 준수하여 지출

표준 예산·회계규정

제23조(현금의 보유한도) 현금의 보유는 원칙적으로 없는 것으로 하되 경조사비 등 현금으로 지출되어야 하는 비용으로써 조합장 등이 부득이 하다고 인정되는 경우에는 50만 원 범위 내에서 보유할 수 있다.

<실제 사례>

◇ 조합은 부득이한 경우 이외에도 현금 사용하고 있고, 평소에 50만 원을 초과하여 현금을 보유함.
◇ 조합은 체크카드가 2개 밖에 없다는 이유로 식대 등 부득이한 경우가 아님에도 현금을 사용하고 이사회, 대의원회, 사전협의회 등 회의 참석수당을 현금으로 지급하고 있으며, 50만 원 초과하여 현금을 보유함.

14. 홍보용역 인건비를 근로자가 아닌 타인에게 지급

홍보요원 인건비 지급 시, 계약서상 근로자가 아닌 타인(가족등)이 대리수령하지 않도록 조치

표준 예산회계규정
제29조(계약서의 작성) ① 모든 계약은 계약서를 작성하여야 한다.
제31조(계약대가의 지급) ① 계약의 대가는 검수 후 지급을 원칙으로 한다.

<실제 사례>

◇ 용역이 완료된 경우 계약서에 근거한 사용자는 근로자에게 용역대금을 지급하여야 함에도, 홍보요원 인건비 지급하면서 계약서상 근로자가 아닌 타인에게 지급함.

15. 총회홍보비 지급 시 출근부 및 업무일지 미확인
용역대금 지급에 대하여 계약서 작성 및 출근부 및 용역일지 등 용역결과물 확인 후 용역비를 지급하도록 조치

표준 예산회계규정
제29조(계약서의 작성) ① 모든 계약은 계약서를 작성하여야 한다.
③ 계약서에는 용역 완료에 따른 용역결과물을 제출하도록 명기하여야 한다.

제30조(감독 및 검수) ① 조합장 등은 공사, 용역, 물품, 기타 도급계약을 체결한 경우에 그 계약의 적정한 이행을 확보하기 위하여 스스로 이를 감독하거나, 상근임원 및 직원에게 그 사무를 위임하여 필요한 감독을 하게 하여야 한다.
② 조합장 등은 계약대상자가 계약의 전부 또는 일부의 이행을 완료한 때에는 그 이행을 확인하기 위하여 계약서, 설계서, 기타 관계 서류에 의하여 필요한 검수를 하게 하여야 한다.

제31조(계약대가의 지급) ① 계약의 대가는 검수 후 지급을 원칙으로 한다.

<실제 사례>

◇ 계약서를 작성하지 않거나 출근부 및 업무일지를 확인하지 않고 용역대금을 지급 함.

16. 인건비 등 예산 초과집행 및 예산 미수립
예산회계규정을 준수하여 예산집행하고 초과지출 우려 시 예비비 활용

표준 예산·회계규정

제18조(예산의 목적 외 사용금지) ① 사업비 및 운영비 지출은 예산을 초과하여 지출하거나 예산으로 정한 목적 외에 이를 사용할 수 없다.
② 제1항에도 불구하고 지출예산의 전용이 필요할 경우 총회에서 승인된 총 지출예산 범위 내에서 대의원회의 의결을 거쳐 사용할 수 있다. 다만, 운영비 예산은 부득이한 경우 동일 항 내의 목간에 예산의 과부족이 있을 때에는, 상호 전용할 수 있다.
③ 제2항의 단서에 의하여 예산을 전용할 때에는 회계책임자는 그 사유를 기재하여 추진위원회 또는 이사회에 전용한 예산을 보고하여야 한다.한다.

<실제 사례>

◇ 예산에 편성되지 않은 퇴직급여를 지출하여 2016년 인건비 예산액 대비 결산액을 초과하여 지출함.
◇ 6년간 복리후생비에 대하여 예산을 초과하여 집행함.
◇ 2015년 업무추진비와 복리후생비, 2017년 인건비와 복리후생비를 초과 집행하고 2017년 예산수립 시 연월차수당 미포함하고 집행 시 급여 처리하여 초과 집행함.
◇ 예산으로 정한 목적 외에 사용할 수 없으나, 운영비 중 인건비와 복리후생비 및 회의비에 대하여 예산을 초과하여 지출함.
◇ 대의원회에서 예산 초과지출을 위한 의결 없이 인건비 및 복리후생비를 예산보다 초과하여 지출함.
◇ 일반운영비(인건비, 복리후생비 및 업무추진비 제외), 제세공과금, 회의비 계정을 예산 대비 초과 집행함.

17. 근로계약서 체결 없이 지급
임시직원 채용 등 근로계약서를 체결(작성)하여 지급(시정명령)

표준 예산·회계규정
제29조(계약서의 작성) ① 모든 계약은 계약서를 작성하여야 한다.
② 제1항의 계약서에는 계약의 목적, 이행기간, 계약위반의 경우에 있어서 보증금의 처분위험의 부담, 지체상금, 실비정산방법, 기타 필요한 사유 등를 기재한 계약서를 작성하여 계약담당자가 기명날인하여야 한다.
③ 계약서에는 용역 완료에 따른 용역결과물을 제출하도록 명기하여야 한다.

<실제 사례>

◇ 관리처분계획 관련서류 작업을 도와주는 명목으로 1명에게 50만 원을 지급하면서 근로계약서를 체결하지 않음.
◇ 홍보용역비를 지급하면서, 용역비 중 일부 금융거래가 아닌 현금으로 지급하였고 총10건(58,710천 원)에 대하여 근로계약서를 작성하지 않음.

18. 50만원 이상 업무추진비 등 증빙서류 누락
명절 선물비 등의 접대비는 업무추진비로 지출하고 업무추진비의 집행금액이 50만원 이상인 경우 주된 상대방의 소속, 성명을 증빙서류에 기재

표준 예산·회계규정
제39조(업무추진비 집행대금 결재의 특례) ④ 업무추진비는 집행목적, 일시, 장소, 집행대상(회의참석자의 소속 및 회의인원 등)을 증빙서류에 기재하여 사용용도를 명확히 하여야 하며, 집행금액이 건당 50만 원 이상인 경우, 주된 상대방의 소속 및 성명을 증빙서류에 기재하여야 한다.
제41조(카드사용의 제한) ② 카드 사용자가 업무상 필요에 의해 비근무일에 사용하는 경우에는 주된 상대방의 소속 및 성명 및 사유를 지출결의서 등 증빙서류에 기재하여야 한다.

<실제 사례>

◇ 4년간 명절선물 명목으로 구입한 물품대금을 판공비나 기타운영비로 처리하고 실질 성격은 업무추진비로 집행금액 50만 원 이상이나 주된 상대방의 소속 및 성명, 용도를 기재하지 않음.

◇ 서울시 점검 이후에도 비근무일 사용 및 건당 50만 원 이상 집행한 업무추진비 총 25건에 대하여 상대방의 소속, 성명 및 사유 중 일부를 기재하지 않음.

◇ 업무추진비 집행 시 집행목적, 일시, 장소, 집행대상을 명시하여 관리하지 않고, 건당 50만 원 이상 및 비 근무일 사용한 업무추진비에 대해 상대방의 소속, 성명 및 사유를 기재하지 않음.

◇ 명절선물 지출하면서 예비비 성격인 기타사업비로 처리하고, 집행금액이 50만 원 이상이었으나 주된 상대방의 소속 및 성명을 기재하지 않음.

19. 업무추진비 개인카드 사용 등 증빙서류 누락
적격증빙이 가능한 지출방법으로 집행 및 적격증빙 수취

표준 예산·회계규정

제36조(지출증빙서류의 수취 및 보관) ① 조합 등의 지출 증빙서류는 공급받는 재화 또는 용역의 건당 거래금액(부가가치세를 포함한다)과 접대에 지출한 업무추진비가 「법인세법 시행령」 제41조제1항제2호와 제158조제2항제1호의 금액을 초과하는 경우에는 다음 각 호의 1에 해당하는 증빙서류를 수취하여 이를 보관하여야 한다.

1. 「여신전문금융업법」에 의한 신용카드매출전표(신용카드와 유사한 것으로서 「법인세법 시행령」 제41조에서 정하는 것을 사용하여 거래하는 경우에는 그 증빙서류를 포함한다)
2. 「부가가치세법」 제32조에 따른 세금계산서
3. 「법인세법」 제121조 및 「소득세법」 제163조에 의한 계산서

제41조(카드사용의 제한) ④ 카드사용자는 조합 등의 법인카드를 대신하여 개인결제(개인카드, 현금 등) 할 수 없으며 불가피하게 개인결제를 한 경우 사용경위 및 사유를 지출결의서 등 증빙서류에 기재하여야 한다.

<실제 사례>

◇ 업무추진비 중 3만 원을 초과한 금액 중 조합의 법인카드를 사용하지 않고 개인카드 등을 사용하였음에도 그 사유 및 확인서를 첨부하지 않음.
◇ 업무추진비 집행내역에 집행목적이 없고 대상 및 인원에 협력업체 또는 조합원(○○명)으로만 기입하고 지출함.
◇ 식대 등 107건 840만 원 지출하면서 신용카드매출전표 등 적격증빙 미수취함
◇ 3년간 임원 해임 및 선임 총회 개최비용 중 일부를 타인 명의(용역업체) 신용카드매출전표 등을 사용·수취하고 조합의 총회비용으로 계상하면서 3만 원 초과 지출에 대하여 적격증빙서류를 수취하지 않음.
◇ 1만 원 초과하는 업무추진비(사무실 중개수수료, 현수막 제작 등)에 대하여 카드매출전표, 세금계산서, 계산서, 현금 영수증 등 적격증빙을 수취하지 않음.
◇ 업무추진비를 집행하면서 증빙서류에 집행장소, 대상, 인원 등을 기재하지 않음.

20. 증비서류 없이 예산집행 및 감사 업무 소홀
감사는 조합업무와 관련 없는 지출여부 주기적으로 점검하여 대의원회 보고

표준 예산·회계규정
제36조(지출증빙서류의 수취 및 보관) ① 조합 등의 지출 증빙서류는 공급받는 재화 또는 용역의 건당 거래금액(부가가치세를 포함한다)과 접대에 지출한 업무추진비가 「법인세법 시행령」 제41조제1항제2호와 제158조제2항제1호의 금액을 초과하는 경우에는 다음 각 호의 1에 해당하는 증빙서류를 수취하여 이를 보관하여야 한다.
  1. 「여신전문금융업법」에 의한 신용카드매출전표(신용카드와 유사한 것으로서 「법인세법 시행령」 제41조에서 정하는 것을 사용하여 거래하는 경우에는 그 증빙서류를 포함한다)
  2. 「부가가치세법」 제32조에 따른 세금계산서
  3. 「법인세법」 제121조 및 「소득세법」 제163조에 의한 계산서

제42조(확인의무 등) ① 감사는 조합 등 카드의 위법·부당한 사용을 막기 위하여

사용내용을 주기적으로 점검하여야 한다. 이 경우 다음 각 호의 사항을 확인하여야 한다.
   1. 심야, 휴일, 자택 인근 등 업무와 무관한 시간 및 장소에서 사용 여부
   2. 휴가기간 중 법인카드 사용 여부
   3. 동일 일자 동일 거래처 반복 사용(분할 결제 여부를 확인하기 위한 것을 말한다)
   ② 제1항에 따라 감사는 점검결과를 작성일로부터 15일 이내에 조례 제69조에 의한 클린업시스템 또는 e-조합시스템에 공개해야 하고, 이를 추진위원회 또는 대의원회에 보고하여야 한다.

<실제 사례>

◇ 백화점 상품권 30만 원을 증빙 없이 구입하였고 내부 감사는 법인카드를 이용한 상품권 구매에 대해 지적 없이 적정하다고 대의원회 보고함.

21. 경조사비 지급 규정 미제정
판공비 등은 업무추진비로 계정 일원화 집행 및 경조사비 규정을 정하도록 조치

표준예산회계규정
제12조(계정과목) ① 조합 등이 사업계획서, 관리처분계획서, 전표 또는 결의서 작성, 예산 및 결산서 등 작성 시 적용하는 계정과목은 조례 제69조에 의한 클린업시스템 또는 e-조합시스템 월별자금입출금내역 및 연간자금운영계획 서식의 과목에 의하되, 열거되지 아니한 과목은 "중소기업회계기준"에 의한다.
   ② 제1항에 따른 계정과목 중 업무추진비, 판공비 등은 업무추진비로 일원화하며 기밀비 등 유사한 용도의 계정과목을 따로 구분하지 아니한다.

제39조(업무추진비 집행대금 결제의 특례) ③ 현금지출은 격려금, 축의금, 조의금 등 현금지출이 불가피한 경우에 한하여 지출할 수 있다. 이 경우 지출 대상의 범위, 금액, 방법 등에 대하여는 정관 또는 운영규정으로 따로 정할 수 있다.

<실제 사례>

◇ 경조사비 계정을 기타운영비, 업무추진비로 운용 중이며, 경조사비 지급대상에 대한 규정이 존재하지 않고 건당 지급금액에 대해서도 일관성이 결여되어 있음.

22. 예산과목 결산과목 불일치
예산회계규정에 따라 계정과목을 설정하고, 예산과목과 결산과목 계정이 일치하도록 시정명령

표준예산회계규정
제12조(계정과목) ① 조합 등이 사업계획서, 관리처분계획서, 전표 또는 결의서 작성, 예산 및 결산서 등 작성 시 적용하는 계정과목은 조례 제69조에 의한 클린업시스템 또는 e-조합시스템 월별자금입출금내역 및 연간자금운영계획 서식의 과목에 의하되, 열거되지 아니한 과목은 "중소기업회계기준"에 의한다.

<실제 사례>

◇ 조합은 클린업시스템 또는 e-조합시스템 월별자금입출금내역 및 연간자금운영계획 서식의 과목에 따라 계정과목을 설정하지 않고, 예산과목과 결산과목(계정과목)이 일치하지 않음.

23. 참석수당 회계처리 부적정
이사회, 대의원회 참석수당은 사업비가 아닌 운영비로 회계처리토록 조치

표준 예산회계규정
제20조(예산집행 실적 보고) 조합 등은 사업비 및 운영비 예산 집행 내용을 명확하게 보고하기 위하여 당해 회계기간에 발생한 예산집행내용을 적정하게 표시하여야 하며, 사업비 및 운영비 집행에 대한 결산 부속명세서는 제11조제3항에 의한 사업비 예산 결산대비표, 운영비 예산결산 대비표로 하며, 결산보고를 할 때 정관 등에 따라

조합원 등에게 보고하여야 한다

<실제 사례>

◇ 조합 예산회계규정을 위반하여 이사회 참석수당 및 대의원회 참석수당을 집행하고 총회비로 회계처리함으로써 운영비를 사업비 과목으로 결산보고함.

24. 예산 계정과목 구분 부적정
운영비 예산을 수립함에 있어 일용직 및 아르바이트 등 잡급을 예비비가 아닌 기타 인건비로 예산을 미리 편성하여 사용할 수 있도록 하고, 경조사비의 경우 업무추진비에 포함하여 일원화하도록 조치

표준 예산회계규정
제12조(계정과목) ① 조합 등이 사업계획서, 관리처분계획서, 전표 또는 결의서 작성, 예산 및 결산서 등 작성 시 적용하는 계정과목은 조례 제69조에 의한 클린업시스템 또는 e-조합시스템 월별자금입출금내역 및 연간자금운영계획 서식의 과목에 의하되, 열거되지 아니한 과목은 "중소기업회계기준"에 의한다.
② 제1항에 따른 계정과목 중 업무추진비, 판공비 등은 업무추진비로 일원화하며 기밀비 등 유사한 용도의 계정과목을 따로 구분하지 아니한다.

<실제 사례>

◇ 예산회계규정을 위반하여 운영비 예산편성 시, 일용직 및 아르바이트 등 잡급에 대해 기타 인건비가 아닌 예비비로 사용하고, 경조사비를 업무추진비로 일원화하지 않고 일반운영비 항목으로 따로 구분하여 편성함.
◇ 업무추진비와 별도로 경조사비를 구분하여 예산을 편성하고 집행함.

25. 회계처리 부적정
차입금에 대한 회계처리 부분에 대하여 올바른 계정과목으로 정정하도록 시정명령

표준 예산회계규정

제9조(회계담당자 등 책임) ① 회계담당자는 도시정비법령, 조례, 및 운영규정 또는 정관과 이 규정에서 정하는 바에 따라 책임 있고 성실하게 그 직분에 따른 회계처리를 하여야 한다.

제13조(회계처리의 원칙) 조합은 자금수지계산서는 현금주의로 하고, 자금수지계산서 이외에는 발생주의 회계원칙을 적용하여 재무제표를 작성한다

<실제 사례>

◇ 예산회계규정을 위반하여 통장내역에는 차입금이 시공자로부터 입금되었으나, 차입금을 대표자에 대한 가수금으로 회계처리를 하였고, 차입금 및 급여 등 비용 관련 회계처리를 누락함.
◇ 조합은 임시직원(계약직)을 채용하면서 근로소득을 지급하였으나, 이를 인건비 항목으로 회계처리하지 않고 지급수수료(운영비) 계정으로 회계처리함.

26. 업무추진비 사용내역 타비용 처리

조합운영비 집행에 있어서 적절한 예산과목으로 처리하도록 하고, 누락된 업무추진비도 클린업시스템에 공개하도록 시정명령

표준 예산회계규정

제12조(계정과목) ② 제1항에 따른 계정과목 중 업무추진비, 판공비 등은 업무추진비로 일원화하며 기밀비 등 유사한 용도의 계정과목을 따로 구분하지 아니 한다.

제39조(업무추진비 집행대금 결제의 특례) ⑤ 업무추진비 집행의 적정성 및 예산집행의 투명성 확보를 위하여 업무추진비 사용내역을 조례 제69조에 의한 클린업시스템에 익월 15일까지 별지 9호 서식에 의거 공개하거나 e-조합시스템에 공개하여야 한다.

<실제 사례>

◇ 업무추진비 성격의 비용을 경조사비와 기타운영비로 처리하여 클린업시스템에 업무추진비 사용내역 보고를 누락함.

◇ 일부 업무추진비 성격의 비용을 회의비로 처리하였고, 경조사비를 기타운영비로 처리하여 업무추진비 사용내역에서 이를 누락함.

◇ 예산회계규정을 위반하여 업무추진비 성격의 비용을 복리후생비로 처리함.

◇ 복리후생비 등의 계정과목에 업무추진비 성격의 지출이 있었음에도, 업무추진비로 계정과목을 일원화하여 사용하지 않고, 그 사용용도와 내역을 클린업시스템에 공개하지 않음.

27. 업무 관련성이 입증되지 않은 회계처리

업무와의 관련성을 입증할 수 있는 영수증 등 증빙자료를 첨부하도록 시정명령
조합업무와 관련성 증명이 없을 경우, 지출한 업무추진비는 환수조치

표준 예산회계규정

제35조(지출의 원칙 및 감사) ② 지출의 방법은 계좌이체, 무통장입금, 또는 법인·사업자 명의의 신용·체크카드로 한다. 다만, 각 호의 방법으로 지출하는 경우에는 그러하지 아니할 수 있다.

1. 여비 및 교통비를 지출하는 경우
2. 1건당 1만 원 미만을 지출하는 경우
3. 경조사비, 우편 반송료, 등본 발급료, 인감증명서 발급료 등 소액금액

③ 제2항 단서에 따른 현금을 지출하는 경우 거래상대방의 영수증 등 증빙자료를 첨부하여야 한다. 다만, 증빙자료를 받을 수 없거나 부적절한 경우에는 지급목적, 일시, 장소, 금액, 대상 등을 나타내는 확인서로 갈음할 수 있다.

<실제 사례>

◇ 교통카드 충전금을 회계처리하면서 업무와의 관련성을 입증할 수 있는 영수증 등 증빙자료를 첨부하지 않음.

◇ 여비교통비의 대부분이 주유비로서 업무와의 관련 없이 조합비용으로 집행.
◇ 차량수리비, 블랙박스 및 부품 구입비, 교통법규위반 과태료 등 조합업무와의 연관찾기 어려운 지출금액을 여비교통비 등으로 회계처리함.
◇ 업무추진비 집행내역에 집행목적 및 집행대상을 기재하지 않음.

28. 증빙없이 50만 원 이상의 업무추진비 지출

집행금액이 50만 원 이상인 금액에 대하여는 상대방 소속, 성명 및 사유를 기재하도록 조치

표준 예산회계규정

제39조(업무추진비 집행대금 결제의 특례) ④ 업무추진비는 집행목적, 일시, 장소, 집행대상(회의참석자의 소속 및 회의인원 등)을 증빙서류에 기재하여 사용용도를 명확히 하여야 하며, 집행금액이 건당 50만 원 이상인 경우 주된 상대방의 소속 및 성명을 증빙서류에 기재하여야 한다.

<실제 사례>
◇ 예산회계규정을 위반하여 50만 원 이상의 업무추진비를 상대방의 소속 및 성명, 사유를 기재하지 않고 지출함.

29. 주된 지역과 상이한 지역에서 카드 사용

카드 사용자가 주된 사용지역과 상이한 지역에서 식비 등을 지출하는 경우에는 사유 등을 지출결의서 등에 기재하도록 조치.

표준 예산회계규정

제41조(카드사용의 제한) ① 카드 사용자가 주된 사용지역과 상이한 지역에서 식비등을 지출하는 경우에는 사유를 지출결의서 등 증빙서류에 기재하여야 한다.

<실제 사례>

◇ 주된 지역과 상이한 지역에서 카드를 사용함.

30. 업무관련성이 입증되지 않은 심야/휴일 조합자금 지출

비근무일에 조합카드를 사용하는 경우 주된 상대방의 소속 및 성명 및 사유를 지출 결의서 등 증빙서류에 기재하도록 하고, 감사가 주기적으로 점검을 실시하고, 점검결과를 클린업에 공개 및 대의원회 보고하도록 조치.

표준 예산회계규정

제41조(카드사용의 제한) ② 카드 사용자가 업무상 필요에 의해 비근무일에 사용하는 경우에는 주된 상대방의 소속 및 성명 및 사유를 지출결의서 등 증빙서류에 기재하여야 한다.

제42조(확인의무 등) ① 감사는 조합 등 카드의 위법·부당한 사용을 막기 위하여 사용 내용을 주기적으로 점검하여야 한다. 이 경우 다음 각 호의 사항을 확인하여야 한다.
 1. 심야, 휴일, 자택 인근 등 업무와 무관한 시간 및 장소에서 사용 여부
 2. 휴가기간 중 법인카드 사용 여부
 3. 동일 일자 동일 거래처 반복 사용(분할 결제 여부를 확인하기 위한 것을 말한다)
 4. 법인카드를 이용한 상품권 구매 등 조합업무와 관련 없는 지출 여부
② 제1항에 따라 감사는 점검결과를 작성일로부터 15일 이내에 조례 제69조에 의한 클린업시스템 또는 e-조합시스템에 공개해야 하고, 이를 추진위원회 또는 대의원회에 보고하여야 한다.

<실제 사례>

◇ 주말에 사용한 카드사용에 대한 검토내역을 갖추고 있지 않음.
◇ 심야(21시 이후)/휴일 카드 사용내역에 대하여 대의원회에 보고하지 아니하고, 클린업시스템에 공개하지 아니함.
◇ 비근무일에 조합카드를 사용할 때 상대방의 소속 및 성명, 사유를 기재하지 않고 지출함.

31. 비적격한 증빙을 사용하여 조합자금 집행
가급적 개인카드의 사용을 하지 않도록 하며, 불가피하게 결제할 경우 그 사유를 기재하도록 조치

표준 예산회계규정
제41조(카드사용의 제한) ⑤ 카드사용자는 조합 등의 법인카드를 대신하여 개인결제(개인카드, 현금 등) 할 수 없으며 불가피하게 개인결제를 한 경우 사용경위 및 사유를 지출결의서 등 증빙서류에 기재하여야 한다.

<실제 사례>

◇ 예산회계규정을 위반하여 조합은 소액의 사무용품을 개인카드로 결제하는 경우가 있었음에도 증빙서류에 사용경위 및 사유가 기재되어 있지 않음.

32. 건당 1만 원 이상 지출건에 대하여 현금 사용
예산회계규정에 따라 지출토록 하고, 감사는 지출의 관한 증빙서류를 점검하여 지출업무의 적정성을 유지토록 시정명령

표준 예산회계규정
제35조(지출의 원칙 및 감사) ② 지출의 방법은 계좌이체, 무통장입금, 또는 법인·사업자 명의의 신용·체크카드로 한다. 다만, 각 호의 방법으로 지출하는 경우에는 그러하지 아니할 수 있다.
 1. 여비 및 교통비를 지출하는 경우
 2. 1건당 1만 원 미만을 지출하는 경우
 3. 경조사비, 우편 반송료, 등본 발급료, 인감증명서 발급료 등 소액금액
 ④ 조합 등의 감사는 지출업무의 적정을 유지하기 위하여 수시로 지출에 관한 내용과 증빙서류를 감사할 수 있다.

<실제 사례>

◇ 건당 1만 원 이상 지출 건에 대하여 현금을 사용하였음(총 약90만 원)

33. 업무추진비 사용내역 등 미 보고, 부적정
예산회계규정에 따라 업무추진비 집행내역 증빙하여 공개토록 조치

표준 예산회계규정

제39조(업무추진비 집행대금 결제의 특례) ④ 업무추진비는 집행목적, 일시, 장소, 집행대상(회의참석자의 소속 및 회의인원 등)을 증빙서류에 기재하여 사용용도를 명확히 하여야하며, 집행금액이 건당 50만 원 이상인 경우 주된 상대방의 소속 및 성명을 증빙서류에 기재하여야 한다.

⑤ 업무추진비 집행의 적정성 및 예산집행의 투명성 확보를 위하여 업무추진비 사용 내역을 조례 제69조에 의한 클린업시스템에 익월 15일까지 별지 9호 서식에 의거 공개하거나 e-조합시스템에 공개하여야 한다.

<실제 사례>

◇ 클린업시스템에 '업무추진비 집행내역'과 '카드 지출내역서'를 공개하지 않음.
◇ 클린업시스템에 별지 제9호 업무추진비 집행내역 양식이 아닌 업무추진비 계정별 원장으로 보고를 갈음한 사실이 있음.

34. 예비비 명세서 미작성
향후 업무추진비, 상근임직원 인건비, 복리후생비는 예비비로 부당하게 사용하지 않도록 시정명령예비비는 부득이한 경우에 한하여 사용하고, 사용 이후에는 예비비 명세서를 작성하도록 행정지도

표준 예산회계규정

제17조(예비비) ① 예측할 수 없는 예산외의 지출 또는 예산의 초과지출에 충당하기 위하여 예비비를 지출예산에 계상할 수 있다. 단, 업무추진비, 상근임·직원 인건비, 복리후생비 항목으로 지출할 수 없다.

③ 예비비를 사용한 경우에는 제11조에 따른 예비비명세서를 작성하여야 한다.

<실제 사례>

◇ 사업비 중 총회비용 예산을 초과하여 지출한 경우 예비비명세서를 작성하여야 하나 이를 작성하지 않음.
◇ 업무추진비, 상근임직원 인건비, 복리후생비를 예비비로 부당집행한 부분이 있으며, 결산보고 시 예비비명세서를 작성하지 않음.
◇ 대의원회 의결을 통해 이주업무 예비비(사업비)예산을 책정하여 이주기간 동안 휴일에 근무한 임직원에게 휴일근무수당을 예비비로 집행함.
◇ 기타운영비 등 업무추진비를 예산에 편성하지 아니하고 집행했으며, 예비비를 사용하고도 예비비명세서를 작성하지 않음.

35. 총 지출예산의 10%를 초과하여 예비비 편성

예비비는 총 지출예산의 10% 범위 내에서 편성하도록 하고, 예산을 초과하여 지출한 항목에 대해 예비비명세서를 작성하도록 시정명령
예산회계규정을 준수하여 예비비명세서를 작성하고, 총회비 예산액 초과사용분 및 예산전용과 관련하여 대의원 및 이사회의 의결을 받도록 시정명령

표준 예산회계규정

제17조(예비비) ② 예비비는 본 예비비를 제외한 사업비 및 운영비 각 총 지출예산의 10% 범위 내에서 편성할 수 있고, 매 회계연도 예산(안)에 포함하여 총회 의결을 거쳐야 한다.
③ 예비비를 사용한 경우에는 제11조에 따른 예비비명세서를 작성하여야 한다.

<실제 사례>

◇ 예산편성 시 총 지출예산의 10%를 초과하여 예비비를 편성하였으며, 회의비, 지급수수료 등 예산을 초과하는 항목에 대해 예비비명세서 작성하지 않음.

◇ 관리처분계획 변경인가를 받으면서 조합원 평균분담금 산출 시 사업비 총지출예산의 10% 범위를 초과하여 예비비를 편성함.

36. 예비비명세서 미작성 및 예산전용 절차 누락
예산 내 상호 전용이나 예비비 지출 시 관련규정에 따라 의결 및 보고 준수

표준 예산·회계규정
제17조(예비비) ① 예측할 수 없는 예산외의 지출 또는 예산의 초과지출에 충당하기 위하여 예비비를 지출예산에 계상할 수 있다. 단, 업무추진비, 상근임·직원 인건비, 복리후생비 항목으로 지출할 수 없다.

② 예비비는 본 예비비를 제외한 사업비 및 운영비 각 총 지출예산의 10% 범위 내에서 편성할 수 있고, 매 회계연도 예산(안)에 포함하여 총회 의결을 거쳐야 한다.

③ 예비비를 사용한 경우에는 제11조에 따른 예비비명세서를 작성하여야 한다.

제18조(예산의 목적 외 사용금지) ① 사업비 및 운영비 지출은 예산을 초과하여 지출하거나 예산으로 정한 목적 외에 이를 사용할 수 없다.

② 제1항에도 불구하고 지출예산의 전용이 필요할 경우 총회에서 승인된 총 지출예산 범위 내에서 대의원회의 의결을 거쳐 사용할 수 있다. 다만, 운영비 예산은 부득이한 경우 동일 항 내의 목간에 예산의 과부족이 있을 때에는 상호 전용할 수 있다.

③ 제2항의 단서에 의하여 예산을 전용할 때에는 회계책임자는 그 사유를 기재하여 추진위원회 또는 이사회에 전용한 예산을 보고하여야 한다.

제18조(예산의 목적 외 사용금지) ① 사업비 및 운영비 지출은 예산을 초과하여 지출하거나 예산으로 정한 목적 외에 이를 사용할 수 없다.

② 제1항에도 불구하고 지출예산의 전용이 필요할 경우 총회에서 승인된 총 지출예산 범위 내에서 대의원회의 의결을 거쳐 사용할 수 있다. 다만, 운영비 예산은 부득이한 경우 동일 항 내의 목간에 예산의 과부족이 있을 때에는 상호 전용할 수 있다.

③ 제2항의 단서에 의하여 예산을 전용할 때에는 회계책임자는 그 사유를 기재하여 추진위원회 또는 이사회에 전용한 예산을 보고하여야 한다.

<실제 사례>

◇ 예측할 수 없는 예산외의 지출 또는 예산의 추가지출에 충당하기 위하여 예비비를 사용할 수 있으나, 예산을 초과하여 집행한 항목을 예비비명세서 작성하지 않음.
◇ 예산·회계규정을 위반하여 2016년 사업비 및 2017년 운영비 중 예산을 초과 집행한 항목에 대해 예비비명세서를 작성하지 않음.
◇ 3년간 예산을 초과하여 예비비를 지출하면서 예비비로 충당할 수 없는 복리후생비 지출, 예비비명세서 미작성, 예산전용 절차 없이 집행함.
◇ 업무추진비는 편성된 예산 범위 내에서 집행하고 예비비로 지출할 수 없으나, 예산을 초과하여 집행함.

37. 예산집행 실적보고 누락

부속명세서 등을 포함한 결산보고서를 작성하고 관련자료를 정관 등에 따라 조합원에게 보고하도록 시정명령

표준 예산회계규정

제12조(재무제표 및 부속명세서) ③ 재무제표의 부속명세서는 공사원가명세서, 자산부채명세서, 사업비명세서, 사업비예산결산대비표, 운영비 예산결산대비표 및 예비비명세서로 한다.

제20조(예산집행 실적 보고) 조합 등은 사업비 및 운영비 예산 집행 내용을 명확하게 보고하기 위하여 당해 회계기간에 발생한 예산집행내용을 적정하게 표시하여야 하며, 사업비 및 운영비 집행에 대한 결산 부속명세서는 제11조제3항에 의한 사업비 예산결산대비표, 운영비 예산결산대비표로 하며, 결산보고를 할 때 정관 등에 따라 조합원 등에게 보고하여야 한다.

<실제 사례>

◇ 결산보고 시 사업비 예산결산대비표와 운영비 예산결산대비표를 누락 보고함.

◇ 결산 부속명세서 작성 시 사업비 및 운영비 예산결산대비표를 작성하지 아니하고, 조합원 등에게 보고하지 않음.

38. 재무제표 부속명세서 미작성
예산회계규정을 준수하여 재무제표를 작성하고 집행토록 조치

표준 예산회계규정

제12조(재무제표 및 부속명세서) ③ 재무제표의 부속명세서는 공사원가명세서, 자산부채명세서, 사업비명세서, 사업비 예산결산대비표, 운영비 예산결산대비표 및 예비비명세서로 하며, 서식은 「○○정비사업 조합(조합설립추진위원회) 회계처리규정 세칙」에 예시된 별지서식 제4호 내지 제9호와 같으며, 결산보고서로 재무제표 및 부속명세서를 작성하고 감사의 의견서를 첨부하여 대의원회에 보고하고 정관 및 운영규정에 따른 승인을 득하여야 한다.

제13조(회계처리의 원칙) 조합 등은 자금수지계산서는 현금주의로 하고, 자금수지계산서 이외에는 발생주의 회계원칙을 적용하여 재무제표를 작성한다.

<실제 사례>

◇ 결산보고서 중 기본재무제표인 자금수지계산서, 부속명세서 중 사업비명세서, 사업비예산결산대비표, 운영비 예산 결산대비표, 예비비명세서를 누락함.
◇ 재무제표 중 운영계산서 미작성, 부속명세서 중 자산부채명세서만 작성되었고, 예산집행실적 보고 시 사업비 예산결산대비표를 작성하지 않음.
◇ 재무재표의 부속명세서 중 공사원가명세서, 자산부채명세서, 사업비명세서가 미작성되어 자금수지계산서의 수입과 지출이 불명확하게 작성됨.

39. 자금수지계산서 계정과목/금액 불일치
예산결산대비표를 자금수지계산서 계정과목 등이 일치하여 작성토록 시정명령

표준 예산회계규정

제13조(회계처리의 원칙) 조합 등은 자금수지계산서는 현금주의로 하고, 자금수지계산서 이외에는 발생주의[84] 회계원칙을 적용하여 재무제표를 작성한다.

제20조(예산집행 실적 보고) 조합 등은 사업비 및 운영비 예산 집행 내용을 명확하게 보고하기 위하여 당해 회계기간에 발생한 예산집행내용을 적정하게 표시하여야 하며, 사업비 및 운영비 집행에 대한 결산 부속명세서는 제11조제3항에 의한 사업비 예산결산대비표, 운영비 예산결산대비표로 하며, 결산보고를 할 때 정관 등에 따라 조합원 등에게 보고하여야 한다.

<실제 사례>

◇ 예산회계규정을 위반하여 자금수지계산서의 계정과목이 예산의 계정과목과 불일치하고, 예산결산대비표를 자금수지계산서의 계정과목과 동일하지 않게 작성함
◇ 자금수지계산서/공사원가명세서/사업비 예산결산대비표 금액이 일치하지 않음

40. 자금수지계산서 오류 작성
결산보고 시 조합 예산회계규정 세칙으로 정한 서식에 따라 자금수지계산서를 작성토록 조치

○○정비조합(조합설립추진위원회) 회계처리규정 세칙
제13조(자금수지계산서) ① 조합은 수입과 지출을 명확하게 보고할 수 있도록 당해회계기간에 속하는 현금(현금과 예금, 장기성 예금을 포함한다)의 유입과 유출내용

---

[84] 발생주의(發生主義)
기업의 기간 손익을 계산함에 있어서 수익과 비용을 대응시켜야 하고 이에 따라 수익과 비용을 인식하는 시점을 경제가치량의 증가 또는 감소의 사실이 발생한 때를 기준으로 하여 인식하는 것을 말한다.
발생주의회계는 거래나 사건 그리고 환경이 기업에 미치는 재무적 효과를 현금이 수취되거나 지급되는 기간에 기록하는 것이 아니라, 그 거래가 발생한 기간에 기록하는 것을 말한다. 발생주의회계는 현금의 수취나 지급과 분리하여 거래의 발생시점에서 기록하므로 영업활동과 관련된 기록과 현금의 유출입과는 보통 일치하지 않는다. 발생주의회계의 도입 목적은 수익·비용 원칙에 보다 합리적 대응을 가져와 그 기간의 경영성과를 보다 정확히 나타내는 데 있다.(기획재정부 2020.11.3).

을 현금기준에 따라 자금수지계산서에 표시하여야 한다.

② 자금수지계산서는 다음 각 호의 방법에 따라 작성한다.

1. 현금의 유입과 유출내용에 대하여는 기중 증가 또는 기중 감소를 상계하지 아니하고 각각 총액으로 기재한다.
2. 자금수지계산서는 수입, 지출, 수지차액으로 구분하여 표시하며, 수지차액은 현금 및 현금성자산의 수입과 지출의 차액을 말한다.
3. 제2호의 "수입"은 분양금수입, 차입금차입, 기타수입으로 구분하여 표시한다.
4. 제2호의 "지출"은 사업비, 운영비, 차입금상환, 기타지출로 구분하여 표시한다.
5. 자금수지계산서의 "사업비"와 "운영비"의 구성항목은 「○○정비사업조합(조합설립추진위원회) 예산·회계규정」 제12조 계정과목의 구성항목과 명칭이 동일하여야 한다.

③ 자금수지계산서 양식사례는 별지 1호 서식과 같다.

<실제 사례>

◇ 자금수지계산서 작성 시 [별지 제1호 서식]에 따라 작성하지 아니하여 비교식으로 작성하지 아니하고 사업비와 운영비 구성항목이 불일치되게 작성함

◇ 자금수지계산서를 직접법이 아닌 간접법(발생주의 손익+관련 자산. 부채 증감)으로 작성함

41. 결산보고 지연 및 부속명세서 일부 누락

결산보고 기한 준수(회계연도 종료일 3개월 이내) 및 부속명세서 누락 주의

표준 예산·회계규정

제11조(재무제표 및 부속명세서) ③ 재무제표의 부속명세서는 공사원가명세서, 자산부채명세서, 사업비명세서, 사업비 예산결산대비표, 운영비 예산결산대비표 및 예비비명세서로 하며, 서식은 「○○정비사업조합(조합설립추진위원회) 회계처리규정세칙」에 예시된 별지서식 제4호 내지 제9호와 같으며, 결산보고서로 재무제표 및 부속명세서를 작성하고 감사의 의견서를 첨부하여 대의원회에 보고하고 정관 및 운영규정에 따른 승인을 득하여야 한다.

표준 예산·회계규정 세칙

제20조(결산보고) ① 조합장 등은 회계연도 종료일로부터 3월 이내에 제12조에 의한 재무제표 및 부속명세서를 작성하고 감사의 의견서를 첨부하여 대의원회에 보고하여 표준정관에 따른 승인을 득해야 한다. 다만, 제19조에 의한 재무제표를 제외하고는 재무제표에 대한 주석은 생략할 수 있다.

③ 조합장 등은 대의원회의 승인 후 3개월 이내에 정기총회를 개최하지 못할 경우 1항에 의한 재무제표 및 부속명세서를 조합원에게 서면으로 보고하여야 한다.

<실제 사례>

◇ 3년간 결산보고를 3개월 경과하여 지연 보고되었고 사업명세서, 사업비예산결산 대비표 및 운영비예산결산대비표 등 부속명세서를 누락함.

◇ 회계연도 종료일 3개월을 경과하여 2016년 결산보고를 2017.7월 정기총회에서 지연보고하고, 부속명세서 중 사업비 예산결산대비표, 운영비 예산결산대비표를 누락함

◇ 2015년 및 2018년 결산보고는 회계연도 종료일 3개월을 경과하여 대의원회 지연의결, 2017년 결산보고는 대의원회 의결 누락하고 기본재무제표 및 부속명세서를 일부 작성하지 않음

◇ 2016년 결산보고를 회계연도 종료일 3개월을 경과하여 2017.7월에 정기총회에서 지연보고하고, 부속명세서 중 사업비 예산결산대비표, 운영비 예산결산대비표를 누락함

42. 결산보고 대의원회 의결 등 지연(누락)

회계연도 종료일로부터 3월 이내 결산보고서 작성한 후 감사의견서 첨부, 대의원회 제출 및 의결하고 총회 또는 조합원에게 서면 통보

결산보고서 등을 작성한 후에 대의원회 의결 및 정기총회에서 조합원 보고

표준 예산·회계규정

제11조(재무제표 및 부속명세서) ③ 재무제표의 부속명세서는 공사원가명세서, 자

산부채명세서, 사업비명세서, 사업비 예산결산대비표, 운영비 예산결산대비표 및 예비비명세서로 하며, 서식은 「○○정비사업조합(조합설립추진위원회) 회계처리규정세칙」에 예시된 별지서식 제4호 내지 제9호와 같으며, 결산보고서로 재무제표 및 부속명세서를 작성하고 감사 의견서를 첨부하여 대의원회에 보고하고 정관 및 운영규정에 따른 승인을 득하여야 한다.

표준 예산·회계규정 세칙

제20조(결산보고) ① 조합장 등은 회계연도종료일로부터 3월 이내에 제12조에 의한 재무제표 및 부속명세서를 작성하고 감사의 의견서를 첨부하여 대의원회에 보고하여 표준정관에 따른 승인을 득해야 한다. 다만, 제19조에 의한 재무제표를 제외하고는 재무제표에 대한 주석은 생략할 수 있다.

③ 조합장 등은 대의원회의 승인 후 3개월 이내에 정기총회를 개최하지 못할 경우 제1항에 의한 재무제표 및 부속명세서를 조합원에게 서면으로 보고하여야 한다.

<실제 사례>

◇ 4년간(2014~2017년) 결산보고서를 3개월이 경과하여 대의원회에 지연 의결하고 총회 보고 및 조합원에 서면 보고함

◇ 이전 년도 결산보고서를 3개월이 경과한 후 대의원회에 지연 의결하여 조합원에 소식지로 서면보고하고, 전년도 결산보고서는 점검일 현재 작성하지 않음

◇ 2017년 결산보고서는 2018.8월 대의원회, 2019년 결산보고서는 2020.5월 대의원회에 지연 보고함

◇ 6년간(2015년~2020년) 결산보고서를 회계연도 종료일로부터 3개월 이후 보고하거나 보고하지 않음

◇ 2년간 결산보고서를 3개월이 경과하여 대의원회에 지연 의결하여 총회 보고하고, 전년도 결산보고서는 현재까지 대의원회 의결 및 총회 보고를 하지 않음

◇ 2년간 결산보고서에 대하여 3개월이 경과하여 대의원회 지연 의결함

◇ 2013년~2017년 결산보고서를 대의원회 의결하지 않고, 2013년~2015년, 2017년 결산보고서를 정기총회 또는 조합원 서면보고를 누락하고 2016년 결산보

고서를 지연 보고함

◇ 2015년~2017년 결산보고서를 대의원회 의결하지 않고, 2015년 및 2017년 결산보고서를 총회 또는 조합원에게 서면으로 보고하지 않음

◇ 2015년 결산보고에 대해 정기총회에서 서면보고 누락하고 2015년~2017년 결산보고서 작성 시 사업비명세서, 예비비명세서를 작성하지 않고 사업비 예산결산대비표를 작성하지 않아 예산 초과사용 여부 등을 확인할 수 있는 자료를 조합원에게 서면보고하지 않음

43. 결산보고 지연 및 서면보고 미이행
회계연도 종료일로부터 3월 이내 결산보고서 작성 및 조합원 보고

표준 예산·회계규정 세칙

제20조(결산보고) ① 조합장 등은 회계연도 종료일로부터 3월 이내에 제12조에 의한 재무제표 및 부속명세서를 작성하고 감사의 의견서를 첨부하여 대의원회에 보고하여 표준정관에 따른 승인을 득해야 한다. 다만, 제19조에 의한 재무제표를 제외하고는 재무제표에 대한 주석은 생략할 수 있다

③ 조합장 등은 대의원회의 승인 후 3개월 이내에 정기총회를 개최하지 못할 경우 제1항에 의한 재무제표 및 부속명세서를 조합원에게 서면으로 보고하여야 한다.

<실제 사례>

◇ 2014년 결산보고서는 2015.11월에, 2015년 결산보고서는 2016.6월 지연 서면보고, 2017년 결산보고서는 총회 또는 조합원 서면보고 하지 않음

◇ 3년간 결산보고서를 대의원회 의결하지 않고, 2015년 및 2017년 결산보고서를 총회 또는 조합원에게 서면으로 보고하지 않음

◇ 20△△년 결산보고에 대해 정기총회에서 서면보고 누락하고 3년간 결산보고서 작성 시 사업비명세서, 예비비명세서, 사업비 예산결산대비표를 작성하지 않아 예산초과사용 여부 등을 확인할 수 있는 자료를 조합원에게 서면보고 하지 않음

◇ 2015년 결산보고에 대해 정기총회에서 서면보고 누락하고 2015년~2017년

결산보고서 작성 시 사업비명세서, 예비비명세서를 작성하지 않고 사업비 예산결산 대비표를 작성하지 않아 예산 초과사용 여부 등을 확인할 수 있는 자료를 조합원에게 서면보고 하지 않음

◇ 추진위원회는 4년 회계기간에 대한 재무제표 외에는 결산보고서를 작성하지 않고 토지등소유자에게 보고하지 않음

44. 결산보고 부속명세서 미작성 및 서면보고 누락
결산보고서에서 누락된 부속명세서 등 작성 및 '정비사업 정보몽땅' 게재

표준 예산·회계규정
제11조(재무제표 및 부속명세서) ③ 재무제표의 부속명세서는 공사원가명세서, 자산부채명세서, 사업비명세서, 사업비 예산결산대비표, 운영비 예산결산대비표 및 예비비명세서로 하며, 서식은 「○○정비사업조합(조합설립추진위원회) 회계처리규정 세칙」에 예시된 별지서식 제4호 내지 제9호와 같으며, 결산보고서로 재무제표 및 부속명세서를 작성하고 감사 의견서를 첨부하여 대의원회에 보고하고 정관 및 운영규정에 따른 승인을 득하여야 한다.

표준 예산·회계규정 세칙
제20조(결산보고) ① 조합장 등은 회계연도 종료일로부터 3월 이내에 제12조에 의한 재무제표 및 부속명세서를 작성하고 감사의 의견서를 첨부하여 대의원회에 보고하여 표준정관에 따른 승인을 득해야 한다. 다만, 제19조에 의한 재무제표를 제외하고는 재무제표에 대한 주석은 생략할 수 있다
③ 조합장 등은 대의원회의 승인 후 3개월 이내에 정기총회를 개최하지 못할 경우 제1항에 의한 재무제표 및 부속명세서를 조합원에게 서면으로 보고하여야 한다.

<실제 사례>

◇ 추진위원회는 6년간(2011년~2013년, 2015년~2017년) 결산보고 시에 부속명세서 일부를 작성하지 않음

◇ 4년간 결산보고 시에 부속명세서 중 자금수지계산서와 사업비·운영비 예산결산대비표를 작성하여 보고하지 않음

◇ 2년간 매년 총회에서 결산보고 시 재무제표의 부속명세서 중 공사원가명세서, 사업비 예산결산대비표, 운영비 예산결산대비표, 예비비명세서를 작성하지 않아 조합원들이 예산집행내역을 확인하기 어려움

◇ 조합은 운영비 2천만 원 및 사업비 7억 원의 예비비를 사용하였으나, '정비사업 정보몽땅'에 공시된 결산보고서에 예비비명세서를 누락함

◇ 3년간 결산보고 시 기본재무제표 중 자금수지계산서를 미작성하고 부속명세서 중 사업비·운영비 예산결산대비표를 작성하지 않고 정기총회와 소식지를 통한 결산보고에서 자산부채명세서, 사업비명세서, 예비비명세서를 서면으로 보고하지 않음

◇ 6년간 결산보고서 작성 시 자금수지계산서, 사업비 예산결산대비표, 운영비예산결산대비표를 작성하지 않고, 예산초과사용 여부 등을 조합원에게 서면보고 하지 않음.

45. 결산보고 예산과목 불일치 등 계정과목 부적정

결산보고 시 예산안과 계정과목을 일관성 유지 등 회계처리 주의

표준 예산·회계규정

제12조(계정과목) ① 조합 등이 사업계획서, 관리처분계획서, 전표 또는 결의서 작성, 예산 및 결산서 등 작성 시 적용하는 계정과목은 조례 제69조에 의한 클린업시스템 또는 e-조합시스템 월별자금입출금내역 및 연간자금운영계획 서식의 과목에 의하되, 열거되지 아니한 과목은 "중소기업회계기준"에 의한다.

② 제1항에 따른 계정과목 중 업무추진비, 판공비 등은 업무추진비로 일원화하며, 기밀비 등 유사한 용도의 계정과목을 따로 구분하지 아니한다.

③ 지출 예산과목은 제1항에 의한 클린업시스템 또는 e-조합시스템을 참고하여 별지 서식 제2호 및 3호와 같이 관, 항, 목[85]으로 단계적으로 구분하며, 지출금액은

---

[85] 예산과목(기획재정부 2020.11.3)
예산은 그 내용을 명백히 하기 위하여 일정한 기준에 의하여 구분한 것을 말한다. 예산과목은 세입예산과목과 세출예산과목으로 구성된다.
세입예산과목은 정부수입의 성질에 따라 장·관·항·목으로 구분된다. 이 가운데 관·항은 국회의 의결대상이 되는 입법과목이며, 목은 행정과목으로서 국회의 의결을 요하지 않는다. 다만, 세입예산과목은 세입예산

상대처에 지급하는 총액인 공급대가(부가가치세 포함금액)로 편성한다.

제35조(지출의 원칙 및 감사) ① 조합 등은 사업비·운영비 등 정비사업비의 모든 지출은 예산의 계정과목별로 사전에 승인받은 금액 범위 내에서 지출함을 원칙으로 한다.

<실제 사례>

◇ 2016년 결산보고서에서 예산과목에 없는 세금공과금, 운반비가 있고 예산항목에는 광고선전비이지만 결산보고서에는 홍보공고비로 표시, 예산항목에는 보험료이지만 결산보고서에는 사회보험료로 표시하여 예산항목와 결산항목이 불일치함
◇ 운영비인 이사회 및 대의원회 회의비의 일부를 사업비인 총회비로 회계처리하고 소송·법무 용역비, 명도소송비용에 대해 예산과목과 결산과목을 일치하지 않게 회계 처리함

46. 결산보고 자금수지계산서 등 금액 불일치
결산보고서상 자금수지계산서, 예금잔액 등 금액 일치하도록 처리

표준 예산·회계규정
제13조(회계처리의 원칙) 조합 등은 자금수지계산서는 현금주의로 하고, 자금수지계산서 이외에는 발생주의 회계원칙을 적용하여 재무제표를 작성한다.

표준 예산·회계규정 세칙
제10조(장부의 대사) 조합장 등은 매월 말에 각 계정 보조부의 잔액을 총계정원장과 대사 확인하여야 한다. 단, 조합의 인력 구성상 직접 장부를 기장하지 않고 외부전

이 직접 예산에 의하여 실현되는 것이 아니라 세법 등 법령의 규정에 의하여 실현되기 때문에 입법·행정 과목을 구분할 필요는 없다.
세출예산과목은 장·관·항·세항·목 별로 분류되며, 다시 경비의 성질을 중심으로 49개 목별로 분류·관리된다. 장·관·항은 입법과목, 세항·목은 행정과목이라고 한다. 장·관·항의 구분은 기능별·성질별 또는 소속기관별로 분류한다. 세항은 부서의 기능, 단위별 또는 사업단위별로 분류하며, 목은 경비성질별로 분류한다. 행정과목은 의회의 사전의결 없이 집행부재량으로 전용이 가능한 반면 입법과목은 과목간 변경이 불가능하다. 예산집행의 권한과 책임이 분명해 지는 효과도 있다. 이러한 예산과목의 구분은 기획재정부 장관이 정한다.

문가에게 의뢰하는 경우에는 금전출납부 및 통장 잔액과 제6조와 같이 현금 및 예금이 상호 일치하는지 대사 확인하여야 한다.

<실제 사례>

◇ 자금수지계산서는 현금주의를 적용하고 자금수지계산서 이외에는 발생주의 회계원칙을 적용하여 재무제표를 작성하고 사업비 예산결산대비표 결산액과 자금수지계산서 사업비 금액이 일치하여야 하나, 계정과목별로 불일치함
◇ 2015년~2017년 결산보고서상 예금잔액과 실제 예금잔액(잔고증명서)이 일치하지않음
  ※ 차이금액: 2015년(141원), 2016년(470원), 2017년(1,618원)
◇ 차입금 100억 원(입찰보증금)에 대한 이자비용(1%)이 발생하였으나, 미지급 이자비용을 결산서에 반영하지 않음
◇ 자금수지계산서 등 결산보고서 이설비와 더존 회계자료 시설비가 차이 발생함
◇ 사업비예산결산대비표 작성 시 조합운영비 및 차입금상환금액을 포함하여 합계 금액이 자금수지계산서와 차이가 발생함

47. 분기별 자금수지 보고서 미작성
미작성된 분기별 자금수지 보고서를 작성하여 클린업시스템에 공개하도록 시정명령

표준 예산회계규정

제45조(분기별 자금수지 보고) ① 조합장 등은 매 분기말일을 기준으로 하여 총수입, 사업비 지출, 운영비 지출, 현금과 예금의 잔액 및 차입금 증감 내역 작성하여야 한다.

② 조합장 등은 제1항에 따라 작성된 당해 분기별 자금수지내역을 다음 분기 만료일 이내에 조합원 또는 토지등소유자에게 서면으로 통보하고 작성일로부터 15일 이내 조례 제69조에 의한 클린업시스템 또는 e-조합시스템에 공개하여야 한다.

<실제 사례>

◇ 예산회계규정을 위반하여 조합은 월별 운영비명세서만 작성하고 있으며 분기별 자금수지 보고서를 작성하지 않고, 서면통보 및 클린업시스템 등록을 하지 않음

48. 자금수지계산서 등 작성방식 오류

자금수지계산서 등을 현금주의에 의해 실제 집행된 기준에 따라 적용하도록 조치

표준 예산회계규정

제13조(회계처리의 원칙) 조합 등은 자금수지계산서는 현금주의로 하고, 자금수지계산서 이외에는 발생주의 회계원칙을 적용하여 재무제표를 작성한다.

제43조(회계처리방법) 조합 등의 장부작성, 증빙관리 및 재무제표 작성 등 결산·회계처리에 관한 사항은 별첨2의 「○○정비사업 조합(조합설립추진위원회)회계처리규정 세칙」에 따른다.

○○정비사업 조합(조합설립추진위원회) 회계처리규정 세칙
제13조(자금수지계산서) ① 조합은 수입과 지출을 명확하게 보고할 수 있도록 당해 회계기간에 속하는 현금(현금과 예금, 장기성 예금을 포함한다)의 유입과 유출내용을 현금기준에 따라 자금수지계산서에 표시하여야 한다.

<실제 사례>

◇ 자금수지계산서와 사업비(운영비) 예산결산대비표상 결산액을 현금주의가 아닌 발생주의 기준으로 작성하였고, 사업비(운영비)명세서는 현금주의 기준으로 작성함
◇ 자금수지계산서 및 사업비/운영비 예산결산대비표 작성 시 발생주의에 의해 회계처리된 급여 등을 지출액으로 계상하여 잘못 작성함

49. 지출결의서, 금전출납부 미작성

관련 규정에 의거 지출결의서와 금전출납부를 작성하여 기록하고 금전출납부를 비치하도록 시정명령

표준 예산회계규정

제32조(수입·지출업무의 관리) ③ 조합 등은 수입·지출의 효율적 관리를 위해 금전출납부를 기록하고 비치하여야 한다. 필요에 따라 금전출납부는 현금출납부와 예금출납부로 구분하여 관리할 수 있다.

제37조(수입, 지출의 처리) ① 수입·지출행위를 할 때에는 전표 또는 수입·지출결의서를 작성한 후에 금전출납부, 총계정원장에 기록한다. 다만, 전표 또는 수입·지출결의서를 작성하기 어려운 경우에는 내부결재문서로서 이에 갈음할 수 있다.

<실제 사례>

◇ 예산회계규정을 위반하여 지출결의서와 금전출납부를 작성하지 않음
◇ 지출결의서를 작성하지 않고 자금을 집행함

50. 준예산을 대의원회 의결없이 집행

조합에서 부득이한 사유로 준예산을 사용할 경우에도 대의원회 의결 후 예산을 집행하도록 조치

표준 예산회계규정

제19조(예산 불성립시의 예산집행) ① 조합 등은 부득이한 사유로 회계연도 개시 전까지 당해 연도 예산이 성립되지 아니한 때에는 전년도 동기간 예산에 준하여 집행할 수 있다. 다만, 준예산 적용기간은 1년으로 한정하며 이 기간을 초과하여 예산을 집행할 수 없다.

④ 조합 등은 제1항에 따라 전년도 예산에 준하여 집행할 사유가 생긴 때에는 사전에 추진위원회 또는 대의원회 의결을 거쳐 집행하여야 한다.

<실제 사례>

◇ 조합 예산회계규정을 위반하여 준예산 사용에 대한 대의원회 의결 없이 운영비, 사업비를 지출함

51. 준예산을 초과하여 복리후생비 등 지급

준예산으로 불가피한 경비 집행, 초과지급된 급여 및 상여금 전액 환수조치
부득이한 사유로 전년도 예산에 준하여 집행할 시에는 1년 단위로 편성 집행

표준 예산·회계규정

제19조(예산 불성립시의 예산집행) ① 조합 등은 부득이한 사유로 회계연도 개시 전까지 당해 연도 예산이 성립되지 아니한 때에는 전년도 동기간 예산에 준하여 집행할 수 있다. 다만, 준예산 적용기간은 1년으로 한정하며 이 기간을 초과하여 예산을 집행할 수 없다.

② 제1항 단서에도 불구하고, 준예산 적용기간을 초과하여 예산을 집행하는 경우 사 무실 운영을 위한 제세·공과금, 임차료, 수도광열비 등 불가피한 경비와 예산편성을 위한 총회비용 의 집행은 그러지 아니할 수 있다. 다만, 예산편성을 위한 총회비용 중 총회 전에 소요된 비용은 당해 총회에서 추인을, 총회 이후에 소요될 비용은 당해 총회에서 승인을 받아야 한다.

③ 제1항에 의하여 집행된 예산은 당해 연도 예산이 성립되면 그 성립한 예산에 의하여 집행된 것으로 본다.

④ 조합 등은 제1항에 따라 전년도 예산에 준하여 집행할 사유가 생긴 때에는 사전에 추진위원회 또는 대의원회 의결을 거쳐 집행하여야 한다.

<실제 사례>

◇ 2016년도 준예산을 초과하여 복리후생비를 집행하고 2017년도에 지급함
◇ 대의원회 의결에 의하여 조합장 및 상근임원 인건비를 준예산 초과하여 급여(480만 원) 및 상여금(160만 원)을 집행함

◇ 준예산은 대의원회 의결을 거치지 않았으며, 준예산은 1년을 초과하여 사무실운영의 불가피한 경비 등 이외는 집행되지 아니하여야 함에도 불성립된 예산을 집행함
◇ 추진위원회는 준예산은 1년을 초과할 수 없으나, 5년간 준예산을 적용하고 5년 중 2년간 준예산에 대해서는 추진위원회 의결이 없었음
◇ 준예산은 1년 단위로 편성하여 집행하여야 하나, 2015.4월 총회에서 의결된 예산(안)을 2018년까지 준예산 적용기간을 초과하여 집행하면서 임차료, 수도광열비 등 불가피한 경비 외에 급여, 임원수당, 복리후생비, 업무추진비, 지급수수료 등 모든 경비가 집행됨

52. 예산 초과집행 및 관련자료 부적정 작성 등
예산안에 따라 지출하도록 증빙서류 및 지출관리대상 작성하여 초과집행 주위

표준 예산·회계규정
제18조(예산의 목적 외 사용금지) ① 사업비 및 운영비 지출은 예산을 초과하여 지출하거나 예산으로 정한 목적 외에 이를 사용할 수 없다.
② 제1항에도 불구하고 지출예산의 전용이 필요할 경우 총회에서 승인된 총 지출예산 범위 내에서 대의원회의 의결을 거쳐 사용할 수 있다. 다만, 운영비 예산은 부득이한 경우 동일 항 내의 목간에 예산의 과부족이 있을 때에는 상호 전용할 수 있다.
③ 제2항의 단서에 의하여 예산을 전용할 때에는 회계책임자는 그 사유를 기재하여 추진위원회 또는 이사회에 전용한 예산을 보고하여야 한다.

제35조(지출의 원칙 및 감사) ① 조합 등은 사업비·운영비 등 정비사업비의 모든 지출은 예산의 계정과목별로 사전에 승인받은 금액 범위 내에서 지출함을 원칙으로 한다.

<실제 사례>

◇ 총회에서 지급한 선물에 대해 수령자 명단을 작성하지 않고 조합원 수를 초과한 구매금액을 업무추진비로 분류하여 예산을 초과 집행함

◇ 예산과목과 결산보고 과목을 다르게 하고 예산결산대비표와 자금수지계산서 미 작성으로 예산액과 집행액 비교가 어렵게 보고하고 예산과 장부상 집계된 비용(운영비, 사업비)을 비교한 결과 예산을 초과 집행함

◇ 회의비, 임차료, 급여 등 매월 일정하게 발생하는 각종 비용을 발생기준으로 예산편성하고 자금이 부족하여 미지급한 경우 예산에 추가로 반영하지 않고 집행함

◇ 예산보고 시에는 운영비 미지급액 예상 집행액을 사업비예산서에 첨부하여 보고하고 결산 보고시에는 발생주의로 작성한 결산과 자금수지계산서와의 차이를 운영비예산 미지급액으로 반영하는 방법으로 예산초과 집행액이 없는 것처럼 보고함

53. 매 회계연도 예산 미수립 및 부적정, 초과 집행

사업 진행시기 및 지출 고려 1년 단위 회계연도에 적합한 사업비 예산 수립

예비비를 인건비로 사용하지 않는 등 예산·회계규정에 따라 예산 집행

표준 예산·회계규정

제15조(예산편성 및 성립) ① 예산은 다음 각 호에 의하여 편성하여야 한다.

1. 모든 수입과 지출은 예산에 편성하여야 하며, 수입예산과 지출예산을 상계하거나 그 일부를 예산에서 제외하여서는 안 되며, 거래처에 지급하거나 수입하는 총액(부가가치세 포함 금액)에 의한다.

2. 수입 예산 중 차입금은 차입 방법, 이율 및 상환방법을 반드시 명시하여 편성한다.

3. 지출 예산은 매 회계연도마다 조합장 등이 정비사업의 예상 추진일정을 고려하여 사업비와 운영비로 구분하여 예산을 편성하며, 예산과목은 제12조 계정과목에 따라 관, 항, 목으로 단별로 구분한다.

② 조합장 등은 매 회계연도 예산을 편성하여 회계연도개시일로부터 3월 이내에 총회 의결을 거쳐 최종 확정한다. 단, 부득이하게 회계연도개시일로부터 3월 이내에 총회를 개최할 수 없을 경우에는 제19조에 따른다.

제17조(예비비) ① 예측할 수 없는 예산외의 지출 또는 예산의 초과지출에 충당하기 위하여 예비비를 지출예산에 계상할 수 있다. 단, 업무추진비, 상근임·직원 인건비, 복리후생비 항목으로 지출할 수 없다.

<실제 사례>

◇ 지출예산은 매 회계연도마다 정비사업 예상 추진일정을 고려하여야 하나, 2015년~2018년 사업비예산 편성 시 매 1년 단위가 아닌 착공 시까지 필요로 하는 비용 등을 포함함
◇ 2015년 인건비 및 2016년 용역비는 전년도 미지급금을 고려하지 않고 편성하여 예산초과 집행함
◇ 예산·회계규정에 위반하여 예산을 편성하지 않거나 예산을 초과 지출하여 예산전용이 필요한 경우에 대의원회 의결 및 이사회 보고하지 않음
◇ 항목간 전용한 경우에도 이사회에 보고하지 않고 예비비 사용할 수 없는 상근 임직원 인건비(급여, 상여금) 예비비로 집행함

54. 예산대비 초과지출 전용절차 미준수
예산대비 초과금액 이사회 보고 및 사전 대의원회 결의 후 집행

표준 예산·회계규정
제18조(예산의 목적 외 사용금지) ① 사업비 및 운영비 지출은 예산을 초과하여 지출하거나 예산으로 정한 목적 외에 이를 사용할 수 없다.
② 제1항에도 불구하고 지출예산의 전용이 필요할 경우 총회에서 승인된 총 지출예산 범위 내에서 대의원회의 의결을 거쳐 사용할 수 있다. 다만, 운영비 예산은 부득이한 경우 동일 항 내의 목간에 예산의 과부족이 있을 때에는 상호 전용할 수 있다.
③ 제2항의 단서에 의하여 예산을 전용할 때에는 회계책임자는 그 사유를 기재하여 추진위원회 또는 이사회에 전용한 예산을 보고하여야 한다.

<실제 사례>
◇ 복리후생비, 소모품비, 업무추진비 등 운영비는 부득이한 경우 동일항 내의 목간에 예산과부족으로 상호 전용할 수 있으나, 2018년 예산대비 실적 초과금액에 대하여 이사회 보고하지 않음
◇ 사업비 항목 중에서 외주용역비와 예비비 예산을 초과 집행함

◇ 조사측량비, 공사비, 외부용역비 등 사업비 예산에 대해 대의원회 의결을 거치지 않고 예산을 초과하여 지출함
◇ 조합직원들 연차수당 지급에 대한 이사회 승인만 의결하고 인건비 예산전용에 대한 의결없이 연차수당을 지급하면서 근로기준법에 적합하지 않게 초과 지급함
◇ 일반운영비, 제세공과금, 복리후생비 등 운영비 집행 시 예산(항) 초과항목에 대해 대의원회에서 전용 의결을 하지 않음
◇ 사업비 중 이설비 예산은 2억4천만 원, 대의원회 전용 의결을 받아 2억5천만 원이 되었으나, 실제 지출된 이설비는 8억 원으로 대의원회 의결을 받지 않고 사업비 예산을 전용함

55. 준예산을 초과하여 복리후생비 등 지급
준예산으로 불가피한 경비 집행, 초과지급된 급여 및 상여금 전액 환수조치/부득이한 사유로 전년도 예산에 준하여 집행할 시에는 1년 단위로 편성 집행

표준 예산·회계규정

제19조(예산 불성립시의 예산집행) ① 조합 등은 부득이한 사유로 회계연도 개시 전'까지 당해 연도 예산이 성립되지 아니한 때에는 전년도 동기간 예산에 준하여 집행할 수 있다. 다만, 준예산 적용기간은 1년으로 한정하며 이 기간을 초과하여 예산을 집행할 수 없다.

② 제1항 단서에도 불구하고, 준예산 적용기간을 초과하여 예산을 집행하는 경우 사무실 운영을 위한 제세·공과금, 임차료, 수도광열비 등 불가피한 경비와 예산편성을 위한 총회비용의 집행은 그러지 아니할 수 있다. 다만, 예산편성을 위한 총회비용 중 총회 전에 소요된 비용은 당해 총회에서 추인을, 총회 이후에 소요될 비용은 당해 총회에서 승인을 받아야 한다.

③ 제1항에 의하여 집행된 예산은 당해 연도 예산이 성립되면 그 성립한 예산에 의하여 집행된 것으로 본다.

④ 조합 등은 제1항에 따라 전년도 예산에 준하여 집행할 사유가 생긴 때에는 사전에 추진위원회 또는 대의원회 의결을 거쳐 집행하여야 한다.

<실제 사례>

◇ 2016년도 준예산을 초과하여 복리후생비를 집행하고 2017년도에 지급함
◇ 대의원회 의결에 의하여 조합장 및 상근임원 인건비를 준예산 초과하여 급여(480만 원) 및 상여금(160만 원)을 집행함
◇ 준예산은 대의원회 의결을 거치지 않았으며, 준예산은 1년을 초과하여 사무실 운영의 불가피한 경비 등 이외는 집행되지 아니하여야 함에도 불성립된 예산을 집행함
◇ 추진위원회는 준예산은 1년을 초과할 수 없으나, 5년간 준예산을 적용하고 5년 중 2년간 준예산에 대해서는 추진위원회 의결이 없었음
◇ 준예산은 1년 단위로 편성하여 집행하여야 하나, 2015.4월 총회에서 의결된 예산(안)을 2018년까지 준예산 적용기간을 초과하여 집행하면서 임차료, 수도광열비등 불가피한 경비 외에 급여, 임원수당, 복리후생비, 업무추진비, 지급수수료 등 모든 경비 가 집행됨

56. 근로계약서 미작성 및 미흡
근로계약서를 적법하게 작성하도록 조치

표준 예산 · 회계규정
제29조(계약서의 작성) ① 모든 계약은 계약서를 작성하여야 한다.
② 제1항의 계약서에는 계약의 목적, 이행기간, 계약위반의 경우에 있어서 보증금의 처분위험의 부담, 지체상금, 실비정산방법, 기타 필요한 사유 등를 기재한 계약서를 작성하여 계약담당자가 기명날인하여야 한다.
③ 계약서에는 용역 완료에 따른 용역결과물을 제출하도록 명기하여야 한다.

<실제 사례>
◇ 조합은 근로계약서를 작성하지 아니하고 상근직원을 채용하여 근무하게 한 사실이 있음
◇ 일용직을 고용하면서 출근부는 작성하였으나, 근로계약서를 작성하지 않고 일당을 지급함

◇ 직원을 채용하면서 법정 근로조건을 명시한 사실 및 이와 관련하여 명시된 서면을 작성 및 교부한 사실이 없음
◇ 근무기간 또는 일급이 명시되지 않은 계약서를 작성하여 홍보요원을 채용함

57. 내부감사 점검결과 미보고

감사가 주기적으로 카드사용 내역을 확인하고 점검결과를 작성일로부터 15일 이내에 정비사업 정보몽땅 시스템에 공개하고, 대의원회에 보고하도록 조치

표준 예산 · 회계규정

제42조(확인의무 등) ① 감사는 조합 등 카드의 위법·부당한 사용을 막기 위하여 사용내용을 주기적으로 점검하여야 한다. 이 경우 다음 각 호의 사항을 확인하여야 한다.
1. 심야, 휴일, 자택 인근 등 업무와 무관한 시간 및 장소에서 사용 여부
2. 휴가기간 중 법인카드 사용 여부
3. 동일 일자 동일 거래처 반복 사용(분할 결제 여부를 확인하기 위한 것을 말한다)
4. 법인카드를 이용한 상품권 구매 등 조합업무와 관련 없는 지출 여부
② 제1항에 따라 감사는 점검결과를 작성일로부터 15일 이내에 조례 제69조에 의한 클린업시스템 또는 e-조합시스템에 공개해야 하고, 이를 추진위원회 또는 대의원회에 보고하여야 한다.

<실제 사례>

◇ 내부감사 점검결과를 정비사업 정보몽땅 시스템에 공개하지 않고 대의원회에 보고하지 아니한 사실이 있음

58. 수정·삭제 불가 항목 수정

표준예산·회계 규정에 따라 임의 수정·삭제할 수 없도록 한 조항은 그대로 적용하여 총회의결 받도록 시정명령

표준 예산 · 회계 규정

제4조(예산·회계규정 등의 작성) ① 추진위원회·조합은 「서울특별시 도시정비조례」 제83조제1항에 따라 예산·회계규정을 작성하는 경우 [별표]의 「○○정비사업조합(추진위원회) 예산·회계규정」을 기본으로 하여 다음 각호의 방법에 따라 작성한다.

1. 제11조~제13조, 제15조~제19조, 제21조, 제23조, 제25조, 제32조, 제35조~제36조, 제33조, 제38조~제43조 및 제45조를 확정할 것.

2. 제1호 이외의 규정은 사업특성·지역상황을 고려하여 법에 위배되지 아니하는 범위안에서 수정 및 보완할 수 있음

② [별표2]의 「○○정비사업조합(조합설립추진위원회) 회계처리규정 세칙」을 기본으로 적용함을 원칙으로 한다.

표준 행정업무 규정

제3조(행정업무규정의 작성) 추진위원회·조합은 「서울특별시 도시정비조례」 제50조의4제1항에 따라 행정업무처리규정을 작성하는 경우 [별표]의 행정업무규정안을 기본으로 적용함을 원칙으로 하되 다음 각 호의 방법에 따라 작성한다.

1. 제4조 내지 제7조, 제12조, 제14조, 제16조 내지 제21조, 제23조, 제26조 내지 제51조, 제53조를 확정할 것.

<실제 사례>

◇ 서울시 표준 예산·회계규정에서 임의로 수정·삭제할 수 없는 예산·회계규정을 조합이 임의로 수정하여 조합에 적용한 사실이 있음

◇ 서울시 표준 행정업무규정에서 임의로 수정·삭제할 수 없는 조항을 수정하여 사용하고 있음

◇ 조합이 임의 수정, 삭제할 수 없는 조항이나, 조합행정업무규정을 개정하여 이사회 수당을 개최 참석여부와 관계없이 정액 지급함

■ 표준행정업무규정 관련 시정명령, 환수조치

1. 보수지급기준을 초과하여 상여금 등 지급
행정업무규정을 준수하여 집행 및 규정 변경 시 조합원 보고, 초과지급 환수조치

표준 행정업무규정

제19조(보수지급 기준 등) ① 상근임원(위원)·직원의 임금은 매년 총회의 예산(안) 의결을 거쳐 확정한 금액을 지급한다.

② 임금은 당월 1일부터 말일까지로 계산하고 매월 00일 지급한다. 단, 지급일이 공휴일인 경우 그 전일에 지급한다. 제1항의 규정에도 불구하고 지출예산의 전용이 필요할 경우 총회에서 승인된 총 지출예산 범위 내에서 대의원회의 의결을 거쳐 사용할 수 있다.

다만, 운영비 예산은 부득이한 경우 동일 항 내의 목간에 예산의 과부족이 있을 때에는 상호 전용할 수 있다.

③ 상여금은 월정급여액을 기준으로 지급하고 현재 근무 중인 자에 한하여 다음 각 호에 따라 지급한다.

1. 3개월 이하 근무한 자는 지급하지 아니 한다.
2. 3개월 초과 1년 미만 근무한 자는 반액을 지급한다.
3. 1년 이상 근무한 자는 전액을 지급한다.

제22조(퇴직금의 지급) ① 상근임원(위원)·직원이 1년 이상 계속 근무하고 퇴직하는 경우에 퇴직금을 지급한다.

② 퇴직금은 계속 근무 연수 1년에 대하여 30일분 이상의 평균임금을 퇴직금으로 하며, 기타 지급방법 등은 근로자퇴직급여 보장법 등 관련 법령을 준용할 수 있다.

<실제 사례>

◇ 조합 행정업무규정에서 상여금은 월정급여액의 400%로 특정하여 규정하고 있으나, 2017, 2018년 운영비 예산 결의 시 임직원 상여금 600% 인상 집행함

◇ 근로자 퇴직급여보장법 제20조에 따른 확정기여형 퇴직연금제도 설정한 조합은 퇴직자 확정기여형 퇴직연금 계정에 연간 임금총액의 1/12 해당금액을 납입해야 하나, 계속근로기간 1년에 대해 30일분의 평균임금에 상당금액으로 초과 지급함

2. 조합업무규정과 다르게 급여 지급
차기 총회에서 행정업무규정 및 예산회계규정을 승인받아 예산(안)과 다른 부분을 수정하는 등 조치토록 시정명령

표준 행정업무규정
제19조(보수지급 기준 등) ① 상근임원(위원)·직원의 임금은 매년 총회의 예산(안) 의결을 거쳐 확정한 금액을 지급한다.

<실제 사례>

◇ 조합업무규정과 다르게 급여가 예산(안)에 책정되어 있음

3. 조합장 연월차수당 지급 및 총회예산 미의결
지급된 조합장의 연월차 수당은 환수조치하고, 향후 예산회계규정에 따라 조합임직원의 연월차 수당은 지급하지 않도록 할 것

표준 행정업무규정
제19조(보수지급 기준 등) ① 상근임원(위원)·직원의 임금은 매년 총회의 예산(안) 의결을 거쳐 확정한 금액을 지급한다.

근로기준법
제2조(정의) ① 이 법에서 사용하는 용어의 뜻은 다음과 같다.
1. "근로자"란 직업의 종류와 관계없이 임금을 목적으로 사업이나 사업장에 근로를 제공하는 사람을 말한다.

<실제 사례>

◇ 조합장의 경우 근로기준법상의 근로자에 해당되지 않으므로 근로기준법상의 연차휴가 및 연차 미사용 수당 지급대상에서 제외되어야 함에도, 조합장에 대하여 총회인건비 예산에 포함하지 않고 총회 예산의결 없이 연차 미사용 수당을 지급함

4. 보수지급기준을 초과하여 상여금 등 지급
행정업무규정을 준수하여 집행 및 규정 변경 시 조합원 보고, 초과지급 환수조치

표준 행정업무규정

제19조(보수지급 기준 등) ① 상근임원(위원)·직원의 임금은 매년 총회의 예산(안) 의결을 거쳐 확정한 금액을 지급한다.

② 임금은 당월 1일부터 말일까지로 계산하고 매월 OO일 지급한다. 단, 지급일이 공휴일인 경우 그 전일에 지급한다. 제1항에도 불구하고 지출예산의 전용이 필요할 경우 총회에서 승인된 총 지출예산 범위 내에서 대의원회의 의결을 거쳐 사용할 수 있다. 다만, 운영비 예산은 부득이한 경우 동일 항 내의 목간에 예산의 과부족이 있을 때에는 상호 전용할 수 있다.

③ 상여금은 월정급여액을 기준으로 지급하고 현재 근무 중인 자에 한하여 다음 각 호에 따라 지급한다.

1. 3개월 이하 근무한 자는 지급하지 아니한다.
2. 3개월 초과 1년 미만 근무한 자는 반액을 지급한다.
3. 1년 이상 근무한 자는 전액을 지급한다.

제22조(퇴직금의 지급) ① 상근임원(위원)·직원이 1년 이상 계속 근무하고 퇴직하는 경우에 퇴직금을 지급한다.

② 퇴직금은 계속 근무 연수 1년에 대하여 30일분 이상의 평균임금을 퇴직금으로 하며, 기타 지급방법 등은 근로자퇴직급여 보장법 등 관련법령을 준용할 수 있다.

<실제 사례>

◇ 조합 행정업무규정에서 상여금은 월정급여액의 400%로 특정하여 규정하고 있으나, 2017, 2018년 운영비 예산 결의 시 임직원 상여금 600% 인상 집행함

◇ 근로자퇴직 급여보장법 제20조에 따른 확정기여형 퇴직연금제도 설정한 조합은 퇴직자확정 기여형 퇴직연금 계정에 연간 임금총액의 1/12 해당 금액을 납입해야 하나, 계속근로기간 1년에 대해 30일분의 평균임금에 상당금액으로 초과 지급함

5. 직원채용 후 대의원회 미인준

직원채용의 건을 대의원회 정식 안건으로 상정하여 인준받고, 향후 직원 채용 시, 조합정관 규정을 준수하여 처리하도록 시정명령

표준 행정업무규정

제9조(채용원칙) 상근임원(위원) 임명 및 직원 채용은 소정의 자격을 구비한 자 중에서 다음 각 호와 같은 방법을 원칙으로 하되 별도 선거관리규정으로 따로 정할 수 있다.

1. 상근임원은 총회에서 상근이사를 선출하거나, 선출된 이사 중에서 조합장이 추천하여 이사회 또는 대의원회 의결을 통하여 임명한다.

2. 상근위원은 추진위원 중에서 추진위원장이 추천하여 추진위원회의 의결을 통하여 임명한다.

3. 직원은 조합장 등이 추천하여 이사회 또는 추진위원회의 결의에 의해 채용할 수 있다. 다만, 채용결과에 대한 사후 인준절차 등을 정관 등에서 따로 정한 경우에는 그에 따른다.

○○재개발정비조합 정관

제19조(임직원의 보수 등) ③ 유급직원은 조합의 업무규정이 정하는 바에 따라 조합장이 임명한다. 이 경우 임명결과에 대하여 사후에 대의원회의 인준을 받아야 하며 인준을 받지 못하면 즉시 해임하여야 한다.

<실제 사례>

◇ 유급 직원을 채용한 경우 임명 후 대의원회의 인준을 받아야 하나, 별도의 대의원회의 인준을 받은 사실이 없음

6. 이사회 결의 없이 직원채용
조합행정업무규정에 따라 직원을 채용할 경우 이사회의 결의를 받도록 조치

표준 행정업무규정

제9조(채용원칙) 상근임원(위원) 임명 및 직원 채용은 소정의 자격을 구비한 자 중에서 다음 각 호와 같은 방법을 원칙으로 하되 별도 선거관리규정으로 따로 정할 수 있다.

1. 상근임원은 총회에서 상근이사를 선출하거나, 선출된 이사 중에서 조합장이 추천하여 이사회 또는 대의원회 의결을 통하여 임명한다.
2. 상근위원은 추진위원 중에서 추진위원장이 추천하여 추진위원회의 의결을 통하여 임명한다.
3. 직원은 조합장 등이 추천하여 이사회 또는 추진위원회의 결의에 의해 채용할 수 있다. 다만, 채용결과에 대한 사후 인준절차 등을 정관 등에서 따로 정한 경우에는 그에 따른다.

<실제 사례>

◇ 직원채용은 조합장 등의 추천과 이사회의 결의에 의해 채용할 수 있으나, 이사회 결의를 거치지 아니하고 채용함

7. 규정을 초과한 인원 채용
차후 대의원회 사후인준을 거치고 부결 시 즉시 해임 및 향후 상근직원은 행정업무규정상 직원 수와 일치하도록 시정명령

표준 행정업무규정

제8조(상근임원(위원)·직원의 수) 조합 등의 상근임원(위원) 직원의 수는 다음 각 호와 같다.

1. 조합장(또는 추진위원장) 1인
2. 상근임원(위원) ○인 이내
3. 직원 ○인 이내

<실제 사례>

◇ 대의원회의 사후인준을 거치지 않고 행정업무규정상의 인원을 초과하여 상근 직원 을 채용하고 있음

8. 계약직 채용기간 경과
향후, 채용 시 행정업무규정에 맞도록 계약하도록 조치

표준 행정업무규정
제12조(계약직) ① 조합 등은 필요에 따라 직위, 급여, 직무, 근무시간 및 기타 근무조건을 개별계약으로 정하는 계약직 임원·위원·직원을 둘 수 있으나, 예산범위를 초과하지 않은 범위 내에서 6개월 이내로 계약한다.
② 제1항의 계약직 임원 위원 직원은 조합장 등이 추천하여 이사회 또는 추진위원회의 결의에 의해 채용할 수 있다.

<실제 사례>

◇ 고용기간을 정비사업전문관리용역업체 선정 시까지로 하는 근로계약(계약직)을 체결하여 근무하게 하였고, 6개월이 경과한 현재까지도 당 조합과 계속 근로계약을 유지하고 있음
◇ 6개월을 초과한 31개월간 계약직 직원(사무장)을 채용한 사실이 있음

9. 인수인계 미흡
적법한 절차에 따라 인수인계 되도록 시정명령

표준 행정업무규정

제40조(인계인수) ① 추진위원회가 조합에 관련문서 및 기타 기록물을 인계하거나 조합장 등 임원(위원)변경이 있는 경우에는 별지 제11호 서식의 문서 인계인수서를 작성하고 조합장 등과 임원(위원) 중 1명이 입회인으로 날인하여야 한다.

② 문서 인계인수서는 3부(해당 조합 보관용 1부, 인계자용 1부, 인수자용 1부)를 작성한다.

③ 조합장 등은 제1항에 따라 인계인수를 받는 경우에 서면 또는 총회에 보고하여야 한다.

④ 조합장 등은 관련문서 및 기타 기록물을 인계하지 않는 임원(위원) 등이 있는 경우에는 관련 문서의 인계를 촉구하여야 하며, 관련 문서를 인계하지 않은 사실을 총회에 보고하고 고발 등의 필요한 조치를 하여야 한다.

표준 예산·회계규정

제8조(회계업무의 인계인수) 자금관리 및 회계업무의 인계인수를 할 때에는 인계자가 작성한 문서의 내용을 감사의 입회하에 인계자·인수자가 확인하고 기명날인하여야 한다.

<실제 사례>

◇ 회계담당자가 변경되었음에도 문서 인수인계 절차를 밟은 사실이 없음

◇ 조합장이 변경되었으나 인수인계서에 날인을 받지 못함

◇ 추진위원회가 조합에 관련 문서 및 기타기록물을 인계할 때 인계인수서를 작성하지 않음

◇ 추진위원회 회의록에서 업무인수인계서를 작성하여 감사의 확인절차까지 거친 사실은 확인되지만, 업무인수인계서는 없음

◇ 조합장이 변경되었으나 인계인수사실을 총회 등에 보고한 사실이 없고 관련 문서를 인계하지 아니한 관련자(전임 조합장 등)들에 대한 고발 등의 필요한 조치를 한 사실이 없음

10. 행정문서 미작성
행정업무규정에 따른 행정문서를 작성토록 시정명령

표준 행정업무 규정
제29조(물품관리 등) ① 사무실 운영에 필요한 물품을 구입한 경우 취득일자, 규격, 가액 등의 내용을 별지 제5호서식의 물품관리대장에 기록하여야 한다.

② 물품의 망실 및 훼손 등으로 인해 불용처리를 하는 경우 내부 결재를 받아 처리하고 별지 제6호 서식의 손망실처리기록부에 기록하여야 한다. 다만 취득금액 100만 원 이상의 사용가능한 물품에 대하여 불용결정을 하는 경우에는 이사회 또는 추진위원회에 보고하여야 한다.

③ 모든 물품의 검사 검수 시 감사 1인과 상근임원(위원) 1인이 별지 제7호 서식의 검수조서를 작성한다.

<실제 사례>

◇ 근로자 명부, 업무분장, 업무일지, 물품관리대장, 손망실처리기록부, 검수조서, 문서등록대장, 보유기록물대장, 인계·인수서, 정보공개처리대장, 출근부, 근무상황부 등 행정업무규정에서 의무적으로 작성하게 되어 있는 각 문서들을 작성하지 아니함
◇ 사무실 운영에 필요한 물품의 구매 시 취득일자, 규격, 가액 등의 내용을 기재한 물품관리 대장을 작성하지 아니함
◇ 조합창립총회 시 구입한 물품 일부가 물품관리대장에 기재되지 아니하고 관련 물품도 없음

11. 문서 보존, 관리 미흡
행정업무규정을 준수하여 문서 보존 및 관리를 철저히 하도록 조치

표준 행정업무 규정
제39조(보존·관리 등) ① 각 문서는 매건마다 그 발생 및 완결에 관계된 일체의 문서를 합철하고 소정의 보관철을 사용하여 연도별로 보존·관리한다.

② 제1항의 문서철은 완결일자순으로 최근 문서가 상부에 오도록 철하고 다음과 같이 색인목록을 붙인다.

③ 제2항의 보존문서철과 기타 기록물은 별지 서식 제10호에 의한 보유기록물대장에 기재하여야 한다.

④ 도시정비법에 따라 사업시행과 관련된 문서의 보존기간은 사업완료 후 해당 구청장에게 이관 전까지로 한다.

⑤ 모든 문서는 금고 또는 잠금장치가 되어있는 장소에 보관하여야 한다. 컴퓨터에 내장되는 경우에는 그 보안이 유지되도록 조치하여야 한다. 단, 금고의 열쇠는 상근 임원(위원)이 관리한다.

<실제 사례>

◇ 임차보증금 반환대출 실행의 근거가 되는 신청서 및 증빙서류의 관리를 소홀히 하여 대출이 실행된 총 121세대 중 54세대에 대한 서류를 분실하였음

■ 표준선거관리규정 관련 시정명령

1. 선거관리위원회 기호 추첨 관련
향후 임원 및 대의원 선출 시 선거관리규정에 준수하도록 조치

표준선거관리규정
제26조(기호배정 및 후보자확정 공고 등) ① 조합 선관위는 후보자가 피선거권자로서 결격사유가 없을 경우에는 후보자 등록기간 만료일로부터 3일 이내에 후보자의 기호를 배정한다. 이 경우 기호배정은 공개된 장소에서 후보자 또는 대리인이 참석한 가운데 추첨에 의하여 배정한다.
② 후보자의 기호가 배정된 경우에는 후보자 확정 및 기호배정 사실을 조합 홈페이지에 공고하고 클린업시스템에 게시하여야 한다.

<실제 사례>

◇ 다른 이사후보자 3인이 불참한 가운데 기호 추첨을 하면서 참석한 후보자들에게 앞의 번호를 추첨하게 하고, 참석하지 않은 감사 및 이사 후보자들은 선거관리위원회에서 임의로 뒤의 번호를 배정한 사실이 있음

2. 선거관리계획 대의원회 미의결
향후 선거관리계획서를 작성한 때에는 선거관리규정에 맞게 대의원회에서 먼저 의결토록 조치

표준선거관리규정
제13조(선거관리계획 작성) ③ 조합 선관위가 선거관리계획을 작성한 때에는 대의원회의 의결을 받아야 한다.

<실제 사례>

◇ 선거관리계획을 작성한 때에는 대의원회 의결을 받아야 함에도, 조합은 대의원회 의결을 받지 아니하고 선거관리업무를 실시함

3. 선거관리위원 선임 절차 위반
향후 선거가 진행될 경우 선거관리규정을 준수하여 절차를 이행하도록 조치

표준선거관리규정

제7조(선거관리위원회 구성) ③ 조합 선관위는 5인 이상 9인 이내의 선관위원으로 구성하며, 선관위원은 선거인 중에서 당해 정비사업의 조합설립에 동의한 자 중 대의원회에서 후보자를 등록받아 대의원회 의결을 통해 선임 및 구성한다. 다만, 선관위원 후보자가 정수 이상 등록된 경우로서 대의원회 또는 선거인의 1/10 이상 요청이 있는 경우 선관위원의 선임을 구청장에게 의뢰할 수 있다.

<실제 사례>

◇ 조합은 선거관리위원 후보로 입후보자 등록을 한 후보를 이사회에서 심사하여 선거관리위원으로 위촉한 사실이 있음

4. 선거관리위원 선임 미이행
향후 선거가 진행될 경우 선거관리규정을 준수하도록 조치

표준선거관리규정

제8조(선거관리위원회의 조직 등) ⑤ 선관위원이 임기 내 사망 또는 사퇴 등 궐위된 경우에는 조합 선관위는 제7조제3항 내지 제4항에 따른 후보자 등록 또는 선관위원의 추천을 받아 조합 선관위 의결로서 즉시 선임해야 한다.

<실제 사례>

◇ 선거관리위원 중 1인이 사퇴한바, 그 1인에 대하여 다시 선임하여야 함에도 대

의원회의에서 선거관리위원 전원에 대하여 재선임하는 것으로 의결하였음

5. 조합임원 연임 관련
향후 조합 임원의 연임 시에도 선거관리규정상 선거절차를 거치도록 조치

표준선거관리규정
제3조(적용범위) 이 규정은 조합 임원, 대의원의 선거(변경, 연임, 보궐선거를 포함한다.)에 관하여 정관에서 따로 정하는 사항 외에는 본 규정을 적용하되, 그 기준에 반하지 아니하는 범위 내에서 당해 조합 선거관리위원회에서 필요한 사항을 정할 수 있다.

<실제 사례>

◇ 조합 임원의 연임 시 선거관리규정 상의 선거절차를 거치도록 규정되어 있으나 총회에서 연임 여부만 묻는 방식으로 조합임원을 선임함

6. 조합장 연임 의결 절차 문제
조합 임원의 선임과 관련된 총회 진행 시에는 직무대행 또는 선거관리위원장이 운영토록 조치

표준선거관리규정
제12조(선거관련 조합의 지위 등) ① 조합 또는 조합과 계약된 모든 업체 관계자는 조합 선관위가 구성되어 선거업무를 개시함과 동시에 선거와 관련된 일체의 업무를 할 수 없다. 다만, 선거에 미치는 영향이 없다고 인정되는 범위 안에서 조합 선관위 요청에 따라 대의원회 의결을 거친 사항에 한하여, 조합사무국 및 정비업체 등에 업무지원을 요청할 수 있다.
② 조합의 임원·대의원 등은 이 규정에서 정하는 업무 이외에 조합 선관위의 선거업무에 일체 개입하지 않는다는 공명선거 이행각서를 제출해야 한다.
③ 제7조제3항, 제8조제6항, 제14조제2항 및 제36조제2항에 따라 선임된 선관위

원, 선거사무보조원, 공정선거지원단 및 투·개표 참관인 등은 제2항에 따른 공명선거 이행각서를 제출하고 엄정한 중립의 입장에서 이 규정에 의한 선거관리 사무를 수행하여야 하며, 이를 위반하였을 경우 조합 선관위 의결로 그 자격을 상실한다.

<실제 사례>

◇ 조합 선거관리위원회가 구성되었으나 연임 대상인 당시 조합장이 연임의 건을 상정, 심의 및 당선 공포함

■ 조세특례제한법 관련 시정명령

1. 국민주택규모 이하 건설, 설계용역 부가가치세 미정산

조세특례제한법에 의거 국민주택규모 이하에 대한 부가가치세는 면세이므로 조속한 시일 내 환수조치 또는 정산하도록 시정명령

부가가치세가 면제되는 부분에 대해서 매입세금계산서가 아닌 매입계산서 수취토록 시정명령

조세특례제한법

제106조(부가가치세의 면제 등) ① 다음 각 호의 어느 하나에 해당하는 재화 또는 용역의 공급에 대해서는 부가가치세를 면제한다.
　4. 대통령령으로 정하는 국민주택 및 그 주택의 건설용역(대통령령으로 정하는 리모델링용역을 포함한다)

조세특례제한법 시행령

제106조(부가가치세의 면제 등) ④ 법 제106조제1항제4호에서 "대통령령으로 정하는 국민주택 및 그 주택의 건설용역"이란 다음 각 호의 것을 말한다.
　2. 제1호에 의한 주택의 건설용역으로서 「건설산업기본법」·「전기공사업법」·「소방시설공사업법」·「정보통신공사업법」·「주택법」·「하수도법」 및 「가축분뇨의 관리 및 이용에 관한법률」에 의하여 등록을 한 자가 공급하는 것. 다만, 「소방시설공사업법」에 따른 소방공사감리업은 제외한다.
　3. 제1호에 의한 주택의 설계용역으로서 「건축사법」, 「전력기술관리법」, 「소방시설공사업법」, 「기술사법」 및 「엔지니어링산업 진흥법」에 따라 등록 또는 신고를 한 자가 공급하는 것

<실제 사례>

◇ 설계용역비와 국민주택규모 이하에 대한 부가가치세를 선지급한 사실과 관련

하여 추후 정산하기로 하였으나 정산하지 아니함

◇ 철거비와 관련한 계약의 대가지급 및 청구 시 부가가치세가 면제되는 부분에 대해서 매입계산서로 수취하지 않고, 대가의 전부를 매입세금계산서를 수취하고 지급함

2. 과, 면세 확정 후 정산된 세금계산서 미수취
확정된 과·면세 면적비율에 따라 수정된 매입(세금)계산서 수취

조세특례제한법

제106조(부가가치세의 면제 등) ① 다음 각 호의 어느 하나에 해당하는 재화 또는 용역의 공급에 대해서는 부가가치세를 면제한다. 이 경우 제1호, 제4호의2, 제5호, 제9 호의2, 제9호의3 및 제12호는 2025.12.31까지 공급한 것에만 적용하고, 제2호, 제3호, 제4호의5 및 제9호는 2023.12.31까지 공급한 것에만 적용하며, 제8호 및 제8호의2는 2014.12.31까지 실시협약이 체결된 것에만 적용하고, 제8호의3은 2015.1.1.부터 2025.12.31까지 실시협약이 체결된 것에만 적용한다.

4. 대통령령으로 정하는 국민주택 및 그 주택의 건설용역(대통령령으로 정하는 리모델링 용역을 포함한다.

<실제 사례>

◇ 설계용역 대금을 지급하면서 국민주택규모 이하의 설계용역에 대한 부가가치세를 정산하지 않음(면세비율 53%에서 92%로 변경)

◇ 설계용역 대금을 지급하면서 국민주택규모 이하의 설계용역에 대하여 부가가치세를 정산하지 않고 세금계산서를 수취함(면세비율 100%에서 25%로 변경)

◇ 철거비 관련 대가지급 및 청구 시 부가가치세 면제 부분은 매입계산서를 수취해야 하나 대가의 전부를 매입세금계산서로 수취함(면세비율 97%)

■ **법인세법 관련 시정명령, 환수조치**

1. 임차료, 건물관리비 세금계산서 등 미수취
세금계산서 등 적격증빙을 수취하여 대가지급(시정명령)

법인세법

제116조(지출증명서류의 수취 및 보관) ② 제1항의 경우에 법인이 대통령령으로 정하는 사업자로부터 재화나 용역을 공급받고 그 대가를 지급하는 경우에는 다음 각 호의 어느 하나에 해당하는 증명서류를 받아 보관하여야 한다. 다만, 대통령령으로 정하는 경우에는 그러하지 아니하다.

1. 「여신전문금융업법」에 따른 신용카드 매출전표(신용카드와 유사한 것으로서 대통령령으로 정하는 것을 사용하여 거래하는 경우에는 그 증명서류를 포함한다. 이하 제117조에서 같다)
2. 현금영수증
3. 「부가가치세법」 제32조에 따른 세금계산서
4. 제121조 및 「소득세법」 제163조에 따른 계산서

표준 예산·회계규정

제36조(지출증빙서류의 수취 및 보관) ① 조합 등의 지출 증빙서류는 공급받는 재화 또는 용역의 건당 거래금액(부가가치세를 포함한다)과 접대에 지출한 업무추진비가 「법인세법 시행령」 제41조제1항제2호와 제158조제2항제1호의 금액을 초과하는 경우에는 다음 각 호의 1에 해당하는 증빙서류를 수취하여 이를 보관하여야 한다.

<실제 사례>

◇ 2년간 지급된 건물관리비 총 16건(640만 원)에 대해 세금계산서 등 적격증빙을 수취하지 않음
◇ 5년간 임차료를 총 9,800만 원 지급하면서 세금계산서 등 적격증빙을 미수취함
◇ 추진위원회는 임차료 2,600만 원 및 용역계약 대금 지급 시 적격증빙 미수취함

2. 매출전표 등 아닌 간이영수증 수취

업무추진비 등 지출 시 카드매출전표, 현금영수증 등 적격증빙 수취 및 보관(시정명령)

법인세법

제116조(지출증명서류의 수취 및 보관) ② 제1항의 경우에 법인이 대통령령으로 정하는 사업자로부터 재화나 용역을 공급받고 그 대가를 지급하는 경우에는 다음 각 호의 어느 하나에 해당하는 증명서류를 받아 보관하여야 한다. 다만, 대통령령으로 정하는 경우에는 그러하지 아니하다.

1. 「여신전문금융업법」에 따른 신용카드 매출전표(신용카드와 유사한 것으로서 대통령령으로 정하는 것을 사용하여 거래하는 경우에는 그 증명서류를 포함한다. 이하 제117조에서 같다)
2. 현금영수증
3. 「부가가치세법」 제32조에 따른 세금계산서
4. 제121조 및 「소득세법」 제163조에 따른 계산서

표준 예산·회계규정

제36조(지출증빙서류의 수취 및 보관) ① 조합 등의 지출 증빙서류는 공급받는 재화 또는 용역의 건당 거래금액(부가가치세를 포함한다)과 접대에 지출한 업무추진비가 「법인세법 시행령」 제41조제1항제2호와 제158조 제2항제1호의 금액을 초과하는 경우에는 다음 각 호의 1에 해당하는 증빙서류를 수취하여 이를 보관하여야 한다.

<실제 사례>

◇ 도서 인쇄비, 소모품비, 수선비 등 재화 또는 용역 거래금액과 접대에 지출한 업무추진비에 대해 신용카드 매출전표, 현금영수증 등 적격증빙이 아닌 간이영수증을 수취하거나 증빙서류 없이 지출함

◇ 컴퓨터, 난로 등 물품구매하면서 적격증빙이 아닌 간이영수증 등을 수취하였

거나 증빙서류 없이 지출 또는 증빙서류를 보관하지 않음

◇ 2년간 운영비(복리후생비 및 업무추진 식대 등) 및 총회비(선관위 식대 등) 지출 시 세금계산서, 신용카드 및 체크카드 매출전표, 현금영수증 등의 적격증빙이 아닌 간이영수증 등을 수취하거나 증빙서류 없이 현금으로 지출함

3. 세금계산서 등 지출증빙 없이 예산집행

정비사업비 집행 시 세금계산서 등 적격증빙을 수취하여 집행 및 관련서류 보관(시정명령)

법인세법

제116조(지출증명서류의 수취 및 보관) ② 제1항의 경우에 법인이 대통령령으로 정하는 사업자로부터 재화나 용역을 공급받고 그 대가를 지급하는 경우에는 다음 각 호의 어느 하나에 해당하는 증명서류를 받아 보관하여야 한다. 다만, 대통령령으로 정하는 경우에는 그러하지 아니하다.

1. 「여신전문금융업법」에 따른 신용카드 매출전표(신용카드와 유사한 것으로서 대통령령으로 정하는 것을 사용하여 거래하는 경우에는 그 증명서류를 포함한다. 이하 제117조에서 같다)
2. 현금영수증
3. 「부가가치세법」 제32조에 따른 세금계산서
4. 제121조 및 「소득세법」 제163조에 따른 계산서

서울시 표준 예산·회계규정

제36조(지출증빙서류의 수취 및 보관) ① 조합 등의 지출 증빙서류는 공급받는 재화 또는 용역의 건당 거래금액(부가가치세를 포함한다)과 접대에 지출한 업무추진비가 「법인세법 시행령」 제41조제1항제2호와 제158조제2항 제1호의 금액을 초과하는 경우에는 다음 각 호의 1에 해당하는 증빙서류를 수취하여 이를 보관하여야 한다.

<실제 사례>

◇ 사업자로부터 공급받는 재화 또는 용역의 모든 거래에 관한 증명서류(세금계산서, 신용카드매출전표, 현금영수증 등)을 5년간 수취 및 보관하여야 하나, 3년간에 걸쳐 약 62만 원(10건)에 대해 증명자료 없이 지출함

◇ 4년간 총회비, 소모품비 등 지급하면서 세금계산서 등 적격증빙을 수취하지 않음

◇ 업무추진비로 약 127만 원(25건)을 지출하면서 세금계산서 등 적격증빙을 수취하지 않음

◇ 2년간 복리후생비 지출 시 거래건별로 회계처리(발생주의 원칙 미적용)하지 않고 거래처별로 여러 건의 거래를 한 건으로 처리하고, 거래 내역을 정확하게 확인할 수 있는 적격증빙을 첨부하지 않음

◇ 조합장 업무추진비는 수당 형태의 월정액 지급할 수 없고 실비정산을 하여야 하나, 이사회 결의로 조합장, 이사에게 월 20만 원씩 차량유지비를 증빙 없이 정액 지급함

◇ 상가 재건축 추진위원회 운영자금(5억 원) 집행하고 대여금으로 처리하면서 조합은 지출 증빙서류를 수취하지 않음

4. 용역 결과물 등 증빙서류 없이 대금 지급
적격증빙(카드사용, 현금영수증 등) 가능한 지출방법으로 집행
과업의 이행여부 확인 후 적합하게 지급 및 적격증빙 수취(시정명령)

법인세법
제116조(지출증명서류의 수취 및 보관) ② 제1항의 경우에 법인이 대통령령으로 정하는 사업자로부터 재화나 용역을 공급받고 그 대가를 지급하는 경우에는 다음 각 호의 어느 하나에 해당하는 증명서류를 받아 보관하여야 한다. 다만, 대통령령으로 정하는 경우에는 그러하지 아니하다.

1. 「여신전문금융업법」에 따른 신용카드 매출전표(신용카드와 유사한 것으로서 대통령령으로 정하는 것을 사용하여 거래하는 경우에는 그 증명서류를 포함한다. 이하 제117조에서 같다)

2. 현금영수증

3. 「부가가치세법」 제32조에 따른 세금계산서
4. 제121조 및 「소득세법」 제163조에 따른 계산서

표준 예산·회계규정

제36조(지출증빙서류의 수취 및 보관) ① 조합 등의 지출 증빙서류는 공급받는 재화 또는 용역의 건당 거래금액(부가가치세를 포함한다)과 접대에 지출한 업무추진비가 「법인세법 시행령」 제41조제1항제2호와 제158조제2항제1호의 금액을 초과하는 경우에는 다음 각 호의 1에 해당하는 증빙서류를 수취하여 이를 보관하여야 한다.

<실제 사례>

◇ 5년간 총 77건 870만 원을 사업자로부터 재화나 용역을 공급받고 적격증빙(신용카드매출전표, 현금영수증, 세금계산서 등)을 수취하지 않음
◇ 용역계약 체결을 체결하고 용역대금 지급 당시 세금계산서를 수취하지 않고 그 이후에 세금계산서를 지연 수취함
◇ 용역의 건당 거래금액(부가세 포함) 3만원 초과하는 136,000원 상당의 물품을 구 입하면서 계좌이체 후 세금계산서 발행을 누락함
◇ 총회 지원 용역계약을 추진하고 용역 제공 완료시점이 아닌 그 이후에 매입세금 계산서를 지연 수취함
◇ 용역대금에 대한 선급금을 지급하면서 세금계산서를 수취하지 않음

5. 현금지출 건 증빙자료 미첨부

적격증빙이 가능한 지출방법으로 집행하고, 경조사비 지급 등에 관한 규정을 만들어 총회 승인 후 지급

법인세법

제116조(지출증명서류의 수취 및 보관) ② 제1항의 경우에 법인이 대통령령으로 정하는 사업자로부터 재화나 용역을 공급받고 그 대가를 지급하는 경우에는 다음

각 호의 어느 하나에 해당하는 증명서류를 받아 보관하여야 한다. 다만, 대통령령으로 정하는 경우에는 그러하지 아니하다.
1. 「여신전문금융업법」에 따른 신용카드 매출전표(신용카드와 유사한 것으로서 대통령령으로 정하는 것을 사용하여 거래하는 경우에는 그 증명서류를 포함한다. 이하 제117조에서 같다)
2. 현금영수증
3. 「부가가치세법」 제32조에 따른 세금계산서
4. 제121조 및 「소득세법」 제163조에 따른 계산서

표준 예산·회계규정
제36조(지출증빙서류의 수취 및 보관) ① 조합 등의 지출 증빙서류는 공급받는 재화 또는 용역의 건당 거래금액(부가가치세를 포함한다)과 접대에 지출한 업무추진비가 「법인세법 시행령」 제41조제1항제2호와 제158조제2항제1호의 금액을 초과하는 경우에는 다음 각 호의 1에 해당하는 증빙서류를 수취하여 이를 보관하여야 한다.

<실제 사례>

◇ 경조사비 현금지출에 대한 증빙자료 미첨부, 주민대상 설명회 및 대의원회 회의장소 등으로 사용한 교회 관련 증빙 없이 교회성금으로 현금 지출함
◇ 총회 개최 시 총회 대관료와 별도로 현금을 인출하여 개인에게 지급하면서 직격증빙 미수취 및 총회 당일 접수요원 일당을 현금으로 지급함

6. 차입금액 이자비용 원천징수 미이행
법인세법에 의한 원천징수하지 않은 사항은 원천징수 이행

법인세법
제73조(내국법인의 이자소득 등에 대한 원천징수) ① 내국법인(대통령령으로 정하는 금융회사 등의 대통령령으로 정하는 소득은 제외한다)에 다음 각 호의 금액을 지급

하는 자(이하 이 조에서 "원천징수의무자")는 그 지급하는 금액에 14/100의 세율을 적용하여 계산한 금액에 상당하는 법인세(1천 원 이상인 경우만 해당)를 원천징수하여 그 징수일이 속하는 달의 다음 달 10일까지 납세지 관할 세무서 등에 납부하여야 한다. 다만, 「소득세법」 제16조제1항제11호의 비영업대금의 이익에 대해서는 25/100의 세율을 적용하되, 「온라인투자연계금융업 및 이용자 보호에 관한 법률」에 따라 금융위원회에 등록한 온라인 투자연계금융업자를 통하여 지급받는 이자소득에 대해서는 14/100의 세율을 적용한다.

  1. 「소득세법」 제16조제1항에 따른 이자소득의 금액(금융보험업을 하는 법인의 수입금액을 포함한다)

  2. 「소득세법」 제17조제1항제5호에 따른 집합투자기구로부터의 이익 중 「자본시장과 금융투자업에 관한 법률」에 따른 투자신탁의 이익의 금액

<실제 사례>

◇ 시공자에게 차입한 금액에 대한 이자비용을 지급하면서 법인세법에 따른 원천징수하지 않음

◇ 조합원에 지급한 상환의무가 없는 이사비용을 자산(조합원 이주지원비)으로 회계처리하고, 조합원에 대한 배당소득 원천징수 미신고 및 관련 원천징수세액을 납부하지 않음

■ 소득세법 관련 시정명령, 환수조치

1. 총회 사회비 등 원천징수 미이행
지급금액 중 원천소득세 환수 및 원천징수 이행(자진신고)

소득세법

제127조(원천징수의무) ① 국내에서 거주자나 비거주자에게 다음 각 호의 어느 하나에 해당하는 소득을 지급하는 자(제3호의 소득을 지급하는 자의 경우에는 사업자 등 대통령령으로 정하는 자로 한정한다)는 이 절의 규정에 따라 그 거주자나 비거주자에 대한 소득세를 원천징수하여야 한다.

1. 이자소득
2. 배당소득
3. 대통령령으로 정하는 사업소득
4. 근로소득. 다만, 다음 각 목의 어느 하나에 해당하는 소득은 제외한다.

제128조(원천징수세액의 납부) ① 원천징수의무자는 원천징수한 소득세를 그 수일이 속하는 달의 다음 달 10일까지 대통령령으로 정하는 바에 따라 원천징수 관할세무서, 한국은행 또는 체신관서에 납부하여야 한다.

<실제 사례>

◇ 기타외주용역비용 및 총회 사회비용은 개인과 계약을 체결하는 것으로 기타소득 또는 사업소득으로 원천징수 대상이나 이행하지 않음

◇ 홍보 감시수당, 협상위원수당 등 근로소득을 지급하면서 소득세 원천징수를 이행하지 않음

◇ 세액 공제한 금액으로 홍보용역대금 등을 지급하였으나, 소득세를 신고 및 납부하지 않음

◇ 주민총회 홍보용역 관련 14명, 조합설립동의서 징구 업무와 관련 13명, 창립총회 업무 관련 16명과 계약서 미작성 및 용역비 지급에 대한 원천징수 미이행함

◇ 총회비(선관위)로 5명, 이사회 회의비로 13명에게 기타소득 총 9,800,000원을 지급할 때 원천징수 미이행함

2. 이사회 회의수당 등 원천징수 미이행
개인 근로소득 소득세 신고·납부 여부확인 후 미이행 시 환수조치 및 원천징수

소득세법
제127조(원천징수의무) ① 국내에서 거주자나 비거주자에게 다음 각 호의 어느 하나에 해당하는 소득을 지급하는 자(제3호의 소득을 지급하는 자의 경우에는 사업자 등 대통령령으로 정하는 자로 한정한다)는 이 절의 규정에 따라 그 거주자나 비거주자에 대한 소득세를 원천징수하여야 한다.

1. 이자소득
2. 배당소득
3. 대통령령으로 정하는 사업소득
4. 근로소득. 다만, 다음 각 목의 어느 하나에 해당하는 소득은 제외한다.

제128조(원천징수세액의 납부) ① 원천징수의무자는 원천징수한 소득세를 그 수입일이 속하는 달의 다음 달 10일까지 대통령령으로 정하는 바에 따라 원천징수 관할세무서, 한국은행 또는 체신관서에 납부하여야 한다.

<실제 사례>

◇ 2015년~2018년까지 월정액으로 이사회 회의수당 및 감사수당을 지급하고, 중식대를 급여와 별도로 월 154,000원을 지급하면서 소득세법에 따른 원천징수를 이행하지 않음

◇ 4년간 이사 회의비 1억3천만 원을 지급하면서 원천징수를 이행하지 않음

◇ 대의원회의비 4명(각 지급액 33만 원~39만 원), 감사비 1명(600만 원), 이사회 회의비 5명(각 지급액 50만 원~90만 원)를 지급하면서 원천징수하지 않음

◇ 시공사와 협상단 회의수당(1인당 1,350,000원) 지급 시 원천징수 이행하지 않음

3. 감사수당 등 원천징수 미이행

지급금액에 대해 소득세법에 따른 원천징수 이행

소득세법

제127조(원천징수의무) ① 국내에서 거주자나 비거주자에게 다음 각 호의 어느 하나에 해당하는 소득을 지급하는 자(제3호의 소득을 지급하는 자의 경우에는 사업자 등 대통령령으로 정하는 자로 한정한다)는 이 절의 규정에 따라 그 거주자나 비거주자에 대한 소득세를 원천징수하여야 한다.
　1. 이자소득
　2. 배당소득
　3. 대통령령으로 정하는 사업소득
　4. 근로소득. 다만, 다음 각 목의 어느 하나에 해당하는 소득은 제외한다.

제128조(원천징수세액의 납부) ① 원천징수의무자는 원천징수한 소득세를 그 수일이 속하는 달의 다음 달 10일까지 대통령령으로 정하는 바에 따라 원천징수 관할세무서, 한국은행 또는 체신관서에 납부하여야 한다.

<실제 사례>

　◇ 기타소득 과세최저한 건별 금액(50,000원)을 초과하는 감사비를 지급하면서 원천징수 신고 없이 총 380만원을 지급함
　◇ 연 2회 수행한 감사수당을 1회당 60만 원씩 지급하면서 소득세 원천징수세액을 징수하여 납부하지 않았고, 감사수당(270만 원)은 원천징수를 이행하지 않음
　◇ 개인에게 지급하는 인적용역에 대한 과세최저한 건별 금액을 초과하는 원천징수대상금액이 2018년~2019년 변경되었으나, 분기별 감사비 및 이사회 회의수당을 지급하면서 원천징수 신고 없이 총 360만 원을 지급함
　◇ 2015년 운영실태 점검 시 지적사항인 2010~2015.9월까지 감사수당 원천징수 미 이행분 기한 후 신고 및 납부 미이행하고 점검 이후 2015.10월~2016.6월까

지 감사수당(270만 원)을 원천징수를 이행하지 않음

◇ 사업자가 아닌 개인에게 지급하는 경우 원천징수영수증이 지급에 대한 적격 증빙이나, 미지급된 선관위 수당, 이사회비, 대의원 회의비, 감사비 약 5,000만 원을 지급하면서 별도의 원천징수를 이행하지 않음

◇ 조합설립일부터 2021년까지 10만 원 이상인 감사수당(25만 원)을 지급하면서 소득세(주민세 포함)를 신고·납부하지 않음

4. 급여 등 개인지급 원천징수 미이행

지급된 급여 등에 대해 소득세 환수조치 및 원천징수 후 자진 신고지출

소득세법

제127조(원천징수의무) ① 국내에서 거주자나 비거주자에게 다음 각 호의 어느 하나에 해당하는 소득을 지급하는 자(제3호의 소득을 지급하는 자의 경우에는 사업자 등 대통령령으로 정하는 자로 한정한다)는 이 절의 규정에 따라 그 거주자나 비거주자에 대한 소득세를 원천징수하여야 한다.

1. 이자소득
2. 배당소득
3. 대통령령으로 정하는 사업소득
4. 근로소득. 다만, 다음 각 목의 어느 하나에 해당하는 소득은 제외한다.

제128조(원천징수세액의 납부) ① 원천징수의무자는 원천징수한 소득세를 그 수일이 속하는 달의 다음 달 10일까지 대통령령으로 정하는 바에 따라 원천징수 관할세무서, 한국은행 또는 체신관서에 납부하여야 한다.

<실제 사례>

◇ 급여 3천8백만 원(A: 1천4백만 원, B: 2천4백만 원)을 지급하면서 소득세 원천징수 미이행 및 급여 회계처리 누락함

◇ 개인에게 차량운행비 72만 원을 지급하면서 소득세 원천징수를 하지 않음
◇ 2015년~2018년 총 8명에게 각 25만 원~390만 원 지급된(총1,680만 원)에 대하여 소득세 원천징수 미이행함
◇ 직원급여 및 잡급 세무신고 미이행하고 급여 중 원천징수세액을 미납부함
◇ 사업자가 아닌 개인에게 지급하는 경우 원천징수영수증이 지급에 대한 적격 증빙이나, 선임총회 선관위 선거비용 지급 시 선관위원장이 사용한 개인카드 사용분(약1,500만원)에 대하여 별도의 원천징수 없이 지급함
◇ 추진위원회 시기에 지급한 급여 등에 대하여 원천징수를 이행하지 않아 미신고 소득세 및 국세기본법 제47조의5(원천징수납부 등 불성실가산세)에 의한 가산세가 추징될 수 있음
◇ 2017년~2018년 조합장 포함 직원에게 명절휴가비와 여름휴가비 각 2회씩 총1,100만원을 지급하면서 상여가 아닌 복리후생비로 처리하고 근로소득 원천징수 신고 시 누락함

5. 이사비용 원천징수 미이행 등 부적정 처리

향후 이익 확정시 배당소득세를 조합원에게 환수하거나 분배금에서 공제/지원 받은 이사비용에 대하여 배당소득으로 원천징수

국세청 법령해석(사전-2017-법령해석소득-0673, 2017.12.14)
주택재개발조합이 금융기관으로부터 차입한 금액을 재원으로 조합원에게 상환의무 없는 이사비용을 지급한 경우 그 이사비용은 조합원의 배당소득에 해당함

소득세법
제127조(원천징수의무) ① 국내에서 거주자나 비거주자에게 다음 각 호의 어느 하나에 해당하는 소득을 지급하는 자(제3호의 소득을 지급하는 자의 경우에는 사업자 등 대통령령으로 정하는 자로 한정한다)는 이 절의 규정에 따라 그 거주자나 비거주자에 대한 소득세를 원천징수하여야 한다.
1. 이자소득

2. 배당소득

3. 대통령령으로 정하는 사업소득

4. 근로소득. 다만, 다음 각 목의 어느 하나에 해당하는 소득은 제외한다.

<실제 사례>

◇ 조합원 이주비 대출이자를 ◎◎은행에 조합원을 위해 대납하여 사실상 배당하였음에도 배당소득에 대한 원천징수를 이행하지 않음

◇ 해당 조합에서 지원하는 상환의무가 없는 이사비용 상당액인 이주촉진비(조합원 당 700만 원)을 배당소득이 아닌 기타소득으로 원천징수 신고함

◇ 이주한 조합원이 차입한 대출금 이자비용을 조합이 대납한 후 해당 금액을 이자비용(사업비)으로 회계처리하고 배당소득 원천징수는 신고하지 않아 가산세가 발생함

6. 원천징수 미이행으로 가산세 납부

가산세가 부가되지 않도록 소득을 지급할 경우 소득세를 원천징수

소득세법

제127조(원천징수의무) ① 국내에서 거주자나 비거주자에게 다음 각 호의 어느 하나에 해당하는 소득을 지급하는 자(제3호의 소득을 지급하는 자의 경우에는 사업자 등 대통령령으로 정하는 자로 한정한다)는 이 절의 규정에 따라 그 거주자나 비거주자에 대한 소득세를 원천징수하여야 한다.

1. 이자소득

2. 배당소득

3. 대통령령으로 정하는 사업소득

4. 근로소득. 다만, 다음 각 목의 어느 하나에 해당하는 소득은 제외한다.

제128조(원천징수세액의 납부) ① 원천징수의무자는 원천징수한 소득세를 그 수

일이 속하는 달의 다음 달 10일까지 대통령령으로 정하는 바에 따라 원천징수 관할세무서, 한국은행 또는 체신관서에 납부하여야 한다.

<실제 사례>

◇ 2016.4월까지 감사 및 선관위원에게 지급된 금액을 원천징수하지 않고 2016.5월 세무서 및 구청에 원천징수 미납액 및 가산세 738,580원을 납부하고 영업외비용의 잡손실로 회계처리함

■ 부가가치세법 관련 시정명령, 환수조치

1. 부가가치세법상 거래시기 불일치
계약서에 있는 지급 시기에 세금계산서를 발행토록 조치

부가가치세법
제16조(용역의 공급시기) ① 용역이 공급되는 시기는 다음 각 호의 어느 하나에 해당하는 때로 한다.
1. 역무의 제공이 완료되는 때
2. 시설물, 권리 등 재화가 사용되는 때

제17조(재화 및 용역의 공급시기의 특례) ① 사업자가 제15조 또는 제16조에 따른 재화 또는 용역의 공급시기가 되기 전에 재화 또는 용역에 대한 대가의 전부 또는 일부를 받고, 그 받은 대가에 대하여 제32조에 따른 세금계산서 또는 제36조에 따른 영수증을 발급하면 그 세금계산서 등을 발급하는 때를 각각 그 재화 또는 용역의 공급시기로 본다.

제54조(세금계산서합계표의 제출) ① 사업자는 세금계산서 또는 수입세금계산서를 발급하였거나 발급받은 경우에는 다음 각 호의 사항을 적은 매출처별 세금계산서합계표와 매입처별 세금계산서 합계표를 해당 예정신고 또는 확정신고(제48조제3항 본문이적용되는 경우는 해당 과세기간의 확정신고를 말한다)를 할 때 함께 제출하여야 한다.

<실제 사례>

◇ 거래시기 불일치에 따른 매입세액 불공제 및 매입세금계산서 합계표 제출에 대한 가산세가 발생할 수 있는 사항임에도 집행함
 - 2011.7월 주택재개발 정비사업전문관리 용역계약을 체결하고 2011.8월 금액을 지급하고 세금계산서는 2016.5월에 수취함
 - 2013.11월 조합설립동의서 징구 용역계약서를 체결하고 2014.8월 금액을 지급하고 세금계산서는 2016.5월에 수취함

참고문헌

2018 재건축·재개발 투자지도(전연규 저)

재개발·단독재건축 분양자격의 정석(전연규외 1인 공저)

재건축·재개발, 모아타운 아파트받기: 전연규 저

2023 재건축·재개발 실무사진. 진연규 등 저

2023년 제3호 정비사업 관련 교육자료(강남구)

2023 서울시 징비사업 조합운영 실태점검 사례집(시울특벌시)

2019 정비사업 조합운영 실태점검 매뉴얼(국토부)

홈페이지

UDP 도시개발신문

J&K 도시정비